U0414404

儒藏總目

經部(上)

主編　張玉範　沈乃文
編委　(按姓氏筆畫排序)
王燕均　沈乃文　李雄飛
李　雲　張麗娟　張玉範
劉大軍

北京大學出版社
PEKING UNIVERSITY PRESS

圖書在版編目(CIP)數據

儒藏總目/張玉範,沈乃文主編. —北京:北京大學出版社,2011.5
(儒藏)
ISBN 978-7-301-18743-2
Ⅰ.儒… Ⅱ.①張…②沈… Ⅲ.儒家—圖書目録 Ⅳ.Z838

中國版本圖書館 CIP 數據核字(2011)第 055902 號

書　　名:儒藏總目·經部
著作責任者:張玉範　沈乃文　主編
責 任 編 輯:吳遠琴　黨偉龍
標 準 書 號:ISBN 978-7-301-18743-2/Z·0092
出 版 發 行:北京大學出版社
地　　址:北京市海淀區成府路 205 號　100871
網　　址:http://www.pup.cn
電 子 郵 箱:dianjiwenhua@163.com
電　　話:郵購部 62752015　發行部 62750672　編輯部 62756449　出版部 62754962
印 刷 者:北京中科印刷有限公司
經 銷 者:新華書店
787 毫米×1092 毫米　16 開本　91.5 印張　787 千字
2011 年 5 月第 1 版　2017 年 6 月第 2 次印刷
定　　價:780.00 元

前　言

“《儒藏》編纂與研究”項目，是教育部哲學社會科學研究重大課題攻關項目，由北京大學《儒藏》編纂與研究中心承擔。教育部要求北京大學“瞄準國内和世界先進水準，認真組織跨學科、跨學校、跨部門和跨地區的聯合攻關，積極開展實質性的國際學術合作與交流，力爭取得具有重大學術價值和社會影響的標誌性成果”。该项目同時是國家社會科學研究基金重大項目，并列入國家“十一五”、“十二五”重點出版規劃。全國哲學社會科學規劃辦公室也要求“力求出精品，着力推出代表國家水準的研究成果”。为此，北京大學邀請了全國二十餘所高等院校及科研機構參加《儒藏》的編纂工作，日本、韓國、越南等国學者也加入其中，承擔着海外編的編纂任務。

傳承和研究儒家思想文化，是充分發掘和弘揚中國優秀傳統文化，繁榮學術的重要組成部分，對于立足現代，面向世界，面向未來，滿足海內外的社會需求，具有十分重要的意義。對于儒家思想文化的傳承與研究，應該以對儒家文獻的研究爲基礎；而對儒家文獻的校點整理，則是儒家文獻研究的最基礎的工作。《儒藏》將歷代儒學典籍匯為一編，以反映儒家思想、體現儒家經世做人的原則為宗旨，是规模巨大的古籍整理項目。

《儒藏》編纂計劃擬分兩步走，第一步編纂精華編，選收歷代儒家精要典籍約500種，通過標點校勘排印出版；第二步編纂《儒藏》全編。如今，《儒藏》精華編正在有條不紊地進行。

《儒藏總目》的編纂，是湯一介先生提出的《儒藏》課題的子項目，它收錄現存中國歷代書籍中的儒學典籍，或在歷史上産生過影響的、可以反映儒家思想的代表性著述，成爲《儒藏》的較爲完整目録。《儒藏總目》不僅是编輯《儒藏》的參考目録，整理者還可以通過總目選擇查找可使用的校勘底本和參校版本，對於總課題的完成有着至關重要的意義，直接影響《儒藏》編纂的質量。

《儒藏總目》參考歷代目録學的成果，首先要從歷代目録中瞭解儒家文獻的整體面貌，選取歷代目録的著録成果，斟酌歷代目録的分類體系，從而製定出《儒藏總目》收書範圍、選書原則、版本取捨、著録項目和分類體系。

《儒藏總目》屬於專題目録，根據《儒藏》的編纂規劃，《儒藏總目》收録範圍以傳世文獻爲主，選取先秦至清王朝結束之間的儒家經典和反映儒家思想、體現儒家經世做人原則的典籍，依照最能代表儒家學術思想的經、史、子、集四部分類，參考《中國叢書綜録》和《中國古籍善本書目》等目録的分類體系，並根據情況略作調整。經學書是儒學的主體，因此經學書籍的品種原則上全部收入；史部、子部和集部有關部分則請《儒藏》編纂中心有關學科的專家進行選收。

古籍整理的首要任務是選擇好的底本和好的校本。底本和校本的選擇，直接關係整理質量的高低。古書校勘只有依靠好的版本，才可以確定和改正謬誤。必須要有版本的依據，才能夠證實校改的是非。《儒藏總目》注意選擇一部書的較早、較全、較好版本，取優汰劣。同時，還注意收入新版影印本書籍，以便《儒藏》整理校勘工作的使用。

我們希望，《儒藏總目》不僅爲《儒藏》的編纂提供一個可供選擇的書目，爲《儒藏》工程的順利開展創造條件，同時成爲儒學研究的一部重要工具書，從中反映我國儒學發展的軌跡。

編　者

凡　例

1. 根據《儒藏》編纂規劃,《儒藏總目》收録範圍是以傳世文獻爲主,選取先秦至1911年清王朝結束時期的儒家經典和反映儒家思想、體現儒家經世做人原則的典籍。即從現存中國歷代儒學書籍中選出儒家思想具有代表性的,或在歷史上産生過影響的,以及反映儒學發展史實的著作,數量約二萬餘種。經學書是儒學的主體,因此總目是以經學書爲主(經學書籍的品種原則上全部收入),兼收史部、子部和集部。

2. 本目録對現存的各個歷史時期的儒學著作,進行品種和版本的選擇。

3. 本目録是經選擇的各時期儒學著作的品種書目,選入的每條書目下,開列該書校勘精審的版本和常見版本,每一品種下選擇若干種版本,個别版本存世較多的選擇略多些。

4. 書名同、卷數同、作者同,儘量選擇好的版本。如早期版本、稿本、初印本,以及歷代的精校精印本,還有好的抄本及名家的手校題跋本等。

5. 本着充分利用後人研究成果的原則,凡同書有後代名家增補、附録、校勘、輯佚等不同本者均予收録。

6. 同書同作者的後刻本有改變卷數者收入。

7. 著録方式是,首書名,次該書品種,包括書名、卷數,編著者及版本,並加注館藏,藏書單位原則上使用通行簡稱,使用簡稱易致歧義者則仍用全稱。

8. 有的書已經有影印本也收録於條目之下,主要選自上世紀九十年代以來出版的古籍影印叢書,如《四庫全書存目叢書》、《續修四庫全書》、《四庫禁毁書輯刊》、《四庫未收書叢刊》、《中華再造善本》、《北京圖書館古籍珍本叢刊》、臺灣版《清代稿本百種叢刊》等。

9. 凡叢書子目分入所屬類目中,個人獨纂叢書也各入其類。

經部目録

經部　易類

一、正文之屬

周易九卷周易略例一卷

　　唐開成二年勒石清廖氏半畝園嫏嬛妙境拓印唐開成石經本　北大　復旦　南京

　　一九二六年張宗昌皕忍堂摹刻唐開成石經本　北大

周易(不分卷)

　　宋刻遞修巾箱八經本　國圖

　　明弘治九年廣陽陳儒刻五經本　國圖　上海

　　明嘉靖三十一年翁溥刻五經本　國圖

　　明隆慶新安吴勉學刻十三經本　國圖　北大

　　清光緒九年南海孔廣陶岳雪樓刻古香齋袖珍十種之古香齋五經本　北大

　　一九二六年涉園影印宋刻遞修巾箱八經本　北大

周易四卷

　　明莊繹刻本　國圖

周易二卷

　　日本延寶七年羅浮山夕顔巷刻新板五經本　北大

周易三卷

　　清刻本　上海

周易二卷

　　元至正十二年梅隱書堂刻本　國圖

　　中華再造善本影印元至正十二年梅隱書堂刻本

周易三卷　明秦鏷訂正

　　明崇禎十三年錫山秦鏷求古齋刻九經本　國圖　北大　上海　山東

　　清逸文堂翻刻明崇禎十三年錫山秦鏷求古齋刻九經本　北大

周易句讀讀本四卷(附易解拾遺七卷後)　清周世金點

　　清嘉慶二十四年和義堂周氏家刻本　國圖　北師大　南京

　　清道光元年長碧堂刻本　上海

　　清同治湖南衡山和義堂周氏家刻本　國圖　上海　南京　四川　山東

清刻朱墨套印本　遼寧

篆文周易十卷　明陳鳳梧校

明嘉靖刻陳鳳梧書篆文六經本　上海

篆文周易不分卷　清張照校

清雍正内府刻欽定篆文六經四書本　北大　上海

清光緒九年上海同文書局據清雍正内府刻本影印欽定篆文六經四書本

翻譯易經[滿漢對照]四卷

清乾隆三年刻本　上海

清乾隆三十年後武英殿刻本　北大

翻譯易經[滿漢對照]二卷

清乾隆三十年後抄本　北大

周易正文二卷略例二卷　日本葛山壽　荻原萬世國讀　日本長井昌純　永井定經　鶴田千里挍

日本天保七年江都書林須原屋茂兵衛等刻本　北大

二、傳説之屬

子夏易傳十一卷　題周卜商撰

明末刻本　國圖

清康熙十九年納蘭成德刻通志堂經解本

清乾隆四庫全書館寫欽定四庫全書本

清嘉慶十年虞山張氏照曠閣刻學津討原本

清同治十二年粵東書局刻通志堂經解本

子夏易傳一卷　題周卜商撰　清孫馮翼輯　清臧庸述

清嘉慶十年承德孫氏刻問經堂叢書本

周易子夏傳一卷　題周卜商撰　清張惠言輯

清嘉慶道光刻張皋文箋易詮全集之易義别録本　國圖　北大　科學

清道光元年張成孫抄易義别録稿本　復旦

清道光元年合河康氏刻易義别録本　國圖　天津　上海　湖北

清道光九年廣東學海堂刻皇清經解一千四百卷本之易義别録本　遼寧

子夏易傳一卷　題周卜商撰　清孫堂輯

清嘉慶四年平湖孫氏映雪草堂刻漢魏二十一家易注本

子夏易傳一卷　題周卜商撰　清張澍輯

清道光元年武威張氏二酉堂刻二酉堂叢書本

周易子夏傳一卷　題周卜商撰　清馬國翰輯
清同治十年濟南皇華館刻玉函山房輯佚書本

周易子夏傳二卷
清光緒九年長沙嫏嬛館刻玉函山房輯佚書本
清光緒九年長沙嫏嬛館刻光緒十年章邱李氏印玉函山房輯佚書本
清光緒十年楚南書局刻玉函山房輯佚書本

子夏易傳一卷　題周卜商撰　清黄奭輯
清道光甘泉黄氏刻光緒印漢學堂叢書本
清道光甘泉黄氏刻一九二五年王鑒修補重印黄氏逸書考本

周易史氏義一卷　題周史默撰　清王仁俊輯
清光緒王仁俊輯玉函山房輯佚書續編稿本　上海

周易黄氏義一卷　題周黄歇撰　清王仁俊輯
清光緒王仁俊輯玉函山房輯佚書續編稿本　上海

周易吕氏義一卷　秦吕不韋撰　清王仁俊輯
清光緒王仁俊輯玉函山房輯佚書續編稿本　上海

周易丁氏傳二卷　漢丁寛撰　清馬國翰輯
清同治十年濟南皇華館刻玉函山房輯佚書本
清光緒九年長沙嫏嬛館刻玉函山房輯佚書本
清光緒九年長沙嫏嬛館刻光緒十年章邱李氏印玉函山房輯佚書本

周易賈氏義一卷　漢賈誼撰　清王仁俊輯
清光緒王仁俊輯十三經漢注稿本　上海
清光緒王仁俊輯玉函山房輯佚書續編稿本　上海

蔡氏易説一卷　漢蔡景君撰　清馬國翰輯
清同治十年濟南皇華館刻玉函山房輯佚書本
清光緒九年長沙嫏嬛館刻玉函山房輯佚書本
清光緒九年長沙嫏嬛館刻光緒十年章邱李氏印玉函山房輯佚書本

周易韓氏傳二卷　漢韓嬰撰　清馬國翰輯
清同治十年濟南皇華館刻玉函山房輯佚書本
清光緒九年長沙嫏嬛館刻玉函山房輯佚書本
清光緒九年長沙嫏嬛館刻光緒十年章邱李氏印玉函山房輯佚書本

周易古五子傳一卷　漢佚名撰　清馬國翰輯
清同治十年濟南皇華館刻玉函山房輯佚書本
清光緒九年長沙嫏嬛館刻玉函山房輯佚書本
清光緒九年長沙嫏嬛館刻光緒十年章邱李氏印玉函山房輯佚書本

周易董氏義一卷 漢董仲舒撰 清王仁俊輯
清王仁俊原稿玉函山房輯佚續編本 上海
周易淮南九師道訓一卷 漢劉安撰 清馬國翰輯
清同治十年濟南皇華館刻玉函山房輯佚書本
清光緒九年長沙嫏嬛館刻玉函山房輯佚書本
清光緒九年長沙嫏嬛館刻光緒十年章邱李氏印玉函山房輯佚書本
淮南子周易古義二卷補佚一卷 胡兆鸞輯
清末至民國初抄本 國圖
抄本 科學
抄本 山東
易下邳傳甘氏義一卷 漢甘容撰 清王仁俊輯
清光緒王仁俊輯十三經漢注稿本 上海
清光緒王仁俊輯玉函山房輯佚書續編稿本 上海
費氏易一卷 漢費直撰 清馬國翰輯
清同治十年濟南皇華館刻玉函山房輯佚書本
清光緒九年長沙嫏嬛館刻玉函山房輯佚書本
清光緒九年長沙嫏嬛館刻光緒十年章邱李氏印玉函山房輯佚書本
費氏古易訂文十二卷 漢費直著 王樹枏輯
清光緒十七年文莫室刻本 國圖 上海 遼寧 山東
清光緒十七年四川青神刻本 天津 南京 湖北 四川
清光緒至民國初新城王氏刻陶廬叢刻本
續修四庫全書影印清光緒十七年青神刻本
周易施氏章句一卷 漢施仇撰 清馬國翰輯
清同治十年濟南皇華館刻玉函山房輯佚書本
清光緒九年長沙嫏嬛館刻玉函山房輯佚書本
清光緒九年長沙嫏嬛館刻光緒十年章邱李氏印玉函山房輯佚書本
周易章句一卷 漢孟喜撰 清王謨輯
清嘉慶三年金溪王氏刻漢魏遺書抄本 遼寧 山東
周易孟氏一卷 漢孟喜撰 清張惠言輯
清嘉慶道光刻張皋文箋易詮全集之易義别録本 國圖 北大 科學
清道光元年張成孫抄易義别録稿本 復旦
清道光元年合河康氏刻易義别録本 國圖 天津 上海 湖北
清道光九年廣東學海堂刻皇清經解一千四百卷本之易義别録本 遼寧
周易章句一卷 漢孟喜撰 清孫堂輯
清嘉慶四年平湖孫氏映雪草堂刻漢魏二十一家易注本

周易孟氏章句二卷　漢孟喜撰　清馬國翰輯

清同治十年濟南皇華館刻玉函山房輯佚書本

清光緒九年長沙嫏嬛館刻玉函山房輯佚書本

清光緒九年長沙嫏嬛館刻光緒十年章邱李氏印玉函山房輯佚書本

易章句一卷　漢孟喜撰　清黄奭輯

清道光甘泉黄氏刻光緒印漢學堂叢書本

清道光甘泉黄氏刻一九二五年王鑒修補重印黄氏逸書考本

清道光甘泉黄氏刻一九三四年江都朱長圻修補重印黄氏逸書考本

周易梁丘氏章句一卷　漢梁丘賀撰　清馬國翰輯

清同治十年濟南皇華館刻玉函山房輯佚書本

清光緒九年長沙嫏嬛館刻玉函山房輯佚書本

清光緒九年長沙嫏嬛館刻光緒十年章邱李氏印玉函山房輯佚書本

周易章句一卷　漢京房撰　清孫堂輯

清嘉慶四年平湖孫氏映雪草堂刻漢魏二十一家易注本

周易京氏章句一卷　漢京房撰　清馬國翰輯

清同治十年濟南皇華館刻玉函山房輯佚書本

清光緒九年長沙嫏嬛館刻玉函山房輯佚書本

清光緒九年長沙嫏嬛館刻光緒十年章邱李氏印玉函山房輯佚書本

易章句一卷　漢京房撰　清黄奭輯

清道光甘泉黄氏刻光緒印漢學堂叢書本

清道光甘泉黄氏刻一九二五年王鑒修補重印黄氏逸書考本

清道光甘泉黄氏刻一九三四年江都朱長圻修補重印黄氏逸書考本

周易京氏章句一卷　漢京房撰　清王仁俊輯

清光緒王仁俊輯十三經漢注稿本　上海

清光緒王仁俊輯玉函山房輯佚書續編稿本　上海

周易京氏一卷　漢京房撰　清張惠言輯

清嘉慶道光刻張皋文箋易詮全集之易義別録本　國圖　北大　科學

清道光元年張成孫抄易義別録稿本　復旦

清道光元年合河康氏刻易義別録本　國圖　天津　上海　湖北

清道光九年廣東學海堂刻皇清經解一千四百卷本之易義別録本　遼寧

周易劉氏義一卷　漢劉向撰　清王仁俊輯

清光緒王仁俊輯十三經漢注稿本　上海

清光緒王仁俊輯玉函山房輯佚書續編稿本　上海

周易彭氏義一卷　漢彭宣撰　清王仁俊輯

清光緒王仁俊輯十三經漢注稿本　上海

清光緒王仁俊輯玉函山房輯佚書續編稿本　上海

周易鄭司農注一卷　漢鄭衆撰　清王仁俊輯

清光緒王仁俊輯十三經漢注稿本　上海

清光緒王仁俊輯玉函山房輯佚書續編稿本　上海

周易王氏義一卷　漢王充撰　清王仁俊輯

清光緒王仁俊輯十三經漢注稿本　上海

清光緒王仁俊輯玉函山房輯佚書續編稿本　上海

周易賈氏義一卷　漢賈逵撰　清王仁俊輯

清光緒王仁俊輯十三經漢注稿本　上海

清光緒王仁俊輯玉函山房輯佚書續編稿本　上海

周易班氏義一卷　漢班固撰　清王仁俊輯

清光緒王仁俊輯玉函山房輯佚書續編稿本　上海

周易魯恭義一卷　漢魯恭撰　清王仁俊輯

清光緒王仁俊輯十三經漢注稿本　上海

清光緒王仁俊輯玉函山房輯佚書續編稿本　上海

周易馬氏一卷　漢馬融撰　清張惠言輯

清嘉慶道光刻張皋文箋易詮全集之易義別録本　國圖　北大　科學

清道光元年張成孫抄易義別録稿本　復旦

清道光元年合河康氏刻易義別録本　國圖　天津　上海　湖北

清道光九年廣東學海堂刻皇清經解一千四百卷本之易義別録本　遼寧

周易傳一卷　漢馬融撰　清孫堂輯

清嘉慶四年平湖孫氏映雪草堂刻漢魏二十一家易注本

周易馬氏傳三卷　漢馬融撰　清馬國翰輯

清同治十年濟南皇華館刻玉函山房輯佚書本

清光緒九年長沙嫏嬛館刻玉函山房輯佚書本

清光緒九年長沙嫏嬛館刻光緒十年章邱李氏印玉函山房輯佚書本

易傳一卷　漢馬融撰　清黄奭輯

清道光甘泉黄氏刻光緒印漢學堂叢書本

清道光甘泉黄氏刻一九二五年王鑒修補重印黄氏逸書考本

周易鄭康成注一卷　漢鄭玄撰　宋王應麟輯

元至元六年慶元路儒學刻玉海本　國圖

元刻明萬曆十一年南監遞修玉海本　國圖　北大

元至元六年慶元路儒學刻明正德嘉靖萬曆崇禎補刻清康熙二十六年吉水李振裕補刻玉海本

明萬曆刻祕册彙函本　山東

清乾隆四庫全書館寫欽定四庫全書本

清光緒九年浙江書局刻玉海本　天津　遼寧　山東　南京

中華再造善本影印元至元六年慶元路儒學刻本

鄭氏周易三卷　漢鄭玄撰　宋王應麟輯　清惠棟補輯

清乾隆惠棟稿本　上海

清乾隆二十一年盧見曾刻雅雨堂叢書本　上海　南京

清乾隆四庫全書館寫欽定四庫全書本

清抄本　湖北

周易注三卷補遺一卷　漢鄭玄撰　宋王應麟輯　清惠棟補輯　清孫堂重校補

清嘉慶四年平湖孫氏映雪草堂刻漢魏二十一家易注本

清同治十二年粤東書局刻古經解彙函本

清光緒十四年上海蜚英館石印古經解彙函本

清光緒十五年湘南書局刻古經解彙函本

周易鄭氏注三卷　清丁杰撰

清乾隆丁杰稿本（張惠言校）　南京

周易鄭注三卷　漢鄭玄撰　宋王應麟輯　清丁杰後定　清張惠言訂正

清嘉慶道光刻張臯文箋易詮全集本　天津　遼寧　山東　湖北

清光緒定州王氏刻鄭學彙函本

周易鄭注十二卷叙録一卷　漢鄭玄撰　宋王應麟輯　清丁杰後定　清張惠言訂正　清臧庸叙録

清嘉慶蕭山陳春刻湖海樓叢書本　國圖　天津　上海　復旦　遼寧　湖北　浙江

續修四庫全書影印清嘉慶二十四年蕭山陳氏刻湖海樓叢書本

周易注十二卷　漢鄭玄撰　清孔廣林輯

清光緒十六年山東書局刻通德遺書所見録本　天津　遼寧　山東

易注九卷　漢鄭玄撰　清袁鈞輯

清光緒十年四明觀稼樓刻鄭氏佚書本　天津　遼寧

清光緒十四年浙江書局刻本　國圖

周易注一卷　漢鄭玄撰　清黄奭輯

清道光甘泉黄氏刻知足齋叢書本

清道光甘泉黄氏刻一九二五年王鑒修補重印黄氏逸書考本

易解附録一卷附後語　漢鄭玄撰　明胡震亨輯補　明姚士粦再補
明萬曆刻祕册彙函本　山東
明崇禎虞山毛氏汲古閣刻津逮秘書本　北大
九家易解一卷　漢荀爽等撰　清王謨輯
清嘉慶三年金溪王氏刻漢魏遺書抄本　遼寧　山東
周易荀氏九家三卷　漢荀爽等撰　清張惠言輯
清嘉慶道光刻張皋文箋易詮全集本　山東
九家周易集注一卷　漢荀爽等撰　清孫堂輯
清嘉慶四年平湖孫氏映雪草堂刻漢魏二十一家易注本
九家易集注一卷　漢荀爽等撰　清黄奭輯
清道光甘泉黄氏刻一九二五年王鑒修補重印黄氏逸書考本
周易注一卷　漢荀爽撰　清孫堂輯
清嘉慶四年平湖孫氏映雪草堂刻漢魏二十一家易注本
周易荀氏注三卷　漢荀爽撰　清馬國翰輯
清同治十年濟南皇華館刻玉函山房輯佚書本
清光緒九年長沙嫏嬛館刻玉函山房輯佚書本
清光緒九年長沙嫏嬛館刻光緒十年章邱李氏印玉函山房輯佚書本
易言一卷　漢荀爽撰　清黄奭輯
清道光甘泉黄氏刻一九二五年王鑒修補重印黄氏逸書考本
清道光甘泉黄氏刻一九三四年江都朱長圻修補重印黄氏逸書考本
周易趙氏義一卷　漢趙温撰　清王仁俊輯
清光緒王仁俊輯玉函山房輯佚書續編稿本　上海
周易劉景升氏一卷　漢劉表撰　清張惠言輯
清嘉慶道光刻張皋文箋易詮全集之易義别録本　國圖　北大　科學
清道光元年張成孫抄易義别録稿本　復旦
清道光元年合河康氏刻易義别録本　國圖　天津　上海　湖北
清道光九年廣東學海堂刻皇清經解一千四百卷本之易義别録本　遼寧
周易章句一卷　漢劉表撰　清孫堂輯
清嘉慶四年平湖孫氏映雪草堂刻漢魏二十一家易注本
周易劉氏章句一卷　漢劉表撰　清馬國翰輯
清同治十年濟南皇華館刻玉函山房輯佚書本
清光緒九年長沙嫏嬛館刻玉函山房輯佚書本
清光緒九年長沙嫏嬛館刻光緒十年章邱李氏印玉函山房輯佚書本
易章句一卷　漢劉表撰　清黄奭輯
清道光甘泉黄氏刻光緒印漢學堂叢書本

清道光甘泉黄氏刻一九二五年王鑒修補重印黄氏逸書考本

周易徐幹義一卷　漢徐幹撰　清王仁俊輯

清光緒王仁俊輯玉函山房輯佚書續編稿本　上海

周易宋氏一卷　漢宋衷撰　清張惠言輯

清嘉慶道光刻張皋文箋易詮全集之易義别録本　國圖　北大　科學

清道光元年張成孫抄易義别録稿本　復旦

清道光元年合河康氏刻易義别録本　國圖　天津　上海　湖北

清光緒上海點石齋石印皇清經解一百九十卷本之易義别録本

周易注一卷　漢宋衷撰　清孫堂輯

清嘉慶四年平湖孫氏映雪草堂刻漢魏二十一家易注本

周易宋氏注一卷　漢宋衷撰　清馬國翰輯

清同治十年濟南皇華館刻玉函山房輯佚書本

清光緒九年長沙嫏嬛館刻玉函山房輯佚書本

清光緒九年長沙嫏嬛館刻光緒十年章邱李氏印玉函山房輯佚書本

易注一卷　漢宋衷撰　清黄奭輯

清道光甘泉黄氏刻光緒印漢學堂叢書本

清道光甘泉黄氏刻一九二五年王鑒修補重印黄氏逸書考本

周易薛氏記一卷　□薛虞撰　清馬國翰輯

清同治十年濟南皇華館刻玉函山房輯佚書本

清光緒九年長沙嫏嬛館刻玉函山房輯佚書本

清光緒九年長沙嫏嬛館刻光緒十年章邱李氏印玉函山房輯佚書本

易音注一卷　□薛虞撰　清黄奭輯

清道光甘泉黄氏刻光緒印漢學堂叢書本

清道光甘泉黄氏刻一九二五年王鑒修補重印黄氏逸書考本

漢易十三家二卷　清胡薇元輯撰

一九二一年刻玉津閣叢書甲集本　北大　科學　北師大

周易注十卷附録一卷　三國吴虞翻撰　清孫堂輯

清嘉慶四年平湖孫氏映雪草堂刻漢魏二十一家易注本

易注一卷　三國吴虞翻撰　清黄奭輯

清道光甘泉黄氏刻一九二五年王鑒修補重印黄氏逸書考本

清道光甘泉黄氏刻一九三四年江都朱長圻修補重印黄氏逸書考本

陸氏易解一卷　三國吴陸績撰　明姚士粦輯

明天啓三年樊維城刻鹽邑志林本　天津　湖北　南京

清乾隆四庫全書館寫欽定四庫全書本

周易述一卷　三國吴陸績撰　明姚士粦輯　清孫堂增補

清嘉慶四年平湖孫氏映雪草堂刻漢魏二十一家易注本

清嘉慶五年張氏刻書三味樓叢書本　上海

清同治十二年粤東書局刻古經解彙函本

清光緒十四年上海蜚英館石印古經解彙函本

周易陸氏一卷　三國吴陸績撰　清張惠言輯

清嘉慶道光刻張皋文箋易詮全集之易義別録本　國圖　北大　科學

清道光元年張成孫抄易義別録稿本　復旦

清道光元年合河康氏刻易義別録本　國圖　天津　上海　湖北

清道光九年廣東學海堂刻皇清經解一千四百卷本之易義別録本　遼寧

陸氏易解一卷　三國吴陸績撰　清汪□輯

清蕭山汪氏環碧山房抄易學六種本

周易陸氏述一卷　三國吴陸績撰　清馬國翰輯

清同治十年濟南皇華館刻玉函山房輯佚書本

清光緒九年長沙嫏嬛館刻玉函山房輯佚書本

清光緒九年長沙嫏嬛館刻光緒十年章邱李氏印玉函山房輯佚書本

易述一卷　三國吴陸績撰　清黄奭輯

清道光甘泉黄氏刻光緒印漢學堂叢書本

清道光甘泉黄氏刻一九二五年王鑒修補重印黄氏逸書考本

周易姚氏一卷　三國吴姚信撰　清張惠言輯

清嘉慶道光刻張皋文箋易詮全集之易義別録本　國圖　北大　科學

清道光元年張成孫抄易義別録稿本　復旦

清道光元年合河康氏刻易義別録本　國圖　天津　上海　湖北

清道光九年廣東學海堂刻皇清經解一千四百卷本之易義別録本　遼寧

周易注一卷　三國吴姚信撰　清孫堂輯

清嘉慶四年平湖孫氏映雪草唐刻漢魏二十一家易注本

周易姚氏注一卷　三國吴姚信撰　清馬國翰輯

清同治十年濟南皇華館刻玉函山房輯佚書本

清光緒九年長沙嫏嬛館刻玉函山房輯佚書本

清光緒九年長沙嫏嬛館刻光緒十年章邱李氏印玉函山房輯佚書本

易注一卷　三國吴姚信撰　清黄奭輯

清道光甘泉黄氏刻一九二五年王鑒修補重印黄氏逸書考本

清道光甘泉黄氏刻一九三四年江都朱長圻修補重印黄氏逸書考本

周易董氏一卷　三國魏董遇撰　清張惠言輯

清嘉慶道光刻張皋文箋易詮全集之易義別録本　國圖　北大　科學

清道光元年張成孫抄易義别録稿本　復旦

清道光元年合河康氏刻易義别録本　國圖　天津　上海　湖北

清道光九年廣東學海堂刻皇清經解一千四百卷本之易義别録本　遼寧

周易章句一卷　三國魏董遇撰　清孫堂輯

清嘉慶四年平湖孫氏映雪草堂刻漢魏二十一家易注本

周易董氏章句一卷　三國魏董遇撰　清馬國翰輯

清同治十年濟南皇華館刻玉函山房輯佚書本

清光緒九年長沙嫏嬛館刻玉函山房輯佚書本

清光緒九年長沙嫏嬛館刻光緒十年章邱李氏印玉函山房輯佚書本

易章句一卷　三國魏董遇撰　清黄奭輯

清道光甘泉黄氏刻光緒印漢學堂叢書本

清道光甘泉黄氏刻一九二五年王鑒修補重印黄氏逸書考本

周易何氏解一卷　三國魏何晏撰　清馬國翰輯

清同治十年濟南皇華館刻玉函山房輯佚書本

清光緒九年長沙嫏嬛館刻玉函山房輯佚書本

清光緒九年長沙嫏嬛館刻光緒十年章邱李氏印玉函山房輯佚書本

周易王子雍氏一卷　三國魏王肅撰　清張惠言輯

清嘉慶道光刻張皋文箋易詮全集之易義别録本　國圖　北大　科學

清道光元年張成孫抄易義别録稿本　復旦

清道光元年合河康氏刻易義别録本　國圖　天津　上海　湖北

周易注一卷　三國魏王肅撰　清孫堂輯

清嘉慶四年平湖孫氏映雪草堂刻漢魏二十一家易注本

周易王氏注二卷　三國魏王肅撰　清馬國翰輯

清同治十年濟南皇華館刻玉函山房輯佚書本

清光緒九年長沙嫏嬛館刻玉函山房輯佚書本

清光緒九年長沙嫏嬛館刻光緒十年章邱李氏印玉函山房輯佚書本

清葉氏緣督廬抄本　上海

易注一卷　三國魏王肅撰　清黄奭輯

清道光甘泉黄氏刻光緒印漢學堂叢書本

清道光甘泉黄氏刻一九二五年王鑒修補重印黄氏逸書考本

馬王易義一卷　漢馬融　三國魏王肅撰　清臧庸輯

清嘉慶承德孫氏刻問經堂叢書本

清抄本　國圖

黑格抄本　南京

唐寫本周易王注殘卷卷三卷四　三國魏王弼撰
一九一七年上虞羅振玉影印鳴沙石室古籍叢殘本　北大
周易王弼注唐寫本殘卷校字記一卷　羅振玉撰
清宣統三年石印本　臺北嚴靈峰無求備齋
敦煌古寫本周易王注校勘記二卷　羅振玉撰
一九一六年上海倉聖明智大學鉛印廣倉學宭叢書甲類本　天津　遼寧　山東
敦煌周易残卷　三國魏王弼撰
敦煌遺書本　法國國家圖書館
續修四庫全書影印敦煌遺書本
周易注六卷　三國魏王弼撰
日本室町後期刻本　日國會
周易注六卷　三國魏王弼注　唐陸德明音義
日本慶長十年京都伏見釋閑室圓光寺木活字印本　北大
周易略例一卷　三國魏王弼撰
唐開成二年勒石清麐氏半畝園嫏嬛妙境拓印唐開成石經本　北大　復旦　南京
明崇禎十五年采隱山居刻增定漢魏六朝別解本
清順治三年兩浙督學周南李際期宛委山堂刻説郛本　天津　遼寧
一九二六年張宗昌皕忍堂摹刻唐開成石經本　北大
周易略例一卷　三國魏王弼撰　唐邢璹注
明嘉靖三十九年至萬曆十三年四明范欽刻本　山東
明萬曆新安程氏刻漢魏叢書本　北大　上海　天津　遼寧
清乾隆五十六年金溪王氏刻增訂漢魏叢書本　北大　天津　南京　遼寧　山東
清同治番禺李氏抄反約篇本
清光緒二年紅杏山房刻一九一五年蜀南馬湖盧樹柟修補重印增訂漢魏叢書本　北大
一九二五年上海商務印書館影印明萬曆新安程氏刻漢魏叢書本　北大
周易略例校正一卷　清盧文弨撰
清乾隆五十六年刻群書拾補本
清乾隆嘉慶餘姚盧氏刻抱經堂叢書之群書拾補初編本
清光緒會稽徐氏鑄學齋刻紹興先正遺書本
周易略例校勘記一卷　清阮元撰
清道光九年廣東學海堂刻皇清經解一千四百卷本　天津　山東

清道光九年廣東學海堂刻咸豐十一年補刻皇清經解一千四百八卷本　遼寧
清光緒十一年上海點石齋影印十三經注疏校勘記本　國圖
清光緒十七年上海鴻寶齋石印皇清經解一百九十卷本

周易注九卷略例一卷　三國魏王弼注　晉韓康伯注　魏王弼撰略例
日本舊抄卷子改摺本　日本崇蘭館
日本大永三年抄本　日本崇蘭館

周易三卷周易略例一卷輔嗣康伯舊本異文一卷　三國魏王弼注　晉韓康伯注　魏王弼撰略例　宋熊克校勘
明末刻本　北大

輔嗣康伯舊本異文一卷　宋熊克撰
明末刻本　北大

周易九卷周易略例一卷　三國魏王弼注　晉韓康伯注　魏王弼撰略例　唐邢璹注略例
宋刻本　國圖
明味經堂刻本　國圖
清抄本　上海

周易十卷(卷十爲周易略例)
宋淳熙撫州公使庫刻遞修本(卷七至十配清影宋抄本)　國圖
日本寶曆九年皇都書林丸屋市兵衛等刻本　北大

周易十卷(卷十爲略例)　三國魏王弼注　晉韓康伯注　魏王弼撰略例　唐邢璹注略例　唐陸德明釋文
宋刻本　國圖
民國初影印本　北大

周易十卷(卷十爲略例)　三國魏王弼注　晉韓康伯注　魏王弼撰略例　唐邢璹注略例　唐陸德明音義
元相臺岳氏荆溪家塾刻本　國圖
清初影元抄本　國圖
中華再造善本影元相臺岳氏荆溪家塾刻本

周易十卷附校記一卷　三國魏王弼注　晉韓康伯注　魏王弼撰略例　唐邢璹注略例　唐陸德明釋文
日本昭和三年東京文求堂據宋刻本影印本　國圖　上海

周易注九卷略例一卷　三國魏王弼注　晉韓康伯注　魏王弼撰略例　唐邢璹注略例　唐陸德明注音　明金蟠訂　明葛鼒校

明崇禎十二年金蟠重刻萬曆東吴葛氏永懷堂十三經古注本　清王□□校　復旦(有批校)　南京　山東

明崇禎十二年金蟠刻清同治八年浙江書局重修十三經古注本　國圖　首都　北大　北師大　天津　南京等館

清同治十一年山东書局刻十三經古注本　國圖

周易十卷(卷十爲略例)附考證　三國魏王弼注　晉韓康伯注　魏王弼撰略例　唐邢璹注略例　唐陸德明注音　清佚名考證

清乾隆四十八年武英殿刻仿宋相臺五經本　北大

清同治三年南海鄺氏九我堂據乾隆四十八年武英殿刻本翻刻仿宋相臺五經本　北大

一九二四年奉新宋氏卷雨廔據乾隆四十八年武英殿刻本影印仿宋相臺五經本　北大

周易十卷(卷十爲略例)　三國魏王弼注　晉韓康伯注　魏王弼撰略例　唐邢璹注略例　唐陸德明注音

日本寶曆八年東都書肆刻本　上海

清乾隆四庫全書館寫欽定四庫全書本

王輔嗣論易一卷　三國魏王弼撰

明萬曆天啓烏程閔齊伋刻朱墨套印本　北大　國圖　上海　南京

周易注六卷附抄諸儒易説　三國魏王弼撰

日本抄北宋本　北大

周易蜀才氏一卷　三國蜀范長生撰　清張惠言輯

清嘉慶道光刻張皋文箋易詮全集之易義别録本　國圖　北大　科學

清道光元年張成孫抄易義别録稿本　復旦

清道光元年合河康氏刻易義别録本　國圖　天津　上海　湖北

清道光九年廣東學海堂刻皇清經解一千四百卷本之易義别録本　遼寧

蜀才周易注一卷　三國蜀范長生撰　清孫堂輯

清嘉慶四年平湖孫氏映雪草堂刻漢魏二十一家易注本

周易蜀才注一卷　三國蜀范長生撰　清馬國翰輯

清同治十年濟南皇華館刻玉函山房輯佚書本

清光緒九年長沙娜嬛館刻玉函山房輯佚書本

清光緒九年長沙娜嬛館刻光緒十年章邱李氏印玉函山房輯佚書本

蜀才易注一卷　三國蜀范長生撰　清黄奭輯
清道光甘泉黄氏刻光緒印漢學堂叢書本
清道光甘泉黄氏刻一九二五年王鑒修補重印黄氏逸書考本
周易翟氏一卷　□翟玄撰　清張惠言輯
清嘉慶道光刻張皋文箋易詮全集之易義別録本　國圖　北大　科學
清道光元年張成孫抄易義別録稿本　復旦
清道光元年合河康氏刻易義別録本　國圖　天津　上海　湖北
清道光九年廣東學海堂刻皇清經解一千四百卷本之易義別録本　遼寧
周易義一卷　□翟玄撰　清孫堂輯
清嘉慶四年平湖孫氏映雪草堂刻漢魏二十一家易注本
周易翟氏義一卷　□翟玄撰　清馬國翰輯
清同治十年濟南皇華館刻玉函山房輯佚書本
清光緒九年長沙嫏嬛館刻玉函山房輯佚書本
清光緒九年長沙嫏嬛館刻光緒十年章邱李氏印玉函山房輯佚書本
易義一卷　□翟玄撰　清黄奭輯
清道光甘泉黄氏刻光緒印漢學堂叢書本
清道光甘泉黄氏刻一九二五年王鑒修補重印黄氏逸書考本
周易義一卷　晉向秀撰　清孫堂輯
清嘉慶四年平湖孫氏映雪草堂刻漢魏二十一家易注本
周易向氏義一卷　晉向秀撰　清馬國翰輯
清同治十年濟南皇華館刻玉函山房輯佚書本
清光緒九年長沙嫏嬛館刻玉函山房輯佚書本
清光緒九年長沙嫏嬛館刻光緒十年章邱李氏印玉函山房輯佚書本
易義一卷　晉向秀撰　清黄奭輯
清道光甘泉黄氏刻光緒印漢學堂叢書本
清道光甘泉黄氏刻一九二五年王鑒修補重印黄氏逸書考本
周易統略一卷　晉鄒湛撰　清馬國翰輯
清同治十年濟南皇華館刻玉函山房輯佚書本
清光緒九年長沙嫏嬛館刻玉函山房輯佚書本
清光緒九年長沙嫏嬛館刻光緒十年章邱李氏印玉函山房輯佚書本
周易張氏義一卷　晉張軌撰　清馬國翰輯
清同治十年濟南皇華館刻玉函山房輯佚書本
清光緒九年長沙嫏嬛館刻玉函山房輯佚書本
清光緒九年長沙嫏嬛館刻光緒十年章邱李氏印玉函山房輯佚書本

周易注一卷　晉干寶撰　元屠曾輯　清孫堂補
清嘉慶四年平湖孫氏映雪草堂刻漢魏二十一家易注本
易解三卷　晉干寶撰　明姚士粦輯
明天啓三年樊維城刻鹽邑志林本　湖北
干常侍易解二卷　晉干寶撰　明樊維成編
抄本　上海
周易干氏二卷　晉干寶撰　清張惠言輯
清嘉慶道光刻張皋文箋易詮全集之易義別録本　國圖　北大　科學
清道光元年張成孫抄易義別録稿本　復旦
清道光元年合河康氏刻易義別録本　國圖　天津　上海　湖北
清光緒九年重刻道光元年康氏刻易義別録本　復旦　山東
周易干氏注三卷　晉干寶撰　清馬國翰輯
清同治十年濟南皇華館刻玉函山房輯佚書本
清光緒九年長沙嫏嬛館刻玉函山房輯佚書本
清光緒九年長沙嫏嬛館刻光緒十年章邱李氏印玉函山房輯佚書本
易注一卷　晉干寶撰　清黄奭輯
清道光甘泉黄氏刻一九二五年王鑒修補重印黄氏逸書考本
清道光甘泉黄氏刻一九三四年江都朱長圻修補重印黄氏逸書考本
干氏易傳三卷　晉干寶撰　清汪□輯
清蕭山汪氏環碧山房抄易學六種本
周易王世將氏一卷　晉王廙撰　清張惠言輯
清嘉慶道光刻張皋文箋易詮全集之易義別録本　國圖　北大　科學
清道光元年張成孫抄易義別録稿本　復旦
清道光元年合河康氏刻易義別録本　國圖　天津　上海　湖北
清光緒九年重刻道光元年康氏刻易義別録本　復旦　山東
清道光九年廣東學海堂刻皇清經解一千四百卷本之易義別録本　遼寧
周易注一卷　晉王廙撰　清孫堂輯
清嘉慶四年平湖孫氏映雪草堂刻漢魏二十一家易注本
周易王氏注一卷　晉王廙撰　清馬國翰輯
清同治十年濟南皇華館刻玉函山房輯佚書本
清光緒九年長沙嫏嬛館刻玉函山房輯佚書本
清光緒九年長沙嫏嬛館刻光緒十年章邱李氏印玉函山房輯佚書本
易注一卷　晉王廙撰　清黄奭輯
清道光甘泉黄氏刻光緒印漢學堂叢書本

清道光甘泉黄氏刻一九二五年王鑒修補重印黄氏逸書考本

易象妙于見形論一卷　晉孫盛撰　清馬國翰輯

清同治十年濟南皇華館刻玉函山房輯佚書本

清光緒九年長沙嫏嬛館刻玉函山房輯佚書本

清光緒九年長沙嫏嬛館刻光緒十年章邱李氏印玉函山房輯佚書本

周易黄氏注一卷　晉黄穎撰　清馬國翰輯

清同治十年濟南皇華館刻玉函山房輯佚書本

清光緒九年長沙嫏嬛館刻玉函山房輯佚書本

清光緒九年長沙嫏嬛館刻光緒十年章邱李氏印玉函山房輯佚書本

易注一卷　晉黄穎撰　清黄奭輯

清道光甘泉黄氏刻光緒印漢學堂叢書本

清道光甘泉黄氏刻一九二五年王鑒修補重印黄氏逸書考本

周易集解一卷　晉張璠撰　清孫堂輯

清嘉慶四年平湖孫氏映雪草堂刻漢魏二十一家易注本

周易張氏集解一卷　晉張璠撰　清馬國翰輯

清同治十年濟南皇華館刻玉函山房輯佚書本

清光緒九年長沙嫏嬛館刻玉函山房輯佚書本

清光緒九年長沙嫏嬛館刻光緒十年章邱李氏印玉函山房輯佚書本

易集解一卷　晉張璠撰　清黄奭輯

清道光甘泉黄氏刻光緒印漢學堂叢書本

清道光甘泉黄氏刻一九二五年王鑒修補重印黄氏逸書考本

易注一卷　晉張璠撰　清黄奭輯

清道光甘泉黄氏刻光緒印漢學堂叢書本

清道光甘泉黄氏刻一九二五年王鑒修補重印黄氏逸書考本

周易繫辭桓氏注一卷　晉桓玄撰　清馬國翰輯

清同治十年濟南皇華館刻玉函山房輯佚書本

清光緒九年長沙嫏嬛館刻玉函山房輯佚書本

清光緒九年長沙嫏嬛館刻光緒十年章邱李氏印玉函山房輯佚書本

周易卦序論一卷　晉楊乂撰　清馬國翰輯

清同治十年濟南皇華館刻玉函山房輯佚書本

清光緒九年長沙嫏嬛館刻玉函山房輯佚書本

清光緒九年長沙嫏嬛館刻光緒十年章邱李氏印玉函山房輯佚書本

周易繫辭荀氏注一卷　南朝宋荀柔之撰　清馬國翰輯

清同治十年濟南皇華館刻玉函山房輯佚書本

清光緒九年長沙嫏嬛館刻玉函山房輯佚書本
清光緒九年長沙嫏嬛館刻光緒十年章邱李氏印玉函山房輯佚書本

周易繫辭明氏注一卷　南朝齊明僧紹撰　清馬國翰輯
清同治十年濟南皇華館刻玉函山房輯佚書本
清光緒九年長沙嫏嬛館刻玉函山房輯佚書本
清光緒九年長沙嫏嬛館刻光緒十年章邱李氏印玉函山房輯佚書本

周易沈氏要略一卷　南朝齊沈驎士撰　清馬國翰輯
清同治十年濟南皇華館刻玉函山房輯佚書本
清光緒九年長沙嫏嬛館刻玉函山房輯佚書本
清光緒九年長沙嫏嬛館刻光緒十年章邱李氏印玉函山房輯佚書本

周易劉子珪氏一卷　南朝齊劉瓛撰　清張惠言輯
清嘉慶道光刻張臯文箋易詮全集之易義別録本　國圖　北大　科學
清道光元年張成孫抄易義別録稿本　復旦
清道光元年合河康氏刻易義別録本　國圖　天津　上海　湖北
清光緒九年重刻道光元年康氏刻易義別録本　復旦　山東
清道光九年廣東學海堂刻皇清經解一千四百卷本之易義別録本　遼寧

周易義疏一卷　南朝齊劉瓛撰　清孫堂輯
清嘉慶四年平湖孫氏映雪草堂刻漢魏二十一家易注本

周易劉氏義疏一卷　南朝齊劉瓛撰　清馬國翰輯
清同治十年濟南皇華館刻玉函山房輯佚書本
清光緒九年長沙嫏嬛館刻玉函山房輯佚書本
清光緒九年長沙嫏嬛館刻光緒十年章邱李氏印玉函山房輯佚書本

周易劉氏義疏一卷　南朝齊劉瓛撰　清王仁俊輯
清光緒王仁俊輯玉函山房輯佚書續編稿本　上海

繫辭義疏一卷　南朝齊劉瓛撰　清黄奭輯
清道光甘泉黄氏刻光緒印漢學堂叢書本
清道光甘泉黄氏刻一九二五年王鑒修補重印黄氏逸書考本

乾坤義一卷　南朝齊劉瓛撰　清黄奭輯
清道光甘泉黄氏刻光緒印漢學堂叢書本
清道光甘泉黄氏刻一九二五年王鑒修補重印黄氏逸書考本

周易伏氏集解一卷　南朝梁伏曼容撰　清馬國翰輯
清同治十年濟南皇華館刻玉函山房輯佚書本
清光緒九年長沙嫏嬛館刻玉函山房輯佚書本
清光緒九年長沙嫏嬛館刻光緒十年章邱李氏印玉函山房輯佚書本

周易大義一卷　南朝梁武帝蕭衍撰　清馬國翰輯
清同治十年濟南皇華館刻玉函山房輯佚書本
清光緒九年長沙嫏嬛館刻玉函山房輯佚書本
清光緒九年長沙嫏嬛館刻光緒十年章邱李氏印玉函山房輯佚書本
周易褚氏講疏一卷　南朝梁褚仲都撰　清馬國翰輯
清同治十年濟南皇華館刻玉函山房輯佚書本
清光緒九年長沙嫏嬛館刻玉函山房輯佚書本
清光緒九年長沙嫏嬛館刻光緒十年章邱李氏印玉函山房輯佚書本
易注一卷　南朝梁褚仲都撰　清黄奭輯
清道光甘泉黄氏刻光緒印漢學堂叢書本
清道光甘泉黄氏刻一九二五年王鑒修補重印黄氏逸書考本
關氏易傳一卷　後魏關朗撰
明末刻唐宋叢書本　武大
清順治三年兩浙督學周南李際期宛委山堂刻説郛本　天津　山東
清乾隆五十六年金溪王氏刻增訂漢魏叢書本　國圖　天津　山東
清光緒二年紅杏山房刻一九一五年蜀南馬湖盧樹柟修補重印增訂漢魏叢書本　北大
清光緒六年三餘堂刻增訂漢魏叢書本
關氏易傳一卷　後魏關郎撰　唐趙蕤注　宋阮逸詮次
明嘉靖四明范欽天一閣刻本　國圖　科學　上海　南京　四川
明崇禎虞山毛氏汲古閣刻津逮祕書本　北大　天津　遼寧　山東
清嘉慶十年虞山張氏照曠閣刻學津討原本　北大　天津　遼寧　山東
四庫全書存目續修四庫全書影印明嘉靖四明范氏天一閣刻范氏奇書本
周易周氏義疏一卷　南朝陳周弘正撰　清馬國翰輯
清同治十年濟南皇華館刻玉函山房輯佚書本
清光緒九年長沙嫏嬛館刻玉函山房輯佚書本
清光緒九年長沙嫏嬛館刻光緒十年章邱李氏印玉函山房輯佚書本
易注一卷　南朝陳周弘正撰　清黄奭輯
清道光甘泉黄氏刻光緒印漢學堂叢書本
清道光甘泉黄氏刻一九二五年王鑒修補重印黄氏逸書考本
周易張氏講疏一卷　南朝陳張譏撰　清馬國翰輯
清同治十年濟南皇華館刻玉函山房輯佚書本
清光緒九年長沙嫏嬛館刻玉函山房輯佚書本
清光緒九年長沙嫏嬛館刻光緒十年章邱李氏印玉函山房輯佚書本

周易傅氏注一卷　□傅□撰　清馬國翰輯
清同治十年濟南皇華館刻玉函山房輯佚書本
清光緒九年長沙嫏嬛館刻玉函山房輯佚書本
清光緒九年長沙嫏嬛館刻光緒十年章邱李氏印玉函山房輯佚書本
周易盧氏注一卷　□盧□撰　清馬國翰輯
清同治十年濟南皇華館刻玉函山房輯佚書本
清光緒九年長沙嫏嬛館刻玉函山房輯佚書本
清光緒九年長沙嫏嬛館刻光緒十年章邱李氏印玉函山房輯佚書本
盧氏易注一卷　□盧□撰　清黄奭輯
清道光甘泉黄氏刻一九二五年王鑒修補重印黄氏逸書考本
清道光甘泉黄氏刻一九三四年江都朱長圻修補重印黄氏逸書考本
周易莊氏義一卷　□莊□撰　清馬國翰輯
清同治十年濟南皇華館刻玉函山房輯佚書本
清光緒九年長沙嫏嬛館刻玉函山房輯佚書本
清光緒九年長沙嫏嬛館刻光緒十年章邱李氏印玉函山房輯佚書本
莊氏易義一卷　□莊□撰　清黄奭輯
清道光甘泉黄氏刻一九二五年王鑒修補重印黄氏逸書考本
清道光甘泉黄氏刻一九三四年江都朱長圻修補重印黄氏逸書考本
周易劉晝義一卷　北齊劉晝撰　清王仁俊輯
清光緒王仁俊輯玉函山房輯佚書續編稿本　上海
周易姚氏注一卷　□姚規撰　清馬國翰輯
清同治十年濟南皇華館刻玉函山房輯佚書本
清光緒九年長沙嫏嬛館刻玉函山房輯佚書本
清光緒九年長沙嫏嬛館刻光緒十年章邱李氏印玉函山房輯佚書本
周易崔氏注一卷　□崔覲撰　清馬國翰輯
清同治十年濟南皇華館刻玉函山房輯佚書本
清光緒九年長沙嫏嬛館刻玉函山房輯佚書本
清光緒九年長沙嫏嬛館刻光緒十年章邱李氏印玉函山房輯佚書本
周易王氏義一卷　□王嗣宗撰　清馬國翰輯
清同治十年濟南皇華館刻玉函山房輯佚書本
清光緒九年長沙嫏嬛館刻玉函山房輯佚書本
清光緒九年長沙嫏嬛館刻光緒十年章邱李氏印玉函山房輯佚書本
周易朱氏義一卷　□朱仰之撰　清馬國翰輯
清同治十年濟南皇華館刻玉函山房輯佚書本

清光緒九年長沙嫏嬛館刻玉函山房輯佚書本

清光緒九年長沙嫏嬛館刻光緒十年章邱李氏印玉函山房輯佚書本

易雜家注一卷　清黄奭輯

清道光甘泉黄氏刻一九二五年王鑒修補重印黄氏逸書考本

清道光甘泉黄氏刻一九三四年江都朱長圻修補重印黄氏逸書考本

周易何氏講疏一卷　隋何妥撰　清馬國翰輯

清同治十年濟南皇華館刻玉函山房輯佚書本

清光緒九年長沙嫏嬛館刻玉函山房輯佚書本

清光緒九年長沙嫏嬛館刻光緒十年章邱李氏印玉函山房輯佚書本

周易講疏一卷　隋何妥撰　清黄奭輯

清道光甘泉黄氏刻光緒印漢學堂叢書本

清道光甘泉黄氏刻一九二五年王鑒修補重印黄氏逸書考本

周易王氏注一卷　□王凱沖撰　清馬國翰輯

清光緒九年長沙嫏嬛館刻玉函山房輯佚書本

清光緒九年長沙嫏嬛館刻光緒十年章邱李氏印玉函山房輯佚書本

講周易疏論家義記殘卷

舊抄本　日本奈良兴福寺

日本大正十年京都帝國大學文學部影印舊抄本　北大

周易師説一卷　唐陸德明撰　清王仁俊輯

清光緒王仁俊輯玉函山房輯佚書續編稿本　上海

周易正義十四卷　唐孔穎達撰

清光緒十六年楊守敬影寫日本古單疏抄本　復旦

宋紹興覆刻北宋本　國圖

一九三五年北平人文科學研究所據傅氏雙鑒樓藏宋刻遞修本影印本　北大
　上海　南京　復旦　天津　山东

續修四庫全書影印北圖藏宋刻遞修本

周易正義十四卷校勘記二卷　唐孔穎達撰　清劉承幹校勘

一九一八年吴興劉氏嘉業堂刻嘉業堂叢書本　北大

周易正義校勘記二卷　清劉承幹撰

一九一八年吴興劉氏嘉業堂刻嘉業堂叢書本　北大

民國初嘉業堂抄本　浙江

周易注疏十三卷　魏王弼注　晉韓康伯注　唐孔穎達疏

宋兩浙東路茶鹽司刻宋元遞修本　國圖　日本足利學校遺跡圖書館

一九三五年北平人文科學研究所假藏園傅氏藏本影印本　北大

中華再造善本續修四庫全書影印宋兩浙東路茶鹽司刻宋元遞修本

周易注疏十三卷略例一卷附考證　魏王弼注　晉韓康伯注　唐孔穎達正義　魏王弼撰略例　唐邢璹注略例　唐陸德明音義　清朱良裘等考證

清乾隆四年武英殿刻十三經注疏本　國圖　北大　天津　南京　山東　中山大

清乾隆四庫全書館寫欽定四庫全書本

清同治十三年湖南書局據乾隆四年武英殿十三經注疏本翻刻本　北大

周易注疏十三卷略例一卷附考證附校記　魏王弼注　晉韓康伯注　唐孔穎達正義　魏王弼撰略例　唐邢璹注略例　唐陸德明音義　清朱良裘考證　清佚名校記

清乾隆四庫全書館寫欽定四庫全書薈要本

周易注疏校正一卷　清盧文弨撰

清乾隆五十六年餘姚盧氏刻抱經堂叢書本　天津　遼寧　山東

清光緒會稽徐氏鑄學齋刻紹興先正遺書本　天津　遼寧

周易注疏校勘記續一卷　清胡玉縉撰

清光緒二十四年胡玉縉稿本　復旦

周易九卷　魏王弼注　晉韓康伯補注　唐孔穎達疏

清咸豐二年稽古樓刻袖珍十三經注本　北大　南京

周易兼義九卷略例一卷音義一卷　魏王弼注　晉韓康伯注　唐孔穎達正義　魏王弼撰略例　唐邢璹注略例　唐陸德明音義

元刻明正德重刻本　國圖　北大　美哈佛燕京

明永樂二年刻本　國圖　上海

明嘉靖李元陽刻十三經注疏本　國圖　遼寧　浙江

明嘉靖福建刻十三經注疏本　美國會

明萬曆十四年北京國子監刻十三經注疏本　國圖　上海　遼寧　山東

周易兼義九卷校勘記九卷釋文一卷釋文校勘記一卷　魏王弼注　晉韓康伯注　唐孔穎達正義　唐陸德明釋文　清阮元校勘

清嘉慶二十年南昌府學刻重刊宋本十三經注疏附校勘記本　國圖　天津　南京　遼寧　山東

清嘉慶二十年江西南昌府學刻道光六年重修同治十二年江西書局遞修重刊宋本十三經注疏本　天津　南京　遼寧

清同治十三年湖南書局刻重刊宋本十三經注疏附校勘記本　北大

清光緒十三年上海脈望仙館石印重刊宋本十三經注疏附校勘記本　北大　天津　遼寧　山東

周易兼義四卷校勘記四卷釋文一卷釋文校勘記一卷

清光緒十三年點石齋印書局石印宋本十三經注疏本　南京

周易注疏校勘記九卷略例校勘記一卷釋文校勘記一卷　清阮元撰

清道光九年廣東學海堂刻皇清經解一千四百卷本　天津　山東

清道光九年廣東學海堂刻咸豐十一年補刻皇清經解一千四百八卷本　遼寧

周易治要一卷　唐魏徵撰

日本鎌倉時代抄群書治要本　日宮内省

日本元和二年駿府活字印群書治要本　日公文書館　日東洋文庫

清嘉慶宛委别藏之群書治要本　臺北故宫

清道光二十八年霧石楊氏刻連筠簃叢書之群書治要本

民國上海商務印書館據日本尾張刻本影印四部叢刊之群書治要本

周易治要一卷　唐魏徵撰　日細井德民等校

日本江户刻群書治要本　日二松學舍大學　日一橋大學

周易要義六卷　唐長孫無忌撰

清抄本(清柯逢時題識)　南開

周易玄義一卷　唐李淳風撰　清馬國翰輯

清同治十年濟南皇華館刻玉函山房輯佚書本

清光緒九年長沙嫏嬛館刻玉函山房輯佚書本

周易探玄三卷　唐崔憬撰　清馬國翰輯

清同治十年濟南皇華館刻玉函山房輯佚書本

清光緒九年長沙嫏嬛館刻玉函山房輯佚書本

易探玄一卷　唐崔憬撰　清黄奭輯

清道光甘泉黄氏刻光緒印漢學堂叢書本

清道光甘泉黄氏刻一九二五年王鑒修補重印黄氏逸書考本

周易侯氏注三卷　唐侯果撰　清馬國翰輯

清同治十年濟南皇華館刻玉函山房輯佚書本

清光緒九年長沙嫏嬛館刻玉函山房輯佚書本

易注一卷　唐侯果撰　清黄奭輯

清道光甘泉黄氏刻光緒印漢學堂叢書本

清道光甘泉黄氏刻一九二五年王鑒修補重印黄氏逸書考本

周易新論傳疏一卷　唐陰弘道撰　清馬國翰輯

清同治十年濟南皇華館刻玉函山房輯佚書本

清光緒九年長沙嫏嬛館刻玉函山房輯佚書本

周易集解十七卷　唐李鼎祚輯

明抄本　山西文物局

清乾隆四庫全書館寫欽定四庫全書本

清嘉慶二十三年木瀆周孝垓姑蘇刻本　北大　上海　南京　湖北　四川

清同治十二年粵東書局刻古經解彙函本　上海　天津　山東　遼寧

清光緒十七年四川犍爲縣重刻木瀆周氏本　天津　四川

周易集解校異二卷　清李富孫撰

清道光二年刻本　國圖

清道光十年刻本　國圖　北大　復旦　湖北

周易集解十七卷周易集解略例一卷　唐李鼎祚輯　魏王弼撰略例　唐邢璹注略例

明嘉靖三十六年聚樂堂刻本　國圖

清嘉慶十年虞山張氏照曠閣刻學津討原本　國圖　天津　復旦

北京圖書館古籍珍本叢刊影印明嘉靖三十六年聚樂堂刻本

易傳十七卷音義一卷　唐李鼎祚輯　唐陸德明音義

清乾隆二十一年盧見曾刻雅雨堂叢書本　國圖　北大　天津　上海　南京　遼寧　山東　湖北

周易集解十七卷周易經典釋文一卷周易集解略例一卷　唐李鼎祚輯　唐陸德明釋文　魏王弼撰略例　唐邢璹注略例

明嘉靖三十六年朱睦㮮聚樂堂刻本　國圖　上海

明崇禎虞山毛氏汲古閣刻津逮祕書本　北大　南京

易傳十卷易解附録一卷　唐李鼎祚輯　明沈士龍　胡震亨校　漢鄭玄撰附録　明胡震亨輯補附録　明姚士粦再補附録

明萬曆沈士龍胡震亨輯刻祕册彙函本　南京

明天啓元年鮑山刻本　山東

日本慶長八年後友田氏抄明萬曆刻祕册彙函本　北大

易纂一卷　唐釋一行撰　清馬國翰輯

清同治十年濟南皇華館刻玉函山房輯佚書本

清光緒九年長沙嫏嬛館刻玉函山房輯佚書本

清光緒九年長沙嫏嬛館刻光緒十年章邱李氏印玉函山房輯佚書本

周易新義一卷　唐徐鄖撰　清馬國翰輯

清同治十年濟南皇華館刻玉函山房輯佚書本

清光緒九年長沙嫏嬛館刻玉函山房輯佚書本

清光緒九年長沙嫏嬛館刻光緒十年章邱李氏印玉函山房輯佚書本

周易舉正三卷　唐郭京撰

明嘉靖四明范氏天一閣刻本　國圖

明崇禎虞山毛晉汲古閣刻津逮祕書本　國圖　上海　遼寧　山東

清乾隆四庫全書寫欽定四庫全書本

清嘉慶十年虞山張氏照曠閣刻學津討原本　天津　遼寧　山東

周易舉正一卷

清順治三年兩浙督學周南李際期宛委山堂刻説郛本　天津　遼寧　山東

清道光咸豐黄氏木活字印遜敏堂叢書本

清光緒十六年黄梅梅氏慎自愛軒刻清芬堂叢書本　山東

壽山堂易説三卷圖解一卷　題無極吕子著

清康熙九年揚州許承宣等刻本　北大　南京

清乾隆蔣士銓京師刻嘉慶四年郭晉印本　國圖　北大　上海

清咸豐同治汪南金刻同治五年崇芳重修本　科學　南京　山東

清光緒十七年蘇州瑪璃經房刻本　國圖　南京

吕子易説二卷圖解一卷

清乾隆曾燠刻本　科學

清光緒三十二年成都二仙庵刻重刊道藏輯要本

四庫未收書叢刊影印清乾隆曾燠刻本

壽山堂易説不分卷

清道光三十年廣陵盧浄同人刻本　上海

易傳一卷　唐陸希聲撰　清黄奭輯

清道光甘泉黄氏刻一九二五年王鑒修補重印黄氏逸書考本

清道光甘泉黄氏刻一九三四年江都朱長圻修補重印黄氏逸書考本

周易口訣義六卷　唐史徵撰

清乾隆四庫全書館寫欽定四庫全書本

清乾隆四十五年武英殿木活字印武英殿聚珍版書本　湖北

清乾隆浙江重刻武英殿聚珍版書本　天津

清乾隆四十五至六十年吳縣袁廷檮貞節堂抄本　北大

清嘉慶三年蘭陵孫氏刻岱南閣叢書本　遼寧　山東

周易口義經十卷繫辭二卷説卦序卦雜卦一卷　宋胡瑗述　宋倪天隱記

清康熙二十六年泰州李振裕白石山房刻本　北大　上海

清乾隆四庫全書館寫欽定四庫全書本

清抄本　天津

周易口義經十卷繫辭二卷説卦一卷序卦一卷雜卦一卷

清乾隆四庫全書館寫欽定四庫全書薈要本

周易口義□卷繫辭二卷説卦一卷序卦一卷雜卦一卷

明萬曆天啓祁承爜澹生堂抄本　復旦

易童子問三卷　宋歐陽修撰

明天順六年海虞程宗刻歐陽文忠公全集本

明嘉靖刻歐陽文忠公全集本

清康熙十一年曾弘刻歐陽文忠公全集本

清嘉慶鈞源歐陽慎五堂刻歐陽文忠公全集本　遼寧

清光緒十九年淡雅書局刻歐陽文忠公全集本

易講義二卷　宋陳襄撰

清嘉慶道光張金吾詒經堂抄本　南京

温公易説六卷　宋司馬光撰

清乾隆四庫全書館寫欽定四庫全書本

清抱經堂抄欽定四庫全書本　上海

清乾隆武英殿木活字印武英殿聚珍版書本　天津　南京　遼寧

清乾隆浙江重刻武英殿聚珍版書本　天津　南京

清同治番禺李氏抄反約篇本

横渠先生易説三卷　宋張載撰

明嘉靖十七年吕柟刻本　國圖　上海

清康熙十九年納蘭成德刻通志堂經解本

清乾隆四庫全書館寫欽定四庫全書本

清同治十二年粤東書局刻通志堂經解本

横渠先生易説三卷　宋張載撰　清朱軾　段志熙校

清康熙乾隆刻朱文端公藏書本　遼寧　山東

清光緒二十三年朱衡等重刻朱文端公藏書本　遼寧

周易新講義十卷　宋龔原撰

宋刻本　國圖　日本昌平學

日本寬政至文化間刻佚存叢書本　國圖　復旦　吉林　安徽　江西　福建

清嘉慶阮元景抄本輯宛委别藏本　臺北故宫

清道光至光緒南海伍崇曜刻粤雅堂叢書本　天津　遼寧

清光緒八年滬上黄氏木活字印佚存叢書本　遼寧　山東

續修四庫全書影印日本文化五年活字印佚存叢書本

晦庵先生校正伊川易傳六卷附晦庵先生校正周易繫辭精義二卷　宋程頤傳　宋吕祖謙撰精義　宋朱熹校

元至正九年積德書堂刻本　日本

元刻本　復旦

清光緒十年黎庶昌日本東京使署據元至正九年積德書堂刻本影刻古逸叢書本　國圖　北大

四庫全書存目叢書影印清光緒遵義黎庶昌輯古逸叢書影刻元至正刻本

伊川易傳四卷上下篇義一卷　宋程頤撰

明成化十三年張瓚刻河南程氏全書本

明萬曆三十四年嘉興徐氏刻河南程氏全書本

清康熙石門吕氏寶誥堂刻河南程氏全書本　北大

清乾隆四庫全書館寫欽定四庫全書本

程氏易傳十二卷易傳諸説一卷　宋程頤撰

明嘉靖七年姜梁合江刻本　南京　四川

周易程傳八卷附上下篇義　宋程頤撰

清光緒九年江南書局刻本　北大　天津　南京　遼寧　山東　湖北

清宣統元年學部圖書局據湖北書局刻本石印本　國圖　北大　天津　南京　山東

清末南京李光明莊刻本　國圖　南京　山東

易經程傳八卷附上下篇義　宋程頤撰

清同治五年金陵書局刻本　國圖　北大　上海　南京

易經程傳十卷附上下篇義

元刻本　國圖

中華再造善本影印元刻本

周易經傳二十一卷　宋程頤撰

日本嘉永六年抄本　日人簽注　北大

伊川易傳六卷附上下篇義　宋程頤撰

宋刻本　國圖

清光緒三十一年四川涪州小學堂刻本　復旦　四川

清光緒三十三年湖北工業傳習所鉛印本　北大　遼寧　湖北

周易四卷　宋程頤傳　清佟國維編

清康熙四十一年佟國維刻本　中山大

周易程氏傳四卷　宋程頤撰　唐文治批點

清光緒刻本　上海

周易注九卷略例一卷　魏王弼注　晉韓康伯注　宋程頤傳　魏王弼撰略例　唐邢璹注略例　唐陸德明釋文

明萬曆十六年朱鴻謨刻本　首都

易經玩辭合參不分卷　宋程頤撰

清抄本　上海

蘇氏易解八卷　宋蘇軾撰

明萬曆二十二年南京吏部陳所蘊等刻本　國圖　北大

明刻本(有補抄)　上海

蘇氏易傳九卷

明萬曆二十五年金陵畢氏刻兩蘇經解本　南京　山東　美國會　美哈佛燕京

明崇禎虞山毛晉汲古閣刻津逮祕書本　北大　天津　上海　山東

明范氏天一閣抄本　上海

明抄本　國圖

明抄本　浙江

明抄本　南京

清乾隆四庫全書館寫欽定四庫全書本

清嘉慶十年虞山張氏照曠閣刻學津討原本　天津　遼寧　山東

日本文政十二年下總窪木氏息耕堂木活字印本　日國會

清道光十五年劉際清等刻青照堂叢書本　山東

民國初上海涵芬樓據清嘉慶十年張氏照曠閣刻學津討原本影印本　北大

一九二二年上海博古齋據明崇禎毛晉汲古閣刻津逮祕書本影印本　北大

蘇氏易傳一卷

明崇禎十三年刻六經串本　吉林師大

蘇長公易解八卷　宋蘇軾撰　明吴之鯨　馮賁校

明萬曆二十四年吴之鯨刻本　北師大　復旦　山東

東坡易傳八卷王輔嗣總論一卷　宋蘇軾注　明□□輯批注　魏王弼撰論易

明萬曆天啓間烏程閔齊伋刻朱墨套印本　北大　上海　南京

大易疏解十卷　宋蘇軾撰

明萬曆二十四年刻本　國圖

大易疏解十卷　宋蘇軾撰　明錢受益定　明顧賓評閱

明崇禎九年顧賓刻本　國圖　南京　浙江　美哈佛燕京

易經解不分卷　宋朱長文撰

明崇禎四年王文禄刻本　湖北

清光緒十年巴陵方氏廣東刻宣統元年印碧琳琅館叢書本

易經解五卷

一九三五年南海黄肇沂以舊版彙印芋園叢書本　北大

吴園易解九卷附録一卷　宋張根撰

清乾隆武英殿木活字印武英殿聚珍版書本　南京　天津　遼寧

清乾隆四十二年福建刻道光同治修光緒二十一年福建布政使署增刻武英殿聚珍版書本　北大　山東　南京

清乾隆浙江重刻武英殿木活字印武英殿聚珍版書本　北大　天津

清乾隆江南刻武英殿聚珍版叢書本　北大

清乾隆四庫全書館寫欽定四庫全書本

清嘉慶海虞張氏刻墨海金壺本　上海　湖北

清道光咸豐大梁書院刻一九二二年補刻一九二三年重印經苑本

清蕭山汪氏環碧山房抄易學六種本

兼山易解二卷　宋郭忠孝撰

舊抄本　臺北央圖

易説一卷　宋游酢撰

清乾隆十一年游氏刻游廌山先生集本　北大

清乾隆四庫全書館寫欽定四庫全書游廌山集本

清同治六年刻游定夫先生集本　北大　天津　遼寧

清同治九年游鳳臺刻游廌山先生集本　北大

易學辨惑一卷　宋邵伯温撰

清乾隆四庫全書館寫欽定四庫全書本

清乾隆翰林院抄本　四庫全書底本　北大

清抄本　國圖

抄本　國圖

了翁易説一卷　宋陳瓘撰

清乾隆四庫全書館寫欽定四庫全書本

清道光二十年蔣氏别下齋抄本　國圖

清抄本　國圖

清抄本　南京

清丁氏八千卷樓抄本　南京

周易新講義十卷存六卷　宋耿南仲撰

清乾隆四庫全書館寫欽定四庫全書本

一九三五年上海商務印書館影印四庫全書珍本初集本　北大

漢上易傳十一卷　宋朱震撰

宋刻本　國圖

清初毛氏汲古閣影宋抄本　國圖

一九三四年上海商務印書館影印四部叢刊本　南京

中華再造善本影印清初毛氏汲古閣影宋抄本

漢上易傳十一卷周易卦圖三卷周易叢説一卷

明抄本　科學

明抄本　南京(卦圖配清抄本)

清康熙十九年納蘭成德刻通志堂經解本

清乾隆四庫全書館寫欽定四庫全書本

清同治十二年粤東書局刻通志堂經解本

一九二三年沔陽盧愼始基齋影印湖北先正遺書本　北大　上海

漢上易傳叢説一卷　宋朱震撰

明抄本　科學

明抄本　南京

清康熙十九年納蘭成德刻通志堂經解本

清乾隆四庫全書館寫欽定四庫全書本

清同治十二年粤東書局刻通志堂經解本

一九二三年沔陽盧愼始基齋影印湖北先正遺書本　北大　上海

讀易詳説十卷　宋李光撰

清乾隆四庫全書館寫欽定四庫全書本

清乾隆三十七年後抄本　北大

清乾隆三十七年後抄本　北大

清抄本(清丁丙跋)　南京

忘筌書十卷　宋潘殖撰

清嘉慶十六年浦城祝昌泰留香室刻浦城遺書本　天津　上海

周易窺餘十五卷　宋鄭剛中撰

清乾隆四庫全書館寫欽定四庫全書本

一九二四年永康胡氏夢選廔刻續金華叢書本　遼寧

易小傳六卷　宋沈該撰

明萬曆天啓祁承㸁澹生堂抄本　上海

清康熙十九年納蘭成德刻通志堂經解本

清乾隆四庫全書館寫欽定四庫全書本

清抄本　國圖

一九二二年吴興劉承幹嘉業堂刻吴興叢書本　上海

繫辭補注一卷　宋沈該撰

明萬曆天啓祁承㸁澹生堂抄本　上海

清抄本　國圖

一九二二年吴興劉承幹嘉業堂刻吴興叢書本　上海

郭氏傳家易説十一卷總論一卷　宋郭雍撰

清乾隆武英殿木活字印武英殿聚珍版書本　國圖　天津　上海　南京　遼寧

清乾隆四十二年杭州府刻武英殿聚珍版書本　南京

清乾隆四庫全書館寫欽定四庫全書本

清同治十三年江西書局刻武英殿聚珍版書本　國圖　北大　南京　山東　湖北

清焦廷琥原稿仲軒群書雜著本　湖南社科院

易變體義十二卷　宋都絜撰

清乾隆四庫全書館寫欽定四庫全書本

清抄本　科學

清抄本　中山大

紫巖易傳十卷　宋張浚撰

清康熙十九年納蘭成德刻通志堂經解本

清乾隆四庫全書館寫欽定四庫全書本

清同治十二年粤東書局刻通志堂經解本

清綿竹圖書館刻張魏公集一九二二年重印本　國圖

周易義海撮要十二卷　宋李衡删定

明萬曆天啓祁承㸁澹生堂抄本　國圖

明抄本　國圖

明抄本　天一閣

清康熙十九年納蘭成德刻通志堂經解本

清乾隆四庫全書館寫欽定四庫全書本

易經奥論一卷　宋鄭樵撰

清康熙十九年納蘭成德刻通志堂經解六經奥論本

方舟易學二卷　宋李石撰

清吴氏抄本　上海

周易經傳集解三十六卷　宋林栗撰

清初抄本　上海

清乾隆四庫全書館寫欽定四庫全書本
清四美堂抄本　北師大
清抄本　國圖

易原八卷　宋程大昌撰
清乾隆四庫全書館寫欽定四庫全書本
清乾隆武英殿木活字印武英殿聚珍版書本　天津　上海　山東
清乾隆浙江重刻武英殿聚珍版書本　天津
清光緒二十五年廣雅書局刻武英殿聚珍版書本
清蕭山汪氏環碧山房抄易學六種本

誠齋易傳二十卷　宋楊萬里撰
宋刻本　國圖
明嘉靖二十一年尹耕刻本　國圖　北大　人大　上海　南京　遼寧
明嘉靖二十三年魯藩敏學書院朱當[沔]刻本　北大　上海
明抄本　上海
清乾隆四庫全書館寫欽定四庫全書本
清乾隆四十七年後張日政刻本　北大　浙江
清乾隆武英殿木活字印武英殿聚珍版書本　天津　南京　山東
清乾隆浙江重刻武英殿聚珍版書本　天津

大易粹言十二卷　宋曾穜輯(或宋方聞一輯)
宋淳熙三年舒州公使庫刻本　國圖
中華再造善本影印宋淳熙三年舒州公使庫刻本

大易粹言七十卷
宋刻本　國圖

大易粹言七十三卷首一卷
清乾隆四庫全書館寫欽定四庫全書薈要本

大易粹言十卷
清乾隆四庫全書館寫欽定四庫全書本

易翼傳二卷　鄭汝諧撰
元大德十一年廬陵學官刻本　國圖
清康熙十九年納蘭成德刻通志堂經解本　上海
清乾隆四庫全書館寫欽定四庫全書本
清同治十二年粵東書局刻通志堂經解本
中華再造善本影印元大德十一年廬陵學官刻本(存一卷下)

周易本義經二卷傳十卷　宋朱熹撰
宋朱熹稿本　故宮

周易本義經二卷傳十卷易圖一卷五贊一卷筮儀一卷
宋刻本　國圖
宋咸淳元年吳革刻本　國圖　上海
清康熙雍正内府影刻宋咸淳吳革本　國圖　北大　上海　南京
清康熙五十年揚州曹寅雍翻刻宋咸淳吳革本　北大　上海
清抄本(清丁丙跋)　南京

周易本義十二卷易圖一卷五贊一卷筮儀一卷
明刻本　南京
清乾隆四庫全書館寫欽定四庫全書本

周易本義四卷附易圖筮儀卦歌　宋朱熹撰　明成矩輯
明葉繼軒南松書堂刻大字本　哈佛燕京
明崇禎六年閔齊伋刻本　故宫
明豹變齋刻本　故宫

周易本義四卷附易圖筮儀
明嘉靖七年丘氏石泉書屋刻本　上海
明金陵書林周對峰刻本　上海

周易本義四卷附易圖
明嘉靖四十五年周樂軒書坊刻本　南京
明萬曆元年書林熊沖宇種德書堂刻本　山東(清王亭批校)
明崇禎十四年虞山毛氏汲古閣刻本　國圖

周易本義四卷首一卷
明嘉靖十三年崇仁書堂刻本　美國會
明嘉靖三十三年書林羅氏勤有堂刻本　上海
明萬曆二十九年陳耀吾存德堂刻本　北大
明吳勉學刻本　南京　重慶

周易本義四卷附易圖卦歌筮儀五贊
清内府刻本　南京
清乾隆七年怡府明善堂刻五經四書本　國圖　山東
清乾隆四庫全書館寫欽定四庫全書本
清乾隆五十四年刻本文盛堂藏板　國圖
清嘉慶七年金閶書業堂刻本　國圖
清道光崇茂堂刻本　北大
清同治十二年京都文成堂刻本　北大

周易本義五卷易圖一卷五贊一卷
明正德十六年袁州仰韓堂刻本　國圖

周易本義二卷
　清抄本　上海
周易本義四卷校勘記一卷　宋朱熹撰　清丁寶楨校勘
　清同治十一年山東書局刻十三經讀本附校勘記本　北大　國圖
周易本義校勘記一卷　清丁寶楨撰
　清同治十一年山東書局刻十三經讀本附校勘記本　北大　國圖
周易四卷筮儀一卷卦歌一卷圖一卷　題樗園客隱檢校
　明刻本　東北師大
易經纂注四卷　宋朱熹撰　明李廷機輯
　明崇禎二年刻五經纂注本　山東　浙江
周易本義四卷易圖一卷筮儀一卷　宋朱熹撰　清聖祖玄燁案
　清嘉慶十六年揚州十笏堂刻御案五經本　南京
周易讀本四卷附五贊筮儀卦歌圖説　宋朱熹本義　唐文治輯校
　一九二四年吴江施肇曾醒園刻十三經讀本本　北大　天津　復旦　南京
周易本義四卷附圖説及新增圖説　宋朱熹撰　清湖北官書處增圖
　清光緒十二年湖北官書處刻本　上海　南京　山東
周易五贊一卷　宋朱熹撰
　宋刻本　國圖
　明刻本　南京
　明正德十六年袁州仰韓堂刻本　國圖
　清康熙十二年劉元琬武林刻本　北大　科學　上海　南京　遼寧
　清咸豐四年晉江黄宗漢刻五經補綱本
朱文公易説二十三卷　宋朱鑑輯
　元刻本　國圖
　清康熙十九年納蘭成德刻通志堂經解本
　清同治十二年粤東書局刻通志堂經解本　遼寧　山東
　清乾隆四庫全書館寫欽定四庫全書本
　中華再造善本影印元刻本
朱子語類易編四十卷　清程川輯
　清雍正三年刻本　山東
程朱二先生周易傳義十卷易圖集録一卷　宋程頤傳　宋朱熹本義
　元至正二年碧灣書堂刻本　國圖
　中華再造善本影印元至正二年碧灣書堂刻本
程朱二先生周易傳義十卷
　元延祐元年翠巖精舍刻本　北大

元刻本　國圖

周易程朱傳義十卷易圖集録一卷上下篇義一卷五贊一卷筮儀一卷易説綱領一卷

明正統十二年司禮監刻五經四書本　國圖　南京　山東　浙江　四川

明嘉靖三十五年廣東崇正堂刻本(無附録)　國圖　首都

周易程朱傳義十六卷程子上下篇義一卷朱子圖説一卷周易五贊一卷筮儀一卷

明嘉靖應檟刻本　常熟

周易程朱傳義十九卷程子上下篇義一卷朱子周易五贊一卷筮儀一卷

明刻本　人大　上海　南京(丁丙跋)

周易程朱傳義二十四卷程子上下篇義朱子易本義圖周易五贊筮儀　宋程頤傳　宋朱熹本義

明嘉靖福建巡按吉澄刻本　國圖

明嘉靖四十至四十四年福建建寧府楊一鶚翻刻明嘉靖吉澄刻本　北大

明嘉靖八至九年張禄朱廷聲刻五經本　中央黨校

明嘉靖池郡秋浦邑象山杜尊刻本　北大

明嘉靖刻本　北大

明萬曆陳允升刻本　中山大

周易程朱傳義二十四卷上下篇義一卷圖説一卷五贊一卷筮儀一卷　宋程頤傳　宋朱熹本義　明汪應魁句讀

明崇禎四年汪應魁貽經堂刻本　國圖　上海　山東　中山大

周易程朱傳義二十四卷程子上下篇義朱子易本義圖周易五贊筮儀　宋程頤傳　宋朱熹本義

日本寶永六年出雲寺和泉刻本　北大

周易義傳合訂十五卷首一卷　宋程頤傳　宋朱熹本義　清張道緒音釋

清嘉慶十六年人境軒刻本　上海

周易兩讀十二卷首一卷末附周易音均表一卷　宋程頤傳　宋朱熹本義　李楷林輯

一九二五年刻本　國圖　上海　復旦　南京　山東　湖北

周易傳義口訣二十四卷

朝鮮刻本　日宫内省

南軒易説五卷　宋張栻撰

明抄本(四庫全書底本)　國圖

一九一三年歸安沈家本刻枕碧樓叢書本　遼寧　山東
民國初廬江劉氏遠碧樓藍格抄本　上海

南軒易説三卷
清乾隆四庫全書館寫欽定四庫全書本

古周易章句外編二卷　宋程迥編
明嘉靖萬曆四明范欽刻本(卷上爲周易古占法)　北大
清抄本　國圖

古周易章句外編一卷
清順治三年兩浙督學周南李際期宛委山堂刻説郛本　山東　天津
清抄本(四庫全書底本)　清華
清乾隆四庫全書館寫欽定四庫全書本(附周易古占法後)

復齋易説六卷　宋趙彦肅撰
清康熙十九年納蘭成德刻通志堂經解本
清乾隆四庫全書館寫欽定四庫全書本
清同治十二年粤東書局刻通志堂經解本
清抄本　國圖
清抄本　福建

古周易一卷　宋吕祖謙等編
清康熙十九年納蘭成德刻通志堂經解本
清乾隆四庫全書館寫欽定四庫全書本
清同治十二年粤東書局刻通志堂經解本
清光緒二十九年古不夜孫氏校刻本　南京

古周易十二篇
清光緒榮成孫氏問經精舍刻孫氏山淵閣叢刊本　山東　湖北

古周易一卷音訓二卷
清同治光緒永康胡鳳丹退補齋刻金華叢書本　上海　山東
清光緒十六年黄梅梅氏慎自愛軒刻清芬堂叢書本　山東

易説二卷　宋吕祖謙撰
宋嘉泰四年吕喬年刻元明遞修東萊吕太史文集本　國圖
明崇禎刻芝園秘録初刻本　科學
清道光十一年六安晁氏木活字印學海類編本　北大　天津

周易繫辭精義二卷　題東萊吕祖謙編
清康熙乾隆抄本　北大
清光緒九年四川涪州小學堂刻本　四川

清光緒九年遵義黎庶昌日本東京使署據元至正本影刻古逸叢書本

一九四四年複性書院刻本　上海

周易繫辭精義一卷

清抄本　天津

周易雜論精義一卷　宋吕祖謙撰

清抄本　天津

周易本義十二卷音訓一卷　宋朱熹撰　宋吕祖謙音訓

清同治四年金陵書局刻十三經讀本本　國圖　北大　上海　南京　遼寧　山東　湖北

清光緒元年傳經堂刻西京清麓叢書本

清光緒元年三原劉氏刻劉氏傳經堂叢書本

清光緒十三年淮南書局刻本　國圖　南京

清光緒十七年山東書局刻本　山東

周易程朱傳義音訓十卷易圖一卷　宋程頤傳　宋朱熹本義　宋吕祖謙音訓

元至正六年虞氏務本堂刻本　國圖

中華再造善本影印元至正六年虞氏務本堂刻本

周易傳義音訓八卷首一卷附易學啓蒙一卷　宋程頤傳　宋朱熹本義　宋吕祖謙音訓　宋朱熹撰易學啓蒙

清咸豐六年浦城祝鳳喈興古齋金陵刻本　北大　天津　上海　南京　四川

清同治六年望三益齋刻本　上海　山東　湖北　四川

清光緒十五年户部刻本　國圖　北大　上海　南京　遼寧　山東

清光緒十五年江南書局刻本　北大　上海

清末解梁書院刻本　北大

周易本義十二卷首一卷末一卷附周易本義考　宋朱熹撰　宋吕祖謙音訓　清劉世讜撰周易本義考

清光緒十九年江南書局重刻本　天津　上海　南京　湖北

周易本義考不分卷　清劉世讜輯

清光緒元年傳經堂刻西京清麓叢書本

清光緒元年三原劉氏刻劉氏傳經堂叢書本

泰軒易傳六卷　宋李中正撰

日本寬政至文化刻佚存叢書本　國圖　北大　復旦　吉林　安徽　江西　福建

清嘉慶阮元據日本佚存叢書本輯宛委别藏本　臺北故宫
清道光光緒間南海伍崇曜刻粤雅堂叢書本
清光緒八年滬上黄氏木活字印佚存叢書本　遼寧　山東
續修四庫全書影印日本寬政刻佚存叢書本

楊氏易傳二十卷　宋楊簡撰

明萬曆二十三年劉日升陳道亨刻本　國圖　天津　上海　南京　浙江
美哈佛燕京
清乾隆四庫全書館寫欽定四庫全書本
清光緒十六年徐謙抄明萬曆劉日升陳道亨刻本　北大
民國初四明張壽鏞約園刻四明叢書本　天津
民國初廬江劉氏遠碧樓藍格抄本　上海

易説四卷　宋趙善譽撰

清乾隆翰林院抄本(四庫全書底本)　北大
清乾隆四庫全書館寫欽定四庫全書本
清嘉慶海虞張海鵬刻墨海金壺本
清道光二十四年金山錢熙祚以墨海金壺版重編增刻守山閣叢書本　天津
遼寧　山東
慎含堂抄本　南京

易璇璣三卷　宋吴沆撰

清康熙十九年納蘭成德刻通志堂經解本
清乾隆四庫全書館寫欽定四庫全書本
清同治十二年粤東書局刻通志堂經解本

周易玩辭十六卷　宋項安世撰

明淡然齋抄本　國圖
清康熙十九年納蘭成德刻通志堂經解本
清乾隆四庫全書館寫欽定四庫全書本
清抄本　國圖
清抄本　中山
一九二三年沔陽盧氏慎始基齋據通志堂本影印湖北先正遺書本　北大

西谿易説十二卷序説一卷　宋李過撰

清乾隆四庫全書館寫欽定四庫全書本
清抄本　國圖
清抄本　南京

童溪易傳三十卷　宋王宗傳撰

宋開禧元年建安劉日新宅三桂堂刻本　國圖

明抄本　天一閣

清康熙十九年納蘭成德刻通志堂經解本

清乾隆四庫全書館寫欽定四庫全書本

清同治十二年粤東書局刻通志堂經解本

中華再造善本影印宋開禧元年建安劉日新宅三桂堂刻本(存二十二卷:一至十四　十八至二十二　二十八至三十)

用易詳解十六卷　宋李杞撰

清乾隆翰林院抄本(四庫全書底本)　南京

清乾隆四庫全書館寫欽定四庫全書本

抄本　上海

周易總義二十卷　宋易祓撰

清乾隆四庫全書館寫欽定四庫全書本

清抄本　國圖

周易總義二十卷考證一卷　宋易祓撰　孫文昱考證

一九二五年湖南長郡學宫叢書刊印處刻湖南叢書本　遼寧　山東

周易總義考證一卷　孫文昱考證

一九二五年湖南長郡學宫叢書刊印處刻湖南叢書本　遼寧　山東

易象意言一卷　宋蔡淵撰

清乾隆四庫全書館寫欽定四庫全書本

清乾隆武英殿木活字印武英殿聚珍版書本　國圖　天津　上海　南京

清乾隆浙江重刻武英殿聚珍版書本　天津　山東

清蘇州刻乾隆巾箱本武英殿聚珍版書本　北師大

清同治番禺李氏抄反約篇本

清焦廷琥手稿仲軒群書雜著本　湖南社科院

周易經傳訓解二卷　宋蔡淵撰

清乾隆四庫全書館寫欽定四庫全書本

民國初劉氏遠碧樓抄本　上海

易傳燈四卷　題宋徐總幹撰

清乾隆四庫全書館寫欽定四庫全書本

清乾隆四十七年至道光十八年抄本　北大

清乾隆綿州李氏萬卷樓刻嘉慶十四年李鼎元印函海本　遼寧

清道光咸豐大梁書院刻經苑本　國圖

清光緒七至八年廣漢鍾登甲樂道齋刻函海本

清抄抱經樓彙抄本　國圖

清開封府聚文齋刻本　南京

厚齋易學五十卷附先儒著述二卷　宋馮椅撰

清乾隆四庫全書館寫欽定四庫全書本

周易明解輯説五卷　宋馮椅撰

清乾隆五十八年萬選樓刻本　美哈佛燕京

周易明解輯説□卷

清許氏鑒止水齋抄本　南京

丙子學易編一卷　宋李心傳撰

清康熙十九年納蘭成德刻通志堂經解本

清乾隆四庫全書館寫欽定四庫全書本

清同治十二年粤東書局刻通志堂經解本

淙山讀周易記二十一卷　宋方實孫撰

明抄本　國圖

清抄本　南京

淙山讀周易記二十一卷圖一卷

清乾隆四庫全書館寫欽定四庫全書本

周易要義十卷　宋魏了翁撰

宋淳祐十二年魏克愚刻本　國圖

明抄本　天一閣

明抄本　上海

清康熙徐乾學傳是樓抄本　國圖

清乾隆四庫全書館寫欽定四庫全書本

清震無咎齋抄本　國圖

清抄本　南京

周易要義十卷首一卷

清光緒十二年江蘇書局刻五經要義本　國圖　上海　南京　遼寧　湖北

大易集義六十四卷　宋魏了翁輯

宋刻本(卷六至十　卷二十四至二十六配清抄本)　國圖

明刻本　北京市委

中華再造善本影印宋刻本(卷六至十　卷二十四至二十六配清抄本)

周易正誤一卷　宋毛居正撰

日本文政二年内府學問所刻六經正誤本　山東

易通六卷　宋趙以夫撰

清乾隆四庫全書館寫欽定四庫全書本

周易古經傳一卷　宋税與權撰

清康熙十九年納蘭成德刻通志堂經解本(附易學啓蒙小傳後)

清乾隆四庫全書館寫欽定四庫全書本

清同治十二年粤東書局刻通志堂經解本

周易輯聞六卷　宋趙汝楳撰

明嘉靖至萬曆朱睦㮮聚樂堂刻本　國圖　上海　四川

清康熙十九年納蘭成德刻通志堂經解本

清乾隆四庫全書館寫欽定四庫全書本

清同治十二年粤東書局刻通志堂經解本

易雅一卷　宋趙汝楳撰

明嘉靖至萬曆朱睦㮮聚樂堂刻本　國圖　上海　四川

清初抄易序叢書本　上海

清康熙十九年納蘭成德刻通志堂經解本

清乾隆四庫全書館寫欽定四庫全書本

清同治十二年粤東書局刻通志堂經解本

四庫存目叢書影印清初抄易序叢書本

六日七分論一卷　宋趙汝楳撰

清初抄易序叢書本　上海

四庫存目叢書影印清初抄易序叢書本

周易傳義附録二十卷上下篇義一卷圖説一卷五贊一卷筮儀一卷　宋董楷纂集

元延祐二年圓沙書院刻本　國圖

元至正二年桃溪居敬書堂刻本　國圖　日静嘉堂　日西尾市

元至正九年廬陵竹坪書堂刻本　國圖　日公文書館　日尊經閣

中華再造善本影印元延祐二年圓沙書院刻本

周易傳義附録十四卷上下篇義一卷圖説一卷雜卦朱氏説一卷序卦程朱氏説一卷

元刻本　上海

周易傳義附録十四卷上下篇義五贊筮儀一卷圖説一卷

清康熙十九年納蘭成德刻通志堂經解本

清乾隆四庫全書館寫欽定四庫全書本

清同治十二年粤東書局刻通志堂經解本

抄本　上海

程子易綱領一卷　宋董楷纂集

清康熙十九年納蘭成德刻通志堂經解本之周易傳義附録之附録

清乾隆四庫全書館寫欽定四庫全書本之周易傳義附録之附録

清同治十二年粤東書局刻通志堂經解本之周易傳義附録之附録

朱子易綱領一卷　宋董楷纂集

清康熙十九年納蘭成德刻通志堂經解本之周易傳義附録之附録

清乾隆四庫全書館寫欽定四庫全書本之周易傳義附録之附録

清同治十二年粤東書局刻通志堂經解本之周易傳義附録之附録

易象義十二卷　宋丁易東撰

元刻本(上下經配抄本)　國圖

中華再造善本影印元刻本(上下經配抄本)

易象義十六卷易統論一卷

清乾隆四庫全書館寫欽定四庫全書本

清抄本　中山大

清張金吾愛日精廬抄本(清丁丙跋)　南京

易統論一卷　宋丁易東撰

清乾隆四庫全書館寫欽定四庫全書本

清抄本　中山大

清張金吾愛日精廬抄本(清丁丙跋)　南京

讀易私言一卷　元許衡撰

清順治三年兩浙督學周南李際期宛委山堂刻説郛本　遼寧　山東

清初抄本　山東

清康熙十九年納蘭成德刻通志堂經解本

清乾隆四庫全書館寫欽定四庫全書本

清乾隆五十五年刻許文正公遺書本　遼寧

清光緒十三年刻西京清麓叢書本

易説一卷　元熊朋來撰

清康熙十九年納蘭成德刻通志堂經解熊先生經説本

易本義附録纂疏十五卷　元胡一桂纂

元刻本　四川

清康熙十九年納蘭成德刻通志堂經解本

清乾隆四庫全書館寫欽定四庫全書本

日本文化十一年東都官版書籍發行所翻刻通志堂經解本　北大　日國會

清同治十二年粤東書局刻通志堂經解本

易本義附録纂疏二卷
　　清抄本　上海
周易本義附録集注十一卷首一卷　元張清子撰
　　元張氏建安刻本　日宫内省
　　元張氏建安刻後印本　日御茶之水圖書館
　　影寫元刻本　日静嘉堂
櫝蓍記一卷　元劉因撰
　　清順治三年兩浙督學周南李際期宛委山堂刻説郛本　遼寧　山東
易纂言經二卷傳十卷　元吴澄撰
　　清康熙十九年納蘭成德刻通志堂經解本　國圖
　　清乾隆四庫全書館寫欽定四庫全書薈要本
　　清同治十二年粤東書局刻通志堂經解本
易纂言十二卷
　　明萬曆刻本　社科院歷史所　山東　日尊經閣
　　清翻刻明刻本　上海
　　清乾隆四庫全書館寫欽定四庫全書本
易纂言十卷
　　明刻本　日静嘉堂
易纂言不分卷
　　清初抄本　山東
易纂言集注四卷首一卷　元吴澄撰
　　明嘉靖元年宗文書堂刻本　東北師大
易纂言外翼十二卷　元吴澄撰
　　元刻本　國圖
　　中華再造善本影印元刻本
易纂言外翼八卷首一卷　元吴澄撰
　　清乾隆四庫全書館寫欽定四庫全書本
　　清道光十五年刻本　上海　山東
易纂言外翼八卷校勘記一卷　元吴澄撰　魏元曠校勘
　　一九一六年南昌豫章叢書編刻局刻豫章叢書本　南京
易纂言外翼校勘記一卷　魏元曠撰
　　一九一六年南昌豫章叢書編刻局刻豫章叢書本　南京
周易本義通釋十二卷　元胡炳文撰
　　清乾隆四庫全書館寫欽定四庫全書薈要本

清乾隆四庫全書館寫欽定四庫全書本

周易本義通釋十二卷輯録雲峰文集易義一卷　元胡炳文撰　元胡珙輯

明嘉靖元年潘旦鄧杞刻本　國圖　南京

清康熙十九年納蘭成德刻通志堂經解本　上海

清同治十二年粤東書局刻通志堂經解本

清抄本　國圖

日本享和二年東都官版書籍發行所刻本　北師大　上海　南京　山東　日國會

雲峰文集易義一卷　元胡炳文撰　元胡珙輯

明嘉靖元年潘旦鄧杞刻本　國圖　南京

清康熙十九年納蘭成德刻通志堂經解本　上海

清同治十二年粤東書局刻通志堂經解本

清抄本　國圖

日本享和二年東都官版書籍發行所刻本　北師大　上海　南京　山東　日國會

易經訓解四卷　元熊禾撰

明崇禎十六年刻本　復旦

續修四庫全書影印復旦圖書館藏明崇禎十六年刻本

周易集傳八卷　元龍仁夫撰

明影抄元本　日静嘉堂

清影抄元本　上海

清乾隆四庫全書館寫欽定四庫全書本

清道光十七年海昌蔣光煦刻别下齋叢書本　天津　上海　復旦　南京　山東

清光緒十七年龍文彬永懷堂刻本　北大　湖北

清抄本　北大

周易集傳八卷補遺一卷考證一卷校正一卷　元龍仁夫撰　清尹繼美録

清同治七年永新尹氏刻鼎吉堂全集本　國圖　北師大　南京　湖北

清同治十年丁憲曾刻本　山東

周易集傳補遺一卷　清尹繼美録

清同治七年永新尹氏刻鼎吉堂全集本　國圖　北師大　南京　湖北

清同治十年丁憲曾刻本　山東

周易集傳考證一卷　清尹繼美録

清同治七年永新尹氏刻鼎吉堂全集本　國圖　北師大　南京　湖北

清同治十年丁憲曾刻本　山東

周易集傳校正一卷　清尹繼美録

清同治七年永新尹氏刻鼎吉堂全集本　國圖　北師大　南京　湖北

清同治十年丁憲曾刻本　山東

周易衍義十六卷　元胡震撰

清乾隆四庫全書館寫欽定四庫全書本

周易衍義不分卷

清抄本　福建師大

周易集説□□卷　元俞琰撰

元至正九年俞氏讀易樓刻本(公文紙印　存十一卷)　國圖

清抄本(存十五卷)　科學

清抄本(存十四卷)　上海

周易集説[十三卷]

清康熙十九年納蘭成德刻通志堂經解本　國圖　北大

清乾隆四庫全書館寫欽定四庫全書薈要本

清同治十二年粤東書局刻通志堂經解本

周易集説四十卷

清乾隆四庫全書館寫欽定四庫全書本

周易集説不分卷

抄本　上海

讀易舉要四卷　元俞琰撰

清抄本(四庫全書底本)　上海

清乾隆四庫全書館寫欽定四庫全書本

清丁氏八千卷樓抄本　南京

易學濫觴一卷　元黄澤撰

清乾隆四庫全書館寫欽定四庫全書本

清乾隆武英殿木活字印武英殿聚珍版書本　天津　上海　南京　遼寧

清乾隆浙江重刻武英殿聚珍版書本　天津

清乾隆四十二年福建刻道光同治遞修光緒二十一年增刻武英殿聚珍版書本　山東

清道光咸豐大梁書院刻經苑本　國圖　遼寧

清光緒二十五年廣雅書局刻武英殿聚珍版書本

周易通義八卷發例二卷識蒙一卷或問三卷　元黄超然撰

明抄本　上海

續修四庫全書影印明抄本

讀易考原一卷　元蕭漢中撰

清翻刻明成氏本　上海

清乾隆四庫全書館寫欽定四庫全書本

清抄本　南京

讀易考原一卷校勘記一卷　元蕭漢中撰　魏元曠校勘

一九一六年南昌豫章叢書編刻局刻豫章叢書本　天津　上海　南京　遼寧　山東

讀易考原校勘記一卷　魏元曠撰

一九一六年南昌豫章叢書編刻局刻豫章叢書本　天津　上海　南京　遼寧　山東

周易原旨六卷　元保八撰

清影抄元本　北大

周易原旨八卷

清乾隆四庫全書館寫欽定四庫全書本

清乾隆四十七年後抄本　北大

易源奥義一卷　元保八撰

清影抄元本　北大

清乾隆四庫全書館寫欽定四庫全書本

周易繫辭述二卷　元保八撰

元刻本　國圖

中華再造善本影印元刻本

學易記九卷圖經綱領一卷　元李簡撰

元刻本　遼寧

元刻本　國圖

明抄本　南京

清康熙十九年納蘭成德刻通志堂經解本　國圖　北大

清乾隆四庫全書館寫欽定四庫全書本

中華再造善本影印元刻本

周易經傳集程朱解附録纂注十四卷朱子啓蒙五贊附録纂注一卷朱子筮儀附録纂注一卷　元董真卿編集

元後至元二年翠巖精舍刊本　日東洋文庫

明洪武二十一年建安務本堂刻本　上海　日國會

清康熙十九年納蘭成德刻通志堂經解本　北大　上海

清同治十二年粵東書局刻通志堂經解本

中華再造善本影印元刻本

周易經傳集程朱解附録纂注十四卷首二卷附二卷

清乾隆四庫全書館寫欽定四庫全書薈要本

清乾隆四庫全書館寫欽定四庫全書本

程子説易綱領一卷　元董真卿編集

元後至元二年翠巖精舍刻本之周易經傳集程朱解附録纂注之附録　日東洋文庫

明洪武二十一年建安務本堂刻本之周易經傳集程朱解附録纂注之附録　上海　日國會

清康熙十九年納蘭成德刻通志堂經解本之周易經傳集程朱解附録纂注之附録

清乾隆四庫全書館寫欽定四庫全書本之周易會通附録

朱子説易綱領一卷　元董真卿編集

元後至元二年翠巖精舍刻本之周易經傳集程朱解附録纂注之附録　日東洋文庫

明洪武二十一年建安務本堂刻本之周易經傳集程朱解附録纂注之附録　上海　日國會

清康熙十九年納蘭成德刻通志堂經解本之周易經傳集程朱解附録纂注之附録

清乾隆四庫全書館寫欽定四庫全書本之周易會通附録

朱子啓蒙五贊附録纂注一卷　元董真卿編集

元後至元二年翠巖精舍刻本之周易經傳集程朱解附録纂注之附録　日東洋文庫

明洪武二十一年建安務本堂刻本之周易經傳集程朱解附録纂注之附録　上海　日國會

清康熙十九年納蘭成德刻通志堂經解本之周易經傳集程朱解附録纂注之附録

清乾隆四庫全書館寫欽定四庫全書本之周易會通附録

朱子筮儀附録纂注一卷　元董真卿編集

元後至元二年翠巖精舍刻本之周易經傳集程朱解附録纂注之附録　日東洋文庫

明洪武二十一年建安務本堂刻本之周易經傳集程朱解附録纂注之附録　上海　日國會

清康熙十九年納蘭成德刻通志堂經解本之周易經傳集程朱解附録纂注之附録

清乾隆四庫全書館寫欽定四庫全書本之周易會通附録

朱子易圖附録纂注一卷　元董真卿編集

元後至元二年翠巖精舍刻本之周易經傳集程朱解附録纂注之附録　日東洋文庫

明洪武二十一年建安務本堂刻本之周易經傳集程朱解附録纂注之附録　上海　日國會

清康熙十九年納蘭成德刻通志堂經解本之周易經傳集程朱解附録纂注之附録

清乾隆四庫全書館寫欽定四庫全書本之周易會通附録

雙湖胡先生易圖附録纂注一卷　元董真卿編集

元後至元二年翠巖精舍刻本之周易經傳集程朱解附録纂注之附録　日東洋文庫

明洪武二十一年建安務本堂刻本之周易經傳集程朱解附録纂注之附録　上海　日國會

清康熙十九年納蘭成德刻通志堂經解本之周易經傳集程朱解附録纂注之附録

清乾隆四庫全書館寫欽定四庫全書本之周易會通附録

周易本義集成十二卷　元熊良輔撰

元刻明修本　國圖

元刻本　山東

清康熙十九年納蘭成德刻通志堂經解本

清乾隆四庫全書館寫欽定四庫全書本

清同治十二年粤東書局刻通志堂經解本

中華再造善本影印元刻明修本

周易爻變義藴四卷　元陳應潤撰

影抄元刻本　日静嘉堂

清乾隆四庫全書館寫欽定四庫全書本

清光緒二十四年翁長森刻續台州叢書本　上海　南京

清抄本　南京

周易經義三卷　元涂溍生撰

元刻本(清吴翌鳳跋)　國圖

中華再造善本影印元刻本

周易經疑三卷

清嘉慶阮元録抄本輯宛委別藏本　臺北故宫

續修四庫全書影印清嘉慶宛委别藏寫本

易學變通六卷　元曾貫撰

清翻刻明成氏本　上海

清乾隆四庫全書館寫欽定四庫全書本

清抄本　湖南

抄本　國圖

易學變通六卷校勘記一卷校勘續記一卷　元曾貫撰　三國魏元曠校勘　胡思敬續校勘

一九一六年南昌豫章叢書編刻局刻豫章叢書本　南京　山東

易學變通校勘記一卷　魏元曠撰

一九一六年南昌豫章叢書編刻局刻豫章叢書本　南京　山東

易學變通校勘續記一卷　胡思敬撰

一九一六年南昌豫章叢書編刻局刻豫章叢書本　南京　山東

周易訂疑十五卷序例一卷　題元董養性撰

清正誼堂刻本　南京

續修四庫全書影印清正誼堂刻本

周易董注四卷　元董中行撰

清孔氏岳雪樓抄本　國圖

續修四庫全書影印清孔氏岳雪樓抄本

周易句解十卷　元朱祖義撰

元泰定三年敏得書堂刻本　日公文書館

周易句解十卷　元朱祖義撰　日本小出立庭點　日本新井登祐校

日本寬文十一年吉野屋惣兵衛刻本　日國會

易經旁訓三卷　元李恕撰

明萬曆二十三年鄭汝璧田疇等刻五經旁訓本　天津

明萬曆二十四年陳大科刻本

明萬曆二十五年吴有川刻本　廣東社科院

續修四庫全書影印明萬曆二十四年陳大科刻本

易經旁訓四卷

明天啓元年刻五經旁訓本　人大

周易程朱傳義折衷三十三卷　元趙采撰

清乾隆四庫全書館寫欽定四庫全書本

清陳氏運甓齋抄本　天一閣

大易輯説十卷　元王申子撰

清康熙十九年納蘭成德刻通志堂經解本　國圖

清乾隆四庫全書館寫欽定四庫全書本

清同治十二年粵東書局刊通志堂經解本

清抄本　天津

易精藴大義十二卷　元解蒙撰

清乾隆翰林院抄本(四庫全書底本)　北大

清乾隆四庫全書館寫欽定四庫全書本

易經精義旁訓三卷　元解蒙精義　明朱升旁訓

清光緒九年四川新都魏氏古香閣刻本　上海　四川

周易抄六卷　佚名撰

日本抄本　北大

周易旁注二卷卦傳十卷前圖二卷　明朱升撰

明刻本　科學　首都

四庫全書存目叢書續修四庫全書影印明刻本

周易旁注十二卷前圖二卷

明刻本　國圖

周易旁注十卷圖二卷

明刻本　上海

周易旁注不分卷冠前圖

清刻本　北大　上海

清雍正三年居仁堂刻本　上海

周易旁注前圖二卷　明朱升編著

明朱弼刻本　復旦

明刻本　國圖

明刻本　首都

明刻本　上海

明末刻本　北大

清刻本　上海

周易旁注會通九卷周易四卷　明朱升撰　明姚文蔚會通

明萬曆四十五年刻本　國圖

明刻本　日公文書館　日尊經閣

周易旁注會通十四卷

明萬曆刻本　無錫

四庫全書存目叢書影印明萬曆刻本

大易鈎玄(又名易學舉隅)三卷　明鮑恂撰

清抄本　國圖

四庫全書存目叢書續修四庫全書影印清抄本

周易參義十二卷　明梁寅撰

明初刻本　國圖

明范氏天一閣抄本　上海

清初抄本　遼寧

清康熙十九年納蘭成德刻通志堂經解本　上海

清乾隆四庫全書館寫欽定四庫全書本

清同治十二年粤東書局刻通志堂經解本

周易文詮四卷　明趙汸撰

清乾隆四庫全書館寫欽定四庫全書本

民國初遠碧樓劉氏抄本　上海

周易正訓童子便不分卷　明趙汸撰

清抄本　上海

易義主意□卷附一卷　明謝子方撰

明正統十一年海虞魏佑刻本　北大　上海

周易傳義大全二十四卷圖説一卷綱領一卷　明胡廣等纂

明永樂十三年内府刻本　國圖　南京(清丁丙跋)

明翻刻永樂十三年内府刻本　北大

明天順八年書林龔氏明實書堂刻本　上海

明弘治九年余氏雙桂書堂刻本　四川

明正德十二年楊氏清江堂刻嘉靖四年重修本　臨海博

清初古吴菊仙書屋刻五經大全本(與王應麟周易考異合)　北大　上海　遼寧

清乾隆四庫全書館寫欽定四庫全書本

易經傳義大全二十四卷首一卷易經彙徵二十四卷首一卷　明胡廣等纂修　明陳仁錫較正　明劉庚撰易經彙徵

明崇禎十二年刻本　清華　山東　日關西大學

周會魁校正易經大全二十卷首一卷　明胡廣等纂修　明周士顯校正

明萬曆刻明末改竄後印本　北大　國圖　上海

明刻本　上海

清豫章東邑書林王氏刻本　湖北

周會魁校正易經大全二十卷上下篇義圖説五贊筮儀綱領

清康熙五十年鬱鬱堂刻本　國圖　北師大

周會魁校正易經大全二十四卷首一卷周易朱子圖説一卷　明胡廣等奉敕編　日本林道春點

日本承應二年刻官板五經大全本　日鹿兒島大學

易傳撮要一卷　明劉髦撰

清乾隆二十八年桂山堂重刻本　湖北

清乾隆二十八年崇思閣刻劉文安公全集本　上海

清乾隆至咸豐間永新劉氏刻劉文安公全集本　上海

易經中説四十四卷　明盧翰撰

明刻本　湖南第三師範學校

四庫全書存目叢書影印明刻本

八卦餘生十八卷　明鄧夢文撰

清乾隆四十二年文會堂刻本　科學　山東

四庫全書存目叢書續、修四庫全書影印清乾隆四十二年文會堂刻本

讀易録一卷　明薛瑄撰　清張伯行訂

清同治五年刻正誼堂全書本　山東

周易通略一卷　明黄俊撰

明抄本　南京

續修四庫全書影印明抄本

周易通略一卷校勘記一卷　明黄俊撰　胡思敬校勘

一九一六年南昌豫章叢書編刻局刻豫章叢書本　上海　天津　遼寧　山東　湖北

周易通略校勘記一卷　胡思敬撰

一九一六年南昌豫章叢書編刻局刻豫章叢書本　上海　天津　遼寧　山東　湖北

易學象數舉隅二卷　明汪敬撰

明嘉靖十八年汪奎刻本　安徽

續修四庫全書影印明嘉靖十八年汪奎刻本

玩易意見二卷　明王恕撰

明正德刻本　上海　山東　湖南

明抄本　旅大

清道光二十六年宏道書院刻惜陰軒叢書本　北大　天津　遼寧　山東

清光緒二十二年長沙刻惜陰軒叢書本　北大　上海　遼寧

四庫全書存目叢書續、修四庫全書影印明正德元年刻本

周易説旨四卷　明羅倫撰　明陳禹謨輯

明萬曆十九年何懋官刻本　北大

易象鈔四卷　明胡居仁撰

明刻本　日静嘉堂

易像鈔十八卷

清乾隆四庫全書館寫欽定四庫全書本

易經蒙引十二卷　明蔡清撰

明嘉靖八年建陽書坊刻本　國圖

明萬曆敖鯤翻刻林希元刻本　北大　美哈佛燕京

明末刻本　科學　山東　河南　浙江

清乾隆四庫全書館寫欽定四庫全書本

清建陽書坊刻本　國圖

清刻本　國圖

補訂虚齋舊讀易經蒙引初稿一卷　明蔡清撰

明正德嘉靖間同安林希元刻本　日東京大學

蔡虚齋先生易經蒙引八卷　明蔡清撰　明朱柏廬輯

清末民國初抄本　國圖

易經蒙引二十四卷　明蔡清撰　明宋兆禴重訂

明末敦古齋刻本　華東師大　美哈佛燕京

清康熙四年必興堂刻本　上海

日本寬文九年京都野田莊右衛門刻本　日國會

蔡虚齋先生易經蒙引二十四卷　明蔡清撰　明葛寅亮評定

明末虎林施長庚刻本　南京　浙江　南通

周易古文羽義十二卷首一卷　明童品撰

明弘治九至十三年童氏刻本　國圖

周易贊義十七卷　明馬理撰

明嘉靖三十五年鄭絅刻本　國圖　南京　日公文書館

續修四庫全書影印明嘉靖三十五年鄭絅刻本

新刊理學心傳章句講意大小題旨易經聖朝正達二十卷　明王家棟撰　明晏璋編

明嘉靖四十四年王氏誠意齋刻本　日公文書館

讀易鈔十四卷　明鍾化明撰

明萬曆刻本　日公文書館

周易淺説(又名周易通典)五卷首一卷　明陳琛撰
清乾隆五十四年刻本　湖北
清乾隆五十四年刻光緒十九年印本　上海
四庫全書存目叢書影印清乾隆五十四年刻本
易大象説一卷　明崔銑撰
明嘉靖吴郡袁衣嘉趣堂刻金聲玉振集本　山東
讀易餘言五卷　明崔銑撰　明崔汲編録
明嘉靖十九年前後崔氏家塾刻本　國圖　北大　南京　遼寧　中山大
明萬曆崔氏家塾刻崔氏六種二十三卷本　科學
明刻清乾隆三十七年補版印崔洹野集本　山東
清乾隆四庫全書館寫欽定四庫全書本
周易議卦二卷　明王崇慶撰
清道光十一年六安晁氏木活字印學海類編本　北大　天津　遼寧
清抄本　國圖
一九二〇年上海涵芬樓據六安晁氏聚珍版印本影印學海類編本　北大
續修四庫全書影印清抄本
四庫全書存目叢書影印清道光十一年六安晁氏木活字學海類編本
周易説翼三卷　明吕柟撰
明嘉靖十八年王獻芝刻本　北大
明嘉靖三十二年謝少南刻涇野先生五經説二十一卷本　國圖
明藍格抄涇野先生五經説之一本　上海
清道光二十六年宏道書院刻咸豐八年續編刻惜陰軒叢書本　天津　山東
清光緒二十二年長沙刻惜陰軒叢書本　北大　遼寧
四庫全書存目叢書、續修四庫全書影印明嘉靖三十二年謝少南刻涇野先生五經説本
讀易備忘四卷　明黄克復撰
明嘉靖十五年活字印本　北大
讀易索隱六卷　明洪鼐撰
明嘉靖二十六年順裕堂刻本　遼寧
四庫全書存目叢書續修四庫全書影印明嘉靖二十六年順裕堂刻本
易大贊一卷　明蔡羽撰
明抄獨謡齋抄本　臺北央圖
不庵易贅二卷　明王艮撰
清順治刻本　上海

學易記五卷　明金賁亨撰
明嘉靖刻本　國圖　上海　福建
清道光二十年刻本　國圖
清道光二十六年宏道書院刻咸豐八年續編刻惜陰軒叢書本　天津　山東
清光緒二十二年長沙刻惜陰軒叢書本　上海　遼寧
續修四庫全書影印明嘉靖刻本

周易集瑩十二卷　明梅鷟撰
明刻本　國圖

古易考原三卷　明梅鷟撰
明正統刻萬曆續刻道藏本　國圖　上海
四庫全書存目叢書影印明萬曆刻續道藏本

易箋問一卷　明舒芬撰
明萬曆四十八年刻梓溪文抄本　國圖　科學　北大　天津　上海
四庫全書存目叢書影印明萬曆四十八年刻梓溪文抄本

易學四同八卷　明季本輯
明嘉靖四十年刻本　北大　北師大　天津　安徽
四庫全書存目叢書影印明嘉靖四十年刻本

易學四同别録四卷　明季本輯
明嘉靖四十年刻本　北大　北師大　天津　安徽
四庫全書存目叢書影印明嘉靖四十年刻本

周易億二卷繫辭億一卷　明王道撰
明萬曆刻本　北京文物局

周易億三卷
明萬曆三十七年朱延禧南京刻王文定公遺書本　臺北央圖

繫辭億一卷　明王道撰
明萬曆刻本　北京文物局

周易傳義存疑一卷　明應大猷撰
清乾隆刻本　南京

易經存疑十二卷　明林希元撰
明萬曆二年林有梧刻本　國圖　北大
清康熙十七年刻本　國圖　北大　上海　南京　山東
清乾隆十年林氏刻本　同安文化館
清乾隆四庫全書館寫欽定四庫全書本
清道光二十八年刻本　湖北

易經説二卷　明楊慎撰
清乾隆綿州李氏萬卷樓刻嘉慶十四年李鼎元重印函海本
清道光五年李朝夔補刻函海本
清光緒七至八年廣漢鐘登甲樂道齋刻函海本
清光緒八年刻總纂升菴合集升菴經説本　浠水
新刊易經正蒙十二卷　明史于光撰
明嘉靖刻本　日尊經閣
易象解二卷首一卷　明劉濂撰
明嘉靖刻本　日御茶之水圖書館
易象解四卷
清道光十六年愛蓮齋抄本　國圖
四庫全書存目叢書影印清道光十六年愛蓮齋抄本
周易辨録四卷　明楊爵撰
明隆慶二年刻本　日京都大學文學部　日御茶之水圖書館
明刻本　科學
清抄本(四庫全書底本)　山東
清乾隆四庫全書館寫欽定四庫全書本
清抄本　山東
清抄本　南京
讀易觀通八卷　明魏琦勳撰
明崇禎刻本　日尊經閣
古易世學十七卷　明豐坊撰
明范氏天一閣抄本　浙江
明抄本　上海
抄本　南京(存九卷)
四庫全書存目叢書影印明抄本
周易不我解二卷　明徐體乾撰
明萬曆刻本　南京
續修四庫全書影印明萬曆刻本
周易義叢十六卷首一卷　明葉良佩撰
明嘉靖刻本　國圖　上海
四庫全書存目叢書續修四庫全書影印明嘉靖刻本
易修墨守一卷　明唐樞撰
明萬曆刻本　南京

明嘉靖萬曆刻木鐘台集再集本　科學　歷史所　上海　山西

清咸豐六年湖州唐氏書院刻木鐘台全集本　北大

讀易記三卷　明王漸逵撰

明刻本　南京

續修四庫全書影印明刻本

易象大旨八卷　明薛甲撰

明嘉靖四十年刻本　人大　上海　揚州　日宫内省

四庫全書存目叢書影印明嘉靖四十年刻本

大象義述三卷　明王畿撰

明萬曆五年吴同春刻本　天一閣

大象義述一卷

明萬曆四十七年刻龍溪王先生全集本　北大

明刻龍溪王先生全集本　北大

清道光二年會稽莫晋刻龍溪王先生全集本　北大

日本函碕文庫據龍溪王先生全集抄本　北大

讀易私記十卷　明黄光昇撰

明萬曆五年黄喬棠等刻本　北大

明崇禎刻本　日尊經閣

翿子易演十八卷　明胡經撰

明抄本　天一閣

四庫全書存目叢書續修四庫全書影印明抄本

周易象旨決録七卷　明熊過撰

明嘉靖四十一年熊氏刻本　國圖　山西　山東　蘇州　日尊經閣

清乾隆四庫全書寫欽定四庫全書本

民國初劉氏遠碧樓抄本　上海

讀周易象旨私識一卷　明熊過撰

明嘉靖四十一年熊氏刻本　國圖　山西　山東　蘇州

易經聚正十卷　明蔡元偉撰　明張衮校　明李培訂

明隆慶三年功崇堂刻本(缺卷一、二)　日公文書館

抄本　山東

周易去疑十一卷　明舒弘諤撰

明末蔣時機刻本　故宫

四庫全書存目叢書影印蔣時機刻本

周易去疑十一卷首一卷末一卷　明舒弘諤撰　清蔣先庚參增　清李龍吟重訂

清光緒八年江右養雲書屋刻本　國圖　科學　上海　復旦　南京　湖北　山東

葉八白易傳十六卷　明葉山撰

清乾隆四庫全書館寫欽定四庫全書本

民國初劉氏遠碧樓抄本　上海

易經淵旨二卷　明歸有光撰

清歸朝煦刻本　南京

四庫全書存目叢書影印清乾隆歸朝煦玉鑰堂刻本

易疑二卷圖説一卷繫辭一卷説卦傳一卷序卦傳一卷雜卦傳一卷　明陳言撰

明萬曆四十六年刻本　上海

四庫全書存目叢書影印明萬曆四十六年刻本

讀易纂五卷　明張元蒙撰

明萬曆十至十八年王世貞等刻本　北大　清華

續修四庫全書影印北大圖書館藏明萬曆王世貞刻本

易經正義六卷　明鄢懋卿撰

明嘉靖四十年吴初泉刻本　上海

續修四庫全書影印明嘉靖四十年吴初泉刻本

周易傳義補疑十二卷　明姜寶撰

明萬曆十四年古之賢新安郡齋刻本　國圖　上海　齊齊哈爾

續修四庫全書影印明萬曆十四年古之賢新安郡齋刻本

易象鈎解四卷　明陳士元撰

明嘉靖刻本　天一閣　日尊經閣　日静嘉堂

明萬曆刻歸雲别集本　北大　天津　遼寧　山東　四川

清乾隆四庫全書館寫欽定四庫全書本

清道光十三年應城吴毓梅刻歸雲别集本　遼寧　山東

清光緒十五年上海鴻文書局印道光刻守山閣叢書本　天津　遼寧

一九二三年沔陽盧氏慎始基齋據明刻歸雲别集本影印湖北先正叢書本　上海

易象彙解二卷　明陳士元撰

明萬曆刻歸雲别集本　北大　天津　遼寧　山東　四川　日東京大學

清道光十三年應城吴毓梅刻歸雲别集本　遼寧　山東

一九二三年沔陽盧氏慎始基齋據明刻歸雲别集本影印湖北先正叢書本　上海

續修四庫全書影印明萬曆刻歸雲别集本

今文周易演義十二卷　明徐師曾撰

明隆慶二年董漢策刻本　國圖　北大　北師大　上海　無錫　山東　日公文書館　美哈佛燕京

四庫全書存目叢書續修四庫全書影印明隆慶二年董漢策刻本

周易稽疑一卷　明朱睦㮮撰

清順治三年兩浙督學周南李際期宛委山堂刻説郛續四十六卷本　遼寧　山東

學易會集一卷　明粟永禄等編

明萬曆七年學易正會刻本　北大

淮海易談四卷　明孫應鰲撰

明隆慶刻本　南京　蘇州　青島　如皋　日公文書館

清光緒六年狄山莫氏刻孫文恭公遺書本　國圖　北大　天津

清宣統二年南洋官書局鉛印孫文恭公遺書本　北大

民國初貴陽文通書局排印黔南叢書本　上海

四庫全書存目叢書影印明隆慶刻本

周易集注十六卷易注雜説一卷易學六十四卦啓蒙一卷　明來知德撰　明黄汝亨等校

明萬曆三十八年張惟任刻本　北師大　西北大學　日公文書館　日尊經閣　日大阪府立圖書舘

來氏易注十六卷首一卷

清乾隆四庫全書館寫欽定四庫全書本

梁山來知德先生易經集注十六卷上下經篇義易經字義易學六十四卦啓蒙説　明來知德撰　清崔華重訂

清康熙二十七年崔華刻本　天津　四川　重慶

清康熙二十七年崔華刻同德堂印本　北大

清康熙二十七年刻春輝堂藏版本　上海

清翻刻康熙崔華刻本　南京

梁山來知德先生易經集注經二卷傳十卷　明來知德撰　清高喧删補

清康熙三十六年刻願學堂藏版本　浙江

周易集注六卷首二卷　明來知德撰　清俞卿重訂

清康熙六十一年俞卿刻本（附金人瑞撰唱經堂通宗易論）　北大

清抄本　天一閣

周易來注十五卷上下經篇義易經字義易學六十四卦啓蒙　明來知德撰　明史應選輯　明沈際飛訂異

明崇禎五年沈際飛刻本　天津　南京　青海民院　雲南

來瞿唐先生易注十五卷首一卷（包括上下經篇義易經字義易學六十四卦啓蒙説）末一卷圖一卷　明來知德撰　明淩夫惇圈點　明高奣映校

明萬曆芸生堂刻本　國圖

清康熙十六年高氏朝爽堂刻道光二十六年來錫蕃配補本　浙江　杭大　山西　武大　齊齊哈爾　美哈佛燕京

清康熙朝爽堂抄本　北京文物局

清雍正七年寧陵符永培寧遠堂重刊本　上海　南京　美哈佛燕京

清乾隆二年高氏朝爽堂刻本　上海　山東

清嘉慶翻刻雍正寧遠堂刻本　北大　上海　四川　浙江　山東

來知德上下經篇意一卷　明來知德撰

清康熙二十七年崔華刻本　四川　重慶　福建

清康熙二十七年崔華刻寶廉堂印本　天津

清康熙二十七年崔華刻同德堂印本　北大

清康熙二十七年春輝堂刻本　上海

清翻刻康熙崔華刻本　南京

易學六十四卦啓蒙一卷　明來知德撰

清康熙二十七年崔華刻本　四川　重慶　福建

清康熙二十七年崔華刻寶廉堂印本　天津

清康熙二十七年崔華刻同德堂印本　北大

清康熙二十七年春輝堂刻本　上海

清翻刻康熙崔華刻本　南京

易經傳注二十八卷圖説目録易經卦序通例傳注二卷　明李資乾撰

明萬曆刻本　日尊經閣

易原八卷　明陳錫撰

明萬曆二十七年刻本　北師大

續修四庫全書影印明萬曆二十七年刻本

易經繹五卷　明鄧元錫撰

明萬曆三十五年刻五經繹本　人大

清鄧宗渭刻五經繹本　山東

易因六卷　明李贄撰　明汪本鈳附記

明正統刻萬曆續刻道藏本

易因二卷

明萬曆二十八年陳邦泰刻本　國圖　北大　國博　天津　湖北

九正易因二卷　明李贄撰　明汪本鈳讀

明萬曆刻本　蘇州

九正易因二卷　明李贄撰　明张慎言注補

清順治五年毛氏汲古閣刻本　遼寧　山西

續修四庫全書影印清初毛氏汲古閣刻本

周易象義六卷　明章潢撰

明抄本　國圖

四庫存目叢書續修四庫全書影印明抄本

周易象義不分卷

清抄本　北大

易大象義一卷　明章潢撰

明抄本　國圖

清抄本　北大

清抄本　遼寧

讀易雜記四卷　明章潢撰

明抄本　國圖

讀易雜記不分卷

清抄本　北大

清抄本　遼寧

讀易紀聞六卷　明張獻翼撰

明萬曆張一鯤刻本　天一閣

清乾隆四庫全書館寫欽定四庫全書本

民國初廬江劉氏遠碧樓藍格抄本　上海

檥經臆説三卷　明張獻翼撰

明萬曆龍宗武刻本　上海

檥經雜説三卷　明張獻翼撰

明萬曆龍宗武刻本　上海

周易古今文全書二十卷　明楊時喬編

明萬曆二十七至四十七年廣信楊氏刻本　北大　上海　南京　湖北

明萬曆王其玉刻本　南京

明萬曆三十五年蔡增譽刻本　南京　臺北央圖　美哈佛燕京
四庫存目叢書影印明萬曆刻本

易學十二卷　明沈一貫撰
明萬曆刻本　首都
續修四庫全書四庫全書存目叢書影印明萬曆刻本

易經直解十二卷　明沈一貫撰　明李光縉輯
明萬曆四十三年周曰校萬卷樓刻本　清華　故宫

新鍥相國蛟門沈先生發刻經筵會講易經意評林十卷　明邵芝南　沈一貫　李廷機等會講　明郭偉校正
明萬曆二十九年書林静觀室詹聖澤刊本　日蓬左文庫

易學辨疑四卷　明施之藩撰
明隆慶六年刻萬曆五年印本　北大

易經詳解十卷　明徐元氣撰
明萬曆十年張一通匡鐸等刻本　國圖　日公文書館

易經直解二十卷　明伊在庭等撰
明萬曆七年詹氏易齋刻本　重慶

讀易述十七卷　明潘士藻撰
明萬曆三十四年潘師魯刻本　國圖　江西　日静嘉堂　日尊經閣　日東京大學
明刻本　上海
清乾隆四庫全書館寫欽定四庫全書本
清抄本　南京

易意參疑二卷　明孫從龍撰
明萬曆五年杭郡書林翁時化刻本　上海　中山大　日東京大學
續修四庫全書影印明萬曆五年書林翁時化刻本

易意參疑外編十卷　明孫從龍撰
明萬曆五年杭郡書林翁時化刻本　上海　中山大　日東京大學
續修四庫全書影印明萬曆五年書林翁時化刻本

周易象義四卷　明唐鶴徵撰
明萬曆三十五年純白齋刻本　天津　浙江　日公文書館　美哈佛燕京
清初抄本　浙江
民國初唐氏鉛印本　南京
四庫全書存目叢書影印明萬曆三十五年純白齋刻本

讀易法一卷　明唐鶴徵撰
明萬曆三十五年純白齋刻本　天津　浙江　美哈佛燕京
周易大全纂十二卷　明倪晉卿纂
明萬曆二十年倪氏刻本　北大　紹興　重慶　美哈佛燕京
生生篇七卷　明蘇濬撰
明萬曆刻本　國圖　無錫　廣西師大
清乾隆七年榮洲祉抄本　清華
清道光二十二年蘇廷玉重刻本　國圖　中央黨校
續修四庫全書影印明萬曆二十五年刻本
四庫全書存目叢書影印清道光二十二年蘇廷玉刻本
易經兒說八卷　明蘇濬撰
明萬曆刻本　日尊經閣
清乾隆五十五年陳氏活字印本　天津　南京
四庫全書存目叢書影印清乾隆五十五年陳氏印本
易經兒說四卷圖一卷
清康熙二十六年蘇堯松刻本　遼寧　日國會
易經兒說四卷
清咸豐元年重刻本　湖北　上海
宋明兩蘇先生易說合删六卷　宋蘇軾　明蘇濬撰　明周之謨删
明萬曆四十四年吉贊刻本　浙江
易象管窺十五卷　明黄正憲撰
明萬曆秀水黄氏刻本　國圖　北大
四庫全書存目叢書續修四庫全書影印明刻本
易象管窺不分卷
清乾隆二十六年馬爾楷抄本　山西文物局
易筌六卷附論一卷　明焦竑撰
明萬曆四十年刻本　科學　青島　重慶
明刻本　山東
四庫全書存目叢書續修四庫全書影印明萬曆刻本
易説五卷　明馮時可撰
明萬曆刻本　旅順博　日東京大學
易説四卷
清嘉慶二十四年刻本　上海
易經就正十二卷　明胡宥撰
明刻本　國圖(存卷一至八)　日本公文書館(存卷一至八、十一、十二)

易學講意七卷　明諸大倫撰
　明萬曆二年書林饒仁卿等刻本(清丁丙跋)　南京
混古始天易一卷　明田藝蘅撰
　抄本　上海
像象管見上下經四卷繫辭説序雜卦傳五卷　明錢一本撰
　明萬曆三十二年刻本　北大　清華　科學　南京
　明萬曆四十二年刻本　國圖　人大　北師大　浙江　安徽　山西文史館　福建　湖北　美葛思德
　清光緒武進盛宣懷刻常州先哲遺書本　上海
像象管見九卷
　清乾隆四庫全書館寫欽定四庫全書本
像抄六卷　明錢一本撰
　明萬曆四十一年日啓新齋刻本　北大　人大　科學　上海　美葛思德
　清初抄本　天津
　四庫全書存目叢書影印明萬曆刻本
像抄二卷
　清抄本　天津
像續抄二卷　明錢一本撰
　清錢濟世蘭雪堂刻本　福建
四聖一心録六卷　明錢一本撰
　清錢濟世蘭雪堂刻本　故宫　上海　浙江
　四庫全書存目叢書影印清錢濟世蘭雪堂刻本
易經疑問十二卷　明姚舜牧撰
　明萬曆三十八年六經堂刻五經疑問本　國圖　浙江
　四庫全書存目叢書影印明萬曆六經堂刻五經疑問本
易經以俟録不分卷　明瞿九思撰
　明萬曆三十五年史學遷刻瞿聘君全集本　國圖　湖北
周易古本不分卷　明華兆登輯
　清求是齋重刻錫山華氏本　國圖
　四庫全書存目叢書影印清求是齋刻本
周易古本辯不分卷　明華兆登輯
　清求是齋重刻錫山華氏本　國圖
　四庫全書存目叢書影印清求是齋刻本
周易古本記疑不分卷　明華兆登輯
　清求是齋重刻錫山華氏本　國圖

四庫全書存目叢書影印清求是齋刻本

大象觀二卷　明劉元卿撰

明萬曆刻本　國圖

四庫全書存目叢書影印明萬曆楊時祥刻本

分章分節易經四卷首一卷　明李廷機撰

明書林張斐刻本　安徽博

易經翰林家説十二卷　明李廷機撰

明萬曆十三年閩建書林余氏克勤齋刻本　安徽

周易折衷講意不分卷　明李廷機編

清嘉慶十五年抄本　上海

新鐫李九我衍明易旨一卷　明李廷機編

明刻本　日尊經閣

易經全題窾會編十三卷　明容宇光撰

明萬曆二十七年李之祥等刻本　科學

易經旁訓三卷　明鄭汝璧補注

明萬曆二十三年刻本　天津

易測十卷　明曾朝節撰

明萬曆刻本　上海　南京　美哈佛燕京

抄本　上海

易測不分卷

清順治刻本　日公文書館

易經集注十卷　明蔡毅中撰

明天啓七年刻本　旅大

易經火傳新講七卷　明李京撰

明萬曆二十五年刻本　南大　日蓬左文庫

易經正訛一卷　明胡應麟撰

明萬曆三十四年吴勉學刻筆叢本

一九二九年北京樸社鉛印本　臺灣嚴靈峰無求備齋

古易詮二十九卷　明鄧伯羔撰

明萬曆二十六年刻本　南京

大易床頭私録二卷　明董懋策撰

明萬曆二十三年刻本　國圖

大易床頭私録三卷

清光緒三十二年會稽董氏取斯家塾刻董氏叢書本　上海　遼寧

易會八卷　明鄒德溥撰

明萬曆四十一年刻本　襄陽　日東北大學

明金谿周文明刻本　南京

清同治九年郭儀袁州木活字印本　北大

京傳李會魁易經尊朱約言十卷　明李之藻撰

明萬曆刻本　日尊經閣

果育齋讀易鏡六卷　明沈爾嘉撰

明刻本　日東北大學

易解大旨一卷二集六卷　明張伯樞撰

明崇禎四年刻本　浙江

清刻本　湖北

易經正解四卷　明張廷策撰

明萬曆四十八年張氏刻本　安徽

吴因之先生易説六卷　明吴默撰

明萬曆三十九年錢玉刻本　上海　江西

石鏡山房周易説統十二卷　明張振淵輯

明萬曆四十三年仁和張氏石鏡山房刻本　北大　南京　浙江　山東　安徽　日公文書館　日尊經閣　日東北大學

四庫全書存目叢書、續修四庫全書影印明萬曆四十三年石鏡山房刻本

石鏡山房增訂周易説統二十五卷易學考原一卷　明張振淵輯　明張懋忠增輯

明天啓六年仁和張氏石鏡山房刻本　北大　上海　蘇州　日公文書館　日静嘉堂　日東京都立圖書館

易經潛解十二卷　明李光縉撰

明刻本　國圖　日尊經閣

新刻翰林九石黄先生家傳周易初進説解六卷　明黄國鼎撰

明萬曆二十七年三台館刻本　日公文書館

增訂太史仇滄柱先生家傳周易備旨四卷首一卷　明黄國鼎撰　清祁文友等訂

清乾隆五十五年金陵文會堂刻本　山東

玩易微言摘抄六卷　明楊廷筠撰

明天啓刻本　日宫内省

問易商七卷　明胡允聘撰

明崇禎刻本　日尊經閣

易經宗旨四卷　明汪鳴鸞　吴默撰
明萬曆刻本　國圖
周易正解二十卷　明郝敬撰
明萬曆四十三至四十七年郝千秋郝千石刻郝氏九經解本　科學　湖北
續修四庫全書影印明萬曆郝千秋郝千石刻郝氏九經解本
讀易一卷　明郝敬撰
明萬曆四十三至四十七年郝千秋郝千石刻郝氏九經解本　科學　湖北
易領四卷　明郝敬撰
明萬曆崇禎郝洪範刻山草堂集本　國圖　清華　科學
日本江户抄山草堂集本　日國會
清光緒十七年三餘草堂刻湖北叢書本　天津　遼寧　山東　湖北
四庫全書存目叢書影印明萬曆崇禎間郝洪範刻山草堂集增修本
學易枝言四卷　明郝敬撰
明天啓五年郝洪範刻山草堂集本　國圖　清華　科學　南京(清丁丙跋)
日本江户抄山草堂集本　日國會
問易補七卷　明郝敬撰
明萬曆崇禎郝洪範刻山草堂集本　國圖　清華　科學
清抄本　上海
問易補六卷
日本江户抄山草堂集本　日國會
易經選注二卷　明陳繼儒撰　明張鼐校
明余象斗刻陳眉公先生六經選註十二卷本　日公文書館　日京都大學
新刻皇明十大家萃正翺翔易經集注不分卷　明錢養廉撰
明刻本　日尊經閣
新刻古桐國曹氏五聞人易經绝韋貫珠録講六卷　明曹學賜撰
明萬曆刻本　日尊經閣
精備講意易經鯨音本義二卷　明諸大圭撰
明萬曆五年宏遠書堂刻本　上海
周易劄記三卷　明逯中立撰
明刻本　中央黨校
抄本　上海
周易劄記三卷首一卷
清乾隆四庫全書館寫欽定四庫全書本
講易手録六卷　明趙光大撰
明萬曆三十七年趙氏刻本　故宫

新刻方會魁周易初談講意六卷　明方應祥撰
　明萬曆十年余氏雙峰堂刻本　日東北大學
　明萬曆四十六年余應孔刻本　日公文書館
周易初談講意六卷
　清抄本　浙江
新刊會魁孟旋方先生精著易經旨便四卷首一卷　明方應祥撰
　明三台館刻本　日公文書館
羲經鴻寶十二卷　明方應祥撰
　明末刻本　首都　華東師大　湖北　河南　山東　美葛思德
鐫方孟旋先生輯訂羲經狐白解八卷　明方應祥輯訂　明趙鳴陽校閱
　明天啓二年潭陽余氏三台館刻本　日蓬左文庫
周易易簡説三卷　明高攀龍撰
　清乾隆四庫全書館寫欽定四庫全書本
周易孔義三卷　明高攀龍撰　明秦堈編
　明崇禎九年秦堈刻本　無錫
　明崇禎刻清乾隆七年華希閔重修高子全書本　山東　上海
　清刻本　上海
　一九二四年王氏思過齋金陵刻本　北大　上海　復旦　湖北
周易古本全書彙編三集十七卷　明李本固輯
　明萬曆四十年湯泰時湯謙亨刻本　北大
　續修四庫全書影印明四十年湯泰時湯謙亨萬曆刻本
周易九鼎十六卷首一卷　明繆昌期撰
　明崇禎長庚館刻本　日蓬左文庫　日尊經閣
　明末仙源堂刻本　南京　蘇州大　天一閣　湖北
易經窮抄六補定本七卷　明王國瑚撰
　明末王氏刻本　山東
易筌不分卷　明王述古撰
　明刻藍印三筌解本　國圖
周易明洛義二卷二義二卷三義一卷　明孫慎行撰
　明止躬齋刻本　國圖　南京　安徽博
周易正蒙四卷　明許廷諫撰
　清康熙二十八年許子尊刻本　復旦
周易象通八卷　明朱謀瑋撰
　明萬曆刻本　國圖

清抄本　河南
四庫全書存目叢書、續修四庫全書影印明萬曆刻本

周易像象述六卷　明吴桂森撰
明崇禎刻本　上海　蘇州
清抄本　浙江
清抄本　上海

周易像象述七卷
明末抄本　國圖
清抄本　國圖

周易像象述十卷
清乾隆四庫全書館寫欽定四庫全書本

周易像象述五卷
抄本　國圖

周易像象述四卷
清嘉慶十七年胡倚抄本　南京
清抄本　上海

周易像象述不分卷
清抄本　北大
清抄本　南京
清抄本　南京

像象金鍼一卷　明吴桂森撰
明崇禎刻本　蘇州
明末抄本　國圖
清抄本　浙江
清抄本　國圖

點石齋周易説約□卷　明翁汝進撰
明萬曆苗思順刻本　國圖

鄭孔肩先生家傳纂序周易説約本義四卷首一卷　明鄭壽昌　鄭鉉撰
明末清初刻本　日公文書館

易經澹窩因指八卷　明張汝霖撰
明萬曆三十年史繼辰刻本　國圖　安徽　蓬左文庫
明刻本　安徽　浙江
四庫全書存目叢書影印明萬曆三十年史繼辰刻本

大易存義不分卷　明徐宗堯撰
清抄本　復旦

周易詮三卷　明吴中立撰

明刻藍印本　日公文書館

易經説意二卷繫辭一卷　明陳際泰撰

明崇禎刻本　國圖

易經説意七卷

明末刻本　南京　山東　無錫

四庫全書存目叢書影印明末刻本

周易翼簡捷解十六卷首一卷末一卷拾遺一卷　明陳際泰撰　明周光德輯

明崇禎四年刻本　樂平　日東京大學

周易翼簡捷解拾遺一卷　明陳際泰撰　明周光德輯

明崇禎四年刻本　樂平

群經輔易説一卷　明陳際泰撰

明崇禎四年刻本　樂平

七名家合纂易經講意千百年眼十六卷　明陳際泰等撰

明金陵書林唐國達廣慶堂刻本　科學

易經脉四卷首一卷　明湯賓尹撰

明萬曆四十五年刻本　天津

鼎鐫睡庵湯太史易經脉六卷首一卷

明刻本　日公文書館

易經演十二卷　明湯賓尹撰

明末刻本　山東

易經主意十卷　明湯賓尹　丘兆麟撰

明末李潮刻本　山東

大成易旨四卷　明崔師訓撰

清嘉慶十一年存澤堂刻本　南京　湖北

清嘉慶十三年崔五源刻本　山東

清光緒十六年蓮湖草堂刻本　天津　上海　南京　湖北

大成易旨不分卷

清抄本　國圖

易參五卷　明喻安性撰

一九三三年萃焕堂刻本　山東

周易宗義十二卷　明程汝繼輯

明萬曆三十七年程氏刻本　國圖　北大　北師大　上海　南京　浙江

日公文書館

四庫全書存目叢書、續修四庫全書影印明萬曆三十七年自刻本

周易宗義删十二卷　明程汝繼輯

明崇禎元年葛寅亮刻本　山東

周易疏義四卷　明程汝繼撰

明崇禎八年姚學心等刻本　故宫　上海師大　山東

續修四庫全書影印明崇禎八年姚學心等刻本

易學紀異一卷　明吴士熙輯

明崇禎元年葛寅亮刻本　山東

易解心燈不分卷　明蔣士龍撰

一九二三年四川西昌蔣氏和樂堂鉛印本　北師大

易經翼注四卷總圖一卷　明丘兆麟參訂

明天啓三年徐可久西昆館刻崇禎五年印本　北大　日公文書館

易經合證四卷　明邱兆麟撰

明末涂景元紅雲館刻本　山東

雪園易義四卷首一卷　明李奇玉撰

明刻本　上海　日東北大學

四庫全書存目叢書影印明崇禎刻本

雪園易義四卷圖説一卷

清順治刻本　上海　中山大

四庫全書存目叢書影印清順治刻本

雪園易義補三卷　明李公柱撰

明刻本　上海

清順治刻本　上海　中山大

四庫全書存目叢書影印清順治刻本

易經玄備十五卷圖説一卷　明江之寶撰

明崇禎環竟齋刻本　國圖　浙江

周易可説七卷總論一卷　明曹學佺撰

明崇禎刻本　甘肅　東北師大　日公文書館

四庫全書存目叢書影印明崇禎刻本

易經通論十二卷　明曹學佺撰

明末刻本　甘肅

四庫全書存目叢書影印明末刻本

周易家訓四卷　明王命宣輯

清乾隆十四年刻本　科學

易義古象通八卷　明魏濬撰

明刻本　南京　福建

清乾隆四庫全書館寫欽定四庫全書本

周易揆十二卷　明錢士升撰

清初賜餘堂刻本　天津　浙江

四庫全書存目叢書影印清順治賜餘堂刻本

易略三卷　明陸夢龍撰

明萬曆爰亶刻本　陝西師大

明崇禎元年顧懋樊刻本　國圖　上海　蘇州

四庫全書存目叢書影印明崇禎元年顧懋樊刻本

易芥八卷　明陸振奇撰

清乾隆十六年刻本　國圖

四庫全書存目叢書影印清乾隆十六年刻本

易經説衷不分卷　明陳元素　明吴廷俊撰

明天啓七年靈水山房刻本　福建

易説一卷　明吴鍾巒撰

清康熙初刻十願齋全集本　南京

四庫全書存目叢書影印清康熙刻本

易箋二卷　明吴鍾巒撰

清康熙初刻十願齋全集本　南京

四庫全書存目叢書影印清康熙刻本

易經勺解三卷　明林欲楫撰

清同治六年活字印叢蘭館藏版本　國圖

四庫全書存目叢書影印清同治六年叢蘭館刻本

周易膚説三卷　明蔡月涇撰

清同治三年刻本　南京

清同治十三年刻本　上海

易經講意四卷　明王納諫撰

明萬曆三十九年新安吴明典刻本　臺北央圖

易經家訓六卷　明王納諫撰

明孫承義刻本　國圖

易衍與易圖説合一卷　明劉宗周撰

清乾隆十七年刻劉蕺山先生集本

清道光二年證人堂刻劉蕺山先生集本　天津

周易古文抄二卷　明劉宗周撰

明萬曆三十七年刻本　北大

明崇禎刻本　南京

周易古文抄三卷

清康熙姜希轍兩水亭刻子劉子遺書本　清華　中央黨校　上海

四庫全書存目叢書、續修四庫全書影印清初姜希轍刻本

易經正譌一卷　明郭若緯撰

明崇禎四年刻本　武大

易説醒四卷　明洪守美纂注

明末刻本　杭州大

清同治十一年安徽涇縣洪汝奎重刻本　國圖　科學　上海　南京　山東　湖北　四川

清同治宣統刻洪氏晦木齋叢書本

易旨醒四卷　明洪守美　鄭林祥輯

明末刻本　杭州大

續修四庫全書影印明末刻本

八卦餘生十八卷　明賀仲軾撰

清初抄本　焦作

易通二卷　明唐元竑撰

明崇禎刻本　美國會

易義一卷　明唐元竑撰

明崇禎刻本　美國會

易窺不分卷　明程玉潤撰

明抄本　天一閣

四庫全書存目叢書影印明抄本

易學管見不分卷　明洪啓初撰

明萬曆四十五年洪氏刻本　北大　日公文書館　日尊經閣

四庫全書存目叢書影印明萬曆刻本

鏗鏗齋易郵七卷　明朱篁撰

明刻本　日公文書館

易經抉微四卷　明李行志　明梁廷棟纂

明天啓五年版築居刻三色套印本　北大　天津　河南　長治

鍥栖霞明止齋易經疑蘗十卷　明楊稚實撰

明天啓六年温陵楊氏洪州刻本　日蓬左文庫

易經臆闡三卷　明石文器撰
清嘉慶九年石氏刻本　國圖
易經衬講三卷　明徐標撰
清乾隆四十年惺惺齋刻本　齊齊哈爾
易疏五卷圖説一卷　明黄端伯撰
明崇禎刻本　上海　浙江
四庫全書存目叢書影印明崇禎刻本
周易講義八卷　明何守初撰
清抄本　遼寧
周易闡要四卷　明吴尚默撰
清嘉慶八年吴台等刻本　山東　湖北　浙江
項仲昭先生纂注易經奇英不分卷　明項煜纂注
明潭陽劉孔敦刻藜光堂藏版本　上海
易闡四卷　明顧胤輯
明崇禎九年刻本　上海
易徵十五卷　明周鵬撰　明何棟如校
明崇禎刻本　日公文書舘
周易本義刪正讀本四卷　明朱國輔撰
清抄本　首都
桂林點易丹十六卷附諸儒易解鈎玄　明顧懋樊撰
明崇禎二年顧氏刻桂林五經本　北大　山東
四庫全書存目叢書影印明崇禎二年刻本
諸儒易解鈎玄不分卷　明顧懋樊編
明崇禎二年顧氏刻桂林五經本　北大
大易通變六卷　明喬中和撰
清順治六年刻本　山西
清初喬氏躋新堂刻本　山東
清光緒五年刻西郭草堂合刊本
説易十二卷　明喬中和撰
明崇禎中刻躋新堂集本　國圖　科學　天津　上海　南京　山東
清光緒五年刻西郭草堂合刊本　北大
四庫全書存目叢書、續修四庫全書影印明崇禎刻躋新堂集本
説易不分卷
清抄本　國圖

周易會通十二卷　明汪邦柱　江柟輯
明萬曆四十五年休寧江氏生生館刻本　北大　華東師大　安徽　河南
重慶　日公文書館　日静嘉堂　美哈佛燕京
四庫存目叢書影印明萬曆四十五年江氏生生館刻本
周易時論十五卷　明方孔炤撰
清順治十七年刻本　北大
續修四庫全書影印北大圖書館藏清順治刻本
周易時論合編圖像幾表八卷　明方孔炤撰
清順治十七年刻本　北大
四庫全書存目叢書影印清順治十七年白華堂刻本
易傭十四卷附諸儒傳略一卷諸儒著述一卷　明文安之輯
明崇禎十二年刻本　上海
易傭六卷
清光緒十九年會稽余氏待刻寫樣本　上海
易説一卷　明王育撰
清道光十三年太倉東陵氏刻婁東雜著本　國圖　北大　上海　遼寧
續修四庫全書影印清道光十三年刻婁東雜著本
易用六卷　明陳祖念撰
清乾隆四庫全書館寫欽定四庫全書本
周易纂六卷　明朱之俊撰
清順治硯廬刻本　國圖　科學
四庫全書存目叢書影印清順治硯盧刻本
續韋齋易義虚裁八卷圖説一卷　明涂宗濬撰
明萬曆四十二年刻本　日公文書館
易經疏義統宗三卷　明陳仁錫撰
明末奇賞齋刻本　天一閣
羲經易簡録八卷　明陳仁錫輯
明萬曆七年後之神默齋刻本　北大　日蓬左文庫
繫辭十篇書十卷　明陳仁錫撰
明萬曆七年後之神默齋刻本　北大　日蓬左文庫
四庫全書存目叢書影印明神默齋刻本
易本象四卷　明黄道周撰
清康熙三十八年刻本　湖北　福建
易象正十六卷　明黄道周撰
明崇禎刻本　吉林大　日宫内省　日静嘉堂

清乾隆四庫全書館寫欽定四庫全書本

易象正十二卷初二卷終二卷

清康熙三十二年晉安鄭肇刻石齋先生經傳九種本　國圖　山東

清康熙三十二年晉安鄭肇刻道光二十八年長州彭蘊章補刻石齋先生經傳九種本　天津　上海　南京　遼寧　美葛思德

新刻鄭太史精著易經解六卷　明鄭之玄撰　明陳仁錫校

明刻本　日公文書館

周易本義刪補便蒙解註四卷圖説一卷　明郭青螺撰

明楊發吾刻本　日公文書館

易説不分卷　明嚴穀撰

明崇禎十五年刻本　日東京大學

兒易内儀以六卷　明倪元璐撰

明崇禎十四年倪元璐刻本　國圖　北大　科學　上海　南京　浙江　日公文書館　日尊經閣

清乾隆四庫全書館寫欽定四庫全書本

清道光光緒間南海伍崇曜刻粤雅堂叢書本　天津　山東　遼寧

清光緒十九年會稽余氏待刻寫樣本　上海

兒易外儀十五卷　明倪元璐撰

明崇禎十四年倪元璐刻本　國圖　北大　科學　上海　南京　浙江　日公文書館　日尊經閣

清乾隆四庫全書館寫欽定四庫全書本

清道光光緒間南海伍崇曜刻粤雅堂叢書本　天津　山東　遼寧

古周易訂詁十六卷　明何楷撰

明崇禎刻本　國圖　清華　上海　南京　華中師院　臺北央圖　日公文書館　日尊經閣　日蓬左文庫　日静嘉堂

清乾隆十六年郭文焰聞桂齋刻本　國圖　復旦　天津師大　南京　山東　浙江　福建　建甌　美哈佛燕京

清乾隆四庫全書館寫欽定四庫全書本

民國上海中國書店據明崇禎本影印本　北大　上海

解經處答客問一卷　明何楷撰

明崇禎刻本　國圖　清華　上海　南京　華中師院

清乾隆十六年郭文焰聞桂齋刻本　國圖　天津師大　復旦　南京　山東　浙江　福建　建甌

清乾隆四庫全書館寫欽定四庫全書本

民國上海中國書店據明崇禎本影印本　北大　上海

何元子易象解義不分卷　明何楷撰

清抄本　山東

古周易訂詁十六卷附易説　明何楷撰　明黄道周撰易説

清乾隆十七年刻朱墨套印溪邑文林堂藏版本　國圖　南京　福建　福建師大　建甌　厦門大　齊齊哈爾

六翰林易經主意寶藏六卷　明薛振猷輯

明末刻本　上海

易蔡二卷繫辭三卷節録一卷　明蔡鼎撰

明天啓刻本　日尊經閣

明崇禎十七年卓巖刻本　科學　日公文書館

四庫未收書叢刊影印明末卓巖刻本

周易禪解十卷　明釋智旭撰

明正德刻本　尊經閣

清顺治釋通瑞刻本　國圖　北京市委　上海　日京都大學文學部

日本享保十三年京都梅村三郎兵衛刻本　日國會

一九一五年南京金陵刻經處刻本　國圖　北大　北師大　科學　天津　上海　復旦　南京　山東　四川　湖北

續修四庫全書影印清初釋通瑞刻本

鄭氏易譜十二卷　明鄭旒撰

清乾隆十八年鄭時達刻本　國圖　南京　徽州博

清道光六年梁廷楠刻本　北大　上海　南京　山東　浙江

四庫未收書叢刊影印清道光六年梁廷楠刻本

學易誌一卷　明馬權奇撰

明崇禎尺木堂刻本　浙江

四庫全書存目叢書影印明崇禎尺木堂刻本

日北居周易獨坐談五卷　明洪化昭撰

明萬曆四十八年刻本　日公文書館

清抄本　天津

易經注疏大全合纂六十四卷首一卷　明張溥纂

明崇禎七年李可衛刻本　北大　上海　山東

周易繫辭注疏大全合纂四卷　明張溥纂

明崇禎七年李可衛刻本　北大

硃訂瀛洲渡周易八卷　明張溥撰

明崇禎刻本　日尊經閣

新刻易經嫏嬛四卷首一卷　明張溥撰　明李光祚校
　明刻本(缺首卷)　日公文書館
周易爻物當名二卷　明黎遂球撰
　明崇禎十年至清順治三年刻本　北大
　清道光同治南海伍崇曜粤雅堂文字歡娛堂刻嶺南遺書本　國圖　天津
　　上海　遼寧　山東
　續修四庫全書影印北大圖書館藏明崇禎刻本
周易讀五卷　明佘叔純撰
　明天啓與文齋刻本　南京
周易備旨一見能解六卷上下篇義易經圖考朱子筮儀　明黄淳耀原本
清嚴而寬增補
　清嘉慶元年致和堂刻本　國圖
　清嘉慶九年敬文堂刻本　國圖　北大　天津
　清書業堂刻本　北大
參訂增補周易備旨一見能解六卷上下篇義易經圖考朱子筮儀附周易
精義　明黄淳耀原本　清嚴而寬增補
　清光緒二十五年書業德刻本　北大
　清光緒二十七年善成堂刻本　國圖
九公山房易問二卷　明郝錦撰
　清初刻本　科學
　續修四庫全書影印清初刻本
羲經十一翼五卷　明傅文兆撰
　明書林李潮刻本　南京　美哈佛燕京
　四庫全書存目叢書影印明書林李潮刻本
易經意旨不分卷　明洪符中輯
　明洪符中稿本　安徽博
易旨一覽四卷　明蔣時雍撰
　明末刻本　浙江
　四庫全書存目叢書影印明末刻本
以易解六卷　明蔣庸撰
　明崇禎十一年刻本　北師大
丘方二太史硃訂秘笥易經講意綱目集注四卷周易本義不分卷　明李
光祚輯
　明天啓五年書林周鳴岐啓新齋刻三色套印本　石家莊　吉林白醫大　東北

師大

一中四卷圖解一卷　明李玄育撰

明萬曆九年刻本　北師大

易經彙徵二十四卷首一卷　明劉庚撰

明崇禎十二年刻本　清華　山東　日關西大學

易經彙徵二十四卷首一卷　明劉庚撰

明崇禎十二年刻本　山東

一六山房易備解十二卷　明龍御撰

明刻本　山東

燃藜閣易極三卷　明馬安陽撰

明崇禎六年刻本　上海

周易露研四卷　明潘貞撰

明崇禎九年俞贊等刻本　人大　浙江

喬家心易九卷　明喬之文撰

清抄本　浙江

周易本義補四卷附圖說　明蘇了心撰

明萬曆紅蘭館刻本　國圖

明刻本　國圖

增訂周易本義補不分卷附圖說　明蘇了心撰　清劉祈穀增訂

清康熙雀集堂刻本　國圖　科學　南京　華東師大(清焦循批校)

清康熙揚州同文堂刻本　國圖　山東　湖北

清康熙維揚近思堂刻本　上海

清康熙二酉堂刻本(佚名批點)　上海

抄本(佚名校)　南京

四庫未收書叢刊影印清康熙雀集堂刻本

周易全考十卷　明孫用之撰

明抄本　國圖

周易心宗四卷　明吳惇寬撰

清光緒十八年漢鎮陂邑公所刻本　湖北

無名氏易不分卷　明無名氏撰

明無名氏稿本　上海

易學集解二卷　明郭季公撰

明崇禎十六年後刻本　北大

易經三注粹鈔不分卷　明許順義編

明建陽余彰德刻六經三注粹鈔本　天津

新鐫周易數編三卷　明喻有功撰
明萬曆刻本　南京
師卦解一卷　明鄭二陽撰
明崇禎胡正言刻本　山東
象考疣言不分卷　明王思宗撰
明刻本　吉林
易經旁訓四卷　明王安舜撰
明天啓元年王氏刻五經旁訓本　浙江
研硃集義經四卷　明張瑄撰
明末虹化堂刻本　北師大
新鐫十名家批評易傳闡庸一百卷　明姜震陽輯
明末刻本　山東
四庫存目叢書影印明刻本
來子談經不分卷　明來集之撰
清順治九年倘湖小築刻本　清華　南京
讀易隅通二卷　明來集之撰
明崇禎十七年刻本　天一閣
清順治九年蕭山來氏倘湖小築刻來子談經本　清華
清雍正元年張文炳刻本　上海師大　山東　浙江
續修四庫全書影印清順治刻本
易經體注四卷　明來集之撰
清嘉慶四年刻本　南京
清道光二十年刻本　南京
卦義一得二卷　明來集之撰
清順治九年蕭山來氏倘湖小築刻來子談經本　清華
四庫全書存目叢書續修四庫全書影印清順治來氏倘湖小築刻來子談經本
新刻金陵原板易經開心正解　佚名撰
明萬曆元年書林熊沖宇刻本　國圖　重慶
易義提綱□卷　佚名撰
明抄本　國圖
易覽通書□卷　佚名撰
明刻本(存卷下)　上海
陳圖南邵康節共推周易河洛納甲真數不分卷　佚名撰
明末抄本　上海

繫辭講義二卷　佚名撰
　明抄本　北大
新刻易經衷旨原本四卷首一卷　清汪士魁輯　清熊志學校
　明刻本　日公文書館
易經衷旨原本不分卷
　清順治文冶堂刻本　浙江
再定易經衷旨定本四卷　清汪士魁輯
　明刻本　日東京大學
易經衷旨説統大全合纂四卷首一卷　清汪士魁輯　清吴峻業　吴弘基補
　明刻本　日公文書館
重訂易經衷旨合參二卷　清汪士魁撰　清劉炎增定
　明崇禎刻本　國圖
重訂易經衷旨合參四卷
　清黄綺堂刻本　國圖
讀易大旨五卷後傳一卷　清孫奇逢撰
　清孫奇逢稿本　新鄉
讀易大旨五卷
　清康熙二十七年刻本　國圖　天津　南京　遼寧　山東
　清乾隆四庫全書館寫欽定四庫全書本
　清道光二十五年大梁書院重刻孫夏峰全集本　天津　上海　南京　山東
　清同治刻本　上海
讀易大旨二卷
　清末民國初抄本　國圖
周易十卦解一卷　清孫奇逢撰
　清孫奇逢手稿本　臺北央圖
　清代稿本百种叢刊影印著者手稿本
周易玩辭困學記十五卷首一卷　清張次仲撰
　清康熙六年一經堂刻本　山東
　清乾隆四庫全書館寫欽定四庫全書本
周易玩辭困學記不分卷
　清康熙八年海寧劉氏刻本　日東北大學　美哈佛燕京
易經增注十卷易考一卷　清張鏡心撰　明張溍輯
　清康熙六年刻畿輔叢書本　湖北

清光緒五至十三年定州王氏謙德堂刻畿輔叢書本　北大　天津　上海　遼寧
清雲隱堂刻本　國圖　天津
四庫全書存目叢書影印清張瑚等刻本

易考一卷　清張鏡心撰
清光緒五至十三年刻畿輔叢書本　湖北
清光緒五至十三年定州王氏謙德堂刻畿輔叢書本　北大　天津　上海　遼寧
清雲隱堂刻本　國圖　天津

易史八卷　清胡世安撰
清順治十八年刻本　北大　東北師大
清抄本　浙江

孔易七卷　清孫承澤撰
清康熙六年孫氏家塾刻本　科學　美國會

易翼二卷　清孫承澤輯
清抄本　南京

周易翼義集粹三卷　清吴曰慎撰
清康熙三十年紫陽書院刻本　山東

周易本義爻徵二卷　清吴曰慎撰
清道光二十六年宏道書院刻咸豐八年續刻惜陰軒叢書本　國圖　天津　山東
清光緒十四年長沙惜陰書局刻惜陰軒叢書續編本　北大

周易便蒙六卷　清汪璲補注
清康熙三十四年新安汪璲稿本　國圖
清抄本　國圖

讀易質疑二十卷　清汪璲撰
清汪璲稿本　北師大

讀易質疑二十卷首一卷
清康熙四十二年汪氏儀典堂刻本　國圖　遼寧　湖北　安徽
四庫全書存目叢書影印清康熙汪氏儀典堂刻本

易原不分卷　清趙振芳撰
清順治十五年趙振芳黄儀廣刻蕉白居藏版本　國圖　北大　科學　上海　南京　湖北　福建師大　上虞
日本據清順治十五年趙振芳黄儀廣刻本抄本　北大

清康熙十五年刻本　湖北

易發八卷　清董說撰

清初刻本　浙江

四庫全書存目叢書影印清初刻本

讀易一鈔十卷　清董守諭撰

清董守諭稿本　湖北

讀易一鈔五卷

清抄本　上海

讀易一鈔四卷

清末民初抄本　國圖

讀易一鈔□卷

一九三二至一九四八年四明張氏約園刻四明叢書本　天津　遼寧

易餘四卷　清董守諭撰

清董守諭稿本　湖北

一九三二至一九四八年四明張氏約園刻四明叢書本　天津　遼寧

抄本　國圖

卦變考略一卷　清董守諭撰

清乾隆四庫全書館寫欽定四庫全書本

卦變考略二卷

劉氏遠碧樓抄本　上海

清末抄本　浙江

易經笥中利試題旨秘訣四卷　清董守諭纂著

清鄭氏奎璧堂刻本　科學

鬱溪易紀十六卷　清郁文初撰

清抄本　山西文物局

四庫存目叢書影印清抄本

易存一卷　清蕭雲從撰

清抄本　浙江

周易廣義四卷圖一卷　清鄭敷教撰

清康熙二十三年刻本　國圖　科學　南京　齊齊哈爾　山東　湖北　浙江

四庫全書存目叢書影印清康熙二十三年刻本

周易廣義四卷

清乾隆五十四年松月樓刻本　國圖

讀易蒐十二卷　清鄭賡唐撰

清康熙刻本　國圖　上海　華東師大　南京

清光緒四年鄭雲峰等刻本　北大　上海　山東　湖北
四庫全書存目叢書影印清康熙刻本
易學三述一卷　清王含光撰
一九三六年南京京華印書館鉛印本　山東　南京
易酌十四卷　清刁包撰
清雍正十年刁承祖姑蘇刻本　國圖　北大　首都　上海　湖北
清雍正十年刁承祖姑蘇刻道光五年祁陽學署印本　北大
清乾隆四庫全書館寫欽定四庫全書本
清道光二十三年祁陽順積樓翻刻雍正刁承祖刻本　北大　北師大　天津　上海　南京　遼寧　山東　湖北
易辰九卷首一卷　清賀登選撰
清康熙六年賀氏刻本　山東
四庫全書存目叢書影印清康熙六年賀氏家刻本
周易淺義四卷　清耿極撰
康熙二十七年刻觀象軒藏版本　國圖　天津　新鄉
清風易注四卷　清魏閥撰
清光緒十八年漢川甑山書院刻本　上海　南京　湖北
清光緒十八年三餘草堂刻本　國圖　上海　山東　湖北
清風易注不分卷
抄本　上海
逸亭易論一卷　清徐繼恩撰
清康熙三十四年王氏霞舉堂刻檀几叢書本　遼寧　山東
易測四卷繫辭二卷說卦傳一卷　清鄭郊撰
清康熙刻本　福建師大
讀易略記一卷　清朱朝瑛撰
清朱朝瑛原稿七經略記本　國圖
四庫全書存目叢書影印清鈔七經略記本
通宗易論一卷　清金人瑞撰
清康熙六十一年俞卿刻本(附來氏易注後)　北大
清乾隆九年傳萬堂刻唱經堂才子書本彙稿本　日本京都大學
清宣統二年順德鄧實排印風雨樓叢書本　國圖　遼寧
易鈔引一卷　清金人瑞撰
一九三五至一九三六年上海掃葉山房排印中國文學珍本叢書第一輯本　遼寧
易内傳十二卷　清金士升撰
清道光二年楊學烈退思堂刻本　國圖　遼寧　山東　湖北

清抄本　北大

續修四庫全書影印清抄本

易經便蒙窮抄翼六卷圖説一卷雜著一卷　清王巖楨撰

清順治八年刻本　國圖　山東

周易宗印不分卷　清文映朝撰

清康熙八年刻本　山東

周易全旨彙述四卷　清姚德堅等輯

清康熙十七年六經堂刻本　山東

周易辨注三卷　清康克勤撰

清初康克勤稿本　遼寧

易義不分卷　清傅以漸撰

清初抄本　國圖

易經通注九卷　清傅以漸　曹本榮撰

清乾隆四庫全書館寫欽定四庫全書本

清光緒十二年雎園刻本　國圖　天津　上海　復旦　遼寧　山東　湖北

易經通注四卷

清光緒十七年三餘草堂刻湖北叢書本　北大　天津　遼寧　山東

易學象數論六卷　清黄宗羲撰　清黄百家圖後

清康熙汪瑞齡西麓堂新安刻本　上海

清乾隆四庫全書館寫欽定四庫全書本

清孔氏岳雪樓抄文瀾閣四庫全書本　浙江

清光緒十五年黄氏校抄本　人大

清抄本　國圖

易學象數論内編三卷外編三卷

清光緒廣雅書局刻一九二〇年番禺徐紹棨彙編重印廣雅書局叢書本　國圖　上海　南京　湖北

易宗十二卷首一卷　清孫宗彝撰

清康熙刻本　國圖　科學　上海　天津　南開　山東　南京　遼寧　齊齊哈爾　福建師大

四庫存目叢書影印清康熙刻本

讀易筆記一卷　清張履祥撰

清同治十年江蘇書局刻重訂楊園先生全集本　天津　山東

周易説略八卷　清張爾岐撰

清康熙五十八年徐氏真合齋磁版印本　國圖　四川

周易説略四卷
　清康熙刻本　國圖　上海
　清乾隆二十七年吴元祥刻本　山東
　清嘉慶二年奎文堂刻本　北大　遼寧
　清嘉慶二年文源堂刻本　國圖　科學　山東
　清嘉慶十年敬文堂刻本　上海
田間易學不分卷　清錢澄之撰
　清康熙斟雉堂刻本　北大　復旦　南京　四川　美哈佛燕京
　清康熙斟雉堂刻同治二年皖桐斟雉堂重印桐城錢飲光先生全書本　國圖　北大　天津　上海　南京　山東　四川
田間易學十二卷
　清乾隆四庫全書館寫欽定四庫全書本
讀易緒言一卷　清錢棻撰
　清道光吴江沈氏世楷堂刻昭代叢書本　國圖　遼寧　山東
　四庫全書存目叢書影印清道光吴江沈氏世楷堂刻昭代叢書本
周易傳義合闡十二卷　清陳瑚撰
　一九二四年理學社刻本　國圖　南京　湖北
　一九二六年太倉圖書館刻本　上海
易聞十二卷首一卷　清歸起先撰
　清乾隆六十年歸朝煦玉鑰堂刻本　南京　遼寧　山東　浙江
　清光緒玉鑰堂刻本　上海
易憲不分卷　清沈泓撰
　明崇禎刻清印本　上海
易憲四卷卦歌一卷圖説一卷
　清乾隆九年補堂刻本　國圖　北大　人大　天津　南開　上海　復旦　南京　浙江　山東
　清光緒十四年卓德徵刻本　北大　北師大　天津　上海　南京　四川　湖北　山東　日國會
　清木活字印本　上海
　四庫全書存目叢書影印清乾隆九年補堂刻本
周易斟六卷　清趙太素纂
　清抄本　北大
易觸七卷　清賀貽孫撰
　清咸豐二年敕書樓刻水田居全集本　南京　上海　國圖

續修四庫全書影印清咸豐二年刻水田居全集本

讀易緒言二卷　清謝文洊撰

清光緒十八年謝鏞刻謝程山全書本　山東

周易象辭不分卷尋門餘論二卷　清黄宗炎撰

清黄宗炎稿本　黎州文獻館

周易象辭二十一卷尋門餘論二卷圖書辨惑一卷

清乾隆四庫全書館寫欽定四庫全書本

清抄本　國圖

周易象辭十九卷尋門餘論二卷圖書辨惑一卷

清東浙黄模烏絲欄抄本　國圖

周易尋門餘論二卷　清黄宗炎撰

清黄宗炎稿本　黎州文獻館

清乾隆四庫全書館寫欽定四庫全書本

周易尋門餘論一卷

清道光吴江沈氏世楷堂刻昭代叢書本　遼寧　山東

清道光吴江沈氏世楷堂刻光緒二年後印昭代叢書本　北大

易或十卷　清徐在漢撰　清趙振芳參

清順治十五年趙振芳黄儀廣刻蕉白居藏版本　北大　上海　南京　湖北
福建師大　上虞

日本抄清順治十五年趙振芳黄儀廣刻本　北大

周易内傳十二卷發例一卷　清王夫之撰

清道光二十二年新化鄧顯鶴長沙刻船山遺書本　河南　湖北　浙江　江西

周易内傳六卷發例一卷

清同治四年湘鄉曾國荃金陵節署刻船山遺書本　國圖　天津　上海　南京
山東　遼寧

清王嘉愷抄本　湖南

續修四庫全書影印清同治四年湘鄉曾氏金陵節署刻船山遺書本

周易外傳七卷　清王夫之撰

清道光二十二年新化鄧顯鶴長沙刻船山遺書本　河南　湖北　浙江　江西

清同治四年湘鄉曾國荃金陵節署刻船山遺書本　國圖　天津　上海　南京
遼寧　山東

清光緒二十五年公記書莊石印王船山先生經史論八種本　荆州地區

清王嘉愷抄本　湖南

周易大象解一卷　清王夫之撰

清道光二十二年新化鄧顯鶴長沙刻船山遺書本　河南　湖北　浙江　江西

清同治四年湘鄉曾國荃金陵節署刻船山遺書本　天津　遼寧　山東
清湘西草堂刻本　國圖
續修四庫全書影印清同治四年湘鄉曾氏金陵節署刻船山遺書本

周易稗疏四卷附周易考異一卷　清王夫之撰
清乾隆四庫全書館寫欽定四庫全書本
清抄欽定四庫全書本　南京
清道光二十二年新化鄧顯鶴長沙刻船山遺書本　遼寧
清同治四年湘鄉曾國荃金陵節署刻船山遺書本　天津　南京　遼寧　山東

周易稗疏四卷
清光緒十四年南菁書院刻皇清經解續編本
清光緒十五年上海蜚英館石印皇清經解續編本
清吴氏拜經樓抄四經稗疏本　天津

周易稗疏一卷
清道光吴江沈氏世楷堂刻昭代叢書本　山東
清湘西草堂刻本　國圖

大易辯志説約二十四卷　清張習孔撰
清康熙六十一年梅墅石渠閣刻本　南京　浙江

易義講餘三卷　清沈謙撰
清沈謙稿本　上海

易義選參二卷　清寧都三魏(魏禮　魏禧　魏祥)撰　清丘維屏評選
清光緒二年寧都魏氏刻翠微峰易堂藏版本　國圖　北大　北師大　科學　天津　山東　湖北
四庫未收書叢刊影印清光緒二年翠微峰易堂刻本

易原就正十二卷首一卷　清包儀撰
清乾隆四庫全書館寫欽定四庫全書本

易原就正六卷
清抄本　國圖

周易廣義六卷　清潘元懋撰
清康熙十二年劉元琬武林刻本　北大　科學　上海　南京　遼寧　西安文管會
清康熙十一年刻本　上海
清乾隆四十七年一灣齋刻本　山東

龍性堂易史參録不分卷　清葉矯然撰
清乾隆三十三年刻本　國圖　科學　山東

推易始末四卷　清毛奇齡撰

清康熙李塨等刻西河合集本　遼寧　山東

清康熙李塨等刻乾隆十年蕭山毛氏修補重印西河合集本　山東

清康熙李塨等刻乾隆三十五年陸體元修補重印西河合集本　科學　天津　遼寧　山東

清乾隆四庫全書館寫欽定四庫全書本

清乾隆五十九年石門馬氏大西山房刻龍威秘書本　遼寧

易小帖五卷　清毛奇齡撰

清康熙李塨等刻西河合集本　遼寧　山東

清康熙李塨等刻乾隆十年蕭山毛氏修補重印西河合集本　山東

清康熙李塨等刻乾隆三十五年陸體元修補重印西河合集本　科學　天津　遼寧　山東

清乾隆四庫全書館寫欽定四庫全書本

仲氏易三十卷　清毛奇齡撰

清康熙李塨等刻西河合集本　遼寧　山東

清康熙李塨等刻乾隆十年蕭山毛氏修補重印西河合集本　山東

清康熙李塨等刻乾隆三十五年陸體元修補重印西河合集本　科學　天津　遼寧　山東

清乾隆四庫全書館寫欽定四庫全書本

清道光九年廣東學海堂刻皇清經解一千四百卷本

毛西河先生仲氏易三十卷　清毛奇齡撰　清周芬佩參訂

清乾隆三年致和堂刻本　上海

西河説易不分卷　清毛奇齡撰

抄本　上海

周易通十卷　清浦龍淵撰

清康熙十年敬日堂刻本　湖北　美哈佛燕京

四庫存目叢書影印清康熙十年敬日堂刻本

周易辯二十四卷首四卷　清浦龍淵撰

清康熙十七年敬日堂刻本　國圖　上海　湖北　美哈佛燕京

統天易説四卷　清費國暄撰

清抄本　天津

清抄本　南京

周易本義正解二十二卷首二卷　清丁鼎時　清吴瑞麟輯

清康熙三十二年賜書堂刻本　科學　福建　南京

周易本義引蒙十二卷首一卷　清姚章輯

清康熙三十四年陳鍾嶽刻本　科學　山東

清康熙三十四年刻道光二十三年姚銹姚鉽補刻本　山東

四庫未收書叢刊影印康熙三十四年陳鍾嶽刻本

周易述解辨義四卷　清葛世揚輯

清康熙五十一年刻本　美哈佛燕京

周易述解辨義不分卷

清雍正元年刻青蓮堂藏版本　國圖

身易實義五卷　清沈廷勱撰

清康熙二十三年吴門文雅堂刻本　國圖

清康熙二十四年刻洗心樓藏版本　國圖　南京

讀易近解二卷　清湯秀琦撰

清抄本　科學

朱氏訓蒙易門七卷首一卷　清朱日濬撰

清黄森焱抄本　湖北

乾坤兩卦解一卷　清湯斌撰

清同治九年蘇廷魁等刻湯文正公全集本　上海　復旦　山東　湖北　四川

周易説研録六卷　清李灝撰

清乾隆刻李氏經學四種本

周易疏略四卷　清張沐撰

清康熙十四至四十年敦臨堂刻五經四書疏略本　清華　科學　天津　南京　山東

清康熙同治刻同治印張仲誠遺書本　科學

圖書祕典不分卷　清張沐撰

清保學堂刻本　北大

周易滴露集四卷　清張完臣輯

清康熙二十八年平原張拭刻本　北大　科學　山東

周易滴露集不分卷

清康熙安遠堂刻本　南京

新訂增删易經彙纂詳解六卷上下篇義讀易二十四辨筮儀圖説卦歌一卷　清吕留良撰

清三元堂刻本　遼寧

翁山易外七十一卷　清屈大均撰

清康熙刻本　上海　中山

清抄本　北大
四庫禁毁書叢刊影印清抄本

易説要旨二卷　清李寅撰
清康熙刻萬葉堂藏版本　國圖
四庫全書存目叢書影印清康熙刻本

易辨體一卷　清徐與喬撰
清敦化堂刻本　南京

周易纂義不分卷　清王魯得撰
抄本　山東

讀易管窺離句串義不分卷　清李標撰　清李致和串義
清抄本　中山大

易經衷論二卷　清張英撰
清康熙刻雙溪集本　上海師院　浙江
清乾隆四庫全書館寫欽定四庫全書本
清光緒二十三年桐城張氏刻張文端全書本　國圖　北大　南京　山東　湖北

易經詳説五十卷　清冉覲祖撰
清同治九年冉氏寄願堂刻本　南京　山東
清光緒七年大梁書局刻五經詳説本　上海　天津
四庫全書存目叢書影印清同治八年刻本

周易會歸不分卷　清鄧霽彙纂　清鄧嗣禹輯注　清鄧雲參補
清康熙五十一年龍南學署刻本　清華　北師大　天津　南京　山東
清康熙五十一年龍南學署刻傳經第後印本　北大

易説二十四卷　清陳遷鶴撰
清抄本　福建

牗窺堂讀易一卷　清陳遷鶴撰
清抄本　福建

易注十二卷　清崔致遠撰
清乾隆八年山西崔氏絳雲樓刻本　國圖　北大　山東　四川　山西師院　山西文史館

易經辨疑四卷　清張問達輯
清康熙十八年刻本　上海

易經辨疑七卷
清康熙十九年陳君美刻本　科學　南京

讀易日鈔八卷　清張烈撰

清康熙二十六年刻本　國圖　南京　山東

讀易日鈔六卷

清乾隆四庫全書館寫欽定四庫全書本

周易一得一卷　清高晙撰

清光緒二十六年高執中費縣刻本　北大

大易疏義四卷　清周弘起撰

清康熙十一年存仁堂刻本　上海

易貫十四卷首二卷　清張叙撰

清乾隆二十一年宋宗元刻本　南京　遼寧　山東

四庫全書存目叢書影印清乾隆二十一年宋宗元刻本

周易本義引蒙十二卷首一卷　清姚章輯

清康熙三十四年陳鍾嶽刻本　科學　山東

清康熙三十四年刻道光二十三年姚銹姚鉽補刻主静齋藏版本　京分　上海　山東

御纂周易折中二十二卷首一卷　清李光地等纂

清康熙五十四年京師武英殿刻御纂七經本　國圖　北大　天津　上海　復旦　南京　遼寧　山東　湖北

清乾隆四庫全書館寫欽定四庫全書本

清同治六年浙江書局刻御纂七經本　北師大　上海　南京　湖北　浙江

清同治十年湖北崇文書局刻御纂七經本　國圖　北大　天津　遼寧　湖北

清光緒十四年江南書局刻御纂七經本　北大　北師大　天津　南京　遼寧

周易通論四卷　清李光地撰

清康熙李氏教忠堂刻本　國圖

清初刻本　東北師大

清乾隆元年李清植刻嘉慶六年補刻李文貞公全集本　山東

清乾隆四庫全書館寫欽定四庫全書本

清道光九年李維迪刻榕村全書本　天津　復旦

周易通論二卷

清慎厥堂刻本　山東

周易觀象十二卷　清李光地撰

清康熙李氏教忠堂刻本　國圖

清乾隆元年李清植刻嘉慶六年補刻李文貞公全集本　復旦　山東

清乾隆四庫全書館寫欽定四庫全書本

清乾隆五十三年南豐湯氏刻本　國圖

清道光九年李維迪刻榕村全書本　天津　復旦

周易觀象不分卷

清康熙五十一年武强劉謙抄本　北大

周易觀象大指二卷　清李光地撰

清乾隆元年李清植刻嘉慶六年補刻李文貞公全集本　山東

清嘉慶十九年魁元堂刻本　南京

清道光七年刻寶翰樓藏版本　國圖　上海　南京

清道光九年李維迪刻榕村全書本　天津　山東

清慎厥堂刻本　山東

周易直解十二卷　清李光地撰

清嘉慶九年南城梅氏刻本　國圖

清光緒二十年重刻本　湖北

李文貞公易義不分卷　清李光地撰

清抄本　國圖

易義前選五卷　清李光地撰

清康熙刻本　國圖

清道光九年李維迪刻榕村全書本　上海　天津　山東

周易義例一卷啓蒙附論一卷序卦雜卦明義一卷　清李光地等纂

清内府抄本　故宫

周易義例一卷啓蒙附論一卷

清刻本　上海

周易義例□卷

民國初抄本　國圖

易傳講授一卷　清李光地撰

清乾隆元年李清植刻嘉慶六年補刻榕村講授三編本　山東

榕村易經語録一卷　清李光地撰

清抄本　臺北央圖

易經述一卷　清陳詵撰

清康熙海寧陳氏信學齋刻本　國圖　湖北　美哈佛燕京

清刻本　上海

易卦玩辭述二卷　清陳詵撰

清康熙信學齋刻本　上海　齊齊哈爾

大易疏晦五卷卷首　清詹大衢撰

清康熙二十四年蔣寅刻本　北大

周易淺解四卷　清張含性撰
清康熙二十八年滋德堂刻本　上海
易經徵實解一卷　清胡翔瀛撰
一九一七年胡鵬昌鉛印胡嶧陽先生遺書本　山東
續修四庫全書影印首都圖書館藏民國鉛印胡嶧陽先生遺書本
易象授蒙一卷　清胡翔瀛撰
一九一七年胡鵬昌鉛印胡嶧陽先生遺書本　山東
喬氏易俟十八卷圖一卷　清喬萊撰
清康熙竹深荷淨之堂刻本　北大　南京　湖北　山東
清乾隆四庫全書館寫欽定四庫全書本
清道光二十八年阮福瀚抄本　湖北
清抄本　北大
清抄本　國圖
喬氏易俟十六卷首一卷
清孔氏岳雪樓據欽定四庫全書本抄本　國圖
喬氏易俟二十卷　清喬萊撰
清道光二十一年喬載繇刻本　上海　山東
清同治刻本　上海　南京
大易闡微録十二卷圖説一卷　清劉琯撰
清乾隆二十三年活字印本　清華
清乾隆二十三年刻同治十二年補刻本　復旦
易鏡二卷　清陸曾禹撰
清陸曾禹稿本　華南師大
身易一卷　清唐彪撰
清康熙三十九年刻昭代叢書本　山東
清道光吴江沈氏世楷堂刻昭代叢書本　遼寧　山東
易經發蒙六卷　清王朝珊撰
清康熙培桂齋刻本　湖北　南京
清乾隆五十六年繹思堂刻本　上海
炳燭居訂正周易口義四卷　清徐甘來撰
清康熙五年刻本　山東
周易説宗上經六卷下經五卷繫辭五卷　清閻鋅撰　清萬經訂
清康熙四十三年雪櫻山房刻本　山東
清初雪櫻山房刻康熙四十三年萬經辨志堂補刻本　科學

四庫未收書叢刊影印清初雪巎山房刻康熙四十三年萬經辨志堂補修本

大易疏晦五卷卷首　清詹大衢撰

清康熙二十四年蔣寅刻本　北大

周易蠡測二卷　清朱奇齡撰

清咸豐朱葆彝盛堂抄本　國圖

易經引事二卷　清朱約撰

清康熙刻本　國圖

[易理]不分卷　清顔光猷撰

清抄本　北大

易象附録不分卷　清彭定求撰

清初彭氏抄稿本　復旦

遂初堂易論一卷　清潘耒撰　日本大久保奎校點

日本嘉永元年大久保奎刻本　北大

日本嘉永二年江户山城屋佐兵衛等刻本　日國會

讀易約編四卷　清朱江撰

清康熙三十六年刻本　南京(存卷一卷三卷四)

四庫全書存目叢書影印清康熙三十六年刻本

讀易偶存不分卷　清華學泉撰

清抄本　復旦

日講易經解義十八卷筮儀一卷圖説一卷　清牛鈕等撰

清康熙二十三年内府刻本　故宫　遼寧　山東　南京　浙江　湖南　福建　美哈佛燕京

清乾隆四庫全書館寫欽定四庫全書本

學易重言二卷　清李應機撰

清李應機原稿圃隱類編本　上海

讀易參解二十四卷　清徐淑撰

清乾隆五十五年周文鼎抄本　華東師大

易説一卷　清查慎行撰

清道光吴江沈氏世楷堂刻昭代叢書本　南京　遼寧　山東

周易玩辭集解十卷首一卷　清查慎行撰

清康熙十八年刻本　南京

清乾隆十八年刻本　國圖　上海　南京　浙江　湖北

清乾隆四庫全書館寫欽定四庫全書本

周易清本五卷　清梁夫漢撰

清康熙山陰梁氏寫本　北大

周易彙考四卷　清陳夢雷纂
清雍正六年武英殿銅活字印古今圖書集成經籍彙編易經部彙考本
清光緒九年上海同文書局石印古今圖書集成經籍彙編易經部彙考本
周易淺述八卷圖一卷　清陳夢雷撰　清楊道聲圖
清乾隆四庫全書館寫欽定四庫全書本
周易講義七卷　清雲中官撰
清汪堯峰抄本　祁縣
易經通論不分卷　清徐開任輯
清抄本　東北師大
周易古本集注十二卷首一卷末一卷續編一卷　清姜其垓撰
清抄本　山東
易盪二卷　清方鯤撰
清順治建陽同文書院刻本　南京
清康熙五年姚文然姚文燮刻本　上海師大
四庫全書存目叢書影印清康熙五年姚文然姚文燮刻本
大易集義粹言八十卷　清納蘭成德輯
清康熙十九年納蘭成德刻通志堂經解本
清乾隆四庫全書館寫欽定四庫全書本
清同治十二年粵東書局刻通志堂經解本
清抄本　天津
周易函書約存十五卷首三卷　清胡煦撰
清康熙河南胡氏葆璞堂抄周易函書四種本　南京
清雍正七年至干隆五十九年河南胡氏葆璞堂刻周易函書四種本　上海　南京
清乾隆胡季堂刻本　國圖　北大　上海
清乾隆四庫全書館寫欽定四庫全書本
清道光周蔭甫抄河南胡氏葆璞堂刻本　山東
周易函書約注十八卷　清胡煦撰
清康熙河南胡氏葆璞堂抄周易函書四種本　南京
清雍正七年至乾隆五十九年河南胡氏葆璞堂刻周易函書四種本　上海　南京
清乾隆嘉慶胡季堂刻本　北大　上海　遼寧　浙江
清乾隆四庫全書館寫欽定四庫全書本
清道光周蔭甫抄河南胡氏葆璞堂刻本　山東

周易函書約注合抄四十九卷　清胡煦撰　清張拱北補纂

清光緒十八年寶慶務本書局刻本　上海

周易函書别集十六卷　清胡煦撰

清康熙河南胡氏葆璞堂抄周易函書四種本　南京

清雍正七年至乾隆五十九年河南胡氏葆璞堂刻周易函書四種本　上海　南京

清乾隆嘉慶胡季堂刻本　國圖　北大　上海　遼寧　浙江

清乾隆四庫全書館寫欽定四庫全書本

清道光周蔭甫據河南胡氏葆璞堂刻本抄本　山東

周易函書補義八卷　清胡煦撰　清李源補義

清同治李氏所慎齋刻本　國圖

清光緒元年大梁刻本　天津

清光緒元年李氏所慎齋刻本　國圖　科學　湖北

清至民國初抄本　國圖

抄本　國圖

豐川易説十卷　清王心敬撰

清乾隆四庫全書館寫欽定四庫全書本

豐川易説十卷首一卷

清二曲書院刻本　上海

易經大全會解不分卷與周易本義合　清來爾繩輯　清朱采治　朱之澄編訂

清康熙二十年朱采治刻本　福建　山東

清康熙會文堂木活字印本　遼寧

清康熙聖德堂刻本　國圖

清康熙敦化堂刻本　國圖

易經大全會解不分卷與周易本義合　清來爾繩輯　清朱采治　朱之澄編訂　清來學謙重訂

清乾隆五十二年來道添刻本　浙江

清道光十四年金閶步月樓刻本　山東

清道光二十三年崇文堂刻本　北大

清同治五年書業堂刻本　天津

清光緒五年慈水古草堂刻新刊五經體注大全巾箱本　北大

易經體注會解合參四卷　清來爾繩纂輯

清嘉慶四年刻本　南京

清道光二年晉祁書業堂刻本　山東
清道光二十年刻本　南京

周易象義合參十二卷首一卷　清吴德信輯
清康熙四十五年刻餘慶堂藏版本　國圖
清康熙五十三年俞卿刻本　北大　齊齊哈爾
四庫全書存目叢書影印清康熙五十三年俞卿刻本

易通論二卷首一卷　清姚際恒撰
清康熙刻本　浙江

周易本義析疑不分卷　清劉以貴撰
清抄本　山東

周易傳注七卷　清李塨撰
清乾隆四庫全書館寫欽定四庫全書本

周易傳注四卷繫辭二卷説卦一卷
清道光二十三年博陵養正堂刻本　國圖　天津　上海　遼寧　南京
抄本　山東

周易傳注四卷
清抄本　國圖

學易四卷　清李塨撰
清抄本　國圖

學易八卷
民國初趙氏壽華軒抄本　上海

易經集解四卷上下篇義一卷筮儀一卷圖一卷卦歌一卷　清萬經撰
清康熙二十五年西爽堂刻本　美哈佛燕京

周易彙統四卷圖一卷　清佟國維撰
清康熙刻本　遼寧
清刻本　山東
四庫未收書叢刊影印清康熙刻本

索易臆説二卷　清吴啓昆撰
清康熙五十二年懷新閣刻本　南京
四庫全書存目叢書影印清康熙懷新閣刻本

周易劄記二卷　清楊名時撰
清乾隆四庫全書館寫欽定四庫全書本
清抄本　上海
抄本　南京

周易劄記三卷
　　清乾隆五十九年江陰葉廷甲水心草堂刻楊氏全書本　天津　遼寧
易義隨記八卷　清楊名時講授　清夏宗瀾記
　　清雍正十年刻本　國圖　清華　上海
　　四庫全書存目叢書影印清乾隆刻本
易史易簡録四卷　清李兆賢撰
　　清雍正元年白山堂刻本　美哈佛燕京
易經體注大全合参四卷　清李兆賢注
　　清嘉慶刻本　南京
　　清達道堂刻本　國圖
　　清桂月樓刻本　湖北
周易直解十二卷　清陳枚輯
　　清順治文冶堂刻本　浙江
　　清刻本　湖北
周易本義啓蒙通刊十六卷首一卷　清吴世尚撰
　　清雍正十二年光德堂刻本　天津
春輝樓讀易日記二卷　清張鼎撰
　　清抄本　南京
　　一九四八年海鹽周昌國等排印春輝樓叢書上集本
易漢學舉要一卷　清張鼎撰
　　清蔣氏別下齋抄本　上海
　　續修四庫全書影印清蔣氏別下齋抄本
易漢學訂誤一卷　清張鼎撰
　　清蔣氏別下齋抄本　上海
　　續修四庫全書影印清蔣氏別下齋抄本
周易剩義二卷　清童能靈撰
　　清乾隆冠豸山刻本　科學
　　四庫存目叢書影印清乾隆冠豸山刻本
周易淺解四卷　清張步瀛輯撰
　　清康熙三十年張氏滋德堂刻本　山東
　　四庫全書存目叢書影印清康熙三十年張氏刻本
周易觀玩録彙考十五卷　清張曾慶撰
　　清康熙三十八年刻本　清華
易義析解七卷　清薛詮撰
　　清康熙五十一年刻本　上海

學易闡微四卷　清羅登標撰

清乾隆八年松學清署刻本　浙江

四庫全書存目叢書影印清乾隆八年松學清署刻本

周易補義四卷　清方芬撰

清康熙十五年新安时術堂刻本　科學　上海　南京　湖北　安慶

四庫全書存目叢書影印清康熙新安時術堂刻本

周易闡理四卷　清戴虞皋撰

清剡藻堂抄本　清華

四庫全書存目叢書影印清剡藻堂抄本

易經考一卷　清戴震撰

清同治刻經考本　臺灣嚴靈峰無求備齋

象數蠡測内篇二卷外篇二卷　清傅玉書撰

清光緒二十四年家刻本　國圖　山東

周易精義四卷首一卷　清黄淦撰

清嘉慶九年武林尊德堂刻七經精義本　上海　山東

清嘉慶十三年刻七經精義本　國圖　上海　遼寧　山東

清光緒九年掃葉山房刻七經精義本　南京　天津

周易精義四卷首一卷續編一卷

清刻本　國圖

陸堂易學十卷首一卷　清陸奎勳撰

清康熙五十三至五十四年刻陸堂經學叢書本　上海　山東

清乾隆元年刻本　國圖　上海　南京　山東　湖北　齊齊哈爾

清彙印陸堂集本　科學

續修四庫全書影印清乾隆刻本

四庫全書存目叢書影印清康熙乾隆間刻陸堂經學叢書本

周易曉義不分卷　清唐一麟撰

清唐一麟稿本　中央黨校

四庫存目叢書影印稿本

孔門易緒十六卷首一卷　清張德純撰

清張德純稿本　江西

清乾隆五十六年刻清餘堂藏版本　國圖　美哈佛燕京

四庫全書存目叢書影印稿本

讀易管窺五卷　清吴隆元撰

清乾隆刻本　上海　北大

四庫全書存目叢書影印清乾隆刻本

易經札記三卷　清朱亦棟撰

清光緒四年武林竹簡齋刻十三經札記本　天津　山東

周易傳義合訂十二卷　清朱軾輯

清乾隆元年刻朱文端公藏書本　國圖　北大　首都　人大　上海　復旦　南京　山東　湖北　四川　桂林

清乾隆二年内府刻本　首都　桂林

清乾隆二年鄂彌達刻本　人大　復旦　南京　上海　四川

清乾隆四庫全書館寫欽定四庫全書本

清光緒二十三年朱衡等重刻朱文端公藏書本　北大　天津　南京　遼寧

易旨四卷周易學旨餘義一卷　清朱澤澐撰

清道光四年刻本　國圖　湖北

清道光八年刻本　上海　南京

周易學旨餘義一卷　清朱澤澐撰

清道光四年刻本　國圖　湖北

清道光八年刻本　上海　南京

周易本義述蘊四卷考義一卷圖説一卷卦歌一卷　清姜兆錫述

清乾隆十四年姜氏寅清樓刻本　北大　上海　遼寧　浙江

四庫全書存目叢書影印清乾隆寅清樓刻九經補注本

周易拾遺十四卷　清徐文靖撰

清雍正乾隆志寧堂刻徐位山六種本　天津　南京

清光緒二年刻徐位山六種本　遼寧

周易札記二卷　清徐文靖撰

清乾隆九年志寧堂刻管城碩記本

易大象説録二卷首一卷　清舒梟撰

清刻本　國圖

四庫全書存目叢書影印清刻本

記疑六卷　清王懋竑撰

清雷門書屋抄本　北大

周易洗心十卷　清任啓運撰

清雍正八年刻本　湖北

清乾隆三十四年清芬堂刻本　天津

清乾隆三十四年任慶范耿毓孝刻四十七年印本　北大　遼寧

清嘉慶二十二年任氏家刻任氏遺書本

清光緒八年任氏家塾刻本　國圖　上海　南京　浙江

周易洗心七卷首二卷

清抄本(四庫全書底本)　南京

清乾隆四庫全書館寫欽定四庫全書本

周易洗心十一卷

清嘉慶上海彭氏刻鈞台遺書本

周易洗心三卷首一卷

清抄本　天津

易經切解八卷　清楊詵撰

清問心齋抄本　河南

易通一卷　清李光墺撰　清李光型注

清康熙四十八年刻二李經説本　北大

清道光世楷堂刻光緒二年印昭代叢書之二李經説本　北大

易説六卷　清惠士奇撰

清乾隆十四年璜川書局刻本　南京

清乾隆四庫全書館寫欽定四庫全書本

清嘉慶十五年吴氏真意堂刻本　國圖　天津　上海　南京　湖北　浙江

清道光九年廣東學海堂刻皇清經解一千四百卷本

周易本義輯要四卷　清蔣光祖編纂

抄本　國圖

大易通解十五卷首一卷附録一卷　清魏荔彤撰

清乾隆四庫全書館寫欽定四庫全書本

易卦私箋二卷　清蔣衡撰

清嘉慶元年刻本　國圖　科學　遼寧　山東　湖北　浙江

四庫未收書叢刊影印清嘉慶元年蔣和刻本

玩辭初筆二卷　清華希閔撰

清刻本　山東

硯北易抄不分卷　清黄叔琳撰

清抄本　浙江

四庫全書存目叢書影印清初抄本

周易本義拾遺六卷　清李文炤撰

清四爲堂刻李氏成書本　北師大　科學

四庫全書存目叢書續修四庫全書影印清四爲堂刻李氏成書本

周易序例一卷　清李文炤撰

清四爲堂刻李氏成書本　北師大　科學

周易拾遺一卷　清李文炤撰
　清四爲堂刻李氏成書本　北師大　科學
易互六卷　清楊陸榮撰
　清康熙乾隆刻楊潭西先生遺書本　國圖
　四庫全書存目叢書、續修四庫全書影印清乾隆十三年刻楊潭西先生遺書本
周易本義闡旨八卷首一卷　清胡方撰
　清嘉慶十七年蘭桂堂刻本　科學　上海　南京　山東　湖北　山東
　四庫未收書叢刊影印清嘉慶十七年蘭桂堂刻本
周易本義注六卷　清胡方撰
　清道光三十年南海伍氏粤雅堂文字歡娱室刻嶺南遺書本　北大　天津　遼寧　山東
　續修四庫全書影印清道光三十年南海伍氏粤雅堂刻嶺南遺書本
周易兼兩七卷　清倪璠撰
　清抄本（清丁丙跋）　南京
先天易貫三卷首一卷　清劉元龍撰
　清康熙五十三年晉陵門人刻浣易齋藏版本　復旦　南京　日東北大學
先天易貫五卷
　清雍正居易齋刻本　科學　遼寧
　清居易齋刻道光二十年常鳳翔等增修本　山東
　四庫全書存目叢書影印清雍正居易齋刻本
周易象説四卷　清湯豫城撰
　清抄本　河南
易經釋義四卷附卦圖卦歌　清沈昌基　盛曾撰
　清雍正八年鶴琴書屋刻本　湖北
　四庫全書存目叢書影印清雍正八年鶴琴書屋刻本
大易劄記五卷　清范爾梅撰
　清康熙二年壕上存古堂刻本　科學　上海
　清雍正七年敬恕堂刻讀書小記本　山東
易卦考一卷　清范爾梅撰
　清康熙壕上存古堂刻本　科學
　清雍正七年敬恕堂刻讀書小記本　山東
婁山易輪一卷　清范爾梅撰
　清康熙壕上存古堂刻本　科學
　清雍正七年敬恕堂刻讀書小記本　山東

周易注不分卷　清周穀撰

抄本　南京

易翼述信十二卷　清王又樸撰

清乾隆十六年詩禮堂刻本　國圖　天津　上海　南京　遼寧　山東

清乾隆四庫全書館寫欽定四庫全書本

讀易質疑上經四卷下經不分卷　清黄印撰

清乾隆周翀抄本　南京

讀易質疑八卷

清抄本　南京

清抄本　湖北

易箋八卷圖説一卷首一卷　清陳法撰

清乾隆二十七年陳弘謀刻本　北大　山東　南京　湖北　美哈佛燕京

清乾隆二十七年陳弘謀刻三十年敬和堂修訂本　國圖　北大　北師大　上海　湖北　齊齊哈爾

清乾隆二十七年陳弘謀刻三十年敬和堂修光緒補刻本　國圖　南京　遼寧　山東　湖北

易箋八卷

清乾隆四庫全書館寫欽定四庫全書本

周易補注十一卷　清德沛輯

清乾隆六年德沛刻本　國圖　北大　北師大　天津　上海　南京　湖北　山東

周易便記不分卷　清張啓禹撰

清乾隆刻本　福建師大

周易孔義集説二十卷　清沈起元撰

清乾隆十九年學易堂刻本　國圖　清華　上海　南京　山東　湖北　美哈佛燕京

清乾隆四庫全書館寫欽定四庫全書本

清光緒八年江蘇書局刻本　國圖　北大　南京　遼寧　湖北

周易觀象補義略不分卷　清諸錦撰

清諸錦稿本　復旦

易經碎言二卷首一卷　清應麟撰

清乾隆十六年宜黄應氏刻屏山草堂稿本

四庫全書存目叢書影印清乾隆宜黄應氏刻屏山草堂稿本

周易衷孔十二卷　清王恪撰

清乾隆十一年蘇嘯軒刻本　山東

易在不分卷　清謝濟世撰
　清謝濟世稿本　上海
讀易便解二卷　清盧見曾撰
　清盧見曾稿本　山東
　續修四庫全書影印清抄本
讀易便解不分卷
　抄本　南京
讀易自考録一卷續編一卷　清胡具慶撰
　清光緒二十四年孫叔謙刻本　山東
易律通解四卷　清沈光邦撰
　清抄本　浙江
周易晰奥十卷　清翟可先輯
　清嘉慶八年留耕堂刻本　南京　湖北
周易正解十卷　清程廷祚撰
　清乾隆十二年上元程氏道寧堂刻易通本　國圖　北大　科學　上海　湖北
　四庫全書存目叢書續修四庫全書影印清乾隆十二年道寧堂刻本
周易正解四卷
　清程廷祚稿本　上海
易學精義一卷　清程廷祚撰
　清程廷祚稿本　上海
　清乾隆十二年上元程氏道寧堂刻易通本　國圖　北大　科學　上海　湖北
　四庫全書存目叢書續修四庫全書影印清乾隆十二年道寧堂刻本
易學要論二卷　清程廷祚撰
　清乾隆十二年上元程氏道寧堂刻易通本　國圖　北大　科學　上海　湖北
　四庫全書存目叢書續修四庫全書影印清乾隆十二年道寧堂刻本
大易擇言三十六卷　清程廷祚撰
　清乾隆十九年道寧堂刻本　科學　上海　湖北
　清乾隆四庫全書館寫欽定四庫全書本
讀易管見一卷　清程廷祚撰
　清三近堂刻本　國圖
　續修四庫全書影印清三近堂刻本
學易初津二卷　清晏斯盛撰
　清乾隆七年新喻晏氏刻楚蒙山房集本　天津　遼寧
　清乾隆四庫全書館寫欽定四庫全書楚蒙山房易經解本

易翼説八卷　清晏斯盛撰

清乾隆七年新喻晏氏刻楚蒙山房集本　天津　遼寧

清乾隆四庫全書館寫欽定四庫全書楚蒙山房易經解本

易翼宗六卷　清晏斯盛撰

清乾隆七年新喻晏氏刻楚蒙山房集本　天津　遼寧

清乾隆四庫全書館寫欽定四庫全書楚蒙山房易經解本

易象切要不分卷　清張維矩撰

舊抄本　國圖

運余齋學易説一卷　清張維矩撰

清抄本　國圖

易玩八卷首一卷　清包彬撰

清抄本　故宫

易玩四卷首一卷

一九三四年陶社刻本　山東

易觀一卷　清包彬撰

清抄本　故宫

周易詮義十四卷首一卷　清汪紱撰

清道光光緒刻光緒二十三年長安趙舒翹等彙印汪雙池先生叢書本　北大　北師大　天津　遼寧

清同治十二年安徽敷文書局刻汪雙池先生叢書本　國圖　科學　天津　上海　南京　山東　湖北

清同治十二年江蘇常州曲水書局活字印重訂汪子遺書本　北大　天津　上海　南京　山東　四川

清光緒二年方功惠碧琳琅館抄本　遼寧

易經如話十二卷首一卷　清汪紱撰

清道光光緒刻光緒二十三年長安趙舒翹等彙印汪雙池先生叢書本　北大　北師大　天津　遼寧

清同治十二年安徽敷文書局刻汪雙池先生叢書本　國圖　科學　天津　上海　湖北

清同治十二年江蘇常州曲水書局活字印重訂汪子遺書本　北大　天津　上海　南京　山東　四川

續修四庫全書影印清同治十二年活字印本

成均課講周易十二卷　清崔紀撰

清乾隆二十年重刻本　南京

清乾隆活字印本　科學

清咸豐木活字印本　上海

四庫全書存目叢書影印清乾隆活字本

大易餘論一卷　清魏周琬撰

清康熙刻充射堂集本

易學管窺一卷　清章芝撰

清道光十二年涇縣趙氏古墨齋刻涇川叢書本　遼寧　山東　湖北

大易旁通十二卷　清光成采撰

清桐城光氏刻龍眠叢書本

周易直本中觀不分卷　清夏封泰撰

清嘉慶十八年始穀堂刻本　遼寧

周易輯説存正十二卷　清楊方達撰

清雍正乾隆武進楊氏復初堂刻楊符蒼七種本　山東　哈師大

易説通旨略一卷　清楊方達撰

清雍正乾隆武進楊氏複初堂刻楊符蒼七種本　山東　哈師大

易傳附義二卷　清李重華撰

清乾隆二十七年刻本　上海(與書傳附義二卷詩傳附義二卷合)

周易撥易堂解二十卷首二卷末二卷　清劉斯組撰

清乾隆裘磐刻本　北大　科學

四庫全書存目叢書影印清乾隆刻本

周易淺釋四卷　清潘思矩撰

清乾隆十八年刻本　國圖　上海　南京

清乾隆四庫全書館寫欽定四庫全書本

理象解原四卷　清肫圖撰

清乾隆十二年紫竹齋刻本　國圖　北大　上海　山東

周易學二卷　清沈夢蘭撰

清光緒十七年祁縣縣署刻淩湖沈氏叢書本　山東

碩松堂讀易紀十六卷首一卷　清邱仰文撰

清乾隆三十三年碩松堂刻本　國圖　科學　南京　遼寧　山東

清乾隆四十九年刻本　復旦

素位堂新訂周易備旨詳解四卷圖一卷　清鄒聖脉輯

清乾隆四十八年永安堂刻本　國圖

清青藜閣刻本　山東

寄傲山房塾課纂輯御案易經備旨七卷圖一卷　清鄒聖脉撰　清鄒廷猷編次

清嘉慶三年經國堂刻本　國圖　上海　遼寧

清光緒六年掃葉山房刻本　國圖

寄傲山房塾課纂輯易經備旨七卷附周易精義　清鄒聖脉纂輯　清鄒廷猷編次

清光緒五年星沙韞玉山房刻增補五經備旨萃精本　上海

清光緒十二年上海點石齋石印五經備旨本　上海

清光緒三十年上海文盛書局石印本　北大　上海　北師大　遼寧

易舉義別記四卷　清邱仰文纂輯

清乾隆抄本　北大

周易象理淺言十卷　清張圻撰

清乾隆三十三年永譽堂刻本　國圖　北大

周易述四十卷(卷八　二一　二六　二九　三十原缺　卷二四　二五　二七　二八　三十至四十未刻)　清惠棟集注並疏

清乾隆二十五年德州盧氏雅雨堂刻本　北大　天津　上海　南京　山東

清乾隆二十五年德州盧氏雅雨堂刻嘉慶二十五年增刻本　南京

清乾隆二十五年德州盧氏雅雨堂刻清來堂藏版本　國圖　湖北

周易述二十三卷

清乾隆四庫全書館寫欽定四庫全書本

周易述二十一卷

清光緒十七年上海鴻寶齋石印皇清經解一百九十卷本

清道光九年廣東學海堂刻皇清經解一千四百卷本

清道光九年廣東學海堂刻咸豐十一年補刻皇清經解一千四百八卷本

易大義一卷　清惠棟撰

清嘉慶刻本　國圖

清道光咸豐間番禺潘氏刻本海山仙館叢書本　北大

周易本義辯證五卷附録一卷　清惠棟撰

清惠棟稿本　上海

周易本義辯證六卷

清惠氏紅豆齋抄本　北大

清抄本　復旦

續修四庫全書影印清惠氏紅豆齋抄本

周易本義辯證五卷

清乾隆常熟蔣氏省吾堂刻省吾堂四種本　國圖　天津　上海　南京　遼寧　湖北　山東

日本享和二年江户官刻本　北大

周易古義不分卷　清惠棟撰

清惠棟稿本　蘇州文管會

周易古義二卷

清乾隆三十八年益都李文藻刻乾隆五十四年曆城周氏竹西書屋重編印貸園叢書初集本　北大　山東

清嘉慶常熟蔣氏刻省吾堂四種九經古義本　北大　南京　山東

清光緒十一年吴縣朱氏槐盧刻槐廬叢書之九經古義本　北大

周易古義一卷

清道光吴江沈氏世楷堂刻昭代叢書本　北大　天津　遼寧　山東

易漢學七卷　清惠棟撰

清惠棟稿本　復旦

易漢學八卷

清乾隆四庫全書館寫欽定四庫全書本

清乾隆鎮洋畢氏刻經訓堂叢書本　國圖　天津　南京　山東

清光緒十三年上海大同書局影印乾隆畢氏刻經訓堂叢書本　遼寧

清光緒十四年南菁書院刻皇清經解續編本

清刻清來堂藏版本　北大　杭州大

易漢學一卷

清道光二十四年吴江沈氏世楷堂刻昭代叢書本　遼寧　山東

易漢學不分卷

抄本　上海

易例二卷　清惠棟撰

清乾隆三十九年刻貸園叢書初集本　上海

清乾隆五十四年曆城周氏竹西書屋據益都李文藻刻版重編貸園叢書初集本　山東　南京

清乾隆四庫全書館寫欽定四庫全書本

清光緒十四年南菁書院刻皇清經解續編本

清嘉慶虞氏張氏刻借月山房彙抄本　遼寧

清抄本　北大

易例不分卷

清抄本　常熟文管會

周易講義合參二卷　清惠棟撰
清惠棟稿本　上海
讀易觀象惺惺録不分卷　清李南輝撰
清抄本　國圖
讀易觀象惺惺録二卷
一九三六年甘肅通渭縣教育會據一九三二年刻版重印李公祠藏版本　國圖
周易集解五十四卷　清張仁浹撰
清抄本　福建
周易集解增釋八十卷　清張仁浹撰
清張仁浹稿本　復旦
四庫全書存目叢書影印稿本
易經貫一二十二卷首一卷　清金誠撰
清乾隆十七年愛古堂刻本　上海　南京　遼寧　山東　美哈佛燕京
清乾隆和序堂刻本　科學
四庫全書存目叢書影印清乾隆和序堂刻本
易經知一訓三卷　清邵元龍撰
清抄本　上海
易准四卷　清曹庭棟撰
清乾隆二十四年刻本　國圖　科學　上海　山東　湖北
四庫全書存目叢書影印清乾隆刻本
周易説卦偶窺三卷　清殷元正撰
清抄本　上海
周易讀翼揆方十卷　清孫夢逵注
清乾隆二十三年記宗古堂刻本　美哈佛燕京
周易讀翼揆方舉要一卷　清孫夢逵注
清乾隆二十三年記宗古堂刻本　美哈佛燕京
周易類經二卷　清吴穎芳撰
清抄本(清丁丙跋)　南京
觀象居易傳箋十二卷　清汪師韓撰
清乾隆刻上湖遺集本　上海
清光緒十二年錢唐汪氏長沙刻叢睦汪氏遺書本　復旦　南京　遼寧
續修四庫全書影印清刻本
周易客難一卷　清龔元玠撰
清道光二十六年縣學文昌祠考棚公局刻十三經客難本　北大　遼寧

續修四庫全書影印清道光二十六年刻十三經客難本

周易詳説十八卷　清劉紹攽撰

清乾隆劉傳經堂刻本　國圖　北大　科學

清同治十二年刻西京清麓叢書本　上海

抄本　國圖

續修四庫全書影印清乾隆劉氏傳經堂刻本

古易彙詮不分卷　清劉文龍撰

清宣統二年鉛印本　國圖　科學　山東

一九二〇年鉛印本　國圖　上海

續修四庫全書影印民國九年鉛印本

周易象注一卷　清羿爾昌注

清抄本　上海

周易答問一卷　清全祖望撰

清道光九年刻皇清經解經史答問本　山東

讀易别録三卷　清全祖望撰

清乾隆嘉慶鮑廷博刻知不足齋叢書本　國圖　山東

周易纂不分卷　清鄒烈撰

清抄本　南京

周易會纂讀本四卷　清屠用豐纂輯

清嘉慶十三年孝感屠氏臥雲堂江蘇刻五經會纂本　四川

周易粹義五卷　清薛雪撰

清乾隆薛雪稿本　臺北央圖

清抄本　蘇州

清代稿本百种叢刊影印稿本

周易粹義四卷

清江日浚抄本　山西師院

四庫全書存目叢書影印清抄本

周易粹義十卷

清抄本　浙江

周易解九卷　清牛運震撰

清嘉慶二十三年空山堂刻空山堂全集本　國圖　北大　科學　南京　遼寧
　山東

四庫全書存目叢書影印清嘉慶二十三年空山堂全集本

周易大衍辨一卷　清吴鼐撰

清道光吴江沈氏世楷堂刻清光緒二年後印昭代叢書本　北大　天津　遼寧

山東

朱子語類易編四十卷　清程川輯

清雍正三年刻本　山東

易卦劄記不分卷　清夏宗瀾撰

清抄本　北大

抄本　國圖

四庫全書存目叢書影印清抄本

周易析疑十五卷圖一卷　清張蘭皋撰

清乾隆梅花書屋刻本　南京

四庫全書存目叢書影印清乾隆九年梅花書屋刻本

易讀四卷　清宋邦綏撰

清嘉慶九年傳經堂刻本　山東

四庫全書存目叢書影印清嘉慶九年宋思仁刻本

易見九卷首一卷　清貢渭濱輯

清乾隆二十四年貢渭濱脈望書樓刻本　國圖　北大　上海　南京　美哈佛燕京

清乾隆六十年金陵龔體仁刻本　山東

清嘉慶元年郁文堂重刻本　遼寧

四庫全書存目叢書影印清乾隆二十四年脈望書樓刻本

易見六卷首一卷

清開封府聚文齋刻本　南京

易見啓蒙二卷　清貢渭濱輯

清乾隆二十四年貢渭濱脈望書樓刻本　北大　上海　南京　美哈佛燕京

清乾隆六十年金陵龔體仁刻本　山東

清嘉慶元年郁文堂重刻本　遼寧

清開封府聚文齋刻本　南京

四庫全書存目叢書影印清乾隆二十四年脈望書樓刻本

易見本義發蒙四卷首一卷　清貢渭濱撰

清乾隆二十七年脈望書樓刻本　國圖

清嘉慶二年刻本　南京

易象大意存解一卷　清任陳晉撰

清乾隆四庫全書館寫欽定四庫全書本

清孔氏岳雪樓抄本　北大

民國初廬江劉氏遠碧樓抄本　上海

抄本　南京

易經補義十二卷讀易雜記一卷　清葉酉撰

清乾隆耕餘堂刻本　北大　科學　遼寧　山東　湖北

四庫未收書叢刊影印清耕餘堂刻本

讀易雜記一卷　清葉酉撰

清乾隆耕餘堂刻本　北大　科學　遼寧　山東　湖北

周衣亭譚易不分卷　清周人麒撰

清抄本　天津

御纂周易述義十卷　清傅恒撰

清乾隆二十年武英殿刻本　北大　上海　復旦　南京　遼寧　山東

清乾隆四庫全書館寫欽定四庫全書本

清道光十八年成都翻刻武英殿本　山東　四川

清同治七年刻本　國圖

周易述義十卷　清傅恒撰　日本大橋順藏點

日本弘化三年江户須原屋伊八等刻本　日國會

易心存古二卷　清張六圖撰

清乾隆二十五年曲沃張六圖清瑞軒金陵刻樂道堂周易三種本　國圖　南京　山東

四庫未收書叢刊影印清乾隆二十五年清瑞軒金陵刻本

周易清明四卷　清張六圖撰

清乾隆二十六年曲沃張六圖清瑞軒金陵刻樂道堂周易三種本　國圖　南京　山東

周易卜式一卷　清張六圖撰

清乾隆二十五至二十六年曲沃張六圖清瑞軒金陵刻樂道堂周易三種本　國圖　南京　山東

周易質義四卷　清汪思迴纂輯

清刻本　北大　天津

周易圖書質疑二十四卷　清趙繼序撰

清乾隆四庫全書館寫欽定四庫全書本

筮策洞虚録十六卷初一卷附一卷　清熊爲霖撰

清乾隆四十六年心松别墅刻本　清華　南京

易深十一卷首三卷　清許伯政撰

清許伯政稿本　上海

四庫全書存目叢書影印稿本

周易一卷　清姚範注
清道光十六年淮南刻援鶉堂筆記本　湖北
易經增删來註八卷首一卷　清張祖武撰
清刻本　人大
四庫存目叢書影印清刻本
周易尊翼五卷　清潘相撰
清乾隆嘉慶刻潘相所著書本　上海　南京　遼寧　山東
周易講義一卷　清王元啓撰
清乾隆刻惺齋先生雜著本
讀易偶鈔一卷　清蔣學鏞撰
清抄本　科學
四庫未收書叢刊影印清抄本
易經遵孔八哲類稿十二卷　清何焨定本
清光緒七年四川南部何氏湖北巴東刻本　四川
周易原意二卷　清張世犖撰
清張世犖稿本　蘇州
清抄本　浙江
周易擬像六卷　清黎曙寅撰
清道光十年黎中輔等刻本　國圖　科學　山東
清道光十五年刻本　湖北
四庫未收書叢刊影印清道光十年雲中官署刻本
周易原篇解十二卷首一卷　清胡道問撰
清乾隆二十六年胡斯廊刻本　科學
四庫未收書叢刊影印清乾隆二十六年胡斯廊刻後印本
周易闡真四卷首一卷　清劉一明撰
清嘉慶四年李陽新梁本中等刻嘉慶二十四年常郡護國庵印道書十二種本　北師大　上海　山東　遼寧　湖北
清上海翼化堂刻道書十二種本　山東
清夏復恒刻本　山東
清東昌誠善堂刊本　日椙山女學園大學
周易闡真四卷首二卷孔易闡真二卷
清道光十八年羊城玉皇閣重刊本　日東北大學
孔易闡真二卷　清劉一明撰
清嘉慶四年李陽新梁本中等刻嘉慶二十四年常郡護國庵印道書十二種本

山東
清夏復恒刻道書十二種本　浙江
清孫明空刻本　上海　浙江
清上海翼化堂刻道書十二種本　山東
清光緒六年刻道書十二種本　南京

周易注略八卷　清劉一明撰
清謝祥張志遠刻本　山東

孔易注略十二卷首一卷　清劉一明撰
清湟中張志遠刻本　山東

孔易注略十三卷首一卷
清刻本　日東北大學

周易參斷二卷　清劉一明撰
清謝祥刻本　山東

周易詁要不分卷　清龍萬育輯
清道光成都龍萬育敷文閣刻本　四川
清道光二年敷文閣刻尚友堂印本　湖北
民國初孟氏抄本　山東

周易揭要三卷　清周蕙田撰
清乾隆五十三年刻五經揭要本　湖北　山東
清惜蔭軒刻袖珍五經揭要本　山東
清梁溪浦氏刻五經揭要本　山東
清抄本　復旦

易解拾遺七卷周易讀本四卷　清周世金撰
清嘉慶二十四年和義堂周氏家刻本　國圖　北師大　南京
清同治七年和義堂周氏家刻本　南京　四川
清道光元年長碧堂刻本　上海
清刻朱墨套印本　遼寧
四庫全書存目叢書影印清嘉慶二十四年刻本

易見一卷　清宋鑒撰
清乾隆四十五年刻本　南京

易見二卷
清嘉慶二十年刻本　北大　天津

讀易偶存六卷　清邵大業撰
清乾隆刻本　清華

清嘉慶十年刻本　南京　山東　湖北

卦氣解一卷　清莊存與撰

清嘉慶二十五年刻浮溪精舍叢書本　遼寧

清道光十八年莊綬甲寶研堂刻味經齋遺書本　國圖　北大　上海

清光緒八年陽湖莊氏刻味經齋遺書七種本　北大

清光緒德化李氏木犀軒刻木犀軒叢書本　國圖　遼寧

清光緒十四年南菁書院刻皇清經解續編本

八卦觀象解二卷　清莊存與撰

清道光十八年莊綬甲寶研堂刻味經齋遺書本　國圖　上海

清光緒八年陽湖莊氏刻味經齋遺書本　天津

續修四庫全書影印清道光莊綬甲寶研堂刻味經齋遺書本

彖傳論二卷　清莊存與撰

清道光莊綬甲寶研堂刻味經齋遺書本　國圖　上海

清光緒八年陽湖莊氏刻味經齋遺書本　天津

續修四庫全書影印上圖藏清道光莊綬甲寶研堂刻味經齋遺書本

彖象論二卷　清莊存與撰

清道光十八年莊綬甲寶研堂刻味經齋遺書本　國圖　上海

清光緒八年陽湖莊氏刻味經齋遺書本　天津

續修四庫全書影印上圖藏清道光莊綬甲寶研堂刻味經齋遺書本

繫辭傳論二卷　清莊存與撰

清道光十八年莊綬甲寶研堂刻味經齋遺書本　國圖　上海

續修四庫全書影印上圖藏清道光莊綬甲寶研堂刻味經齋遺書本

凝園讀易管見十卷　清羅典撰

清乾隆三十一年明德堂刻本　人大　復旦　南京　武漢

周易遵述不分卷　清蔣本撰

清道光十年檇李王氏信芳閣活字印本　國圖　北大　科學　天津　上海　南京　浙江　遼寧　山東　湖北

四庫未收書叢刊影印清道光十年王氏信芳閣活字本

周易剩義不分卷　清蔣本撰

清道光十年檇李王相信芳閣活字印本　國圖　北大　科學　天津　上海　南京　浙江　遼寧　山東　湖北

周易證籤四卷　清茹敦和撰

清乾隆刻茹氏經學十二種本　國圖　上海

清刻茹遜來所著書本　北大

續修四庫全書影印上圖藏清乾隆刻茹氏經學十二種本

易講會簽一卷　清茹敦和撰

清乾隆三十九年會稽茹氏刻茹氏經學十二種本　國圖　北大　上海　山東

清刻茹遜來所著書本　北大

周易二閭記三卷　清茹敦和撰

清乾隆三十九年會稽茹氏刻茹氏經學十二種本　國圖　北大　上海　山東

清光緒十四年江陰南菁書院叢書本　北大　天津　遼寧　山東

續修四庫全書影印上圖藏清乾隆刻茹氏經學十二種本

重訂周易二閭記三卷　清茹敦和撰　清李慈銘重訂

清光緒十三年會稽徐氏鑄學齋刻紹興先正遺書本　北大　天津　南京　山東

清刻茹遜來所著書本　北大

續修四庫全書影印清光緒徐氏鑄學齋刻紹興先正遺書本

周易小義二卷　清茹敦和撰

清乾隆三十九年會稽茹氏刻茹氏經學十二種本　國圖　北大　上海　山東

清刻茹遜來所著書本　北大

續修四庫全書影印清光緒十四年徐氏鑄學齋刻紹興先正遺書本

重訂周易小義二卷　清茹敦和撰　清李慈銘重訂

清光緒十四年會稽徐氏鑄學齋刻紹興先正遺書本　國圖　北大　南京　遼寧

續修四庫全書影印清光緒十四年徐氏鑄學齋刻紹興先正遺書本

讀易日札一卷　清茹敦和撰

清乾隆三十九年會稽茹氏刻茹氏經學十二種本　國圖　北大　上海　山東

清刻茹遜來所著書本　北大

八卦方位守傳一卷　清茹敦和撰

清乾隆三十九年會稽茹氏刻茹氏經學十二種本　國圖　北大　上海　山東

清刻茹遜來所著書本　北大

清抄本　南開

周易象考一卷　清茹敦和撰

清乾隆三十九年會稽茹氏刻茹氏經學十二種本　國圖　北大　上海　山東

清刻茹遜來所著書本　北大

清道光刻本　上海

續修四庫全書影印上圖藏清乾隆刻茹氏經學十二種本

周易辭考一卷　清茹敦和撰

清乾隆三十九年會稽茹氏刻茹氏經學十二種本　國圖　上海　山東

清刻茹遜來所著書本　北大

續修四庫全書影印上圖藏清乾隆刻茹氏經學十二種本

大衍守傳一卷　清茹敦和撰

清乾隆三十九年會稽茹氏刻茹氏經學十二種本　國圖　北大　上海　山東

清刻茹遜來所著書本　北大

清抄本　南開

大衍一説一卷　清茹敦和撰

清乾隆三十九年會稽茹氏刻茹氏經學十二種本　國圖　北大　上海　山東

清刻茹遜來所著書本　北大

清抄本　南開

兩孚益記一卷　清茹敦和撰

清乾隆三十九年會稽茹氏刻茹氏經學十二種本　國圖　北大　上海　山東

清刻茹遜來所著書本　北大

易外偶記四卷　清周源淋輯

清乾隆刻本　南京　浙江

易論二卷　清李陳玉撰

清乾隆王家麟抄本　上海

易説存悔二卷　清汪憲撰

清抄本　南京

四庫存目叢書影印清抄本

易經揆一十四卷易學啓蒙補二卷　清梁錫璵撰

清乾隆十七年刻本　國圖　北大　科學　上海　南京

易藴二卷　清楊禾撰

一九二一年如皋冒氏刻楚州叢書第一集本

易藴一卷

一九三三年回初道人抄本　南京

周易象意三十卷首一卷　清王世業輯述

清乾隆六年玉壺堂刊本　國圖　日公文書館　美哈佛燕京

清道光八年王宜載等刻本　山東

西山占易草七卷首一卷末一卷　清部掄撰

清乾隆古茂安潛齋刻本　國圖

周易井觀十二卷　清周大樞撰

清抄本　上海

周易井觀不分卷

清抄本　南京

四庫全書存目叢書影印清抄本

周易觀瀾不分卷　清喬大凱撰

清抄本　山東

四庫全書存目叢書影印清抄本

易悟六卷　清劉方璿撰

清嘉慶二十五年劉氏聰訓堂刻本　國圖　山東

芸莊易註不分卷　清劉方璿撰

清嘉慶七年聰訓堂刻本　山東

易曉三卷卦圖一卷　清夏葛撰

清夏葛稿本　山東

易曉二卷

抄本　浙江

周易質實講義四卷　清劉鳳翰撰

清嘉慶八年刻本　遼寧

惺園易説二卷　清王杰撰

清刻葆淳閣集本　山東

易研八卷首一卷圖一卷　清胡翹元撰

清乾隆五十七年胡永壽饒城刻本　國圖　北大　科學　上海　南京　山東　湖北

讀易録一卷　清錢大昕撰

清光緒二年浙江書局刻十駕齋養新録本

演易一卷　清錢大昕撰

清錢大昕稿本　上海

周易鈎沉二卷　清余蕭客輯

清初刻古經解鈎沉本　山東

清道光二十年刻古經解鈎沉本

易經讀本三卷　清周樽撰

清乾隆五十八年留餘堂刻本　山東

周易纂注二十卷　清吴顥撰

清嘉慶三年吴氏讀書樓刻本　湖北

芸窗易草四卷　清閻斌撰

清同治十二年刻本　國圖　科學　上海　湖北

四庫未收書叢刊影印清同治十二年刻本

大易參訂折中講義補象十卷　清朱用行輯

清乾隆二十七年淡寧居刻本　上海　江西

四庫全書存目叢書影印清乾隆二十七年澹寧居刻本
讀易雜記不分卷　清周廣業撰
清周廣業稿本　上海
周易觀玩篇十二卷首一卷　清朱宗洛撰
清抄本　國圖
清抄本　上海
四庫全書存目叢書影印清抄本(卷十一卷十二配乾隆刻本)
周易蓍詩一卷　清鍾煜撰
清抄本　中山大
周易用九用六説一卷　清葉佩蓀撰
清錢竹汀抄本　復旦
續修四庫全書影印清抄本
易卦總論一卷　清葉佩蓀撰
清嘉慶十五年浙江慎餘齋刻本　科學　上海　復旦　遼寧　山東
清刻本　山東
學易慎餘録四卷　清葉佩蓀撰
清抄本　南京
易守八卷　清葉佩蓀撰
清葉佩蓀稿本　浙江
易守三十二卷附易卦總論
清乾隆五十七年刻本　南京　湖北　廣西師大
清嘉慶葉氏閩省刻本　北大
清嘉慶浙江慎餘齋刻本　科學　上海　復旦　遼寧　山東
清抄本　國圖
續修四庫全書影印清嘉慶十五年慎餘齋刻本
周易本義二卷繫辭上傳一卷　清馮洽注
抄本　上海
羲裹睡餘易編十卷　清張綬佩撰
清乾隆三十八年魯甸官舍刻本　北師大　科學　山東
周易通釋六卷　清瞿鈺撰
清乾隆四十二年刻本　國圖
周易詮疑八卷附總説　清夏應銓撰
清道光十年高學濂江安縣署刻本　北大　上海　復旦　南京　山東　湖北
周易遵翼約編十卷　清匡文昱撰
清乾隆五十一年膠州匡氏居易盧刻本　南京　山東　美哈佛燕京

讀易拾義便抄一卷附本義辨一篇易説一篇古太極圖説一篇　清匡文昱撰

清刻本　山東

周易讀本十二卷　清魯九皋注

清嘉慶十五年刻石竹山房藏版本　國圖

易箋十卷　清裴希純撰

清裴希純稿本　新鄉

子夏易傳釋存二卷[第二次稿]　清吴騫撰

清乾隆五十八年前吴騫稿本　北大

子夏易傳釋存二卷[第三次稿]

清乾隆五十八年吴騫稿本　北大

子夏易傳釋存二卷[第四次稿]

清乾隆五十八年吴騫稿本　北大

續修四庫全書影印稿本

子夏易傳鈎遺二卷　清吴騫撰

張宗祥抄本　浙江

易附記□卷　清翁方綱撰

清翁方綱稿本　天津

易考二卷　清李榮陛撰

清嘉慶二十年亘古齋刻李厚岡集本　北大　科學　遼寧

續修四庫全書影印清嘉慶二十年亘古齋刻李厚岡集本

易續考二卷　清李榮陛撰

清嘉慶二十年亘古齋刻李厚岡集本　北大　科學　遼寧

續修四庫全書影印清嘉慶二十年亘古齋刻李厚岡集本

周易篇第三卷首一卷　清李榮陛撰

清嘉慶二十年亘古齋刻李厚岡集本　北大　科學　遼寧

續修四庫全書影印清嘉慶二十年亘古齋刻李厚岡集本

周易采芳集十二卷　清郭恭騭撰

清抄本　華東師大

清抄本　中央黨校

御案易經要説八卷　清劉廷陛輯

清道光十五年劉際清等刻青照堂叢書本　山東

周易集解十一卷首一卷　清詹鯤纂

清道光五年刻本　北大　遼寧

易經變卦三卷　清金榜撰
抄本　上海
卦爻斷義一卷　清金榜撰
抄本　上海
解易輯要一卷　清金榜撰
抄本　上海
周易闡象上經二卷下經二卷首一卷　清蔡首乾述解
清嘉慶五年刻本　科學　日公文書館
四庫未收書叢刊影印清嘉慶五年刻本
周易象義十卷首一卷　清杜文亮撰
清乾隆刻本　科學
讀易隨筆三卷　清沈鳳輝撰
清抄本　上海
參易發凡一卷　清金鷹揚撰
清光緒二十四年翁長森刻續台州叢書本　北大　上海
易義闡四卷　清韓松撰
清乾隆五十四年刻本　國圖　上海　南京
周易章句證異十二卷　清翟均廉撰
清乾隆四庫全書館寫欽定四庫全書本
周易章句證異十一卷
民國初劉氏遠碧樓抄本　上海
複堂易貫二卷　清于大鯤撰
清乾隆三十八年聽雨山房刻本　國圖　湖北
復堂易貫不分卷
清抄本　山東
周易告蒙四卷　清趙世迥撰
清乾隆三十八年四德堂刻本　齊齊哈爾
清乾隆五十三年昭潭書院刻本　上海
清三讓堂刻本　山東
四庫全書存目叢書影印清乾隆四德堂刻本
周易訓義七卷首一卷　清喻遜纂輯
清嘉慶十八年喻遂孝等刻本　北大　國圖　科學　山東　四川
周易考四卷繫辭傳考二卷首一卷末一卷　清陳孚編
清乾隆六十年堯山刻本　美哈佛燕京

固村觀玩集稿二卷　清侯起元撰
清嘉慶十二年刻本　北大　科學
固村觀玩集四卷　清侯起元撰　清方以直增訂
清光緒元年四川德陽方氏刻本　四川
周易介五卷　清單維撰　清單程校
清嘉慶二十一年單氏半山亭刻本　國圖　遼寧　山東
四庫未收書叢刊影印清嘉慶二十一年半山亭刻本
易解指要八卷　清陶大眉輯
清嘉慶二十五年陶氏刻經解指要本　山東
易經簡明集解一卷　清李源撰
清李源稿本　山東
易道入門四卷附録一卷　清張屯撰　清褚雲鵬校録
清嘉慶九年刻本　國圖
周易略解八卷　清馮經撰
清道光三十年南海伍氏粤雅堂校刻嶺南遺書本　遼寧　山東　湖北
續修四庫全書影印科圖藏清道光三十年刻嶺南遺書本
周易辨畫四十卷　清連斗山撰
清連鬥山稿本　武漢
清乾隆四十年安徽連氏家刻本　國圖　北大　上海　復旦　南京　浙江
　湖北　四川
清乾隆四十年刻後印本　遼寧
清乾隆四庫全書館寫欽定四庫全書本
清光緒刻本　湖北
六爻發揮周易正解六卷　清劉春榮撰
清光緒十八年成都文舫齋刻本　四川
讀易擬言二卷　清和寧撰
抄本　國圖
周易摘條辨義不分卷　清梁鴻翥撰
清嘉慶元年李梴抄本　北大
邵氏易傳不分卷　清邵晉涵注
抄本　國圖
周易義説五卷　清洪榜撰
清道光梅華書院刻初堂遺稿本　山東
易經旁訓三卷　清徐立綱撰
清乾隆刻五經旁訓本　北大

清乾隆五十四年懋德堂刻本　南京
清光緒九年古香閣魏氏校刻本　遼寧

易經增訂旁訓三卷　清徐立綱撰　清□□增訂
清乾隆四十七年吴郡張氏匠門書屋刻五經旁訓本　北大　山東
清益智堂刻本　天津

易經旁訓增訂精義不分卷　清徐立綱撰　清竺静甫　竺子壽增訂　清黄淦精義
清光緒十年四明竺氏毓秀草堂刻五經旁訓增訂精義本　國圖
清狀元閣刻五經旁訓增訂精義本　天津

寶松齋周易不分卷　清安吉撰
清安吉稿本　上海

易通六卷　清洪其紳撰
清嘉慶二十五年玉東小圃刻本　山東
清道光九年刻本　國圖　南京

周易衷翼集解二十卷首一卷　清汪泩纂
清嘉慶九年汪氏獲經堂刻本　國圖　北大　科學　南京　遼寧　山東　湖北
四庫未收書叢刊影印清嘉慶獲經堂刻本

易經策案三卷　清王謨輯
清嘉慶十三年書業堂刻十三經策案本　山東
清善成堂刻巾箱本十三經策案本　山東

易通一卷　清張九鐔撰
清嘉慶十六年張世浣刻笙雅堂全集本　國圖

周易偶記二卷　清汪德鉞撰
清道光十二年汪時漣長汀木活字印七經偶記本　湖北

讀易義例一卷　清汪德鉞撰
清道光十二年汪時漣長汀木活字印七經偶記本　湖北

易問六卷　清紀大奎撰
清嘉慶三年江西紀氏四川什邡刻雙桂堂易説本　四川
清嘉慶十三年刻紀慎齋先生全集本　國圖　天津　遼寧　山東
清道光二十八年翻刻乾隆五十四年紀大婁刻紀慎齋先生全集本　北大
清同治九年四川什邡重刻紀慎齋先生全集本　四川

考訂河洛理數便覽一卷　清紀大奎撰
清咸豐五年刻本　上海

易知摘要類編十二卷　清富俊撰

清同治十三年紹衣堂刻本　上海　南京

讀易傳心十二卷圖説三卷　清韓怡撰

清嘉慶十三年木存堂刻本　國圖　北大　科學　上海　南京　山東　湖北

清抄本　中山大

周易索一卷　清倪象占撰

清倪象占稿本　天一閣

周易索詁十二卷卷首　清倪象占撰

清嘉慶六年順受堂刻本　國圖　北大　科學　上海　南京　浙江　遼寧　湖北

四庫未收書叢刊影印清嘉慶刻本

讀易舉例三十二卷首三卷　清俞大謨撰

清嘉慶五年俞大謨可儀堂刻本　國圖　北大　上海

周易外傳四卷　清盧金鏡撰

清乾隆刻本　科學

四庫未收書叢刊影印清乾隆高雲堂刻本

周易遵經像解十四卷首一卷末一卷　清朱元撰

清嘉慶元年刻本　山東

周易遵經了義十四卷首一卷　清朱元　段聯九撰

清嘉慶元年三槐堂刻本　上海

周易卮言一卷　清孔廣森撰

清道光二十三年刻指海本

周易顯指四卷　清單鐸撰

清乾隆刻本　山東

易經一説不分卷　清王淑撰

清乾隆十六年繫籍軒刻本　山東

四庫全書存目叢書影印清乾隆十六年繫籍軒刻本

周易集解十卷　清孫星衍撰

清嘉慶三年刻岱南閣叢書本　上海　山東　湖北

清同治元年刻岱南閣叢書本　國圖　南京　湖北　山東

清道光光緒南海伍氏刻粵雅堂叢書本　山東　湖北　遼寧

清光緒二年廣陵雙梧書屋刻本　國圖

續修四庫全書影印清咸豐五年南海伍崇曜刻粵雅堂叢書本

周易集解序注一卷　清孫星衍撰

清同治元年潘泉刻本　國圖　南京　湖北　山東

象數述四卷　清方本恭撰
　清嘉慶三年刻春水船易學本　上海
内經述一卷　清方本恭撰
　清嘉慶三年刻春水船易學本　上海
算術述一卷　清方本恭撰
　清嘉慶三年刻春水船易學本　上海
等子述一卷　清方本恭撰
　清嘉慶三年刻春水船易學本　上海
夢雪草堂讀易録五卷　清郭楷輯
　清嘉慶二十四年刻本　上海
易典雲襄二卷　清金琦輯
　清嘉慶刻本　國圖
易學六原内編二十二卷首一卷外編九卷　清歐陽易撰
　清嘉慶十九年初錫堂刻本　山東
　清嘉慶初錫堂刻同治十一年歐陽棫補刻本　山東
讀易瑣記三卷　清吴邦選撰
　清嘉慶二十四年弗措齋刻本　浙江
周易鄭氏爻辰一卷　清謝家禾撰
　清嘉慶二十五年五存齋刻本　浙江
周易精義續編四卷首一卷　清俞含潤撰
　清嘉慶十八年墨海書屋刻本　浙江
周易口訣義補一卷備考一卷　清潘泉撰
　清同治元年潘泉刻本　國圖　南京　湖北　山東
周易經傳集解十二卷　清潘泉輯
　清光緒二年廣陵雙梧書屋重刻本　國圖　南京　湖北
周易考證一卷　清朱彬撰
　清道光二年寶應朱氏刻經傳考證游道堂藏版本　北大
易札記一卷　清李賡芸撰
　清同治十一年刻炳燭編本
課易存商一卷　清周鎬撰
　清光緒十年同邑榮汝楫木活字印犢山類槁本
困翁易學八卷　清王文潞撰　清陶澍參訂
　清道光十八年刻本　湖北
　清同治三年佘氏刻本　北大

周易觀象七卷　清蔣紹宗撰

清嘉慶十年刻本　國圖　上海

周易粹鈔八卷卷首　清孫昭德撰

清嘉慶十一年孫昭德刻本　國圖　北大　上海　山東

學易隨筆六卷　清張元灝撰

清乾隆五十八年二銘書屋刻巾箱本　清華　南京

學易隨筆續編四卷　清張元灝撰

清乾隆五十八年二銘書屋刻巾箱本　清華　南京

易環俚言三卷　清趙敬襄撰

抄本　國圖

易象闡微一卷　清蕭寅顯撰

清咸豐二年長沙丁取忠刻本　國圖　科學　上海

四庫未收書叢刊影印清咸豐二年丁取忠刻本

易説十二卷易説便録一卷　清郝懿行撰

清光緒八年東路廳署刻郝氏叢書本　國圖　天津　上海　南京　遼寧　山東

續修四庫全書影印清光緒八年東路廳署刻郝氏遺書本

易説便録一卷　清郝懿行撰

清光緒八年東路廳署刻郝氏叢書本　國圖　天津　上海　南京　遼寧　山東

周易經義審七卷首一卷　清盧浙撰

清乾隆六十年錫環堂刻本　北大

清乾隆五十七年刻本　上海

清嘉慶十七年三芝山房刻本　國圖　北大　科學　上海　南京　山東　湖北

清歸邑葉氏刻本　上海

四庫未收書叢刊影印清嘉慶三芝山房刻本

周易説約不分卷　清盧浙撰

清刻本　國圖

周易觀玩隨筆二卷周易繫辭一卷文言傳説卦傳序卦傳雜卦傳一卷
清孫謐撰

清嘉慶四年刻本　國圖

周易觀玩隨筆四卷

清道光五年四教堂刻本　上海

周易實義六卷　清唐祝撰

清道光十年刻本　上海

易藝舉隅六卷　清褚華撰

清抄本　上海

學易討原一卷　清姚文田撰

清道光七年歸安姚氏刻邃雅堂箸書之邃雅堂學古録七卷本　遼寧　日京都大學

四庫未收書叢刊影印清嘉慶六年刻本

周易引經通釋十卷　清李鈞簡撰

清嘉慶十九年鶴陰書屋刻本　北大　天津　湖北

清嘉慶十九年鶴陰書屋刻清光緒七年修補本　南京

清嘉慶十九年鶴陰書屋刻光緒七年王家璧重修一九二四年北京黄岡會館印本　國圖　北大　科學　上海　南京　湖北

續修四庫全書影印清嘉慶鶴陰書屋刻光緒七年王家璧補修本

周易注一卷　清牟庭撰

民國初山東省立圖書館抄本　山東

周人易説一卷　清王紹蘭輯

清王紹蘭原稿蕭山王氏所著書本　臺北央圖

清光緒潘祖蔭刻功順堂叢書本　山東

周易半古本義八卷　清王甗撰

清道光二年鑪雪山房刻學易五種本　北大　日京都大學

清抄學易五種本　南開

清末抄學易五種本　北大

續修四庫全書影印清道光二年鑪雪山房刻本

周易象纂一卷　清王甗撰

清道光二年鑪雪山房刻學易五種本　北大　日京都大學

清抄學易五種本　南開

清末抄學易五種本　北大

續修四庫全書影清道光二年鑪雪山房刻本

讀易彙參十五卷首一卷　清和瑛撰

清道光二十三年周宜亭揚州刻本　北大　科學　南京　遼寧　山東　湖北

易貫近思録四卷　清和瑛撰

清抄本　國圖

周易述補四卷　清江藩撰

清嘉慶二十五年刻本　國圖　科學　上海　湖北

清道光九年刻江順銘重修節甫老人雜著本　國圖　上海

清道光九年廣東學海堂刻皇清經解一千四百卷本　天津　遼寧　山東
清道光九年廣東學海堂刻咸豐十一年補刻皇清經解一千四百八卷本　遼寧
續修四庫全書影印清嘉慶刻本

爻辰易義不分卷　清張惠言撰
清張惠言稿本　北大

周易虞氏義九卷　清張惠言撰
清張惠言稿本　上海
清張惠言稿本　遼寧
清嘉慶八年阮氏琅嬛僊館刻張皋文箋易詮全集本　國圖　復旦　南京　湖北
清道光刻張皋文箋易詮全集本　天津　上海　南京　遼寧　山東
清道光九年廣東學海堂刻皇清經解一千四百卷本　天津　遼寧　山東
續修四庫全書影印清嘉慶八年阮氏琅嬛僊館刻本

周易虞氏消息不分卷　清張惠言撰
清張惠言稿本　北大

周易虞氏消息二卷
清張惠言稿本　上海
清張惠言稿本　遼寧
清嘉慶八年阮氏琅嬛僊館刻張皋文箋易詮全集本　國圖　復旦　湖北
清嘉慶道光刻張皋文箋易詮全集本　天津　上海　南京　遼寧　山東
清道光九年廣東學海堂刻皇清經解一千四百卷本　天津　遼寧　山東
續修四庫全書影印清嘉慶八年阮氏琅嬛僊館刻本

周易虞氏消息不分卷
清抄本　上海

虞氏易言二卷　清張惠言撰
清張惠言稿本　國圖
清嘉慶道光刻張皋文箋易詮全集本　國圖　北大　天津　上海　遼寧　山東
清道光元年合河康氏刻本　國圖　天津　上海　南京　湖北
清光緒十四年南菁書院刻皇清經解續編本
續修四庫全書影印清道光元年合河康氏刻本

虞氏易禮二卷　清張惠言撰
清嘉慶道光刻張皋文箋易詮全集本　遼寧
清道光元年合河康氏刻本　國圖　天津　上海　南京　湖北

清道光九年廣東學海堂刻皇清經解一千四百卷本　遼寧　山東
清道光十二年王懷佩閩中刻本　國圖　北大　湖北
清光緒九年重刻道光元年康氏刻本　復旦　山東

虞氏易事二卷　清張惠言撰

清嘉慶道光刻張皋文箋易詮全集本　湖北
清道光元年合河康氏刻本　南京
清光緒會稽趙氏刻仰視千七百二十九齋叢書本　國圖　北大　科學
清光緒十四年南菁書院刻皇清經解續編本
續修四庫全書影印上圖藏清道光元年合河康氏刻本

虞氏易候一卷　清張惠言撰

清嘉慶道光刻張皋文箋易詮全集本　天津　遼寧　湖北
清道光元年合河康氏刻本　上海
清道光十二年王懷佩閩中刻本　國圖　北大　湖北
清光緒十四年南菁書院刻皇清經解續編本
清抄本　山東
續修四庫全書影印上圖藏清道光元年合河康氏刻本

周易鄭氏義二卷　清張惠言撰

清嘉慶道光刻張皋文箋易詮全集本　天津　上海　遼寧
清道光九年廣東學海堂刻皇清經解一千四百卷本　遼寧　山東
清道光九年廣東學海堂刻咸豐十一年補刻皇清經解一千四百八卷本　遼寧
清光緒九年刻周易鄭荀義本　山東
清光緒十七年上海鴻寶齋石印皇清經解一百九十卷本　天津

周易荀氏九家義一卷　清張惠言撰

清嘉慶道光刻張皋文箋易詮全集本　國圖　北大　科學　天津　遼寧
清道光九年廣東學海堂刻皇清經解一千四百卷本　天津　遼寧　山東
清道光九年廣東學海堂刻咸豐十一年補刻皇清經解一千四百八卷本　遼寧
清光緒九年刻周易鄭荀義本　山東
清光緒十七年上海鴻寶齋石印皇清經解一百九十卷本　天津

周易荀氏九家三卷　清張惠言輯

清嘉慶道光刻張皋文箋易詮全集本　天津　上海　遼寧　山東

周易審義四卷　清張惠言撰

清咸豐七年文選樓刻本　國圖　上海　南京　湖北

周易虞氏義箋九卷　清張惠言述義　清曾釗箋

清道光九年面城樓刻學海堂藏版本　國圖　上海

周易虞氏義箋訂二十卷附録一卷　清張惠言述義　清曾釗箋　李翊灼訂

一九二九年東北大學工廠印刷系鉛印本　上海　南京　遼寧　山東　湖北

周易虞氏義箋訂二十卷

民國初油印本　上海

周易鄭荀義三卷　清張惠言撰

清道光元年合河康氏刻本　國圖　天津　上海　湖北

清光緒九年重刻本　復旦　山東

續修四庫全書影印上圖藏清道光元年合河康氏刻本

六十四卦經史彙參二卷　清查彬撰

清道光十九年查燮勤刻有懷堂藏版本　國圖　北大　科學　天津　山東

易經集説一卷　清查彬撰

清道光十九年查燮勤刻有懷堂藏版本　國圖　北大　科學　天津　南京　山東

易拇經説三卷　清萬年淳撰

清道光四年刻本　上海　遼寧　山東

易拇例説二卷　清萬年淳撰

清道光四年刻本　上海　遼寧　山東

易拇通説二卷　清萬年淳撰

清道光四年刻本　上海　遼寧　山東

易拇附説一卷　清萬年淳撰

清道光四年刻本　上海　遼寧　山東

易章句十二卷　清焦循撰

清焦循原稿雕菰樓易學本　國圖

清嘉慶道光江都焦氏雕菰樓刻焦氏叢書本　天津　南京　山東

清道光九年廣東學海堂刻皇清經解一千四百卷本　天津　遼寧　山東

清光緒二年衡陽魏氏刻焦氏叢書本　遼寧　山東

續修四庫全書影印江都焦氏刻雕菰樓易學本

易通釋不分卷　清焦循撰

清焦循稿本　上海

易通釋二十卷

清焦循原稿雕菰樓易學本　國圖

清嘉慶道光江都焦氏雕菰樓刻焦氏叢書本　天津　山東

清道光九年廣東學海堂刻皇清經解一千四百卷本　天津　遼寧　山東

清道光九年廣東學海堂刻咸豐十一年補刻皇清經解一千四百八卷本　遼寧
清光緒二年衡陽魏氏刻焦氏叢書本　遼寧　山東

周易補疏二卷　清焦循撰
清嘉慶二十三年刻本　上海
清嘉慶道光江都焦氏雕菰樓刻焦氏叢書本　天津
清道光九年廣東學海堂刻皇清經解一千四百卷本　天津　遼寧　山東
清光緒二年衡陽魏氏刻焦氏叢書本　遼寧　山東
續修四庫全書影印清道光六年半九書塾刻六經補疏本

易話二卷　清焦循撰
清嘉慶道光江都焦氏雕菰樓刻焦氏叢書本　天津　上海　南京
清道光六年半九書塾刻六經補疏本　上海
清光緒二年衡陽魏氏刻焦氏叢書本　遼寧　山東
續修四庫全書影印清道光六年半九書塾刻六經補疏本

易廣記三卷　清焦循撰
清嘉慶道光江都焦氏雕菰樓刻焦氏叢書本　天津　上海
清道光六年半九書塾刻六經補疏本　上海
清光緒二年衡陽魏氏刻焦氏叢書本　遼寧　山東
續修四庫全書影印清道光六年半九書塾刻六經補疏本

易餘籥録二十卷　清焦循撰
清嘉慶二十四年刻本　國圖　南京
清光緒刻木犀軒叢書本　天津

李氏易解賸義三卷　清李富孫輯
清乾隆五十七年種學齋刻本　國圖　湖北
清嘉慶四年桐川顧修刻讀畫齋叢書本　科學　遼寧　山東　湖北
清光緒十三年朱記榮刻槐廬叢書初編本　上海　湖北　遼寧　山東
清光緒十六年新會劉氏藏修書屋刻藏修堂叢書本
清光緒十四年上海點石齋石印經學輯要本　北大　山東
續修四庫全書影印種學齋刻本

讀周易本義偶識一卷　清張豸冠撰
清梁章鉅程同元刻本　浙江

周易後傳八卷　清朱兆熊撰
清乾隆十三年刻本　南京　湖北

周易後傳八卷易互卦圖一卷
清嘉慶刻本　北大

童氏易通二卷附圖説　清童積超撰
　　清嘉慶刻本　北大
説易一卷　清徐潤第撰
　　清道光二十八年徐繼畬刻敦艮齋遺書本　天津　山東
易義參一卷　清蘇士樞撰
　　清管庭芬輯花樓叢書本
　　清抄管庭芬叢抄本　湖北
讀易經一卷　清趙良霨撰
　　清道光十二年涇縣趙氏古墨齋刻涇川叢書本　遼寧　山東
　　一九一七年翟鳳翔等據清道光趙氏本影印涇川叢書本　天津　遼寧
易解簡要六卷　清張矩撰
　　清嘉慶二十一年刻本　科學　山東
　　四庫未收書叢刊影印清嘉慶二十三年文光堂刻本
易鑒三十八卷　清歐陽厚均撰
　　道清光二十七年歐陽氏刻本　遼寧
　　清同治三至四年歐陽世洵刻本　北大　科學　上海　遼寧　山東　湖北
周易述補三卷附録一卷　清李林松撰
　　清李林松稿本　湖北
周易述補五卷
　　清光緒十四年南菁書院刻皇清經解續編本
　　清光緒十五年上海蜚英館石印皇清經解續編本
　　一九三三年上海中華書局據學海堂經解本鉛印四部備要本　北大
　　續修四庫全書影印清光緒十四年南菁書院刻皇清經解續編本
周易述聞二卷　清王引之撰
　　清咸豐十年補刻印皇清經解本　山東
周易集注八卷　清吴定撰
　　清嘉慶九年刻本　國圖　湖北
易義考逸一卷　清孫彤撰
　　清嘉慶十年承德孫氏刻問經堂叢書本　天津　遼寧
周易注四卷　清孫爾周撰
　　清容忍堂抄本　山東
周易管窺四卷　清胡鎬撰
　　清道光二十六年王氏刻本　湖北
易經恒解五卷首一卷　清劉沅撰
　　清嘉慶二十五年豫誠堂刻本　天津　南京　山東

清咸豐至民國初刻槐軒全書本　天津　南京
清同治三年竹陰齋重刻本　上海
清光緒三十一年北京道德學社刻本　北大　湖北
一九二二年致福樓重刻本　上海
續修四庫全書影印清嘉慶刻本

周易訮五卷首一卷　清李鋭撰

一九一八年刻本　湖北
一九二三年北京道德學社鉛印本　國圖　天津　南京　遼寧
一九三〇年四川西充鮮于氏特園成都刻本　上海　四川

周易虞氏略例一卷　清李鋭撰

清咸豐六年刻本　上海　南京
清光緒九年重刻本　上海　湖北
清光緒十四年南菁書院刻皇清經解續編本
清光緒貴池劉世珩刻聚學軒叢書本　天津　山東
抄本　南京
續修四庫全書影印清光緒十九年刻聚學軒叢書本

周易本義參疑四卷　清吴德旋撰

清道光十二年刻二酉堂藏版本　國圖

周易本義參疑六卷

清初月樓刻本　國圖　上海

易義無忘録三卷卷首　清蔣珣撰

清道光二十一年蔣齒德堂刻本　國圖　北大　科學　天津　上海　南京　浙江
四庫未收書叢刊影印清道光二十一年姚江蔣齒德堂刻本

易門十二卷義略一卷圖説一卷　清樂涵撰

清道光八年刻本　國圖　南京　浙江　山東　湖北

讀易存稿四卷　清張汝緒撰

清道光二十五年陶瀛洲刻本　北大

讀易集説不分卷　清朱勳撰

清嘉慶二十二年資善堂刻本　國圖　北大　上海　南京　遼寧　山東　湖北

易經輯要不分卷　清楊世英輯

清嘉慶二十二年刻粹攟諸經百種本　山東

周易通義二十二卷首一卷　清蘇秉國撰

清嘉慶二十一年蘇秉國蘇州刻本　北大　上海　南京　遼寧　山東　湖北

清嘉慶二十一年蘇秉國蘇州刻嘉慶二十三年修訂本　北大　山東　湖北
四庫未收書叢刊影印清嘉慶二十一年刻本

廣象徹微二卷　清馬悳撰
清道光八年刻本　湖北

六十四卦通解二卷　清張猶撰
清嘉慶刻本　山東

周易輯要初編四卷　清盧兆鰲撰
清道光七年刻本　國圖　科學　天津　上海　遼寧
四庫未收書叢刊影印清道光八年刻本

周易輯義續編第三刻四卷　清盧兆鰲撰　清唐煥章校閱
清道光十二年芥子園刻本　山東

周易輯義續編第四刻四卷
清道光十四年正文堂刻本　科學
四庫未收書叢刊影印清道光十四年正文堂刻本

周易通義八卷　清邊廷英撰
清道光十六年刻本　國圖　科學　北師大　天津
四庫未收書叢刊影印清道光十六年刻本

易經備解不分卷　清周封魯輯
清道光二十七年刻五經備解巾箱本　山東
清咸豐十年重刻袖珍本　國圖

東山書屋周易課藝六卷　清周封魯撰
清道光二十九年刻本　湖北

讀易捷訣不分卷　清周封魯撰
抄本　湖北

周易象數易知四卷　清王定國撰
清道光王定國稿本　臺北央圖
清代稿本百种影印清道光間著者手定底稿本(近人文素松手書題记)

周易擇言六卷　清鮑作雨撰
清同治三年瑞安項傅梅甌城刻本　國圖　北大　上海　南京　浙江　湖北
續修四庫全書影印清同治三年南堤項傅梅刻本

河上易注八卷圖説二卷　清黎世序撰
清道光元年謙豫齋刻本　國圖　科學　天津　上海　復旦　南京　湖北
　遼寧　山東
四庫未收書叢刊影印清道光元年謙豫齋刻本

河上易注不分卷

抄本 南京

周易指三十八卷易例一卷易圖五卷易斷辭一卷附録一卷 清端木國瑚撰

清端木國瑚稿本 玉海樓

清道光刻本 國圖 北大 北師大 科學 上海 南京 遼寧 山東 四川 湖北

清同治東甌郭文元刻本 上海 浙江 湖北

四庫未收書叢刊影印清道光刻本

虞氏易言補一卷 清劉逢禄撰

清抄本 北大

續修四庫全書影印清抄本

周易簡金三卷 清侯廷銓撰

清嘉慶二十年刻本 南京

周易證異四卷 清萬希槐撰

一九二三年鉛印十三經證異本 山東

周易意十二卷圖一卷 清陳晝撰

清道光金溪陳珄刻義門家塾藏版本 國圖 上海 浙江

清浦城官署刻本 國圖 山東

周易詳説十五卷首一卷 清鄧尚譓撰

清道光二年魁宿堂刻本 上海 南京 山東

漢宋易學解不分卷 清王希尹撰

清光緒九年江蘇高郵黄氏江都刻本 四川

讀易一斑四卷 清張崇蘭撰

清光緒二十三年刻悔廬全集本

師白山房講易六卷 清張學尹撰

清道光九年刻本 科學 上海

四庫未收書叢刊影印清道光九年刻本

周易隨筆一卷 清沈濤撰

清咸豐七年刻銅熨斗齋隨筆本

易學贅言二卷 清謝珍撰

清道光光緒刻酌古准今本

易學贅言一卷

清光緒活字印本 南京

易經酌注六卷　清何詒霈撰

清抄本　遼寧

易傳酌注六卷　清何詒霈撰

清抄本　遼寧

易學提綱一卷　清胡先钜手録　清趙樹棠校對

清咸豐元年時還居刻本　科學　上海　浙江

抄本　上海

周易考略三卷　清馬邦舉撰

一九三四年山東省立圖書館抄魚台馬氏著叢書本　山東

退思易話八卷　清王玉樹撰

清道光十年安康王氏芳梫堂刻本　國圖　科學　日京都大學

續修四庫全書影印清道光十年芳梫堂刻本

易經精華六卷末一卷　清薛嘉穎輯

清道光元年光韙堂刻本　國圖　上海　復旦

清咸豐元年蘇州會文堂刻本　南京

清同治四年緯文堂刻本　山東

清同治五年三益堂刻本　天津

清同治七年蘇州绿潤堂刻本　上海

清光緒二年刻浙甯簡香齋藏版本　國圖　浙江

增訂易經精華六卷末一卷

清光緒十一年刻增訂四經精華古香閣魏氏藏版本　日國會　日東京都立圖書館

易經精華十卷末一卷

清光緒二十年學庫山房刻四經精華本　山東　日國會　日東京都立圖書館

周易釋十二卷　清鍾晉撰

清光緒三年永康胡氏退補齋刻本　上海　湖北

周易易知不分卷　清周煒撰

清周煒稿本　復旦

周易易知三卷

清嘉慶二十二年張氏刻書三味樓叢書本　浙江

易説旁通十卷　清吴岳撰

清同治十年刻本　國圖　北大　南京　遼寧

易説旁通四卷

清孔氏岳雪樓抄本　上海

讀易札記一卷　清宋翔鳳撰
　清咸豐三年刻過庭録本
過庭録周易三卷　清宋翔鳳撰
　一九三〇年北平富晉書社刻過庭録十六卷本　山東
周易卦象彙參二卷　清譚秀撰
　清譚秀原稿本　山東
　續修四庫全書影印影清樂易堂抄本
讀易録十八卷　清陳克緒撰
　清同治三年陳紱麟等刻本　國圖　科學　天津　遼寧　山東
　四庫未收書叢刊影印清同治三年傅天秩孝友堂刻本
周易通解三卷釋義一卷　清卞斌撰
　清道光十九年刻本　山東　湖北
　一九一四至一九二四年吴興劉氏嘉業堂吴興叢書本　天津　上海　湖北
　民國初卞氏石印本　南京
　續修四庫全書影印民國十二年吴興劉氏嘉業堂刻吴興叢書本
周易通解釋義一卷　清卞斌撰
　清道光十九年刻本　山東　湖北
　民國初吴興劉氏嘉業堂刻吴興叢書本　天津　上海　湖北
讀易反身録一卷　題清小岱山人撰
　清嘉慶刻本　南京
易確二十卷首一卷　清許桂林撰
　清道光陶應榮等江寧刻本　北大
　清道光十五年江寧劉氏文奎局刻本　天津　上海　遼寧　山東　湖北　四川
　四庫未收書叢刊影印清道光刻本
大易觀玩録四卷　清胡澤順撰
　清道光二十二年刻本　國圖　科學
　一九二〇年刻本　天津
　四庫未收書叢刊影印民國九年胡樹棠重刻本
漢儒易義針度指明不分卷　清□西泉撰
　清道光刻本　上海
稼墨軒易學一卷　清光聰諧撰
　清光緒刻稼墨軒集本　天津
易理正旨十卷　清沈鳴佩撰
　清咸豐五年沈鳴佩刻本　北大　南京　浙江　四川

易經爻辰貫二卷首一卷　清馮道立撰

清咸豐八年西園馮氏刻本　國圖　科學　天津　南京　山東　湖北

虞氏易變表二卷　清江承之撰

清江承之稿本　杭州

清道光十二年王懷佩閩中刻本　國圖　北大　湖北

安甫遺學三卷　清江承之撰

清嘉慶刻本　國圖

清光緒十四年南菁書院刻南菁書院叢書本　國圖　科學　山東

易經答問一卷　清馮登府撰

清光緒刻槐廬叢書本　山東

明人説易一卷　清焦廷琥撰

清焦廷琥原稿仲軒群書雜著本　湖南社科院

周易偶解一卷　清彭作邦撰

民國初山西省文獻委員會排印山右叢書初編本　天津　山東

周易史證四卷　清彭作邦撰

清道光十六年刻本　南京

清同治四年刻本　遼寧　山東

民國初山西省文獻委員會排印山右叢書初編本　天津　遼寧　山東

學易臆説一卷　清邵廷烈輯

清道光十三年太倉東陵氏刻婁東雜著本　遼寧

易録七卷　清姚東之撰

清道光二十八年刻姚伯山先生全集本　國圖　湖北

清王檢心刻本　南京

干常侍易注疏證二卷　清方成珪撰

清嘉慶道光方成珪稿本　温州

干常侍易注疏證一卷

清孫詒讓玉海樓抄本　浙江大

清抄本　國圖

民國二十年永嘉黄氏排印敬鄉樓叢書第三輯本　遼寧　日京都大學

續修四庫全書影印北圖藏清抄本

干常侍易注集證一卷　清方成珪撰

清孫詒讓玉海樓抄本　浙江大

清抄本　國圖

民國二十年永嘉黄氏排印敬鄉樓叢書第三輯本　遼寧　日京都大學

續修四庫全書影印北圖藏清抄本

諸家易象别録一卷　清方申撰

清道光十八年刻方氏易學五書本　上海

清道光二十五年汪喜荀刻本　北大

清光緒十四年江陰南菁書院刻南菁書院叢書本　上海　天津

續修四庫全書影印清光緒十四年江陰南菁書院刻南菁書院叢書本

虞氏易象彙編一卷　清方申撰

清道光十八年刻方氏易學五書本　上海

清道光二十五年汪喜荀刻本　北大

清光緒十四年江陰南菁書院刻南菁書院叢書本　上海　天津

續修四庫全書影印清光緒十四年江陰南菁書院刻南菁書院叢書本

周易卦象集證一卷　清方申撰

清道光十八年刻方氏易學五書本　上海

清道光二十五年汪喜荀刻本　北大

清光緒十四年江陰南菁書院刻南菁書院叢書本　上海　天津

續修四庫全書影印上圖藏清光緒十四年江陰南菁書院刻南菁書院叢書本

周易互體詳述一卷　清方申撰

清道光十八年刻方氏易學五書本　上海

清道光二十五年汪喜荀刻本　北大

清光緒十四年江陰南菁書院刻南菁書院叢書本　上海　天津

續修四庫全書影印清光緒十四年江陰南菁書院刻南菁書院叢書本

周易卦變舉要一卷　清方申撰

清道光十八年刻方氏易學五書本　上海

清道光二十五年汪喜荀刻本　北大　山東

清光緒十四年江陰南菁書院刻南菁書院叢書本　上海　天津

續修四庫全書影印清光緒十四年江陰南菁書院刻南菁書院叢書本

易義輯聞二卷附録一卷　清沈兆澐撰

清同治二年刻本　國圖　天津　湖北

六十四卦經解不分卷　清朱駿聲撰

清朱駿聲稿本　浙江

清藝古堂抄本　國圖

抄本　科學

續修四庫全書影印稿本

學易記三卷　清朱駿聲撰

清朱駿聲稿本　浙江

朱師轍抄本　浙江

易鄭氏爻辰廣義一卷　清朱駿聲撰

朱師轍抄本　浙江

易章句異同一卷　清朱駿聲撰

朱師轍抄本　浙江

易經傳互卦卮言一卷　清朱駿聲撰

朱師轍抄本　浙江

周易集解纂疏三十六卷首一卷　清李道平撰

清道光二十二年有獲齋刻本　國圖　上海　湖北　山東

清光緒十七年湖南思賢書局刻本　國圖　北大　北師大　上海

周易集解纂疏十卷易筮遺占一卷

清光緒十七年三餘草堂刻湖北叢書本　國圖　北大　天津　上海　山東　湖北

續修四庫全書影印清道光刻本

周易豁解六卷首一卷　清陳誼輯

清道光十二年阜南書屋刻本　國圖　上海

周易象義集成十九卷首一卷　清程茂熙輯注

清道光二十七年興國程氏家塾刻本　科學　湖北

論易閒筆講義二卷　清鄧逢光撰

清道光二十七年刻本　山東

讀易入門便鈔一卷　清樊錫貴撰

清道光十年近思堂刻本　國圖　湖北

周易海螢集八卷　清葛孟周集注

清道光三十年上蔡葛氏家塾刻本　上海

周易經傳八卷　清賀自莘編

清道光三年家刻本　山東

岑構堂易解十二卷　清胡積善撰

清道光十二年刻本　國圖　天津　上海　南京　山東

周易解三卷首一卷　清賈聲槐撰

清道光十四年刻本　北師大　山東

周易彙義四卷　清黄價撰

清道光十年家刻本　山東

周易輯説五卷圖一卷　清徐通久撰

清道光七年刻本　國圖　科學

　　四庫未收書叢刊影印清道光七年抱真書屋刻本

讀易慎疑十卷　清李祥賡撰　清李芳編録

　　清道光六年刻本　湖北

周易淺玩二卷　清李宗澳撰

　　清道光十三年刻本　科學

　　清光緒七年刻本　上海

周易解象四卷　清孫勒撰

　　清道光二十八年夢易堂刻本　山東

讀易例言一卷附録一卷　清孫廷芝撰

　　清道光十二年刻膠東孫氏六種本　日本京都大學

易義繼志二十三卷首一卷　清童模撰

　　清道光十四年刻本　上海　浙江

周易象理指掌六卷　清王登撰

　　清道光二十三年碧峰書室刻本　南京

易學支流四卷　清易學山人撰

　　清道光十四年求志居刻本　南京

周易闡翼不分卷　清詹國樑撰

　　清道光刻本　南京

周易纂注四卷　清王纘謨編

　　清道光十八年王氏心美堂刻本　山東

張易參義一卷　清李沆撰

　　清劉履芬抄本　國圖

易傳通解初稿不分卷　清黄式三撰

　　清黄式三原稿本　國圖

易釋不分卷　清黄式三撰

　　清黄式三稿本　國圖

易釋四卷

　　清光緒十四年定海黄氏家塾刻儆居遺書本　國圖　北大　上海　南京
　　　山東　湖北　四川

　　清光緒廣雅書局刻一九二〇年番禺徐紹棨彙編重印廣雅書局叢書本　國圖
　　　天津　上海　山東

　　續修四庫全書影印清光緒十四年定海黄氏家塾刻儆居遺書本

易君子以録不分卷　清夏炘撰

　　清同治十三年景紫山房刻本　遼寧

清抄本　安徽

易藝舉隅六卷　清陳本淦纂

清道光十九年刻天香閣藏版本　北大　天津　山東　湖北

易例輯略一卷　清龐大堃撰

清光緒十四年江陰南菁書院刻南菁書院叢書本　國圖　科學　天津　山東

續修四庫全書影印清光緒十四年江陰南菁書院刻南菁書院叢書本

周易本義補説六卷　清蔡紹江輯

清道光十三年修吉堂刻本　國圖　遼寧　山東　湖北

四庫未收書叢刊影印清道光十三年修吉堂刻本

周易一卷　清朱大韶傳

清朱大韶原稿實事求是之齋叢書經説本　上海

易學窮原不分卷　清張恕撰

清同治十二年刻本　山東

清末刻本　湖北

讀易述訓四卷　清蔡顯原撰

清同治六年蔡氏敦睦堂刻本　北大

易經衷要十二卷　清李式穀撰

清道光十年南海葉夢龍風滿樓刻五經衷要本　南京

周易古本撰十二卷首一卷末一卷　清姜國伊撰

清同治光緒刻守中正齋叢書本　山東

清光緒十三年成都姜進七祠刻本　四川

易説三十九卷　清柯汝霖撰

清柯汝霖稿本　浙江

易古訓一卷　清劉寶楠撰

清劉寶楠稿本　上海

續修四庫全書影印稿本

大易掌鏡不分卷　清蘇懿諧撰

抄樂閑齋全集本　故宮

易學管窺十五卷　清俞檀撰

清抄本　上海

續修四庫全書影印清抄本

易文言傳一卷　清俞檀撰

清抄本　上海

生齋讀易日識六卷　清方坰撰

清道光十六年沈維橋江寧刻本　國圖　山東

清光緒元年王大經武昌舊署刻方學博全集本

周易輯注七卷　清姚配中撰

清姚配中稿本　科學

易學闡元一卷　清姚配中撰

清光緒中蛟川張氏花雨樓刻花雨樓叢抄本　北大　科學　天津　南京　遼寧　山東

續修四庫全書影印清光緒八年蛟川張氏刻花雨樓叢抄本

周易通論月令二卷　清姚配中撰

清道光十四年汪守成等木活字印一經廬叢書本　國圖　北大　上海

清光緒貴池劉世珩刻聚學軒叢書本　天津　遼寧　山東

清抄本　國圖

續修四庫全書影印清道光二十五年汪守成等活字印一經廬叢書本

周易姚氏學十六卷首一卷　清姚配中撰

清道光二十五年汪守成等木活字印一經廬叢書本　上海

清光緒元年湖北崇文書局刻崇文書局彙刻書本　國圖　天津　上海　南京　遼寧　山東　四川

清光緒十三年點石齋石印袖珍經策通纂本　安陸

清光緒十四年南菁書院刻皇清經解續編本

影印清道光二十五年汪守成等活字印一經廬叢書本

學易反隅三卷　清邵涵初撰

清道光二十八年錫山尚德書院刻本　山東

周易用初四卷　清杜宗岳撰

清道光二十二年杜宗岳寶穡堂刻本　國圖　北大　科學　上海　遼寧　浙江

四庫未收書叢刊影印清道光二十二年寶穡堂刻本

周易述傳十卷　清丁裕彦撰

清道光二十二年刻家塾藏版本　國圖　科學　南京　山東

四庫未收書叢刊影印清道光二十二年家塾刻本

周易諸卦合象考一卷　清任雲倬撰

清光緒二十六年南陵徐乃昌刻鄦齋叢書本　國圖　北大　科學　天津　遼寧　湖北

續修四庫全書影印清光緒二十六年南陵徐乃昌刻鄦齋叢書本

周易互體卦變考一卷　清任雲倬撰

清光緒二十六年南陵徐乃昌刻鄦齋叢書本　國圖　科學　天津　遼寧

湖北
續修四庫全書影印清光緒二十六年南陵徐乃昌刻鄦齋叢書本
易目耕帖六卷　清馬國翰撰
清光緒九年長沙嫏嬛館刻玉函山房輯佚書本　北大　山東
清光緒十年楚南書局刻重刻玉函山房輯佚書本　北大
周易述傳二卷　清丁晏撰
清咸豐同治山陽丁晏六藝堂刻同治元年彙印頤志齋叢書本　國圖　天津
上海　南京　遼寧　山東　湖北
續修四庫全書影印清同治元年刻頤志齋叢書本
周易述傳續録一卷　清丁晏撰
清咸豐同治山陽丁晏六藝堂刻同治元年彙印頤志齋叢書本　國圖　天津
上海　南京　遼寧　湖北
續修四庫全書影印復旦圖書館藏清同治元年刻頤志齋叢書本
周易解故一卷　清丁晏撰
清丁氏枕經閣抄本　國圖
清光緒廣雅書局刻一九二〇年番禺徐紹棨彙編重印廣雅書局叢書本　國圖
天津　上海　南京　湖北
續修四庫全書影印清光緒十九年廣雅書局刻廣雅書局叢書本
周易訟卦淺説一卷　清丁晏撰
清咸豐同治山陽丁氏六藝堂刻同治元年彙印頤志齋叢書本　天津　遼寧
山東
易經象類一卷　清丁晏輯
清丁晏稿本　上海
清光緒二十六年南陵徐氏刻鄦齋叢書本　天津　遼寧
續修四庫全書影印清光緒二十六年南陵徐乃昌刻鄦齋叢書本
周易虞氏義箋九卷　清曾釗撰
清嘉慶道光南海曾釗面城樓刻面城樓叢刊本　上海　湖北
續修四庫全書影印清道光七年面城樓刻本
周易推六卷　清狄子奇撰
清抄本　湖北
續修四庫全書影印抄本
易例一卷　清狄子奇撰
一九二一年胡玉縉抄本　復旦
周易翼十卷　清淩堃撰
清道光八年吴興淩氏刻淩氏傳經堂叢書本　國圖　山東　湖北

周易翼釋義不分卷　清安璿珠撰
　清道光八年吴興淩氏刻淩氏傳經堂叢書本　國圖　上海　山東　湖北
讀易寡過一卷　清沈豫撰
　清道光十八年蕭山沈氏漢讀齋刻蛾術堂集本　北大
　一九三一年上海蟫隱廬影印蛾術堂集本　北大
　一九三三年馬念祖抄原稿本　山東
問心録周易解二十二卷義例一卷　清鄧子賓撰
　清同治十三年乃則堂刻本　國圖　山東　湖北
周易屬辭十二卷通例五卷通説二卷　清蕭光遠撰
　清咸豐三年刻遵義蕭氏遺書本　國圖　湖北
　續修四庫全書影印清咸豐三年刻遵義蕭氏遺書本
周易屬辭通例五卷　清蕭光遠撰
　清咸豐三年刻遵義蕭氏遺書本　國圖　湖北
周易屬辭通説二卷　清蕭光遠撰
　清咸豐三年刻遵義蕭氏遺書本　國圖　湖北
讀易備忘四卷圖説一卷　清王滌心集注
　清道光二十九年内鄉王氏刻慎修堂藏版本　國圖　北大　科學　上海
　　南京　遼寧　山東
鄭氏爻辰補六卷圖一卷　清戴棠撰
　清道光二十九年燕山書屋刻巾箱本　國圖　科學　上海　南京　湖北
　　四川　山東
　續修四庫全書影印清道光二十九年燕山書屋刻本
鄭氏爻辰補五卷
　清焦廷琥原稿仲軒群書雜著本　湖南社科院
卦氣表一卷卦氣證一卷　清蔣湘南撰
　清光緒十四年長白豫山湘南臬署會心閣重刻春輝閣雜著本　國圖　天津
　　湖北
　民國初資益館排印蔣子遺書本
　續修四庫全書影印清光緒十四年豫山湘南臬署刻本
卦氣證一卷　清蔣湘南撰
　清光緒十四年長白豫山湘南臬署會心閣重刻春輝閣雜著本　天津　湖北
　民國初資益館排印蔣子遺書本
周易論語同異辨一卷　清王世溥撰
　清光緒二十三年廬州刻本　南京

清光緒木活字印合肥王氏家集本　山東

周易義疏十二卷首一卷末一卷　清趙履和撰

清咸豐五至八年趙履和衡山刻本　北大　上海

周易考異不分卷　清徐堂撰

清徐堂稿本　西北大

續修四庫全書影印稿本

周易考異三卷

清徐堂稿本　國圖

讀易易知三十二卷首一卷　清單恩蘭撰

清道光二十六年單恩蘭稿本　山東

易庸四卷　清周翰撰

清道光三十年震澤硯華堂刻本　國圖　南京　山東　浙江

周易玩辭一卷　清王景賢撰

清同治十三年三山王氏刻羲停山館集本　北大　天津　南京　山東

周易愚猜四卷　清潘湘白輯

清道光二十九年順邑潘氏刻本　北大

周易問津八卷　清羅歸德輯

清同治七年清德堂刻本　上海

易象和參十三卷首一卷末一卷　清崔謨撰

清一以堂刻本　遼寧

易象和參不分卷

清抄本　上海

周易消息十四卷首一卷　清紀磊撰

一九二四年吴興劉承幹嘉業堂刻吴興叢書本　國圖　北大　天津　上海　山東　湖北

續修四庫全書影印民國十二年吴興劉氏嘉業堂刻吴興叢書本

虞氏逸象考正一卷續纂一卷　清紀磊撰

民國初吴興劉承幹嘉業堂刻吴興叢書本　國圖　天津　上海　湖北

續修四庫全書影印民國十二年吴興劉氏嘉業堂刻吴興叢書本

虞氏易義補注一卷附録一卷　清紀磊撰

民國初吴興劉承幹嘉業堂刻吴興叢書本　天津　湖北

續修四庫全書影印民國十二年吴興劉氏嘉業堂刻吴興叢書本

九家易象辨證一卷　清紀磊撰

民國初吴興劉承幹嘉業堂刻吴興叢書本　天津　上海　湖北

續修四庫全書影印民國十二年吴興劉氏嘉業堂刻吴興叢書本

周易本義辨證補訂四卷　清紀磊撰

民國初吴興劉承幹嘉業堂刻吴興叢書本　國圖　天津　上海　南京　山東　湖北

續修四庫全書影印民國十二年吴興劉氏嘉業堂刻吴興叢書本

遇一録易説訂二卷　清鄭獻甫撰　杭辛齋訂

一九二二年上海研幾學社排印海寧杭氏易藏叢書本　國圖　上海　山東　四川

讀易録一卷　清鄭獻甫撰

清光緒二年刻愚一録卷一本

周易象義集成三卷　清陳洪冠纂輯

清咸豐八年湖南群玉書屋刻本　上海　南京　山東

清光緒成都翻刻湖南群玉書屋本　四川

抄本　山東

易經本意四卷首一卷末一卷　清何志高撰

清道光十八年刻西夏經義本　遼寧　山東

清光緒十四年刻西夏經義本　上海　南京　山東

續修四庫全書影印清道光十八年刻西夏經義本

虞氏易義補正二卷　清張序均撰

清咸豐七年潘道根抄本　上海

易解經傳證五卷卷首一卷　清張步騫注

清同治十年刻静養齋藏版本　北大　上海　南京

周易述翼五卷　清黄應麒撰

清光緒山陰宋澤元刻十三年彙印懺花庵叢書本　北大　上海　南京　遼寧　山東

續修四庫全書影印清光緒山陰宋氏刻懺花庵叢書本

求自得之室周易説十四卷　清吴嘉賓撰

清同治元年吴氏刻本　上海　復旦

易義訴源二十卷　清吴士俊撰

清吴士俊原稿本　國圖

易説彙解二卷　清吴士俊撰

清吴士俊原稿本　國圖

讀易雜録二卷　清吴士俊撰

清吴士俊原稿本　國圖

讀易旁求八卷　清王亮功撰

一九一六年定襄牛氏排印雪華館叢編本

讀易輯要淺釋三卷　清鄭本玉輯

清同治三年湖北鄭氏友竹齋刻本　湖北　四川

周易廓二十四卷　清陳世熔撰

清咸豐元年獨秀山莊刻本　國圖　北大　科學　上海　南京　浙江　山東　湖北

一九一四年重刻本　湖北

四庫未收書叢刊影印清咸豐元年獨秀山莊刻本

讀易雜説一卷　清陳世熔撰

清末民初江浦陳氏刻一九二〇年彙印房山山房叢書本　天津　遼寧

易解曖通一卷　清易本烺撰

清咸豐同治刻紙園叢書本

經笥質疑易義原則六卷　清張瓚昭撰

清道光七年刻本　北大　南京　遼寧　山東

四庫未收書叢刊影印清道光七年蘭朋堂刻本

篤志齋周易解三卷　清張應譽撰

清同治十年南皮張氏刻篤志齋經解本　天津　上海

易象通義六卷　清秦篤輝撰

清光緒十七年三餘草堂刻湖北叢書本　國圖　天津　遼寧　山東　湖北

續修四庫全書影印清光緒十七年三餘草堂刻湖北叢書本

讀易初稿八卷　清丁叙忠撰

清同治二年白芙堂木活字印本　國圖　天津　南京　遼寧　湖北

讀易通解十二卷　清丁叙忠撰

清同治十年白芙堂刻本　國圖　北師大　科學　天津　上海　湖北

周易舊注十二卷　清徐鼒撰

清光緒十二年徐承祖日本東京使署刻本　國圖　北大　北師大　天津　上海　南京　遼寧　湖北

四庫未收書叢刊影印清光緒十二年徐承祖日本刻本

易經解注傳義辯正四十四卷首二卷圖説辯正二卷　清彭申甫纂

清光緒十二年長沙彭氏刻本　北大　科學　上海　南京　湖北

周易集注六卷首一卷　清張官德撰

清光緒二年養源堂刻本　北師大

周易附説一卷　清羅澤南撰

清咸豐九年長沙刻羅忠節公遺集本　國圖　北大　天津　遼寧　山東

易學探源二卷　清鍾瑞廷釋
清光緒二十二年四川蓬溪鐘氏紅雪山房刻本　四川
易象顯微十卷　清鍾瑞廷釋
清光緒二十二年四川蓬溪鐘氏紅雪山房刻本　四川
易學理數纂要四卷　清吴昭良輯
清光緒八年賴灼華刻本　上海
易象集解十卷　清黄守平撰
清同治十三年即墨黄氏漱芳園刻本　北大　科學　天津　上海　南京　遼寧　山東　湖北
續修四庫全書影印清同治十三年漱芳園刻本
觀玩隨筆一卷　清方濳撰
清光緒十五年方敦吉濟南刻毋不敬齋全書本　遼寧
易象致用説二卷　清秦東來撰
清同治刻複初堂集本　山東
清光緒十三年壽陽刻本　國圖　上海
周易參考三卷　清高静撰
清宣統元年高氏思貽齋刻本　國圖　湖北
周易人事疏證八卷　清章世臣輯
清光緒九年安徽排印本　四川
清宣統二年宋城同文書館鉛印本　國圖　北大　天津　上海　南京　山東　湖北
周易人事疏證續編四卷　清章世臣輯
清宣統二年宋城同文書館鉛印本　國圖　北大　天津　上海　南京　山東　湖北
傳家易傳存疑三卷　清章世臣撰
清光緒十三年姑孰傳聚文堂刻本　國圖　湖北
讀易省心録不分卷　清楊長年撰
清光緒八年上海敬業書院刻本　國圖　南京　山東　湖北
清光緒二十一年壽州刻本　南京
讀易叢記二卷　清葉名豐撰　清葉頤編
清同治五年刻本　國圖　科學　南京　湖北　浙江
四庫未收書叢刊影印清同治五年刻本
陳氏易説四卷附録一卷　清陳壽熊撰
清光緒二十一年陶惟坻木活字印本　北大　天津　上海　南京　遼寧　山東

清抄本　上海

續修四庫全書影印清光緒二十一年刻本

易經一卷　清吴善述注

清光緒吴善述稿本　上海

孔易合注十卷　梁拱宸撰

清宣統三年速智印書館石印本　山東

黎氏學易五卷　清黎定攀撰

清同治三年木活字印本　湖北

周易變通解六卷首一卷末一卷　清萬裕澐注

清同治十二年集錦堂刻本　上海　南京　山東　湖北　浙江

清光緒元年麻邑徐氏唐氏刻本　遼寧

清光緒九年刻本　科學

一九三七年據清同治十二年刻本影印本　上海

易經疑言二卷　清王廷植撰

清末刻本　山東

周易補義六卷　清史褒撰

清光緒十三年刻本　國圖

清光緒十七年河城趙氏聚星堂刻本　國圖　上海　南京　遼寧　山東　湖北

周易釋爻例一卷　清成蓉鏡撰

清光緒十四年南菁書院刻皇清經解續編本

清光緒十五年上海蜚英石印皇清經解續編本

抄本　南京

續修四庫全書影印清光緒十四年南菁書院刻皇清經解續編本

易象准物八卷總論一卷　清方忠軾　方良寅編

清方忠軾方良寅抄本　浙江

周易測二卷　清丁大椿纂

抄本　山東

槎溪學易三卷　清陳鼐撰

清同治十三年陳公亮等保定蓮花池刻本　國圖　北大　科學　上海　南京　山東　湖北

省吾齋學易外編不分卷　清陳鼐輯

一九二〇年抄本　上海

還硯齋周易述四卷　清趙新撰

清光緒八年黄樓刻還硯齋全集本　北大　科學　遼寧　湖北

續修四庫全書影印清光緒八年刻還硯齋全集本

還硯齋易漢學擬旨一卷　清趙新撰

清光緒八年黄樓刻還硯齋全集本　北大　科學　遼寧　山東　湖北

續修四庫全書影印上圖藏清光緒八年刻還硯齋全集本

周易集義不分卷　清李祖望撰

清咸豐同治間李祖望手稿江都李氏所著書本　臺北央圖

易義纂釋五卷　清陳濬撰

清咸豐林氏刻本　上海　南京

清同治十三年賜葛堂刻求在我齋全集本　遼寧

易説摘存三卷　清陳濬撰

清同治十三年賜葛堂刻求在我齋全集本　遼寧

易理蒙訓二卷　清陳濬撰

清同治十三年賜葛堂刻求在我齋全集本　遼寧

周易集解五卷　清馮世瀛輯

清光緒九年善成堂刻五經集解本　山東

清光緒十一年馮氏辨齋錫版印雪樵經解本　山東

清光緒十二年上海點石齋石印雪樵經解本　山東

易原十六卷　清多隆阿撰

一九三一至一九三四年遼海書社排印遼海叢書本　天津　遼寧

周易異同商十卷　清郭嵩燾撰

清郭嵩燾稿本　科學

四庫未收書叢刊影印清稿本

周易舊疏考正一卷　清劉毓崧撰

清光緒十四年南菁書院刻皇清經解續編本

清光緒十五年上海蜚英館石印皇清經解續編本

清抄本　國圖

續修四庫全書影印清光緒十四年南菁書院刻皇清經解續編本

西樓易説十八卷　清楊家洙撰

清光緒十四年白麟楊氏活字印本　國圖　遼寧　日椙山女學園大學

讀易筆記□卷　清方宗誠撰

清方宗誠原稿方柏堂手稿四種本　上海

讀易筆記二卷

清光緒三年桐城方氏刻柏堂遺書本　天津　南京　浙江

易經鴻裁四卷　清薛時雨輯

清同治十二年雙鳳家塾刻五經鴻裁巾箱本　山東

易大義補一卷　清桂文燦撰
　清光緒十九年刻南海桂氏經學叢書本　上海
易象一説不分卷　清潘欲仁撰
　清潘欲仁稿本　上海
易象一説二卷
　清光緒徐元霖刻虞山潘氏叢書本　南京　湖北
易象一説六卷
　清光緒十七年抄本　上海
易傳集説三卷　清潘欲仁撰
　清潘欲仁稿本　上海
周易臆解四卷　清許錫祺撰
　清光緒十九年劉汝錫等刻許松濱先生全集本　天津
周易輯注箋疏十卷附録一卷　清林兆豐撰
　清林兆豐稿本　復旦
學易就正草不分卷　清林兆豐撰
　清林兆豐稿本　復旦
周易漢學通義八卷略例一卷　清黄瓚撰
　清同治黄瓚稿本　復旦
　續修四庫全書影印清抄本
周易正蒙一卷　清馬徵慶撰
　一九一九至一九二三年馬林排印影印馬鍾山遺書本　科學　遼寧
讀易綱領一卷　清馬徵慶撰
　一九一九至一九二三年馬林排印影印馬鍾山遺書本　科學　遼寧
周易平議二卷　清俞樾撰
　清同治五年杭州刻群經平議本　山東
　清同治十年刻德清俞蔭甫所著書本　山東
　清光緒十四年南菁書院刻皇清經解續編本
　清光緒十五年上海蜚英館石印皇清經解續編本
周易互體徵一卷　清俞樾撰
　清光緒十四年南菁書院刻皇清經解續編本
　清光緒十五年上海蜚英館石印皇清經解續編本
　清光緒二十五年刻春在堂全書本　復旦　遼寧　山東
　續修四庫全書影印復旦圖書館藏清光緒二十五年刻春在堂全書俞樓雜纂本
易貫五卷　清俞樾撰
　清同治十年江清驥刻第一樓叢書本　上海　山東

清光緒二十五年刻春在堂全書本　遼寧　山東

易貫□卷

清俞樾原稿俞蔭甫先生遺稿九種本　國圖(存四卷)

艮宧易説一卷　清俞樾撰

清光緒二十五年刻春在堂全書本　復旦　遼寧　山東

續修四庫全書影印清光緒二十五年刻春在堂全書俞樓雜纂本

卦氣直日考一卷　清俞樾撰

清光緒二十五年刻春在堂全集本　復旦　遼寧　山東

續修四庫全書影印清光緒二十五年刻春在堂全書俞樓雜纂本

卦氣續考一卷　清俞樾撰

清光緒二十五年刻春在堂全書本　遼寧　山東

易窮通變化論一卷　清俞樾撰

清光緒二十五年刻春在堂全書本　遼寧　山東

八卦方位説一卷　清俞樾撰

清光緒二十五年刻春在堂全書本　遼寧　山東

易學史鏡八卷　清曹爲霖撰

清同治十二年木筆花館刻本　南京　山東

周易鏡十二卷圖説一卷學易管窺二卷　清何毓福撰

清光緒十年何氏刻本　國圖　北大　科學　天津　上海　復旦　南京　山東

學易管窺二卷　清何毓福撰

清光緒十年何錫園刻本　國圖　北大　科學　天津　上海　復旦　南京　山東

讀易會通不分卷　清丁壽昌撰

清丁壽昌原稿丁氏遺稿六種本　上海

讀易會通十八卷

清丁壽昌稿本　上海(存卷一至四)

易説不分卷　題清心齋居士撰

清同治心齋居士稿本　山東

周易纂義便讀四卷　清晏聯奎撰

抄本　上海

周易研幾一卷　清豫師撰

清同治八年刻本　國圖　上海　山東

抄本　山東

讀易淺説代問録十四卷　清黄雲鵠撰
　　清光緒十六年湖北蘄春黄雲鵠成都刻本　國圖　上海　山東　湖北　四川
課易問旨一卷　清黄雲鵠撰
　　清光緒十六年刻本　國圖　山東
周易爻辰申鄭義一卷　清何秋濤撰
　　清光緒十四年南菁書院刻皇清經解續編本
　　清光緒十五年上海蜚英館石印皇清經解續編本
　　清刻一鐙精舍甲部稿卷二本　湖北
　　續修四庫全書影印清光緒五年淮南書局刻一鐙精舍甲部稿本
周易臆解四卷圖説二卷　清楊以迥撰
　　清光緒十年楊氏刻本　國圖　上海　復旦　浙江　遼寧　山東
周易通解四卷圖説二卷　清楊以迥撰
　　清光緒十年楊氏刻本　南京　遼寧
周易通解六卷
　　清光緒二十年據清光緒十年刻本改定本　上海
易經困學録四卷　清楊嘉撰　清楊椿年校補
　　清楊氏稿本　科學
玩易四道十三卷圖説一卷　清黄寅階撰
　　清同治十二年黄寅階刻寡過未能齋藏版本　國圖　科學　上海　遼寧
　　山東
讀易易知三卷　清黄寅階撰
　　清同治十二年刻本　國圖　科學　上海　山東　湖北
讀易隨筆三卷　清吴大廷撰
　　清同治十二年刻本　國圖　復旦　南京　浙江　山東
易説二卷　清周韶音撰
　　清宣統二年刻本　上海　南京　湖北
周易爻徵廣義六卷首一卷末一卷　清閻汝弼撰
　　清光緒元年刻本　國圖　科學　天津　上海　南京　遼寧　山東　湖北
易説一卷　清祝塏撰
　　清光緒十八年刻體微齋遺編本　遼寧
易學宗翼□卷　清吴應端撰
　　清吴應端稿本　上海(存卷十一至二十三)
易學宗翼二十九卷首一卷
　　清光緒四年刻浮園藏版本　國圖　科學　山東

清抄本　山東

周易注疏賸本一卷　清黄以周撰

清黄以周稿本　上海

清光緒刻本　科學

一九二二年太倉唐文治刻本　上海

一九二四年吴江施肇曾醒園刻十三經讀本本　遼寧　山東　湖北

續修四庫全書影印民國十三年吴江施肇曾刻十三經讀本本

讀易説一卷　清黄以周撰

清光緒二十年刻儆季五種本

十翼後録二十四卷　清黄以周撰

清黄以周稿本　國圖

續修四庫全書影印稿本

十翼後録七卷

清黄以周稿本　清華

周易通義十六卷　清莊忠棫撰

清光緒六年冶城山館刻本　國圖　科學　上海　復旦　南京　浙江　山東　湖北

續修四庫全書影印清光緒六年冶城山館刻本

周易荀氏九家義九卷　清莊忠棫撰

清儀惠軒抄本　國圖

周易荀氏例二卷　清莊忠棫撰

清儀惠軒抄本　國圖

周易繁露五卷　清莊忠棫撰

清莊忠棫稿本　國圖

續修四庫全書影印稿本

需時眇言十卷　清沈善登撰

清光緒二十八年桐鄉沈氏豫恕堂刻沈穀成易學本　國圖　科學　上海　山東

續修四庫全書影印清光緒沈氏豫恕堂刻沈穀成易學本

報恩論三卷附録二卷　清沈善登撰

清光緒桐鄉沈氏豫恕堂刻沈穀成易學本　國圖　科學

論餘適濟編一卷附録一卷　清沈善登撰

清光緒桐鄉沈氏豫恕堂刻沈穀成易學本　國圖　科學

經正民興説一卷　清沈善登撰

清光緒桐鄉沈氏豫恕堂刻沈穀成易學本　國圖　科學

清光緒二十年刻本　湖北

易説存稿一卷　清丁午撰

清光緒七年刻本　臺北嚴靈峰無求備齋

周易集解疏證□卷　清夏曾傳撰

清末夏曾傳稿本　湖北(存卷一)

易學一得録三卷　清胡澤漳撰

清光緒四年刻本　科學　上海　南京

四庫未收書叢刊影印清光緒四年吴軍門刻本

周易平説二卷　清郭程先撰　清郭珠熉補注

清咸豐五年郭氏刻本　國圖　科學　南京

四庫未收書叢刊影印清咸豐五年郭珠熉刻本

周易學古編十二卷首一卷　清李福臧撰

清李福臧稿本　上海

周易象義擇要二卷　清陸光祖纂輯

清光緒二年湖北刻袖珍本　湖北　四川

易經文通不分卷　清蔡濤輯

清同治十二年刻五經文通巾箱本

易經群解彙編三卷　題清船山主人輯

清光緒十九年上洋褒海山房石印皇清經解分經合纂本　山東

易經雜録一卷　題清船山主人輯

清光緒十九年上洋褒海山房石印皇清經解分經合纂本　山東

淡友軒讀易稿一卷　清徐步瀛撰

一九三三年南昌合群印刷公司代印本　山東

易説求源不分卷　清武春芳撰

一九一八年北京財政部印刷局鉛印本　國圖　北師大　天津　上海　遼寧　山東　湖北

周易説十一卷　清王闓運撰

清王闓運稿本　湖南

清光緒宣統刻湘綺樓全書本　天津　遼寧

續修四庫全書影印清光緒刻湘綺樓全書本

易解醒豁二卷　清梁欽辰撰

清光緒刻本　國圖　天津　上海　浙江　山東

易一貫不分卷　清吕調陽撰

清咸豐八年刻本　上海

易一貫六卷

清光緒十四年葉長高刻觀象廬叢書本　天津　山東

李氏易傳校一卷　清陸心源撰

清同治光緒刻潛園總集本　天津

續修四庫全書影印群書校補本

周易經典證略十卷末一卷　清何其傑撰

清光緒十二年山陽何氏刻景袁齋叢書本　北大　北師大　科學　上海　遼寧　湖北

續修四庫全書影印清光緒十二年刻景袁齋叢書本

讀易一斑四卷　清吴麗生撰

清光緒二十二年吴氏刻本　國圖　科學　天津　南京　山東　湖北

易象參來不分卷　清張立賢撰

清光緒張立賢稿本　山東

周易學統不分卷　清汪宗沂撰

清汪宗沂稿本　南京

周易學統九卷

清鮑錫章刻本　國圖

清末刻本　山東

易學節解五卷　清丁澤安撰

清光緒十八年貴州刻自得齋易學四種本　國圖　天津　山東　四川

續修四庫全書影印清光緒刻自得齋易學四種本

易學又編二卷　清丁澤安撰

清光緒十八年貴州刻自得齋易學四種本　國圖　天津　山東　四川

易學彙説一卷　清丁澤安撰

清光緒十八年貴州刻自得齋易學四種本　國圖　天津　山東　四川

易理彙參十二卷首一卷　清周馥撰

一九二二年秋浦周氏石印周慤慎公全集本　北大　天津　遼寧　山東

易理彙參臆言二卷　清周馥撰

民國初至德周氏刻周氏師古堂所編書本　國圖　上海　山東

一九二一年建德周氏鉛印本　國圖

讀易偶題一卷　清周馥撰

一九一九年石印本　上海

知非齋易注三卷卷首一卷卷末一卷易釋三卷　清陳懋侯撰

清光緒十四年陳懋侯刻本　北大　上海　南京　山東　湖北

續修四庫全書影印清光緒十四年陳懋侯刻本

知非齋易釋三卷　清陳懋侯撰

清光緒十四年陳懋侯刻本　北大　上海　南京　山東　湖北

四庫未收書叢刊影印清光緒八年刻本

古周易二經十傳闡注一卷　清陳懋侯撰

清陳懋侯稿本　福建

周易明報三卷首一卷末一卷　清陳懋侯撰

清光緒八年閩陳氏刻本　國圖　科學　上海　山東　湖北

四庫未收書輯刊影印清光緒八年刻本

周易或問十六卷　清文天駿撰

清光緒十一年黔南文氏四川瀘縣刻本　國圖　上海　南京　山東　湖北　四川

讀周易記六卷　清范泰衡撰

清同治刻本　國圖　湖北

讀周易記六卷附補記

清同治十二年刻光緒四年改定本　北師大

易象詳解二卷　清文信企撰

清光緒十四年文信企抄本　四川

周易不分卷　清吴汝綸校注

清宣統元年蓮池書社鉛印桐城吴先生群書點勘本　國圖　北師大　天津　上海　南京　山東　湖北

易説二卷　清吴汝綸撰

清光緒三十年王恩紱等刻桐城吴先生全書本　北大　天津　上海　復旦　山東　湖北

續修四庫全書影印清光緒三十年王恩紱等刻桐城吴先生全書本

周易大義二卷　清吴汝綸撰　清吴闓生録

一九二三年文學社刻本　國圖　上海　天津　南京　遼寧　山東　湖北

周易古本十二篇　清孫葆田輯

清光緒二十九年刻本　湖北

周易大象應大學説不分卷附卦畫生數序　清高賡恩撰

清光緒三十三年武文炳岐山刻本　國圖　北大　科學　天津　湖北

漢儒易義針度四卷附近科文式　清朱昌壽撰

清道光二十三年杭州朱昌壽刻巾箱本　北大　南京

清同治九年刻巾箱本　國圖　湖北

四庫未收書輯刊影印清道光二十三年刻本

漢儒易義針度補八卷　清朱昌壽撰　清楊浚補

清咸豐五年侯官楊氏刻巾箱本　國圖　南京

周易淺解三卷首一卷　清陳大文撰

清光緒十八年陳大文刻本　南京　湖北

周易約注十卷　清劉曾騄撰

清光緒民國初刻本油印本祥符劉氏叢書本

周易集義八卷　清强汝諤撰

民國初南林劉氏刻求恕齋叢書本　國圖　北師大　天津　上海　南京　遼寧　山東　湖北

續修四庫全書影印民國吴興劉氏刻求恕齋叢書本

周易十九篇釋不分卷　清王先慎撰

清王先慎稿本　北大

言易録一卷　清李輈撰

清光緒十八年古羅李氏刻自得廬集本　國圖　湖北　日椙山女學園大學

周易要義九卷　清宋書升撰

清宋書升稿本　山東博

文易貫解不分卷　清王尚概撰

一九三二年鉛印王羲先生遺書本　國圖　天津　山東　上海　南京

鄭易馬氏學一卷　清陶方琦撰

清光緒會稽徐樹蘭鑄學齋抄漢孳室遺著本　上海

清姚氏師石山房抄本　湖北

王氏學禮齋抄本　復旦

清末至民國初藍絲欄抄本　國圖

續修四庫全書影印清光緒徐氏鑄學齋抄本

鄭易京氏學一卷　清陶方琦撰

清光緒會稽徐樹蘭鑄學齋抄漢孳室遺著本　上海

續修四庫全書影印清光緒徐氏鑄學齋抄本

鄭易小學一卷　清陶方琦撰

清陶方琦稿本　浙江

清光緒會稽徐樹蘭鑄學齋抄漢孳室遺著本　上海

續修四庫全書影印清光緒徐氏鑄學齋抄本

周易卦象六卷　清張丙喜輯

清光緒十五年山東張氏刻本　四川

清光緒二十二年刻本　國圖　上海　遼寧　山東

易義來源四卷　清金士麒撰　清胡念修校

清光緒二十三至二十六年刻鵠齋叢書本　北大　上海　南京　山東　湖北　日國會

周易史論不分卷　清孔廣海撰

一九三二年上海國光印書局鉛印本　上海

一九三二年上海明善書局鉛印本　山東

經藝戛造易經不分卷　清朱鏡清輯

清光緒十八年上海鴻寶齋石印經藝戛造本　山東

霜菉亭易說一卷　清胡薇元撰輯

清光緒三十四年巴州余坤石印玉津閣叢書甲集本　上海

心易溯原二十四卷首一卷　清謝若潮撰

清光緒二十年夢蕉堂刻本　科學　山東

補周易口訣義闕卦一卷　清桑宣撰

清光緒二十七年宛平桑氏刻鐵研齋叢書本　遼寧　湖北

一九一九年桑氏刻鐵研齋叢書本　山東

周易示掌不分卷　清袁樸撰

清袁樸原稿本　山東

周易思半録二卷　清方鑄撰

清光緒二十七年桐城方氏達縣刻本　上海

周易觀我三卷首一卷末一卷　清方鑄撰

一九二二年桐城翰寶齋木活字印華胥赤子遺集本

周易注二卷　清李士鉁撰

一九三六年周氏師古堂刻本　國圖　天津　山東

續修四庫全書影印民國二十五年刻周氏師古堂所編書本

易紀通經一卷　清皮錫瑞撰

清光緒三十三年思賢書局刻師伏堂叢書本　山東

易家法表不分卷　清羅長裿撰

清抄本　北大

抄本　國圖

易家法表五卷

清抄本　國圖

易說二卷　清周錫恩撰

一九一五年刻是園遺書本　湖北

于氏易說一卷　清于鬯撰
王氏學禮齋抄本　復旦
卦氣直日考一卷　清于鬯撰
清末于鬯原稿于香草遺著叢輯本
易雅不分卷　清曾榮甲撰
清曾榮甲稿本　北大
易牖三卷　清包士瑞撰
抄本　南京
周易淺說二卷　清曹伯恩撰
抄本　山東
易注備中六卷圖二卷　清曹德宇撰
清光緒二十二年抄本　山東
讀易記疑講原不分卷　清曹文岸撰
清抄本　山東
易經析義四卷　清陳旦華撰
清抄本　常熟
周易述禮三卷　題清存幾堂述
清末存幾堂刻本　湖北
易經卦名試帖選本二卷　清戴般撰
清咸豐三年京都琉璃廠刻本　山東
易經卦名試帖選本一卷續選一卷
清咸豐十一年刻本　上海
周易經傳通解十五卷　清戴醇注
清同治六年刻本　湖北
周易節注讀五卷　清鄧傳元撰
一九九一年江蘇廣陵古籍刻印社影印本　南京
周易補注四十一卷　清段復昌撰
清光緒十五年船山書院刻本　國圖　科學
續修四庫全書影印清光緒十五年船山書院刻本
周易例表十卷　清段復昌撰
清光緒十五年船山書院刻本　國圖　科學
讀周易記六卷　清范伯崇撰
清同治十二年范氏刻本　南京　山東
清光緒四年刻本　科學

潛索録四卷　清范宏禧撰
　　清乾隆刻本　國圖
參兩通極六卷首一卷　清范守己撰
　　清光緒十五年洧上姚氏崇信堂刻本　科學
周易原始六卷　清范咸撰
　　清乾隆十九年刻本　國圖　南京
　　四庫全書存目叢書影印清乾隆刻本
觀象反求録一卷　清甘仲賢撰
　　一九一四年雲南叢書處刻雲南叢書本　國圖　上海　山東
易學參説内編一卷外編一卷　清馮昌臨撰
　　清康熙刻本　湖北
　　四庫全書存目叢書影印清刻本
周易便覽四卷　清馮德祐輯
　　清抄本　山東
周易析義六卷　清馮繼聰撰
　　清咸豐八年寶德堂刻本　天津　山東
讀易小得一卷　清馮李驊撰
　　清抄本　南京
童蒙學易門徑一卷　清官德撰
　　清同治九年養原堂刻本　遼寧
周易味根録四卷　清關掞生輯
　　清光緒中西書局石印五經味根録本　山東
周易從周十卷　清郭籛齡撰
　　清光緒十年刻本　北大　上海　天津　南京
　　清光緒十六年刻吉雨山房全集本　南京
周易從周述正一卷　清郭籛齡撰
　　清同治刻本　國圖
　　清光緒刻本　南京
易説醒四卷首一卷　清郭籛齡撰
　　清同治十一年重刻本　天津
玩易緒言六卷　清黄萼梅撰
　　清光緒十年抄本　山東
周易黄注七卷　清黄楚鐘撰
　　清抄本　山東

周易藏用十九卷　清黄仁撰
清咸豐八年刻本　南京
周易録要十二卷首一卷　清黄思誠輯
清光緒七年岳陽昭祜堂刻本　國圖　山東
周易貫注八卷首一卷　清黄振河撰
清越縵堂抄本　國圖
易學待旦一卷　清姜節撰
清抄本　天津
易解露研二卷　題清金大成彙參
清初抄本　吉林
清乾隆抄本　上海
易經全解六卷首一卷　清藍煦撰
清同治十三年忠恕堂刻本　上海　南京
周易標義三卷　清李彪撰
一九一四年雲南圖書館刻雲南叢書本　上海
易學會通二十二卷　清李秉陽撰
清抄本　南京
周易六十四卦辨疑二卷　清李開先撰
清乾隆二十四年李希賢刻本　科學
四庫全書存目叢書影印清乾隆二十四年刻本
周易便蒙襯解四卷　清李盤撰
清乾隆刻本　南京
清刻奎照樓藏版本　山東
清刻啓元堂藏版本　日新潟大學
周易易簡十二卷　清李森撰
清光緒十七年永新李方鑫刻本　國圖　科學　湖北
新訂孔塘周易四卷　清李習三校
清刻本　上海
周易不分卷　清李益文傳
清李益文稿本　國圖
讀易備解不分卷　清李異甫撰
抄本　國圖
周易本義拾遺六卷　清李元朗著
清刻四爲堂藏版本　國圖

周易備中八卷　清李志曾撰

清咸豐十年韓瀛洲抄本　國圖

易言不分卷　清李中和撰

清抄本　南京

周易典要十卷　清勵程撰

清抄本　華東師大

周易辨畫四十卷　清連斗山撰

清乾隆刻本　北大

易經精義彙參四卷　清林長扶撰

清光緒三年茶峰居刻本　山東

周易集解補箋四卷　清林慶炳補箋

清光緒十五年侯官林氏三山家塾刻愛梅樓雜著本　國圖　北大　上海　南京　山東　浙江　湖北

周易述聞一卷　清林慶炳撰

清光緒八年侯官林氏三山家塾刻愛梅樓雜著本　國圖　北大　南京　山東　湖北

續修四庫全書影印清光緒八年刻本

周易審鵠要解四卷　清林錫齡輯

清乾隆十年刻本　山東

清道光刻本　山東

周易讀本四卷　清淩芬撰

清遠書樓抄本　浙江

周易析義十卷　清劉伯允撰

清同治八年刻本　湖北

周易注不分卷　清劉蘭秀撰

清劉蘭秀原稿周易講義本　山東

易叙不分卷　清劉蘭秀撰

清劉蘭秀原稿周易講義本　山東

盤熻易考二卷　清劉昑撰

清光緒十四年永盛齋刻本　上海

周易識餘一卷　清劉希向撰

清乾隆二十七年刻本

清抄本　北大

周易本義求是録四卷　清劉遠綸輯

清同治十一年刻本　湖北

易纂一説曉九卷末一卷　清劉中理撰
清咸豐三年四川蒼溪竹橋齋刻本　科學　南京　山東　四川
周易拾義不分卷　清樓春撰
清抄本　浙江
周易卦象位義三注八卷　清魯松峰撰
清乾隆六十年羊城魯氏觀德書屋刻本　山東
樂山家藏易經評義二十六卷首一卷　清陸顯仁撰
清乾隆二十九年刻本　遼寧
周易象義串解四卷首一卷　清羅昌鸞纂輯注釋
清咸豐二年羅氏燕貽堂刻本　遼寧　山東　湖北
周易傳義串解二卷　清羅昌鸞纂輯注釋
清咸豐二年羅氏燕貽堂刻本　遼寧　山東　湖北
總統易三卷首一卷　清毛異賓撰
清光緒十三年江山縣署刻本　山東
心易觼奥四卷　清鳴鳳壇抄傳　清蔡瀛删訂
清蔡氏刻本　山東
周易象解四卷　清南明信纂注
清乾隆絳州喬佐洲刻本　北大　山東
周易札記四卷　清潘永季撰
清乾隆抄本　山東
灔熗易考二卷　清劉昤撰
清光緒京師刻本　山東
稽古日抄易經一卷　清彭啓豐撰
清乾隆二十九年秋曉山房刻稽古日抄本　山東
周易指事四卷　清彭焯南撰
清光緒二年古槑草廬刻本　上海
周易解注傳義辯正四十八卷　清彭中甫撰
清光緒十二年刻本　南京
易學管窺存六卷　清秦嘉澤撰
清光緒二十五年延芝山房刻本　山東
周易貫義六卷　清卿彬注
清咸豐三年刻本　南京
周易大象傳解一卷　清芮城撰
清光緒十年武進惲氏刻本　國圖　湖北　南京

易例大全一卷　題清榕園書屋主人輯

清咸豐十一年刻巾箱本　上海　南京　山東　湖北

清光緒十五年刻本　山東

清末石印巾箱本　湖北

易古興鈔十二卷首一卷　清唐學謙輯

清同治七年唐氏棣商樓刻本　上海

經藝宏括易經不分卷　題同文書局主人輯

清光緒十一年同文書局石印經藝宏括本　山東

周易合纂大成四卷　題同文書局主人輯

清光緒十一年上海同文書局石印五經合纂大成本　山東

清光緒二十年慎記書莊石印五經合纂大成本　山東

周易便解六卷首一卷　清汪誥撰

清乾隆五十四年克復堂刻本　美哈佛燕京

周易理數貫四卷　清汪乙然撰

清同治六年敬讓堂刻本　南京　山東

周易研翼不分卷　清王蕙蘭撰

清王蕙蘭稿本　山東博

周易象義合參補略全書十卷　清王紹奎輯撰

清同治十二年洗心書屋刻本　上海

易經一說不分卷　清王淑撰

清乾隆十六年繫籍軒刻本　山東

少漁讀易記七卷　清王屺望撰

清咸豐刻本　湖北

學易管窺二卷　清蔚藎撰

清光緒十五年得無認齋刻本　山東

周易錦囊初集二卷　清吴培元輯

清光緒五年三盛堂刻增補詩書周易錦囊本　山東

周易彖傳消息升降大義述二卷　清吴翊寅撰

清光緒十九至二十一年廣雅書局廣州刻本　國圖　北大　北師大　上海　南京　浙江　山東　湖北

周易消息升降爻例一卷　清吴翊寅撰

清光緒十九至二十一年廣雅書局廣州刻本　國圖　北大　北師大　上海　南京　浙江　山東　湖北

續修四庫全書影印清光緒十九年廣雅書局刻本

易經遵朱五卷　清吴元默撰

清抄本　國圖

民國初抄本　南京

周易讀本六卷　清夏與賢撰

清光緒三年陝西乾陽官舍刻本　山東

周易翼注四卷繫辭二卷　清辛爾藻撰

一九三三年辛保鼎鉛印本　山東

周易究三卷宅坟圖訣一卷　清徐梅撰

清光緒刻本　南京　山東

讀周易日記一卷　清許克勤撰

清光緒十六年刻二十二年續刻學古堂日記本　南京　遼寧　湖北

易經大義不分卷　清楊履瑞撰

清進呈寫本　遼寧

義經庭訓二卷　清袁秋亭口授　清袁海山述

清同治十二年上海公廨刻本　上海

易案一卷　清張岱坤撰　清馮蕙襟補

清光緒十三年雖園刻本　國圖　山東

周易揭主遵孔録便解四卷　清張允樸撰　清張式燕編次

清光緒十二年濟南寶興堂刻本　國圖　香港中文大學

周易象義辨例二十卷　清鄒師謙撰

清光緒二十五年石印本　上海　山東　湖北

讀易劄記一卷　清關棠撰

一九一五年謝鳳孫木活字印本　國圖　北師大　天津　上海　南京　山東　湖北

民國初刻西泠印社全書本　科學

醫易通説二卷　清唐宗海撰

清光緒二十七年刻本　山東

惠棟易漢學正誤八卷　清沈紹勳撰

民國鉛印本　臺灣自得齋

周易易解十卷　清沈紹勳撰

一九一七年鉛印本　天津

一九三一年杭城中華印刷公司鉛印本　北大　天津

續修四庫全書影印民國二十年鉛印本

周易説餘一卷　清沈紹勳撰

一九一七年鉛印本　天津

一九三一年杭城中華印刷公司鉛印本　北大　天津
續修四庫全書影印民國二十年鉛印本

周易示兒録三卷　清沈紹勳撰
一九一七年鉛印本　天津
一九三一年杭城中華印刷公司鉛印本　北大　天津
續修四庫全書影印民國二十年鉛印本

卦變述八卷　清甘堯都撰
抄本　上海

卦變彙參一卷　清甘堯都撰
抄本　上海

周易注解八卷　清李慎撰
抄本　山東

周易經捷八卷　清梁厥悠撰
清刻本　山東

易經附義四卷圖説一卷　清劉琦正撰
清抄本　天津

易學入門七卷首一卷　清盧芳林輯
清光緒二十四年澄邁縣署刻本　上海

周易説約一卷　清盧容莽撰
清刻本　山東

易義輯要綴言八卷　清陸成周撰
清抄本　浙江

漢易要訣彙纂四卷　清吕國鈞輯
清光緒十九年蜚英書局石印本　山東

漢易臨文捷徑不分卷　清馬庚吉輯
清刻袖珍本　湖北

易用五卷　清毛一豐撰
清毛一豐稿本(清朱琦、陳奐、汪福辰、陳烱、顧逵尊跋)　上海
續修四庫全書影印稿本

周易本義讀不分卷　清毛以煦撰
清抄本　浙江

周易圖書疏附三卷　清蒙會牲撰
清抄本　南京

周易集注粹言十六卷　清閔廷楷撰
清抄本　上海

易翼貫解七卷　清佘德楷撰
　清光緒十八年刻本　科學
問羲周易經傳一卷　清潘應標撰
　清抄本　國圖
易象質傳一卷　清上官承祜撰
　清光緒二十二年廣慶堂活字印本　國圖
讀易日鈔五十四卷　清沈大本撰
　沈大本稿本　上海
易象不分卷　清沈南一撰
　抄本　上海
桐蔭堂讀易知新未定本八卷　清孫寶忠撰
　清孫寶忠稿本　山東
周易精義不分卷　清唐三復撰
　民國初抄本　山東
易經翼注删補直斷四卷附圖　清魏如簡撰
　抄本　國圖
周易實事十五卷首一卷　清文嗣述
　清成都明遠堂刻本　四川
周易管窺集解十二卷　清吴儀撰
　清抄本　山東
周易便覽不分卷　清于承平輯
　清抄本　山東
周易指掌四卷　清相永清撰
　清光緒二年桂香齋刻本　山東
讀易臆説一卷　清楊夔撰
　一九四三年合衆圖書館抄楊子卓先生遺集稿本
易義一卷　清楊世樹撰
　清楊世樹稿本　山東
讀易法一卷　清楊世樹撰
　清楊世樹稿本　山東
易廣文遺説一卷　清易良書撰
　清光緒二十七年鉛印本　山東
射易淡詠二卷　題西農撰
　清刻本　湖北

　　四庫存目叢書影印清刻本

易象大學通解二卷　清張大心撰

　　清末抄本　山東

周易本解不分卷　清張道義釋

　　清光緒二十六年石印本　上海　山東

客中一得三卷　清張堃撰　清張燦然輯

　　清光緒二十三年梯雲山人書屋刻本　山東

乾坤易簡録一卷　清鄭良弼輯

　　清涵虚抱壺之齋刻本　湖北

讀易管窺四卷　清朱金卿撰

　　清朱金卿稿本　浙江大

周易纂要五卷　佚名撰

　　清康熙三十六年抄本　國圖

四益易説一卷　清廖平撰

　　一九二一年四川存古書局彙印新訂六譯館叢書本

易經經釋二卷　清廖平撰

　　一九三三年井研廖氏刻六譯館叢書本　南京

易經新義疏證凡例一卷　清廖平撰

　　一九二一年四川存古書局彙印新訂六譯館叢書本

易經古本一卷　清廖平輯

　　一九一五年成都存古書局刻本　上海

易生行譜例言一卷　清廖平撰

　　一九二一年四川存古書局彙印新訂六譯館叢書本

周易釋貞二卷　清王樹楠撰

　　清光緒刻陶廬叢刻本　復旦

　　一九二四年新城王氏刻陶廬叢刻本　北大　上海

周易費氏學八卷叙録一卷　清馬其昶撰

　　清光緒刻馬氏家刻集本

周易費氏學八卷首一卷末一卷叙録一卷

　　清光緒三十年合肥李氏刻集虚草堂叢書甲集本　國圖　北大　復旦　南京
　　　遼寧　湖北　四川

　　一九二〇年北京抱潤軒刻本　北大　上海　天津　四川

　　一九二〇年豫章饒氏刻本　日國會

　　續修四庫全書影印民國七年抱潤軒刻本

周易經義一卷　清易順鼎撰

清光緒十年寶瓠齋刻本　臺北嚴靈峰無求備齋

周易易簡四卷　清陳鴻倬輯

清光緒二十七年刻本　湖北

明道易經十二卷　清題敦厚老人注

清光緒二十一年四川彭縣刻本　南京　山東　四川

一九二五年合川會善堂刻本　國圖　上海　山東

一九二八年濟南三教堂刻本　山東

易經彙解四十卷　清題扶經心室主人編

清光緒二十年上海書局石印五經彙解本　山東

清光緒二十九年寶文書局石印皇朝五經彙解本　山東

周易古本不分卷　清華承彦撰

清光緒刻本　國圖　天津

學庸述易不分卷　清華承彦撰

清光緒刻本　國圖　天津

易貫章段四卷　清華承彦撰

清光緒二十一年抄本　天津

周易篇第考不分卷　清華承彦撰

清光緒三十四年刻本　天津

讀易質疑二卷　清金穀春撰

清光緒二十五年刻本　山東

一九一九年鉛印本　國圖　天津　上海　南京

周易鏡心六卷　清李植坊撰

清光緒六年四川刻本　四川

三、圖説之屬

易道真傳五卷　宋陳摶撰　清三復居士批點

一九三〇年漢聖學社刻漢口胡長茂印本　山東　湖北

易數鈎隱圖三卷遺論九事一卷　宋劉牧撰

明影抄宋刻本　日静嘉堂

明正統刻萬曆續刻道藏本

清康熙十九年納蘭成德刻通志堂經解本

清同治十二年粤東書局刻通志堂經解本

清乾隆四庫全書館寫欽定四庫全書本

易數鈎隱圖遺論九事一卷　宋劉牧撰

明正統刻萬曆續刻道藏本

清康熙十九年納蘭成德刻通志堂經解本

清同治十二年粵東書局刻通志堂經解本

清乾隆四庫全書館寫欽定四庫全書本

易學一卷　宋王湜撰

清康熙十九年通志堂刻通志堂經解本

清同治十二年粵東書局刻通志堂經解本

清乾隆四庫全書館寫欽定四庫全書本

易學啓蒙四卷　宋朱熹撰

清康熙御兒吕氏寶誥堂刻朱子遺書本　北大　山東

清同治七年三益齋刻本　上海

清光緒元年刻本　湖北

抄本　上海(綫普長)

易學啓蒙四卷啓蒙五贊一卷

清同治民國初傳經堂刻西京清麓叢書本　北大

清光緒三原劉氏刻劉氏傳經堂叢書本

易學啓蒙一卷

清咸豐六年解梁書院刻本　北大

易學啓蒙四卷　宋朱熹撰　明余懋衡编

明末刻本　南京

周易本義啓蒙十六卷首一卷　宋朱熹撰

清雍正十二年榮寶堂刻本　北師大

周易本義啓蒙十卷首一卷啓蒙四卷

清雍正十二年光德堂刻本

周易圖三卷　宋佚名輯

明正統刻萬曆續刻道藏本

易圖説三卷　宋吴仁傑撰

清康熙十九年納蘭成德刻通志堂經解本

清乾隆四庫全書館寫欽定四庫全書本

清同治十二年粵東書局刻通志堂經解本

辨方圖一卷　宋趙汝楳撰

清初抄易序叢書本　上海

四庫存目叢書影印清初抄易序叢書本

納甲辨一卷　宋趙汝楳撰

清初抄易序叢書本　上海

四庫存目叢書影印清初抄易序叢書本

易裨傳一卷外篇一卷　宋林至撰

清康熙十九年納蘭成德刻通志堂經解本

清乾隆四庫全書館寫欽定四庫全書本

清乾隆四十七年後抄本　北大

清同治十二年粵東書局刻通志堂經解本

易裨傳外篇一卷　宋林至撰

清康熙十九年納蘭成德刻通志堂經解本

清乾隆四庫全書館寫欽定四庫全書本

清乾隆四十七年後抄本　北大

清同治十二年粵東書局刻通志堂經解本

易學啓蒙小傳一卷古經傳一卷　宋税與權撰

清康熙十九年納蘭成德刻通志堂經解本

清乾隆四庫全書館寫欽定四庫全書本

清同治十二年粵東書局刻通志堂經解本

水村易鏡一卷　宋林光世撰

清康熙十九年納蘭成德刻通志堂經解本

清乾隆五十一年抄本　遼寧

清同治十二年粵東書局刻通志堂經解本

檀河精舍刻本　南京

四庫全書存目叢書影印清康熙十九年通志堂刻本

易學啓蒙通釋二卷附圖一卷　宋胡方平撰

元至元二十九年至至正二十七年刻明修本　北大

元刻明修本　國圖

明初刻本　北大

清康熙十九年納蘭成德刻通志堂經解本

清同治十二年粵東書局刻通志堂經解本

清嘉慶十五年慶餘堂刻本　上海　浙江大

中華再造善本元刻明遞修本

易學啓蒙通釋二卷

清乾隆四庫全書館寫欽定四庫全書薈要本

清乾隆四庫全書館寫欽定四庫全書本

朱子易學啓蒙通釋二卷圖式一卷　宋胡方平撰　元朱謐述解

明刻本　南京

易圖通變五卷　元雷思齊撰

明范氏天一閣抄本　上海

明抄本　北大

明正統刻萬曆續刻道藏本

清康熙十九年納蘭成德刻通志堂經解本

清乾隆四庫全書館寫欽定四庫全書本

周易本義啓蒙翼傳四卷　元胡一桂撰

元皇慶二年刻本　上海

元刻本　天一閣

元刻本　上海

元刻本　日本昌平學

明正德十四年刻本　上海

明范氏天一閣抄本　上海

明刻本　北大　社科院文研所

明末胡之珩刻本　清華

清乾隆四庫全書館寫欽定四庫全書本

中華再造善本元刻明修本

周易本義啓蒙翼傳三卷外篇一卷

清康熙十九年納蘭成德刻通志堂經解本

清同治十二年粵東書局刻通志堂經解本

勿軒易學啓蒙圖傳通義七卷　元熊禾撰

清抄本　國圖

續修四庫全書影印清抄本

大易象數鈎深圖三卷圖三卷　元張理撰

明抄本　國圖

大易象數鈎深圖三卷

明正統刻萬曆續刻道藏本

清康熙十九年納蘭成德刻通志堂經解本

清鐘謙鈞重刻通志堂經解本　國圖

清乾隆四庫全書館寫欽定四庫全書本

易象圖說内篇三卷外篇三卷　元張理撰

明正統刻萬曆續刻道藏本

清康熙十九年納蘭成德刻通志堂經解本
清乾隆四庫全書館寫欽定四庫全書本
清同治十二年粵東書局刻通志堂經解本

周易圖説二卷　元錢義方撰
清乾隆四庫全書館寫欽定四庫全書本

易經圖釋十二卷　明劉定之撰
清乾隆咸豐永新劉氏刻劉文安公全集本　北大　上海　湖北
清咸豐三年刻本　上海
清抄本　陝西博
四庫全書存目叢書續修四庫全書影印清乾隆二十八年崇恩閣刻本

易學本原四卷　明韓邦奇撰
明正德九年十陽府李滄刻本　浙江　重慶

易學啓蒙意見五卷　明韓邦奇撰
清丁氏八千卷樓抄本　南京

易圖識漏一卷　明黄芹撰
明正德刻本　上海
四庫全書存目叢書影印明正德刻本

秋山程先生易圖閑識一卷　明程雨輯
明嘉靖二十七年刻本　上海

元圖大衍一卷　明馬一龍撰
清順治三年兩浙督學周南李際期宛委山堂刻説郛續本　遼寧

周易卦圖衍義不分卷　明梁材撰
清同治五年梁作新等刻本　山東

來氏易注象數圖説不分卷　明來知德撰
清初抄本　山東

删定來氏易注象數圖説二卷　明來知德撰　清張恩霨删訂
清光緒十一年刻本　國圖

伏羲圖贊二卷　明陳第撰
明萬曆會山樓刻一齋集本　天津　上海　浙江　福建
清道光二十八年陳牛初重刻本　國圖
四庫全書存目叢書影印明萬曆會山樓刻一齋集本

易圖一卷　明田藝蘅撰
明萬曆刻百陵學山本

易學啓蒙集略一卷　明逯中立撰
明刻本　中央黨校

清乾隆四庫全書館寫欽定四庫全書本
抄本　上海
周易圖二卷　明盧謙輯
清雍正二年盧氏刻五經圖本　山東
易圖説與易衍合一卷　明劉宗周撰
清乾隆十七年刻劉蕺山先生集本
清道光二年證人堂刻劉蕺山先生集本　天津
券易苞十二卷附校勘記校勘續記　明章世純撰　魏元曠校勘　胡思敬續校勘
一九一六年南昌豫章叢書編刻局刻豫章叢書本　遼寧　山東
易序圖説二卷　明秦鏞撰
清江南製造局刻本　遼寧
易圖親見一卷　明來集之撰
清順治九年蕭山來氏倘湖小築刻來子談經本　清華　南京　浙江
四庫全書存目叢書、續修四庫全書影印清順治來氏倘湖小築刻來子談經本
周易悟真篇圖注三卷外集一卷　明程易明撰
明萬曆三十九年刻本　北大
清康熙五十六年刻本　國圖
今易圖學心法釋義不分卷　明容若春撰
明萬曆三十八年刻本　北師大
圖書質疑一卷　明薛侃撰
明萬曆四十五年薛茂杞刻本　上海　中山
易學圖解六卷　明沈壽昌撰
明天啓六年刻本　首都　日東北大學
抄本　上海
易象圖説一卷　明李德樹撰
清初抄本　山東
大易則通十五卷閏一卷　清胡世安撰
清順治十八年胡蔚先刻本　國圖　北大　科學　山東　齊齊哈爾
四庫全書存目叢書續修四庫全書影印清順治刻本
雜卦圖一卷　清刁包撰
清道光同治刁懷謹順積樓刻用之居士所著書本
諸圖附考一卷　清刁包撰
清道光同治刁懷謹順積樓刻用之居士所著書本

周易圖說述四卷首一卷　清王弘撰撰
　清康熙二十六年佟毓秀馬如龍武林刻本　國圖　北大　上海　湖北
　清乾隆四十四年先生堂刻本　國圖　遼寧　山東　浙江
　清光緒三十三年敬義堂刻本　上海　遼寧
　清抄本　上海
易圖明辨十卷　清胡渭纂
　清康熙刻本　北大　福建
　清乾隆四庫全書館寫欽定四庫全書本
　清嘉慶元年德清胡氏刻本　上海
　清道光二十四年金山錢氏以墨海金壺版重編增刻守山閣叢書本　天津　山東
　清道光光緒南海伍氏刻粵雅堂叢書本　遼寧　山東
增輯易象圖說二卷　清吴脉鬯撰
　清順治法若真刻本　國圖　山東
　一九二三年鉛印本　南京
　四庫存目叢書影印清初法若真刻本
易象圖説不分卷
　抄本　北師大
易經卦變解八宫説一卷　清吴脉鬯撰
　清道光二十年吴荚刻本　國圖　山東
　一九二三年山西洗心總社鉛印昱青堂集三種本　北大　南京
河圖洛書更正先天八卦圖式一卷　清康克勤撰
　清初康克勤稿本　遼寧
河圖洛書原舛編一卷　清毛奇齡撰
　清康熙李塨等刻西河合集本　復旦
　續修四庫全書影印復旦圖書館藏清康熙李塨等刻西河合集本
周易圖二卷　清楊恢基訂正
　清雍正二年楊氏自刻五經圖本　山東
周易圖一卷　清牟欽元編輯
　清雍正元年盱眙汪根敬致用堂刻清道光二十五年重修本　國圖
易學辨惑一卷　清黄宗炎撰
　稿本　黎州文獻館
　清乾隆四庫全書館寫欽定四庫全書本
　清道光吴江沈氏世楷堂刻光緒二年後印昭代叢書本　北大

易圖定本一卷　清邵嗣堯撰
　清道光十年長州顧氏刻賜硯堂叢書新編本　天津　山東
　四庫存目叢書影印清道光十年長州顧氏刻賜硯堂叢書新編本
易圖解一卷　清德沛撰
　清乾隆元年刻本　國圖　北大　科學　上海　南京　浙江　山東　湖北　美哈佛燕京
　清抄本　故宫
　續修四庫影印清乾隆元年刻本
天人一貫圖説一卷　清完顔偉撰
　清光緒二年刻本　國圖
　抄本　國圖
易學啓蒙訂疑四卷　清董養性撰　清杜名齊校正
　清正誼堂刻本　山東
　四庫全書存目叢書影印清正誼堂刻本
易學圖説會通八卷　清楊方達撰
　清雍正乾隆武進楊氏複初堂刻楊符蒼七種本　北大　上海　遼寧　山東　湖北
　續修四庫全書影印清乾隆刻本
易學圖説續聞一卷　清楊方達撰
　清雍正乾隆武進楊氏複初堂刻楊符蒼七種本　北大　上海　遼寧　山東　湖北
周易爻辰圖一卷　清惠棟撰
　清乾隆二十一年德州盧見曾刻雅雨堂叢書本　天津
周易圖説六卷　清萬年茂撰
　清乾隆二十八年愛日堂刻本　國圖　南京
序卦圖説一卷　清惲庭森撰
　清乾隆四十四年遜志堂刻本　國圖　上海
政餘易圖説十卷　清劉思問撰
　清乾隆三十四年刻本　科學
易庸會通三卷附補遺附記　清范曰俊撰　清何天衢詮釋　清范金補遺　清范玉附記
　清乾隆三十九年古虞范氏刻貫一堂藏版本　北大　南京
易庸會通續編三卷　清范曰俊撰
　清刻本　南京

周易注略卦圖二卷周易参断二卷　清劉一明著
清刻本　國圖
周易参断二卷　清劉一明著
清刻本　國圖
周易圖注一卷　清茹敦和撰
清抄本　南開
易學啓蒙補二卷　清梁錫璵撰
清乾隆刻本　國圖　北大　科學　上海
續修四庫全書影印清乾隆刻本
易學玩圖錐指三十六卷　清湯道煦撰
清嘉慶二年茗香齋刻本　北大　上海　南京
清活字印本　美哈佛燕京
周易告蒙圖説三卷　清趙世迥撰
清乾隆三十八年四德堂刻本　齊齊哈爾
清三讓堂刻本　山東
易卦圖説一卷　清崔述撰
清道光四年陳履和刻東壁遺書本　天津　遼寧　山東
續修四庫全書影印清道光四年陳履和刻崔東壁遺書本
周易大義圖説二卷　清鄭鳳儀撰
清嘉慶九年河南刻本　四川
清嘉慶二十二年鄭氏通德堂刻本　山東
河圖洛書四卷　清李錫書撰
清嘉慶五年李錦虎元陽洞刻本　山東
周易雜卦反對互圖一卷　清汪德鉞撰
清道光十二年汪時漣長汀木活字印七經偶記本　湖北
觀易外編六卷　清紀大奎撰
清乾隆五十四年刻本　國圖
清嘉慶三年江西紀氏四川什邡刻本　四川
清嘉慶十三年刻紀慎齋先生全集本　國圖　天津　遼寧　山東
清道光二十八年翻刻乾隆五十四年紀大婁刻紀慎齋先生全集本　北大
清同治九年四川什邡刻紀慎齋先生全集本　四川
讀易傳心圖説三卷　清韓怡撰
清嘉慶木存堂刻本　北大　科學　上海　南京　山東　湖北
清抄本　中山大

周易圖賸二卷　清王甗撰
　清道光二年鑪雪山房刻學易五種本　北大
　清抄學易五種本　南開
　清末抄學易五種本　北大
　續修四庫全書影印道光二年鑪雪山房刻本

易圖條辨一卷　清張惠言撰
　清嘉慶道光刻張皋文箋易詮全集本　國圖　北大　天津　上海　遼寧
　清光緒十四年南菁書院刻皇清經解續編本
　清抄本　復旦
　續修四庫全書影印清道光元年合河康氏刻本

張惠言手抄易經二卷　清張惠言書
　清抄本　國圖

易拇圖説八卷經説七卷　清萬年淳撰
　清道光四年刻本　上海　南京　遼寧　山東
　四庫未收書叢刊影印清道光四年刻本

易圖略八卷　清焦循撰
　清焦循稿本　南京
　清焦循原稿雕菰樓易學本　國圖
　清嘉慶道光江都焦氏雕菰樓刻焦氏叢書本　天津　南京　山東
　清道光九年廣東學海堂刻皇清經解一千四百卷本　天津　遼寧　山東
　清道光九年廣東學海堂刻咸豐十一年補刻皇清經解一千四百八卷本　遼寧
　續修四庫全書影印清江都焦氏刻雕菰樓易學本

圖説二卷　清徐潤第撰
　清道光二十八年徐繼畬刻敦艮齋遺書本　山東

易圖存是二卷　清辛紹業撰
　清嘉慶六年篤慶堂刻本　國圖　南京
　清嘉慶二十一年經笥齋刻敬堂遺書本
　清光緒新建陶福履刻豫章叢書本
　抄本　上海
　續修四庫全書影印清嘉慶刻本

卦本圖考一卷　清胡秉虔撰
　清嘉慶南彙吴氏聽彝堂刻道光三十年金山錢熙輔漱石軒增刻重印藝海珠塵本　遼寧　山東
　清同治光緒吴縣潘氏享師刻滂喜齋叢書本　天津　遼寧　山東

清光緒十四年南菁書院刻皇清經解續編本

續修四庫全書影印清道光三十年增刻錢熙輔藝海珠塵本

易圖駁議一卷　清董桂新撰

清董桂新稿本　上海

易圖酌説三卷　清何詒霈撰

清抄本　遼寧

易卦圖説六卷　清胡嗣超撰

清道光八年刻本　科學

清道光十七年香雪齋刻本　國圖　遼寧　山東　湖北

虞氏易消息圖説初稿一卷　清胡祥麟撰

清同治十一年吴縣潘氏享師刻滂喜齋叢書本　天津　上海　遼寧　山東　湖北

清光緒十四年南菁書院刻皇清經解續編本

續修四庫全書影印清光緒十四年南菁書院刻皇清經解續編本

易圖正旨一卷　清朱文爍撰

清光緒十五年甘肅藩署刻朱慎甫先生遺集本　國圖　天津

周易大義圖説續稿一卷　清王萱齡撰

清王萱齡稿本　國圖

易卦候一卷　清淩堃撰　清鍾坴注

清道光吴興淩氏刻淩氏傳經堂叢書本　南京　山東

卦極圖説一卷　清馬之龍撰

民國初雲南叢書處刻雲南叢書本　上海

易經解注圖説辨正二卷　清彭申甫纂

清光緒十二年刻本　科學　上海　湖北

周易倚數録二卷圖一卷　清楊履泰撰

清光緒貴池劉世珩刻聚學軒叢書本　天津　復旦　遼寧　山東

續修四庫全書影印清光緒貴池劉氏刻聚學軒叢書本

圖書奥義四卷　清梁同新輯

清同治八年梁氏家塾刻本　山東

序卦圖説三卷　清王範撰

清道光抄本　山東

易圖直解一卷　清王含光撰

一九三六年南京京華印書館鉛印本　山東　南京

韡園學易圖説不分卷　清潘霨撰

清光緒十四年黔南節署刻本　山東

清韡園刻本　北大

玩易篇一卷　清俞樾撰

清俞樾原稿俞蔭甫先生遺稿九種本　國圖

清同治十年刻德清俞蔭甫所著書本　山東

清同治十一年刻第一樓叢書本

清光緒二十五年刻春在堂全書本　遼寧　山東

邵易補原一卷　清俞樾撰

清光緒二十五年刻春在堂全書本　遼寧　山東

周易三極圖貫四卷　清馮道立撰

清咸豐八年西園馮氏刻本　國圖　科學　天津　南京　湖北

周易圖説四卷　清李森撰

清光緒十七年永新李方鑫刻本　國圖　科學　湖北

大衍圖説四卷　清宛名昌撰

清同治十二年長沙荷花池刻本　國圖　湖北

周易卦變圖説一卷　清宋祖駿撰

清咸豐刻朴學廬叢刻本

清咸豐十年刻會稽徐氏述史樓叢書本　上海

羲易注略三卷　清劉一明撰

清謝祥刻本　國圖　山東

易圖瑣解一卷　清張楚鍾撰

清光緒三年刻務實勝窩彙稿本

易演圖一卷　清張楚鍾撰

清光緒三年刻務實勝窩彙稿本

易圖管見一卷　清張楚鍾撰

清同治十二年刻求是齋算學四種本

太極圖數不分卷　清崔亮采撰

清嘉慶十一年敦善堂刻本　山東

太極真傳一卷　清郝永青撰

清抄本　山東

太極易圖合編三卷附大衍新法　清孔傳游撰

清道光三年刻本　山東

周易圖説象解不分卷　清劉蘭秀撰

清劉蘭秀原稿劉氏周易講義本　山東

易圖續説不分卷　清劉蘭秀撰

清劉蘭秀原稿劉氏周易講義本　山東

易卦全圖不分卷　清劉蘭秀撰
　　清劉蘭秀原稿劉氏周易講義本　山東
周易大傳釋圖二注五卷　清魯松峰撰
　　清乾隆六十年羊城魯氏觀德書屋刻本　山東
易學啓蒙翼一卷　清羅經撰
　　清抄本　國圖
讀易例言圖説不分卷　清孫廷芝撰
　　清道光十二年濰縣韓逢恩刻本　山東
易學附圖一卷　清丁澤安撰
　　清光緒貴州刻自得齋易學本　山東
周易卦本反對圖説一卷　清汪濟撰
　　清光緒六年刻震齋叢書本　南京
　　清光緒二十四年刻震齋叢書本　國圖
周易圖四卷續編一卷　清王肇宗撰
　　清道光九年刻本　國圖　山東
周易圖不分卷
　　刻本　南京
易象通微圖説四卷　清徐詠和撰
　　清抄本　山東
宗經齋易圖説四卷　清姚象申撰
　　清咸豐八年集文堂利文堂刻本　科學　遼寧
易經圖不分卷　清趙青選撰
　　清咸豐刻本　國圖
易卦變圖説一卷　清佚名撰
　　清咸豐十年會稽徐氏刻會稽徐氏鑄學齋叢書本　天津　湖北
　　清咸豐十年刻本　國圖　山東　浙江　湖北
　　清咸豐十七年刻本　天津
易楔六卷　杭辛齋撰
　　一九二三年研幾學社排印易藏叢書本　上海　南京
易數偶得二卷　杭辛齋撰
　　一九二三年研幾學社排印易藏叢書本　上海
譯古含奇三卷　楊翼亮撰
　　清光緒十三年楊氏刻本　山東
　　清光緒十三年杭州三元坊小酉堂書坊刻本　國圖

周易圖説二卷　佚名撰

　　朱墨筆抄本　中山大學

俊迹易圖一卷　佚名撰

　　清刻本　山東

啓蒙討論一卷　佚名撰

　　清刻本　山東

周易八卦圖説一卷　佚名撰

　　清抄本　山東

易傳圖考一卷　佚名撰

　　清末抄本　山東

易學圖説九卷　佚名撰

　　朝鮮刻本　佚名批校　上海

易義圖説四卷　佚名撰

　　一九二二年石印本　上海

易學啓蒙圖説一卷　日本馬場信武撰

　　日本元禄十三年沼波理元刻本　北大

四、沿革之屬

先儒著述二卷　宋馮椅撰

　　清乾隆四庫全書館寫欽定四庫全書本（附厚齋易學後）

周易經傳歷代因革一卷　元董真卿編集

　　清康熙十九年納蘭成德刻通志堂經解本之周易經傳集程朱解附録纂注之附録　國圖

　　清乾隆四庫全書館寫欽定四庫全書薈要本之周易會通附録

　　清乾隆四庫全書館寫欽定四庫全書本之周易會通附録

　　清同治十二年粤東書局刻通志堂經解本之周易經傳集程朱解附録纂注之附録

漢儒傳易源流一卷　清紀磊撰

　　一九二三年吴興劉承幹嘉業堂刻吴興叢書本　上海

　　續修四庫全書影印民國十二年吴興劉氏嘉業堂刻吴興叢書本

讀易漢學私記一卷　清陳壽熊撰

　　清光緒十四年南菁書院刻皇清經解續編本

　　清光緒十五年上海蜚英館石印皇清經解續編本

　　清光緒貴池劉世珩刻聚學軒叢書本　天津　上海　遼寧　山東

抄本　上海

續修四庫全書影印清光緒十四年南菁書院刻皇清經解續編本

讀易漢學私記一卷補抄一卷

繆氏藝風堂抄本　國圖

易漢學考二卷　清吴翊寅撰

清光緒十九至二十一年廣雅書局廣州刻本　國圖　北大　北師大　上海　南京　浙江　山東　湖北

易漢學師承表一卷　清吴翊寅撰

清光緒十九至二十一年廣雅書局廣州刻本　國圖　北大　北師大　上海　南京　浙江　山東　湖北

續修四庫全書影印清光緒十九年廣雅書局刻本

易學源流二卷　清鄒師謙撰

清光緒二十五年石印本　上海　山東　湖北

易學源法辨一卷　清曹元弼撰

一九二七年刻本　北大　山東

五、文字音義之屬

周易王氏音一卷　魏王肅撰　清馬國翰輯

清同治十年濟南皇華館刻玉函山房輯佚書本

清光緒九年長沙嫏嬛館刻玉函山房輯佚書本

清光緒九年長沙嫏嬛館刻光緒十年章邱李氏重印玉函山房輯佚書本

周易徐氏音一卷　晉徐邈撰　清馬國翰輯

清同治十年濟南皇華館刻玉函山房輯佚書本

清光緒九年長沙嫏嬛館刻玉函山房輯佚書本

清光緒九年長沙嫏嬛館刻光緒十年章邱李氏重印玉函山房輯佚書本

易音注一卷　晉徐邈撰　清黄奭輯

清道光甘泉黄氏刻一九二五年王鑒修補重印黄氏逸書考本

清道光甘泉黄氏刻一九三四年江都朱長圻修補重印黄氏逸書考本

周易李氏音一卷　東晉李軌撰　清馬國翰輯

清同治十年濟南皇華館刻玉函山房輯佚書本

清光緒九年長沙嫏嬛館刻玉函山房輯佚書本

清光緒九年長沙嫏嬛館刻光緒十年章邱李氏重印玉函山房輯佚書本

周易經典釋文殘一卷　唐陸德明撰

一九一七年上虞羅振玉據唐開元寫本影印鳴沙石室古籍叢殘本　北大

遼寧

周易經典釋文殘卷　唐陸德明撰

敦煌遺書本　法國國家圖書館

續修四庫全書影印敦煌遺書本

易釋文一卷　唐陸德明撰

明崇禎虞山毛氏汲古閣刻津逮祕書本　天津　山東

清乾隆二十一年德州盧氏刻雅雨堂叢書本　上海　遼寧

清抄本　湖北

周易釋文校勘記一卷　清阮元撰

清道光九年廣東學海堂刻皇清經解一千四百卷本　天津　山東

清道光九年廣東學海堂刻咸豐十一年補刻皇清經解一千四百八卷本　遼寧

清光緒十七年上海鴻寶齋石印皇清經解一百九十卷本

周易直音一卷　宋孫奕撰

清嘉慶七年影刻宋咸熙本　山東

清光緒七年陸心源影刻明本

易韻六卷　宋吕大臨撰

清道光抄本　上海

古易音訓二卷　宋吕祖謙撰　清宋咸熙輯

清嘉慶七年刻本　國圖　復旦　南京　遼寧　四川　湖北

清同治八年永康胡鳳丹退補齋刻金華叢書本　上海　天津　山東

清光緒十二年吴縣朱氏槐廬家塾刻槐廬叢書本　上海　天津　山東

清光緒會稽章氏刻式訓堂叢書本　天津　遼寧

續修四庫全書影印清嘉慶七年刻本

古本周易音訓二卷　宋王莘叟撰

清光緒榮成孫氏問經精舍刻孫氏山淵閣叢刊本　山東　湖北

易經考異一卷　宋王應麟撰

明崇禎詩瘦閣刻本　國圖　吉林大

清古吴菊仙書屋刻本　上海　遼寧

清刻本　山東

易經異文二卷　明陳士元撰

清道光十三年吴毓梅刻歸雲别集本　山東

讀易韻考七卷　明張獻翼撰

明萬曆刻本　科學　日本尊經閣文庫

雜卦傳古音考一卷　明陳第撰

明萬曆會山樓刻一齋集本　天津　上海　浙江　福建

清道光二十八年陳牛初重刻本　國圖

易音三卷　清顧炎武撰

清康熙六年山陽張紹符山堂刻音學五書本　南京　遼寧　山東

清乾隆四庫全書館寫欽定四庫全書本

清道光九年廣東學海堂刻皇清經解一千四百卷本

清光緒十一年四明觀稼樓刻音學五書本

周易考異一卷　清王夫之撰

清乾隆四庫全書館寫欽定四庫全書本

清道光二十二年新化鄧顯鶴長沙刻船山遺書本

清同治四年湘鄉曾國荃金陵刻船山遺書本　天津　遼寧　山東

易韻四卷　清毛奇齡撰

清康熙李塨等刻西河合集本　遼寧　山東

清康熙李塨等刻乾隆十年蕭山毛氏修補重印西河合集本　山東

清乾隆四庫全書館寫欽定四庫全書本

陸氏周易音義異文一卷補遺一卷　清沈淑撰

清光緒八年刻後知不足齋叢書本

周易音義考證二卷　清盧文弨撰

清乾隆五十六年刻抱經堂叢書本

易古文三卷　清李調元撰

清乾隆綿州李氏萬卷樓刻嘉慶十四年李鼎元重校印函海本　上海　遼寧

清道光五年李朝夔補刻印函海本　遼寧　山東

清光緒七至八年廣漢鍾登甲樂道齋刻函海本

易讀考異一卷　清武億撰

清乾隆二十五年刻本　臺北嚴靈峰無求備齋

羲經考異一卷　清柳東居士編

抄本　上海

周易校字二卷　清王甗撰

清道光二年鑪雪山房刻學易五種本　北大

清抄學易五種本　南開

清末抄學易五種本　北大

續修四庫全書影印清道光二年鑪雪山房刻本

易經異文釋六卷　清李富孫撰

清光緒十四年南菁書院刻皇清經解續編本

清光緒十五年上海蜚英館石印皇清經解續編本

續修四庫全書影印清光緒十四年南菁書院刻皇清經解續編本

易經韻讀一卷　清江有誥撰

清嘉慶十九年刻音學十書本

易音補遺一卷　清沈濤撰

一九三六年建德周氏自莊嚴堪刻十經齋遺集本　天津

周易考異二卷　清宋翔鳳撰

清咸豐三年刻過庭録本

清光緒十四年南菁書院刻皇清經解續編本

清光緒十五年上海蜚英館石印皇清經解續編本

續修四庫全書影印清光緒十四年南菁書院刻皇清經解續編本

易經音訓不分卷　清楊國楨撰

清道光十年大梁書院刻十一經音訓本　天津　復旦　山東

清光緒三年湖北崇文書局刻十一經音訓本　天津　復旦　浙江　湖北

易經字詁十二卷　清段諤廷撰

清道光二十九年楊氏長沙刻群經字詁本　山東

周易訓詁大誼五卷　清羅汝槐撰

清抄本　科學

周易諸家引經異字同聲考一卷　清丁顯撰

清光緒二十年刻丁西圃叢書之十三經諸家引經異字同聲考本　北大

周易故訓訂一卷　清黄以周撰

清黄以周稿本　上海

周易故訓訂一卷附録一卷

清咸豐五年無錫國學專修館刻本　上海

清光緒刻本　科學

一九二二年太倉唐文治刻本　上海

一九二四年吴江施肇曾醒園刻十三經讀本本　復旦　遼寧　湖北

續修四庫全書影印民國十三年吴江施肇曾刻十三經讀本本

易書詩禮四經正字考四卷　清鍾麟撰

民國初吴興劉氏嘉業堂刻吴興叢書本　天津　南京

周易音訓二卷　清孫葆田輯

清光緒二十九年刻本　湖北

周易説文字校一卷　清朱孔彰輯

清朱孔彰稿本　浙江

抄本　浙江

周易漢讀考三卷　清郭階撰
清同治刻春暉雜稿本　上海
清光緒十五年刻春暉雜稿本　國圖　北大　科學　遼寧　湖北
續修四庫全書影印清光緒十五年刻春暉雜稿本
易注音疏六十四卷　清郭階撰
清光緒三年周昂俊校刻春暉雜稿本
周易讀異三卷　清于鬯撰
清末于鬯原稿于香草遺著叢輯本
周易釋詁一卷　清鄧丙耀撰
清鄧丙耀稿本　北大
易古訓三卷　清張長撰
清抄本　國圖
易音補顧一卷　易順鼎撰
清光緒刻琴志樓叢書本　遼寧　湖北
易詩叶韻不分卷　唐世大撰
清刻本　國圖

附録一　易占之屬

費氏易林一卷　漢費直撰　清馬國翰輯
清同治十年濟南皇華館刻玉函山房輯佚書本
清光緒九年長沙嫏嬛館刻玉函山房輯佚書本
清光緒九年長沙嫏嬛館刻光緒十年章邱李氏重印玉函山房輯佚書本
周易分野一卷　漢費直撰　清馬國翰輯
清同治十年濟南皇華館刻玉函山房輯佚書本
清光緒九年長沙嫏嬛館刻玉函山房輯佚書本
清光緒九年長沙嫏嬛館刻光緒十年章邱李氏重印玉函山房輯佚書本
焦氏易林二卷　漢焦贛撰
明萬曆二十一年周曰校刻本　北大
焦氏易林十卷
明萬曆刻續道藏本　山東
焦氏易林四卷
明刻本　北大　日國會
明萬曆二十年刻廣漢魏叢書本　天津　山東

清乾隆五十六年金谿王氏刻增訂漢魏叢書本　天津　南京　山東
明天啓崇禎刻秘書九種二集本
明崇禎毛氏汲古閣刻津逮祕書本　天津　遼寧　山東

焦氏易林四卷首一卷
清嘉慶十年虞山張氏照曠閣刻學津討原本　山東

焦氏易林十六卷　漢焦贛撰　明唐琳訂
明天啓六年新都唐琳刻本　國圖　北大　山東
清嘉慶十三年士禮居黄氏刻士禮居黄氏叢書本　山東
清味經堂刻本　山東

焦氏易林四卷
清乾隆四庫全書館寫欽定四庫全書本

焦氏易林校略十六卷　漢焦贛撰　清翟云升校略
清道光二十八年翟氏刻五經歲遍齋校書本　天津　山東
清光緒二十年湖南藝文書局刻漢魏叢書本　南京

京氏易傳一卷　漢京房撰
明崇禎十五年采隱山居刻增定漢魏六朝别解本
明抄説郛本　上海
清順治三年兩浙督學周南李際期宛委山堂刻説郛本　天津　山東

易傳一卷　漢京房撰　清王謨輯
清嘉慶三年金溪王氏刻漢魏遺書抄本　遼寧　山東

京氏易八卷　漢京房撰　清王保訓輯　清嚴可均補輯
清嘉慶五至十二年嚴可均稿本　北大
清光緒德化李氏木犀軒刻木犀軒叢書本　北大　南京

京房易傳一卷　漢京房撰　清王仁俊輯
清光緒王仁俊輯玉函山房輯佚書續編稿本　上海

京氏易傳三卷　漢京房撰　吴陸績注
明嘉靖三十九年至萬曆十三年四明范欽刻本　北大
明萬曆新安程氏刻漢魏叢書本　遼寧　山東
明崇禎虞山毛氏汲古閣刻津逮祕書本　遼寧　山東
清乾隆五十六年金溪王氏刻增訂漢魏叢書本　南京　遼寧　山東
清乾隆四庫全書館寫欽定四庫全書本
清光緒二年紅杏山房刻一九一五年蜀南馬湖盧樹枏修補重印增訂漢魏叢書本

陸公紀京氏易傳注三卷　漢京房撰　吴陸績注　明姚士粦輯
明天啓三年樊維城刻鹽邑志林本　湖北

清抄本　上海

易飛候一卷　漢京房撰

清順治三年兩浙督學周南李際期宛委山堂刻説郛本　天津　山東

易飛候一卷　漢京房撰　清王謨輯

清嘉慶三年王謨刻漢魏遺書抄本　山東

京房易雜占條例法一卷　漢京房撰　清黄奭輯

清道光甘泉黄氏刻一九二五年王鑒修補印黄氏逸書考本

一九三四年江都朱長圻據甘泉黄氏版補刻印黄氏逸書考本　山東

易洞林一卷　晉郭璞撰

清順治三年兩浙督學周南李際期宛委山堂刻説郛本　山東

易洞林一卷　晉郭璞撰　清王謨輯

清嘉慶三年王謨刻漢魏遺書抄本　山東

易洞林一卷　晉郭璞撰　清黄奭輯

清道光甘泉黄氏刻一九二五年王鑒修補印黄氏逸書考本

一九三四年江都朱長圻據甘泉黄氏版補刻印黄氏逸書考本　山東

易洞林三卷補遺一卷　晉郭璞撰　清馬國翰輯

清同治十年濟南皇華館刻玉函山房輯佚書本

清光緒九年長沙娜嬛館刻玉函山房輯佚書本

清光緒九年長沙娜嬛館刻光緒十年章邱李氏重印玉函山房輯佚書本

火珠林一卷　題五代麻衣道者撰

明萬曆胡氏文會堂刻百家名書本　山東

火珠林一卷　題五代麻衣道者撰

清嘉慶道光儀徵阮氏刻文選樓叢書本　山東

一九二一年泰華圖書館石印漢鏡齋秘書四種本　山東

火珠林六卷

一九二〇年寶臣氏抄本　山東

麻衣道者正易心法一卷　宋陳摶受竝消息

明范氏天一閣刻范氏奇書本　國圖　科學　上海　南京

明崇禎毛氏汲古閣刻津逮祕書本　山東

清嘉慶吴省蘭聽彝堂刻藝海珠塵本　山東

清嘉慶十年虞山張氏照曠閣刻學津討原本　山東

邵子易數一卷　題宋邵雍撰

清康熙尚友堂刻本　山東

邵子易數二卷

日本刻本　山東

邵子易數二十六卷
　　朝鮮抄本　韓藏書閣
梅花觀梅拆字數全集五卷　題宋邵雍撰
　　清光緒五年書業堂刻本　山東
　　清光緒十二年校經山房刻本　山東
　　清寶拊堂刻本　山東
周易筮儀一卷　題宋朱熹撰
　　宋刻本　國圖
　　明嘉靖七年丘氏石泉書屋刻本　上海
　　明崇禎六年閔齊伋刻本　故宫
　　明金陵書林周對峰刻本　上海
　　清康熙十年朱錫旗刻本　上海
　　清康熙十二年劉元琬武林刻本　北大　科學　上海　南京　遼寧
蓍卦考誤不分卷　題宋朱熹撰　日本山崎嘉校
　　日本延寶六年京都村上勘兵衛刻本　山東　日國會
周易古占法二卷　宋程迥編
　　明嘉靖萬曆四明范欽刻本(卷二爲古周易章句外編)　北大
　　清抄本　國圖
周易古占法一卷
　　清順治三年兩浙督學周南李際期宛委山堂刻説郛本　天津　山東
　　清抄本　四庫全書底本　清華
　　清乾隆四庫全書館寫欽定四庫全書本
易雅一卷　宋趙汝楳撰
　　清初抄易序叢書本　上海
　　四庫存目叢書影印清初抄易序叢書本
筮宗一卷　宋趙汝楳撰
　　明嘉靖至萬曆朱睦㮮聚樂堂刻本　國圖　上海　四川
　　清初抄易序叢書本　上海
　　清康熙十九年納蘭成德刻通志堂經解本　國圖　天津　上海　遼寧　山東
　　清乾隆四庫全書館寫欽定四庫全書本
　　四庫存目叢書影印清初抄易序叢書本
八陳通記一卷　宋趙汝楳撰
　　清初抄易序叢書本　上海
　　四庫存目叢書影印清初抄易序叢書本

如意城略一卷　宋趙汝楳撰
　　清初抄易序叢書本　上海
　　四庫存目叢書影印清初抄易序叢書本
六日七分論一卷　宋趙汝楳撰
　　清初抄易序叢書本　上海
　　四庫存目叢書影印清初抄易序叢書本
易筮通變三卷　元雷思齊撰
　　明正統刻道藏本
　　清乾隆四庫全書館寫欽定四庫全書本
周易尚占三卷　元李道純撰
　　明萬曆秀水沈氏刻寶顏堂秘笈彙集本　北大
　　一九二二年上海文明書局石印寶顏堂秘笈本　山東
斷易黄金策九卷　題明劉基撰　清姚際隆删補
　　清初致和堂刻本　山東
易占經緯四卷附録一卷　明韓邦奇輯
　　清乾隆十六年刻本　山東　湖北
周易全書龜卜考一卷　明楊時喬編
　　明萬曆二十七至四十七年刻本　北大　南京　湖北
　　明萬曆刻本　國圖　科學　北京市委　上海　南京　湖北　河南　湖南師大　美哈佛燕京
中庵簽易一卷　明盧翰撰
　　明萬曆刻本　北大
　　抄本　山東
心易發微六卷　明楊向春撰
　　抄本　國圖
心易發微七卷
　　清抄本　山東
新編評注易占四要□卷　明陸位輯
　　明末刻本　山東(存卷二、三)
易隱八卷首一卷　明曹九錫輯　明曹浚演
　　明崇禎天德堂刻本　北大　上海
　　清光緒刻本　科學　山東
易隱八卷
　　清刻本　山東

周易測六龍解一卷　明管志道撰
明萬曆二十一年甘士價刻本　上海
民國初刻復性書院叢刊本　國圖　科學　天津　上海
東冥粹言一卷　明管志道撰
民國初刻復性書院叢刊本　國圖　科學　天津　上海
剖許少司馬敬庵先生評六龍解中疑義一卷　明管志道撰
明萬曆刻本　清華
易冒十卷　清程良玉撰
清康熙四十三年金縠園重刻本　南京
清光緒十二年上海刻本　山東
易林補遺四集十二卷　明張世寶撰
明刻本　北大　日國會
易林補遺四卷
清乾隆三十七年金閶書業堂刻本　山東
易林洞譜四卷　明陳元素　吴廷俊撰
明天啓七年靈水山房刻本　福建
筮儀象解不分卷　明佚名撰
清初抄本(傳爲明陳洪綬稿本）　浙江
易學蓍貞四卷　明趙世對撰
清順治刻本　國圖
四庫全書存目叢書影印清順治刻本
周易會占一卷　明程鴻烈撰
清順治三年兩浙督學周南李際期宛委山堂刻説郛本　山東
蓍法六種不分卷　清黄宗羲撰
清道光十七年刻本　上海
周易筮述八卷　清王弘撰
清康熙三十二年世德堂刻本　上海
清乾隆四庫全書館寫欽定四庫全書本
清乾隆五十八年樹滋堂刻本　清華　山東
清乾隆五十八年滋德堂刻本　國圖
春秋占筮書三卷　清毛奇齡撰
清康熙李塨等刻西河合集本　山東
清康熙李塨等刻乾隆十年蕭山毛氏修補重印西河合集本　山東
周易卦鈐二卷　清張文炳輯
清雍正三年張氏刻本　山東

易林元簽十測一卷　清盛如林撰
清味經齋刻本　山東
清刻本　山東
卜法詳考四卷　清胡煦撰
清康熙河南胡氏葆璞堂抄周易函書四種本　南京
清雍正七年至乾隆五十九年河南胡氏葆璞堂刻本　上海
清乾隆嘉慶胡季堂刻本　北大
清乾隆三十八年河南胡氏葆璞堂補刻雍正刻本
清道光周蔭甫抄河南胡氏葆璞堂刻本　山東
周易筮考一卷　清李塨撰
清乾隆四庫全書館寫欽定四庫全書本
清道光二十三年博陵養正堂刻本　國圖　天津　上海　遼寧
清刻本　山東
卜筮正宗十四卷　清王維德撰
清光緒十二年上海江左書林刻本　山東
清光緒十五年掃葉山房刻本　山東
清風梧樓刻本　山東
清善成堂刻本　山東
占法訂誤一卷　清程廷祚撰
清程廷祚稿本　上海
清乾隆十二年程廷祚刻易通本　北大　科學
清道寧堂刻易通本　國圖　上海　湖北
四庫全書存目叢書、續修四庫全書影印清乾隆十二年道寧堂刻本
周易占考一卷　清茹敦和撰
清乾隆刻茹氏經學十二種本　國圖　上海　山東
周易考占一卷　清金榜撰
清光緒南陵徐氏刻積學齋叢書本　國圖　北大　科學
易林考證六十四卷首二卷　清陳本禮撰
清陳本禮原稿本　北大
周易辨占一卷　清王甗撰
清道光二年鑪雪山房刻學易五種本　北大
清抄學易五種本　南開
清末抄學易五種本　北大
續修四庫全書影印清道光二年鑪雪山房刻本

易筮遺占一卷　清李道平撰

清光緒十七年三餘草堂刻湖北叢書本　國圖　天津　上海　山東　湖北

易林釋文二卷　清丁晏撰

清光緒十四年江陰南菁書院刻南菁書院叢書本　山東

清光緒十六年廣雅書局刻本　天津　南京

易林二卷　清淩堃撰　清桑梓注

清道光吴興淩氏刻淩氏傳經堂叢書本　南京　山東

易林四卷

清道光刻本　國圖

易成二卷　清恩年撰

清光緒十三年積善堂刻本　山東

易成方二卷　清恩年撰

清光緒十三年積善堂刻本　山東

大易筮法直解一卷　清馬徵麐撰

思古書堂刻本　南京

沈氏改正揲蓍法一卷　清沈善登述　杭辛齋輯

一九二三年研幾學社鉛印海寧杭氏易藏叢書本　山東　湖北

增補高島易斷不分卷　日本高島嘉右衛門講述　日本柳田幾作筆録　王治本補正

日本明治三十四年高島嘉右衛門鉛印本　國圖　北大　北師大　上海　山東

周易本筮指南不分卷　日本谷川順撰

日本昭和二年三年早稻田大學出版部排印漢籍國字解全書本　日八户市立圖書館

周易復古筮法一卷　日本根本通明撰

明治三十年義道館排印本　日八户市立圖書館

周易占病秘傳一卷　日本柄澤照覺撰

日本大正三年鉛印本　上海

占易秘解一卷　張丙喜輯

清光緒二十二年刻本　國圖　上海　遼寧　山東

周易六十四卦象占解八卷首一卷末一卷　清左鳴球參訂

清同治六年活字印本　國圖

簡易秘傳十五卷　題野鶴老人撰　清李文輝輯

清抄本　山東博

增删卜易六卷　題野鶴老人撰　清李文輝增删
　清道光八年三槐堂刻本　山東
　清道光十年古越崇文堂刻本　山東
　清成文信刻本　山東
增删卜易四卷
　上海廣益書局石印本　山東
數卜傳真一卷　題河洛子定
　清光緒二十年河洛子原稿本　山東
卜易指南二卷　清張孝宜撰　秦慎安校
　一九二五年上海文明書局刻占卜彙刊本　北大
毅亭先生揲蓍斷語一卷　清羅經撰
　清抄本　國圖
周易筮法全解八卷　清王紹奎撰
　清光緒二年蕭振書刻本　山東
搜集諸家卜筮源流斷易大全四卷　清余興國輯
　清光緒八年京都老二酉堂刻本　山東
　清善成堂刻本　山東
斷易大全四卷　清談易齋訂正
　清善成堂刻本　山東
易筮要義一卷　清鄭諶撰
　鄭諶原稿本　天一閣

斷易天機大全三卷首一卷　佚名撰
　清光緒十年學海堂刻本　山東
筮法輯要不分卷　佚名撰
　清光緒十二年抄本　山東

附録二　易緯之屬

乾坤鑿度一卷
　明崇禎十五年采隱山居刻增訂漢魏六朝别解本
易緯乾坤鑿度二卷　漢鄭玄注
　明嘉靖范欽天一閣刻本　國圖
　清乾隆四庫全書館寫欽定四庫全書本

清乾隆武英殿木活字印武英殿聚珍版書本

易乾坤鑿度一卷　漢鄭玄注　清趙在翰輯

清嘉慶十四年侯官趙氏小積石山房刻七緯本

易乾坤鑿度鄭氏注一卷　漢鄭玄撰　清黄奭輯

清道光甘泉黄氏刻光緒印漢學堂叢書本　天津

清道光甘泉黄氏刻一九二五年王鑒修補印黄氏逸書考本

乾坤鑿度不分卷　清喬松年輯

清光緒三年强恕堂刻喬勤恪公全集本

民國初山西省文獻委員會排印山右叢書初編本　天津　遼寧　山東

乾鑿度二卷

清順治三年兩浙督學周南李際期宛委山堂刻説郛本　山東

易緯乾鑿度二卷　漢鄭玄注

明嘉靖范欽天一閣刻本　國圖

清乾隆二十一年德州盧見曾刻雅雨堂叢書本　國圖　北師大　天津　南京　山東　湖北

清乾隆四庫全書館寫欽定四庫全書本

清乾隆武英殿木活字印武英殿聚珍版書本

清乾隆浙江重刻武英殿聚珍版書本

易乾鑿度一卷　漢鄭玄注　清趙在翰輯

清嘉慶十四年侯官趙氏小積石山房刻七緯本

周易乾鑿度一卷　漢鄭玄注　清任兆麟選輯

清乾隆五十三年映雪草堂刻述記本

清嘉慶十五年遂古堂刻述記本

清嘉慶二十三年方秉哲刻五代兩漢遺書本　山東

清抄本　南京(乾坤鑿度二卷)

易乾鑿度鄭氏注一卷　漢鄭玄注　清黄奭輯

清道光甘泉黄氏刻光緒印漢學堂叢書本　天津

清道光甘泉黄氏刻一九二五年王鑒修補印黄氏逸書考本

易乾鑿度不分卷　清喬松年輯

清光緒三年强恕堂刻喬勤恪公全集本

民國初山西省文獻委員會排印山右叢書初編本　天津　遼寧　山東

易乾鑿度佚文一卷　清王仁俊輯

清王仁俊原稿經籍佚文本

周易乾鑿度殷術一卷　清孫詒讓撰
清孫詒讓原稿本　杭州

易稽覽圖一卷
清順治三年兩浙督學周南李際期宛委山堂刻説郛本　山東
易稽覽圖不分卷　明孫瑴輯
清嘉慶十七年禹航陳世望對山問月樓刻古微書本
清嘉慶海虞張氏刻墨海金壺本
清道光二十四年金山錢氏據墨海金壺版重編增刻守山閣叢書本
清光緒十四年刻古微書本
清光緒十五年上海鴻文書局影印清道光錢氏刻守山閣叢書本
易緯稽覽圖二卷　漢鄭玄注
清乾隆四庫全書館寫欽定四庫全書本
清乾隆武英殿木活字印武英殿聚珍版書本
清乾隆浙江重刻武英殿聚珍版書本
清同治番禺李氏抄反約篇本
清乾隆刻本　國圖
清刻本　北大
易緯稽覽圖一卷　清殷元正輯　清陸明睿增訂
清觀我生齋抄緯書本
易稽覽圖一卷　漢鄭玄注　清趙在翰輯
清嘉慶十四年侯官趙氏小積石山房刻七緯本
易稽覽圖鄭氏注一卷　漢鄭玄注　清黄奭輯
清道光甘泉黄氏刻一九二五年王鑒修補重印黄氏逸書考本
一九三四年江都朱長圻據甘泉黄氏版補刻印黄氏逸書考本　山東
易稽覽圖不分卷　清喬松年輯
清光緒三年强恕堂刻喬勤恪公全集本
民國初山西省文獻委員會排印山右叢書初編本　天津　遼寧　山東

易巛靈圖一卷
清順治三年兩浙督學周南李際期宛委山堂刻説郛本　山東
易坤靈圖不分卷　明孫瑴輯
清嘉慶十七年禹航陳世望對山問月樓刻古微書本
清嘉慶海虞張氏刻墨海金壺本

清道光二十四年金山錢氏據墨海金壺版重編增刻守山閣叢書本
清光緒十四年刻古微書本
清光緒十五年上海鴻文書局影印清道光錢氏刻守山閣叢書本

易緯坤靈圖一卷　漢鄭玄注
清乾隆四庫全書館寫欽定四庫全書本
清乾隆武英殿木活字印武英殿聚珍版書本
清乾隆浙江重刻武英殿聚珍版書本
清同治十二年粤東書局刻古經解彙函本
清光緒定州王氏刻鄭學彙函本　山東

易緯坤靈圖一卷　清殷元正輯　清陸明睿增訂
清觀我生齋抄緯書本

易坤靈圖一卷　漢鄭玄注　清趙在翰輯
清嘉慶十四年侯官趙氏小積石山房刻七緯本

易巛靈圖一卷　清劉學寵輯
清道光十五年朝邑劉際清等刻青照堂叢書本

易坤靈圖鄭氏注一卷　漢鄭玄撰　清黄奭輯
清道光甘泉黄氏刻光緒印漢學堂叢書本　天津
清道光甘泉黄氏刻一九二五年王鑒修補重印黄氏逸書考本　山東

易通卦驗一卷
清順治三年兩浙督學周南李際期宛委山堂刻説郛本　山東

易通卦驗不分卷　明孫瑴輯
清嘉慶十七年禹航陳世望對山問月樓刻古微書本
清嘉慶海虞張氏刻墨海金壺本
清道光二十四年金山錢氏據墨海金壺版重編增刻守山閣叢書本
清光緒十四年刻古微書本
清光緒十五年上海鴻文書局影印清道光錢氏刻守山閣叢書本

易緯通卦驗二卷　漢鄭玄注
清乾隆四庫全書館寫欽定四庫全書本
清乾隆武英殿木活字印武英殿聚珍版書本
清乾隆浙江重刻武英殿聚珍版書本
清同治十二年粤東書局刻古經解彙函本　山東

易緯通卦驗一卷　清殷元正輯　清陸明睿增訂
清觀我生齋抄緯書本

易通卦驗一卷　漢鄭玄注　清趙在翰輯

清嘉慶十四年侯官趙氏小積石山房刻七緯本

易通卦驗一卷　清劉學寵輯

清道光十五年朝邑劉際清等刻青照堂叢書本

易通卦驗鄭氏注一卷　漢鄭玄注　清黄奭輯

清道光甘泉黄氏刻一九二五年王鑒修補黄氏逸書考本

一九三四年江都朱長圻據甘泉黄氏原版補刻黄氏逸書考本

易通卦驗不分卷　清喬松年輯

清光緒三年强恕堂刻喬勤恪公全集本

民國初山西省文獻委員會排印山右叢書初編本　天津　遼寧　山東

易緯通卦驗鄭注佚文一卷　漢鄭玄注　清王仁俊輯

清王仁俊原稿經籍佚文本

易萌氣樞不分卷　明孫瑴輯

清嘉慶十七年禹航陳世望對山問月樓刻古微書本

清嘉慶海虞張氏刻墨海金壺本

清道光二十四年金山錢氏據墨海金壺版重編增刻守山閣叢書本

清光緒十四年刻古微書本

清光緒十五年上海鴻文書局影印清道光錢氏刻守山閣叢書本

易緯萌氣樞一卷　清殷元正輯　清陸明睿增訂

清觀我生齋抄緯書本

易萌氣樞不分卷　清喬松年輯

清光緒三年强恕堂刻喬勤恪公全集本

民國初山西省文獻委員會排印山右叢書初編本　天津　遼寧　山東

易運期不分卷　明孫瑴輯

清嘉慶十七年禹航陳世望對山問月樓刻古微書本

清嘉慶海虞張氏刻墨海金壺本

清道光二十四年金山錢氏據墨海金壺版重編增刻守山閣叢書本

清光緒十四年刻古微書本

清光緒十五年上海鴻文書局影印清道光錢氏刻守山閣叢書本

易運期不分卷　清喬松年輯

清光緒三年强恕堂刻喬勤恪公全集本

民國初山西省文獻委員會排印山右叢書初編本　天津　遼寧　山東

易統驗玄圖不分卷　明孫瑴輯

清嘉慶十七年禹航陳世望對山問月樓刻古微書本

清嘉慶海虞張氏刻墨海金壺本
清道光二十四年金山錢氏據墨海金壺版重編增刻守山閣叢書本
清光緒十四年刻古微書本
清光緒十五年上海鴻文書局影印清道光錢氏刻守山閣叢書本

易通統圖不分卷　明孫瑴輯

清嘉慶十七年禹航陳世望對山問月樓刻古微書本
清嘉慶海虞張氏刻墨海金壺本
清道光二十四年金山錢氏據墨海金壺版重編增刻守山閣叢書本
清光緒十四年刻古微書本
清光緒十五年上海鴻文書局影印清道光錢氏刻守山閣叢書本

易通統圖不分卷　清喬松年輯

清光緒三年强恕堂刻喬勤恪公全集本
民國初山西省文獻委員會排印山右叢書初編本　天津　遼寧　山東

易中孚傳不分卷　明孫瑴輯

清嘉慶十七年禹航陳世望對山問月樓刻古微書本
清嘉慶海虞張氏刻墨海金壺本
清道光二十四年金山錢氏據墨海金壺版重編增刻守山閣叢書本
清光緒十四年刻古微書本
清光緒十五年上海鴻文書局影印清道光錢氏刻守山閣叢書本

易中孚傳不分卷　清喬松年輯

清光緒三年强恕堂刻喬勤恪公全集本
民國初山西省文獻委員會排印山右叢書初編本　天津　遼寧　山東

易辨終備不分卷　明孫瑴輯

清嘉慶十七年禹航陳世望對山問月樓刻古微書本
清嘉慶海虞張氏刻墨海金壺本
清道光二十四年金山錢氏據墨海金壺版重編增刻守山閣叢書本
清光緒十四年刻古微書本
清光緒十五年上海鴻文書局影印清道光錢氏刻守山閣叢書本

易緯辨終備一卷　漢鄭玄注

清乾隆四庫全書館寫欽定四庫全書本
清乾隆武英殿木活字印武英殿聚珍版書本
清乾隆浙江重刻武英殿聚珍版書本
清同治十二年粵東書局刻古經解彙函本　山東
清光緒二十五年廣雅書局重刻武英殿聚珍版書本

清光緒定州王氏刻鄭學彙函本　山東

易緯辨終備一卷　清殷元正輯　清陸明睿增訂

清觀我生齋抄緯書本

易辨終備一卷　漢鄭玄注　清趙在翰輯

清嘉慶十四年侯官趙氏小積石山房刻七緯本

易辨終備鄭氏注一卷　漢鄭玄撰　清黄奭輯

清道光甘泉黄氏刻一九二五年王鑒修補重印黄氏逸書考本

一九三四年江都朱長圻據甘泉黄氏版補刻印黄氏逸書考本

易辨終備不分卷　清喬松年輯

清光緒三年强恕堂刻喬勤恪公全集本

民國初山西省文獻委員會排印山右叢書初編本　天津　遼寧　山東

易九厄讖不分卷　明孫瑴輯

清嘉慶十七年禹航陳世望對山問月樓刻古微書本

清嘉慶海虞張氏刻墨海金壺本

清道光二十四年金山錢氏據墨海金壺版重編增刻守山閣叢書本

清光緒十四年刻古微書本

清光緒十五年上海鴻文書局影印清道光錢氏刻守山閣叢書本

易筮類謀不分卷　明孫瑴輯

清嘉慶十七年禹航陳世望對山問月樓刻古微書本

清嘉慶海虞張氏刻墨海金壺本

清道光二十四年金山錢氏據墨海金壺版重編增刻守山閣叢書本

清光緒十五年上海鴻文書局影印清道光錢氏刻守山閣叢書本

易緯是類謀一卷　漢鄭玄注

清乾隆四庫全書館寫欽定四庫全書本

清乾隆武英殿木活字印武英殿聚珍版書本

清乾隆浙江重刻武英殿聚珍版書本

清嘉慶南彙吴氏聽彝堂刻藝海珠塵本　天津

清同治十二年粤東書局刻古經解彙函本　山東

清同治番禺李氏抄反約篇本

易緯是類謀一卷　清殷元正輯　清陸明睿增訂

清觀我生齋抄緯書本

易是類謀一卷　漢鄭玄注　清趙在翰輯

清嘉慶十四年侯官趙氏小積石山房刻七緯本

易是類謀鄭氏注一卷　漢鄭玄注　清黄奭輯

清道光甘泉黄氏刻一九二五年王鑒修補重印黄氏逸書考本　山東

清道光甘泉黄氏刻光緒印漢學堂叢書本　天津
一九三四年江都朱長圻據甘泉黄氏版補刻印黄氏逸書考本

易是類謀不分卷　清喬松年輯

清光緒三年强恕堂刻喬勤恪公全集本
民國初山西省文獻委員會排印山右叢書初編本　天津　遼寧　山東

易緯乾元序制記一卷　漢鄭玄注

清乾隆四庫全書館寫欽定四庫全書本
清乾隆武英殿木活字印武英殿聚珍版書本
清乾隆浙江重刻武英殿聚珍版書本
清同治十二年粤東書局刻古經解彙函本
清光緒定州王氏刻鄭學彙函本　山東

易緯乾元序制記一卷　清殷元正輯　清陸明睿增訂

清觀我生齋抄緯書本

易乾元序制記一卷　漢鄭玄注　清趙在翰輯

清嘉慶十四年侯官趙氏小積石山房刻七緯本

易乾元序制記鄭氏注一卷　漢鄭玄撰　清黄奭輯

清道光甘泉黄氏刻光緒印漢學堂叢書本　天津
清道光甘泉黄氏刻一九二五年王鑒修補重印黄氏逸書考本　山東
一九三四年江都朱長圻據甘泉黄氏版補刻印黄氏逸書考本

易傳太初篇不分卷　清喬松年輯

清光緒三年强恕堂刻喬勤恪公全集本
民國初山西省文獻委員會排印山右叢書初編本　天津　遼寧　山東

易内篇不分卷　清喬松年輯

清光緒三年强恕堂刻喬勤恪公全集本
民國初山西省文獻委員會排印山右叢書初編本　天津　遼寧　山東

易内傳不分卷　清喬松年輯

清光緒三年强恕堂刻喬勤恪公全集本
民國初山西省文獻委員會排印山右叢書初編本　天津　遼寧　山東

易緯天人應一卷　清殷元正輯　清陸明睿增訂

清觀我生齋抄緯書本

易天人應不分卷　清喬松年輯

清光緒三年强恕堂刻喬勤恪公全集本
民國初山西省文獻委員會排印山右叢書初編本　天津　遼寧　山東

易經備一卷　清王仁俊輯

清王仁俊原稿玉函山房輯佚書續編本　上海

易經靈圖一卷　清王仁俊輯

清王仁俊原稿玉函山房輯佚書續編本　上海

易河圖數不分卷　明孫瑴輯

清嘉慶十七年禹航陳世望對山問月樓刻古微書本

清嘉慶海虞張氏刻墨海金壺本

清道光二十四年金山錢氏據墨海金壺版重編增刻守山閣叢書本

清光緒十四年刻古微書本

清光緒二十一年上海鴻文書局石印古微書本

清光緒十五年上海鴻文書局影印清道光錢氏刻守山閣叢書本

易緯三卷　明孫瑴輯

清嘉慶十七年禹航陳世望對山問月樓刻古微書本

清嘉慶海虞張氏刻墨海金壺本

清道光二十四年金山錢氏據墨海金壺版重編增刻守山閣叢書本

清光緒十四年刻古微書本

清光緒二十一年上海鴻文書局石印古微書本

清光緒十五年上海鴻文書局影印清道光錢氏刻守山閣叢書本

易緯一卷　清殷元正輯　清陸明睿增訂

清觀我生齋抄緯書本

易緯不分卷

抄本　上海(綫普　尾書清殷元正輯)

易緯略義三卷　清張惠言撰

清嘉慶十九年張成孫抄校本　復旦

清嘉慶十九年張成孫刻本　上海　南京

清嘉慶道光刻張皋文箋易詮全集本　天津

清道光元年合河康氏刻本　國圖　天津　上海　湖北

清光緒廣雅書局刻一九二〇年番禺徐紹棨彙編重印廣雅書局叢書本　天津　上海　山東　湖北

清刻本　南京

續修四庫全書影印清道光元年合河康氏刻本

易緯略義一卷易圖條辨一卷

清嘉慶琅環僊館刻本　南京

周易緯傳六卷首一卷　清汪景望撰

清道光四年西文盛堂刻本　上海

易緯不分卷　清臧紆青撰

一九二一年臧增慶等石印本　山東

一九二一年上海天寶書局石印本　上海

易緯一卷　清黄奭輯

清道光甘泉黄氏刻光緒印漢學堂叢書本　天津

清道光甘泉黄氏刻一九二五年王鑒修補重印黄氏逸書考(原漢學堂叢書)本　遼寧　山東

泛引易緯一卷　清喬松年輯

清光緒三年强恕堂刻喬勤恪公全集本

民國初山西省文獻委員會排印山右叢書初編本　天津　遼寧　山東

易緯一卷　清喬松年輯

清光緒三年强恕堂刻喬勤恪公全集本

民國初山西省文獻委員會排印山右叢書初編本　天津　遼寧　山東

易緯通義八卷　清莊忠棫撰

清莊忠棫原稿本　國圖

清同治七年戴氏長留閣抄本(莊忠域校跋)　國圖

清末抄本　北大

清抄本　浙大

續修四庫全書影印稿本

易緯札迻一卷　清孫詒讓撰

清光緒二十年刻札迻本

附録三　古易之屬

連山易一卷　晉薛貞注　清王謨輯

清嘉慶三年王謨刻漢魏遺書抄本　山東

連山一卷諸家論説　清馬國翰輯

清道光抄本　天津

清同治十年濟南皇華館刻玉函山房輯佚書本

清光緒九年長沙嫏嬛館刻玉函山房輯佚書本

清光緒十年楚南書局刻玉函山房輯佚書本

清抄本　復旦

歸藏一卷　晉薛貞注　清王謨輯

清嘉慶三年金溪王氏刻漢魏遺書抄本

歸藏一卷　清洪頤煊輯

清嘉慶承德孫氏刻問經堂叢書本

歸藏一卷 清任兆麟輯
清嘉慶二十三年方秉哲刻五代兩漢遺書本 山東
歸藏一卷諸家論説 清馬國翰輯
清同治十年濟南皇華館刻玉函山房輯佚書本
清光緒九年長沙嫏嬛館刻玉函山房輯佚書本
清光緒九年長沙嫏嬛館刻光緒十年章邱李氏重印玉函山房輯佚書本
清抄本 復旦
連山歸藏逸文一卷 清觀頮道人輯
清刻閏竹居叢書本 遼寧
易鑒連山圖説一卷 佚名輯
抄本 上海
古三墳一卷 晉阮咸注
明萬曆二十年刻廣漢魏叢書本 天津 山東
清乾隆五十六年王謨刻增訂漢魏叢書本 天津 山東
清嘉慶刻本 天津
清管廷芬原稿本 天津
清刻本 國圖
三墳書一卷 元陶宗儀訂
清順治三年兩浙督學周南李際期宛委山房刻説郛本 天津 山東
古三墳書一卷 佚名辑
明萬曆程榮刻漢魏叢書本 國圖
古三墳書三卷
宋紹興十七年婺州州學刻本 國圖
清抄本 國圖
續修四庫全書影印宋紹興十七年沈斐婺州州學刻本
三易備遺十卷 宋朱元昇撰
明抄本 國圖
清康熙十九年納蘭成德刻通志堂經解本
清同治十二年粤東書局刻通志堂經解本
清乾隆四庫全書館寫欽定四庫全書本
三墳金玉三卷墳易一貫表一卷集説一卷 清錢鉞撰
清乾隆六十年刻本 國圖
三易注略五卷 清劉一明撰
清嘉慶十六年刻本 科學

三易注略二十卷

清抄本　南開

三易偶解一卷附歸藏母經　清許樹棠撰

清管庭芬原稿花近樓叢書本　國圖

三易偶解一卷

清抄管庭芬叢抄本　湖北

三易三統辨證二卷　清郭籛齡撰

清同治刻本　南京　湖北

三易探原一卷　題清北海老人撰

清抄本　山東

清抄本　南京

一九三九年青島崇華堂鉛印理數合解本　山東

經部　書類

一、正文之屬

三字石經尚書一卷　清馬國翰輯

清同治十年濟南皇華館刻玉函山房輯佚書本　山東

清光緒九年長沙嫏嬛館刻玉函山房輯佚書本　北大

清光緒九年長沙嫏嬛館刻光緒十年章邱李氏重印玉函山房輯佚書本

清光緒十年楚南書局刻玉函山房輯佚書本　北大

尚書隸古定經文二卷　宋薛季宣輯

清光緒二十二年貴池劉世珩刻聚學軒叢書第二集本　北大

尚書隸古定釋文八卷　清李遇孫撰

清嘉慶九年馬錦刻本　國圖　北大　科學　上海　南京

清嘉慶九年寧儉堂刻本

清歸安姚氏咫進齋寫刻本　上海

清光緒二十二年貴池劉世珩刻聚學軒叢書第二集本　北大

一九三六年安徽叢書影印清光緒貴池劉氏刻聚學軒叢書本

續修四庫全書影印清嘉慶九年寧儉堂刻本

尚書十三卷

唐開成二年勒石清廖氏半畝園嫏嬛妙境拓印唐開成石經本　北大　復旦　南京

一九二六年張宗昌皕忍堂摹刻唐開成石經本　北大

石經尚書一卷　清馬國翰輯

清同治十年濟南皇華館刻玉函山房輯佚書本　山東

清光緒九年長沙嫏嬛館刻玉函山房輯佚書本　北大

清光緒九年長沙嫏嬛館刻光緒十年章邱李氏重印玉函山房輯佚書本　北大

清光緒十年楚南書局刻玉函山房輯佚書本　北大

今文尚書一卷　清馬國翰輯

清同治十年濟南皇華館刻玉函山房輯佚書本　山東

清光緒九年長沙嫏嬛館刻玉函山房輯佚書本　國圖　北大　天津　遼寧　山東

清光緒九年長沙嫏嬛館刻光緒十年章邱李氏重印玉函山房輯佚書本　遼寧
清光緒十年楚南書局刻玉函山房輯佚書本　北大　天津　遼寧

古文尚書三卷　清馬國翰輯

清同治十年濟南皇華館刻玉函山房輯佚書本　山東
清光緒九年長沙嫏嬛館刻玉函山房輯佚書本　國圖　北大　天津　遼寧　山東
清光緒九年長沙嫏嬛館刻光緒十年章邱李氏重印玉函山房輯佚書本　遼寧
清光緒十年楚南書局刻玉函山房輯佚書本　北大　天津　遼寧

尚書一卷

宋刻遞修九經正文本　國圖
宋刻遞修巾箱八經本
明弘治九年琴川周木刻五經本　上海
明隆庆間新安吴勉學刻十三經本　北大　南京
一九二六年武進陶湘涉園影印宋刻遞修巾箱八經本　北大　南京

尚書二卷

明内府刻本　國圖
明刻本　國圖
果行堂抄本　浙江

尚書六卷

明刻五經白文本　國圖
明刻本(唐文治跋)　上海
明萬曆刻本　上海

二、傳説之屬

伏生尚書一卷　漢伏勝撰

一九二七年上海商務印書館排印説郛古典録略本

尚書伏氏本經五卷　清安高發　安吉纂輯

清嘉慶十九年陳文稿崇本堂刻本　國圖　上海

今文尚書説一卷　漢歐陽生撰　清王謨輯

清嘉慶三年金溪王氏刻漢魏遺書抄本　國圖

尚書歐陽章句一卷　漢歐陽生撰　清馬國翰輯

清同治十年濟南皇華館刻玉函山房輯佚書本　山東
清光緒九年長沙嫏嬛館刻玉函山房輯佚書本　國圖　天津　遼寧　山東

清光緒九年長沙嫏嬛館刻光緒十年章邱李氏重印玉函山房輯佚書本　遼寧
清光緒十年楚南書局刻玉函山房輯佚書本　天津　遼寧

尚書章句一卷　漢歐陽生撰　清黄奭輯

清道光甘泉黄氏刻光緒印漢學堂叢書本　天津
清道光甘泉黄氏刻一九二五年王鑒修補重印黄氏逸書考本　國圖　遼寧　湖北
清道光甘泉黄氏刻一九三四年江都朱長圻修補重印黄氏逸書考本

書賈氏義一卷　漢賈誼撰　清王仁俊輯

清光緒王仁俊輯玉函山房輯佚書續編稿本　上海

尚書大夏侯章句一卷　漢夏侯勝撰　清馬國翰輯

清同治十年濟南皇華館刻玉函山房輯佚書本　山東
清光緒九年長沙嫏嬛館刻玉函山房輯佚書本　國圖　天津　遼寧　山東
清光緒九年長沙嫏嬛館刻光緒十年章邱李氏重印玉函山房輯佚書本　遼寧
清光緒十年楚南書局刻玉函山房輯佚書本　天津　遼寧

尚書小夏侯章句一卷　漢夏侯建撰　清馬國翰輯

清同治十年濟南皇華館刻玉函山房輯佚書本　山東
清光緒九年長沙嫏嬛館刻玉函山房輯佚書本　國圖　天津　遼寧　山東
清光緒九年長沙嫏嬛館刻光緒十年章邱李氏重印玉函山房輯佚書本　遼寧
清光緒十年楚南書局刻玉函山房輯佚書本　天津　遼寧

百兩篇一卷　漢張霸撰　清王謨輯

清嘉慶三年金溪王氏刻漢魏遺書抄本　國圖

尚書百兩篇一卷　漢張霸撰　清黄奭輯

清道光甘泉黄氏刻光緒印漢學堂叢書本　天津
清道光甘泉黄氏刻一九二五年王鑒修補重印黄氏逸書考本　國圖　湖北　遼寧
清道光甘泉黄氏刻一九三四年江都朱長圻修補重印黄氏逸書考本

今字尚書存虞書堯典

敦煌遺書本　法國家圖書館
一九四七年臺灣大學據敦煌寫本影印敦煌秘籍留真新編本　北大

今字尚書存周書多方立政

敦煌遺書本　法國家圖書館
一九四七年臺灣大學據敦煌寫本影印敦煌秘籍留真新編本　北大

古文尚書存夏書禹貢　漢孔安國傳

敦煌遺書本　法國家圖書館

一九四七年臺灣大學據敦煌遺書本影印敦煌秘笈留真新編本　北大

古文尚書存禹貢厥篚玄纁璣組至仲虺之誥九族乃離　漢孔安國傳

初唐寫本　日京都大學

日本昭和十七年京都帝國大學文學部據所藏唐抄本影印京都帝國大學文學部影印舊抄本本　北大

古文尚書存商書盤庚上中　漢孔安國傳

敦煌遺書本　法國家圖書館

一九四七年臺灣大學據敦煌遺書本影印敦煌秘笈留真新編本　北大

古文尚書存商書盤庚説命西伯戡黎微子之命　漢孔安國傳

敦煌遺書本　法國家圖書館

一九四七年臺灣大學據敦煌遺書本影印敦煌秘笈留真新編本　北大

影寫隸古定尚書商書殘卷存商書盤庚至微子之命九篇　漢孔安國傳　羅振玉輯

一九一四年上虞羅振玉日本京都據楊守敬藏日本古抄本影印雲窗叢刻本　國圖　北大　上海

古文尚書存周書泰誓　漢孔安國傳

敦煌遺書本　法國家圖書館

一九四七年臺灣大學據敦煌遺書本影印敦煌秘笈留真新編本　北大

古文尚書存泰誓牧誓武成　漢孔安國傳

初唐寫本　日東京國立博物館

日本大正四年神田喜左衛門據唐寫本影印本　上海

日本大正八年京都神田喜左衛門據唐寫本影印容安軒舊書四種本　北大

一九一八年羅振玉影印海東古籍叢殘本　北大

古文尚書存卷六　漢孔安國傳

日本元德二年中原康隆手抄本　日東洋文庫

古文尚書存卷六附東洋文庫本古文尚書卷第六解説　漢孔安國傳

日本昭和十四年東洋文庫據元德二年中原康隆抄本影印本　國圖

古寫隸古定尚書存周書洪範旅獒金縢大誥微子之命五篇　漢孔安國傳

一九一四年上虞羅振玉日本京都據唐寫本影印雲窗叢刻本　國圖　北大　科學　上海　遼寧

古文尚書存卷八酒誥篇首至卷末　漢孔安國傳

初唐寫本　日京都大學

日本昭和十七年京都帝國大學文學部據所藏唐寫本影印京都帝國大學文學部影印舊抄本本　北大

古文尚書存周書洛誥多士無逸君奭蔡仲之命　漢孔安國傳
敦煌遺書本　法國家圖書館
一九四七年臺灣大學據敦煌遺書本影印敦煌秘笈留真新編本　北大

古文尚書存周書君奭秉德迪知天威至卷末　漢孔安國傳
初唐寫本　日京都大學
日本昭和十七年京都帝國大學文學部據所藏唐寫本影印京都帝國大學文學部影印舊抄本本　北大

唐寫本隸古定尚書存周書顧命　漢孔安國傳　羅振玉輯
一九一八年上虞羅振玉據唐寫隸古定本影印鳴沙石室古籍叢殘本　國圖　北大　南京

隸古文尚書顧命殘本附校勘記附補考　漢孔安國傳　蔣斧校勘　羅振玉補考
清宣統元年上虞羅振玉排印敦煌石室遺書本　國圖　北大

隸古文尚書顧命殘本校勘記　蔣斧撰
清宣統元年上虞羅振玉排印敦煌石室遺書本　國圖　北大

隸古文尚書顧命殘本補考　羅振玉撰
清宣統元年上虞羅振玉排印敦煌石室遺書本　國圖　北大

古文尚書存文侯之命至秦誓　漢孔安國傳
初唐寫本　日京都大學
日本昭和十七年京都帝國大學文學部據所藏唐寫本影印京都帝國大學文學部影印舊抄本本　北大

舊抄古文尚書殘卷　漢孔安國傳
日本大正六年和田維四郎據日本古寫本影印本　國圖

隸古定尚書存夏書四篇商書七篇周書顧命九行半　漢孔安國傳　羅振玉輯
一九一三年上虞羅振玉據唐寫本影印鳴沙石室佚書初編本　北大　復旦　遼寧

古寫隸古定尚書真本存夏書商書周書残卷　漢孔安國傳
一九二八年東方學會據敦煌石室本並日本抄本石印本　北大　科學　上海　復旦　遼寧　湖北

尚書十三卷　漢孔安國傳
清光緒楊守敬鄰蘇園據日本古寫本傳抄本(楊守敬跋　葉景葵跋　潘承弼據日本影抄天正本校)　上海

古文尚書十三卷　漢孔安國傳
舊抄本　日東洋文庫
日本昭和十四年京都東方文化研究所影印東京内野氏皎亭文庫藏舊抄本　國圖　上海　復旦
續修四庫全書影印一九三九年日本京都東方文化研究所影印舊寫本

尚書十三卷　漢孔安國傳
宋刻本　北大
日本寬喜三年抄本　北大
日本木活字印本　北大
日本寬延四年京都丸屋市兵衛等刻本　上海　南京
日本刻本　國圖
中華再造善本影印宋刻本

書孔氏傳彙校不分卷　漢孔安國傳　王國維彙校
王國維稿本　國圖

古文尚書訓一卷　漢賈逵撰　清王仁俊輯
清光緒王仁俊輯玉函山房輯佚書續編稿本　上海

書古文訓一卷　漢賈逵撰　清王仁俊輯
清光緒王仁俊輯玉函山房輯佚書續編稿本　上海

尚書古文同異一卷　漢賈逵撰　清王仁俊輯
清光緒王仁俊輯玉函山房輯佚書續編稿本　上海

書古文訓旨一卷　漢衛宏撰　清王仁俊輯
清光緒王仁俊輯玉函山房輯佚書續編稿本　上海

五家要説章句一卷　漢明帝撰　清王仁俊輯
清光緒王仁俊輯玉函山房輯佚書續編稿本　上海

尚書注一卷　漢馬融撰　清王謨輯
清嘉慶三年金溪王氏刻漢魏遺書抄本　國圖

尚書馬氏傳四卷　漢馬融撰　清馬國翰輯
清同治十年濟南皇華館刻玉函山房輯佚書本　山東
清光緒九年長沙嫏嬛館刻玉函山房輯佚書本　國圖　天津　遼寧　山東
清光緒九年長沙嫏嬛館刻光緒十年章邱李氏重印玉函山房輯佚書本　遼寧
清光緒十年楚南書局刻玉函山房輯佚書本　天津　遼寧

古文尚書十一卷　漢鄭玄注　宋王應麟輯
清乾隆三十九年抄本　河南
清抄本　國圖　上海

鄭氏古文尚書十卷　漢鄭玄注　宋王應麟輯　清李調元校

清乾隆綿州李氏萬卷樓刻嘉慶十四年李鼎元重校印函海本　湖北

清道光五年李朝夔補刻印函海本

清光緒七至八年廣漢鍾登甲樂道齋刻函海本

古文尚書十卷尚書逸文二卷附尚書篇目表　漢馬融　鄭玄注　宋王應麟撰集　清孫星衍補集　清江聲輯逸文　清孫星衍補訂逸文

清乾隆二十四年蘭陵孫氏刻本　國圖

清乾隆六十年蘭陵孫氏刻岱南閣叢書本　國圖　上海　南京

清乾隆六十年蘭陵孫氏刻嘉慶七年補刻本　科學　復旦　南京　遼寧

清光緒六年綿州墨池書舍校刻本　天津　上海　湖北

尚書鄭注十卷　漢鄭玄撰　宋王應麟輯　清孔廣林增定

清嘉慶十年虞山張氏照曠閣刻學津討原本　國圖

清光緒定州王氏刻鄭學彙函本

清光緒十六年山東書局刻通德遺書所見録本

鄭氏尚書注九卷　漢鄭玄撰　清袁鈞輯

清光緒十四年浙江書局刻鄭氏佚書本　國圖

尚書略説注一卷　漢鄭玄撰　清袁鈞輯　清袁堯年校補

清光緒十四年浙江書局刻鄭氏佚書本　國圖

尚書古文注一卷　漢鄭玄撰　清黄奭輯

清道光甘泉黄氏刻光緒印漢學堂叢書本　天津

清道光甘泉黄氏刻一九二五年王鑒修補重印黄氏逸書考本　國圖　湖北　遼寧

清道光甘泉黄氏刻一九三四年江都朱長圻修補重印黄氏逸書考本

尚書大傳一卷　漢伏勝撰　漢鄭玄注

一九二七年上海商務印書館排印説郛古典録略本

尚書大傳三卷補遺一卷　漢伏勝撰　漢鄭玄注　清孫之騄輯並補遺

清乾隆四庫全書館寫欽定四庫全書本

清刻晴川八識本　國圖

尚書大傳補遺一卷　清孫之騄輯

清乾隆四庫全書館寫欽定四庫全書本

清刻晴川八識本　國圖

尚書大傳注四卷補一卷　漢鄭玄撰　清惠棟補　清翁方綱校

清惠氏紅豆齋抄本　國圖

尚書大傳注補一卷　漢鄭玄注　清惠棟補　清翁方綱校
　　清惠氏紅豆齋抄本　國圖
尚書大傳四卷補遺一卷續補遺一卷考異一卷　漢伏勝撰　漢鄭玄注　清盧見曾補遺　清盧文弨續補遺並考異
　　清乾隆二十一年盧氏刻雅雨堂叢書本　國圖　上海　南京
　　清嘉慶五年山陰沈氏刻本愛日草廬藏板　國圖　北大　上海　天津　南京　浙江　湖北
　　清嘉慶十七年刻山淵堂藏版本　復旦
　　清光緒三年湖北崇文書局刻崇文書局彙刻書本　國圖　科學　上海　復旦　南京　湖北
　　清抄本　上海
　　清抄本　北大
　　一九一一年鄂官書處重刻本　國圖
尚書大傳三卷補遺一卷續補遺一卷　漢伏勝撰　漢鄭玄注　清盧文弨輯補遺續補遺
　　清同治間番禺李氏抄反約篇本
　　清同治間真州張氏廣東刻一九一三年重修榕園叢書甲集本　北大
尚書大傳補遺一卷　清盧見曾輯
　　清乾隆二十一年盧氏刻雅雨堂藏書本　國圖　上海　南京　湖北（清龔橙批並跋）　常熟市中學
　　清嘉慶五年愛日草廬刻本　國圖　北大（劉恭冕批校並跋）　上海　天津　南京　浙江　湖北
　　清嘉慶十七年刻山淵堂藏版本　復旦
　　清光緒三年湖北崇文書局刻崇文書局彙刻書本　科學　上海　復旦　南京　遼寧　湖北
　　一九一一年鄂官書處重刻本　國圖
尚書大傳續補遺一卷　清盧文弨輯
　　清乾隆二十一年盧氏刻雅雨堂藏書本　國圖　上海　南京　湖北（清龔橙批並跋）　常熟市中學
　　清嘉慶五年愛日草廬刻本　國圖　北大（劉恭冕批校並跋）　上海　天津　南京　浙江　湖北
　　清嘉慶十七年刻山淵堂藏版本　復旦
　　清同治間番禺李氏抄反約篇本
　　清同治間真州張氏廣東刻一九一三年重修榕園叢書甲集本

清刻本　國圖

清光緒三年湖北崇文書局刻崇文書局彙刻書本　科學　上海　復旦　南京　遼寧　湖北

一九一一年鄂官書處重刻本　國圖

尚書大傳考異一卷　清盧文弨輯

清乾隆二十一年盧氏刻雅雨堂藏書本　國圖　上海　南京　湖北(清龔橙批並跋)　常熟市中學

清嘉慶五年愛日草廬刻本　國圖　北大　天津　上海(劉恭冕批校並跋)　南京　浙江　湖北

清嘉慶十七年刻山淵堂藏版本　復旦

清光緒三年湖北崇文書局刻崇文書局彙刻書本　科學　上海　復旦　南京　遼寧　湖北

一九一一年鄂官書處重刻本　國圖

尚書大傳二卷　漢伏勝撰　漢鄭玄注　清王謨輯

清嘉慶三年金溪王氏刻漢魏遺書抄本　國圖

尚書大傳注四卷　漢鄭玄撰　清孔廣林輯

清光緒十六年山東書局刻本

尚書大傳一卷　漢伏勝撰　漢鄭玄注　清任兆麟選輯

清乾隆五十三年映雪草堂刻述記本

清嘉慶十五年遂古堂刻述記本

尚書大傳注三卷　漢鄭玄撰　清袁鈞輯　清袁堯年校補

清光緒十四年浙江書局刻鄭氏佚書本　國圖

尚書大傳五卷　漢伏勝撰　漢鄭玄注　清陳壽祺輯校並撰序録

清嘉慶道光刻陳紹墉補刻左海全集本　北大　南京

清道光十年刻本　科學

尚書大傳三卷序録一卷辨譌一卷　漢伏勝撰　漢鄭玄注　清陳壽祺輯校並撰序録辨譌

清同治十二年粵東書局刻古經解彙函本　國圖　北大　南京

清同治十二年菊坡精舍刻古經解彙函本　北大

清光緒十五年湘南書局刻古經解彙函本　北大

清光緒十四年上海蜚英館石印古經解彙函本　北大

尚書大傳輯校三卷　清陳壽祺撰

清光緒十四年南菁書院刻皇清經解續編三百卷五十四至五十六本　北大　天津　遼寧　山東　湖北

清光緒十五年上海蜚英館石印皇清經解續編本　北大

尚書大傳序録一卷　清陳壽祺撰

清嘉慶道光刻陳紹墉補刻左海全集本　國圖

清同治十二年粤東書局刻古經解彙函本　國圖　北大　南京

清光緒十五年湘南書局刻古經解彙函本　北大

清光緒十四年上海蜚英館石印古經解彙函本　北大

清光緒廣東番禺陳氏刻本　上海　南京

尚書大傳辨譌一卷　清陳壽祺撰

清同治十二年粤東書局刻古經解彙函本　國圖　北大　南京

清光緒十五年湘南書局刻古經解彙函本　北大

清光緒十四年上海蜚英館石印古經解彙函本　北大

尚書大傳注一卷　漢鄭玄撰　清黄奭輯

清道光甘泉黄氏刻光緒印漢學堂叢書本　天津

清道光甘泉黄氏刻一九二五年王鑒修補重印黄氏逸書考本　國圖　遼寧　湖北

清道光甘泉黄氏刻一九三四年江都朱長圻修補重印黄氏逸書考本

尚書大傳佚文一卷補遺一卷　漢伏勝傳　漢鄭玄注　清王仁俊輯並補遺

清王仁俊稿本經籍佚文本

尚書王氏注二卷　魏王肅撰　清馬國翰輯

清同治十年濟南皇華館刻玉函山房輯佚書本（王國維校）　國圖　山東

清光緒九年長沙嫏嬛館刻玉函山房輯佚書本　國圖　天津　遼寧　山東

清光緒九年長沙嫏嬛館刻光緒十年章邱李氏重印玉函山房輯佚書本　遼寧

清光緒十年楚南書局刻玉函山房輯佚書本　天津　遼寧

書王氏注一卷　魏王肅撰　清王仁俊輯

清光緒王仁俊輯玉函山房輯佚書續編稿本　上海

尚書集注一卷　晉李顒撰　清王仁俊輯

清光緒王仁俊輯玉函山房輯佚書續編稿本　上海

古文尚書舜典注一卷　晉范寧撰　清馬國翰輯

清同治十年濟南皇華館刻玉函山房輯佚書本　山東

清光緒九年長沙嫏嬛館刻玉函山房輯佚書本　國圖　天津　遼寧　山東

清光緒九年長沙嫏嬛館刻光緒十年章邱李氏重印玉函山房輯佚書本　遼寧

清光緒十年楚南書局刻玉函山房輯佚書本　天津　遼寧

書范氏集解一卷　晉范寧撰　清王仁俊輯

清光緒王仁俊輯玉函山房輯佚書續編稿本　上海

尚書劉氏義疏一卷　晉劉焯撰　清馬國翰輯

清同治十年濟南皇華館刻玉函山房輯佚書本　山東

清光緒九年長沙娜嬛館刻玉函山房輯佚書本　國圖　天津　遼寧　山東

清光緒九年長沙娜嬛館刻光緒十年章邱李氏重印玉函山房輯佚書本　遼寧

清光緒十年楚南書局刻玉函山房輯佚書本　天津　遼寧

尚書述義一卷　隋劉炫撰　清馬國翰輯

清同治十年濟南皇華館刻玉函山房輯佚書本　山東

清光緒九年長沙娜嬛館刻玉函山房輯佚書本　國圖　天津　遼寧　山東

清光緒九年長沙娜嬛館刻光緒十年章邱李氏重印玉函山房輯佚書本　遼寧

清光緒十年楚南書局刻玉函山房輯佚書本　天津　遼寧

古文尚書疏一卷　隋顧彪撰　清王謨輯

清嘉慶三年金溪王氏刻漢魏遺書抄本　國圖

尚書顧氏疏一卷　隋顧彪撰　清馬國翰輯

清同治十年濟南皇華館刻玉函山房輯佚書本　山東

清光緒九年長沙娜嬛館刻玉函山房輯佚書本　國圖　天津　遼寧　山東

清光緒九年長沙娜嬛館刻光緒十年章邱李氏重印玉函山房輯佚書本　遼寧

清光緒十年楚南書局刻玉函山房輯佚書本　天津　遼寧

尚書義疏一卷　隋顧彪撰　清黄奭輯

清道光甘泉黄氏刻光緒印漢學堂叢書本　國圖　天津

清道光甘泉黄氏刻一九二五年王鑒修補重印黄氏逸書考本　國圖　遼寧　湖北

清道光間甘泉黄氏刻一九三四年江都朱長圻修補重印黄氏逸書考本

監本纂圖重言重意互注點校尚書十三卷　漢孔安國傳　唐陸德明釋文

一九一九年上海商務印書館初次據宋本影印四部叢刊本　北大

一九二九年上海商務印書館二次據宋本影印四部叢刊本

一九三六年上海商務印書館據宋本縮印四部叢刊本

尚書十三卷附考證　漢孔安國傳　唐陸德明注音　清佚名考證

清乾隆四十八年武英殿刻仿宋相臺五經本　國圖　北大　天津　南京　遼寧

清同治三年南海鄺九我堂據乾隆四十八年武英殿刻本翻刻仿宋相臺五經本　北大

清光緒二年江南書局據乾隆四十八年武英殿刻本翻刻仿宋相臺五經本　北大

上海　湖北

清光緒八年長沙龍氏家塾據乾隆四十八年武英殿刻本翻刻仿宋相臺五經本　國圖　北大

清末據乾隆四十八年武英殿刻本翻刻仿宋相臺五經本刻本　北大

清金陵書局據乾隆四十八年武英殿刻本翻刻仿宋相臺五經本　北大

一九二四年奉新宋氏卷雨廔影印乾隆四十八年武英殿刻本仿宋相臺五經本　北大　復旦　南京

尚書正義二十卷　唐孔穎達撰

宋紹熙刻本　日宫内廳

清光緒楊守敬日本曬藍本　北大

清光緒十六年楊守敬影抄近藤正齊影寫北宋單疏本(楊守敬自校並跋)　復旦

日本昭和四年大阪每日新聞社影印宋刻單疏本　國圖　北大　復旦

一九三五年上海商務印書館據宋刻本影印四部叢刊三編本　國圖　北大　遼寧

尚書正義二十卷尚書單疏校勘記二卷　唐孔穎達撰　清劉承幹校勘

一九一六年吴興劉氏刻嘉業堂叢書本　國圖　北大　上海　南京　遼寧

尚書單疏校勘記二卷　清劉承幹撰

一九一六年吴興劉氏刻嘉業堂叢書本　國圖　北大　上海　南京　遼寧

民國初吴興劉氏求恕齋抄本　湖北

尚書正義定本二十卷校勘記二十卷　唐孔穎達撰　日本東方文化研究所校勘

日本昭和十四年京都東方文化研究所經學文學研究室鉛印東方文化研究所研究報告第十四册十三經注疏定本本　國圖　北大　上海　南京

尚書正義定本校勘記二十卷　日本東方文化研究所撰

日本昭和十四年京都東方文化研究所經學文學研究室鉛印東方文化研究所研究報告第十四册十三經注疏定本本　國圖　北大　上海　南京

尚書正義二十卷　漢孔安國傳　唐孔穎達疏

宋兩浙東路茶鹽司刻本　國圖　日足利學校

宋兩浙東路茶鹽司刻本(卷七至八、十九至二十配日本影宋抄本)

日本弘化四年熊本藩時習館據足利學藏宋本影刻本　北大

中華再造善本影印宋兩浙東路茶鹽司刻本(卷七至八、十九至二十配日本影宋抄本)

續修四庫全書影印北圖藏宋兩浙東路茶鹽司刻本

尚書注疏二十卷　漢孔安國傳　唐陸德明音義　唐孔穎達疏

元刻明修本　國圖　北大　清華　延邊大學(清楊守敬跋)　上海

明嘉靖李元陽福建刻十三經注疏本　國圖(清許瀚批校)　上海　山東

明萬曆十五年北京國子監刻十三經注疏本　國圖(傅增湘校並跋)　上海

明萬曆十五年北京國子監刻吴士元重修十三經注疏本(佚名批校)　上海

明萬曆十五年李長春等刻本　國圖　北大

明崇禎五年毛氏汲古閣刻十三經注疏本　國圖　北大　上海　天津

清翻刻汲古閣刻十三經注疏本　國圖　南京

書經二十卷　漢孔安國傳　唐陸德明釋文　唐孔穎達疏　明金蟠訂

明崇禎十二年金蟠重刻萬曆東吴葛氏永懷堂十三經古注本　復旦(清王□□校)　南京(有批校)　山東

明崇禎十二年金蟠刻清同治八年浙江書局重修十三經古注本　國圖　首都　北大　北師大　天津　南京　浙江　遼寧　湖北

尚書注疏十九卷序一卷附考證　漢孔安國傳　唐孔穎達疏　唐陸德明音義　清齊召南考證

清乾隆四年武英殿刻十三經注疏本　國圖　北大　遼寧　山西

清乾隆四庫全書館寫欽定四庫全書薈要本

清乾隆四庫全書館寫欽定四庫全書本

清同治十年廣東書局據乾隆四年武英殿十三經注疏本翻刻本　湖北

清同治十三年湖南書局據乾隆四年武英殿十三經注疏本翻刻本　北大

附釋音尚書注疏二十卷注疏校勘記二十卷釋文校勘記二十卷　漢孔安國傳　唐孔穎達疏　唐陸德明釋文　清阮元校勘　清盧宣旬摘録校勘記

清嘉慶二十年江西南昌府學刻重刊宋本十三經注疏附校勘記本　國圖　北大　湖北

清嘉慶二十年江西南昌府學刻道光六年重修重刊宋本十三經注疏附校勘記本　國圖　天津　山東

清嘉慶二十年江西南昌府學刻道光六年重修同治十二年江西書局遞修重刊宋本十三經注疏附校勘記本　天津　南京　遼寧

清道光九年廣東學海堂刻皇清經解一千四百卷本　天津　山東

清同治十年廣東書局重刻江西南昌府學刻重刊宋本十三經注疏附校勘記本　天津　遼寧

清同治十三年湖南書局刻重刊宋本十三經注疏附校勘記本　北大

清光緒十一年上海點石齋石印皇清經解一百九十卷本　國圖　南京

清光緒十三年上海脈望仙館石印重刊宋本十三經注疏附校勘記本　北大　天津　遼寧　山東

一九二四年上海掃葉山房石印重刊宋本十三經注疏附校勘記本

尚書注疏校勘記二十卷　清阮元撰

清嘉慶二十年江西南昌府學刻重刊宋本十三經注疏附校勘記本　國圖　北大　湖北

清嘉慶二十年江西南昌府學刻道光六年重修重刊宋本十三經注疏附校勘記本　國圖　天津　山東

清嘉慶二十年江西南昌府學刻道光六年重修同治十二年江西書局遞修重刊宋本十三經注疏本　天津　南京　遼寧

清道光九年廣東學海堂刻皇清經解一千四百卷本　天津　山東

清同治十年廣東書局重刻江西南昌府學刻重刊宋本十三經注疏附校勘記本　天津　遼寧

清同治十三年湖南書局刻重刊宋本十三經注疏附校勘記本　北大

清光緒十一年上海點石齋石印皇清經解一百九十卷本　國圖　南京

清光緒十三年上海脈望仙館石印重刊宋本十三經注疏附校勘記本　北大　天津　遼寧　山東

一九二四年上海掃葉山房石印重刊宋本十三經注疏附校勘記本

尚書注疏校正一卷　清盧文弨撰

清乾隆五十六年餘姚盧氏刻抱經堂叢書之群書拾補初編本　北大　天津　遼寧　山東

清光緒會稽徐氏鑄學齋刻紹興先正遺書第二集之群書拾補初編本　天津　遼寧

一九二三年北京直隸書局據清乾隆五十六年餘姚盧氏刻本影印抱經堂叢書之群書拾補初編本

尚書注疏二十卷校勘記一卷　漢孔安國傳　唐陸德明釋文　唐孔穎達疏　張鈞衡校勘

一九二六年吴興張鈞衡據宋本影刻擇是居叢書初集本　北大　上海　復旦

尚書注疏校勘記一卷　張鈞衡撰

一九二六年吴興張鈞衡據宋本影刻擇是居叢書初集本　北大　上海　復旦

民國初藕香簃抄本　湖北

尚書注疏二十卷新雕尚書纂圖一卷　漢孔安國傳　唐陸德明釋文　唐孔穎達疏

蒙古刻本　國圖

中華再造善本影印蒙古刻本(卷三至六配清影蒙古抄本)

尚書治要一卷　唐魏徵撰

日本鎌倉時代抄群書治要本　日宮内省

日本元和二年駿府活字印群書治要本　日公文書館　日東洋文庫

日本天明七年尾張藩刻群書治要本　日公文書館　日蓬左文庫　日尊經閣　日高知大學

日本寬政三年江户須原屋茂兵衛刻群書治要本　日東北大學

日本抄群書治要本　日尊經閣

清嘉慶宛委别藏之群書治要本　臺北故宫

清道光二十八年霧石楊氏刻連筠簃叢書之群書治要本

清咸豐七年南海伍崇曜刻粤雅堂叢書三編第二十六集之群書治要本

民國上海商務印書館據日本尾張刻本影印四部叢刊之群書治要本

尚書治要一卷　唐魏徵撰　日細井德民等校

日本江户刻群書治要本　日二松學舍大學　日一橋大學

書經説一卷　宋曾鞏撰

清道光十四至二十二年善化曾氏刻羅卷彙編本

東坡書傳二十卷　宋蘇軾撰

明萬曆二十五年金陵畢氏刻兩蘇經解本　上海　浙江

明萬曆三十九年顧氏刻兩蘇經解本　浙江

清乾隆四庫全書館寫欽定四庫全書薈要本

清嘉慶十年虞山張氏照曠閣刻學津討原本　國圖

東坡書傳十三卷

清乾隆四庫全書館寫欽定四庫全書本

東坡書傳二十卷　宋蘇軾撰　明袁黄等評

明淩濛初刻套印本　國圖　人大　北師大　首師大　故宫　天津　上海　遼寧　浙江　湖北　山西　東北師大　安徽　福建

書考辯二卷　宋蔡傳撰

清同治十二年傳經堂刻西京清麓叢書續編本　南京

石林尚書傳二十卷　宋葉夢得撰

宋紹興刻本　日本大東紀念文庫　日本清見寺

尚書講義二十卷　宋史浩撰

清乾隆四庫全書館寫欽定四庫全書本

民國初四明張氏約園刻四明叢書本

抄本　上海

尚書全解四十卷　宋林之奇撰
　明范氏天一閣抄本　上海
　清初常熟毛氏汲古閣抄本　國圖
　清乾隆四庫全書館寫欽定四庫全書本
　清同治十二年粤東書局重刻通志堂經解本　天津　遼寧
尚書全解四十卷缺卷三十四
　清康熙十九年納蘭性德刻通志堂經解本　湖北
尚書全解卷三十四
　清咸豐元年海昌蔣氏宜年堂刻六年重編涉梓舊聞本
尚書全解四十卷林拙齋書全集解附録一卷　宋林之奇撰　清丁杰輯附録
　清抄本　上海
林拙齋書全集解附録一卷　清丁杰輯附録
　清抄本　上海
鄭敷文書説一卷　宋鄭伯熊撰
　清乾隆四庫全書館寫欽定四庫全書本
　清乾隆綿州李氏萬卷樓刻嘉慶十四年李鼎元重校刻函海本
　清嘉慶南匯吴氏聽彝堂刻藝海珠塵本
　清道光五年李朝夔補刻印函海本
　清道光咸豐間大梁書院刻同治七年王儒行等印經苑本　國圖
　清道光咸豐間大梁書院刻一九二二年補刻一九二三年重印經苑本
　清同治間真州張氏廣東刻一九一三年重修榕園叢書甲集本
　清同治間番禺李氏抄反約篇本
　清光緒七至八年廣漢鐘登甲樂道齋刻函海本
　清趙魏抄本(清周星詒跋)　湖北
　清查升抄本　福建
　清抄本　國圖
書傳問答一卷　宋朱熹撰　宋蔡抗輯
　宋淳祐十年吕遇龍上饒郡學刻朱文公訂正門人蔡九峰書集傳本附　國圖
書古文訓十六卷　宋薛季宣撰
　清康熙十九年納蘭性德刻通志堂經解本　國圖(王國維校跋)　北大　科學　上海
　清康熙十九年通志堂刻乾隆五十年補修通志堂經解本　北大
　清乾隆四庫全書館寫欽定四庫全書本

清嘉慶十年虞山張氏照曠閣刻學津討原本　天津　遼寧　山東
清同治十二年粤東書局重刻通志堂經解本　上海　遼寧
四庫全書存目叢書續修四庫全書影清康熙十九年通志堂刻本

尚書詳解二十六卷　宋夏僎撰

清乾隆四庫全書館寫欽定四庫全書本
清乾隆三十九年武英殿木活字印武英殿聚珍版書本　國圖　上海　南京
清乾隆四十二年福建重刻道光同治遞修光緒二十一年增刻武英殿聚珍版書本　南京　復旦
清光緒二十五年廣雅書局重刻武英殿聚珍版書本

增修東萊書説三十五卷圖説一卷　宋吕祖謙撰　宋時瀾增修

宋刻本　國圖(存十六卷)
清康熙十九年納蘭性德刻通志堂經解本　國圖　北大　科學　上海
清乾隆四庫全書館寫欽定四庫全書薈要本
清乾隆四庫全書館寫欽定四庫全書本
清同治八年永康胡氏退補齋刻金華叢書本　湖北
清同治十二年粤東書局重刻通志堂經解本　上海　遼寧

尚書説七卷　宋黄度撰

明萬曆三年吕先洵刻本　山西博(存六卷)
明抄本　遼寧　吴江
清初抄本　國圖
清康熙十九年納蘭性德刻通志堂經解本　國圖　北大　科學　上海　湖北
清康熙十九年通志堂刻乾隆五十年補修通志堂經解本　北大
清乾隆四庫全書館寫欽定四庫全書薈要本
清乾隆四庫全書館寫欽定四庫全書本

尚書説斷四卷　宋黄度撰

清據明刻本翻刻本　南京

絜齋家塾書抄十二卷　宋袁燮撰

清乾隆四庫全書館寫欽定四庫全書本

絜齋家塾書抄十二卷附録一卷

民國初四明張氏約園刻四明叢書本

朱文公訂正門人蔡九峰書集傳六卷書傳問答一卷　宋蔡沈集傳　宋朱熹訂正　宋蔡抗輯書傳問答

宋淳祐十年吕遇龍上饒郡學刻本　國圖
中華再造善本影印宋淳祐十年吕遇龍上饒郡學刻本

書集傳六卷　宋蔡沈撰

南宋嘉定刻本　國圖

元劉氏南澗書堂刻本　日公文書館

元刻本　上海

明嘉靖三十五年廣東崇正堂刻本　國圖

明吴勉學刻本　無錫　南京博　遼寧大

明天啓五年吴郡周鳴岐刻朱藍朱墨套印本　國圖

明崇禎元年閔齊伋刻本　國圖　故宫　北京文物局　浙江

明書林新賢堂張閔嶽刻本　江西　浙江

明書林余明台克勤齋刻本　國圖

明建陽書坊刻本　浙江

清雍正内府刻本　北大

清雍正二年劍溪堂刻本　國圖　復旦

清乾隆七年怡府明善堂刻五經四書本

清道光恕堂刻五經四書本　上海

清光緒六年公善堂影宋刻本　科學　上海　南京

清光緒十三年京都聚珍堂書坊刻本　國圖　北大

清光緒十四年天津文美齋刻本　國圖

書集傳六卷　宋蔡沈撰　明樊獻科重訂

明嘉靖吉澄刻本　國圖　科學　浙江　中山大　日東京大學

書經集傳六卷　宋蔡沈撰

明崇禎十四年海虞毛氏汲古閣刻本　上海

清康熙三十七年寶書堂刻本　國圖

清康熙三十七年李燦章刻京都善成堂藏版本　北大

清乾隆五十五年芥子園刻本　國圖

清嘉慶五年上海席氏掃葉山房刻本（清季錫疇批）　南京

清嘉慶元年崇茂堂刻本　北大

清金陵奎壁齋刻本　國圖

清光緒刻善成堂藏版本　國圖　北大

書經六卷　宋蔡沈集傳　明汪應魁句讀

明崇禎四年汪應魁貽經堂刻本　故宫　上海　無錫　蘇州大　福建　武漢

書經六卷　宋蔡沈集傳　清聖祖玄燁案

清康熙紫陽朱氏崇道堂刻五經本　浙江

清嘉慶十六年揚州十笏堂刻御案五經本

書經集傳六卷校勘記一卷　宋蔡沈撰　清丁寶楨校勘

清同治十一年山東書局刻十三經讀本本　南京

書經集傳校勘記一卷　清丁寶楨撰

清同治十一年山東書局刻十三經讀本本　南京

書經蔡傳六卷　宋蔡沈撰　清孫慶甲校述

清光緒十八年善化書局刻本　湖北

書經集注十卷　宋蔡沈撰

明嘉靖二年贛州府刻本(清羅矩跋　丁丙跋)　南京

明嘉靖三十年倪淑刻萬曆二十三年倪甫英重修本　上海

明嘉靖武昌學宫刻本　北大(清莫棠跋)　上海辭書

明隆慶三年刻本　北師大

明萬曆元年熊沖宇刻本　國圖

明刻本　浙江

尚書精義五十卷　宋黄倫撰

清道光咸豐間大梁書院刻同治七年王儒行等印經苑本

清道光咸豐間大梁書院刻一九二二年補刻一九二三年重印經苑本　湖北

清刻本　國圖　南京

融堂書解二十卷　宋錢時撰

清乾隆三十九年武英殿木活字印武英殿聚珍版書本　復旦　國圖

清乾隆浙江重刻武英殿聚珍版書本

清乾隆四十二年福建重刻道光同治道遞修光緒二十一年增刻武英殿聚珍版書本　南京

清同治十三年江西書局重刻武英殿聚珍版書本　國圖　天津

清光緒二十五年廣雅書局重刻武英殿聚珍版書本

尚書詳解五十卷　宋陳經撰

清乾隆三十九年武英殿木活字印武英殿聚珍版書本　國圖　上海

清乾隆四庫全書館寫欽定四庫全書本

清乾隆四十七年武英殿木活字印武英殿聚珍版書本　南京

清乾隆浙江重刻武英殿聚珍版書本

清同治十三年江西書局重刻武英殿聚珍版書本

清光緒二十五年廣雅書局重刻武英殿聚珍版書本

尚書要義二十卷(缺卷七、八、九)　宋魏了翁撰

清乾隆四庫全書館寫欽定四庫全書本

尚書要義卷七　八　九

清嘉慶阮元録舊抄本輯宛委别藏本　臺北故宫

尚書要義二十卷序説一卷
　清震無咎齋抄本　清翁心存校並跋　國圖
　清抄本　國圖
　清光緒江蘇書局刻五經要義本　國圖　南京
尚書要義二十卷
　抄本　上海
尚書要義序説一卷　宋魏了翁撰
　清乾隆四庫全書館寫欽定四庫全書本
　清震無咎齋抄本　清翁心存校並跋　國圖
　清抄本　國圖
書疑九卷　宋王柏撰
　清初抄本　湖南
　清康熙十六至十九年納蘭性德刻通志堂經解本　國圖　上海　科學
　清康熙十九年通志堂刻本　復旦
　清康熙十九年通志堂刻乾隆五十年補修通志堂經解本　北大
　日本明和二年刻本　國圖
　清同治十二年粤東書局重刻通志堂經解本　上海　遼寧　湖北
　四庫全書存目叢書、續修四庫全書影印清康熙十九年通志堂刻乾隆五十年補修通志堂經解本
書疑九卷　宋王柏撰　清胡鳳丹校
　清同治八年永康胡氏退補齋刻金華叢書本　北大　南京　湖北
書傳會通十二卷書集傳或問二卷　宋陳大猷撰
　元刻本　國圖
　中華再造善本續修四庫全書影印元刻本
書集傳或問二卷　宋陳大猷撰
　元刻本　國圖
　清康熙十九年納蘭性德刻通志堂經解本　國圖　北大　科學　上海
　清康熙十九年通志堂刻乾隆五十年補修通志堂經解本　北大
　清乾隆四庫全書館寫欽定四庫全書本
　清同治十二年粤東書局重刻通志堂經解本　湖北
　一九二四年永康胡氏夢選廔刻續金華叢書本　北大
尚書詳解十三卷　宋胡士行輯
　清康熙十九年納蘭性德刻通志堂經解本　國圖　北大　科學　上海　湖北
　清康熙十九年通志堂刻乾隆五十年補修通志堂經解本　北大

清乾隆四庫全書館寫欽定四庫全書薈要本
清乾隆四庫全書館寫欽定四庫全書本
清同治十二年粵東書局重刻通志堂經解本　上海　遼寧　湖北

古文尚書證訛十二卷　宋王應麟撰

清乾隆綿州李氏萬卷樓刻嘉慶十四年李鼎元重校刻函海本
清道光五年李朝夔補刻印函海本
清光緒七至八年廣漢鐘登甲樂道齋刻函海本

書經金氏注十二卷　宋金履祥撰

清光緒五年歸安陸氏刻十萬卷樓叢書初編本
清光緒十年巴陵方氏廣東刻宣統元年印碧琳琅館叢書甲部本
清抄本(清陸心源跋　周星詒跋)　國圖
清抄本　國圖
續修四庫全書影印清光緒五年陸心源刻十萬卷樓叢書本

尚書表注二卷　宋金履祥撰

南宋末年福建刻本　臺北央圖
清康熙十九年納蘭性德刻通志堂經解本　上海　科學
清康熙十九年通志堂刻乾隆五十年補修通志堂經解本　北大
清乾隆二年金華金氏刻光緒十三年鎮海謝駿德補刻率祖堂叢書本
清乾隆四庫全書館寫欽定四庫全書本
清同治八年永康胡氏退補齋刻金華叢書本　湖北
清同治八年永康胡氏退補齋刻民國浙江公立圖書館補刻金華叢書本
清同治十二年粵東書局重刻通志堂經解本　湖北　天津
清光緒十年上海席氏掃葉山房刻本　國圖

尚書義粹八卷　金王若虛撰　清張金吾輯録

清道光張氏愛日精廬抄本　國圖(存一卷)　上海(存卷一至三、七至八)
舊抄本　國圖

書集傳輯録纂注六卷書序一卷朱子説書綱領一卷　宋蔡沈集傳　元董鼎輯録纂注並輯説書綱領

元延祐五年建安余氏勤有堂刻本　國圖　北大(存卷二至四)　上海(存卷二至六)
元至正十四年翠巖精舍刻明修本　國圖　北大　臺灣央圖研易樓　日静嘉堂
元刻本　山東博
清康熙十九年納蘭性德刻通志堂經解本　國圖　北大　科學　上海
清康熙十九年通志堂刻乾隆五十年補修通志堂經解本　北大

清乾隆四庫全書館寫欽定四庫全書本
中華再造善本影印元延祐五年建安余氏勤有堂刻本
中華再造善本影印元刻本

朱子説書綱領一卷　宋朱熹撰　元董鼎輯録

元延祐五年建安余氏勤有堂刻本　國圖
元至正十四年翠巖精舍刻明修本　國圖　日静嘉堂
元刻本　山東博
清康熙十九年納蘭性德刻通志堂經解本　國圖　北大　科學　上海　南京
清乾隆四庫全書館寫欽定四庫全書本
清咸豐四年晉江黄宗漢刻五經補綱本

書集傳音釋六卷書序一卷書圖一卷朱子説書綱領一卷　宋蔡沈集傳　元鄒季友音釋　元董鼎輯説書綱領

元至正五年虞氏明複齋刻本
元至正十一年德星書堂刻本　國圖　北師大　上海　日公文書館
元至正十一年雙桂書堂刻本　上海　吉林
元至正十四年日新書堂刻本　國圖　上海(存卷二、三、五、卷六第一至八頁)
元刻本　上海　吉林
元刻本　復旦(存四卷)
明初刻本　國圖(存四卷)
明正統十二年司禮監刻本　北大　上海
清咸豐五年浦城興古齋祝鳳喈刻本　國圖　北大　浙江
清光緒十五年户部江南書局刻本　北大　天津　遼寧　湖北
中華再造善本影印元至正十一年德星書堂刻本

尚書蔡傳音釋辨誤六卷　元鄒近仁撰

清抄本(清丁丙跋)　南京

今文尚書纂言四卷　元吴澄撰

清康熙十九年納蘭性德刻通志堂經解本　國圖　南京　湖北
清康熙十九年通志堂刻乾隆五十年補修通志堂經解本　北大
清乾隆二十一年吴氏刻本　上海
清乾隆四庫全書館寫欽定四庫全書薈要本
清乾隆四庫全書館寫欽定四庫全書本
清同治十二年粵東書局重刻通志堂經解本　上海　遼寧　湖北

書集傳纂疏六卷　宋蔡沈集傳　元陳櫟纂疏
元泰定四年梅溪書院刻本　日公文書館　日静嘉堂
明范氏天一閣據元泰定四年梅溪書院刻本抄本　上海
清康熙十九年納蘭性德刻通志堂經解本　國圖　北大　科學　上海
清康熙十九年通志堂刻乾隆五十年補修通志堂經解本　北大
日本文化八年翻刻通志堂經解本　北大
日本文化八年翻刻通志堂經解本發弘書林山城屋左兵衛印本　北大
清乾隆四庫全書館寫欽定四庫全書薈要本
清乾隆四庫全書館寫欽定四庫全書本
清同治十二年粵東書局重刻通志堂經解本　上海　遼寧　湖北
讀書叢説六卷　元許謙撰
清乾隆四庫全書館寫欽定四庫全書本
清道光十一年六安晁氏木活字印學海類編經翼本　湖北
清四明丘象寧抄本　國圖
清抄本　國圖
清抄本　湖北
清抄本　上海
讀書叢説四卷
清抄本　上海
讀書叢説六卷　元許謙撰　清胡鳳丹校
清同治十一年永康胡氏退補齋刻金華叢書本　國圖　湖北
科場備用書義斷法六卷附作義要訣一卷　元鄒次陳編　元倪士毅輯要訣
元刻本　北大
清乾隆四庫全書館寫欽定四庫全書本
書蔡氏傳旁通六卷　元陳師凱撰　元朱初萬校正
元至正五年余氏勤有堂刻本　日公文書館
日本正保四年京都林甚右衛門翻刻元至正余氏勤有堂本　日山梨縣圖書館
日本正保四年京都林甚右衛門刻寛文五年京都上村次郎右衛門印本　日東京大學　日二松學舍大學
清康熙十九年納蘭性德刻通志堂經解本　國圖　北大　科學　上海　南京
清康熙十九年通志堂刻乾隆五十年補修通志堂經解本　北大
清乾隆四庫全書館寫欽定四庫全書本
清同治十二年粵東書局重刻通志堂經解本　上海　遼寧　湖北

清抄本　國圖

尚書通考十卷　元黄鎮成輯

元至正刻本　國圖(沈祥龍跋)　國圖　北大　日公文書舘

日本正保五年京都林甚右衛門刻本　日山梨縣圖書館

日本正保五年京都林甚右衛門刻寛文五年京都上村次郎右衛門印本　日東京大學　日二松學舍大學

清康熙十九年納蘭性德刻通志堂經解本　南京

清康熙十九年通志堂刻乾隆五十年補修通志堂經解本

清乾隆四庫全書館寫欽定四庫全書本

中華再造善本影印元至正刻本(沈祥龍跋)

尚書通考十卷　元黄鎮成撰　清徐時作補訂

清乾隆三十一年徐時作刻本　國圖　北大　南京

尚書疏義六卷　元馬道貫撰

清太倉顧氏謏聞齋抄本　上海

王耕野先生讀書管見二卷　元王充耘撰

清康熙十九年納蘭性德刻通志堂經解本　國圖　北大　科學　上海

清康熙十九年通志堂刻乾隆五十年補修通志堂經解本　北大

清乾隆四庫全書館寫欽定四庫全書本

清同治十二年粵東書局重刻通志堂經解本　上海　遼寧　湖北

書義矜式六卷　元王充耘撰

元刻本　南京

清乾隆四庫全書館寫欽定四庫全書本

民國初盧江劉氏遠碧樓藍格抄四庫本　上海

中華再造善本影印元刻本

書義主意六卷群英書義二卷　元王充耘編

清道光五年友多聞齋翻刻元至正刻本　國圖　科學　南京

清抄元至正八年書林劉錦文刻本(清彭元瑞跋)　上海

清咸豐十一年南海伍氏刻粵雅堂叢書本

四庫未收書輯刊影印清道光影元刻本

群英書義二卷　元江張泰編輯　元劉錦文編選

清道光五年友多聞齋翻刻元至正刻本　國圖　南京

清抄元至正八年書林劉錦文刻本(清彭元瑞跋)　上海

清咸豐十一年南海伍氏刻粵雅堂叢書本

尚書纂傳四十六卷　元王天與撰

清康熙十九年納蘭性德刻通志堂經解本　國圖　北大　科學　上海　南京

（存十九卷）

清康熙十九年通志堂刻乾隆五十年補修通志堂經解本　北大

清乾隆四庫全書館寫欽定四庫全書薈要本

清乾隆四庫全書館寫欽定四庫全書本

清同治十二年粤東書局重刻通志堂經解本　上海　遼寧　湖北

尚書句解十三卷　元朱祖義撰

元敏德書堂刻本　國圖

清康熙十九年納蘭性德刻通志堂經解本　國圖　北大　科學　上海　南京　湖北

清康熙十九年通志堂刻乾隆五十年補修通志堂經解本　北大

清乾隆四庫全書館寫欽定四庫全書本

清同治十二年粤東書局重刻通志堂經解本　上海　遼寧　湖北

中華再造善本影印元敏德書堂刻本

書經旁訓二卷　元李恕撰

明萬曆二十三年鄭汝璧田疇等山東刻五經旁訓本　故宫　中央教育科學研究所　天津

明萬曆二十四年陳大科刻五經旁訓本　北師大　南通

明萬曆三十七年程五甫新安刻五經旁訓本　北京市委　湖南

明崇禎二年彙錦堂刻五經旁訓本　遼寧　安徽博

清乾隆抄五經旁訓本　東北師大

書經旁訓二卷　元李恕撰　明朱鴻謨重訂

明萬曆十六年江西刻五經旁訓本　故宫

尚書二卷　明朱升旁注

明刻本　國圖　復旦

明刻本（清丁丙跋）　南京

尚書六卷

明刻本　復旦

書傳會選六卷　明劉三吾等選

明初刻本　國圖　上海（存五卷）　西安文管會

明嘉靖間趙府味經堂刻本　北大　人大　清華　科學　社科院文學所　上海　南京　浙江（清王紿蘭、蔡名衡跋）　河北大學　祁縣　吉大　甘肅　山東　江西　衡陽　四川　日公文書館　日東京大學　日尊經閣　日静嘉堂

清乾隆四庫全書館寫欽定四庫全書本

新編書義卓躍六卷　明陳雅言撰

明據正統汝州王氏刻本影抄本　日蓬左文庫

書經直指六卷　明徐善述撰

明成化二十年刻本　陝西

四庫全書存目叢書影印明成化刻本

書傳大全十卷書説綱領一卷圖一卷　明胡廣等撰

明内府刻本　南京

明天順八年書林王氏敬善堂刻本　日東京大學

明嘉靖七年書林楊氏清江書堂刻本　國圖

明嘉靖十一年書林劉氏明德堂刻本　南京

明萬曆三十三年書林余氏刻本　廣東社科院

明吴郡顧氏詩瘦閣刻本　日東京大學

明刻本　國圖　天津　上海　復旦　南京　福建　華南師大

明内府抄本　國圖

清初古吴菊仙書屋刻五經大全本　北大　上海　遼寧

清乾隆四庫全書館寫欽定四庫全書本

清朝鮮刻本　國圖　北大　上海　復旦

書説綱領一卷　明胡廣等輯

明内府刻本　南京

明天順八年書林王氏敬善堂刻本　日東京大學

明嘉靖七年書林楊氏清江書堂刻本　國圖

明嘉靖十一年書林劉氏明德堂刻本　南京

明萬曆三十三年書林余氏刻本　廣東社科院

明吴郡顧氏詩瘦閣刻本　日東京大學

明刻本　國圖　天津　上海　復旦　南京　福建　華南師大

明内府抄本　國圖

清初古吴菊仙書屋刻五經大全本　北大　上海　遼寧

清乾隆四庫全書館寫欽定四庫全書本

清朝鮮刻本　國圖　北大　上海　復旦

清朝鮮翻刻本　北大

書説綱領一卷　明胡廣等輯

明内府刻本　南京

明天順八年書林王氏敬善堂刻本　日東京大學

明嘉靖七年書林楊氏清江書堂刻本　國圖

明嘉靖十一年書林劉氏明德堂刻本　南京

明萬曆三十三年書林余氏刻本　廣東社科院

明吴郡顧氏詩瘦閣刻本　日東京大學
明刻本　國圖　天津　上海　復旦　南京　福建　華南師大
明内府抄本　國圖
清初古吴菊仙書屋刻五經大全本　北大　上海　遼寧
清乾隆四庫全書館寫欽定四庫全書本

申學士校正古本官板書經大全十卷首一卷末一卷　明胡廣等輯　明申時行校　明馮夢龍參閲
明建安書林余氏刻本　上海　南京　浙江　南通　福建師大　開封　廣東社科院　日篷左文庫　日東京大學

黄翰林校正書經大全十卷　明胡廣等編　清黄既飛校
清康熙五十年黄既飛校刻本　國圖

書傳通釋六卷　宋蔡沈集傳　明彭勗通釋　明董鏞音點
明宣德刻本　日尊經閣

書經大全不分卷　明葉向高編
明嘉靖清白堂刻本　國圖

書傳集解十二卷　明黄諫撰
明刻本(清丁丙跋)　南京

書經提要四卷　明章陬撰
明抄本　日大倉文化財團

書經章句訓解十卷　明尹洪撰
明成化十年晉府刻本　首都　科學
四庫未收書輯刊影印明成化十年晉府刻本

尚書考異五卷　明梅鷟撰
清乾隆四庫全書館寫欽定四庫全書本

尚書考異六卷
清嘉慶十九年蘭陵孫氏刻平津館叢書本　國圖　上海　復旦　南京
清道光五年朱琳立本齋刻本　國圖　北大　科學　天津　上海　南京　浙江　遼寧
清光緒十一年吴縣朱氏槐廬家塾刻平津館叢書本
清光緒十八年浙江書局刻本　國圖　天津　上海　南京　遼寧　湖北

尚書考異不分卷
明白雀山房抄本　國圖
清抄本　國圖
北京圖書館古籍珍本叢刊影印明白雀山房抄本

尚書譜不分卷　明梅鷟撰

明抄本　南京

四庫全書存目叢書影印明抄本

尚書譜五卷

清孔氏藤梧館抄本　國圖

清抄本　國圖

續修四庫全書影印清孔氏藤梧館抄本

北京圖書館古籍珍本叢刊影印清抄本

涇野先生尚書説要五卷　明吕柟撰

明嘉靖三十二年謝少南刻涇野先生五經説本　國圖　天一閣

明藍格抄本吕涇野五經説之二　上海

清道光三年刻吕涇野五經説本　北大

清咸豐八年宏道書院刻惜陰軒叢書續編本　北大

四庫全書存目叢書續修四庫全書影印明嘉靖三十二年謝少南刻涇野先生五經説本

尚書蔡注考誤一卷　明袁仁撰

清乾隆四庫全書館寫欽定四庫全書本

尚書砭蔡編

清道光三十年金山錢氏漱石軒據嘉慶南匯吴氏聽彝堂刻藝海珠塵原版增刻本

清道光十一年六安晁氏木活字印學海類編經翼本　湖北

清光緒十六年新會劉氏藏修書屋刻藏修堂叢書本

抄本　上海

尚書疑義六卷　明馬明衡撰

清乾隆四庫全書館寫欽定四庫全書本

清吴釗林抄本　遼寧

書經便注十卷　明蔡雲愛撰

明嘉靖四十年刻本　山東

書經敷言十卷　明馬森撰

明崇禎十一年馬際明重修本(清丁丙跋)　南京

明刻本　國圖

新刊書經批注分旨白文便覽六卷　明雷夢麟訓解　明林鴻儒定旨

明萬曆二十四年書林熊心禹刻本　重慶

尚書日記十六卷　明王樵撰

明萬曆十年于明照刻本　北大　人大　北京文物局　上海師大　南開

青島博　重慶
明萬曆二十三年刻本　國圖　日公文書館　日静嘉堂
明萬曆二十三年刻崇禎五年莊繼光補版印本　北師大　首師大　上海　湖北　三原　新疆大　福建　重慶
明萬曆二十五年青陽知縣蔡立身刻本　北大　科學　上海　南京　浙江　河南　重慶　紹興魯迅圖
清乾隆四庫全書館寫欽定四庫全書本

書帷别記四卷　明王樵撰
明萬曆王啓疆王肯堂等校刻本　國圖　天津　日尊經閣
四庫全書存目叢書影印明萬曆王啓疆等刻本

書經直解十三卷　明張居正等撰
明萬曆元年刻本　北大　科學　故宫　上海　浙江(清全祖望批校)　天一閣
明崇禎九年馬士奇淡寧居刻本　故宫　南京
明末大葉堂刻本　甘肅

古書世學六卷　宋豐稷正音　明豐慶續音　明豐熙集説　明豐坊考補
明抄本　湖北
清雲在樓抄本(清馮登府跋)　國圖
精抄本　國圖
四庫全書存目叢書影印明抄本

書經繹二卷　明鄧元錫撰
明萬曆三十五年刻五經繹本
明刻本　國圖

尚書會解六卷　明張治具撰
明萬曆十二年刻本　國圖　北大　上海　南大
明萬曆十五年晉江張氏刻本　北大
明萬曆李獻可等湖北刻本　北大
四庫未收書輯刊影印明萬曆刻本

新刊莆進士林二泉先生家傳書經精説十二卷　明林澄源撰
明隆慶四年熊氏種德堂刻本　日公文書館

書疏叢抄一卷　明王祖嫡撰
明王祖嫡稿本王司業雜著本

新鍥書經講義會編十二卷　明申時行撰　明李鴻編輯　明申用懋　申用嘉校訂
明萬曆二十六年徐銓刻本　上海　浙江　重慶　日東京都立圖書館

明萬曆刻金陵映旭齋藏版本　國圖　日尊經閣　日大倉文化財團　日東京都立圖書館

鐫彙附百名公帷中綮論書經講義會編十二卷　明申時行撰　明蔣方馨訂

明萬曆四十三年三衢書林王應俊刻本　北大　上海　復旦　日尊經閣　日東京大學

明王振華三桂堂刻本　山東師大

清光緒十八年關中書院刻本　南京　湖北

徽郡新刊書經講義不分卷　明程弘賓撰

明嘉靖四十三年新安程氏刻本　浙江

刻嘉禾鍾先生尚書主義傳心録十二卷　明鍾庚陽撰

明萬曆九年劉美刻後印本　國圖　科學

四庫未收書輯刊影印明萬曆九年劉美刻後印本

新刻鄧翰林訂正張先生書經舉業節解五卷　明張崇仁輯著　明鄧宗齡訂正

明萬曆十五年建邑書林鄭氏豪刻本　日蓬左文庫

重鍥初庵方先生書經集解十卷　明方揚撰

明萬曆二十四年張蒲刻本　安徽

尚書集解十卷　明孫繼有撰

明萬曆刻本　日尊經閣

尚書疏衍四卷　明陳第撰

明萬曆四十年會山樓刻一齋集本　國圖　北大　上海

清乾隆四庫全書館寫欽定四庫全書本

抄本　上海

尚書百家彙解八卷　明俞鯤輯

明萬曆刻本　國圖　江西博

玉茗堂書經講意十二卷　明湯顯祖著

明刻本　國圖

孫月峰先生批評書經六卷　明孫鑛撰　清劉熙載批點

明崇禎天益山刻本　上海　福建　重慶

書經疑問十二卷　明姚舜牧撰

明萬曆六年經堂刻五經疑問六十卷本　南京　復旦

明萬曆三十二年刻本　北大　上海　吉林社科院

明萬曆三十九年刻本　湖北

四庫全書存目叢書影印明萬曆三十二年刻五經疑問本

劉季子書經講意不分卷　明劉雨碩撰

明萬曆二十一年桂香館刻本　北師大　中山

新刻胡會魁纂輯書經講意冠玉八卷　明胡承詔撰

明萬曆刻本　日尊經閣

尚書要旨三十六卷　明王肯堂撰

明萬曆刻本　北大　浙江　南通　日尊經閣

四庫全書存目叢書影印明刻本

書經傳注十二卷　明李資乾撰

明天啓刻本　日尊經閣

書經删正十卷　明袁黄撰

明刻本　日尊經閣

尚書纂注六卷　明袁黄注

明刻本　日公文書館

尚書辨解十卷　明郝敬撰

明萬曆四十三年京山郝千秋郝千石刻九部經解本　科學　上海　復旦　南京　湖北　日京都府立綜合資料舘

清光緒十七年三餘草堂刻湖北叢書本　國圖　北大

四庫全書存目叢書、續修四庫全書影印明萬曆四十三年至四十七年郝千秋郝千石刻郝氏九經部解本

尚書別解八卷　明郝敬撰

抄郝氏九經解本

讀書一卷　明郝敬撰

明萬曆四十三年京山郝千秋郝千石刻九部經解本　科學

學古堂尚書雅言六卷　明盧廷選撰

明萬曆四十年刻本　上海圖書館　日蓬左文庫

新鍥會元玉蟠袁先生真傳書經翼衷演義十卷　明袁宗道撰

明書林詹沖泉刻本　重慶

尚書因五卷　明張彩輯

明刻本　北大

書經便蒙講意二卷　明夏長庚校

明萬曆三十九年熊沖宇刻本　日公文書館

尚書疑問五卷　明史記事撰

明萬曆刻本　日尊經閣

新鍥吴先生精傳書經萬世法程註十卷尾一卷　明吴亮撰
　　明余彰德刻本　日公文書館
尚書説統四十卷　明張雲鸞撰
　　明崇禎元年刻本　湖北　無錫　日公文書館
書經讀一卷　明陳際泰撰
　　抄本　上海
尚書揆一十六卷　明鄒期楨撰
　　清抄本　北大
　　四庫全書存目叢書影印清康熙九年抄本
尚書蠡四卷　明趙維寰撰
　　明崇禎八年刻本　上海師大
書傳會衷十卷　明曹學佺輯
　　明末刻本　遼寧　日公文書館
　　四庫全書存目叢書影印明末刻本
尚書傳翼十卷　明陸鍵撰
　　明刻本　清華　日東京大學
　　四庫全書存目叢書影印明刻本
書經彙解四十六卷　明秦繼宗撰
　　明萬曆四十一年楊鶴嘉興刻本　國圖　北大　科學　日公文書館
　　四庫未收書輯刊影印明萬曆刻本
書經大全疑問要解十二卷　明劉伸撰　明翁思慎等校
　　明刻本　日公文書館
尚書注考一卷　明陳泰交撰
　　清乾隆四庫全書館寫欽定四庫全書本
　　清道光二十七年番禺潘氏刻光緒補刻海山仙館叢書本
　　清光緒十年巴陵方氏廣東刻宣統元年印碧琳琅館叢書本　國圖
張太史纂著書經主意金丹六卷首一卷　明張鼎撰
　　明版築居刻朱藍套印本　日公文書館
新刻張侗初先生永思齋書經演十三卷　明張鼐撰
　　明坊刻本　南京
書經主意綱目六卷　明張鼐評訂　明陳台輯
　　明天啓七年吴郡周鳴岐刻朱墨黄色套印本　京分
精鐫尚書笥中利試題旨秘訣不分卷　明陳台撰
　　明天啓七年鄭氏奎璧堂套印本　天津

書經體注約解二卷　宋蔡沈集傳　明洪輔聖等約解
　清道光二十六年教忠堂刻本　復旦
書經體注約解不分卷
　清鑾江華書屋刻本　湖北
新鋟林會魁書經逢源集注六卷　明林銘鼎撰　明胡應臺校正
　明萬曆熊成治刻本　日熊谷大學
新刻虞會魁尚書便讀標旨書經六卷　明虞德隆撰
　明刻本　日公文書館
書經論文六卷　明艾南英評點
　清嘉慶刻本　國圖
尚書刪補五卷　明汪康謡撰
　明崇禎六年刻本　中山大
　明崇禎刻本　國圖
新鐫曾元贊書經發穎集注六卷　明曾楚卿撰
　明萬曆四十三年劉龍田忠賢堂刻本　國圖　北大
新刻金陵原板書經開心正解六卷　明胡素酙撰
　明萬曆熊成治刻本　日京都府立綜合資料館
書經補注六卷　明徐大儀撰
　明崇禎五年金陵聚奎樓刻本　河南
尚書晚訂十二卷　明史維堡　史元調輯
　明崇禎八年刻本　温州
　四庫全書存目叢書影印明崇禎八年刻本
新鐫尚書便覽五卷　明莊奇顯撰
　明萬曆四十七年刻本　日公文書館
尚書解意六卷　明李楨扆撰
　清順治九年郭之培刻本　北大　科學
　四庫全書存目叢書影印清順治九年郭之培刻書種樓印本
尚書宗印六卷　明汪漸磐撰
　明天啓三年刻本　上海
新刻汪會魁書經刪潤要言二卷　明汪漸磐撰　明陳萬言校
　明刻本　日公文書館
尚書副墨六卷　明楊肇芳撰　明楊胤奇刪補
　明崇禎四年集虚齋刻本　科學　復旦　日公文書館　日尊經閣
　四庫未收書輯刊影印明崇禎四年集虚齋刻本

楊維斗先生輯著書經宙合十一卷　明楊廷樞撰
　明刻本　日公文書館
尚書葦籥五十八卷　明潘士遴撰
　明崇禎十二年刻本　國圖　浙江　南京　大連　南京博　浙江　日公文書館　日尊經閣
　四庫全書存目叢書影印明崇禎刻本
新鐫何榜眼彙輯諸名家書經主意寶珠六卷　明何瑞徵輯
　明崇禎元年刻本　河南
尚書賽删正六卷　明程維時撰
　清雍正六年抄本　山東師大
書經注疏大全合纂五十九卷首一卷　明張溥撰
　明崇禎吴門舒濂溪刻本　北大　浙江
尚書八卷　明胡廷忠撰
　明崇禎尺五樓刻本　國圖
讀尚書略記一卷　明朱朝瑛撰
　明朱朝瑛稿本七經略記本
讀尚書略記三卷
　清抄本　國圖　浙江
　四庫全書存目叢書影印清鈔七經略記本
尚書制義獨斷不分卷　明顧敦撰
　清抄本　上海
書經螂嬛集注六卷　明李青撰
　明刻本　日公文書館
重刻書經螂嬛集註六卷　明李青撰
　明刻本　日公文書館　日尊經閣
便蒙删補書經翼七卷　明謝廷贊撰
　明崇禎刻長庚館藏版本　美哈佛燕京
　清刻本　國圖
　清刻本　湖北
書經近指六卷　清孫奇逢撰
　清康熙十五年趙氏一鶴軒刻本　國圖　北大　科學　天津　上海　南京　浙江　湖北　新鄉
　清康熙刻道光至光緒遞刻重印孫夏峰全集本
　四庫全書存目叢書影印清康熙十五年刻本

楊子書繹六卷　清楊文彩撰

清光緒二年仁和韓懿章寧都重刻本文起堂藏版　國圖　北大　湖北

清刻本　上海

四庫全書存目叢書影印清光緒二年文起堂重刻本

尚書集解二十卷　清孫承澤撰

清康熙十一年北平孫氏刻本　國圖

四庫全書存目叢書影印清康熙孫氏刻本

尚書埤傳十五卷首一卷末一卷補二卷考異一卷考異補一卷　清朱鶴齡輯

清康熙二十年吴江朱氏刻本　北大

清康熙濠上草堂刻本　國圖

尚書埤傳十五卷首一卷末一卷考異一卷　清朱鶴齡輯

清乾隆四庫全書館寫欽定四庫全書本

清抄本　上海(存卷一至五、十一至十五)

尚書埤傳補二卷　清朱鶴齡輯

清康熙二十年吴江朱氏刻本　北大　湖北

清康熙濠上草堂刻本　國圖

書經考異一卷　清朱鶴齡撰

清康熙二十年吴江朱氏刻本　北大

清康熙濠上草堂刻本　國圖　上海

清乾隆四庫全書館寫欽定四庫全書本

尚書考異補一卷　清朱鶴齡撰

清康熙二十年吴江朱氏刻本　北大

清康熙濠上草堂刻本　國圖

刻夏先生書經六卷　明夏允彝撰

明刻本　日公文書館

夏彝仲先生書經聽月十一卷　明夏允彝撰

明刻本　日尊經閣

書經直解四卷　清張爾岐撰

抄本　山東

尚書譜一卷　清黄希聲輯撰

清康熙清越居刻本　北大

書經要義六卷　清王建常撰

清雍正崇陽公署刻朝邑同義文會藏版本　國圖　科學

續修四庫全書影印清雍正崇陽公署刻本

書經集傳私考四卷　日本林恕鵞峰撰

日本林恕鵞峰稿本　日公文書館

日本抄本　國圖

書經稗疏四卷　清王夫之撰

清乾隆四庫全書館寫欽定四庫全書本

清道光二十二年新化鄧顯鶴長沙刻船山遺書本

清同治四年湘鄉曾國荃金陵節署刻船山遺書本　上海　南京

抄本　南京

書經稗疏二卷

清王嘉愷抄本　湖南

書經稗疏一卷

清道光吴江沈氏世楷堂刻昭代叢書本

尚書引義六卷　清王夫之撰

清道光二十二年新化鄧顯鶴長沙刻船山遺書本

清道光二十二年湘潭王氏守遺經書屋刻本　南京

清王嘉愷抄本　湖南

清抄本　運城

清同治四年湘鄉曾國荃金陵節署刻船山遺書本　國圖　科學　上海　南京　湖北

四庫全書存目叢書影印清同治三年刻船山遺書本

續修四庫全書影印清道光二十二年王氏守遺經書屋刻本

尚書體要六卷　清錢肅潤撰

清康熙二十二年趙侖刻本　上海　南京

四庫全書存目叢書影印清康熙刻本

古文尚書冤詞八卷　清毛奇齡撰

清康熙李塨等刻西河合集本

清乾隆三十五年鄧體元據康熙李塨等刻版修補重印西河合集本

清乾隆四庫全書館寫欽定四庫全書本

古文尚書定論四卷　清毛奇齡撰

清康熙李塨等刻西河合集本

清乾隆三十五年鄧體元據康熙李塨等刻版修補重印西河合集本

尚書廣聽録定論五卷　清毛奇齡撰

清康熙李塨等刻西河合集本

清乾隆三十五年鄧體元據康熙李塨等刻版修補重印西河合集本
清乾隆四庫全書館寫欽定四庫全書本

朱氏訓蒙書門六卷 清朱曰浚撰 清王澤弘正
清康熙黄大中抄本 湖北

尚書彙纂十二卷末一卷 清陸士楷輯
清康熙光裕堂刻本 南京
清光緒十二至十五年雅浦陸氏善慶堂家塾重刻本 北大 上海 湖北

尚書彙纂一卷
抄本 上海

尚書彙纂類句一卷 清陸士楷輯
清光緒十二至十五年雅浦陸氏善慶堂刻本 北大

尚書彙纂必讀十二卷 清陸士楷輯
清康熙十年五鳳堂刻本 國圖
清康熙十三年陸士楷居敬堂晉陵刻本 北大

書經疏略六卷 清張沐撰
清康熙十四至四十年耆蔡張氏刻五經四書疏略本
清康熙三十三年管竭忠刻本 北大 清華 科學
四庫全書存目叢書影印清康熙蓍蔡張氏刻五經四書疏略本

尚書外傳二卷 清程作舟撰
清康熙尃園刻藏書五種本

尚書古文辨一卷 清朱彝尊撰
清道光十一年六安晁氏木活字印學海類編經翼本 湖北
清道光十三年吴江沈氏世楷堂刻昭代叢書本
清道光咸豐間宜黄黄氏木活字排印遜敏堂叢書本
清光緒八至十三年間山陰宋澤元刻十三年彙印懺花庵叢書本 國圖

筆記書集傳十二卷 日本中村之欽撰 日本增田謙之校
日本文政元年刻五經筆記延生軒藏版本 國圖 北大 日東京都立圖書館

古文尚書考一卷 清陸隴其撰
清道光十年長州顧氏刻賜硯堂叢書新編本 上海
清道光十一年六安晁氏木活字印學海類編經翼本 湖北
清道光十三年吴江沈氏世楷堂刻昭代叢書本 國圖
清道光咸豐間宜黄黄氏木活字排印遜敏堂叢書本
清光緒八至十三年間山陰宋澤元刻十三年彙印懺花庵叢書本 國圖
清光緒十六年宗培等刻陸子全書本

四庫全書存目叢書影印清道光十一年六安晁氏木活字學海類編本本

書經圖不分卷　清牟欽元編輯

清雍正元年襄城常定遠致用堂刻五經全圖本

清雍正元年襄城常定遠致用堂刻清道光二十五年盱眙汪根敬重修五經全圖本　國圖

尚書古文疏證八卷附朱子古文書疑一卷　清閻若璩撰　清閻詠輯書疑

清乾隆十年眷西堂刻本　科學　上海　復旦　南京　浙江　湖北　山東　山西　貴州

清乾隆十年眷西堂刻同治六年錢塘汪氏振綺堂補刻本　國圖　北大　上海　天津　南京　湖北

清嘉慶元年吴氏天津重刻本　天津　上海　南京　湖北

清抄本　上海(存八卷)

清抄本　國圖

尚書古文疏證九卷(缺卷三)附朱子古文書疑一卷

清乾隆四庫全書館寫欽定四庫全書本

清光緒十四年南菁書院刻皇清經解續編本　天津　湖北　遼寧　山東

清光緒十五年上海蜚英館石印皇清經解續編本

尚書古文疏證五卷附朱子古文書疑一卷

清沈彤抄本　湖南

尚書口義六卷　清劉懷志撰

清乾隆九年大梁書院刻本　北京西城　上海

四庫全書存目叢書影印清乾隆八年大梁書院刻本

書經詳説七十六卷　清冉覲祖撰

清光緒七年大梁書局刻五經詳説本　北大

四庫全書存目叢書影印清光緒七年大梁書局刻五經詳説本

書經衷論四卷　清張英撰

清康熙二十一年刻本　國圖　天津　湖北

清乾隆四庫全書館寫欽定四庫全書本

清光緒二十三年桐城張氏重刻張文端集本　國圖

民國初至德周氏師古堂刻周氏師古堂所編書本　國圖　遼寧

尚書七篇解義二卷　清李光地撰

清康熙李氏教忠堂刻本　國圖

清乾隆元年李清植刻嘉慶六年補刻李文貞公全集本

清道光九年李維迪刻榕村全書本　北大　復旦

尚書七篇解義一卷
　清乾隆四庫全書館寫欽定四庫全書本
欽定書經傳説彙纂二十一卷首二卷書序一卷　清王頊齡等纂
　清康熙至乾隆内府刻御纂七經本　國圖　北大　科學　天津　上海　復旦　南京　遼寧
　清乾隆四庫全書館寫欽定四庫全書薈要本
　清乾隆四庫全書館寫欽定四庫全書本
　清同治六年浙江書局刻御纂七經本　國圖　復旦　遼寧　湖北
　清同治十年湖北崇文書局刻御纂七經本　國圖　湖北
　清同治十一年江西書局刻御纂七經本　湖北
　清光緒十四年江南書局刻御纂七經本　國圖　南京
　清光緒上海鴻文書局石印御纂七經本
欽定書經傳説彙纂二十三卷
　日本刻本　南京
書經心典六卷　清胡瑶光撰
　清康熙麗正堂刻本　南京
日講書經解義十三卷　清庫勒納等輯
　清康熙十九年内府刻本　國圖　北大　天津　上海　南京　復旦　遼寧
　清康熙三十年福建官刻本　北大
　清乾隆四庫全書館寫欽定四庫全書薈要本
　清乾隆四庫全書館寫欽定四庫全書本
書經釋義六卷　清李沛霖輯
　清乾隆八年刻古呈三槐堂藏版本　國圖
豐川今古文尚書質疑八卷　清王心敬撰
　清乾隆三年廣西潯州刻本　四川
愛日堂尚書注解纂要六卷　清吴蓮輯
　清乾隆十九年吴氏愛日堂刻本　國圖　北大　清華　科學　湖北　吉林社科院
　四庫全書存目叢書影印清乾隆十九年愛日堂刻本
尚書蒙引句解十卷　清夏允懷輯　清沈廷楨參正
　清康熙沈氏刻本　復旦
尚書家訓八卷　清董色起撰
　清康熙刻本　國圖
今文尚書説三卷　清陸奎勛撰
　清康熙五十三至五十四年自刻陸堂經學叢書本　北大

清乾隆刻本　北大　上海　南京　湖北

四庫全書存目叢書影印清乾隆刻本

古文尚書辨一卷　清陸奎勛撰

清乾隆刻本　北大　上海　南京　湖北

尚書劄記二卷　清朱亦棟撰

清光緒四年武林竹簡齋刻十三經劄記本

書經參義六卷　清姜兆錫撰

清雍正十二年寅清樓刻九經補注本　北大　科學　上海　南京

四庫全書存目叢書續修四庫全書影印清雍正十二年寅清樓刻九經補注本

尚書地理今釋一卷　清蔣廷錫撰

清乾隆四庫全書館寫欽定四庫全書本

清嘉慶二十二年孫嘉珍四世環秀堂刻本　國圖　南京　湖北

清嘉慶虞山張氏刻借月山房彙抄本

清道光三年上海陳璜據借月山房彙抄版重編澤古齋重抄本

清道光二十六年金山錢熙祚據借月山房彙抄版重編式古居彙抄本

清道光金山錢熙祚據借月山房彙抄版重編增刻指海本　遼寧

清道光吴江沈氏世楷堂刻昭代叢書本

清道光九年廣東學海堂刻皇清經解一千四百卷本

尚書約注四卷末一卷　清任啓運撰

清雍正八年寶弘堂刻本　湖北

清光緒十二年任道鎔刻本　國圖　科學　天津　上海　復旦　南京　浙江　遼寧　湖北

四庫未收書輯刊影印清光緒十二年刻本

尚書章句内篇五卷外篇二卷　清任啓運撰

清任啓運稿本　南開

清刻本　科學

深柳堂彙輯書經大全正解十二卷禹貢增删集注正解讀本一卷書經正解圖一卷　清吴荃彙輯

清康熙二十九年深柳堂刻本　國圖　北大　科學

莨墅説書不分卷　清陳震撰　清陳鈐輯

清同治三年陳紱麟刻本　南京

書經體注大全合參六卷　宋蔡沈集傳　清錢希祥輯注

清道光二十四年金昌緑蔭堂刻本　遼寧

清紫文閣刻光緒九年文英堂藏版本　北大

清兩儀堂刻本　遼寧
清友于堂刻本　國圖
清聚錦堂刻本　國圖
書經體注大全合參六卷附御纂經解　宋蔡沈集傳　清錢希祥輯注
清宣統三年上海掃葉山房石印本　北大
朱子古文書疑一卷　清閻咏輯
清乾隆十年眷西堂刻本　科學　上海　復旦　南京　浙江　湖北　山東　山西張穆校　貴州
清乾隆十年眷西堂刻同治六年錢塘汪氏振綺堂補刻本　國圖　北大　天津　上海　南京　湖北
清嘉慶元年吴氏天津重刻本　天津　上海　南京　湖北
尚書質疑三卷　清顧棟高撰
清乾隆刻本　國圖
清道光六年蔣廷瓚刻本　國圖　南京
四庫全書存目叢書影印清道光六年眉壽堂刻本
尚書質疑不分卷
清抄本　復旦
抄本　上海
尚書劄記一卷　清范爾梅撰
清康熙刻本　國圖
清雍正七年敬恕堂刻讀書小記本
尚書附義二卷　清李重華撰
清乾隆二十八年萬葉堂刻本　湖北　吉林社科院
尚書題炬□卷　清孫之騄輯
抄本　南京
尚書小疏一卷　清沈彤撰
清乾隆吴江沈氏刻果堂全集本　國圖　科學　上海　復旦
清道光九年廣東學海堂刻皇清經解一千四百卷本
清道光九年廣東學海堂刻咸豐十一年補刻皇清經解一千四百八卷本　遼寧　山東
清光緒十七年上海鴻寶齋石印皇清經解一百九十卷本
清光緒上海點石齋石印皇清經解一百九十卷本
四庫全書存目叢書、續修四庫全書影印清乾隆吴江沈氏刻果堂全集本
書經去疑六卷　清王文烜編輯
清乾隆四年古吴三樂齋刻本　北大

晚書訂疑三卷　清程廷祚撰
清乾隆三餘書屋刻本　浙江大
清道光二十七年方之湜刻本　北大　科學
清光緒十四年南菁書院刻皇清經解續編本　天津　湖北　遼寧　山東
清光緒十五年上海蜚英館石印皇清經解續編本
清光緒貴池劉氏刻聚學軒叢書本
清斡年堂刻朱印本　中山大
清抄本(過録清吴騫校)　北大
續修四庫全書影印清乾隆刻本

書經詮義十二卷首二卷　清汪烜集撰
清光緒七年婺源曲水書局刻紫陽書院藏版本　國圖　北大　復旦
清光緒七年婺源曲水書局刻二十三年長安趙舒翘等彙印汪雙池先生遺書本　國圖　南京　上海
清光緒二十四年刻本　南京

書經詮義十二卷首一卷
清愛日堂抄本　北大

尚書約旨六卷　清楊方達撰
清雍正乾隆武進楊氏複初堂刻楊符蒼七種本　國圖　人大　科學　南京　東北師大
四庫全書存目叢書影印清乾隆刻本

尚書通典略二卷　清楊方達撰
清雍正乾隆武進楊氏複初堂刻楊符蒼七種本　國圖　人大　科學　東北師大
四庫全書存目叢書影印清乾隆刻本

尚書選注正義讀本五卷　清高又光撰
清雍正十二年寶泓堂刻本　上海

尚書古義二卷　清惠棟撰
清乾隆三十八年益都李文藻刻乾隆五十四年曆城周氏竹西書屋重編印貸園叢書初集本　北大　山東
清嘉慶常熟蔣氏省吾堂刻省吾堂四種之九經古義本　國圖　北大　科學

尚書古義一卷
清道光吴江沈氏世楷堂刻昭代叢書本　國圖　北大　天津　遼寧　山東

古文尚書考二卷　清惠棟撰
清乾隆三十四年李文藻抄本　國圖

清乾隆五十七年讀經樓刻本　國圖　上海　南京　吉林社科院
清乾隆李溪亭抄本　山東博
清道光九年廣東學海堂刻皇清經解一千四百卷本
清竹因書塢抄本　山東博
清抄本　國圖
清抄本　科學
續修四庫全書影印清乾隆五十七年宋廷弼刻本

古文尚書考一卷

清道光吴江沈氏世楷堂刻昭代叢書本

尚書辨疑一卷　清劉青芝撰

清乾隆二十年刻劉氏傳家集本

尚書注疏考證一卷　清齊召南撰

清道光九年廣東學海堂刻皇清經解一千四百卷本
清道光九年廣東學海堂刻咸豐十一年補刻皇清經解一千四百八卷本　遼寧　山東
清光緒十七年上海鴻寶齋石印皇清經解一百九十卷本
清光緒上海點石齋石印皇清經解一百九十卷本
續修四庫全書影印清道光九年廣東學海堂刻皇清經解本

畏齋書經客難三卷首一卷　清龔元玠撰

清道光二十六年縣學文昌祠考棚公局刻十三經客難本　國圖
續修四庫全書影印清道光二十六年刻十三經客難本

書考辨二卷　清劉紹攽撰

清乾隆十六年劉氏傳經堂刻本　國圖　清華　北大
清同治十二年刻本　科學

尚書離句六卷　清錢在培輯解

清雍正五年原野草堂刻本　浙江
清嘉慶八年重刻本　南京
清同治二年宏道堂刻本　天津
清光緒四年越城聚奎堂刻本　復旦　科學
清光緒四年刻京都文成堂藏版本　國圖
清光緒十年刻立言堂藏版本　國圖
清光緒十二年聚元堂刻本　北大
清光緒十二年文英堂刻本　北大
清宣統三年上海掃葉山房石印本　北大

清李光明莊刻本　國圖

尚書評注六卷　清牛運震撰

清抄本　山東

壁經集解一卷　清陳奕蘭撰

清陳奕蘭稿本　天臺

尚書私學四卷　清江昱撰

清乾隆二十一年刻本　湖北　浙江

清抄本　國圖

一九四二年上海合衆圖書館抄本　上海

四庫全書存目叢書影印清乾隆刻本

心園書經知新八卷　清郭兆奎撰

清乾隆刻本　天津

四庫全書存目叢書影印清乾隆刻本

尚書可解輯粹二卷　清潘相撰

清嘉慶四年刻本　國圖　科學　南京

清刻潘相所著書本

尚書詁要四卷　清龍萬育輯

清道光五年敷文閣刻本　國圖　湖北

尚書考辨四卷　清宋鑒撰

清嘉慶四年刻本　國圖　北大　科學　上海　南京　浙江　湖北

民國初山西省文獻委員會鉛印山右叢書初編本　山東　天津

續修四庫全書影印清嘉慶四年刻本

尚書既見三卷　清莊存與撰

清乾隆五十八年刻本　北大

清道光莊綬甲寶研堂刻味經齋遺書本

續修四庫全書影印清乾隆五十八年刻本

尚書説二卷　清莊存與撰

清道光莊綬甲寶研堂刻味經齋遺書本

尚書釋天六卷　清盛百二撰

清乾隆十八年秀水李氏刻本　南京

清乾隆三十年李氏刻乾隆四十六年增刻本　北大　湖北

清乾隆三十九年任城書院刻本　國圖　科學　復旦　南京

清道光九年廣東學海堂刻皇清經解一千四百卷本

清道光九年廣東學海堂刻咸豐十一年補刻皇清經解一千四百八卷本　遼寧

山東

清光緒十七年上海鴻寶齋石印皇清經解一百九十卷本

續修四庫全書影印清乾隆十八年刻本

尚書釋天圖解三卷　清盛百二撰

清盛百二稿本　上海

尚書未定稿二卷　清茹敦和撰

清乾隆刻茹氏經學十二種本　國圖　科學

清道光刻本　上海

書傳鹽梅二十卷　清黄文蓮撰

清乾隆五十二年刻本　國圖　北大　清華　科學　復旦　浙江　遼寧　中山大(存卷一至十一)

四庫未收書輯刊影印清乾隆五十二年刻本

尚書補誼一卷　清江聲撰

清乾隆五十八年江氏近市居刻篆文本　天津　上海　復旦

尚書續補誼一卷　清江聲撰

清乾隆五十八年江氏近市居刻篆文本　天津　上海　復旦

尚書大傳三卷附録一卷備考一卷源委一卷補遺一卷　漢伏勝撰　漢鄭玄注　清董豐垣考纂

清乾隆九年董氏槐古齋刻本　國圖　科學　上海　復旦　浙江　湖北

尚書大傳備考一卷　清董豐垣撰

清乾隆九年董氏槐古齋刻本　國圖　北大　科學　上海　復旦　浙江　湖北

尚書大傳源委一卷　清董豐垣撰

清乾隆九年董氏槐古齋刻本　國圖　科學　上海　復旦　浙江　湖北

尚書大傳補遺一卷　清董豐垣撰

清乾隆九年董氏槐古齋刻本　國圖　科學　上海　復旦　浙江　湖北

書疑辨證存四卷　清黄烈撰

清黄烈稿本(清唐尊璋跋)　復旦

尚書後案三十卷　清王鳴盛撰

清乾隆四十五年禮堂刻本　國圖　北大　科學　天津　上海　復旦　南京　浙江　遼寧　湖北

續修四庫全書影印清乾隆四十五年禮堂刻本

尚書後案三十一卷

清道光九年廣東學海堂刻皇清經解一千四百卷本

清道光九年廣東學海堂刻咸豐十一年補刻皇清經解一千四百八卷本　遼寧
山東
清光緒十七年上海鴻寶齋石印皇清經解一百九十卷本
清光緒上海點石齋石印皇清經解一百九十卷本

尚書後辨一卷　清王鳴盛撰
清乾隆四十五年禮堂刻本　國圖　北大　科學　天津　上海　復旦　南京
浙江　遼寧　湖北
清光緒十三年大同書局石印本　北大　上海

尚書義考二卷　清戴震撰
清光緒貴池劉氏刻聚學軒叢書本　國圖
清抄本　國圖
續修四庫全書影印清光緒貴池劉氏刻聚學軒叢書本

尚書讀記一卷　清閻循觀撰
清乾隆三十八年韓夢周刻西澗草堂全集本　北大
四庫全書存目叢書影印清乾隆三十八年樹滋堂刻西澗草堂全集本

尚書小劄二卷　清郭夢星撰
清光緒二十一年濰縣郭氏刻寶樹堂遺書本　上海

尚書協異不分卷　清戴祖啓撰
清乾隆戴氏抄本　北大

尚書協異二卷
清嘉慶元年汾陽田畿刻資敬堂藏版本　國圖　科學　上海　天津　南京
續修四庫全書經部影印清嘉慶元年田畿刻本

尚書涉傳四卷　清戴祖啓撰
清乾隆刻本　國圖
清嘉慶元年汾陽田畿刻資敬堂藏版本　科學　南京　中山大
四庫未收書輯刊影印清嘉慶元年資敬堂刻本

尚書質疑二卷　清趙佑撰
清乾隆五十二年刻清獻堂全編本　國圖　上海
續修四庫全書影印清乾隆五十二年刻清獻堂全編本

尚書考六卷　清李榮陛撰
清嘉慶二十年亘古齋刻李厚岡集本　湖北
清道光刻李厚岡集本　北大
續修四庫全書影印清嘉慶二十年亘古齋刻李厚岡集本

尚書篇第一卷首一卷　清李榮陛撰
清嘉慶二十年亘古齋刻李厚岡集本　湖北

清道光刻李厚岡集本　北大

書經補篇一卷　清李榮陛撰

清嘉慶二十年亘古齋刻李厚岡集本　湖北

清道光刻李厚岡集本　北大

書經考略一卷　清張眉大撰

清道光刻海南雜著本　國圖

古文尚書冤詞補正一卷　清周春撰

張宗祥抄本並跋　國圖　浙江

清抄本　國圖

清藍絲欄抄本　國圖

續修四庫全書影印北清抄本

書經揭要六卷　清周蕙田輯録　清杜綱参訂　清許寶善閲定

清乾隆五十三年自怡軒刻本　北大　湖北

書經述六卷　清許祖京撰

清嘉慶十七年陔華堂刻本　上海　南京　浙江

清同治十三年刻本　科學　上海

四庫未收書輯刊影印清同治十三年許延穀刻本

書經批六卷　清董懋極撰

清乾隆三十一年刻夢花堂藏版本　國圖　北大　清華　河津縣圖書館

書經備旨七卷　清鄒聖脉纂輯

清光緒五年海陵書局刻本　南京

清光緒十二年上海點石齋石印五經備旨本

民國初上海大成書局石印本　復旦

書附記十四卷　清翁方綱撰

清末據翁方綱稿本抄本　復旦

古文尚書撰異不分卷　清段玉裁撰

清段玉裁稿本（清佚名録錢大昕校注　清臧庸籤注　吴重喜、葉景葵跋）上海

古文尚書撰異三十二卷

清乾隆七葉衍祥堂刻本　國圖　上海　福建　暨南大學　湖北

清乾隆道光間金壇段氏刻經韵樓叢書本　國圖

清道光九年廣東學海堂刻皇清經解一千四百卷本

清道光九年廣東學海堂刻咸豐十一年補刻皇清經解一千四百八卷本　遼寧　山東

清光緒十七年上海鴻寶齋石印皇清經解一百九十卷本

清光緒上海點石齋石印皇清經解一百九十卷本

續修四庫全書影印清乾隆道光間段氏刻經韻樓叢書本

古文尚書條辨五卷　清梁上國撰

清抄本　湖北

清末民國初抄本　國圖

續修四庫全書影印清抄本

尚書私説二卷　清倪上述撰

清乾隆刻本　國圖

古文尚書辨僞二卷　清崔述撰

清道光四年陳履和東陽刻崔東壁遺書本　國圖　上海

續修四庫全書影印清道光四年東陽縣署刻本

書經旁訓二卷　清徐立綱撰

清乾隆刻五經旁訓本　北大

書經增訂旁訓二卷　清徐立綱旁訓　清□□增訂

清乾隆吴郡張氏匠門書屋刻五經旁訓本　山東

書經增訂旁訓四卷

清乾隆四十七年金閶書業堂刻本　上海　山東

清乾隆五十二年金閶映雪草堂刻本　國圖　上海

清光緒八年遵古堂刻本　南京

清末南京狀元境李光明莊本　復旦

書經增訂旁訓辨體合訂四卷　清徐立綱輯

清三益堂刻本　復旦

清循陔堂刻本　北大

古文尚書十三卷　漢孔安國傳　日本冢田虎補注

日本寬政十三年刻本　北大

焚書收燼六卷附録一卷　日本諸葛蠡輯　日本二荒　日本清熙　日本赤羽恭校

日本寬政七年諸葛氏涵月樓刻本　北大　南京

日本寬政七年諸葛氏涵月樓刻寬政八年江户嵩山房小林新兵衛重印本　日宮城縣圖書館

尚書讀法五卷　清安吉纂輯

清乾隆四十八年刻本　科學

讀書質疑一卷　清安吉撰
　清安吉稿本　上海
夏時考六卷　清安吉撰
　清嘉慶十年安氏刻本　湖北
尚書偶記一卷　清汪德鉞撰
　清嘉慶刻本　國圖
　清道光十二年汪時漣長汀木活字印七經偶記本　南京
尚書地説一卷　清王謨撰
　清嘉慶金溪王氏刻重訂漢唐地理書抄本
　據重訂漢唐地理書抄傳抄本
尚書今古文考證七卷　清莊述祖撰
　清道光十六年武進莊氏脊令舫刻珍藝宧遺書本　國圖
　續修四庫全書影印清道光十六年刻珍藝宧遺書本
尚書記七卷　清莊述祖撰
　清光緒江陰繆氏刻雲自在龕叢書本　南京
　清抄本(清孫詒讓校)　浙江大學
尚書記九卷
　清譚儀抄本　國圖
尚書記校逸二卷　清莊述祖撰
　清光緒江陰繆氏刻雲自在龕叢書本　南京
書經精義四卷首一卷末一卷　清黄淦纂
　清嘉慶九年刻本　復旦
　清嘉慶十六年翼經堂刻本　國圖
書經精義旁訓四卷　宋蔡沈集傳　清徐立綱旁訓　清黄淦精義
　清光緒魏氏古香閣刻本　上海　復旦
書經旁訓增訂精義四卷首一卷　清徐立綱旁訓　清竺静甫　竺子壽增訂　清黄淦精義
　清嘉慶九年尊德堂刻七經精義本　上海　山東
　清嘉慶十三年同文堂刻七經精義本　遼寧　山東
　清嘉慶三讓堂刻本　山東
　清光緒五年掃葉山房刻七經精義本　天津
書經旁訓增訂精義四卷
　清光緒十年四明竺氏毓秀草堂刻五經旁訓增訂精義本

書經旁訓增訂精義不分卷
　清狀元閣刻五經旁訓增訂精義本　天津

書疑一卷　清馮至撰
　一九一七年排印諸暨馮氏叢刻本

尚書無逸集説辨證不分卷　清褚通經撰
　清嘉慶十三年渌水園刻本　湖北

尚書無逸考異一卷　清褚通經撰
　清嘉慶十三年渌水園刻本　湖北

尚書古文證疑四卷　清孫喬年撰
　清嘉慶十五年孫仝奭孫仝巖天心閣刻本　國圖　北大　科學　上海　南京　復旦　湖北
　四庫未收書輯刊影印清嘉慶十五年天心閣刻本

尚書異義四卷附尚書故訓别録一卷　清朱彬撰
　清末抄本　北大

尚書異義四卷附尚書故訓别録一卷是正文字一卷
　一九三一年抄本　國圖

尚書異義四卷
　抄本　南京

尚書故訓别録一卷　清朱彬撰
　清末抄本　北大
　一九三一年抄本　國圖

尚書今古文注疏三十卷　清孫星衍撰
　清嘉慶二十年蘭陵孫氏刻平津館叢書本　國圖(戴望校注)　北大　天津　上海　復旦(曹元弼校)　南京　浙江　湖北
　清光緒十一年吴縣朱氏槐廬家塾刻平津館叢書本　北大　天津
　續修四庫全書影印清嘉慶二十年孫氏冶城山館刻平津館叢書本

尚書今古文注疏三十九卷
　清道光九年廣東學海堂刻皇清經解一千四百卷本　復旦
　清道光九年廣東學海堂刻咸豐十一年補刻皇清經解一千四百八卷本　遼寧　山東
　清光緒十七年上海鴻寶齋石印皇清經解一百九十卷本
　清光緒上海點石齋石印皇清經解一百九十卷本

尚書今古文注三十卷　清孫星衍撰　清王闓運書
　清光緒五年丁寶楨刻本　國圖　北大　上海

清光緒五年刻一九一二年四川成都存古書局印本　國圖　上海　復旦　遼寧

尚書篇目表一卷　清孫星衍撰

清問字堂刻本　天津

尚書證五卷　日本高橋閔愼撰　日本瓜生惠迪校

日本享和三年刻本　上海　日東京都立圖書館

書經節解二卷　清蔣紹宗撰

清道光六年刻本　國圖

書説二卷　清郝懿行撰

清光緒八年東路廳署刻郝氏遺書本　國圖　天津　上海　南京　遼寧

同文尚書不分卷　清牟庭撰

清抄本　山東

續修四庫全書影印清抄本

同文尚書三十一卷

清抄本　山東

尚書蔡傳正訛六卷　清左眉撰

清同治十三年桐城方氏排印静庵遺集本

清末江南製造局鉛印本　科學

續修四庫全書影印清刻本

尚書蔡傳正訛三卷

清光緒鉛印本　上海

漢桑欽古文尚書説地理考逸一卷附中古文尚書　清王紹蘭撰

清蕭山王氏知足知不足館抄蕭山王氏十萬卷樓輯佚七種本

尚書因文六卷首末二卷　清武士選撰

清光緒十七年桂垣書局刻本　科學　上海　湖北

清光緒十八年關中書院刻本　湖北

清約六家塾刻本　國圖　北大　上海　南京

四庫未收書輯刊影印清光緒十七年桂垣書局刻本

尚書辨僞五卷　清唐焕撰

清嘉慶十七年果克山房刻本　國圖　科學　上海　湖北

四庫未收書輯刊影印清嘉慶十七年果克山房刻本

尚書補疏二卷　清焦循撰

清道光六年半九書塾刻焦氏叢書六經補疏本　國圖　首都　科學　上海　復旦

清道光九年廣東學海堂刻皇清經解一千四百卷本
清道光九年廣東學海堂刻咸豐十一年補刻皇清經解一千四百八卷本　遼寧　山東
清光緒二年衡陽魏氏刻焦氏叢書本
清光緒十七年上海鴻寶齋石印皇清經解一百九十卷本
清光緒上海點石齋石印皇清經解一百九十卷本
續修四庫全書影印清道光六年半九書塾刻焦氏叢書本

古文尚書辨八卷　清焦循撰
清道光甘泉黄氏刻清頌堂叢書本

書義叢抄四十卷　清焦循輯
清焦循稿本　國圖(存卷一至二、五、三十六至三十九)

書義叢抄殘卷
清焦循稿本　國圖

書經恒解六卷凡例一卷　清劉沅輯注
清同治十一年刻槐軒全書本　復旦
清光緒二年樂善堂刻本　上海
清光緒三十一年刻本　上海
清光緒虚受齋刻本　南京
清刻豫誠堂藏版本　國圖　南京　遼寧

書經互解一卷　清范士增撰
清嘉慶二十三年刻本　國圖

周易解尚書一卷　清范士增撰
清嘉慶二十三年刻本　國圖

詩經解尚書一卷　清范士增撰
清嘉慶二十三年刻本　國圖

禮記解尚書一卷　清范士增撰
清嘉慶四年刻本　國圖

四書解尚書一卷　清范士增撰
清嘉慶二十三年刻本　國圖

書經精華六卷　清薛嘉穎撰
清嘉慶二十四年薛氏光韙堂刻本　復旦
清道光七年刻姑蘇步月樓藏版本　北大　湖北
清道光七年姑蘇會文堂刻本　南京
清同治五年刻三益堂藏版本　國圖　遼寧

清咸豐十一年緯文堂刻本　遼寧
清光緒二年刻寧郡汲綆齋藏版本　國圖
清光緒五年崇文堂刻本　上海
清光緒十六年善成堂刻本　遼寧

增訂書經精華十卷首一卷
清光緒十一年魏朝俊古香閣刻增訂四經精華本　國圖　日國會　日東京都立圖書館

書經精華十卷首一卷
清光緒二十年學庫山房刻四經精華本　日國會　日東京都立圖書館

尚書證義二十八卷　清周用錫撰
清嘉慶二十一年刻本　國圖
清嘉慶友伏齋刻本　浙江
清末民國初抄本　國圖
續修四庫全書影印清嘉慶友伏齋刻本

尚書今文二十八篇解不分卷　清楊鍾泰撰
清道光十八年載德堂刻本　國圖　上海　北大　科學　南京　湖北
四庫未收書輯刊影印清道光十八年載德堂刻本

尚書講稿思問録二卷　清官獻瑶撰
清道光二年依園精刻本　國圖

尚書考十二卷　日本龜井昱撰
寫本　日國士舘大學

尚書考異三卷　清莊綬甲撰
清道光刻拾遺補藝齋遺書本

古文尚書勤王師三卷　日本山本信有撰
日本文政七年刻本　國圖　日東京都立圖書館

古文尚書考十三卷　清馬邦舉撰
清抄本　北大

尚書略考五卷　清馬邦舉撰
清抄本　南京

尚書今古文集解三十卷校勘記一卷　清劉逢禄撰　清劉葆楨　劉翰藻撰校勘記
清光緒十四年南菁書院刻皇清經解續編本　國圖　天津　南京　遼寧　山東　湖北
清光緒十五年上海蜚英館石印皇清經解續編本

清抄本　湖南

續修四庫全書影印清光緒十四年南菁書院刻皇清經解續編本

尚書今古文集解校勘記一卷　清劉葆楨　劉翰藻撰

清光緒十四年南菁書院刻皇清經解續編本　國圖　天津　南京　遼寧　山東　湖北

清光緒十五年上海蜚英館石印皇清經解續編本

清抄本　湖南

尚書略説二卷　清宋翔鳳撰

清嘉慶二十五年浮溪精舍刻本　國圖

清光緒十四年南菁書院刻皇清經解續編本　天津　湖北　遼寧　山東

清光緒十五年上海蜚英館石印皇清經解續編本

續修四庫全書影印清光緒十四年南菁書院刻皇清經解續編本

尚書纂義四卷　清闕涵撰

清嘉慶刻本　國圖

清光緒刻本　南京

尚書通考一卷　清式楹撰

清嘉慶刻本　國圖

尚書管窺四卷　清王汝謙撰

清王氏刻本　國圖

尚書讀法二卷　清王汝謙撰

清光緒二十年周南書院刻本　湖北

新刻書經備旨善本輯要六卷　清馬大猷輯

清嘉慶二十二年經正堂刻本　國圖　北大

清光緒二十二年書業德刻本　北大

清光緒二十三年益元書局刻本　北大

清光緒年刻善成堂藏版本　國圖

尚書集解三十卷　清卞斌撰

清卞斌稿本(清于鬯跋)　上海

民國初吴縣王氏學禮齋據清卞斌稿本抄本　復旦

續修四庫全書影印清卞斌稿本

書經精義彙抄六卷　清陸錫璞撰

清道光大盛堂刻本　南京

尚書伸孔篇一卷　清焦廷琥撰

清光緒十四年廣雅書局刻一九二〇年番禺徐紹棨彙編重印廣雅書局叢書本

國圖　天津　上海　復旦　南京　湖北

清光緒南陵徐氏刻積學齋叢書本　上海

書經批四卷　清雷學海撰

清咸豐六年刻本　國圖

尚書學四卷　清朱駿聲撰

清抄本　國圖

尚書古注便讀四卷　清朱駿聲撰

抄本　國圖

尚書古注便讀四卷　清朱駿聲撰　孫師轍校

一九三五年成都華西協合大學鉛印華西大學國學叢書本　國圖

四庫未收書輯刊影印一九三五年華西國學叢書活字本

尚書啓幪五卷　清黄式三撰

清光緒十一年刻本　科學

清光緒十四年定海黄氏家塾刻儆居遺書本　國圖　上海　南京　湖北

續修四庫全書影印清光緒十四年黄氏家塾刻本

釋書一卷　清何志高撰

清道光十八年刻西夏經義本

清光緒十四年刻西夏經義本

書經衷要十二卷　清李世穀撰

清道光十年南海葉夢龍風滿樓刻五經衷要本

書經説四卷　清陳世熔撰

清道光獨秀山莊刻求志居全書刻本　國圖

書古微□卷　清魏源撰

魏繇校抄本　南京博物院

書古微十二卷首一卷

清咸豐五年刻本　上海　日東京都立圖書館

清光緒四年淮南書局刻本　國圖　北大　日神户市立圖書館

抄本　上海

續修四庫全書影印北大藏清光緒四年刻本

書古微十二卷

清光緒十四年南菁書院刻皇清經解續編本　天津　遼寧　山東　湖北

清光緒十五年上海蜚英館石印皇清經解續編本

書蔡傳附釋一卷　清丁晏撰

清丁晏稿本　上海

清光緒十四年廣雅書局刻一九二〇年番禺徐紹棨彙編重印廣雅書局叢書本
尚書餘論一卷　清丁晏撰
清咸豐七年山陽丁氏六藝堂刻同治元年彙印頤志齋叢書本　國圖　南京
清光緒十三年吴縣朱氏槐廬家塾刻槐廬叢書本
清光緒十三年吴縣朱氏槐廬家塾刻孫溪朱氏經學叢書初編本
清光緒十四年南菁書院刻皇清經解續編本　天津　遼寧　山東　湖北
清光緒十五年上海蜚英館石印皇清經解續編本
續修四庫全書影印清咸豐七年刻本
尚書紀疑四卷首一卷　清張冕撰
清道光二十四年盅軒書屋刻本　上海
尚書注孔四卷首一卷　清張冕撰
清道光二十四年盅軒書屋刻本　上海
尚書述一卷　清淩堃撰
清道光吴興淩氏刻傳經樓叢書本　國圖
書繹一卷　清廖翱撰　清徐恕校
清同治真州張氏廣東刻榕園叢書本　國圖　湖北
尚書考疑一卷　淩鳴喈撰
清嘉慶道光間臨海洪氏傳經堂刻本　國圖
古文尚書私議三卷　清張崇蘭撰
清咸豐元年悔廬刻本　上海
清光緒二十三年陳克劬刻本　國圖　上海　南京
四庫未收書輯刊影印清光緒二十三年陳克劬刻本
尚書補缺一卷　清華長卿集注
清咸豐元年刻本　國圖　天津　科學
書今文解五卷　清苑世亨撰
清道光苑世亨稿本　北大
尚書後案駁正二卷　清王劼撰
清咸豐四年刻本　上海
清咸豐十一年巴縣王氏晚晴樓刻本　國圖　科學　天津　湖北
清咸豐十一年刻本
書義原古一卷　清張瓚昭撰
清道光十年蘭朋堂刻本　國圖
經笥質疑書義原古二卷　清張瓚昭撰　清杜貴墀校注
清光緒十一年蘭朋堂刻平江張氏家塾藏版本　科學　南京　湖北

四庫未收書輯刊影印清光緒十一年蘭朋堂刻本
書説五卷　清吴嘉賓撰
清咸豐十一年木活字印本　復旦
今文尚書經説考三十二卷敘録一卷首一卷　清陳喬樅撰
清道光刻左海續集本　北大　華東師大
清道光刻光緒八年林新圖印小琅嬛館叢書本　北大
清同治元年侯官陳氏江西刻本　國圖
續修四庫全書影印華東師大藏清刻左海續集本
今文尚書經説考三十八卷
清光緒十四年南菁書院刻皇清經解續編本　天津　遼寧　山東　湖北
清光緒十五年上海蜚英館石印皇清經解續編本
今文尚書敘録一卷　清陳喬樅撰
清道光刻左海續集本
清同治元年侯官陳氏江西刻本　國圖
尚書歐陽夏侯遺説考一卷　清陳喬樅撰
清同治元年侯官陳氏江西刻本　國圖
清光緒十四年南菁書院刻皇清經解續編本　天津　南京　遼寧　山東　湖北
清光緒十五年上海蜚英館石印皇清經解續編本
讀書經筆記一卷　清方潛撰
清光緒十五年方敦吉濟南刻毋不敬齋全書本
尚書今古文五藏説一卷　清胡廷綬撰
清光緒十一年儀徵吴氏刻蟄園叢刻本　國圖
尚書通義存卷六　七　清邵懿辰撰
清邵懿辰稿本（邵章跋）　國圖
清光緒二十三至二十六年刻鵠齋叢書本　國圖　南京
清抄本　國圖
書説摘要四卷　日本安井衡撰
日本大正十四年崇文院鉛印崇文叢書本　上海　日二松學舍大學　日鹿兒島大學
書説摘要不分卷
抄本　日龍野歷史文化資料館
書經集句一卷　清戴盤撰
清咸豐刻本　天津
書傳疑纂八卷　清戴鈞衡撰
清戴鈞衡稿本　國圖

清抄本　復旦

書傳補商十七卷　清戴鈞衡撰

清道光咸豐間桐城戴氏刻本　國圖　北大　上海　復旦　南京　湖北

清道光咸豐間刻同治七年印本　國圖　上海

續修四庫全書影印清刻本

尚書集説存卷二至三及補遺一卷　清高亮功輯

清高亮功稿本　上海

尚書集説補遺一卷　清高亮功輯

清高亮功稿本　上海

書經輯解存卷一至十三　清周道遵撰

清周道遵稿本　天一閣

尚書便解六卷　清陳據仁撰　清陳大勛續成

清同治三年刻本　湖北

尚書集義不分卷　清李祖望撰

清咸豐同治間李祖望手稿江都李氏所著書本　臺北央圖

尚書曆譜二卷　清成蓉鏡撰

清光緒十四年南菁書院刻皇清經解續編本　國圖　天津　湖北　遼寧　山東

清光緒十五年上海蜚英館石印皇清經解續編本

清光緒刻成氏遺書本

續修四庫全書影印清光緒刻成氏遺書本

尚書舊疏考證一卷　清劉毓崧撰

清光緒十四年南菁書院刻皇清經解續編本　國圖　北大　天津　上海　遼寧　山東　湖北

清光緒十五年上海蜚英館石印皇清經解續編本

清抄本　國圖(有墨筆眉批)

續修四庫全書影印清光緒十四年南菁書院刻皇清經解續編本

書經集傳異同商六卷　清郭嵩燾撰

抄本　國圖

書傳補義三卷　清方宗誠述

清同治四年刻本　國圖

清光緒二年桐城方氏刻柏堂遺書本　科學　上海

四庫未收書輯刊影印清光緒桐城方氏刻柏堂遺書本

讀尚書記一卷　清范泰衡撰

清同治七年刻本　國圖　科學　湖北

尚書易檢一卷　清周學濬撰

清末民國初抄本　國圖

讀書隨筆二卷　清楊樹椿撰

清光緒二十一年刻損齋遺書本　國圖

尚書篇誼正蒙四卷首一卷　清馬徵慶撰

一九一九至一九二三年印馬鍾山遺書本

尚書平議四卷　清俞樾撰

清光緒二十五年刻春在堂全書本　國圖

清光緒十四年南菁書院刻皇清經解續編本　天津　遼寧　山東　湖北

清光緒十五年上海蜚英館石印皇清經解續編本

達齋書説一卷　清俞樾撰

清光緒二十五年刻春在堂全書本　國圖

續修四庫全書影印清光緒二十五年刻春在堂全書曲園雜纂本

春輝樓尚書釋疑不分卷　清張鼎撰

清抄本　南京

尚書劄記四卷　清許鴻磐撰

清同治九年濟寧李福泰刻本　國圖　科學　浙江

讀書隨筆四卷　清吴大廷撰

清同治十二年刻本　國圖　北大　上海　浙江　湖北

欽定書經圖説五十卷附圖五百七十幅　清孫家鼐等撰　清詹秀林詹步魁繪圖

清光緒三十一年石印本　國圖　北大　天津　復旦　遼寧　湖北

欽定書經圖説附圖五百七十幅　清詹秀林　詹步魁繪

清光緒三十一年石印本　國圖　北大　天津　復旦　遼寧　湖北

古文尚書辨惑十八卷首一卷　清洪良品撰

清光緒洪良品稿本　湖北

清光緒洪良品稿本　國圖

清光緒十三年刻龍岡山人古文尚書本　北大　科學

清光緒十四年排印龍岡山人古文尚書本　上海　湖北

續修四庫全書影印清光緒十四年鉛印本

古文尚書釋難二卷　清洪良品撰

清光緒十三年刻龍岡山人古文尚書本　北大　科學

清光緒十四年排印龍岡山人古文尚書本　上海　湖北

續修四庫全書影印清光緒十四年鉛印本

古文尚書析疑一卷　清洪良品撰
清光緒十三年刻龍岡山人古文尚書本　北大　科學
清光緒十四年排印龍岡山人古文尚書本　上海　湖北
清抄本　天津
續修四庫全書影印北大藏清光緒十四年鉛印本
古文尚書商是一卷　清洪良品撰
清光緒十三年刻龍岡山人古文尚書本　北大　科學
清光緒十四年排印龍岡山人古文尚書本　上海　湖北
續修四庫全書影印清光緒十四年鉛印本
古文尚書辨惑輯説一卷　清洪良品撰輯
清洪良品稿本　北大
古文尚書剩言一卷　清洪良品撰
清洪良品稿本　國圖
尚書講義一卷　清黄以周撰　清黄家辰　黄家岱述
清光緒二十一年江蘇南菁講舍刻儆季雜著附録本　國圖　湖北　復旦
續修四庫全書影印清光緒二十一年南菁講舍刻本
尚書繹聞一卷　清史致准撰
清光緒刻史伯平先生所著書本　國圖　南京　湖北
尚書箋三十卷　清王闓運撰
清光緒二十九年刻湘綺樓全書本　國圖　上海　復旦　湖北
續修四庫全書影印清光鍺二十九年刻湘綺樓全書本
尚書大傳七卷　漢伏勝撰　漢鄭玄注　清王闓運補注
清光緒元和江氏湖南使院刻本
清光緒十一年靈鶼閣刻本　湖北
清光緒十二年成都尊經書院刻本　北大　湖北　遼寧
清光緒宣統間刻湘綺樓全書本　國圖
清光緒刻民國十二年匯印王湘綺先生全集本
續修四庫全書影印清光緒刻民國十二年匯印王湘綺先生全集本
尚書今古文注三十卷　清王闓運撰
清四川成都刻本　國圖
古文尚書正辭三十三卷　清吴光耀撰
清光緒十九年刻本　上海　復旦　南京　湖北
四庫未收書輯刊影印清刻本
尚書淺注六卷　清艾紫東撰
清艾紫東稿本　山東博

清抄誠正堂叢書本　山東博

枕葄齋書經問答八卷補習科七卷卷末　清胡嗣運撰

清光緒三十四年鵬南書屋木活字印本　國圖　北大　天津　湖北

枕葄齋書經問答補習科七卷卷末　清胡嗣運撰

清光緒三十四年鵬南書屋木活字印本　國圖　北大　天津　湖北

尚書古文辨惑二十二卷目録二卷　清張諧之撰

清光緒三十年張諧之宏農潜修精舍刻本　國圖　北大　科學　上海　天津　湖北

四庫未收書輯刊影印清光緒三十年潛修精舍刻本

尚書職官考略一卷　清王廷鼎撰

清光緒十三年刻本　國圖　南京

清光緒十七年刻紫薇花館集本

尚書職官考略表一卷　清王廷鼎撰

清光緒十三年刻本　國圖　南京

尚書故三卷　清吴汝綸撰

清光緒三十年王恩紱等刻桐城吴先生全書本　國圖　北大　上海　湖北

續修四庫全書影印清光緒三十年王恩紱等刻桐城吴先生全書本

寫定尚書二十八篇　清吴汝綸寫定

清光緒十三年桐城吴氏家塾刻本　上海

清光緒十八年吴氏家塾石印本　國圖　北大　天津　上海　復旦　南京　湖北

寫定尚書二十七卷

清光緒十八年桐城吴氏家塾刻本　國圖　天津

舊抄本(佚名校)　天津

尚書讀本二卷　清吴汝綸勘定

清光緒三十四年保陽書局鉛印本　國圖　天津　復旦　湖北

尚書孔傳參正三十六卷序例一卷異同表一卷　清王先謙撰

清光緒三十年虚受堂刻本　國圖　北大　科學　天津　上海　復旦　南京　遼寧　湖北

續修四庫全書影印清光緒三十年王氏虚受堂刻本

尚書孔傳參正序例一卷　清王先謙撰

清光緒三十年虚受堂刻本　國圖　北大　科學　天津　上海　復旦　南京　遼寧　湖北

尚書孔傳參正異同表一卷　清王先謙撰

清光緒三十年虚受堂刻本　國圖　北大　科學　天津　上海　復旦　南京

遼寧　湖北

尚書考八卷　清宋書升撰

清宋書升稿本　山東博

尚書要義不分卷　清宋書升撰

清宋書升稿本　山東博

尚書微一卷　清劉光蕡撰

民國初陝西通志館排印關中叢書本

一九二三年王典章思過齋金陵刻續刻烟霞草堂遺書本　國圖　上海

續修四庫全書影印一九二三年刻煙霞草堂遺書續刻本

尚書約注十二卷　清劉曾騄撰

清光緒末石印祥符劉氏叢書之五經約注本

尚書質疑一卷　清朱霈撰

清嘉慶辛酉望岳樓活字印本　國圖

讀尚書日記一卷　清余宏淦撰

清光緒十六年刻二十二年續刻學古堂日記本　國圖　天津

抄本　科學

四庫未收書輯刊影印民國北京人文科學研究所抄本

尚書騈枝一卷　清孫詒讓撰

一九二九年燕京大學印本　國圖　科學　上海　湖北

抄本　國圖

續修四庫全書影印一九二九年燕京大學鉛印本

尚書大傳疏證七卷　清皮錫瑞撰

清光緒二十二年善化皮氏刻師伏堂叢書本　國圖　科學　上海　湖北

遼寧

續修四庫全書影印清光緒二十二年刻師伏堂叢書本

尚書古文考實一卷　清皮錫瑞撰

清光緒二十二年長沙思賢講舍刻本　國圖　湖北

古文尚書冤詞平議二卷　清皮錫瑞撰

清光緒二十二年長沙思賢書局刻師伏堂叢書本　國圖　北大　科學　上海

南京　湖北

四庫未收書輯刊影印清光緒二十二年思賢書局刻本

尚書古文疏證辨正一卷　清皮錫瑞撰

清光緒二十二年長沙思賢講舍刻本　復旦　湖北

續修四庫全書影印清光緒二十三年思賢講舍刻本

今文尚書考證三十卷　清皮錫瑞撰

清皮錫瑞稿本　湖南師大

清光緒二十三年善化皮氏刻師伏堂叢書本　國圖　科學　天津　上海　南京　浙江　湖北

續修四庫全書影印清光緒二十三年刻師伏堂叢書本

今文尚書考證存十七卷

清皮錫瑞稿本　河北大學(存卷一至十、十三至十六、二十三至二十五)

香草校尚書四卷　清于鬯撰

清光緒刻本　國圖

正學堂尚書説一卷　清王仁俊撰

清王仁俊稿本　國圖

閬珊公手抄尚書不分卷　清阿彦遠撰

清阿彦遠抄本　北大

尚書集解二十九卷　清賀淇撰

清賀淇稿本　國圖

尚書日辰考證一卷　清陳侃甫撰

王大隆據清陳侃甫稿本抄本　復旦

尚書紀疑四卷　清黄冕撰

傳抄本　國圖

尚書約旨一卷　清黄惟恭撰

清道光三年刻本　國圖

亦囂廬刻本　科學

尚書經解雕玉一卷答問六篇　清黄輳撰

清抄本　國圖

尚書經解雕玉答問六篇　清黄輳撰

清抄本　國圖

讀書偶抄一卷　清蔣學鏞撰

清烏絲欄抄本　國圖

書經旁訓合璧六卷首一卷末一卷　清李繩撰

清光緒六年六一山房刻本　上海

尚書彙纂輯要六卷　清倪景模撰

清抄本　國圖

尚書印六卷　清沈瀚撰

清刻本　科學

書經疑一卷　清陶思曾撰
　清抄本　浙江
尚書說一卷　清萬宗琦撰
　清萬宗琦稿本　國圖
書經疑言一卷　清王庭植撰
　清刻本　國圖
尚書圖一卷　清楊魁植撰　清楊文源增訂
　清信芳書房刻本　國圖　遼寧
尚書定解二卷　清姚之鳳撰　清計飴孫編
　抄本　上海
尚書地名今釋不分卷　清張煥綸輯
　清張煥綸稿本　上海
古文尚書辨一卷　清張文嵐撰
　抄本　國圖
書經大義一卷　清楊壽昌撰
　廣州排印本　國圖
尚書集注述疏三十二卷首一卷末二卷讀書堂答問一卷　清簡朝亮撰　張子沂答問
　清光緒三十三年讀書堂刻讀書堂叢刻本　國圖　復旦
　續修四庫全書經部影印清光緒三十三年讀書堂刻本
讀書堂問答一卷　清張子沂撰
　清光緒三十三年讀書堂刻讀書堂叢刻本　國圖　復旦
尚書今文新義一卷　清廖平撰
　一九二一年四川存古書局彙印新訂六藝館叢書本
今文尚書要義凡例一卷　清廖平撰
　一九二一年四川存古書局彙印新訂六藝館叢書本
書經大統凡例一卷　清廖平撰
　一九二一年四川存古書局彙印新訂六藝館叢書本　國圖
尚書大統集解一卷　清廖平撰
　廖平稿本　浙江中醫藥研究所
書尚書弘道編一卷　清廖平撰　黃鎔筆述
　一九二一年四川存古書局彙印新訂六藝館叢書本　國圖
書經周禮皇帝疆域圖表四十二卷　清黃鎔編輯　清廖平審定
　一九一五年四川存古書局刻一九二一年彙印新訂六藝館叢書本　國圖　湖北

尚書傳箋五十卷　清劉體智撰
　清末劉體智稿本　科學
尚書商誼三卷　清王樹枏撰
　清光緒十一年文莫室刻本　國圖　上海　天津　南京　科學　湖北
　清光緒十五年刻本　國圖
　清光緒至民國初新城王氏刻陶廬叢刻本
　續修四庫全書影印清光緒十一年刻本
尚書大義三十六節不分卷　清宋文蔚撰
　民國初江蘇高等學堂石印本　上海
尚書誼詁八卷　清馬其昶撰　陳漢章補注
　稿本　科學
　續修四庫全書影印稿本
抱潤軒讀尚書記不分卷　清馬其昶撰
　馬其昶稿本　國圖
　馬其昶稿本　臺灣史語所
尚書舉要五卷　清陳衍撰
　一九一九年上海刻石遺室叢書本　國圖　湖北
尚書舉要總説一卷　清陳衍撰
　一九一九年上海刻石遺室叢書本　國圖　湖北
文王受命改元稱王辨證一卷　清蒯光典撰
　清光緒二十四年鍾衡抄本(鍾衡題記)　遼寧
尚書講義不分卷　清潘任輯
　清末鉛印本　湖北
尚書誼略二十八卷　清姚永樸撰
　清光緒三十一年合肥李氏刻集虚草堂叢書甲集本　國圖　湖北
尚書誼略叙録一卷　清姚永樸撰
　清光緒三十一年合肥李氏刻集虚草堂叢書甲集本　國圖　湖北
　續修四庫全書影印清光緒三十一年刻集虚草堂叢書甲集本
古文尚書鄭氏注箋釋四十卷　清曹元弼撰
　曹元弼稿本　復旦
　續修四庫全書影印曹元弼稿本
古文尚書鄭氏注叙録一卷　清曹元弼撰
　曹元弼稿本　復旦
古文尚書鄭氏注逸文一卷　清曹元弼輯
　曹元弼稿本　復旦

尚書要旨一卷　清馬貞榆撰

清光緒湖北存古學堂刻本　國圖

尚書課程二卷　清馬貞榆撰

清湖北存古學堂刻本　國圖

尚書課程三卷

清末刻兩湖文高等學校經學課程朱印本　湖北

古文尚書拾遺二卷　清章炳麟撰

一九三三年北平刻章氏叢書續編本

民國初油印本　南京

古文尚書拾遺定本一卷　清章炳麟撰

民國初章氏國學講習會鉛印本　國圖　上海　南京

太史公古文尚書説一卷　清章炳麟撰

一九三三年北平刻章氏叢書續編本

尚書句解考正不分卷　清徐天璋撰

清光緒韓紫石等刻本　湖北

民國初刻雲麓山房藏版本　國圖　上海　南京

尚書大義二卷　清吴闓生撰

一九二二年張慶開雷光顯都門刻本　國圖　上海　南京　遼寧　湖北

尚書大義一卷

一九二二年鉛印四存月刊第十三期本　湖北

定本尚書大義不分卷附古文僞書考書序考證尚書附録　清吴闓生纂述

一九四二年清苑郭氏鉛印雍睦堂叢書本　國圖　上海　湖北

尚書大義附録上周書四篇上古彝器銘四篇　清吴闓生輯

一九四二年清苑郭氏鉛印雍睦堂叢書本　國圖　上海　湖北

尚書衍義不分卷　清吴闓生撰

一九二八年鉛印蓮池講學院講義本　湖北

一九三〇年草升書院鉛印本　國圖

古文僞書考一卷　清吴闓生輯

一九四二年清苑郭氏鉛印雍睦堂叢書本　國圖　上海　湖北

尚書源流考一卷　清劉師培撰

一九三六年寧武南氏排印劉申叔先生遺書本　國圖

九州釋名一卷　清鮑鼎撰

民國初石印默廠所著書本　湖北

書經簡明白話解六卷首一卷　清陳善撰
清宣統三年中國圖書公司鉛印本　湖北
一九二四年上海群學書社石印本　國圖
一九三一年上海群學書社六版石印本　上海

尚書句讀二卷　清陳彦升撰
一九二一年賀維翰刻四川彭縣知困齋藏版本　北大　南京

墨子尚書古義二卷　清胡兆鸞撰
民國初鉛印本　國圖

書經管窺二卷　清李景星撰
一九二七年活字本　國圖

書經串釋四卷　清李佩精撰
一九三〇年鉛印本　國圖

尚書大傳禮徵五卷　清劉鑫耀撰
清宣統三年湘潭劉氏刻本　國圖　湖北

静修堂書經解不分卷　清仇景崙撰
舊抄本　國圖

尚書故三卷附録一卷　清王恩紱等集
清光緒三十年吴氏家刻本　天津

古文尚書辨八卷　清謝庭蘭撰
清光緒十八年刻本　國圖　天津　科學　上海　湖北(徐恕批)
清抄本　科學
四庫未收書輯刊影印清光緒刻本

讀尚書隅見十卷　清謝庭蘭撰
清光緒十年刻本　國圖
清光緒二十年刻本　南京

尚書瑣記不分卷　清尹恭保撰
尹恭保抄稿本　南京

尚書瑣記三卷
清光緒二十二年抱䣛山房刻本　上海　南京　湖北

書經講義六章　清周嵩年撰
清宣統元年石印本　科學

尚書義一卷　清朱尚撰
一九一八年鉛印廣倉學文會課藝本　湖北

三、分篇之屬

虞書箋二卷　明茅瑞徵撰

明崇禎五年刻本　國圖　北大　人大　科學　天津　上海　浙江　日公文書館　日東洋文庫

四庫全書存目叢書影印明崇禎刻本

虞書命羲和章解一卷　清曾釗撰

清同治二年南海伍氏粵雅堂刻嶺南遺書本　北大　華東師大

清同治六年南海伍氏粵雅堂文字歡娛室刻嶺南叢書本　國圖

續修四庫全書影印清同治二年南海伍氏粵雅堂刻嶺南遺書本

舜典補亡一卷　清毛奇齡撰

清康熙蕭山城東書留草堂刻本　國圖

清康熙李塨等刻版修補重印西河合集本

清乾隆三十五年鄧體元據康熙李塨等刻版修補重印西河合集本

清嘉慶南匯吴氏聽彝堂刻藝海珠塵本

四庫全書存目叢書影印清康熙刻西河合集本

禹貢一卷　清錢應桂校

清光緒七年錢應桂校刻本　上海

禹貢一卷　清王蔭善輯

抄本　上海

抄本　南京

禹貢九州制地圖論一卷　晉裴秀撰　清王謨輯

清嘉慶金溪王氏刻重訂漢唐地理書抄本

據重訂漢唐地理書抄抄本

禹貢指南四卷　宋毛晃撰

清乾隆四庫全書館寫欽定四庫全書薈要本

清乾隆四庫全書館寫欽定四庫全書本

清乾隆武英殿木活字印武英殿聚珍版書本　國圖　湖北

清乾隆浙江重刻武英殿聚珍版書本

清福建重刻乾隆武英殿聚珍版本　國圖

清乾隆四十二年福建重刻道光同治間遞修光緒二十一年增刻武英殿聚珍版書本　南京

清同治十三年江西書局重刻武英殿聚珍版書本

清光緒九年成都刻本　上海
清光緒二十五年廣雅書局重刻武英殿聚珍版書本
清光緒據武英殿聚珍版書重印勵志齋叢書本

禹貢論二卷後論一卷山川地理圖二卷　宋程大昌撰
宋淳熙八年泉州州學刻本　國圖
清康熙十九年納蘭性德刻通志堂經解本　國圖　上海　湖北
清康熙十九年通志堂刻乾隆五十年補修通志堂經解本　北大
清同治十二年粤東書局重刻通志堂經解本　上海　遼寧
清光緒十六年黄梅梅氏慎自愛軒刻清芬堂叢書本
中華再造善本影印宋淳熙八年泉州州學刻本

禹貢論五卷後論一卷
清乾隆四庫全書館寫欽定四庫全書薈要本
清乾隆四庫全書館寫欽定四庫全書本

禹貢後論一卷　宋程大昌撰
宋淳熙八年泉州州學刻本　國圖
清康熙十九年納蘭性德刻通志堂經解本　國圖　上海　湖北
清康熙十九年通志堂刻乾隆五十年補修通志堂經解本　北大
清乾隆四庫全書館寫欽定四庫全書薈要本
清乾隆四庫全書館寫欽定四庫全書本
清同治十二年粤東書局重刻通志堂經解本
清光緒十六年黄梅梅氏慎自愛軒刻清芬堂叢書本

禹貢山川地理圖二卷　宋程大昌撰
宋淳熙八年泉州州學刻本　國圖
清康熙十九年納蘭性德刻通志堂經解本　國圖　上海　湖北
清康熙十九年通志堂刻乾隆五十年補修通志堂經解本　北大
清乾隆四庫全書館寫欽定四庫全書薈要本
清乾隆四庫全書館寫欽定四庫全書本
清乾隆刻本　國圖
清道光金山錢熙祚刻指海本　遼寧
清同治十二年粤東書局重刻通志堂經解本
清光緒十六年黄梅梅氏慎自愛軒刻清芬堂叢書本

禹貢山川地理圖一卷
清嘉慶七年焦循手抄本　上海

禹貢説斷四卷　宋傅寅撰
清乾隆四庫全書館寫欽定四庫全書薈要本

清乾隆四庫全書館寫欽定四庫全書本
清乾隆武英殿木活字印武英殿聚珍版書本
清乾隆浙江重刻武英殿聚珍版書本
清乾隆四十二年福建重刻道光同治遞修光緒二十一年增刻武英殿聚珍版書本　國圖　南京
清嘉慶海虞張氏刻墨海金壺本
清道光二十四年錢熙祚以墨海金壺版重編增刻守山閣叢書本　遼寧　山東
清咸豐三年刻本　科學
清同治八年退補齋刻本　國圖　南京
清同治十三年江西書局重刻武英殿聚珍版書本

禹貢集解二卷　宋傅寅撰
宋刻元修本　國圖
清康熙十九年納蘭性德刻通志堂經解本　復旦
清康熙十九年通志堂刻乾隆五十年補修通志堂經解本　北大
清同治十二年粵東書局重刻通志堂經解本
清同治八年永康胡鳳丹退補齋刻金華叢書本　上海　復旦　南京　湖北
中華再造善本影印宋刻元修本

禹貢圖説一卷　宋吕祖謙撰　清嚴元照寫
一九二八年南京中社影印嚴元照手寫本　國圖　上海　復旦　遼寧　湖北

禹貢纂注一卷　明周用撰
清抄本　上海

書經禹貢節注一卷　明周用撰
清道光二十五年補讀樓刻本　上海

禹貢詳略一卷　明韓邦奇撰
明末刻本　陝西

禹貢説一卷　明鄭曉撰
明嘉靖四十三年書帶草廬刻本　上海
明萬曆二十六年項皋謨刻本　上海
清道光元年海昌馬氏校刻本　復旦
四庫全書存目叢書影印明嘉靖四十三年書帶草廬刻本

禹貢圖説一卷　明鄭曉撰
明萬曆二十四年項皋謨刻本　上海
清道光元年海昌馬氏校刻本　復旦
續修四庫全書影印明刻項皋謨校本

禹貢説長箋一卷　明鄭曉撰

明隆慶五年刻本　上海

明抄本　國圖

四庫全書存目叢書影印明抄本

禹貢要注一卷　明鄭曉編

清光緒十年古虞朱氏刻朱墨套印本　國圖　上海　復旦

續修四庫全書影印清光緒十年朱氏刻朱墨套印本

書經禹貢要注便蒙一卷　明鄭曉編注

清光緒十五年海寧刻本　國圖

禹貢鄭注一卷　明鄭曉撰

清光緒十年上海文藝齋刻本　上海

禹貢九州總歌一卷　明鄭曉撰

明萬曆二十六年項皋謨刻本　上海

禹貢圖説一卷　明袁黄撰

抄本　上海

禹貢備遺一卷　明胡瓚撰

清初刻本　國圖　甘肅

禹貢備遺二卷首一卷禹貢增注或問一卷　明胡瓚注　清胡宗緒增注

清乾隆四年重刻萬卷樓本　國圖

四庫全書存目叢書影印清初刻本

禹貢備遺增注或問一卷　清胡宗緒撰

清乾隆四年重刻萬卷樓本　國圖

禹貢彙疏十二卷考略一卷圖經二卷神禹別録一卷虞書箋二卷　明茅瑞徵撰

明崇禎五年刻本　北大　科學　天津　上海　浙江　日公文書館　日東京大學　日京都大學

四庫全書存目叢書續修四庫全書影印明崇禎刻本

禹貢考略一卷　明茅瑞徵撰

明崇禎五年刻本　北大　科學　天津　上海　浙江

神禹別録一卷　明茅瑞徵撰

明崇禎五年刻本　北大　科學　天津　上海　浙江

禹貢解一卷　明何楷撰

明崇禎四年刻本　日公文書館

禹貢合圖纂注一卷附録一卷　明鍾惺纂注　明艾南英圖注　明夏允彝合注

明末舒瀛溪刻本　國圖

禹貢圖注一卷　明艾南英撰

明刻本　國圖

清康熙二十七年費廣重刻本　上海

清道光十一年六安晁氏木活字印學海類編本

四庫全書存目叢書影印清道光十一年六安晁氏木活字印學海類編本

禹貢古今合注五卷圖一卷　明夏允彝撰　明李開鄴校

明崇禎吴門正雅堂刻本　國圖　北大　清華　北師大　科學　歷博　南開　上海　南京　浙江　福建　四川　内蒙古大學　蘇州　日公文書館　日尊經閣

四庫全書存目叢書續修四庫全書影印明刻本

禹貢古今合注一卷

清嘉慶二十一年夏汝珍刻本　上海

夏書禹貢廣覽三卷蓋載圖憲一卷　明許胥臣編

明崇禎六年刻本　北大　上海　天一閣　日東京大學

四庫全書存目叢書影印明崇禎刻本

禹貢山川郡邑考四卷　明王鑒撰

清抄本　國圖　南京(清丁丙跋)

四庫全書存目叢書影印清抄本

禹貢精要集一卷　明楊挺撰

明崇禎刻本　中科院民族所

新刊荆溪吴氏家藏禹貢大成録不分卷　明吴道泰輯

明末刻本　福建師大

禹貢集注一卷　明張後覺撰

清康熙五年茌平張愚刻茌邑三先生合刻本

禹貢山水清音一卷　明劉椿撰

清咸豐十年霞裹文閣刻本　國圖　南京

禹貢集注一卷　明劉崇慶撰

清咸豐十年霞裹文閣刻本　國圖　南京

楊廷樞先生禹貢秘訣一卷　明楊廷樞撰

清抄本　北大

許黄門尚書禹貢纂本秘傳一卷
清抄本 北大
韓子樂尚書禹貢纂本秘傳一卷
清抄本 北大
胡闇山尚書禹貢纂本秘傳一卷 題清胡瑶光撰
清抄本 北大
九州山水考三卷 清孫承澤撰
清康熙刻本 國圖
四庫全書存目叢書影印清康熙刻本
禹貢長箋十二卷 清朱鶴齡撰
清朱鶴齡稿本 上海
清乾隆四庫全書館寫欽定四庫全書本
清抄本 國圖
禹貢錐指二十卷略例一卷圖一卷 清胡渭撰
清康熙四十四年漱六軒刻本 北大 國圖 天津 上海 復旦 南京 浙江 湖北(清劉傳瑩批點) 遼寧 湛江等
清乾隆四庫全書館寫欽定四庫全書薈要本
清乾隆四庫全書館寫欽定四庫全書本
清道光九年廣東學海堂刻皇清經解一千四百卷本
清道光九年廣東學海堂刻咸豐十一年補刻皇清經解一千四百八卷本 遼寧 山東
清光緒十七年上海鴻寶齋石印皇清經解一百九十卷本
清光緒上海點石齋石印皇清經解一百九十卷本
禹貢錐指略例一卷 清胡渭撰
清康熙四十年漱六軒刻本 國圖 北大 天津 上海 復旦 南京 湖北(清劉傳瑩批點) 浙江 遼寧 湛江 群衆出版社 福建 厦門 建甌
清乾隆四庫全書館寫欽定四庫全書薈要本
清乾隆四庫全書館寫欽定四庫全書本
清道光九年廣東學海堂刻皇清經解一千四百卷本
清道光九年廣東學海堂刻咸豐十一年補刻皇清經解一千四百八卷本 遼寧 山東
清光緒十七年上海鴻寶齋石印皇清經解一百九十卷本
清光緒上海點石齋石印皇清經解一百九十卷本
禹貢錐指圖一卷 清胡渭撰
清康熙四十年漱六軒刻本 國圖 北大 天津 上海 復旦 南京 湖北

（清劉傳瑩批點）　浙江　遼寧　湛江　群衆出版社　福建　厦門　建甌
清乾隆四庫全書館寫欽定四庫全書薈要本
清乾隆四庫全書館寫欽定四庫全書本
清道光九年廣東學海堂刻皇清經解一千四百卷本
清道光九年廣東學海堂刻咸豐十一年補刻皇清經解一千四百八卷本　遼寧　山東
清光緒十七年上海鴻寶齋石印皇清經解一百九十卷本
清光緒上海點石齋石印皇清經解一百九十卷本
清抄本　復旦

禹貢錐指水道録一卷　清胡渭撰
清乾隆嘉慶抄本　北大

禹貢錐指精言録一卷　清胡渭撰
清乾隆嘉慶抄本　北大

禹貢錐指引古録一卷　清胡渭撰
清乾隆嘉慶抄本　北大

禹貢錐指節要一卷　清胡渭撰　清胡秉乾節要
抄本　南京

禹貢錐指節要一卷　清胡渭撰　清汪獻玗節要
清咸豐三年思輝堂刻本　國圖　科學　上海　復旦　南京　湖北
清同治九年群玉齋活字印本　南京　天津
胡秉幹抄本　南京
四庫未收書輯刊影印清咸豐三年家塾刻本

禹貢初輯一卷　清馬翮飛撰
清抄本　上海

禹貢正義三卷首一卷　清曹爾成撰
清乾隆十一年刻本　上海
清乾隆二十七年採芝堂刻本　北京文物局　上海　南京　湖北
清乾隆無錫曹峻刻本　國圖
四庫全書存目叢書影印清乾隆刻本

禹貢通解一卷　清邵璜輯
清抄本　上海
四庫全書存目叢書影印清抄本

禹貢翼傳一卷　清錢煆撰
抄本　南京

禹貢纂注一卷　清周天階撰
清康熙三十七年刻本　國圖
禹貢會箋十二卷首一卷　清徐文靖撰　清趙弁訂
清乾隆十八年淳溪趙文冕刻徐位山六種本　浙江　湖北
清乾隆十八年高淳趙弁刻志寧堂藏版本　國圖　科學　復旦　暨南大學
清乾隆四庫全書館寫欽定四庫全書本
清同治十三年慈溪何松常惺惺齋重刻本　北大　天津　上海　復旦　南京　浙江　湖北
清光緒二年志寧堂刻本　湖北
禹貢會箋山水總目一卷　清徐文靖撰　清趙弁訂
清乾隆十八年高淳趙弁刻志寧堂藏版本　國圖　科學　復旦　暨南大學
清同治十三年慈溪何松常惺惺齋重刻本　北大　天津　上海　復旦　南京　浙江　湖北
禹貢會箋圖一卷　清徐文靖撰　清趙弁訂
清乾隆十八年高淳趙弁刻志寧堂藏版本　國圖　科學　復旦　暨南大學
清同治十三年慈溪何松常惺惺齋重刻本　北大　天津　上海　復旦　南京　浙江　湖北
禹貢譜二卷　清王澍　金詾撰
清康熙四十六年積書巖刻本　國圖　北大　人大　北師大　科學　天津　上海　復旦　華東師大　南京　湖北　大連　陝西師大
清抄本　復旦
四庫全書存目叢書影印清康熙四十六年積書巖刻本
深柳堂禹貢增删集注正解讀本一卷　清吴荃彙輯
清康熙二十九年深柳堂刻本　國圖　北大　科學
禹貢臆參二卷　清楊陸榮撰
清乾隆七年刻楊潭西先生遺書本
四庫全書存目叢書影印清康熙乾隆刻楊潭西先生遺書本
禹貢方域考一卷　清湯奕瑞撰
清雍正十二年刻本　湖北
清抄本　國圖
四庫全書存目叢書影印清雍正十二年刻本
禹貢備遺補注一卷　清胡宗緒撰
清乾隆二年刻本　國圖
禹貢彙覽四卷總論一卷　清夏之芳撰
清乾隆十二年夏杏春刻積翠軒藏版本　國圖　北大　復旦　南京　浙江

清華

清乾隆刻修補印本　科學

四庫未收書輯刊影印清乾隆積翠軒刻補修本

禹貢彙覽總論一卷　清夏雲芳撰

清乾隆十二年刻本　上海　復旦

清乾隆刻修補印本　科學

禹貢三江考三卷　清程瑤田撰

清嘉慶刻通藝録本　國圖　上海師大

清道光九年廣東學海堂刻皇清經解一千四百卷本

清道光九年廣東學海堂刻咸豐十一年補刻皇清經解一千四百八卷本　遼寧
山東

清光緒十七年上海鴻寶齋石印皇清經解一百九十卷本

清光緒上海點石齋石印皇清經解一百九十卷本

一九三三年據清嘉慶刻通藝録本影印安徽叢書本

續修四庫全書影印清嘉慶刻通藝録本

禹貢山川考二卷　清李榮陛撰

一九一六年南昌豫章叢書編刻局刻豫章叢書本　國圖

禹貢解八卷　清晏斯盛撰

清乾隆新喻晏氏刻楚蒙山房集本　南京

四庫全書存目叢書影印清乾隆新喻晏氏刻楚蒙山房集本

禹貢圖解一卷　清沈大光删輯

清乾隆四十四年刻本　北大

禹貢地理古注考一卷　清孫馮翼撰

清嘉慶承德孫氏刻問經堂叢書本　國圖　天津　遼寧　浙江

禹貢注節讀一卷　清馬俊良撰

清乾隆五十四年端溪書院刻本　科學　天津　復旦　南京　浙江

抄本　上海

四庫未收書輯刊影印清乾隆端溪書院刻本

禹貢圖説一卷　清馬俊良繪

清乾隆五十四年端溪書院刻本　科學　天津　復旦　南京　浙江

禹貢地輿考一卷　清徐朝俊輯

清嘉慶四年刻本　上海

禹貢釋詁不分卷　清孫喬年輯

清道光五年孫同嚴校刻本　復旦

清道光五年高郵孫氏刻天心閣藏版本　國圖　科學　南京　湖北
四庫未收書輯刊影印清道光五年天心閣刻本

禹貢今釋二卷　清芮曰松撰
清道光八年涇縣潘氏求是齋刻本　國圖　北大　科學　復旦　浙江
四庫未收書輯刊影印清道光八年求是齋刻本

禹貢節便讀一卷　清朱麟書輯
清嘉慶十六年活字印本　天津

禹貢總志一卷　清朱麟書輯
清嘉慶十六年活字印本　天津

禹貢鄭注釋二卷　清焦循撰
清焦循稿本　天津
清嘉慶江都焦氏家刻本　國圖
清道光八年江都焦氏雕菰樓刻焦氏叢書本　復旦　南京
清道光八年受古書店刻本　南京
清光緒二年衡陽魏氏刻焦氏叢書本
清光緒十四年南菁書院刻皇清經解續編本　天津　湖北　遼寧　山東
清光緒十五年上海蜚英館石印皇清經解續編本
續修四庫全書影印清道光八年刻焦氏叢書本

禹貢揭要一卷　清姜信撰
清嘉慶十八年刻本　上海
羅振玉藏抄本　國圖

禹貢分箋七卷　清方溶撰
清嘉慶二十四年銀花藤館刻本　國圖　北大　南京
清嘉慶二十四年銀花藤館刻道光二年補刻本　湖北
清道光二年銀花藤館刻本　北大　科學

禹貢傳注節訓一卷　清方溶纂
清嘉慶二十四年銀花藤館刻本　北大
清道光三年銀花藤館刻本　上海　南京
清光緒二十六年吴傳鈺抄本　南京

禹貢全圖考正一卷　清趙庭策輯
清嘉慶二十五年刻集益堂藏版本　國圖

禹貢讀二卷　清蔡世鈸撰
清道光十年刻味蕉小寮集本　湖北

禹貢孔正義引地理志考證一卷　清朱爲弼撰
清朱爲弼稿本　朱菽堂家藏稿本

禹貢指掌一卷　清闞涵撰

清道光二十八年刻本　國圖

禹貢便讀二卷　清吴墀注

清道光七年師善堂刻本　上海　天津　南京

清光緒三年蘇州(重刻本)　上海

禹貢便讀二卷　清吴墀撰　清青雲史氏補

清抄本　上海

禹貢水道考異南條五卷首一卷北條五卷首一卷　清方堃撰

清道光四年紫霞仙館刻本　國圖　南京　浙江

清光緒十七年務本書局刻本　南京

清光緒二十年湖南書局刻本　國圖

禹貢示掌一卷　清尤逢辰輯

清道光十五年棣萼山房刻本　國圖　上海　南京　湖北

禹貢注一卷　清吴山嘉輯

抄本　上海

禹貢精義新抄二卷　清張鉞撰

清道光十九年刻本　復旦

禹貢便蒙二卷　清張鉞彙纂

清道光十四年荆花書屋刻本　國圖　復旦

禹貢説二卷　清魏源撰

清同治六年方浚頤廣州刻本碧玲瓏館藏版　國圖　北大　科學　復旦　南京　湖北

續修四庫全書影印清同治六年方氏碧玲瓏館刻本

禹貢因一卷　清沈練撰

清光緒十八年溧陽沈氏歸安縣署刻本　國圖　科學　天津　上海　復旦　南京　湖北

禹貢彙詮一卷　清沈練纂

清同治元年平陵沈氏家塾刻本　湖北

禹貢訓蒙一卷　清沈練輯

清道光二十六年沈練抄本　北大

禹貢集釋三卷　清丁晏撰

清咸豐七年山陽丁氏六藝堂刻同治元年彙印頤志齋叢書本　國圖　上海　天津　遼寧　山東

續修四庫全書影印清同治山陽丁氏六藝堂刻本

禹貢集釋三卷　清丁晏撰　清潘德興跋
　清枕經閣抄本　上海
禹貢錐指正誤一卷　清丁晏撰
　清咸豐七年山陽丁氏六藝堂刻同治元年彙印頤志齋叢書本　國圖　天津　上海　遼寧　山東
　清光緒十四年南菁書院刻皇清經解續編本　天津　遼寧　山東　湖北
　清光緒十五年上海蜚英館石印皇清經解續編本
　續修四庫全書影印清同治山陽丁氏六藝堂刻本
禹貢蔡傳正誤一卷　清丁晏撰
　清咸豐七年山陽丁氏六藝堂刻同治元年彙印頤志齋叢書本　國圖　天津　上海　遼寧　山東
　續修四庫全書影印清同治山陽丁氏六藝堂刻本
禹貢輯注一卷　清劉師安輯
　清劉師安稿本　上海
禹貢易解一卷　清鄭大邦撰
　清道光二十六年梅花書屋本活字印本　國圖　科學　上海
增釋禹貢傳注郡邑今名八卷　清王景曾撰
　一九二三年王曾武油印本　國圖　北大　復旦　南京　徐州師大
禹貢水道析疑二卷　清張履元撰
　清道光五年刻本味古齋藏版　國圖
禹貢新圖説二卷敘録一卷　清楊懋建撰
　清同治六年廣州方濬頤碧玲瓏館刻本　國圖　北大　科學　上海　復旦　南京　湖北
禹貢新圖説敘録一卷　清楊懋建撰
　清同治六年廣州方濬頤碧玲瓏館刻本　國圖　北大　科學　上海　復旦　南京　湖北
禹貢輯注一卷　清余宗英輯
　清一經堂刻本　國圖　上海
胡氏禹貢錐指勘補十二卷　清姚燮撰
　清姚燮稿本　天一閣
禹貢述略六卷首一卷　清李臧撰
　清李臧稿本　浙江
禹貢圖一卷　清陳澧撰
　清光緒十四年南菁書院刻皇清經解續編本　天津　遼寧　山東　湖北

清光緒十五年上海蜚英館石印皇清經解續編本

禹貢山水彙抄二卷　清蕭光遠編

清光緒元年鹿山草堂刻本　國圖

禹貢班義述三卷　清成蓉鏡撰

清光緒十四年南菁書院刻皇清經解續編本　天津　遼寧　山東　湖北

清光緒十五年上海蜚英館石印皇清經解續編本

清光緒刻成氏遺書本

禹貢班義述三卷附漢麋水入尚龍溪考一卷

清光緒十一年刻本　國圖　北大　科學　天津　上海　南京　復旦　湖北

清光緒十四年廣雅書局刻一九二〇年番禺徐紹棨彙編重印廣雅書局叢書本　國圖　天津　上海　復旦　南京

續修四庫全書影印清光緒十四年廣雅書局刻本

禹貢圖說四卷　清周之翰撰

清同治四年鐵筆齋刻本　國圖

禹貢古今注通釋六卷　清侯楨輯

清咸豐元年古杼秋館刻本　國圖　北大　上海

清光緒六年古抒秋館活字印本　國圖　北大　天津　南京　浙江　湖北

一九一四年古杼秋館木活字本　上海　遼寧

四庫未收書輯刊影印清光緒六年侯複曾古杼秋館活字本

禹貢水道便覽一卷　清張先振輯

清同治六年漢陽張氏家塾刻本　國圖　科學　上海　湖北

禹貢川澤考二卷　清桂文燦撰

清光緒十二年利華印務局石印本　上海　南京　湖北

清光緒十三年廣東十八甫森寶閣鉛印本　國圖　上海　湖北

清光緒二十二年刻本　國圖

禹貢正詮四卷　清姚彥渠輯

清同治九年刻本　上海　湖北

清光緒十一年姚丙吉刻本　國圖　科學　上海　復旦　南京

四庫未收書輯刊影印清光緒十一年姚丙吉刻本

春輝樓禹貢地理舉要一卷　清張鼎撰

一九四八年海鹽周昌國等排印春輝樓叢書本

禹貢山水詩八卷　清崔君晦撰

清同治三年長沙刻本　南京

四庫未收書輯刊影印清同治三年長沙刻本

禹貢山水詩九卷
清刻本　科學
禹貢説一卷　清倪文蔚撰
清光緒十四年南菁書院刻皇清經解續編本　國圖　上海　天津　遼寧　山東　湖北
清光緒十五年上海蜚英館石印皇清經解續編本
續修四庫全書影印清光緒十四年南菁書院刻皇清經解續編本
禹貢鄭注略例一卷　清何秋濤撰
清光緒十四年南菁書院刻皇清經解續編本　天津　上海　遼寧　山東　湖北
清光緒十五年上海蜚英館石印皇清經解續編本
清光緒刻一鐙精舍稿本　國圖
續修四庫全書影印清光緒十四年南菁書院刻皇清經解續編本
禹貢翼傳便蒙一卷　清袁自超輯
清光緒五年金陵李光明家書莊刻本　國圖　上海　南京　湖北
禹貢章句四卷圖説一卷　清譚澐撰
清咸豐九年刻本　國圖
清同治元年刻本　科學
清光緒五年味義根齋刻味義根齋全書本　國圖　北大　上海
四庫未收書輯刊影印清同治九年譚氏家塾刻本
禹貢便讀二卷　清顧觀光撰
清光緒元年金山顧深杏林書屋刻本　上海　南京　湖北
禹貢易知編十二卷　清李慎儒撰
清光緒二十五年丹徒李氏刻本　國圖　北大　科學　上海　復旦　南京　浙江　湖北
續修四庫全書影印清光緒二十五年刻本
考正德清胡氏禹貢圖一卷　清陳宗誼撰
清同治二年刻番禺陳氏東塾叢書本　國圖　上海
禹貢本義一卷　清楊守敬撰
清光緒三十二年楊守敬鄂城菊灣刻本　國圖　北大　科學　天津　上海　南京　遼寧　湖北
續修四庫全書影印清光緒三十二年刻本
禹貢便蒙一卷　清閔寶樑輯
清光緒七年活字印本　南京
禹貢選注一卷　清吴昔巢撰
清光緒八年刻本　國圖

禹貢選注讀本一卷　清朱元慶校
清光緒八年刻本　國圖
增訂夏書禹貢注讀不分卷　清徐鹿蘋輯
清光緒四年上洋集成堂刻本　國圖　天津　湖北
禹貢九州今地考二卷　清曾廉撰
清光緒刻邵陽曾氏三種本　國圖　北大　浙江　湖北
續修四庫全書影印清光緒三十二年刻本
禹貢圖注彙纂一卷　清鄭言紹輯
清光緒二十一年憩園刻本　上海　復旦
禹貢讀本二卷　清陳士翹輯
清光緒刻本　上海　復旦
禹貢集注一卷　清陳杏生輯
清抄本　上海
禹貢析疑一卷　清顧炳嶸撰
清抄本　天津
禹貢水道論一卷　清闞遠光撰
清道光八年九經閣刻本　南京
禹貢地名集説二卷　清洪符孫撰
吴縣王氏學禮齋抄稿本　復旦
抄本　國圖
禹貢彙解六卷首一卷　清洪兆雲撰
清光緒二十八年刻本　國圖　科學
四庫未收書輯刊影印清光緒二十八年洪良猷刻本
禹貢山川圖考不分卷　清胡南熏撰
清道光刻本　湖北
禹貢山川便覽不分卷　清蔣華蓮撰
清宣統二年崇文閣印刷廠鉛印本　湖北
禹貢九江三江考不分卷　清榮錫勛撰
清光緒刻本　湖北　國圖
禹貢詳注二卷　清時樞注
當湖孫氏雪映廬抄本　上海
禹貢紀聞十五卷首一卷　清時興蘭撰
清鄭顯煜抄本　上海
禹貢通釋十三卷　清童顔舒撰
一九二三年洋縣劉定鐸刻本　國圖　北大　科學　南京

尚書禹貢篇注一卷　清吴良貴輯並書
　　清宣統二年影印吴鳳梧手寫本　國圖　南京　湖北
禹貢今注一卷　清閻寶森撰
　　清宣統三年琉璃廠鉛印本　國圖　天津　復旦
禹貢黑水西河惟雍州考一卷　清周松年撰
　　清光緒周松年稿本　國圖
禹貢集成不分卷　清周鏞撰
　　清抄本　南京
禹貢正解一卷圖表一卷　清朱鎮撰
　　清光緒三十年刻知止軒家塾藏版本　國圖　科學　天津　上海　復旦　南京　浙江　湖北
禹貢水利利害詳注一卷　李以炳撰
　　民國初鉛印本　復旦
禹貢水河雲夢解一卷　李以炳撰
　　民國初鉛印本　復旦
禹貢真詮不分卷　吴國圻撰
　　一九四八年鉛印本　國圖　復旦
禹貢纂注稿本一卷　鮑以烔撰
　　一九一九年南求沈近勇抄本　南京
周書金氏注六卷　宋金履祥撰
　　清瞿氏恬裕齋抄本　國圖
周書年表一卷　清馬肇元撰
　　清道光刻本(馬其昶校)　國圖
周書年月考二卷　清馬肇元撰
　　清道光刻本(馬其昶校)　國圖
周書雜論一卷　魏元曠撰
　　一九三三年刻魏氏全書本
大誓答問一卷　清龔自珍撰
　　清道光八年杭州愛日軒陸貞一仿宋刻本　天津
　　清道光十二年杭州愛日軒陸貞一仿宋刻本　上海　南京　湖北
　　清同治五年趙之謙二金蝶堂抄本　北大
　　清同治六年吴縣潘氏刻滂喜齋叢書本
　　清光緒八年刻後知不足齋叢書本
　　清光緒十四年南菁書院刻皇清經解續編本

洪範五行傳一卷　漢劉向撰　清王謨輯
清嘉慶三年金溪王氏刻漢魏遺書抄本
洪範五行傳三卷　漢劉向撰　清陳壽祺輯
明崇禎十五年采隱山居刻增定漢魏六朝別解本
清嘉慶道光刻陳紹墉補刻左海全集本　湖北
清道光廣州刻本　南京
洪範五行傳一卷　漢劉向撰　清黄奭輯
清道光甘泉黄氏刻光緒印漢學堂叢書本　天津
清道光甘泉黄氏刻一九二五年王鑒修補重印黄氏逸書考本
清道光甘泉黄氏刻一九三四年江都朱長圻修補重印黄氏逸書考本
洪範口義二卷　宋胡瑗撰
清乾隆四庫全書館寫欽定四庫全書本
清嘉慶海虞張氏刻墨海金壺本
清道光咸豐間大梁書院刻一九二二年補刻一九二三年重印經苑本
清同治間番禺李氏抄反約篇本
清同治間真州張氏廣東刻一九一三年重修榕園叢書甲集本
民國四明張氏約園刻四明叢書本
洪範統一一卷　宋趙善湘撰
清抄本(清丁丙跋)　南京
定正洪範集説一卷　元胡一中撰
明抄本　天一閣
四庫全書存目叢書影印明抄本
定正洪範集説一卷首一卷
清康熙十九年納蘭性德刻通志堂經解本　國圖　北大　科學
清康熙十九年通志堂刻乾隆五十年補修通志堂經解本　北大
清同治十二年粵東書局重刻通志堂經解本　上海　遼寧　湖北
定正洪範二卷　元胡一中撰　清劉克柔輯録補注
清嘉慶十二年劉克柔稿本　遼寧
洪範圖解一卷　明韓邦奇撰
明嘉靖十九年渭野樊得仁刻性理三解本
清乾隆刻性理三解本
洪範原數一卷　明吕調陽撰
清光緒十四年葉長高刻觀象廬叢書本　國圖
洪範淺解十一卷　明程宗舜撰
明嘉靖朱靖刻本　日蓬左文庫

洪範淺解不分卷
明抄本　日尊經閣
洪範明義二卷初一卷終一卷　明黄道周撰
明崇禎十六年漳州刻本　北大　日公文書館
明末抄本　四川
清初抄本　北大
清乾隆四庫全書館寫欽定四庫全書本
洪範明義八卷
明刻鍥黄先生進覽書四種本
洪範明義二卷初一卷終一卷　明黄道周撰　清鄭開極重訂
清康熙三十二年浙江晉安鄭開極刻石齋先生經傳九種本　北大　上海　南京
清康熙三十二年浙江晉安鄭開極刻道光二十八年長州彭藴章補刻石齋先生經傳九種本　北大
黄先生洪範明義四卷終一卷　明黄道周撰　清李清訂　清盧之頤較
清末民國初刻本　國圖
洪範經傳集義一卷　清孫承澤撰
清刻本　南京
洪範正論五卷　清胡渭撰
清乾隆四年胡紹芬刻耆學齋重修本(清李遇孫跋　錢泰吉跋)　國圖　北大　天津　上海　復旦
清乾隆四庫全書館寫欽定四庫全書本
洪範傳一卷　清崔致遠撰
清絳雲樓刻本　國圖
洪範説一卷　清李光地撰
清康熙四十七年刻本　國圖
四庫未收書輯刊影印清康熙刻本
洪範説二卷
清乾隆元年李清植刻嘉慶六年補刻印李文貞公全集本
清道光九年李維迪刻榕村全書本　復旦
洪範彙成二卷　宋蔡沈撰　清劉召材補
清雍正十二年信斯堂刻本　上海
洪範論一卷　清胡具慶撰
清道光二十二年胡氏家刻本　國圖　南京
洪範注補五卷　清潘士權撰
清乾隆四年刻本　國圖　遼寧

清乾隆十年刻同治十三年黔陽潘氏補刻潘龍庵全書本　北大

洪範圖説四卷　清舒俊鯤撰

清乾隆三十七年刻本　科學

洪範圖説四卷　清嚴承夏撰

清乾隆四十二年刻本柏蔭堂藏板　國圖　湖北

洪範宗經三卷　清丁裕彦撰

清道光十五年丁裕彦北京刻本　國圖　北大　湖北

鴻範通論一卷　清蔣光焴撰

清同治間刻本　國圖

洪範五行集説一卷　清陸文健撰

清陸文健稿本　上海

五誥解四卷　宋楊簡撰

清乾隆四庫全書館寫欽定四庫全書本

清嘉慶海虞張氏刻墨海金壺本　南京

召誥日名考一卷　清李鋭撰

清道光三年儀徵阮氏刻李氏遺書本

清道光二十二年思賢書局長沙刻本　北大　復旦　湖北

清光緒十六年上海醉六堂刻李氏遺書本

續修四庫全書影印清道光刻思賢講舍本

尚書周誥考辨二卷　清章謙存撰

清道光十年刻强恕齋四剩稿經剩之一本　國圖　南京　湖北

正訛初稿一卷　清王麟趾撰

清道光吴江沈氏世楷堂刻昭代叢書本　天津　遼寧　山東

洛誥箋一卷　清王國維撰

一九一五年上虞羅振玉刻雪堂叢刻本　國圖

立政臆解一卷　清劉光蕡撰

一九一九年王典章思過齋蘇州刻烟霞草堂遺書本　國圖

民國初陝西通志館排印關中叢書本

隸古文尚書顧命殘本補考一卷　清羅振玉撰

清宣統元年誦芬室排印敦煌石室遺書本　國圖

周書顧命禮征一卷　清王國維撰

一九一六年上海倉聖明智大學排印廣倉學宭叢書甲類第一集本

周書顧命後考一卷　清王國維撰

一九一六年上海倉聖明智大學排印廣倉學宭叢書甲類第一集本

尚書顧命解一卷　清孫希旦撰

清瑞安孫氏刻本　國圖

清抄本(清孫鏘鳴校)　温州

四、書序之屬

書序一卷

元延祐五年建安余氏勤有堂刻本　國圖　北大　上海

明正統十二年内府刻本　北大　人大　北京市委　天津　河北師大　上海　南京　無錫　浙江　天一閣　浙大　山西文物局　吉林　吉大　山東　山東大學　山東博　安徽博　河南　鄭州　新鄉　湖北　襄陽　湖南　中山　中山大　廣西師院

明刻本　國圖　上海辭書　中山

書序一卷　清任兆麟輯

清乾隆五十三年映雪草堂刻述記本

清嘉慶十五年遂古堂刻述記本

孔壁書序一卷　清觀頮道人編

清刻閏竹居叢書本

書序注一卷　宋蔡沈撰

清咸豐四年晉江黄宗漢刻五經補綱本

欽定書經序一卷　清王項齡等纂

清康熙至乾隆内府刻御纂七經本　國圖　北大　科學　天津　復旦　南京　遼寧

清同治六年浙江書局刻御纂七經本　湖北

清同治十年湖北崇文書局刻本　國圖　湖北

清同治十一年江西書局刻御纂七經本　湖北

清光緒十四年户部刻御纂七經本

清光緒十四年江南書局刻御纂七經本　國圖　南京

清光緒十八年湖南漱芳閣重校刻本　湖北

清光緒上海鴻文書局石印御纂七經本

清刻尊經閣藏版本　國圖　湖北

古尚書序一卷　清黄淦纂

清嘉慶九年刻本　復旦

書序辨正一卷　清劉沅撰

清同治十一年刻槐軒全書本

清光緒虚受齋刻本　南京

清刻豫誠堂藏版本　國圖　南京　遼寧

尚書序録一卷　清胡秉虔撰

清同治六年吴縣潘氏刻滂喜齋叢書本　科學　湖北

清抄本　南京

續修四庫全書影印清同治十二年刻滂喜齋叢書本

書序略考五卷　清馬邦舉撰

清抄本　南京

書序述聞一卷　清劉逢禄撰

清光緒十四年南菁書院刻皇清經解續編本　天津　南京　遼寧　山東　湖北

清光緒十五年上海蜚英館石印皇清經解續編本

續修四庫全書影印清光緒十四年南菁書院刻皇清經解續編本

尚書譜一卷　清宋翔鳳撰

清浮溪精舍刻本　國圖

清光緒十四年南菁書院刻皇清經解續編本　天津　遼寧　山東　湖北

清光緒十五年上海蜚英館石印皇清經解續編本

續修四庫全書影印清光緒十四年南菁書院刻皇清經解續編本

論書序大傳一卷　清劉杲撰

清光緒十年合肥李氏刻集虚草堂叢書甲集本

書序考異一卷　清王咏霓撰

清光緒刻本　國圖　南京　湖北

書序答問一卷　清王咏霓撰

清光緒刻本　國圖　上海　復旦　南京　湖北

書贊一卷　清王仁俊輯

清光緒王仁俊輯玉函山房輯佚書續編稿本　上海

書序考證一卷　清吴汝綸手定　吴闓生録

一九四二年清苑郭氏鉛印雍睦堂叢書本　國圖　上海　湖北

五、沿革之屬

尚書經師系表一卷　清江聲撰

清乾隆五十八年刻篆文本　國圖　北大　天津　上海　復旦　浙江

清道光九年廣東學海堂刻皇清經解一千四百卷本

清道光九年廣東學海堂刻咸豐十一年補刻皇清經解一千四百八卷本
清光緒十七年上海鴻寶齋石印皇清經解一百九十卷本
清光緒上海點石齋石印皇清經解一百九十卷本

尚書傳授同異考一卷　清邵懿辰撰
一九二九年仁和邵氏家祠刻半巖廬所著書本　國圖　科學　上海　南京
續修四庫全書影印一九二九年仁和邵氏刻半巖廬所著書本

今古文尚書授受源流一卷　清馬貞榆撰
清乾隆三餘書屋刻本　浙大　上海
清光緒三餘書屋刻本　國圖　北大　天津　南京　湖北
清光緒湖北存古學堂刻本　國圖
清末刻兩湖文高等學校經學課程朱印本　湖北

尚書沿革表一卷　清戴熙撰
清同治九年刻本　南京　浙江

六、文字音義之屬

古文尚書音一卷　晉徐邈撰　清馬國翰輯
清同治十年濟南皇華館刻玉函山房輯佚書本　山東
清光緒九年長沙嫏嬛館刻玉函山房輯佚書本
清光緒九年長沙嫏嬛館刻光緒十年章邱李氏重印玉函山房輯佚書本　遼寧
清光緒十年楚南書局刻玉函山房輯佚書本　天津　遼寧

尚書釋文殘一卷　唐陸德明撰
一九一四至一九一六羅振玉據敦煌唐寫本影印吉石庵叢書本

經典釋文尚書殘卷　唐陸德明撰
敦煌卷子本　法國國家圖書館
續修四庫全書影印法國國家圖書館藏敦煌西域文獻本

唐寫本尚書釋文殘一卷校語二卷　唐陸德明撰　吴士鑒撰校語
一九一七年上海商務印書館據唐寫本影印涵芬樓秘笈本　遼寧

唐寫本尚書釋文校語二卷　吴士鑒撰
一九一七年上海商務印書館據唐寫本影印涵芬樓秘笈本　湖北

影宋大字本尚書釋音二卷　唐陸德明撰
清光緒遵義黎庶昌日本東京使署影刻古逸叢書本　國圖　南京　遼寧
山東　湖北

仿宋尚書釋音二卷　唐陸德明撰
清光緒元年江山劉氏刻本　上海　南京

書經古注音義經典釋文卷三卷四　唐陸德明撰
　　日本明和五年刻本　國圖
尚書音釋一卷　唐陸德明釋文
　　明刻本　吉大　河北大學
尚書注疏釋文校勘記二十卷　清阮元撰
　　清嘉慶二十年江西南昌府學刻重刊宋本十三經注疏本　國圖　北大　湖北
　　清嘉慶二十年江西南昌府學刻道光六年重修同治十二年江西書局遞修重刊宋本十三經注疏本　天津　南京　遼寧
　　清同治十年廣東書局重刻江西南昌府學刻重刊宋本十三經注疏本
　　清光緒十一年上海點石齋影印十三經注疏本　國圖
　　清光緒十三年上海脈望仙館石印重刊宋本十三經注疏本
　　清光緒十四年上海書局影印十三經注疏本　國圖
　　清光緒十八年湖南寶慶務本書局重刻江西南昌府學刻重刊宋本十三經注疏本　湖北
尚書古文考一卷　日本山井鼎撰
　　清乾隆綿州李氏萬卷樓刻嘉慶十四年李鼎元重校印函海本　湖北
　　清道光五年李朝夔補刻印函海本
　　清光緒七至八年廣漢鍾登甲樂道齋刻函海本
尚書亼注音疏十二卷卷末一卷外編一卷　清江聲撰
　　清乾隆五十八年江氏近市居刻篆文本　國圖　科學　天津　上海　復旦　浙江　湖北　武漢　湖南(清何紹基校點)　遼寧
　　續修四庫全書影印清乾隆五十八年近市居刻本
尚書亼注音疏十三卷
　　清道光九年廣東學海堂刻皇清經解一千四百卷本
　　清道光九年廣東學海堂刻咸豐十一年補刻皇清經解一潜　遼寧　山東
　　清光緒十七年上海鴻寶齋石印皇清經解一百九十卷本
　　清光緒上海點石齋石印皇清經解一百九十卷本
尚書異讀考六卷　清趙佑撰
　　清乾隆五十二年刻清獻堂全編本　國圖
尚書故訓是正文字一卷　清朱彬撰
　　一九三一年抄本　國圖
尚書古字辨異一卷　清李調元輯
　　清乾隆綿州李氏萬卷樓刻嘉慶十四年李鼎元重校印函海本　湖北
　　清嘉慶南匯吴氏聽彝堂刻道光三十年金山錢氏漱石軒增刻藝海珠塵本

天津　遼寧　山東

清道光五年李朝夔補刻印函海本　國圖

清焦廷琥稿本仲軒群書雜著本　湖南社科院

清粵東李氏刻守約編本

清光緒七至八年廣漢鍾登甲樂道齋刻函海本

書經字考一卷　清吴東發撰

清嘉慶刻本　國圖

尚書伏氏本經音釋一卷　清安念祖撰

清嘉慶十九年陳文稿崇本堂刻本　國圖　上海

書經音訓不分卷　清楊國楨撰

清道光十年大梁書院刻十一經音訓本　復旦

清光緒三年湖北崇文書局刻十一經音訓本

禹貢正字一卷　清王筠撰

清道光二十九年刻王菉友九種本　國圖　北大　上海　天津　科學

尚書字詁一卷　清朱大韶撰

清朱大韶稿本　復旦

尚書經字異同集證八卷　清朱大韶撰

清朱大韶稿本　復旦

尚書解詁一卷　清柳榮宗撰

清柳榮宗稿本　國圖

洛誥訂詁一卷　清柳榮宗撰

清柳榮宗稿本　國圖

尚書諸家引經異字同聲考一卷　清丁顯撰

清丁顯稿本　北師大

清光緒二十年刻丁西圃叢書之十三經諸家引經異字同聲考本　北大

尚書讀異六卷　清于鬯撰

清末于鬯稿本于香草遺著叢輯本

附録一　書緯之屬

尚書璇璣鈐一卷

清順治三年兩浙督學周南李際期宛委山堂刻説郛本　山東

尚書玄璣鈐一卷　明孫瑴輯

清嘉慶十七年禹航陳世望對山問月樓刻古微書本

清嘉慶海虞張氏刻墨海金壺本
清道光二十四年金山錢氏據墨海金壺版重編增刻守山閣叢書本
清光緒十四年刻古微書本
清光緒二十一年上海鴻文書局石印古微書本

尚書璇璣鈐一卷　清殷元正原輯　清陸明睿增訂
清觀我生齋抄緯書本

尚書旋機鈐一卷　清趙在翰輯
清嘉慶十四年侯官趙氏小積石山房刻七緯本

尚書旋機鈐補遺一卷　清趙在翰輯
清嘉慶十四年侯官趙氏小積石山房刻七緯本

尚書旋璣鈐一卷　清劉學寵輯
清道光十五年朝邑劉際清等刻青照堂叢書本

尚書緯璇璣鈐一卷　漢鄭玄注　清馬國翰輯
清同治十年濟南皇華館刻玉函山房輯佚書本　山東
清光緒九年長沙嫏嬛館刻玉函山房輯佚書本　國圖　天津　遼寧　山東
清光緒九年長沙嫏嬛館刻光緒十年章邱李氏重印玉函山房輯佚書本　遼寧
清光緒十年楚南書局刻玉函山房輯佚書本　天津　遼寧
清光緒十五年文選樓刻玲瓏山館叢書本

尚書旋璣鈐一卷　漢鄭玄注　清黄奭輯
清道光甘泉黄氏刻光緒印漢學堂叢書本　天津
清道光甘泉黄氏刻一九二五年王鑒修補重印黄氏逸書考本
清道光甘泉黄氏刻一九三四年江都朱長圻修補重印黄氏逸書考本

尚書璇璣鈐一卷　清喬松年輯
清光緒三年强恕堂刻喬勤恪公全集本
民國初排印山右叢書初編本

尚書考靈曜一卷
清順治三年兩浙督學周南李際期宛委山堂刻説郛本　山東

尚書考靈曜一卷　漢鄭玄注　明孫瑴輯
清嘉慶十七年禹航陳世望對山問月樓刻古微書本
清嘉慶海虞張氏刻墨海金壺本
清道光二十四年金山錢氏據墨海金壺版重編增刻守山閣叢書本
清光緒十四年刻古微書本
清光緒十五年上海鴻文書局影印清道光錢氏刻守山閣叢書本

清光緒二十一年上海鴻文書局石印古微書本

尚書考靈曜一卷　清殷元正原輯　清陸明睿增訂

清觀我生齋抄緯書本

尚書考靈曜一卷　清趙在翰輯

清嘉慶十四年侯官趙氏小積石山房刻七緯本

尚書考靈曜補遺一卷　清趙在翰輯

清嘉慶十四年侯官趙氏小積石山房刻七緯本

尚書考靈曜一卷　清劉學寵輯

清道光十五年朝邑劉際清等刻青照堂叢書本

尚書緯考靈曜一卷　清馬國翰輯

清同治十年濟南皇華館刻玉函山房輯佚書本　山東

清光緒九年長沙嫏嬛館刻玉函山房輯佚書本　國圖　天津　遼寧　山東

清光緒九年長沙嫏嬛館刻光緒十年章邱李氏重印玉函山房輯佚書本　遼寧

清光緒十年楚南書局刻玉函山房輯佚書本　天津　遼寧

清光緒十五年文選樓刻玲瓏山館叢書本

尚書考靈曜一卷　清黄奭輯

清道光甘泉黄氏刻一九二五年王鑒修補重印黄氏逸書考本

一九三四年江都朱長圻據甘泉黄氏版補刻印黄氏逸書考本　山東

尚書考靈曜一卷　漢鄭玄注　清喬松年輯

清光緒三年强恕堂刻喬勤恪公全集本

民國初排印山右叢書初編本

尚書考靈曜一卷　漢鄭玄注　清王仁俊輯

清光緒王仁俊輯玉函山房輯佚書續編稿本　上海

尚書刑德放一卷　清殷元正原輯　清陸明睿增訂

清觀我生齋抄緯書本

尚書刑德放一卷　清趙在翰輯

清嘉慶十四年侯官趙氏小積石山房刻七緯本

尚書刑德放補遺一卷　清趙在翰輯

清嘉慶十四年侯官趙氏小積石山房刻七緯本

尚書緯刑德放一卷　清馬國翰輯

清同治十年濟南皇華館刻玉函山房輯佚書本　山東

清光緒九年長沙嫏嬛館刻玉函山房輯佚書本　國圖　天津　遼寧　山東

清光緒九年長沙嫏嬛館刻光緒十年章邱李氏重印玉函山房輯佚書本　遼寧

清光緒十年楚南書局刻玉函山房輯佚書本　天津　遼寧
清光緒十五年文選樓刻玲瓏山館叢書本

尚書刑德放一卷　漢鄭玄注　清黄奭輯
清道光甘泉黄氏刻光緒印漢學堂叢書本　天津
清道光甘泉黄氏刻一九二五年王鑒修補重印黄氏逸書考本
清道光甘泉黄氏刻一九三四年江都朱長圻修補重印黄氏逸書考本

尚書刑德放一卷　清喬松年輯
清光緒三年强恕堂刻喬勤恪公全集本
民國初排印山右叢書初編本

尚書緯刑德放一卷　漢鄭玄注　清王仁俊輯
清光緒王仁俊輯玉函山房輯佚書續編稿本　上海

尚書帝命驗一卷　清殷元正原輯　清陸明睿增訂
清觀我生齋抄緯書本

尚書帝命驗一卷　清趙在翰輯
清嘉慶十四年侯官趙氏小積石山房刻七緯本

尚書緯帝命驗一卷　漢鄭玄注　清馬國翰輯
清同治十年濟南皇華館刻玉函山房輯佚書本　山東
清光緒九年長沙娜嬛館刻玉函山房輯佚書本　國圖　天津　遼寧　山東
清光緒九年長沙娜嬛館刻光緒十年章邱李氏重印玉函山房輯佚書本　遼寧
清光緒十年楚南書局刻玉函山房輯佚書本　天津　遼寧
清光緒十五年文選樓刻玲瓏山館叢書本

尚書帝命驗一卷　漢鄭玄注　清黄奭輯
清道光甘泉黄氏刻光緒印漢學堂叢書本　天津
清道光甘泉黄氏刻一九二五年王鑒修補重印黄氏逸書考本
一九三四年江都朱長圻據甘泉黄氏版補刻印黄氏逸書考本　山東

尚書帝命驗一卷　清喬松年輯
清光緒三年强恕堂刻喬勤恪公全集本
民國初排印山右叢書初編本

尚書帝命期一卷
清順治三年兩浙督學周南李際期宛委山堂刻説郛本　國圖　山東

尚書帝命期一卷　清劉學寵輯
清道光十五年朝邑劉際清等刻青照堂叢書本

尚書帝驗期一卷　明孫瑴輯
清嘉慶十七年禹航陳世望對山問月樓刻古微書本
清嘉慶海虞張氏刻墨海金壺本
清道光二十四年金山錢氏據墨海金壺版重編增刻守山閣叢書本
清光緒十四年刻古微書本
清光緒十五年上海鴻文書局影印清道光錢氏刻守山閣叢書本
清光緒二十一年上海鴻文書局石印古微書本
尚書帝驗期一卷　清喬松年輯
清光緒三年强恕堂刻喬勤恪公全集本
民國初排印山右叢書初編本
尚書帝命驗宋注一卷　魏宋均撰　清王仁俊輯
清光緒王仁俊輯玉函山房輯佚書續編稿本　上海

尚書運期授一卷　明孫瑴輯
清嘉慶十七年禹航陳世望對山問月樓刻古微書本
清嘉慶海虞張氏刻墨海金壺本
清道光二十四年金山錢氏據墨海金壺版重編增刻守山閣叢書本
清光緒十四年刻古微書本
清光緒十五年上海鴻文書局影印清道光錢氏刻守山閣叢書本
清光緒二十一年上海鴻文書局石印古微書本
尚書運期授一卷　清殷元正原輯　清陸明睿增訂
清觀我生齋抄緯書本
尚書運期授一卷　清趙在翰輯
清嘉慶十四年侯官趙氏小積石山房刻七緯本　國圖
尚書運期授補遺一卷　清趙在翰輯
清嘉慶十四年侯官趙氏小積石山房刻七緯本
尚書緯運期授一卷　漢鄭玄注　清馬國翰輯
清同治十年濟南皇華館刻玉函山房輯佚書本　山東
清光緒九年長沙娜嬛館刻玉函山房輯佚書本　國圖　天津　遼寧　山東
清光緒九年長沙娜嬛館刻光緒十年章邱李氏重印玉函山房輯佚書本　遼寧
清光緒十年楚南書局刻玉函山房輯佚書本　天津　遼寧
清光緒十五年文選樓刻玲瓏山館叢書本
尚書運期授一卷　漢鄭玄注　清黄奭輯
清道光甘泉黄氏刻光緒印漢學堂叢書本　天津

清道光甘泉黄氏刻一九二五年王鑒修補重印黄氏逸書考本
清道光甘泉黄氏刻一九三四年江都朱長圻修補重印黄氏逸書考本

尚書運期授一卷　清喬松年輯
清光緒三年强恕堂刻喬勤恪公全集本
民國初排印山右叢書初編本

尚書中候馬注一卷　漢馬融撰　清王仁俊輯
清光緒王仁俊輯玉函山房輯佚書續編稿本　上海

尚書中候一卷
清順治三年兩浙督學周南李際期宛委山堂刻説郛本　山東

尚書中候一卷　明孫瑴輯
清嘉慶十七年禹航陳世望對山問月樓刻古微書本
清嘉慶海虞張氏刻墨海金壺本
清道光二十四年金山錢氏據墨海金壺版重編增刻守山閣叢書本
清光緒十四年刻古微書本
清光緒十五年上海鴻文書局影印清道光錢氏刻守山閣叢書本
清光緒二十一年上海鴻文書局石印古微書本

尚書中候一卷　清劉學寵輯
清道光十五年朝邑劉際清等刻青照堂叢書本

尚書中候一卷　漢鄭玄注　清王謨輯
清嘉慶三年金溪王氏刻漢魏遺書抄本

尚書中候鄭注五卷　漢鄭玄撰　宋王應麟輯　清孔廣林增定
清乾隆刻本　國圖
清嘉慶十年虞山張氏照曠閣刻學津討原本　國圖　湖北

尚書中候鄭注六卷
清嘉慶八年侯官謝震采赤山房刻本　北大
清光緒十六年山東書局刻通德遺書所見録本

尚書中候鄭注五卷　清孔廣林輯　清趙之謙批
清抄本　上海

尚書中候注一卷　漢鄭玄撰　清袁鈞輯
清光緒十四年四明觀稼樓刻鄭氏佚書本　國圖

尚書中候三卷　漢鄭玄注　清馬國翰輯
清同治十年濟南皇華館刻玉函山房輯佚書本　山東
清光緒九年長沙嫏嬛館刻玉函山房輯佚書本　國圖　天津　遼寧　山東

清光緒九年長沙嫏嬛館刻光緒十年章邱李氏重印玉函山房輯佚書本　遼寧
清光緒十年楚南書局刻玉函山房輯佚書本　天津　遼寧
清光緒十五年文選樓刻玲瓏山館叢書本

尚書中候一卷　清黄奭輯
清道光甘泉黄氏刻一九二五年王鑒修補重印黄氏逸書考本
清道光甘泉黄氏刻一九三四年江都朱長圻修補重印黄氏逸書考本

尚書中候一卷　清喬松年輯
清光緒三年强恕堂刻喬勤恪公全集本
民國初排印山右叢書初編本

尚書中候鄭注一卷　漢鄭玄撰　清王仁俊輯
清光緒王仁俊輯玉函山房輯佚書續編稿本　上海

尚書中候疏證一卷　清皮錫瑞撰
清光緒二十二年長沙思賢書局刻師伏堂叢書本
清光緒二十二年刻皮氏經學叢書本
清光緒二十五年長沙思賢書局刻本　國圖
續修四庫全書經部影印清光緒二十五年刻師伏堂叢書本

書中候弘道篇一卷　清廖平撰　黄鎔筆述
一九二一年四川存古書局彙印新訂六藝館叢書本

中候敕省圖一卷　明孫瑴輯
清嘉慶十七年禹航陳世望對山問月樓刻古微書本
清嘉慶海虞張氏刻墨海金壺本
清道光二十四年金山錢氏據墨海金壺版重編增刻守山閣叢書本
清光緒十四年刻古微書本
清光緒十五年上海鴻文書局影印清道光錢氏刻守山閣叢書本
清光緒二十一年上海鴻文書局石印古微書本

中候敕省圖一卷　清喬松年輯
清光緒三年强恕堂刻喬勤恪公全集本
民國初排印山右叢書初編本

中候握河紀一卷　明孫瑴輯
清嘉慶十七年禹航陳世望對山問月樓刻古微書本
清嘉慶海虞張氏刻墨海金壺本
清道光二十四年金山錢氏據墨海金壺版重編增刻守山閣叢書本
清光緒十四年刻古微書本
清光緒十五年上海鴻文書局影印清道光錢氏刻守山閣叢書本

清光緒二十一年上海鴻文書局石印古微書本

中候握河紀不分卷　清喬松年輯

清光緒三年强恕堂刻喬勤恪公全集本

民國排印山右叢書初編本

中候運行一卷　明孫瑴輯

清嘉慶十七年禹航陳世望對山問月樓刻古微書本

清嘉慶海虞張氏刻墨海金壺本

清道光二十四年金山錢氏據墨海金壺版重編增刻守山閣叢書本

清光緒十四年刻古微書本

清光緒十五年上海鴻文書局影印清道光錢氏刻守山閣叢書本

清光緒二十一年上海鴻文書局石印古微書本

中候運衡一卷　清喬松年輯

清光緒三年强恕堂刻喬勤恪公全集本

民國初排印山右叢書初編本

中候考河命一卷　明孫瑴輯

清嘉慶十七年禹航陳世望對山問月樓刻古微書本

清嘉慶海虞張氏刻墨海金壺本

清道光二十四年金山錢氏據墨海金壺版重編增刻守山閣叢書本

清光緒十四年刻古微書本

清光緒十五年上海鴻文書局影印清道光錢氏刻守山閣叢書本

清光緒二十一年上海鴻文書局石印古微書本

中候考河命一卷　漢鄭玄注　清喬松年輯

清光緒三年强恕堂刻喬勤恪公全集本

民國初排印山右叢書初編本

中候儀明篇一卷　明孫瑴輯

清嘉慶十七年禹航陳世望對山問月樓刻古微書本

清嘉慶海虞張氏刻墨海金壺本　中候儀明

清道光二十四年金山錢氏據墨海金壺版重編增刻守山閣叢書本

清光緒十四年刻古微書本

清光緒十五年上海鴻文書局影印清道光錢氏刻守山閣叢書本

清光緒二十一年上海鴻文書局石印古微書本

中候儀明一卷　清喬松年輯

清光緒三年强恕堂刻喬勤恪公全集本

民國初排印山右叢書初編本

中候苗興一卷　清喬松年輯
清光緒三年强恕堂刻喬勤恪公全集本
民國初排印山右叢書初編本
中候契握一卷　清喬松年輯
清光緒三年强恕堂刻喬勤恪公全集本
民國初排印山右叢書初編本
中候洛予命一卷　明孫瑴輯
清嘉慶十七年禹航陳世望對山問月樓刻古微書本
清嘉慶海虞張氏刻墨海金壺本
清道光二十四年金山錢氏據墨海金壺版重編增刻守山閣叢書本
清光緒十四年刻古微書本
清光緒十五年上海鴻文書局影印清道光錢氏刻守山閣叢書本
清光緒二十一年上海鴻文書局石印古微書本
中候洛予命一卷　清喬松年輯
清光緒三年强恕堂刻喬勤恪公全集本
民國初排印山右叢書初編本
中候稷起一卷　明孫瑴輯
清嘉慶十七年禹航陳世望對山問月樓刻古微書本
清嘉慶海虞張氏刻墨海金壺本
清道光二十四年金山錢氏據墨海金壺版重編增刻守山閣叢書本
清光緒十四年刻古微書本
清光緒十五年上海鴻文書局影印清道光錢氏刻守山閣叢書本
清光緒二十一年上海鴻文書局石印古微書本
中候稷起一卷　清喬松年輯
清光緒三年强恕堂刻喬勤恪公全集本
民國初排印山右叢書初編本
中候洛師謀一卷　清喬松年輯
清光緒三年强恕堂刻喬勤恪公全集本
民國初排印山右叢書初編本
中候合符後一卷　清喬松年輯
清光緒三年强恕堂刻喬勤恪公全集本
民國初排印山右叢書初編本
中候摘洛戒一卷　明孫瑴輯
清嘉慶十七年禹航陳世望對山問月樓刻古微書本

清嘉慶海虞張氏刻墨海金壺本
清道光二十四年金山錢氏據墨海金壺版重編增刻守山閣叢書本
清光緒十四年刻古微書本
清光緒十五年上海鴻文書局影印清道光錢氏刻守山閣叢書本
清光緒二十一年上海鴻文書局石印古微書本

中候擿洛戒一卷　明孫瑴輯
清嘉慶十七年禹航陳世望對山問月樓刻古微書本
清嘉慶海虞張氏刻墨海金壺本
清道光二十四年金山錢氏據墨海金壺版重編增刻守山閣叢書本
清光緒十四年刻古微書本
清光緒十五年上海鴻文書局影印清道光錢氏刻守山閣叢書本
清光緒二十一年上海鴻文書局石印古微書本

中候擿洛貳一卷　清喬松年輯
清光緒三年强恕堂刻喬勤恪公全集本
民國初排印山右叢書初編本

中候准讖哲一卷　明孫瑴輯
清嘉慶十七年禹航陳世望對山問月樓刻古微書本
清嘉慶海虞張氏刻墨海金壺本
清道光二十四年金山錢氏據墨海金壺版重編增刻守山閣叢書本
清光緒十四年刻古微書本
清光緒十五年上海鴻文書局影印清道光錢氏刻守山閣叢書本
清光緒二十一年上海鴻文書局石印古微書本

中候准讖哲一卷　清喬松年輯
清光緒三年强恕堂刻喬勤恪公全集本
民國初排印山右叢書初編本

中候我施一卷　清喬松年輯
清光緒三年强恕堂刻喬勤恪公全集本
民國初排印山右叢書初編本

書緯一卷
清絳雲樓藏舊抄本　科學

尚書緯一卷　清殷元正原輯　清陸明睿增訂
清觀我生齋抄緯書本

尚書緯附録一卷　清趙在翰輯
清嘉慶十四年侯官趙氏小積石山房刻七緯本

尚書緯附録補遺一卷　清趙在翰輯

清嘉慶十四年侯官趙氏小積石山房刻七緯本

尚書緯一卷　清黄奭輯

清道光甘泉黄氏刻一九二五年王鑒修補重印黄氏逸書考本

清道光甘泉黄氏刻一九三四年江都朱長圻修補重印黄氏逸書考本

洪範緯一卷　明孫瑴輯

清嘉慶十七年禹航陳世望對山問月樓刻古微書本

清嘉慶海虞張氏刻墨海金壺本

清道光二十四年金山錢氏據墨海金壺版重編增刻守山閣叢書本

清光緒十四年刻古微書本

清光緒十五年上海鴻文書局影印清道光錢氏盋本

清光緒二十一年上海鴻文書局石印古微書本

尚書洪範記一卷　清喬松年輯

清光緒三年强恕堂刻喬勤恪公全集本

民國初排印山右叢書初編本

泛引尚書緯一卷　清喬松年輯

清光緒三年强恕堂刻喬勤恪公全集本

民國初排印山右叢書初編本

尚書五行傳一卷　明孫瑴輯

清嘉慶十七年禹航陳世望對山問月樓刻古微書本

清嘉慶海虞張氏刻墨海金壺本

清道光二十四年金山錢氏據墨海金壺版重編增刻守山閣叢書本

清光緒十四年刻古微書本

清光緒十五年上海鴻文書局影印清道光錢氏刻守山閣叢書本

清光緒二十一年上海鴻文書局石印古微書本

尚書五行傳注一卷　漢鄭玄撰　清袁鈞輯　清袁堯年校補

清光緒十四年浙江書局刻鄭氏佚書本

附録二　逸書之屬

古文尚書逸文二卷　清江聲輯　清孫星衍補訂

清乾隆六十年蘭陵孫氏刻岱南閣叢書本　國圖　上海　南京

清乾隆六十年蘭陵孫氏刻嘉慶七年補刻本　復旦　科學　南京　遼寧
清光緒六年綿州墨池書舍校刻本　上海　天津　湖北
一九二四年上海博古齋影印清乾隆六十年蘭陵孫氏刻岱南閣叢書本　北大
一九二五年吴江施肇曾醒園刻十三經讀本本

汲冢周書輯要一卷　清郝懿行撰
清光緒八年東路廳署刻郝氏遺書本　國圖　天津　上海　南京　遼寧

漆書古文尚書逸文考一卷　清王紹蘭撰
清蕭山王氏知足知不足館抄蕭山王氏十萬卷樓輯佚七種本

杜林訓故逸文一卷　清王紹蘭撰
清蕭山王氏知足知不足館抄蕭山王氏十萬卷樓輯佚七種本

尚書逸湯誓考四卷　清徐時棟撰
清徐時棟稿本　天一閣

尚書逸湯誓考六卷
清徐時棟稿本　天一閣

尚書逸湯誓考六卷校勘一卷　清徐時棟撰　清王蜺校勘
清同治十一年城西草堂刻煙雨樓集本　國圖　上海　南京　浙江　遼寧
續修四庫全書影印清同治十一年徐氏城西草堂刻本

尚書逸湯誓考校勘一卷　清王蜺撰
清同治十一年城西草堂刻烟雨樓集本　國圖　上海　南京　浙江　遼寧

逸湯誓考校勘記一卷　清葉廉鍔撰
清宣統篋存草刻本　國圖

尚書佚文一卷　清王仁俊輯
清王仁俊稿本經籍佚文本

尚書佚文補遺一卷　清王仁俊輯
清王仁俊稿本經籍佚文本

逸書征三卷　清孫國仁撰
清孫國仁稿本砭患堂叢書本

逸周書補釋存卷上　清劉師培撰
民國初鉛印本

逸書事緯一卷　清汪宗沂輯
清光緒三十二年汪宗沂稿本　國圖

經部　詩類

一、正文之屬

毛詩二十卷

唐開成二年勒石清麐氏半畝園嫏嬛妙境拓印唐開成石經本　北大　復旦　南京

一九二六年張宗昌皕忍堂摹刻唐開成石經本　北大

毛詩一卷

宋刻遞修巾箱八經本　國圖

一九二六年陶湘涉園影印宋刻遞修巾箱八經本　北大

毛詩一卷

明弘治九年琴川周木刻五經本　國圖　上海

明嘉靖三十一年翁溥刻五經本　國圖

明隆慶間新安吴勉學刻十三經本　北大　科學　南京

清光緒江南製造總局刻本　北大　天津　上海　南京

一九三四年上海開明書店排印十三經經文本

毛詩二卷

日本延寶七年羅浮山夕顔巷刻新板五經本　北大

毛詩四卷

明刻五經白文本　國圖　上海

二、傳説之屬

毛詩先鄭義一卷　漢鄭衆撰　清王仁俊輯

清光緒王仁俊輯十三經漢注稿本　上海

清光緒王仁俊稿本玉函山房輯佚書續編本　上海

毛詩賈氏義一卷　漢賈逵撰　清王仁俊輯

清光緒王仁俊輯十三經漢注稿本　上海

清光緒王仁俊稿本玉函山房輯佚書續編本　上海

毛詩義問一卷　漢劉楨撰　清馬國翰輯

清同治十年濟南皇華館刻玉函山房輯佚書本

清光緒九年長沙嫏嬛館刻玉函山房輯佚書本　國圖　天津　遼寧　山東
清光緒九年長沙嫏嬛館刻光緒十年章邱李氏重印玉函山房輯佚書本　遼寧
清光緒十年楚南書局刻玉函山房輯佚書本　天津　遼寧

毛詩馬氏注一卷　漢馬融撰　清馬國翰輯
清同治十年濟南皇華館刻玉函山房輯佚書本
清光緒九年長沙嫏嬛館刻玉函山房輯佚書本　國圖　天津　遼寧　山東
清光緒九年長沙嫏嬛館刻光緒十年章邱李氏重印玉函山房輯佚書本　遼寧
清光緒十年楚南書局刻玉函山房輯佚書本　天津　遼寧

毛詩注一卷　漢馬融撰　清黄奭輯
清道光甘泉黄氏刻光緒印漢學堂叢書本　天津
清道光甘泉黄氏刻民國十四年王鑒修補重印黄氏逸書考本　遼寧
清道光甘泉黄氏刻民國二十三年江都朱長圻修補重印黄氏逸書考本

毛詩卷一至七　漢毛亨傳　漢鄭玄箋
一九一七年上虞羅振玉據唐寫本影印鳴沙石室古籍叢殘之群經叢殘本

毛詩卷三　漢毛亨傳　漢鄭玄箋
一九一七年上虞羅振玉據唐寫本影印鳴沙石室古籍叢殘之群經叢殘本

毛詩卷九鹿鳴以下　漢毛亨傳　漢鄭玄箋
一九一七年上虞羅振玉據唐寫本影印鳴沙石室古籍叢殘之群經叢殘本

毛詩卷九出車以下　漢毛亨傳　漢鄭玄箋
一九一七年上虞羅振玉據唐寫本影印鳴沙石室古籍叢殘之群經叢殘本

毛詩卷十　漢毛亨傳　漢鄭玄箋
一九一七年上虞羅振玉據唐寫本影印鳴沙石室古籍叢殘之群經叢殘本

敦煌古寫本毛詩校記一卷　羅振玉撰
一九二九年上虞羅振玉據唐寫本石印松翁居遼後所著書之遼居雜著本

毛詩二南殘一卷　漢毛亨傳　漢鄭玄箋
日本大正昭和間京都帝國大學文學部影印京都帝國大學文學部影印唐抄本第十集

毛詩卷八　漢毛亨傳　漢鄭玄箋
一九二四年東方學會排印東方學會叢書初集之敦煌石室碎金本

毛詩詁訓傳卷十　漢毛亨傳　漢鄭玄箋
日本大正昭和間京都帝國大學文學部影印京都帝國大學文學部影印唐抄本第一集

敦煌寫本毛詩詁訓傳三卷　漢毛亨撰　漢鄭玄注
攝影本　國圖

蜀石經殘字(毛詩)卷一至二　漢毛亨傳　漢毛萇撰　漢鄭玄箋
　清道光六年三山陳宗彝石經精舍刻本　北大
影北宋抄本毛詩卷四至六　漢毛亨傳　漢毛萇撰　漢鄭玄箋
　清光緒二十四年貴陽陳炬據北宋抄本影刻靈峰草堂叢書本　北大　天津　南京　浙江　遼寧　湖北
毛詩傳箋二十卷　漢毛亨傳　漢毛萇撰　漢鄭玄箋
　日本慶長足利學校木活字印本　北大
毛詩二十卷附考證　漢毛亨傳　漢毛萇撰　漢鄭玄箋
　清乾隆四十八年武英殿影刻宋相台岳氏荆溪家塾五經本　國圖　北大　天津　上海　南京　遼寧
　清同治三年南海鄺九我堂重刻清乾隆四十八年武英殿影刻宋相台岳氏荆溪家塾五經本　北大
　清光緒二年江南書局重刻清乾隆四十八年武英殿影刻宋相台岳氏荆溪家塾五經本　北大　上海　南京　遼寧　湖北
　清光緒八年長沙龍氏家塾重刻清乾隆四十八年武英殿影刻宋相台岳氏荆溪家塾五經本　北大　南京
　清末金陵書局重刻清乾隆四十八年武英殿影刻宋相台岳氏荆溪家塾五經本　北大
　清末尊經書院重刻清乾隆四十八年武英殿影刻宋相台岳氏荆溪家塾五經一九一二年成都存古書院印行本　北大
　一九二四年奉新宋氏卷雨廔影印清乾隆四十八年武英殿影刻宋相台岳氏荆溪家塾五經本　北大
毛詩傳箋二十卷附詩譜一卷　漢毛亨傳　漢毛萇撰　漢鄭玄箋
　明萬曆二十二年程應衢玄鑒堂刻本　遼寧
　日本延享四年刻本　國圖
　日本享和二年刻本　上海
毛詩詁訓傳二十卷　漢毛萇撰　漢鄭玄箋　唐陸德明音義
　宋刻本(清查慎行、顧廣圻跋　清吴榮光題款)　國圖
　宋刻本　國圖
　民國上海涵芬樓四部叢刊影印宋刻巾箱本　國圖　北大　上海　復旦　遼寧　湖北
監本纂圖重言重意互注點校毛詩二十卷圖譜一卷　漢毛萇傳　漢鄭玄箋　唐陸德明音義
　宋刻本(卷五至七清黄丕烈倩人影宋抄補並跋　勞健、周叔弢跋)　國圖

宋刻本　國圖

詩經二十卷詩譜一卷　漢毛亨傳　漢毛萇撰　漢鄭玄箋　唐陸德明音義　明金蟠訂

明崇禎十二年金蟠重刻萬曆東吳葛氏永懷堂十三經古注本(清王□□校)　復旦(有批校)　南京　山東

明崇禎十二年金蟠刻清同治八年浙江書局重修十三經古注本　國圖　首都　北大　北師大　天津　南京　浙江　遼寧　湖北

毛詩詁訓傳二十卷詩譜一卷毛詩音義三卷　漢毛亨傳　漢毛萇撰　漢鄭玄箋　唐陸德明音義

清同治十一年江南書局金陵刻本　國圖　北大　天津　復旦　南京　遼寧

毛詩故訓傳三十卷毛詩譜一卷毛詩音義三卷　漢毛亨傳　漢毛萇撰　漢鄭玄箋　唐陸德明音義　清周孝垓校

清嘉慶二十一年木瀆周孝垓枕經樓刻本　國圖　北大　科學　上海　復旦(清葉裕仁清潘道根批校並跋)　南京(屈疆批校)　浙江　湖北

毛詩故訓傳三十卷鄭氏詩譜一卷　漢毛亨傳　漢毛萇撰　漢鄭玄箋

清道光七年立本齋刻本　國圖　北大　科學　上海　南京　浙江　湖北

毛詩故訓傳三十卷　漢毛亨傳　漢毛萇撰　漢鄭玄箋

清同治十一年山陽丁氏五雲堂刻本　國圖　北大　科學(清葉昌熾校)　上海(羅振玉校)　復旦　南京　湖北

毛詩詁訓傳七卷詩譜一卷音釋一卷　漢毛亨傳　漢毛萇撰　漢鄭玄箋　明馬應龍　明孫開校

明嘉靖馬應龍刻初印本(高變跋)　復旦　遼寧

毛詩王氏注四卷　三國魏王肅撰　清馬國翰輯

清同治十年濟南皇華館刻玉函山房輯佚書本　山東

清光緒九年長沙嫏嬛館刻玉函山房輯佚書本　國圖　天津　遼寧　山東

清光緒九年長沙嫏嬛館刻光緒十年章邱李氏重印玉函山房輯佚書本　遼寧

清光緒十年楚南書局刻玉函山房輯佚書本　天津　遼寧

清末葉昌熾緣督廬抄本(清葉昌熾校)　上海

毛詩注一卷　三國魏王肅撰　清黄爽輯

清道光甘泉黄氏刻光緒印漢學堂叢書本　天津

清道光甘泉黄氏刻民國十四年王鑒修補重印黄氏逸書考本　遼寧

清道光甘泉黄氏刻民國二十三年江都朱長圻修補重印黄氏逸書考本

毛詩問難一卷　三國魏王肅撰　清馬國翰輯
清同治十年濟南皇華館刻玉函山房輯佚書本　山東
清光緒九年長沙嫏嬛館刻玉函山房輯佚書本　國圖　天津　遼寧　山東
清光緒九年長沙嫏嬛館刻光緒十年章邱李氏重印玉函山房輯佚書本　遼寧
清光緒十年楚南書局刻玉函山房輯佚書本　天津　遼寧
清末葉昌熾緣督廬抄本　上海
毛詩義駁一卷　三國魏王肅撰　清馬國翰輯
清同治十年濟南皇華館刻玉函山房輯佚書本　山東
清光緒九年長沙嫏嬛館刻玉函山房輯佚書本　國圖　天津　遼寧　山東
清光緒九年長沙嫏嬛館刻光緒十年章邱李氏重印玉函山房輯佚書本　遼寧
清光緒十年楚南書局刻玉函山房輯佚書本　天津　遼寧
清末葉昌熾緣督廬抄本　上海
毛詩奏事一卷　三國魏王肅撰　清馬國翰輯
清同治十年濟南皇華館刻玉函山房輯佚書本　山東
清光緒九年長沙嫏嬛館刻玉函山房輯佚書本　國圖　天津　遼寧　山東
清光緒九年長沙嫏嬛館刻光緒十年章邱李氏重印玉函山房輯佚書本　遼寧
清光緒十年楚南書局刻玉函山房輯佚書本　天津　遼寧
清末葉昌熾緣督廬抄本　上海
毛詩駁一卷　三國魏王基撰　清馬國翰輯
清同治十年濟南皇華館刻玉函山房輯佚書本　山東
清光緒九年長沙嫏嬛館刻玉函山房輯佚書本　國圖　天津　遼寧　山東
清光緒九年長沙嫏嬛館刻光緒十年章邱李氏重印玉函山房輯佚書本　遼寧
清光緒十年楚南書局刻玉函山房輯佚書本　天津　遼寧
清末葉昌熾緣督廬抄本　上海
毛詩申鄭義一卷　三國魏王基撰　清黃奭輯
清道光甘泉黃氏刻光緒印漢學堂叢書本　天津
清道光甘泉黃氏刻民國十四年王鑒修補重印黃氏逸書考本　遼寧
清道光甘泉黃氏刻民國二十三年江都朱長圻修補重印黃氏逸書考本
漢學堂叢書本　國圖
毛詩答雜問一卷　三國吴韋昭　朱育等撰　清馬國翰輯
清同治十年濟南皇華館刻玉函山房輯佚書本　山東
清光緒九年長沙嫏嬛館刻玉函山房輯佚書本　國圖　天津　遼寧　山東
清光緒九年長沙嫏嬛館刻光緒十年章邱李氏重印玉函山房輯佚書本　遼寧
清光緒十年楚南書局刻玉函山房輯佚書本　天津　遼寧

毛詩答雜問一卷　三國吴韋昭　朱育等撰　清王謨輯
清嘉慶三年刻漢魏遺書抄本　山東
毛詩草木鳥獸蟲魚疏二卷　三國吴陸璣撰
明刻續百川學海甲集本
明刻唐宋叢書之經翼本
清順治三年兩浙督學周南李際期宛委山堂刻説郛本　天津　遼寧
清乾隆四庫全書館寫欽定四庫全書本
草木鳥獸蟲魚疏二卷
明泰昌元年刻寶顔堂秘笈本
一九二二年上海文明書局石印寶顔堂秘笈本
草木蟲魚疏二卷
明天啓三年樊維城刻鹽邑志林本　湖北
一九三七年上海商務印書館據明天啓三年樊維城刻鹽邑志林本影印元明善本叢書十種之鹽邑志林本
草木疏校正二卷　三國吴陸璣撰　清趙佑校正　清丁杰履校
清乾隆五十六年白鷺州書院刻本　國圖　北大　自然史所　天津　南開　上海　復旦　南京　遼寧　吉林社科院　浙江大學　中山醫學院　湖北
清乾隆仁和趙氏刻清獻堂全編本　國圖　北大　上海　遼寧
清乾隆四十八年桂馥家抄本(桂馥校正並跋)　國圖
清道光二十八年周學濂抄本(周學濂跋)　國圖
續修四庫全書影印清乾隆白鷺州書院刻本
毛詩草木鳥獸蟲魚疏校正二卷
清乾隆五十六年金谿王氏刻增訂漢魏叢書本　遼寧　山東　南京
清光緒二年紅杏山房刻一九一五年蜀南馬湖盧樹柟修補重印增訂漢魏叢書本
清光緒六年三餘堂刻增訂漢魏叢書之經翼本
清宣統三年上海大通書局石印增訂漢魏叢書之經翼本
毛詩草木鳥獸蟲魚疏校正二卷　清趙佑撰　劉世珩校
清光緒二十年貴池劉世珩繼庵刻聚學軒叢書第一集本　國圖　北大　南京　復旦　湖北
毛詩草木鳥獸蟲魚疏二卷　三國吴陸璣撰　清丁晏校正
清咸豐七年山陽丁氏六藝堂刻本　國圖　復旦　南京
清咸豐山陽丁氏六藝堂刻同治元年彙印頤志齋叢書本　北大　天津　遼寧　山東
清同治十二年粤東書局刻古經解彙函本　上海　天津　復旦　遼寧　山東

南京
清光緒十二年會稽陶閭刻寒梅館藏版本　國圖　復旦
續修四庫全書影印清咸豐七年刻本

毛詩鳥獸蟲魚疏一卷　三國吴陸璣撰　清陳昌年校
清刻本　湖北

毛詩草木疏一卷　三國吴陸璣撰　清陳昌年校
清刻本　湖北

毛詩草木鳥獸蟲魚疏二卷　三國吴陸機(璣)撰　羅振玉校
清光緒十二年上海聚珍仿宋印書局鉛印本　北大　天津　湖北
清光緒三十四年至宣統三年國學萃編社排印晨風閣叢書第一集本
民國初上海聚珍仿宋印書局鉛印本　上海　復旦　遼寧

毛詩異同評三卷　晉孫毓撰　清馬國翰輯
清同治十年濟南皇華館刻玉函山房輯佚書本　山東
清光緒九年長沙嫏嬛館刻玉函山房輯佚書本　國圖　天津　遼寧　山東
清光緒九年長沙嫏嬛館刻光緒十年章邱李氏重印玉函山房輯佚書本　遼寧
清光緒十年楚南書局刻玉函山房輯佚書本　天津　遼寧
清光緒山陰宋澤元刻十三年彙印懺花庵叢書本　上海　復旦　南京　山東
遼寧

詩異同評一卷　晉孫毓撰　清王謨輯
清嘉慶三年刻漢魏遺書抄本　山東

毛詩異同評一卷　晉孫毓撰　清黄奭輯
清道光甘泉黄氏刻光緒印漢學堂叢書本　天津
清道光甘泉黄氏刻民國十四年王鑒修補重印黄氏逸書考本　遼寧
清道光甘泉黄氏刻民國二十三年江都朱長圻修補重印黄氏逸書考本

難孫氏毛詩評一卷　晉陳統撰　清馬國翰輯
清同治十年濟南皇華館刻玉函山房輯佚書本　山東
清光緒九年長沙嫏嬛館刻玉函山房輯佚書本　國圖　天津　遼寧　山東
清光緒九年長沙嫏嬛館刻光緒十年章邱李氏重印玉函山房輯佚書本　遼寧
清光緒十年楚南書局刻玉函山房輯佚書本　天津　遼寧
清光緒山陰宋澤元刻十三年彙印懺花庵叢書本　上海　復旦　南京　山東
遼寧

毛詩舒氏義疏一卷　題□舒瑗撰　清馬國翰輯
清同治十年濟南皇華館刻玉函山房輯佚書本　山東
清光緒九年長沙嫏嬛館刻玉函山房輯佚書本　國圖　天津　遼寧　山東

清光緒九年長沙嫏嬛館刻光緒十年章邱李氏重印玉函山房輯佚書本　遼寧
清光緒十年楚南書局刻玉函山房輯佚書本　天津　遼寧
毛詩周氏注一卷　南朝宋周續之撰　清馬國翰輯
清同治十年濟南皇華館刻玉函山房輯佚書本　山東
清光緒九年長沙嫏嬛館刻玉函山房輯佚書本　國圖　天津　遼寧　山東
清光緒九年長沙嫏嬛館刻光緒十年章邱李氏重印玉函山房輯佚書本　遼寧
清光緒十年楚南書局刻玉函山房輯佚書本　天津　遼寧
毛詩題綱一卷　清馬國翰輯
清同治十年濟南皇華館刻玉函山房輯佚書本　山東
清光緒九年長沙嫏嬛館刻玉函山房輯佚書本　天津　遼寧　山東
清光緒九年長沙嫏嬛館刻光緒十年章邱李氏重印玉函山房輯佚書本　遼寧
清光緒十年楚南書局刻玉函山房輯佚書本　天津　遼寧
毛詩題綱一卷　清王謨輯
清嘉慶三年刻漢魏遺書抄本　國圖
毛詩隱義一卷　南朝梁何胤撰　清馬國翰輯
清同治十年濟南皇華館刻玉函山房輯佚書本　山東
清光緒九年長沙嫏嬛館刻玉函山房輯佚書本　國圖　天津　遼寧　山東
清光緒九年長沙嫏嬛館刻光緒十年章邱李氏重印玉函山房輯佚書本　遼寧
清光緒十年楚南書局刻玉函山房輯佚書本　天津　遼寧
集注毛詩一卷　南朝梁崔靈恩撰　清馬國翰輯
清同治十年濟南皇華館刻玉函山房輯佚書本　山東
清光緒九年長沙嫏嬛館刻玉函山房輯佚書本　天津　遼寧　山東
清光緒九年長沙嫏嬛館刻光緒十年章邱李氏重印玉函山房輯佚書本　遼寧
清光緒十年楚南書局刻玉函山房輯佚書本　天津　遼寧
毛詩集注一卷　南朝梁崔靈恩撰　清王仁俊輯
清光緒王仁俊稿本玉函山房輯佚書續編本　上海
毛詩沈氏義疏二卷　北周沈重撰　清馬國翰輯
清同治十年濟南皇華館刻玉函山房輯佚書本　山東
清光緒九年長沙嫏嬛館刻玉函山房輯佚書本　天津　遼寧　山東
清光緒九年長沙嫏嬛館刻光緒十年章邱李氏重印玉函山房輯佚書本　遼寧
清光緒十年楚南書局刻玉函山房輯佚書本　天津　遼寧
毛詩義疏一卷　北周沈重撰　清王謨輯
清嘉慶三年刻漢魏遺書抄本　國圖　山東
毛詩沈氏義疏一卷　北周沈重撰　清王仁俊輯
清光緒王仁俊稿本玉函山房輯佚書續編本　上海

毛詩述義一卷　隋劉炫撰　清馬國翰輯

清同治十年濟南皇華館刻玉函山房輯佚書本　山東

清光緒九年長沙嫏嬛館刻玉函山房輯佚書本　天津　遼寧　山東

清光緒九年長沙嫏嬛館刻光緒十年章邱李氏重印玉函山房輯佚書本　遼寧

清光緒十年楚南書局刻玉函山房輯佚書本　天津　遼寧

毛詩正義殘本卷十一　唐孔穎達疏

日本大正昭和間京都帝國大學文學部影印京都帝國大學文學部影印唐抄本第一集

毛詩正義四十卷存卷八至四十　唐孔穎達疏

宋紹興九年刻本　日武田科學振興財團杏雨書屋

日本昭和十一年東京東方文化學院據宋紹興單疏本影印東方文化叢書本　國圖　北大　科學　上海　復旦　南京　遼寧　湖北

清末宜都楊氏影鈔宋本　復旦

毛詩正義四十卷存卷八至四十附校勘記三卷　唐孔穎達疏　劉承幹撰校勘記

一九一八年吴興劉氏嘉業堂刻嘉業堂叢書本　國圖　北大　天津　上海　復旦　南京

毛詩正義校勘記三卷　劉承幹撰

一九一八年吴興劉氏嘉業堂刻嘉業堂叢書本　國圖　北大　天津　上海　復旦　南京

毛詩正義四十卷附考證　唐孔穎達疏　清勵宗萬考證

清乾隆四庫全書館寫欽定四庫全書本

毛詩正義考證不分卷　清勵宗萬撰

清乾隆四庫全書館寫欽定四庫全書本

附釋音毛詩注疏二十卷　漢毛亨傳　漢毛萇撰　漢鄭玄箋　唐陸德明音義　唐孔穎達疏

宋建安劉叔剛一經堂刻本　日足利學校

元刻明印本　重慶

元刻明修本　國圖　上海　甘肅　樂平

明嘉靖李元陽刻十三經注疏本　國圖

明萬曆十七年北京國子監刻十三經注疏本　國圖　北大　上海（清宋綿初批校　羅振常跋）　復旦（清朱彬校）　遼寧　山東

明萬曆十七年北京國子監刻十三經注疏天啓間重修本　北大　天津

明崇禎四年虞山毛氏汲古閣刻十三經注疏本　國圖　天津（清沈大成校）上

海(清范家相校)　復旦(清朱士端、劉寶楠校)　遼寧(清勞格批校)　中山大

明崇禎四年虞山毛氏汲古閣刻十三經注疏海虞席氏藏版本　國圖　南京

清嘉慶十八年綉谷四友堂重刻明毛氏汲古閣刻十三經注疏本　北大

毛詩詁訓傳二十卷詩譜一卷　漢毛亨傳　漢毛萇撰　漢鄭玄箋　唐孔穎達疏

清咸豐二年稽古樓刻袖珍十三經注本　北大

毛詩詁訓傳三十卷詩譜序一卷毛詩譜二卷毛詩注疏原目一卷毛詩注解傳述人一卷　漢毛亨傳　漢毛萇撰　漢鄭玄箋　唐陸德明音義　唐孔穎達疏

清乾隆四庫全書館寫摛藻堂欽定四庫全書薈要本

清光緒四年淮南書局刻本　國圖　上海　南京(存二十八卷)　遼寧　湖北

毛詩注疏三十卷附毛詩譜一卷毛詩注疏原目一卷毛詩注解傳述人一卷附考證　漢毛亨傳　漢毛萇撰　漢鄭玄箋　唐陸德明音義　唐孔穎達疏　清勵宗萬等考證

清乾隆四年武英殿刻十三經注疏本　國圖　北大　天津　南京　山東　山西　中山大

清同治十年廣東書局翻刻乾隆四年武英殿十三經注疏本　南京　湖北

毛詩注疏考證不分卷　清勵宗萬等撰

清乾隆四年武英殿刻十三經注疏本　國圖　北大　天津　復旦　南京　山東　山西　中山大

清同治十年廣東書局刻乾隆四年武英殿十三經注疏本　南京　湖北

附釋音毛詩注疏二十卷附校勘記二十卷　漢毛亨傳　漢毛萇撰　漢鄭玄箋　唐陸德明音義　唐孔穎達疏　清阮元撰校勘記　清盧宣旬摘録

清嘉慶二十年南昌府學刻重刊宋本十三經注疏附校勘記本　國圖　天津　遼寧　山東　湖北

清嘉慶二十年南昌府學刻重刊宋本十三經注疏附校勘記道光六年重校本　國圖　天津

清同治十年廣東書局刻重刊宋本十三經注疏附校勘記本　天津　遼寧

清同治十二年江西書局刻重刊宋本十三經注疏附校勘記本　天津　遼寧　湖北

清光緒十三年上海脈望仙館石印重刊宋本十三經注疏附校勘記本　天津

遼寧　山東

清光緒十八年湖南寶慶務本書局刻重刊宋本十三經注疏附校勘記本　山東　湖北

清光緒十九年陝甘味經刊書處刻重刊宋本十三經注疏附校勘記本　上海

清光緒二十三年上海點石齋石印重刊宋本十三經注疏附校勘記本　南京

一九二四年上海掃葉山房石印重刊宋本十三經注疏附校勘記本

毛詩注疏校勘記七卷釋文校勘記三卷　清阮元撰

清道光九年廣東學海堂刻皇清經解一千四百卷本　天津　遼寧　山東

清道光九年廣東學海堂刻咸豐十一年補刻皇清經解一千四百八卷本　遼寧

清光緒十七年上海鴻寶齋石印皇清經解一百九十卷本　北大　天津

清光緒二十四年蘇州官書坊刻宋本十三經注疏並經典釋文校勘記本

清光緒上海點石齋石印皇清經解一百九十卷本

毛詩注疏校勘記校字補一卷　清茆泮林撰

清光緒二十四年高郵王氏刻鶴壽堂叢書本　國圖　北大　湖北

毛詩治要一卷　唐魏徵撰

日本鎌倉時代抄群書治要本　日宫内省

日本元和二年駿府活字印群書治要本　日公文書館　日東洋文庫

日本天明七年尾張藩刻群書治要本　日公文書館　日蓬左文庫　日尊經閣　日高知大學

日本寬政三年江户須原屋茂兵衛刻群書治要本　日東北大學

日本抄群書治要本　日尊經閣

清嘉慶宛委别藏之群書治要本　臺北故宫

清道光二十八年覊石楊氏刻連筠簃叢書之群書治要本

清咸豐七年南海伍崇曜刻粤雅堂叢書三編第二十六集之群書治要本

民國上海商務印書館據日本尾張刻本影印四部叢刊之群書治要本

毛詩治要一卷　唐魏徵撰　日細井德民等校

日本江户刻群書治要本　日二松學舍大學　日一橋大學

毛詩匡謬正俗一卷　唐顔師古撰

民國金山高氏食古書庫傳抄本　復旦

施氏詩説一卷　唐施士匄撰　清馬國翰輯

清同治十年濟南皇華館刻玉函山房輯佚書本　山東

清光緒九年長沙嫏嬛館刻玉函山房輯佚書本　天津　遼寧　山東

清光緒九年長沙嫏嬛館刻光緒十年章邱李氏重印玉函山房輯佚書本　遼寧

清光緒十年楚南書局刻玉函山房輯佚書本　天津　遼寧

毛詩指説一卷　唐成伯璵撰

清康熙十九年納蘭性德刻通志堂經解本　國圖　北大　科學　上海　湖北

清康熙十九年納蘭性德刻乾隆五十年補修通志堂經解本　國圖　北大　復旦

清同治十二年粤東書局重刻通志堂經解本　上海　遼寧　湖北

日本文化十年影刻通志堂經解本

清乾隆四庫全書館寫摛藻堂欽定四庫全書薈要本

清乾隆四庫全書館寫欽定四庫全書本

清冠山堂抄本　國圖

清抄本（清吴騫校）　國圖

毛詩指説三卷　唐成伯璵撰　清楊晉拔訂

清乾隆四十一年刻本　上海

詩本義十五卷鄭氏詩譜補亡一卷　宋歐陽修撰

清康熙十九年納蘭性德刻通志堂經解本　國圖　北大　科學　上海　復旦　湖北

清康熙十九年通志堂刻乾隆五十年補修通志堂經解本　北大

清乾隆四庫全書館寫欽定四庫全書本

清同治十二年粤東書局重刻通志堂經解本　上海　遼寧　湖北

民國都門印書局鉛印本　科學　遼寧

一九三五年上海涵芬樓據吴縣潘氏滂熹齋藏宋本影印四部叢刊三編本　國圖　北大　復旦　遼寧

詩本義十六卷

明萬曆天啓間陳龍光蘇進程國祥刻本　遼寧

明刻本　南大　浙江　重慶　甘肅

明抄本　上海　山東

舊抄本　上海

毛詩本義十六卷　宋歐陽修撰　清歐陽杰等校

清道光十四年瀛塘别墅刻本　國圖　北大　上海　復旦　南京　遼寧　湖北

詩經新義不分卷　宋王安石　王雱撰　程元敏輯

一九八六年臺灣編譯館出版三經新義輯考彙評之二本

詩集傳二十卷　宋蘇轍撰

宋淳熙七年筠州公使庫刻本　國圖

清乾隆四庫全書館寫欽定四庫全書本

中華再造善本續修四庫全書影印宋淳熙七年筠州公使庫刻本

詩集傳十九卷

明萬曆二十五年金陵焦氏刻兩蘇經解本　國圖　北大　上海　復旦湖北

詩説一卷　宋張耒撰

明萬曆三十一年胡文焕刻格致叢書本　北大

清順治三年兩浙督學周南李際期宛委山堂刻説郛本　天津　遼寧

清康熙十九年納蘭性德刻通志堂經解本　國圖　北大　上海　復旦　湖北

清康熙十九年通志堂刻乾隆五十年補修通志堂經解本　北大

清同治十二年粤東書局重刻通志堂經解本　北大　上海　遼寧　湖北

日本文化十年影刻通志堂經解本

清嘉慶南匯吴氏聽彝堂刻道光三十年金山錢氏漱石軒增刻藝海珠塵癸集本　北大　天津　遼寧　山東

抄養素軒叢録第一集本

毛詩名物解二十卷　宋蔡卞撰

明嘉靖秦氏雁里草堂抄本　上海

清康熙十九年納蘭性德刻通志堂經解本　國圖　北大　科學　天津　上海　復旦　湖北

清康熙十九年通志堂刻乾隆五十年補修通志堂經解本　北大

清同治十二年粤東書局重刻通志堂經解本　上海　遼寧　湖北

日本文化十年影刻通志堂經解本

清乾隆四庫全書館寫欽定四庫全書本

清抄本(清朱昌燕跋)　國圖

放齋詩説四卷首一卷　宋曹粹中撰　張壽鏞輯

一九四四年鉛印本　北大　上海　復旦　湖北

續修四庫全書影印一九四四年鉛印本

放齋詩説一卷　宋曹粹中撰　王榮商輯

民國容膝軒抄本　國圖

李迂仲黄實夫毛詩集解四十二卷圖譜總論一卷　宋李樗　黄櫄講義　宋吕祖謙釋音　宋李泳校正

清康熙十九年納蘭性德刻通志堂經解本　國圖　北大　科學　上海　復旦　湖北

清康熙十九年通志堂刻乾隆五十年補修通志堂經解本　北大

清同治十二年粤東書局重刻通志堂經解本　上海　遼寧　湖北

日本文化十年影刻通志堂經解本

李迂仲黄實夫毛詩集解四十二卷

清乾隆四庫全書館寫摛藻堂欽定四庫全書薈要本

清乾隆四庫全書館寫欽定四庫全書本

清耕野堂抄本　國圖

詩解二十卷　宋黄櫄撰　宋吕祖謙釋音　宋李泳校正

清抄本　天津

詩辨妄一卷附録四種　宋鄭樵撰　顧頡剛輯

一九三三年北平樸社鉛印辨僞叢刊之一本　北大　復旦

續修四庫全書影印一九三三年北平樸社鉛印辨僞叢刊之一本

詩論一卷　宋程大昌撰

明崇禎茅氏浣花居刻芝園秘録本　國圖　北大　科學　復旦　湖北

清嘉慶南匯吴氏聽彝堂刻道光三年金山錢氏漱石軒增刻藝海珠塵癸集本　北大　天津　遼寧　山東

清道光十一年六安晁氏木活字印學海類編之經翼本　湖北

一九二〇年上海涵芬樓據清道光十一年六安晁氏木活字印本影印學海類編之經翼本　北大

抄本　國圖

四庫全書存目叢書影印明崇禎茅氏浣花居刻芝園秘録本

詩緝三十六卷　宋嚴粲撰

元建安余氏刻本　上海

元刻本　日宫内廳

明嘉靖元年至三十九年趙府居敬堂刻本　國圖　首都　北大　清華　人大　中央黨校　歷史所　北京文物局　上海　南大　浙江　杭州　天一閣　哈爾濱師範　遼寧　遼大　吉大　東北師大　陝西　扶風文化館　漢中師範　青海　青海醫學院　保定　山東　山東博　新鄉　河南大學　安徽　安徽師大　江西　福建　福建師大　華中師範　湖南　中山　廣西　重慶　雲南大學

清順治康熙抄本　北大

清乾隆四庫全書館寫欽定四庫全書本

清嘉慶十五年溪上聽彝堂覆刻日本天保十五年姬路仁壽館刻本　天津　上海　復旦　南京　浙江　湖北

清光緒十六年雖園重刻本　國圖　科學　上海　南京

日本宫内廳書陵部藏宋元版漢籍影印叢刊影元刻本

北京圖書館古籍珍本叢刊影印明味經堂刻本

詩緝三十六卷附校勘記一卷　宋嚴粲撰　葉渭清撰校勘記

一九四七年複性書院刻複性書院叢刊之群經統類甲編本　上海　南京　湖北

嚴氏詩緝校勘記一卷　葉渭清撰

一九四七年複性書院刻複性書院叢刊之群經統類甲編本　上海　南京　湖北

詩緝三十六卷附圖一卷並録諸家評語　宋嚴粲撰

清顧棟高據明嘉靖居敬堂刻本抄本(清顧棟高跋)　浙江(存卷一、四至六八至十三、十七至二十一、二十三至三十一、三十六)

嚴氏詩緝三十五卷　宋嚴粲撰

清畬經書屋抄本(佚名批校)　浙江

元刻本　日宫内廳

日本宫内廳書陵部藏宋元版漢籍影印叢刊影元刻本

逸齋詩補傳三十卷篇目一卷　宋范處義撰

清康熙十九年納蘭性德刻通志堂經解本　國圖　北大　科學　上海　復旦　湖北

清康熙十九年通志堂刻乾隆五十年補修通志堂經解本　北大

清同治十二年粵東書局重刻通志堂經解本　上海　遼寧　湖北

日本文化十年影刻通志堂經解本

詩補傳三十卷

清乾隆四庫全書館寫摛藻堂欽定四庫全書薈要本

清乾隆四庫全書館寫欽定四庫全書本

詩總聞二十卷　宋王質撰

明山陰祁氏澹生堂抄本　上海

清乾隆四十六年武英殿木活字印武英殿聚珍版書本　國圖　北大　上海　南京

清乾隆四十二年福建刻道光同治遞修光緒二十一年增刻武英殿聚珍版書本　國圖　上海　復旦　山東

清乾隆浙江重刻武英殿聚珍版書本　天津

清乾隆四庫全書館寫欽定四庫全書本

清道光咸豐間大梁書院刻經苑本　國圖

清道光二十六年錢儀吉刻本　北大　南京　遼寧　湖北

清抄本　國圖

清抄本　上海

詩經二十卷　宋朱熹集傳

宋刻本(清吴壽暘跋並録清陳鱣題識)　北大(存卷十四至十七)　國博(存卷

十六第四頁）國圖（存卷十六）　上海（存卷七之十一至十二頁、卷八之一至十八頁）　南京（存卷一至八）　静嘉堂（存卷一至十一、十八至二十）

詩經十卷　宋朱熹撰

元刻本　國圖

中華再造善本影印元刻本

詩經集傳八卷　宋朱熹撰

明嘉靖吉澄刻本　國圖　首都　天津　吉林

明萬曆三十年劉似山刻本　科學

明崇禎六年閔齊伋刻本　故宫

明池郡秋浦邑象山杜尊重刻本　北大　國博

明豹變齋刻本　北大　故宫

清康熙四年雲間華氏敬業堂刻本　北大　文學所

清康熙三十七年李燦章青蓮書屋刻本（清丁晏批並跋）　上海

清雍正二年刻鵬翮堂藏版本（清屠蘇朱筆批點）　國圖

清乾隆五十五年金陵芥子園刻本（清佚名録袁廷檮校　王振聲眉批）　上海（清陳澧圈點批校）　中山大

清嘉慶十三年敦化堂刻本（佚名批校）　上海

清嘉慶十九年桂華樓刻本（清戴熙題識）　中山大

清道光十六年揚郡二郎廟惜字局刻本（清丁晏批校並跋）　上海

清光緒十九年浙江書局刻本　北大　復旦

清函三堂刻本（清何道生批校）　復旦

清博古堂刻本（清王慶麟跋並録徐退山等批注）　松江縣博物館

詩經集傳八卷　宋朱熹撰　明毛晉訂正

明崇禎十四年虞山毛氏汲古閣刻五經本（清佚名臨清儲欣批點）　復旦

清静遠樓重刻汲古閣五經本　北大　南京

詩經集傳八卷　宋朱熹撰

清友益齋刻本　北大　天津

清同治十三年京都二酉堂刻本　天津

清光緒七年寶興堂刻本　北大

清光緒九年京都隆福寺寶書堂刻本　國圖　北大　天津

清光緒十八年成文信記刻本　北大

清光緒二十六年江西書局刻本　南京

清光緒三十四年書業德刻本　國圖　北大

清末泰興文業堂刻本　北大

清末京都寶書堂刻本　北大

詩經集傳八卷附圖説及詩經句辨難字辨考　宋朱熹撰

清光緒二十四年慎詒堂刻本　北大　南京(存卷二至八)

清慎詒堂重校李氏刻本　天津

清李光明莊據慎詒堂原本重校刻本　復旦　湖北

清光緒六年李光明刻本　天津

清李光明莊刻本　南京　天津

詩經集傳八卷　宋朱熹撰

清康熙内府刻本　南京

清乾隆四庫全書館寫摛藻堂欽定四庫全書薈要本

清乾隆四庫全書館寫欽定四庫全書本

清道光恕堂刻巾箱本　國圖　上海　南京

清同治三年浙江撫署刻本　上海　湖北

清同治十年上海掃葉山房刻本　遼寧

清同治十一年山東書局刻本　北大

清同治十一年山東書局刻光緒十七年重修本　北大

清光緒七年江蘇書局刻本　國圖

清光緒七年金陵書局刻本　北大　天津　南京

清光緒二十六年江南書局刻本　國圖　天津

清光緒二十六年直隸書局刻本　天津　遼寧

清光緒六年京都隆福寺聚珍堂書坊刻本　國圖　北大　天津　南京

清光緒十四年天津文美齋刻本　國圖　北大　天津

清宣統三年上海章福記石印本　北大　天津　復旦　遼寧

詩經集傳八卷　宋朱熹撰

清八旗官學刻本　國圖　北大(清佚名批點)　復旦　遼寧

詩經集傳八卷詩序辨説一卷　宋朱熹撰

清同治五年金陵書局刻本　北大　上海(佚名批點)　復旦

詩經集傳八卷

清同治七年湖北崇文書局刻本　國圖　天津　南京

清光緒三年永康胡氏退補齋重刻本　國圖　上海　復旦　浙江

清光緒二十一年湖北官書處刻本　北大　湖北

清光緒十八年寶善堂刻本　北大

詩經集傳八卷詩序辨説一卷輿圖一卷　宋朱熹撰

清同治十三年湖南書局刻本　湖北　南京

清光緒九年湖南書局刻本　北大

務本堂新鐫七行音韻詩經八卷　宋朱熹注

清末雲南務本堂刻本　復旦

詩經集傳八卷　宋朱熹撰　日本寸雲子昌易輯説　日本鈴木温國讀

日本寬政三年今村八兵衛刻本　上海

日本元治元年大阪書林積玉圃宋榮堂刻本　天津　上海　南京

詩經集傳八卷　宋朱熹撰　日本寸雲子昌易輯説　日本鈴木温國讀

日本刻本　南京

詩經二十卷詩序辨説一卷詩傳綱領一卷　宋朱熹集傳

日本刻本　南京

詩經二十卷詩圖一卷詩傳綱領一卷詩序辨説一卷　宋朱熹集傳

明正統十二年司禮監刻本　北大　南京(清丁丙跋)　復旦　北師大　科學音樂所　國博　上海　上海師大　遼寧　山西　吉大　黑龍江　青海民族學院　青島博　無錫　南京博　浙江　浙江大學　安徽　江西博　河南　新鄉　武漢文物商店　湖南　中山　中山大　韶關師範　廣西師範　重慶　浙江

詩傳綱領一卷　宋朱熹撰

明正統十二年司禮監刻本　北大　南京(清丁丙跋)　復旦　北師大　科學音樂所　國博　上海　上海師大　遼寧　山西　吉大　黑龍江　青海民族學院　青島博　無錫　南京博　浙江　浙江大學　安徽　江西博　河南　新鄉　武漢文物商店　湖南　中山　中山大　韶關師範　廣西師範　重慶　浙江

明擁萬堂刻古名儒毛詩解十六種本

詩經八卷校勘記一卷　宋朱熹集傳　清丁寶楨校刊

清同治十一年山東書局刻十三經讀本本　南京

詩經集傳校勘記一卷　清丁寶楨校刊

清同治十一年山東書局刻十三經讀本本　南京

詩經集傳校勘記一卷　清夏炘撰

清咸豐同治間刻同治元年王光甲等彙印景紫堂全書本

詩集傳八卷詩序辨説一卷附集傳考異　宋朱熹撰

清光緒十二年傳經堂刻西京清麓叢書本

清光緒三原劉氏刻劉氏傳經堂叢書本

詩經集傳八卷　宋朱熹撰　清聖祖御案

清康熙十一年朱錫旂十笏齋刻御案五經本(清劉文淇校並跋)　上海

清嘉慶十六年揚州翻刻十笏堂御案五經本　南京　浙江　湖北
清光緒十一年三義堂刻本　北大　南京

詩經二十卷參校詩傳説存二卷　宋朱熹集傳　清葛士清等輯參校詩傳説存
清光緒十五年上海守經堂依宋本重刻本　上海

參校詩傳説存二卷　清葛士清　倪紹經　王萃龢　汪人驥同輯
清光緒十五年上海守經堂依宋本重刻本　上海

詩經輯説不分卷　宋朱熹集傳
清道光十年刻本　復旦

朱子語類(詩説)二卷　宋朱熹撰
民國金山高氏食古書庫傳鈔朱子語類本　復旦

詩傳遺説六卷　宋朱鑑撰
清康熙十九年納蘭性德刻通志堂經解本　國圖　北大　科學　上海　復旦　湖北
清康熙十九年通志堂刻乾隆五十年補修通志堂經解本　北大
清乾隆四庫全書館寫摛藻堂欽定四庫全書薈要本
清乾隆四庫全書館寫欽定四庫全書本
清同治十二年粵東書局重刻通志堂經解本　上海　遼寧　湖北

非詩辨妄一卷　宋周孚撰
清道光十七年海昌蔣光煦刻别下齋叢書本　國圖　天津　復旦　南京　山東
清咸豐元年海昌蔣氏宜年堂刻六年重編涉聞梓舊本
民國武林竹簡齋據清道光十七年海昌蔣光煦刻本影印别下齋叢書本
一九二三年上海商務印書館據清道光十七年海昌蔣光煦刻本影印别下齋叢書本
一九二四年上海商務印書館據清咸豐元年海昌蔣氏宜年堂刻六年重編本影印涉聞梓舊本
民國武林竹簡齋據清咸豐元年海昌蔣氏宜年堂刻六年重編本影印涉聞梓舊本

非詩辨妄二卷
清咸豐間仁和韓氏刻玉雨堂叢書第一集本

詩解鈔一卷　宋唐仲友撰
清道光十一年翠微山房刻金華唐氏遺書本
一九二四年永康胡氏夢選廔刻續金華叢書之集部之金華唐氏遺書本

續修四庫全書影印一九二四年胡氏夢選樓刻續金華叢書金華唐氏遺書本

呂氏家塾讀詩記三十二卷　宋呂祖謙撰

宋淳熙九年丘崇江西漕台刻本　國圖

宋刻本　日本宫内廳

宋刻本　國圖(存卷一至十七、二十一至三十二、卷十五至十六配清初刻本)

宋刻本　上海

明嘉靖十年傅應台南昌刻本　國圖　北大　人大　科學　北京文物局　天津　上海　南京(清丁丙跋)　南京博　浙江　天一閣　浙江大學　山西師範　吉林　東北師大　福建　重慶(殘)

明萬曆四十一年陳龍光等刻本　國圖　北大　人大　科學　歷史所　復旦(存卷一至二十四　清焦循跋　二十八至三十二)　南京(清丁丙跋)　寶應　華東師　遼大　吉林　陝西　新疆大學　揚州　南京博　河南　南充師範

清康熙納蘭性德通志堂抄本　國圖

清乾隆四庫全書館寫欽定四庫全書本

清嘉慶十六年溪上聽彝堂重刻明萬曆刻本　國圖　復旦　南京　湖北

清嘉慶海虞張氏刻墨海金壺本　上海　南京(清王振聲校並跋)　湖北

清道光咸豐間大梁書院刻經苑本　國圖

清道光咸豐間大梁書院刻同治七年王儒行等印經苑本　國圖

日本宫内廳書陵部藏宋元版漢籍影印叢刊影宋刻巾箱本

中華再造善本影印宋淳熙九年丘崇江西漕台刻本

呂氏家塾讀詩記三十二卷　宋呂祖謙撰　清胡鳳丹校

清同治八年永康胡氏退補齋刻金華叢書本　國圖　北大　湖北

清同治十二年永康吴氏退補齋重刻金華叢書本　遼寧

清同治光緒永康胡鳳丹退補齋刻民國補刻金華叢書本

呂氏讀詩記補闕一卷　清盧文弨撰

清乾隆嘉慶餘姚盧氏刻抱經堂叢書之群書拾補初編本　天津　遼寧　山東

清光緒會稽徐氏鑄學齋刻紹興先正遺書第二集之群書拾補初編本　天津　山東

一九二三年北京直隸書局影印清乾嘉盧氏刻抱經堂叢書之群書拾補初編本　天津　遼寧

續呂氏家塾讀詩記三卷　宋戴溪撰

清乾隆四庫全書館寫欽定四庫全書本

清乾隆武英殿木活字印武英殿聚珍版書本　國圖　上海　復旦　南京

清乾隆浙江重刻武英殿聚珍版書本　天津

清嘉慶海虞張氏刻墨海金壺本　上海　復旦　南京(清王振聲校並跋)　湖北

清道光咸豐間大梁書院刻經苑本　國圖

清抄本　北大

慈湖詩傳二十卷　宋楊簡撰

清乾隆四庫全書館寫欽定四庫全書本

張氏約園抄本　上海(存卷一至八)

慈湖詩傳二十卷附録一卷

一九三二至一九四八年間四明張氏約園刻四明叢書第三集本　天津　遼寧

絜齋毛詩經筵講義四卷　宋袁燮撰

清乾隆四十年武英殿木活字印武英殿聚珍版書本　國圖　天津　復旦　南京　湖北

清乾隆四十二年福建重刻道光同治遞修光緒二十一年一八九五增刻武英殿聚珍版書本

清乾隆四十五年武英殿聚珍本　湖北

清乾隆浙江重刻武英殿聚珍版書本　天津

清乾隆四庫全書館寫欽定四庫全書本

清同治十三年江西書局重刻武英殿聚珍版書本　國圖　南京

清同治間番禺李氏抄反約篇本

清光緒二十五年廣雅書局重刻武英殿聚珍版書本

水心進卷(詩)一卷　宋葉適撰

金山告氏食古書庫傳抄本　復旦

毛詩講義十二卷　宋林岊撰

清乾隆四庫全書館寫欽定四庫全書本

清長州顧氏藝海樓抄本　浙江

民國劉氏藍格抄本　上海

詩童子問二十卷首一卷　宋輔廣撰

元至正三年余志安勤有堂刻本　上海

日宫内廳明抄本　國圖

中華再造善本日本宫内廳書陵部藏宋元版漢籍影印元至正三年余志安勤有堂刻本

詩童子問八卷首一卷末一卷　宋輔廣撰

明崇禎虞山毛氏汲古閣刻本　國圖　北師大　上海　復旦　遼寧　廣西

師大
清乾隆四庫全書館寫欽定四庫全書本
日本文化十二年刻本　北大　上海　復旦　湖北
清抄本　復旦

毛詩集解三十卷學詩總説一卷論詩總説一卷
清抄本(清宋筠校並跋　王振聲校)　國圖(存卷一至四、六至九、十一至二十一、二十四至二十五)
清抄本　復旦(存卷一至四、六至九、十一至十八、二十四至二十五)
清抄本　上海(存卷一)　復旦

毛詩集解二十五卷
清乾隆四庫全書館寫欽定四庫全書本

論詩總説一卷　宋段昌武撰
清抄本(清宋筠校並跋　王振聲校)　國圖(存卷一至四、六至九、十一至二十一、二十四至二十五)
清抄本　復旦(存卷一至四、六至九、十一至十八、二十四至二十五)
清抄本　上海(存卷一)　復旦

昌武段氏詩義指南一卷　宋段昌武撰
清嘉慶阮元據抄本輯宛委別藏本　臺北故宮
清乾隆五十二年長塘鮑廷博刻知不足齋叢書第十二集本　國圖　復旦　山東　湖北
民國古書流通處影印知不足齋叢書第十二集本　湖北

西山先生詩要指一卷　宋真德秀撰
民國金山高氏食古書庫傳抄本　復旦

詩傳遺説六卷　宋朱鑒撰
清康熙十九年納蘭性德刻通志堂經解本　國圖　北大　科學　上海　復旦　湖北
清康熙十九年通志堂刻乾隆五十年補修通志堂經解本　北大
清乾隆四庫全書館寫欽定四庫全書本
清同治十二年粤東書局重刻通志堂經解本　上海　遼寧　湖北

新刻山堂詩考一卷　宋章如愚編
明擁萬堂刻古名儒毛詩解十六種本

毛詩要義二十卷序譜要義一卷　宋魏了翁撰
宋淳祐十二年徽州刻本　日本天理大學
清影抄宋刻本　國圖

清影宋抄本　復旦
清道光二十九年翁心存家抄本(清翁心存校並跋　清翁同和清翁曾文校)　國圖
清光緒十二年江蘇書局刻五經要義本　國圖　上海　南京　遼寧　湖北
清抄本(清沈炳垣校並跋)　國圖
清抄本(張鴻來題記)　科學
清抄本(清季錫疇跋)　國圖
續修四庫全書影印宋淳祐十二年徽州刻本

毛詩要義二十卷序譜要義一卷　宋魏了翁撰　清莫祥芝校
清光緒八年莫祥芝上海影宋刻本　國圖　北大　科學　上海　復旦　華東師大　南京　遼寧　湖北

魏了翁毛詩要義校字記一卷　清沈潮撰
清沈潮手稿本　上海

詩説十二卷(卷九至十嗣刻詩總説一卷)　宋劉克撰
宋刻本(明吴寬跋)　國圖
清嘉慶阮元景鈔宋本輯宛委別藏本　臺北故宫
清道光八年汪士鍾藝芸書舍蘇州影宋刻本　國圖　北大　科學　天津　上海　南京　遼寧　浙江　湖北
金山高氏吹萬樓鈔補清汪士鍾藝芸書舍影宋刻本　復旦
清張蓉鏡家抄本(清孫原湘　清黄丕烈跋)　國圖
清抄本(清丁丙跋)　南京
清抄本　遼寧(存卷一、三至八、十一、十二、總説)
清抄本　北大
抄本　國圖(缺卷二、九至十)
中華再造善本、續修四庫全書影印宋刻本(明吴寬跋)

詩説補二卷　清陸心源輯
清同治光緒刻潛園總集之群書校補　天津

詩説補一卷
清光緒十年刻群書校補本

詩總説一卷　宋劉克撰
宋刻本(明吴寬跋　錢同愛題款)　國圖
清道光八年汪士鍾藝芸書舍蘇州影宋刻本　國圖　北大　科學　天津　上海　復旦　南京　浙江　遼寧　湖北
清張蓉鏡家抄本(清孫原湘　清黄丕烈跋)　國圖

清抄本(清丁丙跋)　南京
清抄本　遼寧
清抄本　北大
抄本　國圖

詩疑二卷　宋王柏撰
清初抄本　湖南
清康熙十九年納蘭性德刻通志堂經解本　國圖　北大　科學　上海　湖北
清康熙十九年通志堂刻乾隆五十年補修通志堂經解本　北大
清嘉慶南匯吴氏聽彝堂刻藝海珠塵革集本　北大　天津
清同治八年永康胡氏退補齋刻金華叢書本　北大　上海　南京　湖北
清同治十二年粤東書局重刻通志堂經解本　北大　上海　遼寧　湖北
四庫全書存目叢書、續修四庫全書影印清康熙十九年刻通志堂經解本

新刻讀詩一得一卷　宋黄震撰
明擁萬堂刻古名儒毛詩解十六種本　國圖

詩地理考六卷　宋王應麟撰
元至正六年慶元路儒學刻明南監遞修玉海本　國圖　北大　陝西師大　山東博
元至元六年慶元路儒學刻明南監正德嘉靖萬曆崇禎補刻清康熙二十六年吉水李振裕補刻玉海本
元至元六年慶元路儒學刻明正德嘉靖萬曆崇禎補刻清康熙二十六年李振裕補刻乾隆三年康基田補刻道光元年長白崇恩補刻道光二十三年再補刻玉海本
明萬曆三十一年胡文焕刻格致叢書本
明擁萬堂刻古名儒毛詩解十六種本
明崇禎虞山毛氏汲古閣刻津逮秘書本　上海　復旦　南京　遼寧　山東
清乾隆四庫全書館寫欽定四庫全書本
清嘉慶十年虞山張氏照曠閣刻學津討原本　天津　復旦　遼寧　山東
清光緒九年浙江書局刻玉海本　上海　復旦
清光緒十年成都志古堂刻玉海本　南京
中華再造善本影印元至正六年慶元路儒學刻玉海明修本

新刻玉海紀詩一卷新刻困學紀詩一卷　宋王應麟撰
明擁萬堂刻古名儒毛詩解十六種本　上海　湖南

新刻困學紀詩一卷　宋王應麟撰
明擁萬堂刻古名儒毛詩解十六種本　上海　湖南

清刻本　科學
清抄本　復旦

詩傳注疏三卷　宋謝枋得撰　清吴長元輯

清乾隆五十年長塘鮑廷博刻知不足齋叢書底本(清鮑廷博校點)　上海
清乾隆五十年長塘鮑廷博刻知不足齋叢書本　北大
清乾隆五十年長塘鮑廷博刻同治十一年嶺南蘇氏補刻知不足齋叢書本　北大
清嘉慶阮元據抄本輯宛委别藏本　臺北故宫
清光緒八年京都豫章别業刻謝疊山先生評注四種合刻本　湖北
民國古書流通處影印知不足齋叢書本　湖北
續修四庫全書影印清乾隆五十年鮑氏刻知不足齋叢書本

謝疊山先生詩傳注疏三卷　宋謝枋得撰　清江澍畇校

清光緒九年刻謝疊山先生評注四種合刻本　復旦

毛詩正變指南圖六卷　宋佚名編　明陳重光重訂

明崇禎十一年華亭陳氏刻本　復旦

詩辯説一卷　宋趙悳撰

清康熙十九年納蘭性德刻通志堂經解本　國圖　北大　科學　上海　湖北
清康熙十九年納蘭成德刻乾隆五十年補修通志堂經解本　北大
日本文化十年影刻通志堂經解本
清乾隆四庫全書館寫摛藻堂欽定四庫全書薈要本
清乾隆四庫全書館寫欽定四庫全書本
清道光十七年海昌蔣光煦刻别下齋叢書本　天津　復旦　南京　山東
清同治十二年粤東書局重刻通志堂經解本　上海　遼寧　湖北
清光緒十三年吴縣朱記榮朱氏家塾刻槐廬叢書初編本　國圖　上海　復旦　遼寧　山東　湖北
一九二三年上海商務印書館據清道光十七年海昌蔣光煦刻本影印别下齋叢書本
民國武林竹簡齋據清道光十七年海昌蔣光煦刻本影印别下齋叢書本

詩集傳附録纂疏二十卷詩序附録纂疏一卷詩傳綱領附録纂疏一卷語録輯要一卷　元胡一桂撰

元泰定四年建安劉君佐翠巖精舍刻本　國圖　廣西(殘)　日静嘉堂
中華再造善本續修四庫全書影印元泰定四年翠巖精舍刻本

詩集傳附録纂疏二十卷

明抄本　復旦(存卷八)

詩傳綱領附録纂疏一卷　元胡一桂撰
　　元泰定四年建安劉君佐翠巖精舍刻本　國圖　廣西(殘)
詩集傳附録纂疏語録輯要一卷　元胡一桂撰
　　元泰定四年建安劉君佐翠巖精舍刻本　國圖　廣西(殘)
新刻文獻詩考二卷　元馬端臨撰
　　明擁萬堂刻古名儒毛詩解十六種本　國圖
詩集傳名物鈔八卷　元許謙撰
　　明秦氏雁里草堂抄本　國圖
　　明張氏怡顔堂抄本　復旦　湖南
　　清乾隆四庫全書館寫欽定四庫全書本
　　清乾隆四庫全書館寫摛藻堂欽定四庫全書薈要本
　　清同治八年永康胡氏退補齋刻金華叢書本　國圖　復旦　南京　遼寧　湖北
　　清同治光緒永康胡鳳丹退補齋刻民國補刻金華叢書本
詩集傳名物鈔八卷　元許謙撰　清納蘭性德校
　　清康熙十九年納蘭性德刻通志堂經解本　國圖　北大　科學　上海　復旦　南京　湖北
　　清康熙十九年通志堂刻乾隆五十年補修通志堂經解本　北大
　　清同治十二年粵東書局重刻通志堂經解本　上海　遼寧　湖北
　　日本文化十年影刻通志堂經解本　北大　復旦　南京
詩集傳音釋十卷　宋朱熹集傳　元許謙音釋
　　元刻本　國圖　蘇州文管會(存卷二至四、六至十)
　　元至正十二年宗文精舍刻本　日足利學校遺蹟圖書館(存卷首卷一)
詩集傳音釋十卷詩傳綱領一卷詩圖一卷詩序一卷
　　明洪武蜀府刻本　重慶
詩集傳名物鈔音釋纂輯二十卷　宋朱熹集傳　元許謙音考　元羅復纂輯
　　元至正十一年雙桂書堂刻本　國圖
　　中華再造善本續修四庫全書影印元至正十一年雙桂書堂刻本
詩集傳名物鈔音釋纂輯二十卷詩傳綱領一卷詩序辨説一卷
　　元刻本　上海(存卷一至二、五至七、十四至二十)
詩集傳名物鈔音釋八卷　宋朱熹集傳　元許謙音考　元羅復纂輯
　　明無錫姚氏茶夢齋抄本　上海

詩集傳音釋二十卷詩傳綱領一卷詩圖一卷詩序辨説一卷校刻札記一卷　宋朱熹集傳　元許謙音釋　元羅復纂輯　清蔣光煦撰校刻札記

清咸豐七年海昌蔣氏衍芬草堂刻本　北大　國圖　科學　上海　復旦　浙江　遼寧　湖北

清光緒十五年户部刻本　國圖　北大

校刻詩集傳音釋札記一卷　清蔣光煦撰

清咸豐七年海昌蔣氏衍芬草堂刻本　國圖　北大　科學　上海　復旦　南京　浙江　遼寧　湖北

詩經集説六卷　元盧觀著

清孔氏岳雪樓影抄本　國圖

明經題斷詩義矜式十卷　元林泉生撰

元刻本　國圖

中華再造善本影印元刻本

詩演義十五卷　元梁寅撰

清乾隆四庫全書館寫欽定四庫全書本

一九三四年上海商務印書館影印文淵閣本　復旦

民國劉氏藍格抄本　上海

詩經疏義二十卷詩經疏義綱領一卷　元朱公遷疏義　明王逢輯録　明何英增釋

元刻本(清吴騫跋)　上海

明正德四年書林克勤堂余氏刻本　上海

明嘉靖二年書林安正堂劉氏重刻本　上海

清乾隆四庫全書館寫欽定四庫全書本

詩經疏義綱領一卷　元朱公遷疏義　明王逢輯録　明何英增釋

元刻本(清吴騫跋)　上海

明正德四年書林克勤堂余氏刻本　上海

明嘉靖二年書林安正堂劉氏重刻本　上海

清乾隆四庫全書館寫欽定四庫全書本

詩經疑問七卷詩辨説一卷　元朱倬撰　宋趙悳撰詩辨説

元至正七年建安書林劉錦文刻本　國圖

清康熙十九年納蘭成德刻通志堂經解本　國圖　北大　科學　上海　復旦　湖北

清康熙十九年納蘭成德刻乾隆五十年補修通志堂經解本　北大

清乾隆四庫全書館寫欽定四庫全書本

清同治十二年粤東書局重刻通志堂經解本　上海　遼寧　湖北
清抄本(清翁同書題識)　湖北
中華再造善本影印元至正七年建安書林劉錦文刻本

直音傍訓毛詩句解二十卷　元李公凱撰

元刻本　國圖　上海
中華再造善本續修四庫全書影印元刻本

詩經旁訓四卷　元李恕撰

明萬曆刻本　復旦

詩傳旁通十五卷　元梁益撰

清初抄本　上海師大　遼寧(存卷一至十一)
清乾隆四庫全書館寫欽定四庫全書本
清光緒武進盛宣懷刻常州先哲遺書本
清光緒二十三年武進盛氏刻朱印本　復旦
繆氏雲自在龕抄本(繆荃孫跋)　山東大學

詩集傳通釋二十卷詩序辨説一卷詩傳綱領一卷詩傳通釋外綱領一卷　宋朱熹集傳　元劉瑾通釋

元至正十二年建安劉氏日新書堂刻本　國圖　北大　科學(殘)　上海　湖北　日尊經閣
元至正十二年建安劉氏日新書堂刻明修本　國圖　南京
元刻本　科學(存卷十七至二十)
清乾隆四庫全書館寫欽定四庫全書本
日本文政十三年刻本　北大
日本嘉永三年刻本　北大　復旦
中華再造善本影印元至正十二年建安劉氏日新書堂刻本

詩傳通釋外綱領一卷　元劉瑾撰

元至正十二年建安劉氏日新書堂刻本　國圖　北大　科學(殘)　上海　湖北
元至正十二年建安劉氏日新書堂刻明修本　國圖　南京

詩纘緒十八卷　元劉玉汝撰

清乾隆四庫全書館寫欽定四庫全書本
一九三四年上海商務印書館影印清文淵閣寫本　復旦
民國劉氏藍格抄本　上海

新刊類編曆舉三場文選詩義八卷　元劉貞輯

元刻明修本　國圖
元刻本　國圖

詩經旁注四卷　元羅祖禹撰

元羅祖禹刻本　上海

元刻本　國圖

中華再造善本影印元羅祖禹刻本

詩解頤四卷　明朱善撰

明初刻本　上海

清初虞山毛氏汲古閣抄本　國圖

清康熙十九年納蘭性德刻通志堂經解本　國圖　北大　科學　上海　復旦　南京　湖北

清康熙十九年通志堂刻乾隆五十年補修通志堂經解本　北大

日本文化十年影刻通志堂經解本

清同治十二年粤東書局重刻通志堂經解本　上海　遼寧　湖北

詩傳大全二十卷詩傳大全綱領一卷詩傳大全圖一卷詩序辨説一卷　明胡廣等奉敕撰　宋朱熹撰詩序辨説

明永樂十三年内府刻本　國圖　上海　南京博　浙江　遼寧　武大　四川　雲南

明經廠刻本　天津(存卷十至二十)

明内府抄本　國圖(存卷一至五、九)

明正德十三年刻本　北師大　中央黨校　中山

明嘉靖元年建寧書户劉輝刻本　浙江

明嘉靖二十七年書林宗文堂刻本　南京　吉大

明萬曆三十三年書林余氏刻本　廣東社科院(存卷一至十五)

明德壽堂刻本　山東

朝鮮純祖刻本　國圖　北大　上海　復旦　湖北

詩傳大全二十卷詩傳大全綱領一卷詩序辨説一卷

清乾隆四庫全書館寫欽定四庫全書本

詩傳大全二十卷詩傳大全圖一卷諸國世次圖一卷詩傳大全綱領一卷詩序辨説一卷詩經考異一卷　明胡廣奉敕撰

宋朱熹撰詩序辨説　宋王應麟撰詩經考異

明崇禎吴郡顧凝達詩瘦閣刻本　北大　復旦　大連　天一閣　湖南

清刻本　上海

申士學校正詩經大全二十卷序一卷圖一卷　明胡廣等輯　明申時行校　日本林信勝訓點

日本承應二年(1653)梅天刻京都吉文字屋莊右衛門印官板五經大全本

日九州大學

新刻讀詩録一卷　明薛瑄撰

明擁萬堂刻古名儒毛詩解十六種本　國圖

新編詩義集説四卷　明孫鼎撰　明徐觀校

明抄本　浙江

清嘉慶阮元景抄明本輯宛委别藏本　臺北故宫

續修四庫全書影印一九三五年商務印書館宛委别藏影鈔明刻本

詩經定本四卷　明黄澍著　明張運晉參訂

清刻本　國圖

詳增經旨音釋毛詩白文四卷　漢毛亨傳　明華燧校正音釋

明嘉靖刻本　北大

刻精選詩經度針不分卷　明錢福等撰　明唐效純選評

明萬曆晉陵唐氏刻本　復旦

詩經教考一卷　明李經綸撰

抄本　國圖　科學

儼山詩微二卷　明陸深撰

清抄本　復旦

毛詩或問一卷　明袁仁撰

清道光十一年六安晁氏木活字印學海類編之經翼本　北大　上海　湖北

一九二〇年上海涵芬樓據清道光十一年六安晁氏木活字印本影印學海類編之經翼本　國圖　北大

四庫全書存目叢書影印清道光十一年六安晁氏木活字學海類編本

新刻胡氏詩識三卷　明胡纘宗編

明擁萬堂刻古名儒毛詩解十六種本　國圖

詩説解頤總論二卷詩説解頤正釋三十卷詩説解頤字義八卷　明季本撰

明嘉靖四十一年胡宗憲刻本　國圖　文學所　上海　復旦(殘)

清乾隆四庫全書館寫欽定四庫全書本

詩説解頤正釋三十卷　明季本撰

明嘉靖四十一年胡宗憲刻本　國圖　文學所　上海　復旦(殘)

清乾隆四庫全書館寫欽定四庫全書本

詩説解頤字義八卷　明季本撰

明嘉靖四十一年胡宗憲刻本　國圖　文學所　上海　復旦(殘)

清乾隆四庫全書館寫欽定四庫全書本

詩經億四卷　明王道撰

明徐中立刻本　天一閣

詩經臆説十四卷　明華湘撰

明嘉靖二十年刻本　泰州

升菴毛詩説三卷　明楊慎撰

民國金山高氏食古書庫傳抄本　復旦

詩經通解二十五卷　明黄佐撰

明嘉靖二年刻本　復旦

新刻印古詩語一卷　明朱得之撰

明擁萬堂刻古名儒毛詩解十六種本　國圖　上海

新刻詩經八進士釋疑講意八卷　明張本編　明唐順之講意

明萬曆刻本　日公文書館

讀詩私記二卷　明李先芳撰

清乾隆四庫全書館寫欽定四庫全書本

讀詩私記五卷

一九二三年沔陽盧氏慎始基齋影寫彙輯湖北先正遺書本　國圖　天津　上海　遼寧　山東

詩樂圖譜十八卷圖一卷　明衛良相等

明嘉靖十五年國子監刻本　日公文書館

詩經全備講意三十卷　明郝孔昭撰

明隆慶五年刻本　日宫内廳

詩經宗義八卷　明張瑞撰

明隆慶三年刻本　日公文書館

詩説解頤四卷　明蘇濂撰

明抄本(清蘇光曙跋)　北大

多識編七卷　明林兆珂撰

明萬曆刻本　國圖　北大　清華　文學所　復旦　福建　湖北　日公文書館　日尊經閣　日蓬左文庫

四庫全書存目叢書影印明刻本

詩故十卷　明朱謀㙔撰

明萬曆三十七年刻本　復旦

清乾隆四庫全書館寫欽定四庫全書本

清抄本(清王宗炎校並跋)　國圖

清抄本(清丁丙跋)　南京

詩故十卷附校勘記一卷校勘續記一卷　明朱謀㙔撰　魏元曠撰校勘記　胡思敬撰續記

一九一五年南昌豫章叢書編刻局刻豫章叢書本　北大　天津　上海　復旦

遼寧　山東　南京　湖北

詩故校勘記一卷　魏元曠撰

一九一五年南昌豫章叢書編刻局刻豫章叢書本　北大　天津　上海　復旦　遼寧　山東　南京　湖北

詩故校勘續記一卷　胡思敬撰

一九一五年南昌豫章叢書編刻局刻豫章叢書本　北大　天津　上海　復旦　遼寧　山東　南京　湖北

婁上張氏説詩一卷　明張廷臣撰

明萬曆二十九年刻本　山西文物局

清光緒十六年涇縣朱氏豫章叢書本　北大

明朝張柱國發刻駱會魁家傳葩經講意金石節奏四卷　明駱廷煒　駱日升撰

明萬曆二十五年劉氏安正堂刻本　日公文書館

鼎鍥台晉駱先生輯著詩經正覺十一卷　明駱日升撰

明刻本　日尊經閣

新鐫張閣老進呈經筵詩經直解四卷　明張居正撰

明刻本　北師大

博古齋遵注詩經直解指南彙編三十一卷首一卷　明張居正原撰

清易林詹怡廷刻本　湖北

魯詩世學三十二卷　明豐坊撰

明豐坊稿本(沈曾植跋)　上海

魯詩世學四卷

清初抄本　上海

四庫全書存目叢書影印清抄本

詩經譯三卷　明鄧元錫撰

明萬曆三十五年刻五經繹本　國圖

詩經筆記四卷　明蔣以忠撰

明萬曆刻本　國圖

詩經正義二十七卷　明許天贈撰

明萬曆二十五年刻本　科學　復旦　東北師大　山東(殘)　安徽博物館

四庫全書存目叢書影印明萬曆刻本

新刻翰林貢傳舉業全旨日講意詩經發微集註八卷　明王應選撰　明張利忠編

明刻本　日公文書館

讀詩拙言一卷　明陳第撰　明焦竑訂正
明萬曆刻本　北大　湖北
明萬曆三十四年五雅堂刻本　天津　上海　浙江
明萬曆四十年會山樓刻一齋集本　國圖　上海　復旦　遼寧
明崇禎九年飯石軒刻本　上海　復旦
清康熙五十九年陳元壯刻一齋集本　北大　上海　復旦
清乾隆十七年刁戴高抄本(清刁戴高跋)　上海
清乾隆二十七年徐時作崇本山堂刻本　北大　科學　天津　湖北
清道光二十八年陳斗初刻一齋集本　國圖　北大
清抄本　湖南
清抄本　復旦
清光緒六年武昌張裕釗翻刻乾隆二十七年徐時作崇本山堂刻本　國圖　北大　天津　上海　復旦　南京　湖北
一九三四年雙流黃氏濟忠堂翻刻光緒六年武昌張裕釗刻本　北大　南京

讀詩拙言一卷　明陳第撰　清張海鵬校訂
清嘉慶十年虞山張氏照曠閣刻學津討原本　北大　天津　上海　遼寧　山東
一九二二年上海商務印書館影印清嘉慶十年虞山張氏照曠閣刻學津討原本　北大
一九三三年渭南嚴氏成都校刻學津討原本　上海　復旦　遼寧　湖北

讀詩拙言一卷　明陳第撰　清淩鳴喈訂誤
清道光八年吴興淩氏刻淩氏傳經堂叢書本　國圖　山東　湖北
清道光二十七年番禺潘氏刻光緒補刻海山仙館叢書本　北大

詩臆二卷　明馮時可撰
明萬曆刻馮元成雜著本

孫月峰先生批評詩經四卷　明孫鑛評
明末益山刻本　北師大　復旦

新刻七進士詩經折衷講意四卷　明鄒泉撰
明刻本　日尊經閣

詩傳不分卷詩序不分卷
明萬曆郭子章刻本　上海

重訂詩經疑問十二卷　明姚舜牧撰
明萬曆三十九年六經堂刻五經疑問本　復旦(清徐時棟跋)　天一閣　浙江
清乾隆四庫全書館寫欽定四庫全書本

詩經主義四卷　明楊于庭撰
明萬曆刻本　國圖
新刻詩學精義淵源二十卷　明何應奇編著　明楊得臣纂集
明刻本　北大
詩批釋四卷　明安世鳳撰
明萬曆二十九年刻本　復旦　金華
詩外别傳二卷　明袁黄撰
明萬曆三十三年建陽余氏刻了凡雜著本
詩外别傳一卷
一九二〇年吴江柳氏紅格抄本　上海
毛詩原解三十六卷　明郝敬撰
明萬曆四十四年京山郝千秋郝千石刻郝氏九經解本　國圖　北大　科學　復旦　南京　湖北
清光緒十七年三餘草堂刻湖北叢書本　北大　上海　天津　遼寧　山東　湖北
清舊刻朱印本　復旦
四庫全書存目叢書續修四庫全書影印明萬曆四十三年至四十七年郝千秋郝千石刻郝氏九經解本
新刻十元魁述訂國朝五百名家詩經文林正達二十卷　明唐文獻等撰
明萬曆刻本　日尊經閣
新鐫唐葉二翰林彙編詳訓精講新意備題標圖詩經會達天機妙發二十卷　明唐文獻　葉向高撰
明萬曆刻本　日尊經閣
葉太史參補古今大方詩經大全十五卷小序一卷詩圖一卷綱領一卷　明葉向高編纂　明張以誠校正
明萬曆二十九至三十五書林余氏閩芝城建邑刻本　北大　清華　北師大　上海　上海大學　吉林社科院　湖北
清康熙刻本　國圖　湖北
新鍥尊朱詩經講意舉業便讀八卷　明葉向高纂
明刻本　國圖
新刻徐玄扈先生纂輯毛詩六帖講意四卷　明徐光啓撰
萬曆四十五年金陵書林廣慶堂唐振吾刻本　上海(羅振玉跋)　遼寧
四庫全書存目叢書影印明萬曆四十五年金陵書林廣慶唐振吾刻本

新刻徐玄扈先生纂輯毛詩六帖講意不分卷

清抄本　國圖

爾雅堂家藏詩説不分卷　明顧起元撰

明萬曆三十四年刻本　復旦　湖北

清初抄本　浙江

舊抄本　國圖

新刻顧隣初太史硃批詩經金丹八卷首一卷　明顧起元撰　明潘曉輯

明版築居刻本　日公文書館

毛詩正變指南圖一卷詩經金丹彙考一卷詩經難字一卷　明顧起元撰

明版築居刻朱墨套印本　北師大

詩經金丹彙考一卷　明顧起元撰

明版築居刻朱墨套印本　北師大

詩經世業十一卷　明瞿汝説撰

明詹聖謨刻本　日公文書館(缺卷七)

新刻禮部訂正詩經正式講意合註篇十一卷　明方從哲等撰

明萬曆刻本　日尊經閣

詩經説通十三卷首一卷　明沈守正撰

明萬曆四十三年刻本　北大　北師大　文學所　復旦　南京(清丁丙跋)　吉林社科院　安徽博物館

四庫全書存目叢書影印明萬曆四十三年刻本

六家詩名物疏五十五卷附提要三卷引用書目一卷　明馮復京撰

明萬曆三十三年刻本　國圖　北大　人大　科學　歷史所　文學所　北京市委　上海　復旦　華東師大　南京　吉大　東北師大　浙江　武漢　四川大學　重慶　祁縣　勉縣　西北大學　陝西師大　日國會　日公文書館　日尊經閣　日愛知大學　日東京大學　日龍谷大學

清乾隆四庫全書館寫欽定四庫全書本

新刻楊會元真傳詩經講意懸鑒二十卷　明楊守勤撰

明萬曆書林熊成冶刻本　復旦

鐫楊會元真傳詩經主意冠玉四卷　明楊守勤撰

明萬曆三十三年博古堂刻本　清華

新刻翰林六進士參定劉先生詩經博約説鈔十二卷　明劉前撰　明敖崇化評校

明萬曆二十二年書林鄭豪雲竹刻本　日蓬左文庫

詩經副墨不分卷　明陳組綬纂

明末光啓堂刻本　復旦

清末民初抄本　湖北

四庫全書存目叢書影印明末光啓堂刻本

詩經剖疑二十一卷　明曹學佺撰

明末刻本　首都　遼寧

續修四庫全書影印明末刻本

詩經剖疑二十四卷

明刻本　遼寧(存卷一至十二、十四至二十四)

詩經質疑十四卷　明曹學佺撰

明活字印本(蕭子豫題記)　北大

詩經纂注八卷　宋朱熹集注　明鍾惺纂輯

明二乙堂刻本　北大

詩經評四卷小序一卷　明鍾惺評點

明泰昌元年閔氏刻朱墨套印本　國圖　上海　湖北　日公文書館

詩經三卷　明鍾惺評點　明盧之頤訂正

明末溪香書屋刻合刻周秦經書十種本(清佚名批注)　復旦　浙江

批點詩經四卷　明鍾惺輯

明淩杜若刻朱墨印本　首都　人大　北師大　首師大　文學所　故宫　群衆出版社　北京市委　天津　上海復旦　華東師大　南京　南京市圖書館　遼寧　吉林　吉大　東北林學院　陝西文物所　烟臺　山東大學　山西　常州　浙江　杭州　湖北　華南師大　廣東文史研究館　四川　雲南　雲南文史館

詩經辨疑不分卷　明鍾惺評

清康熙十二年刻本　湖北

詩經注疏抄四卷　明鍾惺删訂

明玉津園刻十三經注疏抄本　復旦

詩經備考二十四卷　明鍾惺　韋調鼎撰

明崇禎十四年刻本　故宫　廣西師大　日公文書館　日尊經閣　日蓬左文庫

四庫全書存目叢書影印明崇禎十四年刻本

詩經圖史合考二十卷　明鍾惺纂輯

明末刻本　國圖　復旦(存二卷)　吉林　河南

四庫全書存目叢書影印明末刻本

陳太史訂閱詩經旁訓四卷　明陳仁錫重訂

明崇禎二年刻五經旁訓本　國圖

詩經古註十卷　明李鼎編　明王思任編
　明刻本　日公文書館
張君一先生毛詩微言二十卷首一卷　明張以誠撰　明唐汝諤輯
　明末刻本　北大　保定　日公文書館
　清抄本　北大
　四庫全書存目叢書影印明刻本
新鐫詩經微言合參八卷　明唐汝諤撰　明張以誠參定
　明刻本　日蓬左文庫
聖門傳詩嫡冢十六卷申公詩説一卷　明淩濛初撰　漢申培撰申公詩説
　明萬曆四十六年刻本　國圖　日尊經閣
　明崇禎四年刻本　國圖　北大　清華　人大　中央黨校　科學　上海　復旦　華東師大　浙江　河南　湖南　重慶　日公文書館　日蓬左文庫
　四庫全書存目叢書影印明崇禎刻本
孔門兩弟子言詩翼六卷　明淩濛初輯
　明崇禎三年烏程淩氏刻本　北大　科學　上海　復旦
　清初抄本　復旦
　四庫全書存目叢書影印明崇禎刻本
詩逆四卷詩考一卷　明淩濛初撰
　明天啓二年刻本　復旦　重慶　厦門大學
　四庫全書存目叢書影印明天啓二年刻本
詩考一卷　明淩濛初撰
　明天啓二年刻本　復旦　重慶　厦門大學
詩繹四卷　明喬時敏撰
　明末鼎雲堂刻本　復旦
詩經偶箋十三卷　明萬時華撰
　明崇禎六年李泰刻本　復旦　陝西(殘)
　四庫全書存目叢書續修四庫全書影印明崇禎六年李泰刻本
毛詩闡秘不分卷　明魏沖撰
　明魏沖稿本　國圖
陸元恪草木蟲魚疏二卷　明樊維城編
　抄本　國圖
讀風臆評不分卷　明戴君恩撰
　明萬曆四十六年烏程閔齊伋刻朱墨套印本　國圖　北大　清華　首都　科學　文學所　文藝研究院　群衆出版社　上海　復旦　南京(清丁丙

跋）遼寧　遼大　長春　吉林社科院　鳳翔縣文化館　青島博　山西文物局　無錫　揚州師範　浙江　天一閣　安徽博物館　江西　華南師大　四川　西南師範　雲南

四庫全書存目叢書影印明萬曆四十八年閔齊伋刻朱墨套印本

讀風臆補十五卷附讀風臆補總評　明戴君恩原本　清陳繼揆補輯並總評

清光緒六年寧郡述古堂刻拜經館藏版本　國圖　北大　上海　復旦　湖北

續修四庫全書影印清光緒六年拜經館刻本

讀詩一卷　明曹珖撰

明抄大樹堂説經本

詩通四卷　明陸化熙撰

明萬曆四十六年書林童憶泉刻本　復旦　華東師大　日公文書館

明書林李少泉刻本　國圖

四庫全書存目叢書續修四庫全書影印明書林李少泉刻本

詩通不分卷　明陸化熙撰　清歸起先輯

清順治十五年歸起先刻詩經通解本　天津　上海　復旦　安徽師大

清康熙刻本　上海

詩傳闡二十三卷餘二卷　明鄒忠胤撰

明崇禎八年刻本　國圖　日公文書館

四庫全書存目叢書影印明崇禎刻本

新刻黄石齋先生詩經琅玕十卷首一卷　明黄道周編著　清熊九嶽訂閲　清鄭尚玄參較

明崇禎醉耕堂刻本　國圖　北大

詩表一卷　明黄道周撰

清道光五年刻本　國圖

新刻大小馮先生手授詩經八卷　明馮元颺　馮元飈撰

明余氏躍劍山房刻本　日公文書館

詩經説約二十八卷　明顧夢麟纂

明崇禎十五年太倉顧氏織廉居刻本　國圖　上海　復旦　山東大學　日公文書館　日尊經閣

日本寛文九年刻本　湖北

續修四庫全書影印明崇禎織簾居刻本

參補説約大全三十一卷　明顧夢麟撰

清雍正十一年贈言堂刻本　科學

纂序詩經説約集注八卷　明顧夢麟纂　明劉日珩校

明刻本　日早稻田大學

詩經物考一卷　清鄒之麟撰

崇禎五年刻詩經慧燈本　日蓬左文庫

詩經翼註八卷　清鄒之麟撰

崇禎五年刻詩經慧燈本　日蓬左文庫

新鐫鄒臣虎先生詩經翼註講意四卷　清鄒之麟撰

明末刻本　日公文書館

四庫全書存目叢書影印明末刻本

鼎鐫仲初魏先生詩經脉八卷首一卷　明魏浣初撰

明萬曆刻本　日公文書館

鼎鐫鄒臣虎增補魏仲雪先生詩經脉講意八卷首一卷　明魏浣初撰　清鄒之麟增補

明末刻本　復旦

批點毛詩振雅六卷　明張元芳　明魏浣初撰

明天啓四年版築居刻朱墨套印本　國圖　清華　上海　復旦　吉大　揚州　河南　保定

新刻金陵板詩經開心正解七卷首一卷　明邵芝南撰

明熊氏種德堂刻本　日公文書館

葩經旁意一卷　明喬中和撰

明萬曆四十一年魯廷彦刻本　國圖　河南

明崇禎刻躋新堂集本

清光緒五年刻西郭草堂合刊本　北大

桂林詩正八卷　明顧懋樊編著

明崇禎十三年刻桂林五經本　國圖　北大　人大　復旦

四庫全書存目叢書影印明崇禎刻桂林經説本

二劉先生闟湖説詩不分卷附闟湖紀言附毛詩原解　明劉尹聘　劉振之撰　明郝敬撰毛詩原解

明崇禎四年刻本　國圖

毛詩弋志箋記不分卷　明張次仲撰

清康熙十六年刻本　復旦　湖南

待軒詩記八卷　明張次仲撰

清乾隆四庫全書館寫欽定四庫全書本

新刻沈漢陽先生隨寓詩經答七卷　明沈翹楚撰

　明萬曆四十七年唐晟刻本　國圖

詩綱一卷　清賈應寵撰

　清賈應寵稿本　山東博

詩經永論四卷　明方孔炤撰

　舊抄本　國圖

　清抄本　科學

詩經朱傳翼三十卷首一卷　清孫承澤撰

　清康熙十一年刻本　國圖　故宫　復旦

　四庫全書存目叢書影印清康熙孫氏刻本

詩經世本古義二十八卷首一卷末一卷　明何楷撰

　明崇禎十四年刻本　北大　天津　復旦　保定　遼寧　哈爾濱　新疆大學　蘇州　福建　湖南　中山大　日宫内廳　日公文書館　日尊經閣　日蓬左文庫　日東京都立圖書館

　清嘉慶十八年嘉興周氏書三味齋重刻本　科學　民族大學（清趙烈文跋）　上海　復旦　南京　浙江

　清嘉慶二十四年溪邑謝氏文林堂刻本　國圖　北大　復旦　南京　遼寧　鄭州大學　湖北

　清光緒十九年上海鴻寶齋石印本　國圖　北大　天津　上海　南京　湖北

　日本刻本　上海

詩經世本古義二十八卷

　清乾隆四庫全書館寫欽定四庫全書本

詩經世本目一卷　明何楷撰

　清刻閏竹居叢書本

詩經考十八卷　明黄文焕撰　明黄景昉等校

　明崇禎熊友于刻本　國圖　北大　科學　故宫　復旦　廣西師大　重慶　日公文書館　日東京大學

　四庫全書存目叢書影印明末刻本

新鐫黄維章先生詩經嫏嬛集註八卷　明黄文焕撰

　明刻本　日公文書館

黄維章先生詩經嫏環體注八卷詩經集傳八卷　明黄文焕輯著　清范翔重訂　宋朱熹撰詩經集傳

　清康熙十九年刻本　建甌

　清康熙二十五年有文堂刻本　廣西師大

清光緒十八年文瑞樓刻本　遼寧
清末上海廣益書局石印本　北大
民國石印本　遼寧

詩原五卷詩説略一卷　明張彩撰
明天啓元年陳此心刻本　國圖

詩説略一卷　明張彩撰
明天啓元年陳此心刻本　國圖

詩牖十五卷　明錢天錫撰
明天啓五年刻本　上海
四庫全書存目叢書影印明天啓五年刻本

詩經柄歌不分卷　清王鑒撰
清刻本　國圖

帝鄉戚氏家傳葩經大成心印□卷　明戚伸撰
明崇禎三年刻本　國圖

毛詩注疏删翼二十四卷　明王志長撰
清抄本(佚名增補圈點)　湖北

毛詩草木鳥獸蟲魚疏廣要四卷　明毛晉著
明崇禎十二年虞山毛晉汲古閣刻津逮秘書第一集本　國圖　北大　上海　復旦　南京　遼寧　山東
一九二二年上海博古齋據明崇禎虞山毛氏汲古閣刻本影印津逮秘書第一集本

毛詩草木鳥獸蟲魚疏廣要二卷
清乾隆四庫全書館寫摛藻堂欽定四庫全書薈要本
清乾隆四庫全書館寫欽定四庫全書本
清嘉慶十年虞山張氏照曠閣刻學津討原本
清道光十五年朝邑劉氏刻本　復旦
一九二二年上海商務印書館影印清嘉慶十年虞山張氏照曠閣刻學津討原本

詩經水月備考四卷　明薛寀撰
明末嘗郡舒浚溪刻本　復旦

詩經水月備考四卷　明薛寀撰　清史三長增注
清康熙四十四年重刻本　國圖　復旦

新刻詩經講意鞭影六卷　明楊廷麟撰
明崇禎三至十七年間建業張鍾福瑞雲館刻本　北大

新刻詩經聽月十二卷　明楊廷麟撰
明刻本　日尊經閣

硃訂詩經揆一宗旨八卷首一卷　明楊廷麟撰　明朱長祚補
　明末清初刻本　日公文書館

詩經輔注五卷　明徐鳳彩撰
　清徐朝俊抄本　復旦

詩經輔注四卷　明徐鳳彩撰　清諸廷式録
　民國金山高氏食古書庫傳抄本　復旦

詩經注疏大全合纂三十四卷附録一卷　明張溥著
　明崇禎四至十七間刻本　北大　中央黨校　上海　浙江　河南大學　華中師院
　四庫全書存目叢書影印明崇禎刻本

讀詩略記一卷　明朱朝瑛撰
　清朱朝瑛撰七經略記稿本　國圖　浙江

讀詩略記六卷首一卷
　清乾隆四庫全書館寫欽定四庫全書本
　民國商務印書館影印本　復旦

毛詩蒙引二十卷首一卷　明陳子龍撰
　明刻本　日尊經閣
　日本文政六年浪華岡田群玉堂刻本　上海

詩經人物備考十三卷　明陳子龍輯　明汪桓參
　明末武林還讀齋刻本　北大　上海

詩問略一卷　明陳子龍撰
　清道光十一年六安晁氏木活字印學海類編之經翼本　北大　湖北
　一九二〇年上海涵芬樓據清道光十一年六安晁氏木活字印本影印學海類編之經翼本　國圖　北大
　民國金山高氏食古書庫傳抄本　復旦
　四庫全書存日叢書影印清道光丨一年六安晁氏木活字學海類編本

南州詩説八卷　明徐必達撰
　明天啓元年刻本　復旦

詩經讀一卷　明陳大士撰
　民國金山高氏食古書庫傳抄五經四書讀本　復旦

詩經説略十二卷附詩經治亂始末注疏合鈔十四卷目録一卷　明章夢易撰
　清抄本　北大

詩經治亂始末注疏合鈔十四卷目録一卷　明陳鴻謨纂
清抄本　北大
詩經秘旨八卷　明陳遂卿輯
明天啓六年書林鄭大經刻套印本　重慶
鑑湖詩説四卷　明陳元亮撰
明刻本　日公文書館　日尊經閣
詩志二十六卷　明范王孫撰
明末刻本　國圖　科學　清華　上海　復旦　浙江　湖南　日公文書館　日尊經閣
四庫全書存目叢書影印明末刻本
清嘉慶二十三年空山堂刻空山堂全集本　北大
新鍥詩經心鉢五卷　明方應龍撰
明萬曆刻本　復旦　日公文書館　日尊經閣
詩經心訣八卷　明何大掄撰
明天啓七年刻本　復旦
詩經主意默雷八卷　明何大掄撰
明末友石居刻本　國圖　復旦
新刊侯伯憲家傳詩經説約八卷摘古今説詩要論一卷　明侯世屏撰
明刻本　國圖
摘古今説詩要論一卷　明侯世屏撰
明刻本　國圖
詩經胡傳十二卷　明胡紹曾撰
明崇禎十六年春煦堂刻本　國圖　科學　復旦　日尊經閣
四庫未收書輯刊影印明崇禎十六年胡氏春煦堂刻本
新刻胡氏詩識三卷　明胡文焕輯
明萬曆三十一年胡文焕刻格致叢書本　國圖　北大　科學
四庫未收書輯刊影印明萬曆二十一年自刻本
玉海紀詩一卷　明胡文焕撰
明萬曆三十一年胡文焕刻格致叢書本　國圖
困學紀詩一卷　明胡文焕撰
明萬曆三十一年胡文焕刻格致叢書本　國圖
詩經主義四卷　明華文甫撰
明嘉靖四十四年刻本　上海
詩經傳註三十八卷　明李資乾撰
明崇禎刻本　日尊經閣

新刻李愚公先生家傳詩經演辯真十三卷　明李若愚撰
　明刻本　日尊經閣
詩經人物考三十四卷　明林世升撰
　明刻本　國圖
詩意一卷　明劉敬純撰
　明抄本　臺北故宮
　四庫全書存目叢書影印明抄本
詩學内傳三十一卷首一卷　明陸燁撰
　清山陰杜氏知聖教齋抄本　復旦(存卷首、一至五、十一至三十一)
陸先生詩箋四卷　明陸燧撰
　明刻本　日尊經閣
詩傳纂義不分卷　明倪複撰
　清抄本　福建
　四庫全書存目叢書影印清抄本
詩經類考三十卷　明沈萬鈳撰
　明萬曆三十七年沈萬鈳刻本　國圖　北大　清華　北師大　科學　上海　復旦(存二十五卷)　南京大學　河北大學　東北大學　哈爾濱
　明萬曆三十七年沈萬鈳刻崇禎十一年陳增遠重修本　北大　科學　上海　南京　無錫　遼寧(存卷一至二十二)　湖北
　四庫全書存目叢書續修四庫全書影印明萬曆刻本
詩志度與九卷　明施澤深撰
　明天啓四年刻本　國圖
詩經評考二十卷　明陶九樂撰
　清抄本　復旦　鄭州大學
毛詩鄭箋纂疏補協二十卷詩譜一卷　明屠本畯撰　漢鄭玄撰詩譜
　明萬曆二十二年玄鑒室刻本　國圖　科學　上海　復旦　浙江　山西師範　遼寧　齊齊哈爾　山東　浙江大學　襄陽　日公文書館
　四庫未收書輯刊影印明萬曆二十二年玄鑒室刻本
詩測定本□□卷　明萬尚烈撰
　明刻本　東北師大
韋氏詩經考定二十四卷詩經傳授源流一卷總論一卷　明韋調鼎撰
　明崇禎十三年刻本　天津　華東師大
詩問一卷　明吴肅公撰
　清抄本　國圖

四庫全書存目叢書影印清抄本

毛詩鳥獸草木考二十卷 明吴雨輯 明徐𤍠編

明萬曆三十四至四十七年磊老山房刻本 北大 日宫内廳 日公文書館 日尊經閣

四庫全書存目叢書影印明萬曆磊老山房刻本

新刻陳先生心傳辯疑訓解詩經文林妙達二十卷 明陳紳撰 明蔡慎徽編

明萬曆五年建邑書林克勤齋余彰德刻本 日蓬左文庫

新鍥晉雲江先生詩經闡蒙衍義集註八卷 明江環撰

明萬曆二十三年静觀室刻本 日公文書館

新刻詩經鐸振八卷 明江環撰

明萬曆四十四年詹氏静觀室刻本 日公文書館

詩經漁樵野説不分卷 明夏大輝撰

清孫鏘鳴家抄本(清孫鏘鳴校並跋) 玉海樓

十刻詩經剛補便蒙解注十卷 明徐奮鵬撰

明金陵三山街刻本 南京

十刻詩經剛補便蒙解注四卷詩通不分卷詩序一卷

清順治十五年虞山歸起先刻詩經通解本 上海 復旦 安徽師大

詩經講意四卷 明徐奮鵬著

明萬曆四十四至四十七年間金陵聚奎樓李少泉刻本 北大

採輯名家批評詩經删補四卷首一卷 明徐奮鵬撰 明楊居廣編 明魏浣初 鍾惺校

清末羊城天禄閣重刻本 復旦

新鐫筆洞山房批點詩經捷渡大文四卷 明徐奮鵬撰

明天啓間金陵王荆岑書林刻本 復旦

詩經百方家問答不分卷 明徐奮鵬撰

明建業書林李潮刻本 復旦 東北師大

鍥詩經辯俗晤言八卷 明徐奮鵬撰 明張以誠校

明建邑書林余彰德刻本 日蓬左文庫 日東京大學

葩苑十二卷 明徐奮鵬等撰

明末刻本 復旦

重梓徐緝之先生詩説闕疑□□卷 明徐熙撰

清初抄本 揚州(存大雅二卷、小雅二卷、頌一卷)

詩經傳旨一覽四卷　明薛志學撰

明萬曆二十二年徐汝良刻本　常熟

詩經集註刪補四卷　明楊壽隆編

明末刻本　日公文書館

詩學正旨不分卷　明楊徵元撰

明萬曆三十五年刻本　北大

詩述不分卷　明姚應仁撰

明刻本　國圖

詩經能解三十一卷首一卷參補説約大全三十一卷　明葉羲昂纂　明顧夢麟撰參補説約大全

清雍正十一年贈言堂刻本　科學

詩經主意叢珠五卷　明曾可明撰

明刻本　國圖

詩經備考二十四卷　明章調鼎撰

明崇禎十四年刻本　故宫　文學所　廣西師大

三百篇聲譜不分卷　明張蔚然撰

清順治三年兩浙督學周南李際期宛委山堂刻説郛續本　國圖　遼寧　山東

詩采八卷　明張星懋撰

清葉樹廉樸學齋抄本　文學所

詩經集思通十二卷　明朱道行撰

清初刻本　復旦

新鐫張徐兩太史審定葩經嫡證八卷　明朱輅輯

明刻本　復旦

古詩獵雋一卷　明莊元臣輯

清永言齋抄莊忠甫雜著本

詩經通義十二卷首一卷附録一卷　清朱鶴齡撰

清朱鶴齡手稿本(清陳鍾英跋)　上海

詩經通義十二卷首一卷

清初抄本　復旦

清乾隆四庫全書館寫欽定四庫全書本

清雍正三年濠上草堂刻本　國圖　上海　復旦

清海源閣藏舊抄本　國圖

清光緒十年序巴陵方氏廣東刻宣統元年印碧琳琅館叢書本

一九三五年南海黄肇沂輯並以舊版彙印芋園叢書本

詩經考異不分卷　清朱鶴齡撰

清海源閣舊藏本　國圖

毛詩注疏纂八卷　清田有年　田逢年纂

明崇禎慎怡齋刻本　清華　復旦　中山大

田間詩學不分卷　清錢澄之撰

清康熙二十八年錢氏斟雉堂刻本　復旦（清孫鳳城批點）　上海師大（金蓉鏡批校）　南京

清康熙二十八年錢氏斟雉堂刻同治二年重印桐城錢飲光先生全書本　國圖　北大　科學　天津　上海　南京　遼寧　山東　四川

田間詩學十二卷

清乾隆四庫全書館寫欽定四庫全書本

詩經同異一卷　清顧炎武撰

民國金山高氏食古書庫傳抄本　復旦

日知録集釋詩説一卷　清顧炎武撰　清黄汝成集釋

民國金山高氏食古書庫傳抄本　復旦

三百篇詩評一卷　清于沚撰

清咸豐三年刻本　國圖

詩觸六卷　清賀貽孫撰

清咸豐二年敕書樓刻水田居遺書本　國圖　北大　上海　復旦　遼寧

四庫全書存目叢書續修四庫全書影印清咸豐敕書樓刻水田居全集本

毛詩草木今名釋不分卷　清曹岳秋撰

謄清稿本　復旦

匏瓜録（詩説）一卷　明芮長恤撰

民國金山高氏食古書庫傳抄本　復旦

詩觸五卷　清龔鼎孶輯

清道光四年刻本　上海

風雅倫音二卷　清謝文洊撰

清光緒十八年謝鏞刻謝程山全書本　山東

詩經集説不分卷　清陸元輔撰

清抄本　浙江

詩經稗疏四卷　清王夫之撰

清乾隆四庫全書館寫欽定四庫全書本

清道光二十二年新化鄧顯鶴長沙刻船山遺書本　國圖　遼寧　河南　湖北　浙江　江西

清同治四年湘鄉曾國荃金陵節署刻船山遺書本　國圖　天津　上海　復旦　南京　遼寧　山東　湖北
清光緒十四年南菁書院刻皇清經解續編本　天津　遼寧　山東
清光緒十五年上海蜚英館石印皇清經解續編本
清三元堂抄本　湖南
一九三三年上海太平洋書店排印船山遺書本

詩廣傳五卷　清王夫之撰
清王夫之稿本　湖南
清乾隆王嘉愷抄本　湖南
清道光二十二年新化鄧顯鶴長沙刻船山遺書本　國圖　遼寧　河南　湖北　浙江　江西
清同治四年湘鄉曾國荃金陵節署刻船山遺書本　國圖　天津　上海　復旦　南京　遼寧　山東
清光緒宣統間石印本　上海
一九三三年上海太平洋書店排印船山遺書本
續修四庫全書影印清同治四年湘鄉曾氏金陵節署刻本

朱氏訓蒙詩門三十六卷　清朱日濬撰
明刻本　日公文書館

朱氏訓蒙詩門二十六卷首一卷附録一卷　清朱日濬撰　清王澤弘正　清黄之奇撰附録
清康熙抄本　湖北

詩辯坻四卷　清毛先舒撰
清康熙刻思古堂十四種書本　北大

國風省篇一卷　清毛奇齡撰
清康熙間李塨等刻西河合集本　國圖　上海　復旦　華東師大
清康熙間李塨等刻乾隆十年蕭山陸體元修補重印西河合集本　山東
清康熙李塨等刻乾隆三十五年蕭山陸體元修補嘉慶元年陸氏凝瑞堂重印西河合集本　北大　科學　天津　遼寧

毛詩寫官記四卷　清毛奇齡撰
清康熙間李塨等刻西河合集本　國圖　上海　復旦　華東師大
清康熙間李塨等刻乾隆十年蕭山陸體元修補重印西河合集本　山東
清康熙李塨等刻乾隆三十五年蕭山陸體元修補嘉慶元年陸氏凝瑞堂重印西河合集本　北大　科學　天津　遼寧
清乾隆四庫全書館寫欽定四庫全書本

詩札二卷 清毛奇齡撰

清康熙間李塨等刻西河合集本 國圖 上海 復旦 華東師大

清康熙間李塨等刻乾隆十年蕭山陸體元修補重印西河合集本 山東

清康熙李塨等刻乾隆三十五年蕭山陸體元修補嘉慶元年陸氏凝瑞堂重印西河合集本 北大 科學 天津 遼寧

清乾隆四庫全書館寫欽定四庫全書本

詩傳詩説駁議五卷 清毛奇齡撰

清康熙間李塨等刻西河合集本 國圖 上海 復旦 華東師大

清康熙間李塨等刻乾隆十年蕭山陸體元修補重印西河合集本 山東

清康熙李塨等刻乾隆三十五年蕭山陸體元修補嘉慶元年陸氏凝瑞堂重印西河合集本 北大 科學 天津 遼寧

清乾隆四庫全書館寫欽定四庫全書本

白鷺洲主客説詩一卷 清毛奇齡撰

清康熙間李塨等刻西河合集本 國圖 上海 復旦 華東師大

清康熙李塨等刻乾隆三十五年蕭山陸體元修補嘉慶元年陸氏凝瑞堂重印西河合集本 北大 科學 天津 遼寧

清乾隆五十九年石門馬氏大酉山房刻龍威秘書八集本 北大

清世德堂重刊龍威秘書本 北大

清光緒十四年南菁書院刻皇清經解續編本 天津 遼寧 山東

四庫全書存目叢書續修四庫全書影印清康熙刻西河合集本

續詩傳鳥名三卷 清毛奇齡撰

清康熙間李塨等刻西河合集本 國圖 上海 復旦 華東師大

清康熙間李塨等刻乾隆十年蕭山陸體元修補重印西河合集本 山東

清康熙李塨等刻乾隆三十五年蕭山陸體元修補嘉慶元年陸氏凝瑞堂重印西河合集本 北大 科學 天津 遼寧

清乾隆四庫全書館寫欽定四庫全書本

清乾隆五十九年石門馬氏大酉山房刻龍威秘書八集本 北大

清世德堂重刊龍威秘書本 北大

清光緒十四年南菁書院刻皇清經解續編本 天津 遼寧 山東

清光緒十五年上海蜚英館石印皇清經解續編本

詩問一卷 清汪琬撰

清道光十年長洲顧氏刻賜硯堂叢書新編甲集本 國圖 北大 上海

清光緒八年常熟鮑氏刻後知不足齋叢書本 北大

詩箋别疑一卷 清姜宸英撰

瑞安陳氏抄本 國圖

民國初金山高氏食古書庫影鈔稿本　復旦

詩説活參二卷　清李灝撰

清乾隆刻李氏經學四種本

雍正二年刻本　國圖　科學

四庫未收書輯刊影印清英德堂刻本

詩經疏略八卷　清張沐撰

清康熙十四年敦臨堂刻五經四書疏略本　北大　清華　科學　天津　上海　復旦　上海師大

清康熙十九年陳如升刻五經四書疏略本　科學　南京　山東

四庫全書存目叢書影印清康熙十四年至四十年蓍蔡張氏刻五經四書疏略本

三元堂新訂增删詩經彙纂詳解八卷　清吕留良彙纂

清初三元堂刻本　復旦(卷一至二鈔配)

清康熙刻本　復旦　福建師大

毛詩稽古編三十卷　清陳啓源撰

清康熙四十年趙嘉稷抄本(清趙嘉稷跋)　山東

清乾隆四庫全書館寫欽定四庫全書本

清嘉慶抄本(清王宗炎跋)　復旦

清道光九年廣東學海堂刻皇清經解一千四百卷本　天津　復旦　遼寧　山東

清道光九年廣東學海堂刻咸豐十一年補刻皇清經解一千四百八卷本　遼寧

清光緒十七年上海鴻寶齋石印皇清經解一百九十卷本　北大　天津

清光緒上海點石齋石印皇清經解一百九十卷本

清抄本(王季烈跋)　國圖

清抄本(清張敦仁校)　國圖

清抄本(清錢坫校)　國圖

清抄本(佚名校)　南京

毛詩稽古編三十卷　清陳啓源撰　清龐佑清校

清嘉慶十八年龐佑清刻本　國圖　北大　上海　南京

清光緒五年上海同文書局石印本　國圖

清光緒九年上海同文書局石印本　國圖　北大　天津　上海　南京　湖北

毛詩稽古編三十卷附考一卷　清陳啓源撰　清龐佑清校　清費雲倬撰附考

清嘉慶十八年龐佑清刻二十年增刻本　國圖　北大　上海　南京

毛詩稽古編附考一卷　清費雲倬撰
　清嘉慶十八年龐佑清刻二十年增刻本　國圖　北大　上海　南京
筆記詩集傳十六卷　日本仲欽著
　日本延生軒刻本　北大
詩經訂訛不分卷　清湯柱朝撰
　舊抄本　國圖
詩經辨韻不分卷　清劉孔懷撰
　刻本　山東
詩經輯評四卷　清徐與喬輯評　清于光華增訂
　清乾隆四十年友于堂刻本　復旦
詩經辨體一卷　清徐與喬撰
　清康熙敦化堂刻本　南京
詩經廣大全二十卷　清王夢白編　清陳曾輯
　清康熙二十一年吴郡寶翰樓刻本　北大　復旦　華東師大
　清康熙授政堂刻本　科學
　四庫全書存目叢書影印清康熙二十一年刻本
詩經識餘□卷　清徐秉義輯
　清徐樹閎抄本　上海(存卷一至四)
詩經同異録殘本九卷　清周象明撰
　舊抄本　國圖
毛詩日箋六卷　清秦松齡撰
　清康熙三十九年挺秀堂刻本　國圖　科學　北大　北京文物局　天津
　　復旦　南京　浙江　大連　遼大　吉林社科院　哈爾濱　無錫　中山大
　清康熙三十九年刻尊賢堂藏版本　國圖　北大　天津
　清道光吴江沈氏世楷堂刻昭代叢書癸集萃編本　北大
　清光緒武進盛宣懷刻常州先哲遺書後編本
　清宣統三年武進盛氏刻本　上海
　清抄本　國圖
　四庫全書存目叢書影印清康熙尊賢堂刻本
　續修四庫全書影印清康熙刻本
毛朱詩説一卷　清閻若璩撰
　清康熙三十六年刻昭代叢書本　國圖　北大
　清道光十三年吴江沈氏世楷堂刻昭代叢書本　國圖　北大　遼寧　山東
　舊抄本　復旦

四庫全書存目叢書影印清康熙刻昭代叢書本
一九二一年如皋冒氏刻楚州叢書本　復旦
詩問四卷　清郎廷槐　清王士禎撰
清康熙刻本　上海
毛詩名物考不分卷　清李詳校
清初抄稿本(劉之泗跋)　復旦
詩經解愚□卷　清沈穀元撰
清初沈穀元稿本　復旦
詩經大題不分卷　清田雯輯
清田雯稿本　山東
詩經詳説九十四卷　清冉觀祖撰
清光緒七年大梁書局刻五經詳説本　上海　復旦
四庫全書存目叢書影印清光緒七年大梁書局刻五經詳説本
毛詩國風釋一卷　清陳遷鶴撰
清同治十三年晉江黄氏梅石山房木活字印本　國圖　科學　天津　復旦　南京
詩所八卷　清李光地註
清雍正六年李清植等刻本　國圖　北大　科學　南京　湖北
清雍正六年教忠堂刻本　北京文物局　南開　復旦　内蒙　内蒙大學　中山大
清乾隆元年刻嘉慶六年補刻李文貞公全集本　山東
清乾隆四庫全書館寫欽定四庫全書本
清道光九年李維迪刻榕村全書本　北大　復旦　天津
清抄本　湖南
欽定詩經傳説彙纂二十一卷首二卷詩序二卷　清聖祖玄燁御定　清王鴻緒　揆叙總裁　清張廷玉等校
清雍正五年武英殿刻御纂七經本(陳介祺批注並跋)　國圖　清華　故宫　群衆出版社　天津　上海　復旦　南京　遼寧　承德　山東　山西師範　内蒙古大學　長春　黑龍江　寧夏　中山大
清乾隆四庫全書館寫欽定摛藻堂四庫全書薈要本
清乾隆四庫全書館寫欽定四庫全書本
清同治七年浙江書局刻御纂七經本　國圖　北師大　上海　復旦　南京　浙江　遼寧　湖北
清同治十年湖北崇文書局刻御纂七經本　國圖　北大　天津　遼寧　湖北

清同治十一年江西書局刻御纂七經本　復旦　湖北
清光緒十四年户部刻御纂七經本　南京　遼寧
清光緒十四年江南書局刻御纂七經本　北師大　天津　南京　遼寧
清光緒十九年湖南省城潄芳閣刻御纂七經本　湖北
清四川總督蘇廷五刻本　遼寧
清刻尊經閣藏版本　國圖　湖北
清光緒上海鴻文書局石印御纂七經本
日本刻本　南京

詩經集成三十一卷附詩經圖考　清燦英彙輯
清康熙金陵三樂齋刻本　北大
四庫全書存目叢書影印清康熙二十九年金陵陳君美刻本

詩説三卷　清惠周惕撰
清康熙惠氏紅豆齋刻本　上海　復旦　遼寧
清乾隆四庫全書館寫欽定四庫全書本
清抄本(清翁方綱批點)　國圖
清乾隆嘉慶間抄本　北大
清嘉慶虞山張氏刻借月山房彙抄本　復旦
清道光金山錢熙祚據借月山房彙抄版重編增刻指海本　遼寧
清道光吴江沈氏世楷堂刻昭代叢書庚集埤編本　北大
清王薛岐抄本(清丁丙跋)　南京
一九三五年上海大東書局據清道光金山錢熙祚以借月山房彙抄版重編增刻本影印指海本　北大
一九二〇年上海博古齋據清嘉慶虞山張氏刻本影印借月山房彙抄本　北大

詩説二卷

詩説三卷附録一卷　清惠周惕撰　清吴志忠校
清嘉慶十七年璜川吴氏真意堂重刻本　國圖　北大　科學　天津　上海　復旦　南京　湖北
清道光十年寶仁堂刻璜川吴氏經學叢書本　遼寧　山東
清道光九年廣東學海堂刻皇清經解一千四百卷本　天津　遼寧　山東
清道光九年廣東學海堂刻咸豐十一年補刻皇清經解一千四百八卷本　遼寧
清光緒十七年上海鴻寶齋石印皇清經解一百九十卷本　北大　天津
清光緒上海點石齋石印皇清經解一百九十卷本

讀詩質疑三十一卷　清嚴虞惇撰
清嚴虞惇稿本　上海

讀詩質疑三十一卷首十五卷末一卷

清乾隆九年繩武堂刻本　國圖　北大　科學　上海　復旦　南京浙江　湖北

清乾隆四庫全書館寫欽定四庫全書本

抄本　上海

讀詩綱領一卷　清嚴虞惇撰

清乾隆九年繩武堂刻本　國圖　北大　科學　上海　復旦　南京浙江　湖北

清乾隆四庫全書館寫欽定四庫全書本

抄本　上海

詩樂一卷　清嚴虞惇撰

清乾隆九年繩武堂刻本　國圖　北大　科學　上海　復旦　南京　浙江　湖北

清乾隆四庫全書館寫欽定四庫全書本

抄本　上海

經文考異一卷　清嚴虞惇撰

清乾隆九年繩武堂刻本　國圖　北大　科學　上海　復旦　南京　浙江　湖北

清乾隆四庫全書館寫欽定四庫全書本

抄本　上海

經文考異補一卷　清沈淑輯

清乾隆九年繩武堂刻本　國圖　北大　科學　上海　復旦　南京　浙江　湖北

清乾隆四庫全書館寫欽定四庫全書本

抄本　上海

詩經質疑三十一卷　清嚴虞淳撰

清嚴虞淳稿本　上海

詩傳名物集覽十二卷　清陳大章撰録

清康熙五十二年閩中刻本　國圖　北大　清華　科學　天津　復旦　南京　浙江　遼寧　湖北　福建　浠水縣博物館　南充師範

清乾隆四庫全書館寫欽定四庫全書本

清光緒十七年湖北三餘草堂刻湖北叢書本　北大　天津　上海　遼寧　山東　湖北

詩經音訓不分卷　清楊國楨撰

清道光十年刻本　國圖

清光緒三年湖北尚文書局刻本　復旦　遼寧　湖北

豐川詩説二十卷首一卷　清王心敬撰

清乾隆刻本　復旦

四庫全書存目叢書影印清刻本

詩經傳注八卷　清李塨撰

清道光二十四年蠡吾趙鍛莊静穆堂刻本　國圖　北大　科學　上海　復旦　南京

一九二三年四存學會鉛印顔李叢書本　復旦

詩義記講四卷　清楊名時講授　清夏宗瀾記

清乾隆八年夏宗瀾刻本　國圖　北大　復旦

四庫全書存目叢書影印清乾隆閻茂溶刻本

詩經劄記一卷　清楊名時撰

清乾隆四庫全書館寫欽定四庫全書本

清乾隆五十九年江陰葉廷甲水心草堂刻楊氏全書本　北大

清宣統元年南菁高等學堂刻本　北大　天津　遼寧

義門讀詩記二卷　清何焯撰

民國金山高氏食古書庫傳抄本　復旦

毛詩名物疏鈔不分卷　清趙執信撰

清趙執信稿本　山東博

詩經衍義大全合參八卷　清汪桓　魯國璽撰

清康熙七年刻本　國圖

詩經體注大全八卷　清范翔纂　清高朝瓔定　清沈世楷輯

清末刻本　北大

清道光十四年晉祁書業堂刻本　北大

清道光二十一年武水經餘堂刻本　天津

清同治九年書業德刻本　國圖

清光緒六年敬文堂刻本　北大

清光緒十年石印本　南京

清光緒十一年文英堂刻本　北大

清光緒十九年蘇州掃葉山房刻本　北大

清光緒二十五年京都文成堂刻本　天津

清光緒二十八年成文信刻本　北大

清光緒二十九年烟臺成文信石印本　南京

清光緒三十四年刻本　湖北

清文淵堂刻本　北大
清貴文堂刻本　天津
清末刻本　北大
清末上海會文堂書局石印本　北大
一九一二年上海掃葉山房石印本　國圖
一九一五年上海章福記書局石印本　國圖

讀詩小匡一卷　清馮李驊撰
清抄本(清丁丙跋)　南京

詩經圖譜慧解十卷　清高儕鶴撰
清康熙高儕鶴第三次手定底稿本　臺北央圖
清代稿本百種叢刊影印清康熙高儕鶴第三次手定底稿本

詩經圖譜慧解十二卷首一卷末一卷
手寫本　國圖

陸堂詩學十二卷讀詩總論一卷　清陸奎勳撰
清康熙五十三年陸氏小瀛山閣刻陸堂經學叢書本　國圖　北大　清華　上海　復旦　上海師大　南京　浙江　山東　安徽博物館　湖北
四庫全書存目叢書續修四庫全書影印清康熙五十三年陸氏小瀛山閣刻本

讀詩總論一卷　清陸奎勳撰
清康熙五十三年陸氏小瀛山閣刻陸堂經學叢書本　國圖　北大　清華　上海　復旦　上海師大　南京　浙江　山東　安徽博物館　湖北

詩經述四卷　清陳詵撰
清康熙信學齋刻本　科學　上海

續補舉業必讀詩經四卷　清陳非木集注
清康熙雲姿堂刻本(清陳本禮録　清何焯批校)　鄭州大學

詩傳述蘊四卷　清姜兆錫撰
清乾隆九年姜兆錫刻九經補注本　北大　復旦　湖北
四庫全書存目叢書影印清刻本

毛詩記疑一卷　清王懋竑撰
金山高氏倉古書庫傳抄本　復旦

朱子詩義補正八卷　清方苞撰　清單作哲編次
清乾隆三十二年單作哲刻本　國圖　北大　遼寧
清光緒三年南海馮氏重刻本　國圖　北大　科學　上海　復旦　南京　湖北
清抄本　北大

續修四庫全書影印清乾隆三十二年刻本

學詩隅見録不分卷　清沈近思撰

清抄本　上海

毛詩正義惠氏校本録存不分卷　清惠士奇　惠棟撰　清葉昌熾輯

清葉昌熾稿本　復旦

讀詩識小録十卷　清陳震撰

清陳震稿本　北大　吉林

清抄本　首都

詩咫一卷　清陳祖範撰

民國金山高氏食古書庫傳抄本　復旦

詩述不分卷　清任蘭枝撰

清任氏家刻本　國圖

欽定詩經傳説彙纂二十一卷首二卷詩序二卷　清世宗胤禛御製

清光緒十四年江南書局刻七經本　天津

毛詩訂詁八卷附録二卷　清顧棟高撰

清乾隆刻本　南京

清光緒二十二年江蘇書局刊本　國圖　北大　科學　上海　復旦　南京　遼寧　湖北

四庫未收書輯刊影印清光緒二十二年江蘇書局刻本

毛詩訂詁二十五卷

舊抄本　國圖

毛詩訂詁三十卷

清抄本　北大

毛詩類釋二十一卷續編三卷　清顧棟高撰

清乾隆四庫全書館寫欽定四庫全書本

民國商務印書館影印文淵閣欽定四庫全書本　復旦

抄本　上海

詩疑辯證六卷　清黄中松撰

謄清稿本　復旦

清乾隆四庫全書館寫欽定四庫全書本

清抄本　南京

讀毛詩日記不分卷　清錢人龍撰

清光緒十六年刻二十二年續刻學古堂日記本　國圖　天津

毛詩札記二卷　清范爾梅撰

清雍正七年敬恕堂刻讀書小記本　北大　山東

讀詩小記一卷　清范爾梅撰

清光緒二十四年高郵王氏刻鶴壽堂叢書本　北大　湖北

詩説一卷　清陶正靖撰

清嘉慶虞山張氏刻借月山房彙抄第一集本　國圖

清道光三年上海陳璜據借月山房彙抄版重編澤古齋重抄本

清道光二十六年金山錢熙祚據借月山房彙抄版重編式古居彙抄本

清道光金山錢熙祚據借月山房彙抄版重編增刻指海本　遼寧

一九二〇年上海博古齋據清嘉慶虞山張氏刻本影印借月山房彙抄本

一九三五年上海大東書局據清道光金山錢熙祚以借月山房彙抄版重編增刻本影印指海本

詩經參考一卷　清陶成撰

清乾隆年間南城陶氏觀我室刻吾廬遺書本

詩經提要録三十一卷首一卷　清徐鐸撰

清抄本　國圖

四庫全書存目叢書影印清抄本

毛詩正本二十卷　清陳梓撰

清乾隆九年陳梓深柳讀書堂刻本　國圖　北大　科學　復旦

四庫未收書輯刊影印清乾隆九年深柳讀書堂刻本

毛詩説二卷　清諸錦撰

清乾隆二十一年春輝堂刻絳跗閣經説三種本　國圖　復旦　上海師大

清抄本　湖北

四庫全書存目叢書影印清乾隆二十一年刻本

毛詩説二卷首一卷

硤川費氏抄本　浙江

清抄本　湖北

毛詩要義三十卷　清沈彤撰

清武林勞氏震無咎齋抄本(清勞疑跋)　上海(存卷一至二、六至三十)

毛詩異文補一卷　清沈淑撰

清雍正七年刻經玩本　國圖　北大

清光緒八年常熟鮑氏刻後知不足齋叢書之沈氏經學六種本　北大

清末方氏碧琳琅館抄經玩本　北大

詩經去疑大全八卷　清王文烜撰

清雍正九年刻本　國圖

詩經旁參二卷　清應麟撰

清乾隆十六年宜黃應氏刻屏山草堂稿本　北大

四庫全書存目叢書影印清乾隆十六年宜黄應氏刻屏山草堂稿本

詩經名物辨解七卷　日本江村如圭纂述

日本享保十六年京師書林中井平治郎刻本　北大

日本享保十六年京師書林伊兵衛刻本　復旦

詩經詮義十二卷首一卷末一卷　清汪紱撰

清道光二十二年延川金氏世德堂刻光緒二十三年長安趙舒翹等彙印汪雙池先生叢書本　國圖　北師大　科學　天津　上海　復旦　南京　遼寧　湖北

清同治十二年安徽敷文書局刻汪雙池先生叢書本　國圖　科學　天津　上海　山東　湖北

清抄本　遼寧

毛詩補義十二卷附録　日本岡白駒補義

日本延享三年風月堂莊左衛門京都刻本　北大

毛詩明辨録十卷　清沈青崖著

清乾隆十三年古吴毛德基刻本　國圖　北大　科學　文學所　上海　南京　浙江　湖北　哈爾濱　華南師大

四庫未收書輯刊影印清乾隆毛德基刻本

毛詩注疏不分卷　清夏封泰撰

清乾隆二十三年刻本　上海

讀詩遵朱近思録二卷　清宋在詩撰

清乾隆刻野柏先生類稿本　國圖

清道光七年刻野柏類稿本　復旦

毛詩古義二卷　清惠棟撰

清乾隆三十八年益都李文藻刻乾隆五十四年歷城周氏竹西書屋重編印貸園叢書初集之九經古義本　北大

清嘉慶常熟蔣氏省吾堂刻省吾堂四種之九經古義本　國圖　北大

清光緒十一年吴縣朱氏槐廬刻槐廬叢書之九經古義本　北大

民國金山高氏食古書庫傳抄本　復旦

毛詩古義一卷

清道光吴江沈氏世楷堂刻昭代叢書之甲集補本　國圖　北大　天津　遼寧　山東

詩貫十四卷詩説一卷詩本質一卷詩音表二卷　清張叙撰

清乾隆二十年杜甲瀛州刻續草堂藏版本　國圖　北大　清華　北京文物局　南開　南京　浙江　石家莊　湖北

四庫全書存目叢書影印清乾隆刻本

詩貫二十六卷

清抄本　復旦

詩説一卷　清張叙撰

清乾隆二十年杜甲瀛州刻續草堂藏版本　國圖　北大　清華　北京文物局　南開　南京　石家莊　湖北　浙江

清抄本　復旦

詩本旨一卷　清張叙撰

清乾隆二十年杜甲瀛州刻續草堂藏版本　國圖　北大　清華　北京文物局　南開　南京　浙江　石家莊　湖北

清抄本　復旦

讀詩要領一卷　日本藤原明遠撰

日本延享四年刻本　國圖

學詩闕疑二卷　清劉青芝撰

清乾隆二十年刻劉氏傳家集本　北大

清光緒九年仁和葛氏刻嘯園叢書本　國圖　北大

四庫全書存目叢書影印清乾隆二十年序刻劉氏傳家集本

思誠堂説詩十二卷　清惲鶴生撰

清惲鶴生稿本　國博

沈氏詩醒八箋二十五卷　清沈冰壺撰

清沈冰壺稿本　浙江

清抄本(清何琪校)　上海

畏齋詩經客難二卷　清龔元玠撰

清道光二十六年縣學文昌祠考棚公局刻十三經客難本　國圖　北大　遼寧

援鶉堂詩經筆記一卷　清姚範撰

民國金山高氏食古書庫傳抄本　復旦

毛詩名物略四卷　清朱桓撰

清乾隆二十八年朱麟徵蔚齋刻本　國圖　北大　科學　上海　復旦　湖北

詩經問答一卷　清全祖望撰

民國金山高氏食古書庫傳抄本　復旦

詩經發明八卷　清陳九齡撰

清乾隆三十八年二物堂刻本　復旦

詩志八卷　清牛運震撰

清嘉慶五年蘇茜等刻空山堂全集本　國圖　北大　科學　復旦　南京

遼寧　山東
雙清仙館抄本　上海
一九三六年武强賀葆真刻本　國圖　北大

詩經拾遺十六卷總説一卷　清葉酉撰
清耕餘堂刻本　北大　科學　上海　復旦　遼寧
四庫全書存目叢書影印清乾隆耕餘堂刻本

詩經比義述八卷首一卷　清王千仞撰
清乾隆五十七年刻本嘉德堂藏版　國圖　北大　上海　湖北
四庫未收書輯刊影印清乾隆嘉德堂刻本

詩經比義述十卷首一卷
清道光刻本　上海

詩經異文别説存什十四卷　清淩樹屏撰
清乾隆四十五年沈澄監抄本(高夔跋)　復旦(存卷八至十四)

御纂詩義折中二十卷　清高宗弘曆敕撰　清傅恒　清陳兆侖等纂
清乾隆二十年武英殿刻本　國圖　北大　科學　天津　南京　遼寧　浙江　湖北
清乾隆四庫全書館寫欽定四庫全書薈要本
清乾隆四庫全書館寫欽定四庫全書薈要本
清末浙江書局重刻乾隆内府刻本　復旦
清道光長蘆鹽運使如山刻本　北大　天津　上海　南京　浙江　遼寧
清光緒十六年善成堂刻本　國圖　北大
清光緒掃葉山房刻本　北大
清掃葉山房刻本　遼寧
清光緒刻文光堂藏版本　上海
清光緒三十三年上海書局石印本　天津
清宣統元年保陽官書局刻本(佚名批校圈點)　湖北
清宣統二年盛京和義石印本　遼寧
清宣統三年北京自强書局學古堂石印本　北大
清末文成堂京都石印本　北大

詩績二卷　清尹嘉銓撰
清乾隆三十四年刻本　國圖

詩深二十六卷首二卷　清許伯政撰
清乾隆十九年事三堂刻本　國圖　北大　復旦　湖北
清光緒十年序巴陵方氏廣東刻宣統元年印碧琳琅館叢書甲部本　北大

上海
一九三五年南海黄肇沂輯並以舊版彙印芋園叢書本　北大
四庫全書存目叢書影印清乾隆刻本
毛詩古音參義五卷首一卷　清潘相撰
清嘉慶五年爲謙堂刻潘子全集之經學八書本　北大　上海　湖北
詩經詁要六卷　清龍萬育輯
清道光五年成都龍氏刻敷文閣彙抄本　北大　湖北
治齋讀詩蒙説一卷　清顧成志撰
清道光吴江沈氏世楷堂刻昭代叢書已集廣編本　國圖　天津　遼寧　山東
清抄本(清丁丙跋)　南京
毛鄭異同考十卷　清程晉芳撰
清末傳鈔稿本　復旦
清高繙抄本　浙江
清抄本(倫明朱筆校改)　國圖
清抄本　北大
清抄本　浙江
續修四庫全書影印北圖分館藏清抄本
讀詩疏箋鈔不分卷　清程晉芳撰
清程晉芳手稿本　上海
詩經解一卷　清馮浩撰
民國金山高氏食古書庫傳抄本　復旦
凝園讀詩管見十四卷　清羅典撰
清乾隆刻本　武漢
清刻明德堂藏版本　國圖(存卷一、十一、十三至十四)　復旦
四庫未收書輯刊影印清刻本
毛詩説四卷　清莊存與撰
清道光十八年莊綬甲寶研堂刻味經齋遺書本　國圖　上海　復旦
清光緒八年陽湖莊氏刻味經齋遺書本　天津
虞東學詩十二卷卷首一卷　清顧鎮撰
清乾隆三十二年誦芬堂刻本　國圖　北大　科學　上海　復旦　上海師大　浙江
清乾隆三十二年誦芬堂刻道光十年趙允懷增修本　北大　科學(清翁心存圈點)　南京
清光緒十八年重刻誦芬堂刻本　上海

清乾隆四庫全書館寫欽定四庫全書本

毛朱詩説三卷　清阮芝生撰

清抄本（清翁方綱批注）　國圖

詩瀋二十卷　清范家相撰

清乾隆三十九年會稽范氏古趣亭刻本　國圖（清李慈銘批注）　北大　科學　上海　復旦　南京　遼寧　湖北　福建師大　武漢師範　暨南大學

清乾隆三十九年會稽范氏古趣亭刻光緒十三年墨潤堂印范氏三種本　國圖　北大　上海　復旦　湖北

清乾隆四庫全書館寫欽定四庫全書本

詩經正解三十卷深柳堂詩經圖考一卷深柳堂詩經人物考一卷　清姜文燦　吴荃輯

清康熙二十三年深柳堂刻本　國圖　北大　復旦　遼寧　東北師大

清影刻康熙深柳堂本　北大

清光霽堂刻本　遼寧

四庫全書存目叢書影印清康熙二十三年深柳堂刻本

詩經正解三十三卷　清姜文燦　吴荃輯　日本菅野侗校訂

日本安政五年奎暉閣活字印本　北大

深柳堂詩經圖考一卷　清姜文燦輯訂

清康熙二十三年深柳堂刻本　國圖　北大　復旦　遼寧　東北師大

清影刻康熙深柳堂本　北大

清光霽堂刻本　遼寧

深柳堂詩經人物考一卷　清姜文燦輯訂

清康熙二十三年深柳堂刻本　國圖　北大　復旦　遼寧　東北師大

清影刻康熙深柳堂本　北大

清光霽堂刻本　遼寧

詩義翼朱八卷　清李健輯

清康熙三十五年永恩堂刻本　故宫

删録纂序詩經説約講旨二卷　題清賢賢道人輯

清賢賢道人稿本　天津

毛詩通説三十卷首二卷補遺一卷　清任兆麟撰

清乾隆映雪草堂刻本　國圖　北大　科學　上海　復旦　湖北（清徐恕批校）

四庫未收書輯刊影印清乾隆映雪草堂刻本

增補詩經衍義題合參八卷　清沈李龍增訂
　清永安堂刻慶雲樓印本　遼寧
載咏樓增訂詩經衍義正彙名解□卷　清沈李龍增訂　清顧目庵鑒定
　清載咏樓刻本　復旦(存三卷)
詩經傳説取裁十二卷　清張能鱗輯
　清初刻本　國圖　北大　北京文物局　復旦　大連　遼大　吉林社科院
　　哈爾濱　無錫　浙江　中山大
　四庫全書存目叢書影印清初刻本
詩識名解十五卷　清姚炳撰
　清康熙四十七年錢塘姚氏聽秋樓刻本　國圖　北大　清華　科學　歷史所
上海　上海辭書　湖北　福建師範　鄭州大學
　清康熙四十七年錢塘姚氏刻嘉慶二十二年校修本　國圖　北大　天津
復旦　南京
　清乾隆四庫全書館寫欽定四庫全書本
　清丁氏八千卷樓抄本　南京
重刻徐筆峒先生遵注參訂詩經八卷棣鄂堂詩義纂要八卷詩經圖考一卷詩經人物考一卷　清周疆輯
　清康熙十九年刻本(清盛百二批校)　文學所
棣鄂堂詩義纂要八卷　清周疆輯
　清康熙十九年刻本(清盛百二批校)　文學所
詩經人物考一卷　清周霦輯
　清康熙十九年刻本(清盛百二批校)　文學所
毛鄭詩考正四卷　清戴震撰
　清乾隆四十二年曲阜孔氏刻微波榭叢書戴氏遺書本　國圖　上海　復旦
　　遼寧　湖北
　清抄本(清吴騫批校)　國圖
　清道光九年廣東學海堂刻皇清經解一千四百卷本　天津　遼寧　山東
　清道光金山錢熙祚據借月山房彙抄版重編增刻指海本　遼寧
　清光緒十七年上海鴻寶齋石印皇清經解一百九十卷本　北大　天津
　清光緒上海點石齋石印皇清經解一百九十卷本
　一九三六年安徽叢書編審會據微波榭叢書本影印安徽叢書第六期戴東原先
　　生全集本
　續修四庫全書影印清乾隆四十二年微波榭刻戴氏遺書本

毛鄭詩考正一卷
清道光吴江沈氏世楷堂刻昭代叢書壬集補編本　國圖　天津　遼寧　山東
杲溪詩經補注二卷　清戴震撰
清乾隆四十二年曲阜孔氏刻微波榭叢書戴氏遺書本　國圖　上海　復旦
清嘉慶南匯吴氏聽彝堂刻藝海珠塵癸集本　天津
清嘉慶南匯吴氏聽彝堂刻癸集道光三十年金山錢氏漱石軒據之增刻藝海珠塵本　天津　遼寧　山東
清道光九年廣東學海堂刻皇清經解一千四百卷本　天津　遼寧　山東
清光緒十七年上海鴻寶齋石印皇清經解一百九十卷本　北大　天津
清光緒上海點石齋石印皇清經解一百九十卷本
一九三六年安徽叢書編審會據微波榭叢書本影印安徽叢書第六期戴東原先生全集本
讀詩日録十三卷　清劉士毅撰
清光緒六年刻本　國圖　科學　天津　復旦　南京　遼寧　湖北
四庫未收書輯刊影印清光緒六年刻本
詩細十卷首一卷續一卷附草木疏校正二卷　清趙佑撰
清乾隆仁和趙氏刻清獻堂全編本　國圖　北大　上海　復旦　南京　浙江　湖北
詩學女爲二十六卷總論一卷　清汪梧鳳講授　清汪灼編次
清乾隆不疏園刻本　北大　科學　北京文物局　上海　復旦　南京
續修四庫全書影印清乾隆不疏園刻本
詩經古傳十卷　日本紀德民輯
日本寶曆九年嚶鳴館刻本　北大
欽定詩經樂譜全書三十卷樂律正俗一卷　清永瑢　鄒奕孝等奉敕纂
清乾隆五十三年刻本　復旦
清光緒二十一年增刻武英殿聚珍版叢書本　北大　湖北
欽定詩經樂譜全書不分卷
清抄本　南京
詩經讀本四卷　清周樽訂
清刻本(佚名朱筆圈點評注)　復旦
陸氏草木鳥獸蟲魚疏圖解五卷　日本淵在寬撰
日本安永八年日本京都北村氏刻本　上海
詩經揭要四卷　清許寶善撰
清刻本　復旦

惜抱軒詩説一卷詩筆記一卷　清姚鼐撰

民國金山高氏食古書庫傳抄本　復旦

惜抱軒詩筆記一卷　清姚鼐撰

民國金山高氏食古書庫傳抄本　復旦

御案詩經備旨八卷　清鄒聖脉纂輯　清鄒廷猷編次

清光緒十年清和東都樂善堂銅版印五經備旨本　天津

清光緒十二年上海點石齋石印五經備旨本

清光緒十三年上海同文書局石印增廣五經備旨本　天津

清末上海存古齋石印本　北大

詩經備旨萃精八卷　清鄒聖脉纂輯

清光緒刻京都善成堂藏版本　國圖　北大

清光緒二十二年書業德刻本　北大

詩經備旨萃精八卷首一卷　清鄒聖脉纂輯　清吴朝贊增輯

清光緒二十年聚盛堂刻五經備旨萃精本　北大

新增詩經補注附考備旨八卷　清鄒聖脉纂輯

清咸豐六年福友堂刻本　南京

清光緒二十年淡雅局刻本　北大

清末刻善成堂藏版本　北大

詩附記七卷　清翁方綱撰

清翁方綱稿本　北大

詩附記四卷

清翁方綱稿本　遼寧

清光緒五年定州王氏謙德堂刻畿輔叢書本　國圖　北大　天津　上海　復旦　遼寧

蜀石經毛詩考異一卷　清吴騫撰

清吴騫稿本　北大

蜀石經毛詩考異二卷

清吴氏拜經樓抄本(清朱昌燕跋)　國圖

一九二二年上海博古齋影印本　復旦

詩經繹解十五卷　日本皆川願撰

日本安永間刻本　北大

毛詩故訓傳三十卷　清段玉裁訂

清道光九年廣東學海堂刻皇清經解一千四百卷本　天津　遼寧　山東　浙江(存卷一至二十九　清朱孔彰批校)

清道光九年廣東學海堂刻咸豐十一年補刻皇清經解一千四百八卷本　遼寧
清同治十一年五雲堂刻本　浙江
清光緒十七年上海鴻寶齋石印皇清經解一百九十卷本　北大　天津
清光緒上海點石齋石印皇清經解一百九十卷本

毛詩故訓傳定本三十卷　清段玉裁撰
清嘉慶二十一年段氏衍祥堂刻經韻樓叢書本　國圖　北大　天津　上海　復旦(清丁壽祺批注)　南京　遼寧　湖北　浙江
清道光四年安徽文會堂章氏重刻本　復旦
清藝海堂刻本(清鈕承啓校)　復旦
續修四庫全書影印清嘉慶二十一年段氏七葉衍祥刻本

毛詩通義六卷　清胡文英撰
清乾隆五十三至六十年間刻本　國圖　北大　清華
民國金山高氏食古書庫傳抄本　復旦

詩疏補遺五卷　清胡文英輯
清乾隆五十三年刻本　國圖　北大　湖北(黄焯批)

詩疑義釋二卷　清胡文英撰
清乾隆四十九年刻本　國圖　北大　清華　科學　復旦　南京　湖北
四庫未收書輯刊影印清乾隆留芝堂刻本

詩經逢原十卷　清胡文英撰
清乾隆刻本　國圖　科學　復旦　南京
四庫未收書輯刊影印清乾隆刻本

詩經繹傳八卷詩經嗜鳳詳解八卷圖説一卷附備考　清陳抒孝纂録
清雍正十三年刻本　科學
清道光二十九年三益堂刻本　天津
清光緒十年有益堂刻本　國圖　北大
清光緒十三年刻善成堂藏版本　國圖　北大
清蘇州掃葉山房刻本　北大

詩經嗜鳳詳解八卷　清吴啓昆閲定　清陳抒孝輯著　清汪基增訂
清雍正十三年刻本　科學
清道光二十九年三益堂刻本　天津
清光緒十年有益堂刻本　國圖　北大
清光緒十三年刻善成堂藏版本　國圖　北大
清蘇州掃葉山房刻本　北大

誦詩一隅四卷　清管幹珍撰　管炳文校對
一九二四年管炳文鉛印本　國圖　科學　復旦　湖北

詩經札記二卷　清朱亦棟撰

清光緒四年武林竹簡齋刻十三經札記本　天津　山東

毛詩品物圖考七卷　日本岡元鳳纂輯　日本桔國雄繪圖

日本天明五年平安杏林軒浪華五車堂刻本　國圖　北大　科學　上海　復旦　南京　湖北

清後期翻刻日本天明五年平安杏林軒浪華五車堂刻本　北大

清光緒十二年上海積山書局石印本　國圖　北大　上海　復旦　遼寧

清宣統二年上海掃葉山房石印本　上海　浙江

詩説一卷　清管世銘撰

清嘉慶五年刻本　國圖

詩經説約不分卷　清李源撰

清嘉慶元年刻本　國圖

詩緒緝雅六卷　清朱維魚輯

抄本　科學

毛詩申成十卷　清汪龍撰

清抄本　國圖　北大

抄本　科學

毛詩異義四卷詩譜敘一卷　清汪龍撰

清道光五年鮑方榘絜齋刻本　國圖　北大　復旦　南京　浙江

清光緒十三年補刻本　上海

毛詩異義四卷

一九三二年安徽叢書編印處據鮑氏刻本影印安徽叢書第一期本　北大　上海

毛詩證讀五卷讀詩或問一卷　清戚學標撰

清嘉慶十年刻涉署藏版本　國圖　北大　科學　上海　復旦　南京

續修四庫全書影印清嘉慶十年涉署刻本

讀詩或問一卷　清戚學標撰

清嘉慶十年刻涉署藏版本　國圖　北大　科學　上海　復旦　南京

詩經解一卷　清戚學標撰

民國硯因女史精抄本　復旦

三百篇鳥獸草木記不分卷　清徐士俊撰

清徐士俊稿本　上海

清康熙三十四年新安張氏霞舉堂刻檀幾叢書本　北大　遼寧　山東

清刻閏竹居叢書本

清抄本　國圖

三百篇鳥獸草木記不分卷　清徐士俊撰　清潘錫恩釋

清抄本　復旦

詩經纂一卷　清邵晉涵撰

稿本　天一閣

詩義知新記一卷　清汪中撰

民國金山高氏食古書庫傳抄本　復旦

詩古訓十二卷　清錢大昭撰

清抄本(清趙烈文校並跋)　國圖

讀詩經四卷　清趙良霔撰

清道光十二年涇縣趙氏古墨齋刻續涇川叢書本　遼寧　山東　湖北

一九一七年西泠印社翟鳳翔等據清道光趙氏本影印續涇川叢書本　北大　天津　遼寧

毛詩說六卷詩蘊二卷　清莊有可撰

一九三四年上海商務印書館石印本　國圖　北大　科學　上海　復旦　湖北

續修四庫全書影印一九三四年商務印書館影抄本

詩蘊二卷　清莊有可撰

一九三四年上海商務印書館石印本　國圖　北大　科學　上海　復旦　湖北

詩疑筆記七卷後說一卷　清夏味堂撰

清嘉慶十九年高郵夏氏梅華書屋刻本　國圖　復旦(高夔跋)

續修四庫全書影印清嘉慶十九年梅華書屋刻本

詩疑筆記七卷

抄本　科學

詩疑後說一卷　清夏味堂撰

清嘉慶十九年高郵夏氏梅華書屋刻本　國圖　復旦(高夔跋)

毛詩註二十卷　日本冢田虎撰

日本享和刻本　北大

詩經旁訓四卷　清徐立綱撰

清乾隆刻五經旁訓本　北大　天津(存卷一至四)　上海　山東

詩經增訂旁訓四卷　清徐立綱撰　清□□增訂

清乾隆四十七年吳郡張氏匠門書屋刻本　北大

清末刻浙衢聚秀堂藏版本　復旦

詩經旁訓辨體合訂四卷　清徐立綱輯

清裕文堂刻本(清闕名批點)　上海

清末懋德堂刻本　復旦

清末三益堂刻本　復旦

詩經旁訓不分卷

清抄本　復旦

詩經附義不分卷　清紀大奎撰

清紀大奎稿本　國圖

毛詩天文考一卷　清洪亮吉撰　清張凱校

清道光三十年淮寧張氏崇素堂刻本　上海　復旦　浙江　湖北

清咸豐廣州刻本　南京

續修四庫全書影印清道光三十年張氏崇素堂刻本

毛詩天文考一卷　清洪亮吉撰

清光緒十七年廣雅書局刻廣雅書局叢書本　國圖　北大　上海　復旦　南京　遼寧　湖北

清光緒十七年廣雅書局刻一九二〇年番禺徐紹棨彙編重印廣雅書局叢書之春在堂全書本　天津　上海　復旦　南京　湖北

詩經裁述十五卷詩序一卷詩圖一卷綱領一卷　清羅孔裔輯

清乾隆刻無名居羅青巖手輯五經大全裁述本　湖北

毛詩偶記三卷　清汪德鉞撰

清嘉慶十六年武進臧氏刻本　北大

清道光懷寧汪氏刻誠意堂家塾藏版本　國圖

清道光十二年汪時漣長汀木活字印七經偶記本　湖北

民國硯因女史精抄本　復旦

讀詩傳諷三十卷　清韓怡撰

清嘉慶十六年丹徒韓氏木存堂刻本　國圖　北大　科學　天津　復旦　遼寧　湖北

四庫未收書輯刊影印清嘉慶二十年木存堂刻本

毛詩考證四卷　清莊述祖撰

清道光十六年脊令舫刻珍藝宧遺書本　國圖　北大　南京　湖北

毛詩口義十一卷　清莊述祖撰

清辨志書塾抄本　上海

詩經精義四卷首一卷末一卷　清黄淦撰

清嘉慶九年尊德堂刻七經精義本　上海　山東

清嘉慶十三年同文堂刻七經精義本　遼寧　山東
清嘉慶翼經堂刻七經精義本　北大
清末翻刻嘉慶七年尊德堂刻本　復旦
清光緒五年掃葉山房刻七經精義本　天津

詩經精義五卷詩經旁訓五卷　清黄淦撰　清徐立綱撰旁訓
清光緒九年魏氏古香閣刻本　遼寧

詩經旁訓增訂精義四卷　清徐立綱旁訓　清竺静甫　竺子壽增訂　清黄淦精義
清光緒十年四明竺氏毓秀草堂刻五經旁訓增訂精義本
清狀元閣刻五經旁訓增訂精義本　天津

蜀石經毛詩考異二卷　清陳鱣撰
清乾隆嘉慶海昌吴氏刻拜經樓叢書本
一九二二年上海博古齋據清乾隆嘉慶海昌吴氏刻本增輯影印拜經樓叢書本　國圖

毛詩考證二卷　清朱彬撰
清道光二年寶應朱氏游道堂刻經傳考證八卷本　北大
民國金山高氏食古書庫傳抄本　復旦

讀嚴氏詩輯一卷　清葉燕撰
清葉燕稿本　天一閣

詩問七卷　清郝懿行撰
清光緒八年栖霞郝氏東路廳署刻郝氏遺書本　國圖　北大　上海　遼寧　山東　湖北
續修四庫全書影印清光緒八年東路廳署刻郝氏遺書本

詩説二卷　清郝懿行撰
清光緒八年栖霞郝氏東路廳署刻郝氏遺書本　國圖　北大　上海　浙江　湖北

詩經拾遺一卷　清郝懿行撰
清光緒八年栖霞郝氏東路廳署刻郝氏遺書本　國圖　北大　上海　復旦　南京　湖北

詩切不分卷　清牟庭撰
清牟庭殘稿本　山東博
清刻本　國圖

學詩毛鄭異同籤二十三卷　清張汝霖撰
清道光木活字印本　國圖　北大　湖北

續修四庫全書影印清道光木活字印本

學詩毛鄭異同籤二十卷

清道光二十六年抄本　北大

張氏詩説一卷　清張汝霖撰

一九一五年南昌豫章叢書編刻局刻豫章叢書本　國圖　天津　上海　南京　遼寧　山東

周人詩説四卷　清王紹蘭輯

清王氏知足知不足館抄本　國圖(存卷二至三)

詩地理徵七卷　清朱右曾撰

清光緒十四年南菁書院刻皇清經解續編本　天津　遼寧　山東

清光緒十五年上海蜚英館石印皇清經解續編本

續修四庫全書影印清光緒十四年南菁書院刻皇清經解續編本

詩次故二十二卷詩經異文三卷詩次故外雜三卷　朝鮮申綽編

日本昭和九年矢野義男影印抄本　國圖　北大　上海

詩經異文三卷　朝鮮申綽編

日本昭和九年影印本　北大　國圖

詩經講義十二卷補遺三卷　朝鮮丁若鏞撰

奎章閣寫本　國圖

毛詩補疏五卷　清焦循撰

清嘉慶道光間江都焦氏雕菰樓刻焦氏叢書六經補疏本　國圖　北大　天津　復旦　南京　山東

清道光九年廣東學海堂刻皇清經解一千四百卷本　北大　天津　遼寧　山東

清光緒二年衡陽魏氏刻焦氏叢書六經補疏本　北大　遼寧　山東

清光緒十七年上海鴻寶齋石印皇清經解一百九十卷本　北大　天津

續修四庫全書影印清嘉慶刻本

毛詩要義一卷　清焦循撰

合衆圖書館傳抄本　上海

毛詩物名釋不分卷　清焦循撰

清焦循稿本　國圖

清焦循稿本　上海(存卷一)

毛詩草木鳥獸蟲魚釋十卷　清焦循撰

清焦循手稿本　上海

毛詩草木鳥獸蟲魚釋十二卷

清焦循手稿本　上海

清抄本　國圖(存卷二至三、八至十一)

清抄本　北大

續修四庫全書影印上圖藏清焦循稿本

毛詩草木鳥獸蟲魚釋殘存一卷

抄本　南京

陸機(璣)疏考正二卷　清焦循撰

清焦循稿本　南京

陸氏草木鳥獸蟲魚疏疏二卷　清焦循撰

清光緒十四年江陰南菁書院刻南菁書院叢書第七集本　國圖　天津　復旦　遼寧　山東　湖北

續修四庫全書影印清光緒十四年刻南菁書院叢書本

毛詩地理釋四卷　清焦循撰

清焦循手稿本　上海

清抄本　國圖(存卷四)

蜀石經毛詩考正一卷　清嚴杰撰

清抄本　國圖

毛詩通考三十卷　清林柏桐撰

清同治二年南海伍氏粤雅堂文字歡娱室刻嶺南遺書本

清道光二十四年林世懋刻修本堂叢書本

毛詩識小三十卷　清林柏桐撰

清同治二年南海伍氏粤雅堂文字歡娱室刻嶺南遺書本　北大　人大

清道光二十四年林世懋刻修本堂叢書本

詩問六卷　清牟應震撰

清嘉慶十九年刻本　國圖

清嘉慶栖霞牟氏刻道光二十九年曆城朱氏修補本　國圖　北大　清華　上海

清嘉慶栖霞牟氏刻咸豐五年曆城朱氏修補本　國圖

續修四庫全書影印清嘉慶牟氏刻道光咸豐朱氏補修毛詩質疑本

毛詩物名考七卷　清牟應震撰

清嘉慶十九年刻本　國圖

清嘉慶栖霞牟氏刻道光二十九年曆城朱氏修補本　國圖　北大　清華　上海

清嘉慶年栖霞牟氏刻咸豐五年曆城朱氏修補本　國圖

續修四庫全書影印清嘉慶牟氏刻道光咸豐朱氏補修毛詩質疑本

讀詩知柄二卷　清蔣紹宗撰

清嘉慶十一年刻本　國圖　復旦　浙江

毛詩馬王徵四卷　清臧庸撰　清孫馮翼述
清嘉慶承德孫氏刻本
清嘉慶十一年孫馮翼問經堂刻問經堂叢書本　國圖　北大　天津　遼寧
浙江　湖北　哈爾濱
日本昭和十年東方文化學院京都研究所影印拜經堂叢書本　北大
抄本　上海
詩經姚氏解□卷　清姚亢宗撰
清紫藤紅樹堂謄清稿本　復旦(存卷一至四)
詩經集傳拾遺二卷　清吴德旋撰
清抄本　天津
詩經恒解六卷　清劉沅撰
清咸豐至民國間刻匯印槐軒全集本
清豫誠堂刻本　天津　湖北
御案詩經要説一卷　清李元春編
清道光十五年朝邑劉際清等刻青照堂藏書初編之御案七經要説本　復旦
毛詩紬義二十四卷　清李黼平撰
清道光七年著花庵刻本　國圖　上海　復旦
清道光九年廣東學海堂刻咸豐十一年補刻皇清經解本
續修四庫全書影印清道光七年著花庵刻本
詩經集説不分卷　清俞國鑒集
謄清稿本　復旦
讀詩隨筆一卷　清陳景藩撰
清陳景藩稿本　南京
詩故攷異三十二卷　清徐華嶽輯
藍絲欄抄本　北大
清道光十二年偲聞齋刻本　國圖　北大　科學　天津　上海　復旦　南京
浙江　湖北　日静嘉堂日京都大學
毛詩補傳三十卷卷首　日本仁井田好古撰
日本天保五年紀藩樂古堂刻本　北大　復旦　南京
日本昭和四年珂羅版印本　國圖
毛詩多識録十六卷　清董桂新輯
清董桂新稿本　復旦
清抄本　上海
娱親雅言一卷　清嚴元照撰
民國金山高氏食古書庫傳抄本　復旦

毛詩考二十六卷　日本龜井昱太郎撰

日本昭和九年安川敬一郎據稿本影印本　國圖　北大　科學　上海　南京

毛詩訂本七卷　清吴懋清撰

抄本　國圖

毛詩復古録十二卷首一卷　清吴懋清撰

清光緒二十年徐琪廣州學使署刻本　國圖　北大　科學　天津　上海　復旦　南京　遼寧　湖北

四庫未收書輯刊影印清光緒二十年廣州刻本

稽古軒詩經解不分卷　清趙逵儀撰

清金山高氏吹萬樓鈔稽古軒經解存稿本　復旦

詩經精華十卷首一卷　清薛嘉穎輯

清道光五年光韙堂刻本　科學　上海　復旦　南京　浙江　日公文書館　日島根縣圖書館

清同治元年刻緯文堂藏版本　國圖　遼寧

清同治三年寶華樓刻四經精華本　南京

清同治四年金玉樓刻本　上海

清光緒二年刻浙甯簡香齋藏版本　湖北

清光緒二年刻汲綆齋藏版本　國圖

清光緒二十年學庫山房刻四經精華本　日國會　日东京都立圖書館

增訂詩經精華十卷

清光緒十一年魏朝俊古香閣刻增訂四經精華本　日國會　日东京都立圖書館

詩義抄八卷　清張學尹纂

清同治九年湘陰張崇澍師白山房刻本　國圖　北大　科學　復旦　南京　湖北

荀子詩説箋一卷　清黄朝槐撰

佚名抄西園讀書記本

詩經衷要十二卷　清李式穀撰

清道光十年南海葉夢龍風滿樓刻五經衷要本

詩經章句觸解一卷　清甄士林音釋

清道光五年甄氏種松書屋刻本　國圖　北大　復旦　遼寧

毛詩後箋三十卷　清胡承珙撰　清陳奂補

清道光十七年歙縣胡氏刻求是堂叢書本　國圖　北大　上海　南京　湖北　浙江

清光緒七年蛟川方氏刻本　國圖(清李慈銘校並跋)　國圖　北大　復旦　湖北(清徐恕圈校)
清光緒十四年南菁書院刻皇清經解續編本　天津　遼寧　山東
清光緒十五年上海蜚英館石印皇清經解續編本　湖北
清光緒十六年廣雅書局刻一九二〇年番禺徐紹棨彙編重印廣雅書局叢書本　國圖　天津　上海　復旦　南京　遼寧　湖北
續修四庫全書影印清道光十七年求是堂刻本

詩地理續考一卷　清潘繼李撰
清光緒十二年啓秀山房刻學海堂四集本　國圖　北大

詩聲衍一卷　清劉逢禄撰
清光緒二十二年思賢書局刻本　復旦　湖北

説詩囈語十卷　清鄧顯鶴撰
舊抄本　國圖

毛詩札記一卷　清姚伯驥撰
民國金山高氏食古書庫傳抄本　復旦

毛詩通考三十卷　清林伯桐撰
清道光二十四年番禺林世懋刻修本堂叢書本　北大　南京
清同治二年南海伍氏粤雅堂校刻嶺南遺書本　國圖　北大　上海　復旦
續修四庫全書影印清道光二十四年林世懋刻修本堂叢書本

毛詩識小三十卷　清林伯桐撰
清道光二十四年番禺林世懋刻修本堂叢書本　北大　南京
清同治二年南海伍氏粤雅堂文字歡娱室刻嶺南遺書本　國圖　北大　上海　復旦

詩經廣詁三十卷　清徐璈撰
清道光十年刻本　國圖　北大　天津　復旦　南京　浙江　湖北
續修四庫全書影印清道光十年刻本

詩經紀聞一卷　清管同撰
民國硯因女史精抄本　復旦

毛詩傳箋通釋三十二卷　清馬瑞辰撰
清道光十五年桐城馬瑞辰刻本　國圖(存卷一至十九)　北大　上海　天津　遼寧
清光緒十四年廣雅書局刻本　國圖　天津　上海　復旦　南京　遼寧　湖北(清徐恕批點)
清光緒十四年南菁書院刻皇清經解續編本　天津　遼寧　山東　湖北

續修四庫全書影印清道光十五年馬氏學古堂刻本

毛詩禮徵十卷　清包世榮撰

清道光七年包世臣小倦游閣刻本　國圖　北大　科學　天津　上海　復旦　南京　湖北

清道光七年包世臣小倦游閣刻道光八年印本　北大

清光緒九年至十四年間德化李氏木犀軒刻木犀軒叢書之曲園雜著本　國圖　北大　遼寧

續修四庫全書影印清道光八年刻本

學詩識小録十三卷　清包世榮撰

傳抄本　國圖

毛詩緒言抄略六卷　清湯樹棻撰

清咸豐二年研經堂活字印本　南京

學詩緒余不分卷　清潘錫恩撰

清潘錫恩稿本　國圖

詩毛氏傳疏三十卷釋毛詩音四卷毛詩説一卷毛詩傳義類一卷鄭氏箋考徵一卷　清陳奂撰

清道光二十七年長洲陳氏吴門南園掃葉山莊刻陳氏毛詩五種本　國圖　北大　科學　天津　上海　復旦　南京　遼寧　湖北　福建

清光緒九年重刻陳氏毛詩五種本　國圖　北大　復旦　南京　浙江

清光緒十四年南菁書院刻皇清經解續編本(佚名點校)　湖北

續修四庫全書影印清道光二十七年陳氏掃葉山莊刻本

毛詩説一卷　清陳奂撰

清道光二十七年長洲陳氏刻陳氏毛詩五種本　國圖　北大　科學天津　上海　復旦　南京　遼寧　湖北　福建

清光緒九年重刻陳氏毛詩五種本　國圖　北大　復旦　南京　浙江

清光緒十四年南菁書院刻皇清經解續編本(佚名點校)　湖北

清光緒十五年上海蜚英館石印皇清經解續編本

清光緒十一年上海點石齋石印本　北大　湖北

續修四庫全書影印清道光二十七年武林愛日軒刻本

鄭氏箋考徵一卷　清陳奂撰

清咸豐八年長洲陳氏刻陳氏毛詩五種本　國圖　北大　科學　天津　上海　復旦　南京　遼寧　湖北　福建

清光緒九年重刻陳氏毛詩五種本　國圖　北大　復旦　南京　浙江

清光緒十四年南菁書院刻皇清經解續編本(佚名點校)　湖北

清光緒十一年上海點石齋石印本　北大　湖北
續修四庫全書影印清咸豐八年許文一刻本

毛詩九穀考一卷　清陳奐撰
一九一二年上海國粹學報社鉛印古學彙刊本　北大
民國金山高氏食古書庫傳抄本　復旦

毛詩釋義一卷　清陳奐撰
清抄本(清繆荃孫校)　北大

詩義求經二十卷　清艾暢撰
清道光二十七年可添齋刻本　國圖　科學　復旦　浙江

詩誦五卷　清陳僅撰
清光緒十一年四明文則樓陳氏木活字印本　國圖　北大　科學　上海　復旦　南京　浙江　湖北
一九三二年四明張氏約園刻四明叢書本　復旦
續修四庫全書影印清光緒十一年四明文則樓木活字本

詩章句考一卷　清夏炘撰
清道光十二年刻本　國圖　上海
清咸豐三年刻同治元年王光甲等彙印景紫堂全書本　國圖　北大　復旦
一九二一年當塗夏氏刻景紫堂全書本　北大

讀詩劄記八卷　清夏炘撰
清咸豐三年刻同治元年王光甲等彙印景紫堂全書本　國圖　北大
一九二一年當塗夏氏刻景紫堂全書本　北大
續修四庫全書影印清咸豐三年刻本

詩樂存亡譜一卷　清夏炘撰
清咸豐三年刻同治元年王光甲等彙印景紫堂全書本　國圖　北大
一九二一年當塗夏氏刻景紫堂全書本　北大

詩經集傳校勘記一卷　清夏炘撰
清咸豐三年刻同治元年王光甲等彙印景紫堂全書本　國圖　北大
一九二一年當塗夏氏刻景紫堂全書本　北大

釋詩一卷　清何志高撰
清道光十三年刻本　國圖
清道光十八年刻西夏經義本　遼寧　山東
清光緒十四年刻西夏經義本　上海　南京　山東

詩學自怡録不分卷　清王約撰
清抄本　北師大

詩義輯解十卷　清胡本淵撰
　　清嘉慶二十四年春輝堂刻本　國圖　浙江
毛詩正義長編不分卷　清劉寶楠撰
　　清劉寶楠手稿本　上海
毛詩注疏長編不分卷　清劉寶楠撰
　　清劉寶楠手稿本　上海
　　清劉寶楠手稿本　上海
毛詩學不分卷　清劉寶楠撰
　　清劉寶楠手稿本　上海
愈愚詩録一卷　清劉寶楠撰
　　民國金山高氏食古書庫傳抄本　復旦
遠春樓讀詩筆存一卷　清汪科爵撰
　　清光緒十二年錢唐汪氏長沙刻叢睦汪氏遺書本　復旦　遼寧
　　民國金山高氏食古書庫傳抄本　復旦
求志居詩經説六卷　清陳世鎔撰
　　清道光至咸豐間獨秀山莊刻求志居全集本　國圖　北大
詩毛傳鄭箋古義一卷　清祁嶲藻撰
　　清祁嶲藻手稿本　臺北央圖
毛詩重言一卷　清祁嶲藻撰
　　清道光十一年祁嶲藻手稿本　臺北央圖
詩經雜考一卷　清鍾汪杰輯
　　抄本　上海
詩毛鄭異同辨二卷　清曾釗撰
　　清嘉慶面城樓稿本　國圖
　　清嘉慶道光間南海曾釗面城樓刻面城樓叢刊本　北大　科學　上海　復旦　湖北
　　續修四庫全書影印清嘉慶道光間曾氏刻面城樓叢刊本
毛鄭詩釋三卷續録一卷　清丁晏撰
　　清咸豐同治間山陽丁氏六藝堂刻同治元年彙印頤志齋叢書本　北大
　　清咸豐二年聊城楊以增海源閣刻六藝堂詩禮七編本　北大
　　清光緒九年蛟川張氏花雨樓刻花雨樓叢鈔之續抄本　南京
　　續修四庫全書影印清咸豐二年楊以增刻本
毛鄭詩釋續録一卷　清丁晏撰
　　清咸豐同治間山陽丁氏六藝堂刻同治元年彙印頤志齋叢書本　北大

清咸豐二年聊城楊以增海源閣刻六藝堂詩禮七編本　北大
清光緒九年蛟川張氏花雨樓刻花雨樓叢鈔之續抄本　南京

詩集傳附釋一卷　清丁晏撰
清丁晏手稿本　上海
清光緒二十年廣雅書局刻一九二〇年番禺徐紹棨彙編重印廣雅書局叢書本　國圖　天津　上海　復旦　湖北　南京

毛詩草蟲經一卷　清馬國翰輯
清同治十年濟南皇華館刻玉函山房輯佚書本　山東
清光緒九年長沙嫏嬛館刻玉函山房輯佚書本　國圖　天津　遼寧　山東
清光緒九年長沙嫏嬛館刻光緒十年章邱李氏重印玉函山房輯佚書本　遼寧
清光緒十年楚南書局刻玉函山房輯佚書本　天津　遼寧

詩傳考六卷　清陳孚撰
清嘉慶九年堯山刻本　國圖　科學　復旦
四庫未收書輯刊影印清嘉慶九年堯山刻本

詩經審鵠要解六卷　清林錫齡輯
清乾隆刻本　國圖　上海　廣西師大

詩經正訛八卷　清王隼撰
清乾隆九年大樗堂刻本　浙江

酌雅齋詩經遵注合講八卷圖解一卷　清翁複編
清乾隆四十三年墨香堂刻本　復旦

詩解正宗五卷　清肫圖撰
清乾隆十三年紫竹齋刻本　清華　復旦

詩考異補二卷　清嚴蔚撰
清乾隆四十九年二酉齋刻本　國圖　北大　科學　北京文物局　上海（清李富孫校）　復旦　南京
四庫未收書輯刊影印清乾隆二酉齋刻本

詩説彙五卷　清張象魏輯
清乾隆三十年刻本　上海

遵注義釋詩經離句襯解八卷　清朱榛編訂
清乾隆同文堂刻本　復旦

詩經揭要四卷　清周蕙田撰
清乾隆五十四年自怡軒刻本　湖北
清道光十六年刻本　國圖

毛詩句解析疑十四卷　清方毓辰撰
清方毓辰稿本　復旦

清道光末抄稿本　復旦

毛詩輯疏十二卷　日本安井衡撰

日本昭和十年崇文院鉛印崇文叢書本　上海　南京

讀詩記不分卷　清董耀撰

清董耀稿本　浙江

詩經輯解二十卷　清周道遵撰

清周道遵稿本　天一閣

學福齋詩學□卷　清周沐潤撰

清周沐潤稿本　如皋(存卷一至五)

毛詩衍聲表一卷　清陳潮撰

清陳潮稿本　國圖

詩說彙訂一卷　清徐經撰

清光緒二年潭陽徐氏刻雅歌堂全集之雅歌堂外集本

詩經口義二卷　清劉存仁撰

清咸豐六年刻本　國圖

詩經口義一卷

清同治元年福州渭源刻屺雲樓集本　北大

陳東塾先生讀詩日録一卷　清陳澄撰

一九一二年上海國粹學報社排印古學彙刊本

一九二四年吴江施肇曾醒園刻十三經讀本本

詩疑補不分卷　清張光裕撰

清張光裕稿本　上海

求自得之室詩説四卷　清吴嘉賓撰

清同治一年南豐吴氏家刻本　復旦　湖北(清徐恕批校)

詩義原恩二卷　清張瓚昭撰

清道光十一年蘭明堂刻本　南京

東塾讀詩録一卷　清陳澧撰

清抄本　國圖

民國金山高氏食古書庫傳抄本　復旦

一九一二年刻本　國圖　復旦

毛詩名物圖説九卷　清徐鼎撰

清徐鼎稿本　國圖

清乾隆三十六年徐氏遺經書屋刻本　國圖　北大　科學　天津　上海　復旦　南京　遼寧　湖北

日本文化五年刻本　國圖　南京

民國趙氏壽華軒抄本　上海

續修四庫全書影印清乾隆三十六年刻本

詩益二十卷　清劉始興集補

清乾隆八年尚古齋刻本　科學　復旦

續修四庫全書影印清乾隆八年尚古齋刻本

詩經䙫解十卷　清何容德　姜夢元輯

清乾隆五十一年有恒堂刻本　復旦

舒藝室餘筆詩説一卷　清張文虎撰

民國金山高氏食古書庫傳抄本　復旦

詩考箋釋十二卷　清葉裕仁撰

抄本　國圖

詩考箋證六卷　清葉裕仁撰

清鎮洋繆氏疑修堂抄稿本　復旦

詩文字考八卷　清葉裕仁撰

抄本　國圖

毛詩鄭箋改字説四卷　清陳喬樅撰

清道光十年陳氏刻小嫏嬛叢書本　國圖　復旦　湖北　南京

續修四庫全書影印清刻左海續集本

詩玉尺二卷　清林昌彝撰

清同治八年廣州海天琴舫刻本　國圖　北大

讀詩經筆記一卷　清方潛撰

清道光二十三年刻本　遼寧　湖北

清道光刻同治光緒補刻印本　湖北

清光緒十四年南菁書院刻皇清經解續編本　天津　遼寧　山東

清光緒十五年上海蜚英館石印皇清經解續編本　國圖

清光緒十五年方敦吉濟南刻毋不敬齋全書本

讀詩扎記一卷　清朱景昭撰

一九三三年朱家珂排印無夢軒遺書本

詩經原始十八卷首二卷　清方玉潤撰

清同治十年隴東分署刻本　北大　遼寧　雲南大學

一九一四年雲南叢書處刻雲南叢書初編本　國圖　科學　上海　復旦　遼寧
　湖北

一九二四年泰東書局影印清刻本　國圖　上海　復旦　遼寧　湖北

續修四庫全書影印清同治十年隴東分署刻本

葩經一得不分卷　清張夢瀛撰

清道光三十年何氏夢約軒刻本　上海　復旦　湖北

讀詩一得不分卷　清吴棠撰

清咸豐四年刻本　上海

清同治三年刻本　國圖　北大　科學　上海　復旦

毛詩述正二十八卷首一卷　清張其煥撰

清同治元年刻本　國圖

清同治張氏紹美堂刻光緒五年校印本　復旦

山中學詩記五卷　清徐時棟撰

清同治十一年城西草堂刻烟嶼樓集本　國圖　上海　南京　遼寧　浙江

清光緒四年慈溪西河別墅葉氏刻本　國圖　科學　上海　復旦　遼寧　浙江　湖北

徐氏重訂詩經世本古義四十六卷首一卷後二卷　清徐時棟撰

清徐時棟稿本　國圖

詩經集義不分卷　清李祖望撰

清咸豐同治間李祖望手稿江都李氏所著書本　臺北央圖

毛詩傳箋異義解十六卷　清沈鎬撰

清咸豐六年沈鎬棣鄂堂刻本　國圖　北大　科學　天津　復旦　南京　湖北

續修四庫全書影印清咸豐棣鄂堂刻本

詩經解不分卷　清丁壽昌撰

清丁壽昌手稿丁氏遺稿六種本　上海

毛詩多識六卷　清多隆阿撰

清多隆阿稿本　湖北

毛詩多識六卷　清多隆阿撰　清程棫林注

清抄本　湖北

毛詩多識二卷　清多隆阿撰　清程棫林注　劉承幹校

一九二五年南林劉氏刻求恕齋叢書本　國圖　上海　復旦　遼寧　湖北

毛詩多識十二卷　清多隆阿撰

清宣統奉天作新印刷局鉛印本　國圖　遼寧

續修四庫全書影印民國遼海書社印遼海叢書十集本

毛詩多識十二卷　清多隆阿撰　金景芳校勘

一九三一至一九三四年遼海書社排印遼海叢書第十集本　國圖　上海

天津　遼寧

詩傳補義三卷　清方宗誠撰

清光緒三年桐城方氏志學堂刻柏堂遺書之柏堂經説本　國圖　北大　天津　上海　復旦　南京　浙江

説詩章義三卷　清方宗誠撰

清光緒三年桐城方氏志學堂刻柏堂遺書之柏堂讀書筆記本　國圖　北大　天津　南京　浙江

續修四庫全書影印清光緒八年刻本

詩傳題辭故四卷補一卷　清張漪撰

清嘉慶十九年惜陰書屋刻小窗遺稿本　國圖

詩傳題辭故補一卷　清張漪撰

清嘉慶十九年刻本　國圖

毛詩正字考不分卷　清沈炳垣撰

清沈炳垣稿本　上海

毛詩蒙求窾啓十卷毛詩蒙求彙瑣二卷　清薛韶光撰

清嘉慶五年上海薛氏家刻本　國圖　科學　上海　復旦

毛詩蒙求彙瑣二卷　清薛韶光撰

清嘉慶五年上海薛氏家刻本　國圖　科學　上海　復旦

讀詩集傳隨筆一卷　清楊樹椿撰

清光緒二十一年李氏家塾刻損齋遺書之讀經隨筆本　國圖　北大

毛詩釋地六卷鄭氏詩箋禮注異義考一卷　清桂文燦撰

清光緒二十二年刻南海桂氏經學叢書本　國圖　復旦

續修四庫全書影印清光緒二十二年刻本

鄭氏詩箋禮注異義考一卷　清桂文燦撰

清光緒十九年刻南海桂氏經學叢書本　國圖　北大　上海

毛鄭詩考正續一卷　清林兆豐撰

清稿本　復旦

詩經言志二十六卷　清汪灼撰

清嘉慶十九年不疏園刻本　復旦　湖北

詩經互解一卷　清范士增撰

清嘉慶四年刻本　國圖

周易解詩經一卷　清范士增撰

清嘉慶四年刻本　國圖

尚書解詩經一卷　清范士增撰

清嘉慶四年刻本　國圖

禮記解詩經一卷　清范士增撰

清嘉慶四年刻本　國圖

四書解詩經一卷　清范士增撰

清嘉慶四年刻本　國圖

詩葉考八卷　清陳天道撰

清嘉慶十二年貽穀堂刻本　國圖　復旦　南京

毛詩異義四卷　清王尤撰

清嘉慶三年寫刊本　南京

詩考五卷逸詩逸句二卷詩雜考一卷　清黄啓興纂輯

清嘉慶婺源黄氏傳抄稿本(清董煉金跋)　復旦(存三卷)

詩雜考一卷　清黄啓興纂輯

清嘉慶婺源黄氏傳抄稿本(清董煉金跋)　復旦

嚴氏詩緝補義八卷　清劉燦編

清嘉慶十六年鎮海劉氏墨莊刻本　國圖　北大　科學　復旦　上海(清劉燦重校補)　天津　南京　遼寧　浙江　湖北

毛詩説三十卷　清孫燾撰

清嘉慶二十年平湖孫氏刻本　北大

四庫未收書輯刊影印清嘉慶二十年世德堂孫氏刻本

詩義折中補十四卷　清吴良秀注

清嘉慶七年刻本　復旦

詩經質疑一卷　清朱霈撰

清嘉慶六年刻本　國圖

讀詩釋物二十一卷　清方瑍撰

清道光四年武寧方式刻本　國圖　科學　復旦　南京

四庫未收書輯刊影印清道光四年刻本

詩經讀抄三十一卷首一卷　清李宗淇撰

清道光五年忠信堂刻本　國圖　復旦

詩經精義集抄四卷　清梁中孚撰　清江汝式參訂

清道光七年寧國刻本　國圖　上海　復旦　浙江

詩説考略十二卷　清成僎撰

清道光十年檇李王相信芳閣木活字印本　國圖　北大　科學　上海　復旦　南京　遼寧　湖北

續修四庫全書影印清道光十年王氏信芳閣木活字印本

詩經精義彙鈔四卷首一卷　清陸錫璞輯

清道光十八年刻本　國圖　北大　科學

清道光二十年重刻本　復旦

詩緒餘録八卷　清黄位清撰

清道光十九年南海葉氏佇月樓刻本　國圖　科學　復旦

續修四庫全書影印清道光十九年南海葉氏佇月樓刻本

詩異文録三卷　清黄位清撰

清道光二十四年松風閣刻本　國圖　浙江

續修四庫全書影印清道光十九年刻本

詩氏族考六卷　清李超孫輯

清道光十七年海昌蔣光煦刻別下齋叢書本　國圖　科學　天津　復旦　南京　山東

清光緒十六年新會劉氏藏修書屋刻藏修堂叢書本

一九二三年上海商務印書館據清道光十七年海昌蔣光煦刻本影印別下齋叢書本

民國武林竹簡齋據清道光十七年海昌蔣光煦刻本影印別下齋叢書本

續修四庫全書影印清道光海昌蔣氏刻別下齋叢書本

詩經篇名類句對一卷　清何國鎮輯

清道光三十年簣覆山房刻本　上海

詩經蠹簡四卷　清李詒經撰

清道光單偉志刻慎思堂藏版本　國圖　北大　復旦　湖北

四庫未收書輯刊影印清單偉志慎思堂刻本

毛詩經説二卷　清王益齋撰

清道光二十四年刻本　國圖

鄭莆田淫奔詩辨二卷　清王益齋撰

清道光二十四年鬆勁書屋刻本　國圖　復旦

詩經申義十卷　清吴士模撰

清道光十五年武進吴氏澤古齋刻本　北大　科學　浙江

清光緒十七年武進吴佑孫澤古齋重刻本　北大　科學　上海　南京　遼寧　湖北　浙江

説詩循序不分卷　清許致和撰

清道光二十八年刻本　國圖　科學　復旦

古邠詩義一卷　清許宗寅撰

清道光十二年刻本　國圖

清同治六年許蕙孫重刻本　復旦　湖北

詩學識要五卷　清楊登訓撰

清道光元年袖雲山房刻本　國圖　科學　復旦　湖北

詩經通論十八卷詩經論旨一卷　清姚際恒撰　清王篤校定
清道光十七年韓城王篤四川督學署刻鐵琴山館藏版本　國圖　北大　科學　上海　復旦
清道光十七年韓城王篤四川督學署刻重修後印本　北大
清抄本　北大
一九二七年成都書局據韓城王氏本重刻本　國圖　北大　上海　復旦　南京　遼寧
民國北京圖書館抄本　國圖
續修四庫全書影印清道光十七年鐵琴山館刻本
詩經論旨一卷　清姚際恒撰
清道光十七年韓城王篤四川督學署刻鐵琴山館藏版本　國圖　北大　科學　上海　復旦
清道光十七年韓城王篤四川督學署刻重修後印本　北大
清抄本　北大
民國北京圖書館抄本　國圖
一九二七年成都書局據韓城王氏本重刻本　國圖　北大　上海　復旦　南京　遼寧
一九二七年成都鄭壁成刻一九四四年北泉圖書館印本　復旦
毛詩補禮六卷　清朱濂撰
清道光十九年歙縣朱氏刻本　國圖　北大　科學　遼寧
清道光十九年歙縣朱氏刻光緒三年吴玉輝重修本　國圖　北大　上海　復旦
詩義序説合抄四卷首一卷　清游閎輯
清道光二十三年樂安游氏家刻本　國圖　復旦
詩經考略二卷　清張眉大撰
清道光海南雜注刻本　國圖
三百篇詩評一卷　清于祉撰
清咸豐三年刻本　國圖
詩傳蒙求不分卷　清黄中輯
清咸豐九年尚友齋刻本　國圖　上海　復旦
詩經便讀不分卷　清徐退山點評
清咸豐元年種松山館朱墨套印本　湖北
詩經旁通十二卷　清李允升輯
清咸豐二年易簡堂刻本　國圖　北大　科學　上海　復旦　湖北

四庫未收書輯刊影印清咸豐二年易簡堂刻本

毛詩讀三十卷　清王劼撰

清咸豐四年成都熊即心齋刻本　國圖　北大　湖北

四庫未收書輯刊影印清咸豐刻本

詩管見七卷首一卷　清尹繼美撰

清咸豐十一年鼎吉堂活字印本　北大　科學　復旦　湖北

清同治十二年刻鼎吉堂全集本　國圖　湖北

續修四庫全書影印科圖藏清咸豐十一年尹繼美鼎吉堂木活字本

詩地理考略二卷圖一卷　清尹繼美撰

清同治三年永新尹氏鼎吉堂刻本　國圖　北大　科學　上海　復旦　南京　湖北

續修四庫全書影印清同治三年鼎吉堂刻本

詩名物考略二卷　清尹繼美撰

清光緒六年刻本　國圖　湖北

毛詩注疏毛本阮本考異四卷　清謝章鋌撰

一九四四年北平古學院刻敬躋堂叢書本　北大　湖北

毛詩異同説四卷附録一卷　清蕭光遠撰

清同治六年鹿山草堂刻本　國圖　復旦　湖北(清徐恕題識並校)

詩經繹參四卷　清鄧翔撰

清同治七年孔廣陶等刻朱墨套印本　國圖　北大　科學　天津　上海　復旦　南京　遼寧

毛詩集解訓蒙一卷　清鄭曉如輯

清同治八年廣州華文堂刻本　國圖　科學　天津　復旦　湖北

四庫未收書輯刊影印清同治八年廣州西湖街華文堂刻本

詩小説一卷　清蔣光焴撰

清同治刻本　國圖

詩經思無邪序傳四卷　清姜國伊撰

清同治十一年刻守中正齋叢書本

一九三一年成都姜氏刻本　復旦

詩繹二卷　清廖翱撰

清同治真州張氏廣東刻一九一三年重修榕園叢書甲集本　國圖　遼寧　山東　復旦　湖北(清徐恕校)

詩經類編六十卷　清謝維岳編注

清同治七年中道齋刻本　科學

詩本誼一卷　清龔橙撰

清光緒十五年刻間半廠叢書初編本　國圖　復旦　南京　湖北

續修四庫全書影印清光緒十五年刻本

詩圁不分卷　清龔橙撰

清龔橙稿本　南京

毛詩平議四卷　清俞樾撰

清光緒十四年南菁書院刻皇清經解續編之群經平議本　天津　遼寧　山東

清光緒十五年上海蜚英館石印皇清經解續編之群經平議本

清光緒二十五年刻春在堂全書之群經平議本　天津　遼寧　山東

民國金山高氏食古書庫傳抄本　復旦

荀子詩説一卷　清俞樾撰

清光緒二十五年刻春在堂全書之曲園雜纂本　國圖　天津　遼寧　山東

達齋詩説一卷　清俞樾撰

清光緒二十五年刻春在堂全書之曲園雜纂本　國圖　天津　湖北　遼寧　山東

續修四庫全書影印清光緒二十五年刻春在堂全書曲園雜纂本

詩名物證古一卷　清俞樾撰

清光緒十四年南菁書院刻皇清經解續編本　天津　遼寧　山東

清光緒十五年上海蜚英館石印皇清經解續編本

清光緒二十五年刻春在堂全書之俞樓雜纂本　天津　遼寧　山東

詩經八卷　宋朱嘉集傳　朝鮮南宮浚注

日本大正七年朝鮮鉛印本　上海

欽定詩經傳説舉要四卷　清張鼎傳撰

清抄本　上海

讀詩日記四卷　清張鼎傳撰

民國初金山高氏吹萬樓傳抄未刻稿本　復旦

群經引詩大旨六卷　清黄雲鵠撰

清光緒二十年刻本　國圖　科學　南京　湖北

四庫未收書輯刊影印清光緒刻本

尚詩徵名二卷叙録一卷　清王蔭佑撰

清光緒三十四年刻本　國圖　科學　上海　復旦　湖北

毛詩説略八卷首一卷　清艾紫東撰

清艾紫東稿本　山東博

清抄誠正堂叢書本　山東博

詩義擇從四卷　清易佩紳撰

清光緒十四年刻本　國圖　科學　南京

四庫未收書輯刊影印清光緒刻本

詩經緒餘十卷　清閻汝弼撰

清閻汝弼稿本　國圖

詩經新注三卷附詩經新注名物辨一卷　日本山本章次撰　日本山本規矩三撰詩經新注名物辨

一九〇三年京都鉛印本　國圖

詩經新注名物辨一卷　日本山本規矩三撰

一九〇三年京都鉛印本　國圖

田間詩學補注四卷　清沈閬崐撰

清沈閬崐手稿本(清俞樾手書序)　上海

詩經守約不分卷　清湯金銘纂

清抄本　北大

詩述十卷首二卷　清孔繼堂撰

抄本　南開

毛詩補正二十五卷首一卷　清龍起濤撰

清光緒二十五年刻鵠軒刻本　國圖　北大　科學　復旦　遼寧　浙江　湖北

四庫未收書輯刊影印清光緒二十五年刻鵠軒刻本

詩經補箋二十卷　漢鄭玄箋　清王闓運補箋

清光緒三十二年陳兆奎衡陽東洲刻湘綺樓全書本　國圖　北大　南京　上海　復旦　湖北

清光緒三十一年江西官書局活字印本　國圖　上海　科學　復旦　遼寧

詩補箋繹二十卷　漢鄭玄箋　清王闓運補箋　程崇信繹

一九三二年鉛印本　上海　復旦　湖北

湘綺樓毛詩評點二十卷　清王闓運撰

一九三五年四川大學刻本　遼寧　湖北

枕葄齋詩經問答十四卷　清胡嗣運撰

清光緒三十四年鵬南書屋活字印本　國圖　北大　科學　天津　上海　復旦　南京　湖北

説詩一卷　清汪中沂撰

清吴縣王氏學禮齋抄稿本　復旦

詩經不分卷　清吴汝綸點定
　　民國都門印書局鉛印本　復旦　湖北
毛詩草木鳥獸蟲魚疏考證一卷　清陶福祥撰
　　清光緒十二年啓秀山房刻學海堂四集本　國圖　北大
毛詩會箋二十卷　日本竹添進一郎著
　　日本大正九年東京竹添履信鉛印本　國圖　北大　復旦
詩經獨斷一卷　清趙曾望撰
　　民國金山高氏食古書庫傳抄本　復旦
詩略説□卷　清宋書升撰
　　清宋書升稿本（王獻唐跋）　山東博
毛詩注疏校勘札記二十卷　清劉光蕡撰
　　清光緒十九年陝甘味經書院重校本　復旦
詩異文考證一卷　清郭慶藩撰
　　清郭慶藩稿本　湖南
詩毛傳補正三卷　清王守訓撰
　　清王守訓稿本　山東　山東博
説詩解頤不分卷　清徐瑋文撰
　　清徐瑋文稿本　遼寧
説詩解頤二卷續一卷
　　清徐瑋文稿本　南京師大
　　清光緒九年岐元四川刻朱墨套印本　國圖　北大　湖北
詩傳釋義十二卷　清桂文烜撰
　　清末抄本　湖北
詩經通論一卷　清皮錫瑞撰
　　清光緒三十三年思賢書局刻本　復旦
詩經貫解四卷　清徐壽基撰
　　清光緒刻本　國圖　科學　湖北（清徐恕題識）
讀詩瑣言一卷　清虞景璜撰
　　一九二四年虞和欽排印淡園雜著本
詩得不分卷　清楊用霖撰
　　清楊用霖稿本　南京
香草校詩八卷　清于鬯撰
　　清光緒刻本　國圖
下學堂詩説一卷　清王仁俊撰
　　清王仁俊稿本　國圖

詩解節本不分卷　清王仁俊撰
　　一九二八年金山高氏吹萬樓傳抄未刻稿本　復旦
毛詩草木今名釋一卷　清王仁俊撰
　　清光緒三十四年存古堂鉛印本　國圖　上海　復旦　湖北
葩經韻編不分卷　清筆耕軒主人編
　　清光緒四年袖珍刻本　湖北
讀詩商二十八卷　清陳保真撰
　　清光緒二十三年永樂捕署刻讀書商齋叢書本　北大　科學　復旦　湖北
詩經析疑二卷　清陳蕃撰
　　民國金山高氏食古書庫傳鈔經羅析疑本　復旦
詩説二卷　清陳廣敷撰
　　清光緒十年刻本　國圖
詩考異再補二卷　清陳岫撰
　　清陳岫稿本　清華
説文引詩考正三卷説文引詩互異説一卷　清陳瑑撰
　　民國金山高氏食古書庫傳抄本　復旦
説文引詩互異説一卷　清陳瑑撰
　　民國金山高氏食古書庫傳抄本　復旦
木齋詩説存稿六卷　清褚汝文撰
　　一九二三年刻本　國圖　湖北
詩經四卷　清戴焜校注
　　清戴焜稿本　復旦
讀詩私説一卷　清董秉純撰
　　清抄本　天一閣
讀毛詩日記一卷　清鳳恭寶撰
　　清光緒十六年刻二十二年續刻學古堂日記本　國圖　天津
參校詩傳説存二卷　清葛士清等撰
　　清光緒十五年守經堂刻本　浙江
詩經大旨不分卷　清鞏于沚撰
　　清道光刻本　國圖
學詩詳説三十卷學詩正詁五卷　清顧廣譽撰
　　清光緒三年顧鴻升刻平湖顧氏遺書本　國圖　科學　上海　復旦　南京
　　　遼寧　浙江
　　續修四庫全書影印清光緒三年刻本

學詩正詁五卷　清顧廣譽撰

清光緒三年顧鴻升刻平湖顧氏遺書本　國圖　科學　上海　復旦　南京　遼寧　浙江

操養羞齋詩解一卷　清管禮耕撰

民國金山高氏食古書庫傳抄本　復旦

東遷後詩世次表一卷　清郭志正撰

清郭志正稿本　國圖

讀詩偶筆不分卷　清何元璜撰

民國初高氏吹萬樓鈔稿本　復旦

胡氏霜紅簃抄本　浙江

毛詩鳥獸草木考四卷　清黄春魁編

清黄春魁稿本　國圖

詩經鳥獸草木考一卷

清道光黄春魁稿本　臺北央圖

毛詩興體説六卷　清黄應嵩撰

抄本(清徐恕批校)　湖北

抄本　國圖

張宗祥抄本　浙江

詩經遵義二十卷　清黄元吉釋

謄清稿本(高燮跋)　復旦(存卷三至二十)

詩義精華□卷　清嘉玉振輯

清敬慎堂抄本　上海(存卷三至四、七至八、十一至十四)

詩經提綱一卷　清姜炳璋撰

清尊行堂刻本　國圖

讀詩經偶録二卷　清金榮鎬撰

清刻本　國圖　科學

詩經串義五卷　清康國熺纂注

清同治五年南海康氏瑞圃書室刻光緒間印本　復旦

清光緒十七年文經堂刻本　天津

説詩日記不分卷　清□遐師撰

清光緒三十一年清稿本　復旦

詩注明備十二卷首一卷　清黎惠謙纂輯

清光緒八年家刻本　國圖

詩經條貫六卷　清李景星撰

一九二七年活字印本　國圖

詩經釋疑六卷　清李明農集説
　清抄本　北大
毛詩箋疏辨異三十卷總辨不分卷　清李兆勛撰
　清李兆勛稿本　國圖
毛詩箋疏辨異三十卷
　清李兆勛稿本　國圖　清華
毛詩箋疏辨異二卷
　清李兆勛稿本殘卷　國圖
毛詩箋疏辨異□卷
　抄本　國圖(存卷二、二十三)
學詩堂經解二十卷　清李宗棠撰
　清宣統三年鉛印本　國圖　北大　科學　天津　上海　復旦　湖北
詩經博證不分卷　清梁明祥撰
　清梁明祥稿本　山東博
詩經摭餘八卷　清劉行慤撰
　清末抄本　北大
毛詩約注十八卷　清劉曾騄撰
　清光緒末石印祥符劉氏叢書之五經約注本
詩經集句類聯四卷　清羅蘿村輯
　清光緒十二年上海同文書局石印巾箱本　天津　湖北
讀毛詩日記一卷　清陸炳章撰
　清光緒十六年刻二十二年續刻學古堂日記本　國圖　天津
毛詩鳥獸草木本旨十三卷　清陸以誠撰
　清陸以誠稿本(張元濟跋)　南京
詩傳略考□卷　清馬舉撰
　清馬舉稿本(清許瀚簽校　清趙之謙跋)　復旦
詩經摘葩八卷　清孟道光撰
　清孟道光稿本　國圖
毛詩補禮六卷　清米濂撰
　清光緒元年重刻本　南京
詩經講義不分卷　清繆楷撰
　清光緒中木活字印本　上海
詩疏抄不分卷　清倪臯編
　紅格抄本　上海

參校詩傳説存二卷　清倪紹經等輯

清光緒十五年守經堂刻本　國圖　上海　復旦　南京　遼寧　湖北

詩經庭訓便覽五卷　清潘炳綱撰

清光緒九年刻本　天津

詩經説鈐十二卷　清潘克溥撰

清道光二十九年石意恭刻本　北大　上海　湖北

清同治元年坊刻本　國圖　科學　復旦

四庫未收書輯刊影印清同治元年書業德記刻本

潘瀾筆記詩説一卷　清彭兆孫撰

民國金山高氏食古書庫傳抄本　復旦

民國吹萬樓抄本(潘瀾筆記)　復旦

詩經白話注四卷　清錢榮國撰

清光緒三十四年江陰禮延學堂刻本　上海　復旦

静修堂詩經解不分卷　清仇景侖撰

舊抄本　國圖

讀毛詩日記一卷　清郟鼎元撰

清光緒十六年刻二十二年續刻學古堂日記本　國圖　天津

詩義問對串珠二卷　清石滮撰

清光緒十七年刻本　天津

詩經玉屑十八卷　清史詮撰

清史詮稿本　復旦

詩經玉屑拾八卷　清史詮撰

清末刻本(清祝小雅跋)　復旦

葩經聯句二卷　清蘇學謙撰

清光緒二十一年刻本　復旦　湖北

毛詩注三十卷　清孫燾注

清抄本　北大

讀詩雜鈔一卷　清談文烜撰

民國初金山高氏吹萬樓抄本　復旦

讀詩札記四卷　清唐應焻撰

清抄稿本　復旦

涉江詩説一卷　清唐元素撰

謄清稿本(張希初　劉之泗　王大隆跋)　復旦

詩經簡要一卷　清汪本源撰

清光緒活字印本　國圖　復旦

毛詩析疑十五卷　清王嗣邵撰
清刻本　國圖
古毛詩一卷　清王嗣邵撰
抄本　國圖
毛詩補箋二十卷　題王氏補箋
清光緒三十一年江西官書局木活字印本　南京
詩經疑言一卷　清王庭植撰
清刻本　國圖
詩義標準一百十四卷　清王錫光撰
清宣統三年虛受堂刻本　上海
詩經解不分卷　清王錫萬撰
清寫稿本　復旦
横陽詩札記一卷　清吴承志撰
清南林劉氏求恕齋刻本　復旦
詩經四卷　清吴汝漸選注
清新安吴氏刻本　復旦
詩説二十卷　清吴汝遴撰
清吴汝遴稿本　上海
讀毛詩日記不分卷　清徐鴻鈞撰
清光緒十六年刻二十二年續刻學古堂日記本　國圖　天津
治詩偶得不分卷　清徐鴻鈞撰
清徐鴻鈞手稿本　上海
毛詩鄭讀考二卷　清徐震熙撰
民國南州草堂寫本　復旦
詩經辨要不分卷　清楊達撰
謄清稿本　復旦
詩經纂要補十四卷　清楊逢薔編纂
清舊抄本　復旦
讀毛詩日記一卷　清楊賡元撰
清光緒十六年刻二十二年續刻學古堂日記本　國圖　天津
鄭箋詩用漢制考證不分卷　清楊鴻書撰
清刻本　國圖
留雲賓月館詩解　不分卷　清楊文杰撰
清抄本　復旦

詩雜解一卷詩解摘備一卷　清楊文杰撰
清稿本　復旦

詩解摘備一卷　清楊文杰撰
清稿本　復旦

毛詩闡微四卷　清楊文杰撰
舊寫稿本　復旦

詩經姚氏解□卷　清姚元宗撰
清紫藤紅樹書堂謄清稿本　復旦

詩旨彙序一卷　清應鹿岑撰
清光緒二年退補齋刻本　南京

詩句今韻譜五卷　清張守誠撰
清光緒二十六年皖江刻本　上海

誦詩小識三卷　清趙容撰
一九一四年雲南叢書處刻雲南叢書初編本　國圖　復旦　遼寧　湖北

詩經經解二卷　清周本孝撰
清抄本　科學

毛詩故訓傳裨二卷　清朱大韶撰
清稿本　復旦
王氏學禮齋抄本　復旦

毛傳翼一卷　清朱大韶撰
清稿本　復旦

諸家詩訴八卷　清祝起壯輯
清抄本　復旦

韓詩無卷數　題无名氏撰
清末高郵王士濂刻民國孫殿起印鶴壽堂叢書本　國圖　北大　湖北

詩品韻編不分卷　清拙堪民編
清光緒十六年竹里小舍刻本　湖北

詩經講義七卷　清龍廷弼編
民國年船山國學院活字印本　國圖

毛詩説習傳一卷　清簡朝亮撰
清同治十年順德簡氏讀書堂刻本　北大　上海
民國刻本　國圖　湖北

詩義一卷　清廖平撰
廖平稿本　四川社科院

詩學質疑不分卷　清廖平撰

一九一八年存古書局刻本　國圖

四益詩説一卷　清廖平撰

一九二一年四川存古書局彙印新訂六譯館叢書本　國圖

今文詩古義證疏凡例一卷　清廖平撰

一九二一年四川存古書局彙印新訂六譯館叢書本

爾雅説詩二十二卷　清王樹枏校輯

清光緒元年新城王氏刻本　科學

一九三五年新城王氏刻本　國圖　北大

焦易説詩四卷　清王樹枏撰

一九三五年抄本　國圖

詩十月之交日食天之細草二卷　清王樹枏撰

清光緒九年至民國十四年新城王氏刻陶廬叢刻本　科學　湖北

詩經不分卷　清林紓音注

清刻本　復旦

一九三六年復旦大學圖書館複印林氏墨筆音注本　復旦

詩毛氏學三十卷　清馬其昶撰

一九一六年京師第一監獄鉛印本　國圖　北大　科學　上海　復旦　遼寧　湖北

一九一八年上海聚珍仿宋印書局鉛印本　北大　上海　復旦　湖北(清徐恕批點題識)

續修四庫全書影印一九一八年鉛印本

詩經莛撞一卷　清易順鼎撰

金山高氏食古書庫傳抄本　復旦

詩毛鄭異同疏正不分卷　清范迪襄撰

清光緒范迪襄稿本　國圖

毛詩考不分卷　清羅厚焜撰

羅厚焜稿本　北大

讀毛詩日記不分卷　清申蘀元撰

清光緒十六年刻二十二年續刻學古堂日記本　國圖　北大　天津

學壽堂詩説十卷附録一卷　清徐紹楨撰

一九三二年上海中原書局石印本　國圖　上海　復旦　遼寧

民國石印本　湖北

蜕私軒詩説四卷　清姚永樸著

一九二三年油印本　國圖

蜕私軒詩説八卷

民國間安徽大學鉛印本　復旦

讀毛詩日記不分卷　清張一鵬撰

清光緒十六年刻二十二年續刻學古堂日記本　國圖　北大　天津

説詩求已五卷　清王守恂撰

一九二一年刻王仁安集本　北大　湖北

毛詩學□卷　清曹元弼撰

清光緒刻朱印樣本　復旦(存四卷)

清王氏學禮壘抄本　復旦(存卷一、二、五、七)

複禮堂述學詩十五卷　清曹元弼撰

一九三六年刻本　復旦

詩經大義一卷　清楊壽昌撰

清廣州排印本　國圖

毛鄭詩斠議一卷　清羅振玉撰

清光緒十六年鉛印本　北大　天津

清光緒三十四年至宣統三年國學萃編社排印晨風閣叢書本　復旦

民國抄稿本　國圖

毛詩楚辭考一卷　日本兒島獻吉郎撰　隋樹森譯述

一九三六年上海商務印書館印國學小叢書本　上海

毛詩學不分卷　清馬貞榆撰

清光緒鉛印湖北存古學堂課程本　湖北

讀毛詩日記不分卷　清夏辛銘撰

清光緒十六年刻二十二年續刻學古堂日記本　國圖　天津

誦詩隨筆不分卷　清袁金鎧撰

一九二一年京華書局鉛印本　國圖　遼寧　湖北

一九二一年奉天太古山房鉛印本　遼寧

誦詩隨筆四卷

一九三二年鉛印本　湖北

一九三四年重訂鉛印本　遼寧

詩旨纂辭三卷　清黄節撰

民國北京大學鉛印本　國圖　上海

詩旨纂辭五卷

民國北京大學鉛印本　上海　復旦　遼寧　湖北

毛詩興體説一卷　清林國賡撰

清光緒刻本　國圖

詩經全部分類集對十三卷　清周葆貽輯
　　一九三一年鉛印本　復旦　湖北
詩經集聊一卷　清周葆貽撰
　　民國金山高氏食古書庫傳抄本　復旦
詩考考二卷　清陶思曾撰
　　陶思曾稿本　浙江
詩經四論四卷　清劉師培撰
　　謄清稿本　復旦
毛詩詞例舉要一卷　清劉師培撰
　　民國金山高氏食古書庫傳抄本　復旦
　　一九三五年鉛印本　國圖
毛詩札記一卷　清劉師培撰
　　一九三六年寧武南氏排印劉申叔先生遺書本　國圖
詩説一卷詩經動植物今釋一卷　清李景僑撰
　　一九三六年鉛印抱一遺著本　上海
詩經動植物今釋一卷　清李景僑撰
　　一九三六年鉛印抱一遺著本　上海
十萬卷樓説詩文叢一卷　清陳柱撰
　　一九三〇年鉛印本　復旦
詩經講義殘本不分卷　清陳柱撰
　　民國油印本　復旦
守玄閣詩學不分卷　清陳柱撰
　　一九二二年油印本　上海
詩説標新二卷　清狄郁著
　　一九一六年信陽文淵閣石印館石印本　國圖
毛詩傳箋義例考證一卷　清丁仁長撰
　　丁仁長稿本　天津
新注詩經白話解八卷　清洪子良編
　　一九三二年上海中原書局石印本　國圖　上海
讀詩識名證義八卷　清金式陶撰
　　一九一九年鉛印本　國圖　復旦　湖北
詩織一卷　清焦琳撰
　　一九一九年鉛印本　國圖
詩織四卷
　　民國抄本　湖北

詩爥十二卷附孝經校一卷
　　一九三五年鉛印本　國圖　上海　遼寧
詩經參義不分卷　清李存渺撰
　　民國鉛印本　湖北
毛詩經句異文通詁七卷　清李德淑撰
　　民國刻本　國圖
毛詩評注三十卷　清李九華撰　張斌　張國棣輯
　　一九二五年北京四存學校排印本　國圖　科學　復旦　遼寧
詩經反身録不分卷　清李聊珪撰
　　民國油印本　復旦
毛詩草名今釋一卷　清李遵義撰
　　一九二三年丹徒李氏小臧室刻樵隱集本　復旦
毛詩魚名今考一卷附嘉魚考　清李遵義撰
　　一九二三年丹徒李氏小臧室刻樵隱集本　復旦
詩經通解二十六卷詩音韻通説一卷　清林義光撰
　　一九三〇年西泠印社書店鉛印本　北大　上海　復旦
詩經通解三十卷詩音韻通説一卷
　　一九三〇年衣好軒鉛印本　國圖　北大　科學　湖北　遼寧
毛詩翼叙二卷　清柳承元撰
　　一九二三年鉛印本　國圖（存卷上）　上海　復旦
詩經毛傳義今釋殘存五卷　清宋育仁撰
　　民國刻本（佚名批校）　上海
詩經説例一卷　清宋育仁撰
　　一九二四年刻問琴閣叢書本
毛詩札記一卷　清吴成撰
　　民國石印本　湖北
詩經集解辨正二十卷　清徐天璋撰　袁祖範等校
　　一九二三年鉛印本　國圖　科學　上海　復旦　遼寧　湖北
毛詩重言下篇補録一卷附録一卷　清徐永孝補録
　　一九三六年雙流黄氏濟忠堂刻本　國圖　上海　復旦
詩説四卷　清姚永概撰
　　寫印本　國圖
蘭秋齋讀詩求古編注十一卷　清章壽彝撰
　　清稿本　臺北央圖

清光緒十九年稿本　復旦

拙民經義待訪録不分卷　清朱元淳編

抄本　國圖

詩經課程一卷　清江夏高等小學堂輯

清末刻本　湖北

三、分篇之屬

毛詩十五國風義一卷　南朝梁簡文帝撰　清馬國翰輯

清同治十年濟南皇華館刻玉函山房輯佚書本　山東

清光緒九年長沙嫏嬛館刻玉函山房輯佚書本　天津　遼寧　山東

清光緒九年長沙嫏嬛館刻光緒十年章邱李氏重印玉函山房輯佚書本　遼寧

清光緒十年楚南書局刻玉函山房輯佚書本　天津　遼寧

毛詩國風定本一卷　唐顔師古撰

清光緒二十四年高郵王氏刻鶴壽堂叢書本　國圖　湖北

國風述一卷小雅述一卷大雅述一卷周頌述一卷

清康熙信學齋刻本　上海

國風省篇一卷　清毛奇齡撰

清康熙李塨等刻西河合集本　北大　遼寧　山東　湖北

清康熙李塨等刻乾隆十年蕭山毛氏修補重印西河合集本　山東

清康熙李塨等刻乾隆三十五年陸體元修補重印西河合集本　北大　科學　天津　遼寧　山東

四庫全書存目叢書影印清康熙刻西河合集本

國風録一卷　清盛大謨撰

清同治五年刻盛于野遺著本

讀風偶識四卷　清崔述撰

清道光四年陳履和東陽刻崔東壁遺書本　國圖　北大　科學　上海

清光緒五年定州王氏謙德堂刻畿輔叢書崔東壁遺書本　北大　天津　上海　遼寧

清光緒木活字印本　復旦

清抄本　復旦

一九二四年上海古書流通處據清道光四年陳履和刻本影印崔東壁遺書本

續修四庫全書影印清道光四年陳履和刻崔東壁遺書本

國風偶筆一卷　清吴卓信撰

清抄本　上海

詩國風原指六卷　清吴敏樹撰
　清抄本　湖南
國風臆説二卷　許鍾璐撰
　清光緒石印本　國圖
邶風説二卷　清龔景瀚撰
　清道光刻澹静齋全集本　國圖　復旦　浙江
王風箋題不分卷　清丁立誠撰　徐珂注
　一九二〇年錢塘丁氏嘉惠堂鉛印本　國圖
鄭風考辨一卷　清章謙存撰
　清道光十年刻强恕齋四賸稿之强恕齋經剩本　國圖　湖北
齊風説一卷　李坤撰
　一九一四年雲南叢書處刻雲南叢書初編本　國圖　上海　復旦　遼寧
豳風不分卷
　日本函碕文庫抄本　北大
七月漫録二卷　清郭柏蒼撰
　清光緒十三年刻郭氏叢刻本　北大　復旦
小雅述一卷大雅述一卷周頌述一卷
　清康熙信學齋刻本　上海
唱經堂釋小雅一卷　清金人瑞撰
　清康熙刻貫華堂才子書彙稿本　北大
　清乾隆九年傳萬堂刻唱經堂才子書彙稿之聖嘆外書本　京都人文所
　清宣統二年順德鄧實排印風雨樓叢書之貫華堂才子書彙稿之聖嘆外書本　北大　遼寧
　民國上海國光印刷所鉛印唱經堂才子書之聖嘆外書本　山東
　一九三五至一九三六年上海掃葉山房排印中國文學珍本叢書第一輯之唱經堂才子書彙稿十一種本　遼寧
推小雅十月辛卯詳疏二卷　清焦循撰
　清江都李氏半畝園抄本　南京
　清抄本　湖北
詩小雅出車解一卷　清高裔恭撰
　抄本　復旦
大雅述一卷周頌述一卷
　清康熙信學齋刻本　上海
變雅斷章衍義一卷　清郭柏陰撰
　清咸豐十年刻本　國圖　湖北

一九三四年侯官郭氏刻侯官郭氏家集彙刊本　復旦

三頌考不分卷　清張承華編

清同治六年刻本　國圖　南京

清同治十二年重刻本　國圖

三頌備説不分卷　清張承華撰

清同治刻本　國圖

周頌述一卷　清佚名撰

清康熙信學齋刻本　上海

毛詩周頌口義三卷　清莊述祖撰

清道光十五年武進莊氏脊令舫刻珍執宧遺書本　國圖　復旦

清光緒十四年南菁書院刻皇清經解續編本　天津　遼寧　山東

清光緒十五年上海蜚英館石印皇清經解續編本

周頌魯頌考定二卷　清張承華編

清同治六年許川聚里書院刻本　南京

二南訓女解四卷　清王純撰　清王策繪圖

清嘉慶二十一年刻本　北大　復旦　浙江

四、三家詩之屬

孟仲子詩論一卷　題周孟仲子撰　清馬國翰輯

清光緒十五年章邱李氏刻玉函山房輯佚書目耕帖續編本　北大

古魯詩一卷子貢詩傳一卷　題周端木賜撰

清抄本　復旦

詩説一卷　漢申培撰

明萬曆刻百陵學山本　國圖

明萬曆新安程氏刻漢魏叢書本　國圖　復旦　遼寧　山東

明萬曆二十年刻廣漢魏叢書之經翼本　上海　南京　遼寧　山東

明萬曆三十一年胡文焕刻格致叢書本　北大　科學

明擁萬堂刻古名儒毛詩解十六種本　科學

明崇禎十一年虞山毛氏汲古閣刻津逮秘書本　北大　復旦　遼寧　山東

明刻唐宋叢書之經翼本

明抄本　國圖

清順治三年兩浙督學周南李際期宛委山堂刻説郛本　天津　遼寧

清乾隆五十六年金谿王氏刻增訂漢魏叢書本　遼寧　山東　南京

清嘉慶刻廣漢魏叢書之經翼本　遼寧　山東　南京
清光緒二年紅杏山房刻一九一五年蜀南馬湖盧樹柟修補重印增訂漢魏叢書本
清光緒六年三餘堂刻增訂漢魏叢書本
清宣統三年上海大通書局石印增訂漢魏叢書本
民國金山高氏食古書庫傳抄本　復旦
一九二二年上海博古齋據明崇禎虞山毛氏汲古閣刻本影印津逮秘書本
一九二五年上海商務印書館據明萬曆新安程氏刻本影印漢魏叢書本
一九三七年上海商務印書館據明萬曆刻本影印元明善本叢書十種之百陵學山本

魯詩故三卷　漢申培撰　清馬國翰輯

清同治十年濟南皇華館刻玉函山房輯佚書本　山東
清光緒九年長沙嫏嬛館刻玉函山房輯佚書本　國圖　天津　遼寧　山東
清光緒九年長沙嫏嬛館刻光緒十年章邱李氏重印玉函山房輯佚書本　遼寧
清光緒十年楚南書局刻玉函山房輯佚書本　天津　遼寧

魯詩傳一卷　漢申培撰　清王謨輯

清嘉慶三年刻漢魏遺書鈔之經翼第一册本　國圖　山東

魯詩傳一卷　漢申培撰　清黄奭輯

清道光甘泉黄氏刻光緒印漢學堂叢書本　天津
清道光甘泉黄氏刻民國十四年王鑒修補重印黄氏逸書考之漢學堂經解本　遼寧
清道光甘泉黄氏刻民國二十三年江都朱長圻修補重印黄氏逸書考之漢學堂經解本

魯詩韋氏説一卷　漢韋玄成撰　清王仁俊輯

清光緒王仁俊稿本玉函山房輯佚書續編本　上海
清光緒王仁俊輯十三經漢注稿本　上海

魯詩世學三十二卷首四卷　宋豐稷正音　明豐慶續音　明豐耘補音　明豐熙正説　明豐坊考補

明豐氏稿本(沈曾植跋)　上海
明抄本　天一閣(存卷一至十五)
明抄本　日尊經閣

魯詩世學三十二卷　宋豐稷正音　明豐慶續音　明豐耘補音　明豐熙正説　明豐坊考補　邵城續考

清抄本　復旦
清抄本　南大

魯詩世學四卷
清初抄本　上海
魯詩遺説考六卷叙録一卷　清陳壽祺撰　清陳喬樅述並撰叙録
清道光同治間刻左海續集之三家詩遺説考本　國圖　北大　遼寧
魯詩遺説考二十卷叙録一卷
清光緒十四年南菁書院刻皇清經解續編之三家詩遺説考本　上海　天津　遼寧　山東
清光緒十五年上海蜚英館石印皇清經解續編之三家詩遺説考本
魯詩叙録一卷　清陳喬樅撰
清道光同治間刻左海續集之三家詩遺説考本　國圖　北大　遼寧
清光緒十四年南菁書院刻皇清經解續編之三家詩遺説考本　北大　上海　天津　遼寧　山東
清光緒十五年上海蜚英館石印皇清經解續編之三家詩遺説考本
魯詩述二卷　清徐堂撰
清徐堂稿本三家詩述本　南京
魯詩遺説續考一卷　顧震福撰
清光緒十八年山陽顧氏刻函雅故齋叢書本
齊詩傳二卷　漢後蒼撰　清馬國翰輯
清同治十年濟南皇華館刻玉函山房輯佚書本　山東
清光緒九年長沙嫏嬛館刻玉函山房輯佚書本　國圖　天津　遼寧　山東
清光緒九年長沙嫏嬛館刻光緒十年章邱李氏重印玉函山房輯佚書本　遼寧
清光緒十年楚南書局刻玉函山房輯佚書本　天津　遼寧
齊詩傳一卷　漢轅固撰　清黄奭輯
清道光甘泉黄氏刻光緒印漢學堂叢書本　天津
清道光甘泉黄氏刻民國十四年王鑒修補重印黄氏逸書考之漢學堂經解本　遼寧
清道光甘泉黄氏刻民國二十三年江都朱長圻修補重印黄氏逸書考之漢學堂經解本
齊詩述一卷　清徐堂撰
清徐堂稿本三家詩述本　南京
齊詩翼氏學四卷　清迮鶴壽撰
清嘉慶十七年蓬萊山房刻本　南京
清光緒十四年南菁書院刻皇清經解續編本　北大　天津　遼寧　山東
清光緒十五年上海蜚英館石印皇清經解續編本　北大

續修四庫全書影印清嘉慶十七年蓬萊山房刻本

齊詩翼氏學疏證二卷齊詩叙録一卷　清陳喬樅撰

清道光刻左海後集本　國圖　北大　科學　遼寧　湖北

清道光刻左海後集光緒八年印小琅嬛館叢書本　北大

續修四庫全書影印清刻左海續集本

齊詩翼氏學疏證二卷

清光緒十四年南菁書院刻皇清經解續編本　北大　天津　遼寧　山東

清光緒十五年上海蜚英館石印皇清經解續編本　北大

齊詩叙録一卷　清陳喬樅撰

清道光刻左海後集本　國圖　北大　科學　遼寧　湖北

清道光刻左海後集光緒八年印小琅嬛館叢書本　北大

齊詩遺説考四卷叙録一卷　清陳壽祺撰　清陳喬樅述並撰叙録

清道光同治間刻左海續集之三家詩遺説考本　國圖　北大　科學　遼寧　湖北

續修四庫全書影印清刻左海續集本

齊詩遺説考十二卷叙録一卷

清光緒十四年南菁書院刻皇清經解續編之三家詩遺説考本　北大　上海　天津　遼寧　山東

清光緒十五年上海蜚英館石印皇清經解續編之三家詩遺説考本

齊詩叙録一卷　清陳喬樅撰

清道光同治間刻左海續集之三家詩遺説考本　國圖　北大　科學　遼寧　湖北

清光緒十四年南菁書院刻皇清經解續編之三家詩遺説考本　北大　上海　天津　遼寧　山東

清光緒十五年上海蜚英館石印皇清經解續編之三家詩遺説考本

齊詩遺説續考一卷　顧震福撰

清光绪十八年山陽顧氏刻函雅故齋叢書本

齊詩鈐一卷　邵瑞彭撰

民國邵瑞彭稿本邵次公遺著本

韓詩故二卷　漢韓嬰撰　清馬國翰輯

清同治十年濟南皇華館刻玉函山房輯佚書本　山東

清光緒九年長沙嫏嬛館刻玉函山房輯佚書本　國圖　天津　遼寧　山東

清光緒九年長沙嫏嬛館刻光緒十年章邱李氏重印玉函山房輯佚書本　遼寧

清光緒十年楚南書局刻玉函山房輯佚書本　天津　遼寧

韓詩故二卷　漢韓嬰撰　清沈清瑞輯
清嘉慶元年沈氏群峰集單行本　國圖　科學
清抄本　復旦
一九三三年沈恩孚鉛印沈氏群峰集本　復旦
韓詩一卷　漢韓嬰撰　龍璋輯
民國攸縣龍氏排印小學搜佚本下編
韓詩内傳一卷　漢韓嬰撰　清馬國翰輯
清同治十年濟南皇華館刻玉函山房輯佚書本　山東
清光緒九年長沙嫏嬛館刻玉函山房輯佚書本　國圖　天津　遼寧　山東
清光緒九年長沙嫏嬛館刻光緒十年章邱李氏重印玉函山房輯佚書本　遼寧
清光緒十年楚南書局刻玉函山房輯佚書本　天津　遼寧
韓詩内傳一卷　漢韓嬰撰　清王謨輯
清嘉慶三年刻漢魏遺書鈔之經翼第一册本　國圖　山東
韓詩内傳一卷　漢韓嬰撰　清黄奭輯
清道光甘泉黄氏刻光緒印漢學堂叢書本　天津
清道光甘泉黄氏刻民國十四年王鑒修補重印黄氏逸書考之漢學堂經解本　遼寧
清道光甘泉黄氏刻民國二十三年江都朱長圻修補重印黄氏逸書考之漢學堂經解本
韓詩内傳徵四卷韓詩叙録二卷補遺一卷疑義一卷　漢韓嬰撰　清宋綿初輯
清乾隆六十年刻志學堂藏版本　國圖(清孫馮翼校並跋)　北大　上海　復旦　浙江　揚州師範　湖北
清光緒南陵徐氏刻積學齋叢書本　上海
續修四庫全書影印清乾隆六十年刻本
韓詩内傳叙録二卷　清宋綿初撰
清乾隆六十年刻志學堂藏版本　國圖(清孫馮翼校並跋)　復旦
清光緒南陵徐氏刻積學齋叢書本　上海
韓詩内傳補遺一卷　漢韓嬰撰　清宋綿初輯
清乾隆六十年刻志學堂藏版本　國圖(清孫馮翼校並跋)　復旦
清光緒南陵徐氏刻積學齋叢書本　上海
韓詩内傳疑義一卷　漢韓嬰撰　清宋綿初撰
清乾隆六十年刻志學堂藏版本　國圖(清孫馮翼校並跋)　復旦
清光緒南陵徐氏刻積學齋叢書本　上海

古韓詩説證九卷　清宋綿初撰
　清乾隆五十四年刻述古堂藏版本(清翁方綱校　清陳啓源校)　北大
韓詩内傳考不分卷　清邵晉涵撰
　清沈氏鳴野山房抄本　浙江
韓詩内傳並薛君章句考四卷附録一卷二雨堂筆談一卷　清錢玫撰　清錢世叙輯
　清道光元年錢氏稿本　復旦
　吴縣王氏學禮齋抄稿本　復旦
　清抄本(清章慶辰校)　杭大
　抄本　南京
韓詩内傳並薛君章句考四卷附録一卷附編一卷二雨堂筆談一卷
　清抄本(清章慶辰校)　浙江
　清抄本　國圖
韓詩内傳並薛君章句考四卷附録一卷
　清抄本　浙江
　抄本　南京
韓詩外傳十卷　漢韓嬰撰
　元至正十五年嘉興路儒學刻明修本(清黄丕烈校並跋　顧光圻跋　瞿中溶跋　傅增湘跋)　國圖
　明嘉靖十四年蘇獻可通津草堂刻本　國圖　上海　浙江　南京(清丁丙跋)　吉大　重慶
　明嘉靖十四年蘇獻可通津草堂刻十七年林應麒重修本　國圖　錦州市　中山　四川師範
　明嘉靖十八年薛來芙蓉泉書屋刻本　國圖　北大　科學　文學所　北京市文物局　上海　復旦　南京　浙江　東北師大　湖南　四川　四川師範　南充師範　日公文書館　日静嘉堂　日京都大學
　明嘉靖二十五年舒良材刻本　國圖
　明嘉靖沈辨之野竹齋刻本　國圖(清黄丕烈校跋並題詩)　北大　科學　北京文物局　天津　南開(葉景葵校並補抄韓嬰小傳)　上海　南京　浙江　甘肅　湖南師範　中山圖書館　重慶　四川師範
　明萬曆新安程榮刻漢魏叢書本　國圖　北大　上海(清龔橙校並跋)　清遼寧(王鉞跋)　山東
　明萬曆二十年刻廣漢魏叢書之經翼本　國圖(清盧文弨校並跋)　南京　遼寧　山東

明萬曆三十一年胡文焕刻格致叢書本(木石居士曹先達校並跋　王修跋)　浙江

明刻本(葉德輝跋　葉啓勛跋並録清黄丕烈跋、清顧廣圻跋)　湖南

明刻本(清曹元忠跋)　上海

清乾隆十七年張晉康重刻海虞毛氏本　國圖　北大　科學　上海(清曹元忠校跋)　復旦　南京

清乾隆四庫全書館寫欽定四庫全書本

清光緒元年湖北崇文書局刻崇文書局彙刻書本　國圖　天津　上海　南京　遼寧　山東　四川

清光緒三年湖北崇文書局刻崇文書局彙刻書本　北大　上海　復旦　南京　湖北

中華再造善本影印元至正十五年嘉興路儒學刻明修本(清黄丕烈校並跋　清顧光圻跋　瞿中溶跋　傅增湘跋)

韓詩外傳二卷

醉經堂抄本　國圖

韓詩外傳一卷

明崇禎十五年采隱山居刻增定漢魏六朝别解本

一九二七年上海商務印書館排印説郛本

元刊本韓詩外傳校勘記一卷　秦更年撰

一九三一年江都秦更年吴眉孫覆清黄丕烈校補元精刻藍印本　國圖　上海　復旦

抄本　上海

韓詩外傳十卷　漢韓嬰撰　明唐琳點校

明天啓六年新都唐瑜刻本　國圖　北大　科學　上海　復旦　無錫　吴江　浙江　江西　河南　河南博物館　中山大

韓詩外傳十卷　漢韓嬰撰　明余寅評

明姜午生刻本(清諸福坤批校)　復旦

鹿門茅先生批評韓詩外傳十卷　漢韓嬰撰　明茅坤評

明刻本　國圖

韓詩外傳纂要一卷　明史起欽輯

明萬曆刻史進士新鐫諸子纂要本

韓詩外傳節抄二卷薛子一卷歌譜一卷　漢韓嬰撰　明韓錫輯

明天啓五年韓錫抄本(清蔣鳳藻跋)　湖北博

韓詩外傳旁注評林十卷　明黄從誠撰

明翁見岡書屋刻本　國圖　民族大學

韓詩外傳十卷序説一卷補逸一卷　漢韓嬰撰　清趙懷玉校並輯補逸

清乾隆五十五年武進趙氏亦有生齋刻本　國圖(清許瀚校注)　國圖(清龔橙校)　國圖(清楊沂孫批並校)　北大　科學　上海(清龔橙校)　南京　遼寧　湖北

一九一七年序潮陽鄭氏刻龍溪精舍叢書本　北大

抄本　上海

韓詩外傳補逸一卷　清趙懷玉輯

清乾隆五十五年武進趙氏亦有生齋刻本　國圖(清楊沂孫批並校)　北大　科學　上海(清龔橙校)　南京　遼寧　湖北

一九一七年序潮陽鄭氏刻龍溪精舍叢書本　北大

抄本　上海

韓詩外傳校注十卷校注拾遺一卷　清周廷寀校注　清周宗杬輯拾遺

清乾隆五十六年新安周氏營道堂刻本　國圖　北大　北京文物局　科學　天津　南京　湖北　東北師範　武大　華南師大

一九一七年商務印書館鉛印本　復旦　遼寧

一九三二年安徽叢書編印處據營道堂刻本影印安徽叢書第一期本　北大

韓詩外傳校注拾遺一卷　清周宗杬輯

清乾隆五十六年新安周氏營道堂刻本　北大　南京　湖北

一九一七年商務印書館鉛印本　復旦　遼寧

一九三二年安徽叢書編印處據營道堂刻本影印安徽叢書第一期本　北大

韓詩外傳十卷補逸一卷校注拾遺一卷　漢韓嬰撰　清趙懷玉校注並輯補逸　清周廷寀校注　清周宗杬輯拾遺

清光緒元年盱眙吴氏望三益齋刻本　國圖　北大　天津　上海　南京　遼寧　湖北

清光緒元年盱眙吴氏望三益齋刻一九二二年印本　遼寧

清光緒五年至十三年定州王氏謙德堂刻畿輔叢書本　北大　天津　上海　遼寧

一九一七年商務印書館鉛印本　復旦　遼寧

韓詩外傳三卷　漢韓嬰撰　清任兆麟選輯

清乾隆五十三年映雪草堂刻述記本

清嘉慶十五年遂古堂刻述記本

韓詩外傳疏證十卷　清陳士珂撰

清嘉慶二十三年刻本　科學

清刻本　國圖

一九二八年上海文瑞樓書局北平直隸書局影印文淵樓叢書本　北大

四庫未收書輯刊影印清嘉慶二十三年刻本

韓詩外傳考十卷韓詩外傳文與他書互考十卷　日本岡本保孝撰　李濂堂校

抄本　國圖

韓詩外傳文與他書互考十卷　日本岡本保孝撰　李濂堂校

抄本　國圖

讀韓詩外傳一卷　清俞樾撰

清同治八年廣州華文堂刻鄭氏四種本

清光緒二十五年刻春在堂全書之曲園雜纂本　天津　遼寧　山東

韓詩外傳平議補録一卷　清俞樾撰

一九二二年雙流李念劬堂刻諸子平議補録本

一九五六年中華書局排印諸子平議補録本

韓詩外傳佚文一卷　漢韓嬰撰　清王仁俊輯

清王仁俊原稿經籍佚文本　上海

韓詩外傳校記不分卷　李濂堂校

李濂堂稿本　國圖

韓詩説一卷　漢韓嬰撰　清馬國翰輯

清同治十年濟南皇華館刻玉函山房輯佚書本　山東

清光緒九年長沙嫏嬛館刻玉函山房輯佚書本　天津　遼寧　山東

清光緒九年長沙嫏嬛館刻光緒十年章邱李氏重印玉函山房輯佚書本　遼寧

清光緒十年楚南書局刻玉函山房輯佚書本　山東

薛君韓詩章句二卷　漢薛漢撰　清馬國翰輯

清同治十年濟南皇華館刻玉函山房輯佚書本　山東

清光緒九年長沙嫏嬛館刻玉函山房輯佚書本　天津　遼寧　山東

清光緒九年長沙嫏嬛館刻光緒十年章邱李氏重印玉函山房輯佚書本　遼寧

清光緒十年楚南書局刻玉函山房輯佚書本　天津　遼寧

韓詩翼要一卷　漢侯苞撰　清馬國翰輯

清同治十年濟南皇華館刻玉函山房輯佚書本　山東

清光緒九年長沙嫏嬛館刻玉函山房輯佚書本　天津　遼寧　山東

清光緒九年長沙嫏嬛館刻光緒十年章邱李氏重印玉函山房輯佚書本　遼寧

清光緒十年楚南書局刻玉函山房輯佚書本　天津　遼寧

韓詩翼要一卷　漢侯苞撰　清王謨輯

清嘉慶三年刻漢魏遺書鈔之經翼第一册本　國圖　山東

清嘉慶二十三年刻本　國圖　科學

韓詩翼要一卷　漢侯苞撰　清王仁俊輯

清光緒王仁俊稿本玉函山房輯佚書續編之經編詩類本　上海

韓詩趙氏學一卷　漢趙煜撰　清王仁俊輯

清光緒王仁俊稿本玉函山房輯佚書續編之經編詩類本　上海

清光緒王仁俊稿本十三經漢注本　上海

韓詩述六卷　清徐堂撰

清徐堂稿本三家詩述本　國圖　復旦

韓詩輯編二十二卷　清嚴萬里撰

清嚴萬里手稿本　臺北央圖

韓詩輯一卷　清蔣曰豫撰

清光緒三年蓮池書局刻蔣侑石遺書之滂喜齋學録本　國圖

韓詩遺説二卷　清臧庸撰

清六一山房抄本(清董沛　趙之謙校並跋)　天一閣

清抄本(清趙之謙校並題記)　北大

韓詩遺説二卷訂譌一卷　清臧庸撰

清光緒六年會稽趙氏刻仰視千七百二十九鶴齋叢書本

清光緒二十一年元和江氏湖南使院刻靈鶼閣叢書本

一九二九年紹興墨潤堂書苑據清光緒六年會稽趙氏刻本影印仰視千七百二十九鶴齋叢書本

韓詩遺説訂譌一卷　清臧庸撰

清光緒六年會稽趙氏刻仰視千七百二十九鶴齋叢書之第一集本　北大

清光緒二十一年元和江氏湖南使院刻靈鶼閣叢書之第一集本

霧竹霜條書館抄本　國圖

一九二九年紹興墨潤堂書苑據清光緒六年會稽趙氏刻本影印仰視千七百二十九鶴齋叢書之第一集本

韓詩遺説二卷訂譌一卷補一卷　清臧庸撰　清桂昌撰訂譌　清陶方琦輯補

清姚氏咫進齋抄本　中山大

韓詩遺説訂譌二卷一卷補一卷　清桂昌撰

清姚氏咫進齋抄本　中山大

韓詩遺説補一卷　清陶方琦撰

清陶方琦稿本　上海

清陶方琦稿本　復旦

清同治刻本　湖北
清光緒二十一年元和江氏刻本　湖北
清光緒會稽趙氏刻本　復旦
清光緒會稽徐氏鑄學齋抄漢孳室遺著本　上海
清姚氏咫進齋抄本　浙江
抄本　國圖
抄本　湖北

韓詩遺説續考四卷　顧震福撰
清光緒十九年顧氏刻本　國圖　上海　復旦　南京　浙江　湖北

韓詩外傳校注十卷附補逸一卷　清吴棠撰
清光緒五年定州王氏謙德堂刻畿輔叢書本　國圖　北大　天津　上海　遼寧

韓詩外傳校議不分卷　清許瀚撰
清光緒十三年朱氏含香堂抄本　天津師大
一九三二年冀縣李濂堂緑絲欄抄本　國圖
一九四二年古學院刻敬躋堂叢書本　湖北

韓詩遺説考五卷叙録一卷外傳附録一卷内外傳補遺一卷　清陳壽祺撰　清陳喬樅述並撰叙録
清道光同治間刻左海續集之三家詩遺説考本　國圖　北大　南京
續修四庫全書影印清刻左海續集本

韓詩遺説考十八卷附叙録外傳附録内外傳補逸
清光緒十四年南菁書院刻皇清經解續編之三家詩遺説考本　北大　上海　天津　遼寧　山東
清光緒十五年上海蜚英館石印皇清經解續編之三家詩遺説考本

韓詩叙録一卷　清陳喬樅撰
清道光同治間刻左海續集之三家詩遺説考本　國圖　北大　南京
清光緒十四年南菁書院刻皇清經解續編之三家詩遺説考本　北大　上海　天津　遼寧　山東
清光緒十五年上海蜚英館石印皇清經解續編之三家詩遺説考本

韓詩内外傳補遺一卷　清陳喬樅撰
清道光同治間刻左海續集之三家詩遺説考本　國圖　北大　南京
清光緒十四年南菁書院刻皇清經解續編之三家詩遺説考本　北大　上海　天津　遼寧　山東
清光緒十五年上海蜚英館石印皇清經解續編之三家詩遺説考本

詩考一卷 宋王應麟撰
元至正六年慶元路儒學刻玉海本 復旦 湖北
元至正六年慶元路儒學刻玉海明修本 貴州博
元刻明正德嘉靖萬曆崇禎修補清康熙二十六年吉水李振裕補印玉海本
明萬曆三十一年胡文煥刻格致叢書本
明擁萬堂刻古名儒毛詩解十六種本 上海(清惠棟校)
明崇禎虞山毛氏汲古閣刻津逮秘書本 國圖(清盧文弨增校) 復旦 南京 遼寧 山東
清乾隆四庫全書館寫欽定四庫全書本
清嘉慶十年虞山張氏照曠閣刻學津討原本 天津 遼寧 山東
清光緒九年浙江書局刻玉海本 上海 復旦(高夔校注)
一九二二年上海博古齋據明崇禎虞山毛氏汲古閣刻本影印津逮秘書本
一九二二年上海商務印書館影印清嘉慶十年虞山張氏照曠閣刻學津討原本
中華再造善本影印元至正六年慶元路儒學刻玉海本

韓魯齊三家詩考六卷
元泰定四年建安劉君佐翠巖精舍刻本 國圖 日静嘉堂
元刻本 國圖
中華再造善本影印元刻本

詩考校注一卷 宋王應麟撰 清盧文弨增校
清盧文弨稿本 國圖

詩考校注四卷
清稿本(清范家相、徐鯤、桂芬校) 復旦

詩考三卷 清臧庸校輯
清抄本(清徐鯤批注) 北大

詩考二卷
清抄本(清徐鯤批校) 陝西師大

詩考四卷 宋王應麟撰 清盧文弨增校 清臧庸堂補輯 清趙坦重增 清汪遠孫録
清抄本 北大

詩考四卷 宋王應麟撰 清盧文弨增校 清曹文昭校補 清馮登府校補
清抄本(清曹文昭馮登府校補並跋 丁丙跋) 南京

詩考四卷附諸家校補 宋王應麟撰 清盧文弨等增校
一九三六年南京國學圖書館重抄石印本 國圖 北大 科學 上海 復旦

遼寧　湖北

詩考補注一卷　宋王應麟原輯　清丁晏補注

清丁晏稿本　北大

詩考補注二卷

清丁晏稿本　國圖(存卷上)

詩考補注二卷補遺一卷

清咸豐同治間山陽丁氏六藝堂刻同治元年彙印頤志齋叢書本　北大　湖北　天津　遼寧　山東

清咸豐二年聊城楊以增海源閣彙印六藝堂詩禮七編本　國圖　北大

詩考補注二卷補遺二卷

清光緒八年至十四年鎮海張氏刻花雨樓叢抄本　北大

詩考補遺一卷　宋王應麟原輯　清丁晏補遺

清丁晏稿本　北大

清咸豐同治間山陽丁氏六藝堂刻同治元年彙印頤志齋叢書本　北大　天津　遼寧　山東

清咸豐二年聊城楊以增海源閣彙印六藝堂詩禮七編本　國圖　北大

詩考補遺二卷

清光緒八年至十四年鎮海張氏刻花雨樓叢鈔之續抄本　北大　南京

詩考補訂五卷勘誤表一卷　宋王應麟撰　清盧文弨增校　清楊晨補訂

一九三六年黄巖楊紹翰鉛印崇雅堂叢書本　國圖　北大　上海

詩考異字箋餘十四卷　清周邵蓮撰

清嘉慶刻本　國圖　北大　科學　北京文物局　復旦　湖北

清光緒德化李氏木犀軒刻木犀軒叢書本　國圖　北大　遼寧

續修四庫全書影印清嘉慶刻本

詩考補二卷　宋王應麟撰　清胡文英增訂

清乾隆四十九年留芝堂刻本　國圖　北大　科學　上海　復旦　湖北

四庫未收書輯刊影印清乾隆留芝堂刻本

三家詩拾遺十卷三家詩源流一卷　清范家相撰

清嘉慶十五年古趣亭刻范氏三種本　國圖　北大　科學　復旦　南京　浙江　湖北

清嘉慶十五年古趣亭刻光緒十三年墨潤堂重修范氏三種本　上海　復旦(顧□□批校)　湖北

清乾隆四庫全書館寫欽定四庫全書本

清傳抄四庫全書本(清顧淵校)　天津

清抄本　國圖

清抄本　國圖

清抄本　科學

清抄本(清顧觀光校)　天津

三家詩拾遺十卷三家詩源流一卷　清范家相撰　清錢熙祚校

清道光二十四年金山錢熙祚以墨海金壺版重編增刻守山閣叢書本　北大　遼寧　山東　湖北

清光緒十五年上海鴻文書局影印道光刻守山閣叢書本　北大　天津　遼寧

一九二二年上海博古齋影印守山閣叢書本　天津　復旦　遼寧

重訂三家詩拾遺十卷三家詩源流一卷　清范家相撰　清葉鈞重訂

清嘉慶十五年葉氏詒堂刻嶺海樓叢書本　國圖　北大

清道光三十年南海伍氏粵雅堂文字歡娱室刻嶺南遺書本　北大

三家詩補遺三卷　清阮元撰

清儀徵李氏刻崇惠堂叢書本　國圖　上海　南京　復旦　華東師大

清光緒二十四年長沙葉氏刻一九一九年重編印觀古堂彙刻書本　復旦

一九三五年長沙中國古書刊印社彙印郎園先生全集本

續修四庫全書影印清儀徵李氏刻崇惠堂叢書本

三家詩異文釋三卷補遺三卷　宋王應麟集考　清馮登府釋

清馮登府稿本(清李富孫校)　浙江

三家詩異文疏證六卷補遺三卷　宋王應麟集考　清馮登府輯考補遺

清馮登府手稿本(清陳壽祺序)　上海

三家詩異文疏證二卷　清馮登府撰

清道光九年廣東學海堂刻咸豐十一年補刻皇清經解一千四百八卷本　北大　遼寧

清光緒十七年上海鴻寶齋石印皇清經解一百九十卷本　北大　天津

清光緒上海點石齋石印皇清經解一百九十卷本

三家詩遺説八卷補一卷　清馮登府撰

清抄本　天津

續修四庫全書影印清抄本

三家詩遺説翼證不分卷　清馮登府撰

清馮登府稿本　復旦

詩古微二卷　清魏源撰

清道光邵陽魏氏修吉堂刻本　國圖　北大　天津　上海

詩古微六卷補遺三卷續補遺二卷　清魏源撰

清道光十年四明學舍刻本　國圖　天津　上海　復旦

詩古微首一卷上編六卷中編十卷下編三卷　清魏源撰

清道光二十年刻本　復旦（清魏源跋　清龔橙批校）　湖南（清何紹基圈點）

清咸豐五年刻本（清龔橙批校）　復旦

續修四庫全書影印清道光刻本

詩古微首一卷上編三卷中編十卷下編二卷

清道光邵陽魏氏刻光緒十三年席威掃葉山房重修本　國圖　北大　遼寧

清光緒十一年飛青閣楊守敬黄岡學署刻本　國圖　北大　科學　天津　上海　復旦　湖北

清光緒十一年飛青閣楊守敬黄岡學署刻梁溪浦氏重印本　國圖　上海　復旦

清末翻刻光緒十三年掃葉山房本　北大

詩古微十七卷　清魏源撰

清光緒十四年南菁書院刻皇清經解續編本　北大　天津　遼寧　山東

清光緒十五年上海蜚英館石印皇清經解續編本

詩經異文釋十六卷　清李富孫撰

清光緒十四年南菁書院刻皇清經解續編本　天津　遼寧　山東

清光緒十五年上海蜚英館石印皇清經解續編本

續修四庫全書影印清光緒十四年南菁書院刻皇清經解續編本

詩三家義集疏二十八卷首一卷　清王先謙撰

一九一五年長沙王氏虚受堂刻本　國圖　北大　科學　上海　復旦　南京　遼寧　湖北

續修四庫全書影印一九一五年虚受堂刻後印本

三家詩義一卷　清徐堂撰

清徐堂稿本三家詩述本　南京

詩經異文補釋十六卷　清張慎儀撰

一九一六年刻薆園叢書本　北大

齊魯韓三家詩釋十六卷　清朱士端撰

清朱士端手稿本　上海

清吉金樂石山房抄本（鄭振鐸跋）　國圖

齊魯韓三家詩釋十四卷三家詩原流一卷三家詩疑一卷

清傳鈔朱刻稿本　復旦

揚州古舊書店抄本　國圖

齊魯韓三家詩注三卷三家詩疑一卷　清朱士端撰

清朱士端稿本　湖北

齊魯韓三家詩注五卷

揚州古舊書店抄稿本　復旦

齊魯韓三家詩疑一卷　清朱士端撰

清朱士端稿本　湖北

清傳鈔朱刻稿本　復旦

揚州古舊書店抄稿本　復旦

詩經三家注疏□卷　清周日庠撰

清抄本　國圖(存卷一至二)

三家詩選三卷　題秋崖居士輯

抄本　上海

詩經四家異文考五卷　清陳喬樅撰

清道光同治間刻左海續集本

清光緒十四年南菁書院刻皇清經解續編本　天津　遼寧　山東

清光緒十五年上海蜚英館石印皇清經解續編本

續修四庫全書影印清道光刻本

詩經四家異文考補一卷　清陳喬樅撰　江瀚考補

清宣統元年番禺沈氏國學萃編社排印晨風閣叢書本　國圖　天津　湖北（清徐恕校）

一九二四年太原排印長汀江先生著書本

民國金山高氏食古書庫傳抄本　復旦

詩經四家異文考補四卷

民國抄本　湖北

五、詩序之屬

詩序孔氏傳一卷　題周卜商撰

明刻正篆合璧本　復旦

詩小序一卷　題周卜商撰

明擁萬堂刻古名儒毛詩解十六種本

明刻唐宋叢書之經翼本

清順治三年兩浙督學周南李際期宛委山堂刻説郛本　天津　遼寧

清聽秋樓刻本　復旦

詩小序二卷

清乾隆四庫全書館寫欽定四庫全書本

清光緒六年信古齋刻本　南京

詩傳孔氏傳一卷　題周端木賜撰

明萬曆刻百陵學山本

明萬曆二十年刻廣漢魏叢書之經翼本　南京　遼寧　山東

明萬曆三十一年胡文煥刻格致叢書本　北大

明萬曆四十五年張鶴鳴刻本　杭州

明擁萬堂刻古名儒毛詩解十六種本

明崇禎虞山毛氏汲古閣刻津逮秘書本　遼寧　山東

清順治三年兩浙督學周南李際期宛委山堂刻説郛本　國圖　天津　遼寧

清抄本　復旦

清乾隆五十六年金谿王氏刻增訂漢魏叢書本　遼寧　南京　山東

清嘉慶刻廣漢魏叢書之經翼本　南京　遼寧　山東

清光緒二年紅杏山房刻一九一五年蜀南馬湖盧樹柟修補重印增訂漢魏叢書本

清光緒六年三餘堂刻增訂漢魏叢書之經翼本

清宣統三年上海大通書局石印增訂漢魏叢書之經翼本

一九二二年上海博古齋據明崇禎虞山毛氏汲古閣刻本影印津逮秘書本

一九三七年上海商務印書館據明萬曆刻本影印元明善本叢書十種之百陵學山本

詩序一卷　漢衛宏撰

舊抄本　上海

詩序一卷　清任兆麟選輯

清乾隆五十三年映雪草堂刻述記本

清嘉慶十五年遂古堂刻述記本

毛詩序義一卷　南朝宋周續之撰　清王謨輯

清嘉慶三年刻漢魏遺書鈔之經翼本　國圖　山東

毛詩序義疏一卷　南朝齊劉瓛等撰　清馬國翰輯

清同治十年濟南皇華館刻玉函山房輯佚書本　山東

清光緒九年長沙嫏嬛館刻玉函山房輯佚書本　天津　遼寧　山東

清光緒九年長沙嫏嬛館刻光緒十年章邱李氏重印玉函山房輯佚書本　遼寧

清光緒十年楚南書局刻玉函山房輯佚書本　天津　遼寧

詩序辨説一卷　宋朱熹撰

明崇禎虞山毛氏汲古閣刻津逮秘書本　復旦　遼寧　山東

明刻本　國圖

清康熙吕氏寶誥堂刻朱子遺書本

清嘉慶十年虞山張氏照曠閣刻學津討原本　國圖　天津　遼寧　山東
清光緒十二年傳經堂刻西京清麓叢書正編之朱子遺書重刻合編本
一九二二年上海博古齋據明崇禎虞山毛氏汲古閣刻本影印津逮秘書本
一九二二年上海商務印書館影印清嘉慶十年虞山張氏照曠閣刻學津討原本
續修四庫全書影印明崇禎毛氏汲古閣刻本

詩序附録纂疏一卷　元胡一桂撰
元泰定四年建安劉君佐翠巖精舍刻本　國圖　廣西(殘)

毛詩説序六卷　明吕柟撰
明嘉靖二十年何叔防刻藍印本　復旦
明嘉靖三十二年謝少南刻涇野先生五經説本　國圖　天一閣
明藍格抄吕涇野五經説本　上海
清道光三年刻吕涇野五經説本　北大
清道光二十六年宏道書院刻惜陰軒叢書本　北大
清咸豐八年宏道書院刻惜陰軒叢書續編之吕涇野經説本　北大
四庫全書存目叢書影印明嘉靖三十二年謝少南刻涇野先生五經説本

涇野先生毛詩説序六卷　明吕柟撰　清李錫齡校
清光緒二十二年長沙刻惜陰軒叢書續編之吕涇野經説本　北大　復旦

毛詩序説八卷　明郝敬撰
明天啓五年郝洪範刻本　上海師大
明萬曆崇禎郝洪範刻山草堂集之内編本　國圖　清華　科學
日本江户寫山草堂集之内編本　日國會
續修四庫全書影印明萬曆崇禎間刻山草堂集内編本

詩序一卷　清歸起先輯
清順治十五年歸起先刻詩經通解本　安徽師大
清康熙刻本　上海

詩序廣義二十四卷總論一卷　清姜炳璋撰
清乾隆四庫全書館寫欽定四庫全書本
清嘉慶二十年尊行堂刻本　北大　科學　天津　上海　復旦　南京　湖北

詩經讀序私記二十四卷　清姜炳璋撰
清抄本　國圖

毛詩序説三十二卷　清龔鑒撰
清道光錢塘龔氏刻本　國圖　上海　復旦　湖北

詩序闡真八卷　清楊有慶纂輯
清嘉慶十一年譚經草堂刻本　復旦　浙江

古序翼六卷　日本龜井昱撰

日本天保二年龜井昱抄本　北大

詩小序翼二十七卷首一卷　清張澍撰

清張澍稿本(葉景葵跋)　上海

續修四庫全書影印清張澍稿本

詩小序翼四卷首一卷

清張澍稿本　國圖

詩序疏一卷　清劉寶楠撰

清劉寶楠手稿本　上海

毛詩序傳定本三十卷　清王劼撰

清同治三年四川巴縣王氏晚晴樓刻本　國圖　科學　湖北

詩序辯正八卷首一卷　清汪大任撰

清光緒十二年錢唐汪氏長沙刻叢睦汪氏遺書本　國圖　復旦　遼寧

詩序議四卷　清吕調陽撰

清光緒十四年葉長高刻觀象廬叢書本　國圖　北大　天津　復旦　山東

詩經序傳擇參一卷　清方潛撰

清光緒十五年方敦吉濟南刻毋不敬齋全書本

詩序集説不分卷　清馬翼贊撰

清馬翼贊手稿本　復旦

詩序辨一卷　清夏鼎武撰

清光緒刻富陽夏氏叢刻本　國圖　北大　科學　上海

詩序四卷書序一卷夏小正一卷虚字注釋備考六卷　題清省吾居士輯

清抄本　上海

詩序韻語一卷　清楊恩壽撰

清光緒元年長沙楊氏刻坦園全集之坦園叢稿本　國圖　天津

詩序非衛宏所作説一卷　清黄節撰

清華大學排印本　國圖

詩序解三卷　清陳延杰撰

一九三〇年上海開明書局鉛印本　上海

一九三二年上海開明書店鉛印本　國圖　上海　復旦

六、詩譜之屬

詩譜一卷　漢鄭玄撰

明擁萬堂刻古名儒毛詩解十六種本

清同治十二年稽古樓刻袖珍十三經注本毛詩注附

清江南書局刻本　遼寧

清抄本　上海

民國江蘇存古學堂鉛印本　上海

鄭氏詩譜一卷　漢鄭玄撰　清王謨輯

清嘉慶三年刻漢魏遺書鈔之經翼本　國圖　山東

詩譜三卷　漢鄭玄撰　清袁鈞輯

清光緒十四年浙江書局刻鄭氏佚書本　國圖

清光緒十年四明觀稼樓刻鄭氏佚書本

毛詩譜一卷　漢鄭玄撰　清孔廣林輯

清嘉慶三年刻漢魏遺書鈔之經翼第一册本　山東

清光緒十六年山東書局刻通德遺書所見録本

詩譜一卷　漢鄭玄撰　清李光廷輯

清同治間番禺李氏抄反約篇本

詩譜一卷毛詩經筵講義四卷

清同治間真州張氏廣東刻一九一三年重修榕園叢書甲集本　復旦　遼寧　山東

毛詩譜一卷　漢鄭玄撰　清黄奭輯

清道光甘泉黄氏刻光緒印漢學堂叢書之高密遺書本　天津

清道光甘泉黄氏刻民國十四年王鑒修補重印黄氏逸書考之通德堂經解本　遼寧

清道光甘泉黄氏刻民國二十三年江都朱長圻修補重印黄氏逸書考之通德堂經解本　國圖

毛詩譜一卷　漢鄭玄撰　清胡元儀輯

清光緒十四年南菁書院刻皇清經解續編本　國圖　天津　遼寧

清光緒十五年上海蜚英館石印皇清經解續編本

毛詩譜暢一卷　吴徐整撰　清馬國翰輯

清同治十年濟南皇華館刻玉函山房輯佚書本　山東

清光緒九年長沙嫏嬛館刻玉函山房輯佚書本　天津　遼寧　山東

清光緒九年長沙嫏嬛館刻光緒十年章邱李氏重印玉函山房輯佚書本　遼寧

清光緒十年楚南書局刻玉函山房輯佚書本　天津　遼寧

毛詩譜注一卷　吴徐整撰　清王謨輯

清嘉慶三年刻漢魏遺書鈔之經翼第一册本　國圖　山東　遼寧

毛詩譜不分卷　漢鄭玄撰　唐孔穎達疏

清光緒四年淮南書局刻本　上海

鄭氏詩譜補亡一卷　宋歐陽修撰

清康熙十九年納蘭性德刻通志堂經解本　國圖　北大　科學　上海　復旦　湖北

清康熙十九年通志堂刻乾隆五十年補修通志堂經解本　北大

清嘉慶二十五年刻本　天津

清同治十二年粤東書局重刻通志堂經解本　上海　遼寧　湖北

一九三五年上海涵芬樓影印吴縣潘氏滂熹齋藏宋刊本　國圖　北大　復旦　遼寧

詩譜補亡後訂一卷拾遺一卷　清吴騫撰

清乾隆五十年海昌吴氏刻拜經樓叢書本　國圖　復旦(清吴騫校並跋)　南京

清光緒十一年會稽章氏鄂渚刻重刊拜經樓叢書七種本

清光緒二十年吴縣朱氏校經堂刻拜經樓叢書十種本　湖北

清光緒十六年黄梅梅氏慎自愛軒刻清芬堂叢書本　山東

一九二二年上海博古齋據清乾隆嘉慶海昌吴氏刻本增輯影印拜經樓叢書本

續修四庫全書影印清乾隆五十年拜經樓刻本

詩譜補亡拾遺一卷　清吴騫撰

清乾隆五十年海昌吴氏刻拜經樓叢書本　國圖　復旦(清吴騫校並跋)　南京

清光緒十一年會稽章氏鄂渚刻重刊拜經樓叢書七種本

清光緒二十年吴縣朱氏校經堂刻拜經樓叢書十種本　湖北

清光緒十六年黄梅梅氏慎自愛軒刻清芬堂叢書本　山東

一九二二年上海博古齋據清乾隆嘉慶海昌吴氏刻本增輯影印拜經樓叢書本

許氏詩譜鈔一卷　元許衡撰　清吴騫校

清吴騫稿本　上海

清乾隆嘉慶海昌吴氏刻拜經樓叢書本　國圖　復旦

一九二二年上海博古齋據清乾隆嘉慶海昌吴氏刻本增輯影印拜經樓叢書本

鄭氏詩譜考正一卷　漢鄭玄撰　宋歐陽修補亡　清丁晏重編

清嘉慶二十五年南河節署刻本　國圖　上海

清咸豐同治間山陽丁氏六藝堂刻同治元年彙印頤志齋叢書本　北大　天津

湖北　遼寧　山東
清咸豐二年聊城楊以增海源閣刻六藝堂詩禮七編本　北大
清光緒九年鎮海張氏刻花雨樓叢鈔之續抄本　北大　復旦　南京
清光緒十二年邵武徐氏刻邵武徐氏叢書初刻本　國圖　北大　復旦
清光緒十四年南菁書院刻皇清經解續編本　天津　遼寧　山東
續修四庫全書影印清咸豐二年楊以增刻本

毛詩鄭譜疏證一卷附正誤表　清馬徵慶撰　清馬林編正誤表
一九二三年馬林排印馬鍾山遺書本　北大　科學　遼寧

齊魯韓詩譜四卷　清王初桐撰
清嘉慶四年刻古香堂叢書之雜著本

四詩世次通譜一卷　清馬徵慶撰
一九二三年馬林排印馬鍾山遺書本　北大　科學　遼寧

七、沿革之屬

詩經傳授源流一卷　明韋調鼎撰
明崇禎十三年刻本　天津　華東師大

毛鄭薪傳不分卷　清劉恭冕撰
清劉恭冕手稿本　上海

詩學源流不分卷　清李堂撰
清李堂稿本　上海

三家詩原流一卷　清朱士端撰
清傳鈔朱刻稿本　復旦
揚州古舊書店抄本　國圖

八、文字音義之屬

毛詩拾遺一卷　晉郭璞撰　清馬國翰輯
清同治十年濟南皇華館刻玉函山房輯佚書本　山東
清光緒九年長沙嫏嬛館刻玉函山房輯佚書本　天津　遼寧　山東
清光緒九年長沙嫏嬛館刻光緒十年章邱李氏重印玉函山房輯佚書本　遼寧
清光緒十年楚南書局刻玉函山房輯佚書本　天津　遼寧

毛詩音存卷十六至十八　晉徐邈撰
一九四七年臺灣大學據敦煌寫本影印敦煌秘籍留真新編本　國圖

民國王氏蛾術軒從敦煌寫本攝影本　復旦

毛詩徐氏音一卷　晉徐邈撰　清馬國翰輯

清同治十年濟南皇華館刻玉函山房輯佚書本　山東

清光緒九年長沙嫏嬛館刻玉函山房輯佚書本　天津　遼寧　山東

清光緒九年長沙嫏嬛館刻光緒十年章邱李氏重印玉函山房輯佚書本　遼寧

清光緒十年楚南書局刻玉函山房輯佚書本　山東

毛詩箋音義證一卷　後魏劉芳撰　清馬國翰輯

清同治十年濟南皇華館刻玉函山房輯佚書本　山東

清光緒九年長沙嫏嬛館刻玉函山房輯佚書本　天津　遼寧　山東

清光緒九年長沙嫏嬛館刻光緒十年章邱李氏重印玉函山房輯佚書本　遼寧

清光緒十年楚南書局刻玉函山房輯佚書本　山東

毛詩箋音義證一卷　後魏劉芳撰　清王謨輯

清嘉慶三年刻漢魏遺書鈔之經翼本　國圖　山東

毛詩音義三卷　唐陸德明撰

清康熙十九年納蘭性德刻通志堂經解本　國圖　北大　科學　上海　湖北

清康熙十九年通志堂刻乾隆五十年補修通志堂經解本　北大

清同治十二年粵東書局重刻通志堂經解本　上海　遼寧　湖北

詩經協韻考異一卷　宋輔廣撰

清道光十一年六安晁氏木活字印學海類編之經翼本　國圖　北大　湖北

清道光咸豐間宜黄黄氏木活字排印遜敏堂叢書本

一九二〇年上海涵芬樓據清道光十一年六安晁氏木活字印本影印學海類編之經翼本　北大

詩經古音二卷　宋吴棫撰

清抄本(清李宏信題識)　天津

詩經古音四卷

舊抄本　國圖

毛詩補韻一卷　宋楊伯巖撰　清錢侗考證

民國金山高氏食古書庫傳抄本　復旦

毛詩古音考四卷附讀詩拙言一卷　明陳第撰　明焦竑訂正

明萬曆刻本　北大　湖北

明萬曆三十四年五雅堂刻本　天津　上海　浙江

明萬曆四十年會山樓刻一齋集本　國圖　上海　復旦　遼寧

明崇禎九年飯石軒刻本　上海　復旦

清康熙五十九年陳元壯刻一齋集本　北大　上海　復旦

清乾隆十七年刁戴高抄本(清刁戴高跋) 上海
清道光二十八年陳斗初刻一齋集本 國圖 北大
清抄本 湖南

毛詩古音考四卷

明崇禎九年飯石軒刻本 上海
清乾隆四庫全書館寫欽定四庫全書本
清道光五年成都龍氏敷文閣刻敷文閣彙抄本 北大 湖北
清同治二年長沙余氏刻明辨齋叢書本

毛詩古音考五卷

清乾隆二十七年徐時作崇本山堂刻本 北大 科學 天津 湖北
清光緒六年武昌張裕釗翻刻乾隆二十七年徐時作崇本山堂刻本 國圖 北大 天津 上海 復旦 南京 湖北
清抄本 復旦
一九三四年雙流黄氏濟忠堂翻刻光緒六年武昌張裕釗刻本 北大 南京

毛詩古音考四卷讀詩拙言一卷附録一卷 明陳第撰 清張海鵬校訂

清嘉慶十年虞山張氏照曠閣刻學津討原本 北大 上海 天津 遼寧 山東
一九二二年上海商務印書館影印清嘉慶十年虞山張氏照曠閣刻學津討原本 北大
一九三三年渭南嚴氏成都校刻學津討原本 國圖 上海 復旦 遼寧 湖北
一九五七年四川人民出版社以一九三三年渭南嚴氏成都刻版彙印音韻學叢書本 湖北

國風字畫辨疑一卷 清鄒之麟撰

明崇禎五年刻詩經慧燈本 日蓬左文庫

詩音辯略二卷 明楊貞一撰

明萬曆四十七年淩一心刻本 國圖
清乾隆綿州李氏萬卷樓刻嘉慶十四年李鼎元印函海本 復旦 遼寧
清道光五年李朝夔補刻函海本 天津 上海 南京 遼寧 山東
清光緒七至八年廣漢鍾登甲樂道齋刻函海本

詩經難字一卷 明顧起元撰

明版築居刻朱墨套印本 北師大

詩本音十卷 清顧炎武撰

清康熙六年山陽張紹符山堂刻顧氏音學五書本 北大 復旦
清道光二十六年福田書海銅活字印音學五書本 北大 復旦
清光緒十一年四明觀稼樓刻音學五書本 北大

清光緒十一年湘陰郭慶藩峪瞻堂刻音學五書本　北大

清光緒十六年思賢講舍刻顧氏音學五書本　北大

詩本音補正一卷　清查景綏撰

清查景綏稿本(清文素松跋)　浙江

詩經葉韻辨一卷　清王夫之撰

清道光二十二年新化鄧顯鶴長沙刻船山遺書本　國圖　浙江　遼寧　河南　湖北　江西

清同治四年湘鄉曾國荃金陵節署刻船山遺書本　國圖　天津　上海　復旦　南京　遼寧　山東

一九三三年上海太平洋書店排印船山遺書本

詩經考異一卷　清王夫之撰

清道光二十二年新化鄧顯鶴長沙刻船山遺書本　國圖　浙江　遼寧　河南　湖北　江西

清同治四年湘鄉曾國荃金陵節署刻船山遺書本　國圖　天津　上海　復旦　南京　遼寧　山東

一九三三年上海太平洋書店排印船山遺書本

詩本韻考二卷　清趙瀚撰

清初抄本　山東博

詩音表二卷　清張叙撰

清乾隆二十年杜甲瀛州刻續草堂藏版本　國圖　北大　清華　北京文物局　南開　南京　浙江　石家莊　湖北

清抄本　復旦

風雅遺音二卷　清史榮輯

清乾隆八年一灣齋刻本　國圖　北大　天津　上海　復旦　浙江

四庫全書存目叢書、續修四庫全書影印清乾隆十四年一灣齋刻本

審定風雅遺音二卷　清史榮撰　清紀昀審定

清乾隆鏡烟堂刻本　復旦

清乾隆二十五年刻畿輔叢書本　國圖

清光緒五年定州王氏謙德堂刻畿輔叢書本　北大　天津　上海　復旦　遼寧

一九三二至一九四八年間四明張氏約園刻四明叢書第四集本　天津　遼寧

童山詩音説四卷　清李調元撰

清乾隆綿州李氏萬卷樓刻函海本　北大

清乾隆綿州李氏萬卷樓刻嘉慶十四年李鼎元印函海本　遼寧

清道光五年李朝夔補刻函海本　北大　天津　上海　南京　遼寧　山東

清光緒七至八年廣漢鍾登甲樂道齋刻函海本　北大

詩經小學四卷　清段玉裁撰

清嘉慶二年武進臧鏞堂同述觀刻拜經堂叢書本　北大(清焦循校並跋)　南京　復旦(高燮校並跋)　湖北

清道光九年廣東學海堂刻皇清經解一千四百卷本　天津　遼寧　山東

清道光九年廣東學海堂刻咸豐十一年補刻皇清經解一千四百八卷本　遼寧

清光緒十七年上海鴻寶齋石印皇清經解一百九十卷本　北大　天津

清抄本　清華

日本昭和十年東方文化學院京都研究所據清嘉慶二年武進臧氏刻本影印拜經堂叢書本　北大

續修四庫全書影印清嘉慶二年武進臧氏拜經堂刻本

三百篇原聲七篇　清夏味堂撰

清嘉慶十二年高郵夏氏楳華書屋刻本　國圖　北大　北京文物局復旦　南京

清抄本　國圖

四庫未收書輯刊影印清抄本

三百篇原聲不分卷

抄本　科學

詩經字考二卷　清吴東發撰

清嘉慶刻本　國圖

詩古音三卷　清楊峒撰

清楊峒稿本　國圖

清唫梅書屋抄本(清徐恕校)　復旦

清吴縣學禮齋抄稿本　復旦

清抄本(清李有經批校)　山東博

清抄本　天津

詩古音二卷

清高氏辨蟫居抄齊魯遺書本

清乾隆程以恬傳抄稿本(清程以恬跋)　復旦

讀詩辨字略三卷　清韓怡撰

清嘉慶丹徒韓氏刻本　北大　復旦

詩聲類十二卷附詩聲分例一卷　清孔廣森撰

清乾隆五十七年曲阜孔廣廉謙益堂刻本　科學

清乾隆孔廣廉謙益堂刻嘉慶二十三年孔氏儀鄭堂彙印本顨軒孔氏所著書本

國圖
清光緒十四年南菁書院刻皇清經解續編本
清光緒十五年蜚英館石印皇清經解續編本
清劉氏掖均居抄本　北大
一九二四年渭南嚴氏成都賁園刻本詩聲類附刻　國圖　復旦　南京　遼寧
紅格抄本　南京

詩聲分例一卷　清孔廣森撰
清乾隆五十七年曲阜孔廣廉謙益堂刻本之詩聲類附刻　科學
清乾隆孔廣廉謙益堂刻嘉慶二十三年孔氏儀鄭堂彙印顨軒孔氏所著書本之詩聲類附刻　國圖
清同治十年錢塘諸可寶抄本　國圖
清光緒十四年南菁書院刻皇清經解續編本詩聲類之附刻
清光緒十五年蜚英館石印皇清經解續編本之詩聲類附刻
清劉氏掖均居抄本之詩聲類附　北大
一九二四年渭南嚴氏成都賁園刻本詩聲類附刻　國圖　復旦　南京　遼寧
紅格抄本　南京

毛詩古韻五卷　清牟應震撰
清嘉慶十九年刻毛詩質疑本本　國圖
清嘉慶栖霞牟氏刻道光二十九年曆城朱氏修補毛詩質疑本本　國圖　北大　清華　上海　南京
清嘉慶栖霞牟氏刻咸豐五年曆城朱氏修補毛詩質疑本本　國圖　上海

毛詩古韻雜論一卷　清牟應震撰
清嘉慶十九年刻毛詩質疑本本　國圖
清嘉慶栖霞牟氏刻道光二十九年曆城朱氏修補毛詩質疑本本　國圖　北大　清華　上海　南京
清嘉慶栖霞牟氏刻咸豐五年曆城朱氏修補毛詩質疑本本　國圖　上海

毛詩奇句韻考四卷　清牟應震撰
清嘉慶十九年刻毛詩質疑本本　國圖
清嘉慶栖霞牟氏刻道光二十九年曆城朱氏修補毛詩質疑本本　國圖　北大　清華　上海　南京
清嘉慶栖霞牟氏刻咸豐五年曆城朱氏修補毛詩質疑本本　國圖　上海

韻譜一卷　清牟應震撰
清嘉慶十九年刻毛詩質疑本本　國圖
清嘉慶栖霞牟氏刻道光二十九年曆城朱氏修補毛詩質疑本本　國圖　北大

清華　上海　南京

清嘉慶栖霞牟氏刻咸豐五年曆城朱氏修補毛詩質疑本本　國圖　上海

詩經小學録四卷　清臧庸撰

清嘉慶十一年孫馮翼問經堂刻本　國圖　北大　湖北　哈爾濱

日本昭和十年東方文化學院京都研究所影印拜經堂叢書本　北大

詩音十五卷　清高澍然撰

清嘉慶十七年活字印本　國圖　科學　復旦

四庫未收書輯刊影印清嘉慶十七年活字本

詩經韻讀四卷　清江有誥撰

清嘉慶二十五年刻江氏音學十書本　國圖　北大　科學

清咸豐二年刻江氏音學十書本　上海　南京

一九二五年國立北京大學抄江氏音學十書本　北大

一九二八年上海中國書店影印嘉慶江氏音學十書本　國圖　北大　湖北　遼寧

一九三四年渭南嚴氏刻江氏音學十書本　北大　遼寧

抄本江氏音學十書本　國圖

詩雙聲疊韻譜一卷　清鄧廷楨撰

清道光十八年刻本　國圖　北大　北師大　科學　上海　南京　湖北

一九二二年江寧鄧氏群碧樓刻雙硯齋叢書本　復旦

詩經音韻譜五卷序説一卷章句觸解一卷　清甄士林音釋

清道光五年甄氏種松書屋刻本　國圖　北大　北師大　科學　復旦　遼寧

詩經音訓不分卷　清楊國楨撰

清道光十年大梁書院刻十一經音訓本　國圖　上海　復旦

清光緒三年湖北崇文書局刻十一經音訓本　復旦　遼寧　湖北

毛詩重言三篇一卷　清王筠撰

清道光刻本　復旦

清道光刻一九三三年雙流黄氏濟忠堂重校印本　北大　復旦

清咸豐二年鄉寧賀氏刻鄂宰四種本　北大

清咸豐鄉寧賀氏刻安丘王氏説經五種本　北大

清光緒八年牟山王氏刻鄂宰四種本　北大

清光緒刻式訓堂叢書本　湖北

抄本　科學

毛詩雙聲疊韻説一卷　清王筠撰

清道光刻本　復旦

清道光刻一九三三年雙流黄氏濟忠堂重校印本　北大　復旦
清咸豐二年鄉寧賀氏刻鄂宰四種本　北大
清咸豐鄉寧賀氏刻安丘王氏説經五種本　北大
清光緒八年牟山王氏刻鄂宰四種本　北大
續修四庫全書影印清咸豐二年賀蓉等刻本

毛詩辨韻五卷　清趙似祖撰　清趙星海訂
清道光二十二年聽雲山館刻本　國圖　北大　科學　上海　復旦　湖北

詩古韻表廿二部集説二卷　清夏炘撰
清道光十二年刻本　附刻於詩章句考　國圖　上海
清咸豐三年刻同治元年王光甲等彙印景紫堂全書本　國圖　北大
清光緒十九年刻本　人大　南開
一九二一年當塗夏氏刻景紫堂全書本　北大
一九二八年渭南嚴氏刻本　北大
一九三四年北平北京大學出版組鉛印本　北大

毛詩考證四卷　清莊述祖撰
清嘉慶道光間武進莊氏脊令舫刻珍執宧遺書本
清光緒十四年南菁書院刻皇清經解續編本　天津　遼寧　山東
清光緒十五年上海蜚英館石印皇清經解續編本

毛詩呁訂十卷附録一卷墓志銘一卷　清苗夔撰
清咸豐元年壽陽祁氏漢專亭刻苗氏説文四種本　國圖　北大　天津　上海
　復旦　南京　日東洋文庫
清咸豐元年壽陽祁氏漢專亭刻民國修補苗氏説文四種本　國圖
續修四庫全書影印清咸豐元年漢專亭刻本

讀詩考字二卷補編一卷　清程大鏞撰
清道光二十五年叢桂軒刻光緒十三年程人鵠補修本　北大

讀詩考字補編一卷　清程大鏞撰
清道光二十五年叢桂軒刻光緒十三年程人鵠補修本　北大

毛詩古樂音四卷　清張玉綸撰
一九三一至一九三四年大連遼海書社鉛印遼海叢書本　北大　天津　遼寧

釋毛詩音四卷　清陳奂撰
清道光中校經山房刻本　上海
清咸豐元年長洲陳氏吴門南園掃葉山莊刻陳氏毛詩五種本　國圖　北大
　科學　天津　上海　復旦　南京　遼寧　湖北　福建
清光緒九年徐氏重刻陳氏毛詩五種本　國圖　復旦　南京　浙江　遼寧

清光緒十一年上海點石齋石印本　北大　湖北(佚名圈點)

清光緒十四年南菁書院刻皇清經解續編本　天津　遼寧　山東　湖北(佚名點校)

清光緒十五年上海蜚英館石印皇清經解續編本

民國上海文瑞樓石印本　遼寧

民國鴻章書局石印本　湖北

毛詩傳義類一卷　清陳奂撰

清道光中校經山房刻本　上海

清咸豐九年長洲陳氏吴門南園掃葉山莊刻陳氏毛詩五種本　國圖　北大　科學　天津　上海　復旦　南京　遼寧　湖北　福建(清謝章鋌校並跋)

清光緒九年徐氏重刻陳氏毛詩五種本　國圖　復旦　南京　浙江

清光緒十一年上海點石齋石印本　北大　湖北(佚名圈點)

清光緒十四年南菁書院刻皇清經解續編本　天津　遼寧　山東　湖北(佚名點校)

清光緒十五年上海蜚英館石印皇清經解續編本

民國上海文瑞樓石印本　遼寧

民國鴻章書局石印本　湖北

抄本(佚名校)　上海

詩小學三十卷補一卷　清吴樹聲撰

清同治七年壽光官廨刻本　國圖　北大　科學　天津　復旦　浙江　湖北

四庫未收書輯刊影印清同治七年壽光官廨刻本

詩小學補一卷　清吴樹聲撰

清同治七年壽光官廨刻本　國圖　北大　科學　天津　復旦　浙江　湖北

毛詩諸家引經異字同聲考一卷　清丁顯撰

清光緒二十年刻丁西圃叢書之十三經諸家引經異字同聲考本　北大

毛詩周韻誦法十卷　清汪灼撰

清嘉慶十九年不疏園刻本　國圖　北大　上海　復旦　湖北

毛詩周韻誦法不分卷

清抄本　北大

詩經異文四卷　清蔣曰豫撰

清光緒三年蓮池書局刻蔣侑石遺書之滂喜齋學録本　國圖

毛詩異文箋十卷　清陳玉樹撰

清光緒十四年江陰南菁書院刻南菁書院叢書本　國圖　科學　天津　上海　遼寧　山東　湖北

續修四庫全書影印清光緒十四年刻南菁書院叢書本

詩經叶音辨譌八卷分隸字母總音一卷　清劉維謙編　清張卿雲　張景星校

清乾隆三年張卿雲張景星壽峰書屋刻本　國圖　北大　天津　上海　復旦　南京　浙江　武漢(清焦循跋)

清光緒十六年新會劉氏藏修書屋刻藏修堂叢書本　北大

一九二二年十不齋刻本　復旦

一九三五年南海黄氏據舊版彙印芋園叢書本　北大

詩經分隸字母總音一卷　清劉維謙編　清張卿雲　張景星校

清乾隆三年張卿雲張景星壽峰書屋刻本　國圖　北大　天津　上海　復旦　南京　浙江　武漢(清焦循跋)

清光緒十六年新會劉氏藏修書屋刻藏修堂叢書本　北大

一九二二年十不齋刻本　復旦

一九三五年南海黄氏據舊版彙印芋園叢書一百三十種本　北大

詩韻合璧五卷　清余春廷輯

清光緒公興書局鉛印本　天津

毛詩古音述一卷　清顧淳撰

清光緒二十五年木活字印顧枕漁先生韻學兩種本　國圖　日京都大學

毛詩音韻考四卷略言一卷　清程以恬撰

清道光三年渭南程氏研經堂刻本　國圖　科學　復旦　湖北

葩經集韻不分卷　清程之濬輯

清光緒五年刻袖珍本　湖北

詩經音律續編八卷　清遲德成撰

清光緒七年刻本　國圖

詩經音義約編十卷　清戴雲裔撰

清同治元年刻本　南京

詩韻字聲通證七卷毛詩韻表一卷　清李次山撰

清光緒十九年百果山房刻本　國圖　復旦

毛詩韻表一卷　清李次山撰

清光緒十九年百果山房刻本　國圖　復旦

詩音表一卷　清錢坫撰

清嘉慶七年擁萬堂刻錢氏四種本　國圖　北大　湖北

一九三一年渭南嚴氏刻本　北大　復旦　湖北

民國上海中國書店影印錢氏四種本　北大

毛詩韻考八卷　清張映漢編輯

清道光五年述敬堂刻本　湖北

詩古韻表一卷　清時吉臣撰

清光緒十四年佚名抄録稿本　上海

毛詩論韻一卷　清張雲錦撰

清嘉慶刻本　復旦

清弢華館刻本　復旦

詩古音繹一卷　清胡錫燕撰

清同治長沙胡氏刻胡氏三種本　華東師大　湖北

毛詩均譜八卷補遺一卷校勘記一卷　清郭師古撰

清光緒十年吉水郭汝特刻玉屏山房存稿本　北大　復旦　湖北

詩經古韻四卷　清孔繼堂撰

清孔繼堂稿本　北大　山東

毛詩正韻四卷毛詩韻例一卷　清丁以此撰

一九二四年日照丁惟汾留餘堂刻本　國圖　上海　復旦　南京　遼寧

一九三四年雙流黄氏濟忠堂重校刻本　科學　上海　復旦　遼寧

毛詩韻例一卷　清丁以此撰

一九二四年日照丁惟汾留餘堂刻本　國圖　上海　復旦　南京　遼寧

一九三四年雙流黄氏濟忠堂重校刻本　科學　上海　復旦　遼寧

毛詩别字六卷　清顧震福撰

清光绪十八年山陽顧氏刻函雅故齋叢書本

毛詩詞例舉要一卷　清劉師培撰

一九三六年寧武南氏排印劉申叔先生遺書本　國圖

毛詩詞例舉要(略本)一卷　清劉師培撰

一九三六年寧武南氏排印劉申叔先生遺書本　國圖

詩音韻通説一卷　清林義光撰

一九三〇年衣好軒鉛印本　國圖　科學　上海　復旦　遼寧　湖北

毛詩古音諧讀五卷附反切詳論考古音辨不分卷　清楊恭垣撰

一九二八年京華印書局鉛印本　國圖　北師大　湖北

詩經音釋不分卷　清林之棠撰

一九三四年商務印書館鉛印本　復旦

韓魯齊三家詩字詁三卷　清清馮登府撰

清馮登府稿本(清李貽德校並跋)　浙江

附録一　詩緯之屬

詩緯一卷　清馬國翰撰

清同治十年濟南皇華館刻玉函山房輯佚書本

清光緒九年長沙嫏嬛館刻玉函山房輯佚書本　國圖　天津　遼寧　山東

清光緒九年長沙嫏嬛館刻光緒十年章邱李氏重印玉函山房輯佚書本　遼寧

清光緒十年楚南書局刻玉函山房輯佚書本　天津　遼寧

詩緯一卷　清黄奭輯

清道光甘泉黄氏刻光緒印漢學堂叢書本　天津

清道光甘泉黄氏刻一九二五年王鑒修補重印黄氏逸書考本

清道光甘泉黄氏刻一九三四年江都朱長圻修補重印黄氏逸書考本

詩緯一卷　清殷元正原輯　清陸明睿增訂

清觀我生齋抄緯書本

詩緯一卷　魏宋均注　清王仁俊輯

清光緒王仁俊稿本玉函山房輯佚書續編本　上海

詩緯集證四卷附録一卷　清陳喬樅撰

清道光同治間刻左海續集本　國圖　北大　科學　南京　華東師大

續修四庫全書影印清道光二十六年小嫏嬛館刻本

詩緯新解一卷　廖平撰　黄鎔補證

一九二一年四川存古書局彙印新訂六譯館叢書本　國圖

詩含神霧一卷

清順治三年兩浙督學周南李際期宛委山堂刻説郛本　國圖　天津　遼寧　山東

一九二七年上海商務印書館排印説郛本

詩含神霧一卷　明孫瑴輯

清嘉慶十七年禹航陳世望對山問月樓刻古微書本

清嘉慶海虞張氏刻墨海金壺本

清道光二十四年金山錢氏據墨海金壺版重編增刻守山閣叢書本

清光緒十四年刻古微書本

清光緒十五年上海鴻文書局影印清道光錢氏刻守山閣叢書本

清光緒二十一年上海鴻文書局石印古微書本

一九二一年上海博古齋影印清嘉慶張氏刻墨海金壺本

一九二二年上海博古齋影印清道光錢氏刻守山閣叢書本

詩含神霧一卷　清劉學寵輯
　清道光十五年朝邑劉際清等刻青照堂叢書之摘次編本
詩含神霧一卷　清喬松年輯
　清光緒三年强恕堂刻喬勤恪公全集之緯攟詩緯本
　民國山西省文獻委員會鉛印山右叢書初編之緯攟詩緯本　山東　天津
詩含神霧一卷附補遺　清趙在翰輯
　清順治三年兩浙督學周南李際期宛委山堂刻説郛本　國圖　天津　遼寧
　清嘉慶十四年侯官趙氏小積石山房刻七緯之詩緯本　國圖
詩緯含神霧一卷　清殷元正原輯　清陸明睿增訂
　清觀我生齋抄緯書本
詩緯含神霧一卷　魏宋均注　清馬國翰輯
　清同治十年濟南皇華館刻玉函山房輯佚書本
　清光緒九年長沙嫏嬛館刻玉函山房輯佚書本　國圖　天津　遼寧　山東
　清光緒九年長沙嫏嬛館刻光緒十年章邱李氏重印玉函山房輯佚書本　遼寧
　清光緒十年楚南書局刻玉函山房輯佚書本　天津　遼寧
　清光緒十五年文選樓刻玲瓏山館叢書本
詩含神霧一卷　魏宋均注　清黄奭輯
　清道光甘泉黄氏刻光緒印漢學堂叢書本　國圖　天津
　清道光甘泉黄氏刻一九二五年王鑒修補重印黄氏逸書考本
　清道光甘泉黄氏刻一九三四年江都朱長圻修補重印黄氏逸書考本
詩緯含神霧一卷　魏宋均注　清王仁俊輯
　清光緒王仁俊稿本玉函山房輯佚書續編本　上海
詩緯含神霧訓纂一卷　清胡薇元撰
　一九二〇年刻玉津閣叢書甲集本　北大　北師大　科學
詩緯含文候一卷　清殷元正原輯　清陸明睿增訂
　清觀我生齋抄緯書本
詩推度災一卷　明孫瑴輯
　清嘉慶十七年禹航陳世望對山問月樓刻古微書本
　清嘉慶海虞張氏刻墨海金壺本
　清道光二十四年金山錢氏據墨海金壺版重編增刻守山閣叢書本
　清光緒十四年刻古微書本
　清光緒十五年上海鴻文書局影印清道光錢氏刻守山閣叢書本
　清光緒二十一年上海鴻文書局石印古微書本
　一九二一年上海博古齋影印清嘉慶張氏刻墨海金壺本

一九二二年上海博古齋影印清道光錢氏刻守山閣叢書本

詩推度災一卷　清喬松年輯

清光緒三年强恕堂刻喬勤恪公全集之緯攟詩緯本

民國山西省文獻委員會鉛印山右叢書初編之緯攟詩緯本　山東　天津

詩推度災一卷附補遺　清趙在翰輯

清嘉慶十四年侯官趙氏小積石山房刻七緯之詩緯本　國圖

詩緯推度災一卷　清殷元正原輯　清陸明睿增訂

清觀我生齋抄緯書本

詩緯推度災一卷　魏宋均注　清馬國翰輯

清同治十年濟南皇華館刻玉函山房輯佚書本

清光緒九年長沙嫏嬛館刻玉函山房輯佚書本　國圖　天津　遼寧　山東

清光緒九年長沙嫏嬛館刻光緒十年章邱李氏重印玉函山房輯佚書本　遼寧

清光緒十年楚南書局刻玉函山房輯佚書本　天津　遼寧

清光緒十五年文選樓刻玲瓏山館叢書本

詩推度災一卷　魏宋均注　清黄奭輯

清道光甘泉黄氏刻光緒印漢學堂叢書本　國圖　天津

清道光甘泉黄氏刻一九二五年王鑒修補重印黄氏逸書考本

清道光甘泉黄氏刻一九三四年江都朱長圻修補重印黄氏逸書考本

詩緯推度災一卷　魏宋均注　清王仁俊輯

清光緒王仁俊稿本玉函山房輯佚書續編本　上海

詩緯推度災訓纂一卷　清胡薇元撰

一九二〇年刻玉津閣叢書甲集本　國圖　北大　北師大　科學

詩紀曆樞一卷

清順治三年兩浙督學周南李際期宛委山堂刻説郛本　國圖　天津　遼寧　山東

詩氾歷樞一卷　明孫瑴輯

清嘉慶十七年禹航陳世望對山問月樓刻古微書本

清嘉慶海虞張氏刻墨海金壺本

清道光二十四年金山錢氏據墨海金壺版重編增刻守山閣叢書本

清光緒十四年刻古微書本

清光緒十五年上海鴻文書局影印清道光錢氏刻守山閣叢書本

清光緒二十一年上海鴻文書局石印古微書本

一九二一年上海博古齋影印清嘉慶張氏刻墨海金壺本

一九二二年上海博古齋影印清道光錢氏刻守山閣叢書本

詩汎歷樞一卷　清喬松年輯
清光緒三年强恕堂刻喬勤恪公全集之緯攟詩緯本
民國山西省文獻委員會鉛印山右叢書初編之緯攟詩緯本　山東　天津
詩汎歷樞一卷　清黄奭輯
清道光甘泉黄氏刻一九二五年王鑒修補重印黄氏逸書考本
清道光甘泉黄氏刻一九三四年江都朱長圻修補重印黄氏逸書考本
詩汎歷樞一卷附補遺　清趙在翰輯
清嘉慶十四年侯官趙氏小積石山房刻七緯之詩緯本　國圖
詩緯紀歷樞一卷　清殷元正原輯　清陸明睿增訂
清觀我生齋抄緯書本
詩緯氾歷樞一卷　魏宋均注　清馬國翰輯
清同治十年濟南皇華館刻玉函山房輯佚書本
清光緒九年長沙嫏嬛館刻玉函山房輯佚書本　國圖　天津　遼寧　山東
清光緒九年長沙嫏嬛館刻光緒十年章邱李氏重印玉函山房輯佚書本　遼寧
清光緒十年楚南書局刻玉函山房輯佚書本　天津　遼寧
清光緒十五年文選樓刻玲瓏山館叢書本
詩緯氾歷樞一卷　魏宋均注　清王仁俊輯
清光緒王仁俊稿本玉函山房輯佚書續編本　上海
詩緯氾歷樞訓纂一卷　清胡薇元撰
一九二〇年刻玉津閣叢書甲集種本　國圖　北大　北師大　科學
詩紀歷圖一卷　清劉學寵輯
清道光十五年朝邑劉際清等刻青照堂叢書之摘次編本
泛引詩緯一卷　清喬松年輯
清光緒三年强恕堂刻喬勤恪公全集之緯攟詩緯本
民國山西省文獻委員會鉛印山右叢書初編之緯攟詩緯本　山東　天津
詩緯附録一卷附補遺　清趙在翰輯
清嘉慶十四年侯官趙氏小積石山房刻七緯之詩緯本
詩緯搜遺不分卷　清廖平撰
一九一八年存古書局刻本　國圖
詩緯新解不分卷　清廖平撰　黄鎔補證
一九一八年存古書局刻本　國圖
三緯微管編三卷　日本大田元貞撰
日本抄本　國圖

附録二　逸詩之屬

逸詩一卷　明胡文煥輯

明天啓七年刻蘉古介書前集本

新刻逸詩一卷　明鍾惺輯

明擁萬堂刻古名儒毛詩解十六種本　國圖

古逸詩載一卷　明麻三衡輯

清刻閏竹居叢書本

詩經拾遺一卷　清郝懿行輯

清嘉慶光緒刻郝氏遺書本　上海　遼寧　山東

逸詩逸句二卷　清黄啓興纂輯

清嘉慶婺源黄氏傳抄稿本　復旦

逸詩徵三卷　清孫國仁撰

清孫國仁稿本砭愚堂叢書本

逸詩古逸詩補亡三卷　清傅傳書輯

清光緒六年刻本　浙江

逸詩一卷　朝鮮申綽編

日本昭和九年影印本　國圖

經部　禮類

一、周禮之屬

（一）正文

周禮一卷

　　宋刻遞修八經本　國圖

　　明刻九經本　上海　南京

　　日本寬永刻本　北大

　　明田氏抄白文本　北大

　　一九二六年武進陶湘涉園影印宋刻遞修巾箱八經本

　　一九三四年上海開明書店排印十三經經文本

周禮六卷

　　明嘉靖刻本（清陳鱣校）　上海

　　明吴勉學刻十三經本　國圖　北大　西北大學

　　清抄本　上海

　　抄本　南京（闕卷四、六）

周禮不分卷

　　清乾隆五年蔣衡寫十三經本　臺北故宫

周禮六卷　明秦鏷訂正

　　明崇禎十三年錫山秦鏷求古齋刻九經本　科學　北大

　　清觀成堂重刻秦氏求古齋九經本　上海（清沈大成　姚椿批校）　山東博（清孔繼涵校並跋）

周官經六卷

　　清乾隆三十七年孔廣林抄本（姚朋圖　袁克文　倉永齡　王壽彭　陸增煒　楊承訓跋）　山東

周禮正文二卷　清李欀訂

　　清乾隆四十七年抱經堂刻本　上海　湖北

周禮正文三卷

　　日本文正元年刻本　遼寧

日本文化六年刻本　北大

周禮七卷

明嘉靖四至六年陳鳳梧刻篆文六經本　國圖

周禮六卷

清雍正内府刻篆文六經四書本

清光緒九年上海同文書局影印雍正篆文六經四書本

一九二四年千頃堂書局影印雍正篆文六經四書本

（二）傳説

周禮鄭大夫解詁一卷　漢鄭興撰　清馬國翰輯

清同治十年濟南皇華館刻玉函山房輯佚書本　山東

清光緒九年長沙嫏嬛館刻玉函山房輯佚書本　國圖　天津　遼寧　山東

清光緒九年長沙嫏嬛館刻光緒十年章邱李氏印玉函山房輯佚書本　遼寧

清光緒十年楚南書局刻玉函山房輯佚書本　天津　遼寧

周禮鄭司農解詁六卷　漢鄭衆撰　清馬國翰輯

清同治十年濟南皇華館刻玉函山房輯佚書本　山東

清光緒九年長沙嫏嬛館刻玉函山房輯佚書本　國圖　天津　遼寧　山東

清光緒九年長沙嫏嬛館刻光緒十年章邱李氏印玉函山房輯佚書本　遼寧

清光緒十年楚南書局刻玉函山房輯佚書本　天津　遼寧

周禮杜氏注二卷　漢杜子春撰　清馬國翰輯

清同治十年濟南皇華館刻玉函山房輯佚書本　山東

清光緒九年長沙嫏嬛館刻玉函山房輯佚書本　國圖　天津　遼寧　山東

清光緒九年長沙嫏嬛館刻光緒十年章邱李氏印玉函山房輯佚書本　遼寧

清光緒十年楚南書局刻玉函山房輯佚書本　天津　遼寧

周禮賈氏解詁一卷　漢賈逵撰　清馬國翰輯

清同治十年濟南皇華館刻玉函山房輯佚書本　山東

清光緒九年長沙嫏嬛館刻玉函山房輯佚書本　國圖　天津　遼寧　山東

清光緒九年長沙嫏嬛館刻光緒十年章邱李氏印玉函山房輯佚書本　遼寧

清光緒十年楚南書局刻玉函山房輯佚書本　天津　遼寧

周禮賈氏注一卷　漢賈逵撰　清王仁俊輯

清光緒王仁俊稿本玉函山房輯佚書續編本　上海

周官傳一卷　漢馬融撰　清王謨輯

清嘉慶三年金溪王氏刻漢魏遺書抄本　國圖　北大

周官傳一卷　漢馬融撰　清黄奭輯
清道光甘泉黄氏刻光緒印漢學堂叢書本　國圖　天津
清道光甘泉黄氏刻一九二五年王鑒修補重印黄氏逸書考本　遼寧
清道光甘泉黄氏刻一九三四年江都朱長圻修補重印黄氏逸書考本
周官傳一卷　漢馬融撰　清馬國翰輯
清同治十年濟南皇華館刻玉函山房輯佚書本　山東
清光緒九年長沙嫏嬛館刻玉函山房輯佚書本　國圖　天津　遼寧　山東
清光緒九年長沙嫏嬛館刻光緒十年章邱李氏印玉函山房輯佚書本　遼寧
清光緒十年楚南書局刻玉函山房輯佚書本　天津　遼寧
周禮班氏義一卷　漢班固撰　清王仁俊輯
清光緒王仁俊原稿十三經漢注本　上海
周禮十二卷　漢鄭玄注
宋婺州市門巷唐宅刻本　國圖
宋刻本　國圖(存卷七至十一)
宋蜀大字刻本(存卷九至十)　静嘉堂
明嘉靖吴郡徐氏刻三禮本　國圖　上海
明刻本(劍叟批校並跋)　山東(存卷一至六)
中華再造善本影印宋婺州市門巷唐宅刻本
周禮六卷
明嘉靖刻本　浙江
清同治十二年稽古樓刻袖珍十三經注本
周禮十六卷
清光緒年桂垣書局刻本　天津
周禮十二卷附札記一卷　漢鄭玄注　清黄丕烈撰札記
清嘉慶道光間吴縣黄氏刻士禮居叢書本　國圖　天津　上海　南京
清光緒十三年上海蜚英館石印士禮居叢書本　北大　湖北
一九一五年上海石竹山房影印士禮居叢書本　復旦
周禮札記一卷　清黄丕烈撰
清嘉慶道光間吴縣黄氏刻士禮居叢書本　國圖　天津　上海　南京
清光緒十三年上海蜚英館石印士禮居叢書本　北大　湖北
一九一五年上海石竹山房影印士禮居叢書本　復旦
重雕嘉靖本校宋周禮札記一卷
清抄本(清孫詒讓批並跋)　杭州大學
周官禮注十二卷　漢鄭玄注　清殷盤校
清乾隆五十一年揚州殷盤刻本　國圖　北大　南京

周禮十二卷釋音一卷　漢鄭玄注　唐陸德明撰釋音
金刻本　國圖
周禮十二卷　漢鄭玄注　唐陸德明音義
宋刻本（清費念慈跋）　國圖
宋刻本　國圖（存卷二、四、七至九、卷十二配影宋抄本）
元相臺岳氏荆溪家塾刻本　臺北故宫（存卷三）
宋建安刻巾箱本　日本足利學校
元刻本（傅增湘跋）　國圖（存卷三至六）
明潘恩刻萬曆十六年潘允端印本　國圖　北大　科學　南京　歷史所　上海　山西文物局等
清同治七年湖北崇文書局刻本　國圖　北大　上海　天津　南京　湖北
一九三四年北平文禄堂據宋刻本影印本　國圖　上海　遼寧　湖北
周禮六卷
清乾隆五十二年福禮堂刻本（清翁方綱校）　國圖　北大　南京　湖北
清嘉慶十一年張青選清芬閣刻本　國圖　北大　南京　浙江　遼寧　湖北
清光緒六年山西濬文書局刻本　浙江
清光緒二十年金陵書局刻本　國圖　北大　上海　南京
清光緒二十九年新化三味堂刻本　湖北
清宣統元年學部圖書局石印本　國圖　北大　南京
周禮十二卷附周禮圖一卷　漢鄭玄注　唐陸德明音義
宋刻本　北大
中華再造善本影印宋刻本
纂圖互注周禮十二卷圖説一卷　漢鄭玄注　唐陸德明音義
宋刻本　國圖
宋刻本　静嘉堂
清康熙四十五年朝鮮刻本　遼寧
中華再造善本影印宋刻本
京本點校附音重言重意互注周禮十二卷　漢鄭玄注　唐陸德明音義
宋刻本　北大（存卷二、四至六）
宋刻本　上海（存卷一、三、七至十二）
清嘉慶二十二年吴壽暘拜經樓影宋抄本　北大
中華再造善本影印宋刻本
周禮注釋十二卷　漢鄭玄注　唐陸德明音義
明刻本　國圖

周禮六卷考工記一卷　漢鄭玄注　唐陸德明音義　明陳鳳梧編次
　　明嘉靖六年陳鳳梧何鰲刻本　國圖　北大　山東　南京
周禮四十二卷　漢鄭玄注　唐陸德明音義　明金蟠　葛鼒校
　　明崇禎十二年永懷堂刻十三經古注本　上海　南京
　　日本寬延二年翻刻永懷堂本　國圖　北大　上海　南京
　　清同治八年浙江書局補刻十三經古注本　北大　南京
周禮讀本六卷　漢鄭玄注　唐陸德明音義　唐文治輯
　　一九二四年吴江施肇曾醒園刻十三經讀本本　北大
周禮六卷校刊記一卷　漢鄭玄注　唐陸德明音義　清丁寶楨等撰校刊記
　　清同治十一年山東書局刻十三經讀本本　北大　上海　南京　遼寧
　　清光緒錦江書局影刻山東尚志堂本　南京　遼寧　湖北
周禮校刊記一卷　清丁寶楨等撰
　　清同治十一年山東書局刻十三經讀本本　北大　上海　南京　遼寧
　　清光緒錦江書局影刻山東尚志堂本　南京　遼寧　湖北
周禮節抄不分卷　漢鄭玄注
　　清王氏世德堂精抄本　天津
周禮序一卷　漢鄭玄撰　清王仁俊輯
　　清光緒王仁俊稿本玉函山房輯佚書續編本　上海
答周禮難一卷　漢鄭玄撰　清孔廣林輯
　　清光緒十六年山東書局刻通德遺書所見録本　北大
答臨碩難禮一卷　漢鄭玄撰　清袁鈞輯
　　清光緒十四年浙江書局刻鄭氏佚書本　北大
答臨孝存周禮難一卷　漢鄭玄撰　清黄奭輯
　　清道光甘泉黄氏刻光緒印漢學堂叢書本　天津
　　清道光甘泉黄氏刻一九二五年王鑒修補印黄氏逸書考本
　　一九三四年江都朱長圻據甘泉黄氏版補刻印黄氏逸書考本　山東
答臨碩周禮難一卷　漢鄭玄撰　清王仁俊輯
　　清光緒王仁俊稿本玉函山房輯佚書續編本　上海
周官禮注一卷　晉干寶撰　清王謨輯
　　清嘉慶三年金溪王氏刻漢魏遺書抄本　國圖　北大
周官注一卷　晉干寶撰　清黄奭輯
　　清道光甘泉黄氏刻光緒印漢學堂叢書本　國圖　天津
　　清道光甘泉黄氏刻一九二五年王鑒修補重印黄氏逸書考本　遼寧

清道光甘泉黄氏刻一九三四年江都朱長圻修補重印黄氏逸書考本

周官禮干氏注一卷　晉干寶撰　清馬國翰輯

清同治十年濟南皇華館刻玉函山房輯佚書本　山東

清光緒九年長沙娜嬛館刻玉函山房輯佚書本　國圖　天津　遼寧　山東

清光緒九年長沙娜嬛館刻光緒十年章邱李氏印玉函山房輯佚書本　遼寧

清光緒十年楚南書局刻玉函山房輯佚書本　天津　遼寧

周官禮異同評一卷　晉陳邵撰　清馬國翰輯

清同治十年濟南皇華館刻玉函山房輯佚書本　山東

清光緒九年長沙娜嬛館刻玉函山房輯佚書本　國圖　天津　遼寧　山東

清光緒九年長沙娜嬛館刻光緒十年章邱李氏印玉函山房輯佚書本　遼寧

清光緒十年楚南書局刻玉函山房輯佚書本　天津　遼寧

周官禮義疏一卷　後周沈重撰　清馬國翰輯

清同治十年濟南皇華館刻玉函山房輯佚書本　山東

清光緒九年長沙娜嬛館刻玉函山房輯佚書本　國圖　天津　遼寧　山東

清光緒九年長沙娜嬛館刻光緒十年章邱李氏印玉函山房輯佚書本　遼寧

清光緒十年楚南書局刻玉函山房輯佚書本　天津　遼寧

周禮疏五十卷　漢鄭玄注　唐賈公彦疏

宋兩浙東路茶鹽司刻宋元遞修本　國圖　北大

一九四〇年武進董氏誦芬室影印宋越州本　國圖　北大　科學　上海　復旦　湖北

一九四〇年武進董氏誦芬室影刻宋越州本　國圖

中華再造善本影印宋兩浙東路茶鹽司刻宋元遞修本

附釋音周禮注疏四十二卷　漢鄭玄注　唐陸德明音義　唐賈公彦疏

元刻明修本　國圖　北大　北師大　上海　復旦　南京　吉林大學　山東

周禮注疏四十二卷　漢鄭玄注　唐陸德明音義　唐賈公彦疏

明嘉靖常州知府應檟刻本　國圖　北大　歷史所　上海　浙江　中山大　重慶

明嘉靖李元陽福建刻十三經注疏本　國圖　上海　南京　浙江　山東博

明嘉靖李元陽福建刻隆慶二年重修十三經注疏本　西北大學

明萬曆二十一年北京國子監刻十三經注疏本　上海　復旦

明崇禎元年毛氏汲古閣刻十三經注疏本　國圖　天津　上海　復旦　南京　湖北

清翻刻毛氏汲古閣本　湖北

周禮注疏十八卷　漢鄭玄注　唐賈公彦疏　明張采訂

明末張采刻本　中山大

明末刻本　上海　上海辭書　湖南師大
四庫全書存目叢書影印明末刻本

周禮注疏四十二卷附考證一卷　漢鄭玄注　唐陸德明音義　唐賈公彦疏

清乾隆四年武英殿刻十三經注疏本　國圖　北大　湖北
清乾隆三十八年四庫全書館寫欽定四庫全書薈要本
清乾隆四庫全書館寫欽定四庫全書本

附釋音周禮注疏四十二卷校勘記四十二卷　漢鄭玄注　唐陸德明音義　唐賈公彦疏　清阮元撰校勘記　清盧宣旬摘録

清嘉慶二十年南昌府學刻重刊宋本十三經注疏附校勘記本　國圖
清同治十年廣東書局刻重刊宋本十三經注疏附校勘記本　國圖
清光緒十三年上海脈望仙馆石印重刊宋本十三經注疏附校勘記本　國圖
清光緒十八年湖南寶慶務本書局刻重刊宋本十三經注疏附校勘記本　北大　上海
清光緒二十三年上海點石齋石印重刊宋本十三經注疏附校勘記本　國圖　北大

周禮校勘記十二卷釋文校勘記二卷　清阮元撰

清嘉慶十三年刻十三經注疏校勘記本　北大
清道光九年廣東學海堂刻皇清經解一千四百卷本　天津　遼寧　山東
清光緒十七年上海鴻寶齋石印皇清經解一百九十卷本　天津
清光緒上海點石齋石印皇清經解一百九十卷本
清光緒二十四年蘇州官書坊刻宋本十三經注疏並經典釋文校勘記本　北大　山東

周官新義十六卷附考工記解二卷　宋王安石撰

清乾隆四庫全書館寫欽定四庫全書本
清嘉慶間海虞張氏刻墨海金壺本　上海　湖北
清咸豐三年南海伍氏刻粤雅堂叢書本　北大
清道光咸豐間大梁書院刻同治七年王儒行等印經苑本　國圖　北大
一九二一年上海博古齋據張氏刊墨海金壺本影印本　北大

周官新義十六卷

清抄本　湖北

周禮詳解四十卷　宋王昭禹撰

清乾隆四庫全書館寫欽定四庫全書本
清抄本　上海

清抄本(清丁丙跋)　南京

周禮解六卷　宋胡銓撰

清乾隆五十二年餘杭官署刻胡忠簡公經解本

清光緒刻豫恕堂叢書本

宋黄宣獻公周禮説五卷首一卷末一卷　宋黄度撰　清陳金鑒輯

清道光十年陳氏五馬山樓刻本　國圖　北大　科學　南京

續修四庫全書影印清道光十年陳氏五馬山樓刻本

周禮復古編一卷　宋俞庭椿撰

明成化十年張瑄刻本　北大　上海　南京

明刻本　國圖　北大　上海　山東　山東博　浙江大學　湖北　四川師院

明刻本　西北大學

明刻本(清丁丙跋)　南京

明刻本　國圖

清乾隆四庫全書館寫欽定四庫全書本

禮經會元四卷　宋葉時撰

元至正刻本　静嘉堂　御茶之水圖書館

元至正刻明修本　蓬左文庫

明嘉靖五年蕭梅林刻本　國圖　北大　上海　復旦　浙江大學　華南師大

明刻本　國圖　上海　吉林　湖北

清康熙十九年納蘭性德刻通志堂經解本　國圖　北大　科學　上海

清乾隆四庫全書館寫欽定四庫全書本

清乾隆藤花榭刻經學五種本

禮經會元不分卷

舊抄本　國圖

新刊京本禮經會元四卷　宋葉時撰

明刻本　國圖

禮經會元節要二卷　宋葉時撰　宋夏惟寧輯

明嘉靖十九年餘姚鳳山書院刻本　國圖

禮經會元節要四卷

明刻本　故宫

宋葉文康公禮記會元四卷　宋葉時撰　清屈學溥重訂

清乾隆十三年刻本　復旦　浙江

宋葉文康公禮記會元四卷　宋葉時撰　清陸隴其點定　清許元淮輯

清乾隆五十年黄暹刻本　北大　南京　浙江　湖北

清嘉慶五年瘦竹山房刻本　北大
清嘉慶五年鋤經堂刻本　浙江
清光緒十一年刻本　天津
清光緒十五年文選樓刻玲瓏山館叢書本　國圖　北大

太平經國之書十一卷　宋鄭伯謙撰
明嘉靖十五年高叔嗣刻本　國圖　北大　天津　上海　山東　重慶
明嘉靖十七年孔天胤刻本　清華　科學
清康熙十九年納蘭性德刻通志堂經解本　國圖　北大　科學　上海
清乾隆四庫全書館寫欽定四庫全書本
清嘉慶十年虞山張氏照曠閣刻學津討原本　天津　遼寧　山東
一九二二年上海商務印書館影印清嘉慶十年虞山張氏照曠閣刻學津討原本　北大

新刻翰林彙選周禮三注六卷　宋鄭伯謙　明何喬新等撰　明何天寵輯
明萬曆二十四年書林怡慶堂刻本　國圖

周官總義六卷　宋易祓撰
清乾隆二十年易祖燾刻本　科學(清孫詒讓批校並跋)　温州
清道光六年篤成堂刻本　湖北

周官總義三十卷
清乾隆四庫全書館寫欽定四庫全書本
清抄本　上海

周禮總義六卷考證一卷　宋易祓撰　孫文昱撰考證
民國湖南叢書處刻湖南叢書本　遼寧　湖北

周官總義職方氏注一卷　宋易祓撰
清光緒宣統間湘西陳氏刻麓山精舍叢書本　國圖

周禮折衷四卷　宋魏了翁撰
清同治十三年望三益齋刻本　國圖　北大　上海

禮法條牒一卷　宋任預撰　清馬國翰輯
清同治十年濟南皇華館刻玉函山房輯佚書本　山東
清光緒九年長沙嫏嬛館刻玉函山房輯佚書本　國圖　天津　遼寧　山東
清光緒九年長沙嫏嬛館刻光緒十年章邱李氏印玉函山房輯佚書本　遼寧
清光緒十年楚南書局刻玉函山房輯佚書本　天津　遼寧

東巖周禮訂義八十卷　宋王與之撰
宋刻本　國圖
清康熙十九年納蘭性德刻通志堂經解本　國圖　北大　科學　上海

清康熙十九年通志堂刻乾隆五十年補修通志堂經解本 北大
清乾隆四庫全書館寫欽定四庫全書本
清同治十二年粵東書局重刻通志堂經解本 上海 遼寧

周禮句解十二卷 宋朱申撰
明嘉靖三十五年蔡揚金刻本 上海 南京 遼寧 東北師大 西安文管會 山東 吴縣
明嘉靖四十四年陳儒刻本 上海
明萬曆三十三年梅守峻刻本 國圖
清乾隆四庫全書館寫欽定四庫全書本
盧江劉氏遠碧樓藍格抄本 上海

校正詳增音訓周禮句解十二卷 宋朱申撰
明成化四年孫世榮刻本(清陳鱣跋) 國圖
明刻本 上海
清道光二十一年蔣氏別下齋抄本(清許光清校並跋) 國圖
清抄本(清丁丙跋) 南京

周禮集説十卷綱領一卷 元陳友仁輯
清乾隆四庫全書館寫欽定四庫全書本

周禮集説十一卷綱領一卷復古編一卷 元陳友仁輯 宋俞庭椿編復古編
明成化十年張瑄刻本 北大 上海 南京
明刻本 國圖 北大 上海 山東 山東博 浙江大學 湖北 四川師院

周禮集説十一卷綱領一卷復古編一卷編補二卷 元陳友仁輯 宋俞庭椿編復古編 明劉儲秀輯復古編編補
明刻本 國圖
明刻本(清丁丙跋) 南京(綱領卷一配清抄本)

周禮考注十五卷 元吴澄撰
明吴興董嗣茂刻本 臺北央圖
明刻本 山東師大

周官集傳十六卷 元毛應龍撰
清乾隆四庫全書館寫欽定四庫全書本
清乾隆四十六年沈叔埏抄本 南京(存卷一至二)
清抄本 復旦
孔氏岳雪樓影抄本 國圖

周官集傳十六卷附校勘記一卷校勘續記一卷　元毛應龍撰　魏元曠撰校勘記　胡思敬撰校勘續記

民國南昌豫章叢書編刻局刻豫章叢書本

周官集傳校勘記一卷　魏元曠撰

民國南昌豫章叢書編刻局刻豫章叢書本

周官集傳校勘續記一卷　胡思敬撰

民國南昌豫章叢書編刻局刻豫章叢書本

周禮補亡六卷　元丘葵撰

明弘治十四年錢俊民刻本　北大

明李緝刻本　國圖　北大　上海　南京　吉林社科院　山東　安徽

明葛欽刻本　國圖　河南

明刻本　杭州大學

明刻本　湖南師大(存四卷)

明抄本　餘杭(存三卷)

四庫全書存目叢書影印明弘治十四年錢俊民刻本

周禮補亡六卷　元丘葵撰　清顧可久編

抄本　國圖

周禮集注七卷　明何喬新撰

明弘治九年刻本　日本無窮會天淵文庫

明正德十三年安正堂刻本　國圖(存二卷)

明嘉靖六年毛益刻本　上海

明嘉靖七年褚選刻本　國圖　科學　南京

明刻本　故宫　新鄉

四庫全書存目叢書影印明嘉靖七年褚選刻本

周禮明解十二卷　明何喬新撰

明刻本　齊齊哈爾

讀禮疑圖六卷　明季本編

明嘉靖刻本　國圖　北大　歷史所　復旦

四庫全書存目叢書影印明嘉靖刻本

周禮訓雋二十卷　明陳深撰

明萬曆刻本　山東大學　即墨　鄒縣文管所　無錫　揚州　浙江　河南　湖南　廣西

四庫全書存目叢書影印明萬曆刻本

周禮二十卷　明陳深批點
　明淩杜若刻朱套印本　國圖　北大　故宫　北京文物局　群衆出版社
　　上海　復旦　華東師大　南京　遼寧　吉林　東北師大　吉林社科院
　　浙江　杭州　江西　福建　重慶
周禮十八卷考工記二卷　明陳深批點　唐杜牧注考工記
　明刻本　中央黨校　華東師大　平湖
周禮沿革傳四卷　明魏校撰
　明嘉靖蘇州知府王道行刻莊渠先生遺書本　北大
　四庫全書存目叢書影印明嘉靖蘇州知府王道行刻莊渠先生遺書本
周禮定本四卷　明舒芬撰
　明萬曆四十八年梓溪文抄本　國圖　北大　科學　上海　遼寧　浙江
　清乾隆翻刻萬曆本　北大
　四庫全書存目叢書影印明萬曆四十八年刻梓溪文抄本
周禮因論一卷　明唐樞撰
　明隆慶刻本　科學
　明嘉靖萬曆間刻木鍾台集本　北大　科學　上海　浙江
　清咸豐六年唐氏書院刻木鍾台全集本
　續修四庫全書影印科圖藏明隆慶刻本
周禮述注六卷　明金瑶撰
　明萬曆七年瑺溪金氏一經堂刻本　河北大學　東北師大　山東　浙江
　　安徽
　四庫全書存目叢書影印明萬曆七年瑺溪金氏一經堂刻本
周禮二氏改官改文議一卷　明金瑶撰
　明萬曆七年瑺溪金氏一經堂刻本　河北大學　東北師大　山東　浙江
　　安徽
　四庫全書存目叢書影印明萬曆七年瑺溪金氏一經堂刻本
周禮會注十五卷　明李如玉撰
　明抄本　國圖(存七卷)
非周禮辨一卷經傳正訛一卷　明王應電撰
　明刻本　天津
周禮傳五卷翼傳二卷圖説二卷　明王應電撰
　明嘉靖四十二年吴鳳瑞刻本　國圖　上海　蘇州文管會　浙江　天一閣
　明抄本　武大
周禮傳十卷翼傳二卷圖説二卷
　清乾隆四庫全書館寫欽定四庫全書本

周禮翼傳二卷　明王應電撰
明嘉靖四十二年吴鳳瑞刻本　國圖　上海　蘇州文管會　浙江　天一閣
明抄本　武大
清乾隆四庫全書館寫欽定四庫全書本
周禮圖説二卷　明王應電撰
明嘉靖四十二年吴鳳瑞刻本　國圖　上海　蘇州文管會　浙江　天一閣
明抄本　武大
清乾隆四庫全書館寫欽定四庫全書本
周禮要義十四卷　明丁克卿撰
明刻本　北大　文研所　上海
續定周禮全經集注十五卷　明王圻撰
明萬曆四十一年刻本　温州
周禮全經釋原十二卷附周禮通論一卷周禮傳叙論一卷　明柯尚遷撰
明隆慶四年張大忠刻本　國圖　北大　天津　陝西　浙江　華南師大
清初抄本(王禮培跋)　上海(存卷一至四)
周禮全經釋原十四卷
清乾隆四庫全書館寫欽定四庫全書本
周禮通論一卷　明柯尚遷撰
明隆慶四年張大忠刻本　國圖　北大　天津　陝西　浙江　華南師大
周禮傳叙論一卷　明柯尚遷撰
明隆慶四年張大忠刻本　國圖　北大　天津　陝西　浙江　華南師大
周禮集説編補二卷　明劉儲秀輯
明刻本　國圖
明刻本(清丁丙跋)　南京
周禮筆記六卷　明馮時可撰
明萬曆周宗邠刻本　國圖
周禮通義二卷　明施天麟撰
明崇禎刻本　國圖
周禮説十二卷　明徐即登撰
明萬曆刻本　浙江
四庫全書存目叢書影印明萬曆刻本
古周禮釋評六卷　明孫攀撰
明萬曆三十一年刻本　清華　科學　南京　安徽　重慶
四庫全書存目叢書影印明萬曆三十一年刻本

周禮古本訂注五卷附考工記一卷　明郭良翰輯

明萬曆刻本　泉州　福建師大

四庫全書存目叢書影印明萬曆刻本

周禮完解十二卷　明郝敬撰

明萬曆四十三至四十七年郝千秋郝千石刻郝氏九經解本　復旦　南京　湖北

抄本郝氏九經解本　上海師大

四庫全書存目叢書續修四庫全書影印明萬曆四十三年至四十七年郝千秋郝千石刻郝氏九經解本

讀周禮一卷　明郝敬撰

明萬曆四十三至四十七年郝千秋郝千石刻郝氏九經解本　復旦　南京　湖北

四庫全書存目叢書續修四庫全書影印明萬曆四十三年至四十七年郝千秋郝千石刻郝氏九經解本

重校古周禮六卷　明陳仁錫注釋

明末刻本　北大　清華　浙江　中山

四庫全書存目叢書影印明末刻本

重校古周禮三卷

清康熙清畏堂刻本　上海

周禮句解六卷考工記一卷集注句解一卷　明陳仁錫撰

明問龍館刻本　國圖

周禮五官考一卷　明陳仁錫撰

清道光十一年六安晁氏木活字排印學海類編本　北大

一九二〇年上海涵芬樓影印學海類編本　北大

注釋古周禮五卷考工記一卷　明郎兆玉撰

明天啓郎氏堂策檻刻本　國圖　北大　清華　北師大　中央黨校　科學　自然所　天津　上海　復旦　浙江　吉林社科院　陝西　新疆大學　山東　南京　吴江　浙江　平湖　安徽　江西　河南　邵陽　湖南社科院　中山大　四川

四庫全書存目叢書影印明天啓郎氏堂策檻刻本

周禮注疏删翼三十卷　明王志長撰

明崇禎十二年葉培恕刻本　北大　北師大　華東師大　南京　南京博　武威博物館　泰安　青島博物館　南通　揚州　高郵　常熟　天一閣　福建　惠安　福建師大　河南　湖北　重慶

明末天德堂刻本　清華　天津　萬榮　寧夏　樂平　湖南　中山大

清初函三堂刻本　湖北

清乾隆四庫全書館寫欽定四庫全書本

清乾隆六十年醉墨齋刻本　國圖　北大　湖北

清嘉慶十年醉墨齋刻本　北大　復旦

新鐫周禮旁訓六卷　明楊九經撰

明萬曆二十八年鄭雲竹刻本　日茨城大學

讀周禮略記六卷　明朱朝瑛撰

清抄七經略記本　國圖　浙江

四庫全書存目叢書影印清抄七經略記本

周禮六卷　明蔡吉甫學　清顧可久輯

明刻本　上海

資治周禮集傳五卷　明曹津集

明萬曆刻本　上海

周禮便讀二卷　明王一清撰

清刻本　遼寧

周禮考記一卷

明抄本　吉林

周禮文物大全圖一卷

明刻套印本　國圖

明刻本　國圖

清初朱緑套印本　北大

周禮三注粹抄六卷

明萬曆十八年余泗泉萃慶堂刻本　天津

周禮要義十四卷

清初刻本　上海(存卷一、二、四、六)

周禮彙纂二卷　清錢世熹撰

清嘉慶十五年刻本　國圖　科學

四庫未收書輯刊影印清嘉慶十五年史祐刻本

周官識小一卷　清沈豫撰

清道光十八年蕭山沈氏漢讀齋刻蛾術堂集本

一九三一年上海蟫隱廬據清道光本影印蛾術堂集本

周禮通義問一卷　清李蕃撰

清康熙刻雪鴻堂文集卷十本　北大　湖北

周禮問二卷　清毛奇齡撰

清康熙李塨等刻西河合集本　遼寧　山東

清康熙李塨等刻乾隆十年蕭山毛氏修補重印西河合集本　山東

清康熙李塨等刻乾隆三十五年陸體元修補重印西河合集本　科學　天津　遼寧　山東

四庫全書存目叢書續修四庫全書影印清康熙刻西河合集本

周禮集傳六卷　清李文炤撰

清康熙五十八年四爲堂刻本　北大　上海

四庫全書存目叢書影印清康熙四爲堂刻本

禮經會元疏釋四卷首一卷　清陸隴其撰

清光緒十六年宗培等刻陸子全書本

周官辨非一卷　清萬斯大撰

清康熙刻本　南京

清乾隆二十六年刻萬充宗先生經學五書本　科學　天津　上海　南京

清乾隆刻嘉慶元年辨志堂印經學五書本　北大

清道光吴江沈氏世楷堂刻昭代叢書本　北大　遼寧　山東

清抄本　北大

四庫全書存目叢書續修四庫全書影印清乾隆二十六年萬福刻萬充宗先生經學五書本

周禮惜陰録六卷　清徐世沐輯

抄本　上海

四庫全書存目叢書影印抄本

周禮集解□□卷　清高愈撰　清華學泉增訂

清抄本　國圖(存卷一至二十三)

四庫全書存目叢書影印清抄本

周禮淪義三十二卷　清劉謙撰

清抄本　天津

周禮玉海一卷　清張一稑撰

清乾隆元年刻本　上海

周禮述注二十四卷　清李光坡撰

清乾隆八年李氏清白堂刻本　國圖　北大　科學　南京　浙江

清乾隆四庫全書館寫欽定四庫全書本

清光緒三年刻本　上海　南京　湖北

田賦考辨一卷　清李塨撰

一九二三年北京四存學會鉛印顏李叢書本　國圖　北大

周官學一卷　清劉光撰
清抄本　國圖
周禮纂訓二十一卷　清李鍾倫纂
清乾隆成雲山房刻本　北大　上海
清乾隆四庫全書館寫欽定四庫全書本
清道光李維迪刻榕村全書本　北大
周禮札記二卷　清朱亦棟撰
清光緒四年武林竹簡齋刻十三經札記本　北大
周禮輯義十二卷　清姜兆錫撰
清康熙刻本　上海　浙江
清雍正九年刻九經補注本　國圖　科學　上海　南京
清抄本　科學(存卷一至六)
四庫全書存目叢書影印清雍正九年刻九經補注本
周禮注疏詳解十二卷　清姜兆錫撰
清嘉慶元年聯墨堂刻本　大連
周禮折衷六卷　清胡興栓編注
清康熙二十五年經綸堂刻本　上海
清同治五年尚德堂刻本　湖北
清晚翠堂刻本　湖北
周官辨一卷　清方苞撰
清乾隆方觀承刻方望溪先生經説四種本　國圖　上海
清康熙嘉慶間桐城方氏抗希堂刻抗希堂十六種本　國圖　北大　科學　上海
清光緒二十四年鄉嬛閣活字印桐城方望溪先生全書本　北大
四庫全書存目叢書影印清康熙至嘉慶間刻抗希堂十六種本
續修四庫全書影印清乾隆刻本
周官集注十二卷　清方苞注
清康熙嘉慶間桐城方氏刻抗希堂十六種本　國圖　北大　科學　上海
清乾隆四庫全書館寫欽定四庫全書本
清光緒二十四年鄉嬛閣活字印桐城方望溪先生全書本　北大
周官析疑三十六卷考工記析疑四卷　清方苞撰
清康熙嘉慶間桐城方氏刻抗希堂十六種本　國圖　北大　科學　上海
清康熙六十年陳彭年雍正九年朱軾乾隆八年周力堂等遞修本　華東師大
清光緒二十四年鄉嬛閣活字印桐城方望溪先生全書本　北大

四庫全書存目叢書影印清康熙至嘉慶間刻抗希堂十六種本
續修四庫全書影印清康熙六十年陳彭年雍正九年朱軾乾隆八年周力堂等遞修本

周禮義疏四十八卷首一卷　清任啓運　吴紱等纂修
清乾隆紅格抄三禮義疏本　國圖

田賦考一卷　清任啓運撰
清光緒十四年任氏家塾刻本　北大　科學　南京　浙江
清光緒十四年南菁書院刻皇清經解續編本　天津　遼寧
清光緒十五年上海蜚英館石印皇清經解續編本　北大
一九三四年刻任氏遺書本　北大

禮説十四卷　清惠士奇撰
清惠氏紅豆齋刻本　國圖　北大　科學　復旦　湖北
清乾隆四庫全書館寫欽定四庫全書本
清嘉慶蘭陔書屋刻本　國圖　科學　北大　天津　上海　南京　遼寧　湖北
清道光十年寶仁堂刻璜川吴氏經學叢書本　遼寧　山東
清道光九年廣東學海堂刻皇清經解一千四百卷本　天津　遼寧　山東
清道光九年廣東學海堂刻咸豐十一年補刻皇清經解一千四百八卷本　遼寧

周禮節訓六卷　清黄叔琳輯
清雍正十年古音堂刻本　國圖　華東師大　上海　湖北
清乾隆刻本　復旦　清華　中山大學
清嘉慶十七年書業堂刻本　錦州
四庫全書存目叢書影印清乾隆刻本
清道光十年刻金閶步月樓藏版本　國圖
清同治七年重刻本　南京

周禮節訓增句六卷　清黄叔琳撰　李盛卿增句
清光緒十五年李氏家塾本　浙江
清宣統元年上海會文學社石印本　上海　浙江

周禮揭要六卷周禮序官一卷　清黄叔琳撰　清許寶香重訂
清嘉慶元年自怡軒刻本　東師

繪圖周禮便蒙課本六卷　清黄叔琳撰
清光緒三十二年南洋官書局石印本　吉市　黑龍江

欽定周官義疏四十八卷首一卷　清鄂爾泰等奉敕編
清乾隆三十八年四庫全書館寫欽定四庫全書薈要本

清乾隆四庫全書館寫欽定四庫全書本
清康熙至乾隆内府刻御纂七經本　天津　南京　山東
清同治六年浙江書局刻御纂七經本　天津　湖北
清同治十年湖北崇文書局刻御纂七經本　國圖　湖北
清紫陽書院刻本　南京　湖北

周禮札記二卷　清范爾梅撰

清雍正七年敬恕堂刻讀書小記本　北大

周禮疑義舉要七卷　清江永撰

清乾隆四庫全書館寫欽定四庫全書本
清乾隆刻本　國圖
清道光刻本(清姚椿批校)　上海
清延古樓黄鑒唐刻本　科學
清道光九年廣東學海堂刻皇清經解一千四百卷本　天津　遼寧　山東
清光緒十五年上海鴻文書局影印清道光錢氏刻守山閣叢書本　北大

周禮疑義舉要八卷

清乾隆閩中許作屏刻本　國圖

周禮疑義舉要六卷

清道光五年成都龍氏刻敷文閣叢書本　北大

周禮疑義四十四卷　清吴廷華撰

清玉海樓抄本(清孫詒讓校)　浙江大學(存卷三至六、二十三至三十、三十三至三十六、四十一至四十二)
清張金吾詒經堂抄本　國圖(闕卷四至二十八)
清抄本(清丁丙跋)　南京(存卷三至六、二十三至三十、三十三至三十六、四十一至四十二)
清抄本　上海(存卷一)

東壁疑義□□卷　清吴廷華撰

清乾隆翰林院抄本　北大(存周禮卷一至四)
清抄本　上海(存周禮卷三至五)

周官圖四卷　清王文清　吴廷華纂修

清王文清吴廷華稿本　國圖

周官禄田考三卷　清沈彤撰

清乾隆四庫全書館寫欽定四庫全書本
清乾隆吴江沈氏刻本　國圖　上海　北大　人大　遼寧
清道光九年廣東學海堂刻皇清經解一千四百卷本　天津　遼寧　山東

清道光九年廣東學海堂刻咸豐十一年補刻皇清經解一千四百八卷本　遼寧
清抄本(清孔繼涵校　鄧邦述跋)　國圖
張約園抄本　國圖

周官禄田考補正三卷　清倪景曾撰
民國吴縣王氏學禮齋抄稿本　復旦

六官典故九卷　清姚培謙撰
清乾隆五年刻本　東師

周禮會最一卷　清惠棟編
清惠棟稿本　北大

周禮古義一卷　清惠棟撰
清道光吴江沈氏世楷堂刻昭代叢書本　北大　遼寧　山東
續修四庫全書影印清道光十三年沈氏世楷堂刻昭代叢書本

周禮質疑五卷　清劉青芝撰
清乾隆二十年刻劉氏傳家集本　國圖　北大　清華　科學　上海
四庫全書存目叢書影印清乾隆刻劉氏傳家集本

讀周禮隨筆六卷　清龔鑑撰
清刻本　國圖

周禮集解節要六卷　清鄧愷輯
清雍正十二年大酉齋刻本(清佚名批校)　華東師大
清道光十三年步月樓刻本　吉師
清抄本　東師

石溪讀周官六卷　清官獻瑶撰
清道光二十五年同安蘇氏刻本　國圖　科學
續修四庫全書影印清道光二十五年刊本

周禮正義六卷　清陶敬信撰
清陶敬信稿本　故宫

周禮撮要三卷　清潘相撰
清乾隆十八年刻本　科學
清乾隆汲古閣刻本　華東師大
清刻潘相所著書本　北大
續修四庫全書影印清乾隆汲古閣刻本

周禮注疏述注十卷　清吕心忠撰
清抄本　國圖

周禮初學讀本六卷　清萬廷蘭輯
清南昌萬氏刻十一經初學讀本本　國圖　湖北

周官記五卷　清莊存與撰
清嘉慶八年味經齋刻道光七年增修彙印味經齋遺書本　浙江
清道光莊綬甲寳研堂刻味經齋遺書本　國圖
清光緒八年陽湖莊氏刻味經齋遺書本　北大
清光緒十四年南菁書院刻皇清經解續編本　國圖　天津　遼寧
清光緒十五年上海蜚英館石印皇清經解續編本　國圖
續修四庫全書影印清嘉慶八年味經齋刻道光七年彙印味經齋遺書本
周官説二卷　清莊存與撰
清嘉慶八年味經齋刻道光七年增修彙印味經齋遺書本　浙江
清道光莊綬甲寳研堂刻味經齋遺書本　國圖
清光緒八年陽湖莊氏刻味經齋遺書本　北大
清光緒十四年南菁書院刻皇清經解續編本　國圖　天津　遼寧
清光緒十五年上海蜚英館石印皇清經解續編本　國圖
續修四庫全書影印清嘉慶八年味經齋刻道光七年彙印味經齋遺書本
周官説補三卷　清莊存與撰
清嘉慶八年味經齋刻道光七年增修彙印味經齋遺書本　浙江
清道光莊綬甲寳研堂刻味經齋遺書本　國圖
清光緒八年陽湖莊氏刻味經齋遺書本　北大
清光緒十四年南菁書院刻皇清經解續編本　國圖　天津　遼寧
清光緒十五年上海蜚英館石印皇清經解續編本　國圖
周禮軍賦説四卷　清王鳴盛撰
清乾隆頤志堂刻本　國圖　科學　浙江　遼寧　湖北
清嘉慶三年嘉定秦氏汗筠齋刻本　南京
清道光九年廣東學海堂刻皇清經解一千四百卷本　天津　遼寧　山東
清道光九年廣東學海堂刻咸豐十一年補刻皇清經解一千四百八卷　遼寧
續修四庫全書影印清乾隆刻本
周禮俗説六卷　清閻莘廬撰
清閻莘廬稿本(清張之洞跋)　山東
溝洫疆理小記一卷　清程瑶田撰
清嘉慶八年刻通藝録本　北大
清道光九年廣東學海堂刻皇清經解一千四百卷本　天津　遼寧　山東
清道光九年廣東學海堂刻咸豐十一年補刻皇清經解一千四百八卷本　遼寧
一九三三年安徽叢書據通藝録本影印本　北大
續修四庫全書影印清嘉慶刻通藝録本

水地小記一卷　清程瑶田撰

清嘉慶八年刻通藝録本　北大

清道光九年廣東學海堂刻皇清經解一千四百卷本　天津　遼寧　山東

清道光九年廣東學海堂刻咸豐十一年補刻皇清經解一千四百八卷本　遼寧

一九三三年安徽叢書據通藝録本影印本　北大

周禮外義二卷　清程大中撰

清刻本　國圖　上海

周禮畿内授田考實一卷　清胡匡衷撰

清光緒十一年儀徵吴氏刻蟄園叢刻本　國圖　北大

續修四庫全書影印清光緒十一年吴氏刻蟄園叢書本

侯國職官表一卷　清胡匡衷撰

清道光吴江沈氏世楷堂刻昭代叢書本　北大　遼寧　山東

周禮讀本六卷　清周樽輯

清乾隆五十八年留餘堂刻本(清王筠批校)　山東博

周禮會通六卷　清胡翹元輯

清乾隆五十二年豫章胡氏凝暉閣刻本　國圖　北大　科學　上海　湖北

四庫未收書輯刊影印清乾隆五十二年凝暉閣刻本

周官禮附記二卷　清翁方綱撰

民國貴池劉氏抄稿本(劉之泗校並跋)　復旦

清抄本　北大

周禮摘箋五卷　清李調元撰

清乾隆綿州李氏萬卷樓刻函海本　浙江

清乾隆綿州李氏萬卷樓刻嘉慶十四年李鼎元印函海本　遼寧

清道光五年李朝夔補刻函海本　天津　上海　南京　遼寧　山東

清光緒七至八年廣漢鍾登甲樂道齋刻函海本　國圖

續修四庫全書影印浙江省圖書館藏清乾隆李氏萬卷樓刻函海本

周禮提綱輯注六卷　清姜炳璋撰　清林組注

清乾隆四十三年善成堂刻本　湖北

周官隨筆一卷　清張羲年撰

清光緒十九年上海著易堂排印噉蔗全集本　北大

周官精義十二卷　清連斗山輯

清乾隆三二年刻本　浙江

清乾隆四十一年刻本　國圖　北大　清華　科學　上海　南京　浙江
湖北

清嘉慶元年刻本　科學　遼寧　上海
清嘉慶二年致和堂刻本　國圖
清嘉慶十三年金陵三益堂刻本　北大
四庫未收書輯刊影印清道光二十一年刻本

周禮節釋十二卷　清鮑梁撰
清乾隆四十六年寶恕堂刻本　河南博
清乾隆藻文堂刻本　國圖
清善成堂刻本　湖北
清西川堂刻本　湖北

周禮約編六卷　汪基撰
清乾隆四十八年刻本　湖北　天津
清嘉慶十七年汪氏敬堂刻本　上海
清嘉慶九年汪氏敬堂家塾刻三禮約編喈鳳本　北大
清道光二十三年刻本　國圖
清大文堂刻本　湖北

周禮類綜四卷　清許元淮撰
清乾隆五十年刻本　南京
清嘉慶六年玉軸樓重刻本　南京

周官撮要六卷　清鄧枝麟撰
清乾隆刻本　南京

周官集説十二卷　清莊有可撰
清抄本(清孫詒讓跋)　浙江大學

周官指掌五卷　清莊有可撰
清道光刻本　國圖　科學　南京　湖北
清光緒崇文書局刻正覺樓叢刻本　北大　湖北
清玉海樓抄本(清孫詒讓跋)　浙江大學
續修四庫全書影印清道光刻本

周官臆測六卷序録一卷　清孔廣林撰
清嘉慶十七年曲阜孔氏刻孔叢伯説經五稿本　北大
清光緒十六年山東書局刻孔叢伯説經五稿本　北大
續修四庫全書影印清光緒十六年山東書局刻孔叢伯説經五稿本

周官偶記一卷　清汪德鉞撰
清道光十二年汪時漣長汀木活字印七經偶記本　國圖

周官禮經注正誤一卷　清張宗泰撰
清乾隆嘉慶間石梁學署刻本　北大

清光緒南陵徐氏刻積學齋叢書本　國圖　北大

周禮精義六卷首一卷　清黄淦撰

清嘉慶十三年刻七經精義本　國圖　科學

清令德堂刻本　湖北

周官序論一卷　清馮至撰

一九一七年鉛印諸暨馮氏叢刻本

民國廣倉學會雜志社鉛印本　湖北

周禮屬詞五卷　清吴士杭撰　清樂儒蔚注

清道光十七年刻本　大連

周禮序官考一卷　清陳大庚撰

清嘉慶虞山張氏刻借月山房彙抄本　科學

清道光三年上海陳氏據借月山房彙鈔刊版重編澤古齋重抄本　國圖　科學

清光緒二十年會稽徐氏鑄學齋稿本會稽徐氏初學堂群書輯録本　上海師大

一九二〇年上海博古齋影印借月山房彙抄本　北大

續修四庫全書影印清嘉慶十四年刻借月山房彙抄本

周禮學一卷　清沈夢蘭撰

清沈氏所願學齋刻本(清孫詒讓批校)　温州

清光緒七年刻所願學齋書抄本　國圖　湖北

清光緒十七年祁縣署刻蔆湖沈氏叢書本　北大

清抄本　浙江

續修四庫全書影印清光緒十七年祁縣縣署刻所願學齋書抄本

周禮釋文問答一卷　清辛紹業撰

清嘉慶刻本　國圖　南京

周官圖説六卷　清李錫書撰

清嘉慶刻見庵錦官録本　國圖　北大

周禮貫珠二卷　清胡必相輯

清嘉慶九年鋤經書局刻本　浙江

周官經疏備要六卷　清顧大治編

清嘉慶十年刻本　上海　湖北

周官説約六卷　清劉方璿撰

清嘉慶十二年聰訓堂刻本　上海

周官心解二十八卷　清蔣載康撰

清嘉慶十一年經篚堂刻本　國圖　科學　上海　湖北

續修四庫全書影印清嘉慶十一年經篚堂刻本

周禮精華六卷　清陳龍標輯
清嘉慶十一年光韙堂刻本　上海
清嘉慶十六年刻寧郡汲綆齋藏版本　國圖
清道光三年芥子園刻本　吉林
清咸豐元年寶善堂刻本　吉市
清同治三年寶文堂刻本　上海
清光緒九年掃葉山房刻本　北大　上海　遼寧
周禮夏官殘字校記一卷　清趙坦撰
清抄本　國圖
周禮鄭注校字一卷　清臧庸撰
清抄本　北大
官聯條辨八卷　清黄端輯
清嘉慶桐蔭山房刻本　北大
周官恒解六卷　清劉沅輯注
清道光元年豫誠堂刻本　北大　湖北
清道光十九年刻光緒三十一年印本　上海闕卷六
清光緒刻本　國圖
一九二七年致福樓重刻本　上海　湖北
續修四庫全書影印清刻後印本
周禮客難八卷　清龔元玠撰
清道光二十六年縣學文昌祠考棚公局刻十三經客難本　國圖　北大　科學
續修四庫全書影印華東師大圖書館藏清道光二十六年刻十三經客難本
周禮客難一卷
清道光吴江沈氏世楷堂刻昭代叢書本　北大　遼寧　山東
周禮補注六卷　清吕飛鵬撰
清道光二十九年旌德吕氏立誠軒刻本　國圖　北大　科學　上海　浙江
清光緒貴池劉氏刻聚學軒叢書本　天津　北大
續修四庫全書影印浙江省圖書館藏清道光二十九年吕氏立誠軒刻本
周禮注疏節要不分卷　清萬希槐輯
清惜陰齋刻本　湖北
周禮注疏節要三十卷
清抄本　北大
周禮精華七卷　清薛嘉穎輯
清光緒十一年魏氏古香閣刻四經精華本　清華　北師大

清光緒二十四年江左書林刻本 黑龍江社科院

周禮凝粹六卷 清宋嘉德撰

清宋嘉德稿本 浙江大學

清道光二十年奎照閣刻本 上海

清抄本 國圖 北大 鄭州

周禮注疏四卷 清陳廷焕輯

清陳廷焕稿本(清楊用霖跋) 湖北

周禮經注節抄七卷 清許珩輯

清嘉慶十六年刻本 國圖 北大 湖北

周禮注疏獻疑七卷 清許珩撰

清嘉慶十六年刻本 國圖 北大 湖北 上海

周禮學二卷 清王聘珍撰

清光緒十四年南菁書院刻皇清經解續編本 國圖 天津 遼寧

清光緒十五年上海蜚英館石印皇清經解續編本 國圖

續修四庫全書影印清光鍺十四年南菁書院刻皇清經解續編本

周官參證二卷 清王寶仁輯

清道光十六年刻本 湖北 天津

清同治十三年舊香居刻本 國圖 北大 科學 上海 復旦 南京

四庫未收書輯刊影印清同治十三年舊香居刻本

周禮注疏小箋五卷 清曾釗撰

清同治十年學海堂刻本 國圖 上海 遼寧

清光緒十二年刻學海堂叢刻本 北大 湖北

清光緒十四年南菁書院刻皇清經解續編本 天津 遼寧

清光緒十五年上海蜚英館石印皇清經解續編本

續修四庫全書影印遼寧省圖書館藏清同治十年刻本

周禮釋注二卷 清丁晏撰

清道光三年刻本 復旦

清咸豐二年聊城楊以增刻頤志齋叢書本 北大

續修四庫全書影印清咸豐二年聊城海源閣刻六藝堂詩禮七編本

周禮異字釋不分卷 清丁晏撰

清丁晏稿本 上海

周禮車服志一卷 清陳宗起撰

清光緒十一年丹徒陳氏刻養志居僅存稿本 國圖 北大

周禮旁訓經疏節要六卷 清孟一飛輯

清道光六年刻本 國圖 遼寧

周官精義鈔略十一卷　清陸錫璞撰
清道光二十六年刻本　天津
舒恬軒周禮讀本六卷　清龐佑清訂
清道光二十八年刻本　科學　上海　復旦　湖北
清同治八年修補道光二十八年刻本　國圖
清光緒十一年漱芳齋重刻本　上海
周禮考正補注一卷附冬官考工記補注一卷　清蔣湘南纂
清抄本　國圖
周禮職官分屬歌一卷　清馮桂芬撰
清光緒十一年上海點石齋石印校邠廬逸箋本　北大
讀周官録一卷　清曾國藩撰
清刻曾文正公集本　國圖
周禮平議二卷　清俞樾撰
清光緒十四年南菁書院刻皇清經解續編本　天津　遼寧
清光緒十五年上海蜚英館石印皇清經解續編本
清光緒二十五年刻春在堂全書本　北大
周禮今釋六卷　清桂文燦撰
清南海桂氏經學叢書本　國圖　北大
一九四〇年南海桂氏抄本　復旦
周官證古二卷　清桂文燦撰
一九四四年古學院刻敬躋堂叢書本　湖北　北大
周官司徒類考一卷　清吕調陽撰
清光緒刻觀象廬叢書本　國圖　北大
周官箋六卷　清王闓運撰
清光緒二十二年東洲講舍刻本　國圖　北大　湖北　南京
清抄本　遼寧(存卷三)
周禮集説補三卷　清陸心源輯
清同治光緒歸安陸氏刻潜園總集之群書校補本　北大
周官書名考一卷　清沈家本撰
吴興沈氏稿本　國圖
周官譯義一卷　清尹恭保撰
清抄本　國圖
周禮可讀六卷　清劉曾騄撰
清光緒至民國間石印祥符劉氏叢書本　國圖

周官約解三十五卷　清劉曾騄撰

清光緒至民國間石印祥符劉氏叢書本　國圖

周禮注疏校勘記校字補一卷　清茆泮林撰

清光緒二十四年高郵王氏刻鶴壽堂叢書本　湖北

周官説不分卷

清抄本(清孫詒讓跋)　浙江大學

周禮政要二卷　清孫詒讓撰

清孫詒讓稿本　南京

清光緒二十八年瑞安普通學堂刻本　國圖　北大　上海　南京　浙江　湖北

清光緒二十八年武昌刻本　北大　天津　湖北

四庫未收書輯刊影印清光緒二十八年瑞安普通學堂刻本

周禮政要四卷

清光緒貫吾齋石印本　國圖　北大

清三多齋石印本　湖北

民國陝西通志館排印關中叢書本

周禮正義八十六卷　清孫詒讓撰

清孫詒讓稿本(清費念慈跋)　温州(存卷一至十、二十六至三十九、四十四、五十至五十二、五十九、六十四至六十六、六十八至六十九、七十三、七十六至七十七、八十一至八十二、八十五)

清孫詒讓稿本　温州博(存卷一至九、十七至四十二、五十五至五十六、五十九至六十一、六十五至七十二、八十二至八十六)

清孫詒讓稿本　國圖

清光緒三十一年鉛印本　國圖　科學　北大　天津　上海　南京　浙江　湖北

一九三一年刻本　國圖　科學　上海　遼寧　湖北

續修四庫全書影印清宣統楚學社民國二十年湖北篴湖精舍遞刻本

九旗古義述一卷　清孫詒讓撰

清光緒二十八年瑞安孫氏刻本　國圖　北大　復旦

續修四庫全書影印清光緒二十八年瑞安孫氏刻本

周禮三家佚注一卷　清孫詒讓撰

清光緒二十年瑞安孫氏刻本　國圖　北大

四庫未收書輯刊影印清光緒二十年刻本

周禮馬融鄭玄敘一卷　清孫詒讓輯

清玉海樓抄本　浙江大學

答臨孝存周禮難疏證一卷　清皮錫瑞撰

清光緒思賢書局刻皮氏經學叢書本　北大

周禮講義六卷　清李步青撰

清廣陵浦聚成齋刻本　復旦

一九一四年丹徒李氏刻本　國圖　北大　上海　湖北

周禮政要二卷　清費念慈等撰

清費念慈稿本(清文廷式　孫詒讓校改)　上海

清抄本　上海

周禮注引漢制不分卷　清許克勤輯　胡玉縉增補

胡玉縉稿本　復旦

周禮古學考十一卷　清李滋然撰

清宣統元年鉛印本　國圖　科學　天津　上海　湖北

一九三四年鉛印本　國圖　北大　上海　復旦　遼寧

周官纂要便讀六卷　清易文琳纂　清羅壽淇輯注

清光緒十一年湘琳館刻本　湖北

周禮彙鈔刊本注疏增删六卷　清俞曾模撰

清刻本　北大　上海

周禮説略六卷　清張嘉玲撰

抄本　上海

四庫全書存目叢書影印抄本

周禮淺説六卷　清張日昌撰

一九一二年光華齋石印本　上海　復旦　湖北

周禮通纂會韵六卷　清周繪藻撰

清光緒百柱堂刻本　上海

讀周禮日記一卷　清于鬯撰

清光緒刻學古堂日記本　國圖

續修四庫全書影印清光緒十六年刻學古堂日記本

周禮類匾不分卷　題香吏氏撰

清抄本　上海

周官答問七卷　佚名撰

清抄本　上海

周官節訓不分卷　佚名撰

清抄本　上海

周官節要二卷　佚名撰

清抄本　北大

周官精騎二卷　佚名撰
　清乾隆五十一年抄本　上海
周官精義不分卷　佚名撰
　清抄本　天津
周官禮聯事十五卷　佚名撰
　稿本　北大
周禮節要不分卷　佚名撰
　清抄本　上海　復旦
　抄本　上海
周禮井田譜不分卷　佚名撰
　抄本　北大
周禮就班二卷　佚名撰
　清抄本(佚名批校)　上海
　抄本　國圖　科學
　四庫未收書輯刊影印舊抄本
周禮旁訓六卷　佚名撰
　清掃葉山房刻本　上海
周禮正義不分卷　佚名撰
　舊抄本　臺北央圖
周官集注六卷　佚名撰
　清稿本　臺北央圖
周官考徵凡例一卷　清廖平撰
　一九二一年四川存古書局刻六譯館叢書本　國圖　北大
周禮新義凡例一卷　清廖平撰
　一九二一年四川存古書局刻六譯館叢書本　國圖　北大
周禮訂本略注三卷　清廖平撰　黄溶述
　一九二一年四川存古書局刻六譯館叢書本　國圖　北大
周禮鄭注商榷一卷　清廖平撰
　一九二一年四川存古書局刻六譯館叢書本　國圖　北大
周禮札記一卷　清潘任撰
　清光緒二十年木活字印本　國圖　北大
　續修四庫全書影印清光緒二十年木活字印希鄭堂叢書本
周官古經舉例一卷　清宋育仁撰
　民國刻本　上海　遼寧　湖北

西漢周官師説考三卷　清劉師培撰
　民國刻本　湖北(闕卷下)
西漢周官師説考二卷
　一九三六年寧武南氏鉛印劉申叔先生遺書本　北大
周禮古注集疏二十卷　清劉師培撰
　抄本　國圖
　一九三六年寧武南氏鉛印劉申叔先生遺書本　國圖　北大　湖北
輯周禮二十二卷　清通雅書會輯
　清光緒二十四年琢古壘刻本　湖北
周官講義不分卷　清陳新佐編
　清光緒山東師範學堂石印本　國圖
周禮賈疏引唐制輯證不分卷　清劉咏溱撰
　一九三三年蔭餘堂石印本　國圖
周禮講義不分卷　清馬貞榆撰
　清末湖北存古學堂鉛印本　湖北
周禮職官類考不分卷　清童賡年撰
　童賡年稿本　國圖
周禮講義不分卷　清周嵩年撰
　清宣統三年抄本　東師
周禮摘録一卷　佚名撰
　抄本　南京
周禮正義略例不分卷　佚名撰
　抄本　國圖
周禮直解不分卷　佚名撰
　抄本　上海
周禮升官圖不分卷　題不須老人輯
　抄本　上海
周禮摘釋一卷周官奇字一卷　佚名撰
　抄本　東師

（三）分篇

周禮醫官詳説一卷　清顧成章撰
　清光緒鉛印本　北大　上海

周禮醫師補注一卷　張驥撰
　一九三五年成都張氏義生堂刻本　北大　上海
周禮地官冬官徵一卷　清唐詠裳撰
　清光緒二十四年刻本　國圖
冬官旁求二卷　清辛紹業撰
　清乾隆南浦草堂刻本　湖北
　清嘉慶二十一年經笥齋刻敬堂遺書本　國圖
　清光緒陶氏刻豫章叢書本　國圖　北大
　續修四庫全書影印清嘉慶二十一年經笥齋刻敬堂遺書本
考工記注二卷　漢鄭玄撰
　明溪香書屋刻合刻周秦經書十種本　國圖
冬官考工記一卷　漢鄭玄注　唐陸德明音義
　影抄本　上海
考工記二卷　唐杜牧注
　明刻本　上海　河南
　明刻本　中央黨校　華東師大　平湖
　明萬曆刻本　國圖
　清抄本　北大
考工記二卷附校訛一卷續校一卷　唐杜牧注　清胡珽撰校訛　清董金鑒撰續校
　清咸豐三年仁和胡氏木活字印琳琅秘室叢書本　科學
　清光緒十四年會稽董氏木活字印琳琅秘室叢書本　國圖　北大
考工記注校訛一卷　清胡珽撰
　清咸豐三年仁和胡氏木活字印琳琅秘室叢書本　科學
　清光緒十四年會稽董氏木活字印琳琅秘室叢書本　國圖　北大
考工記注續校訛一卷　清董金鑒撰
　清咸豐三年仁和胡氏木活字印琳琅秘室叢書本　科學
　清光緒十四年會稽董氏木活字印琳琅秘室叢書本　國圖　北大
考工記解二卷　宋王安石撰
　清乾隆四庫全書館寫欽定四庫全書本
　清嘉慶海虞張氏刻墨海金壺本
　清道光咸豐間大梁書院刻同治七年王儒行等印經苑本　國圖　北大
　清道光至光緒南海伍崇曜刻粤雅堂叢書本　北大
　一九二一年上海博古齋影印張氏刊墨海金壺本　國圖　北大

鬳齋考工記解二卷釋音二卷　宋林希逸撰
宋刻元明遞修本　上海　浙江
清康熙納蘭成德刻通志堂經解本　國圖　北大
清乾隆四庫全書館寫欽定四庫全書本
清同治十二年粵東書局刻通志堂經解本　北大
鬳齋考工記解二卷
明抄本　南京
清抄本　國圖
考工記圖解二卷　宋林希逸撰　明張鼎思補圖　明屠本畯補釋
明萬曆刻本　北大　浙江
考工記述注二卷首一卷圖一卷　明林兆珂撰
明萬曆刻本　天津　南開　上海　南大　福建　湖南
四庫全書存目叢書影印明萬曆刻本
考工記輯注二卷　明陳與郊輯
明萬曆刻本　北大　上海
批點考工記二卷　明周夢暘輯注並評
明嘉靖十四年趙標刻本　浙江　湖南師大
明萬曆二十二年河東趙氏刻三代遺書本　國圖
批點考工記二卷圖説一卷
明萬曆十五年醇尊堂刻本　上海
批點考工記一卷
明萬曆刻本　天一閣　重慶
考工記二卷　明郭正域批點
明萬曆閔齊伋刻套印本　北大　天津　上海　遼寧　浙江
朱墨藍三色精抄本　北大
四庫全書存目叢書影印明萬曆閔齊伋刻三經評註三色套印本
考工記解二卷　明徐光啓撰
清抄本　復旦
考工記輯注不分卷　明朱大啓撰
明崇禎十五年李嵩淑刻本　蘇州
考工記一卷　明郎兆玉注
明天啓郎氏堂策檻刻本　國圖　北大　清華　北師大　中央黨校　科學　天津　上海　復旦等
考工記纂注二卷　明程明哲撰
明萬曆刻本　國圖　清華　天津　復旦　南京　華南農學院

四庫全書存目叢書影印明萬曆刻本

考工記通二卷 明徐昭慶輯注

明萬曆刻本 國圖 北大 上海

一九六三年復旦大學圖書館手抄本 復旦

四庫全書存目叢書影印明萬曆檀弓通考工通合刻本

考工記考辨八卷 清王宗涑撰

清抄本(清孫詒讓校) 浙江大學

清光緒十四年南菁書院刻皇清經解續編本 天津 遼寧

清光緒上海蜚英館石印皇清經解續編本 北大

續修四庫全書影印清抄本

考工記析疑四卷 清方苞撰

清康熙嘉慶間桐城方氏刻抗希堂十六種本 國圖 北大 科學 上海

清光緒二十四年鄉嬛館活字印桐城方望溪先生全書本 北大

考工記論文一卷 清牛運震撰

清空山堂刻本 湖北

考工記圖二卷 清戴震撰

清乾隆紀氏閱微草堂刻本(清姚鼐批注) 國圖 北大(清程瑶田批注) 上海博

清乾隆微波榭刻戴氏遺書本 北大 上海

清聚奎樓刻本 國圖 北大 浙江大學 湖北

清道光九年廣東學海堂刻皇清經解一千四百卷本 天津 遼寧 山東

清光緒張氏花雨樓刻花雨樓叢抄本 北大

一九三六年安徽叢書據閱微草堂本影印本 北大

續修四庫全書影印清乾隆紀氏閱微草堂刻本

考工記圖一卷

清道光吴江沈氏世楷堂刻昭代叢書本 北大 遼寧 山東

考工創物小記八卷 清程瑶田撰

清嘉慶八年刻通藝録本 北大

一九三三年安徽叢書據通藝録本影印本 北大

續修四庫全書影印清嘉慶刻通藝録本

考工創物小記四卷

清道光九年廣東學海堂刻皇清經解一千四百卷本 天津 遼寧 山東

清道光九年廣東學海堂刻咸豐十一年補刻皇清經解一千四百八卷本 遼寧

清光緒十七年上海鴻寶齋石印皇清經解一百九十卷本 天津

清光緒上海點石齋石印皇清經解一百九十卷本

考工記圖解四卷　日本川合衡撰

日本寬政八年刻本　北大　上海

冬官考工記補注一卷　清蔣湘南纂

清抄本　國圖

考工記考一卷圖一卷　清吕調陽撰

清光緒刻觀象廬叢書本　國圖　北大

續修四庫全書影印清光緒十四年刻觀象廬叢書本

考工記論文一卷　清章震福撰

清光緒三十三年農工商部印刷科鉛印本　國圖　上海

考工記補疏一卷　陳衍撰

清光緒至民國間侯官陳氏刻石遺室叢書本　國圖　北大　南京

考工記辨證三卷　陳衍撰

清光緒至民國間侯官陳氏刻石遺室叢書本　國圖　北大　南京

考工記要十七卷附圖一卷　英瑪體生撰　英傅蘭雅　清鍾天緯譯

清光緒七年江南製造局刻本　北大　上海

清光緒二十三年小倉山房石印本　上海

磬折古義一卷　清程瑶田撰

清嘉慶八年刻通藝録本　北大

清道光九年廣東學海堂刻皇清經解一千四百卷本　天津　遼寧　山東

清道光九年廣東學海堂刻咸豐十一年補刻皇清經解一千四百八卷本　遼寧

一九三三年安徽叢書據通藝録本影印本　北大

續修四庫全書影印清嘉慶刻通藝録本

車制考一卷　清錢坫撰

清乾隆四十二年篆秋草堂刻本　旅大

清嘉慶七年擁萬堂刻錢氏四種本　北大

清光緒十四年南菁書院刻皇清經解續編本　北大　天津　遼寧

民國中國書店據清嘉慶擁萬堂刻錢氏四種本影印本　北大

續修四庫全書影印清乾隆四十二年篆秋草堂刻本

考工釋車一卷　清張象津撰

清道光十六年張繩武等拜經堂刻白雲山房集本　國圖　北大

考工記車制圖解二卷　清阮元撰

清乾隆五十三年刻本(清孫詒讓批校)　浙江大學

清乾隆七年録書館刻本　北大　上海　復旦　浙江

清道光九年廣東學海堂刻皇清經解一千四百卷本　天津　遼寧　山東
續修四庫全書影印清乾隆七年録書館刻本

考工記車制圖解一卷

清道光吴江沈氏世楷堂刻昭代叢書本　北大　遼寧　山東

輪輿私箋二卷附圖一卷　清鄭珍撰

清同治七年獨山莫氏刻本　國圖　北大　天津　上海　南京(清王秉恩批校)　湖北
清光緒十年巴陵方氏廣東刻宣統元年印碧琳琅館叢書本　國圖　北大　科學
清光緒十四年南菁書院刻皇清經解續編本　天津　遼寧
清光緒十七年廣雅書局刻廣雅書局叢書本　國圖　上海　天津
續修四庫全書影印清同治七年莫氏金陵刻本

鳧氏爲鍾圖説一卷　清鄭珍撰

清光緒二十年貴築高氏刻本　天津
續修四庫全書影印清光緒二十年高氏刻本

鳧氏圖説一卷　清鄭珍撰

一九四〇年貴州省政府排印巢經巢全集本　國圖　上海

鳧氏爲鍾圖説補義一卷　清陳矩撰

清光緒貴陽陳氏刻靈峰草堂叢書本　國圖　科學

考工記鳥獸蟲魚釋一卷　清陳宗起撰

清光緒十一年丹徒陳氏刻養志居僅存稿本　國圖　北大
續修四庫全書影印清光緒十一年養志居刻本

(四) 文字音義

周禮鄭氏音一卷　漢鄭玄撰　清馬國翰輯

清同治十年濟南皇華館刻玉函山房輯佚書本　山東
清光緒九年長沙嫏嬛館刻玉函山房輯佚書本　國圖　天津　遼寧　山東
清光緒九年長沙嫏嬛館刻光緒十年章邱李氏印玉函山房輯佚書本　遼寧
清光緒十年楚南書局刻玉函山房輯佚書本　天津　遼寧

周禮徐氏音一卷　晉徐邈撰　清馬國翰輯

清同治十年濟南皇華館刻玉函山房輯佚書本　山東
清光緒九年長沙嫏嬛館刻玉函山房輯佚書本　國圖　天津　遼寧　山東
清光緒九年長沙嫏嬛館刻光緒十年章邱李氏印玉函山房輯佚書本　遼寧

清光緒十年楚南書局刻玉函山房輯佚書本　天津　遼寧

周禮李氏音一卷　晉李軌撰　清馬國翰輯

清同治十年濟南皇華館刻玉函山房輯佚書本　山東

清光緒九年長沙娜嬛館刻玉函山房輯佚書本　國圖　天津　遼寧　山東

清光緒九年長沙娜嬛館刻光緒十年章邱李氏印玉函山房輯佚書本　遼寧

清光緒十年楚南書局刻玉函山房輯佚書本　天津　遼寧

周禮劉氏音二卷　晉劉昌宗撰　清馬國翰輯

清同治十年濟南皇華館刻玉函山房輯佚書本　山東

清光緒九年長沙娜嬛館刻玉函山房輯佚書本　國圖　天津　遼寧　山東

清光緒九年長沙娜嬛館刻光緒十年章邱李氏印玉函山房輯佚書本　遼寧

清光緒十年楚南書局刻玉函山房輯佚書本　天津　遼寧

周禮聶氏音一卷　□聶氏撰　清馬國翰輯

清同治十年濟南皇華館刻玉函山房輯佚書本　山東

清光緒九年長沙娜嬛館刻玉函山房輯佚書本　國圖　天津　遼寧　山東

清光緒九年長沙娜嬛館刻光緒十年章邱李氏印玉函山房輯佚書本　遼寧

清光緒十年楚南書局刻玉函山房輯佚書本　天津　遼寧

周禮戚氏音一卷　陳戚衮撰　清馬國翰撰

清同治十年濟南皇華館刻玉函山房輯佚書本　山東

清光緒九年長沙娜嬛館刻玉函山房輯佚書本　國圖　天津　遼寧　山東

清光緒九年長沙娜嬛館刻光緒十年章邱李氏印玉函山房輯佚書本　遼寧

清光緒十年楚南書局刻玉函山房輯佚書本　天津　遼寧

周禮音訓不分卷　清楊國楨撰

清道光十年大梁書院刻十一經音訓本　國圖　北大

清光緒三年湖北崇文書局刻十一經音訓本　國圖　湖北

周禮漢讀考六卷　清段玉裁撰

清嘉慶經韻樓刻本　北大　上海　復旦　浙江大學　温州

清道光九年廣東學海堂刻皇清經解一千四百卷本　天津　遼寧　山東

清道光九年廣東學海堂刻咸豐十一年補刻皇清經解一千四百八卷本　遼寧

清光緒四年李慈銘抄本（清李慈銘跋）　國圖

續修四庫全書影印清嘉慶刻本

周禮故書考一卷　清程際盛輯

清乾隆五十六年刻本　清華

清嘉慶程東治遺書八種本　北大

清光緒南陵徐氏刻積學齋叢書本　國圖　北大

清木活字排印稻香樓雜著本　國圖

續修四庫全書影印清刻三禮鄭註考本

周禮釋文問答一卷　清辛紹業撰

清嘉慶二十一年經笥齋刻敬堂遺書本　南京　浙江　甘肅

清光緒陶氏刻豫章叢書本　國圖　北大

周禮直音六卷首一卷末一卷　清孫侃輯

清嘉慶十八年天心閣刻本　湖北

周禮音訓不分卷　清袁俊等編纂

清道光刻本　復旦

周官故書考四卷　清徐養原撰

清道光二年刻本　復旦

清光緒湖城義塾刻湖州叢書本　國圖　北大

清光緒十四年南菁書院刻皇清經解續編本　天津　遼寧

清光緒十五年上海蜚英館石印皇清經解續編本

續修四庫全書影印清光緒陸氏刻湖州叢書本

周禮故書疏證六卷　清宋世犖撰

清光緒六年津門徐氏刻確山所著書本　國圖　上海　天津　湖北

抄本　上海

續修四庫全書影印清光緒六年徐士鑾補刻確山所著書本

周禮異字釋不分卷　清丁晏撰

清丁晏稿本　上海

考工記異字訓正一卷　清陳宗起撰

清光緒十一年丹徒陳氏刻養志居僅存稿本　國圖　北大

考工記異讀訓正一卷　清陳宗起撰

清光緒十一年丹徒陳氏刻養志居僅存稿本　國圖　北大

周禮鄭注正字考十二卷　清葉德輝撰

葉德輝稿本　國圖

二、儀禮之屬

（一）正文

儀禮十七卷

元刻本（清丁丙跋）　南京

元刻明修本　國圖　北大　科學　上海　浙江　天一閣　歷史博物館　吉林
明刻本　天一閣
明吴勉學刻十三經本　國圖　西北大學

儀禮一卷
一九三四年上海開明書店排印十三經經文本

儀禮不分卷
清乾隆五年蔣衡寫十三經本　臺北故宫

儀禮十七卷　清納蘭成德校訂
清康熙十九年納蘭性德刻通志堂經解本　國圖　北大　科學　上海
清康熙十九年通志堂刻乾隆五十年補修通志堂經解本　北大
清同治十二年粵東書局重刻通志堂經解本　上海　遼寧

儀禮二十卷
明嘉靖四至六年陳鳳梧刻篆文六經本　國圖

儀禮十七卷
清康熙内府刻篆文六經四書本　國圖　天津　上海　復旦
清光緒九年上海同文書局影印康熙篆文六經四書本
一九二四年上海千頃堂書局影印康熙篆文六經四書本

（二）傳説

儀禮班氏義一卷　漢班固撰　清王仁俊輯
清光緒王仁俊原稿十三經漢注本　上海

儀禮十七卷　漢鄭玄注
明正德十六年陳鳳梧刻本　國圖　北大　國博　上海　浙江大學　河南　重慶
明嘉靖吴郡徐氏刻三禮本　國圖　天津　上海　浙江
明刻本　上海(清佚名録清顧廣圻校)　南京(清丁丙跋)
明刻本(清戈載批校)　湖南
明刻本　科學　天一閣
清道光十四年立本齋刻本　國圖　北大　南京

儀禮十七卷附校録一卷續校一卷　漢鄭玄注　清黄丕烈撰校録及續校
清嘉慶二十年吴門黄氏讀未見書齋刻士禮居叢書本　國圖　北大　天津　上海　南京

清同治九年湖北崇文書局覆士禮居本　國圖　北大　科學　遼寧　湖北
清光緒十三年上海蜚英館石印黄氏士禮居叢書本　國圖(王國維校)　湖北

儀禮校録一卷　清黄丕烈撰

清嘉慶二十年吴門黄氏讀未見書齋刻士禮居叢書本　國圖　北大　天津　上海　南京
清同治九年湖北崇文書局覆士禮居本　國圖　北大　科學　遼寧　湖北
清光緒十三年上海蜚英館石印黄氏士禮居叢書本(王國維校)　國圖
清光緒十三年上海蜚英館石印士禮居叢書本　湖北

儀禮續校一卷　清黄丕烈撰

清嘉慶二十年吴門黄氏讀未見書齋刻士禮居叢書本　國圖　北大　天津　上海　南京
清同治九年湖北崇文書局覆士禮居本　國圖　北大　科學　遼寧　湖北
清光緒十三年上海蜚英館石印黄氏士禮居叢書本(王國維校)　國圖
清光緒十三年上海蜚英館石印士禮居叢書本　湖北

儀禮十七卷　漢鄭玄注　日本河子龍校

日本寶曆十三年刻本　國圖　北大　南京

儀禮十七卷　漢鄭玄注　唐陸德明音義　明金蟠　葛鼒校

明崇禎十二年永懷堂刻十三經古注本
明崇禎十二年永懷堂刻清同治八年浙江書局補刻十三經古注本

儀禮疏五十卷　唐賈公彦疏

清黄氏士禮居影宋抄本　國圖(存卷一至三十一、三十八至五十)
清影宋抄本　國圖(存卷一至三、卷二十八至三十一)
清道光十年汪士鐘藝芸書舍精影宋刻本　國圖　北大　科學　天津　復旦　湖北　遼寧
清公善堂刻本　北大　天津

儀禮注疏十七卷　漢鄭玄注　唐陸德明音義　唐賈公彦疏

明嘉靖李元陽刻十三經注疏本　國圖　上海
明嘉靖應檟刻本　國圖　上海　浙江　吉林大　湖南
明嘉靖刻本　泉州(卷三至四配明抄本)
明萬曆二十一年北京國子監刻十三經注疏本　上海　復旦　天一閣
明崇禎九年毛氏汲古閣刻十三經注疏本　國圖　天津　南開　上海　復旦　南京　湖北
明刻清康熙重修本(清彭元瑞録清張爾岐訂讀並跋)　浙江大學

儀禮注疏十七卷附考證　漢鄭玄注　唐陸德明音義　唐賈公彦疏

清乾隆四年武英殿刻本　國圖　上海

清乾隆四庫全書館寫欽定四庫全書本

清同治十年刻本　南京

儀禮注疏五十卷　漢鄭玄注　唐賈公彦疏

清嘉慶十一年張敦仁刻本　國圖　北大　天津　復旦(莫棠跋)

一九一九年吴興劉氏嘉業堂重刻清張敦仁本(王欣夫録清周錫瓚臨清段玉裁清顧廣圻清臧庸校)　復旦

儀禮疏五十卷附校勘記五十卷　漢鄭玄注　唐賈公彦疏　清阮元撰校勘記

清嘉慶二十年南昌府學刻重刊宋本十三經注疏附校勘記本　國圖

清嘉慶二十年南昌府學刻道光六年重修本　遼寧

清同治十年廣東書局刻重刊宋本十三經注疏附校勘記本　國圖

清光緒十三年上海脈望仙馆石印重刊宋本十三經注疏附校勘記本　國圖

清光緒十八年湖南寶慶務本書局刻重刊宋本十三經注疏附校勘記本　北大　上海

儀禮校勘記十七卷釋文校勘記一卷　清阮元撰

清嘉慶十三年刻十三經注疏校勘記本　北大

清道光九年廣東學海堂刻皇清經解一千四百卷本　天津　遼寧　山東

清道光九年廣東學海堂刻咸豐十一年補刻皇清經解一千四百八卷本　遼寧

清光緒十七年上海鴻寶齋石印皇清經解一百九十卷本　天津

禮經奥旨一卷　宋鄭樵撰

清道光十一年六安晁氏木活字印學海類編本　北大　上海

清宣統元年廣州碧琳琅館叢書本　國圖　北大　上海

一九三五年南海黄氏據舊版彙印芋園叢書本　北大　清華　北師大

抄本　科學

四庫全書存目叢書影印清道光十一年六安晁氏木活字學海類編本

儀禮集釋三十卷　宋李如圭撰

清乾隆印武英殿聚珍版叢書本　國圖　天津

清乾隆四十二年福建刻道光同治遞修光緒二十一年增刻武英殿聚珍版叢書本　國圖　北大　上海

清乾隆四庫全書館寫欽定四庫全書本

清道光咸豐間大梁書院刻同治七年王儒行等印經苑本　國圖　北大

清光緒二十五年廣雅書局刻武英殿聚珍版叢書本　科學　上海

儀禮要義五十卷　宋魏了翁撰

宋淳祐十二年魏克愚刻本　國圖(存目録、卷一至六、二十五至二十八、四十

一至四十三配清抄本）　臺北故宫
清初毛氏汲古閣抄本　北大
清乾隆四庫全書館寫欽定四庫全書本
清乾隆五十七年嚴元照抄本（清嚴元照跋　清盧文弨　徐養原　顧廣圻校　清莫棠　王秉恩　胡嗣芬　葉德輝　陳祺壽跋）　上海
清嘉慶嚴元照抄本（清嚴元照校跋並録清盧文弨　段玉裁　徐養原　顧廣圻　丁丙跋）　南京（存卷十二至十三、三十四至三十六、四十至四十二、四十七至五十）
清嘉慶十一年張敦仁家抄本（清張敦仁校跋並録清顧廣圻　嚴元照跋）　國圖
清補蘿書屋抄本　北大
清抄本（清顧廣圻校並跋）　國圖
清抄本（清佚名校）　上海
中華再造善本影印宋淳祐十二年魏克愚刻本

儀禮集説十七卷　元敖繼公撰

元大德刻本　臺北中央圖書館　天一閣（闕卷八）
元大德刻明修本　國圖　山東博
清康熙十九年納蘭性德刻通志堂經解本　國圖　北大　科學　上海
清乾隆四庫全書館寫欽定四庫全書本
清藍格抄本　國圖
中華再造善本影印元大德刻明修本

重刊儀禮考注十七卷　元吴澄撰

明初刻本　天津　上海
明正德同文書院閩中李廷臣刻本（清佚名校點）　上海
明嘉靖元年宗文書堂刻本　國圖　遼寧
明嘉靖元年宗文書堂刻重修本　上海

儀禮解詁四卷　明陳深撰

明萬曆刻三禮解詁本（清欽揖校　清黄國瑾跋）　上海

儀禮戴記附注四卷外卷一卷

明抄本（清丁丙跋）　南京
清同治七年金陵書局刻本　南京

儀禮戴記附注五卷

清抄本　國圖

儀禮明解十八卷　明何喬新撰

明刻本　齊齊哈爾

儀禮經集注十七卷　明張鳳翔撰
清順治七年刻本　陝西
清嘉慶元年張應魁刻本　吉林社科院
儀禮節解十七卷　明郝敬撰
抄本郝氏九經解本　上海師大
明萬曆四十三至四十七年郝千秋郝千石刻郝氏九經解本　國圖　科學　復旦　南京　湖北
四庫全書存目叢書續修四庫全書影印明萬曆四十三年至四十七年郝千秋郝千石刻郝氏九經解本
讀儀禮一卷　明郝敬撰
明萬曆四十三至四十七年郝千秋郝千石刻郝氏九經解本　科學　復旦　南京　湖北
四庫全書存目叢書影印明萬曆四十三年至四十七年郝千秋郝千石刻郝氏九經解本
讀儀禮略記十七卷　明朱朝瑛撰
清抄七經略記本　國圖　浙江
清抄本　國圖(存卷九至十七)
四庫全書存目叢書影印清抄七經略記本
儀禮鄭注句讀十七卷監本正誤一卷石本誤字一卷　清張爾岐撰
清康熙二十年重刻本　國圖
清康熙五十九年陳沂震抄本　臺北央圖
清乾隆八年高氏和衷堂刻本　國圖　科學　天津　復旦　南京　湖南
清乾隆三十八年四庫全書館寫欽定四庫全書薈要本
清乾隆四庫全書館寫欽定四庫全書本
清嘉慶六年尚德堂刻本　北大
儀禮鄭注句讀十七卷
清抄本　國圖
儀禮鄭注句讀十七卷監本正誤一卷石本正誤一卷附校刊記一卷　清張爾岐撰　清丁寶楨等撰校刊記
清同治十一年山東書局刻十三經讀本本
清宣統元年學部圖書館石印尚志堂刻本　國圖
儀禮鄭注句讀校刊記一卷　清丁寶楨等撰
清同治十一年山東書局刻十三經讀本本
清宣統元年學部圖書館石印尚志堂刻本　國圖

儀禮監本正誤一卷　清張爾岐撰
　清康熙二十年重刻本　國圖
　清乾隆八年高氏和衷堂刻本　國圖　科學　天津　復旦　南京　湖南
　清乾隆三十八年四庫全書館寫欽定四庫全書薈要本
　清乾隆四庫全書館寫欽定四庫全書本
　清嘉慶六年尚德堂刻本　北大
　清同治七年金陵書局刻十三經讀本本　國圖　北大　遼寧　南京　復旦　湖北
儀禮石本誤字一卷　清張爾岐撰
　清康熙二十年重刻本　國圖
　清乾隆八年高氏和衷堂刻本　國圖　科學　天津　復旦　南京　湖南
　清乾隆四庫全書館寫欽定四庫全書本
　清嘉慶六年尚德堂刻本　北大
　清同治七年金陵書局刻十三經讀本本　國圖　北大　復旦　南京　遼寧　湖北
儀禮唐石經正誤一卷
　清抄本　上海
儀禮考注訂誤一卷　清張爾岐撰
　清抄本　上海
禮經酌古二卷　清李灝撰
　清乾隆刻李氏經學四種本　北大
儀禮商二卷附録一卷　清萬斯大撰
　清乾隆二十六年萬福刻萬充宗先生經學五書本　北大　上海　湖北
　清乾隆刻嘉慶元年辨志堂印經學五書本　北大
　清乾隆四庫全書館寫欽定四庫全書本
儀禮商一卷
　清抄本(清丁丙跋)　南京
儀禮通論十七卷　清姚際恒撰
　一九三四年北京顔氏藏抄本　國圖
　續修四庫全書影印抄本
儀禮述注十九卷　清李光坡撰
　清乾隆三十二年清白堂刻本　科學　南京　湖北
　清乾隆四庫全書館寫欽定四庫全書本
　清光緒十年刻本　北大　南京　湖北

儀禮札記一卷　清朱亦棟撰

清光緒四年武林竹簡齋刻十三經札記本　北大　天津　山東

欽定儀禮義疏四十八卷首二卷　清朱軾等撰

清康熙至乾隆内府刻御纂七經本　天津　南京　山東

清乾隆四庫全書館寫欽定四庫全書本

清同治六年浙江書局刻御纂七經本　天津　湖北

清同治十年湖北崇文書局刻御纂七經本　國圖　湖北

清光緒十四年户部刻御纂七經本　南京　遼寧

清光緒上海鴻文書局石印御纂七經本

儀禮義疏四十八卷首二卷　清任啓運　吴紱等纂修

清乾隆紅格抄三禮義疏本　國圖

儀禮析疑十七卷　清方苞撰

清康熙嘉慶間桐城方氏刻抗希堂十六種本　北大

清乾隆十一年刻本　科學　湖北

清乾隆四庫全書館寫欽定四庫全書本

儀禮采本十三卷　清尹嘉銓　張受昆集注

清乾隆刻本　北大

儀禮釋例一卷　清江永撰

清道光二十四年錢熙祚以墨海金壺版重編增刻守山閣叢書本　北大　遼寧　山東

清光緒十五年上海鴻文書局影印道光刻守山閣叢書本　北大　天津　遼寧

清光緒十四年南菁書院刻皇清經解續編本　天津　遼寧

清光緒十五年上海蜚英館石印皇清經解續編本

一九二二年上海博古齋影印守山閣叢書本　天津　遼寧

四庫全書存目叢書、續修四庫全書影印清道光二十四年刻錢氏守山閣叢書本

儀禮章句十七卷　清吴廷華撰

清乾隆二十二年刻本　國圖　復旦　南京　浙江

清乾隆四庫全書館寫欽定四庫全書本

清乾隆五十九年金閶書業堂刻本　國圖　北大　天津　浙江　遼寧

清嘉慶三年永安堂刻本　遼寧

清道光二十九年經國堂刻本　國圖　浙江

清光緒二十四年蘇州書局刻本　國圖　南京

儀禮疑義五十卷　清吴廷華撰

清吴廷華稿本　上海(存卷一)

清張金吾詒經堂抄本　國圖(存卷三十八至三十九)

儀禮分節句讀四卷　清王文清撰

清乾隆十二年三槐堂刻本　吉林社科院

儀禮義疏稿不分卷　清諸錦撰

清諸錦稿本　復旦

儀禮訓解十七卷　清王士讓撰

清乾隆三十五年張源義刻本　國圖　遼寧

清道光王樹功志經堂刻本　湖北

續修四庫全書影印清乾隆三十五年張源義刻本

儀禮小疏一卷　清沈彤撰

清乾隆沈廷芳刻果堂集本　湖北

清乾隆四庫全書館寫欽定四庫全書本

儀禮小疏八卷

清道光九年廣東學海堂刻皇清經解一千四百卷本　天津　遼寧　山東

清道光九年廣東學海堂刻咸豐十一年補刻皇清經解一千四百八卷本　遼寧

清光緒十七年上海鴻寶齋石印皇清經解一百九十卷本　天津

清光緒上海點石齋石印皇清經解一百九十卷本

儀禮鄭注監本刊誤不分卷　清沈彤撰

清乾隆沈廷芳刻果堂集本　湖北

儀禮纂録二卷　清李清植纂

清道光李維迪刻榕村全書本　天津　復旦

儀禮注疏考證不分卷　清周學健、李清植等撰

清抄本　福建

儀禮易讀十七卷　清馬駉撰

清乾隆二十年山陰縣學刻本　黑龍江

清乾隆二十一年刻本　上海

清乾隆三十八年刻本　國圖　天津　復旦

清乾隆四十一年刻本　浙江

清乾隆四十四年刻本　湖北

四庫全書存目叢書影印清乾隆二十年山陰縣學刻本

禮經先路存五卷　清馬駉撰

舊抄本　臺北央圖

儀禮彙説十七卷　清焦以恕撰

清乾隆三十七年研雨齋刻本　科學　湖北

清道光二十五年守山閣刻本　北大　天津
續修四庫全書影印清乾隆三十七年研雨齋刻本

儀禮約編喈鳳三卷　清汪基撰
清乾隆四十八年刻本　天津　湖北
清嘉慶九年汪氏敬堂家塾刻三禮約編喈鳳本　北大
清道光二十三年刻本　國圖
清大文堂刻本　湖北

儀禮約編喈鳳二卷
清光緒三十二年陝西學務公所鉛印本

儀禮集編四十卷　清盛世佐撰
清乾隆四庫全書館寫欽定四庫全書本

儀禮集編十七卷首一卷附録一卷
清嘉慶九年貯雲居刻本　國圖　北大　天津　南京　湖北

儀禮大要二卷　清任兆麟撰
清乾隆四十六年刻本　國圖　科學
四庫未收書輯刊影印清乾隆四十六年同川書院刻本

檀氏儀禮韵言塾課藏本二卷　清檀萃纂
清乾隆五十三年藴經堂刻本　上海
清嘉慶四年嘉樹堂刻本　北大
清嘉慶六年金谷園刻本　東師
清光緒九年山西濬文書局刻本　北大
清抄本　大連

儀禮韵言二卷　清檀萃撰
清咸豐九年重刻本　國圖
清光緒六年墨池精舍刻本　國圖
清光緒八年刻掃葉山房藏版本　國圖　復旦　天津　湖北

檀氏儀禮韻言二卷
清同治成都刻本　吉林

禮經本義十七卷　清蔡德晉撰
清乾隆四庫全書館寫欽定四庫全書本
清抄本　上海

儀禮古義一卷　清惠棟撰
清道光吴江沈氏世楷堂刻昭代叢書本　北大

儀禮管見三卷附一卷　清褚寅亮撰
清道光刻本　國圖　復旦　浙江

清咸豐十一年刻粤雅堂叢書本　國圖　湖北
清光緒十四年南菁書院刻皇清經解續編本　天津　遼寧
清光緒十五年上海蜚英館石印皇清經解續編本
續修四庫全書影印清乾隆刻本

儀禮注疏詳校十七卷　清盧文弨撰
清乾隆嘉慶間餘姚盧氏刻抱經堂叢書本　天津　遼寧　山東
一九二三年北京直隸書局影印清乾嘉盧氏刻抱經堂叢書本　天津　遼寧
續修四庫全書影印清乾隆六十年盧氏抱經堂刻本

儀禮注疏校正一卷　清盧文弨撰
清乾隆嘉慶間餘姚盧氏刻抱經堂叢書本　天津　遼寧　山東
清光緒會稽徐氏鑄學齋刻紹興先正遺書本　天津　遼寧
一九二三年北京直隸書局影印清乾嘉盧氏刻抱經堂叢書本　天津　遼寧

儀禮旁訓十七卷
清嘉慶五年掃葉山房刻本　南京

儀禮觀略一卷　清邵嗣宗輯
清嘉慶二十一年邵氏刻本　湖北

儀禮經注疑直輯本五卷　清程瑶田校　吴承仕輯
一九三三年安徽叢書影印本　湖北

儀禮釋官九卷首一卷　清胡匡衷撰
清嘉慶二十一年胡氏研六閣刻本　國圖　浙江
清道光九年廣東學海堂刻皇清經解一千四百卷本　天津　遼寧　山東
清道光九年廣東學海堂刻咸豐十一年補刻皇清經解一千四百八卷本　遼寧
清同治八年胡肇智刻本　國圖　北大　南京　遼寧
續修四庫全書影印清嘉慶二十一年研六閣刻本

鄭氏儀禮目録校證一卷　清胡匡衷撰
清光緒十四年南菁書院刻皇清經解續編本　國圖　天津　遼寧
清光緒十五年上海蜚英館石印皇清經解續編本　國圖

儀禮讀本十七卷首一卷　清周樽撰
清乾隆五十八年留餘堂刻本　湖北

儀禮摘句不分卷　清周永年輯
清朱絲欄抄本　國圖

讀儀禮私記二卷　清江筠撰
清抄本(清丁丙跋)　南京

儀禮蠡測箋注二卷　清翁方綱撰
清翁方綱稿本(清馮敏昌跋)　國圖

儀禮纂略不分卷　清錢塘撰

清光緒二十年尊經閣刻本　國圖

釋拜一卷　清段玉裁撰

清嘉慶十二年張敦仁刻本　國圖

儀禮經注疏正譌十七卷　清金曰追撰

清乾隆五十三年肅齋家塾刻本　北大　上海　復旦　南京

清咸豐四年宜稼堂重刻本　國圖　浙江

清光緒十四年南菁書院刻皇清經解續編本　天津　遼寧

清光緒十五年上海蜚英館石印皇清經解續編本

續修四庫全書影印清乾隆五十三年張式慎刻本

儀禮讀本四卷　清梁鴻翥撰

清乾隆三十八年三友堂刻本　湖北

儀禮蠡測十七卷　清韋協夢撰

清乾隆五十年帶草軒刻本　天津　湖北

清道光二十五年韋氏帶草軒刻本　國圖　科學　復旦

清抄本　南京

續修四庫全書影印清道光二十五年帶草軒刻本

儀禮臆測十七卷序録一卷　清孔廣林撰

清嘉慶十七年曲阜孔氏刻孔叢伯説經五稿本　北大

清道光刻本　國圖

清光緒十六年山東書局刻孔叢伯説經五稿本　北大

續修四庫全書影印清光緒十六年山東書局刻孔叢伯説經五稿本

禮經偶記一卷　清汪德鉞撰

清道光十二年汪時漣長汀木活字印七經偶記本　湖北

儀禮約文十卷　清崔應榴輯

清崔應榴稿本　南京博

儀禮精義不分卷補編一卷　清黄淦撰

清嘉慶刻七經精義本　國圖　南京

續修四庫全書影印清嘉慶慈谿養正堂刻本

儀禮蒙求一卷　清唐仲冕撰

清嘉慶刻本　科學

儀禮蒙求二卷

舊抄本　國圖　科學

復禮三篇附張彦惟答方彦聞書三篇　清淩廷堪撰　清張成孫撰答方彦聞書

清海源閣刻本　國圖

禮經釋例十三卷首一卷　清淩廷堪撰

清淩廷堪稿本　上海(存卷一至十)

清嘉慶十四年阮氏文選樓刻本(清吕賢基校　清李慈銘跋)　國圖

清道光九年廣東學海堂刻皇清經解一千四百卷本　天津　遼寧　山東

清道光九年廣東學海堂刻咸豐十一年補刻皇清經解一千四百八卷本　遼寧

清光緒十七年上海鴻寶齋石印皇清經解一百九十卷本　天津

一九三三年安徽叢書影印本　北大

續修四庫全書影印清嘉慶十四年阮氏文選樓刻本

禮經釋例目録一卷　清淩廷堪撰

清道光吴江沈氏世楷堂刻昭代叢書本　北大

讀儀禮記二卷　清張惠言撰

清嘉慶道光間張皋文箋易詮全集本　上海　湖北

清光緒十四年南菁書院刻皇清經解續編本　天津　遼寧

清光緒十五年上海蜚英館石印皇清經解續編本

清抄本　國圖

清抄本　復旦

續修四庫全書影印清刻本

儀禮石經校勘記四卷　清阮元撰

清乾隆六十年七録書閣刻本(清吴騫校)　國圖　浙江

清咸豐四年南海伍氏粤雅堂叢書本　湖北

儀禮鄭注校字一卷　清臧庸撰

清抄本　北大

艮齋儀禮客難一卷　清龔元玠撰

清道光二十六年刻十三經客難本　國圖　北大

儀禮問津不分卷　清張廷濟撰

清抄本　群衆出版社

儀禮恒解十六卷　清劉沅輯注

清咸豐至民國間刻槐軒全書本　北大

一九二六年致福樓刻本　湖北

續修四庫全書影印民國十五年致福樓重刻本

儀禮恒解四卷
清光緒刻本　國圖
禮論略鈔一卷　清淩曙撰
清道光六年蜚雨閣刻本　國圖　上海　南京　湖北
儀禮古今文疏義十七卷　清胡承珙撰
清道光五年求是堂刻本　國圖　南京　湖北
清光緒湖北崇文書局刻本　國圖　南京　湖北
清光緒十四年南菁書院刻皇清經解續編本　天津　遼寧
清光緒十五年上海蜚英館石印皇清經解續編本
續修四庫全書影印清道光五年求是堂刻本
儀禮學一卷　清王聘珍撰
清光緒十四年南菁書院刻皇清經解續編本　天津　遼寧
清光緒十五年上海蜚英館石印皇清經解續編本
續修四庫全書影印清光緒十四年南菁書院刻皇清經解續編本
儀禮經傳通解五十八卷序説一卷雜説一卷綱領二卷　清楊丕復撰
清光緒十九年博約堂刻本　湖北　遼寧
儀禮正義四十卷　清胡培翬撰
清咸豐二年木犀香館刻本　國圖　北大　天津　浙江　武漢　福建
清咸豐二年刻同治七年補刻本　國圖　北大　天津　湖北
清光緒十四年南菁書院刻皇清經解續編本　天津　遼寧
清光緒十五年上海蜚英館石印皇清經解續編本
續修四庫全書影印清木犀香館刻本
儀禮正義正誤　清胡肇昕撰
一九二〇年胡宣鐸活字印本　北大
儀禮義例一卷　清王筠批
清王筠抄本(清王筠批校)　青島博物館
儀禮經注一隅二卷　清朱駿聲著
清道光朱氏家塾刻本　國圖　北大　南京
清光緒八年臨嘯閣刻本　上海　湖北
續修四庫全書影印清道光二十九年朱氏家塾刻本
儀禮釋注二卷　清丁晏撰
清六藝堂詩禮七編本　國圖
清咸豐二年聊城楊以增海源閣刻頤志齋叢書本　北大　科學
續修四庫全書影印清咸豐二年楊以增刻本

儀禮聚考二卷　清楊筠撰
　清道光四年刻本韵香書屋藏版本　國圖　科學　湖北
儀禮注疏温故不分卷　清章平撰
　清道光二年刻本　北大
儀禮聊句二卷　清張雲瑞輯
　清道光四年醉經堂刻本　湖北
儀禮節貫一卷首一卷末一卷　清朱輅編
　清道光四年南城朱氏刻本　湖北
儀禮節貫三卷　清朱璠撰
　清道光刻本　國圖　科學
儀禮選要不分卷　清孔傳性編
　清道光十年刻本　湖北
儀禮瑣辨一卷　清常增撰
　清道光刻本　國圖　北大　湖北
　清光緒刻本　南京
　抄本　科學
儀禮問津一卷　清孟先穎撰
　清道光十五年刻本　國圖　北大　科學
　清道光十五年太谷孟氏抄本　國圖
儀禮精義鈔略六卷　清陸錫璞撰
　清道光十七年八桂堂刻本　湖北
儀禮精義鈔略十卷
　清道光二十一年南學署刻本　天津
　清道光二十七年大盛堂刻本　上海
儀禮先易六卷　清吕仁杰撰
　清道光二十六年刻本　科學
　清道光二十六年刻咸豐七年後印本　北大　湖北
　清咸豐年刻蘇州緑蔭堂藏版本　國圖
讀儀禮彙編四卷　清王焕奎編
　清道光二十八年半畝家塾刻本　上海　湖北
儀禮私箋八卷　清鄭珍撰
　清同治十二年劉履芬抄本(清劉履芬跋)　國圖
　清同治五年唐氏刻本　國圖　復旦　南京　遼寧
　清光緒十七年廣雅書局刻本　國圖　復旦　南京　遼寧　湖北

清光緒十四年南菁書院刻皇清經解續編本　天津　遼寧
清刻黔南叢書本　上海
一九四〇年貴州省政府排印巢經巢全集本　國圖　上海
續修四庫全書影印清同治五年唐鄂生刻本

儀禮摘抄不分卷　清畢道遠抄
清畢道遠抄本(清徐沅題識)　天津

儀禮纂要不分卷　清黄元善撰
清光緒二十年傳經書屋刻本　國圖　科學　天津　遼寧　湖北

讀儀禮録一卷　清曾國藩撰
清刻曾文正公集本　國圖
清光緒十四年南菁書院刻皇清經解續編本　天津　遼寧
清光緒十五年上海蜚英館石印皇清經解續編本

儀禮平議二卷　清俞樾撰
清光緒十四年南菁書院刻皇清經解續編本　天津　遼寧
清光緒十五年上海蜚英館石印皇清經解續編本
清光緒二十五年刻春在堂全書本　國圖　北大　湖北

儀禮演十七卷　清王闓運撰
清王闓運稿本(王代輿跋)　上海(闕卷十一至十六)

禮經箋十七卷　清王闓運撰
清光緒十一年成都尊經書局刻本　國圖　復旦　遼寧
清光緒二十二年東洲講舍刻本　國圖　湖北

儀禮通詩釋十七卷　清陳光煦撰
清抄本　國圖

儀禮可讀十七卷　清劉曾騄撰
清光緒至民國間刻祥符劉氏叢書本　國圖

儀禮約解二十三卷　清劉曾騄撰
清光緒至民國間刻祥符劉氏叢書本　國圖

讀儀禮日記一卷　清于鬯撰
清光緒刻學古堂日記本　國圖　北大
續修四庫全書影印清光緒刻學古堂日記本

儀禮奭固十七卷　清吴之英撰
一九二〇年名山吴氏刻壽櫟廬叢書本　國圖　首都　北大　科學　上海
續修四庫全書影印一九二〇年吴氏刻壽櫟廬叢書本

儀禮志易八卷圖考一卷　清曾家模撰
清曾家模稿本　國圖

儀禮集句不分卷　清張蔚春撰
　　清光緒十一年刻本　湖北
讀儀禮日記一卷　清費祖芬撰
　　清光緒刻學古堂日記本　國圖　北大
儀禮先簿一卷　清馬徵慶撰
　　一九一九至一九二三年馬林排印油印馬鍾山遺書本　國圖　北大　上海
禮經小識一卷　清丁奎聯撰
　　一九五四年丁氏油印衡望堂叢書初稿本　北師大
儀禮節要十七卷　佚名撰
　　清舊抄本　復旦
禮經凡例一卷附容經學凡例一卷　清廖平撰
　　清光緒至民國間刻新訂六譯館叢書本　國圖　北大
　　續修四庫全書影印新訂六譯館叢書本
禮經學七卷　清曹元弼撰
　　清宣統元年刻本　國圖　科學　南京　遼寧　湖北
　　續修四庫全書影印清宣統元年刻本
禮經校釋二十二卷　清曹元弼撰
　　清光緒十八年家刻本　國圖　北大　南京
　　清光緒十八年刻三十四年補刻本　遼寧
　　續修四庫全書影印清光緒十八年刻後印本
禮經大義一卷　清曹元弼撰　王大隆輯
　　民國王氏蛾術軒抄稿本　復旦
禮經大義一卷　清曹元弼講授　華壽頤等述
　　民國鉛印本　上海
禮經舊説十七卷　清劉師培撰
　　一九三六年寧武南氏鉛印劉申叔先生遺書本　北大　湖北
禮經舊説考略一卷　清劉師培撰
　　一九三六年寧武南氏鉛印劉申叔先生遺書本　北大　湖北
儀禮撮要不分卷　佚名撰
　　抄本　南京

（三）分篇

冠禮約制一卷　漢何休撰　清馬國翰輯
清同治十年濟南皇華館刻玉函山房輯佚書本　山東
清光緒九年長沙嫏嬛館刻玉函山房輯佚書本　國圖　天津　遼寧　山東
清光緒九年長沙嫏嬛館刻光緒十年章邱李氏印玉函山房輯佚書本　遼寧
清光緒十年楚南書局刻玉函山房輯佚書本　天津　遼寧

儀禮士冠禮箋一卷　清孔廣林撰
清嘉慶十七年曲阜孔氏刻孔叢伯説經五稿本　北大
清光緒十六年山東書局刻孔叢伯説經五稿本　北大

冠禮節文一卷　清蔣民輯
清末鉛印本　上海

鄭氏婚禮一卷　漢鄭衆撰　清馬國翰輯
清同治十年濟南皇華館刻玉函山房輯佚書本　山東
清光緒九年長沙嫏嬛館刻玉函山房輯佚書本　國圖　天津　遼寧　山東
清光緒九年長沙嫏嬛館刻光緒十年章邱李氏印玉函山房輯佚書本　遼寧
清光緒十年楚南書局刻玉函山房輯佚書本　天津　遼寧

婚禮謁文一卷　漢鄭玄撰　清王仁俊輯
清光緒王仁俊稿本玉函山房輯佚書續編本　上海

昏禮辨正一卷　清毛奇齡撰
清康熙刻西河合集本　國圖　首都　北大　清華　北師大　科學　上海　復旦　華東師大
清嘉慶間南匯吴氏聽彝堂刻藝海珠塵本　國圖　北大　天津
四庫全書存目叢書續修四庫全書影印清康熙刻西河合集本

昏禮通考二十四卷首一卷　清曹庭棟輯
清乾隆十九年曹氏刻本　清華　上海　浙江
四庫全書存目叢書影印清乾隆十九年刻本

昏禮重別論對駁義二卷　清劉壽曾撰
清光緒十四年南菁書院刻皇清經解續編本　天津　遼寧
清光緒十五年上海蜚英館石印皇清經解續編本

昏禮節文一卷　清蔣民輯
清末鉛印本　上海

昏禮司儀辭令一卷　佚名撰
清抄本　復旦

大婚禮節一卷　佚名撰

清同治九年刻本　浙江

昏喪二禮二卷　題清補遲散人輯

清光緒八年刻本　上海

冠昏喪祭儀考十二卷　清林伯桐撰

清光緒刻本　國圖

人家冠昏喪祭考四卷　清林伯桐撰

清道光刻本　科學

凶禮一卷　晉孔衍撰　清馬國翰輯

清同治十年濟南皇華館刻玉函山房輯佚書本　山東

清光緒九年長沙嫏嬛館刻玉函山房輯佚書本　國圖　天津　遼寧　山東

清光緒九年長沙嫏嬛館刻光緒十年章邱李氏印玉函山房輯佚書本　遼寧

清光緒十年楚南書局刻玉函山房輯佚書本　天津　遼寧

喪禮備纂二卷　明王廷相撰

明嘉靖四十年刻本　華東師大　雲南

喪禮餘言一卷　明吕坤撰

明萬曆刻清修补印吕新吾全集本　國圖　首都　北大　上海

喪禮雜説一卷常禮雜説一卷　清毛先舒撰

清康熙三十四年新安張氏霞舉堂刻檀幾叢書本　國圖

清光緒十七年湘西李氏鞠園刻讀禮叢抄本　北大　科學　上海　南京　湖北

喪禮吾説篇十卷　清毛奇齡撰

清康熙李塨等刻西河合集本　遼寧　山東

清康熙李塨等刻乾隆十年蕭山毛氏修補重印西河合集本　山東

清康熙李塨等刻乾隆三十五年陸體元修補重印西河合集本　科學　天津　遼寧　山東

續修四庫全書影印清康熙李塨等刻西河合集本

四庫全書存目叢書影印清康熙刻西河合集本

喪禮輯略一卷　清孟超然撰

清陳壽祺馮縉校刻本　湖北

喪禮經傳約一卷　清吴卓信撰

清同治十一年潘氏刻滂喜齋叢書本

清道光吴江沈氏世楷堂刻昭代叢書本　北大

清光緒十年後知不足齋刻本　國圖

清光緒十四年南菁書院刻皇清經解續編本　天津　遼寧
清光緒十七年湘西李氏鞠園刻讀禮叢抄本　國圖　清華　北師大　上海

喪禮易從四卷　清葉裕仁撰
民國鉛印本　湖北

喪禮或問二卷　清方苞撰
清康熙五五年刻本　清華
清乾隆刻本　上海
清刻龍眠叢書本　清華　上海
清活字版本　天津

喪禮或問一卷
清雍正四年抗希堂刻本　國圖　湖北
清乾隆方觀承刻方望溪先生經説四種本　國圖　上海

喪禮詳考二卷　清張羲年撰
清光緒十九年上海著易堂排印嗽蔗全集本　北大

喪禮集要三卷附録一卷　丁彦章撰
民國鉛印本　湖北

喪禮薄不分卷　佚名撰
清宣統三年寫本　北大

喪禮備要不分卷　朝鮮申義慶撰
朝鮮奎章閣刻本　國圖

喪禮備要補八卷　朝鮮樸建中撰
抄本　國圖

葬禮一卷　晉賀循撰　清馬國翰輯
清同治十年濟南皇華館刻玉函山房輯佚書本　山東
清光緒九年長沙嫏嬛館刻玉函山房輯佚書本　國圖　天津　遼寧　山東
清光緒九年長沙嫏嬛館刻光緒十年章邱李氏印玉函山房輯佚書本　遼寧
清光緒十年楚南書局刻玉函山房輯佚書本　天津　遼寧

考葬儀一卷　朝鮮樸世采撰
朝鮮憲宗十三年箕營刻本　國圖

儀禮喪服馬王注一卷　漢馬融　魏王肅撰　清臧鏞堂輯
清嘉慶間承德孫氏刻問經堂叢書本　國圖　天津　遼寧　浙江
清抄本　國圖

喪服經傳馬氏注一卷　漢馬融撰　清馬國翰輯
清同治十年濟南皇華館刻玉函山房輯佚書本　山東

清光緒九年長沙嫏嬛館刻玉函山房輯佚書本　國圖　天津　遼寧　山東
清光緒九年長沙嫏嬛館刻光緒十年章邱李氏印玉函山房輯佚書本　遼寧
清光緒十年楚南書局刻玉函山房輯佚書本　天津　遼寧

喪服經傳一卷　漢馬融撰　清王謨輯
清嘉慶三年金溪王氏刻漢魏遺書抄本

儀禮喪服經傳一卷　漢馬融撰　清黄奭輯
清道光甘泉黄氏刻光緒印漢學堂叢書本　天津
清道光甘泉黄氏刻一九二五年王鑒修補印黄氏逸書考本
一九三四年江都朱長圻據甘泉黄氏版補刻印黄氏逸書考本　山東

儀禮喪服經傳並記一卷　漢鄭玄注　清張爾岐句讀
清宣統元年學部圖書局石印本　國圖

喪服變除一卷　漢鄭玄撰　清袁鈞輯
清光緒十四年浙江書局刻鄭氏佚書本　國圖

喪服變除一卷　漢鄭玄撰　清孔廣林輯
清光緒十六年山東書局刻通德遺書所見録本　北大

鄭氏喪服變除一卷　漢鄭玄撰　清馬國翰輯
清同治十年濟南皇華館刻玉函山房輯佚書本　山東
清光緒九年長沙嫏嬛館刻玉函山房輯佚書本　國圖　天津　遼寧　山東
清光緒九年長沙嫏嬛館刻光緒十年章邱李氏印玉函山房輯佚書本　遼寧
清光緒十年楚南書局刻玉函山房輯佚書本　天津　遼寧

喪服變除一卷　漢鄭玄撰　清黄奭輯
清道光甘泉黄氏刻光緒印漢學堂叢書本　天津
清道光甘泉黄氏刻一九二五年王鑒修補印黄氏逸書考本
一九三四年江都朱長圻據甘泉黄氏版補刻印黄氏逸書考本　山東

大戴喪服變除一卷　漢戴德撰　清馬國翰輯
清同治十年濟南皇華館刻玉函山房輯佚書本　山東
清光緒九年長沙嫏嬛館刻玉函山房輯佚書本　國圖　天津　遼寧　山東
清光緒九年長沙嫏嬛館刻光緒十年章邱李氏印玉函山房輯佚書本　遼寧
清光緒十年楚南書局刻玉函山房輯佚書本　天津　遼寧

喪服變除一卷　漢戴德撰　清王謨輯
清嘉慶三年金溪王氏刻漢魏遺書抄本

喪服變除一卷　漢戴德撰　清洪頤煊輯
清嘉慶間承德孫氏刻問經堂叢書本　天津　遼寧　浙江

新定禮一卷　漢劉表撰　清馬國翰輯
清同治十年濟南皇華館刻玉函山房輯佚書本　山東

清光緒九年長沙娜嬛館刻玉函山房輯佚書本　國圖　天津　遼寧　山東
清光緒九年長沙娜嬛館刻光緒十年章邱李氏印玉函山房輯佚書本　遼寧
清光緒十年楚南書局刻玉函山房輯佚書本　天津　遼寧

喪服經傳王氏注一卷　魏王肅撰　清馬國翰輯
清同治十年濟南皇華館刻玉函山房輯佚書本　山東
清光緒九年長沙娜嬛館刻玉函山房輯佚書本　國圖　天津　遼寧　山東
清光緒九年長沙娜嬛館刻光緒十年章邱李氏印玉函山房輯佚書本　遼寧
清光緒十年楚南書局刻玉函山房輯佚書本　天津　遼寧

儀禮喪服注一卷　魏王肅撰　清黄奭輯
清道光甘泉黄氏刻光緒印漢學堂叢書本　天津
清道光甘泉黄氏刻一九二五年王鑒修補印黄氏逸書考本
一九三四年江都朱長圻據甘泉黄氏版補刻印黄氏逸書考本　山東

喪服要記一卷　魏王肅撰　清王謨輯
清嘉慶三年金溪王氏刻漢魏遺書抄本

王氏喪服要記一卷　魏王肅撰　清馬國翰輯
清同治十年濟南皇華館刻玉函山房輯佚書本　山東
清光緒九年長沙娜嬛館刻玉函山房輯佚書本　國圖　天津　遼寧　山東
清光緒九年長沙娜嬛館刻光緒十年章邱李氏印玉函山房輯佚書本　遼寧
清光緒十年楚南書局刻玉函山房輯佚書本　天津　遼寧

喪服要記一卷　魏王肅撰　清黄奭輯
清道光甘泉黄氏刻光緒印漢學堂叢書本　天津
清道光甘泉黄氏刻一九二五年王鑒修補印黄氏逸書考本
一九三四年江都朱長圻據甘泉黄氏版補刻印黄氏逸書考本　山東

喪服要記一卷　魏王肅撰　清王仁俊輯
清光緒王仁俊稿本玉函山房輯佚書續編本　上海

喪服變除圖一卷　吴射慈撰　清王謨輯
清嘉慶三年金溪王氏刻漢魏遺書抄本

喪服變除圖一卷　吴射慈撰　清馬國翰輯
清同治十年濟南皇華館刻玉函山房輯佚書本　山東
清光緒九年長沙娜嬛館刻玉函山房輯佚書本　國圖　天津　遼寧　山東
清光緒九年長沙娜嬛館刻光緒十年章邱李氏印玉函山房輯佚書本　遼寧
清光緒十年楚南書局刻玉函山房輯佚書本　天津　遼寧

喪服變除圖一卷　吴射慈撰　清黄奭輯
清道光甘泉黄氏刻光緒印漢學堂叢書本　天津

清道光甘泉黄氏刻一九二五年王鑒修補印黄氏逸書考本
一九三四年江都朱長圻據甘泉黄氏版補刻印黄氏逸書考本　山東
喪服要集一卷　晉杜預撰　清馬國翰輯
清同治十年濟南皇華館刻玉函山房輯佚書本　山東
清光緒九年長沙嫏嬛館刻玉函山房輯佚書本　國圖　天津　遼寧　山東
清光緒九年長沙嫏嬛館刻光緒十年章邱李氏印玉函山房輯佚書本　遼寧
清光緒十年楚南書局刻玉函山房輯佚書本　天津　遼寧
喪服釋疑一卷　晉劉智撰　清王謨輯
清嘉慶三年金溪王氏刻漢魏遺書抄本
喪服釋疑一卷　晉劉智撰　清馬國翰輯
清同治十年濟南皇華館刻玉函山房輯佚書本　山東
清光緒九年長沙嫏嬛館刻玉函山房輯佚書本　國圖　天津　遼寧　山東
清光緒九年長沙嫏嬛館刻光緒十年章邱李氏印玉函山房輯佚書本　遼寧
清光緒十年楚南書局刻玉函山房輯佚書本　天津　遼寧
出後者爲本父母服議一卷　晉王廙撰　清王仁俊輯
清光緒王仁俊稿本玉函山房輯佚書續編本　上海
孫曾爲後議一卷　晉何琦撰　清王仁俊輯
清光緒王仁俊稿本玉函山房輯佚書續編本　上海
賀氏喪服要記一卷　晉賀循撰　清馬國翰輯
清同治十年濟南皇華館刻玉函山房輯佚書本　山東
清光緒九年長沙嫏嬛館刻玉函山房輯佚書本　國圖　天津　遼寧　山東
清光緒九年長沙嫏嬛館刻光緒十年章邱李氏印玉函山房輯佚書本　遼寧
清光緒十年楚南書局刻玉函山房輯佚書本　天津　遼寧
賀氏喪服譜一卷　晉賀循撰　清馬國翰輯
清同治十年濟南皇華館刻玉函山房輯佚書本　山東
清光緒九年長沙嫏嬛館刻玉函山房輯佚書本　國圖　天津　遼寧　山東
清光緒九年長沙嫏嬛館刻光緒十年章邱李氏印玉函山房輯佚書本　遼寧
清光緒十年楚南書局刻玉函山房輯佚書本　天津　遼寧
賀氏喪服譜一卷　晉賀循撰　清王仁俊輯
清光緒王仁俊稿本玉函山房輯佚書續編本　上海
喪服經傳袁氏注一卷　晉袁准撰　清馬國翰輯
清同治十年濟南皇華館刻玉函山房輯佚書本　山東
清光緒九年長沙嫏嬛館刻玉函山房輯佚書本　國圖　天津　遼寧　山東
清光緒九年長沙嫏嬛館刻光緒十年章邱李氏印玉函山房輯佚書本　遼寧

清光緒十年楚南書局刻玉函山房輯佚書本　天津　遼寧

蔡氏喪服譜一卷　晉蔡謨撰　清馬國翰輯

清同治十年濟南皇華館刻玉函山房輯佚書本　山東

清光緒九年長沙嫏嬛館刻玉函山房輯佚書本　國圖　天津　遼寧　山東

清光緒九年長沙嫏嬛館刻光緒十年章邱李氏印玉函山房輯佚書本　遼寧

清光緒十年楚南書局刻玉函山房輯佚書本　天津　遼寧

葛氏喪服變除一卷　晉葛洪撰　清馬國翰輯

清同治十年濟南皇華館刻玉函山房輯佚書本　山東

清光緒九年長沙嫏嬛館刻玉函山房輯佚書本　國圖　天津　遼寧　山東

清光緒九年長沙嫏嬛館刻光緒十年章邱李氏印玉函山房輯佚書本　遼寧

清光緒十年楚南書局刻玉函山房輯佚書本　天津　遼寧

集注喪服經傳一卷　晉孔倫撰　清馬國翰輯

清同治十年濟南皇華館刻玉函山房輯佚書本　山東

清光緒九年長沙嫏嬛館刻玉函山房輯佚書本　國圖　天津　遼寧　山東

清光緒九年長沙嫏嬛館刻光緒十年章邱李氏印玉函山房輯佚書本　遼寧

清光緒十年楚南書局刻玉函山房輯佚書本　天津　遼寧

喪服經傳陳氏注一卷　□陳銓撰　清馬國翰輯

清同治十年濟南皇華館刻玉函山房輯佚書本　山東

清光緒九年長沙嫏嬛館刻玉函山房輯佚書本　國圖　天津　遼寧　山東

清光緒九年長沙嫏嬛館刻光緒十年章邱李氏印玉函山房輯佚書本　遼寧

清光緒十年楚南書局刻玉函山房輯佚書本　天津　遼寧

略注喪服經傳一卷　南朝宋雷次宗撰　清馬國翰輯

清同治十年濟南皇華館刻玉函山房輯佚書本　山東

清光緒九年長沙嫏嬛館刻玉函山房輯佚書本　國圖　天津　遼寧　山東

清光緒九年長沙嫏嬛館刻光緒十年章邱李氏印玉函山房輯佚書本　遼寧

清光緒十年楚南書局刻玉函山房輯佚書本　天津　遼寧

喪服經傳略注一卷　南朝宋雷次宗撰　清王謨輯

清嘉慶三年金溪王氏刻漢魏遺書抄本

儀禮喪服經傳略注一卷　南朝宋雷次宗撰　清黄奭輯

清道光甘泉黄氏刻光緒印漢學堂叢書本　天津

清道光甘泉黄氏刻一九二五年王鑒修補印黄氏逸書考本

一九三四年江都朱長圻據甘泉黄氏版補刻印黄氏逸書考本　山東

喪服要記注一卷　□謝徽撰　清馬國翰輯

清同治十年濟南皇華館刻玉函山房輯佚書本　山東

清光緒九年長沙嫏嬛館刻玉函山房輯佚書本　國圖　天津　遼寧　山東
清光緒九年長沙嫏嬛館刻光緒十年章邱李氏印玉函山房輯佚書本　遼寧
清光緒十年楚南書局刻玉函山房輯佚書本　天津　遼寧

周氏喪服注一卷　南朝宋周續之撰　清馬國翰輯

清同治十年濟南皇華館刻玉函山房輯佚書本　山東
清光緒九年長沙嫏嬛館刻玉函山房輯佚書本　國圖　天津　遼寧　山東
清光緒九年長沙嫏嬛館刻光緒十年章邱李氏印玉函山房輯佚書本　遼寧
清光緒十年楚南書局刻玉函山房輯佚書本　天津　遼寧

逆降義一卷　南朝宋顏延之撰　清馬國翰輯

清同治十年濟南皇華館刻玉函山房輯佚書本　山東
清光緒九年長沙嫏嬛館刻玉函山房輯佚書本　國圖　天津　遼寧　山東
清光緒九年長沙嫏嬛館刻光緒十年章邱李氏印玉函山房輯佚書本　遼寧
清光緒十年楚南書局刻玉函山房輯佚書本　天津　遼寧

喪服難問一卷　南朝宋崔凱撰　清馬國翰輯

清同治十年濟南皇華館刻玉函山房輯佚書本　山東
清光緒九年長沙嫏嬛館刻玉函山房輯佚書本　國圖　天津　遼寧　山東
清光緒九年長沙嫏嬛館刻光緒十年章邱李氏印玉函山房輯佚書本　遼寧
清光緒十年楚南書局刻玉函山房輯佚書本　天津　遼寧

集注喪服經傳一卷　南朝宋裴松之撰　清馬國翰輯

清同治十年濟南皇華館刻玉函山房輯佚書本　山東
清光緒九年長沙嫏嬛館刻玉函山房輯佚書本　國圖　天津　遼寧　山東
清光緒九年長沙嫏嬛館刻光緒十年章邱李氏印玉函山房輯佚書本　遼寧
清光緒十年楚南書局刻玉函山房輯佚書本　天津　遼寧

喪服世行要記一卷　南朝齊王逡之撰　清馬國翰輯

清同治十年濟南皇華館刻玉函山房輯佚書本　山東
清光緒九年長沙嫏嬛館刻玉函山房輯佚書本　國圖　天津　遼寧　山東
清光緒九年長沙嫏嬛館刻光緒十年章邱李氏印玉函山房輯佚書本　遼寧
清光緒十年楚南書局刻玉函山房輯佚書本　天津　遼寧

喪服古今集記一卷　南朝齊王儉撰　清馬國翰輯

清同治十年濟南皇華館刻玉函山房輯佚書本　山東
清光緒九年長沙嫏嬛館刻玉函山房輯佚書本　國圖　天津　遼寧　山東
清光緒九年長沙嫏嬛館刻光緒十年章邱李氏印玉函山房輯佚書本　遼寧
清光緒十年楚南書局刻玉函山房輯佚書本　天津　遼寧

雙峰先生内外服制通釋七卷　宋車垓撰

清抄本　湖南

内外服制通釋七卷　宋車垓撰
清乾隆四庫全書館寫欽定四庫全書本
清光緒二十四年翁氏刻續台州叢書本
一九一三年序歸安沈家本刻枕碧樓叢書本　遼寧　山東
内外服制通釋九卷
清抄本　北大
清抄本　浙江(存卷一至七)
大明令喪服一卷　明禮部訂
清末曹元忠抄本　復旦
喪葬雜録一卷　清張履祥輯
清光緒十七年湘西李氏鞠園刻讀禮叢抄本　北大　科學　上海　南京　湖北
喪祭雜説一卷　清張履祥輯
清光緒十七年湘西李氏鞠園刻讀禮叢抄本　北大　科學　上海　南京　湖北
三年服制考一卷　清毛奇齡撰
清康熙三十六年刻昭代叢書本　北大　上海
清道光吴江沈氏世楷堂刻昭代叢書本　北大
清光緒十七年湘西李氏鞠園刻讀禮叢抄本　北大　科學　上海　南京　湖北
喪服或問一卷　清汪琬撰
清康熙三十四年新安張氏霞舉堂刻檀幾叢書本　遼寧　山東
清光緒十七年湘西李氏鞠園刻讀禮叢抄本　北大　科學　上海　南京　湖北
喪服翼注一卷　清閻若璩撰
清道光吴江沈氏世楷堂刻昭代叢書本　北大
清光緒十七年湘西李氏鞠園刻讀禮叢抄本　北大　科學　上海　南京　湖北
儀禮喪服考一卷喪服或問一卷附戴記喪禮或問一卷　清華學泉撰
清華學泉稿本　上海
儀禮喪服文足徵記十卷　清程瑶田撰
清嘉慶刻通藝録本　復旦
清道光九年廣東學海堂刻皇清經解一千四百卷本　天津　遼寧　山東
清道光九年廣東學海堂刻咸豐十一年補刻皇清經解一千四百八卷本　遼寧
清光緒十七年上海鴻寶齋石印皇清經解一百九十卷本　天津
清光緒上海點石齋石印皇清經解一百九十卷本
一九三三年安徽叢書據通藝録本影印本　北大
續修四庫全書影印清嘉慶刻通藝録本
喪服表一卷殤服表一卷　清孔繼汾輯
清光緒元年永康胡氏退補齋刻本　國圖　科學

清光緒三十年江陰季氏刻本　復旦
續修四庫全書影印清光緒元年胡氏退補齋刻本

殤服表一卷　清孔繼汾輯
清光緒元年永康胡氏退補齋刻本　國圖　科學
清光緒三十年江陰季氏刻本　復旦

五服異同彙考三卷　清崔述撰
清道光四年陳履和東陽縣署刻崔東壁遺書本　國圖　上海
清光緒定州王氏謙德堂刻畿輔叢書本　國圖　北大　科學
一九二四年上海古書流通處影印崔東壁遺書本　國圖　首都　北大　上海
一九三六年上海亞東圖書館排印崔東壁遺書本　北師大　上海
續修四庫全書影印清道光四年陳履和東陽縣署刻本

儀禮禮服通釋六卷　清淩曙撰
清道光刻本　湖北
清光緒德化李氏刻木犀軒叢書本　北大

讀禮小事記一卷　清唐鑑撰
清咸豐五年湘西黄氏刻本　大連
清光緒十七年湘西李氏鞠園刻讀禮叢抄本　北大　科學　上海　南京　湖北

喪服答問紀實一卷　清汪喜孫撰
清道光十三年趙逵儀刻本　上海
清末德化李氏木犀軒刻本　北大
一九二五年上海中國書店影印重印江都汪氏叢書本　國圖　首都　北大

儀禮喪服表不分卷　清蔣彤撰
清養一齋藍格抄本　天津

喪服會通説四卷　清吴嘉賓撰
清咸豐元年刻本　北大　科學　復旦　湖北
清光緒十四年南菁書院刻皇清經解續編本　天津　遼寧
清光緒十五年上海蜚英館石印皇清經解續編本
清末抄本　北大
續修四庫全書影印清咸豐刻本

求是得之室喪服會通説四卷　清吴嘉賓撰
清同治五年廣州刻本　湖北
清同治六年刻本　北大

儀禮喪服漢魏六朝注説標記一卷　清鄭珍撰
清鄭珍稿本　貴州博

服制備考不分卷　清薛允升撰
　清薛允升稿本(章鈺跋)　上海
喪服私論一卷　清俞樾撰
　清光緒二十五年刻春在堂全書本　國圖　北大　湖北
喪服鄭氏學二十九卷大清通禮案語一卷　清張錫恭撰
　一九三六年中國國學會寫樣稿本(王欣夫校)　復旦
喪服鄭氏學十六卷
　民國南林劉氏刻求恕齋叢書本　國圖　北師大　天津　上海　南京　遼寧　山東　湖北
　續修四庫全書影印民國劉氏刻求恕齋叢書本
儀禮喪服輯略一卷附録一卷　清张華理撰
　清同治十二年長沙荷華池刻本　國圖　湖北　南京
喪服雜説一卷　清張華理撰
　清光緒十七年湘西李氏鞠園刻讀禮叢抄本　國圖　清華　北師大　上海
喪服今制表一卷　清張華理撰
　清同治十三年長沙荷華池刻本　國圖　湖北　南京
　清光緒十七年湘西李氏鞠園刻讀禮叢抄本　國圖　清華　北師大　上海
喪服經傳補疏二卷　清葉大莊撰
　清光緒玉屏山莊刻寫經齋全集本　國圖　科學　上海　南京　湖北
　續修四庫全書影印清光緒玉屏山莊刻本
喪服制考八卷　清朱建子撰
　清抄本(清丁丙跋)　南京
　四庫全書存目叢書影印清抄本
殤服一卷殤服發揮一卷附兼祧議一篇　清于鬯撰
　清于鬯稿本于香草遺著叢輯本　上海
殤服發揮一卷　清于鬯撰
　清于鬯稿本于香草遺著叢輯本　上海
儀禮喪服異同考不分卷　佚名撰
　清抄本　北大
山公喪服經傳彙編考正四卷　曹林撰
　民國鉛印本　國圖　上海　湖北
禮服要略不分卷　吴承仕撰
　民國鉛印中國大學講義本　湖北
鄉校禮輯十一卷　明方可立等撰
　明隆慶元年刻本　安徽(闕卷四)

射禮儀節一卷　明嚴永濬撰

　　明弘治九年刻本　上海

鄉射禮集要圖説不分卷　明傅鼎撰

　　明弘治十七年刻本(清丁丙跋)　南京

鄉射禮儀節一卷　明林烈撰

　　明萬曆十七年陳夢斗等刻本　山東

　　四庫全書存目叢書影印明萬曆陳夢斗等刻本

射侯考一卷　清胡夤撰

　　民國四明張氏約園刻四明叢書本

(四)圖譜

儀禮圖十七卷旁通圖一卷　宋楊復撰

　　元崇化余志安勤有堂刻本　臺北故宫(存卷一、三、四、八至十七、旁通圖)上海博(存卷一至六)

　　元刻明修本(清丁丙跋)　南京

　　元刻明修本(清黄國瑾跋　楊守敬跋)　上海

　　元刻明修本　國圖　國博　北大　科學　上海　浙江　天一閣　吉林

　　明嘉靖十五年吕柟刻本　國圖　北大　山東　天一閣

　　清康熙十九年納蘭性德刻通志堂經解本　國圖　北大　科學　上海

　　日本寛政十一年刻本　國圖　北大

　　清乾隆四庫全書館寫欽定四庫全書本

儀禮圖一卷　清楊魁植撰

　　清信芳書屋刻本　國圖

儀禮圖不分卷　清王紹蘭撰

　　清王紹蘭稿本(任銘善　顧廷龍　王大隆跋)　上海

儀禮圖六卷　清張惠言撰

　　清嘉慶十年揚州阮氏刻本　國圖　北大　科學　天津　南京　湖北

　　清同治九年崇文書局刻本　國圖　北大　復旦　南京　遼寧　湖北

　　清光緒十四年南菁書院刻皇清經解續編本　天津　遼寧

　　清光緒十五年上海蜚英館石印皇清經解續編本

　　抄本(橋南老人題識)　天津

　　續修四庫全書影印清嘉慶十年刻本

儀禮宫室圖一卷附説一卷　清張惠言撰

清光緒十五年刻素隱所刻書本　清華　上海

士昏禮對席圖一卷　清俞樾撰

清光緒十四年南菁書院刻皇清經解續編本　天津　遼寧

清光緒十五年上海蜚英館石印皇清經解續編本

清光緒二十五年刻春在堂全書本　國圖　北大　湖北

儀禮奭固禮事圖十七卷　吴之英撰

一九二〇年名山吴氏刻壽櫟廬叢書本　國圖　首都　北大　科學　上海

續修四庫全書影印一九二〇年吴氏刻壽櫟廬叢書本

儀禮奭固禮器圖十七卷首一卷末三卷　吴之英撰

一九二〇年名山吴氏刻壽櫟廬叢書本　國圖　首都　北大　科學　上海

續修四庫全書影印一九二〇年吴氏刻壽櫟廬叢書本

（五）文字音義

儀禮識誤三卷　宋張淳撰

清乾隆四庫全書館寫欽定四庫全書本

清乾隆武英殿木活字印武英殿聚珍版書本　國圖　上海

清乾隆浙江重刻武英殿聚珍版叢書本　南京

清乾隆抄本（清盧文弨校並跋　繆荃孫跋）　上海

清道光长白荣氏刻得月簃叢書本　北大

清光緒十六年黄梅梅氏慎自愛軒刻清芬堂叢書本　山東

儀禮音訓不分卷　清楊國楨撰

清道光十年大梁書院刻十一經音訓本　北大　復旦

清光緒三年湖北崇文書局刻十一經音訓本　國圖

儀禮古今考二卷　清李調元撰

清乾隆綿州李氏萬卷樓刻嘉慶十四年李鼎元印函海本　遼寧

清道光五年李朝夔補刻函海本　天津　上海　南京　遼寧　山東

清光緒七至八年廣漢鍾登甲樂道齋刻函海本　國圖　北大

續修四庫全書影印清乾隆李氏萬卷樓刻函海本

儀禮漢讀考一卷　清段玉裁撰

清嘉慶十九年刻經韵樓叢書本　北大

清道光九年廣東學海堂刻皇清經解一千四百卷本　天津　遼寧　山東

清道光九年廣東學海堂刻咸豐十一年補刻皇清經解一千四百八卷本　遼寧

清光緒十七年上海鴻寶齋石印皇清經解一百九十卷本　天津
清光緒四年李慈銘抄本　國圖

儀禮漢讀考十七卷　清段玉裁撰　陳光煦續
清宣統石印本　國圖
清抄本　國圖

儀禮古文今文考一卷　清程際盛輯
清鋤月種梅室抄本　故宮
清木活字排印稻香樓雜著本　國圖
清刻程際盛全集本　國圖

儀禮古今文異同五卷　清徐養原撰
清道光刻本　南京
清光緒湖城義塾刻湖州叢書本　國圖　北大
續修四庫全書影印清光緒刻湖州叢書本

儀禮古今文異同疏證五卷　清徐養原撰
清光緒十七年廣雅書局刻廣雅書局叢書本　國圖　天津　上海
清光緒十四年南菁書院刻皇清經解續編本　天津　遼寧
清光緒十五年上海蜚英館石印皇清經解續編本

儀禮古今文疏證二卷　清宋世犖撰
清光緒六年津門徐氏刻確山所著書本　國圖　上海　天津　湖北
清刻確山所著書本(清李慈銘校)　國圖
續修四庫全書影印清刻光緒六年刻確山所著書本

儀禮音訓不分卷　清袁俊等編纂
清道光刻本　復旦

儀禮今古文疏證一卷　清潘道根撰
民國吳縣王氏學禮齋鈔稿本(任銘善校並跋)　復旦

禮經漢讀考十七卷　清陳光煦撰
民國吳縣王氏學禮齋抄本　復旦

儀禮讀異二卷　清于鬯撰
清于鬯稿本于香草遺著叢輯本　上海

儀禮鄭注正字考十七卷　清葉德輝撰
葉德輝稿本　國圖

附録　逸禮

王度記一卷附三正記　周淳于髡等撰　清王謨輯

清嘉慶三年金溪王氏刻漢魏遺書抄本

經禮補逸九卷　元汪克寬撰

明弘治十年汪璋汪珙等刻本　國圖　北大　歷史所　上海

明嘉靖十七年四明姚潓刻本　北大

清康熙十九年納蘭性德刻通志堂經解本　國圖　北大　科學　上海

清乾隆四庫全書館寫欽定四庫全書本

儀禮逸經一卷傳一卷　元吴澄撰

明弘治十年程敏政刻本　國圖

儀禮逸經傳一卷　元吴澄撰

清康熙十九年納蘭性德刻通志堂經解本　國圖　北大　科學　上海

清康熙十九年通志堂刻乾隆五十年補修通志堂經解本　北大

同治十二年粤東書局重刻通志堂經解本　上海　遼寧

儀禮逸經傳二卷

清乾隆四庫全書館寫欽定四庫全書本

清嘉慶十年虞山張氏照曠閣刻學津討原本　天津　遼寧　山東

一九二二年上海商務印書館影印清嘉慶十年虞山張氏照曠閣刻學津討原本　北大

佚禮扶微二卷附録一卷　清丁晏撰

清丁晏稿本　國圖

清丁晏稿本　上海

清抄本　國圖

續修四庫全書影印北圖藏稿本

佚禮扶微五卷

清光緒十四年江陰南菁書院刻南菁書院叢書本　國圖　首都　北大　科學　上海

逸禮大誼論六卷　清汪宗沂撰

民國吴縣王氏學禮齋抄稿本(趙詒琛　王大隆校)　復旦

一九三九年鉛印本　國圖　上海　湖北

抄本　科學

四庫未收書輯刊影印舊抄本

逸禮定論五卷附録一卷　清汪宗沂撰
　清汪宗沂稿本　國圖
逸禮定論五卷周人明堂月令篇一卷
　清王氏學禮齋用稿本曬印本　復旦
逸軍禮三卷　清汪宗沂撰
　清抄本　復旦
補軍禮三篇不分卷　清汪宗沂撰
　清袁氏漸西村舍抄本　復旦
補饗禮一卷　清諸錦撰
　清乾隆四庫全書館寫欽定四庫全書本
饗禮補亡一卷　清諸錦撰
　清乾隆二十一年春暉堂刻絳跗閣經説三種本
　清嘉慶間南匯吴氏聽彝堂刻藝海珠塵本　國圖　北大　天津
　清道光吴江沈氏世楷堂刻昭代叢書本　北大
　清光緒十三年朱記榮刻槐廬叢書初編本　上海　遼寧　山東　湖北
　清光緒吴縣朱氏槐廬刻孫溪朱氏經學叢書初編本　遼寧
逸禮考一卷　清劉師培撰
　一九三六年寧武南氏鉛印劉申叔先生遺書本　北大　湖北
　抄本　國圖

三、禮記之屬

（一）正文

禮記二卷
　宋刻遞修八經本　國圖
　一九二六年武進陶湘涉園影印宋刻遞修巾箱八經本
禮記一卷
　明弘治九年琴川周木刻五經本　國圖　上海　浙江
　明嘉靖朱廷立刻五經本　上海　湖北
　明吴勉學刻十三經本　國圖　西北大學
　明刻九經本　上海（清倪燦批校並跋　清鮑毓東跋）　南京（清吴騫　丁丙跋）
　清乾隆五年蔣衡寫十三經本　臺北故宫

日本明曆二年刻本　北大

禮記三卷

明嘉靖三十一年翁溥刻五經正文本　國圖　國博　華東師大　南京

清康熙乾隆間内府刻古香齋袖珍十種本

清同治光緒間南海孔氏刻古香齋袖珍十種本

禮記四卷

日本天保十年刻本　遼寧

禮記八卷

明司禮監刻本　丹東

禮記二十一卷

明刻五經白文本　國圖　上海

禮記三十卷

明弘治九年莊襗刻本　天一閣(殘存卷十六至三十)

禮記不分卷

清乾隆五年蔣衡寫十三經本　臺北故宫

新刊校正音釋禮記白文六卷

明嘉靖十年東匯張氏刻本　上海

禮記六卷　明秦鏷訂正

明崇禎十三年錫山秦鏷求古齋刻九經本　北大　科學

清觀成堂刻九經本　上海(清沈大成　姚椿批校)　山東博(清孔繼涵校並跋)

禮記佚文一卷　清王仁俊輯

清王仁俊稿本經籍佚文稿本

御製繙譯禮記滿漢合璧三十卷　清高宗弘曆敕譯

清乾隆四十八年武英殿刻本　科學

禮記正文五卷

日本寬政十年青藜館刻本　北大

(二)　傳説

禮記馬氏注一卷　漢馬融撰　清馬國翰輯

清同治十年濟南皇華館刻玉函山房輯佚書本　山東

清光緒九年長沙嫏嬛館刻玉函山房輯佚書本　天津　遼寧　山東

清光緒九年長沙嫏嬛館刻光緒十年章邱李氏印玉函山房輯佚書　遼寧

清光緒十年楚南書局刻玉函山房輯佚書本　天津　遼寧

禮傳一卷　漢荀爽撰　清馬國翰輯

清同治十年濟南皇華館刻玉函山房輯佚書本　山東

清光緒九年長沙嫏嬛館刻玉函山房輯佚書本　天津　遼寧　山東

清光緒九年長沙嫏嬛館刻光緒十年章邱李氏印玉函山房輯佚書　遼寧

清光緒十年楚南書局刻玉函山房輯佚書本　天津　遼寧

小戴禮記注一卷　漢盧植撰　清王謨輯

清嘉慶三年金溪王氏刻漢魏遺書抄本　國圖　北大

盧氏禮記解詁一卷補遺一卷附録一卷　漢盧植撰　清臧庸輯

清乾隆嘉慶間武進臧氏同述觀刻拜經堂叢書本　國圖　北大

清光緒南陵徐乃昌積學齋抄本　北大

清光緒二十六年南陵徐氏刻鄦齋叢書本　北大

日本昭和十年東方文化學院京都研究所據清乾隆嘉慶間臧氏刻拜經堂叢書本影印本　北大

禮記盧氏注一卷　漢盧植撰　清馬國翰輯

清同治十年濟南皇華館刻玉函山房輯佚書本　山東

清光緒九年長沙嫏嬛館刻玉函山房輯佚書本　天津　遼寧　山東

清光緒九年長沙嫏嬛館刻光緒十年章邱李氏印玉函山房輯佚書　遼寧

清光緒十年楚南書局刻玉函山房輯佚書本　天津　遼寧

禮記解詁一卷　漢盧植撰　清黄奭輯

清道光甘泉黄氏刻光緒印漢學堂叢書本　天津

清道光甘泉黄氏刻一九二五年王鑒修補重印黄氏逸書考本

清道光甘泉黄氏刻一九三四年江都朱長圻修補重印黄氏逸書考本

盧氏禮記解詁一卷附録一卷　漢盧植撰　清盧文弨輯

抄本　上海

禮記卷三　漢鄭玄注

一九一七年上虞羅氏鳴沙石室古籍叢殘據唐寫本影印本

禮記卷十　漢鄭玄注

一九四七年臺灣大學據敦煌寫本影印敦煌秘籍留真新編本

禮記二十卷　漢鄭玄注

宋婺州義烏酥谿蔣宅崇知齋刻本　國圖(存卷一至五)

宋蜀刻大字本　國圖(存卷六至二十)　遼寧(存卷一至五)

宋刻遞修本　國圖(存卷五至八、卷十一至十五)

明嘉靖吴郡徐氏刻三禮本　國圖　上海　南京

清光緒十七年味經書院刻本　北大　上海
中華再造善本影印宋婺州義烏酥谿蔣宅崇知齋刻本

禮記二卷
明刻本　國圖　北京文物局

禮記十卷
清同治十二年稽古樓刻袖珍十三經注本

禮記二十卷釋文四卷　漢鄭玄注　唐陸德明撰釋文
宋淳熙四年撫州公使庫刻本　國圖
宋淳熙四年撫州公使庫刻紹熙至淳祐間修補本　臺北央圖
中華再造善本影印宋淳熙四年撫州公使庫刻本

禮記二十卷釋文二卷考異二卷　漢鄭玄注　唐陸德明撰釋文　清張敦仁撰考異
清嘉慶十一年陽城張氏影刻宋撫州本　國圖　北大　上海　復旦(清莫友芝校並跋)　遼寧
清嘉慶十一年陽城張氏影刻宋撫州本清嘉慶二十五年重修本　天津　南京
清同治九年湖北崇文書局刻本　國圖　北大

撫本禮記鄭注考異二卷　清張敦仁撰
清嘉慶十一年陽城張氏影刻宋撫州本　國圖　北大　上海　遼寧
清嘉慶十一年陽城張氏影刻宋撫州本清嘉慶二十五年重修本　天津　南京
清道光九年廣東學海堂刻皇清經解一千四百卷本　天津　遼寧　山東
清道光九年廣東學海堂刻咸豐十一年補刻皇清經解一千四百八卷本　遼寧
清同治九年楚北崇文書局刻本　北大
清光緒十七年上海鴻寶齋石印皇清經解一百九十卷本　天津
清光緒上海點石齋石印皇清經解一百九十卷本
一九二五年吴江施肇曾醒園刻十三經讀本本

禮記讀本二十卷附撫本禮記鄭注考異二卷禮記經注校證二卷　漢鄭玄注　唐陸德明釋文　清張敦仁撰考異
一九二五年吴江施肇曾醒園刻十三經讀本本

禮記二十卷　漢鄭玄注　日賀島矩直句讀
日本寶曆九年刻本　國圖　北大　上海　南京

禮記二十卷　漢鄭玄注　唐陸德明音義
宋余仁仲萬卷堂家塾刻本　國圖　上海
宋刻本(清翁同書跋)　國圖(存卷一至十六)
宋刻本　國圖(存卷二十)

宋刻本　國圖(存卷五至二十)

宋刻本　北大

宋刻本　日本國會圖書館

宋刻本　臺北央圖

中華再造善本影印宋余仁仲萬卷堂家塾刻本

禮記二十卷附對校札記二十卷　漢鄭玄注　唐陸德明音義　楊彭齡撰對校札記

一九三七年北平來青閣據宋余氏萬卷堂刻本影印本　北大　上海

禮記校札二十卷　楊彭齡撰

一九三七年北平來青閣據宋余氏萬卷堂刻本影印本　北大　上海

禮記二十卷附考證　漢鄭玄注　唐陸德明音義

清乾隆四十八年刻相臺五經本　國圖

清光緒二年江南書局重刊相臺五經本　國圖　北大

清光緒八年長沙龍氏刻相臺五經本　國圖　北大

清貴州刻相臺五經本　國圖

民國奉新宋氏卷雨樓影印相臺五經本　國圖　北大

纂圖互注禮記二十卷舉要圖一卷　漢鄭玄注　唐陸德明音義

宋刻本　國圖　静嘉堂

一九三六年上海商務印書館據宋版影印本

中華再造善本影印宋刻本

監本纂圖重言重意互注禮記二十卷　漢鄭玄注　唐陸德明音義

宋刻本　上海

宋刻本　南京(存卷九至十)

附音重言互注禮記二十卷　漢鄭玄注　唐陸德明音義

宋刻本　國圖(存卷十六、十九)

京本點校附音重言重意互注禮記二十卷　漢鄭玄注　唐陸德明音義

宋刻本(李盛鐸跋)　國圖(存卷八)

宋刻本　上海(存卷六至七)

禮記四十九卷　漢鄭玄注　唐陸德明音義　明金蟠　葛鼒校

明崇禎十二年永懷堂刻十三經古注本　國圖

清永懷堂刻本(清姚椿校並跋)　上海

清同治八年浙江書局補刻十三經古注本　北大

禮記佚文一卷　漢鄭玄注　清王仁俊輯

清王仁俊原稿經籍佚文稿本

禮記孫氏注一卷　三國魏孫炎撰　清馬國翰輯

清同治十年濟南皇華館刻玉函山房輯佚書本　山東

清光緒九年長沙嫏嬛館刻玉函山房輯佚書本　天津　遼寧　山東

清光緒九年長沙嫏嬛館刻光緒十年章邱李氏印玉函山房輯佚書本　遼寧

清光緒十年楚南書局刻玉函山房輯佚書本　天津　遼寧

禮記王氏注二卷　三國魏王肅撰　清馬國翰輯

清同治十年濟南皇華館刻玉函山房輯佚書本　山東

清光緒九年長沙嫏嬛館刻玉函山房輯佚書本　天津　遼寧　山東

清光緒九年長沙嫏嬛館刻光緒十年章邱李氏印玉函山房輯佚書本　遼寧

清光緒十年楚南書局刻玉函山房輯佚書本　天津　遼寧

禮記略解一卷　南朝宋庾蔚之撰　清馬國翰輯

清同治十年濟南皇華館刻玉函山房輯佚書本　山東

清光緒九年長沙嫏嬛館刻玉函山房輯佚書本　天津　遼寧　山東

清光緒九年長沙嫏嬛館刻光緒十年章邱李氏印玉函山房輯佚書本　遼寧

清光緒十年楚南書局刻玉函山房輯佚書本　天津　遼寧

禮記新義疏一卷　南朝梁賀瑒撰　清馬國翰輯

清同治十年濟南皇華館刻玉函山房輯佚書本　山東

清光緒九年長沙嫏嬛館刻玉函山房輯佚書本　天津　遼寧　山東

清光緒九年長沙嫏嬛館刻光緒十年章邱李氏印玉函山房輯佚書本　遼寧

清光緒十年楚南書局刻玉函山房輯佚書本　天津　遼寧

禮記隱義一卷　南朝梁何胤撰　清馬國翰輯

清同治十年濟南皇華館刻玉函山房輯佚書本　山東

清光緒九年長沙嫏嬛館刻玉函山房輯佚書本　天津　遼寧　山東

清光緒九年長沙嫏嬛館刻光緒十年章邱李氏印玉函山房輯佚書本　遼寧

清光緒十年楚南書局刻玉函山房輯佚書本　天津　遼寧

禮記隱義一卷　南朝梁何胤撰　清王仁俊輯

清光緒王仁俊稿本玉函山房輯佚書續編本　上海

六朝寫本禮記子本疏義一卷　南朝梁皇侃撰　陳鄭灼增益

民國上虞羅氏影印六朝寫本　國圖　科學　上海　復旦　遼寧

禮記皇氏義疏四卷　南朝梁皇侃撰　清馬國翰輯

清同治十年濟南皇華館刻玉函山房輯佚書本　山東

清光緒九年長沙嫏嬛館刻玉函山房輯佚書本　天津　遼寧　山東

清光緒九年長沙嫏嬛館刻光緒十年章邱李氏印玉函山房輯佚書本　遼寧

清光緒十年楚南書局刻玉函山房輯佚書本　天津　遼寧

禮記義證一卷　後魏劉芳撰　清馬國翰輯
清同治十年濟南皇華館刻玉函山房輯佚書本　山東
清光緒九年長沙嫏嬛館刻玉函山房輯佚書本　天津　遼寧　山東
清光緒九年長沙嫏嬛館刻光緒十年章邱李氏印玉函山房輯佚書本　遼寧
清光緒十年楚南書局刻玉函山房輯佚書本　天津　遼寧
禮記沈氏義疏一卷　北周沈重撰　清馬國翰輯
清同治十年濟南皇華館刻玉函山房輯佚書本　山東
清光緒九年長沙嫏嬛館刻玉函山房輯佚書本　天津　遼寧　山東
清光緒九年長沙嫏嬛館刻光緒十年章邱李氏印玉函山房輯佚書本　遼寧
清光緒十年楚南書局刻玉函山房輯佚書本　天津　遼寧
禮記熊氏義疏四卷　北周熊安生撰　清馬國翰輯
清同治十年濟南皇華館刻玉函山房輯佚書本　山東
清光緒九年長沙嫏嬛館刻玉函山房輯佚書本　天津　遼寧　山東
清光緒九年長沙嫏嬛館刻光緒十年章邱李氏印玉函山房輯佚書本　遼寧
清光緒十年楚南書局刻玉函山房輯佚書本　天津　遼寧
禮記正義殘一卷　唐孔穎達等撰
清光緒十六年楊守敬影抄日本古抄卷子本(清楊守敬跋並題箋)　復旦
日本昭和三年據狩谷棭齋舊藏卷子本影印本　國圖　北大　上海　復旦　湖北
禮記正義七十卷存卷六十三至七十　唐孔穎達撰
宋紹興乾道間刻本　日本身延山久遠寺
日本昭和五年日本東方文化學院據宋刻本影印本　國圖　北大　科學　南京　湖北
身延本禮記正義殘卷校勘記二卷　日本安井朝康撰
日本昭和六年東方文化學院鉛印本　國圖　北大　南京　湖北
禮記正義　卷五　卷六十三至七十　唐孔穎達撰
民國上海商務印書館四部叢刊三編據日本影印古抄本及宋本影印本
禮記正義殘卷附校勘記　唐孔穎達等撰　清劉承幹撰校勘記
民國吴興劉氏刻嘉業堂叢書本　北大　上海　南京　湖北
江陰繆氏藕香簃抄本　北大
禮記正義殘卷校勘記一卷　清劉承幹撰
民國吴興劉氏刻嘉業堂叢書本　北大　上海　南京　湖北
江陰繆氏藕香簃抄本　北大
禮記正義七十卷　漢鄭玄注　唐孔穎達疏
宋紹熙三年兩浙東茶鹽司刻宋元遞修本　國圖　北大　上海　日本足利學校

民國武進董氏影印宋越州刻本　國圖

中華再造善本影印宋紹熙三年兩浙東茶鹽司刻宋元遞修本

禮記正義七十卷校勘記二卷　漢鄭玄注　唐孔穎達疏　清潘宗周撰校勘記

民國南海潘氏寶禮堂影刻宋紹興三年兩浙東路茶鹽司刻本　國圖　北大　上海　復旦

禮記正義校勘記二卷　清潘宗周撰

民國南海潘氏寶禮堂刻本　國圖　北大　上海　復旦

附釋音禮記注疏六十三卷　漢鄭玄注　唐陸德明音義　唐孔穎達疏

元刻明修本　北大　上海　南京　浙江

清乾隆六十年和珅影宋刻本　國圖　北大　科學　南京　浙江　遼寧

禮記注疏六十三卷　漢鄭玄注　唐陸德明音義　唐孔穎達疏

明嘉靖李元陽刻十三經注疏本　國圖　上海　山東博　湖北

明萬曆十六年北京國子監刻十三經注疏本　國圖　天津

明崇禎十二年毛氏汲古閣刻十三經注疏本　國圖　科學　天津　上海　復旦

禮記注疏六十三卷附考證　漢鄭玄注　唐陸德明音義　唐孔穎達疏　清齊召南撰考證

清乾隆四年武英殿刻十三經注疏本　國圖　北大　上海　湖北

清乾隆三十八年四庫全書館寫欽定四庫全書薈要本

清乾隆四庫全書館寫欽定四庫全書本

清同治十年刻十三經注疏本　湖北

禮記注疏考證一卷　清齊召南撰

清道光九年廣東學海堂刻皇清經解一千四百卷本　天津　遼寧　山東

清道光九年廣東學海堂刻咸豐十一年補刻皇清經解一千四百八卷本　遼寧

清光緒十七年上海鴻寶齋石印皇清經解一百九十卷本　天津

清光緒上海點石齋石印皇清經解一百九十卷本

附釋音禮記注疏六十三卷校勘記六十三卷　漢鄭玄注　陸德明音義　唐孔穎達疏　清阮元撰校勘記　清盧宣旬摘録

清嘉慶二十年南昌府學刻重刊宋本十三經注疏附校勘記本　國圖

清嘉慶二十年南昌府學刻道光六年重修本　遼寧

清同治十年廣東書局刻重刊宋本十三經注疏附校勘記本　國圖

清光緒十三年上海脈望仙館石印重刊宋本十三經注疏附校勘記本　國圖

清光緒十八年湖南寶慶務本書局刻重刊宋本十三經注疏附校勘記本　北大　上海

清光緒二十三年上海點石齋石印重刊宋本十三經注疏附校勘記本　國圖　北大

禮記校勘記六十三卷釋文校勘記四卷　清阮元撰

清嘉慶十三年刻十三經注疏校勘記本　北大

清道光九年廣東學海堂刻皇清經解一千四百卷本　天津　遼寧　山東

清道光九年廣東學海堂刻咸豐十一年補刻皇清經解一千四百八卷本　遼寧

清光緒十七年上海鴻寶齋石印皇清經解一百九十卷本　天津

清光緒上海點石齋石印皇清經解一百九十卷本

清光緒二十四年蘇州官書坊刻宋本十三經注疏並經典釋文校勘記本　山東　北大

禮記外傳一卷　唐成伯璵撰　唐張幼倫注　清馬國翰輯

清同治十年濟南皇華館刻玉函山房輯佚書本　山東

清光緒九年長沙嫏嬛館刻玉函山房輯佚書本　國圖　天津　遼寧　山東

清光緒九年長沙嫏嬛館刻光緒十年章邱李氏印玉函山房輯佚書本　遼寧

清光緒十年楚南書局刻玉函山房輯佚書本　天津　遼寧

禮記外傳一卷　清王仁俊輯

清光緒王仁俊稿本玉函山房輯佚書續編本　上海

石林先生禮記解二卷　宋葉夢得撰　清葉廷琯輯

清葉廷琯稿本(清葉廷琯跋)　南京

禮記解四卷　宋葉夢得撰　清葉德輝輯

清宣統元年長沙葉德輝觀古堂刻石林遺書本　國圖　北大

清宣統元年刻一九三五年長沙中國古書刊印社印郋園先生全書本　北大

禮記集説一百六十卷統説一卷　宋衛湜撰

宋嘉熙四年新定郡齋刻本　國圖(卷三十四至四十、九十三至九十五、一百至一百六配清抄本)

明抄本(清丁丙跋)　南京

明抄本　天一閣(存卷一百十三至一百三十六)

明抄本　北大

清康熙十九年納蘭性德刻通志堂經解本　國圖　北大　科學　上海

清乾隆四庫全書館寫欽定四庫全書本

中華再造善本影印宋嘉熙四年新定郡齋刻本

禮記要義三十三卷　宋魏了翁撰

宋淳祐十二年魏克愚刻本　國圖(存卷三至三十三)

影宋抄本　國圖
宛委别藏原稿本　臺北故宫
清抄本(文素松跋)　重慶
清拜五經齋主人錫壽刻本　北大
清光緒十二年江蘇書局刻五經要義本　國圖　北大　南京　復旦
中華再造善本續修四庫全書影印宋淳祐十二年魏克愚刻本

禮記要義三十三卷附校勘記一卷　宋魏了翁撰　張元濟撰校勘記
一九三四年上海商務印書館四部叢刊續編據宋本影印本　北大　上海　遼寧

禮記要義校勘記一卷　張元濟撰
一九三四年上海商務印書館四部叢刊續編本　北大　上海　遼寧

禮記句解不分卷　宋朱申撰　清戴容輯
一九三六年國圖攝影戴氏稿本　國圖

禮記解十四卷　宋胡銓撰
清乾隆五十二年餘杭官署刻胡忠簡公經解本　北大

黄氏讀禮記日抄十六卷　宋黄震撰
清光緒三十四年問經精舍刻本　國圖　北大　上海

禮記傳十六卷　宋吕大臨撰
清同治至民國間傳經堂刻西京清麓叢書本　北大

禮記纂言三十六卷　元吴澄撰
元元統二年吴尚等刻本　上海
明正德十五年胡東皋刻本　國圖　上海師大　南京　天一閣　青海醫學院
清乾隆四庫全書館寫欽定四庫全書本
清乾隆朱氏刻本　復旦
清光緒二十三年刻本　南京

新刊京本禮記纂言三十六卷
明嘉靖九年安正書堂刻本　南京　浙江
明崇禎二年張養刻本　清華　旅大　東北師大　安徽博　江西　福建師大　四川

禮記纂言三十六卷　元吴澄纂　清朱軾校補
清康熙至乾隆間刻朱文端公藏書本　北大　遼寧　山東
清光緒二十三年朱衡等重刻朱文端公藏書本　北大　天津　遼寧　南京
四庫全書存目叢書影印清康熙至乾隆間刻朱文端公藏書本

禮記集説十六卷　元陳澔撰
元天曆元年建安鄭氏明德宅刻本　國圖　北大　上海

明初刻本　國圖　南京
明正統十二年司禮監刻本　首都　上海　復旦　浙江　天一閣
明崇禎四年汪應魁貽經堂刻本　北師大　故宫　西南師範學院
明刻本　國圖　北大　上海　浙江
明刻本(清丁丙跋)　南京
中華再造善本影印元天曆元年建安鄭明德宅刻本

禮記集説三十卷
明成化十八年邢琉楊煉合肥刻本　日本静嘉堂
明嘉靖十一年建寧府刻本　南京　浙江大學　開封
明嘉靖應檟刻本　國圖　浙江　上海
明嘉靖三十年逢谿館刻本　國圖　北京文物局
明刻本(清丁丙跋)　南京
清康熙三十三年文樞堂寶玉堂刻本　北大

禮記集説十卷
明弘治十七年慎獨齋刻正德十六年劉洪重修本　北大
明嘉靖楊銓刻本　南京
明嘉靖九年湖廣監察御史張禄朱廷聲刻五經本　上海　浙江
明崇禎六年閔齊伋刻本　國圖　北師大　故宫　北京文物局　山大
清康熙崇道堂刻本　國圖　北大　復旦
清雍正國子監刻五經四書讀本本(清劉傳瑩批校)　湖北
清乾隆七年怡府明善堂刻五經四子書本　國圖　北大　上海
清乾隆四庫全書館寫欽定四庫全書本
清光緒十九年浙江書局刻本　北大　上海

禮記集説四卷
日本天保年刻本　國圖

禮記集注十卷　元陳澔撰
明萬曆二十五年唐氏富春堂刻本　國圖
明萬曆三十四年張喬軒刻本　河南
明建邑書林興正堂黄秀宇刻本　錦州
明書林新賢堂張閩岳刻本　國圖　故宫　杭州
明書林劉氏安正堂刻本　南大

禮記集注十卷戴經新旨十卷　元陳澔撰　明鄭羽儀輯戴經新旨
明刻本　北大

禮記十卷附校刊記一卷　元陳澔集説　清丁寶楨等撰校刊記
清同治十一年山東書局刻十三經讀本本　北大　上海　南京

禮記集説校刊記一卷　清丁寶楨等撰

清同治十一年山東書局刻十三經讀本本　北大　上海　南京

禮記集説凡例一卷　元陳澔撰

清咸豐四年晉江黄宗漢刻五經補綱本

禮記集説大全三十卷　明胡廣等輯

明初刻本　上海

明永樂十三年内府刻本　國圖

明嘉靖九年安正堂刻本　遼寧

明嘉靖三十九年安正堂刻本　山大

明刻本(清徐時棟跋)　天一閣

明德壽堂刻本　故宫　河南

清乾隆四庫全書館寫欽定四庫全書本

禮記集説大全二十卷

朝鮮刻袖珍本　國圖

張翰林校正禮記大全三十卷　明胡廣撰　明張瑞圖　明沈正宗校正

明刻本(清丁丙跋)　南京

明刻本　浙江

明萬曆長州文氏清白堂刻本　東京大學東洋文化研究所　早稻田大學

黄翰林校正禮記大全三十卷　明胡廣撰　明張瑞圖編纂

清康熙五十年鬱鬱堂刻本　國圖　上海

禮記集説辨疑一卷　明戴冠撰

明嘉靖間華察刻本　復旦

清咸豐元年海昌蔣氏宜年堂刻六年重編涉聞梓舊本

民國上海商務印書館據清蔣氏刊涉聞梓舊本影印本　北大

民國武林竹簡齋據清蔣氏刊涉聞梓舊本影印本　北大

四庫全書存目叢書影印明嘉靖華察刻本

新刊禮記正蒙講意三十八卷　明陳褎撰

明嘉靖十六年左序刻本　南京　浙江大學

禮記明音二卷　明王覺輯

明刻本　天一閣

四庫全書存目叢書影印明刻本

禮記三注粹抄一卷　佚名撰

明正德間刻本　上海

禮記三注粹抄不分卷

明萬曆十八年余泗泉刻本　臺北央圖

禮記集注三十卷　明徐師曾撰

明隆慶六年刻本　上海(有抄配)

明萬曆三年宋儀望刻本　國圖　上海　北京市委　延邊大學　南京博

明萬曆三年刻清康熙五十八年重修本　上海

明抄本　安徽博

四庫全書存目叢書影印明萬曆刻本

禮記三十卷　明徐師曾集注　清徐鉞重修

清初閑存堂刻本　清華

禮記覺言八卷　明葉遇春撰

明嘉靖刻本　日本東京都立日比谷圖書館

禮記日録三十卷圖解一卷　明黄乾行撰

明嘉靖三十四年鍾一元刻本　北大　上海　東北師大　蘇州

四庫全書存目叢書影印明嘉靖三十四年鍾一元刻本

禮記日録十四卷圖解一卷

清初抄本　浙江大學

杭郡新刊禮記要旨十卷　明戈九疇撰

明萬曆四年杭州書林後墅吴山刻本　湖北

四庫全書存目叢書影印明萬曆四年杭州書林後墅吴山刻本

新刻月林丘先生家傳禮記摘訓十卷　明丘櫾撰

明萬曆三年劉應節刻本　國圖

明金陵王良相刻本　湖南(存卷五至六)

明萬曆三十七年錢塘金學曾刻本　日本内閣文庫　蓬左文庫

禮記輯覽八卷　明徐養相撰

明隆慶五年刻本　科學　臺北央圖　日本尊經閣文庫

四庫全書存目叢書影印明隆慶五年刻本

禮記裒言十六卷　明古之賢纂

明萬曆十三年刻本　國圖

新刊禮記裒言十六卷　明王圻　明李天植等撰

明萬曆十三年秦紳等刻本　南京

新刊禮記積翠裒言十六卷　明王圻　明李天植等撰

清抄本　河南(存卷一至八)

禮記中説三十六卷　明馬時敏撰

明萬曆十一年侯于趙刻本　首都　清華　祁縣

四庫全書存目叢書影印明萬曆十一年侯于趙刻本

孫月峰先生批評禮記六卷　明孫鑛評

明末馮元仲刻本　吉林社科院　重慶　蘇州

重訂禮記疑問十二卷　明姚舜牧撰

明萬曆刻本　國圖　科學　復旦　南京

四庫全書存目叢書影印明萬曆刻五經疑問本

禮記通注一卷　明朱元弼撰

明天啓三年刻鹽邑志林本　國圖　北大　湖北

禮記課兒述注十八卷　明沈一中撰

明天啓刻本　安徽博

禮記通解二十二卷首一卷　明郝敬撰

明萬曆郝千秋郝千石刻郝氏九經解本　北大　人大　科學　復旦　南京　湖北

抄本郝氏九經解　上海師大

民國漢陽周氏書種樓紅格抄本　天津

四庫全書存目叢書續修四庫全書影印明萬曆郝千秋郝千石刻郝氏九經解本

鐫宗師發刊禮記集注十卷　明陳榮選

明萬曆二十一年序刻本　日本内閣文庫

禮記摘注五卷　明李上林撰

明萬曆二十五年刻本　日本蓬左文庫

禮記指南二十卷　明閻士選撰

明萬曆二十六年詹氏易齋刻本　日本内閣文庫

新刊禮記搜義二十八卷　明余心純撰

明萬曆二十七年自刻本　科學　河北大學

新刻毛先生家學的傳禮記會通集注七卷　明毛調元撰

明萬曆三十三年楊閩齋刻本　日本内閣文庫

重刻删補禮記會通七卷　明毛調元撰

明刻本　日本尊經閣文庫

禮經講雋三十八卷　明徐鑒撰

明萬曆刻本　科學

禮經外解四卷　明徐鑒輯

明萬曆刻本　江西

禮記手説十二卷　明陳鴻恩撰

明崇禎四年唐振吾廣慶堂刻本　南京(存卷一至十)

四庫全書存目叢書影印明崇禎四年唐振吾廣慶堂刻本

禮記纂注四十八卷　明魏成忠撰

明抄本　南京(闕卷六至七、十至十一、四十一)

禮記集中八卷　明樊玉衡撰

明抄本　山東

禮記講録不分卷　明沈昌時撰　明沈道成補訂

清初抄本　天津

禮記集傳十卷附録一卷　明黄道周輯

清康熙刻本　北大

禮記解十九卷　明韓治撰

清韓其抄本　南京

禮記疏意二十三卷禮記疏義參新一卷　明秦繼宗撰　明陳郊纂輯禮記疏義參新

明刻本　北大

一九二六年黄岡秦玉田刻本　遼寧　湖北

禮記疏義參新一卷　明陳郊纂輯

明刻本　北大

一九二六年黄岡秦玉田刻本　遼寧　湖北

增補禮記參新二十三卷　明陳郊纂輯

明刻本　日本内閣文庫

禮記酌言四卷　明李經禮著輯

明萬曆箕裘堂刻本　北大

禮記意評四卷　明朱泰禎撰

明天啓五年楊師孔刻本　南京

明天啓五年諸允修等刻本　南京

四庫全書存目叢書影印明天啓五年楊師孔刻本

禮記衷注四卷　明許士柔撰

清抄本(清江春跋)　上海

禮記新義三十卷　明湯三才命意　明湯道衡撰述

明刻本　國圖　北大

四庫全書存目叢書影印明刻本

禮記纂注三十卷　明湯道衡撰

明刻本　國圖

四庫全書存目叢書影印明刻本

禮經約述三十卷　明陳有元撰

明黄立極刻朱藍套印本　故宫

禮記會解新裁三十六卷　明童維巖撰

明刻本　科學　南京

四庫全書存目叢書影印明刻本

禮記説義纂訂二十四卷　明楊梧撰

清康熙十四年楊昌齡等刻本　國圖　清華　上海　上海辭書

四庫全書存目叢書影印清康熙十四年楊昌齡等刻本

説禮約十七卷　明許兆金撰

明天啓七年郎九齡等刻本　浙江

四庫全書存目叢書影印明天啓七年郎九齡等刻本

禮記思五卷　明趙僎撰

明天啓七年白門書林王荆岑等刻本　北師大

抄本　國圖　科學

續修四庫全書影印明天啓七年白門書林王荆岑等刻本

禮記敬業八卷　明楊鼎熙撰

明崇禎刻本　北大　華東師大　吉林大學

四庫全書存目叢書影印明崇禎刻本

禮記鴛譜四卷　明茅大瑛輯

明崇禎二年金閶舒瀛溪刻本　中央黨校

新刻揭萬年先生校正禮記便蒙删補二十六卷　明揭重熙校

明刻本　日本内閣文庫

讀禮記略記四十九卷　明朱朝瑛撰

清抄本　國圖

清抄七經略記本　浙江

四庫全書存目叢書影印清抄七經略記本

禮經貫四卷　明堵景濂撰

明崇禎刻本　浙江

禮記訂補二十二卷　明鄧庭曾撰

明刻本　日本内閣文庫

禮記便讀二卷　明王一清輯

清刻本　南京

禮記删繁定注十卷　明何薦可撰

明天啓刻本　静嘉堂

戴經新旨十卷　明鄭羽儀輯

明刻本　北大

禮記主意存九卷　佚名撰

明藍格抄本　臺北央圖

禮記制度示掌圖一卷　佚名撰

清初朱緑套印本　北大

禮記難字一卷　佚名撰

明版築居刻朱墨套印本　北大

新刻禮記金丹一卷　佚名撰

明版築居刻朱墨套印本　北大

禮記集意不分卷　清張養撰

清抄本　國圖

禮記集説不分卷　清張養撰

清抄本　國圖

禮記章句不分卷　清王夫之撰

清王夫之稿本　湖南博(存二頁)

禮記章句四十九卷

清乾隆王嘉愷抄本　湖南博

清道光二十二年新化鄧顯鶴長沙刻船山遺書本　浙江　河南　湖北　江西

清同治四年湘鄉曾國荃金陵節署刻船山遺書本　北大　天津　遼寧　山東　湖北

清光緒十一年山西濬文書局刻本　北大

續修四庫全書影印清同治四年湘鄉曾氏金陵節署刻船山遺書本

禮記説約四十九卷圖一卷　清何思佐命意　何兆清筆受

清順治十二年序刻本　日本内閣文庫

禮記説統三十五卷　清張之絢撰

清張之絢稿本　浙江

禮記纂類三十六卷　清王鍾毅撰

清抄本　上海

清抄本(王師楷校訂)　天一閣

古學經輯注八卷　清劉士林撰

清初正氣堂抄本　國圖(存卷一至五)

禮記資斧四卷　清王玉麟撰

清康熙渺閣刻本　天津

禮記篇目一卷　清芮城撰

清道光吴江沈氏世楷堂刻昭代叢書本　北大

禮記疏略四十七卷　清張沐等撰

清康熙四十年敦臨堂刻本　清華　科學　湖北

四庫全書存目叢書影印清康熙四十年張氏敦臨堂刻本

禮記偶箋三卷　清萬斯大撰

清乾隆二十四年萬福刻萬充宗先生經學五書本　北大　上海　湖北

清乾隆刻嘉慶元年辨志堂印經學五書本　北大

清道光長白榮氏刻得月簃叢書本　北大

清光緒十四年南菁書院刻皇清經解續編本　天津　遼寧

續修四庫全書影印清乾隆二十四年萬福刻萬充宗先生經學五書本

禮記詳説一百七十八卷　清冉覲祖撰

清光緒七年大梁書局刻五經詳説本

四庫全書存目叢書影印清光緒七年大梁書局刻五經詳説本

禮記講章不分卷　清張英撰

清抄本　國圖

禮記經筵講章不分卷　清張英撰

清抄本　國圖

禮記省度四卷　清彭頤撰

清康熙十一年刻朱墨套印本　山東　天一閣　崇陽　貴州師範

清乾隆元年武林文治堂刻本　北大　上海

清乾隆五十七年集月夜樓刻二色套印本　浙江

清光緒七年刻朱墨套印本　國圖　遼寧　湖北

研朱集禮記五卷　清張瑄定

清初虹化堂刻本　上海

志學堂禮記擬言十卷　清王者佐撰

清抄本　國圖

禮記述注二十八卷　清李光坡撰

清乾隆三十二年清白堂刻本　科學　南京　湖北

清乾隆四庫全書館寫欽定四庫全書本

清光緒八年刻本　上海　湖北　浙江

禮記陳氏集説補正三十八卷　清納蘭成德撰

清康熙十九年通志堂刻通志堂經解本　國圖　北大　天津　南京

日本享和二年刻本　國圖　北大　上海　南京

清同治十二年粵東書局刻通志堂經解本　北大　遼寧　山東　湖北

禮記陳氏集説補正四卷

抄本　南京

禮記體注四卷　清范翔撰

清康熙五十二年善成堂刻本　天津

清敬文堂記刻本　天津

清文盛堂刻本　遼寧

清桐石山房刻本　遼寧

潄芳軒合纂禮記體注四卷　清范翔撰

清嘉慶二十二年文奎堂刻本　復旦

清光緒六年掃葉山房刻本　北大

清書業德記刻本　北大

民國上海大成書局石印本　遼寧

禮記體注大全四卷　清范紫登原本　清曹士瑋纂輯　清徐旦參訂

清雍正八年一經樓刻本　北大

全本禮記體注十卷　清徐瑄撰

清乾隆聚錦堂刻本(清王筠批校並跋　姚朋圖跋)　山東

清刻崇文堂藏版本　國圖

禮記分類二卷　清陸昆曾輯

清康熙五四年環秀堂刻本　南京

禮記舉業集要三卷　清陳瑞撰

清抄本　華東師大

禮記説述合參四十四卷　清董之瑋撰

清抄本　西北大學

豐川禮記彙編八卷　清王心敬編

清乾隆三年刻本　北大(清孫希元跋)　科學　復旦

四庫全書存目叢書影印清乾隆三年刻本

禮記集説八十卷　清鄭元慶述

清抄本(清程晉芳批注)　天一閣

禮記集説四十九卷

民國初吴興劉氏嘉業堂刻本　國圖　北大　復旦

禮記札記二卷　清朱亦棟撰

清光緒四年武林竹簡齋刻十三經札記本　北大　天津　山東

禮記類編三十卷　清沈元滄輯

清乾隆十七年滋蘭堂刻本　湖北

四庫全書存目叢書影印清乾隆刻本

禮記章義十卷　清姜兆錫撰

清雍正十年寅清樓刻九經補注本　北大　科學　上海

四庫全書存目叢書影印清雍正十年寅清樓刻本

禮記析疑四十八卷　清方苞撰

清康熙嘉慶間桐城方氏刻抗希堂十六種本　北大

清乾隆四庫全書館寫欽定四庫全書本

禮記章句十卷　清任啓運撰

清乾隆三十八年刻清芬堂藏版本　國圖　北大　清華

清光緒二十一年刻本　國圖　科學　上海　遼寧

民國刻荆溪任氏遺書本　北大

清四庫全書存目叢書續修四庫全書影印乾隆三十八年耿毓孝刻本

禮記義疏八十二卷首一卷　清任啓運　吴紱等纂修

清乾隆紅格抄三禮義疏本　國圖

欽定禮記義疏八十二卷首一卷　清任啓運奉敕

清康熙至乾隆内府刻御纂七經本　天津　南京　山東

清乾隆四庫全書館寫欽定四庫全書本

清同治六年浙江書局刻御纂七經本　北師大　南京　浙江　湖北

清光緒十四年户部刻御纂七經本　南京

清光緒十四年江南書局刻御纂七經本　北師大　天津　南京　遼寧

清光緒上海鴻文書局石印御纂七經本　北大

日講禮記解義六十四卷　清張廷玉等纂

清乾隆十四年武英殿刻本　故宫　遼寧

清乾隆三十八年四庫全書館寫欽定四庫全書薈要本

清乾隆四庫全書館寫欽定四庫全書本

清抄本　國圖

禮記摛藻一卷　清孔傳鐸輯

清刻後印本　科學

四庫未收書輯刊影印清刻本

禮記訓義擇言八卷　清江永撰

清乾隆四庫全書館寫欽定四庫全書本

清乾隆五十七年刻本　國圖　湖北

清嘉慶海虞張氏刻墨海金壺本

清道光二十四年錢熙祚以墨海金壺版重編增刻守山閣叢書本　北大　遼寧

山東

清光緒十五年上海鴻文書局影印道光刻守山閣叢書本　北大　天津　遼寧

一九二一年上海博古齋影印清嘉慶間海虞張氏刻墨海金壺本　北大

禮記擷要二卷　清江永原編　楊鍾鈺重輯

一九三〇年鉛印本　上海

禮記擇言不分卷　清江永撰

清江永稿本　上海

禮記全書彙纂豁解十二卷　清嚴校　嚴槐纂

清乾隆三十九年刻帶經堂藏版本　國圖

禮記約編十卷　清汪基撰

清乾隆四十八年刻三禮約編喈鳳本　天津　湖北

清嘉慶九年汪氏敬堂家塾刻三禮約編喈鳳本　北大

清道光二十三年刻本　國圖

清大文堂刻本　湖北

清光緒三十四年上海廣益書局石印本　北大　上海

清宣統三年直隸官書局刻本　南京　遼寧

禮記約編五卷

清光緒三十二年陝西學務公所鉛印本

禮記節本十卷　清汪基撰

清宣統元年上海會文學社石印本　北大　浙江　遼寧

清宣統二年上海章福記石印本　遼寧

清宣統三年會文堂粹記書局石印本　上海

禮記揭要六卷　清周蕙田輯

清乾隆五十七年自怡軒刻本　湖北

禮記述解闡備彙參十五卷　清馬履成編

清乾隆五十九年三樂堂刻本　南京

禮記札記一卷　清范爾梅撰

清雍正七年敬恕堂刻讀書小記本

禮記疑義七十二卷　清吴廷華撰

清張金吾詒經堂抄本　國圖

清抄本(清丁丙跋)　南京(存卷三至五、二十至二十一、二十六至三十三、六十一至六十六)

清抄本　上海(存卷十三至三十七)

續修四庫全書影印清嘉慶道光間張金吾詒經堂抄本

禮記類詮十卷　清胡具慶撰

清抄本(蔣藩跋)　河南

禮記章句十卷　清汪紱撰

清道光光緒刻光緒二十三年長安趙舒翹等彙印汪雙池先生叢書本　國圖

清同治曲水書局木活字印汪子遺書本　上海　北大

清光緒二十一年刻本　上海辭書

續修四庫全書影印清光緒刻本

禮記或問八卷　清汪紱撰

清汪紱稿本　廣西師大(存卷一至四)

清道光光緒間刻光緒二十三年長安趙舒翹等彙印汪雙池先生叢書本　國圖

清同治曲水書局木活字印汪子遺書本　北大　上海

續禮記集説一百卷　清杭世駿撰

清光緒二十一年浙江書局刻本　國圖　北大　上海　復旦　南京　湖北

清抄本(清丁丙跋)　南京

清抄本　國圖　北大　南京　浙江

續修四庫全書影印清光緒二十一年浙江書局刻本

禮記古義一卷　清惠棟撰

清道光吴江沈氏世楷堂刻昭代叢書本

禮記説八卷　清楊秉杷撰

清道光元年刻本　國圖　上海

周衣亭先生禮記精選四卷　清周人麒撰

清光緒十八年李氏抄本　天津

禮記釐編十卷附録　清潘相撰

清乾隆四十年刻潘相所著書本

清乾隆四十一年汲古閣刻本　北大　科學　南京　湖北

清嘉慶五年刻咸豐元年印本　國圖

續修四庫全書影印清乾隆汲古閣刻本

禮記注疏校補一卷　清盧文弨撰

清乾隆嘉慶間餘姚盧氏刻抱經堂叢書本　天津　遼寧　山東

清光緒會稽徐氏鑄學齋刻紹興先正遺書本　天津　山東

一九二三年北京直隸書局影印清乾嘉盧氏刻抱經堂叢書本　天津　遼寧

禮記注疏按語不分卷

清乾隆抄本　北大

禮記揭要□卷　清許寶善撰

清刻本　復旦(殘存二卷)　南京

禮記附記十卷　清翁方綱撰

清翁方綱稿本　北大(存卷一至六)

清翁方綱稿本　國圖(存卷七至十)

清翁方綱稿本　遼寧(存卷七至十)

清光緒五年定州王氏謙德堂刻畿輔叢書本　國圖　北大　天津　上海　遼寧

續修四庫全書影印北大、遼寧藏稿本

禮記全文備旨十一卷　清鄒聖脉纂輯

清刻本　南京　湖北

清光緒十二年上海點石齋石印五經備旨本

禮記補注四卷　清李調元撰

清乾隆綿州李氏萬卷樓刻嘉慶十四年李鼎元重校印函海本　湖北

清道光五年李朝夔補刻印函海本

清光緒七至八年廣漢鍾登甲樂道齋刻函海本　北大

續修四庫全書影印清乾隆李氏萬卷樓刻函海本

禮記集解六十一卷　清孫希旦撰

清孫希旦稿本　温州(存三十五卷)

清咸豐十年至同治七年孫氏盤谷草堂刻本　國圖　北大　上海　南京　浙江　遼寧　湖北　安徽文史館　福建

清咸豐瑞安項琪孫鏘鳴抄本　北大

續修四庫全書影印清同治七年孫鏘鳴刻本

禮記經注疏正譌六十三卷　清金曰追撰

清抄本　北大

禮記集説四十九卷　清莊有可撰

一九三五年上海商務印書館影印本　國圖　上海　湖北

讀禮記十二卷　清趙良霨撰

清道光十二年涇縣趙氏古墨齋刻涇川叢書本　國圖　遼寧　山東　湖北

一九一七年翟鳳翔等影印涇川叢書本　天津　遼寧

禮記增訂旁訓六卷　清徐立綱撰

清乾隆五十二年刻映雪草堂藏版本　北大

清匠門書屋刻五經旁訓本(清沈欽韓校)　上海

清廈門文德堂重刻本　天津

清光緒十年魏氏古香閣刻本　上海　湖北

清末李光明莊刻本　復旦

禮記旁訓辨體合訂六卷　清徐立綱輯
清刻循院堂藏版本　國圖
清三益堂刻本　復旦
清循陔堂刻本　南京
禮記旁訓增訂精義六卷　清徐立綱撰　清竺静甫　竺子壽增訂　清黄淦精義
清光緒十年四明竺氏毓秀草堂刻五經旁訓增訂精義本　上海　華東師大
禮記偶記一卷　清汪德鉞撰
清道光十二年汪時漣長汀木活字印七經偶記本　湖北
禮記精義六卷　清黄淦撰
清嘉慶十三年七經精義本　國圖　南京
清光緒十年魏氏古香閣刻本　上海　湖北
抄本　國圖
禮記古訓考一卷　清程際盛撰
清木活字排印稻香樓雜著本　國圖
民國王氏學禮齋抄本　復旦
禮記訂譌六卷　清沈大本撰
清沈大本稿本　上海
禮記日鈔三十六卷　清沈大本輯
清沈大本稿本　上海
禮記注疏補缺一卷　清孔廣森撰
清孔廣森稿本　曲阜文管會
禮記參訂十六卷　清陳鱣撰
稿本　臺北央圖
民國吴縣王氏學禮齋抄本　復旦
民國劉承幹嘉業堂抄本　浙江
民國張宗祥抄本　浙江
民國適園抄本　國圖
禮記參訂八卷
清抄本　天津
禮記訓纂四十九卷　清朱彬撰
清朱彬稿本(清王念孫校並跋　清王引之校)　國圖
清朱彬稿本(清許瀚校)　上海
清朱彬稿本　國圖

清道光二十二年刻本　科學　湖北

清咸豐元年朱士達宜禄堂刻本　國圖(清丁晏校)　北大　天津　復旦　南京　浙江　遼寧　湖北

清咸豐元年朱士達宜禄堂刻清咸豐六年朱念祖重修本　北大　南京

續修四庫全書影印清咸豐宜禄堂刻本

禮記衍脱錯考一卷　清吴瀛撰

清吴瀛稿本　浙江

禮記義疏算法解一卷　清談泰撰

清光緒二十六年晦齋刻本　國圖　北大　復旦

鄭氏禮記箋四十九卷　清郝懿行撰

清光緒八年東路廳署刻郝氏遺書本　國圖　北大　天津　南京　遼寧　湖北

續修四庫全書影印清光緒八年東路廳署刻郝氏遺書本

禮記補疏三卷　清焦循撰

清嘉慶道光間江都焦氏雕菰樓刻焦氏叢書本　天津　南京　山東

清道光六年半九書塾六經補疏本　復旦

清道光九年廣東學海堂刻皇清經解一千四百卷本　天津　遼寧　山東

清道光九年廣東學海堂刻咸豐十一年補刻皇清經解一千四百八卷本　遼寧

清光緒二年衡陽魏氏刻焦氏叢書本　北大　遼寧　山東

清光緒十七年上海鴻寶齋石印皇清經解一百九十卷本　天津

續修四庫全書影印清道光六年半九書塾刻六經補疏本

殘宋大字本禮記校勘記一卷　清黄丕烈撰

民國影抄黄氏稿本　復旦

清末曹元忠抄本　復旦

劉世珩家抄本　南京

禮記合參不分卷　題清王引之録

抄本　臺北央圖

十四經通考禮記類六卷　清式楹撰

清乾隆刻十四經通考本　科學

十四經通考禮記類四卷

清嘉慶間刻本　上海

十四經通考禮記類二卷

清刻本　國圖

禮記客難四卷　清龔元玠撰

清道光二十六年刻十三經客難本　國圖　北大

禮記恒解四十九卷　清劉沅輯注
清道光八年豫誠堂刻本　上海　湖北
清同治十一年刻槐軒全書本　北大
一九二四年致福樓刻本　湖北
一九三一年西充鮮于氏特園刻本　上海
民國豫誠堂刻本　上海
續修四庫全書影印清道光八年豫誠堂刻本
漢世別本禮記長義一卷　清許桂林撰
民國吴縣王氏學禮齋抄稿本　復旦
鄭氏原本禮記存義一卷　清許桂林撰
民國吴縣王氏學禮齋抄稿本　復旦
禮記衷要三十卷　清李式穀輯
清道光十年南海葉夢龍風滿樓刻五經衷要本　北大　湖北
禮記注疏長編不分卷　清劉寶楠撰
清劉寶楠稿本　上海
鄭氏釋經例不分卷　清劉寶楠撰
清劉寶楠稿本　上海(存禮記五)
禮記釋注四卷　清丁晏撰
清道光二年刻本　科學　復旦
清咸豐二年聊城楊以增海源閣刻本　北大
清光緒蛟川張氏刻花雨樓叢抄本　北大
續修四庫全書影印清咸豐二年聊城海源閣刻本
樂記補疏一卷　清丁晏撰
清丁晏稿本　國圖
禮記易讀二卷　清志遠堂主人輯
清咸豐八年刻書業德藏版本　國圖
清光緒四年三盛堂刻本　南京
清光緒七年崇文堂刻本　天津
清光緒十三年坊刻本　國圖
清光緒善成堂刻本　北大
禮記熊皇異同一卷　清沈垚撰
清沈垚稿本　復旦
清沈善登家抄本(清沈善登跋　王大隆跋)　復旦
清抄本　北大

李氏木犀軒抄本　北大

禮記鄭注校字一卷　清臧庸撰

清抄本　北大

禮記約選六卷　清張官德撰

清光緒七年刻本　國圖　科學　湖北

四庫未收書輯刊影印清光緒七年刻本

小戴禮記解不分卷　清丁壽昌撰

清丁壽昌稿本丁氏遺稿六種本　上海

禮記質疑四十九卷　清郭嵩燾撰

清同治間稿本　臺北央圖

清光緒十六年思賢講舍刻本　國圖　北大　科學　天津　南京　湖北

續修四庫全書影印清光緒十六年思賢講舍刻本

禮記集説補義一卷　清方宗誠撰

清方宗誠稿本　安慶

清光緒四年桐城方氏刻本　北大　湖北

小戴禮記平議四卷　清俞樾撰

清光緒十四年南菁書院刻皇清經解續編本

清光緒十五年上海蜚英館石印皇清經解續編本

清光緒二十五年刻春在堂全書本

禮記箋四十六卷　清王闓運撰

清光緒十一年成都尊經書局刻本　上海

清光緒二十二年東洲講舍刻湘綺樓叢書本　北大　湖北

禮記可讀八卷　清劉曾騄撰

清光緒至民國間石印祥符劉氏叢書本　國圖

禮記約解三十六卷　清劉曾騄撰

清光緒至民國間刻祥符劉氏叢書本　國圖

禮記天算釋一卷　清孔廣牧撰

清光緒十四年南菁書院刻皇清經解續編本　天津　遼寧

清光緒十五年上海蜚英館石印皇清經解續編本

清光緒十五年廣雅書局刻本　國圖　北大　上海

清光緒歸安姚氏刻咫進齋叢書本　國圖　北大

清光緒崇文書局刻正覺樓叢刻本　國圖　北大　科學

禮記淺説二卷　清皮錫瑞撰

清光緒二十五年刻本　國圖　科學　湖北

四庫未收書輯刊影印清光緒二十五年刻本

禮記盧注佚文疏證一卷附後漢侍中尚書涿郡盧君年表一卷　清蔣元慶撰

清抄本　國圖

清光緒三十四年鉛印本　上海

抄本　科學

讀小戴禮盧植注日記一卷　清蔣元慶撰

清光緒十六年刻二十二年續刻學古堂日記本　國圖

禮記心典傳本三卷　清胡瑶光纂輯

清光緒六年校經山房重刻本　遼寧

清善成堂刻本　北大

漱芳禮記集説六卷　清李之和纂輯

清李之和稿本　北大

禮記讀二卷　清錢琰輯

抄本　上海

禮記菁華録八卷　清吴曾祺評注

民國商務印書館鉛印本　國圖　北大　上海　湖北

禮記授讀十一卷　清熊松之撰

一九三〇年影印高安熊氏家塾藏原稿本　國圖　北大　上海　湖北

禮記初讀本四十九篇　清謝希遷　謝希楨重校

清崇仁謝氏刻十一經初學讀本　湖北

禮記通讀一卷　清楊履晉撰

清光緒三十年石印本　湖北

清宣統三年石印本　國圖

禮記審議二卷　清葉大莊撰

清光緒玉屏山莊刻本　北大　科學　湖北

禮記正業四卷　清趙君鄰纂

清刻本　湖北

禮記正業會通不分卷　清趙聖鄰輯

清刻本　湖北

讀禮私記一卷　清夏鼎武撰

清光緒刻富陽夏氏叢刻本　北大

讀小戴日記一卷　清于鬯撰

清光緒刻學古堂日記本　北大

續修四庫全書影印清光緒刻學古堂日記本

讀小戴禮日記一卷　清阮惟和撰

清光緒刻學古堂日記本　北大

淡園學禮畢記一卷　清虞景璜撰

一九二四年鉛印澹園雜著本　國圖　北大

禮記詳説六十二卷　佚名撰

清抄本　國圖(存卷三至四、卷六至四十一、卷四十四至六十二)

禮記一説不分卷　佚名撰

清抄本　江西

禮記注殘本　佚名撰

抄本　國圖

禮記注疏鈔不分卷　佚名撰

清抄本(佚名批)　吴江

禮記識二卷　清廖平撰

清光緒至民國間刻新訂六譯館叢書本　北大

續修四庫全書影印新訂六譯館叢書本

分撰兩戴記章句凡例一卷　清廖平撰

清光緒十二年刻四益館經學叢書本　上海

清光緒刻蟄雲雷齋叢書本　國圖　科學

清光緒至民國間刻新訂六譯館叢書本　國圖　北大

兩戴記分譔凡例一卷　佚名撰

清光緒至民國間刻新訂六譯館叢書本　國圖　北大

禮記講義不分卷　清潘任輯

清鉛印本　國圖

禮記節本六卷　清馬其昶注

一九一六年習敬齋鉛印本　國圖　上海　湖北

禮記疑義辨證五卷　清陳衍撰

民國刻本　湖北

禮記鄭注正字考二十卷　清葉德輝撰

葉德輝稿本　國圖

禮記經注校證二卷　清王祖畬撰

民國刻王文貞集本　國圖　上海

一九二五年吴江施肇曾醒園刻十三經讀本本

禮記引詩考一卷　清曹元忠撰

曹元忠稿本　復旦

禮記大學篇古微不分卷　清易順豫撰
　民國活字印本　國圖
禮記注疏四十卷　清劉體智撰
　劉體智清稿本　科學
治記緒論不分卷　清劉咸炘撰
　一九二八年刻推十書本　國圖
禮記疏長編殘卷　佚名撰
　稿本　科學

（三）分篇

曲禮全經附傳十二卷外集三卷　明柯尚遷撰
　明萬曆七年林應訓刻本　北大　上海　蘇州
　日本寬文十二年刻本　北大
日省吾齋讀曲禮一卷　清王德瑛撰
　清刻本　科學
日省吾齋讀曲禮内則二卷　清王德瑛撰
　清道光刻本　國圖
禮記曲禮上下内則説例一卷　宋育仁撰
　一九二四年刻問琴閣叢書本　北大　上海
曲禮淺解二卷　李佩精　盧展才編
　一九三四年鉛印本　湖北
檀弓二卷　佚名撰
　明萬曆間刻本　重慶
檀弓解一卷　宋謝枋得批點
　清光緒八年京都豫章别業刻謝疊山先生評注四種合刻本　國圖　清華
　　北師大　上海
檀弓二卷　宋謝枋得評點　明楊慎注
　明嘉靖三十四年趙標刻本　浙江
　明萬曆二十八年刻本（佚名批）　河北大學
　明萬曆四十四年閔氏刻朱墨套印本　國圖　科學　浙江　湖北
　明崇禎十六年刻本　上海
　明溪香書屋合刻周秦經書本　上海　湖北
　四庫全書存目叢書影印明萬曆閔齊伋刻朱墨套印本

檀弓一卷
　明萬曆四十四年閔齊氏刻三經評注朱墨印本　上海　遼寧
　清同治十年汪氏刻本　國圖　復旦
　清光緒二十二年桂垣書局刻本　國圖

檀孟批點四卷　宋謝枋得　宋蘇洵批點
　明嘉靖三十五年謝東山刻本　福平　杭州
　明嘉靖程拱震刻本　科學
　明萬曆三十五年刻本　中央黨校

檀弓叢訓二卷　明楊慎撰
　明嘉靖三十五年姚安府刻本　南京
　清乾隆綿州李氏萬卷樓刻嘉慶十四年李鼎元印函海本　遼寧
　清道光五年李朝夔補刻函海本　天津　上海　遼寧　山東　南京
　清光緒七至八年廣漢鍾登甲樂道齋刻函海本　國圖　北大
　清光緒八年新都王氏鴻文堂刻總纂升菴合集本　北大
　四庫全書存目叢書影印明嘉靖姚安府刻本

檀弓輯注二卷　明陳與郊輯
　明萬曆三二年刻本　北大　上海　浙江
　四庫全書存目叢書影印明萬曆三十二年刻本

檀弓二卷　明牛斗星集評
　明末刻本　上海
　四庫全書存目叢書影印明末刻本

檀弓二卷　明牛斗星　周楫輯評
　明末刻本　安徽博　河南

檀弓記標義二卷　明徐應魯撰
　明刻本(清張俊跋)　天一閣

檀弓通二卷　明徐昭慶輯注
　明萬曆刻本　國圖　北大　上海
　四庫全書存目叢書影印明萬曆刻本

檀弓述注二卷　明林兆珂撰
　明萬曆刻本　國圖　師大　福建
　四庫全書存目叢書影印明萬曆刻本

檀弓原二卷　明姚應仁輯
　明天啓刻本　上海　安徽博
　四庫全書存目叢書影印明天啓刻本

檀弓訂誤一卷　清毛奇齡撰

清道光十年長洲顧氏刻賜硯堂叢書新編本　國圖　北大

清道光十一年六安晁氏木活字排印學海類編本　國圖　科學

清道光吴江沈氏世楷堂刻昭代叢書本　北大

清道光咸豐間木活字排印遜敏堂叢書本　國圖　北大

清光緒常熟鮑氏刻後知不足齋叢書本　國圖　科學　北大

一九二〇年上海涵芬樓影印學海類編本　國圖　北大

檀弓疑問一卷　清邵泰衢撰

清康熙刻本　北大

清乾隆四庫全書館寫欽定四庫全書本

檀弓論文二卷　清孫濩孫評訂

清康熙四十六年林氏刻本　南京

清康熙六十年林居仁家塾刻本　清華　科學

清康熙天心閣刻本　國圖　清華　南開　上海

清光緒七年合肥張士珩抄本　南京

清光緒七年武進莊氏刻本　上海

抄本　上海　南京

四庫全書存目叢書影印清康熙刻本

考定檀弓二卷　清程穆衡撰

清程穆衡稿本　上海

清嘉慶虞山張氏刻借月山房彙抄本　科學

清道光三年上海陳氏據借月山房彙鈔刊版重編澤古齋重抄本　國圖　科學

一九二〇年上海博古齋影印借月山房彙抄本　國圖　北大

檀弓辨誣三卷　清夏炘撰

清咸豐同治間刻同治元年王光甲等彙印景紫堂全書本　國圖　北大　科學

清抄本　浙江

續修四庫全書影印清咸豐刻本

檀弓辨誣二卷

抄本　上海

批檀弓二卷　清汪有光撰

清光緒十三年李宗火眉重刻本　國圖　上海　南京

檀弓問答四卷　日本增島固著

日本抄本　國圖

月令佚文一卷　清王仁俊輯

清王仁俊稿本經籍佚文本　上海

月令輯佚一卷　清孫國仁撰

清孫國仁稿本砭愚堂叢書本　上海

月令章句一卷　漢蔡邕撰　清王謨輯

清嘉慶三年金溪王氏刻漢魏遺書抄本　北大

蔡氏月令章句二卷　漢蔡邕撰　清臧庸輯

清乾隆嘉慶間武進臧氏同述觀刻拜經堂叢書本　國圖　北大

清光緒南陵徐乃昌積學齋抄本　北大

清光緒二十六年南陵徐氏刻鄦齋叢書本　北大

日本昭和十年東方文化學院京都研究所據清乾隆嘉慶間臧氏刊拜經堂叢書本影印本　北大

蔡氏明堂月令章句一卷　漢蔡邕撰　清陸堯春輯

清嘉慶三年陸氏小蓬山館刻本　國圖　北大　湖北

蔡氏月令二卷　漢蔡邕撰　清蔡雲輯

清道光四年王氏刻本　國圖　北大　科學　天津　上海　湖北

民國間潮陽鄭氏龍谿經舍刻龍谿精舍叢書本

蔡氏月令五卷

清光緒十四年刻南菁書院叢書本　北大　湖北

月令章句一卷　漢蔡邕撰　清黄奭輯

清道光甘泉黄氏刻光緒印漢學堂叢書本　天津

清道光甘泉黄氏刻一九二五年王鑒修補印黄氏逸書考本

一九三四年江都朱長圻據甘泉黄氏版補刻印黄氏逸書考本　山東

月令章句一卷　漢蔡邕撰　清馬國翰輯

清同治十年濟南皇華館刻玉函山房輯佚書本　山東

清光緒九年長沙嫏嬛館刻玉函山房輯佚書本　國圖　北大　天津　遼寧　山東

清光緒九年長沙嫏嬛館刻光緒十年章邱李氏印玉函山房輯佚書本　遼寧

清光緒十年楚南書局刻玉函山房輯佚書本　北大　天津　遼寧

蔡邕月令章句三卷　漢蔡邕撰　清陶濬宣輯

清陶濬宣稿本稷山館輯補書本　上海

月令章句一卷　漢蔡邕撰　清王仁俊輯

清光緒王仁俊稿本玉函山房輯佚書續編本　上海

清光緒王仁俊原稿十三經漢注本　上海

月令章句四卷　漢蔡邕撰　葉德輝輯

清光緒長沙葉氏刻觀古堂所著書本　國圖　北大

一九一九年重編印觀古堂所著書本　國圖　北大

一九三五年長沙中國古書刊印社彙印郎園先生全書本　國圖　北大

月令章句三卷　漢蔡邕撰　曹元忠輯

曹元忠稿本　復旦

明堂月令論一卷　漢蔡邕撰　清王謨輯

清嘉慶三年金溪王氏刻漢魏遺書抄本　北大

明堂月令論一卷　漢蔡邕撰　清陸堯春輯

清嘉慶三年陸氏小蓬山館刻本　國圖　北大　湖北

明堂月令論一卷　漢蔡邕撰　清黄奭輯

清道光甘泉黄氏刻光緒印漢學堂叢書本　天津

清道光甘泉黄氏刻一九二五年王鑒修補重印黄氏逸書考本　國圖　北大　遼寧

清道光甘泉黄氏刻一九三四年江都朱長圻修補重印黄氏逸書考本　首都　清華　北師大

月令問答一卷　漢蔡邕撰

清順治三年宛委山堂刻説郛本　北大　科學

一九二六年上海掃葉山房石印五朝小説大觀本　首都　上海

月令問答一卷　漢蔡邕撰　清陸堯春輯

清嘉慶三年陸氏小蓬山館刻本　國圖　北大　湖北

月令問答一卷　漢蔡邕撰　清黄奭輯

清道光甘泉黄氏刻光緒印漢學堂叢書本　天津

清道光甘泉黄氏刻一九二五年王鑒修補重印黄氏逸書考本　國圖　北大　遼寧

清道光甘泉黄氏刻一九三四年江都朱長圻修補重印黄氏逸書考本　首都　清華　北師大

月令問答一卷　漢蔡邕撰　清馬國翰輯

清同治十年濟南皇華館刻玉函山房輯佚書本　山東

清光緒九年長沙嫏嬛館刻玉函山房輯佚書本　國圖　天津　遼寧　山東

清光緒九年長沙嫏嬛館刻光緒十年章邱李氏印玉函山房輯佚書本　遼寧

清光緒十年楚南書局刻玉函山房輯佚書本　天津　遼寧

唐月令注一卷補遺一卷附考一卷　唐李林甫等著　清茆泮林輯

清道光十四年梅瑞軒刻十種古逸書本　國圖　北大

唐明皇月令注解一卷　唐李林甫等著　清黄奭輯

清光緒十九年刻漢學堂叢書本　北大

月令解十二卷　宋張虙撰

清乾隆四庫全書館寫欽定四庫全書本

民國張氏約園刻四明叢書本　北大

月令七十二候集解一卷　元吴澄撰

清道光十一年六安晁氏木活字印學海類編本　北大　上海

清宣統元年廣州碧琳琅館叢書本　國圖　北大　上海

一九二〇年上海涵芬樓影印學海類編本　北大

四庫全書存目叢書影印清道光十一年六安晁氏木活字學海類編本

月令明義四卷　明黄道周撰

明刻鍥黄先生進覽書四種本　上海

清康熙刻石齋先生經傳九種本　國圖　北大　科學　南京

清乾隆四庫全書館寫欽定四庫全書本

月令七十二候贊一卷　清葉志詵撰

清道光三十年粤東撫署刻本　國圖　科學　南京　湖北

月令七十二候詩四卷　清馬國翰撰

清光緒十年刻本　科學

清光緒十五年繡江李氏刻本　北大

四庫未收書輯刊影印清光緒十年繡江李氏刻本

七十二候表一卷　清羅以智撰

清光緒八年海昌羊復禮刻本　北大

四庫未收書輯刊影印清光緒八年海昌羊復禮刻本

月令考一卷　清莫熺撰

稿本花近樓叢書本　國圖

月令纂不分卷　清王玨撰

清咸豐徐兆祥抄本　復旦

月令動植小箋一卷　清王廷鼎撰

清光緒十七年刻紫薇花館集本　國圖　北大

周人明堂月令篇一卷　清汪宗沂撰

清王氏學禮齋用稿本曬印本　復旦

禮記月令考異十二卷　清孫國仁撰

稿本砭愚堂叢書本　上海

南海先生禮運注一卷　清康有爲撰

康有爲稿本　天津

禮運注一卷　清康有爲撰

清光緒鉛印本　北大　科學

新注禮運白話解説一卷　清江希張注
民國萬國道德會刻本　國圖　北大　上海　遼寧
王制里畝算法解一卷　清談泰撰
清光緒二十六年晦齋刻本　國圖　北大　復旦
抄本秝祘彙編本　上海
王制管窺一卷　清耿極撰
清光緒定州王氏謙德堂刻畿輔叢書本　國圖　科學　北大
王制箋一卷　清皮錫瑞撰
清光緒三十四年思賢書局刻本　國圖　北大　天津　遼寧　復旦　湖北　南京
續修四庫全書影印清光緒三十四年思賢書局刻本
王制訂一卷　清廖平撰
清光緒二十年刻四益館叢書本　國圖　湖北
清光緒二十三年尊經書局刻新訂六譯館叢書本　國圖　北大
王制集説一卷　清廖平撰　范燮筆述
一九一四年存古書院刻新訂六譯館叢書本　國圖　北大
王制學凡例一卷　清廖平撰
清光緒至民國間刻新訂六譯館叢書本　國圖　北大
考定王制經文一卷　清康有爲考　張伯楨録
民國初張氏稿本　復旦
王制義按三卷　清程大璋撰
一九三〇年刻本　國圖　北大　復旦
王制通論一卷　清程大璋撰
一九三〇年刻本　國圖　北大　復旦
内則衍義十卷　清世祖福臨撰
清順治十三年刻本　北大
内則衍義十六卷
清光緒刻本　國圖
内則章句一卷　清顧陳垿撰
清味菜廬活字印本　國圖　天津
清光緒刻東倉書庫叢刻初編本　北大　上海
續修四庫全書影印清味菜廬活字印本
學記臆解一卷　清劉光蕡撰
一九一九年王典章思過齋叢書本　國圖　北大

民國陝西通志館排印關中叢書本　國圖　首都　上海

學記箋證四卷　清王樹楠撰

清光緒至民國間新城王氏刻陶廬叢刻本　國圖　遼寧

續修四庫全書影印王氏刻陶廬叢刻本

學記補注一卷　清宋育仁撰

一九二四年刻問琴閣叢書本　北大　上海

學記集義訓俗不分卷附補疑　清姚明輝編

民國鉛印武昌高等師範學校課本　國圖　湖北

禮記子思子言鄭注補正四卷　清簡朝亮撰

清光緒至民國間刻讀書堂叢刻本　國圖　上海

坊記集傳二卷　明黄道周撰

明崇禎刻明誠堂印本　科學

清康熙刻石齋先生經傳九種本　國圖　北大　科學　南京

清乾隆四庫全書館寫欽定四庫全書本

坊記春秋問業一卷　明黄道周撰

明崇禎刻明誠堂印本　科學

清康熙刻石齋先生經傳九種本　國圖　北大　科學　南京

清乾隆四庫全書館寫欽定四庫全書本

坊記新解一卷　清廖平撰

清光緒至民國間刻新訂六譯館叢書本　國圖　北大

續修四庫全書影印新訂六譯館叢書本

表記集傳二卷　明黄道周撰

明崇禎十七年刻本　科學

清康熙刻石齋先生經傳九種本　國圖　北大　科學　南京

清乾隆四庫全書館寫欽定四庫全書本

春秋表記問業一卷　明黄道周撰

明崇禎十七年刻本　科學

清康熙刻石齋先生經傳九種本　國圖　北大　科學　南京

清乾隆四庫全書館寫欽定四庫全書本

緇衣集傳四卷　明黄道周撰

明崇禎刻本　科學

明刻鍥黄先生進覽書四種本　上海

清康熙刻石齋先生經傳九種本　國圖　北大　科學　南京

清乾隆四庫全書館寫欽定四庫全書本

清木活字本　上海

讀緇衣集傳一卷　清朱琦撰

抄本　國圖

深衣考一卷　清黄宗羲撰

清乾隆四庫全書館寫欽定四庫全書本

清嘉慶虞山張氏刻借月山房彙抄本　科學

清道光三年上海陳氏據借月山房彙鈔刊版重編澤古齋重抄本　國圖　科學

清光緒十四年江陰南菁書院叢書本　國圖　北大

一九二〇年上海博古齋影印借月山房彙抄本　北大

深衣考誤一卷　清江永撰

清乾隆四庫全書館寫欽定四庫全書本

清嘉慶間南匯吴氏聽彝堂刻藝海珠塵本　國圖　北大　天津

清道光九年廣東學海堂刻皇清經解一千四百卷本　天津　遼寧　山東

清道光九年廣東學海堂刻咸豐十一年補刻皇清經解一千四百八卷本　遼寧

深衣解一卷　清戴震撰

清戴震稿本(清姚鼐批注)　國圖

續修四庫全書影印北圖藏清稿本

深衣釋例三卷　清任大椿撰

清嘉慶十年黄丕烈手抄本(清顧廣圻批校)　上海

清乾隆四十八年刻本　上海(清孫詒讓校並跋)　浙江大學　湖北

清乾隆刻燕禧堂五種本　國圖　北大　天津　復旦

清光緒十四年南菁書院刻皇清經解續編本　國圖　天津　遼寧

清光緒十五年上海蜚英館石印皇清經解續編本　國圖

續修四庫全書影印清乾隆刻燕禧堂五種本

深衣圖説一卷　清許克勤撰

清抄繪本　復旦

黄先生儒行集傳四卷　明黄道周撰

明刻鍥黄先生進覽書四種本　上海

儒行集傳二卷

明崇禎十五年王繼廉刻本(清曹序批注並跋)　浙江

清康熙刻石齋先生經傳九種本　國圖　北大　科學　南京

清乾隆四庫全書館寫欽定四庫全書本

傳抄文溯閣四庫全書本(佚名校)　復旦

清道光四年刻本　國圖　科學

抄本　上海

曾子問講録四卷　清毛奇齡撰

清康熙李塨等刻西河合集本　遼寧　山東

清康熙李塨等刻乾隆十年蕭山毛氏修補重印西河合集本　山東

清康熙李塨等刻乾隆三十五年陸體元修補重印西河合集本　科學　天津　遼寧

（四）文字音義

禮記音義隱一卷　吴射慈撰　清王謨輯

清嘉慶三年金溪王氏刻漢魏遺書抄本　國圖　北大

禮記音義隱一卷　吴射慈撰　清黄奭輯

清道光甘泉黄氏刻一九二五年王鑒修補重印黄氏逸書考本　國圖　北大　遼寧

清道光甘泉黄氏刻一九三四年江都朱長圻修補重印黄氏逸書考本　首都　清華　北師大

禮記音義隱一卷　□謝□撰　清馬國翰輯

清同治十年濟南皇華館刻玉函山房輯佚書本　山東

清光緒九年長沙嫏嬛館刻玉函山房輯佚書本　國圖　天津　遼寧　山東

清光緒九年長沙嫏嬛館刻光緒十年章邱李氏印玉函山房輯佚書本　遼寧

清光緒十年楚南書局刻玉函山房輯佚書本　天津　遼寧

禮記音義隱一卷　□謝□撰　清王仁俊輯

清光緒王仁俊稿本玉函山房輯佚書續編本　上海

禮記范氏音一卷　晉范宣撰　清馬國翰輯

清同治十年濟南皇華館刻玉函山房輯佚書本　山東

清光緒九年長沙嫏嬛館刻玉函山房輯佚書本　國圖　天津　遼寧　山東

清光緒九年長沙嫏嬛館刻光緒十年章邱李氏印玉函山房輯佚書本　遼寧

清光緒十年楚南書局刻玉函山房輯佚書本　天津　遼寧

禮記劉氏音一卷　□劉昌宗撰　清馬國翰輯

清同治十年濟南皇華館刻玉函山房輯佚書本　山東

清光緒九年長沙嫏嬛館刻玉函山房輯佚書本　國圖　天津　遼寧　山東

清光緒九年長沙嫏嬛館刻光緒十年章邱李氏印玉函山房輯佚書本　遼寧

清光緒十年楚南書局刻玉函山房輯佚書本　天津　遼寧

禮記徐氏音三卷　晉徐邈撰　清馬國翰輯

清同治十年濟南皇華館刻玉函山房輯佚書本　山東

清光緒九年長沙嫏嬛館刻玉函山房輯佚書本　國圖　天津　遼寧　山東

清光緒九年長沙嫏嬛館刻光緒十年章邱李氏印玉函山房輯佚書本　遼寧

清光緒十年楚南書局刻玉函山房輯佚書本　天津　遼寧

禮記釋文四卷　唐陸德明撰

宋淳熙四年撫州公使庫刻本　國圖

清嘉慶十一年陽城張氏影刻宋撫州本　國圖　北大　上海　復旦　遼寧

清嘉慶十一年陽城張氏影刻宋撫州本清嘉慶二十五年重修本　天津　南京

清同治九年湖北崇文書局刻本　國圖　北大

中華再造善本影印宋淳熙四年撫州公使庫刻本

禮記音訓不分卷　清楊國楨撰

清道光十年大梁書院刻十一經音訓本　北大　復旦

清光緒三年湖北崇文書局刻十一經音訓本　國圖

禮記鄭讀考六卷　清陳壽祺撰　清陳喬樅述

清道光刻本　國圖　北大　上海

清光緒十四年南菁書院刻皇清經解續編本　天津　遼寧

清光緒十五年上海蜚英館石印皇清經解續編本

禮記鄭讀考一卷　清俞樾撰

清光緒十四年南菁書院刻皇清經解續編本　天津　遼寧

清光緒十五年上海蜚英館石印皇清經解續編本

清光緒二十五年刻春在堂全書本　國圖　北大　湖北

續修四庫全書影印清光緒二十五年刻春在堂全書俞樓雜纂本

禮記異文箋一卷　清俞樾撰

清光緒十四年南菁書院刻皇清經解續編本　天津　遼寧

清光緒十五年上海蜚英館石印皇清經解續編本

清光緒二十五年刻春在堂全書本　國圖　北大　湖北

禮記鄭讀考四卷　清孔廣牧撰

民國吴縣王氏學禮齋抄稿本　復旦

附録一　大戴記

大戴禮逸一卷

清順治三年兩浙督學周南李際期宛委山堂刻説郛本　國圖　北大　科學

上海

大戴禮逸一卷　清劉學寵輯

清道光十五年朝邑劉際清等刻青照堂叢書本　國圖　北大　上海

大戴禮記一卷　漢戴德撰　清任兆麟選輯

清乾隆五十三年映雪草堂刻述記本　首都　北大　清華　北師大　上海

清嘉慶十五年遂古堂刻述記本　北大

大戴禮記十三卷　漢戴德撰　北周盧辯注

元至正十四年嘉興路儒學刻本　國圖　上海　南京

明嘉靖十二年吴郡袁氏嘉趣堂刻本　國圖　上海　南京　四川

明萬曆二十年程榮刻漢魏叢書本　國圖　北大

明刻廣漢魏叢書本(清盧文弨校　清丁丙跋)　南京

清康熙五十七年朱氏自修齋刻朱文瑞公藏書本　北大　南開　湖北　桐城

清乾隆二十三年盧見曾刻雅雨堂叢書本　國圖　北大　科學　天津　上海　復旦　南京　浙江

清乾隆印武英殿聚珍版叢書本　國圖　天津

清乾隆四庫全書館寫欽定四庫全書本

清刻本(清李章典録清丁傅經録清朱筠　王念孫　汪中校　清沈厚塽録清盧文弨校　清張文虎校並跋　清戴望跋)　國圖

清刻本(清惠棟　戈襄批校並跋　清顧廣圻批校)　國圖

清刻本(清翁方綱校)　北大

清刻本(清胡培系校並跋)　國圖

清刻本(清彭元瑞校並跋)　國圖

清刻本(清陳其榮校並題識)　上海

清刻本(清姚椿校)　上海

清刻本(清楊研畇批校　清楊沂孫跋)　湖北

中華再造善本影印元至正十四年嘉興路儒學刻本

大戴禮記一卷

明崇禎十五年釆隱山居刻增定漢魏六朝别解本　科學

大戴禮記十三卷逸文一卷附録一卷　漢戴德撰　北周盧辯注

日本正德六年刻本　北大

大戴禮記十三卷　漢戴德撰　明鍾惺評

明刻本　中山大

大戴禮記十三卷　漢戴德撰　宋劉辰翁評　明朱養純參評　明朱養和輯訂

明末朱氏花齋刻本　北大　清華　吴江　天一閣　新鄉

倪文正公説大戴禮一卷　明倪元璐撰

清光緒十八年會稽徐氏抄本(清徐維則跋)　上海

戴禮緒言四卷　清陸奎勛撰

清康熙陸氏小瀛山閣刻本　北大　上海　浙江　湖北

四庫全書存目叢書影印清康熙刻陸堂經學叢書本

盧抱經與陳立三從綱上舍論校正大戴禮記書一卷　清盧文弨撰

清盧文弨稿本　復旦

大戴禮記正誤一卷　清汪中撰

清道光九年廣東學海堂刻皇清經解一千四百卷本　天津　遼寧　山東

清道光九年廣東學海堂刻咸豐十一年補刻皇清經解一千四百八卷本　遼寧

清光緒十七年上海鴻寶齋石印皇清經解一百九十卷本　天津

清光緒上海點石齋石印皇清經解一百九十卷本

一九二五年上海中國書店影印重印江都汪氏叢書本　國圖　北大　首都

續修四庫全書影印清道光九年廣東學海堂刻皇清經解本

大戴禮公符篇考一卷　清王謨撰

清乾隆刻本　科學

清嘉慶十八年刻本　國圖　科學　南京

大戴禮記補注十三卷序録一卷　清孔廣森撰

清孔廣森稿本　曲阜文管會

清乾隆五十九年孔廣廉刻本　國圖　上海　南京(清趙春沂校跋並録清盧文弨　孫志祖　丁杰　王念孫　阮元　嚴元照校　清丁丙跋)

清嘉慶五年刻本　國圖　北大

清道光九年廣東學海堂刻皇清經解一千四百卷本　天津　遼寧　山東

清同治十三年淮南書局刻本　國圖　北大　科學　天津　復旦　南京　浙江大學　湖北

續修四庫全書影印清嘉慶刻本

大戴禮記補注二卷

清抄本(清丁授經校注並跋)　天一閣

校正孔氏大戴禮記補注十三卷　王樹柟撰

清光緒定州王氏謙德堂刻畿輔叢書本　國圖　北大　科學

清光緒至民國間新城王氏刻陶廬叢刻本　國圖　首都　清華　上海

續修四庫全書影印王氏刻陶廬叢刻本

大戴禮記集注十三卷　清清戴禮注

清宣統三年温州戴氏石印本　國圖

大戴禮管箋十三卷首一卷　清丁宗洛撰
清道光十六年刻本　南京
清道光十八年刻本　國圖
大戴禮記解詁十三卷　清王聘珍撰
清咸豐元年南城王氏刻本　國圖
清光緒十三年廣雅書局刻本　國圖　科學　天津　南京
清光緒十九年盱江書院刻本　北大　南京　復旦　浙江
續修四庫全書影印清咸豐元年王氏刻本
大戴禮記平議二卷　清俞樾撰
清光緒十四年南菁書院刻皇清經解續編本　天津　遼寧
清光緒十五年上海蜚英館石印皇清經解續編本
清光緒二十五年刻春在堂全書本　國圖　北大　科學　上海
大戴禮記斠補二卷　清孫詒讓撰
清孫詒讓稿本　杭州大學
大戴禮記斠補三卷
一九一四年瑞安廣明印刷所石印本　國圖　北大　科學　遼寧
一九四三年古學院刻敬躋堂叢書本　北大　湖北
續修四庫全書影印一九一四年瑞安廣明印刷所石印本
大戴禮注補十三卷附録一卷　清汪照撰
清嘉慶九年刻本　國圖　北大　南京　湖北
清光緒十四年南菁書院刻皇清經解續編本　天津　遼寧
清光緒十五年上海蜚英館石印皇清經解續編本
續修四庫全書影印清嘉慶九年刻本
大戴禮注補十三卷附録一卷校增十三卷附録校增一卷夏小正注補一卷　清汪照撰　清王誥校增
清道光二十四年刻本　國圖
大戴禮注補校增十三卷附録校增一卷　清王誥撰
清道光二十四年刻本　國圖
大戴禮記審議二卷　清葉大莊撰
清光緒二十一年玉屏山莊刻寫經齋全集本　國圖　北大　湖北　南京
大戴禮曾子義疏十卷　馬景濤疏證　周壽彝彙參
周壽彝稿本　北大
大戴禮記正本一卷　清姜國伊撰
清同治光緒刻守中正齋叢書本　上海

孔子三朝記一卷　清馬國翰輯

清同治十年濟南皇華館刻玉函山房輯佚書本　山東

清光緒九年長沙嫏嬛館刻玉函山房輯佚書本　國圖　天津　遼寧　山東

清光緒九年長沙嫏嬛館刻光緒十年章邱李氏印玉函山房輯佚書本　遼寧

清光緒十年楚南書局刻玉函山房輯佚書本　天津　遼寧

孔子三朝記七卷目録一卷　清洪頤煊注

清嘉慶十六年臨海洪氏刻傳經堂叢書本　首都　北大　科學

一九三四年北平邃雅齋據清嘉慶刻本影印邃雅齋叢書本　國圖　首都　科學

續修四庫全書影印清刻本

孔子三朝記輯注五卷　清顧宗伊撰

清道光二十八年顧宗伊稿本曲台四書輯注本　天津

孔子三朝記大戴禮疏八卷　北周盧辯原注　清孔廣森補注　清洪頤煊增注　周壽彝彙參

清宣統周壽彝稿本　科學

清抄本　南京

附録二　夏小正

夏小正一卷　漢戴德傳

清順治三年兩浙督學周南李際期宛委山堂刻説郛本　國圖　北大　科學　上海

夏小正一卷

清陸雲錦刻本　上海

清光緒二年禮園氏抄本　上海

抄本　上海

一九二〇年抄本　上海

一九二二年抄本　上海

夏小正一卷　漢戴德傳　清任兆麟輯

清乾隆映雪草堂刻述記本　首都　北大　上海

清嘉慶十五年遂古堂刻述記本　北大

夏小正傳二卷　漢戴德撰　清孫星衍校

清嘉慶三年蘭陵孫氏刻岱南閣叢書本　國圖　科學

清光緒羊城馮氏刻翠琅玕館叢書本　國圖　首都　清華　北師大

一九一六年據劉氏藏修堂叢書刊版重編翠琅玕館叢書本　國圖　北大

科學　上海

一九三五年南海黄氏據舊版彙印芋園叢書本　北大　清華　北師大

夏小正校四卷後附一卷　日本增島固撰

日本昭和二年東京崇文院鉛印本　上海

夏小正傳注一卷　漢戴德傳　宋金履祥注

清抄本　南京

夏小正一卷　宋金履祥注　清張爾岐輯訂　清黄叔琳增訂

清乾隆十年黄氏養素堂刻本　國圖

清光緒十四年刻本　國圖　上海

清學山堂張氏刻本　科學

四庫全書存目叢書影印清乾隆刻本

夏小正經傳考一卷　宋傅崧卿注

抄本　國圖

夏小正戴氏傳四卷　宋傅崧卿校注

明嘉靖二十五年袁烔刻本　國圖　天一閣

清康熙十九年納蘭性德刻通志堂經解本　國圖　北大　科學　上海

清康熙十九年通志堂刻乾隆五十年補修通志堂經解本　北大

清乾隆四庫全書館寫欽定四庫全書本

清沈氏授經樓抄本　復旦

夏小正戴氏傳四卷附校録一卷　宋傅崧卿校注　清黄丕烈撰校録

清道光元年刻士禮居黄氏叢書本　國圖　北大　上海　湖北

清光緒十三年上海蜚英館石印士禮居黄氏叢書本　國圖　北大　上海

清寶章閣刻本(清許克勤校)

一九一五年上海石竹山房影印士禮居黄氏叢書本　國圖　北大　上海

夏小正戴氏傳校録一卷　清黄丕烈撰

清道光元年刻士禮居黄氏叢書本　國圖　北大　上海　湖北

清光緒十三年上海蜚英館石印士禮居黄氏叢書本　國圖　北大　上海

清寶章閣刻本(清許克勤校)

一九一五年上海石竹山房影印士禮居黄氏叢書本　國圖　北大　上海

夏小正戴氏傳四卷考異一卷别録一卷　宋傅崧卿校注　清傅以禮輯考異及别録

清同治八年傅氏長恩閣刻傅氏先世遺書本　國圖　北大　科學　上海南京

夏小正戴氏傳考異一卷　清傅以禮輯

清同治八年傅氏長恩閣刻傅氏先世遺書本　國圖　北大　科學　上海　南京

夏小正解一卷　宋王應麟集校　宋金履祥輯　明楊慎解

明刻本　國圖

抄本　國圖

夏小正集解四卷　清孫之騄釋略

清乾隆刻本　國圖

夏小正四卷　清任兆麟注

清乾隆五十一年忠敏家塾刻心齋十種本　國圖　北大　上海　南京（佚名校　清丁丙跋）

清嘉慶六年長葛武氏刻本　國圖

清嘉慶十年刻本　國圖

續修四庫全書清乾隆五十一年任氏忠敏家塾刻本

夏小正小傳一卷　清任啓運撰

清抄本　復旦

夏小正解一卷附徐本夏小正考異一卷　清徐世溥撰

清光緒新建陶氏刻豫章叢書本　北大

四庫全書存目叢書影印清光緒刻豫章叢書本

夏小正分箋一卷　清黄模撰

清嘉慶二十二年刻本　北大　上海

夏小正分箋四卷

清光緒二十六年南陵徐氏刻鄦齋叢書本　北大　湖北

清光緒十四年南菁書院刻皇清經解續編本　天津　遼寧

清光緒十五年上海蜚英館石印皇清經解續編本

夏小正異義二卷　清黄模撰

清光緒十四年南菁書院刻皇清經解續編本　天津　遼寧

清光緒十五年上海蜚英館石印皇清經解續編本

夏小正詁一卷　清諸錦撰

清諸錦稿本　國圖

清康熙三十六年刻昭代叢書本　北大　上海

清乾隆二十一年春暉堂刻絳跗閣經説三種本

清道光吴江沈氏世楷堂刻昭代叢書本　北大

清道光十年長洲顧氏刻賜硯堂叢書新編本　國圖　首都　北大　科學

上海
清光緒常熟鮑氏刻後知不足齋叢書本　國圖　北大　科學
四庫全書存目叢書影印稿本

夏小正輯注一卷　清范家相輯
清范家相稿本　北大

夏小正輯注四卷
清乾隆三十二年刻本　上海
清嘉慶十五年古趣亭刻本　國圖　上海　復旦　浙江　湖北
清會稽范氏刻光緒十三年墨潤堂重修印范氏三種本　上海

夏小正考注一卷　清畢沅撰
清乾隆四十八年畢氏刻經訓堂叢書本　國圖　科學　上海
清光緒十三年上海大同書局影印經訓堂叢書本　湖北
清抄本　湖北
續修四庫全書影印清乾隆四十八年畢氏經訓堂刻本

夏小正箋一卷　清李調元撰
清乾隆綿州李氏萬卷樓刻嘉慶十四年李鼎元印函海本　遼寧
清道光五年李朝夔補刻函海本　天津　上海　南京　遼寧　山東
清光緒七至八年廣漢鍾登甲樂道齋刻函海本　國圖　北大

夏小正直解一卷　清羅登選撰
清乾隆刻本(清許克勤校)　上海

夏時考五卷　清安吉撰
清安吉稿本　無錫

夏時考一卷
清安吉稿本安氏家集本　首都　上海

夏時考六卷　清安吉撰　清朱棠　清倪維銓等音釋
清嘉慶十年刻十九年續刻本　國圖　湖北
清嘉慶十一年刻光緒十一年補刻本　上海

夏小正傳箋四卷大戴禮公符篇考一卷　清王謨撰
清乾隆刻本　科學
清嘉慶十八年刻本　國圖　科學　南京
四庫未收書輯刊影印清乾隆刻本

夏小正一卷　清任安上注
清抄本(清丁丙跋)　南京

夏小正集解四卷　清顧問撰
清乾隆五十七年刻本　國圖　北大　科學　南京　湖北

四庫未收書輯刊影印清乾隆五十七年敬業堂刻本

夏小正集解四卷　清盧柏輯

清嘉慶十三年韓和堂盧氏刻本　上海

夏時明堂陰陽經一卷　清莊述祖撰

清嘉慶道光間武進莊氏脊令舫刻珍執宧遺書本　國圖　首都　北大　科學　上海

清光緒九年劉翊宸刻本　國圖　北大　復旦　南京　湖北

清宣統三年湖南學務公所鉛印本　上海

夏時説義二卷　清莊述祖撰

清嘉慶道光間武進莊氏脊令舫刻珍執宧遺書本　國圖　首都　北大　科學　上海

清光緒九年劉翊宸刻本　國圖　北大　復旦　南京　湖北

清宣統三年湖南學務公所鉛印本　上海

夏小正等例文句音義六卷　清莊述祖撰

清嘉慶道光間武進莊氏脊令舫刻珍執宧遺書本　國圖　首都　北大　科學　上海

清光緒九年劉翊宸刻本　國圖　北大　復旦　南京　湖北

清宣統三年湖南學務公所鉛印本　上海

夏小正等例一卷　清莊述祖撰

清嘉慶道光間武進莊氏脊令舫刻珍執宧遺書本　國圖　首都　北大　科學　上海

清光緒九年劉翊宸刻本　國圖　北大　復旦　南京　湖北

清宣統三年湖南學務公所鉛印本　上海

夏小正傳一卷　清孔廣森補注

清道光二十二年刻本　湖北

夏小正逸文考一卷　清王紹蘭輯

清蕭山王氏知足知不足館抄蕭山王氏十萬卷樓輯佚七種本　上海

夏時等列説一卷　清劉逢禄撰

清光緒九年劉翊宸校刻本　國圖　北大　復旦　南京　湖北

夏小正疏義四卷異字記一卷釋音一卷附天象圖　清洪震煊撰

清嘉慶二十五年刻本　北大

清嘉慶間臨海洪氏刻傳經堂叢書本　首都　北大　科學

清道光九年廣東學海堂刻皇清經解一千四百卷本　天津　遼寧　山東

清道光九年廣東學海堂刻咸豐十一年補刻皇清經解一千四百八卷本　遼寧

清光緒十七年上海鴻寶齋石印皇清經解一百九十卷本　天津
續修四庫全書影印清嘉慶二十五年刻本

夏小正疏義四卷
抄本　上海

夏小正注補一卷　清汪照撰
清道光二十四年刻本　國圖

大戴記夏小正解詁一卷　清王聘珍撰
清長洲葉昌熾抄本(王蒼虬跋)　復旦

夏小正通釋一卷　清梁章鉅撰
清光緒十三年浙江書局刻本　國圖　北大　天津　上海　復旦　南京　遼寧　湖北

夏小正四卷　清黄本驥撰
抄本　南京

夏小正經傳考二卷本義四卷　清雷學淇撰
清道光三年亦囂囂齋刻本　國圖　北大

夏小正本義四卷　清雷學淇撰
清道光三年亦囂囂齋刻本　國圖　北大

夏小正正義不分卷　清王筠撰
清王筠稿本　浙江大學
清咸豐二年刻本　國圖　天津　上海
清光緒七年刻天壤閣叢書本　國圖　北大　上海　復旦　湖北

夏小正補傳一卷　清朱駿聲撰
清道光刻本　國圖　南京
清光緒八年臨嘯閣刻本　上海　湖北

夏小正戴氏傳訓解四卷考異一卷通論一卷　清王寶仁撰
清道光十五年六安學署刻本　科學　上海
清同治十三年太倉王氏刻本　國圖　北大　天津　上海　復旦

夏小正戴氏傳訓解考異一卷　清王寶仁撰
清道光十五年六安學署刻本　科學　上海
清同治十三年太倉王氏刻本　國圖　北大　天津　上海　復旦

夏小正戴氏傳訓解通論一卷　清王寶仁撰
清道光十五年六安學署刻本　科學　上海
清同治十三年太倉王氏刻本　國圖　北大　天津　上海　復旦

夏小正校注四卷　清魏本唐撰
清道光刻本　國圖　科學

清咸豐刻本　北大　上海　南京

四庫未收書輯刊影印清咸豐刻本

夏時考訓蒙一卷　清鄭曉如撰

清同治八年廣州華文堂刻鄭氏四種本　國圖　科學　上海　湖北

夏小正集説四卷　清程鴻詔撰

清同治刻本(清孫詒讓批)　浙江大學

清同治十一年安慶高氏文元堂刻本　北大　上海

清同治汪啓蘭等刻有恒心齋集本　國圖　北大　南京

夏小正集説一卷

清抄本　浙江

夏小正集説補一卷　清程鴻詔撰

清同治汪啓蘭等刻有恒心齋集本　國圖　北大　南京

夏小正存説二卷集説補一卷　清程鴻詔撰

清同治汪啓蘭等刻有恒心齋集本　國圖　北大　南京

夏小正詩五卷　清馬國翰撰

清道光十一年刻本　南京

清道光二十二年刻本　國圖

清同治十年濟南皇華館刻玉函山房輯佚書本　山東

清光緒九年長沙嫏嬛館刻玉函山房輯佚書本　天津　遼寧　山東

清光緒九年長沙嫏嬛館刻光緒十年章邱李氏印玉函山房輯佚書本　遼寧

清光緒十年楚南書局刻玉函山房輯佚書本　天津　遼寧

夏小正求是四卷　清姚燮撰

清姚燮稿本　天一閣

民國四明張氏約園刻四明叢書本

夏小正箋疏四卷　清馬徵麐撰

清同治間思古書堂刻格致叢書本　上海　湖北

清光緒十四年德清俞氏刻本　國圖　北大　上海　天津

清光緒十五年金陵清涼山半日讀書齋刻淡園全集本　國圖　上海

一九一九至一九二三年馬林排印影印馬鍾山遺書本　國圖　北大　上海

夏小正傳箋一卷　清沈秉成撰

清同治刻本　北大　上海　南京

一九二七年刻本　國圖　北大　科學　上海

夏小正管窺一卷　清鄒樹榮撰

一九二二年南昌鄒氏排印南昌鄒氏一粟園叢書本　江西

夏小正一卷　清王闓運注

清光緒三十年劉子雄刻本　上海

夏小正私箋一卷　清吴汝綸撰

清光緒三十年王恩紱等刻桐城吴先生全書本　國圖　首都　北大　上海

抄本　上海

夏小正釋義二卷　清宋書升撰

清宋書升稿本　山東博

夏小正釋義十二卷

吴縣王氏學禮齋抄稿本　復旦

續修四庫全書影印清末吴縣王氏學禮齋抄本

夏小正釋義不分卷

抄本　國圖

夏小正箋疏十二卷　清宋書升撰

清臨清徐氏歸樸堂抄本(葉景葵跋)　上海

夏小正注疏一卷　清程穆衡撰

清程穆衡稿本　復旦

夏小正傳校勘記一卷　清丁壽徵撰

清光緒南清河王氏排印小方壺齋叢書本　國圖　清華　上海

夏小正經傳集解四卷　清顧鳳藻撰

清道光元年刻士禮居黄氏叢書本　國圖　北大　上海　湖北

清光緒十三年上海蜚英館石印士禮居黄氏叢書本　國圖　北大　上海

清沈氏授經樓抄本　復旦

一九一五年上海石竹山房影印士禮居黄氏叢書本　國圖　北大　上海

一九二二年上海博古齋影印士禮居黄氏叢書本　國圖　科學　上海

夏小正注四卷　清李聿求注

清虎溪山房刻本　國圖　科學　天津　上海　南京

夏小正義疏□卷　清壽昌撰

清壽昌稿本　南京(存卷一至二)

夏小正校勘記□卷　清壽昌撰

清壽昌稿本　南京(存卷一)

夏小正小箋四卷　清王貞箋

清同治十一年百本書齋刻本　國圖　北大　上海　復旦

夏小正小箋四卷附揭誤附小爾雅補義附弟子職廣詁

清同治十一年百本書齋刻光緒十四年海陽韓氏補刻印本　國圖　北大

上海
夏小正一卷　題清王氏注
清光緒十年成都尊經書局校刻本　湖北
夏小正注解摘要一卷　清閔寶樑輯
清光緒七年活字印本　上海　南京
夏小正四卷　清周夢齡輯注
清刻秘書廿八種本　國圖
夏小正家塾本一卷　清于鬯撰
清于鬯稿本于香草遺著叢輯本　上海
夏小正説例一卷　宋育仁撰
一九二四年刻問琴閣叢書本　北大　上海
夏小正音義不分卷
抄本　國圖
踐阼篇集解一卷　宋王應麟撰
元至元六年慶元路儒學刻明初修玉海本　國圖
元刻明正德嘉靖萬曆崇禎補刻清康熙二十六年吉水李振裕補刻玉海本　上海
清光緒十年成都志古堂刻玉海本　上海　山東　四川
清光緒九年浙江書局刻玉海本　上海　天津　南京　遼寧　山東
中華再造善本影印元至元六年慶元路儒學刻明初修本

四、三禮總義之屬

（一）論説

石渠禮論一卷　漢戴聖撰　清馬國翰輯
清同治十年濟南皇華館刻玉函山房輯佚書本　山東
清光緒九年長沙嫏嬛館刻玉函山房輯佚書本　天津　遼寧　山東
清光緒九年長沙嫏嬛館刻光緒十年章邱李氏印玉函山房輯佚書本　遼寧
清光緒十年楚南書局刻玉函山房輯佚書本　天津　遼寧
石渠禮論一卷　漢戴聖撰　清王謨輯
清嘉慶三年金溪王氏刻漢魏遺書抄本
石渠禮論一卷　漢戴聖撰　清洪頤煊輯
清嘉慶間承德孫氏刻問經堂叢書本　天津　浙江　遼寧
石渠禮論一卷　漢戴聖撰　清黄奭輯
清道光甘泉黄氏刻光緒印漢學堂叢書本　天津

清道光甘泉黄氏刻一九二五年王鑒修補印黄氏逸書考本
一九三四年江都朱長圻據甘泉黄氏版補刻印黄氏逸書考本　山東

漢甘露石渠禮議一卷　漢戴聖撰　清宋翔鳳輯
清嘉慶二十五年刻浮溪精舍叢書本　上海

荀氏禮傳一卷　漢荀爽撰　清王仁俊輯
清光緒王仁俊稿本玉函山房輯佚書續編本　上海

皇覽逸禮一卷附中霤禮　魏繆襲撰　清王謨輯
清嘉慶三年金溪王氏刻漢魏遺書抄本

五禮駁一卷　晉孫毓撰　清王謨輯
清嘉慶三年金溪王氏刻漢魏遺書抄本

禮雜問一卷　晉范寧撰　清馬國翰輯
清同治十年濟南皇華館刻玉函山房輯佚書本　山東
清光緒九年長沙嫏嬛館刻玉函山房輯佚書本　天津　遼寧　山東
清光緒九年長沙嫏嬛館刻光緒十年章邱李氏印玉函山房輯佚書本　遼寧
清光緒十年楚南書局刻玉函山房輯佚書本　天津　遼寧

雜禮議一卷　晉吴商撰　清馬國翰撰
清同治十年濟南皇華館刻玉函山房輯佚書本　山東
清光緒九年長沙嫏嬛館刻玉函山房輯佚書本　天津　遼寧　山東
清光緒九年長沙嫏嬛館刻光緒十年章邱李氏印玉函山房輯佚書本　遼寧
清光緒十年楚南書局刻玉函山房輯佚書本　天津　遼寧

禮論雜一卷　晉范宣撰　清馬國翰輯
清同治十年濟南皇華館刻玉函山房輯佚書本　山東
清光緒九年長沙嫏嬛館刻玉函山房輯佚書本　天津　遼寧　山東
清光緒九年長沙嫏嬛館刻光緒十年章邱李氏印玉函山房輯佚書本　遼寧
清光緒十年楚南書局刻玉函山房輯佚書本　天津　遼寧

禮論答問一卷　南朝宋徐廣撰　清馬國翰輯
清同治十年濟南皇華館刻玉函山房輯佚書本　山東
清光緒九年長沙嫏嬛館刻玉函山房輯佚書本　天津　遼寧　山東
清光緒九年長沙嫏嬛館刻光緒十年章邱李氏印玉函山房輯佚書本　遼寧
清光緒十年楚南書局刻玉函山房輯佚書本　天津　遼寧

禮義答問一卷　南朝齊王儉撰　清馬國翰輯
清同治十年濟南皇華館刻玉函山房輯佚書本　山東
清光緒九年長沙嫏嬛館刻玉函山房輯佚書本　天津　遼寧　山東
清光緒九年長沙嫏嬛館刻光緒十年章邱李氏印玉函山房輯佚書本　遼寧

清光緒十年楚南書局刻玉函山房輯佚書本　天津　遼寧

禮論一卷　南朝宋何承天撰　清馬國翰輯

清同治十年濟南皇華館刻玉函山房輯佚書本　山東

清光緒九年長沙嫏嬛館刻玉函山房輯佚書本　天津　遼寧　山東

清光緒九年長沙嫏嬛館刻光緒十年章邱李氏印玉函山房輯佚書本　遼寧

清光緒十年楚南書局刻玉函山房輯佚書本　天津　遼寧

禮論條牒一卷　南朝宋任預撰　清馬國翰輯

清同治十年濟南皇華館刻玉函山房輯佚書本　山東

清光緒九年長沙嫏嬛館刻玉函山房輯佚書本　天津　遼寧　山東

清光緒九年長沙嫏嬛館刻光緒十年章邱李氏印玉函山房輯佚書本　遼寧

清光緒十年楚南書局刻玉函山房輯佚書本　天津　遼寧

禮論鈔略一卷　南朝齊荀萬秋撰　清馬國翰輯

清同治十年濟南皇華館刻玉函山房輯佚書本　山東

清光緒九年長沙嫏嬛館刻玉函山房輯佚書本　天津　遼寧　山東

清光緒九年長沙嫏嬛館刻光緒十年章邱李氏印玉函山房輯佚書本　遼寧

清光緒十年楚南書局刻玉函山房輯佚書本　天津　遼寧

禮統一卷　南朝梁賀述撰　清馬國翰輯

清同治十年濟南皇華館刻玉函山房輯佚書本　山東

清光緒九年長沙嫏嬛館刻玉函山房輯佚書本　天津　遼寧　山東

清光緒九年長沙嫏嬛館刻光緒十年章邱李氏印玉函山房輯佚書本　遼寧

清光緒十年楚南書局刻玉函山房輯佚書本　天津　遼寧

禮統一卷　南朝梁賀述撰　清王謨輯

清嘉慶三年金溪王氏刻漢魏遺書抄本

禮疑義一卷　南朝梁周□撰　清馬國翰輯

清同治十年濟南皇華館刻玉函山房輯佚書本　山東

清光緒九年長沙嫏嬛館刻玉函山房輯佚書本　天津　遼寧　山東

清光緒九年長沙嫏嬛館刻光緒十年章邱李氏印玉函山房輯佚書本　遼寧

清光緒十年楚南書局刻玉函山房輯佚書本　天津　遼寧

三禮義宗四卷　南朝梁崔靈恩撰　清馬國翰輯

清同治十年濟南皇華館刻玉函山房輯佚書本　山東

清光緒九年長沙嫏嬛館刻玉函山房輯佚書本　天津　遼寧　山東

清光緒九年長沙嫏嬛館刻光緒十年章邱李氏印玉函山房輯佚書本　遼寧

清光緒十年楚南書局刻玉函山房輯佚書本　天津　遼寧

三禮義宗一卷　南朝梁崔靈恩撰　清王謨輯

清嘉慶三年金溪王氏刻漢魏遺書抄本

三禮義宗一卷　南朝梁崔靈恩撰　清黄奭輯
清道光甘泉黄氏刻光緒印漢學堂叢書本　天津
清道光甘泉黄氏刻一九二五年王鑒修補印黄氏逸書考本
一九三四年江都朱長圻據甘泉黄氏版補刻印黄氏逸書考本　山東
三禮義宗一卷　南朝梁崔靈恩撰　清王仁俊輯
清光緒王仁俊稿本玉函山房輯佚書續編本　上海
釋疑論一卷　唐元行沖撰　清馬國翰輯
清同治十年濟南皇華館刻玉函山房輯佚書本　山東
清光緒九年長沙嫏嬛館刻玉函山房輯佚書本　天津　遼寧　山東
清光緒九年長沙嫏嬛館刻光緒十年章邱李氏印玉函山房輯佚書本　遼寧
清光緒十年楚南書局刻玉函山房輯佚書本　天津　遼寧
三禮考一卷　宋真德秀撰
清道光十一年六安晁氏木活字排印學海類編本　國圖　科學
清道光咸豐間木活字排印遜敏堂叢書本　國圖　北大
一九二〇年上海涵芬樓影印學海類編本　國圖　北大
四庫全書存目叢書影印清道光十一年六安晁氏木活字學海類編本
三禮考注十卷序録一卷綱領一卷　元吴澄撰
明萬曆三十八年董應舉刻本　北大　科學　上海　南京　蘇州　浙江　吉林大學　福建　鳳凰縣
三禮考注六十四卷序録一卷綱領一卷
明成化九年謝士元刻本　國圖　北大　北師大　歷史所　上海　南京(清丁丙跋)　浙江　遼寧等
明末吴伯禧吴可大等刻本　中山大
清乾隆二年臨川吴氏刻本　北大　上海　南京　浙江
清抄本　國圖
四庫全書存目叢書北京圖書館古籍珍本叢刊影印明成化九年謝士元刻本
新刊三禮考注六十四卷　元吴澄撰
明嘉靖七年詹氏進賢堂刻本　臺北央圖
三禮叙録一卷　元吴澄撰
清順治三年宛委山堂刻説郛本　北大　科學
二禮集解十二卷　明李黼撰
明嘉靖十六年常州府刻本　北大　南京　無錫
四庫全書存目叢書影印明嘉靖十六年常州府刻本
二禮經傳測六十八卷纂議一卷　明湛若水撰
明嘉靖四年刻本　北大

四庫全書存目叢書影印明刻本

二禮經傳測纂議一卷　明湛若水撰

明嘉靖四年刻本　北大

禮經類編三十卷　明李經綸撰

清抄本　國圖

四庫全書存目叢書影印清抄本

禮經類編七卷

清抄本　北大

三禮編繹二十六卷　明鄧元錫撰

明萬曆三十三年史繼辰饒景曜等刻本　北大　北師大　華東師大　南京　杭州　天一閣　安徽博　河南大學　重慶　四川大學

明萬曆三十五年刻五經繹五種本　上海

四庫全書存目叢書影印明萬曆三十三年史繼辰等刻本

三禮纂注四十九卷　明貢汝成撰

明萬曆三年陳俊刻本　北大　上海辭書　南京　浙江

四庫全書存目叢書影印明萬曆三年陳俊刻本

讀禮日知二卷　明金㴩撰

明萬曆二年馮笏刻本(羅振玉題識)　遼寧

續修四庫全書影印明萬曆二年馮氏刻本

閻紅螺説禮三十三卷　明閻有章撰

明崇禎九年閻氏二分明月庵刻本　南京　廣西師大

讀禮偶見二卷　清許三禮撰

清康熙刻本　國圖　科學

清康熙刻補修本　科學

四庫全書存目叢書影印清康熙刻本

讀禮問一卷　清吴肅公撰

清康熙三十六年刻昭代叢書本　北大　上海

清道光吴江沈氏世楷堂刻昭代叢書本　北大

清光緒十七年湘西李氏鞠園刻讀禮叢抄本　北大　科學　上海　南京　湖北

四庫全書存目叢書影印清康熙刻昭代叢書本

讀禮志疑六卷　清陸隴其撰

清康熙四七年正誼堂刻本　湖北

清乾隆四庫全書館寫欽定四庫全書本

清同治五年刻正誼堂全書本　國圖　北大　科學　上海

清光緒十六年刻陸子全書本　首都　清華　上海
清松桂草堂抄本　上海師大

讀禮志疑十二卷

清道光十一年六安晁氏木活字印學海類編本　北大　天津
一九二〇年上海涵芬樓影印學海類編本　國圖　北大　上海

讀禮志疑不分卷

清嘉慶二十一年刻本　北大　科學　上海

學禮質疑二卷　清萬斯大撰

清乾隆萬福刻萬充宗先生經學五書本　國圖　上海
清乾隆刻嘉慶元年辨志堂印經學五書本　北大
清乾隆四庫全書館寫欽定四庫全書本
清道光九年廣東學海堂刻皇清經解一千四百卷本　天津　遼寧　山東
清道光九年廣東學海堂刻咸豐十一年補刻皇清經解一千四百八卷本　遼寧
清光緒十七年上海鴻寶齋石印皇清經解一百九十卷本　天津

聞禮要録三卷崇祀録一卷配享録一卷　清程文彝撰

清康熙刻本　三原縣

三禮指要一卷　清陳廷敬撰

清道光十一年六安晁氏木活字排印學海類編本　國圖　科學
清道光咸豐間木活字排印遜敏堂叢書本　國圖　北大
一九二〇年上海涵芬樓影印學海類編本　國圖　北大

朱子禮纂五卷　清李光地撰

清雍正十一年教忠堂刻本　清華　浙江
清乾隆元年李清植刻嘉慶六年補刻印李文貞公全集本　上海　復旦
清乾隆四庫全書館寫欽定四庫全書本
清道光九年李維迪刻榕村全書本　國圖　首都　北大　科學　上海

留村禮意三卷　清童正心撰　清童能靈分釋

清光緒二十三年連城童氏木活字排印冠豸山堂全集本　福建

禮經不分卷　清徐開任輯

清抄本　上海

學禮五卷　清李塨撰

清光緒定州王氏謙德堂刻畿輔叢書本　國圖　北大　科學
一九二三年四存學會排印顔李叢書本　國圖　首都　北大　上海
四庫全書存目叢書影印清光緒五年定州王氏謙德堂刻畿輔叢書本

三禮儀制歌訣一卷　清李鍾倫撰

清道光李維迪刻榕村全書本　北大

參讀禮志疑二卷　清汪紱撰

清乾隆三十六年洪氏栖碧山房刻本　國圖　科學　上海　復旦　内蒙古　浙江　遼寧　徽州博物館　湖北

清乾隆三十六年王廷言蘇州刻本　北大

清乾隆四庫全書館寫欽定四庫全書本

清道光至光緒間刻光緒二十三年彙印汪雙池先生叢書本　國圖　首都　科學　上海

清光緒二十一年刻本　上海

敬齋禮説不分卷　清蔡德晉撰

清景福樓抄本　上海

禮經質疑一卷　清杭世駿撰

清乾隆五十三年補史亭刻道古堂外集本　上海　復旦

清乾隆杭福烺道古堂抄補史亭賸稿本　國圖

清光緒二十二年錢塘汪大鈞刻道古堂外集本　首都

一九二五年錢唐汪氏刻食舊堂叢書本　國圖　首都　上海

五宗圖説一卷　清萬光泰撰

一九一六年上海倉聖明智大學排印廣倉學宭叢書甲類本　國圖　科學　清華　北師大　上海

禮注彙辨二卷　清吴鼎撰

清抄本(清王鳴盛批校)　國圖

劻儀糾謬集三卷　清孔繼汾撰

清乾隆刻本　國圖　科學

四庫未收書輯刊影印清乾隆刻本

禮箋三卷　清金榜撰

清乾隆五十九年方起泰吴國輔刻本　國圖　清華　復旦　齊齊哈爾　安徽　陕西師大　湖北　湖南

清乾隆五十九年方起泰吴國輔刻嘉慶三年印本(清孫詒讓批)　温州

清道光九年廣東學海堂刻皇清經解一千四百卷本　天津　遼寧　山東

清道光九年廣東學海堂刻咸豐十一年補刻皇清經解一千四百八卷本　遼寧

清光緒十七年上海鴻寶齋石印皇清經解一百九十卷本　天津

續修四庫全書影印清乾隆五十九年方起泰胡國輔刻後印本

讀禮須知不分卷　清潘榮陛輯

清乾隆十四年刻本　遼寧

學禮闕疑八卷　清劉青蓮撰

清乾隆二十年刻劉氏傳家集本　國圖　北大　清華　上海

四庫全書存目叢書影印清乾隆二十年刻劉氏傳家集本

讀禮説二卷　清吕揚祖撰

清乾隆刻本　湖北

三禮陳數求義三十卷　清林喬蔭撰

清乾隆刻本(清孫詒讓批校)　浙江大學

清嘉慶八年誦芬堂刻本　國圖　北大　上海　復旦　南京　浙江　湖北

清抄本　四川

續修四庫全書影印清嘉慶八年刻本

三禮天時論一卷　清林喬蔭撰

清光緒三年梁承誥抄本　上海

三禮類綜四卷　清黄暹撰

清乾隆五十二年夏枝芳刻本　北大

清乾隆五十二年懷澄書屋刻本　上海

清乾隆五十二年龍江書屋刻本　上海

清乾隆仁和黄氏刻文藻四種本　清華

讀禮偶識二卷　清孔繼涵撰

清孔繼涵稿本　北大

讀禮偶編六卷　清孔廣仁撰

抄本　上海

三禮義證十二卷　清武億撰

清乾隆嘉慶間武穆淳刻授堂遺書本　國圖　上海

清道光二十三年武氏刻授堂遺書本　國圖　北大　科學　上海　復旦　南京

續修四庫全書影印清道光二十三年刻本

三禮鄭注考三卷　清程際盛撰

清乾隆刻本　北大　上海　南京

禮學卮言六卷　清孔廣森撰

清道光金山錢氏據借月山房彙鈔刊版重編增刊指海本　上海

清嘉慶二十二年曲阜孔氏儀鄭堂刻顨軒孔氏所著書本　國圖　科學　北大　上海

清道光九年廣東學海堂刻皇清經解一千四百卷本　天津　遼寧　山東

清道光九年廣東學海堂刻咸豐十一年補刻皇清經解一千四百八卷本　遼寧

一九三五年上海大東書局影印指海本　國圖　北大　科學　上海

續修四庫全書影印清嘉慶刻顨軒孔氏所著書本

三禮札記六卷　清劉克柔撰
　清嘉慶劉氏稿本　遼寧
禮堂集義四十卷　清王紹蘭撰
　清王紹蘭稿本　上海
三禮便蒙不分卷　清焦循撰
　清焦循稿本　上海
　民國影印鄭孝胥手抄本　國圖　北大　科學　上海　南京
禮制異同考二卷總目一卷　清徐佩鉞撰
　清嘉慶十五年南白草堂刻本　浙江
禮説四卷　清淩曙撰
　清道光九年廣東學海堂刻皇清經解一千四百卷本　國圖　北大　天津　遼寧　山東
　清道光九年廣東學海堂刻咸豐十一年補刻皇清經解一千四百八卷本　遼寧
　清光緒十七年上海鴻寶齋石印皇清經解一百九十卷本　天津
　續修四庫全書影印清道光九年廣東學海堂刻皇清經解本
古禮樂述一卷附録一卷　清李誠撰　清李春枝撰附録
　一九一五年楊氏刻台州叢書後集本　首都　北大　上海
三禮從今三卷　清黄本驥撰
　清道光二十四年刻本　北大　科學　南京
　清光緒刻涇縣洪氏公善堂彙印洪氏唐石經館叢書本　上海
　四庫未收書輯刊影印清道光二十四年刻本
讀禮條考二十卷　清王曜南撰
　清道光十七年刻本　科學
　清道光二十九年刻本　國圖
　清光緒二十三年武林尚友齋石印本　國圖　科學　上海　浙江　湖北
　四庫未收書輯刊影印清道光二十九年刻本
禮書條述十三卷　清王曜南撰
　抄本　東師
禮表一卷　清鄭士範撰
　清道光刻本　國圖
　清同治抄本　吉大
　清光緒十九年周氏正誼堂刻本　北大　科學　天津　湖北
禮經學述一卷　清秦麗昌撰
　清道光吴江沈氏世楷堂刻昭代叢書本　北大　遼寧　山東

禮理篇不分卷　清楊以增編
清咸豐年間聊城楊氏海源閣刻本　國圖
三禮今古文疏證三卷　清潘道根撰
清潘道根稿本　蘇州
三禮表不分卷　清鄭士範撰
抄本　科學
鄭氏釋經例不分卷　清劉寶楠撰
清劉寶楠稿本　上海(存禮記五)
求志居禮説三卷　清陳世熔撰
清道光至光緒獨秀山莊刻求志居全集本　國圖　首都　清華
考禮一卷　清高驤雲撰
清漱琴仙館刻本　國圖
三禮備覽四卷　清林楓撰
清林楓稿本　福建
三禮備覽三卷
清謝氏賭棋山莊紅格抄本　湖北
三禮經義附録一卷　清茆泮林撰
清光緒二十四年高郵王氏刻鶴壽堂叢書本　國圖　北大　科學　上海
釋禮一卷　清何志高撰
清道光十八年刻西夏經義本　首都　清華　復旦
清光緒十四年刻西夏經義本　上海辭書
三禮通釋二百八十卷　清林昌彝撰
清同治三年廣州刻本　國圖　北大　科學　天津　上海　南京　浙江　湖北
四庫未收書輯刊影印清同治三年廣州刻本
三禮通釋二百三十卷三禮圖五十卷
清道光林氏抄本　故宫
學禮管釋十八卷　清夏炘撰
清咸豐十年景紫山房刻本　科學　南京
清咸豐刻同治元年王光甲等彙印景紫堂全書本　國圖　北大　科學
清光緒十四年南菁書院刻皇清經解續編本　天津　遼寧
清光緒十五年上海蜚英館石印皇清經解續編本
續修四庫全書影印清咸豐十年景紫山房刻本
禮經通論一卷　清邵懿辰撰
清同治間望三益齋刻本　國圖　南京　湖北　上海

清光緒十四年南菁書院刻皇清經解續編本　天津　遼寧
清光緒十五年上海蜚英館石印皇清經解續編本
清光緒二十三年羊城崇蘭仙館刻本　國圖
清宣統三年上海國學扶輪社鉛印張氏適園叢書本　上海　湖北
清宣統至民國間仁和邵氏刻半巖廬所著書本　國圖　上海

鄭君駁正三禮考一卷　清俞樾撰

清光緒十四年南菁書院刻皇清經解續編本　天津　遼寧
清光緒十五年上海蜚英館石印皇清經解續編本
清光緒二十五年刻春在堂全書本　國圖　北大　湖北

禮書通故五十卷　清黄以周撰

清光緒十九年黄氏試館刻本　國圖　北大　科學　天津　上海　南京　遼寧　湖北
續修四庫全書影印清光緒十九年刻黄氏試館本

禮説六卷　清黄以周撰

清光緒二十年江蘇南菁精舍刻儆季雜著本　國圖　首都　北大　科學　上海
續修四庫全書影印清光緒二十年南菁講舍刻儆季雜著本

禮説略三卷　清黄以周撰

清光緒十四年南菁書院刻皇清經解續編本　天津　遼寧
清光緒十五年上海蜚英館石印皇清經解續編本

復堂類集三禮説不分卷　清譚獻輯

清抄本　湖北

三禮鄭注引漢制度考證不分卷　清林頤山撰

清林頤山稿本　復旦

四禮補注四卷　清于鬯撰

清于鬯稿本于香草遺著叢輯本　上海

讀禮私編九卷　清郭人麟撰

清抄本　北大

禮經説述合參四十四卷　清董之瑋撰

清董之瑋稿本　西北大學

參補禮經精要不分卷　清莊中偉輯

舊抄本　國圖

澹園讀書畢記一卷　清虞景璜撰

一九二四年虞和欽排印澹園雜著本　國圖　首都　上海

禮運禮器郊牲三篇訂一卷　清廖平撰
　　廖平稿本　四川社科院
禮説一卷　清廖平撰
　　清光緒至民國間刻新訂六譯館叢書本　國圖　北大
禮學大義一卷　清張錫恭撰
　　一九三六年排印庚辰叢編本　國圖　首都　北大　上海
讀禮漫録十卷　佚名撰
　　清光緒三十四年平遠堂抄本　浙江
三禮周易注不分卷　佚名撰
　　清抄本　南京
禮鈔不分卷　佚名撰
　　抄本　上海
三禮節録不分卷　佚名撰
　　清抄本　國圖

（二）名物制度

求古録禮説十六卷　清金鶚撰
　　清道光三十年木犀香館刻本　國圖　北大　天津　上海　遼寧　浙江
　　湖北
求古録禮説十五卷補遺一卷
　　清光緒十四年南菁書院刻皇清經解續編本　天津　遼寧
　　清光緒十五年上海蜚英館石印皇清經解續編本
求古録禮説十六卷補遺一卷校勘記三卷　清金鶚撰　清王士駿輯校勘記
　　清光緒二年孫熹刻本　國圖　北大　天津　南京　湖北
　　續修四庫全書影印清光緒二年孫熹刻本
求古録禮説補遺一卷　清金鶚撰
　　清同治光緒吴縣潘氏刻滂喜齋叢書本　國圖　首都　科學　北大　上海
　　清光緒二年孫熹刻本　國圖　北大　天津　南京　湖北
　　清光緒十四年南菁書院刻皇清經解續編本　天津　遼寧
　　清光緒十五年上海蜚英館石印皇清經解續編本
求古録禮説補遺續一卷
　　清同治光緒吴縣潘氏刻滂喜齋叢書本　國圖　首都　科學　北大　上海

求古録禮説校勘記三卷　清王士駿輯
清光緒二年孫熹刻本　國圖　北大　天津　南京　湖北
魯禮禘祫志一卷　漢鄭玄撰　清王謨輯
清嘉慶三年金溪王氏刻漢魏遺書抄本
魯禮禘祫義一卷　漢鄭玄撰　清黄奭輯
清道光甘泉黄氏刻光緒印漢學堂叢書本　天津
清道光甘泉黄氏刻一九二五年王鑒修補印黄氏逸書考本
一九三四年江都朱長圻據甘泉黄氏版補刻印黄氏逸書考本　山東
魯禮禘祫志一卷　漢鄭玄撰　清馬國翰輯
清同治十年濟南皇華館刻玉函山房輯佚書本　山東
清光緒九年長沙嫏嬛館刻玉函山房輯佚書本　國圖　天津　遼寧　山東
清光緒九年長沙嫏嬛館刻光緒十年章邱李氏印玉函山房輯佚書本　遼寧
清光緒十年楚南書局刻玉函山房輯佚書本　天津　遼寧
魯禮禘祫義一卷　漢鄭玄撰　清袁鈞輯
清光緒十四年浙江書局刻鄭氏佚書本　國圖
魯禮禘祫義一卷　漢鄭玄撰　清孔廣林輯
清光緒十六年山東書局刻通德遺書所見録本　國圖　首都　科學　上海
魯禮禘祫義疏證一卷　清皮錫瑞撰
清光緒思賢書局刻本　國圖　北大　山東
續修四庫全書影印清光緒刻本
郊社禘祫問一卷　清毛奇齡撰
清康熙李塨等刻西河合集本　遼寧　山東
清康熙李塨等刻乾隆十年蕭山毛氏修補重印西河合集本　山東
清康熙李塨等刻乾隆三十五年陸體元修補重印西河合集本　科學　天津　遼寧　山東
清乾隆四庫全書館寫欽定四庫全書本
清嘉慶間南匯吴氏聽彝堂刻藝海珠塵本　國圖　北大　天津
清光緒十四年南菁書院刻皇清經解續編本　天津　遼寧
郊社考辨一卷　清李塨撰
清李塨稿本　北大
一九二三年四存學會排印顔李叢書本　國圖　首都　北大　上海
續修四庫全書四庫全書存目叢書影印稿本
禘祫考辨一卷　清李塨撰
一九二三年四存學會排印顔李叢書本　國圖　首都　北大　上海

禘祫辨誤一卷　清程廷祚撰
　清道光五年東山草堂刻本（葉德輝跋）　浙江大學
　清道光五年東山草堂刻本　國圖　北大　南京
禘説二卷　清惠棟撰
　清乾隆刻經訓堂叢書本　科學
　清光緒十三年上海大同書局據清刻經訓堂叢書本影印　湖北
　清光緒十四年南菁書院刻皇清經解續編本　天津　遼寧
　清光緒十五年上海蜚英館石印皇清經解續編本
　續修四庫全書影印清乾隆畢氏刻經訓堂叢書本
禘祫觿解篇一卷　清孔廣林撰
　清嘉慶十七年曲阜孔氏刻孔叢伯説經五稿本　北大
　清光緒十六年山東書局刻孔叢伯説經五稿本　北大
經傳禘祀通考一卷　清崔述撰
　清嘉慶二年映薇堂刻本　國圖　武漢
　清道光四年陳履和東陽縣署刻崔東壁遺書本　國圖　上海
　清同治十年天放樓抄本　國圖
　一九二四年上海古書流通處影印崔東壁遺書本　國圖　首都　北大　上海
　一九三六年上海亞東圖書館排印崔東壁遺書本　北師大　上海
　續修四庫全書影印清嘉慶二年映薇堂刻本
禘祫考一卷祼考一卷　清龔景瀚撰
　清抄本　福建
祭儀考四卷　清龔景瀚撰
　清道光六年恩錫堂刻澹静齋全集本　國圖　首都　北大　上海
禘祫問答一卷　清胡培翬撰
　清道光吴江沈氏世楷堂刻昭代叢書本　北大
　清嘉慶南匯吴氏聽彝堂刻藝海珠塵本　國圖　北大　天津
　清光緒十四年南菁書院刻皇清經解續編本　天津　遼寧
　清光緒十五年上海蜚英館石印皇清經解續編本
　續修四庫全書影印清光緒十四年南菁書院刻皇清經解續編本
禘説一卷　清觀頮道人輯
　清刻閏竹居叢書本　首都　清華　科學　上海
郊説一卷　清觀頮道人輯
　清刻閏竹居叢書本　首都　清華　科學　上海
四禘通釋三卷　清崔適撰
　清光緒二十年刻本　國圖　北大　科學　上海　南京　浙江

民國程氏據清光緒二十年刻本影印本　上海

四庫未收書輯刊影印清光緒二十年刻本

明堂制度論一卷　後魏李謐撰　清馬國翰輯

清同治十年濟南皇華館刻玉函山房輯佚書本　山東

清光緒九年長沙嫏嬛館刻玉函山房輯佚書本　國圖　天津　遼寧　山東

清光緒九年長沙嫏嬛館刻光緒十年章邱李氏印玉函山房輯佚書本　遼寧

清光緒十年楚南書局刻玉函山房輯佚書本　天津　遼寧

明堂問一卷　清毛奇齡撰

清康熙李塨等刻西河合集本　遼寧　山東

清康熙李塨等刻乾隆十年蕭山毛氏修補重印西河合集本　山東

清康熙李塨等刻乾隆三十五年陸體元修補重印西河合集本　科學　天津　遼寧　山東

清乾隆五十九年大西山房刻龍威秘書本　北大

明堂大道録八卷　清惠棟撰

清惠棟稿本　上海

清乾隆刻經訓堂叢書初印單行本　科學

清乾隆刻經訓堂叢書本　科學

清光緒十三年上海大同書局據清刻經訓堂叢書本影印　湖北

清光緒十四年南菁書院刻皇清經解續編本　天津　遼寧

清光緒十五年上海蜚英館石印皇清經解續編本

續修四庫全書影印乾隆畢氏刻經訓堂叢書本

明堂億一卷　清孔廣林撰

清嘉慶十七年曲阜孔氏刻孔叢伯説經五稿本　北大

清光緒十六年山東書局刻孔叢伯説經五稿本　北大

明堂考三卷　清孫星衍撰

清嘉慶間承德孫氏刻問經堂叢書本　天津　遼寧　浙江

續修四庫全書影印清嘉慶七年孫氏問經堂刻本

明堂考一卷　清胡夤撰

民國四明張氏約園刻四明叢書本

考工記世室重屋明堂考一卷　清俞樾撰

清光緒十四年南菁書院刻皇清經解續編本　天津　遼寧

清光緒十五年上海蜚英館石印皇清經解續編本

清光緒二十五年刻春在堂全書本　國圖　北大　湖北

明堂圖説一卷　清熊羅宿撰

清宣統刻本　國圖　北大　科學　天津　上海　湖北

四庫未收書輯刊影印清宣統刻本

儀院古明堂説一卷　清陳焯纂

清宣統二年鉛印本　國圖

明堂廟寢通考不分卷　清王國維撰

民國上虞羅氏印雪堂叢刻本　國圖

廟制考議不分卷　明季本撰

明嘉靖刻本　原北平圖書館

廟制折衷二卷　清毛奇齡撰

清康熙李塨等刻西河合集本　遼寧　山東

清康熙李塨等刻乾隆十年蕭山毛氏修補重印西河合集本　山東

清康熙李塨等刻乾隆三十五年陸體元修補重印西河合集本　科學　天津
遼寧　山東

廟制圖考四卷　清萬斯同撰

清乾隆四庫全書館寫欽定四庫全書本

清乾隆辨志堂刻本　湖北

民國廬江劉氏遠碧樓藍格傳抄四庫本　上海

民國四明張氏約園刻四明叢書本

南工廟祠祀典三卷　清李奉翰撰

清乾隆四十四年刻本　天津

宗廟考辨一卷　清李塨撰

一九二三年四存學會排印顔李叢書本　國圖　首都　北大　上海

天子肆獻祼饋食禮三卷　清任啓運撰

清乾隆四庫全書館寫欽定四庫全書本

清乾隆刻本　國圖　科學

清光緒十一年浙江書局刻本　國圖　北大　天津　上海

清光緒十四年任氏家塾刻本　南京　北大　科學　浙江

天子肆獻祼饋食禮四卷

清嘉慶十四年刻敬修堂藏版本　國圖

天子肆獻祼饋食禮纂二卷

清光緒十四年南菁書院刻皇清經解續編本　天津　遼寧

清光緒十五年上海蜚英館石印皇清經解續編本

説祼二卷　清龔景瀚撰

清龔景瀚稿本　蘇州

祼考一卷　清龔景瀚撰

清抄本　福建

淡静齋説裸二卷　清龔景瀚撰
　清龔氏校刻本　湖北
裸禮榷一卷　王國維撰
　一九一六年上海倉聖明智大學排印廣倉學宭叢書本　國圖　科學　上海
儀禮釋宫一卷　宋李如圭撰
　清乾隆武英殿木活字印武英殿聚珍版書本
　清乾隆浙江重刻武英殿聚珍版書本
　清乾隆四庫全書館寫欽定四庫全書本
　清嘉慶間海虞張氏刻墨海金壺本
　清道光二十四年錢熙祚以墨海金壺版重編增刻守山閣叢書本　北大　遼寧　山東
　一九二一年上海博古齋影印清嘉慶間海虞張氏刻墨海金壺本　北大
朱子儀禮釋宫一卷　宋朱熹撰
　清光緒十五年刻素隱所刻書本　清華　上海
宫室考一卷　清任啓運撰
　清嘉慶九年任氏家刻本　國圖
　清道光二十二年清芬堂刻本　南京
　清光緒十四年任氏家塾刻本　北大　科學　南京　浙江
　清光緒貴池劉世珩刻聚學軒叢書本　天津　山東
　清光緒十四年南菁書院刻皇清經解續編本　天津　遼寧
　清光緒十五年上海蜚英館石印皇清經解續編本
宫室考十三卷
　清乾隆四庫全書館寫欽定四庫全書本
宫室考一卷附校勘記　清任啓運撰　孫鳳苞撰校勘記
　一九三四年刻荆溪任氏遺書本　北大　上海　湖北
宫室考校勘記一卷　孫鳳苞撰
　一九三四年刻荆溪任氏遺書本　北大　上海　湖北
儀禮釋宫增注一卷　清江永撰
　清乾隆四庫全書館寫欽定四庫全書本
　清道光金山錢熙祚據借月山房彙抄版重編增刻指海本　國圖　清華　上海
　清光緒九年刻掃葉山房叢抄本　上海
　清光緒十四年南菁書院刻皇清經解續編本　天津　遼寧
　清光緒十五年上海蜚英館石印皇清經解續編本
　一九三五年上海大東書局影印指海本　國圖　科學　北大　上海

釋宫小記一卷　清程瑶田撰

清嘉慶八年刻通藝録本　北大

清道光九年廣東學海堂刻皇清經解一千四百卷本　天津　遼寧　山東

清道光九年廣東學海堂刻咸豐十一年補刻皇清經解一千四百八卷本　遼寧

清光緒十七年上海鴻寶齋石印皇清經解一百九十卷本　天津

清光緒上海點石齋石印皇清經解一百九十卷本

一九三三年安徽叢書據通藝録本影印本　北大

古合宫遺制考三卷　清孫星衍撰

清刻本　國圖

群經宫室圖一卷　清焦循撰

清乾隆五十八年刻本　上海

群經宫室圖二卷

清嘉慶五年半九書塾刻本　上海

清嘉慶道光間江都焦氏刻焦氏叢書本

清光緒二年衡陽魏氏刻焦氏叢書本

清光緒十一年梁溪朱氏重刻本　上海　湖北

清光緒十四年南菁書院刻皇清經解續編本　天津　遼寧

清光緒十五年上海蜚英館石印皇清經解續編本

禮經宫室答問二卷　清洪頤煊撰

清嘉慶臨海洪氏刻傳經堂叢書本　首都　北大　科學

清光緒十年臨海馬氏師竹山房刻本　國圖　北大　科學　天津　上海

續修四庫全書影印清嘉慶刻傳經堂叢書本

燕寢考三卷　清胡培翬撰

清道光金山錢熙祚據借月山房彙抄版重編增刻指海本　國圖　清華　上海

清道光九年廣東學海堂刻皇清經解一千四百卷本　天津　遼寧　山東

清道光九年廣東學海堂刻咸豐十一年補刻皇清經解一千四百八卷本　遼寧

清光緒十七年上海鴻寶齋石印皇清經解一百九十卷本　天津

清光緒上海點石齋石印皇清經解一百九十卷本

一九三五年上海大東書局影印指海本　國圖　北大　科學　上海

續修四庫全書影印清道光二十五年錢氏刻指海本

宫室圖説四卷　清何濟川撰

清活字印本　國圖

三代宫室制度釋一卷　清林頤山撰

清林頤山稿本　復旦

經傳鄭義通釋宫室類一卷　清林頤山撰

清林頤山稿本　復旦

宫室圖不分卷　佚名撰

清抄本　天津

民國抄本　國圖

學校問一卷　清毛奇齡撰

清康熙李塨等刻西河合集本　遼寧　山東

清康熙李塨等刻乾隆十年蕭山毛氏修補重印西河合集本　山東

清康熙李塨等刻乾隆三十五年陸體元修補重印西河合集本　科學　天津　遼寧　山東

清乾隆南匯吴氏聽彝堂藝海珠塵本　北大

清道光三十年金山錢氏漱石軒藝海珠塵本　北大

四庫全書存目叢書影印清康熙刻西河合集本

論學制備忘記一卷　清段玉裁撰

清道光吴江沈氏世楷堂刻昭代叢書本　北大

學制統述二卷　清夏炘撰

清咸豐同治間刻同治元年王光甲等彙印景紫堂全書本　國圖　北大　科學

大小宗通繹一卷　清毛奇齡撰

清康熙李塨等刻西河合集本　遼寧　山東

清康熙李塨等刻乾隆十年蕭山毛氏修補重印西河合集本　山東

清康熙李塨等刻乾隆三十五年陸體元修補重印西河合集本　科學　天津　遼寧　山東

清乾隆南匯吴氏聽彝堂藝海珠塵本　北大

清道光三十年金山錢氏漱石軒藝海珠塵本　北大

四庫全書存目叢書影印清康熙刻西河合集本

宗法論一卷　清萬斯大撰

清道光吴江沈氏世楷堂刻昭代叢書本　北大

續修四庫全書影印清道光沈氏世楷堂刻昭代叢書本

宗法小記一卷　清程瑶田撰

清嘉慶八年刻通藝録本　北大

清道光九年廣東學海堂刻皇清經解一千四百卷本　天津　遼寧　山東

清道光九年廣東學海堂刻咸豐十一年補刻皇清經解一千四百八卷本　遼寧

清光緒十七年上海鴻寶齋石印皇清經解一百九十卷本　天津

清光緒上海點石齋石印皇清經解一百九十卷本

一九三三年安徽叢書據通藝録本影印本　北大
續修四庫全書影印清嘉慶刻通藝録本

親屬記二卷　清鄭珍撰
清光緒十八年廣雅書局刻本

五服圖解一卷　元龔端禮撰
元泰定元年杭州路儒學刻本(清黄丕烈跋)　國圖
續修四庫全書影印元杭州路儒學刻本
中華再造善本影印元泰定元年杭州路儒學刻本

吉凶服名用篇八卷叙録一卷　清孔廣林撰
清嘉慶十七年曲阜孔氏刻孔叢伯説經五稿本　北大
清光緒十六年山東書局刻孔叢伯説經五稿本　北大

弁服釋例八卷表一卷　清任大椿撰
清嘉慶二年望賢家塾刻本　國圖　北大　科學　上海
清道光九年廣東學海堂刻皇清經解一千四百卷本　天津　遼寧　山東
清道光九年廣東學海堂刻咸豐十一年補刻皇清經解一千四百八卷本　遼寧
清光緒十七年上海鴻寶齋石印皇清經解一百九十卷本　天津
清光緒上海點石齋石印皇清經解一百九十卷本
續修四庫全書影印清嘉慶元年王宗炎望賢家塾刻本

冕弁冠服圖一卷　清張惠言撰
清光緒十五年刻素隱所刻書本　清華　上海

冕弁冠服表一卷　清張惠言撰
清光緒十五年刻素隱所刻書本　清華　上海

釋服二卷　清宋綿初撰
稿本　京都大學
清嘉慶二十三年書種堂刻本　國圖　北大　南京　湖北
清光緒十四年南菁書院刻皇清經解續編本　天津　遼寧
清光緒十五年上海蜚英館石印皇清經解續編本
續修四庫全書影印清嘉慶二十三年書種堂刻本

冕服考四卷　清焦廷琥撰
清嘉慶十九年刻本　科學
清光緒南陵徐氏刻積學齋叢書本　國圖　北大
續修四庫全書影印清光緒刻本

古經服緯三卷附釋問一卷　清雷鐏撰　清雷學淇釋並撰釋問
清道光九年刻本　國圖　北大　科學

清光緒定州王氏謙德堂刻畿輔叢書本　國圖　北大　科學

四庫未收書輯刊影印清道光九年刻本

古經服緯釋問一卷　清雷學淇釋

清道光九年刻本　國圖　北大　科學

清光緒定州王氏謙德堂刻畿輔叢書本　國圖　北大　科學

律服考古録二卷　清楊峒撰

清稿本（楷書　清劉文淇、胡培翬等批校）

清光緒三十四年武進李氏聖譯樓刻聖譯樓叢書本　北大

律服考古録一卷

抄本　國圖

三綱制服尊述義三卷　清夏炘撰

清咸豐三年刻本　國圖　北大　南京

清同治元年王光甲等彙印景紫堂全書本　國圖　北大　科學

一九二一年刻景紫堂全書本　國圖　北大

五服釋例二十卷　清夏燮撰

清同治刻本　國圖　科學　上海　湖北

續修四庫全書影印清同治刻本

衰説考誤一卷　清夏震武撰

富陽夏氏叢刻本

歷代服制考原二卷圖一卷　清蔡子嘉撰

清光緒十四年西山草堂石印本　國圖　湖北

制服成誦編一卷制服表一卷喪服通釋一卷　清周保珪撰

清光緒十三年武林紅蝠山房刻本　北大　復旦　南京　湖北

清光緒十六年雲南書局刻本　北大

清光緒十八年山東書局刻本　科學

清光緒十七年湘西李氏鞠園刻讀禮叢抄本

制服表一卷　清周保珪撰

清光緒十三年武林紅蝠山房刻本　北大　復旦　南京　湖北

清光緒十六年雲南書局刻本　北大

清光緒十八年山東書局刻本　科學

喪服通釋一卷　清周保珪撰

清光緒十三年武林紅蝠山房刻本　北大　復旦　南京　湖北

清光緒十六年雲南書局刻本　北大

清光緒十八年山東書局刻本　科學

弁服名物不分卷　吴承仕撰

民國北京大學出版部鉛印本　國圖

三禮名物不分卷　吴承仕撰

一九三〇年鉛印本　國圖

布帛名物六卷　吴承仕撰

一九三〇年鉛印本　國圖

玉佩考一卷　清俞樾撰

清光緒十四年南菁書院刻皇清經解續編本　天津　遼寧

清光緒十五年上海蜚英館石印皇清經解續編本

清光緒二十五年刻春在堂全書本　國圖　北大　湖北

禮儀器制改釋五十八卷　清孔廣森撰

清孔廣森稿本　曲阜文管會(存卷一至四十九)

十三經禮器通考不分卷　清羅厚焜撰

清羅厚焜稿本　北大

十三經禮器通考不分卷　清許文動等撰

清許文動稿本　北大

十三經禮器通考一卷　清張國賓撰

清張國賓稿本　北大

禮器通考不分卷　清張守銘撰

清張守銘稿本　北大

禮器釋名十八卷　清桑宣撰

清光緒刻鐵研齋叢書本　國圖　北大　湖北　南京

一九一九年宛平桑氏排印鐵研齋叢書本　國圖　首都　科學　上海

祭器樂器記不分卷　佚名撰

清抄本　山東

（三）三禮圖

三禮圖一卷　漢鄭玄　阮諶撰　清馬國翰輯

清同治十年濟南皇華館刻玉函山房輯佚書本　山東

清光緒九年長沙嫏嬛館刻玉函山房輯佚書本　國圖　天津　遼寧　山東

清光緒九年長沙嫏嬛館刻光緒十年章邱李氏印玉函山房輯佚書本　遼寧

清光緒十年楚南書局刻玉函山房輯佚書本　天津　遼寧

三禮圖一卷　漢阮諶撰　清王謨輯

清嘉慶三年金溪王氏刻漢魏遺書抄本

三禮圖一卷　漢阮諶撰　清黄奭輯

清道光甘泉黄氏刻光緒印漢學堂叢書本　天津

清道光甘泉黄氏刻一九二五年王鑒修補印黄氏逸書考本

一九三四年江都朱長圻據甘泉黄氏版補刻印黄氏逸書考本　山東

梁氏三禮圖一卷　□梁正撰　清馬國翰輯

清同治十年濟南皇華館刻玉函山房輯佚書本　山東

清光緒九年長沙嫏嬛館刻玉函山房輯佚書本　國圖　天津　遼寧　山東

清光緒九年長沙嫏嬛館刻光緒十年章邱李氏印玉函山房輯佚書本　遼寧

清光緒十年楚南書局刻玉函山房輯佚書本　天津　遼寧

張氏三禮圖一卷　唐張鎰撰　清馬國翰輯

清同治十年濟南皇華館刻玉函山房輯佚書本　山東

清光緒九年長沙嫏嬛館刻玉函山房輯佚書本　國圖　天津　遼寧　山東

清光緒九年長沙嫏嬛館刻光緒十年章邱李氏印玉函山房輯佚書本　遼寧

清光緒十年楚南書局刻玉函山房輯佚書本　天津　遼寧

新定三禮圖二十卷　宋聶崇義集注

宋淳熙二年鎮江府學刻公文紙印本(清錢謙益跋)　國圖

清康熙十九年納蘭性德刻通志堂經解本　國圖　北大　科學　上海

清乾隆四庫全書館寫欽定四庫全書本

清同治十二年粤東書局重刻通志堂經解本　上海　遼寧

清光緒鍾謙鈞重刻通志堂本(清王秉恩校並跋)　上海

上海同文書局石印通志堂本　國圖　天津

中華再造善本影印宋淳熙二年鎮江府學刻公文紙印本

析城鄭氏家塾重校三禮圖二十卷　宋聶崇義集注

蒙古定宗二年析城鄭氏家塾刻本　國圖(卷一至二配清初毛氏汲古閣抄本)

韓氏三禮圖説二卷　元韓信同撰

清嘉慶十八年王氏麟後山房刻本　國圖　北大　科學　天津　上海　浙江

一九一六年上海倉聖明智大學排印廣倉學宭叢書本　國圖　科學　上海

三禮圖四卷　明劉績撰

清乾隆四庫全書館寫欽定四庫全書本

清抄本　北大(存卷一至二)

一九二三年沔陽盧氏慎始基齋影寫彙輯湖北先正遺書本　國圖　天津
　上海　遼寧　山東　湖北

三禮圖二卷
　　清孔氏岳雪樓抄本　遼寧
四禮圖考一卷　明衷貞吉著
　　明抄四禮彙編本　浙江
文廟禮樂器圖考二卷首一卷末一卷　清蕭大成輯
　　清康熙刻本　音樂所
皇朝禮器圖式十八卷　清蔣溥編
　　清乾隆武英殿刻本　南京
古宮室圖附古冠服圖不分卷　清吕宣曾撰
　　清乾隆刻本　國圖
三禮圖三卷　清孫馮翼輯
　　清嘉慶間承德孫氏刻問經堂叢書本　天津　遼寧　浙江
三禮圖全譜二卷　佚名撰
　　清咸豐元年刻實事求是齋藏版本　國圖
群經冠服圖考三卷　清黄世發撰
　　民國嘉興劉氏嘉書堂抄本　國圖
　　一九三八年排印戊寅叢編本　國圖　北大　上海
禮器圖説一卷　佚名撰
　　清光緒三十三年陝西學務公所印本　南京
禮器樂器圖不分卷附久遠章程　佚名撰
　　清刻本　湖北
禮器樂器全圖不分卷　佚名撰
　　清道光刻本　國圖

（四）目録

鄭氏三禮目録一卷　漢鄭玄撰　清臧庸輯
　　清乾隆嘉慶間武進臧氏同述觀刻拜經堂叢書本　國圖　北大
　　清光緒南陵徐乃昌積學齋抄本　北大
　　清光緒二十六年南陵徐氏刻鄦齋叢書本　北大　湖北
　　日本昭和十年東方文化學院京都研究所據清乾隆嘉慶間臧氏刊拜經堂叢書本影印本　北大
三禮目録一卷　漢鄭玄撰　清王謨輯
　　清嘉慶三年金溪王氏刻漢魏遺書抄本

三禮目録一卷　漢鄭玄撰　清黄奭輯

清道光甘泉黄氏刻光緒印漢學堂叢書本　天津

清道光甘泉黄氏刻一九二五年王鑒修補印黄氏逸書考本

一九三四年江都朱長圻據甘泉黄氏版補刻印黄氏逸書考本　山東

三禮目録一卷　漢鄭玄撰　清袁鈞輯

清光緒十四年浙江書局刻鄭氏佚書本　國圖

三禮目録一卷　漢鄭玄撰　清孔廣林輯

清光緒十六年山東書局刻通德遺書所見録本　北大

（五）通禮

皇朝五禮精義注十卷　宋韋彤撰

舊抄本　臺北央圖

禮書一百五十卷　宋陳祥道撰

元至正七年福州路儒學刻明修本　國圖　北大　南開　上海　復旦　南京（清丁丙跋）　山東博　天一閣

明末張溥刻本　北大　清華　人大　復旦　華東師大　南京　遼寧　蘇州　揚州　浙江博物館　浙江大學（清孫詒讓校）　安徽博　福建　湖南　邵陽　湖南社科院　中山大

清乾隆四庫全書館寫欽定四庫全書本

清嘉慶九年福清郭氏校經堂刻本　北大　科學　天津　南京　湖北

清光緒二年廣州菊坡精舍刻本　科學　天津　復旦　南京　遼寧　湖北

中華再造善本影印元至正七年福州路儒學刻明修本

儀禮經傳通解三十七卷　宋朱熹撰

宋嘉定十年南康道院刻元明遞修本　國圖（存卷一至五、二十二至二十七）　南京（清丁丙跋卷八至十、十六至三十七配明抄本、闕卷十五）

明正德十六年劉瑞曹山刻本　國圖　南京　上海　吉林大學　浙江

明抄本　國圖（存卷六至八、十一至十二、二十至二十三）

明抄本　天一閣（存卷一至二）

清初吕氏寶誥堂刻本　北大　南京　復旦　湖北

清乾隆十五年聚錦堂刻本　湖北（闕卷十三至十四）

清乾隆四庫全書館寫欽定四庫全書本

清同治至民國間傳經堂刻西京清麓叢書本　北大

中華再造善本影印宋嘉定十年南康道院刻元明遞修本

儀禮經傳通解續二十九卷　宋黄榦撰　宋楊復訂

宋嘉定十六年南康軍刻元明遞修本　國圖(存祭禮九)

明正德十六年劉瑞曹山刻本　國圖　上海　南京　吉林大學　浙江

明抄本　天一閣(存卷六至八)

清初吕氏寶誥堂刻本　北大　復旦　南京　湖北

清乾隆四庫全書館寫欽定四庫全書本

清同治至民國間傳經堂刻西京清麓叢書本　北大

儀禮經傳通解續(祭禮殘本)十三卷　宋楊復撰

宋刻元修本　日本静嘉堂

朱子儀禮經傳通解六十九卷　宋朱熹撰　宋黄榦原本　清梁萬方考定

清乾隆十八年梁萬方刻本　南京　遼寧

清咸豐六年刻本　國圖

四庫全書存目叢書影印清乾隆刻本

謝疊山先生禮經講意不分卷　宋謝枋得撰

明抄本(清吴名鳳跋)　北京文物局

喪禮備要二卷　明王廷相著

明抄四禮彙編本　浙江

四禮纂要一卷　明王皡編著

明抄四禮彙編本　浙江

四禮略四卷　明顔木著

明抄四禮彙編本　浙江

論俗禮要一卷　明郭守益著

明抄四禮彙編本　浙江

祠堂事宜一卷　明張孟寅著

明抄四禮彙編本　浙江

士相見禮儀節存卷三　佚名撰

明抄四禮彙編本　浙江

六禮纂要六卷　明侯廷訓等撰

明嘉靖四年薛祖學刻本　吉林大學

四禮初稿四卷　明宋纁撰

明萬曆刻本　科學

明天啓四年刻本　上海

清康熙四十年宋氏刻本　上海

清乾隆二十五年潮陽鄭氏刻鄭氏叢刻本　華東師大
清乾隆三十八年博雅堂刻本　北大　天津
四庫全書存目叢書影印清康熙四十年宋氏刻本

四禮疑五卷　明吕坤撰
明萬曆四十二年刻本　復旦
明萬曆刻清修补印吕新吾全集本　國圖　首都　北大　上海
清康熙十二年刻吕新吾集本　北大
四庫全書存目叢書影印明萬曆刻清同治光緒間補修吕新吾集本

四禮翼八卷　明吕坤撰
明萬曆刻清修补印吕新吾全集本　國圖　首都　北大　上海
四庫全書存目叢書影印明萬曆刻清同治光緒間補修吕新吾全集本
續修四庫全書影印明萬曆刻吕新吾全集本

四禮翼四卷
清康熙刻本　湖北
清咸豐七年清河吴昆田崇讓堂刻本　北大
清同治二年重刻本　南京　湖北
清同治九年務本堂刻本　復旦
清光緒四年吕氏重刻本　南京
清光緒二十一年湖北官書處刻本　北大
清光緒三十三年陝西學務公所石印本　北大

四禮翼不分卷　明吕坤撰　清朱軾評點
清光緒八年廣仁堂刻本　國圖　天津

四禮翼合編四卷附教民三圖一卷　明吕坤撰　清朱軾評定　清吴高增補　清沈大璋參訂
清乾隆三十年刻本　天津

四禮約言四卷　明吕維祺撰
明天啓四年刻本　大連
清嘉慶六年賓寧堂刻本　大連　遼大
清刻本　科學　湖北
清抄本　國圖
四庫全書存目叢書影印清刻本

禮樂合編三十卷　明黄廣撰
明崇禎六年玉磬齋刻本　國圖　清華　首師大　音樂所　華東師大　大連　南京　無錫

清初玉磬齋刻本　上海
四庫全書存目叢書影印明崇禎六年玉磬齋刻本

求野録二十七卷　明韓雲撰
明崇禎八年刻本　清華

四禮要規不分卷　明程策撰
明崇禎刻本　中央黨校

禮學彙編六十四卷　清應撝謙撰
清丁氏八千卷樓抄本　南京
清抄本　上海
四庫全書存目叢書影印清丁氏八千卷樓抄本

讀禮通考一百二十卷　清徐乾學撰
清徐乾學稿本　國圖
清康熙三十五年昆山徐氏刻本　北大　遼寧　復旦　天津　上海
清乾隆味經窩刻本　上海
清乾隆四庫全書館寫欽定四庫全書本
清光緒七年江蘇書局刻本　北大　上海　復旦　天津　南京　遼寧　湖北
清光緒二十四年新化三味堂刻本　北大　湖北
清錢塘飛鴻堂刻本　湖北

五禮備考一百八十卷　清徐乾學撰
清抄本(佚名批校)　浙江(闕卷二十八、三十四、五十五、七十七、八十三至八十四、一百二十三)

四禮合參十五卷　清李應乾輯
清雍正元年李氏心遠樓刻本　清華

四禮寧儉編不分卷　清王心敬撰
民國陝西通志館排印關中叢書本

儀禮經傳注疏參義内編二十三卷外編五卷　清姜兆錫撰
清乾隆元年寅清樓刻九經補注本　國圖　科學　上海　復旦　南京　湖北
四庫全書存目叢書影印清雍正乾隆間刻九經補註本
續修四庫全書影印清乾隆元年寅清樓刻本

儀禮節略二十卷　清朱軾撰
清康熙五十八年朱氏自修齋刻朱文端公藏書本　國圖　北大　遼寧　山東　湖北
清光緒二十三年朱衡等重刻朱文端公藏書本　北大　天津　南京　遼寧
四庫全書存目叢書影印清康熙乾隆間刻朱文端公藏書本

五禮通考二六二卷　清秦蕙田撰
清秦蕙田稿本(清戴震、錢大昕校)　復旦
清秦蕙田稿本(清方觀承墨筆增訂　清宋宗元等眉校)　復旦
清抄本　復旦
五禮通考二六二卷首四卷目録二卷
清乾隆十八年秦氏味經窩刻本　北大　科學　天津　上海　復旦(清秦蕙田、盧文弨、姚鼐校、王大隆跋)　南京　遼寧　湖北
清乾隆四庫全書館寫欽定四庫全書本
清光緒六年江蘇書局刻本　北大　科學　上海　復旦　南京　湖北
清光緒二十二年三味堂刻本　北大　南京　湖北
五禮通考序録一卷　清秦蕙田撰
清光緒二十八年石印經史百家序録本　上海
五禮通考條辨二卷　清秦蕙田撰
清抄本　復旦
禮樂通考三十卷　清胡掄撰
清乾隆藜照軒刻本　國圖　北大　清華　浙江
四庫全書存目叢書影印清乾隆藜照軒刻本
六禮或問十二卷　清汪紱撰
清光緒二十一年刻本　國圖　南京　湖北
禮書附録十二卷　清陳鳳泉撰
清嘉慶刻本　國圖
四庫未收書輯刊影印清嘉慶二十五年含暉閣刻本
四禮輯略三卷　清喻遜撰
清道光元年刻本　天津
四禮榷疑八卷　清顧廣譽撰
清顧廣譽稿本(清姚椿跋　佚名録清陳壽熊校注)　復旦
清通藝閣抄本　上海
清光緒十四年刻槐廬叢書本　北大　上海　湖北　遼寧
五禮異義不分卷　清黄以周撰
清黄以周稿本　天一閣
五禮通考補三十二卷　清賀錫福撰
清抄本　科學(闕卷一)
四禮從宜四卷　清蘇惇元撰
清同治十年刻本　國圖　科學　南京

四禮從宜六卷　清林荃撰
　　清光緒十九年虎門寨聽杭書屋刻本　北大
禮書不分卷　佚名撰
　　清抄本　南京
禮書初編不分卷　佚名撰
　　清末民初江楚書局刻本　湖北

（六）雜禮

問禮俗一卷　三國魏董勛撰　清馬國翰輯
　　清同治十年濟南皇華館刻玉函山房輯佚書本　山東
　　清光緒九年長沙嫏嬛館刻玉函山房輯佚書本　國圖　天津　遼寧　山東
　　清光緒九年長沙嫏嬛館刻光緒十年章邱李氏印玉函山房輯佚書本　遼寧
　　清光緒十年楚南書局刻玉函山房輯佚書本　天津　遼寧
祭典一卷　晉范汪撰　清馬國翰輯
　　清同治十年濟南皇華館刻玉函山房輯佚書本　山東
　　清光緒九年長沙嫏嬛館刻玉函山房輯佚書本　國圖　天津　遼寧　山東
　　清光緒九年長沙嫏嬛館刻光緒十年章邱李氏印玉函山房輯佚書本　遼寧
　　清光緒十年楚南書局刻玉函山房輯佚書本　天津　遼寧
後養議一卷　晉干寶撰
　　清同治十年濟南皇華館刻玉函山房輯佚書本　山東
　　清光緒九年長沙嫏嬛館刻玉函山房輯佚書本　國圖　天津　遼寧　山東
　　清光緒九年長沙嫏嬛館刻光緒十年章邱李氏印玉函山房輯佚書本　遼寧
　　清光緒十年楚南書局刻玉函山房輯佚書本　天津　遼寧
司馬氏書儀十卷　宋司馬光撰
　　宋刻元修本　國圖
　　清雍正元年汪氏刻本　國圖　北大　天津　南京　浙江
　　清嘉慶十年虞山張氏照曠閣刻學津討原本
　　清同治七年江蘇書局刻本　北大　南京　湖北
　　一九二二年上海商務印書館影印學津討原本
家禮五卷附録一卷　宋朱熹撰
　　宋刻本　國圖(卷一至三配清影宋抄本)
　　明刻本　國圖　科學　上海
　　清雍正十年拙修齋刻本　復旦

清同治四年刻本　復旦
清光緒六年公善堂校刻本　湖北
清歧山武氏重刻白鹿洞本　湖北
中華再造善本影印宋刻本

朱子家禮五卷　宋朱熹撰　清郭嵩燾校訂
清光緒十七年思賢講舍刻本　國圖　北大　科學　湖北

重刻申閣老校正朱文公家禮八卷　宋朱熹撰　明彭濱校
明萬曆刻本　日本内閣文庫

纂圖集注文公家禮十卷　宋朱熹撰
宋刻本　國圖

家禮箋補八卷　宋楊復撰
清抄本　國圖

文公家禮集注十卷　宋楊復　劉垓孫撰
元刻本　國圖(清查慎行跋　存卷六至七)　上海(存卷五)
中華再造善本影印元刻本

家禮五卷圖一卷深衣考一卷　宋楊復　劉垓孫　劉璋等注
明刻本　國圖

纂圖集注文公家禮十卷　宋楊復　劉垓孫　劉璋等注
明刻本　上海

義門鄭氏家儀一卷　元鄭泳撰
明崇禎三年刻本　上海
一九二四年永康胡氏夢選樓刻續金華叢書本　北大
四庫全書存目叢書影印明崇禎三年刻本

文公家禮儀節八卷　明丘濬撰
明正德十二年應天府刻本　浙江
明正德十三年常州府刻本　北大　人大
明刻本　復旦　華東師大　甘肅
明萬曆三十六年錢時刻本　國圖　北大　南京　浙江
明抄本　上海(存六卷)
清乾隆三十五年寶敕樓刻本　北大
清嘉慶十年刻本　北大
清光緒七年何國楨刻本　北大　遼寧
四庫全書存目叢書影印明正德十三年常州府刻本

文公家禮儀節十卷首一卷(卷九爲四禮初稿　卷十爲四禮約言)
清嘉慶六年寶寧堂刻本　天津　浙江

清嘉慶十四年麟經閣刻本　天津

文公家禮會通十卷　明湯鐸撰

明景泰元年湯氏執中堂刻本　國圖　科學

家禮集説五卷　明馮善撰

明成化十五年刻本　臺北央圖

明萬曆十七年錢士完刻本　上海

明萬曆吴勉學刻本　科學

晦庵先生家禮集説十二卷

明葉氏作德堂刻本　日本内閣文庫

禮問二卷　明吕柟撰

明藍格抄本　上海

明嘉靖三十二年謝少南刻涇野先生五經説本　上海　上海師大

清道光二十六年宏道書院刻惜陰軒叢書本　北大

清光緒二十二年長沙惜陰書局重刻本　北大

泰泉鄉禮七卷　明黄佐撰

清道光二十三年芸香堂刻本　科學　湖北

家禮節要不分卷　明朱廷立撰

明嘉靖八至十年朱廷立自刻本　北大

文公家禮會成八卷　明魏堂撰

明嘉靖三十六年李存中來端蒙等刻本　上海

家禮要節一卷　明王叔杲撰

明隆慶五年自刻本　國圖

鄉校禮輯十一卷　明黄議　方可立等撰

明隆慶刻本　安徽(存十卷)

家禮集要不分卷　明令狐鏓撰

明崇禎十三年令狐燮刻本　國圖

家禮易簡編一卷　明朱大球撰

明萬曆二十一年林一材刻本　安徽博

家禮銓補十卷　明鄧元錫撰

明萬曆三十八年王其玉等刻本　科學　杭州

新刻朱文公先生考正家禮通行八卷　明羅萬化撰

明萬曆元年鄭氏宗文堂刻本　日本内閣文庫

居家便用家禮易簡一卷　明李廷機編

明萬曆三十三年李碧峰刻本　大阪天滿宮御文庫

重刻申閣老校正朱文公家禮正衡八卷　明周應期編　彭濱校
　明萬曆二十七年閩書林自新齋余明吾刻本　國圖　遼寧　日本内閣文庫
家禮正衡八卷　明周應期編
　明崇禎十年序刻本　日本内閣文庫
重鐫徽郡官板翁太史補選文公家禮八卷　明翁正春撰
　明建邑書林詹張景刻本　上海
　明建邑書林劉雅夫刻本　安徽
遵制家禮四卷　明馮復京撰
　清抄本　南京
家禮維風八卷　明桑拱陽撰
　明崇禎刻本　湖北
新刊家禮或問須知　明鄭必着著　王世貞、王世懋校
　日本江户寫本　日本内閣文庫
家禮辨説十六卷　清毛奇齡撰
　清同治二年余氏家刻本　湖北
辨定祭禮通俗譜五卷　清毛奇齡撰
　清康熙李塨等刻西河合集本　遼寧　山東
　清康熙李塨等刻乾隆十年蕭山毛氏修補重印西河合集本　山東
　清康熙李塨等刻乾隆三十五年陸體元修補重印西河合集本　科學　天津　遼寧　山東
　清乾隆四庫全書館寫欽定四庫全書本
家禮拾遺五卷　清李文炤撰
　清四爲堂刻本　湖北
家禮喪祭拾遺一卷　清李文炤撰
　清光緒十七年湘西李氏鞠園刻讀禮叢抄本　北大　科學　上海　南京　湖北
家禮辨定十卷　清王復禮撰
　清康熙四十七年刻本　南京
　清光緒二年九思堂刻本　湖北
　四庫全書存目叢書影印清康熙刻本
重訂齊家寶要二卷　清張文嘉撰
　清康熙刻本　國圖
　四庫全書存目叢書影印清康熙刻本
齊家寶要二卷
　清乾隆刻本　南京

日本享保二十年西村源六等刻本　北大

聖門禮志一卷樂志一卷　清孔尚任撰

清光緒十三年重刻本　天津

家禮經典參同不分卷　清鄭元慶撰

清鄭元慶稿本(清毛奇齡跋)　上海

禮俗權衡二卷　清趙執信撰

清康熙刻本　北大　厦門大學

清抄本(段朝端跋)　山東

舊抄本　復旦

四庫未收書輯刊影印清康熙刻本

茗洲吴氏家典八卷　清吴翟撰

清雍正十三年紫陽書院刻本　浙江　湖北

滿洲祭天祭神典禮一卷　清索寧安撰

清嘉慶六年省非堂刻本　北大

滿洲婚禮儀節一卷　清索寧安撰

清嘉慶六年省非堂刻本　北大

滿洲慎終集一卷　清索寧安撰

清嘉慶六年省非堂刻本　北大

滿洲喪葬追遠論一卷　清索寧安撰

清嘉慶六年省非堂刻本　北大

滿洲宗祠祭祀儀注一卷　清索寧安撰

清嘉慶六年省非堂刻本　北大

孔氏家儀十四卷　清孔繼汾著

清刻本　北大

家儀答問四卷　清孔繼汾著

清刻本　北大

吴氏儀則一卷　清吴騫撰

清吴騫稿本　上海

祭禮儀注不分卷　清吉勒通阿撰

清道光三年瓜而佳氏寫本　北大

俗禮解六卷　清謝起龍撰

清咸豐九年刻本　科學

吴項儒遺書不分卷　清吴卓信撰

清同治十一年趙之廉刻本　北大

傳恭堂祭儀二卷　清潘德輿撰
清光緒三十四年鉛印本　浙江
喪事十戒一卷　清李棠階撰
清抄本　新鄉
軍禮司馬法考徵一卷　清黄以周撰
清光緒十九年黄氏試館刻本　國圖　北大　科學
直省釋奠禮樂記六卷　清王之春編
清光緒十七年廣東藩省刻本　南京
從宜家禮九卷　清黄宜中輯訂
清三讓睦記刻本　湖北
湘綺樓家禮儀節輯注一卷　清王簡撰
清刻本　湖北
家禮會通四卷　清張汝誠輯
清萃古林刻本　湖北
時俗喪祭便覽一卷　清張大翎撰
清抄本　科學
四庫未收書輯刊影印清抄本
赫舍里氏祭祀規條不分卷　佚名撰
清抄本　科學
禮樂政教之書十卷續一卷　佚名撰
清光緒二十一年刻本　天津
懷堂家禮訂疑十卷　清周植撰
民國鉛印本　國圖

附録　禮緯之屬

禮緯一卷　清黄奭輯
清道光甘泉黄氏刻光緒印漢學堂叢書本　天津
清道光甘泉黄氏刻一九二五年王鑒修補重印黄氏逸書考本
清道光甘泉黄氏刻一九三四年江都朱長圻修補重印黄氏逸書考本
禮緯一卷　清殷元正原輯　清陸明睿增訂
清觀我生齋抄本　上海
禮含文嘉一卷　佚名撰
清順治三年宛委山堂刻説郛本　北大　科學

禮含文嘉一卷　明孫瑴輯
　清嘉慶十七年禹航陳世望對山問月樓刻古微書本
　清嘉慶間海虞張氏刻墨海金壺本
　清光緒十四年刻古微書本
　清光緒二十一年上海鴻文書局石印古微書本
　一九二一年上海博古齋影印清嘉慶張氏刻墨海金壺本
禮含文嘉一卷　清劉學寵輯
　清道光十五年朝邑劉際清等刻青照堂叢書本　國圖　北大　上海
禮含文嘉一卷　清喬松年輯
　清光緒三年强恕堂刻喬勤恪公全集本　上海
　民國山西省文獻委員會鉛印山右叢書初編本　山東　天津
禮含文嘉一卷附補遺　清趙在翰輯
　清嘉慶十四年侯官趙氏小積石山房刻七緯本　科學　上海
禮緯含文嘉一卷　清殷元正原輯　清陸明睿增訂
　清觀我生齋抄本　上海
禮緯含文嘉一卷　三國魏宋均注　清馬國翰輯
　清同治十年濟南皇華館刻玉函山房輯佚書本　山東
　清光緒九年長沙娜嬛館刻玉函山房輯佚書本　國圖　天津　遼寧　山東
　清光緒九年長沙娜嬛館刻光緒十年章邱李氏印玉函山房輯佚書本　遼寧
　清光緒十年楚南書局刻玉函山房輯佚書本　天津　遼寧
禮含文嘉一卷　三國魏宋均注　清黄奭輯
　清道光甘泉黄氏刻光緒印漢學堂叢書本　天津
　清道光甘泉黄氏刻一九二五年王鑒修補重印黄氏逸書考本
　清道光甘泉黄氏刻一九三四年江都朱長圻修補重印黄氏逸書考本
禮緯含文嘉一卷　三國魏宋均注　清王仁俊輯
　清光緒王仁俊稿本玉函山房輯佚書續編本　上海
禮稽命徵一卷　佚名撰
　清順治三年宛委山堂刻説郛本　北大　科學
禮稽命徵一卷　明孫瑴輯
　清嘉慶十七年禹航陳世望對山問月樓刻古微書本
　清嘉慶間海虞張氏刻墨海金壺本
　清道光二十四年金山錢氏據墨海金壺版重編增刻守山閣叢書本
　清光緒十四年刻古微書本
　清光緒二十一年上海鴻文書局石印古微書本

一九二一年上海博古齋影印清嘉慶張氏刻墨海金壺本

禮稽命徵一卷　清劉學寵輯

清道光十五年朝邑劉際清等刻青照堂叢書本　國圖　北大　上海

禮稽命徵一卷　清喬松年輯

清光緒三年强恕堂刻喬勤恪公全集本　上海

民國山西省文獻委員會鉛印山右叢書初編本　山東　天津

禮稽命徵一卷附補遺　清趙在翰輯

清嘉慶十四年侯官趙氏小積石山房刻七緯本　科學　上海

禮緯稽命徵一卷　清殷元正原輯　清陸明睿增訂

清觀我生齋抄本　上海

禮緯稽命徵一卷　三國魏宋均注　清馬國翰輯

清同治十年濟南皇華館刻玉函山房輯佚書本　山東

清光緒九年長沙嫏嬛館刻玉函山房輯佚書本　國圖　天津　遼寧　山東

清光緒九年長沙嫏嬛館刻光緒十年章邱李氏印玉函山房輯佚書本　遼寧

清光緒十年楚南書局刻玉函山房輯佚書本　天津　遼寧

禮稽命徵一卷　三國魏宋均注　清黄奭輯

清道光甘泉黄氏刻光緒印漢學堂叢書本　天津

清道光甘泉黄氏刻一九二五年王鑒修補重印黄氏逸書考本

清道光甘泉黄氏刻一九三四年江都朱長圻修補重印黄氏逸書考本

禮緯稽命徵一卷　三國魏宋均注　清王仁俊輯

清光緒王仁俊稿本玉函山房輯佚書續編本　上海

禮斗威儀一卷　佚名撰

清順治三年宛委山堂刻説郛本　北大　科學

禮斗威儀一卷　明孫瑴輯

清嘉慶十七年禹航陳世望對山問月樓刻古微書本

清嘉慶間海虞張氏刻墨海金壺本

清道光二十四年金山錢氏據墨海金壺版重編增刻守山閣叢書本

清光緒十四年刻古微書本

清光緒二十一年上海鴻文書局石印古微書本

一九二一年上海博古齋影印清嘉慶張氏刻墨海金壺本

禮斗威儀一卷　清劉學寵輯

清道光十五年朝邑劉際清等刻青照堂叢書本　國圖　北大　上海

禮斗威儀一卷　清喬松年輯

清光緒三年强恕堂刻喬勤恪公全集本　上海

民國山西省文獻委員會鉛印山右叢書初編本　山東　天津

禮斗威儀一卷　清黄奭輯

清道光甘泉黄氏刻光緒印漢學堂叢書本　天津

清道光甘泉黄氏刻一九二五年王鑒修補重印黄氏逸書考本

清道光甘泉黄氏刻一九三四年江都朱長圻修補重印黄氏逸書考本

禮斗威儀一卷附補遺　清趙在翰輯

清嘉慶十四年侯官趙氏小積石山房刻七緯本　科學　上海

禮緯斗威儀一卷　清殷元正原輯　清陸明睿增訂

清觀我生齋抄本　上海

禮緯斗威儀一卷　三國魏宋均注　清馬國翰輯

清同治十年濟南皇華館刻玉函山房輯佚書本　山東

清光緒九年長沙嫏嬛館刻玉函山房輯佚書本　國圖　天津　遼寧　山東

清光緒九年長沙嫏嬛館刻光緒十年章邱李氏印玉函山房輯佚書本　遼寧

清光緒十年楚南書局刻玉函山房輯佚書本　天津　遼寧

禮緯斗威儀一卷　三國魏宋均注　清王仁俊輯

清光緒王仁俊稿本玉函山房輯佚書續編本　上海

泛引禮緯一卷　清喬松年輯

清光緒三年强恕堂刻喬勤恪公全集本　上海

民國山西省文獻委員會鉛印山右叢書初編本　山東　天津

禮緯附録一卷附補遺　清趙在翰輯

清嘉慶十四年侯官趙氏小積石山房刻七緯本　科學　上海

經部　樂類

一、樂理之屬

樂記一卷　漢劉向校定　清任兆麟選輯

清乾隆五十三年映雪草堂刻述記本　北大

清嘉慶十五年遂古堂刻重定述記本　北大

樂記一卷　漢劉向校定　清馬國翰輯

清同治十年濟南皇華館刻玉函山房輯佚書本

清光緒九年長沙嫏嬛館刻玉函山房輯佚書本　國圖　首都　北師大　科學

清光緒九年長沙嫏嬛館刻光緒十年章邱李氏印玉函山房輯佚書本　北師大　上海

清光緒十年楚南書局刻玉函山房輯佚書本　國圖　北大

樂記補説二卷　明李文察撰

明嘉靖刻李氏樂書六種本　福建

明藍格抄李氏樂書四種本　上海

四庫全書存目叢書續修四庫全書影印明嘉靖刻本

樂記異文考一卷　清俞樾撰

清光緒二十五年刻春在堂全書本　湖北

續修四庫全書影印清光緒二十五年刻春在堂全書曲園雜纂本

樂經三卷　清文應熊輯註

清抄本　國圖

清抄本　北大

清抄本　上海辭書

樂經一卷　漢陽成子長撰　清王謨輯

清嘉慶三年金谿王氏刻漢魏遺書抄本　國圖

抄本　湖北

樂經一卷　漢陽成子長撰　清馬國翰輯

清同治十年濟南皇華館刻玉函山房輯佚書本

清光緒九年長沙嫏嬛館刻玉函山房輯佚書本　國圖　首都　北師大　科學

清光緒九年長沙嫏嬛館刻光緒十年章邱李氏印玉函山房輯佚書本　北師大

上海

清光緒十年楚南書局刻玉函山房輯佚書本　國圖　北大

樂元語一卷　漢劉德撰　清王謨輯

清嘉慶三年金谿王氏刻漢魏遺書抄本

樂元語一卷　漢劉德撰　清馬國翰輯

清同治十年濟南皇華館刻玉函山房輯佚書本

清光緒九年長沙嫏嬛館刻玉函山房輯佚書本　國圖　首都　北師大　科學

清光緒九年長沙嫏嬛館刻光緒十年章邱李氏印玉函山房輯佚書本　北師大　上海

清光緒十年楚南書局刻玉函山房輯佚書本　國圖　北大

琴清英不分卷　漢揚雄撰

抄本　上海

琴清英一卷　漢揚雄撰　清王謨輯

清嘉慶三年金谿王氏刻漢魏遺書抄本

琴清英一卷　漢揚雄撰　清馬國翰輯

清同治十年濟南皇華館刻玉函山房輯佚書本

清光緒九年長沙嫏嬛館刻玉函山房輯佚書本　國圖　首都　北師大　科學

清光緒九年長沙嫏嬛館刻光緒十年章邱李氏印玉函山房輯佚書本　北師大　上海

清光緒十年楚南書局刻玉函山房輯佚書本　國圖　北大

樂書一卷　後魏信都芳撰　清馬國翰輯

清同治十年濟南皇華館刻玉函山房輯佚書本

清光緒九年長沙嫏嬛館刻玉函山房輯佚書本　國圖　首都　北師大　科學

清光緒九年長沙嫏嬛館刻光緒十年章邱李氏印玉函山房輯佚書本　北師大　上海

清光緒十年楚南書局刻玉函山房輯佚書本　國圖　北大

樂部一卷　清馬國翰輯

清同治十年濟南皇華館刻玉函山房輯佚書本

清光緒九年長沙嫏嬛館刻玉函山房輯佚書本　國圖　首都　北師大　科學

清光緒九年長沙嫏嬛館刻光緒十年章邱李氏印玉函山房輯佚書本　北師大　上海

清光緒十年楚南書局刻玉函山房輯佚書本　國圖　北大

聖宋皇祐新樂圖記三卷　宋阮逸　胡瑗撰

明萬曆三十九年趙琦美抄本　國圖

清勞格抄本　上海
清抄本　北大
清抄本(清吴騫跋)　國圖
舊抄本　國圖

樂書二百卷目録二十卷　宋陳暘撰
元至正七年福州路儒學刻明修本　國圖　北大　音樂所　南京
清光緒二年方氏菊坡精舍刻本　國圖　北大　上海

樂書二百卷
清乾隆四庫全書館寫欽定四庫全書本
清三山陳氏居敬堂抄本　上海
清孫氏平津館抄本　上海(存卷一至八、卷二十一至三十九、卷八十二至一百二、卷一百二十至一百三十八)　中山大(存卷一百五十八至一百七十二)
清抄本　遼寧(闕卷一至七)

樂書正誤一卷　宋樓鑰撰
清抄本(附元刻明修本樂書後)　國圖
清抄本(附元刻明修本樂書後)　河南
舊抄本　國圖
一九二六年吴興張氏擇是居叢書初集據宋本影刻本　北大

韶舞九成樂補一卷　元余載撰
清乾隆四庫全書館寫欽定四庫全書本
清嘉慶海虞張氏刻墨海金壺本
清抄本　南京

逸語八卷　明賀隆撰
明抄本　南京
清抄本　國圖

雅樂燕樂一卷　明張敔撰
明正德十一年徐充刻本(附律吕新書解後)　清華
清抄本(附律吕新書解後)　北大

雅樂發微八卷　明張敔撰
明嘉靖十七年刻本　國圖　中山
清抄本　吉大
清抄本　存(卷一至五)　北大
續修四庫全書影印明嘉靖十七年孫沭刻本

四庫全書存目叢書影印明嘉靖刻本

樂經集註二卷　明張鳳翔撰

明末刻本　故宫　音樂所

清初刻本　音樂所

清嘉慶元年張應魁刻本　北大

四庫全書存目叢書影印明末刻本

樂典三十六卷　明黄佐撰

明嘉靖二十三年刻本　上海(存卷一至四、卷十七、卷十九、卷二十二至二十四)

明嘉靖二十六年孫學古刻本　南京

明嘉靖三十六年盧寧刻本　北大　音樂所　上海　中山　中山大

明刻本　上海(存卷二十至二十一)

清康熙二十一年黄逵卿刻本　國圖　北大　科學

四庫全書存目叢書續修四庫全書影印明嘉靖二十六年孫學古刻本

樂經元義八卷　明劉濂撰

明嘉靖刻本　國圖　天津　南京

四庫全書存目叢書續修四庫全書影印明嘉靖刻本

興樂要論三卷　明李文察撰

明嘉靖刻李氏樂書六種本　福建

明藍格抄李氏樂書四種本　上海

四庫全書存目叢書續修四庫全書影印明嘉靖刻本

樂學新説一卷附樂經古文一卷　明朱載堉撰

明萬曆鄭藩刻樂律全書三十九卷本　清華　故宫

明萬曆鄭藩刻增修樂律全書四十九卷本　首都　北大　清華

北京圖書館古籍珍本叢刊影印明萬曆鄭藩刻本

樂經以俟録十六卷　明瞿九思撰

明萬曆三十五年史學遷刻本　上海　中山大

四庫全書存目叢書影印明萬曆三十五年史學遷刻本

古樂義十二卷　明邵儲撰

清抄本　國圖

四庫全書存目叢書影印清抄本

含少論略一卷　明葛中選撰

明天啓刻快書本　國圖　北大

樂通三卷　佚名撰

清抄本(清莫友芝跋)　上海

古樂書二卷　清應撝謙撰

清應撝謙稿本(存卷上)　天一閣

清乾隆四庫全書館寫欽定四庫全書本

抄四庫全書本　國圖

一九二六年杭州朱氏排印寶彝室集刊本

古樂書不分卷

抄本　科學

樂書内編二十卷　清張宣猷　清鄭先慶纂

清順治九年刻本　遼寧

清康熙十九年刻本　天一閣

四庫全書存目叢書影印清康熙刻本

樂述三卷　清毛乾乾撰

清紅格抄本　國圖

清抄本　北大

清抄本(清丁丙跋)　南京

樂述可知七卷　清陳本撰

清無格抄本　國圖

囂囂子樂原不分卷　清囂囂子撰

清刻本　國圖

樂經或問三卷大成樂譜一卷　清汪紱撰

清稿本　中山大

樂經或問三卷

清光緒二十二年刻長安趙舒翹等彙印汪雙池先生叢書本

續修四庫全書影印影印清光緒二十二年刻本

大樂元音七卷圖一卷　清潘士權撰

清乾隆十年中和堂刻本　北大

清乾隆十年刻同治十三年黔陽潘氏補刻潘龍庵全書本　北大

四庫全書存目叢書影印清乾隆中和堂刻本

樂説二卷　清莊存與撰

清道光莊綬甲寶研堂刻味經齋遺書本

清光緒八年陽湖莊氏刻味經齋遺書本

述樂一卷　清陳澧撰

清陳澧稿本　中山

原音瑣辨一卷　清繆闐撰

清同治五年蕪湖繆氏刻庚癸原音本　國圖　北大

同治甲子未上書一卷　清繆闐撰

清同治五年蕪湖繆氏刻庚癸原音附刻本　國圖　北大

仲姑樂論一卷　清鮑孝裕輯

鮑孝裕稿本　國圖

樂經凡例一卷　清廖平撰

一九二一年四川存古書局彙印新訂六譯館叢書本　國圖

樂詩考略一卷　清王國維撰

一九一六年上海倉聖明智大學排印廣倉學宭叢書本　國圖

二、律呂之屬

律呂詳注一卷　漢司馬遷撰　明王正中注

清初刻本　浙江大學

鐘律書一卷　漢劉歆撰　清王謨輯

清嘉慶三年金谿王氏刻漢魏遺書抄本

劉歆鐘律書一卷　漢劉歆撰　清黄奭輯

清道光甘泉黄氏刻光緒印漢學堂叢書本

清道光甘泉黄氏刻民國十四年王氏修補印黄氏逸書考本

樂社大義一卷　南朝梁武帝撰　清馬國翰輯

清同治十年濟南皇華館刻玉函山房輯佚書本

清光緒九年長沙嫏嬛館刻玉函山房輯佚書本　國圖　首都　北師大　科學

清光緒九年長沙嫏嬛館刻光緒十年章邱李氏印玉函山房輯佚書本　北師大　上海

清光緒十年楚南書局刻玉函山房輯佚書本　國圖　北大

鐘律緯一卷　南朝梁武帝撰　清馬國翰輯

清同治十年濟南皇華館刻玉函山房輯佚書本

清光緒九年長沙嫏嬛館刻玉函山房輯佚書本　國圖　首都　北師大　科學

清光緒九年長沙嫏嬛館刻光緒十年章邱李氏印玉函山房輯佚書本　北師大　上海

清光緒十年楚南書局刻玉函山房輯佚書本　國圖　北大

樂律義一卷　北周沈重撰　清馬國翰輯

清同治十年濟南皇華館刻玉函山房輯佚書本

清光緒九年長沙嫏嬛館刻玉函山房輯佚書本　國圖　首都　北師大　科學

清光緒九年長沙嫏嬛館刻光緒十年章邱李氏印玉函山房輯佚書本　北師大

上海

清光緒十年楚南書局刻玉函山房輯佚書本　國圖　北大

樂譜集解一卷　隋蕭吉撰　清馬國翰輯

清同治十年濟南皇華館刻玉函山房輯佚書本

清光緒九年長沙嫏嬛館刻玉函山房輯佚書本　國圖　首都　北師大　科學

清光緒九年長沙嫏嬛館刻光緒十年章邱李氏印玉函山房輯佚書本　北師大　上海

清光緒十年楚南書局刻玉函山房輯佚書本　國圖　北大

樂書要録卷五至七　唐武曌撰

日本寬政至文化間活字印佚存叢書本　北大

清嘉慶阮元據日本佚存叢書本輯宛委别藏本　臺北故宫

清光緒七年刻正覺樓叢刻本

一九二四年上海商務印書館據日本刻本影印佚存叢書本　北大

續修四庫全書影印日本寬政至文化間刻佚存叢書本

律吕新書二卷　宋蔡元定撰

清乾隆四庫全書館寫欽定四庫全書本

清内府抄本　故宫

律吕新書解二卷附燕樂雅樂一卷　明張敔撰

明正德十一年徐充刻本　清華

清抄本　北大

律吕新書分註圖筭十三卷首一卷　明許珍編輯

舊抄本　音樂所

律吕新書二卷　宋蔡元定撰　清周模注

清雍正周氏歸愚軒刻本　國圖

四庫全書存目叢書影印清雍正刻本

律吕新書二卷八音考略一卷　宋蔡元定撰　清羅登選箋義

清乾隆刻本　國圖　浙江

四庫全書存目叢書影印清乾隆刻本

律吕新書初解二卷　宋蔡元定撰　清張琛撰

清嘉慶十七年日鋤齋刻本　南京

四庫未收書叢刊影印清嘉慶二十三年松林堂刻本

律吕新書淺釋一卷　宋蔡元定撰　清文藻翔釋

清光緒二十三年固安文氏刻本　國圖　北大　天津　湖北

四庫未收書叢刊影印清光緒二十三年自刻本

律呂一卷　佚名撰
　清康熙刻嘯餘譜本
瑟譜六卷　元熊朋來撰
　清乾隆四庫全書館寫欽定四庫全書本
　清嘉慶海虞張氏刻墨海金壺本
　清道光二十年金山錢氏據借月山房彙鈔刻版重編增刻指海本
　清道光咸豐間大梁書院刻同治七年王儒行等印經苑本
　清咸豐二年南海伍氏刻粤雅堂叢書本
　清抄本　北大
律呂成書二卷　元劉瑾撰
　清乾隆四庫全書館寫欽定四庫全書本
　清嘉慶海虞張氏刻墨海金壺本
　一九二一年上海博古齋據清海虞張氏刻本影印墨海金壺本　北大　湖北
大樂律呂元聲六卷附大樂律呂考注四卷　明李文利撰　明李元校補
　明嘉靖三年范輅刻本　南京
　明嘉靖十四年浙江布政司刻本　國圖　浙江
　清初樸學齋抄本　北大
　清抄本　國圖
　四庫全書存目叢書、續修四庫全書影印明嘉靖十四年浙江布政司刻本
大樂律呂考注四卷附大樂律呂元聲　明李文利撰
　明嘉靖三年范輅刻本　南京
　明嘉靖十四年浙江布政司刻本　國圖　浙江
　清初樸學齋抄本　北大
　清抄本　國圖
　四庫全書存目叢書影印明嘉靖十四年浙江布政司刻本
鐘律通考六卷　明倪復撰
　清乾隆四庫全書館寫欽定四庫全書本
　清丁氏八千卷樓抄本(存卷一至三)　南京
　清抄本(存卷一至三)　上海
　廬江劉氏遠碧樓藍格抄本　上海
古樂經傳全書二卷　明湛若水　吕懷撰
　明嘉靖三十四年祝廷滂刻本　國圖
　四庫全書存目叢書影印明嘉靖三十四年祝廷滂刻本
苑洛志樂二十卷　明韓邦奇撰
　明嘉靖二十七年王宏等刻本　國圖

清乾隆四庫全書館寫欽定四庫全書本
清乾隆十一年溓川薛宗泗刻本　北大　上海
清嘉慶十一年關中裕德堂刻道光六年重修印本　北大　上海　湖北

苑洛志樂十三卷　明韓邦奇撰　明楊繼盛訂
清康熙二十二年淮南吴元萊重刻本　國圖　天津

樂律舉要一卷　明韓邦奇撰
清道光十一年六安晁氏木活字排印學海類編本
一九二〇年上海涵芬樓據晁氏木活字本影印學海類編本
四庫全書存目叢書影印清道光十一年六安晁氏木活字學海類編本

律吕志解一卷　明韓邦奇撰
明正德刻本　國圖　音樂所　戲曲研究院

律吕直解一卷　明韓邦奇撰
明嘉靖十九年渭野樊得仁刻性理三解本
明刻本　北大
清乾隆刻性理三解本

樂律纂要一卷　明季本撰
明嘉靖十八年宋輯刻本　南京　浙江
清抄本　北大
抄本　北大
四庫全書存目叢書續修四庫全書影印明嘉靖十八年宋輯刻本

樂律纂要一卷　明季本撰　明王廷校
舊抄本　國圖

律吕别書一卷　明季本撰
明嘉靖李有則刻本　南京
清沈氏鳴野山房抄本　天一閣

律吕解註二卷　明鄧文憲撰
明嘉靖二年詹瓛丘瓊等刻本　國圖
明嘉靖十八年曹逵刻本　音樂所　浙江
明刻本　浙江(存卷上)
四庫全書存目叢書影印明嘉靖二年詹瓛丘瓊等刻本

律吕或問不分卷　明程宗舜撰
明抄本　北京文物局

律吕古義三卷圖一卷　明吕懷撰
明嘉靖刻本　上海

明刻本　國圖　上海
明刻本　浙江
四庫全書存目叢書影印明嘉靖刻本

古樂筌蹄九卷　明李文察撰
明嘉靖刻李氏樂書六種本　福建
明紅欄抄本(李盛鐸跋)　北大
四庫全書存目叢書續修四庫全書影印明嘉靖刻本

律吕新書補注一卷　明李文察撰
明嘉靖刻李氏樂書六種本　福建
明藍格抄李氏樂書四種本　上海
四庫全書存目叢書續修四庫全書影印明嘉靖刻本

皇明青宫樂調三卷　明李文察撰
明嘉靖刻李氏樂書六種本　福建
明藍格抄李氏樂書四種本　上海
清怡素堂抄本　浙江
四庫全書存目叢書續修四庫全書影印明嘉靖刻本

樂律管見二卷　明黄積慶撰
明嘉靖刻本　音樂所

瑟譜一卷　明朱厚烷撰
明嘉靖四十年朱載堉刻本　國圖

律吕正聲六十卷　明王邦直撰
明萬曆三十六年黄作孚刻本　國圖　北大　文學藝術研究院　音樂所
四庫全書存目叢書影印明萬曆三十六年黄作孚刻本

律吕考正一卷　明潘應詔撰
明刻本　音樂所

律學新説四卷　明朱載堉撰
明萬曆鄭藩刻樂律全書三十九卷本　清華　故宫
明萬曆鄭藩刻增修樂律全書四十九卷本　首都　北大　清華
北京圖書館古籍珍本叢刊影印明萬曆鄭藩刻本

律吕精義内編十卷　明朱載堉撰
明萬曆鄭藩刻樂律全書三十九卷本　清華　故宫
明萬曆鄭藩刻增修樂律全書四十九卷本　首都　北大　清華
北京圖書館古籍珍本叢刊影印明萬曆鄭藩刻本

律吕精義外篇十卷　明朱載堉撰
明萬曆鄭藩刻樂律全書三十九卷本　清華　故宫

明萬曆鄭藩刻增修樂律全書四十九卷本　首都　北大　清華
北京圖書館古籍珍本叢刊影印明萬曆鄭藩刻本

旋宫合樂譜一卷　明朱載堉撰
明萬曆鄭藩刻樂律全書三十九卷本　清華　故宫
明萬曆鄭藩刻增修樂律全書四十九卷本　首都　北大　清華
北京圖書館古籍珍本叢刊影印明萬曆鄭藩刻本

鄉飲詩樂譜六卷　明朱載堉撰
明萬曆鄭藩刻樂律全書三十九卷本　清華　故宫
明萬曆鄭藩刻增修樂律全書四十九卷本　首都　北大　清華
北京圖書館古籍珍本叢刊影印明萬曆鄭藩刻本

律吕正論四卷律吕質疑辨惑一卷　明朱載堉撰
明萬曆刻本　北師大　音樂所
續修四庫全書影印影印明萬曆刻本

律吕質疑辨惑一卷　明朱載堉撰
明萬曆刻本(附律吕正論後)　北師大　音樂所

瑟譜十卷　明朱載堉撰
清初毛氏汲古閣抄本(清黄丕烈跋)　國圖
一九三〇年武進陶氏涉園影印汲古閣抄本　湖北

文廟樂編二卷附録一卷　明潘巒編次
明萬曆十三年刻本　北大　戲曲研究所

泰律十二卷　明葛仲選撰
明刻本　音樂所

泰律十二卷外篇三卷
明萬曆金聲刻本　無錫
清光緒二十八年雲南經正書院刻本　北大
清抄本　北大

泰律篇十二卷外篇三卷
清嘉慶滇學使署刻本　北大

泰律外篇三卷　明葛仲選撰
明萬曆金聲刻本(附泰律後)　無錫
清光緒二十八年雲南經正書院刻本(附泰律後)　北大
清抄本(附泰律後)　北大
一九一四年雲南叢書處刻雲南叢書本(附泰律後)　北大
抄本　北大

泰律外篇二卷
　　明刻本　北大
泰律補一卷　清閔爲人撰
　　一九一四年雲南叢書處刻雲南叢書本
大樂嘉成一卷　明袁應兆撰
　　明崇禎六年王佐刻本　故宫
　　四庫全書存目叢書影印明崇禎六年王佐刻本
律書詳註一卷　明王正中撰
　　清初刻本　浙江大學
樂律參解四卷　明楊雲鶴撰　明陳夢璧評校
　　清初刻本　音樂所
元律二卷　明李人龍撰
　　明末抄本(與五聲二變旋宫起調圖譜一卷合抄)　音樂所
五聲二變旋宫起調圖譜一卷　明李人龍撰
　　明末抄本(與元律二卷合抄)　音樂所
皇明樂律書六卷
　　清抄本　國圖
　　日本抄本　北大
樂譜萃珍不分卷
　　明抄配清抄本　上海
聖諭樂本解説二卷　清毛奇齡撰
　　清康熙間李塨等刻西河合集本
　　清乾隆三十五年陸體元據康熙間李塨等刻本修補重刻西河合集本
　　清乾隆四庫全書館寫欽定四庫全書本
聖諭樂本解説一卷
　　清道光十三年吴江沈氏世楷堂刻昭代叢書本
皇言定聲録八卷　清毛奇齡撰
　　清康熙間李塨等刻西河合集本
　　清乾隆三十五年陸體元據康熙間李塨等刻本修補重刻西河合集本
　　清乾隆四庫全書館寫欽定四庫全書本
竟山樂録(一名古學復興録)四卷　清毛奇齡撰
　　清康熙二十五年蕭山書留草堂刻西河合集本　北大
　　清乾隆三十五年陸體元據康熙間李塨等刻本修補重刻西河合集本
　　清乾隆四庫全書館寫欽定四庫全書本

清乾隆五十九年石門馬氏大酉山房刻龍威祕書本　北大
清嘉慶元年蕭山陸氏凝瑞堂刻西河合集本　北大

律吕心法全書三卷　清李子金撰
清康熙三年刻隱山鄙事本

大成樂律全書一卷　清孔貞瑄撰
清康熙五十二年孔尚先刻本　北大
四庫全書存目叢書影印清康熙刻本
續修四庫全書影印清康熙五十二年孔尚先刻本

古樂經傳五卷　清李光地撰
清雍正五年王蘭生繆沅刻本　北大
清乾隆元年李清植刻嘉慶六年補刻印李文貞公全集本
清乾隆四庫全書館寫欽定四庫全書本
清道光九年李維迪刻榕村全書本　北大
清刻本　北大

古樂經傳五卷樂記一卷
清刻本　科學

御製律吕正義上編二卷下編二卷續編一卷　清允祉等撰
清雍正内府銅活字印本　故宫　首師大　遼寧
清雍正元年刻律暦淵源本　科學　上海
清乾隆四庫全書館寫欽定四庫全書本
抄本　國圖

律吕纂要二卷　佚名撰
稿本　故宫
清康熙内府抄本　故宫
清康熙抄本　國圖
四庫全書存目叢書影印稿本

律吕節要五卷總圖一卷　佚名撰
清内府抄本　故宫

律吕節要五卷　佚名撰
清抄本　湖北

李氏學樂録二卷　清李塨撰
清康熙二十五年蕭山書留草堂刻西河合集本　北大
清乾隆三十五年陸體元據康熙間李塨等刻本修補重刻西河合集本　北大
清乾隆四庫全書館寫欽定四庫全書本

清嘉慶元年蕭山陸氏凝瑞堂刻西河合集本　北大

學樂録四卷

一九二三年四存學會排印顔李叢書本

律悟一卷　清吴熙撰

清雍正刻本　北大

鐘律陳數一卷　清顧陳垿撰

清道光十年長州顧氏刻賜硯堂叢書新編本　北大

清道光二十三年鎮洋顧炳文刻顧賓易先生文集本　國圖　湖北

四庫全書存目叢書影印清道光十年長州劉氏刻本

易律通解四卷　清沈光邦撰

清抄本　故宫

四庫全書存目叢書影印清抄本

易律神解不分卷　清沈光邦撰

清沈琛抄本　北師大

律吕卦義大成三卷　清沈光邦撰

清乾隆抄本　音樂所

律吕闡微十卷卷首一卷　清江永撰

清乾隆四庫全書館寫欽定四庫全書本

清抄本(清陳澧批)　中山大

清抄本　國圖

民國廬江劉氏遠碧樓藍抄本　上海

律吕新論二卷　清江永撰

清乾隆四庫全書館寫欽定四庫全書本

清道光二十四年金山錢氏據墨海金壺刻版重編增刻守山閣叢書本　北大

清光緒十五年上海鴻文書局據清錢氏刻本影印守山閣叢書本　北大

律吕新義四卷附録一卷　清江永撰

清江永稿本　山東博

清光緒七年崇文書局刻正覺樓叢刻本　北大　湖北

清抄本(清孫詒讓校並跋)　浙江大學

清抄本　上海

續修四庫全書影印清光緒崇文書局刻正覺樓叢刻本

樂律古義二卷　清童能靈撰

清乾隆刻本　國圖

清光緒二十三年連城童氏木活字排印冠豸山堂全集本

四庫全書存目叢書影印清乾隆刻本

律吕圖説九卷　清王建常编　清王宏撰訂

清乾隆三十九年朝坂集義堂刻本　北大　清華

四庫全書存目叢書影印清乾隆三十九年朝阪集義堂刻本

樂經律吕通解五卷　清汪紱撰

清汪紱稿本　安徽博

清同治元年南海伍氏刻粤雅堂叢書本　北大

清光緒九年婺源紫陽書院刻本　國圖　上海　湖北

清光緒二十二年刻光緒二十三年長安趙舒翹等彙印汪雙池先生叢書本

續修四庫全書影印清光緒九年婺源紫陽書院刻本

賡和録二卷　清何夢瑶撰

清道光三十年南海伍氏粤雅堂文字歡娱室刻嶺南遺書本

四庫全書存目叢書影印清同治道光間刻嶺南遺書刻本

樂律表微八卷　清胡彦昇撰

清乾隆二十八年耆學齋刻本　北大　清華　科學　華東師大　南京　浙江　湖北

清乾隆四庫全書館寫欽定四庫全書本

清抄本　故宫

樂律考一卷　清范爾梅撰

清雍正七年敬恕堂刻讀書小記本

古今聲律定宫十二卷　清葛銘撰

清抄本　遼寧

黄鍾通韻二卷附琴圖補遺一卷　清都四德撰

清乾隆十八年三餘堂刻本　國圖　北大　浙江

清乾隆文會堂刻本　北大

四庫全書存目叢書影印清乾隆刻本

御製律吕正義後編一百二十卷附上諭奏議二卷　清允禄等纂

清乾隆十一年武英殿刻朱墨套印本　首師大　華東師大　遼寧

清乾隆四庫全書館寫欽定四庫全書本

清抄本(清陳澧批校考證並附簫笛　存卷六十四)　中山大

御製律吕正義後編一百二十八卷附上諭奏議二卷　清允禄等纂　清德保等續纂

清乾隆十一年武英殿刻五十一年增刻朱墨套印本　國圖　北大　音樂所

欽定詩經樂譜全書三十卷　清永瑢等纂
清乾隆内府刻本　國圖
清乾隆武英殿木活字排印武英殿聚珍版書二色套印本　浙江
清乾隆四庫全書館寫欽定四庫全書本
清光緒二十五年廣雅書局刻武英殿聚珍版書本
欽定樂律正俗一卷　清永瑢等纂
清乾隆武英殿木活字排印武英殿聚珍版書二色套印本（附欽定詩經樂譜全書後）　浙江
清乾隆四十二年福建刻道光同治遞修光緒二十一年增刻武英殿聚珍版書本（附欽定詩經樂譜全書後）
清乾隆四庫全書館寫欽定四庫全書本（附欽定詩經樂譜全書後）
清内府朱墨抄本　故宫
律吕母音二卷　清永恩撰
清永恩稿本（清丁丙跋）　南京
抄本　國圖
律吕母音不分卷
抄本　國圖
律吕原音四卷　清蘭亭主人（永恩）撰
清乾隆四十七年刻本　科學　華東師大
四庫未收書叢刊影印清乾隆刻本
律吕精義不分卷　清蔡拙哉撰
清乾隆抄本　上海
聲律小記一卷　清程瑶田撰
清嘉慶八年刻通藝録本
清道光九年廣東學海堂刻皇清經解一千四百卷本　天津　遼寧　山東
清光緒十七年上海鴻寶齋石印皇清經解一百九十卷本　北大　天津
清光緒上海點石齋石印皇清經解一百九十卷本
樂器三事能言一卷補編一卷　清程瑶田撰
清嘉慶八年刻通藝録本　國圖
一九三三年安徽叢書據清嘉慶八年刻本影印通藝録本
續修四庫全書影印清嘉慶刻通藝録本
古今樂府聲律源流考一卷　清吴騫輯
清吴騫稿本　上海
律吕古誼六卷　清錢塘撰
清光緒十四年江陰南菁書院刻南菁書院叢書本　北大

續修四庫全書影印清光緒十四年刻南菁書院叢書本

聖廟樂釋律四卷　清錢唐撰

清四益齋刻本　國圖

樂律或問一卷　清李元撰

清刻寤索三種本　北大

古律經傳附考五卷　清紀大奎撰

清紀大奎稿本　上海戲劇學院

清嘉慶十三年刻紀慎齋先生全集本

清嘉慶二十年刻本　北大　科學　浙江

四庫未收書叢刊影印清嘉慶二十年刻本

古律輯考五卷　清紀大奎輯

清紀大奎稿本　上海戲劇學院

燕樂考原六卷　清淩廷堪撰

清嘉慶十六年宣城張其錦刻校禮堂全集本　國圖　南京

清道光二十年金山錢氏據借月山房彙鈔刻版重編增刻指海本

清咸豐元年南海伍氏刻粤雅堂叢書本　國圖

一九三五年據校禮堂全集本影印安徽叢書本

抄本　南京

續修四庫全書影印清嘉慶十六年張其錦刻本

晉泰始笛律匡謬一卷　清淩廷堪撰

清道光二十九年涇縣潘芸閣刻校禮堂全集本　北大

清光緒十九年貴池劉氏刻聚學軒叢書本　國圖

一九三五年據校禮堂全集本影印安徽叢書本

續修四庫全書影印清光緒十九年劉世珩刻聚學軒叢書本

志樂輯略三卷　清倪元坦撰

清嘉慶十五年華亭倪氏畬香書屋刻讀易樓合刻本　北大

樂律心得二卷　清安清翹撰

清嘉慶樹人堂刻數學五書本　國圖　北大

續修四庫全書影印清嘉慶刻數學五書本

律書律數條義疏一卷　清丘逢年撰

清光緒十九年南清河王氏排印小方壺齋叢書本

律吕臆説一卷　清徐養原撰

清光緒十四年德化李氏木犀軒刻木犀軒叢書本　北大

清光緒湖北崇文書局刻正覺樓叢刻本　國圖　北大

續修四庫全書影印清光緒崇文書局刻正覺樓叢刻本

管色攷一卷　清徐養原撰

清光緒德化李氏木犀軒刻木犀軒叢書本

清光緒湖北崇文書局刻正覺樓叢刻本　國圖　湖北

續修四庫全書影印清光緒崇文書局刻正覺樓叢刻本

荀勖笛律圖注一卷　清徐養原撰

清光緒德化李氏木犀軒刻木犀軒叢書本　北大

清光緒湖北崇文書局刻正覺樓叢刻本　國圖

續修四庫全書影印清光緒崇文書局刻正覺樓叢刻本

飴庵遺著一卷　清徐養原撰

清漢陽葉氏抄本　上海

樂縣考二卷　清江藩撰

清嘉慶十八年刻本　湖北

清嘉慶南匯吴氏聽彝堂刻道光三十年金山錢氏漱石軒增刻重印藝海珠塵本

清咸豐四年南海伍氏刻粤雅堂叢書本　國圖

清光緒十二年江巨渠刻江氏叢書本

律吕考一卷　清辛紹業撰

清嘉慶二十一年經笥齋刻敬堂遺書本　國圖

六律正五音考四卷　清陳詩撰

清嘉慶二十一年蘄州陳氏刻本　北大　湖北

古今樂律工尺圖一卷　清陳懋齡撰

清道光八年精刻本　國圖

續修四庫全書影印清道光刻本

律話三卷　清戴長庚撰

清道光十三年刻吾愛書屋藏版本　國圖　首都　北大　科學　上海　浙江　湖北

續修四庫全書影印清道光十三年吾愛書屋刻本

吹豳録五十卷　清吴穎芳撰

清嘉慶汪氏振綺堂抄本(存卷二十六至三十、卷四十六至五十)　南京

清抄本　國圖

清抄本　國圖

清抄本(存五卷)　北大

律吕臆言三卷　清蔣文勳撰

清道光十四年梅華庵刻本　國圖　北大　上海　湖北

續修四庫全書影印清道光十四年梅華庵刻本

律音彙考八卷　清邱之稑撰

清道光十八年邱氏家刻本(板藏瀏陽禮樂局)　國圖　湖北

抄本　國圖

四庫未收書叢刊影印清道光十八年蝦田家塾刻本

律音彙考八卷附琴旨中邱一卷　清邱之稑撰　清劉人熙撰琴旨中邱

清道光十八年邱氏家刻光緒補版印本　北大　浙江

清光緒二十三年江南通州文廟重刻本　上海

清宣統三年瀏陽禮樂局刻本　國圖　北大

琴旨中邱一卷　清劉人熙撰

清道光十八年邱氏家刻光緒補版印本　北大　浙江

清光緒二十三年江南通州文廟重刻本　上海

清宣統三年瀏陽禮樂局刻本　國圖　北大

律音彙考八卷丁祭禮樂備考三卷

清光緒刻本　科學

音律指迷二卷　清周知撰　清謝蘭生編

清道光十七年種香山館刻本　上海

樂律逢源一卷　清汪萊撰

清咸豐四年夏燮鄱陽縣署刻衡齋算學遺書合刻本

清光緒十八年王廷棟聞梅舊塾刻衡齋算學遺書合刻本

今有録一卷　清汪萊撰

清咸豐四年夏燮鄱陽縣署刻衡齋算學遺書合刻本

清光緒十八年王廷棟聞梅舊塾刻衡齋算學遺書合刻本

律吕元音一卷　清畢華珍撰

清咸豐四年刻小萬卷樓叢書本

清光緒四年金山錢氏重刻小萬卷樓叢書本　北大

續修四庫全書影印清咸豐四年錢培名刻小萬卷樓叢書本

音分古義二卷附一卷　清戴煦撰

清光緒十二年新陽趙氏刻本　國圖　湖北

續修四庫全書影印清光緒十二年新陽趙氏刻本

聲律通考十卷　清陳澧撰

清咸豐十年刻番禺陳氏東塾叢書本　上海　浙江　湖北

續修四庫全書影印清咸豐十年殷保康廣州刻本

古律吕考一卷　清吕調陽撰

清光緒十四年葉長高刻觀象廬叢書本　國圖　北大

律吕通今圖説一卷附律易一卷　清繆闐撰
清咸豐十一年刻本　國圖　上海　浙江
清同治五年蕪湖繆氏刻庚癸原音本　國圖　北大
續修四庫全書影印清同治蕪湖繆氏刻本
律易一卷　清繆闐撰
清咸豐十一年刻本　國圖　上海　浙江
清同治五年蕪湖繆氏刻庚癸原音本　南京　浙江
續修四庫全書影印清同治蕪湖繆氏刻本
音調定程一卷　清繆闐撰
清同治五年蕪湖繆氏刻庚癸原音本　國圖　北大
續修四庫全書影印清同治蕪湖繆氏刻本
絃徽宣祕一卷　清繆闐撰
清同治五年蕪湖繆氏刻庚癸原音本　國圖　北大
續修四庫全書影印清同治蕪湖繆氏刻本
律吕名義算數辨一卷　清繆闐撰
清同治五年蕪湖繆氏刻庚癸原音本　國圖　北大
樂律攷二卷　清徐灝撰
清光緒十三年番禺徐氏梧州刻學壽堂叢書本　北大　南京　浙江
民國據清光緒十三年番禺徐氏刻本影印本　上海
樂律明真一卷　清載武撰
載莊抄本　國圖
樂器演算法一卷　清載武撰
清光緒二十四年抄本　國圖
樂律明真解義一卷　清載武撰
抄本　國圖
續修四庫全書影印抄本
樂律明真明算一卷　清載武撰
清抄本　音樂所
續修四庫全書影印清抄本
樂律明真立表一卷　清載武撰
清抄本　音樂所
樂律擬答　清載武撰
清抄本　音樂所
樂律證原五卷卷末一卷　清朱繼經撰
抄本　國圖

八音圖考二卷　清郜璉撰

清抄本　音樂所

樂律圖攷一卷　清彭鳳高撰

清彭鳳高稿本　上海

樂律金鑑四卷　清嚴文父撰

一九二九年朱墨套印十二琴樓叢書本(卷一鉛印　卷二至四石印)　上海　湖北

律吕考一卷　清楊在泉撰

清楊在泉稿本　北大

仲姑律學四卷　佚名撰

抄本　國圖

樂譜選粹不分卷　佚名撰

清抄本　上海

樂律舉偶一卷　清宋育仁撰

一九一七年四川存古書局刻本　上海

變徵定位考二卷　清馮水撰

一九二四年桐鄉馮氏京師刻本　國圖　北大　湖北

抄本　科學

聲律學一卷　清許之衡撰

民國鉛印本　湖北

天民台律曆小記一卷　清姚明輝撰

民國鉛印天民台叢書本　湖北

附録　樂緯之屬

樂緯一卷　清黄奭輯

清道光甘泉黄氏刻光緒印漢學堂叢書本

清道光甘泉黄氏刻民國十四年王氏修補印黄氏逸書考本

一九三四年江都朱長圻據甘泉黄氏刻版補刊印黄氏逸書考本

樂緯一卷　清殷元正原輯　清陸明睿增訂

清觀我生齋抄緯書本　上海

樂緯一卷　王仁俊輯

清光緒王仁俊輯玉函山房輯佚書續編稿本　上海

樂動聲儀一卷　明孫瑴輯

清嘉慶十七年禹航陳世望對山問月樓刻古微書本

清嘉慶海虞張氏刻墨海金壺本
清道光二十四年金山錢氏據墨海金壺刻版重編增刻守山閣叢書本
清光緒十四年刻古微書本
一九二一年上海博古齋據清海虞張氏刻本影印墨海金壺本

樂動聲儀一卷　清喬松年輯
清光緒三年强恕堂刻喬勤恪公全集本
民國排印山右叢書初編本

樂動聲儀一卷附補遺　清趙在翰輯
清嘉慶十四年侯官趙氏小積石山房刻七緯本

樂緯動聲儀一卷　清殷元正原輯　清陸明睿增訂
清觀我生齋抄緯書本　上海

樂緯動聲儀一卷　三國魏宋均注　清馬國翰輯
清同治十年濟南皇華館刻玉函山房輯佚書本
清光緒九年長沙嫏嬛館刻玉函山房輯佚書本　國圖　首都　北師大　科學
清光緒九年長沙嫏嬛館刻光緒十年章邱李氏印玉函山房輯佚書本　北師大　上海
清光緒十年楚南書局刻玉函山房輯佚書本　國圖　北大

樂動聲儀一卷　三國魏宋均注　清黄奭輯
清道光甘泉黄氏刻一九二五年王氏修補印黄氏逸書考本
一九三四年江都朱長圻據甘泉黄氏刻版補刊印黄氏逸書考本

樂緯動聲儀一卷　三國魏宋均注　王仁俊輯
清光緒王仁俊輯玉函山房輯佚書續編稿本　上海

樂稽耀嘉一卷　佚名撰
清順治三年兩浙督學周南李際期宛委山堂刻説郛本

樂稽耀嘉一卷　明孫瑴輯
清嘉慶十七年禹航陳世望對山問月樓刻古微書本
清光緒十四年刻古微書本
清嘉慶海虞張氏刻墨海金壺本
一九二一年上海博古齋據清海虞張氏刻本影印墨海金壺本
清道光二十四年金山錢氏據墨海金壺刻版重編增刻守山閣叢書本

樂稽耀嘉　清劉學寵輯
清道光十五年朝邑劉際清等刻青照堂叢書本

樂稽耀嘉　清喬松年輯
清光緒三年强恕堂刻喬勤恪公全集本

民國排印山右叢書初編本

樂稽耀嘉一卷　清黄奭輯

清道光甘泉黄氏刻民國十四年王氏修補印黄氏逸書考本

一九三四年江都朱長圻據甘泉黄氏刻版補刊印黄氏逸書考本

樂稽耀嘉一卷附補遺一卷　清趙在翰輯

清嘉慶十四年侯官趙氏小積石山房刻七緯本

樂緯稽耀嘉一卷　清殷元正原輯　清陸明睿增訂

清觀我生齋抄緯書本　上海

樂緯稽耀嘉一卷　三國魏宋均注　清馬國翰輯

清同治十年濟南皇華館刻玉函山房輯佚書本

清光緒九年長沙嫏嬛館刻玉函山房輯佚書本

清光緒十年章邱李氏據馬氏刻本　重印玉函山房輯佚書本

清光緒十五年文選樓刻玲瓏山館叢書本

樂叶圖徵一卷　明孫瑴輯

清嘉慶十七年禹航陳世望對山問月樓刻古微書本

清嘉慶海虞張氏刻墨海金壺本

清道光二十四年金山錢氏據墨海金壺刻版重編增刻守山閣叢書本

清光緒十四年刻古微書本

清光緒十五年上海鴻文書局據清錢氏刻本影印守山閣叢書本

樂叶圖徵　清喬松年輯

清光緒三年强恕堂刻喬勤恪公全集本

民國排印山右叢書初編本

樂叶圖徵一卷附補遺一卷　清趙在翰輯

清嘉慶十四年侯官趙氏小積石山房刻七緯本

樂緯叶圖徵一卷　清殷元正原輯　清陸明睿增訂

清觀我生齋抄緯書本　上海

樂緯叶圖徵一卷　三國魏宋均注　清馬國翰輯

清同治十年濟南皇華館刻玉函山房輯佚書本

清光緒九年長沙嫏嬛館刻玉函山房輯佚書本　國圖　首都　北師大　科學

清光緒十年楚南書局刻玉函山房輯佚書本　國圖　北大

清光緒十五年文選樓刻玲瓏山館叢書本

樂協圖徵一卷　三國魏宋均注　清黄奭輯

清道光甘泉黄氏刻光緒印漢學堂叢書本

清道光甘泉黄氏刻民國十四年王氏修補印黄氏逸書考本

一九三四年江都朱長圻據甘泉黃氏刻版補刊印黃氏逸書考本

樂緯叶圖徵一卷　三國魏宋均注　王仁俊輯

清光緒王仁俊輯玉函山房輯佚書續編稿本　上海

泛引樂緯一卷　清喬松年輯

清光緒三年强恕堂刻喬勤恪公全集本

民國排印山右叢書初編本

樂緯附録一卷附補遺一卷　清趙在翰輯

清嘉慶十四年侯官趙氏小積石山房刻七緯本

經部　春秋類

一、左傳之屬

（一）正文

春秋經傳二十卷存十一卷（十六至十九　二十四至三十）
　宋刻本　國圖
京本春秋左傳三十卷存五卷（六至七　十二　十六　二十九）
　宋刻本　國圖
春秋左傳三十卷
　明新安吴勉學刻本　國圖　上海
　明刻本　北大
春秋左氏全傳白文十二卷
　明萬曆十六年賀邦泰刻本　北師大　南京　無錫　安徽
左傳十卷
　明刻本　上海
新刊左傳不分卷
　明嘉靖刻本　國圖
左傳不分卷
　清抄本　天津
　清抄本　南京
左傳二卷
　明末抄本　内蒙社科院
左氏傳五卷綱領一卷提要一卷列國東坡圖説一卷春秋二十國年表一卷
　明刻本　華東師大
音點春秋左傳十六卷
　明弘治十五年陳理刻本　上海　南京（清丁丙跋）　安徽博　湖南師大
新刊校正音釋春秋二卷
　明刻本　國圖
春秋十七卷　明秦鏷訂正
　明崇禎十三年錫山秦鏷求古齋刻九經本　國圖　北大　上海　山東　重慶

清心逸齋翻刻明崇禎十三年錫山秦鏷求古齋刻九經本　北大
清心逸齋翻刻明崇禎十三年錫山秦鏷求古齋刻九經清末觀成堂印本　北大　上海　復旦

春秋左傳初學讀本十二卷　清萬廷蘭編
清光緒二年南昌萬氏校刻十一經初學讀本本　遼寧　湖北

春秋左傳讀本十七卷
清嘉慶元年西湖街六書齋刻本　香港中大　廣東社科院(清朱次琦批校)

（二）傳説

春秋左氏傳吴氏義一卷　周吴起撰　清王仁俊輯
清光緒王仁俊稿本玉函山房輯佚書續編本　上海

春秋左氏傳章句一卷　漢劉歆撰　清馬國翰輯
清同治十年濟南皇華館刻玉函山房輯佚書本　山東
清光緒九年長沙嫏嬛館刻玉函山房輯佚書本　國圖　天津　遼寧　山東
清光緒九年長沙嫏嬛館刻光緒十年章邱李氏印玉函山房輯佚書本　遼寧

春秋牒例章句一卷　漢鄭衆撰　清馬國翰輯
清同治十年濟南皇華館刻玉函山房輯佚書本　山東
清光緒九年長沙嫏嬛館刻玉函山房輯佚書本　國圖　天津　遼寧　山東
清光緒九年長沙嫏嬛館刻光緒十年章邱李氏印玉函山房輯佚書本　遼寧

春秋左氏傳解詁一卷　漢賈逵撰　清王謨輯
清嘉慶三年金溪王氏刻漢魏遺書抄本　國圖　北大　清華　科學　上海

春秋左氏解詁一卷　漢賈逵撰　清黄奭輯
清道光甘泉黄氏刻光緒中印漢學堂叢書本　國圖　首都　北大　科學
清道光甘泉黄氏刻一九二五年王鑒修補印黄氏逸書考本　國圖　北大
清道光甘泉黄氏刻一九三四年江都朱長圻補刻重印黄氏逸書考本　首都　清華　北師大

春秋左氏傳解詁二卷　漢賈逵撰　清馬國翰輯
清同治十年濟南皇華館刻玉函山房輯佚書本　山東
清光緒九年長沙嫏嬛館刻玉函山房輯佚書本　國圖　天津　遼寧　山東
清光緒九年長沙嫏嬛館刻光緒十年章邱李氏印玉函山房輯佚書本　遼寧

春秋左氏長經章句一卷　漢賈逵撰　清馬國翰輯
清同治十年濟南皇華館刻玉函山房輯佚書本　山東
清光緒九年長沙嫏嬛館刻玉函山房輯佚書本　國圖　天津　遼寧　山東

清光緒九年長沙嫏嬛館刻光緒十年章邱李氏印玉函山房輯佚書本　遼寧

古文春秋左傳十二卷　漢賈逵　服虔等撰　宋王應麟輯

清抄本(王大隆跋)　國圖

清抄本　北大

抄本　南京

古文春秋左傳一卷　漢賈逵　服虔等撰　宋王應麟輯　清惠棟考訂

清惠棟稿本　上海

古文春秋左傳十二卷　漢賈逵　服虔等撰　清惠棟輯

清抄本(清陳鱣　吴騫　吴昂駒校補)　國圖

左傳賈服注攟逸十二卷附篇一卷　漢賈逵　服虔撰　日本重澤俊郎編

日本昭和十一年東方文化學院京都研究所鉛印本　國圖　北大　南京　遼寧

左傳延氏注一卷　漢延篤撰

清光緒王仁俊稿本十三經漢注本　上海

春秋左氏傳延氏注一卷　漢延篤撰　清王仁俊輯

清光緒王仁俊稿本玉函山房輯佚書續編本　上海

春秋左傳許氏義一卷　漢許慎撰　清王仁俊輯

清光緒王仁俊稿本十三經漢注本　上海

左氏膏肓一卷　漢何休撰　清王謨輯

清嘉慶三年金溪王氏刻漢魏遺書抄本　國圖　北大　清華　科學　上海

箴膏肓一卷　漢鄭玄撰

清乾隆四庫全書館寫欽定四庫全書本

清刻本　南京

抄本　科學

抄本　上海

箴膏肓一卷　漢鄭玄撰　清王復輯　清武億校

清嘉慶南匯吴氏聽彝堂刻藝海珠塵本　國圖　首都　北大　清華　科學　上海　復旦

清嘉慶承德孫氏刻問經堂叢書本　國圖　清華　科學　上海

清同治番禺李氏鈔反約篇本　福建師大

清同治真州張氏广东刻一九一三年重修榕園叢書本　國圖　首都　北大　科學

清光緒常熟鮑氏刻後知不足齋叢書本　國圖　首都　北大　科學

箴左氏膏肓一卷　漢鄭玄撰　清孔廣林輯並補

清光緒十六年山東書局刻通德遺書所見録本　國圖　科學　上海　復旦

箴膏肓一卷　漢鄭玄撰　清袁鈞輯
清光緒十四年浙江書局刻鄭氏佚書本　國圖　北大　清華　科學　上海
復旦
箴左氏膏肓一卷　漢鄭玄撰　清黄奭辑
清道光甘泉黄氏刻一九二五年王鑒修補印黄氏逸書考本　國圖　北大
清道光甘泉黄氏刻一九三四年江都朱長圻補刻重印黄氏逸書考本　首都
清華　北師大
春秋左傳鄭氏義一卷　漢鄭玄撰　清王仁俊輯
清光緒王仁俊稿本十三經漢注本　上海
春秋左傳服注存二卷續一卷補遺一卷　漢服虔撰　清沈豫輯
清道光二十七年蕭山沈氏蛾術堂刻本　國圖　科學　南京　浙江
清光緒十六年新會劉氏藏修書屋刻藏修堂叢書本　國圖　北大　清華
科學
一九三五年南海黄氏據舊版彙印芋園叢書本　北大　清華　北師大
春秋傳服氏注十二卷　漢服虔撰　清袁鈞輯
清光緒十四年浙江書局刻鄭氏佚書本　國圖　北大　清華　科學　上海
復旦
續修四庫全書影印清光緒十四年浙江書局刻鄭氏佚書本
春秋左氏傳服氏注一卷　漢服虔撰　清王仁俊輯
清光緒王仁俊稿本玉函山房輯佚書續編本　上海
左氏傳解誼四卷　漢服虔撰　清王謨輯
清嘉慶三年金溪王氏刻漢魏遺書抄本　國圖　北大　清華　科學　上海
春秋左氏傳解誼一卷　漢服虔撰　清黄奭輯
清道光甘泉黄氏刻光緒中印漢學堂叢書本　國圖　首都　北大　科學
清道光甘泉黄氏刻一九二五年王鑒修補印黄氏逸書考本　國圖　北大
春秋左氏傳解誼四卷　漢服虔撰　清馬國翰輯
清同治十年濟南皇華館刻玉函山房輯佚書本　山東
清光緒九年長沙嫏嬛館刻玉函山房輯佚書本　國圖　天津　遼寧　山東
清光緒九年長沙嫏嬛館刻光緒十年章邱李氏印玉函山房輯佚書本　遼寧
春秋成長説一卷　漢服虔撰　清馬國翰輯
清同治十年濟南皇華館刻玉函山房輯佚書本　山東
清光緒九年長沙嫏嬛館刻玉函山房輯佚書本　國圖　天津　遼寧　山東
清光緒九年長沙嫏嬛館刻光緒十年章邱李氏印玉函山房輯佚書本　遼寧
春秋左氏膏肓釋痾一卷　漢服虔撰　清馬國翰輯
清同治十年濟南皇華館刻玉函山房輯佚書本　山東

清光緒九年長沙嫏嬛館刻玉函山房輯佚書本　國圖　天津　遼寧　山東
清光緒九年長沙嫏嬛館刻光緒十年章邱李氏印玉函山房輯佚書本　遼寧

左氏奇説一卷　漢彭汪撰　清馬國翰輯
清同治十年濟南皇華館刻玉函山房輯佚書本　山東
清光緒九年長沙嫏嬛館刻玉函山房輯佚書本　國圖　天津　遼寧　山東
清光緒九年長沙嫏嬛館刻光緒十年章邱李氏印玉函山房輯佚書本　遼寧

春秋左傳許氏注一卷　漢許淑撰　清馬國翰輯
清同治十年濟南皇華館刻玉函山房輯佚書本　山東
清光緒九年長沙嫏嬛館刻玉函山房輯佚書本　國圖　天津　遼寧　山東
清光緒九年長沙嫏嬛館刻光緒十年章邱李氏印玉函山房輯佚書本　遼寧

春秋左氏經傳章句一卷　三國魏董遇撰　清馬國翰輯
清同治十年濟南皇華館刻玉函山房輯佚書本　山東
清光緒九年長沙嫏嬛館刻玉函山房輯佚書本　國圖　天津　遼寧　山東
清光緒九年長沙嫏嬛館刻光緒十年章邱李氏印玉函山房輯佚書本　遼寧

春秋左傳王氏注一卷　三國魏王肅撰　清馬國翰輯
清同治十年濟南皇華館刻玉函山房輯佚書本　山東
清光緒九年長沙嫏嬛館刻玉函山房輯佚書本　國圖　天津　遼寧　山東
清光緒九年長沙嫏嬛館刻光緒十年章邱李氏印玉函山房輯佚書本　遼寧

春秋左氏傳義注一卷　晉孫毓撰　清馬國翰輯
清同治十年濟南皇華館刻玉函山房輯佚書本　山東
清光緒九年長沙嫏嬛館刻玉函山房輯佚書本　國圖　天津　遼寧　山東
清光緒九年長沙嫏嬛館刻光緒十年章邱李氏印玉函山房輯佚書本　遼寧

春秋經傳集解存卷五　晉杜預撰
一九一七年上虞羅氏據唐寫本影印鳴沙石室古籍叢殘本　國圖　北大　科學

春秋經傳集解存卷七　晉杜預撰
一九一七年上虞羅氏據六朝寫本影印鳴沙石室古籍叢殘本　國圖　北大　科學

春秋經傳集解存卷十　晉杜預撰
日本昭和七年古典保存會影印本　北大

春秋經傳集解存卷十六　晉杜預撰
一九四七年臺灣大學據敦煌寫本影印敦煌祕籍留真新編本　清華　北師大　上海

春秋經傳集解存卷二十一　晉杜預撰
一九二四年東方學會鉛印東方學會叢書初集本　科學

春秋經傳集解存卷二十六　晉杜預撰
一九一七年上虞羅氏據唐寫本影印鳴沙石室古籍叢殘本　國圖　北大　科學

春秋經傳集解存卷二十七　晉杜預撰
一九一七年上虞羅氏據六朝寫本影印鳴沙石室古籍叢殘本　國圖　北大　科學

春秋經傳集解存卷二　晉杜預撰
唐寫本　日藤井齊成會有鄰館

六朝人書左氏傳　晉杜預撰　清楊守敬跋
清宣統元年上海有正書局石印本　北大

春秋經傳集解三十卷　晉杜預撰
宋紹興間江陰郡刻遞修本　日陽明文庫
南宋刻元明遞修本　日静嘉堂
宋撫州公使庫刻遞修本　國圖
宋刻本　國圖
宋蜀刻大字本　上海
明天放菴刻本　國圖　北大　北師大　上海　天津　山東
中華再造善本影印宋蜀刻大字本

春秋經傳集解三十六卷
明翻刻宋大字本　杭州大學

春秋經傳集解三十卷經傳識異一卷　晉杜預撰
宋嘉定九年興國軍學刻本　國圖　日宫内廳

春秋左傳注六十卷　晉杜預撰
清同治十二年稽古樓刻袖珍十三經注本　國圖　上海　天津

春秋左氏傳二十七卷卷首一卷　晉杜預注
朝鮮乙亥年春坊大字刻本　上海

春秋左氏傳二十七卷卷首一卷　晉杜預注　朝鮮蔡濟恭等奉敕編
高麗内閣刻本　國圖　北大

春秋十六卷首一卷　晉杜預等注
清光緒二年魏家刻本　南京

春秋左傳杜註校勘記一卷　清黎庶昌撰
清光緒九年刻本　吉林社科院
清光緒二十年貴陽陳氏靈峰草堂刻本　國圖　復旦　遼寧　湖北
民國怡蘭堂刻私立北泉圖書館叢書本　上海　福建師大

一九二二年大關唐氏成都刻怡蘭堂叢書本　國圖　首都　北大　清華　北師大　科學

續修四庫全書影印清光緒二十年陳矩刻靈峰草堂叢書本

春秋經傳集解三十卷　晉杜預撰　唐陸德明釋文

宋刻本　上海

宋鶴林于氏家塾棲雲閣刻元修本　國圖(李盛鐸　周叔弢跋)

宋余仁仲万卷堂刻本　臺北央圖(存六卷)

宋刻本　上海

宋刻本　國圖

宋刻本　上海

明刻本(清許瀚跋)　國圖

明刻本　首都　清華　遼寧　吉林　吉林市　吉大　華東師大　延邊大　吉林社科院　蘇州　天一閣　杭州大學　襄陽　湖南　重慶

明刻本　吉林　山東　南京博　天一閣

明刻本　北大　北師大　科學　上海　復旦　華東師大　天津

明刻本(錢陸燦批　李葆恂跋並録李兆洛跋)　國圖

明刻本(清陸隴其批校並跋)　上海

明刻本(清申涵盼批點)　中山大

明刻本(清朱邦衡校並跋　又録惠棟校)　國圖

明刻本(傅增湘校並跋)　國圖

清康熙五十九年金閶步月樓刻本　天津

清上洋江左書林刻本　天津

日本安政三年静嘉堂刻本　北大　上海　遼寧

清宣統三年上海會文堂石印本　北大　天津　上海

監本纂圖春秋經傳集解三十卷　晉杜預撰　唐陸德明釋文

宋刻本　南京

宋刻本　國圖

京本點校重言重意春秋經傳集解三十卷　晉杜預撰　唐陸德明釋文

宋刻本　湖南

婺本附音春秋經傳集解三十卷　晉杜預撰　唐陸德明釋文

宋婺州刻本　上海

婺本附音重言重意春秋經傳集解三十卷　晉杜預撰　唐陸德明釋文

宋刻巾箱本　上海

春秋左氏傳校本三十卷　晉杜預集解　唐陸德明音義　日本尾張秦鼎校

日本文化八年刻本　南京

日本嘉永三年刻本　大連　臺大

日本明治四年刻本　南京

日本明治十三年刻本　南京　遼寧　黑龍江

春秋左氏傳校本三十卷　晉杜預集解　唐陸德明音義　日本牛島毅增補

日本明治十六年大阪修道館刻本　上海

春秋經传集解三十卷春秋名号歸一图二卷　晉杜預撰　唐陸德明釋文　後蜀馮繼先撰歸一圖

宋潛府刘氏家塾刻本　臺北央圖

元明間覆宋刻本　復旦　遼寧

元岳氏荆谿家塾刻本　國圖(卷十九至二十配明刻本　周叔弢跋)

明刻本(明華夏跋)　北師大

明刻本(清黄廷鑑跋)　國圖

明刻本(清翁同書跋)　上海

清刻本(李廷獻校字)　天津

清道光十六年揚郡二郎廟惜字公局刻本　北大　天津　吉大　大慶　浙江

清同治十三年江西書局刻本　北大　天津　大連　遼大

日本明治十三年翻刻宋本　南京

中華再造善本影印元岳氏荆谿家塾刻本(卷十九至二十配明刻本　周叔弢跋)

纂圖互注春秋經傳集解三十卷春秋名號歸一圖二卷春秋年表一卷　晉杜預撰　唐陸德明釋文　後蜀馮繼先撰歸一圖

宋龍山書院刻本(袁克文跋)　國圖

春秋左氏經傳集解三十卷春秋名號歸一圖二卷春秋提要一卷　晉杜預撰　唐陸德明釋文　歸一圖後蜀馮繼先撰

明萬曆八年金陵親仁堂刻本　國圖　北大　科學　人大

春秋經傳集解三十卷春秋名號歸一圖二卷春秋年表一卷附考證　晉杜預撰　唐陸德明釋文　後蜀馮繼先撰歸一圖

清乾隆四十八年武英殿刻仿宋相臺五經本　國圖　復旦　遼寧

清道光刻正誼齋叢書本　北師大　科學　上海　復旦
日本安政五年翻刻清乾隆武英殿仿宋相臺五經本　北大　上海
清同治八年楚北崇文書局刻本　國圖　上海　復旦　南京　湖北
清光緒二年江南書局重刻仿宋相臺五經本　科學　上海　復旦

春秋左傳三十卷　晉杜預集解　唐陸德明音義　明金蟠校訂

明崇禎永懷堂刻十三經古注本(莫棠校)　上海
明崇禎十二年序永懷堂刻清同治八年浙江書局校修印十三經古注本　國圖　首都　北大　清華　北師大　天津　上海　復旦　華東師大　上海辭書　吉林　吉大　遼寧　甘肅　南京　南大　安徽　浙江　福建　福建師大　四川　川大
清康熙何焯據永懷堂本校刻本(徐恕點讀)　湖北
清光緒二十五年成文信刻本　濟南

東萊先生吕成公點句春秋經傳集解三十卷　晉杜預撰　唐陸德明釋文　宋吕祖謙點句

宋刻本(有抄配頁)　上海
中華再造善本影印宋刻本

春秋左傳三十卷　晉杜預註　宋林堯叟音註

明弘治十九年宗文堂刻本　上海　遼寧
明嘉靖二十四年書林宗文堂鄭希善刻本　吉林　浙江
明崇禎四年毛晉汲古閣刻本　遼寧

春秋左傳五十卷　晉杜預註　宋林堯叟補註

明崇禎刻本　西北大學
明吴門養正堂刻本　國圖
清光緒十一年融經館重校刻本　上海　遼寧
清光緒十八年寶善堂刻本　國圖　錦州　遼大
清光緒二十六年常州麟玉山房刻本　瀋陽
清文淵堂刻本　國圖

增補春秋左傳杜林合註二十卷　晉杜預註　宋林堯叟註

明萬曆十八年金陵抱青閣十乘樓刻本　上海　河南　常熟(清錢陸燦批校並跋)

春秋左傳五十卷　晉杜預註　宋林堯叟補註　唐陸德明音義

清光緒二十一年澹雅局刻本　國圖
清恕堂重刻五經四書本　上海　南京
清集思堂刻本　上海

清學源堂刻本　國圖　浙江
清敦厚堂刻巾箱本　湖北
清道光二十年刻本　丹東　吉林市　黑龍江
清光緒二十三年上海文瑞樓刻本　丹東　撫順　瀋師　浙江
清文淵堂刻本　浙江

春秋左傳五十卷　晉杜預註　宋林堯叟補註　唐陸德明音義　明鍾惺評

明萬曆刻本　上海
明崇禎刻本　北大　科學　故宮
明崇禎陳子龍刻本　國圖　北大　故宮

春秋左傳五十卷　晉杜預註　宋林堯叟補註　唐陸德明音義　明孫鑛　鍾惺評

清康熙四十二年龔舜錫刻本　北大
清康熙刻本(清唐仁壽批校)　浙江
清康熙刻本(清潘御炳批　潘德輿跋)　上海
清芥子園刻本　北大　上海　復旦　濟南　浙江

春秋左傳五十卷　晉杜預註　宋林堯叟音註　明韓範評

明崇禎刻本　上海　西北大學

春秋左傳五十卷　晉杜預註　宋林堯叟補註　唐陸德明音義　明鍾惺　韓範評

清書業德刻本　北大

春秋左傳杜林合註五十卷　晉杜預註　宋林堯叟補撰　唐陸德明音義　明閔夢得　閔光德輯

明萬曆二十二年吴興閔氏刻本　國圖　浙江　重慶博

春秋左傳杜林合註五十卷　晉杜預　宋林堯叟撰　唐陸德明音義　明王道焜　趙如源輯

明天啓六年問奇閣刻本　華東師大　吉大　金華　湖南師大
清乾隆四庫全書館寫欽定四庫全書本
清咸豐元年刻本　國圖
清光緒七年萬軸山房刻本　復旦

春秋左傳五十卷　晉杜預註　宋林堯叟補註　唐陸德明音義　清馮李驊集解

清康熙五十九年大文堂刻本　上海

清乾隆四十四年華川書屋刻本　北大
清道光十二年華川書屋刻本　上海
清同治七年崇文書局刻本　國圖　北大　復旦　天津
清光緒十二年湖北官書處刻本　國圖　北大
清光緒二十二年淮南書局刻本　北大　遼寧

春秋左傳綱目杜林詳註十五卷　晉杜預集解　宋林堯叟註釋　唐陸德明音義　明孫鑛　鍾惺批點　明張岐然輯
明刻本　清華

春秋左傳綱目杜林詳註十四卷　晉杜預集解　宋林堯叟註釋　明張岐然輯
清叢經樓刻本　浙江大學

春秋經傳集解三十卷春秋名號歸一圖二卷　晉杜預撰　明穆文熙輯評　後蜀馮繼先撰歸一圖
明萬曆十五年劉懷恕刻春秋戰國評苑本　科學(吴小匏批注)　清華　北師大
明萬曆十六年世德堂刻本　河南　湖北
明萬曆四年刻本　重慶一師　雲南大學

春秋左傳三十卷　晉杜預注　明鍾惺評
明崇禎毛氏汲古閣刻四經六書讀本本　浙江
四庫全書存目叢書影印明崇禎毛氏汲古閣刻四經六書讀本本

春秋左傳不分卷　晉杜預注　清沈季友節録
清龍山學古堂抄本　復旦

春秋長曆一卷　晉杜預撰
清乾隆曲阜孔氏微波榭叢書本　國圖　北大　清華　上海　天一閣(清惠棟批校)
清抄本　上海

春秋長曆一卷　晉杜預撰　清王謨輯
清嘉慶三年金溪王氏刻漢魏遺書抄本　國圖　北大　清華　科學　上海

春秋地名一卷　晉杜預撰
清乾隆曲阜孔氏微波榭叢書本　國圖　北大　清華　上海
清紅櫚書屋刻本　國圖

春秋左氏經傳集解後序一卷　晉杜預撰
清咸豐四年晉江黄宗漢刻五經補綱附本　北大　上海　南京

春秋土地名一卷　晉京相璠撰　清王謨輯

清嘉慶三年金溪王氏刻漢魏遺書抄本　國圖　北大　清華　科學　上海

鈔重訂漢唐地理書抄本　上海

清嘉慶金溪王氏刻重訂漢唐地理書抄本　北大　上海

春秋土地名一卷　晉京相璠撰　清洪頤煊輯

清嘉慶承德孫氏刻問經堂叢書本　國圖　清華　科學　上海

一九二六年陳氏慎初堂據清嘉慶問經堂叢書本影印經典集林本　國圖　北大　科學

春秋土地名一卷　晉京相璠撰　清黄奭輯

清道光甘泉黄氏刻光緒中印漢學堂叢書本　國圖　首都　北大　科學

清道光甘泉黄氏刻一九二五年王鑒修補印黄氏逸書考本　國圖　北大

清道光甘泉黄氏刻一九三四年江都朱長圻補刻重印黄氏逸書考本　首都　清華 北師大

春秋土地名一卷　晉京相璠撰　清馬國翰輯

清同治十年濟南皇華館刻玉函山房輯佚書本　山東

清光緒九年長沙嫏嬛館刻玉函山房輯佚書本　國圖　天津　遼寧　山東

清光緒九年長沙嫏嬛館刻光緒十年章邱李氏印玉函山房輯佚書本　遼寧

春秋左氏函傳義一卷　晉干寶撰　清馬國翰輯

清同治十年濟南皇華館刻玉函山房輯佚書本　山東

清光緒九年長沙嫏嬛館刻玉函山房輯佚書本　國圖　天津　遼寧　山東

清光緒九年長沙嫏嬛館刻光緒十年章邱李氏印玉函山房輯佚書本　遼寧

春秋左氏傳劉氏注一卷　晉劉兆撰　清王仁俊輯

清光緒王仁俊稿本玉函山房輯佚書續編本　上海

春秋左氏經傳義略一卷　南朝陳沈文阿撰　清馬國翰輯

清同治十年濟南皇華館刻玉函山房輯佚書本　山東

清光緒九年長沙嫏嬛館刻玉函山房輯佚書本　國圖　天津　遼寧　山東

清光緒九年長沙嫏嬛館刻光緒十年章邱李氏印玉函山房輯佚書本　遼寧

續春秋左氏傳義略一卷　南朝陳王元規撰　清馬國翰輯

清同治十年濟南皇華館刻玉函山房輯佚書本　山東

清光緒九年長沙嫏嬛館刻玉函山房輯佚書本　國圖　天津　遼寧　山東

清光緒九年長沙嫏嬛館刻光緒十年章邱李氏印玉函山房輯佚書本　遼寧

春秋傳駁一卷　後魏賈思同撰　後魏姚文安　秦道静述　清馬國翰輯

清同治十年濟南皇華館刻玉函山房輯佚書本　山東

清光緒九年長沙嫏嬛館刻玉函山房輯佚書本　國圖　天津　遼寧　山東

清光緒九年長沙嫏嬛館刻光緒十年章邱李氏印玉函山房輯佚書本　遼寧

難杜一卷　後魏衛冀隆撰　清王謨輯

清嘉慶三年金溪王氏刻漢魏遺書抄本　國圖　北大　清華　科學　上海

春秋左氏傳述義一卷　隋劉炫撰　清王謨輯

清嘉慶三年金溪王氏刻漢魏遺書抄本　國圖　北大　清華　科學　上海

春秋左氏傳述義一卷　隋劉炫撰　清黄奭輯

清道光甘泉黄氏刻光緒中印漢學堂叢書本　國圖　首都　北大　科學

清道光甘泉黄氏刻一九二五年王鑒修補印黄氏逸書考本　國圖　北大

清道光甘泉黄氏刻一九三四年江都朱長圻補刻重印黄氏逸書考本　首都　清華　北師大

春秋左氏傳述義二卷　隋劉炫撰　清馬國翰輯

清同治十年濟南皇華館刻玉函山房輯佚書本　山東

清光緒九年長沙嫏嬛館刻玉函山房輯佚書本　國圖　天津　遼寧　山東

清光緒九年長沙嫏嬛館刻光緒十年章邱李氏印玉函山房輯佚書本　遼寧

春秋攻昧一卷　隋劉炫撰　清馬國翰輯

清同治十年濟南皇華館刻玉函山房輯佚書本　山東

清光緒九年長沙嫏嬛館刻玉函山房輯佚書本　國圖　天津　遼寧　山東

清光緒九年長沙嫏嬛館刻光緒十年章邱李氏印玉函山房輯佚書本　遼寧

春秋規過　隋劉炫撰

清乾隆四十八年曲阜孔廣栻芳杜軒抄本　北大

規過一卷　隋劉炫撰　清王謨輯

清嘉慶三年金溪王氏刻漢魏遺書抄本　國圖　北大　清華　科學　上海

規過一卷　隋劉炫撰　清黄奭輯

清道光甘泉黄氏刻一九二五年王鑒修補印黄氏逸書考本　國圖　北大

一九三四年江都朱長圻據甘泉黄氏原版補刻印黄氏逸書考本　首都　清華　北師大

春秋規過二卷　隋劉炫撰　清馬國翰辑

清同治十年濟南皇華館刻玉函山房輯佚書本　山東

清光緒九年長沙嫏嬛館刻玉函山房輯佚書本　國圖　天津　遼寧　山東

清光緒九年長沙嫏嬛館刻光緒十年章邱李氏印玉函山房輯佚書本　遼寧

規過三卷　隋劉炫撰　清薛承宣輯

清道光刻本　國圖

春秋正義三十六卷　唐孔穎達疏

清光緒十六年楊守敬影寫日本藏宋單疏本　復旦(清楊守敬跋)

日本昭和六年東京東方文化學院影印宫内省圖書寮影鈔正宗寺本　國圖　科學

一九三四年上海商務印書館據海鹽張氏涉園藏日本覆印景鈔正宗寺本影印四部叢刊續編本　國圖

日本抄本(清俞樾題記)　大連

春秋正義殘十二卷附校勘记　唐孔穎達撰　清劉承幹撰校勘記

一九一八年序吴興劉氏刻嘉業堂叢書本　國圖

春秋正義校勘記二卷　清劉承幹撰

一九一八年序吴興劉氏刻嘉業堂叢書本　國圖

春秋左傳正義三十六卷　晉杜預注　唐孔穎達等疏

宋慶元六年紹興府刻宋元遞修本　國圖

中華再造善本影印宋慶元六年紹興府刻宋元遞修本

續修四庫全書影印宋慶元六年紹興府刻宋元遞修本

附釋音春秋左傳註疏六十卷　晉杜預注　唐孔穎達疏　唐陸德明釋文

宋劉叔剛刻本　國圖

元刻明修本　國圖　北大　上海　南京　吉林　馮平山(島田重禮批校)

明嘉靖福建刻十三經註疏本　國圖　上海(清易潤壇跋)　山東博(清許翰批校)　重慶(清孫志祖批校)

明萬曆十九至二十年北京國子監刻十三經註疏本　國圖　上海　復旦　遼寧　南大　安徽　福建　四川

明崇禎十一年毛氏汲古閣刻十三經註疏本　國圖　天津(清李宏信批校並題款)　上海(清張爾耆校)　復旦(清江沅録清陳樹華　段玉裁校)　浙江(清謝章鋌校並跋)

附釋音春秋左傳註疏六十卷附校勘記　晉杜預注　唐孔穎達疏　唐陸德明釋文　清阮元撰校勘記

清嘉慶二十年南昌府學刻重刊宋本十三經注疏附校勘記本　國圖

清嘉慶二十年南昌府學刻道光六年重修本　遼寧

清同治十年廣東書局刻重刊宋本十三經注疏附校勘記本　國圖

清同治十二年江西書局刻重刊宋本十三經注疏附校勘記本　國圖

清光緒十三年上海脈望仙馆石印重刊宋本十三經注疏附校勘記本　國圖

清光緒十八年湖南寶慶務本書局刻重刊宋本十三經注疏附校勘記本　北大　上海

春秋左傳校勘記三十六卷釋文校勘記六卷　清阮元撰

清道光九年廣東學海堂刻皇清經解一千四百卷本　國圖　天津　遼寧

山東

清道光九年廣東學海堂刻咸豐十一年補刻皇清經解一千四百八卷本　國圖　遼寧

清光緒十七年上海鴻寶齋石印皇清經解一百九十卷本　國圖　天津

清光緒上海點石齋石印皇清經解一百九十卷本　國圖

清光緒二十四年蘇州官書坊刻宋本十三經注疏併經典釋文校勘記本　國圖　首都　北大　上海　吉大

春秋左傳註疏六十卷附考證　晉杜預註　唐陸德明音義　唐孔穎達疏

清乾隆四年武英殿刻十三經註疏附考證本　國圖　上海(清孔廣栻校)　復旦

清乾隆四庫全書館寫欽定四庫全書本

清乾隆三十八年鈔摛藻堂四庫全書薈要本

清同治十年鍾鈞謙刻本　北大　湖北

春秋左傳義疏一卷　□蘇寬撰　清馬國翰輯

清同治十年濟南皇華館刻玉函山房輯佚書本　山東

清光緒九年長沙嫏嬛館刻玉函山房輯佚書本　國圖　天津　遼寧　山東

清光緒九年長沙嫏嬛館刻光緒十年章邱李氏印玉函山房輯佚書本　遼寧

春秋名號歸一圖二卷　後蜀馮繼先撰

明崇禎十四年君山堂刻本　北大　清華　人大　故宮　中央黨校　上海　華東師大　浙江　福建師大

清康熙十九年納蘭成德刻通志堂經解本　國圖　首都　北大　北師大　科學　天津　上海

清乾隆四庫全書館寫欽定四庫全書本

清乾隆四十八年武英殿刻仿宋相臺五經本　國圖　上海　復旦　天津　遼寧　南京

清同治三年南海鄺氏九我堂重刻仿宋相臺五經刻本　大連　上海

清同治十二年粵東書局重刻通志堂經解本　國圖　首都　北大　上海　遼寧　湖北

春秋名號歸一圖二卷春秋二十國年表一卷春秋圖説一卷　後蜀馮繼先撰

宋刻本　國圖

中華再造善本影印宋刻本

春秋總要一卷　宋李厚撰

宋刻本　國圖

春秋左氏傳雜論二卷　宋晁補之撰

清影宋抄本　浙江大學

春秋左傳讞十卷　宋葉夢得撰

清乾隆四庫全書館寫欽定四庫全書本

清顧氏藝海樓抄本（清葉廷琯校）　南京

清抄本　遼寧

清抄本（清丁丙跋）　南京

東萊先生左氏博議二十五卷　宋吕祖謙撰

清道光錢塘瞿氏清吟閣刻本　國圖　北大　上海　天津　吉林社科院　黑龍江

清同治八年永康胡氏退補齋刻金華叢書本　首都　北師大　上海　華東師大　吉師　南京

清光緒八年重刻道光錢塘瞿氏清吟閣本　國圖　北大　南京

清光緒二十年雲陽瑞文堂刻本　北大

清光緒二十三年掃葉山房刻本　國圖　上海　南京　臺大

清光緒二十三年湖南書局刻本　南京

東萊先生左氏博議二十五卷　宋吕祖謙撰　清朱學程補批

清光緒三十一年聚好齋朱墨套印本　北大

詳注東萊先生左氏博議二十五卷　宋吕祖謙撰　宋張成招注

清乾隆抄本　復旦

左氏博議二十五卷

清乾隆四庫全書館寫欽定四庫全書本

增註東萊先生左氏博議二十五卷　宋吕祖謙撰

宋刻遞修本　國圖

新刊詳增補註東萊先生左氏博議二十五卷

明正德六年書林劉氏安正堂刻本　國圖（季錫疇校並跋）　遼寧

詳註東萊先生左氏博議二十五卷

明刻本　國圖　上海辭書　山東大學　安徽大學

明刻本（翁同龢鈔補）　國圖

明刻本（清丁丙跋）　南京

明刻本　遼寧　安徽博

東萊先生左氏博議二十五卷虛字註釋備考六卷

清光緒二十四年掃葉山房刻本　華東師大　遼寧　大連　丹東　吉林　吉林市　哈爾濱　伊春

呂東萊先生左氏博議十二卷　宋呂祖謙撰　明黄之寀校

明萬曆黄之寀刻本　北大　清華　中央黨校　齊齊哈爾

日本元禄十三年京都書林吉村吉左衛門永原屋孫兵衛刻本　香港中大

呂東萊先生左氏博議六卷　宋呂祖謙撰　明陶珽彙輯　明宋鉽聖校訂

明崇禎刻本　北大　安徽　福建

精選東萊先生左氏博議八卷　宋呂祖謙撰

明刻本　國圖

東萊左氏博議課鈔二卷　宋呂祖謙撰

清嘉慶二十四年愈愚書塾刻本　上海

新鍥評釋東萊呂先生左氏博議四卷　宋呂祖謙撰　明李廷機評

明萬曆二十一年書林余氏刻本　清華

東萊博議四卷　宋呂祖謙撰　清張文炳點定

清康熙四十年寶翰樓刻本　國圖

清康熙刻本(有眉批及朱筆圈點)　上海

清乾隆三十年石城呂氏家廟刻本　臺大

清光緒七年刻本　濟南

清光緒八年善成堂刻本　吉林社科院　濟南

清光緒二十五年文瑞樓刻本　北大

清種義堂刻本　北大

東萊博議四卷增補虚字註釋六卷

清乾隆三年致和堂刻本　上海　臨猗　屯留中學

清光緒十三年文選樓刻本　北大

清光緒十四年雲陽義秀書屋刻本　上海(佚名批)　復旦

清光緒七年崇明馮氏刻本　國圖　復旦

清光緒二十五掃葉山房刻本　國圖

清光緒二十七年李光明莊刻本　國圖　北大　天津　南京　浙江

東萊博議四卷增補虚字註釋一卷

清光緒七年鳳城官舍刻本　北大　上海　遼寧　鞍山　華東師大　吉林社科院

清光绪八年馮泰松刻本　浙江

清光緒二十四年江右敬文堂刻本　北大

清光緒二十四年尚友堂刻本　南京　黑龍江

清光緒二十九年刻本　哈師

加批輯註東萊博議四卷附增補虛字註釋六卷　宋吕祖謙撰　清劉鍾英輯註

清光緒三十一年上海寶善齋書莊鉛印本　國圖　北大　濟南

清光緒二十八年天津義合堂石印本　國圖

清光緒三十一年鉛印本　牡丹江

增批輯註東萊博議四卷

清光緒上海錦章圖書局石印本　國圖

清宣統三年上海會文堂書局石印本　北大　遼寧　撫順　華東師大　哈爾濱

一九二四年上海啓新書局石印本　遼寧　遼大　吉林市　黑龍江　哈師　濟南

一九二四年上海中新書局鉛印本　濟南

增批輯註東萊博議註釋四卷

清宣統二年潤德堂鉛印本　遼寧　齊齊哈爾

分段評註東萊博議四卷　宋吕祖謙撰　清劉鍾英輯註

一九二三年崇文書局鉛印本　丹東

評註東萊博議六卷　宋吕祖謙撰　日本阪谷素評註

日本明治十二年泛愛堂文玉圃刻本　復旦　南京　遼寧

東萊博議四卷　宋吕祖謙撰　清張明德評點

清致中堂刻本　濟南

新體廣注東萊博議四卷　宋吕祖謙撰

一九二九年世界書局石印本　北大

批評東萊博議四卷　宋吕祖謙撰

清光緒上海鴻寶齋書局石印本　國圖　北大

上海廣益書局石印本　華東師大　丹東　瀋師　長春

言文對照東萊博議四卷　宋吕祖謙撰　陳和祥編輯

民國上海掃葉山房石印本　遼大　黑龍江

東萊博議約選二卷　宋吕祖謙撰　藍炳然訂註

一九二六年上海文明書局鉛印本　撫順　黑龍江

東萊博議删本不分卷　宋吕祖謙撰　清何貽香輯

清何貽香稿本　南京

東萊博議摘鈔一卷　宋吕祖謙撰

清張慶源抄本　天津

東萊博議續編二卷　宋吕本中撰　宋吕祖謙評　宋蔡文子注
　清光緒二十四年上海石印本　南京
精選東萊先生博議句解二十卷　宋吕祖謙撰　宋張成招注
　明正德刻本　天一閣
精選東萊先生左氏博議句解十六卷　宋吕祖謙撰
　元刻本　國圖
　元刻明修本　國圖
　明弘治七年蔡紳刻本　國圖　南京(清丁丙跋)
精選東萊吕先生左氏博議句解十六卷　宋吕祖謙撰　明瞿景淳輯
　明刻本　山東
東萊吕先生左氏博議句解六卷　宋吕祖謙撰
　明萬曆刻本　國圖
東萊吕先生左氏博議句解六卷　宋吕祖謙撰　明瞿景淳選粹
　明刻本　北大
重刊大字東萊先生左氏博議句解八卷
　明刻本　上海
新刻翰林批選東萊先生左氏博議句解十二卷　宋吕祖謙撰
　明萬曆九年書林源泰堂刻本　國圖
東萊子　宋吕祖謙撰　明歸有光輯
　明天啓六年序刻諸子彙函本　國圖　北大　清華　北師大　復旦　天津　南京
春秋左傳類編不分卷　宋吕祖謙撰
　明抄本　國博
東萊吕太史春秋左傳類編不分卷
　清抄本　國圖
　清抄本　復旦
　清末海虞瞿氏鐵琴銅劍樓抄本　國圖
　一九三四年舊抄本　國圖
左氏傳説二十卷　宋吕祖謙撰
　清康熙十九年納蘭成德刻通志堂經解本　國圖　首都　北大　北師大　科學　天津　上海
　清乾隆四庫全書館寫欽定四庫全書本
　清同治十二年粤東書局重刻通志堂經解本　國圖　首都　北大　上海　遼寧　湖北

清同治八年永康胡氏退補齋刻金華叢書本　首都　北師大　上海
清同治八年永康胡氏退補齋刻民國補刻金華叢書本　國圖　北大　清華　科學　上海

左氏傳續説十二卷綱領一卷　宋吕祖謙撰

清乾隆四庫全書館寫欽定四庫全書本
清傳鈔四庫全書本(清邵晉涵校)　上海
清抄本(清翁同龢校)　國圖
清抄本　北大
一九二四年永康胡氏夢選樓刻續金華叢書本　國圖　北大　清華　科學　上海　復旦

春秋左氏傳事類始末五卷　宋章沖撰

清康熙十九年納蘭成德刻通志堂經解本　國圖　首都　北大　北師大　科學　天津　上海
清乾隆四庫全書館寫欽定四庫全書本
清同治十二年粤東書局重刻通志堂經解本　國圖　首都　北大　上海　遼寧　湖北
清同治八年永康胡氏退補齋刻金華叢書本　首都　北師大　上海
清抄本　北大

春秋左傳要義三十卷首一卷　宋魏了翁撰

清乾隆四庫全書館寫欽定四庫全書本

增修訂正音點春秋左傳詳節句解三十五卷　宋朱申撰

元刻本　北大

音點春秋左傳詳節句解三十五卷　宋朱申撰

明初刻本　國圖
明刻本　上海
明刻本　上海師大
四庫全書存日叢書影印明刻本

春秋左傳詳節句解三十五卷　宋朱申撰

明萬曆十年顧梧芳刻本　國圖　北大　科學　上海　華東師大　義烏　江西
明萬曆十三年周曰校刻本　南京(清丁丙跋)　安徽
朝鮮覆刻明刻本　國圖　浙江大學

音點春秋左傳評解句解校本三十五卷　宋朱申撰　日本野村焕　河村貞邦校

日本明治十六年岐阜岡安慶介刻本　遼寧　日國會　日公文書館

重訂批點春秋左傳狐白句解三十五卷　宋朱申撰　明孫鑛批點
　明末刻本　河南
春秋全經左傳句解八卷首一卷　宋朱申撰　明孫鑛批點
　清道光九年繡谷令德堂刻本　南京　遼寧
春秋左傳綱目一卷　宋林堯叟撰
　清光緒十一年掃葉山房刻本　國圖
　清光緒三十一年上海校經山房書坊石印本　國圖　北大　遼寧
　清光緒金陵李光明莊刻本（封文權批校）　上海
　清光緒何陋居刻本　上海
　清三樂齋刻本　國圖
春秋正經全文左傳增注句解四十卷　宋林堯叟撰
　元刻本（配明刻本春秋集傳大全卷三十四）　上海
音註全文春秋括例始末左傳句讀直解七十卷　宋林堯叟撰
　元刻明修本　國圖　國博　上海　吉大
　元刻明修本（楊守敬跋）　北大
　明景泰五年朝鮮錦山郡金連枝刻本　遼寧
　日本上村次郎右衛門刻本　遼寧
　中華再造善本影印元刻明修本
　續修四庫全書影印元刻明修本
春秋經左氏傳句解七十卷
　明刻本　上海　重慶
左氏摘奇十二卷　宋胡元質撰
　清嘉慶阮元輯宛委別藏本　臺北故宫
　清張氏詒經堂抄本（清丁丙跋）　南京
　一九三五年上海商務印書館影印選印宛委別藏本　國圖　首都　北大
　　科學
　續修四庫全書影印清嘉慶影宋抄本
左氏摘奇不分卷
　抄本　國圖
春秋類對賦不分卷　宋徐晉卿撰
　清康熙十九年納蘭成德刻通志堂經解本　國圖　首都　北大　北師大
　　科學　天津　上海
　清康熙十九年納蘭成德刻乾隆五十年補修通志堂經解本　北大
　日本文化八年翻刻通志堂經解本　北大

清同治十二年粵東書局重刻通志堂經解本　國圖　首都　北大　上海
遼寧　湖北

春秋左傳類對賦補注一卷　宋徐晉卿撰　清高士奇補注

清康熙三十年高氏自刻本　國圖　清華　故宮　上海　山西　浙江

清嘉慶十一年刻本　南京

春秋左氏傳補註十卷　元趙汸撰

元至正二十四年休寧商山義塾刻明弘治六年高忠重修本　國圖　北大
歷史所　上海　南京(清丁丙跋)　吉林　南京　蘇州　四川

清康熙十九年納蘭成德刻通志堂經解本　國圖　首都　北大　北師大
科學　天津　上海

清康熙十九年納蘭成德刻乾隆五十年補修通志堂經解本　北大

清康熙麗正堂刻本　上海

清康熙新安趙吉士刻本　北大　上海　遼寧　南京

清乾隆四庫全書館寫欽定四庫全書本

日本享和元年刻本　國圖

日本文化八年翻刻通志堂經解本　北大

清同治十二年粵東書局重刻通志堂經解本　國圖　首都　北大　上海　遼寧
湖北

左傳比事二卷　元吴化龍撰

日本文化九年抄本　北大

左氏蒙求一卷　元吴化龍撰

清嘉慶刻本　上海

日本寬政至文化間刻佚存叢書本　國圖　復旦　吉林　吉大　哈爾濱
安徽

清同治三年劉履芬抄本(劉履芬跋)　國圖

清光緒八年滬上黄氏木活字印佚存叢書本　國圖　清華　北師大　科學
上海

一九二四年上海商務印書館據日本寬政至文化間刻本影印佚存叢書本
國圖　首都　北大

左氏蒙求二卷

清道光十四年星乙山房刻本　華東師大

左氏傳蒙求二卷　元吴化龍撰　日本樋口邦古註

日本文化八年樋口邦古刻本　遼寧

左氏蒙求注一卷　元吴化龍撰　清許乃濟輯　清王慶麟注

清嘉慶南匯吴氏聽彝堂刻藝海珠塵本　國圖　首都　北大　清華　科學

上海　復旦

清道光浦江周氏刻紛欣閣叢書本　國圖　清華　北師大　科學　天津　上海　復旦

清咸豐元年刻小嫏嬛山館彙刊類書十二種本　國圖　華東師大　上海師大　南京　青島　哈爾濱

清光緒二十年文選樓石印琅環獺祭十二種本　北師大　中醫　山東大學　福建師大　寧夏

左氏蒙求注解二卷　元吴化龍撰　清倪陳疇注解

清光緒十九年樂東倪氏刻本　湖北

春秋左傳類解二十卷地譜世系一卷　明劉績撰

明弘治十年淮陰公舍刻本　北大　天一閣

明嘉靖七年崇藩寶賢堂刻本　國圖　歷史所　中央黨校　天津　上海

續修四庫全書影印明嘉靖七年刻本

春秋詞命三卷　明王鏊輯　明王徹註

明正德十一年刻本　上海

清嘉慶八年淵雅堂刻本　上海

清嘉慶九年王申伯刻本　國圖　北大　上海　吉林

清宣統二年通州翰墨林書局鉛印本　遼寧　錦州　湖北

左觿一卷　明邵寶撰

明崇禎四年曹荃編刻邵文莊公經史全書五種本　北大　故宫　上海　天津　寧夏　青海　無錫　安徽　福建

四庫全書存目叢書影印明崇禎四年曹荃編刻邵文莊公經史全書五種本

春秋左翼四十三卷首一卷　明王震輯

明萬曆三十一年刻本　清華　上海　山東　無錫　浙江大學　襄陽地區

四庫全書存目叢書影印明萬曆三十一年刻本

春秋列傳五卷　明劉節編

明嘉靖周琅刻本　上海

明嘉靖刻本　北大

春秋列傳八卷

明萬曆十三年劉士忠大梁刻本　北大

春秋左傳地名考一卷附大明清類天文分野書一卷　明楊慎撰

明楊金吾楊宗吾刻本　南京

左傳附註五卷後録一卷　明陸粲撰

明嘉靖刻本　國圖　山東

明嘉靖刻本(清丁丙跋)　南京
清乾隆四庫全書館寫欽定四庫全書本
民國廬江劉氏遠碧樓藍格抄本　上海
左傳附註五卷
日本寬政十一年刻本　國圖　北大　遼寧
左氏春秋鐫二卷　明陸粲撰
明嘉靖二十七年盧氏少谷草堂刻本　雲南大學
明嘉靖四十二年陸延枝刻本　科學　江西
續修四庫全書影印明嘉靖四十二年陸延枝刻本
四庫全書存目叢書影印明嘉靖刻本
左粹類纂四卷　明施仁輯　明孫應鼇批點
明末清初刻本　國圖
左粹類纂十二卷
明萬曆刻本　科學
太史張天如詳節春秋綱目左傳句解六卷　明張溥重訂　清韓菼重編
清光緒五年寶興堂刻本　北大
清光緒善成堂刻本　北大　上海　遼寧　黑龍江
清濰陽成文信刻本　遼寧　大連
清燕臺文勝堂刻本　哈爾濱
唐荆川先生編纂左氏始末十二卷　明唐順之撰
明嘉靖四十一年唐正之刻本　國圖　北大　北師大　首師　歷史所　南開　上海　上海師大　南京　浙江　湖北　蘇州　安徽　福建　重慶
左傳始末十二卷　明唐順之撰　明徐鑒評
明萬曆四十二年徐鑒刻本　北大　上海　浙江
春秋左傳節文十五卷附音義　明汪道昆撰
明萬曆五年刻本　北師大　人大　上海　天津　華東師大　泰州　安徽　福建師大　雲南大學　馮平山
明刻本　湖北　安徽博
清康熙貽谷堂刻本　上海
四庫全書存目叢書影印明刻本
春秋左傳節文注略十五卷　明汪道昆撰　明周光鎬注
明萬曆十二年刻本　科學　故宮　山東博
四庫未收書輯刊影印明萬曆十二年刻本
新刻王鳳洲先生課兒左傳文髓二卷　明王世貞輯
明刻本　華東師大

春秋左傳評苑三十卷首一卷　明穆文熙輯
明萬曆二十年鄭以厚光裕堂刻本　北大　科學　華東師大　山東大學
左傳鈔評十二卷　明穆文熙輯
明萬曆十年劉懷恕長洲刻本　北大　中央黨校　復旦　西北大學　河南
高麗刻本　國圖
春秋左傳評林三十卷　明穆文熙輯
明刻本　煙臺
春秋左史捷徑二卷　明劉守泰撰
明萬曆元年刻本　天一閣
春秋左傳釋義評苑二十卷首一卷　明王錫爵撰
明萬曆十八年嘉賓堂刻本　國圖　故宫　陝西　湖北　四川
左紀十一卷　明錢應奎撰
明萬曆三年華叔陽刻本　浙江　天津　甘肅　天一閣　馮平山
左氏詳節八卷　明許孚遠輯
明萬曆刻本　中山大
春秋左傳釋附二十七卷　明黄洪憲撰
明萬曆二十七年刻本　科學　安徽博
明黄浩抄本　南京
四庫未收書輯刊影印明刻本
左傳鈔六卷　明焦竑輯
明刻本　南京
左氏討一卷　明馮時可撰
明萬曆刻馮元成雜著本　國圖　上海　浙江
四庫全書存目叢書影印明萬曆刻馮元成雜著九種本
左氏釋二卷　明馮時可撰
明萬曆刻馮元成雜著本　國圖　上海　浙江
清乾隆四庫全書館寫欽定四庫全書本
清嘉慶南匯吴氏聽彝堂刻藝海珠塵本　國圖　首都　北大　清華　科學
上海　復旦
民國廬江劉氏遠碧樓藍格抄本　上海
左氏論二卷　明馮時可撰
明萬曆刻馮元成雜著本　國圖　北大　上海　浙江
春秋左傳十五卷　明孫鑛批點
明萬曆四十四年吴興閔齊伋刻朱墨套印本　國圖　北大　清華　科學

人大　北師大　上海　復旦　遼寧

左芟一卷　明孫鑛評定

明末刻本　上海

合諸名家評注左傳文定十二卷　明孫鑛評選

明刻本　安徽

左傳評苑八卷　明孫鑛輯　明鍾惺注

明末慶雲館刻朱墨套印本　清華　浙江　河北大學　祁縣　江西師大　香港中大

春秋左傳綱目定註三十卷　明李廷機撰

明萬曆元年閩書林余泰垣刻本　文學所　安徽博

明崇禎五年書林楊素卿刻本　常州　安徽　開封

清刻本　大連

新刻李太史釋註左傳三註旁訓評林七卷　明李廷機撰

明萬曆書林詹聖澤刻本　吉林社科院

新鍥翰林李九我先生左傳評林選要三卷　明李廷機輯

明萬曆書林鄭以厚刻本　南京

新鋟李閣老評註左胡纂要四卷　明李廷機撰

明書林劉蓮臺刻本　浙江

春秋左傳註解辯誤二卷補遺一卷古器圖一卷　明傅遜撰

明萬曆十三年日殖齋刻本　北大　清華　人大　北師大　上海　復旦
湖北(殘缺古器圖一卷)

明萬曆十三年日殖齋刻十七年重修本　國圖　湖南

明萬曆十三年日殖齋刻十七年二十六年遞修本　南京(清丁丙跋)　蘇州　福建師大　湖北

日本延享三年皇都書肆影刻明萬曆日殖齋刻本　國圖　上海　遼寧

日本寬政六年尚絅館刻本　北大　遼寧

四庫全書存目叢書續修四庫全書影印明萬曆十三年日殖齋刻本

春秋左傳屬事二十卷　明傅遜撰

明萬曆十三年日殖齋刻本　北大　清華　人大　北師大　上海　復旦

明萬曆十三年日殖齋刻十七年重修本　國圖　湖南

明萬曆十三年日殖齋刻十七年二十六年遞修本　南京(清丁丙跋)　蘇州　福建師大　湖北

日本明和二年温故堂刻本　北大　遼寧

日本寶曆十二年菊池武慎刻文化九年達生館主人補刻本　南京

清乾隆四庫全書館寫欽定四庫全書本

左概六卷　明李事道撰

明萬曆十五年刻本　清華　故宫　南京

左概彙編二卷　佚名撰

抄本　南京

春秋左傳註評測義七十卷附録一卷　明凌稚隆撰

明萬曆十六年吴興凌氏刻本　國圖　北大　科學　天津　復旦　華東師大　南京(清丁丙跋)

四庫全書存目叢書影印明萬曆十六年刻本

春秋左傳註林七十卷　明凌稚隆撰　日本奥田元繼輯註

日本寬政五年浪華拙古堂刻本　吉林社科院

讀春秋左氏贅言十二卷　明王昇撰

明萬曆十六年刻本　中山大

讀左漫筆一卷　明陳懿典撰

清道光十一年六安晁氏木活字印學海類編本　國圖　北大　科學　上海　遼寧　南京

清道光二十八年宜黄黄氏木活字印遜敏堂叢書本　國圖　北大　清華　科學　上海　復旦

一九二〇年上海涵芬樓據清晁氏本影印學海類編本　國圖　首都　北大　清華　北師大　上海

四庫全書存目叢書影印清道光十一年六安晁氏木活字學海類編本

春秋匡解不分卷　明鄒德溥撰

明抄本　上海

四庫全書存目叢書影印明藍格抄本

左傳集要十二卷　明閔遠慶撰

明萬曆刻本　清華　科學

四庫未收書輯刊影印明萬曆刻本

春秋非左二卷　明郝敬撰

明萬曆崇禎間郝洪範刻山草堂集内編本　國圖　科學　上海辭書　南京　湖北

日本弘化三年皇都書林菱屋孫兵衛刻本　遼寧

清光緒十七年三餘草堂刻湖北叢書本　國圖　首都　北大　清華　科學　上海　復旦

春秋非左二卷　明郝敬撰　日本皆川願評點

日本明和三年東都書林刻本　國圖　臺大

批點左氏新語二卷　明郝敬撰
明萬曆崇禎郝洪範刻山草堂集内編本　國圖　科學

陳眉公先生選註左傳龍驤四卷　明陳繼儒選註
明三臺館刻本　吉大

新鍥鄭孩如先生精選左傳旁訓便讀四卷　明鄭維嶽撰
明萬曆二十八年楊氏同仁齋刻本　國圖
明楊九經刻本　武漢

左傳旁訓便讀四卷　明鄭維嶽撰
清刻本　南京

梅太史訂選左傳神駒二卷　明梅之焕編
明萬曆三十四年刻本　國圖

精選左傳神駒八卷
清光緒二十七年鴻之齋石印明選古文神駒六種本　上海

春秋因是三十卷　明梅之熉撰
清初金閶孝友堂刻本　蘇州
四庫全書存目叢書影印清初金閶孝友堂刻本

春秋左傳地名録二卷附春秋外傳國語地名録一卷　明劉城撰
明崇禎刻本　泰州
四庫全書存目叢書影印明崇禎刻本

春秋左傳典略十二卷　明陳許廷撰
明崇禎刻本　科學　上海辭書　山東　浙江
續修四庫全書四庫全書存目叢書影印明崇禎刻本

左氏春秋内外傳類選八卷　明樊王家輯
明萬曆三十六年刻本　清華　吉林　南京　中山大

重鋟增補湯會元遴輯百家評林左傳狐白四卷　明湯賓尹輯　明林世選增補
明萬曆三十八年余泰垣自新齋刻本　華東師大

左傳四卷　明陳淏子輯　明鍾惺選
明崇禎十三年刻本　國圖

左傳摘文二卷　明鍾惺註　清劉繼莊評　清秋崖子録
清乾隆抄本　南京

左逸一卷　明蔣謹輯
明崇禎五年蔣世枋刻本　遼寧

左逸一卷　明邵闇生編輯
　明天啓七年序刻蘉古介書後集本　北大　浙江
左逸一卷　日本湯元禎校
　日本明和元年平安書林刻本　國圖
左傳文苑八卷　明張鼐輯　明陳繼儒註
　明廣雲館刻三色套印本　國圖
　明刻朱墨套印本　清華　上海　天一閣　安徽博
鐫侗初張先生評選左傳雋四卷　明張鼐選
　明末書林蕭少衢師儉堂刻本　中央黨校　上海　吉林
權書止觀十二卷　明潘曾紘撰
　明萬曆刻本　北大　中大
春秋左傳三十卷卷首一卷　明沈經德輯校
　明萬曆刻本　北大
左氏纂二卷　明王良臣撰
　明刻本　中央黨校
春秋左傳標釋三十卷　明戴文光撰
　明天啓五年必有齋自刻本　國圖　上海　華東師大　南京　浙江大學
　　武漢
必有齋左概增删十二卷　明戴文光撰
　明天啓五年必有齋刻本　科學　南京
沈氏左燈六卷　明沈長卿撰
　明天啓六年刻本　清華　吉大
左氏兵法測要二十卷首二卷　明宋徵璧撰
　明崇禎劍閒齋刻本　上海　福建
左國類函二十四卷　明鄭元勛　王光魯輯
　明崇禎刻本　揚州師院
左記十二卷　明章大吉撰　明章貞之　章達之訂　明章爲之註
　明崇禎刻本　北大　清華　首師大　天津　復旦　華東師大　天一閣　湖北
春秋左傳異名考一卷　明閔光德輯
　明崇禎刻本　泰州
　明天放菴刻本　國圖　北大　北師大　天津　山東
　日本延享三年江都書肆崇文堂刻本　遼寧
　清光緒十一年融經館重校刻本　上海　遼寧
　清光緒十八年寶善堂刻本　國圖　錦州　遼大

清至民國抄本　國圖

春秋異名辨異一卷　明龔爾安輯

日本延享三年江都書肆崇文堂刻本　遼寧

新刊春秋左氏選粹四卷　題明晚香堂輯

明晚香堂刻本　吉林

讀左傳札記不分卷　清錢謙益撰

清錢謙益稿本　故宫

讀左隨筆不分卷　清顧鑒撰

清初紅杏書屋抄本　復旦

春秋左傳地名集錦二卷　清沈豫輯

清道光二十七年蕭山沈氏蛾術堂刻本　國圖　南京　浙江

左官異禮略一卷　清沈豫撰

清道光十八年蕭山沈氏漢讀齋刻蛾術堂集本　國圖　首都　清華　科學　上海　復旦

清道光二十七年蕭山沈氏蛾術堂刻本　國圖　科學　南京　浙江

一九三一年上海蟫隱廬據清道光本影印蛾術堂集本　國圖　北大　北師大　上海　復旦

左氏春秋集説十卷　清朱鶴齡輯

清道光二十九年强恕堂刻本　北大　科學　上海

續修四庫全書影印清道光二十九年强恕堂刻本

讀左日鈔十二卷補二卷　清朱鶴齡輯　清黄宗羲　顧炎武訂

清康熙二十年朱鶴齡刻本　國圖　北大　上海　復旦　天津　湖北

清乾隆六年刻本　上海

清乾隆四庫全書館寫欽定四庫全書本

左錦一卷　清傅山輯

清傅山稿本(清趙爾頤跋)　山西博

唱經堂左傳釋一卷　清金人瑞撰

清順治十六年刻唱經堂才子書本　國圖　北大　清華　北師大

清刻讀易堂藏板貫華堂才子書彙稿本　北大

清宣統二年順德鄧氏鉛印風雨樓叢書本　國圖　首都　北大　清華　北師大

左傳選十卷　清孫琮輯

清康熙五年山曉閣刻山曉閣文選本　清華　天津　上海　南京　南大　蘇州　安徽

左傳釋一卷　清課虛齋主人撰
　清嘉慶刻本　國圖
春秋地理志十六卷　清吴偉業撰
　清抄本　中山
左傳杜解補正三卷　清顧炎武撰
　清康熙刻本　上海
　清乾隆四庫全書館寫欽定四庫全書本
　日本明和四年刻本　北大　遼寧
　清嘉慶十三年虞山張氏刻借月山房彙抄本　科學　浙江
　清嘉慶十九年刻本　吉林社科院
　清道光三年上海陳氏據借月山房彙鈔刻版重編澤古齋重鈔第一集本　國圖　科學
　清道光九年廣東學海堂刻皇清經解一千四百卷本　國圖　天津　遼寧　山東
　清道光十年寶仁堂刻璜川吴氏經學叢書本　首都　北大　清華　北師大　上海　復旦
　清道光二十年金山錢氏據借月山房彙鈔刻版重編增刻指海本　國圖　清華　上海
　清道光吴縣吴氏刻本　南京
　清光緒十七年上海鴻寶齋石印皇清經解一百九十卷本　國圖　天津
　清光緒上海點石齋石印皇清經解一百九十卷本　國圖
　清蓬瀛閣刻光緒三十二年吴縣朱記榮增刻彙印顧亭林先生遺書本　首都　北大　科學
　清吴江潘氏遂初堂刻亭林遺書本　首都　北大　中醫　上海　復旦　吉林　陝西
　一九二〇年上海博古齋據清張氏刻本影印借月山房彙抄本　國圖　首都　北大　北師大
　一九三五年上海大東書局據清錢氏重編借月山房彙抄本影印指海本　國圖　北大　科學
左傳濟變録二卷　清謝文洊撰
　清光緒十八年謝鏞刻謝程山全書本　北大　上海　福建　福建師大　湖北　江西
左傳分國纂略十六卷　清盧元昌撰
　清康熙二十八年思美盧刻本　國圖　上海　南京　湖北

清康熙書林孫敬南刻本　科學
四庫未收書輯刊影印清康熙書林孫敬南刻本

續春秋左氏傳博議二卷　清王夫之撰

清道光二十二年新化鄧顯鶴長沙刻船山遺書本　浙江　河南　湖北　江西　重慶
清同治四年湘鄉曾國荃金陵刻船山遺書本　國圖　首都　北大　清華　北師大　科學　上海
清光緒二十四年掃葉山房鉛印本　牡丹江
清光緒二十四年望雲小舍石印本　國圖　天津
清光緒二十五年申昌莊石印本　北大
一九三三年上海太平洋書店鉛印船山遺書本　國圖　首都　北大　清華　北師大
一九三五年上海太平洋書店鉛印重刊船山遺書附校勘記本　湖北

左傳事緯十二卷　清馬驌撰

清康熙刻本　國圖　北大　科學　人大　上海　浙江　臺大
清乾隆四庫全書館寫欽定四庫全書本
清乾隆四十九年黄暹懷澂堂刻本　國圖　北大　科學　天津　上海　復旦
清嘉慶刻本　國圖
清道光二十六年刻本　吉林社科院
清同治七年朝宗書室木活字印本　北大　天津
清光緒四年蘇城振興書局刻本　復旦
清光緒四年吴縣潘氏敏德堂刻本　國圖　上海　復旦　天津
清光緒三十四年上海文瑞樓石印本　撫順　瀋農　吉林市　浙江
清光緒文海樓鉛印本　復旦

左傳事緯四卷

清乾隆綿州李氏萬卷樓刻嘉慶十四年李鼎元重校印函海本　國圖　首都　北大
清道光五年李朝夔補刻印函海本　國圖　首都　清華　北師大　上海

左傳事緯前書八卷　清馬驌撰

清康熙刻本　國圖　科學　上海　襄陽　臺大
清乾隆四庫全書館寫欽定四庫全書本
清嘉慶九年刻道光二十六年元和管慶祺後印本　國圖
清嘉慶桐書屋刻本　南京

左傳事緯論不分卷　清馬驌撰

蘭碧齋抄本　天津

覽左隨筆一卷　清馬驌撰
　清抄本　湖南師大
春秋名氏譜一卷　清馬驌撰
　清抄本　湖南師大
左傳經世鈔九卷　清魏禧評點
　清康熙刻本　國圖
左傳經世鈔二十三卷　清魏禧評點　清彭家屏參訂
　清乾隆十三年彭家屏聯墨齋刻本　國圖　北大　清華　科學　南開　復旦
　清光緒三十四年鉛印本　浙江大學
　清末聯墨齋刻本　上海
　續修四庫全書影印清乾隆刻本
左傳經世鈔約選四卷　清魏禧評點　周學熙選
　一九三二年至德周氏師古堂刻周氏師古堂所編書本　國圖
左氏兵謀兵法二卷　清魏禧撰
　清咸豐十年望雲草廬刻本　湖北
左傳選十四卷　清儲欣評選
　清雍正刻本　大連　吉林市
　清乾隆七年刻本　上海　浙江
　清乾隆三十八年同文堂刻本　上海
　清乾隆三十八年謙牧堂刻本　國圖　遼大
　清乾隆四十五年受祉堂刻本　丹東
　清乾隆四十九年受祉堂刻本　上海　天津
　清道光五年文淵堂刻本　天津
　清道光二十五年蘇州緑蔭堂刻本　哈爾濱
　清同治十三年掃葉山房刻本　大連　齊齊哈爾
　清光緒二年刻本　吉林社科院
　清光緒維經堂刻本　上海
　清二南堂刻本　濟南
　清桐香館刻本　濟南
左傳選十二卷
　清雍正三年受祉堂刻本　清華
　清嘉慶十年文盛堂刻本　濟南
左傳選不分卷
　清嘉慶十年大德堂刻儲氏七种本　天津

清抄本　南京

春秋左傳類纂六卷首一卷末一卷　清桂含章撰

清光緒七年敦厚堂刻本　國圖　上海　天津　吉林　南京　湖北

評點春秋綱目左傳句解彙雋六卷　清韓菼重訂

清道光二十一年集文堂刻本　上海

清同治四年輔仁堂刻本　復旦

清同治十年三盛堂刻本　濟南

清光緒七年紫文閣刻本　吉林

清光緒九年掃葉山房刻本　遼寧　丹東　遼大　吉林　齊齊哈爾

清光緒十年書業德刻本　國圖　濟南

清光緒十九年刻本　撫順　瀋師　吉林

清光緒二十年寶善書局刻本　香港中大

清光緒二十一年怡翰齋刻本　濟南

清光緒二十九年寶慶勸學書舍刻本　國圖　北大

清光緒三十三年京口善化書局刻本　香港中大

清光緒狀元閣李光明莊刻本　國圖　北大　天津　吉大　吉師

清末上海錦章圖書局石印本　國圖　北大

清末文奎堂刻本　北大

清末桐石山房刻本　北大　遼大　錦師

清末民初翠筠山房刻本　北大

清裕德堂刻本　北大

如西所刻諸名家評點春秋綱目左傳句解六卷　清韓菼重訂

清末聚文堂刻本　北大

清光緒十年錦文堂刻本　天津　吉大　哈爾濱　牡丹江

清光緒二十二年王四和記刻本　齊齊哈爾

左傳統箋三十五卷　清姜希轍撰

清康熙十五年刻本　科學　人大　上海　南京　山東　中大

四庫全書存目叢書影印清康熙十五年刻本

左傳快評八卷　清劉繼莊評定　清金成棟輯

清康熙蕉雨閒房刻本　北大　上海　華東師大

春秋地名考略十四卷　清高士奇撰

清康熙二十七年高氏清吟堂刻本　國圖（清李慈銘跋）　北大　人大
　北師大　科學　故宮　上海　復旦　天津

清乾隆四庫全書館寫欽定四庫全書本

抄本　南京

春秋地名考略目一卷　清高士奇撰

清刻閏竹居叢書本　首都　清華　科學　上海　遼寧　南京

左穎六卷國穎二卷　清高士奇輯注

清康熙錢塘高氏刻本　國圖　南京

春秋左傳姓名同異考四卷　清高士奇撰

清康熙自刻本　國圖　故宫　上海　湖北

四庫全書存目叢書續修四庫全書影印清康熙自刻本

左傳史論二卷　清高士奇撰

清光緒五年西江刻本　南京

清光緒十二年兩儀堂刻本　南京

春秋宗孟不分卷　清王源撰

清乾隆抄本　北大

左傳評十卷　清王源評訂

清康熙居業堂刻文章練要本　北大　清華　人大　南京

一九二四年四存學校鉛印本　南京

四庫全書存目叢書影印清康熙居業堂刻本

左傳折諸二十八卷首二卷　清張尚瑗撰

清雍正元年刻本　北大　科學　上海　重庆

清乾隆敬足齋刻本　復旦

左傳咀華二十二卷　清王符會撰

清北山書屋刻本　湖北

左傳義法舉要一卷　清方苞述　清王兆符　程崟録

清康熙嘉慶間桐城方氏抗希堂刻抗希堂十六種本　國圖　北大　北師大　科學　上海　復旦

清同治真州張氏广东刻一九一三年重修印榕園叢書本　國圖　首都　北大　科學

清光緒十九年金匱廉氏刻本　國圖　上海　天津　南京　浙江大學　吉林　吉林社科院

清光緒二十四年鄉嬛閣刻桐城方望溪先生全書本　北大　上海

清末盎園刻本　湖北

清長洲王氏抄本　馮平山

民國瀋陽高等師範文學專修科鉛印本　丹東

方氏左傳評點二卷　清方苞撰　清廉泉輯

清光緒十九年金匱廉泉刻本　國圖　北大　上海　天津　吉林　吉大

左氏條貫十八卷　清曹基編次
　　清康熙刻本　北大　上海　復旦　吉林社科院　南京　浙江　湖北　潮安博
　　清立達堂刻本　上海
　　清致和堂刻本　濟南
　　清刻本（丁晏批注並跋）　國圖
　　抄本　上海
　　續修四庫全書影印清康熙五十一年致和堂刻本
春秋列國地形口號一卷　清顧棟高撰
　　清道光吴江沈氏世楷堂刻昭代叢書本　國圖　首都　北大　北師大　科學　上海
　　清抄本（清佚名校）　上海
春秋五禮源流口號一卷　清顧棟高撰
　　清道光吴江沈氏世楷堂刻昭代叢書本　國圖　首都　北大　北師大　科學　上海
春秋大事表不分卷　清顧棟高輯
　　清顧棟高稿本（宋振仁跋）　上海
春秋大事表五十卷輿圖一卷附録一卷
　　清乾隆十三年錫山顧氏萬卷樓刻本　國圖　北大　天津
　　清乾隆四庫全書館寫欽定四庫全書本
　　清同治十二年山東尚志堂刻本　國圖　北大　上海　天津　遼寧　瀋陽
　　清光緒十四年陕西求友齋刻本　國圖　北大　上海　天津　遼寧　瀋陽
春秋大事表六十六卷輿圖一卷
　　清光緒十四年南菁書院刻皇清經解續編本　國圖　首都　北大　清華　北師大　科學
　　清光緒十五年上海蜚英館石印皇清經解續編本　國圖　首都　清華　北師大　上海　復旦
春秋列國地形犬牙相錯表不分卷　清顧棟高撰
　　清抄本（清佚名校）　上海
春秋列國卿大夫世系表二卷　清顧棟高撰
　　清光緒十五年刻素隱所刻書本　清華　上海　吉大
春秋大事表序録一卷　清顧棟高撰
　　清光緒二十八年石印經史百家序録本　國圖　上海　廣東
春秋綱領一卷　清顧棟高撰
　　清乾隆十三年錫山顧氏萬卷樓刻本　國圖　北大　天津　遼寧　南京

浙江 湖北

清光緒十四年陝西求友齋刻本 國圖 北大 上海 天津 遼寧 浙江 南京 湖北

讀春秋偶筆一卷 清顧棟高撰

清乾隆十三年錫山顧氏萬卷樓刻本 國圖 北大 天津 南京 浙江 遼寧 湖北

清光緒十四年陝西求友齋刻本 國圖 北大 上海 天津 浙江 南京 遼寧 湖北

春秋輿圖一卷 清顧棟高撰

清乾隆十三年錫山顧氏萬卷樓刻本 國圖 北大 天津 南京 浙江 遼寧 湖北 香港中大

清乾隆四庫全書館寫欽定四庫全書本

清同治十二年山東尚志堂刻本 國圖 北大 上海 天津 南京 遼寧 湖北

清光緒十四年陝西求友齋刻本 國圖 北大 上海 天津 南京 遼寧 浙江

清光緒十四年南菁書院刻皇清經解續編本 國圖 首都 北大 清華 北師大 科學

清光緒十五年上海蜚英館石印皇清經解續編本 國圖 首都 清華 北師大 上海 復旦

春秋大事表摘要四卷 清顧棟高撰 清邱東陽輯

清光緒二十九年曉雲山房刻本 國圖 湖北

左傳拾遺二卷 清朱元英撰

清康熙刻本 北大 科學 南京

清乾隆中刻春雨堂集本 北大 清華 上海 遼寧

清道光刻本 上海

四庫全書存目叢書影印清康熙刻本

左傳博議拾遺二卷 清朱元英撰

清咸豐四年刻小萬卷樓叢書本 上海 復旦 上海辭書 黑龍江 陝西 浙江 江西

清光緒四年金山錢氏重刻小萬卷樓叢書本 國圖 北大 清華 北師大 科學 上海

清光緒二十四年刻本 北大

一九一四年上元蔣氏慎修書屋鉛印金陵叢書本 國圖 北大 清華 北師大

科學　上海

左傳博議三編二卷　清朱元英撰

清光緒二十四年掃葉山房鉛印本　牡丹江

左繡三十卷首一卷　清馮李驊　陸浩評輯

清康熙五十九年華川書屋刻本　清華　上海　復旦　天津　香港中大

清康熙五十九年大文堂刻本　上海

清康熙書業堂刻本　國圖

清乾隆四十四年華川書屋刻本　北大

清嘉慶七年華川書屋刻本　南京

清道光二年刻本　丹東

日本嘉永七年刻本　遼寧　吉林　南京

日本安政元年須静堂刻本　上海

清光緒六年掃葉山房刻本　遼寧　丹東　丹師　吉林市　牡丹江　密山　黑龍江社科院

清光緒九年經國堂刻本　遼寧

清光緒十四年上海文瑞樓刻本　上海　復旦　天津　吉林社科院　齊齊哈爾

清光緒金陵李光明莊刻本　北大　上海　天津

清敬書堂刻本　國圖

清佛山翰寶樓刻本　遼寧

清末書業德刻本　北大

四庫全書存目叢書影印清康熙五十九年刻本

左繡選青不分卷　清馮李驊　陸浩評輯

錫光抄本　北大

讀左約箋二卷　清馮李驊撰　清夏大觀注

清咸豐元年刻本　南京

清咸豐元年盛氏海清樓刻德元堂補刻本　遼寧

春秋左傳杜註三十卷首一卷　清姚培謙撰

清乾隆十一年吴郡陸氏小鬱林刻本　國圖　清華　上海(清徐振聲校)　復旦　南開　浙江　遼寧　吉大　吉林社科院　哈爾濱　湖北　樂平　梅州　餘姚黎州文獻館

清嘉慶元年金閶書業堂刻本　上海　哈師　濟南

清道光七年洪都漱經堂刻朱墨套印本　上海　南京　浙江　浙江大學　遼寧　遼大　吉林

清同治五年金陵書局刻十三經讀本本　國圖　科學　上海　復旦　遼寧

遼大
清同治八年崇文書局刻本　吉林市　吉大
清同治十一年湖南尊經閣刻本　國圖　北大
清同治十三年湖南書局刻本　湖北
清光緒九年江南書局刻本　國圖　北大　上海　天津　遼寧
清光緒十五年户部刻本　南京　遼寧
清光緒十六年思賢講舍刻本　遼寧　瀋陽　吉林市
續修四庫全書影印清乾隆十一年陸氏小鬱林刻本

春秋地理考實四卷　清江永撰
清乾隆四庫全書館寫欽定四庫全書本
清道光九年廣東學海堂刻皇清經解一千四百卷本　國圖　天津　遼寧　山東
清道光九年廣東學海堂刻咸豐十一年補刻皇清經解一千四百八卷本　國圖　遼寧
清光緒十七年上海鴻寶齋石印皇清經解一百九十卷本　國圖　天津
清傳鈔四庫本　上海

春秋地理考實五卷
清抄本　北大

春秋經傳集解疑參二十卷　清錢炳撰
清雍正二年静觀巢刻本　吉林社科院

左傳條序八卷　清許培文撰
清雍正四年精刻本　天津

春秋左氏小疏一卷　清沈彤撰
清乾隆吴江沈氏刻果堂全集本　國圖　清華　北師大　科學　上海　華東師大　南京　浙江　浙江大學　青島　福建　福建師大
清乾隆四庫全書館寫欽定四庫全書本
清道光九年廣東學海堂刻皇清經解一千四百卷本　國圖　天津　遼寧　山東
清光緒十七年上海鴻寶齋石印皇清經解一百九十卷本　國圖　天津
清光緒上海點石齋石印皇清經解一百九十卷本　國圖

左傳器物宫室一卷　清沈淑撰
清雍正三年常熟沈氏孝德堂刻經玩本　國圖　北大　清華　北師大　上海　復旦　華東師大　上海辭書　南京　遼寧　福建師大　江西
清嘉慶南匯吴氏聽彝堂刻藝海珠塵本　國圖　首都　北大　清華　科學　上海　復旦

清光緒常熟鮑氏刻後知不足齋叢書本　國圖　首都　北大　科學

春秋左傳分國土地名二卷　清沈淑撰

清雍正三年常熟沈氏孝德堂刻經玩本　國圖　北大　清華　北師大　上海　復旦　華東師大　上海辭書　南京　遼寧　福建師大　江西

清嘉慶南匯吴氏聽彝堂刻藝海珠塵本　國圖　首都　北大　清華　科學　上海　復旦

清光緒常熟鮑氏刻後知不足齋叢書本　國圖　首都　北大　科學

左傳職官一卷　清沈淑撰

清雍正三年常熟沈氏孝德堂刻經玩本　國圖　北大　清華　北師大　上海　復旦　華東師大　上海辭書　南京　遼寧　福建師大　江西

清嘉慶南匯吴氏聽彝堂刻藝海珠塵本　國圖　首都　北大　清華　科學　上海　復旦

左傳列國職官二卷　清沈淑撰

清光緒常熟鮑氏刻後知不足齋叢書本　國圖　首都　北大　科學

讀左隨筆一卷　清王元稺撰

清光緒三十年鉛印本　上海

民國鉛印無暇逸齋叢書本　國圖　福建

春秋職官考略三卷　清程廷祚撰

清乾隆八年三近堂刻春秋識小録初刻三書本　國圖　清華　上海　遼寧　大連

清嘉慶南匯吴氏聽彝堂刻藝海珠塵本　國圖　首都　北大　清華　科學　上海　復旦

清光緒二十四年江寧傅氏晦齋刻金陵叢刻本　首都　北大　清華　北師大　科學　上海

清光緒三十二年江寧傅氏晦齋刻春秋識小録初刻三書本　南大

清抄本　南京

一九一四年上元蔣氏慎修書屋鉛印金陵叢書本　國圖　北大　清華　北師大　科學　上海

春秋地名辨異三卷　清程廷祚撰

清乾隆八年三近堂刻春秋識小録初刻三書本　國圖　清華　上海

清嘉慶南匯吴氏聽彝堂刻藝海珠塵本　國圖　首都　北大　清華　科學　上海　復旦

清光緒二十四年江寧傅氏晦齋刻金陵叢刻本　首都　北大　清華　北師大　科學　上海

清光緒三十二年江寧傅氏晦齋刻春秋識小録初刻三書本　南大

一九一四年至五年上元蔣氏慎修書屋鉛印金陵叢書本　國圖　北大　清華　北師大　科學　上海

左傳人名辨異一卷　清程廷祚撰

清乾隆八年三近堂刻春秋識小録初刻三書本　國圖　清華　上海

清嘉慶南匯吴氏聽彝堂刻藝海珠塵本　國圖　首都　北大　清華　科學　上海　復旦

清光緒二十四年江寧傅氏晦齋刻金陵叢刻本　首都　北大　清華　北師大　科學　上海

清光緒三十二年江寧傅氏晦齋刻春秋識小録初刻三書本　南大

左傳人名辨異三卷

清晦齋刻本　華東師大　吉林社科院

清抄本　上海

一九一四年至五年上元蔣氏慎修書屋鉛印金陵叢書本　國圖　北大　清華　北師大　科學　上海

左傳觿十卷　日本岡白駒撰

日本寶曆十年刻本　南京　遼寧

日本浪華合書房刻本　北大

左傳翼三十八卷　清周大璋評

清乾隆五年遂初堂刻本　哈師

清乾隆五年遂初堂刻文盛堂印本　黑龍江

清乾隆光德堂懷德堂刻本　北大

清同治五年大文堂刻本　遼大

清萃華堂刻本　湖北

四箴堂刻本　南京

説左一卷　清宋在詩撰

清乾隆三十年刻埜柏先生類稿本　科學

左傳説三十卷首一卷　清王系撰

清抄本　國圖

春秋左傳補註四卷　清惠棟撰

清惠棟稿本（丁祖蔭跋）　上海

春秋左傳補註六卷

清乾隆三十七年胡亦常刻三十八年張錦芳續刻本　國圖（王萱鈴跋）　清華　上海（清陳鍾英校跋）　浙江　暨南

清乾隆三十八年潮陽縣衙刻本　國圖　上海(清陳鍾英校跋)　濟南　浙江　吉林社科院

清乾隆三十九年順德張氏刻本　南京

清乾隆三十九年歷城周氏竹西書屋據益都李文藻刻版重編印貸園叢書初集本　國圖　首都　北大　清華　北師大　上海　南京(清盧文弨校跋　清丁丙跋)

清乾隆四十三年刻本　黑大

清乾隆四庫全書館寫欽定四庫全書本

清嘉慶海虞張氏刻墨海金壺本　國圖　復旦　天津

清道光九年廣東學海堂刻皇清經解一千四百卷本　國圖　天津　遼寧　山東

清道光九年廣東學海堂刻咸豐十一年補刻皇清經解一千四百八卷本　國圖　遼寧

日本天保八年玉山堂刻本　北大

清道光二十四年金山錢氏據墨海金壺刻版重編增刻守山閣叢書本　國圖　科學　上海

清光緒十五年上海鴻文書局據清錢氏刻本影印守山閣叢書本　國圖　首都　北大　上海

清光緒十七年上海鴻寶齋石印皇清經解一百九十卷本　國圖　天津

春秋詩話五卷首一卷　清勞孝輿撰

清乾隆十六年刻本　上海

于埜左氏録二卷　清盛大謨撰

清同治五年刻盛于埜遺著本　北大　上海　復旦　湖北

春秋左傳註疏考證二卷　清齊召南撰

清道光九年廣東學海堂刻皇清經解一千四百卷本　國圖　天津　遼寧　山東

清道光九年廣東學海堂刻咸豐十一年補刻皇清經解一千四百八卷本　國圖　遼寧

清光緒十七年上海鴻寶齋石印皇清經解一百九十卷本　國圖　天津

清光緒上海點石齋石印皇清經解一百九十卷本　國圖

左傳彙箋二十卷　清李永書　清许[齐卓]同輯

清抄本　國圖

左傳私解一卷　清趙曦明撰

清抄本(清盧文弨校)　上海

春秋經傳集解考正七卷　清陳樹華撰
清乾隆傳鈔稿本(佚名録清孫星衍　洪亮吉校　王大隆跋)　復旦
清抄本　國圖
春秋經傳集解考正三十卷
清盧文弨抄本(清盧文弨校)　國圖
清魏氏績語堂抄本　蘇州
一九四一年抄本　上海
續修四庫全書影印清盧文弨抄本
春秋經傳集解外傳考正二十一卷　清陳樹華撰
清魏氏績語堂抄本　蘇州
左鑒十卷附録一卷　清楊潮觀撰
清乾隆三十七年刻本　國圖　科學　上海　南京　湖北
四庫未收書輯刊影印清乾隆刻本
左傳評林八卷　清張光華輯
清雍正七年刻本　科學
讀左管窺二卷　清趙青藜撰　清翟藹評
清乾隆刻本　科學
清道光十二年涇縣趙氏古墨齋刻涇川叢書本　首都　北師大　科學　上海
一九一七年翟鳳翔等據清道光趙氏刻本影印涇川叢書本　國圖　北大　清華　北師大　上海
漱芳居讀左管見二卷　清趙青藜撰
清刻漱芳居文钞本　國圖
春秋尊孟一卷　清潘相撰
清乾隆二十九年至嘉慶七年刻安鄉潘經峰父子遺書本　北大　上海　復旦　南京
清光緒十五年家刻潘子全集本　北大　科學　遼寧　南京　湖北
讀左補義五十卷首一卷　清姜炳璋輯
清乾隆二十九年三多堂刻本　北大　上海　天津　南京
清乾隆三十七年尊行堂刻本　浙江　湖北
清乾隆三十八年毛昇刻本　黑龍江
清乾隆四十七年同文堂刻本　國圖　北大　上海　復旦　南京　浙江　湖北　香港中大
清同治十年三善堂刻本　北大　吉林社科院
清末善成堂刻本　北大　天津　遼寧　大連　錦州　丹東　撫順

四庫全書存目叢書影印清乾隆刻本
續修四庫全書影印清乾隆三十八年刻本
春秋讀左五十卷　清姜炳璋補義
清抄本　國圖
春秋左傳註疏校正一卷　清盧文弨撰
清乾隆嘉慶間餘姚盧氏刻抱經堂叢書本　國圖　北大　清華　科學　上海　復旦　天津
清光緒十五年刻紹興先正遺書第二集本　國圖　首都　北大　清華　科學　上海　復旦
一九二三年北京直隸書局據清盧氏刻本影印抱經堂叢書本　國圖　首都　北大　北師大
春秋左傳翼疏三十三卷　清程晉芳撰
清程晉芳稿本　北大
左氏節萃十卷　清淩璿玉撰
清乾隆二十六年金閶書業堂刻本　北大　上海　南京　湖北
清乾隆二十六年慎修堂刻本　上海
春秋左傳地名考十二卷　清錢俊選撰
清抄本(清汪成勛　沈欽韓跋)　南京
左傳評三卷　清錢大昕撰
清乾隆四十年刻本　國圖
左氏駁語四卷　清毛士撰
清光緒八年深澤王氏刻毛氏春秋三種本　北大　科學　吉大
續左傳類對賦不分卷　清周春撰
清雍正十二年刻本　湖北
清乾隆二年刻本　國圖
左傳補注一卷　清姚鼐撰
清同治五年省心閣刻惜抱軒全集本　國圖　首都　北師大　清華　上海
清光緒十四年江陰南菁書院刻南菁書院叢書本　國圖　首都　北大　北師大　科學
清光緒三十三年上海校經山房刻惜抱軒全集本　首都　北師大　華東師大　哈爾濱　武大
一九一四年上海會文堂書局石印惜抱軒全集本　國圖　上海辭書　遼寧　山東
春秋左傳雕題略六卷　日本中井積德撰
日本弘化三年唐津廓然堂刻本　國圖　上海　遼寧

日本萬延元年刻本　北大

春秋分年繫傳表一卷　清翁方綱撰

清翁方綱稿本　國圖

清乾隆嘉慶間刻蘇齋叢書本　北大　北師大　科學　上海　復旦　吉大　南京　南大

一九二四年博古齋影印蘇齋叢書本　首都　清華　北師大　上海　復旦　華東師大　上海師大

御案春秋左傳經傳備旨十二卷　清鄒聖脈等輯　清鄒可庭編次

清光緒五年海陵書屋刻本　湖北

清光緒刻巾箱本　湖北

左傳杜註拾遺三卷　清阮芝生撰

清阮芝生稿本　上海師大

清抄本(清翁方綱批校　佚名批校)　遼寧

左傳杜註拾遺一卷

清光緒十三年南清河王氏鉛印小方壺齋叢書本　國圖　清華　天津　上海　吉大

左氏春秋紀事本末十四卷　清熊爲霖讀本

清乾隆心松書屋刻本　北大

左傳通釋十二卷　清李惇撰

清道光九年刻本　科學　復旦　大連　吉大

清光緒二十四年高郵王氏刻鶴壽堂叢書本　國圖　北大　北師大　清華　科學　上海

續修四庫全書影印清道光九年李培紫刻本

春秋左傳會要四卷　清李調元撰

清光緒七年至八年廣漢鍾登甲樂道齋刻函海本　國圖　北大　北師大　科學　上海

續修四庫全書影印清光緒八年鍾登甲樂道齋刻函海本

左傳官名考二卷　清李調元撰

清乾隆中綿州李氏萬卷樓刻嘉慶十四年李鼎元重校印函海本　國圖　首都　北大　清華

清道光五年李朝夔補刻印函海本　國圖　首都　清華　北師大　上海

清光緒七年至八年廣漢鍾登甲樂道齋刻函海本　國圖　北大　北師大　科學　上海

續修四庫全書影印清乾隆李氏萬卷樓刻函海本

春秋左氏古經十二卷　清段玉裁撰
　清乾隆至道光間金壇段玉裁刻本　國圖
　清道光元年經韻樓刻經韻樓叢書本　國圖　首都　北大　科學
　清光緒常熟鮑氏刻後知不足齋叢書本　國圖(朱希祖朱筆評點)　首都　北大　科學
　續修四庫全書影印清道光元年經韻樓刻本
春秋左傳分類賦四卷　清夏大觀撰　清夏大鼎箋注
　清乾隆刻本　清華
　清嘉慶十六年德順堂刻本　上海
　清咸豐元年刻本　南京
　清咸豐元年盛氏海清樓刻德元堂補刻本　遼寧
　清叢經堂刻本　上海
　清末張廷瑞刻本　吉林
左傳分國摘要二十卷首一卷　清史宗恒輯
　清乾隆四十一年三梧閣刻本　上海
　清光緒元年玉池山房刻本　遼寧
　清刻本　湖北
左傳分國世系圖一卷　清史宗恒撰
　民國鉛印本　遼寧
左傳札記二卷　清朱亦棟撰
　清光緒四年武林竹簡齋刻十三經札記本　國圖　首都　清華　北師大　上海　復旦
列國左傳要詮八卷　清饒謙輯纂
　清乾隆四十三年枕松堂刻本　南京　福建師大　梅州　興寧一中
　清光緒二十二年刻本　北大
春秋地名考不分卷　清孔繼涵撰
　清乾隆四十八年清稿本　北大
春秋地名考一卷
　清抄本　國圖
春秋世族譜補一卷　清孔繼涵輯
　清乾隆孔氏稿本　遼寧
左傳評三卷　清李文淵撰
　清乾隆四十年歷城周氏竹西書屋據益都李文藻刻版重編印貸園叢書初集本　國圖　首都　北大　清華　北師大　上海

清乾隆四十年潮陽縣衙刻本　國圖　吉林
四庫全書存目叢書影印清乾隆四十年李文藻刻本

春秋左傳補注三卷　清馬宗璉撰
清道光九年廣東學海堂刻皇清經解一千四百卷本　國圖　天津　遼寧　山東
清道光九年廣東學海堂刻咸豐十一年補刻皇清經解一千四百八卷本　國圖　遼寧
清光緒十七年上海鴻寶齋石印皇清經解一百九十卷本　國圖　天津
清光緒上海點石齋石印皇清經解一百九十卷本　國圖
續修四庫全書影印清刻本

左傳補注二卷
清桐城光氏刻龍眠叢書本　清華　上海

春秋左傳彙輯四十卷　清吴炳文摘録
清乾隆四十八年南麓軒刻本　國圖　北大　科學　浙江　湖北　臺大
四庫未收書輯刊影印清乾隆四十八年南麓軒刻本

左傳鈔六卷　清高嵣集評
清乾隆五十三年廣郡永邑培元堂楊氏刻高梅亭讀書叢抄本　國圖　北大　上海　復旦　南京

春秋左傳詁二十卷　清洪亮吉撰
清嘉慶十二年陽湖洪貽孫刻本　國圖　北大　科學
清嘉慶十八年金陵刻本　國圖
清道光八年據嘉慶十八年金陵刻本後印本　國圖
清光緒四年洪用懃授經堂刻洪北江全集本　國圖　首都　北大　清華　北師大　上海
清光緒十四年南菁書院刻皇清經解續編本　國圖　首都　北大　清華　北師大　科學
清光緒十五年上海蜚英館石印皇清經解續編本　國圖　首都　清華　北師大　上海　復旦
清抄本　國圖
續修四庫全書影印清光緒四年授經堂刻本

左國類典詳注六卷　清吴模撰
清乾隆五十三年刻本　湖北　雲南

左通補釋三十二卷　清梁履繩撰
清嘉慶刻梁氏叢書單行本　國圖

清道光九年錢塘汪氏振綺堂刻本　上海　南京
清道光九年錢塘汪氏振綺堂刻光緒元年補刻本　國圖　北大　科學　復旦　天津
清光緒十四年南菁書院刻皇清經解續編本　國圖　首都　北大　清華　北師大　科學
清光緒十五年上海蜚英館石印皇清經解續編本　國圖　首都　清華　北師大　上海　復旦
續修四庫全書影印清道光九年汪氏振綺堂刻光緒元年補修本

音註全文春秋括例始末左傳句讀直解十九卷　日本奧田元繼輯撰
日本寬政五年刻本　吉林

左傳杜解補袽一卷　日本舟生備成撰
日本寬政十二年刻本　遼寧

左傳考三卷　日本宇野鼎撰
日本寬政四年刻本　遼寧

春秋左傳國次七卷　日本金澤休編
日本寬政九年松下亭刻本　北大

劉炫規杜持平六卷　清邵瑛撰
清嘉慶二十年刻本　吉大　吉林社科院
清嘉慶二十二年邵氏桂隱書屋刻本　國圖（李慈銘批校）　科學　上海　復旦　浙江
清光緒十四年江陰南菁書院刻南菁書院叢書本　國圖　首都　北大　北師大　科學
一九一五年邵啓賢鉛印本　國圖　復旦　遼寧　吉林
抄本　南京

春秋世族譜一卷　清孔廣栻撰
清抄本　國圖

春秋世族譜一卷附録一卷
清乾隆四十八年孔氏芳杜軒抄本　北大

春秋世族譜考一卷　清孔廣栻撰
清抄本　國圖

春秋地名考一卷補遺一卷疏引地名一卷地名考異一卷　清孔廣栻撰
清抄本　國圖

春秋地名同名録一卷　清孔廣栻撰
清抄本　國圖

春秋地名同名録補遺一卷　清孔廣栻撰

清抄本　國圖

春秋人名同名録一卷　清孔廣栻撰

清抄本　國圖

讀左卮言一卷　清石韞玉撰

清乾隆嘉慶間刻獨學廬全稿本　天津　復旦　華東師大　上海辭書

清道光十二年刻本　國圖

清道光十五年刻古香林叢書本　科學

春秋經傳朔閏表一卷　清姚文田撰

清道光七年歸安姚氏刻邃雅堂全書本　國圖　上海　南京　浙江　遼寧　吉林　青島

春秋左傳釋人十二卷附録一卷　清范照藜撰

清嘉慶八年河内范氏如不及齋刻本　國圖　北大　科學　上海　復旦　遼寧

續修四庫全書影印清嘉慶如不及齋刻本

春秋左傳補疏五卷　清焦循撰

清嘉慶二十二年半九書塾蜜梅花館刻本　瀋師

清嘉慶二十三年刻本　復旦

清道光六年半九書塾刻焦氏叢書本　國圖　首都　北師大　科學　上海　復旦　華東師大

清道光九年廣東學海堂刻皇清經解一千四百卷本　國圖　天津　遼寧　山東

清道光九年廣東學海堂刻咸豐十一年補刻皇清經解一千四百八卷本　國圖　遼寧

清光緒二年衡陽魏氏刻焦氏叢書本　國圖　首都　復旦　華東師大　遼寧　南京　蘇州

清光緒十七年上海鴻寶齋石印皇清經解一百九十卷本　國圖　天津

續修四庫全書影印清道光六年半九書塾刻六經補疏本

春秋經傳日表一卷　清朱兆熊撰

清刻春秋表三種本　科學

春秋詠史樂府一卷　清舒位撰

清舒位稿本　上海

清道光吴江沈氏世楷堂刻昭代叢書本　國圖　首都　北大　北師大　科學　上海

春秋左氏傳賈服注輯述二十卷　清李貽德撰

清同治五年餘姚朱蘭金陵書局刻本　國圖　北大　上海　復旦　天津　遼大

清光緒八年江蘇書局刻本　國圖　北大　上海　遼寧　瀋陽　大連

清光緒十四年南菁書院刻皇清經解續編本　國圖　首都　北大　清華　北師大　科學

清光緒十五年上海蜚英館石印皇清經解續編本　國圖　首都　清華　北師大　上海　復旦

清光緒浙江書局刻本　科學

續修四庫全書影印清同治五年朱蘭刻本

讀左筆記十五卷　日本增島固撰

日本昭和三年崇文書院鉛印本　南京

左傳兵法二卷　清李元春評輯

清道光十五年朝邑劉際清等刻青照堂叢書本　國圖　北大　北師大　上海　華東師大

春秋經朔表四卷　清薛約衍撰

清道光刻本　北大

左海經辨二卷　清陳壽祺撰

清道光三年刻本　南京

欽定春秋左傳讀本三十卷　清英和等奉敕撰

清道光二年武英殿刻本　國圖　北大　科學　上海　天津　吉大　齊齊哈爾

清道光二十五年黔省大盛堂據清乾隆武英殿本重刻本　國圖　上海

清咸豐元年邵州濂溪講院刻本　湖北

清同治八年江蘇書局刻本　國圖　北大　上海　天津　南京　湖北

清同治八年張之萬金陵刻本　國圖(李慈銘校)　北大　大連　鞍師　吉大　哈爾濱

清同治十一年山東書局刻十三經讀本附校刊記本　國圖　首都　北大　復旦　遼寧

清光緒八年山西濬文書局刻本　浙江

清光緒十二年居倹書屋刻本　北大　吉林　齊齊哈爾　浙江

一九二四年吳江施肇曾醒園刻十三經讀本本　國圖　清華　上海　復旦　華東師大　上海師大

讀左瑣言一卷　清倪倬撰

清道光吳江沈氏世楷堂刻昭代叢書本　國圖　首都　北大　北師大　科學

上海

讀左瑣言六卷

清抄本　上海

春秋左氏傳補註十二卷　清沈欽韓撰

清沈欽韓稿本　國圖

清道光元年刻本　天津

清同治十二年劉履芬抄本　國圖(劉履芬跋)

清光緒十四年南菁書院刻皇清經解續編本　國圖　首都　北大　清華　北師大　科學

清光緒十五年上海蜚英館石印皇清經解續編本　國圖　首都　清華　北師大　上海　復旦

清光緒中吴縣潘氏刻功順堂叢書本　國圖　首都　北大　清華　北師大　科學　上海

續修四庫全書影印稿本

春秋左傳補註十卷　清沈欽韓撰

清抄本　浙江大學

春秋左氏傳地名補註十二卷　清沈欽韓撰

清咸豐九年刻本　吉林社科院　浙江

清光緒中吴縣潘氏刻功順堂叢書本　國圖　首都　北大　清華　北師大　科學　上海

清光緒十四年南菁書院刻皇清經解續編本　國圖　首都　北大　清華　北師大　科學

清光緒十五年上海蜚英館石印皇清經解續編本　國圖　首都　清華　北師大　上海　復旦

清抄本　北大

清抄本　浙江

續修四庫全書影印清光緒潘氏刻功順堂叢書本

左氏春秋考證二卷　清劉逢禄撰

清道光九年廣東學海堂刻皇清經解一千四百卷本　國圖　天津　遼寧　山東

清道光九年廣東學海堂刻咸豐十一年補刻皇清經解一千四百八卷本　國圖　遼寧

清光緒十七年上海鴻寶齋石印皇清經解一百九十卷本　國圖　天津

清光緒上海點石齋石印皇清經解一百九十卷本　國圖

清光緒二十三年廣州太清樓刻本　國圖　北大　吉大　南京　杭州大學　香港中大

續修四庫全書影印清咸豐十一年廣東學海堂皇清經解補刻本

篋膏盲評一卷　清劉逢禄撰

清道光九年廣東學海堂刻皇清經解一千四百卷本　國圖　天津　遼寧　山東

清道光九年廣東學海堂刻咸豐十一年補刻皇清經解一千四百八卷本　國圖　遼寧

清光緒十七年上海鴻寶齋石印皇清經解一百九十卷本　國圖　天津

清光緒上海點石齋石印皇清經解一百九十卷本　國圖

左疑不分卷　清吴增嘉撰

清光緒十四年刻本　湖北

左氏春秋聚十八卷首四卷末二卷　清張用星撰

清嘉慶二十四年金沙官署刻本　北大　科學　上海　遼寧　吉林社科院　臺大

左傳杜註辨證六卷　清張聰咸撰

清光緒中貴池劉氏刻聚學軒叢書本　國圖　首都　北大　清華　北師大　科學　上海

抄本　科學

續修四庫全書影印清光緒貴池劉世珩刻聚學軒叢書本

讀左一隅草稿二卷初稿四卷　清姚東昇輯

清姚東昇稿本　國圖

左傳釋地三卷　清范士齡撰

清道光六年刻本　國圖　科學

續修四庫全書影印清道光六年刻本

春秋左氏古義六卷　清臧壽恭撰

清同治十二年楊峴抄本　北大

清同治光緒間吴縣潘氏京師刻滂喜齋叢書本　國圖　首都　北大　科學

清光緒十四年南菁書院刻皇清經解續編本　國圖　首都　北大　清華　北師大　科學

清光緒十五年上海蜚英館石印皇清經解續編本　國圖　首都　清華　北師大　上海　復旦

清勞氏丹鉛精舍抄本　國圖(勞格校並跋)

清抄本　浙江

續修四庫全書影印清勞氏丹鉛精舍抄本

春秋左傳識小録二卷　清朱駿聲撰

清光緒八年臨嘯閣刻朱氏群書本　國圖　首都　北師大　上海　上海辭書　吉大　山東大學　南京

續修四庫全書影印清光緒八年臨嘯閣刻朱氏群書本

讀左存愚一卷　清徐經撰

清光緒二年潭陽徐氏刻雅歌堂全集本　上海　吉大　福建師大　廣東

春秋禮經一卷　清徐經輯

清光緒二年潭陽徐氏刻雅歌堂全集本　上海　吉大　福建師大　廣東

左傳兵法一卷　清徐經輯

清光緒二年潭陽徐氏刻雅歌堂全集本　上海　吉大　福建師大　廣東

左傳兵訣一卷　清徐經輯

清光緒二年潭陽徐氏刻雅歌堂全集本　上海　吉大　福建師大　廣東

左傳歌謡一卷　清徐經輯

清光緒二年潭陽徐氏刻雅歌堂全集本　上海　吉大　福建師大　廣東

左傳精語一卷　清徐經輯

清光緒二年潭陽徐氏刻雅歌堂全集本　上海　吉大　福建師大　廣東

左傳舊疏考正八卷　清劉文淇撰

清道光十五年刻本　吉大

清道光十八年儀徵劉氏青溪舊屋刻本　國圖　北大　科學　上海　天津

清光緒元年湖北崇文書局刻崇文書局彙刻書本　國圖　首都　北大　清華　科學　上海

清光緒十四年南菁書院刻皇清經解續編本　國圖　首都　北大　清華　北師大　科學

清光緒十五年上海蜚英館石印皇清經解續編本　國圖　首都　清華　北師大　上海　復旦

春秋左氏傳舊注疏證不分卷　清劉文淇　劉毓崧　劉壽曾撰

清劉氏稿本　上海

續修四庫全書影印稿本

讀左漫筆十六卷　清常茂徠撰

清同治六年常維潮木活字印本　國圖　北大　南京　浙江

清抄本　北大

讀左小記二卷　清薛承宣輯

清道光十九年刻本　國圖　吉林社科院

春秋述義拾遺八卷首一卷　清陳熙晉撰
　清咸豐六年習佳精舍刻本　上海
　清光緒十七年刻廣雅書局叢書本　國圖　北師大　科學　上海　華東師大
春秋規過考信三卷　清陳熙晉撰
　清咸豐六年習佳精舍刻本　上海
　清光緒十五年刻廣雅書局叢書本　國圖　北師大　科學　上海
讀左剩語一卷　清趙以錕撰
　清道光十三年太倉東陵氏刻婁東雜著本　國圖　北大　清華　北師大
　　科學　上海　復旦
左傳杜解集正八卷　清丁晏撰
　清丁晏稿本　國圖
　一九一四年烏程張氏刻適園叢書本　國圖　首都　北大　清華　北師大
　　科學　上海　復旦
　續修四庫全書影印民國張氏刻適園叢書本
春秋井田記一卷　清馬國翰輯
　清同治十年濟南皇華館刻玉函山房輯佚書本　山東
　清光緒九年長沙嫏嬛館刻玉函山房輯佚書本　國圖　天津　遼寧　山東
　清光緒九年長沙嫏嬛館刻光緒十年章邱李氏印玉函山房輯佚書本　遼寧
　清光緒十年楚南書局刻玉函山房輯佚書本　天津　遼寧
左傳易讀六卷　清司徒修選訂
　清道光十六年文選樓刻本　國圖
　清咸豐六年志遠堂刻本　國圖　吉林
　清咸豐九年植桂堂刻本　吉林社科院
　清咸豐十一年書業德記刻本　國圖
　清光緒八年德盛堂刻本　吉大
　清光緒十四年寶興堂刻本　國圖　北大
　清光緒十四年善成堂刻本　大連　齊齊哈爾　濟南
春秋左傳擷要二卷　清司徒修原編　楊鍾鈺輯
　一九三〇年無錫書院鉛印本　上海　復旦　南京　撫順　吉林社科院　湖北
左傳札記七卷石經札補遺一卷　清錢綺撰
　清咸豐七年錢氏鈍研廬刻本　國圖　科學　杭州大學　湖北
　續修四庫全書影印清咸豐八年錢氏鈍研廬刻本
春秋左傳校勘記補正一卷　清王振聲撰
　清王振聲稿本王文村遺著本　上海

左傳輯釋二十五卷　日本安井衡撰
　日本明治四年彦根藩學校刻本　國圖　北大　上海　南京　丹師
　日本明治十七年東京山中出版舍刻本　上海
杜氏春秋釋例土地名不分卷　清鄒安鬯輯
　抄本　南京
春秋楚地答問一卷　清易本烺撰
　清光緒十七年三餘草堂刻湖北叢書本　國圖　首都　北大　清華　科學　上海　復旦
讀左劄記六卷　清易本烺撰
　清抄紙園叢書本　科學
左翼不分卷　清吴匏翁撰
　清道光二十六年抄本　國圖
左傳約編二十一卷　清鄒美中輯評
　清道光二十六年鄒氏西林山房刻本　湖北
曲江書屋新訂批註左傳快讀十八卷首一卷　清李紹崧輯
　清道光二十九年天津　南京
　清同治七年緯文堂刻本　上海　錦州　吉林　哈爾濱　濟南
　清同治七年登雲閣刻本　南京
　清同治十一年刻本　國圖
　清光緒五年崇文堂刻本　天津
　清光緒二十三年經綸元刻本　湖北
　清光緒二十五年掃葉山房刻本　天津　丹東
　清光緒曲江書屋刻本　天津
　清光緒三讓堂刻本　天津
　清光緒經元堂刻本　齊齊哈爾
　清宣統元年上海書局石印本　南京　浙江　丹東　哈爾濱
　清末刻本　北大
左腴三卷　清潘希淦撰
　清道光二十八年藝蘭書屋刻本　國圖　北大　天津　湖北
左傳人名備考不分卷　清趙宗侃撰
　清道光二十九年鳳樵書屋刻本　國圖　吉林社科院　湖北
讀左瑣録一卷　清王廷鼎撰
　清光緒十七年刻紫薇花館集本　國圖　清華　北師大　上海　上海辭書　南京　浙江大學

左氏探頤八卷　日本古賀煜撰
　日本抄本　遼寧
左傳杜注勘訛一卷　清林昌彝撰
　清同治十一年羊城刻本　國圖
　一九三二年羊城刻本　國圖
春秋繹義十四卷首一卷　清王曜南撰
　清咸豐元年務本堂刻本　吉林
左傳紺珠二卷　清王武沂輯　清蕭士麟補輯
　清咸豐元年刻小嫏嬛山館彙刊類書十二種本　國圖　華東師大　上海師大　南京　哈爾濱　青島
　清光緒二十年文選樓石印琅環獺祭十二種本　北師大　中醫　山東大學　福建師大　寧夏
春秋傳禮徵十卷　清朱大韶撰
　一九一五年烏程張氏刻適園叢書本　國圖　首都　北大　清華　北師大　科學　上海　復旦
　續修四庫全書影印民國張氏刻適園叢書本
左傳臆説十九條一卷　清郭柏蒼撰
　清光緒十三年刻郭氏叢刻本　國圖　福建　福建師大
春秋世族譜拾遺一卷　清成蓉鏡撰
　清光緒十四年江陰南菁書院刻南菁書院叢書本　國圖　首都　北大　清華　北師大　科學
　續修四庫全書影印清光緒十四年刻南菁書院叢書本
春秋世譜拾遺一卷　清成蓉鏡撰
　清光緒中刻成氏遺書本　上海
春秋左傳解不分卷　清丁壽昌撰
　清丁壽昌稿本丁氏遺稿六種本　上海
方柏堂老人春秋左氏傳家塾課本不分卷　清方宗誠輯
　清方守彝方守敦抄本　上海
春秋左傳文法讀本十二卷　清方宗誠評點
　一九一五年安慶方氏鉛印本　國圖　上海
箴膏肓評一卷　清桂文燦撰
　清末桂坫抄本　復旦
春秋左傳辯章題解六卷摘鈔目録一卷續鈔目録一卷　清牟昌衡撰
　清咸豐九年日三省齋刻本　國圖　南京

春秋國都爵姓考一卷　清陳鵬撰

清咸豐十一年南海伍氏刻粤雅堂叢書本　國圖　首都　北師大　科學　上海　復旦

春秋國都爵姓考補一卷　清曾釗撰

清咸豐十一年南海伍氏刻粤雅堂叢書本　國圖　首都　北師大　科學　上海　復旦

春暉樓讀左日記一卷　清張鼎撰

一九三六年盧學源鉛印本　國圖　上海

民國抄本　復旦

春秋左傳平議三卷　清俞樾撰

清光緒十四年南菁書院刻皇清經解續編本　國圖　首都　北大　清華　北師大　科學

清光緒十五年上海蜚英館石印皇清經解續編本　國圖　首都　清華　北師大　上海　復旦

清光緒二十五年刻春在堂全書本　國圖　首都　北大　清華　北師大　科學　上海　復旦

左傳古本分年考一卷　清俞樾撰

清光緒二十五年刻春在堂全書本　國圖　首都　北大　清華　北師大　科學　上海　復旦

左傳集類提要四卷　清郭峻編輯

清同治元年盱南三餘書屋刻本　北大　上海

左傳杜解補正不分卷　清王銘西撰

國學圖書館據稿本影印本　南京

左傳杜注摘謬一卷　清朱景昭撰

一九三三年朱家珂鉛印無夢軒遺書本　國圖　首都　北大　清華　北師大　遼寧

東萊先生左氏博議集要八卷　清宗廷輔評

清光緒二十三年宗氏刻本　上海

春秋左傳意解十卷首一卷　清陸樹芝撰　清陸德綏編次

清同治六年刻本　湖北

左傳質疑不分卷　清趙銘撰

抄本　國圖

春秋左氏傳集釋不分卷　清王韜撰

清王韜稿本　上海

讀左必紀初編三卷　清戴倫焕彙輯
　　清同治十二年戴氏木活字印巾箱本　湖北
讀左必紀次編二卷　清戴倫焕彙輯
　　清同治十二年戴氏木活字印巾箱本　湖北
聽園讀左隨筆二十卷附説文異字及諸經異字　清李藝元撰
　　清同治九年刻本　上海
　　清同治十二年長沙李一經堂刻本　北大
左傳便讀六卷　清魏承樾撰
　　清同治十年樹德堂刻本　上海
春秋疑年録一卷　清錢保塘撰
　　清光緒二十一年海寧錢氏清風室刻清風室叢刊本　北大　科學　上海　上海辭書　遼寧　南京
春秋釋地韻編五卷首一卷　清徐壽基撰
　　清光緒十二年桓臺刻志學齋集本　國圖　清華　科學　上海　山東　南京
　　清光緒十二年傳經堂刻本　復旦　吉林　華東師大　吉林社科院　南京　湖北
　　清光緒十二年武進徐氏刻本　國圖
讀左摘論十二篇附古文六首　清陳謨撰
　　孫氏雪映廬抄本　上海
讀左隨筆四卷　清楊在寅撰
　　清光緒五年綏定同人書屋刻本　湖北
讀左評録一卷　清史致準撰
　　清光緒刻史伯平先生所著書本　國圖　北師大　科學　上海
左傳十二卷附録一卷　清吴汝綸評點
　　民國都門印書局鉛印本　國圖　吉大　湖北
春秋左氏傳會箋三十卷　日本竹添光鴻撰
　　日本明治三十六年東京明治講學會鉛印本　國圖　大連　吉林　哈師
　　日本明治四十年井井書屋鉛印本　國圖　北大　上海　復旦　南京
左傳鈔四卷　日本竹添光鴻撰
　　日本明治十七年刻本　南京
春秋左氏傳附録三卷　日本近藤元粹輯
　　日本明治十五年大阪合書房刻本　上海
春秋左氏傳古注□卷　清王先謙輯
　　清王先謙稿本　湖南

讀左質疑四卷首一卷　清王祖畬撰

一九一八年太倉唐氏茹經室刻本　國圖　科學　上海　吉林　吉大

評注左氏戰記二卷　日本竹添利鎌鈔評

日本明治十七年東京奎文堂刻本　北大

讀左參解一卷　清錢大法撰

清光緒十年太倉錢氏刻本　上海

左錦四卷　清唐曜撰

清光緒十二年星沙寄傲書舍刻巾箱本　湖北

春秋左傳文法讀本不分卷　清方柏堂評點

一九一五年鉛印本　吉林社科院

左傳約解二十二卷　清劉曾騄撰

清光緒至民國刻本油印本祥符劉氏叢書本　國圖

春秋異地同名考一卷　清丁壽徵撰

清光緒十三年南清河王氏鉛印小方壺齋叢書本　國圖　清華　上海　天津

續修四庫全書影印清光緒十三年南清河王氏鉛印小方壺齋叢書本

左類初定八卷　清范震薇撰

清光緒甬上范氏刻雙雲堂傳集本　北師大　上海　遼寧　福建師大

左傳引詩録　清蘇園輯

清抄本　國圖

左傳嘉集不分卷　清陳貽谷撰

清陳貽谷稿本　上海

隸左句鐫一卷　清戴世泰編

清世義堂刻本　湖北

春秋左傳鍵二十四卷　清葛維鏞撰

清味經齋抄本　國圖

春秋左傳事類年表不分卷　清顧宗瑋撰

清顧宗瑋稿本　上海

四庫全書存目叢書影印稿本

五硯齋困知經説一卷　清梁恩霖撰

清刻本　國圖　科學

讀左慂言三卷　題清曼叟撰

清刻本　遼寧

春秋左傳杜注綜覽三十卷　清彭雲墟撰

清刻本　南京

左述二十集二百三十九卷首一卷　清浦淵撰　清浦玉立增訂
　　清浦玉立稿本　上海
左傳典則不分卷　清齊圖南撰
　　清齊圖南稿本　天臺文管會(清陳立樹跋)
春秋左傳地名疏證　清□紹基撰
　　清抄本　國圖
左傳童觽二卷　清邵堇撰
　　清邵堇稿本　華東師大　天一閣
春秋左傳闡義五十五卷首一卷　清慎朝正撰
　　清抄本　上海
春秋紀年一卷　清觀頮道人輯
　　清刻閏竹居叢書本　首都　清華　科學　上海　南京　遼寧　福建
　　　福建師大
春秋左傳異義録聞　清孫邦僑撰
　　清孫邦僑稿本　温州
左傳　清唐瑄輯
　　清抄本　國圖
春秋左傳合解四十卷首一卷　清陶善圻撰
　　清陶善圻稿本　南京
春秋左類聯四卷　清王一清編注
　　清刻本　湖北
春秋本義十二卷　清吴楫撰
　　清末翁長森家抄本　南京
　　一九一四年上元蔣氏慎修書屋鉛印金陵叢書本　國圖　北大　清華　北師大
　　　科學　上海
左貫不分卷　清張文成撰
　　清宫焕注抄本　南開
春秋左氏古經一卷附釋文證義一卷　清王文燾撰
　　抄本　國圖
左類三十卷　清李圻輯
　　清抄本　清華
左傳讀本二卷　日本春日仲淵輯
　　日本鉛印本　上海
左傳類鈔二卷　朝鮮車五山撰
　　朝鮮木活字本　上海

左傳淺説二卷　清皮錫瑞撰
清光緒二十五年刻本　國圖　科學　上海　瀋陽　大連　湖北
四庫未收書輯刊影印清光緒二十五年刻本
左傳菁華録二十四卷　清吴曾祺評注
一九一五年上海商務印書館鉛印本　上海
左傳賦詩義證一卷　清孫國仁撰
清孫國仁稿本砭愚堂叢書本　上海
左緯三卷　清劉霽先撰
清光緒十九年刻本　科學
讀左比事一卷　清劉霽先撰
清光緒十九年刻本　科學
春秋左傳氏族地名類編四卷　清金文源编
清光緒二十二年石印本　南京
左傳同名彙紀一卷　清王士濂輯
清光緒二十四年高郵王氏刻鶴壽堂叢書本　國圖　北大　清華　北師大　科學　上海
左女彙紀一卷　清王士濂輯
清光緒二十四年高郵王氏刻鶴壽堂叢書本　國圖　北大　清華　北師大　科學　上海
左女同名附紀一卷　清王士濂輯
清光緒二十四年高郵王氏刻鶴壽堂叢書本　國圖　北大　清華　北師大　科學　上海
左淫類紀一卷　清王士濂輯
清光緒二十四年高郵王氏刻鶴壽堂叢書本　國圖　北大　清華　北師大　科學　上海
左氏春秋傳例餘十七卷　清杜宗預撰
清宣統元年鉛印本　湖北
讀左比事十二卷　清劉溱撰
清光緒二十八年刻本　北大
經學教科書左傳政要不分卷　清陸章琇纂
清光緒三十三年上海均益圖書公司鉛印本　瀋陽
讀左參解不分卷　清錢守之撰
一九三八年刻本　吉大　吉林社科院
讀左隨筆四卷　清尹調元撰
清光緒三十年刻本　湖北

春秋大義繹釋八卷　清曾學傳撰
　一九一四年皂江學社刻本　上海
春秋列女圖考一卷　清王廷釗撰
　清宣統二年鉛印如諫果室叢刊本　國圖　首都　北大　清華　北師大
讀春秋雜記不分卷　佚名撰
　稿本　北大
春秋左傳節鈔不分卷　佚名撰
　清抄本　國圖
左傳選要一卷　佚名撰
　清光緒三十四年抄本　上海
左傳讀本不分卷　佚名撰
　清抄本　上海
讀左纂解不分卷　佚名撰
　稿本　湖北
春秋地理今釋不分卷　佚名撰
　稿本　南京
春秋地理今釋一卷
　清抄本(清陸黻恩跋)　南京
長曆補遺一卷　佚名撰
　清抄本　北大
春秋地名圖考不分卷　佚名撰
　清寫繪本　復旦
春秋左傳紀事不分卷　佚名撰
　稿本　上海
左傳分國　佚名撰
　清至民國抄本　國圖
左氏經傳校譌三十卷　日本佚名編
　日本影印本　國圖　大連
春秋左傳旁訓十八卷　佚名撰
　清光緒十年魏氏古香閣刻本　國圖　上海
左傳類編五卷　佚名撰
　清稿本　南京
春秋左氏古義補證長編不分卷　佚名撰
　抄本　國圖

左氏傳例異説一卷　佚名撰
　　抄本　國圖
春秋大事表略不分卷　佚名撰
　　清抄本　上海
左傳易斷不分卷　佚名撰
　　日本天保十二年抄本　上海
左傳序事殘稿不分卷　佚名撰
　　清稿本　上海
左傳文鈔不分卷　佚名撰
　　清抄本　齊齊哈爾
春秋地輿分韻考二卷　佚名撰
　　清木活字印本　吉林
左氏春秋傳義疏一百二十卷　清王樹枏撰
　　王樹枏稿本　科學
左氏春秋僞傳辨八卷　清王樹枏撰
　　清代稿本百种影印稿本
讀左傳法不分卷　清馬貞榆撰
　　清光緒抄本　上海
　　清末刻朱印本　北大　浙江大學　湖北
左傳口義一卷　清馬貞榆撰
　　清末兩湖書院課程朱印本　湖北
左傳口義三卷
　　清光緒二十七年朱印本　南京
讀左纂解不分卷　清阮桓輯撰
　　阮桓稿本　湖北
春秋左氏傳古義輯説長編　清王繩生撰
　　王繩生稿本　國圖
春秋左氏傳土地名集釋不分卷　清吴懋濟撰
　　吴懋濟稿本　北大
春秋左傳杜氏集解辨正二卷　清廖平撰
　　清光緒三十三年四益館鉛印本　國圖　科學　天津　吉林社科院
　　一九三四年井研廖氏刻本　南京
　　續修四庫全書影印清光緒三十三年四益館鉛印本
左氏春秋考證辨正二卷　清廖平撰
　　一九三五年井研廖氏刻本　南京

左傳經例長編不分卷　清廖平撰
　抄本　國圖
左氏春秋古經説十二卷　清廖平撰
　清光緒三十四年成都中學堂刻新訂六譯館叢書本　國圖　北大　清華
　　北師大　上海
再箴左氏膏肓一卷　清廖平撰
　一九三五年六譯馆叢書本　南京
讀左隨筆一卷　清王照撰
　一九三〇年刻水東集初編本　國圖　北師大
左傳禮説十卷　清張其淦撰
　一九二六年鉛印本　上海　吉林社科院　臺大
　一九三〇年鉛印寓園叢書本　北大　華東師大　上海辭書　杭州大學
劉子政左氏説一卷　清章炳麟撰
　一九一七年至八年浙江圖書館刻章氏叢書本　國圖　首都　北大　北師大
　　科學　上海
　一九二四年上海古書流通處據浙江圖書館刻本影印章氏叢書本　國圖
　　首都　北師大
　民國上海右文社鉛印章氏叢書本　國圖　首都　中醫　上海　華東師大
　　上海辭書　遼寧
　續修四庫全書影印民國浙江圖書館刻章氏叢書本
春秋左氏疑義答問一卷　清章炳麟撰
　章炳麟稿本　上海
春秋左氏疑義答問五卷
　一九三三年北平刻章氏叢書續編本　國圖　首都　北大　清華　北師大
　　科學
　一九三五年章氏國學講習會鉛印本　上海　南京
左傳讀不分卷　清章炳麟撰
　章炳麟稿本　上海(潘承弼跋)
春秋左傳讀九卷叙録一卷
　一九三九年吴縣潘承弼石印本　上海　復旦　南京
春秋左傳讀叙録一卷　清章炳麟撰
　一九一七年至八年浙江圖書館刻章氏叢書本　國圖　首都　北大　北師大
　　科學
　一九二四年上海古書流通處據浙江圖書館刻本影印章氏叢書本　國圖

首都
民國上海右文社鉛印章氏叢書本　國圖　首都　中醫　上海　華東師大　上海師大
續修四庫全書影印民國浙江圖書館刻章氏叢書本
左傳讀續編不分卷　清章炳麟撰
章炳麟稿本　上海
校箴膏肓評一卷　清章炳麟撰
章炳麟稿本　上海
讀左別解一卷　清朱運樞撰
一九二六年石印春秋筆記六種本　上海
世族譜系一卷　清朱運樞撰
一九二六年石印春秋筆記六種本　上海
春秋名號歸一圖校勘記二卷拾遺二卷　清吴士□輯
吴士□稿本　上海
讀左持平一卷　清王樹榮撰
民國鉛印紹邵軒叢書本　國圖　首都　北大　清華　北師大　上海　復旦
續左氏膏肓六卷　清王樹榮撰
民國鉛印紹邵軒叢書本　國圖　首都　北大　清華　北師大　上海　復旦
左氏非編年之史一卷　清王樹榮撰
民國油印本　上海
左氏無釋經之例一卷　清王樹榮撰
民國油印本　上海
左傳微十二卷　清吴闓生撰
一九二三年北平文學社刻本　國圖　上海　杭州大學
一九二三年北平文學社刻十三年重修本　遼寧
一九二三年北平文學社刻十八年重校本　國圖　遼寧
一九九〇年中國書店影印一九二三年北平文學社刻本　復旦　遼寧
春秋左氏傳古例詮微不分卷　清劉師培撰
民國鉛印本　國圖
春秋左氏傳答問一卷　清劉師培撰
一九三六年寧武南氏鉛印劉申叔先生遺書本　國圖　首都　北大　北師大
讀左劄記一卷　清劉師培撰
一九三六年寧武南氏鉛印劉申叔先生遺書本　國圖　首都　北大　北師大　上海

春秋左傳六卷　清周赤鳳編纂
　一九二六年上海中原書局石印本　濟南
左氏秦和傳補注一卷　清張驥撰
　一九三五年成都義生堂刻本　南京
續左氏膏肓六卷　清吴樹棻撰
　一九三五年安慶鉛印本　國圖
讀左百詠不分卷　清陸怡森撰
　民國鉛印本　吉林
左傳纘考三十卷附録一卷補一卷　日本龜井星撰
　日本大正六年影印本　大連
重訂歸入反正左傳考不分卷　日本大田成之撰
　抄本　吉林社科院

（三）凡例

春秋釋例一卷　漢潁容撰　清王謨輯
　清嘉慶三年金溪王氏刻漢魏遺書抄本　國圖　北大　清華　科學　上海
春秋釋例一卷　漢潁容撰　清馬國翰輯
　清同治十年濟南皇華館刻玉函山房輯佚書本　山東
　清光緒九年長沙嫏嬛館刻玉函山房輯佚書本　國圖　天津　遼寧　山東
　清光緒九年長沙嫏嬛館刻光緒十年章邱李氏印玉函山房輯佚書本　遼寧
春秋釋例不分卷　晉杜預撰
　清抄本（清孔繼涵校並跋　清孔廣栻校　清錢坫跋）　國圖
春秋釋例十五卷
　清乾隆孔氏稿本　遼寧
　清乾隆武英殿木活字印武英殿聚珍版書本　國圖　天津　遼寧　桂林
　清乾隆四庫全書館寫欽定四庫全書本
　清乾隆四十二年福建刻道光同治遞修光緒二十一年增刻武英殿聚珍版書本
　　國圖　北大　北師大　上海　復旦
　清乾隆四十六年刻本　上海
　清嘉慶五年掃葉山房仿武英殿刻本　北大　上海（清葉昌熾校）　南京
　　湖北
　日本文化元年刻本　湖北
　抄本　上海

春秋釋例十五卷　晉杜預撰　清莊述祖　孫星衍同校

清乾隆嘉慶間蘭陵孫氏刻岱南閣叢書本　國圖　科學　上海　復旦

清同治十二年粵東書局刻古經解彙函本　國圖　清華　北師大　科學　上海　復旦

清光緒十四年上海蜚英館石印古經解彙函本　首都　北大　北師大　上海

清光緒十五年湘南書局刻古經解彙函本　復旦　上海辭書　黑龍江

一九二四年上海博古齋據清孫氏刻本影印岱南閣叢書本　國圖　首都　北大

春秋釋例校勘記二卷　清孫星華撰

清乾隆四十二年福建刻道光同治遞修光緒二十一年增刻武英殿聚珍版書本　國圖　北大　北師大　上海　復旦

清光緒二十五年廣雅書局刻武英殿聚珍版書本　北師大　科學　上海　復旦

春秋戰殺例補一卷　晉杜預撰　清孔繼涵輯

清乾隆孔氏稿本　遼寧

春秋凡例二卷　明王樵輯　清朱鶴齡參

清道光二十九年强恕堂刻本　北大　科學　上海

續修四庫全書影印清道光二十九年强恕齋刻本

春秋釋例世族譜補缺一卷　清孔廣栻撰

清孔廣栻稿本　國圖

清抄本　國圖

春秋釋例補遺一卷　清孔廣栻撰

清孔廣栻稿本　國圖

春秋長曆考一卷　清孔廣栻撰

清孔廣栻稿本　國圖

春秋類例一卷　清江永撰

清抄本　國圖

馬氏左氏釋例一卷　清吴善繼撰

清吴善繼稿本(廖平批)　上海

春秋書法凡例附胡氏釋例不分卷　清徐經撰

清光緒二年潭陽徐氏刻雅歌堂全集本　上海　吉大　福建師大　廣東

春秋左傳古義凡例一卷　清廖平撰

清光緒中刻蟄雲雷齋叢書本　國圖　北大　清華　科學　上海　南京　湖北

清光緒十二年成都刻四益館經學叢書本　首都　北師大　重慶

清光緒十二年刻新訂六譯館叢書本　國圖　北大　清華　北師大　中醫　上海　復旦

春秋左氏傳漢義補證簡明凡例二十則一卷　清廖平撰

清光緒十二年刻新訂六譯館叢書本　國圖　北大　清華　北師大　中醫　上海　復旦

春秋古經左氏説後義補證凡例一卷　清廖平撰

清光緒十二年刻新訂六譯館叢書本　國圖　北大　清華　北師大　中醫　上海　復旦

左氏春秋學外編凡例一卷　清廖平撰

清光緒十二年刻新訂六譯館叢書本　國圖　北大　清華　北師大　中醫　上海　復旦

春秋左氏傳傳時月日古例考一卷　清劉師培撰

一九三六年寧武南氏鉛印劉申叔先生遺書本　國圖　首都　北大　北師大

春秋左氏傳古例詮微一卷　清劉師培撰

一九三六年寧武南氏鉛印劉申叔先生遺書本　國圖　首都　北大　北師大

春秋左氏傳傳例解略一卷　清劉師培撰

一九三六年寧武南氏鉛印劉申叔先生遺書本　國圖　首都　北大　北師大

春秋左氏傳傳注例略一卷　清劉師培撰

一九三六年寧武南氏鉛印劉申叔先生遺書本　國圖　首都　北大　北師大

春秋左氏傳例略一卷　清劉師培撰

一九三六年寧武南氏鉛印劉申叔先生遺書本　國圖　首都　北大　北師大

左傳五十凡例二卷　清駱成駫撰

一九二七年刻本　南京

春秋左氏傳五十凡一卷　佚名撰

清道光元年經韻樓刻經韻樓叢書本　國圖　首都　北大　清華　北師大　科學　上海

清光緒常熟鮑氏刻後知不足齋叢書本　國圖　首都　北大　科學

（四）文字音義

春秋左氏傳嵇氏音一卷　三國魏嵇康撰　清馬國翰輯

清同治十年濟南皇華館刻玉函山房輯佚書本　山東

清光緒九年長沙嫏嬛館刻玉函山房輯佚書本　國圖　天津　遼寧　山東

清光緒九年長沙嫏嬛館刻光緒十年章邱李氏印玉函山房輯佚書本　遼寧

春秋徐氏音一卷　晉徐邈撰　清馬國翰輯
清同治十年濟南皇華館刻玉函山房輯佚書本　山東
清光緒九年長沙嫏嬛館刻玉函山房輯佚書本　國圖　天津　遼寧　山東
清光緒九年長沙嫏嬛館刻光緒十年章邱李氏印玉函山房輯佚書本　遼寧

春秋左傳屬事古字奇字音釋一卷　明傅熙之撰
明萬曆十三年日殖齋刻本　北大　清華　人大　北師大　上海　復旦
明萬曆十三年日殖齋刻十七年重修本　國圖　湖南
明萬曆十三年日殖齋刻十七年二十六年遞修本　南京（清丁丙跋）　蘇州　福建師大　湖北
日本延享三年皇都書肆影刻明萬曆日殖齋刻本　國圖　上海
日本寬政六年刻本　北大

春秋左傳釋文校勘記六卷　清阮元撰
清道光九年廣東學海堂刻皇清經解一千四百卷本　國圖　天津　遼寧　山東
清道光九年廣東學海堂刻咸豐十一年補刻皇清經解一千四百八卷本　國圖　遼寧
清光緒十七年上海鴻寶齋石印皇清經解一百九十卷本　國圖　天津
清光緒上海點石齋石印皇清經解一百九十卷本　國圖

左傳字釋一卷　清馬驌撰
清乾隆四十九年黄暹懷澂堂刻本　國圖　北大　科學　天津　上海　復旦　浙江
清同治七年朝宗書室活字印本　北大　天津
清光緒四年吴縣潘氏敏德堂刻本　國圖　上海　復旦　天津　遼寧
清光緒三十四年上海文瑞樓石印本　撫順　瀋農　吉林市　浙江

春秋左傳異文釋十卷　清李富孫撰
清道光海昌蔣氏刻别下齋叢書本　國圖　上海　復旦　上海辭書　天津　吉林社科院
清光緒十四年南菁書院刻皇清經解續編本　國圖　首都　北大　清華　北師大　科學
清光緒十五年上海蜚英館石印皇清經解續編本　國圖　首都　清華　北師大　上海　復旦
一九二三年上海商務印書館據清蔣氏刻本影印别下齋叢書本　國圖　首都　北大　北師大
民國武林竹簡齋據清蔣氏刻本影印别下齋叢書本　國圖　北師大　科學

天津　吉大

續修四庫全書影印清道光蔣氏刻别下齋叢書本

春秋左傳音訓不分卷　清楊國楨　袁俊等編纂

清道光十年大梁書院刻十一經音訓本　國圖　復旦　華東師大　南大　福建師大

清光緒三年湖北崇文書局刻十一經音訓本　國圖　北大　清華　北師大　上海　復旦

左傳章句文字五卷　日本伊藤馨撰

日本嘉永四年刻本　國圖

二、公羊傳之屬

（一）正文

公羊春秋不分卷

宋刻本（勞健跋）　國圖

中華再造善本影印宋刻本

春秋公羊傳二十卷　明張獻翼編

明隆慶元年長州張獻翼刻本（與春秋穀梁傳合編）　國圖　北大　復旦　吉林社科院

明刻本　北大

明刻本（清丁丙跋）　南京

春秋公羊傳十二卷

明吴勉學刻十三經本　國圖　西北大學

清乾隆五十八年同人堂刻本　中山大（清陳澧批校）

公羊傳佚文一卷　清王仁俊輯

王仁俊輯經籍佚文稿本　上海

公羊傳初學讀本四卷　清萬廷蘭編

清嘉慶元年南昌萬氏校刻十一經初學讀本本　湖北

（二）傳説

春秋陰陽一卷　漢董仲舒撰

明崇禎十五年采隱山居刻增定漢魏六朝别解本　科學　武大

春秋決事一卷　漢董仲舒撰　清王謨輯
清嘉慶三年金溪王氏刻漢魏遺書抄本　國圖　北大　科學
春秋決事一卷　漢董仲舒撰　清馬國翰輯
清同治十年濟南皇華館刻玉函山房輯佚書本　山東
清光緒九年長沙嫏嬛館刻玉函山房輯佚書本　國圖　天津　遼寧　山東
清光緒九年長沙嫏嬛館刻光緒十年章邱李氏印玉函山房輯佚書本　遼寧
公羊治獄一卷　漢董仲舒撰　清黄奭輯
清道光甘泉黄氏刻光緒中印漢學堂叢書本　國圖　首都　北大　科學
清道光甘泉黄氏刻一九二五年王鑒修補印黄氏逸書考本　國圖　北大
清道光甘泉黄氏刻一九三四年江都朱長圻補刻重印黄氏逸書考本　首都　清華　北師大　遼寧　吉林　黑龍江
春秋決獄一卷　漢董仲舒撰　清洪頤煊輯
清嘉慶承德孫氏刻問經堂叢書本　國圖　清華　科學　上海
春秋盟會圖一卷　漢嚴彭祖撰　清王謨輯
清嘉慶三年金溪王氏刻漢魏遺書抄本　國圖　北大　科學
春秋盟會圖一卷　漢嚴彭祖撰　清黄奭輯
清道光甘泉黄氏刻光緒中印漢學堂叢書本　國圖　首都　北大　科學
清道光甘泉黄氏刻一九二五年王鑒修補印黄氏逸書考本　國圖　北大
清道光甘泉黄氏刻一九三四年江都朱長圻補刻重印黄氏逸書考本　首都　清華　北師大
公羊嚴氏春秋一卷　漢嚴彭祖撰　清馬國翰輯
清同治十年濟南皇華館刻玉函山房輯佚書本　山東
清光緒九年長沙嫏嬛館刻玉函山房輯佚書本　國圖　天津　遼寧　山東
清光緒九年長沙嫏嬛館刻光緒十年章邱李氏印玉函山房輯佚書本　遼寧
春秋公羊嚴氏義一卷　漢嚴彭祖撰　清王仁俊輯
清光緒王仁俊稿本十三經漢注本　上海
清光緒王仁俊稿本玉函山房輯佚書續編本　上海
春秋公羊顔氏記一卷　漢顔安樂撰　清馬國翰輯
清同治十年濟南皇華館刻玉函山房輯佚書本　山東
清光緒九年長沙嫏嬛館刻玉函山房輯佚書本　國圖　天津　遼寧　山東
清光緒九年長沙嫏嬛館刻光緒十年章邱李氏印玉函山房輯佚書本　遼寧
春秋公羊眭生義一卷　漢眭生撰　清王仁俊輯
清光緒王仁俊稿本十三經漢注本　上海
清光緒王仁俊稿本玉函山房輯佚書續編本　上海

春秋公羊貢氏義一卷　漢貢禹撰　清王仁俊輯

清光緒王仁俊稿本十三經漢注本　上海

清光緒王仁俊稿本玉函山房輯佚書續編本　上海

解疑論一卷　漢戴宏撰　清馬國翰輯

清同治十年濟南皇華館刻玉函山房輯佚書本　山東

清光緒九年長沙嫏嬛館刻玉函山房輯佚書本　國圖　天津　遼寧　山東

清光緒九年長沙嫏嬛館刻光緒十年章邱李氏印玉函山房輯佚書本　遼寧

騶氏春秋説一卷　漢騶氏撰　清王紹蘭輯

清蕭山王氏知足知不足館鈔蕭山王氏十萬卷樓輯佚七種本　上海

春秋公羊經傳十二卷　漢何休注

明崇禎武林錢受益刻本　上海

日本佐倉成德書院刻本　上海

紅格抄本　上海

春秋公羊經傳解詁十二卷釋文一卷　漢何休撰　唐陸德明撰釋文

宋淳熙撫州公使庫刻紹熙四年重修本　國圖

一九八七年中華書局據宋淳熙撫州刻紹熙四年重修本影印本　南京

中華再造善本影印宋淳熙撫州公使庫刻紹熙四年重修本

春秋公羊經傳解詁十二卷　漢何休撰　唐陸德明音義

宋紹熙二年余仁仲萬卷堂刻本　國圖(黄彭年　李盛鐸　袁克文跋)

清道光四年揚州汪氏問禮堂據宋紹熙本影刻本　北大

一九一九年上海商務印書館初次影印四部叢刊本　國圖　北大　科學

一九二九年上海商務印書館二次影印四部叢刊本　國圖　中央民大　上海　復旦

中華再造善本影印宋紹熙二年余仁仲萬卷堂刻本

春秋公羊經傳解詁十二卷附重刊宋紹熙公羊傳注附音本校記一卷　漢何休撰　唐陸德明音義　清魏彦撰校記

清道光四年揚州汪氏問禮堂據宋紹熙本影刻同治二年重印本　國圖　北大　科學　上海　復旦　天津　遼寧　南京　蘇州大學(清楊沂孫批點並跋)　安徽(清戴望圈點題識)　浙江　湖北(武昌徐氏録佚名批校)

清光緒二十一年金陵書局刻本　國圖　北大　上海　天津　南京　浙江　遼寧　湖北

清李光明莊刻本　遼寧　遼大　湖北

春秋公羊傳十一卷附重刊宋紹熙公羊傳注附音本校記一卷

一九一六年上海大成書局石印本　上海　遼寧　浙江大學

一九二二年上海錦章圖書局石印本　遼寧

春秋公羊傳讀本十二卷　漢何休撰　唐陸德明音義　清魏彦撰校記　唐文治輯

一九二四年吴江施肇曾醒園刻十三經讀本本　國圖　北大　清華　中央民大　上海　復旦

重刊宋紹熙公羊傳注附音本校記一卷　清魏彦撰

清道光四年揚州汪氏問禮堂據宋紹熙本影刻同治二年重印本　國圖　北大　科學　上海　復旦　天津　遼寧　南京　蘇州大學(清楊沂孫批點並跋)　安徽(清戴望圈點題識)　浙江　湖北(武昌徐氏録佚名批校)

清光緒二十一年金陵書局刻本　國圖　北大　上海　天津　南京　浙江　湖北

清李光明莊刻本　湖北

一九二四年吴江施肇曾醒園刻十三經讀本本　國圖　北大　清華　中央民大　上海　復旦

春秋公羊傳十一卷　漢何休注　唐陸德明音義

清同治七年湖北崇文書局刻本　國圖　北大　上海　天津　南京　遼寧　湖北

清光緒三年永康胡氏退補齋刻本　上海

清光緒五年山西浚文書局刻本　浙江

清光緒十二年湖北官書處刻本　國圖　北大　上海　天津　湖北　瀋陽　黑龍江

清光緒十二年星沙文昌書局刻本　國圖　天津　浙江　湖北　吉大

清光緒十七年湖南思賢書局刻本　瀋陽　吉大

清光緒十九年桂垣書局刻本　天津

春秋公羊傳二十八卷　漢何休解詁　唐陸德明音義

明崇禎永懷堂刻十三經古注本(莫棠校)　上海

明崇禎永懷堂刻清同治八年浙江書局校修印十三經古注本　國圖　首都　北大　清華　北師大　上海　復旦　華東師大　上海辭書　天津　吉林　南京　南大　安徽　浙江　吉大　遼寧　甘肅　福建　福建師大　四川　川大

清康熙何焯據永懷堂本校刻本(徐恕點讀)　湖北

春秋公羊傳十一卷附校刊記一卷　漢何休解詁　唐陸德明音義　清丁寶楨等撰校刊記

清同治十一年山東書局刻十三經讀本附校刊記本　國圖　首都　北大

復旦　遼寧

清光緒八年錦江書局影刻山東尚志堂刻本　北大　上海　南京

春秋公羊傳校刊記一卷　清丁寶楨等撰

清同治十一年山東書局刻十三經讀本附校刊記本　國圖　首都　復旦

遼寧　山東

清光緒八年錦江書局影刻山東尚志堂刻本　北大　上海　南京

春秋文謚例一卷　漢何休撰　清馬國翰輯

清同治十年濟南皇華館刻玉函山房輯佚書本　山東

清光緒九年長沙嫏嬛館刻玉函山房輯佚書本　國圖　天津　遼寧　山東

清光緒九年長沙嫏嬛館刻光緒十年章邱李氏印玉函山房輯佚書本　遼寧

駁春秋釋痾一卷　漢何休撰　清王仁俊輯

清光緒王仁俊稿本玉函山房輯佚書續編本　上海

春秋釋痾駁一卷

清光緒王仁俊稿本十三經漢注本　上海

春秋漢議一卷　漢何休撰　清王仁俊輯

清光緒王仁俊稿本十三經漢注本　上海

清光緒王仁俊稿本玉函山房輯佚書續編本　上海

公羊墨守一卷　漢何休撰　清王謨輯

清嘉慶三年金溪王氏刻漢魏遺書抄本　國圖　北大　科學

發墨守一卷　漢鄭玄撰

清乾隆四庫全書館寫欽定四庫全書本

清刻本　南京

抄本　科學

抄本　上海

發墨守一卷　漢鄭玄撰　清王復輯　清武億校

清嘉慶南匯吴氏聽彝堂刻藝海珠塵本　國圖　首都　北大　清華　科學

上海　復旦

清嘉慶承德孫氏刻問經堂叢書本　國圖　清華　科學　上海

清同治番禺李氏鈔反約篇本　福建師大

清同治真州張氏广东刻一九一三年重修印榕園叢書本　國圖　首都　北大

科學

清光緒常熟鮑氏刻後知不足齋叢書本　國圖　首都　北大　科學

一九二五年錢唐汪氏刻食舊堂叢書本　國圖　首都　清華　上海

發公羊墨守一卷　漢鄭玄撰　清孔廣林輯

清光緒十六年山東書局刻通德遺書所見録本　國圖　科學　上海　復旦

發墨守一卷　漢鄭玄撰　清袁鈞輯

清光緒十四年浙江書局刻鄭氏佚書本　國圖　北大　清華　科學　上海　復旦

發公羊墨守一卷　漢鄭玄撰　清黄奭輯

清道光甘泉黄氏刻一九二五年王鑒修補印黄氏逸書考本　國圖　北大

清道光甘泉黄氏刻一九三四年江都朱長圻補刻重印黄氏逸書考本　首都　清華　北師大

春秋公羊鄭氏義一卷　漢鄭玄撰　清王仁俊輯

清光緒王仁俊稿本十三經漢注本　上海

公羊一卷　漢鄭玄注　龍璋輯

民國攸縣龍氏鉛印小學蒐佚本　北師大　南京　南大　山東大學　甘肅

春秋公羊孔氏傳一卷　晉孔衍撰　清王仁俊輯

清光緒王仁俊稿本玉函山房輯佚書續編本　上海

春秋公羊王門子注一卷　晉王愆期撰　清王仁俊輯

清光緒王仁俊稿本十三經漢注本　上海

春秋公羊立劉氏注一卷　晉劉兆撰　清王仁俊輯

清光緒王仁俊稿本玉函山房輯佚書續編本　上海

公羊一卷　晉劉兆注　龍璋輯

民國攸縣龍氏鉛印小學蒐佚本　北師大　南京　南大　山東大學　甘肅

春秋公羊疏三十卷(存卷一至七)　唐徐彦撰

宋刻元修本　國圖

清末民初蔣汝藻密韻樓傳鈔北宋本　復旦

一九二二年至一九五七年上海商務印書館據宋本影印續古逸叢書本　國圖　首都　北大　科學

中華再造善本影印宋刻元修本

春秋公羊疏殘七卷附校勘記一卷　唐徐彦撰　劉承幹撰校勘記

一九三八年吴興劉氏刻嘉業堂叢書本　國圖　首都　科學

春秋公羊疏校勘記一卷　劉承幹撰

一九三八年吴興劉氏刻嘉業堂叢書本　國圖　首都　科學

監本附音春秋公羊注疏二十八卷　漢何休注　唐徐彦疏　唐陸德明音義

元刻本　南京

元刻明修本　國圖　北大　北京市文物局　上海　甘肅　天一閣　樂平　湖南師大　重慶　川師大　南京(清丁丙跋)

監本附音春秋公羊注疏二十八卷附校勘記二十八卷　漢何休注　唐徐彦疏　唐陸德明音義　清阮元撰校勘記

清嘉慶二十年南昌府學刻重刊宋本十三經注疏附校勘記本　國圖（王國維校並跋）　清華　北師大　上海

清同治十年湖南省城尊經閣刻本　北大

清同治十年廣東書局刻重刊宋本十三經注疏附校勘記本　國圖　首都

清同治十二年江西書局刻重刊宋本十三經注疏附校勘記本　國圖　首都　北師大　復旦

清同治十三年湖南書局重刊宋本十三經注疏附校勘記本　北大

清光緒十八年湖南寶慶務本書局刻重刊宋本十三經注疏附校勘記本　北大　上海

清光緒二十三年上海點石齋石印重刊宋本十三經注疏附校勘記本　國圖　北大

一九二四年上海掃葉山房石印重刊宋本十三經注疏附校勘記本　山東　重慶　川大

一九三五年上海世界書局石印重刊宋本十三經注疏附校勘記本　北大　上海

監本附音春秋公羊注疏四卷校勘記四卷

清光緒十三年點石齋印十三經注疏本　北大

春秋公羊傳校勘記十一卷釋文校勘記一卷　清阮元撰

清道光九年廣東學海堂刻皇清經解一千四百卷本　國圖　天津　遼寧　山東

清道光九年廣東學海堂刻咸豐十一年補刻皇清經解一千四百八卷本　國圖　遼寧

清光緒十四年桂海書局影印本　國圖

清光緒十七年上海鴻寶齋石印皇清經解一百九十卷本　國圖　天津

清光緒上海點石齋石印皇清經解一百九十卷本　國圖

清光緒二十四年蘇州官書坊刻宋本十三經注疏並經典釋文校勘記本　國圖　首都

春秋公羊注疏二十八卷　漢何休解詁　唐陸德明音義　唐徐彦疏

明嘉靖李元陽福建刻十三經注疏本　國圖（清王振聲校）　科學　上海　遼寧　陝西　南京（清江聲校　丁丙跋）　福建　重慶　山東博（清許翰批校）

明萬曆二十一年北京國子監刻十三經注疏本　國圖　上海（清陳澧校）　復旦　遼寧　南大　安徽　福建　四川

明崇禎七年毛氏汲古閣刻十三經注疏本　國圖(姚世鈺校並跋又録何焯校跋　高銓跋)　國圖(葉德輝跋　佚名録何煌　惠棟　朱邦衡　陳奂批校題識)　首都　清華　北師大　科學　天津　上海(清吴孝顯録各家校　清張爾耆覆校)　復旦(清惠棟批校並圈點)　上海師大　内蒙古　遼寧　甘肅　山東大學　南京　福建　福建師大　湖北　廣東　川大　黑龍江　青海　常州(清王振聲校　臨清何焯等校)

春秋公羊傳注疏二十八卷附考證　漢何休注　唐陸德明音義　唐徐彦疏

清乾隆四年武英殿刻十三經注疏附考證本　國圖　首都　北大　北師大

清乾隆四庫全書館寫欽定四庫全書薈要本

清乾隆四庫全書館寫欽定四庫全書本

清同治十年廣東書局刻十三經注疏本　北大

春秋公羊傳讀本四卷　漢何休注　清周樽眉輯

清乾隆五十八年留餘堂刻本　上海

公羊傳補注一卷　清姚鼐撰

清同治五年省心閣刻惜抱軒全集本　國圖　首都　清華　北師大　上海

清光緒十四年江陰南菁書院刻南菁書院叢書本　國圖　首都　北大　清華　北師大　科學

清光緒三十三年上海校經山房刻惜抱軒全集本　首都　北師大　華東師大　哈爾濱　武大

一九一四年上海會文堂書局石印惜抱軒全集本　國圖　上海辭書　遼寧　山東

春秋公羊傳注疏考證一卷　清齊召南撰

清道光九年廣東學海堂刻皇清經解一千四百卷本　國圖　天津　遼寧　山東

清道光九年廣東學海堂刻咸豐十一年補刻皇清經解一千四百八卷本　國圖　遼寧

清光緒十七年上海鴻寶齋石印皇清經解一百九十卷本　國圖　天津

清光緒上海點石齋石印皇清經解一百九十卷本　國圖

春秋公羊傳讞六卷　宋葉夢得撰

清乾隆四庫全書館寫欽定四庫全書本

清顧氏藝海樓抄本　南京(清葉廷琯校)

清抄本　國圖

清抄本　遼寧

清抄本　南京(清丁丙跋)

公羊傳十二卷　漢何休注　明孫鑛　張榜評

明刻本　故宫　華東師大　南京　南大

春秋公羊傳十二卷附考一卷　明閔齊伋裁注並撰考

明天啓元年閔齊伋刻三色套印本　國圖(劉履芬朱青筆批點)　人大　故宫　北京市文物局　遼寧　齊齊哈爾　岐山文化館　甘肅　祁縣　忻縣　山東　南京　安徽　惠安文化館　湖南　潮安博　重慶

明天啓元年閔齊伋刻清尺木堂補修本　浙江

明末唐錦池文林閣刻本　國圖　上海　華東師大　吉大　山西　太原　山西文物局　安慶　潛江　湖南　四川　重慶　寧夏

清同治十二年稽古樓刻袖珍十三經注本　國圖　上海　天津

清味經堂據明天啓元年吴興閔氏本刻本　上海

公羊傳十二卷　明鍾惺評

明崇禎九年刻本　復旦

公羊傳二卷

清刻本　南京

公羊傳一卷　明陳淏子輯　明鍾惺選

明崇禎十三年刻本　國圖

公羊墨史二卷　明周拱辰撰　明陸時雍　清張履祥評點

清道光二十三年聖雨齋刻本　南京

清道光二十九年刻周孟侯先生全書本　國圖　首都　北大　清華　科學　上海　復旦

清光緒元年補刻本　北大

續修四庫全書影印清道光二十六年刻光緒元年補修周孟侯先生全書本

公羊傳選一卷　清孫琮輯

清康熙五年山曉閣刻山曉閣文選十五種本　清華　上海　天津　南京　南大　蘇州　安徽

公羊傳選一卷　清儲欣評　清儲芝參述

清乾隆四十九年受祉堂精刻本　上海　天津

清光緒九年静遠堂刻本　上海　湖北

公羊傳選二卷

清乾隆三十八年同文堂刻本　上海

公羊傳評二卷　清王源評訂

清康熙五十五年漣水程氏刻本　國圖　清華　上海　天津　南京　遼寧

湖北
清雍正八年信芳齋刻文章練要本　南京
公羊折諸六卷卷首一卷　清張尚瑗撰
清雍正元年刻本　北大　上海　科學　重慶
公羊古義一卷　清惠棟撰
清道光吴江沈氏世楷堂刻昭代叢書本　國圖　首都　北大　北師大　科學　上海
公羊傳鈔一卷　清高塘集評
清乾隆五十三年廣郡永邑培元堂楊氏刻高梅亭讀書叢抄本　國圖　上海　復旦　大慶
清乾隆雙桐書屋刻本　南京
春秋公羊經傳通義十一卷叙一卷　清孔廣森撰
清嘉慶十七年孔廣廉刻顨軒孔氏所著書本　國圖　北大　清華　北師大　科學　上海
續修四庫全書影印清嘉慶刻顨軒孔氏所著書本
春秋公羊通義十二卷叙一卷　清孔廣森撰
清道光九年廣東學海堂刻皇清經解一千四百卷本　國圖　天津　遼寧　山東
清道光九年廣東學海堂刻咸豐十一年補刻皇清經解一千四百八卷本　國圖　遼寧
清光緒十七年上海鴻寶齋石印皇清經解一百九十卷本　國圖　天津
清光緒上海點石齋石印皇清經解一百九十卷本　國圖
公羊問答二卷　清凌曙撰
清道光元年江都凌氏蜚雲閣刻蜚雲閣凌氏叢書本　國圖　首都　北大　清華　上海　大連　黑龍江
清光緒九年歸安姚氏刻咫進齋叢書本　國圖　首都　北大　清華　北師大
清光緒十四年南菁書院刻皇清經解續編本　國圖　首都　北大　清華　北師大　科學
清光緒十五年上海蜚英館石印皇清經解續編本　國圖　首都　清華　北師大　上海　復旦
續修四庫全書影印清道光元年蜚雲閣刻本
春秋公羊禮疏十一卷　清凌曙撰
清嘉慶二十四年江都凌氏蜚雲閣刻蜚雲閣凌氏叢書本　國圖　首都　北大　清華　上海　吉林社科院

清光緒九年歸安姚氏刻咫進齋叢書本　國圖　首都　北大　清華　上海
復旦　吉林社科院
清光緒十四年南菁書院刻皇清經解續編本　國圖　首都　北大　清華
北師大　科學
清光緒十五年上海蜚英館石印皇清經解續編本　國圖　首都　清華　北師大
上海　復旦
續修四庫全書影印清嘉慶二十四年蜚雲閣刻本

公羊禮説一卷　清淩曙撰

清嘉慶二十四年江都淩氏蜚雲閣刻蜚雲閣淩氏叢書本　國圖　首都　北大
清華　上海　大連
清道光九年廣東學海堂刻皇清經解一千四百卷本　國圖　天津　遼寧
山東
清道光九年廣東學海堂刻咸豐十一年補刻皇清經解一千四百八卷本　國圖
遼寧
清光緒十七年上海鴻寶齋石印皇清經解一百九十卷本　國圖　天津
清光緒上海點石齋石印皇清經解一百九十卷本　國圖

發墨守評一卷　清劉逢禄撰

清道光九年廣東學海堂刻皇清經解一千四百卷本　國圖　天津　遼寧
山東
清道光九年廣東學海堂刻咸豐十一年補刻皇清經解一千四百八卷本　國圖
遼寧
清光緒十七年上海鴻寶齋石印皇清經解一百九十卷本　國圖　天津
清光緒上海點石齋石印皇清經解一百九十卷本　國圖
清光緒二十三年廣州太清樓刻本　國圖　北大　南京　浙江大學

公羊春秋何氏解詁箋一卷　清劉逢禄撰

清道光九年廣東學海堂刻皇清經解一千四百卷本　國圖　天津　遼寧
山東
清道光九年廣東學海堂刻咸豐十一年補刻皇清經解一千四百八卷本　國圖
遼寧
清咸豐十年補刻本　復旦
清光緒十七年上海鴻寶齋石印皇清經解一百九十卷本　國圖　天津
清光緒上海點石齋石印皇清經解一百九十卷本　國圖
清光緒二十三年廣州太清樓刻本　國圖　北大　南京　浙江大學

春秋公羊經何氏釋例十卷後録六卷　清劉逢禄撰

清嘉慶養一齋刻本　國圖　科學　上海　南京　浙江(殘)　湖北

續修四庫全書影印清嘉慶養一齋刻本

春秋公羊經何氏釋例十卷

清道光九年廣東學海堂刻皇清經解一千四百卷本　國圖　天津　遼寧　山東

清道光九年廣東學海堂刻咸豐十一年補刻皇清經解一千四百八卷本　國圖　遼寧

清光緒十七年上海鴻寶齋石印皇清經解一百九十卷本　國圖　天津

清光緒二十三年廣州太清樓刻本　國圖　北大　南京　浙江大學

春秋公羊傳旁訓四卷　佚名撰

清掃葉山房刻本　上海　復旦(清姚椿校並録清姚鼐批校)　南京　湖北

公羊經傳異文集解二卷　清吴壽暘撰

清吴壽暘稿本　國圖

清抄本(吴壽暘訂補)　國圖

續修四庫全書影印稿本

公羊逸禮考證一卷　清陳奂撰

清陳奂稿本　吴江

公羊逸禮考徵一卷　清陳奂撰

清同治四年元和陳倬抄本　北大

清同治光緒間吴縣潘氏京師刻滂喜齋叢書本　國圖　首都　北大　清華　北師大　科學

清光緒十二年吴縣朱氏槐廬刻孫溪朱氏經學叢書初編本　首都　清華　北師大　上海

清光緒十二年吴縣朱氏槐廬家塾槐廬叢書本　國圖　首都　北大　北師大　科學

清光緒十四年南菁書院刻皇清經解續編本　國圖　首都　北大　清華　北師大　科學

續修四庫全書影印清同治潘氏刻滂喜齋叢書本

春秋决事比一卷　清龔自珍撰

清光緒十四年南菁書院刻皇清經解續編本　國圖　首都　北大　清華　北師大　科學

清光緒十五年上海蜚英館石印皇清經解續編本　國圖　首都　清華　北師大　上海　復旦

清光緒二十三年廣州羊城崇蘭僊館刻本　國圖

續修四庫全書影印清光緒十四年南菁書院刻皇清經解續編本

春秋公羊注疏質疑二卷　清何若瑶撰
清光緒八年何雲旭刻何宫贊遺書本　國圖　科學(殘)　北大　北師大　上海　復旦
清光緒二十年廣雅書局刻一九二〇年番禺徐紹棨彙編重印廣雅書局叢書本　國圖　科學
續修四庫全書影印清光緒八年何雲旭刻何宫贊遺書本
宋余仁仲本公羊經傳解詁校記一卷　清王振聲撰
清王振聲稿本王文村遺著本　上海
公羊注疏校勘記補正一卷　清王振聲撰
清王振聲稿本王文村遺著本　上海
春秋公羊傳曆譜十一卷　清包慎言撰
清光緒十四年南菁書院刻皇清經解續編本　國圖　首都　北大　清華　北師大　科學
清光緒十五年上海蜚英館石印皇清經解續編本　國圖　首都　清華　北師大　上海　復旦
續修四庫全書影印清光緒十四年南菁書院刻皇清經解續編本
公羊義疏不分卷　清陳立撰
清陳立稿本　國圖
公羊義疏十一卷
清陳立稿本(清戴望跋　陳汝恭校)　上海
清抄本　國圖
公羊義疏七十六卷
清抄本(清孫詒讓校)　温州
清光緒十四年南菁書院刻皇清經解續編本　國圖　首都　北大　清華　北師大　科學
清光緒十五年上海蜚英館石印皇清經解續編本　國圖　首都　清華　北師大　上海　復旦
續修四庫全書影印清光緒十四年南菁書院刻皇清經解續編本
發墨守評一卷　清桂文燦撰
清末桂坫鈔稿本　復旦
春秋公羊傳平議一卷　清俞樾撰
清光緒十四年南菁書院刻皇清經解續編本　國圖　首都　北大　清華　北師大　科學
清光緒十五年上海蜚英館石印皇清經解續編本　國圖　首都　清華　北師大

上海　復旦

清光緒二十五年刻春在堂全書本　國圖　首都　北大　清華　北師大　科學　上海　復旦

讀公羊注記疑三卷　清張憲和撰

清光緒刻張氏公羊二種本　國圖　上海　南京　浙江大學　遼寧　湖北

公羊臆三卷　清張憲和撰

清光緒刻張氏公羊二種本　國圖　上海　南京　浙江大學　遼寧　湖北　吉林

公羊約解五卷　清劉曾騄撰

清光緒至民國刻本油印本祥符劉氏叢書本　國圖

發墨守疏證一卷　清皮錫瑞撰

清光緒二十五年善化皮氏刻本　國圖　上海

公羊箋十一卷　清王闓運撰

清光緒十一年成都尊經書局刻本　國圖　上海　復旦　南京　浙江大學　遼寧

清光緒二十六年刻本　南京

春秋公羊傳箋十一卷　清王闓運撰

清光緒三十四年刻湘綺樓全書本　國圖　首都　北大　北師大　天津　上海　復旦

續修四庫全書影印華東師大圖書館藏清光緒三十四年刻本

何氏公羊春秋十論一卷續十論一卷再續十論一卷附尊卑表一卷儀注表一卷　清廖平撰

清光緒刻蟄雲雷齋叢書本　國圖　北大　清華　科學　上海　南京　湖北

清光緒十二年成都刻四益館經學叢書本　首都　北師大　天津　重慶

清宣統三年上海國學扶輪社鉛印張氏適園叢書二集本　國圖　上海　復旦　天津　吉大

一九二一年四川存古書局彙印新訂六譯館叢書本　國圖　北大　清華　北師大

續修四庫全書影印清光緒十二年成都刻四益館經學叢書本

公羊春秋經傳驗推補證十一卷擬大統春秋條例一卷　清廖平撰

清光緒二十九年刻本　國圖　浙江大學　吉林社科院

清光緒三十二年則柯軒刻一九二一年四川存古書局彙印新訂六譯館叢書本　國圖　北大　清華　北師大

擬大統春秋條例一卷　清廖平撰
清光緒二十九年刻本　國圖　浙江大學
清光緒三十二年則柯軒刻一九二一年四川存古書局彙印新訂六譯館叢書本　國圖　北大　清華　北師大

公羊春秋補證凡例一卷　清廖平撰
一九二一年四川存古書局彙印新訂六譯館叢書本　國圖　北大　清華　北師大

校正公羊一卷　清廖平撰
廖平稿本　川哲社科院

春秋董氏學八卷附傳一卷　清康有爲撰
清光緒十九年刻萬木草堂叢書本　北大　上海　南京　浙江大學
清光緒二十四年上海大同譯書局刻萬木草堂叢書本　國圖　北大　科學　復旦
清光緒三十二年上海大同譯書局刻萬木草堂叢書本　濟南
一九一七年上海大同譯書局刻萬木草堂叢書本　國圖　上海　天津　南京

公羊何注考訂一卷　清王樹榮撰
民國安慶東方印書館鉛印紹邵軒叢書本　國圖　首都　北大　清華　北師大　上海

箴箴何篇一卷　清王樹榮撰
民國安慶東方印書館鉛印紹邵軒叢書本　國圖　首都　北大　清華　北師大　上海

續公羊墨守三卷　清王樹榮撰
民國安慶東方印書館鉛印紹邵軒叢書本　國圖　首都　北大　清華　北師大　上海

續公羊墨守附篇三卷　清王樹榮撰
民國安慶東方印書館鉛印紹邵軒叢書本　國圖　首都　北大　清華　北師大　上海

公羊經傳校訛十一卷　日本佚名編
日本影印本　國圖

（三）文字音義

春秋公羊傳異文釋一卷　清李富孫撰
清道光海昌蔣氏刻别下齋叢書本　國圖　上海　復旦

清光緒十四年南菁書院刻皇清經解續編本　國圖　首都　北大　清華　北師大　科學
清光緒十五年上海蜚英館石印皇清經解續編本　國圖　首都　清華　北師大　上海　復旦
一九二三年上海商務印書館據清蔣氏刻本影印別下齋叢書本　國圖　首都　北大
民國武林竹簡齋據清蔣氏刻本影印別下齋叢書本　國圖　北師大　科學　天津
續修四庫全書影印清道光蔣氏刻別下齋叢書本

春秋公羊傳音訓不分卷　清楊國楨　袁俊等編纂

清道光十年大梁書院刻十一經音訓本　復旦　華東師大　南大
清光緒三年湖北崇文書局刻十一經音訓本　國圖　北大　北師大

公羊方言疏箋一卷　清淳于鴻恩撰

清光緒三十四年金泉精舍刻本　國圖　北大　南京　湖北
抄本　科學
四庫未收書輯刊影印民國東方文化事業總委員會研究所抄本

三、穀梁傳之屬

（一）正文

蜀石經春秋穀梁傳殘石

民國上虞羅振玉影印吉石庵叢書本　國圖

穀梁春秋不分卷　唐陸德明音釋

宋刻本（與春秋公羊合編勞健跋）　國圖
中華再造善本影印宋刻本

春秋穀梁傳十二卷　明張獻翼編

明隆慶元年刻本（與春秋公羊傳合編）　國圖　北大　復旦　吉林社科院
明吴勉學刻十三經本　國圖　西北大學
明刻本　上海
明刻本　上海　南京
清乾隆五十八年同人堂刻本（清陳澧批校）　中山大

穀梁傳十二卷

明末刻本　故宫　浙江大學　河南

日本寬文八年荒川宋辰刻本　遼寧

(二) 傳説

春秋穀梁傳章句一卷　漢尹更始撰　清馬國翰輯
清同治十年濟南皇華館刻玉函山房輯佚書本　山東
清光緒九年長沙嫏嬛館刻玉函山房輯佚書本　國圖　天津　遼寧　山東
清光緒九年長沙嫏嬛館刻光緒十年章邱李氏印玉函山房輯佚書本　遼寧

春秋穀梁劉氏義一卷　漢劉向撰
清光緒王仁俊稿本十三經漢注本　上海

春秋穀梁傳説一卷　漢劉向撰　清馬國翰輯
清同治十年濟南皇華館刻玉函山房輯佚書本　山東
清光緒九年長沙嫏嬛館刻玉函山房輯佚書本　國圖　天津　遼寧　山東
清光緒九年長沙嫏嬛館刻光緒十年章邱李氏印玉函山房輯佚書本　遼寧

春秋穀梁劉更生義一卷　漢劉向撰　清王仁俊輯
清光緒王仁俊稿本玉函山房輯佚書續編本　上海

春秋穀梁段氏注一卷　漢段肅撰　清王仁俊輯
清光緒王仁俊稿本玉函山房輯佚書續編本　上海

穀梁廢疾一卷　漢何休撰　清王謨輯
清嘉慶三年金溪王氏刻漢魏遺書抄本　國圖　北大　清華　科學　上海

起廢疾一卷　漢鄭玄撰
清乾隆四庫全書館寫欽定四庫全書本
抄本　科學
抄本　上海

起廢疾一卷　漢鄭玄撰　清王復輯　清武億校
清嘉慶南匯吴氏聽彝堂刻藝海珠塵本　國圖　首都　北大　清華　科學　上海　復旦
清嘉慶承德孫氏刻問經堂叢書本　國圖　清華　科學　上海
清同治番禺李氏鈔反約篇本　福建師大
清同治真州張氏广东刻一九一三年重修印榕園叢書本　國圖　首都　北大　科學
清光緒常熟鮑氏刻後知不足齋叢書本　國圖　首都　北大　科學
一九二五年錢唐汪氏刻食舊堂叢書本　國圖　首都　清華　上海

釋穀梁廢疾一卷　漢鄭玄撰　清黄奭輯

清道光甘泉黄氏刻一九二五年王鑒修補印黄氏逸書考本　國圖　北大

清道光甘泉黄氏刻一九三四年江都朱長圻補刻重印黄氏逸書考本　首都　清華　北師大

釋穀梁廢疾一卷　漢鄭玄撰　清孔廣林輯

清光緒十六年山東書局刻通德遺書所見録本　國圖　科學　上海　復旦

釋廢疾一卷　漢鄭玄撰　清袁鈞輯

清光緒十四年浙江書局刻鄭氏佚書本　國圖　北大　清華　科學　上海　復旦

春秋穀梁傳解釋殘一卷(存卷五)　三國魏麋信撰

一九一三年上虞羅氏據唐寫本影印鳴沙石室佚書本　國圖　首都

一九三八年東方學會石印鳴沙石室佚書本　國圖　首都

穀梁傳注一卷　三國魏麋信撰　清王謨輯

清嘉慶三年金溪王氏刻漢魏遺書抄本　國圖　北大　清華　科學　上海

春秋穀梁傳注一卷　三國魏麋信撰　清黄奭輯

清道光甘泉黄氏刻光緒印漢學堂叢書本　國圖　首都　北大　科學

清道光甘泉黄氏刻一九二五年王鑒修補印黄氏逸書考本　國圖　北大

清道光甘泉黄氏刻一九三四年江都朱長圻補刻重印黄氏逸書考本　首都　清華　北師大

春秋穀梁傳麋氏注一卷　三國魏麋信撰　清馬國翰輯

清同治十年濟南皇華館刻玉函山房輯佚書本　山東

清光緒九年長沙嫏嬛館刻玉函山房輯佚書本　國圖　天津　遼寧　山東

清光緒九年長沙嫏嬛館刻光緒十年章邱李氏印玉函山房輯佚書本　遼寧

春秋穀梁傳徐氏注一卷　晉徐乾撰　清馬國翰輯

清清同治十年濟南皇華館刻玉函山房輯佚書本　山東

清光緒九年長沙嫏嬛館刻玉函山房輯佚書本　國圖　天津　遼寧　山東

清光緒九年長沙嫏嬛館刻光緒十年章邱李氏印玉函山房輯佚書本　遼寧

春秋穀梁傳注義一卷　晉徐邈撰　清馬國翰輯

清同治十年濟南皇華館刻玉函山房輯佚書本　山東

清光緒九年長沙嫏嬛館刻玉函山房輯佚書本　國圖　天津　遼寧　山東

清光緒九年長沙嫏嬛館刻光緒十年章邱李氏印玉函山房輯佚書本　遼寧

春秋穀梁傳集解卷三　晉范寧集解

一九一七年上虞羅氏據唐龍朔寫本影印鳴沙石室古籍叢殘本　國圖　北大　科學

春秋穀梁傳集解卷十二
　一九四七年臺灣大學據敦煌寫本影印敦煌祕籍留真新編本　清華　北師大　上海
春秋穀梁傳十二卷　晉范寧集解
　清同治七年金陵書局刻十三經讀本本　國圖　上海　復旦　天津　安徽　南京
　日本佐倉成德書院刻本　上海
春秋穀梁傳二十卷　晉范寧集解　明金蟠訂
　明崇禎永懷堂刻十三經古注本　上海(莫棠校)
　明崇禎永懷堂刻清同治八年浙江書局校修印十三經古注本　國圖　首都　北大　清華　北師大　天津　上海　復旦　華東師大　上海辭書　南京　南大　浙江　安徽　吉林　吉大　遼寧　甘肅　福建　福建師大　四川　川大
　清康熙何焯據永懷堂本校刻本　湖北(徐恕點讀)
春秋穀梁傳十二卷　晉范寧集解　唐陸德明音義
　南宋余仁仲万卷堂刻本　臺北故宫(存六卷)
　清光緒日本照相印宋余仁仲萬卷堂本　國圖
春秋穀梁傳十二卷附考異一卷　晉范寧集解　唐陸德明音義　考異清楊守敬撰
　清光緒九年遵義黎氏日本東京使署據宋紹熙本影刻古逸叢書本　國圖　首都　科學
　一九二三年沔陽盧氏慎始基齋據古逸叢書本影印湖北先正遺書本　國圖　首都　科學
春秋穀梁傳讀本十二卷附考異一卷　晉范寧集解　唐陸德明音義　清楊守敬撰考異　唐文治輯
　一九二四年吴江施肇曾醒園刻十三經讀本本　國圖　清華　上海　復旦
余仁仲萬卷堂穀梁傳考異一卷　清楊守敬撰
　清光緒九年遵義黎氏日本東京使署據宋紹熙本影刻古逸叢書本　國圖　首都　科學
　一九二三年沔陽盧氏慎始基齋據古逸叢書本影印湖北先正遺書本　國圖　首都　科學
　一九二四年吴江施肇曾醒園刻十三經讀本本　國圖　清華　上海　復旦
春秋穀梁傳十二卷　晉范寧集解　唐陸德明音義
　明武林王道焜校刻本　上海　南京

清同治七年湖北崇文書局刻本 國圖 北大 上海 天津 南京 遼寧 湖北
清同治七年金陵書局刻十三經讀本本 遼寧 吉林 黑龍江
清光緒十二年湖北官書處刻本 國圖 北大 上海 天津 南京 湖北 瀋陽 吉大
清光緒十二年星沙文昌書局刻本 天津 浙江 湖北

春秋穀梁傳十二卷附校刊記一卷 晉范寧集解 唐陸德明音義 清丁寶楨撰校刊記

清同治十一年山東書局刻十三經讀本附校刊記本 國圖 首都 遼寧
清光緒八年錦江書局影刻山東尚志堂本 北大 上海 復旦 南京 遼寧 湖北

春秋穀梁傳校刊記一卷 清丁寶楨撰

清同治十一年山東書局刻十三經讀本附校刊記本 國圖 首都
清光緒八年錦江書局影刻山東尚志堂本 北大 上海 復旦 南京 湖北

答薄氏駮穀梁義一卷 晉范寧撰 清王謨輯

清嘉慶三年金溪王氏刻漢魏遺書抄本 國圖 北大 清華 科學 上海

薄叔元問穀梁義一卷 晉范寧撰 清馬國翰輯

清同治十年濟南皇華館刻玉函山房輯佚書本 山東
清光緒九年長沙嫏嬛館刻玉函山房輯佚書本 國圖 天津 遼寧 山東
清光緒九年長沙嫏嬛館刻光緒十年章邱李氏印玉函山房輯佚書本 遼寧

穀梁傳例一卷 晉范寧撰 清王謨輯

清嘉慶三年金溪王氏刻漢魏遺書抄本 國圖 北大 清華 科學 上海

穀梁傳例一卷 晉范寧撰 清黃奭輯

清道光甘泉黃氏刻光緒印漢學堂叢書本 國圖 首都 北大 科學
清道光甘泉黃氏刻一九二五年王鑒修補印黃氏逸書考本 國圖 北大
清道光甘泉黃氏刻一九三四年江都朱長圻補刻重印黃氏逸書考本 首都 清華 北師大

春秋穀梁傳鄭氏説一卷 晉鄭嗣撰 清馬國翰輯

清同治十年濟南皇華館刻玉函山房輯佚書本 山東
清光緒九年長沙嫏嬛館刻玉函山房輯佚書本 國圖 天津 遼寧 山東

春秋穀梁劉氏注一卷 晉劉兆撰 清王仁俊輯

清光緒王仁俊稿本玉函山房輯佚書續編本 上海

穀梁一卷 晉劉兆注 龍璋輯

民國攸縣龍氏鉛印小學蒐佚本 北師大 甘肅 山東大學 南京 南大

福建師大　河南　武大

春秋穀梁疏十二卷存卷七至十二　唐楊士勛撰

清乾隆嘉慶間陳鱣抄本　北大

清咸豐七年瞿氏恬裕齋抄本(季錫疇跋)　國圖

一九一六年吴興劉氏嘉業堂傳鈔清張金吾愛日精廬抄本(繆荃孫校　劉承幹跋)　復旦

穀梁疏殘七卷附校勘記二卷　唐楊士勛撰　劉承幹撰校勘記

一九一六年吴興劉氏刻嘉業堂叢書本　國圖　首都　科學

穀梁疏校勘記二卷　劉承幹撰

劉承幹稿本　復旦

一九一六年吴興劉氏刻嘉業堂叢書本　國圖　首都　科學

監本附音春秋穀梁注疏二十卷　晉范寧集解　唐陸德明音義　唐楊士勛疏

宋刻元修本　國圖

元刻本　南京

元刻明修本　國圖　北大　北京市文物局　南京(清丁丙跋)　延大　甘肅　天一閣　樂平

中華再造善本影印宋刻元修本

監本附音春秋穀梁注疏二十卷附校勘記二十卷　晉范寧集解　唐陸德明音義　唐楊士勛疏　清阮元撰校勘記　清盧宣旬摘録

清嘉慶二十年南昌府學刻重刊宋本十三經注疏附校勘記本　國圖　清華　北師大　遼寧　瀋陽

清同治十年广東書局刻重刊宋本十三經注疏附校勘記本　國圖　首都　黑龍江

清光緒十八年湖南寶慶務本書局刻重刊宋本十三經注疏附校勘記本　北大　上海　長春

一九二四年上海掃葉山房石印重刊宋本十三經注疏附校勘記本　山東　重慶　川大

春秋穀梁傳校勘記十二卷釋文校勘記一卷　清阮元撰

清嘉慶十三年刻十三經注疏校勘記本　復旦(清王振聲校　王欣夫跋)

清道光九年廣東學海堂刻皇清經解一千四百卷本　國圖　天津　遼寧　山東

清道光九年廣東學海堂刻咸豐十一年補刻皇清經解一千四百八卷本　國圖　遼寧

清光緒二十四年蘇州官書坊刻宋本十三經注疏併經典釋文校勘記本　國圖　北大

春秋穀梁注疏二十卷　晉范寧集解　唐陸德明音義　唐楊士勛疏

明嘉靖李元陽福建刻十三經注疏本　復旦(清姚椿校)　國圖　北大　上海　南京　浙江　陝西　福建　重慶

明萬曆二十一年北京國子監刻十三經注疏本　國圖　上海(清陳澧校)　復旦　遼寧　南京　南大　安徽　福建　四川

明崇禎八年上虞毛氏汲古閣刻十三經注疏本　國圖(姚世鈺跋並録何焯校跋)　首都　清華　北師大　科學　上海(清張爾耆校　清吴孝顯録　清段玉裁　嚴傑　浦鏜各家校)　復旦(王欣夫属友臨清何煌　惠棟　張爾耆校)　山東博(佚名録清鄭杲批校　王獻唐跋)

春秋穀梁傳注疏二十卷附考證　晉范寧集解　唐陸德明音義　唐楊士勛疏

清乾隆四年武英殿刻十三經注疏附考證本　國圖　首都　北師大

清同治十年巴陵鍾謙鈞翻刻武英殿刻十三經注疏附考證本　湖北

清乾隆四庫全書館寫欽定四庫全書本

春秋穀梁傳讞六卷　宋葉夢得撰

清乾隆四庫全書館寫欽定四庫全書本

清顧氏藝海樓抄本(清葉廷琯校)　南京

清抄本　遼寧

清抄本(清丁丙跋)　南京

春秋穀梁傳十二卷攷一卷　明閔齊伋裁注並撰考

明天啓元年閔齊伋刻三色套印本　國圖　北大　人大　北師大　上海　天津　華東師大　遼寧

明末唐錦池文林閣刻本　國圖　上海　吉大　益都博　邹縣文管所　山西　安慶　潛江　湖南　中大

清味經堂據明天啓元年吴興閔氏本刻本　北大　上海

清同治十二年稽古樓刻袖珍十三經注本　國圖　天津　上海

穀梁傳一卷　明陳淏子輯　明鍾惺選

明崇禎十三年刻本　國圖

穀梁傳二卷　明鍾惺評

清刻本　南京

穀梁傳選一卷　清孫琮輯

清康熙五年山曉閣刻山曉閣文選本　清華　天津　上海　南京　南大　蘇州

穀梁傳選一卷　清儲欣評　清儲芝參述
　清乾隆四十九年受祉堂精刻本　上海　天津
穀梁傳選二卷
　清乾隆三十八年同文堂刻本　上海
穀梁傳評一卷　清王源評訂
　清康熙五十五年漣水程氏刻本　國圖　清華　天津　上海　南京　遼寧
　湖北
　清雍正八年信芳齋刻文章練要本　南京
穀梁折諸六卷卷首一卷　清張尚瑗撰
　清雍正元年刻本　北大　科學　上海　重庆
　清敬足齋精刻本　科學　天津
穀梁古義一卷　清惠棟撰
　清道光吴江沈氏世楷堂刻昭代叢書本　國圖　首都　北大　北師大　科學
　上海
春秋穀梁傳注疏考證一卷　清齊召南撰
　清道光九年廣東學海堂刻皇清經解一千四百卷本　國圖　天津　遼寧
　山東
　清道光九年廣東學海堂刻咸豐十一年補刻皇清經解一千四百八卷本　國圖
　遼寧
　清光緒十四年上海書局石印本　國圖
春秋穀梁傳注疏考證四卷
　清乾隆五十八年留餘堂刻本　上海
穀梁傳補注一卷　清姚鼐撰
　清同治五年省心閣刻惜抱軒全集本　國圖　首都　清華　北師大　上海
　清光緒三十三年上海校經山房刻惜抱軒全集本　北師大　華東師大
　哈爾濱　武大　廣東
　清光緒十四年江陰南菁書院刻南菁書院叢書本　國圖　首都　北大　科學
穀梁傳鈔一卷　清高塘集評
　清乾隆五十三年廣郡永邑培元堂楊氏刻高梅亭讀書叢抄本　國圖　北大
　上海　復旦　南京
穀梁廢疾申何二卷　清劉逢禄撰
　清道光九年廣東學海堂刻皇清經解一千四百卷本　國圖　天津　遼寧
　山東
　清道光九年廣東學海堂刻咸豐十一年補刻皇清經解一千四百八卷本　國圖

遼寧
清光緒十七年上海鴻寶齋石印皇清經解一百九十卷本　國圖　天津
續修四庫全書影印清道光九年廣東學海堂刻皇清經解本

春秋穀梁傳時月日書法釋例四卷　清許桂林撰

清道光二十五年刻本　國圖(李慈銘批)　科學　天津　湖北
清咸豐四年南海伍氏刻粵雅堂叢書本　國圖　首都　科學
清光緒十四年南菁書院刻皇清經解續編本　國圖　首都　北大　清華　北師大　科學

穀梁大義述不分卷　清柳興恩撰

清道光二十六年刻本　國圖　科學
清光緒八年德化李氏木犀軒刻木犀軒叢書本　國圖　首都　北大　科學　大連　吉林
清抄本　北大

穀梁大義述三十卷　清柳興恩撰

清光緒十四年南菁書院刻皇清經解續編本　國圖　首都　北大　清華　北師大　科學
清光緒十五年上海蜚英館石印皇清經解續編本　國圖　首都　清華　北師大　上海　復旦
續修四庫全書影印清光緒十四年南菁書院刻皇清經解續編本

穀梁禮證二卷　清侯康撰

清道光三十年南海伍氏粵雅堂文字歡娱室刻嶺南遺書本　國圖　首都　北大　科學
清光緒十四年南菁書院刻皇清經解續編本　國圖　首都　北大　清華　北師大　科學
清光緒十五年上海蜚英館石印皇清經解續編本　國圖　首都　清華　北師大　上海　復旦
續修四庫全書影印清道光三十年南海伍氏粵雅堂刻嶺南遺書本

春秋穀梁經傳補注二十四卷附律句一卷　清鍾文烝補注

清光緒二年嘉善鍾氏信美室刻本　國圖　北大　科學　遼寧　武漢(清謝章鋌圈點並識)　吉林　黑龍江
續修四庫全書影印清光緒二年鍾氏信美室刻本

穀梁補注二十四卷首一卷

清同治七年南菁書院刻本　復旦
清光緒十四年南菁書院刻皇清經解續編本　國圖　首都　北大　清華

北師大　科學

春秋穀梁傳平議一卷　清俞樾撰

清光緒十四年南菁書院刻皇清經解續編本　國圖　首都　北大　清華　北師大　科學

清光緒二十五年刻春在堂全書本　國圖　首都　北大　清華　北師大　科學　上海

穀梁逸禮一卷　清丁士涵撰

民國王氏學禮齋鈔稿本　復旦

穀梁申義一卷　清王闓運撰

清光緒十七年刻本　國圖　湖北　吉林社科院

續修四庫全書影印清光緒十七年刻本

穀梁正義一卷　清梅毓撰

清抄本　北大

穀梁約解五卷　清劉曾騄撰

清光緒至民國刻本油印本祥符劉氏叢書本　國圖

穀梁起廢疾補箋不分卷　清張佩綸箋

清張佩綸手稿本　上海

穀梁起廢疾補箋一卷

抄本　上海

穀梁大義述補闕不分卷　清張慰祖撰

清抄本　南京

一九三五年南京國學圖書館影印本　國圖　北大　科學　復旦　南京

民國國學圖書館傳抄本　南京

穀梁大義述補不分卷　清張慰祖撰

民國北平哈佛大學圖書館抄本　北大　上海

穀梁范注闕地釋二卷　清彭夢白撰

清光緒十五年技雲山房刻本　復旦

續穀梁廢疾三卷　清吴樹榮撰

一九三五年安慶鉛印本　國圖

春秋穀梁傳旁訓四卷　佚名撰

清掃葉山房刻本　上海　復旦(清姚椿校並録清姚鼐批校)　湖北

穀梁經傳校訛十卷　佚名撰

清末民國抄本　國圖

春秋穀梁傳序一卷　清王仁俊輯

清光緒王仁俊稿本玉函山房輯佚書續編本　上海

春秋穀梁傳補注十五卷　清柯劭忞撰

一九二七年國立北京大學研究院文史部鉛印柯劭忞先生遺著本　國圖　北大　科學　遼寧　吉林　黑龍江

春秋穀梁經傳古義疏十一卷　清廖平撰

廖平稿本　四川

清光緒二十五年刻本　科學

一九二九年成都刻本　南京

穀梁春秋經傳古義疏十一卷　清廖平撰　廖宗澤補疏

清光緒二十六年日新書局刻本　國圖　北大　科學　天津　上海　南京

一九三〇年成都鴻寶書社刻本　上海　復旦　南京　遼寧

重訂穀梁春秋經傳古義疏十一卷　清廖平撰　廖宗澤補疏

一九三一年渭南嚴氏刻渭南嚴氏孝義家塾叢書本　國圖　北大　清華　科學　遼寧

續修四庫全書影印民國二十年渭南嚴氏校刻渭南嚴氏孝義家塾叢書本

起起穀梁廢疾一卷　清廖平撰

清光緒十一年刻新訂六譯館叢書本　國圖　北大　清華　北師大

清光緒二十五年刻本　科學

一九三一年渭南嚴氏刻渭南嚴氏孝義家塾叢書本　國圖　清華　科學　遼寧

起起廢疾一卷　清廖平撰

清光緒十一年自刻四益館穀梁春秋外編本　國圖　天津

釋范一卷　清廖平撰

清光緒十一年自刻四益館穀梁春秋外編本　國圖　天津

清光緒二十五年刻本　科學

一九三一年渭南嚴氏刻渭南嚴氏孝義家塾叢書本　國圖　清華　科學　遼寧

穀梁春秋經傳古義凡例一卷　清廖平撰

一九二一年四川存古書局彙印新訂六譯館叢書本　國圖　北大　清華　北師大

穀梁春秋經學外篇凡例一卷　清廖平撰

一九二一年四川存古書局彙印新訂六譯館叢書本　國圖　北大　清華　北師大

四益館穀梁春秋外編敘目一卷　清廖平撰

一九一九年四川存古書局刻六譯館叢書本　北大

穀梁釋經重辭説一卷　清葉瀚撰

晚學廬叢稿稿本　上海

唐寫本春秋穀梁傳解釋　清羅振玉輯

一九一三年玻璃版影印本　國圖

續穀梁廢疾三卷　清王樹榮撰

民國鉛印紹邵軒叢書本　國圖　首都　北大　清華　北師大　上海　復旦

（三）文字音義

春秋穀梁傳釋文校勘記一卷　清阮元撰

清嘉慶十三年刻十三經注疏校勘記本　復旦(清王振聲校　王欣夫跋)

清道光九年廣東學海堂刻皇清經解一千四百卷本　國圖　天津　遼寧　山東

清光緒上海點石齋石印皇清經解一百九十卷本　國圖

清光緒二十四年蘇州官書坊刻宋本十三經注疏併經典釋文校勘記本　國圖　北大　上海　吉大

春秋穀梁傳異文釋一卷　清李富孫撰

清道光海昌蔣氏刻別下齋叢書本　國圖　上海　復旦

清光緒十四年南菁書院刻皇清經解續編本　國圖　首都　北大　清華　北師大　科學

清光緒十五年上海蜚英館石印皇清經解續編本　國圖　首都　清華　北師大　上海　復旦

一九二三年上海商務印書館據清蔣氏刻本影印別下齋叢書本　國圖　首都　北大

續修四庫全書影印清道光蔣氏刻別下齋叢書本

春秋穀梁傳音訓不分卷　清楊國楨　袁俊等編纂

清道光十年大梁書院刻十一經音訓本　復旦　華東師大　南大　福建師大(殘)

清光緒三年湖北崇文書局刻十一經音訓本　國圖　北大　清華　北師大

四、春秋總義之屬

(一) 正文

春秋一卷
　明弘治九年琴川周木刻五經本　國圖　上海　江西
　明嘉靖朱廷立刻五經本　上海
　明嘉靖三十一年翁溥刻五經正文本　國圖　南京等
　清康熙乾隆間内府刻古香齋袖珍十種本　復旦　天津
　清同治光緒間南海孔氏刻古香齋袖珍十種本　國圖　北大
　清抄本(清鍾文烝校　沈善登據景宋紹熙本校)　復旦
春秋白文二卷
　明刻五經白文本　國圖　上海
春秋四卷附録一卷
　清光緒十三年刻西京清麓叢書本　北大　北師大　上海　甘肅
春秋十二卷
　明嘉靖四至六年陳鳳梧刻篆文六經本　上海
春秋一卷
　清康熙内府刻篆文六經四書本　國圖　上海　復旦　天津
　清光緒九年上海同文書局據清康熙本影印篆文六經四書本　首都　清華　北師大　上海
御製翻譯春秋(滿漢對照)六十四卷
　清乾隆四十九年武英殿刻本　南京　大連
　清末刻本　北大

(二) 傳説

春秋大傳一卷　漢□□撰　清馬國翰輯
　清同治十年濟南皇華館刻玉函山房輯佚書本　山東
　清光緒九年長沙嫏嬛館刻玉函山房輯佚書本　國圖　天津　遼寧　山東
春秋大傳一卷　漢□□撰　清王仁俊輯
　清光緒王仁俊稿本玉函山房輯佚書續編本　上海

春秋三家經本訓詁一卷　漢賈逵撰　清王仁俊輯
　清光緒王仁俊稿本玉函山房輯佚書續編本　上海
　清光緒王仁俊稿本十三經漢注本　上海
春秋三傳異同説一卷　漢馬融撰　清馬國翰輯
　清同治十年濟南皇華館刻玉函山房輯佚書本　山東
　清光緒九年長沙嫏嬛館刻玉函山房輯佚書本　國圖　天津　遼寧　山東
春秋公羊穀梁傳集解一卷　晉劉兆撰　清王謨輯
　清嘉慶三年金溪王氏刻漢魏遺書抄本　國圖　北大　清華　科學　上海
春秋公羊穀梁傳解詁一卷　晉劉兆撰　清馬國翰輯
　清同治十年濟南皇華館刻玉函山房輯佚書本　山東
　清光緒九年長沙嫏嬛館刻玉函山房輯佚書本　國圖　天津　遼寧　山東
春秋公羊穀梁二傳評一卷　晉江熙撰　清馬國翰輯
　清同治十年濟南皇華館刻玉函山房輯佚書本　山東
　清光緒九年長沙嫏嬛館刻玉函山房輯佚書本　國圖　天津　遼寧　山東
春秋集傳一卷　唐啖助撰　清馬國翰輯
　清同治十年濟南皇華館刻玉函山房輯佚書本　山東
　清光緒九年長沙嫏嬛館刻玉函山房輯佚書本　國圖　天津　遼寧　山東
春秋例統一卷　唐啖助撰　清馬國翰輯
　清同治十年濟南皇華館刻玉函山房輯佚書本　山東
　清光緒九年長沙嫏嬛館刻玉函山房輯佚書本　國圖　天津　遼寧　山東
春秋闡微纂類義統一卷　唐趙匡撰　清馬國翰輯
　清同治十年濟南皇華館刻玉函山房輯佚書本　山東
　清光緒九年長沙嫏嬛館刻玉函山房輯佚書本　國圖　天津　遼寧　山東
春秋折衷論一卷　唐陳岳撰　清孔廣栻輯
　清抄本　國圖
春秋折衷論一卷　唐陳岳撰　清馬國翰輯
　清同治十年濟南皇華館刻玉函山房輯佚書本　山東
　清光緒九年長沙嫏嬛館刻玉函山房輯佚書本　國圖　天津　遼寧　山東
春秋摘微一卷　唐盧仝撰　清孔廣栻輯
　清抄本　國圖
春秋摘微一卷　唐盧仝撰　清李邦黻輯
　清光緒十四年江陰南菁書院刻南菁書院叢書本　國圖　首都　北大　清華
　　北師大　科學
春秋通例一卷　唐陸希聲撰　清馬國翰輯
　清同治十年濟南皇華館刻玉函山房輯佚書本　山東

清光緒九年長沙嫏嬛館刻玉函山房輯佚書本　國圖　天津　遼寧　山東

春秋集傳微旨三卷　唐陸淳撰

清康熙中錢塘龔氏刻玉玲瓏閣叢刻本　國圖(清何焯批校)　上海　常熟(清趙烈文跋)　浙江　遼寧　吉林

清乾隆四庫全書館寫欽定四庫全書本

清乾隆中刻養和堂叢書本　國圖　上海

清嘉慶十年虞山張氏照曠閣刻學津討原本　國圖　首都　科學

清道光十一年六安晁氏木活字印學海類編本　國圖　北大　科學　上海　南京　遼寧

一九二〇年上海涵芬樓據清晁氏本影印學海類編本　國圖　首都　北大　清華　北師大　上海

春秋啖趙二先生集傳纂例十卷　唐陸淳撰

明刻本　温州

明刻本　江西博(莫棠跋)

清康熙中錢塘龔氏刻玉玲瓏閣叢刻本　國圖(清何焯批校)　上海　常熟(清趙烈文跋)　浙江　遼寧　吉林

清抄本　南京(清佚名録清吴志忠校　清丁丙跋)

春秋集傳纂例十卷

明刻本　國圖

明刻本　上海

清乾隆四庫全書館寫欽定四庫全書本

清道光咸豐間大梁書院刻同治七年王儒行等印經苑本　首都　北大　科學

清同治十二年粵東書局刻古經解彙函本　國圖　清華　北師大　科學

清抄本　國圖(陳揆校)

春秋啖趙二先生集傳辯疑十卷　唐陸淳撰

明嘉靖刻本　上海

明刻本　北大

明刻本　浙江

清康熙中錢塘龔氏刻玉玲瓏閣叢刻本　國圖(清何焯批校)　上海　常熟(清趙烈文跋)　浙江　遼寧　吉林

清乾隆四庫全書館寫欽定四庫全書本

清乾隆中刻養和堂叢書本　國圖　重慶

清光緒十四年上海蜚英館石印古經解彙函本　首都　北大　北師大　上海

春秋集解十二卷　唐陸淳撰

清道光咸豐間大梁書院刻同治七年王儒行等印經苑本　首都　北大　科學

清道光咸豐間大梁書院刻一九二二年補刻一九二三年重印經苑本　上海　復旦　天津

春秋集傳纂例十卷附校勘記一卷　唐陸淳撰　清孫星華撰校勘記

清乾隆四十二年福建刻道光同治遞修光緒二十一年增刻武英殿聚珍版書本　國圖　北大　北師大　上海　復旦

清光緒二十五年廣雅書局刻武英殿聚珍版書本　北師大　科學

春秋傳十五卷　宋劉敞撰

明抄本　北大

清康熙十九年納蘭成德刻通志堂經解本　國圖　首都　北大　北師大　科學　天津　上海

清乾隆十六年水西劉氏刻公是遺書本　清華　北師大　上海　吉大　江西

清乾隆四庫全書館寫欽定四庫全書本

日本文化八年翻刻通志堂經解本　北大

清同治十二年粵東書局重刻通志堂經解本　國圖　首都　北大　上海　南京　遼寧　湖北

春秋傳説例一卷　宋劉敞撰

清乾隆四庫全書館寫欽定四庫全書本

清乾隆武英殿木活字印武英殿聚珍版書本　國圖　上海

清嘉慶南匯吴氏聽彝堂刻藝海珠塵本　國圖　首都　北大　清華　科學　上海　復旦

同治中番禺李氏鈔反約篇本　福建師大

清同治真州張氏广东刻一九一三年重修印榕園叢書本　國圖　首都　北大　科學

清光緒十六年黄梅梅氏慎自愛軒刻清芬堂叢書本　北大　清華　中央民大　科學　復旦　南大　湖北　重慶

春秋意林二卷　宋劉敞撰

宋刻本　遼寧

明抄本　國圖

清乾隆十六年水西劉氏刻公是遺書本　清華　北師大　上海　吉大　南京　江西

清康熙十九年納蘭成德刻通志堂經解本　國圖　首都　北大　北師大　科學　天津　上海

清康熙十九年納蘭成德刻乾隆五十年補修通志堂經解本　北大

清同治十二年粵東書局重刻通志堂經解本　國圖　首都　北大　上海

遼寧　湖北

中華再造善本影印宋刻本

春秋權衡十七卷　宋劉敞撰

明抄本　國圖

明末抄本　復旦

清抄本　南京(清朱彝尊　丁丙跋)

清康熙十九年納蘭成德刻通志堂經解本　國圖　首都　北大　北師大　科學　天津　上海

清乾隆十六年水西劉氏刻公是遺書本　清華　北師大　上海　吉大　吉林社科院　南京

清乾隆四庫全書館寫欽定四庫全書本

清同治十二年粤東書局重刻通志堂經解本　國圖　首都　北大　上海　遼寧　湖北

清抄本　上海(清佚名校)

龍學孫公春秋經解十五卷　宋孫覺撰

清康熙十九年納蘭成德刻通志堂經解本　國圖　首都　北大　北師大　科學　天津　上海

清乾隆武英殿木活字印武英殿聚珍版書本　國圖　天津　遼寧

清乾隆四十二年福建刻道光同治遞修光緒二十一年增刻武英殿聚珍版書本　國圖　北大

清同治十二年粤東書局重刻通志堂經解本　國圖　首都　北大　上海　遼寧　湖北

清抄本　國圖(清王端履校)

春秋經解十三卷

清乾隆四庫全書館寫欽定四庫全書本

清抄本　上海

春秋皇綱論五卷　宋王晳撰

清康熙十九年納蘭成德刻通志堂經解本　國圖　首都　北大　北師大　科學　天津　上海

清康熙十九年納蘭成德刻乾隆五十年補修通志堂經解本　北大

清乾隆四庫全書館寫欽定四庫全書本

清同治十二年粤東書局重刻通志堂經解本　國圖　首都　北大　上海　遼寧　湖北

春秋尊王發微十二卷　宋孫復撰

明抄本　天一閣

清康熙十九年納蘭成德刻通志堂經解本　國圖　首都　北大　北師大　科學　天津　上海
清乾隆四庫全書館寫欽定四庫全書本
清乾隆盧氏抱經堂抄本　南京(清盧文弨校並跋　丁丙跋)
清同治十二年粵東書局重刻通志堂經解本　國圖　首都　北大　上海　遼寧　湖北
清抄本　湖北(佚名據通志堂經解本校　李瀅跋)

木訥先生春秋經筌十六卷　宋趙鵬飛撰

明抄本　國圖
明抄本　上海
明抄本　遼寧(殘)
清康熙十九年納蘭成德刻通志堂經解本　國圖　首都　北大　北師大　科學　天津　上海
清乾隆四庫全書館寫欽定四庫全書本
清同治十二年粵東書局重刻通志堂經解本　國圖　首都　北大　上海　遼寧　湖北

潁濱先生春秋集解十二卷　宋蘇轍撰

明萬曆三十九年顧氏刻本　北大
明刻本　國圖
明萬曆二十五年金陵畢氏刻兩蘇經解本　國圖　北大　復旦　南京　浙江　吉大　吉林社科院
清乾隆四庫全書館寫欽定四庫全書本
清嘉慶刻本　湖北
清道光咸豐間大梁書院刻同治七年王儒行等印經苑本　首都　北大　科學

春秋五禮例宗十卷　宋張大亨撰

宋刻本(傅增湘跋)　國圖
清乾隆四庫全書館寫欽定四庫全書本
清抄本(清吴騫跋)　國圖
清曲阜孔氏抄本(清孔繼涵跋)　上海
清抄本(清丁丙跋)　南京
清抄本　北大
中華再造善本宋刻本

春秋通訓六卷　宋張大亨撰

清乾隆四庫全書館寫欽定四庫全書本

清嘉慶中海虞張氏刻墨海金壺本　國圖　復旦　天津　南京
清抄本(清丁丙跋)　南京
一九二一年上海博古齋據清張氏刻本影印墨海金壺本　國圖　首都　北大　清華　北師大

春秋臣傳三十卷　宋王當撰
清康熙十九年納蘭成德刻通志堂經解本　國圖(傅增湘校並跋)　首都　北大　北師大　科學　天津　上海
清康熙十九年納蘭成德刻乾隆五十年補修通志堂經解本　北大
清同治十二年粵東書局重刻通志堂經解本　國圖　首都　北大　上海　遼寧　湖北

劉質夫先生春秋通義十二卷　宋劉絢撰
明夢鹿堂抄本(明李待問題款　清丁世楠　钱馥跋)　浙江

春秋經解十二卷　宋崔子方撰
清乾隆四庫全書館寫欽定四庫全書本
清抄本(清丁丙跋)　南京
民國上海商務印書館據文淵閣本影印四庫全書珍本初集本　國圖　首都　北大　科學

春秋例要一卷　宋崔子方撰
清乾隆四庫全書館寫欽定四庫全書本
一九三四年至二十四年上海商務印書館據文淵閣本影印四庫全書珍本初集本　國圖　首都　北大　科學

西疇居士春秋本例二十卷　宋崔子方撰
宋刻本　上海
明抄本(清徐時棟跋)　北大
明刻本　北大
清初抄本　天一閣
清康熙十九年納蘭成德刻通志堂經解本　國圖　首都　北大　北師大　科學　天津　上海
清同治十二年粵東書局重刻通志堂經解本　國圖　首都　北大　上海　遼寧　湖北
中華再造善本影印宋刻本

春秋本例二十卷
清乾隆四庫全書館寫欽定四庫全書本

春秋辨疑四卷附校勘記一卷　宋蕭楚撰　清周自得撰校勘記
清乾隆武英殿木活字印武英殿聚珍版書本　國圖　科學　上海

清乾隆四十二年福建刻道光同治遞修光緒二十一年增刻武英殿聚珍版書本　國圖　北大　北師大　上海　復旦
清乾隆浙江重刻武英殿聚珍版書本　國圖　天津　上海　華東師大　南京　浙江
清同治十三年江西書局刻武英殿聚珍版書本　國圖　首都　北大　北師大

春秋辨疑四卷　宋蕭楚撰

清乾隆四庫全書館寫欽定四庫全書本
清光緒十六年黄梅梅氏慎自愛軒刻清芬堂叢書本　北大　科學　復旦　南大　湖北
清光緒十八年蕭作梅閑餘軒刻本　北大

春秋傳三十卷　宋胡安國撰

宋乾道四年刻慶元五年黄汝嘉重修本　北大
宋刻本　國圖
宋刻本(袁克文跋)　國圖
宋刻本　上海
宋刻本　上海
明内府刻本　國圖　首師大　北京市文物局　吉林社科院　山東　浙江　江西　福建師大　鄭州　襄陽地區　中山　中山大
明嘉靖三十五年廣東崇正堂刻本　北大　復旦
清康熙十六年朱氏崇道堂刻本　上海　黑龍江社科院　南京　湖北
清乾隆三十二年金閶書業堂刻本　清華
清至民國三槐堂焕文堂文會堂刻本　國圖
中華再造善本影印宋乾道四年刻慶元五年黄汝嘉重修本

春秋胡傳三十卷諸國興廢説一卷　宋胡安國撰

明正統十二年司禮監刻五經本　北大　復旦　山西文物局　杭州文管會
明刻本　北大　上海

春秋胡傳三十卷春秋列國圖説一卷諸國興廢説一卷

明刻本　福建
清金陵懷德堂刻本　上海

春秋胡傳三十卷綱領一卷提要一卷諸國興廢説一卷

明刻本　南京　天一閣
清康熙刻本　湖北

春秋胡傳三十卷綱領一卷提要一卷春秋列國圖説一卷

清恕堂刻本　國圖　南京

春秋傳三十卷綱領一卷提要一卷春秋列國圖説一卷諸國興廢説一卷

明末金陵奎壁齋刻本 青海

春秋胡傳三十卷提要一卷諸國興廢説一卷正經音訓一卷

明萬曆黄氏興正堂 秀宇堂刻本 南京

春秋胡傳三十卷提要一卷列國東坡圖説一卷正經音訓一卷

明刻本 遼寧 吉林市 吉林社科院

春秋胡傳三十卷綱領一卷提要一卷諸國興廢説一卷列國東坡圖説一卷正經音訓一卷

明内府刻本 浙江

明末刻本 遼寧

明刻本 故宫 四川

明刻本 北大 上海

明刻本 河南大 邵陽師範

清乾隆三十六年友益齋刻本 上海

清慕竹堂據明汲古閣刻一經樓重校刻本 上海

春秋傳三十卷校勘記一卷 宋胡安國撰 張元濟撰校勘記

一九三四年上海商務印書館影印四部叢刊續編本 國圖 首都 北大 北師大 科學

春秋經傳參訂讀本四卷 宋胡安國撰

清刻本 國圖

增入音註括例始末胡文定公春秋傳三十卷春秋名號歸一圖一卷經傳始見諸國圖一卷東坡列國圖説二卷 氏族二卷 宋胡安國撰 宋林堯叟音注

元刻本 山東博

中華再造善本影印元刻本

春秋胡氏傳三十卷春秋名號歸一圖一卷諸國興廢説一卷春秋二十國年表一卷 宋胡安國撰 宋林堯叟音注

元刻本 北大 科學 四川

元刻本(清丁丙跋) 南京

明永樂四年廣勤書堂刻本 國圖

春秋胡傳三十卷綱領一卷提要一卷列國東坡圖説一卷諸國興廢説一卷正經音訓一卷

明成化十五年徽州府同知張英退思堂刻本 上海 上海辭書 河北大學

安徽博　湖南　湖南博　重慶
明萬曆二十五年金陵唐對溪富春堂刻本　山東
明萬曆三十三年新賢堂刻本　山東
明崇禎三年張氏新賢堂刻本　河南
明慎獨齋刻本　天一閣
明崇仁書堂刻本　天一閣

春秋胡傳三十卷綱領一卷提要一卷列國東坡圖説一卷諸國興廢説一卷　宋胡安國撰　宋林堯叟音注

明崇禎六年閔齊伋刻本　故宫　南開　南京　泰州　浙江　吉大　哈爾濱　齊齊哈爾　山東　即墨　曲師　天一閣　安徽　河南　四川
明刻本　上海師大
清福明善堂刻本　浙江

春秋傳三十卷綱領一卷提要一卷諸國興廢説一卷　宋胡安國撰　宋林堯叟音注

清乾隆四庫全書館寫欽定四庫全書薈要本
清乾隆四庫全書館寫欽定四庫全書本

春秋胡傳三十卷　宋胡安國撰　宋林堯叟音注

明嘉靖二年贛州府清獻堂刻本　上海
明嘉靖三十年倪淑刻萬曆二十三年倪甫英倪家胤重修本　國博　上海師大　浙江　浙江大學　河北大學(莫棠校)
清初刻本　北大
清乾隆七年怡府明善堂刻五經四子書本　北大　上海　復旦　天津　南京　遼寧　遼大
清末詠素堂刻本　北大

春秋胡傳三十卷綱領一卷

明末刻本　北大

高明大字春秋胡傳三十卷　宋胡安國撰　宋林堯叟注

明刻本　重慶

春秋胡傳三十卷綱領一卷提要一卷諸國興廢説一卷古今輿地考一卷　宋胡安國撰　宋林堯叟音注　明張我城考定輿地考　明沈明掄點校

明崇禎刻本　上海　華東師大

春秋胡氏傳集解　宋胡安國撰　宋林堯叟音注　明陳喆集解

日本寬文九年刻本　南京

春秋胡傳參義十二卷 宋胡安國撰 清姜兆錫撰
清雍正元年寅清樓刻九經補注本 國圖 北大 清華 科學 上海 復旦 華東師大 南京 重慶
四庫全書存目叢書影印清雍正乾隆間刻九經補注本
春秋體註四卷 宋胡安國傳 清范翔參訂
清乾隆四十年懷德堂刻本 國圖
春秋傳二十卷 宋葉夢得撰
清乾隆四庫全書館寫欽定四庫全書本
清康熙十九年納蘭成德刻通志堂經解本 國圖 首都 北大 北師大 科學 天津 上海
清康熙十九年納蘭成德刻乾隆五十年補修通志堂經解本 北大
清同治十二年粵東書局重刻通志堂經解本 國圖 首都 北大 上海 遼寧 湖北
巴陵鍾氏仿通志堂刻本 南京
清小草齋抄本 清華
春秋考十六卷 宋葉夢得撰
清乾隆武英殿木活字印武英殿聚珍版書本 國圖 天津 遼寧 吉大 吉林社科院
清乾隆四十二年福建刻道光同治遞修光緒二十一年增刻武英殿聚珍版書本 國圖 北大 北師大
清乾隆四庫全書館寫欽定四庫全書本
清道光二十七年刻本 吉林社科院
清光緒二十五年廣雅書局刻武英殿聚珍版書本 北師大 科學
春秋比事二十卷 宋沈棐撰
明祁氏澹生堂抄本 國圖
清乾隆四庫全書館寫欽定四庫全書本
清王氏十萬卷樓抄本(卷十一一十二配另一清抄本) 南京(清王宗炎校 丁丙跋)
春秋集解三十卷 宋吕本中撰
清乾隆四庫全書館寫欽定四庫全書薈要本
清乾隆四庫全書館寫欽定四庫全書本
春秋集註四十卷 宋高閌撰
清乾隆武英殿木活字印武英殿聚珍版書本 國圖 天津 遼寧
清乾隆四十二年福建刻道光同治遞修光緒二十一年增刻武英殿聚珍版書本

國圖　北大　北師大

清乾隆四庫全書館寫欽定四庫全書本

清光緒二十五年廣雅書局刻武英殿聚珍版書本　北師大　科學

一九三五年四明張氏約園刻四明叢書本　國圖　首都

春秋集善十五卷　宋胡銓撰

清抄本　復旦(清沈善登校　王欣夫跋)

春秋解十六卷　宋胡銓撰

清乾隆五十二年餘杭官署刻胡忠簡公經解本　清華　天津　南京　湖北

春秋集解三十卷　宋吕祖謙撰

清康熙十九年納蘭成德刻通志堂經解本　國圖　首都　北大　北師大　科學　天津　上海

清康熙十九年納蘭成德刻乾隆五十年補修通志堂經解本　北大

清同治十二年粤東書局重刻通志堂經解本　國圖　首都　北大　上海　遼寧　湖北

春秋後傳十二卷　宋陳傅良撰

明刻本　國圖

清康熙十九年納蘭成德刻通志堂經解本　國圖　首都　北大　北師大　科學　天津　上海

清乾隆四庫全書館寫欽定四庫全書本

清同治十二年粤東書局重刻通志堂經解本　國圖　首都　北大　上海　遼寧　湖北

慈湖春秋傳十二卷　宋楊簡撰

清鄭氏注韓居抄本　重庆

春秋講義四卷　宋戴溪撰

清乾隆四庫全書館寫欽定四庫全書本

清抄本　南京(清丁丙跋)

一九二九年永嘉黄氏鉛印敬鄉樓叢書本　國圖　首都　北大　科學

春秋集註十一卷綱領一卷　宋張洽撰

宋寶祐三年臨江郡庠刻本　國圖

宋德祐元年華亭義塾刻本　遼寧

宋刻本　國圖

明嘉靖四十三年朱睦㮮聚樂堂刻本　上海　天津　西北大學

明抄本　國圖

明抄本　遼寧

清初毛氏汲古閣影宋抄本　國圖
清康熙十九年納蘭成德刻通志堂經解本　國圖　首都　北大　北師大　科學　天津　上海
清乾隆四庫全書館寫欽定四庫全書本
清影宋抄本　上海
清抄本　湖北(黄侃批校)
中華再造善本影印宋寶祐三年臨江郡庠刻本
中華再造善本影印宋德祐元年華亭義塾刻本

春秋集傳二十六卷　宋張洽撰

清嘉慶阮元輯宛委別藏本　臺北故宫
一九三五年上海商務印書館影印選印宛委別藏本　國圖　首都　北大　科學
續修四庫全書影印清宛委別藏本

春秋集傳二十六卷綱領一卷

清抄本　浙江(清張鑒跋)
清抄本　南京(清丁丙跋)
清抄本　北大(陳夢日　杜榮校　孔廣陶校並跋)

春秋王霸列國世紀編三卷　宋李琪撰

清康熙十九年納蘭成德刻通志堂經解本　國圖　首都　北大　北師大　科學　天津　上海
清康熙十九年納蘭成德刻乾隆五十年補修通志堂經解本　北大
清乾隆四庫全書館寫欽定四庫全書本
清乾隆五十七年當塗朱氏誠正堂刻本　北大　清華　上海　湖北
清同治十二年粵東書局重刻通志堂經解本　國圖　首都　北大　上海　遼寧　湖北

春秋分記九十卷　宋程公説撰

清影宋抄本　上海
清乾隆四庫全書館寫欽定四庫全書本
清抄本　南京(清丁丙跋)
清抄本　國圖(羅士琳校跋　又録翁方綱校識)
清抄本　國圖(翁方綱校　羅士琳校注)
清抄本　北大

春秋説三十卷　宋洪咨夔撰

清乾隆四庫全書館寫欽定四庫全書本

清乾隆五十年刻本　吉林社科院

清光緒十年刻洪氏晦木齋叢書本　國圖　上海

清抄本　南京(清丁丙跋)

春秋集義五十卷綱領三卷　宋李明復撰

清乾隆四庫全書館寫欽定四庫全書本

清抄本　南京(清丁丙跋)

春秋會義十二卷　宋杜諤撰

清光緒十年序巴陵方氏廣東刻宣統元年印碧琳琅館叢書本　國圖　北大　科學

清抄本　國圖(孔繼涵校並跋　孔廣栻校)

一九三五年南海黄氏據舊版彙印芋園叢書本　北大　清華　北師大

春秋會義二十六卷

清光緒十八年榮成孫氏問經精舍刻孫氏山淵閣叢刊本　上海　吉林社科院　齊齊哈爾

清光緒壬辰山澥瀾刻本　南京

春秋會義四十卷

清抄本　南京(清丁丙跋)

春秋通説十三卷　宋黄仲炎撰

清康熙十九年納蘭成德刻通志堂經解本　國圖　首都　北大　北師大　科學　天津　上海

清乾隆四庫全書館寫欽定四庫全書本

清同治十二年粤東書局重刻通志堂經解本　國圖　首都　北大　上海　遼寧　湖北

清抄本　國圖

清抄本(清丁丙跋)　南京

春秋通説四卷

明抄本　國圖

春秋通説十一卷

清抄本　國圖

春秋通説不分卷

清抄本　上海

則堂先生春秋集傳詳説三十卷綱領一卷　宋家鉉翁撰

明抄本　天一閣

明據元寧路儒學刻本抄本　上海

清康熙十九年納蘭成德刻通志堂經解本　國圖　首都　北大　北師大　科學　天津　上海

清同治十二年粵東書局重刻通志堂經解本　國圖　首都　北大　上海　遼寧　湖北

春秋詳説三十卷

清乾隆四庫全書館寫欽定四庫全書薈要本

清乾隆四庫全書館寫欽定四庫全書本

清抄本　遼寧

清抄本　北大

春秋或問二十卷　宋吕大圭撰

清康熙十九年納蘭成德刻通志堂經解本　國圖　首都　北大　北師大　科學　天津　上海

清康熙十九年納蘭成德刻乾隆五十年補修通志堂經解本　北大

清乾隆四庫全書館寫欽定四庫全書本

清同治十二年粵東書局重刻通志堂經解本　國圖　首都　北大　上海　遼寧　湖北

春秋五論一卷　宋吕大圭撰

明隆慶元年姚咨茶夢齋抄本　國圖(明姚咨　清范彭壽跋)

清康熙十九年納蘭成德刻通志堂經解本　國圖　首都　北大　北師大　科學　天津　上海

清康熙十九年納蘭成德刻乾隆五十年補修通志堂經解本　北大

清乾隆四庫全書館寫欽定四庫全書本

清同治十二年粵東書局重刻通志堂經解本　國圖　首都　北大　上海　遼寧　湖北

讀春秋編十二卷　宋陳深撰

清康熙十九年納蘭成德刻通志堂經解本　國圖　首都　北大　北師大　科學　天津　上海

清康熙十九年納蘭成德刻乾隆五十年補修通志堂經解本　北大

清乾隆四庫全書館寫欽定四庫全書本

清同治十二年粵東書局重刻通志堂經解本　國圖　首都　北大　上海　遼寧　湖北

春秋通義一卷　宋佚名撰

清乾隆四庫全書館寫欽定四庫全書本

清咸豐四年刻小萬卷樓叢書本　上海　復旦　上海辭書　黑龍江　浙江

江西　陝西

清光緒四年金山錢氏重刻小萬卷樓叢書本　國圖　北大　清華　北師大
科學　上海

春秋釋義集傳十二卷　元俞皐撰

元刻本　馮平山

春秋集傳釋義大成十二卷

清康熙十九年納蘭成德刻通志堂經解本　國圖　首都　北大　北師大
科學　天津　上海

清康熙十九年納蘭成德刻乾隆五十年補修通志堂經解本　北大

清乾隆四庫全書館寫欽定四庫全書本

清同治十二年粵東書局重刻通志堂經解本　國圖　首都　北大　上海
遼寧　湖北

春秋纂言十二卷總例七卷　元吴澄撰

元刻本　國圖

明抄本(配清抄本　清丁丙跋)　南京

中華再造善本影印元刻本

春秋纂言十二卷總例二卷

清初抄本(四庫底本)　上海

清道光十八年刻本　上海　浙江

春秋纂言十二卷總例一卷

清乾隆四庫全書館寫欽定四庫全書本

清四明盧氏抱經樓抄本　上海

春秋纂言十二卷

清抄本　國圖

清抄本　北京市文物局

春秋諸國統紀六卷　元齊履謙撰

元延祐刻本　遼寧

明秦氏雁里草堂抄本　北師大

明抄本　國圖

清康熙十九年納蘭成德刻通志堂經解本　國圖　首都　北大　北師大
科學　天津　上海

清康熙十九年納蘭成德刻乾隆五十年補修通志堂經解本　北大

清乾隆四庫全書館寫欽定四庫全書本

清同治十二年粵東書局重刻通志堂經解本　國圖　首都　北大　上海

遼寧　湖北

中華再造善本影印元延祐刻本

春秋本義三十卷　元程端學撰

元刻本　浙江

元慶元路學刻本　天一閣

清康熙十九年納蘭成德刻通志堂經解本　國圖　首都　北大　北師大　科學　天津　上海

清康熙十九年納蘭成德刻乾隆五十年補修通志堂經解本　北大

清乾隆四庫全書館寫欽定四庫全書本

清同治十二年粤東書局重刻通志堂經解本　國圖　首都　北大　上海　遼寧　湖北

春秋或問十卷　元程端學撰

清康熙十九年納蘭成德刻通志堂經解本　國圖　首都　北大　北師大　科學　天津　上海

清康熙十九年納蘭成德刻乾隆五十年補修通志堂經解本　北大

清乾隆四庫全書館寫欽定四庫全書本

清同治十二年粤東書局重刻通志堂經解本　國圖　首都　北大　上海　遼寧　湖北

春秋三傳辨疑二十卷　元程端學撰

明抄本　國圖

清乾隆四庫全書館寫欽定四庫全書本

清杜氏知聖教齋抄本(清丁丙跋)　南京

清沈氏鳴野山房抄本　广東社科院資料室

春秋經傳闕疑四十五卷　元鄭玉撰

明師山書院抄本　國圖

清康熙五十年鄭肇新刻本　國圖　北大　清華　科學　上海　復旦　遼寧　南京　湖北　華南師大

清康熙鄭氏滋樹堂刻本　復旦　臺大

清乾隆四庫全書館寫欽定四庫全書本

春秋胡氏傳纂疏三十卷　元汪克寬撰

元至正八年建安劉叔簡日新堂刻本　國圖　國博　北京市文物局　天津　上海　安徽師　廣東博(清莫友芝跋)

清乾隆四庫全書館寫欽定四庫全書本

清抄本(清丁丙跋)　南京

中華再造善本宋元版漢籍叢刊影印元至正八年建安劉叔簡日新堂刻本

春秋提綱十卷　元陳則通撰

明抄本　國圖

清康熙十九年納蘭成德刻通志堂經解本　國圖　首都　北大　北師大　科學　天津　上海

清康熙十九年納蘭成德刻乾隆五十年補修通志堂經解本　北大

清乾隆四庫全書館寫欽定四庫全書本

清同治十二年粤東書局重刻通志堂經解本　國圖　首都　北大　上海　遼寧　湖北

春秋讞義九卷　元王元傑撰

明末抄本　山東

清乾隆四庫全書館寫欽定四庫全書本

春秋讞義十二卷

清抄本(清丁丙跋)　南京

民國廬江劉氏遠碧樓藍格抄本　上海

春秋諸傳會通二十四卷　元李廉撰

元至正十一年虞氏明復齋刻本　國圖　北大　故宫　國博　上海

清康熙十九年納蘭成德刻通志堂經解本　國圖　首都　北大　北師大　科學　天津　上海

清康熙十九年納蘭成德刻乾隆五十年補修通志堂經解本　北大

清乾隆四庫全書館寫欽定四庫全書本

清同治十二年粤東書局重刻通志堂經解本　國圖　首都　北大　上海　遼寧　湖北

中華再造善本影印元至正十一年虞氏明復齋刻本

春秋屬辭十五卷　元趙汸撰

元至正二十年至二十四年休寧商山義塾刻明弘治六年高忠重修本　國圖　北大　北师大　中央黨校　文學所　歷史所(清韓應陛跋)　上海(清丁丙跋)　南京等館

明初刻本　上海

明弘治刻本　山西

清康熙十九年納蘭成德刻通志堂經解本　國圖　首都　北大　北師大　科學　天津　上海

清康熙趙吉士校刻本　清華　上海　復旦　南京　遼寧　吉林

清乾隆四庫全書館寫欽定四庫全書本

中華再造善本影印元至正二十年至二十四年休寧商山義塾刻明弘治六年高忠重修本

春秋師説三卷附録二卷　元趙汸撰

元至正二十四年休寧商山義塾刻明弘治六年高忠重修本　國圖　清華　歷史所　上海(清韓應陛跋)　南京(清丁丙跋)　蘇州　杭州　四川

明初刻本　上海

清康熙刻本　南京

清康熙赵吉士刻本　北大

清康熙十九年納蘭成德刻通志堂經解本　國圖　首都　北大　北師大　科學　天津　上海

清乾隆四庫全書館寫欽定四庫全書本

中華再造善本影印元至正二十四年休寧商山義塾刻明弘治六年高忠重修本

春秋師説一卷附録二卷

一九四四年刻復性書院叢刊本　國圖　清華　北師大　上海

春秋集傳十五卷　元趙汸撰

明嘉靖七年夏鏜刻本　清華

明嘉靖三十四年金曰鏞刻藍印本　南京

明刻本　西北大學

清康熙十六年刻本　國圖

春秋金鎖匙一卷　元趙汸撰

清乾隆翰林院鈔四庫底本　北大

清乾隆四庫全書館寫欽定四庫全書本

清乾隆曲阜孔氏微波榭叢書本　國圖　北大　清華　上海

清抄本(清丁丙跋)　南京

清抄本(清吴騫校)　北大

一九二二年上海商務印書館據清張氏刻本影印學津討原本　國圖　首都　北大

春秋金鎖匙三卷

清嘉慶九年王氏刻本　上海

清道光十一年六安晁氏木活字印學海類編本　國圖　北大　科學　上海　遼寧　南京

清光緒十六年新會劉氏藏修書屋刻藏修堂叢書本　國圖　北大　清華　科學

春秋集傳十五卷　元趙汸撰　明倪尚誼補

清康熙十九年納蘭成德刻通志堂經解本　國圖　首都　北大　北師大

科學　天津　上海
清乾隆四庫全書館寫欽定四庫全書本
清同治十二年粤東書局重刻通志堂經解本　國圖　首都　北大　上海　遼寧　湖北

春秋旁訓四卷　元李恕撰
明嘉靖三十八年雲南刻本　天一閣
明萬曆二十三年鄭汝璧田疇等刻五經旁訓本　天津
明萬曆二十四年陳大科刻五經旁訓本　北師大　南通
明刻本(清丁晏批註　清丁壽昌跋)　浙江
明刻本　上海　鞍山
清文光堂刻本　復旦

春秋旁訓四卷　元李恕撰　明朱鴻謨重訂
明萬曆十六年江西刻五經旁訓本　故宫

新刊類編歷舉三場文選春秋義八卷　元劉霖輯
元刻遞修本　國圖

春秋三傳三十八卷
明吴勉學刻本　故宫　南京　浙江

春秋四傳三十八卷綱領一卷提要一卷列國東坡圖説一卷春秋二十國年表一卷諸國興廢説一卷
明嘉靖吉澄刻本　首都　科學　國博　北京市文物局　南京博　黄山市　江西
明嘉靖吉澄刻樊獻科楊一鶚遞修本　國圖　華東師大　山東　温州
明嘉靖建寧書坊刻本　北師大　文學所　故宫　北京市委　北京市文物局　上海　内師大　長春　吉大　陝西省委黨校　浙江　天一閣　湖南社科院　廣西　重慶　重慶北碚
明杜薴刻本　山西　安徽　浙江　福建　河南　武大
明汪應魁貽經堂刻本　北師大　故宫　安徽　安徽博　河南　湖南師大
明刻本　上海　復旦　華東師大　天津　浙江　青海
四庫全書存目叢書影印明嘉靖吉澄刻本

春秋四傳三十五卷綱領一卷提要一卷東坡地理圖説一卷春秋二十國年表一卷諸國興廢説一卷
清雍正四年懷德堂刻本　香港中大

春秋四傳三十八卷
明刻本(清姚元之批校)　浙江

春秋四傳三十八卷春秋序一卷綱領一卷提要一卷諸國興廢説一卷

日本刻本　北大

日本寬文四年刻本　南京

春秋春王正月考一卷辨疑一卷　明張以寧撰

清康熙十九年納蘭成德刻通志堂經解本　國圖　首都　北大　北師大　科學　天津　上海

清康熙十九年納蘭成德刻乾隆五十年補修通志堂經解本　北大

日本元禄十年刻本　國圖

日本文化八年翻刻通志堂經解本　北大

清乾隆四庫全書館寫欽定四庫全書薈要本

清乾隆四庫全書館寫欽定四庫全書本

清嘉慶南匯吴氏聽彝堂刻藝海珠塵本　國圖　首都　北大　清華　科學　上海　復旦

清光緒十六年黄梅梅氏慎自愛軒刻清芬堂叢書本　北大　科學　復旦　南大　湖北

清同治十二年粵東書局重刻通志堂經解本　國圖　首都　北大　上海　遼寧　湖北

春王正月考二卷

清道光陳鍾英抄本　復旦

春秋書法鉤玄四卷　明石光霽撰

明初刻本　國圖

清乾隆四庫全書館寫欽定四庫全書本

清末民國朱墨雙色抄本　國圖

民國廬江劉氏遠碧樓藍格抄本　上海

春秋集傳大全三十七卷序論一卷春秋二十國年表一卷諸國興廢説一卷　明胡廣等奉敕撰

明永樂内府刻本　國圖　上海　浙江　遼寧　吉林社科院　山西　西北大學　山東大學　廣西師

明嘉靖九年安正堂刻本　陜西　重庆

明嘉靖九年安正堂刻十一年劉仕中安正堂印本　安徽博

明萬曆三十三年書林余氏刻五經本　广東社科院

明刻本　北師大　國博　上海　保定　遼寧　華東師大　黑龍江　黑大　山東大學　南京博　河南　鄭州　中山　雲南

明刻本　國圖　山西　福建　湖南

明刻本　南京

明刻本　科學　浙江

明刻本　國圖　西北大學

明刻本　清華　浙江

春秋集傳大全三十七卷春秋二十國年表一卷諸國興廢説一卷

明刻本(清丁丙跋)　南京

春秋集傳大全三十七卷序論一卷春秋二十國年表一卷

明隆慶三年鄭氏宗文書堂刻本　人大

春秋集傳大全三十七卷序論一卷諸國興廢説一卷

明刻本　國圖

春秋集傳大全三十七卷

明德壽堂刻本　國圖　復旦

明刻本　北大

明崇禎刻本　上海辭書

明末刻本　湖南

春秋大全七十卷

清乾隆四庫全書館寫欽定四庫全書本

春秋集傳大全三十七卷首一卷　明胡廣等奉敕撰　明虞大復校

日本刻本　臺大

黄太史訂正春秋大全三十七卷　明胡廣等撰　明黄際飛校訂

清康熙五十年郁郁堂刻本　上海　湖北

黄太史訂正春秋大全三十七卷年表序論圖説一卷

清康熙五十六年刻本　國圖

春秋經傳三十八卷首一卷　明胡廣輯

明嘉靖九年張祿刻湖廣官書五經本　科學　南京

春秋胡氏傳集解三十卷　明陳喆撰

明嘉靖九年安正堂刻本　上海　天一閣

春秋胡氏傳集解□□卷

日本刻本　南京

春秋經傳辨疑一卷　明童品撰

明抄本　上海

清乾隆四庫全書館寫欽定四庫全書本

一九二四年永康胡氏夢選樓刻續金華叢書本　國圖　首都　北大　科學

春秋正傳三十七卷　明湛若水撰

明嘉靖刻本　北大　故宫　群衆出版社

明嘉靖刻本　國圖

清乾隆四庫全書館寫欽定四庫全書本

春秋正傳三十七卷末一卷

清乾隆六十年湛祖貴紅荔山房刻本　國圖　北大

清同治五年資政堂刻甘泉全集本　國圖　首都　科學　天津　上海　復旦　南京

春秋斷義不分卷　明王崇慶撰

明萬曆二十四年董漢儒刻五經心義本　國圖

春秋胡傳考誤一卷　明袁仁撰

清乾隆四庫全書館寫欽定四庫全書本

清嘉慶十年虞山張氏照曠閣刻學津討原本　國圖　首都　科學

清道光十一年六安晁氏木活字印學海類編本　國圖　北大　科學　上海　遼寧　南京

清光緒十六年新會劉氏藏修書屋刻藏修堂叢書本　國圖　北大　清華　科學

清抄本(清丁丙跋)　南京

一九二〇年上海涵芬樓據清晁氏本影印學海類編本　國圖　首都　北大　清華　北師大　上海

春秋三傳總義四卷　明周用才輯

清刻本　南京

春秋説志五卷　明吕柟撰

明嘉靖三十二年謝少南刻吕涇野五經説本　國圖　上海師大

清道光三年刻吕涇野五經説本　甘肅

清咸豐八年刻惜陰軒叢書本　國圖　北大　科學　上海　復旦

清光緒二十二年長沙刻惜陰軒叢書本　北大　清華　北師大　上海　復旦

續修四庫全書四庫全書存目叢書影印明嘉靖三十二年謝少南刻涇野先生五經説本

春秋經世一卷　明魏校撰

明太原王道行刻莊渠先生遺書本　北大　上海　中央民大

明抄本　重慶

四庫全書存目叢書影印明嘉靖王道行刻莊渠先生遺書七種本

春秋私考三十六卷首一卷　明季本撰

明嘉靖刻本　上海　天津　南大　遼寧　南大　四川　中大

續修四庫全書四庫全書存目叢書影印藏明嘉靖刻本

春秋地考一卷　明季本撰
清初抄本　遼寧
清抄本　國圖
春秋傳彙十二卷首一卷　明董漢策評
清順治刻本　北大　浙江
春秋胡氏傳辨疑二卷　明陸粲撰
明嘉靖四十二年陸延枝刻本　科學　江西
清乾隆四庫全書館寫欽定四庫全書本
清道光二十年金山錢氏據借月山房彙鈔刊版重編增刻指海本　國圖　清華　上海
清抄本(清丁丙跋)　南京
一九三五年上海大東書局據清錢氏重編借月山房彙抄本影印指海本　國圖　北大　科學
春秋讀意一卷　明唐樞撰
明嘉靖萬曆間刻木鐘臺全集本　北大　科學　上海　浙江
清咸豐六年唐氏書院刻木鐘臺全集本　北大　科學　浙江
春秋明志録十二卷　明熊過撰
清乾隆四庫全書館寫欽定四庫全書本
清抄本(清丁丙跋)　南京
春秋羅纂十二卷　明馮伯禮撰
明崇禎刻本　上海
春秋存俟十二卷　明余光　余颺撰
明弘光元年文來閣刻本　國圖　北大
清抄本　上海
春秋集傳三十卷　明楊時秀撰
明嘉靖二十六年汪秋卿刻本　國圖　科學　中央黨校　山東　雲南
春秋備覽集案二卷摘要二卷　明魏謙吉撰
明嘉靖三十七年南郡曹忭刻本　北大
春秋國華十七卷　明嚴訥撰
明萬曆活字印本　上海　中大
四庫全書存目叢書影印明萬曆三年活字印本
春秋録疑十六卷　明趙恒撰
明抄本　首都
清抄本　國圖

四庫全書存目叢書影印清抄本

春秋正旨一卷　明高拱撰

明萬曆二年刻本　上海

明萬曆刻本　國圖

清乾隆四庫全書館寫欽定四庫全書本

清嘉慶海虞張氏刻墨海金壺本　國圖　復旦　天津　南京

清道光二十四年金山錢氏據墨海金壺刻版重編增刻守山閣叢書本　國圖　科學　上海海

清光緒十五年上海鴻文書局據清錢氏本影印守山閣叢書本　國圖　首都　北大　上海

北京圖書館古籍珍本叢刊影印明萬曆刻本

春秋貫玉四卷　明顏鯨撰

明嘉靖刻本　北大　華東師大　山東

明萬曆三十三年刻本　國圖　北大　科學　上海辭書　浙江　中大

四庫未收書輯刊影印明萬曆三十三年刻本

春秋貫玉世系一卷　明顏鯨撰

明嘉靖刻本　北大　華東師大　山東

明萬曆三十三年刻本　國圖　北大　科學　上海辭書　浙江　中大

四庫未收書輯刊影印明萬曆三十三年刻本

春秋事義全考十六卷　明姜寶撰

明萬曆十三年李一陽刻本　上海　南京(清丁丙跋)

清乾隆四庫全書館寫欽定四庫全書本

春秋諸傳辨疑四卷　明朱睦㮮撰

清抄本　國圖

清抄本　北大

四庫全書存目叢書影印清抄本

春秋輯傳十三卷　明王樵撰

明萬曆刻本　科學　上海　浙江

清乾隆四庫全書館寫欽定四庫全書本

春秋宗旨一卷　明王樵撰

明萬曆刻本　科學　上海　浙江

春秋凡例二卷　明王樵撰

明萬曆刻本　科學　上海　浙江

春秋億六卷　明徐學謨撰

清乾隆四庫全書館寫欽定四庫全書本

民國盧江劉氏遠碧樓藍格抄本　上海

抄本　南京

春秋四傳私考二卷　明徐浦撰

清嘉慶十六年浦城祝氏留香室刻浦城遺書本　國圖　北大

四庫全書存目叢書續修四庫全書影印清嘉慶十六年祝氏留香室刻本

春秋四傳私考十三卷　明徐浦撰

明藍格抄本　上海

春秋通一卷　明鄧元錫撰

明萬曆三十五年序刻五經繹本　上海　南京

春秋世學三十二卷　明豐坊撰

明抄本　天一閣　湖北

四庫全書存目叢書影印明抄本

春秋測義十二卷首一卷　明章潢撰

明萬曆十八年四明王佐等刻本　上海

鐫彙附百名公叢譚春秋講義會編三十卷　明王錫爵講授　明王衡録　明黄汝元編

明末刻本　南京

春秋會異六卷　明馮時可撰

明萬曆二十五年温州府劉芳譽刻本　國圖　上海

春秋翼附二十卷　明黄正憲撰

明萬曆嘉禾黄氏刻本　北大　南京

四庫全書存目叢書續修四庫全書影印明刻本

春秋疑問十二卷　明姚舜牧撰

明萬曆十一年刻本　上海

明萬曆三十一年序刻本　國圖　北大　科學　天津　上海　遼寧

明萬曆六經堂刻五經疑问本　北大　復旦　南京

明萬曆刻清顺治十四年姚氏补本　國圖　浙江　川大

四庫全書存目叢書、續修四庫全書影印明萬曆六經堂刻五經疑問本

春秋通志十二卷　明蔡毅中撰

明末刻本　大連

春秋質疑十二卷　明楊于庭撰

清乾隆四庫全書館寫欽定四庫全書本

民國盧江劉氏遠碧樓藍格抄本　上海

新鐫鄒翰林麟經真傳十二卷　明鄒德溥撰
明沈演沈湑等刻本　南京
春秋直解十五卷　明郝敬撰
明萬曆京山郝氏刻本　國圖　科學　吉林社科院　南京　湖北
清抄本　上海
抄本郝氏九經解本　上海師大
四庫全書存目叢書續修四庫全書影印明萬曆刻郝氏九經解本
讀春秋一卷　明郝敬撰
明萬曆京山郝氏刻本　國圖　科學　南京　湖北
四庫全書存目叢書續修四庫全書影印明萬曆刻郝氏九經解本
春秋大全　明葉向高编
明嘉靖清白堂刻本　國圖
春秋孔義十二卷　明高攀龍撰
明崇禎十三年秦堈刻本　國圖　科學　南京　福建
清乾隆七年華希閔刻高子全書本　國圖　科學　中醫　上海　吉林　甘肅　山東
清乾隆四庫全書館寫欽定四庫全書本
春秋質疑十二卷　明魏時應撰
明萬曆二十八年刻本　科學
四庫未收書輯刊影印明萬曆刻本
春秋胡傳翼三十卷　明錢時俊撰
明萬曆刻本　北大　山東　常州
春秋序題　明陳其猷撰
明抄本　國圖
春秋題彙　明陳其猷纂
明萬曆藍絲欄抄本　國圖
春秋辨義三十八卷　明卓爾康撰
明崇禎仁和吴夢桂刻本　國圖　北大　上海　黑龍江社科院
春秋辨義三十九卷
清乾隆四庫全書館寫欽定四庫全書本
春秋辨義四十卷
明崇禎刻本　國圖
春秋辨義三十卷首九卷
清抄本(清丁丙跋)　南京

春秋經義二卷　明卓爾康撰

　明崇禎仁和吴夢桂刻本　上海(清佚名批点)

春秋不書義一卷　明卓爾康撰

　明崇禎仁和吴夢桂刻本　上海(清佚名批点)

春秋時義一卷　明卓爾康撰

　明崇禎仁和吴夢桂刻本　上海(清佚名批点)

春秋四卷　明王衡注　清章如錦閲

　清刻本　天津

春秋傳注彙約二十三卷　明吴一栻辑

　明萬曆三十年吴有志刻本　天津　武大

春秋四傳三十八卷　明鍾天墀輯注　明鍾惺評

　明崇禎刻本　清華　吉林社科院　揚州工學院　福建師大　重慶

春秋衡庫三十卷附録三卷備録一卷　明馮夢龍輯

　明天啓葉昆池能遠居蘇州刻本　國圖　首都　北大　北師大　文學所　歷史所　中央黨校　上海　華東師大(清應紀奉批注)　天一閣　上海辭書　天津師大　華東師大　吉大　陝西　山師　南京　蘇州文管會　浙江　武漢　四川　重慶　中大

　四庫全書存目叢書影印明天啓五年刻本

春秋衡庫三十一卷附一卷

　明末刻巾箱高頭印本　北大　上海

增訂春秋衡庫三十卷　明馮夢龍輯

　明崇禎刻本　北大

增訂春秋衡庫三十卷備録一卷

　明末余璟刻本　北大

增定春秋衡庫三十卷備録一卷

　明己任堂刻本　山師

麟經指月十二卷　明馮夢龍撰

　明泰昌元年開美堂刻本　北大　遼寧　吉林　山東　山西文物局　常熟　浙江　重慶

　明刻本　科學

　四庫未收書輯刊影印明刻本

春秋疏義统宗二卷　明陳仁錫校閲　明劉肇慶参訂

　清末刻本　北大

春秋公羊穀梁合傳二十四卷　明閔齊伋裁注

　清馮氏刻本　南京

春秋歸義十二卷　明賀仲軾撰

清順治刻本　南京　湖北

清道光八年刻本　國圖　科學

續修四庫全書影印清道光八年見山堂刻本

春秋歸義三十二卷總說一卷

清康熙刻本　中大

春秋提要便考十卷　明賀仲軾輯

清康熙刻本　中大

公羊穀梁春秋合編附註疏纂十二卷　明朱泰禎撰

明末刻本　上海　香港中大

清乾隆五十八年刻本　南京

清經綸堂刻本　湖北

清敬書堂刻本　國圖

春秋公羊穀梁傳合纂二卷　明張榜輯並評

明刻本　重慶

明刻本　故宫

明刻本　浙江

明末刻本　安徽博

春秋表記問業一卷　明黄道周撰

清康熙三十二年晉安鄭肇刻道光二十八年長洲彭蘊章補刻印石齋先生經傳九種本　國圖　科學　天津　上海　復旦　遼寧　吉大　南京　南大　浙江　浙江大學

春秋坊記問業一卷　明黄道周撰

清康熙三十二年晉安鄭肇刻道光二十八年長洲彭蘊章補刻印石齋先生經傳九種本　國圖　科學　天津　上海　復旦　遼寧　吉大　南京　南大　浙江　浙江大學

春秋問業一卷　明黄道周撰

清乾隆四庫全書館寫欽定四庫全書本

春秋揆略一卷　明黄道周撰

抄本　南京

四庫全書存目叢書影印清抄本

公羊穀梁春秋合編附注疏纂十二卷　明朱泰禎撰

明末刻本　吉林　常熟　浙江　天一閣　河南

清乾隆五十六年刻本　吉林社科院

清乾隆五十八年大文堂刻本　復旦　遼寧
清敬書堂刻本　國圖
清經綸堂刻本　北大

桂林春秋義三十卷　明顧懋樊撰
明崇禎武林顧氏刻桂林經説本　北大　無錫
四庫全書存目叢書影印明崇禎刻桂林説經本

春秋提要二卷　明虞宗瑶輯
明崇禎十四年君山堂刻本　北大　清華　人大　故宫　中央黨校　上海　華東師大　福建師大

春秋實録十二卷　明鄧來鸞撰
明崇禎刻本　北大
四庫全書存目叢書影印明崇禎刻本

春秋簡秀集三十四卷又六卷　明董守諭撰
清抄本　國圖

麟旨定十二卷　明陳于鼎撰
明崇禎刻本　上海　南京
四庫全書存目叢書影印明崇禎刻本

春秋四家五傳平文四十一卷卷首一卷　明張岐然輯
明崇禎十四年君山堂刻本　北大　清華　人大　故宫　中央黨校　上海　華東師大　浙江　吉林　福建師大
清嘉慶十九年吴氏真意堂刻本　南京
四庫全書存目叢書影印明崇禎十四年君山堂刻本

春秋四家五傳平文四十一卷附提要二卷
清康熙君山堂刻本　上海

春秋五傳綱領一卷　明張岐然輯
明崇禎十四年君山堂刻本　北大　清華　人大　故宫　中央黨校　上海　華東師大　浙江　吉林　福建師大

春秋筆削發微圖一卷　明張岐然輯
明崇禎十四年君山堂刻本　北大　清華　人大　故宫　中央黨校　上海　華東師大　浙江　吉林　福建師大
清抄本　上海

春秋二十國年表一卷　明張岐然輯
明崇禎十四年君山堂刻本　北大　清華　人大　故宫　中央黨校　上海　華東師大　浙江　吉林　福建師大

春秋五傳十七卷首一卷　明張岐然編　清張璞重編
清乾隆六年同文堂刻本　上海　湖北
清乾隆六年令德堂刻本　浙江
清乾隆五十一年莆田書屋刻本　上海
清乾隆五十九年同文堂刻莆田書屋印本　黑龍江
清令德堂華文堂刻本　湖北
春秋四家十二卷　明宋存標評輯
明末君子堂刻本　北大　中央黨校　遼大　華東師大　山東　常熟
董劉春秋雜論一卷　明宋存標評輯
明末君子堂刻本　北大　中央黨校　遼大　華東師大　山東　常熟
麟旨明微十二卷　明吴希哲撰
明崇禎刻本　北師大　科學　遼寧　南京
四庫未收書輯刊影印明崇禎刻本
春秋書法解一卷　明張溥撰
明刻春秋三書本　國圖　北大　北師大　科學
華東師大　上海師大　華東師大　南京　鎮江
四庫全書叢目叢書影印明末刻本
春秋列國論二十四卷　明張溥撰
明刻春秋三書本　國圖　北大　清華　北師大　科學　華東師大　上海師大
南京　鎮江
清刻本　大連
四庫全書叢目叢書影印明末刻本
春秋諸傳斷六卷　明張溥撰
明刻春秋三書本　國圖　北大　北師大　科學　華東師大　上海師大
南京　鎮江
四庫全書叢目叢書影印明末刻本
讀春秋略記一卷　明朱朝瑛撰
明朱朝瑛稿本七經略記本　國圖
讀春秋略記十卷
明朱朝瑛稿本　上海
讀春秋略記十二卷首一卷
清乾隆四庫全書館寫欽定四庫全書本
春秋題輅十卷　明陳申父輯
清抄本　北大

春秋四傳通辭十二卷　明陳士芳輯
明春星堂刻本　南京　湖北
四庫全書存目叢書影印明春星堂刻本
松鱗軒新鍥春秋愍渡十五卷　明耿汝忞撰
明末曼山館刻本　河南
春秋從聖不分卷　明姜之濤撰
清抄本　西安文管會
麟指嚴四卷　明金兆清授　明金盤參訂
明崇禎刻本　清華　科學
四庫未收書輯刊影印明刻本
春秋單合析義三十卷　明林挺秀　林挺俊編
清康熙三十四年挹奎樓刻本　華東師大
春秋林氏傳十二卷　明林尊賓撰
明崇禎十四年淩義渠刻本　莆田
麟經新旨二十卷　明劉侗撰
明崇禎刻本　華東師大
春秋手鈔不分卷　明毛一鷺撰
明刻本　安徽
春秋會傳十六卷　明饒秉鑒撰
明刻本　江西
春秋會解十二卷　明沈雲楫撰
明刻本　科學　蘇州
春秋三傳衷考十二卷　明施天遇撰
明萬曆四十五年蘭石閣刻本　北大
四庫全書存目叢書影印明萬曆四十五年刻本
春秋年考一卷　明天畸人撰
明末抄本　遼寧
四庫全書存目叢書影印明末抄本
春秋四傳質二卷　明王介之撰
清乾隆四庫全書館寫欽定四庫全書本
清抄本　南京
春秋四傳質十二卷
清道光二十二年新化鄧顯鶴長沙刻船山遺書本　上海　浙江　河南　湖北
江西　重慶

民國廬江劉氏遠碧樓藍格抄本 上海
麟傳統宗十三卷 明夏元彬撰
明崇禎刻本 故宫
四庫全書存目叢書影印明崇禎刻本
春秋賞析二卷 明楊時偉撰
明天啓元年刻本 南大
麟寶六十三卷首一卷 明余敷中輯
明萬曆刻本 國圖 北大 西北大學
四庫全書存目叢書影印明萬曆刻本
新刻麟經統一編十二卷 明張杞撰
明萬曆三十三年刻本 國圖
明崇禎十三年秦堈刻本 國圖
四庫全書存目叢書影印明萬曆三十三年自刻本
春秋人物譜十二卷 明張事心撰
清初抄本 湖南
春秋續義纂要發微七卷 明鄭良弼撰
明抄本 清華
四庫全書存目叢書影印明抄本
春秋三傳通經合纂十二卷 明周統撰 清周夢齡 周毓齡增輯
清刻本 湖北
續修四庫全書影印清刻本
新刻春秋談虎講意十二卷 明周希令 方尚恂撰
明天啓四年刻本 北師大 科學 上海
春秋宗旨十二卷 明周震撰
明崇禎五年徐廣栴刻本 安徽博
四傳權衡不分卷 明來集之撰
清順治九年蕭山來氏倘湖小築刻來子談經本 國圖 清華 吉林社科院 浙江 湖北
春秋志在十二卷 明來集之撰
清順治九年蕭山來氏倘湖小築刻本 國圖 清華 科學 浙江 湖北
春秋三發四卷 明馮士驊撰
明崇禎末葉昆池能遠居蘇州刻本 北大
續修四庫全書影印明崇禎八年葉昆池能遠居蘇州刻本
麟書捷旨十二卷 明官裳撰
明天啓金陵李良臣刻本 哈佛燕京

春秋題旨輯要二卷　明王文肅撰
　清乾隆五十六年刻本　吉林
春秋大成題意八卷　佚名撰
　明抄本　科學
　四庫未收書輯刊影印明抄本　佚名撰
春秋題旨不分卷　佚名撰
　明抄本　寶鷄
麟題備覽十二卷　佚名撰
　明抄本　國圖
春秋程傳補二十卷　清孫承澤撰
　清康熙刻本　故宫　浙江
　四庫全書存目叢書影印清康熙刻本
春秋求故四卷首一卷　清余煌撰
　清道光十年刻本　國圖　天津　吉大　哈師　浙江大學　湖北
春秋纂四卷提要一卷叢説一卷　清朱之俊撰
　清順治十七年刻本　科學
　四庫全書存目叢書影印清順治十七年刻本
春秋纂不分卷　清朱之俊撰
　清顺治活字印本　科學
春秋鑽燧四卷附止雨法　清曹金籀撰
　清道光二十九年刻本　國圖
　清同治七年曹氏小石倉刻石屋書本　國圖　北大　清華　科學　上海
　清末抄本　上海
　四庫未收書輯刊影印清同治七年吴方伯刻本
春秋正業經傳删本十二卷　清金甌撰
　清康熙三十七年受中堂刻本　華東師大
　四庫全書存目叢書影印清康熙三十七年受中堂刻本
春秋傳議四卷　清張爾岐撰
　清抄本　國圖
春秋傳議六卷
　清張爾岐稿本　天津
　清抄本(佚名校)　天津
　四庫全書存目叢書影印稿本
春秋傳注三十六卷提綱一卷　清嚴啓隆撰
　清康熙四十七年朱彝尊家抄本(清朱彝尊跋)　國圖

清初抄本　無錫
四庫全書存目叢書續修四庫全書影印清康熙四十七年朱彝尊家抄本

春秋傳注三十六卷
清康熙五十三年刻本　復旦

春秋平義十二卷　清俞汝言撰
清俞汝言稿本(清丁丙跋)　南京
清乾隆四庫全書館寫欽定四庫全書本
清抄本　浙江
一九三六年嘉興金氏刻檇李叢書本　國圖　北大　清華　科學　上海　復旦

春秋四傳糾正一卷　清俞汝言撰
清乾隆四庫全書館寫欽定四庫全書本
清道光吴江沈氏世楷堂刻昭代叢書本　國圖　首都　北大　北師大　科學　上海
清抄本(清丁丙跋)　南京
一九三六年嘉興金氏刻檇李叢書本　國圖　北大　清華　科學　上海　復旦

春秋竇筏十二卷　清翁長庸撰
清抄本　上海

春秋家説三卷　清王夫之撰
清乾隆王嘉愷抄本　湖南博
清道光二十二年湘潭王氏守遺經書屋刻本　吉林
清同治四年湘鄉曾氏金陵節署刻船山遺書本　國圖　首都　北大　清華　北師大　科學　華東師大
一九三三年上海太平洋書店鉛印船山遺書本　國圖　首都　北大　清華　北師大
四庫全書存目叢書續修四庫全書影印清同治四年湘鄉曾氏金陵節署刻船山遺書本

春秋家説七卷　清王夫之撰
清道光二十二年新化鄧顯鶴長沙刻船山遺書本　上海　浙江　河南　湖北　江西　重慶
清同治四年湘鄉曾國荃金陵刻船山遺書本　國圖　首都　北大　清華　北師大　科學

春秋世論二卷　清王夫之撰
清乾隆王嘉愷抄本　湖南博

春秋世論五卷
清道光二十二年新化鄧顯鶴長沙刻船山遺書本　浙江　河南　湖北　江西　重慶
清同治四年湘鄉曾國荃金陵刻船山遺書本　國圖　首都　北大　清華　北師大　科學
一九三三年上海太平洋書店鉛印船山遺書本　國圖　首都　北大　清華　北師大
春秋稗疏一卷　清王夫之撰
清道光吳江沈氏世楷堂刻昭代叢書本　國圖　首都　北大　北師大　科學　上海
春秋稗疏二卷
清乾隆四庫全書館寫欽定四庫全書本
清道光二十二年新化鄧顯鶴長沙刻船山遺書本　浙江　河南　湖北　江西　重慶
清同治四年湘鄉曾國荃金陵刻船山遺書本　國圖　首都　北大　清華　北師大　科學
清光緒十四年南菁書院刻皇清經解續編本　國圖　首都　北大　清華　北師大　科學
春秋叢録補正八卷　清馬驌撰
抄本　科學
春秋列國表一卷　清馬驌撰
清光緒二十八年兩湖書院刻朱印本　國圖　科學　湖北
春秋三傳異同考一卷　清吳陳琰撰
清康熙三十九年刻昭代叢書本　北大　清華　復旦　天津
清嘉慶南匯吳氏聽彝堂刻藝海珠塵本　國圖　首都　北大　清華　科學　上海　復旦
清道光吳江沈氏世楷堂刻昭代叢書本　國圖　首都　北大　北師大　科學　上海
清鄭珍抄本　上海
清鄭珍抄本　貴州博
續修四庫全書影印清嘉慶吳氏刻藝海珠塵本
四庫全書存目叢書影印清康熙刻昭代叢書本
四庫全書存目叢書影印清康熙刻西河合集本
春秋條貫篇十一卷　清毛奇齡撰
清康熙中李塨等刻西河合集本　國圖　首都　北大

清康熙中李塨等刻乾隆三十五年陸體元修補西河合集本　上海　復旦　上海師大

續修四庫全書影印清康熙李塨等刻西河合集本

春秋屬辭比事記四卷　清毛奇齡撰

清康熙李塨等刻西河合集本　國圖　首都　北大

清乾隆三十五年陸體元據康熙中李塨等刻版修補重印西河合集本　上海　復旦　上海師大

清乾隆四庫全書館寫欽定四庫全書本

清道光九年廣東學海堂刻皇清經解一千四百卷本　國圖　天津　遼寧　山東

清光緒二十四年高郵王氏刻鶴壽堂叢書本　國圖　北大　科學

春秋毛氏傳三十六卷　清毛奇齡撰

清康熙李塨等刻西河合集本　國圖　首都　北大

清乾隆四庫全書館寫欽定四庫全書本

清道光九年廣東學海堂刻皇清經解一千四百卷本　國圖　天津　遼寧　山東

清道光九年廣東學海堂刻咸豐十一年補刻皇清經解一千四百八卷本　國圖　遼寧

清光緒十七年上海鴻寶齋石印皇清經解一百九十卷本　國圖　天津

春秋簡書刊誤二卷　清毛奇齡撰

清康熙李塨等刻西河合集本　國圖　首都　北大

清乾隆四庫全書館寫欽定四庫全書本

清道光九年廣東學海堂刻皇清經解一千四百卷本　國圖　天津　遼寧　山東

清道光九年廣東學海堂刻咸豐十一年補刻皇清經解一千四百八卷本　國圖　遼寧

清光緒十七年上海鴻寶齋石印皇清經解一百九十卷本　國圖　天津

春秋本義十卷　清顧朱撰

清初刻本　清華

清康熙四十九年思善堂刻本　南京　浙江

春秋集解十二卷附較補春秋集解緒餘一卷　清應撝謙撰

清抄本　國圖

四庫全書存目叢書影印清抄本

春秋或辯一卷　清許之獬撰

清嘉慶南匯吴氏聽彝堂刻藝海珠塵本　國圖　首都　北大　清華　科學

上海　復旦

春秋增註八卷　清湯斌撰

一九二三年賢良祠刻本　上海　吉林社科院

春秋求中録六卷　清李灝撰

清乾隆刻李氏經學四種本　北大

春秋疏略五十卷　清張沐撰

清康熙十四年至四十年蓍蔡張氏刻五經四書疏略本　清華　科學　南京

四庫全書存目叢書影印清康熙刻本

春秋大成三十一卷　清馮如京彙纂

清順治刻本　北大

春秋大成講意三十一卷　清馮雲驤撰

清順治刻本　北大

春秋題要辯疑三卷　清林雲銘撰

清康熙二十九年刻本　清華

全本春秋體註三十卷　清林雲銘撰　清湯慶蓀補輯

清乾隆五十八年志德堂刻本　大連　隰縣　惠民

春秋指掌三十卷前二卷附録二卷　清儲欣撰　清蔣景祁輯

清康熙二十七年天藜閣刻本　北大　清華　上海　復旦　吉林　吉林社科院　南京　湖北

清乾隆五十四年刻本　北大　上海　天津　湖北

四庫全書存目叢書影印清康熙天藜閣刻本

校補春秋集解緒餘一卷　清淩嘉印校補

清抄本　國圖

讀春秋通旨不分卷　清李確撰

清李確稿本　上海

學春秋隨筆十卷　清萬斯大撰

清康熙刻本　吉林市　吉林社科院

清乾隆二十六年萬福刻萬充宗先生經學五書本　湖北(清徐時棟批點)

清道光九年廣東學海堂刻皇清經解一千四百卷本　國圖　天津　遼寧　山東

清道光九年廣東學海堂刻咸豐十一年補刻皇清經解一千四百八卷本　國圖　遼寧

清光緒十七年上海鴻寶齋石印皇清經解一百九十卷本　國圖　天津

四庫全書存目叢書續修四庫全書影印清乾隆二十六年萬福刻萬充宗先生經

學五書本

春秋易簡十二卷　清車萬育纂

白門懷園刻本　南京

春秋不傳十二卷　清湯啓祚撰

清乾隆三十六年刻本　科學

清嘉慶二十四年湯士瀛刻本　北大　浙江

清嘉慶二十四年循陔堂刻本　國圖　上海　南京　遼大

清嘉慶二十四年淮揚文奎堂刻本　國圖　上海　南京　浙江　湖北

清抄本　北大

清抄本　南京

四庫全書存目叢書影印清嘉慶二十四年刻本

春秋比事參義十六卷　清桂含章輯

清光緒八年石埭桂氏務本堂刻本　國圖　北大　科學　上海　復旦

春秋詳説五十六卷　清冉覲祖撰

清光緒七年大梁書局刻五經詳説本　上海　復旦　山東　河南　江西

四庫全書存目叢書影印清光緒七年大梁書局刻五經詳説本

日講春秋解義六十四卷總説一卷　清庫勒納等編

清乾隆二年武英殿刻本　國圖　北大　故宫　上海　復旦

清乾隆四庫全書館寫欽定四庫全書本

清乾隆四庫全書館寫欽定四庫全書薈要本

抄本　南京

欽定春秋傳説彙纂三十八卷首二卷　清王掞等奉勅撰

清康熙六十年武英殿刻本　國圖　北大　故宫　復旦　天津

清康熙至乾隆間内府刻御纂七經本　上海　華東師大　上海辭書　天津　安徽　江西

清乾隆四庫全書館寫欽定四庫全書本

清同治十年湖北崇文書局刻本　國圖　北大　瀋陽　南京　湖北

清光緒上海鴻文書局石印御纂七經本　北大　上海　復旦　吉林

春秋燬餘四卷　清李光地撰

清道光二年李維迪刻榕村全書本　國圖　首都　北大　清華　北師大　科學　上海　復旦

春秋測微十二卷首一卷　清朱奇齡撰

清抄本　國圖

春秋測微九卷　清朱奇齡撰

清道光抄本　國圖

四庫全書存目叢書影印清道光抄本

春秋管見四卷　清瞿世壽撰

清康熙三十一年香綠居刻本　國圖　清華

春秋年譜一卷　清瞿世壽撰

清康熙三十一年香綠居刻本　國圖　清華

春秋闡微三十卷　清盧絳撰

清康熙四十三年洽陽王梓崇陽刻本　北大　南京　湖北

春秋輯傳辨疑七十二卷　清李集鳳撰

清抄本　北大

四庫全書存目叢書影印清抄本

麟經鉤玄不分卷　清陸漻撰

清露香閣抄本　上海(清佚名評點)

春秋疑義二卷　清華學泉撰

清嘉慶十九年璜川吴氏真意堂刻璜川吴氏經學叢書本　上海　南京　吉大　湖北

清道光十年寶仁堂刻璜川吴氏經學叢書本　首都　北大　清華　北師大　上海　復旦

四庫全書存目叢書影印清嘉慶十九年璜川吴氏真意堂刻本

春秋通論十五卷論旨一卷春秋無例詳考一卷　清姚際恒撰

清抄本　國圖

民國北京圖書館鈔蘇州顧氏藏抄本　國圖

續修四庫全書影印清抄本

春秋世次圖不分卷　清陳厚耀撰

清刻本　湖北

春秋長曆十卷　清陳厚耀撰

清乾隆四庫全書館寫欽定四庫全書本

清同治十二年周懋琦抄本　南京

清光緒十四年南菁書院刻皇清經解續編本　國圖　首都　北大　清華　北師大　科學

清丁氏八千卷樓抄本(清盛凤翔校)　南京

清抄本　浙江

春秋長曆集證十卷　清陳厚耀撰

一九二三年鉛印本　國圖　復旦

春秋世族譜一卷　清陳厚耀撰

清雍正三年自刻本　國圖(錢綺校)　復旦　浙江　湖北　武漢

清乾隆四庫全書館寫欽定四庫全書本
清乾隆蓬瀛一經刻本　國圖　湖北　南京
清道光甘泉黄氏刻清頌堂叢書本　國圖　北大　清華　北師大　科學　上海
清道光二十年寶翰樓刻本　國圖(清丁晏校注)　南京
清道光二十四年王書雲刻本　北大

春秋世族譜二卷
清抄本　北大

春秋世族譜二卷補鈔一卷　清陳厚耀撰　清葉蘭補鈔
清嘉慶五年葉蘭刻本　國圖　北大　科學　上海　濟南

春秋世族譜一卷附補正一卷　清陳厚耀撰　清王士濂考證並撰補正
清光緒二十四年高郵王氏刻鶴壽堂叢書本　國圖　北大　科學

春秋世本圖譜一卷　清陳厚耀撰
清乾隆五十七年蓬瀛一徑刻本　國圖(李慈銘校)　上海

增訂春秋世本圖譜一卷　清陳厚耀撰　清徐鎮增訂
清嘉慶十三年水心齋葉氏刻本　上海　南京

增訂春秋世族源流圖考六卷　清陳厚耀撰　清常茂徠增訂
清道光三十年夷門常氏怡古堂刻本　國圖　北大　南京　浙江大學　湖北
續修四庫全書影印清道光三十年夷門怡古堂刻本

春秋世系一卷　清陳厚耀撰　清趙權中訂補
清咸豐五年刻本　南京

春秋胡傳體注四卷　清徐寅賓撰　清解志元參訂
清雍正四年益智堂刻本　國圖

或庵評春秋三傳不分卷　清王源評訂
清抄本　國圖

公穀合刊二卷　清王源評訂
清雍正八年程茂刻本　遼寧

公羊傳不分卷穀梁傳不分卷　清王源評訂
清康熙五十五年刻本　大連
四庫全書存目叢書影印清康熙五十五年刻本

春秋經傳不分卷　清龐塏撰
清龐塏稿本　廣西師大

春秋列傳節要十一卷　清孟緝祖撰
清康熙三十二年盧龍孟氏刻本　北大

春秋宗朱辨義十二卷　清張自超撰

清乾隆四庫全書館寫欽定四庫全書本

清乾隆五年世耕堂刻本　天津　吉林社科院　南京

清光緒七年高淳書院刻本　國圖　北大　科學　上海　天津　吉林

清光緒十年重刻本　天津

清抄本　上海

志學堂春秋擬言□卷　清王者佐撰

抄本　國圖

春秋傳説薈要十二卷　清□□輯　清聖祖案

清嘉慶十六年揚州十笏堂刻御案五經本　上海　遼寧　甘肅　南京　湖北　黑龍江

春秋管窺十二卷　清徐廷垣撰

清乾隆四庫全書館寫欽定四庫全書本

三傳折諸四十四卷　清張尚瑗撰

清乾隆四庫全書館寫欽定四庫全書本

豐川春秋原經四卷　清王心敬撰

清乾隆二年潯衙刻本　南京

豐川春秋原經十六卷　清王心敬撰

清乾隆豐川王氏刻本　北大

春秋傳注四卷　清李塨撰

清同治八年高陽世和堂刻本　科學　湖北

一九二三年四存學會鉛印顔李叢書本　國圖　首都　北大　清華　北師大　上海　復旦

續修四庫全書影印清同治八年李繼曾刻本

此木軒讀春秋一卷　清焦袁熹撰

清抄本　國圖

春秋闕如編八卷　清焦袁熹撰

清乾隆四庫全書館寫欽定四庫全書本

清嘉慶十二年金山錢熙彦世春堂刻本　國圖　北大　上海　湖北　臺大

清丁氏竹書堂抄本　南京

春秋闕如編八卷續編四卷　清焦袁熹撰　清焦晉續

清抄本　國圖

春秋三傳合纂十二卷　清孔傳鐸纂

清康熙刻本　北大　南京

春秋紀傳五十一卷　清李鳳雛輯
清光緒二十一年刻本　國圖　上海　湖北
春秋義存録十二卷首一卷　清陸奎勳撰
清康熙五十三年至五十四年刻陸堂經學叢書本　北大　上海　遼寧　湖北
四庫全書存目叢書續修四庫全書影印清康熙刻本
春秋義補註十二卷　清楊方達撰
清雍正乾隆間武進楊氏復初堂刻楊符蒼七種本　上海
四庫全書存目叢書影印清乾隆復初堂刻本
公穀札記一卷　清朱亦棟撰
清光緒四年武林竹簡齋刻十三經札記本　國圖　首都　清華　北師大　上海　復旦
春秋世族輯略二卷　清王文源撰
清道光二十五年陳氏敏求軒刻本　國圖　科學　復旦　南京　湖北
民國國學圖書館抄本　南京
續修四庫全書影印清道光二十五年陳氏敏求軒刻本
春秋列國輯略一卷　清王文源撰
清道光二十五年陳氏敏求軒刻本　國圖　科學　復旦　南京　湖北
續修四庫全書影印清道光二十五年陳氏敏求軒刻本
春秋傳注會參　清李源輯
清嘉慶刻本　北大
春秋鈔十卷首一卷　清朱軾輯
清乾隆元年刻朱文端公藏書本　國圖　首都　北大　北師大　科學　上海　復旦
清光緒二十三年朱衡等重刻朱文端公藏書本　國圖　首都　北師大　復旦　天津
四庫全書存目叢書影印清康熙乾隆間刻朱文端公藏書本
春秋圖一卷　清牟欽元編輯
清雍正元年致用堂刻道光二十五年盱眙汪根敬重修本　國圖
春秋纂要傳本不分卷　清康五瑞撰
清康熙四十三年聚明堂刻本　吉安地委檔案館
春秋事義慎考十四卷首一卷　清姜兆錫撰
清乾隆八年姜氏寅清樓刻本　國圖　北大　南京
四庫全書存目叢書影印清乾隆刻本
春秋公羊穀梁諸傳彙義十二卷　清姜兆錫撰
清乾隆五年刻九經補注本　國圖　北大　科學　上海　復旦　華東師大

南京　重慶

四庫全書存目叢書影印清雍正乾隆間刻九經補注本

春秋直解十二卷　清方苞撰

清康熙嘉慶間桐城方氏抗希堂刻抗希堂十六種本　國圖　北大　北師大　科學　上海　復旦

清光緒二十四年娜嬛閣刻桐城方望溪先生全書本　北大　上海

續修四庫全書影印清乾隆刻本

春秋通論四卷　清方苞撰

清康熙嘉慶間桐城方氏抗希堂刻抗希堂十六種本　國圖　北大　北師大　科學　上海　復旦

清乾隆中方觀承刻方望溪先生經説四種本　國圖　上海　江西

清乾隆四庫全書館寫欽定四庫全書本

清光緒二十四年娜嬛閣刻桐城方望溪先生全書本　北大　上海

清木活字印本　北大

春秋比事目録四卷　清方苞撰

清康熙嘉慶間桐城方氏抗希堂刻抗希堂十六種本　國圖　北大　北師大　科學　上海　復旦

清光緒二十四年娜嬛閣刻桐城方望溪先生全書本　北大　上海

四庫全書存目叢書影印清康熙嘉慶間刻抗希堂十六種本

春秋發疑一卷　清方苞撰

清錢復初據稿本抄本(清杜鎬跋)　上海

春秋歲月日通考不分卷　清黄瓚撰

清朱絲欄抄本　國圖

春秋訂誤十五卷首二卷　清湯豫誠撰

清湯豫誠稿本　河南

春秋札記五卷　清范爾梅撰

清雍正七年敬恕堂刻讀書小記本　國圖　北師大　内蒙　南京　浙江大學

公羊穀梁　清唐琯輯

清雍正抄本　國圖

春秋古今地名考一卷　清姚培謙撰

清姚培謙稿本　上海

春秋正箋三十三卷　清魏荔彤撰

清抄本　國圖

半農春秋説十五卷　清惠士奇撰

清乾隆四庫全書館寫欽定四庫全書本

春秋體註大全合參四卷　清周熾纂
清康熙五十年漱芳軒刻本　南京
清康熙五十年敦仁堂刻本　吉林
清乾隆五十四年刻本　國圖
清宏道堂刻本　湖北
半農先生春秋説十五卷　清惠士奇撰
清乾隆十四年吴氏璜川書屋刻本　國圖（翁方綱跋）　清華　科學　復旦　吉林
清嘉慶十五年刻本　國圖　上海　湖北
清道光十年寶仁堂刻璜川吴氏經學叢書本　首都　北大　清華　北師大　上海　復旦
春秋説十五卷　清惠士奇撰
清乾隆十四年刻本　南京
清嘉慶十五年刻本　國圖　天津
清道光九年廣東學海堂刻皇清經解一千四百卷本　國圖　天津　遼寧　山東
清道光九年廣東學海堂刻咸豐十一年補刻皇清經解一千四百八卷本　國圖　遼寧
清光緒十七年上海鴻寶齋石印皇清經解一百九十卷本　國圖　天津
春秋論略四卷　清薛宫撰
清乾隆四十二年樹滋堂刻本　浙江
春秋集傳十卷首一卷　清李文炤撰
清四爲堂刻李氏成書本　北師大　川大
四庫全書存目叢書影印清四爲堂刻李氏成書本
春秋説一卷　清陶正靖撰
清嘉慶虞山張氏刻借月山房彙抄本　科學　浙江
清道光三年上海陳氏據借月山房彙鈔刻版重編澤古齋重鈔第一集本　國圖　科學
清道光二十年金山錢氏據借月山房彙鈔刊版重編增刻指海本　國圖　清華　上海
一九三五年上海大東書局據清錢氏重編借月山房彙抄本影印指海本　國圖　北大　科學
春秋義十五卷首一卷　清孫嘉淦撰　清俞燾編訂
清雍正刻本　國圖　科學　山西

四庫全書存目叢書影印清雍正三年刻本

春秋義補註十二卷首一卷　清孫嘉淦撰　清楊方達增註

清乾隆十九年復初堂刻本　上海

春秋傳本十二卷　清胡瑶光等撰

清康熙刻本　臺大

春秋通義十八卷　清李鍇撰

清朱絲欄抄本　國圖

春秋剩義二卷　清應麟撰

清乾隆十六年宜黄應氏刻屏山草堂稿本　北大　北師大　武漢　江西

清抄本　上海

四庫全書存目叢書影印清乾隆十六年宜黄應氏刻屏山草堂稿本

春秋經傳類求十二卷　清孫從添　過臨汾撰　清吴禧祖校定

清乾隆二十四年舊名堂刻本　國圖　北大　清華　人大　科學　上海　復旦

四庫全書存目叢書影印清乾隆二十四年吴禧祖刻本

春秋集傳十六卷首一卷末一卷　清汪紱撰

清光緒二十一年刻汪雙池先生叢書本　國圖　首都　科學

清棲碧山房刻本　濟南

續修四庫全書影印清光緒二十一年刻本

充射堂春秋餘論一卷　清魏周琬撰

清康熙刻充射堂集本　國圖

春秋三傳明辨録十六卷　清沈青崖撰

清初刻本　清華

春秋三傳定説十二卷　清張甄陶撰

清張甄陶稿本　浙江

春秋補傳二卷　清周維棫撰

清乾隆十八年余兆灝抄本　浙江

續春秋編二卷　清張羽清撰

清乾隆元年刻本　南京

春秋夏正二卷　清胡天游撰

清道光十年胡氏石筍山房木活字本　國圖　上海　南京　浙江大學　湖北

清光緒中會稽章氏刻式訓堂叢書本　國圖　首都　北大　科學

清光緒中會稽章氏刻光緒三十年孫溪朱氏槐廬家塾據式訓堂叢書原版重編重印校經山房叢書本　國圖　首都　北大

清光緒十六年黄梅梅氏慎自愛軒刻清芬堂叢書本　北大　科學　復旦　南大　湖北

三正考二卷　清吴鼐撰

清乾隆四庫全書館寫欽定四庫全書本

清道光十年寶仁堂刻璜川吴氏經學叢書本　首都　北大　清華　北師大　上海　復旦

春秋貫不分卷　清于大鯤撰

清乾隆三十八年聽雨山房刻本　國圖　遼寧　華東師大

春秋取義測十二卷　清法坤宏撰

清乾隆五十九年法坤宏六書齋刻本　國圖　北大　清華　科學　上海　天津

續修四庫全書影印清乾隆五十九年法氏迂齋刻本

春秋四傳異同辨一卷　清黄永年撰

清光緒中新建陶氏刻豫章叢書本　國圖　南大　安徽　河南　江西

春秋四傳管窺三十二卷　清張星徽撰

清乾隆四年藏書堂刻本　南京

春秋經傳類聯三十四卷　清王繩曾撰

清雍正十二年多歲草堂刻本　上海　南京　湖北

春秋經傳類聯三十三卷

清嘉慶七年紉蘭堂刻本　上海　吉林

春秋通論六卷　清劉紹攽撰

清乾隆刻本　國圖　清華　科學

清同治十二年傳經堂刻西京清麓叢書本　國圖　北大　北師大　科學　上海

四庫全書存目叢書影印清乾隆刻本

春秋筆削微旨二十六卷　清劉紹攽撰

清乾隆十九年刻本　國圖　清華　科學

清同治十二年傳經堂刻西京清麓叢書本　國圖　北大　北師大　科學　上海

四庫全書存目叢書影印清乾隆刻本

春秋客難一卷　清龔元玠撰

清道光吴江沈氏世楷堂刻昭代叢書本　國圖　首都　北大　北師大　科學　上海

畏齋春秋客難二十四卷首一卷　清龔元玠撰

清道光二十六年縣學文昌祠考棚公局刻十三經客難本　國圖　北大　北師大

上海

通例彙纂一卷　清部坦撰

清光緒元年刻本　國圖

春秋集古傳注二十六卷首一卷　清部坦撰

清同治十一年刻本　吉林社科院　湖北

清光緒元年部雲鵠刻本　國圖

清光緒二年淮南書局刻本　大連　長春　吉大　吉林社科院　齊齊哈爾　浙江大學　臺大

四庫全書存目叢書影印清光緒刻本

春秋或問六卷　清部坦撰

清同治十一年刻本　吉林社科院　湖北

清光緒二年淮南書局刻本　國圖　北大　科學　上海　復旦　天津

四庫全書存目叢書影印清光緒刻本

春秋左國公穀分國紀事本末二卷　清李國華編

清乾隆十四年松風堂刻本　南京

春秋傳十二卷　清牛運震撰

清嘉慶二十三年空山堂刻空山堂全集本　國圖　北大　北師大　科學　上海　復旦

四庫全書存目叢書續修四庫全書影印清嘉慶二十三年刻空山堂全集本

春秋四傳刈實十二卷前四卷　清涂錫禧撰

清乾隆十二年品峰齋刻本　科學　上海

春秋説十二卷補遺八卷　清郭善鄰撰　清李道融集解

清咸豐四年夏邑李氏强恕堂刻本　北大　南京　湖北

春秋究遺十六卷　清葉酉撰

清乾隆江寧顧晴崖刻本　清華

春秋究遺十六卷總説一卷比例一卷

清乾隆四庫全書館寫欽定四庫全書本

清乾隆桐城葉氏耕餘堂刻本　國圖　北大　科學　上海　南京　中山大　臺大

御纂春秋直解十二卷　清傅恒等撰

清乾隆十三年刻本　復旦

清乾隆二十三年内府刻本　故宫　浙江　遼寧　大連　吉林　吉師　齊齊哈爾

清乾隆二十三年刻本　上海　南京　湖北

清乾隆三十八年鈔摛藻堂四庫全書薈要本

抄本　南京

御纂春秋直解十五卷

清乾隆四庫全書館寫欽定四庫全書本

春秋傳質疑六卷附録一卷　清齊周南撰

清齊周南稿本(清齊召南批校)　天臺文管會

王文炳據齊周南原稿校抄本　人大

一九三一年浙江圖書館鉛印退齋叢書本　湖北

春秋應舉輯要十二卷　清潘相編

清嘉慶四年刻潘相所著書本　北大　科學　復旦　南京　遼寧　湖北

春秋比事参義一卷　清潘相撰

清嘉慶七年刻本　上海　復旦

清刻潘相所著書本　北大　科學　復旦　南京　遼寧　湖北

春秋事義合註十二卷　清單鐸撰

清乾隆十五年刻本　科學　浙江　齊齊哈爾

四庫未收書輯刊影印清乾隆刻本

春秋隨筆二卷　清顧奎光撰

清乾隆四庫全書館寫欽定四庫全書本

民國廬江劉氏遠碧樓藍格抄本　上海

讀春秋管見十四卷　清羅典撰

清刻本　科學

續修四庫全書影印清刻本

春秋正辭十一卷　清莊存與撰

清嘉慶六年刻本　上海

清道光七年刻味經齋遺書本　國圖　南京　湖北

清道光九年廣東學海堂刻皇清經解一千四百卷本　國圖　天津　遼寧　山東

清光緒八年陽湖莊氏刻味經齋遺書本　國圖　首都　北大　清華　北師大　科學　上海

清光緒十七年上海鴻寶齋石印皇清經解一百九十卷本　國圖　天津

續修四庫全書影印清道光七年莊綬甲寶研堂刻味經齋遺書本

春秋舉例一卷　清莊存與撰

清嘉慶六年刻本　上海

清道光七年刻味經齋遺書本　國圖　南京　湖北

清道光九年廣東學海堂刻皇清經解一千四百卷本　國圖　天津　遼寧　山東

清道光九年廣東學海堂刻咸豐十一年補刻皇清經解一千四百八卷本　國圖　遼寧

清光緒八年陽湖莊氏刻味經齋遺書本　國圖　首都　北大　科學

續修四庫全書影印清道光七年莊綬甲寶研堂刻味經齋遺書本

春秋要指一卷　清莊存與撰

清嘉慶六年刻本　上海

清道光七年刻味經齋遺書本　國圖　南京　湖北

清道光九年廣東學海堂刻皇清經解一千四百卷本　國圖　天津　遼寧　山東

清道光九年廣東學海堂刻咸豐十一年補刻皇清經解一千四百八卷本　國圖　遼寧

清光緒八年陽湖莊氏刻味經齋遺書本　國圖　首都　北大　科學

續修四庫全書影印清道光七年莊綬甲寶研堂刻味經齋遺書本

御纂春秋直解十二卷　清梁錫璵廣義

清乾隆梁氏刻本　遼寧　山西

春秋困學録十二卷　清楊宏聲撰

清乾隆三十一年吴郡張若遷刻本　國圖　天津　大連　黑大

清乾隆三十九年尊五堂刻本　國圖　上海　瀋陽　吉林市

春秋氏族彙考四卷　清金奉堯撰

清金奉堯稿本(清任兆麟手書序文)　上海

春秋一得一卷　清閻循觀撰

清乾隆三十八年樹滋堂刻西澗草堂全集本　國圖　北大　清華　北師大　科學　上海　復旦

四庫全書存目叢書清乾隆三十八年樹滋堂刻西澗草堂全集本

春秋五測三卷　清戴祖啓撰

清嘉慶元年資敬堂刻本　吉林社科院

讀春秋存稿四卷　清趙佑撰

清乾隆五十二年刻清獻堂全編本　國圖　北大　科學　上海　復旦

續修四庫全書影印清乾隆刻清獻堂全編本

春秋三傳雜案十卷　清趙佑撰

清乾隆五十二年刻清獻堂全編本　國圖　北大　科學　上海　復旦

春秋義略十六卷　清張遠覽撰

清抄本　上海

春秋諸家解十二卷總論一卷　清毛士撰
清同治十一年深澤王氏刻毛氏春秋三種本　國圖　北大　科學　復旦　遼寧
春秋三子傳六卷首一卷　清毛士撰
清同治十一年深澤王氏刻毛氏春秋三種本　國圖　北大　科學　復旦　遼寧
春秋三傳駁語十卷首一卷　清毛士撰
清同治十一年深澤王氏刻毛氏春秋三種本　國圖　北大　科學　復旦　遼寧
公穀駁語六卷　清毛士撰
清同治十一年深澤王氏刻毛氏春秋三種本　國圖　北大　科學　復旦　遼寧
春秋集義五十八卷首一卷末二卷　清吴鳳來撰
清乾隆五十四年浦陽吴氏小草廬刻本　國圖　北大　清華　科學　人大　天津
四庫未收書輯刊影印清乾隆小草廬刻本
春秋三傳補註二卷　清姚鼐撰
清嘉慶二年江寧刻本　國圖　北大　上海
清桐城光氏刻龍眠叢書本　清華　上海
春秋胡傳审鵠會要四卷　清周夢齡纂輯
清乾隆三十六年志遠堂刻本　北大
清末志遠堂刻本　北大
春秋審鵠四卷　清周夢齡撰
清刻本　湖北(佚名朱筆圈點)
春秋例略一卷　清林錫齡編
清乾隆三十六年志遠堂刻本　北大
清末志遠堂刻本　北大
春秋辨義十二卷　清鄭文蘭撰
清乾隆活字本　浙江　中大
春秋屬辭十二卷　清王大樞撰
一九二一年石印本　國圖
春秋總綱一卷　清關涵輯
清嘉慶十三年關炳刻本　浙江
春秋通論四卷　清關涵輯
清嘉慶十三年關炳刻本　浙江　湖北(徐恕批)

寄傲山房塾課撰輯春秋備旨十二卷　清鄒聖脉撰
清翰寶樓刻本　天津
清光緒五年慈水古草堂刻本　國圖
清光緒十二年上海點石齋石印五經備旨本　上海　復旦　内蒙　浙江
福建師大　湖北　廣東
春秋坿記九卷　清翁方綱撰
清翁方綱稿本　浙江
春秋目一卷　清翁方綱撰
清翁方綱稿本　浙江
春秋三傳立學考一卷　清翁方綱撰
清翁方綱稿本　浙江
春秋校記不分卷　清翁方綱撰
清翁方綱稿本　國圖
春秋輯説彙解一卷　清曹逢庚撰
清同治光緒間刻洛陽曹氏叢書本　國圖　北大　清華　上海　華東師大
遼寧
春秋傳説從長十二卷　清阮芝生撰
清阮芝生稿本　上海
清王錫祺小方壺齋抄本　南通(張謇跋)
清抄本　上海
春秋三傳比二卷　清李調元撰
清乾隆綿州李氏萬卷樓刻嘉慶十四年李鼎元重校印函海本　國圖　首都
北大　清華
清道光五年李朝夔補刻印函海本　國圖　首都　清華　北師大　上海
清光緒七年至八年廣漢鍾登甲樂道齋刻函海本　國圖　北大　北師大
科學　上海
續修四庫全書影印清乾隆李氏萬卷樓刻函海本
魯史大體春秋折中十二卷　日本福井軏撰
日本寬政四年文林堂刻本　北大
春秋講義衷一二卷　清團維墉輯
清嘉慶十七年刻本　南京　浙江　吉大　湖北
春秋列國官名異同考一卷　清汪中撰
清光緒十一年儀徵吴氏藝園叢刻本　上海　復旦
一九二五年上海中國書店據藝園叢刻本影印重印江都汪氏叢書本　國圖

首都　北大

續修四庫全書影印清光緒十一年吴氏刻㔶園叢書本

春秋述義一卷　清汪中撰

清嘉慶江寧刻本　國圖

清光緒二十三年豐城余氏寶墨齋刻寶墨齋叢書本　上海　吉大　江西

一九二五年上海中國書店據㔶園叢刻本影印重印江都汪氏叢書本　國圖　首都　北大

讀春秋二卷　清趙良霨撰

清道光十二年涇縣趙氏古墨齋刻涇川叢書本　首都　北師大　科學　上海

一九一七年翟鳳翔等據清道光趙氏本影印涇川叢書本　國圖　北大　清華　北師大　上海

春秋慎行義二卷　清莊有可撰

清抄本　浙江

續修四庫全書影印清抄本

春秋刑法義一卷　清莊有可撰

清抄本　浙江

續修四庫全書影印清抄本

春秋使師義一卷　清莊有可撰

清抄本　浙江

續修四庫全書影印清抄本

春秋小學八卷　清莊有可撰

一九三五年上海商務印書館據稿本石印本　復旦　南京　臺大

續修四庫全書影印民國二十四年商務印書館影印本

春秋上律表不分卷　清范景福撰

清范景福稿本(清丁丙跋)　浙江

公羊穀梁異同合評四卷　清沈赤然撰

清嘉慶刻五研齋全集本　國圖　上海　復旦　南京

四庫未收書輯刊影印清嘉慶刻本

春秋旁訓四卷　清徐立綱撰

清乾隆四十七年吴郡張氏刻五經旁訓本　上海

清匠門書屋刻五經旁訓本　上海　天津　山東(清李文藻批校)　安徽　武大　四川

春秋旁訓辨體合訂四卷　清徐立綱撰

清三益堂刻本　復旦

清循陔堂刻本　浙江大學

春秋增訂旁訓四卷　清徐立綱撰　清竺静甫　竺子壽增訂

清嘉慶十四年致盛堂刻本　湖北

清江南城狀元巷李光明莊刻本　湖北

春秋旁訓增訂精義四卷　清徐立綱撰　清竺静甫　竺子壽增訂　清黄淦撰精義

清光緒十年四明竺氏毓秀草堂刻五經旁訓增訂精義本　上海　復旦

春秋十論一卷　清洪亮吉撰

清光緒刻卷施閣集本　國圖　北大　上海

春秋三傳釋地一卷　清龔景瀚撰

清龔景瀚稿本　福建

春秋偶記二卷　清汪德鉞撰

清道光十二年汪時漣長汀木活字七經偶記本　國圖　上海　南京　江西

春秋内傳古注輯存三卷　清嚴蔚撰

清乾隆五十二年嚴氏二酉齋刻本　國圖　北大　清華　科學(清臧禮堂校補)　上海

清光緒十五年味義根齋刻巾箱本　上海

續修四庫全書影印清乾隆二酉齋刻本

春秋精義四卷首一卷　清黄淦輯

清嘉慶九年刻本　國圖　吉林社科院　南京　浙江

清嘉慶十三年刻七經精義本　國圖　清華　北師大　科學　上海

春秋簡融四卷　清胡序撰

清乾隆五十六年木活字本　科學　上海　南京

四庫未收書輯刊影印清乾隆五十六年兩齋活字本

春秋闡旨二卷　清蔡遴元撰

清乾隆五十八年芊間塾本刻本　國圖

春秋正解體要二十一卷　清黄宗傑輯

清乾隆五十七年擷雲書屋刻本　湖北

春秋三傳全録十六卷首一卷　清李堡輯

清乾隆五十九年刻本　南京

清同治十年刻本　南京

春秋三傳釋文一卷　清李堡輯

清同治十年刻本　南京

御案春秋三傳十六卷首一卷　清李堡輯
　清嘉慶二十四年刻本　浙江
春秋君臣世系圖考一卷　清周曰年　章深編輯
　清乾隆五十八年刻本　南京
　清嘉慶十五年蕭山周氏聽雪樓刻本　北大
春秋三傳體注十二卷　清車廷雅撰
　清乾隆六十年同文堂刻本　天津
全本春秋遵解三十卷　清胡必豪　胡紹曾同輯
　清乾隆六十年三多齋刻本　北大
春秋讀本三十卷　清胡必豪　胡紹曾同輯
　清乾隆六十年三多齋刻本　北大
春秋卅韻一卷　清馬洪撰
　清乾隆刻本　南京
春秋疑義録二卷　清劉士毅撰
　清乾隆刻本　科學
　清光緒元年刻本　南京
　清光緒六年刻本　國圖　北大　上海　浙江　遼寧　遼大　湖北
　四庫未收書輯刊影印清乾隆刻本
春秋公華經一卷　清孔廣森撰
　清孔廣森稿本　曲阜文管會
春秋説略十二卷　清郝懿行撰
　清嘉慶十年趙銘彝校刻本　臺大
　清道光七年趙銘彝刻郝氏遺書本　國圖　首都　北大　科學
　清道光七年趙銘彝刻光緒七年郝聯薇補刻彙印郝氏遺書本　國圖　上海　天津
　清光緒七年刻本　長春　吉林市　吉林社科院　濟南
　續修四庫全書影印清道光七年趙銘彝刻本
春秋比不分卷　清郝懿行撰
　清抄本　北大
春秋比二卷　清郝懿行撰
　清嘉慶十年趙銘彝校刻本　臺大
　清嘉慶十四年海陽趙銘彝刻本　國圖　上海
　清道光七年趙銘彝刻郝氏遺書本　國圖　首都　北大　科學
　清道光七年趙銘彝刻光緒七年郝聯薇補刻彙印郝氏遺書本　國圖　上海

天津
清光緒十六年崇寧譚氏刻本　南京　湖北
續修四庫全書影印清道光七年趙銘彝刻本
春秋經翼十二卷　清張漪撰
清嘉慶十九年惜陰書屋刻小窗遺稿本　國圖　南京
春秋存疑四卷　日本米谷寅撰
日本享和元年刻本　國圖　北大
春秋偲聞鈔十二卷　清淩揚藻撰
清道光刻海雅堂全集本　國圖　清華　南京　重慶
春秋説不分卷　清王紹蘭撰
清王紹蘭稿本　浙江
三統曆春秋朔閏表二卷　清孫義鉤撰
清孫義鉤稿本（陶澍　張井跋）　國圖
春秋三傳釋地不分卷　清戴清撰
清抄本（阮亨跋）　國圖
春秋書法比義十二卷　清劉曾璇撰
清道光十九年濮州劉氏蓮窗書屋刻本　國圖　北大　南京　湖北
清道光二十年刻本　科學
春秋集義十二卷　清周干輯注
清咸豐四年震澤鎮硯華堂刻本　上海
春秋新義十二卷　清朱兆熊撰
清乾隆刻本　南京
春秋新義十三卷
清刻本　上海
春秋新義十三卷附春秋表一卷
清刻本　浙江
春秋新義十三卷附春秋日食星度表一卷春秋日表一卷星新經一卷　清朱兆熊撰　清朱轼撰星新經
清刻本　上海
春秋新義十三卷附春秋表三卷星新經一卷
清刻本　湖北
春秋歲星行表一卷　清朱兆熊撰
清刻春秋表三種本　科學

春秋日食星度表一卷　清朱兆熊撰
清刻春秋表三種本　科學
星新經一卷　清朱轼撰
清刻本　上海
清刻本　湖北
春秋集傳十三卷　清張士俊撰
清嘉慶十二年葛祚增家刻本(清葛祚增跋)　蘇州
春秋見心不分卷　清蔣紹宗撰
清道光六年刻本　湖北
春秋恒解八卷　清劉沅撰
清咸豐十年虚受齋刻本　南京
清光緒三十一年刻本　國圖　上海
清宣統元年玉成堂刻本　上海
清豫誠堂刻本　吉大　齊齊哈爾
一九二二年北京道德學社印刷所鉛印本　遼寧　吉林　齊齊哈爾
春秋恒解八卷附録餘傳一卷
清同治十一年刻槐軒全書本　首都　北大　科學　上海
春秋恒解餘傳一卷　清劉沅撰
清同治十一年刻槐軒全書本　首都　北大　科學　上海
春秋經傳合編三十卷雜説一卷書法彙表三卷辨疑二卷　清楊丕復撰
清光緒二十六年刻楊愚齋先生全集本　國圖　北大　南大　湖北
春秋族系表二卷　清徐世鐸撰
清嘉慶十二年馥蟾山房刻本　上海
春秋釋經十二卷　清高澍然撰
清道光五年光澤高氏刻本　北大
清道光七年刻本　復旦　浙江　大連
清光緒刻本　國圖
春秋周魯纂論八卷　清張孝齡撰
清嘉慶十八年南郫刻本　北大　上海　臺大
春秋朔閏異同二卷　清羅士琳撰
清光緒十四年南菁書院刻皇清經解續編本　國圖　首都　北大　清華
北師大　科學
清光緒十五年上海蜚英館石印皇清經解續編本　國圖　首都　清華　北師大
上海　復旦

清光緒中會稽趙氏刻仰視千七百二十九鶴齋叢書本　國圖　北大　北師大　科學

清抄本(清趙之謙校　文素松跋）　上海

續修四庫全書影印上圖藏清抄本

春秋氏族圖考二卷　清沈澄本撰

清嘉慶十九年吴興沈氏刻本　國圖

春秋氏族略一卷　清侯廷銓撰

清嘉慶十七年刻本　北大

春秋疑義一卷　清侯廷銓撰

清嘉慶十七年刻本　北大

春秋列國考略一卷　清侯廷銓撰

清嘉慶十七年刻本　北大

春秋氏族圖一卷　清張道緒撰

清嘉慶十八年人境軒刻本　上海

春秋經傳比事二十二卷　清林春溥撰

清咸豐元年刻竹柏山房十五種附刻四種本　國圖　首都　北大　科學　上海

續修四庫全書影印清咸豐元年竹柏山房刻本

春秋朔閏表發覆四卷　清施彦士撰

清道光六年求己堂刻本　天津

清道光十二年崇明施氏求己堂刻求己堂八種本　國圖　北大　南京　湖北

續修四庫全書影印清道光十二年求己堂刻本

推春秋日食法一卷　清施彦士撰

清道光十二年崇明施氏求己堂刻求己堂八種本　國圖　北大

清修梅山館刻巾箱本　南京

續修四庫全書影印清道光十二年求己堂刻本

春秋朔閏表發覆四卷首一卷　清施彦士撰

清道光十二年崇明施氏求己堂刻求己堂八種本　國圖　北大

春秋算法題目不分卷　清施彦士撰

清刻本　湖北

春秋命曆序考二卷　清平篤胤撰

日本天保抄本　北大

春秋目論二卷　清鄧顯鶴撰

清道光十九年刻本　國圖　上海　湖北

清咸豐十年補刻本　復旦

春秋箋例三十卷首一卷　清趙儀吉撰

清嘉慶二十二年南昌府學刻本　國圖　北大　浙江　湖北

春秋衷要六卷　清李式穀撰

清道光十年南海葉夢龍風满樓刻五經衷要本　國圖　首都　清華　上海　南京

三傳經文辨異四卷　清焦廷琥撰

清抄本　國圖

一九三四年據寫本影印邃雅齋叢書本　國圖　首都　清華　北師大　科學　上海　復旦

春秋日食質疑一卷　清吴守一撰

清嘉慶虞山張氏刻借月山房彙抄本　科學　浙江

清道光三年上海陳氏據借月山房彙鈔刻版重編澤古齋重鈔第一集本　國圖　科學

清道光十一年六安晁氏木活字印學海類編本　國圖　北大　科學　上海　遼寧　南京

清道光吴江沈氏世楷堂刻昭代叢書本　國圖　首都　北大　北師大　科學　上海

一九二〇年上海博古齋據清張氏刻本影印借月山房彙抄本　國圖　首都　北大　北師大

四庫全書存目叢書續修四庫全書影印清嘉慶十三年刻借月山房彙抄本

春秋至朔通考二卷　清張冕撰

清嘉慶二十五年刻本　國圖

清道光十九年刻本　科學

四庫未收書輯刊影印清道光十九年泉州府學刻本

春秋比辨一卷　清章謙存撰

清道光十年刻强恕齋四賸稿本　上海　南京　湖北　四川

春秋日月考四卷　清譚澐撰

清光緒三年郴州學署刻味義根齋全書本　國圖　北大　清華　科學

春秋世族志略　清姚東昇撰

清姚東昇稿本　國圖

春秋表三卷　清朱栻之撰

清刻本　南京

春秋平議一卷　清朱駿聲撰

清光緒中德化李氏木犀軒刻木犀軒叢書本　國圖　首都　北大　科學

一九三六年華西協合大學哈佛燕京學社鉛印本　遼寧
續修四庫全書影印清光緒十六年李盛鐸刻木犀軒叢書本

春秋亂賊考一卷　清朱駿聲撰

清朱駿聲稿本　南京
清光緒中貴池劉氏刻聚學軒叢書本　國圖　首都　北大　科學
續修四庫全書影印清光緒劉世珩刻聚學軒叢書本

春秋女譜一卷　清常茂徠撰

清道光三十年夷門常氏怡古堂刻本　國圖　北大　南京　浙江大學　湖北
續修四庫全書影印清道光三十年夷門怡古堂刻本

春秋釋一卷　清黄式三撰

清光緒十四年南菁書院刻皇清經解續編本　國圖　首都　北大　清華　北師大　科學
清光緒十五年上海蜚英館石印皇清經解續編本　國圖　首都　清華　北師大　上海　復旦

春秋釋四卷　清黄式三撰

清光緒十四年刻儆居遺書本　國圖　天津　上海師大
續修四庫全書影印清光緒刻儆居遺書本

春秋屬辭辨例編六十卷卷首二卷　清張應昌撰

清咸豐五年錢塘張氏彝壽堂刻本　北大　上海　復旦
清同治十二年江蘇書局刻本　國圖　北大　科學　上海　復旦
續修四庫全書影印清同治十二年江蘇書局刻本

讀春秋三傳札記二卷　清單爲鏓撰

清同治六年周濤嚴家刻本　國圖　湖北

春秋七國統表六卷　清魏翼龍編

清道光十三年蕭山存問堂刻本　國圖　上海　天津　南京　浙江

春秋經文彙纂六卷　日本蒔田貝纂

日本天保七年浪華書林刻本　浙江大學

春秋胡傳考正四卷續録二卷　清丁晏撰

清丁晏稿本　國圖

春秋胡傳申正不分卷　清丁晏撰

清丁晏稿本　上海

三家經文同異考二卷　清王錫聆撰

清道光十五年太姥山麓蚤問齋刻本　國圖　湖北

學春秋理辯一卷　清淩堃撰

清道光吴興淩氏刻淩氏傳經堂叢書本　國圖　上海　上海師大　吉大

續修四庫全書影印清道光淩氏刻傳經堂叢書本

春秋大義述 清柳興恩撰

清道光刻本 國圖

春秋紀事考 清蔣湘南撰

清抄本 國圖

春秋希通一卷 清程庭桂撰

清咸豐十一年刻本 國圖 科學 天津 上海 吉林社科院 南京 湖北

春秋古經説二卷 清侯康撰

清道光三十年南海伍氏粵雅堂文字歡娱室刻嶺南遺書本 國圖 首都 北大 科學

清光緒十四年南菁書院刻皇清經解續編本 國圖 首都 北大 清華 北師大 科學

清光緒十五年上海蜚英館石印皇清經解續編本 國圖 首都 清華 北師大 上海 復旦

續修四庫全書影印清道光三十年南海伍氏粵雅堂刻嶺南遺書本

春秋經論摘義四卷 清王亮功撰

一九一六年定襄牛氏鉛印雪華館叢編本 國圖 北大 南京 安徽 浙江

求志居春秋説四卷 清陳世鎔撰

清道光至光緒間獨秀山莊刻求志居全集本 國圖 首都 清華

篤志齋春秋解二卷 清張應譽撰

清同治十年南皮張氏刻篤志齋經解本 國圖 清華 上海 復旦 上海辭書 南京 山東大學

春秋録要十二卷 清黄思誠輯

清光緒七年岳陽昭祜堂刻本 北大

春秋隨筆一卷 清吴勤邦撰

清道光二十七年刻秋芸館全集本 國圖 科學

春秋四傳詁經十五卷 清萬斛泉撰

清光緒三十四年刻萬青軒全書本 國圖 清華 北師大 科學

春秋初讀一卷 清方潛撰

清光緒十五年方敦吉濟南刻毋不敬齋全書本 國圖 北大 清華 復旦 遼寧

三傳異同考一卷 清林昌彝撰

清同治十年林氏廣州刻本 國圖

春秋律身録二十二卷 清楊長年撰

清光緒元年刻本 上海

清光緒十年刻本　復旦

清光緒十九年刻本　上海　南京　湖北

春秋輯解十二卷　清周道遵撰

清周道遵稿本　天一閣

春秋精義鈔四十卷　清陸錫扑撰

清咸豐四年萃文堂刻本　天津

春秋日南至譜一卷　清成蓉鏡撰

清光緒十四年南菁書院刻皇清經解續編本　國圖　首都　北大　清華　北師大　科學

清光緒十五年上海蜚英館石印皇清經解續編本　國圖　首都　清華　北師大　上海　復旦

清光緒刻成氏遺書本　上海

續修四庫全書影印清光緒十四年南菁書院刻皇清經解續編本

春秋集義十二卷　清方宗誠撰

清方宗誠稿本　安慶

清光緒八年桐城方氏刻柏堂遺書本　國圖　首都　北大　科學

春秋傳正誼四卷　清方宗誠撰

清方宗誠稿本　安慶

清光緒四年桐城方氏刻柏堂遺書本　國圖　首都　北大　科學

春秋解不分卷　清丁壽昌撰

清丁壽昌稿本丁氏遺稿六種　上海

春秋列國圖不分卷　清桂文燦撰

清咸豐刻本　南京

春秋經傳日月考一卷　清鄒伯奇撰

清光緒二十七年两湖書院朱印本　國圖　天津　南京　湖北

續修四庫全書影印清光緒二十七年正學堂刻本

春秋世系表　清周耀藻撰

清咸豐九年楚南周耀藻朱絲欄稿本　國圖

續修四庫全書影印清抄本

春秋貫解不分卷　清王尚概撰

一九三二年王汝翼鉛印王羲川先生遺書本　國圖　上海　湖北

春秋集傳辨異十二卷　清趙培桂集辨

清同治五年明德堂刻本　北大　科學　湖北

達齋春秋論一卷　清俞樾撰

清光緒二十五年刻春在堂全書本　國圖　首都　北大　清華　北師大

科學　上海　復旦　湖北（徐恕點讀）

續修四庫全書影印清光緒二十五年刻春在堂全書曲園雜纂本

春秋名字解詁補義一卷　清俞樾撰

清光绪二十五年刻春在堂全書本　國圖　首都　北大　清華　北師大　科學

續修四庫全書影印清光緒二十五年刻春在堂全書第一樓叢書本

春秋歲星考一卷　清俞樾撰

清光緒二十五年刻春在堂全書本　國圖　首都　北大　清華　北師大　科學　上海　復旦

駁春秋名字解詁一卷　清胡元玉撰

清光緒十四年南菁書院刻皇清經解續編本　國圖　首圖　科學　北大　北師大　清華　中醫　上海　復旦　華師等館

續修四庫全書影印清光緒十四年南菁書院刻皇清經解續編本

春秋繹義十四卷　清王曜南撰

清咸豐元年刻本　上海　湖北

春秋屬比考例二卷　清王銘西撰

清王銘西稿本（清王先謙跋）　南京

一九三五年南京國學圖書館影印本　國圖　科學　上海　復旦　南京　湖北　臺大

春秋五行災異卦炁屬比考一卷　清王銘西撰

清王銘西稿本（清戴望題款）　南京

一九三五年南京國學圖書館影印本　國圖　上海　復旦　南京　湖北　臺大

春秋比類觀例二卷　清王銘西撰

清王銘西稿本（清夏煒如跋　戴望　陳鼎　許棫　湯成烈題款）　南京

讀春秋劄記一卷　清朱景昭撰

一九三三年朱家珂鉛印無夢軒遺書本　國圖　首都　北大　清華　北師大

春秋測義三十五卷　清强汝詢撰

清光緒十五年流芳閣木活字本　國圖　科學　上海　天津　南京　浙江

春秋列國世代便覽一卷　清孫湘撰

清同治四年刻本　科學

續春秋測義二卷　清强汝詢撰　馬其昶校

清抄本　國圖

春秋經傳敬繹六卷　清曹珍貴注

清同治六年大雅堂刻本　復旦

春秋考略二卷　清魏廷獻撰

清咸豐刻本　湖北

春秋三傳十六卷首一卷　清魏綸先撰

清同治十年刻本　上海

清光緒二年衡陽魏氏刻本　上海

春秋日月考二卷　清鄭福照撰

一九三〇年桐城鄭氏石印潔園遺著本　清華　北師大　上海　華東師大　安徽

春秋朔閏日食考二卷　清宋慶雲撰

清同治十二年刻本　南京　浙江大學

清光緒七年刻本　科學　上海　湖北

春秋内外傳筮辭考證三卷　清章耒撰

清光緒九年刻本　國圖　上海

公穀精語一卷　清徐經輯

清光緒二年潭陽徐氏刻雅歌堂全集本　上海　吉大　福建師大　廣東

春秋大義一卷附録一卷　日本藤川忠猷撰

日本明治十六年刻本　國圖

春秋集傳纂例校一卷　清陸心源撰

清同治光緒間刻潛園總集本　國圖　首都　北大　科學

春秋辨疑校一卷　清陸心源撰

清同治光緒間刻潛園總集本　國圖　首都　北大　科學

春秋讞義補三卷　清陸心源輯

清同治光緒間刻潛園總集本　國圖　首都　北大　科學

春秋定義不分卷　清錢國祥撰

清錢國祥稿本　上海

春秋朔閏至日考二卷　清王韜撰

清王韜稿本　上海

春秋朔閏至日考三卷　清王韜撰

清光緒十五年淞隱廬鉛印弢園經學輯存本　國圖　科學　上海　南京

續修四庫全書影印清光緒十五年鉛印弢園經學輯存本

春秋日食考一卷　清王韜撰

清王韜稿本　上海

春秋日食辨正一卷　清王韜撰

清光緒十五年淞隱廬鉛印弢園經學輯存本　國圖　科學　上海　南京

續修四庫全書影印清光緒十五年鉛印弢園經學輯存本

春秋朔至表一卷 清王韜撰

清光緒十五年淞隱廬鉛印弢園經學輯存本 國圖 科學 上海 南京

續修四庫全書影印清光緒十五年鉛印弢園經學輯存本

枕葄齋春秋問答十六卷末一卷 清胡嗣運撰

一九一五年鵬南書屋鉛印本 天津 湖北

春秋釋例殘稿不分卷 清譚獻撰

清譚獻稿本 上海

春秋公法比義發微六卷 清藍光策撰

清光緒二十五年圖書公司總局刻本 國圖

清光緒二十七年尊經書局刻本 國圖 上海 湖北

清宣統三年南洋印刷官廠石印本 國圖 遼寧 南京 浙江 湖北

春秋例表二十四篇 清王代豐撰

清刻本 上海 南京

清抄本 北大

春秋例表二十八篇

清光緒七年四川尊經書院刻本 國圖 北大 科學 南京 湖北

春秋例表三十八篇 清王代豐撰 清廖震等編

清光緒三十四年東州刻本 國圖 北大 科學 天津 南京 遼寧 湖北

春秋三傳存略異同考一卷 清郭福衡撰

清郭福衡稿本 上海

春秋三傳約注十八卷 清劉曾騄撰

清光緒至民國石印祥符劉氏叢書本 國圖

春秋内傳古注補輯三卷 清馮明貞輯

清光緒十五年味義根齋刻巾箱本 國圖 北大

春秋輿圖繪證 清立峰繪

清光緒十六年彩繪本 國圖

春秋諸傳參説二卷 清夏容撰

清光緒十六年慎自愛軒刻本 湖北

春秋札記一卷 清鄭杲撰

清鄭杲稿本 山東

春秋説二卷 清鄭杲撰

清光緒三十年刻集虚草堂叢書甲集本 國圖 北大 清華 北師大 科學

春秋條貫二卷 清郭斌撰

清光緒十八年夢鄴書屋木活字印本 復旦

春秋義十二卷　清陳翼學撰
清光緒十九年刻本　南京
春秋傳義十二卷　清姜國伊撰
清同治光緒間刻守中正齋叢書本　上海　南大　湖北　川大
春秋傳義十二卷補義一卷
清光緒十一年刻本　科學
春秋逸傳十四卷　清傅上瀛撰
清光緒二十二年典學樓刻本　國圖　湖北
春秋精華十三卷　清魏朝俊輯
清光緒二十五年桂湖魏氏古香閣刻本　湖北　香港中大
春秋鑰四卷　清劉翰棻編述
清光緒三十二年劉翰棻刻本　北大　湖北
春秋大旨提綱表四卷　題果齋撰
清光緒三十四年刻本　國圖
春秋經世論十卷　清朱文熊撰
清光緒二十八年上海書局石印本　南京
春秋三傳經訓通編五卷　清陳諍彦撰
清宣統元年鉛印本　浙江
春秋國名考釋三卷　清鮑鼎撰
一九三〇年石印默厂所著書本　國圖　上海　南京
春秋日食集證十卷　清馮澂撰
强自力齋叢書稿本　國圖
續修四庫全書影印强自力齋叢書稿本
春秋合傳不分卷　清高自卑撰
清高自卑稿本　上海
春秋列國年表不分卷　清胡宗一撰
清胡宗一稿本　温州
春秋日月時例四卷　清季必鈞撰
清抄本　北大
日月以尊卑起例不分卷　清季必鈞撰
清抄本　北大
春秋不分卷　清金蒲輯
清抄本　國圖
春秋正宗十二卷　清吕文樞撰
清吕文樞稿本　浙江大學

春秋集傳十六卷義例一卷　清孟煜撰

清抄本　國圖

春秋國邑釋今二卷　清孫大吕辑

抄本

春秋經傳類聯　清萬壽彭等輯

抄本　國圖

春秋日月時例一卷　清吴善繼撰

清吴善繼稿本　上海

麟旨一卷　清吴應辰撰

清刻本　科學

春秋大事記不分卷　清徐履謙撰

一九三一年蒙城葛光廷鉛印本　國圖　科學　上海　南京

春秋説十六卷首一卷　清許揚祖撰

清光緒十六年刻本　上海　南京　湖北

春秋管見八十五卷　清楊天禄撰

清楊天禄稿本　山東

魯史榷二卷　清楊兆鋆撰

清光緒二十四年湯明林刻須曼精廬文稿本　科學　上海　南京　湖北

春秋會要四卷　清姚彦渠撰

清光緒姚丙吉姚彝典校刻本　國圖　北大　上海　浙江　湖北

春秋世系考不分卷　清姚彦渠撰　清盧巚節録

清盧巚稿本　南京

春秋統略删不分卷　清葉焕章撰

清懷冰山房抄本　浙江

春秋分合纂例十卷　清張行簡撰

清宣統二年刻本　國圖

春秋纂要一卷　清張兆炎撰

抄本　上海(清張嘉仁跋)

春秋大意十二卷　清趙宗猷撰

清抄本　河南

春秋題解類編四卷首一卷　清周宗坊編

清光緒二年亦處堂刻本　上海

春秋説　清曹耀湘撰

清抄本　國圖

春秋讀本十二卷　清袁焉輯
抄本　上海(吴江柳棄疾題識)

春秋口義説四卷　清陳學文撰
清陳學文稿本陳藝叔先生春秋八種本　上海

春秋全經口義説六卷　清陳學文撰
清陳學文稿本陳藝叔先生春秋八種本　上海

春秋類文求義七卷　清陳學文撰
清陳學文稿本陳藝叔先生春秋八種本　上海

春秋災異歲事物害説一卷　清陳學文撰
清陳學文稿本陳藝叔先生春秋八種本　上海

春秋類事求異八卷　清陳學文撰
清陳學文稿本陳藝叔先生春秋八種本　上海

春秋原本二卷　清陳學文撰
清陳學文稿本陳藝叔先生春秋八種本　上海

春秋讀本一卷　清陳學文撰
清陳學文稿本陳藝叔先生春秋八種本　上海

春秋三傳異同説一卷　清陳學文撰
清陳學文稿本陳藝叔先生春秋八種本　上海

春秋正朔平實算稿二卷　清劉自堂撰
抄本　上海

春秋日食交周算稿一卷　清劉自堂撰
抄本　上海

春秋釋義未定草不分卷　清□富撰
清抄本　北大

春秋講義不分卷　清皮錫瑞撰
清皮錫瑞稿本　湖南師大

師伏堂春秋講義二卷　清皮錫瑞撰
清宣統元年鴻飛印書局鉛印師伏堂叢書本　湖北(徐恕點讀)
清宣統元年鉛印師伏堂叢書本　國圖　科學
續修四庫全書影印清宣統元年鉛印本

春秋三卷　清王闓運輯
清光緒七年尊經書院刻本　南京　遼寧　哈師　湖北

春秋列國地圖不分卷　清楊守敬　清熊會貞撰
清光緒三十二年刻套印本　遼寧

春秋公法内傳十二卷首一卷　清劉人熙撰
清宣統元年鉛印本　湖北
一九一三年鉛印本　國圖　科學
補春秋僖公事闕書一卷　清桑宣撰
清光緒三十年鋏研齋刻鋏研齋叢書本　北大　科學　湖北
春秋魯十二公年譜不分卷　佚名撰
清抄本　國圖
春秋源流不分卷附雜録一卷　佚名撰
清光緒抄本　香港中大
讀春秋札記　佚名撰
清末抄本　國圖
春秋編不分卷　佚名撰
稿本　湖北
春秋殘稿　佚名撰
稿本　北大
春秋彙選前集一卷正集十二卷末集一卷　佚名撰
稿本　上海
春秋家望讀本一卷　佚名撰
稿本　南京
公穀附記不分卷　佚名撰
清抄本　天津
春秋三傳事實廣證不分卷　佚名撰
清抄本　上海
四庫全書存目叢書影印清抄本
春秋列國時事圖説一卷　佚名撰
清抄本　南京
春秋三傳合鈔不分卷　佚名撰
清抄本　南京
春秋單合撮要二卷　佚名撰
舊抄本　復旦
春秋列國考據　佚名撰
清末民國抄本　國圖
春秋一百二十四國　佚名撰
清末民國初抄本　國圖

春秋地異名同輯釋　佚名撰

清末民國抄本　國圖

春秋三傳合編二十五卷　佚名撰

清末民國抄本　國圖

春秋圖表二卷　清廖平輯

清光緒二十七年存古書局刻新訂六譯館叢書本　國圖　北大　清華　北師大

續修四庫全書影印清光緒二十七年成都尊經書局刻本

春秋三傳折中一卷　清廖平撰

一九一七年存古書局刻新訂六譯館叢書本　國圖　北大　清華　北師大

春秋復始三十八卷　清崔適撰

一九一八年北京大學出版部鉛印本　國圖　北大　上海　復旦

續修四庫全書影印民國七年北京大學鉛印本

春秋筆削大義微言考十一卷　清康有爲撰

康有爲稿本　北京市文物局

康有爲稿本　中山

清光緒十五年刻本　復旦

民國刻萬木草堂叢書本　國圖　科學　上海　浙江大學　南京　遼寧　湖北

春秋載記一卷　清梁啓超撰

中央大學出版部石印本　國圖　南京

讀春秋界説　清梁啓超撰

清光緒二十四年琳琅山館刻本　國圖

春秋古經箋卷七至九　清劉師培撰

一九三六年寧武南氏鉛印劉申叔先生遺書本　國圖　首都　北大　北師大

春秋古經舊注疏證零稿一卷　清劉師培撰

一九三六年寧武南氏鉛印劉申叔先生遺書本　國圖　首都　北大　北師大

（三）文字音義

陸氏三傳釋文音義十六卷　唐陸德明撰

清嘉慶十年揚州鮑氏樗園刻五經四書讀本本　國圖　上海　南京　湖北

春秋經文三傳異同考一卷　清陳萊孝撰

花近樓叢書稿本　國圖

春秋經文異同略一卷　清王言撰
清王言稿本(清王同跋)　上海
春秋異文箋十三卷　清趙坦撰
清道光九年廣東學海堂刻皇清經解一千四百卷本　國圖　天津　遼寧　山東
清道光九年廣東學海堂刻咸豐十一年補刻皇清經解一千四百八卷本　國圖　遼寧
清光緒十七年上海鴻寶齋石印皇清經解一百九十卷本　國圖　天津
續修四庫全書影印清道光九年廣東學海堂刻皇清經解本
春秋三家異文覈一卷　清朱駿聲撰
清朱駿聲稿本　南京
清光緒中貴池劉氏刻聚學軒叢書朱印本　國圖
清光緒中貴池劉氏刻聚學軒叢書本　國圖　首都　北大　科學
續修四庫全書影印清光緒劉世珩刻聚學軒叢書本
春秋三傳異文考一卷　清張之萬撰
清同治九年張之萬金陵刻本　國圖(李慈銘校)　北大　南京　湖北
改正音訓春秋一卷　日本後藤機訓點
日本明治十七年東京青木嵩山堂刻本　大連
日本刻本　遼寧

附録　春秋緯之屬

春秋緯一卷　佚名撰
清順治三年兩浙督學周南李際期宛委山堂刻説郛本　山東　遼寧　吉林
春秋緯　佚名撰
一九二七年上海商務印書館鉛印説郛一百卷本
春秋緯　清劉學寵輯
清道光十五年朝邑劉際清等刻青照堂叢書摘次編第二函本
春秋一卷　清黄奭輯
清道光甘泉黄氏刻光緒印漢學堂叢書本　國圖　首都　北大　科學
清道光甘泉黄氏刻一九二五年王鑒修補重印黄氏逸書考本　國圖　北大
清道光甘泉黄氏刻一九三四年江都朱長圻修補重印黄氏逸書考本　國圖　北大
春秋緯一卷　三國魏宋均注　清王仁俊輯
清光緒王仁俊稿本玉函山房輯佚書續編本　上海

春秋孔演圖一卷　佚名撰
　清順治三年兩浙督學周南李際期宛委山堂刻説郛本　山東　遼寧　吉林
春秋演孔圖　明孫瑴輯
　清嘉慶十七年禹航陳世望對山問月樓刻古微書本
　清嘉慶海虞張氏刻墨海金壺本
　清道光二十四年金山錢氏據墨海金壺版重編增刻守山閣叢書本
　清光緒十四年刻古微書本
　清光緒二十一年上海鴻文書局石印古微書本
春秋孔演圖　清劉學寵輯
　清道光十五年朝邑劉際清等刻青照堂叢書摘次編第二函本
春秋演孔圖　清喬松年輯
　清光緒三年强恕堂刻喬勤恪公全集本
　民國初山西省文獻委員會鉛印山右叢書初編本　天津　遼寧　山東
春秋演孔圖一卷附補遺　清趙在翰輯
　清嘉慶十四年侯官趙氏小積石山房刻七緯本
春秋孔演圖一卷　清殷元正原輯　清陸明睿增訂
　清觀我生齋鈔緯書本
春秋緯演孔圖一卷　三國魏宋均注　清馬國翰輯
　清同治十年濟南皇華館刻玉函山房輯佚書本
　清光緒九年長沙嫏嬛館刻玉函山房輯佚書本　國圖　首都　北師大　科學
　清光緒九年長沙嫏嬛館刻光緒十年章邱李氏印玉函山房輯佚書本　北師大　上海
　清光緒十年楚南書局刻玉函山房輯佚書本　國圖　北大
春秋演孔圖一卷　三國魏宋均注　清黄奭輯
　清道光甘泉黄氏刻光緒印漢學堂叢書本　國圖　首都　北大　科學
　清道光甘泉黄氏刻一九二五年王鑒修補重印黄氏逸書考本　國圖　北大
　清道光甘泉黄氏刻一九三四年江都朱長圻補刻重印黄氏逸書考本　國圖　北大
春秋緯演孔圖一卷　三國魏宋均注　清王仁俊輯
　清光緒王仁俊稿本玉函山房輯佚書續編本　上海
春秋元命苞一卷　佚名撰
　清順治三年兩浙督學周南李際期宛委山堂刻説郛本　山東
春秋元命苞　佚名撰
　一九二七年上海商務印書館鉛印説郛一百卷本

春秋元命包二卷　明孫瑴輯
清嘉慶十七年禹航陳世望對山問月樓刻古微書本
清嘉慶海虞張氏刻墨海金壺本
清道光二十四年金山錢氏據墨海金壺版重編增刻守山閣叢書本
清光緒十四年刻古微書本
春秋元命苞　清劉學寵輯
清道光十五年朝邑劉際清等刻青照堂叢書摘次編第二函本
春秋元命包　清喬松年輯
清光緒三年强恕堂刻喬勤恪公全集本
民國初山西省文獻委員會鉛印山右叢書初編本　天津　遼寧　山東
春秋元命苞一卷附補遺　清趙在翰輯
清嘉慶十四年侯官趙氏小積石山房刻七緯本
春秋元命苞一卷　清殷元正輯　清陸明睿增訂
清觀我生齋鈔緯書本
禮緯元命包一卷　佚名撰
清觀我生齋鈔緯書本
春秋緯元命苞二卷　三國魏宋均注　清馬國翰輯
清同治十年濟南皇華館刻玉函山房輯佚書本
清光緒九年長沙嫏嬛館刻玉函山房輯佚書本　國圖　首都　北師大　科學
清光緒九年長沙嫏嬛館刻光緒十年章邱李氏印玉函山房輯佚書本　北師大　上海
清光緒十年楚南書局刻玉函山房輯佚書本　國圖　北大
春秋元命苞一卷　三國魏宋均注　清黄奭輯
清道光甘泉黄氏刻光緒印漢學堂叢書本　國圖　首都　北大　科學
清道光甘泉黄氏刻一九二五年王鑒修補重印黄氏逸書考本　國圖　北大
清道光甘泉黄氏刻一九三四年江都朱長圻補刻重印黄氏逸書考本　國圖　北大
春秋緯元命苞一卷　三國魏宋均注　清王仁俊輯
清光緒王仁俊稿本玉函山房輯佚書續編本　上海
春秋文曜鉤一卷　佚名撰
清順治三年兩浙督學周南李際期宛委山堂刻説郛本　山東
春秋文耀鉤　明孫瑴輯
清嘉慶十七年禹航陳世望對山問月樓刻古微書本
清嘉慶海虞張氏刻墨海金壺本

清道光二十四年金山錢氏據墨海金壺版重編增刻守山閣叢書本
清光緒十四年刻古微書本
清光緒二十一年上海鴻文書局石印古微書本

春秋文曜鉤　清劉學寵輯
清道光十五年朝邑劉際清等刻青照堂叢書摘次編第二函本

春秋文曜鉤　清喬松年輯
清光緒三年强恕堂刻喬勤恪公全集本
民國初山西省文獻委員會鉛印山右叢書初編本　天津　遼寧　山東

春秋文耀鉤一卷附補遺　清趙在翰輯
清嘉慶十四年侯官趙氏小積石山房刻七緯本

春秋緯文耀鉤一卷　三國魏宋均注　清馬國翰輯
清同治十年濟南皇華館刻玉函山房輯佚書本
清光緒九年長沙嫏嬛館刻玉函山房輯佚書本　國圖　首都　北師大　科學
清光緒九年長沙嫏嬛館刻光緒十年章邱李氏印玉函山房輯佚書本　北師大　上海
清光緒十年楚南書局刻玉函山房輯佚書本　國圖　北大

春秋文耀鉤一卷　三國魏宋均注　清黄奭輯
清道光甘泉黄氏刻光緒印漢學堂叢書本　國圖　首都　北大　科學
清道光甘泉黄氏刻一九二五年王鑒修補重印黄氏逸書考本　國圖　北大
清道光甘泉黄氏刻一九三四年江都朱長圻修補重印黄氏逸書考本　國圖　北大

春秋緯文耀鉤一卷　三國魏宋均注　清王仁俊輯
清光緒王仁俊稿本玉函山房輯佚書續編本　上海

春秋運斗樞一卷　佚名撰
清順治三年兩浙督學周南李際期宛委山堂刻説郛本　山東

春秋運斗樞　佚名撰
一九二七年上海商務印書館鉛印説郛一百卷本

春秋運斗樞　明孫瑴輯
清嘉慶十七年禹航陳世望對山問月樓刻古微書本
清嘉慶海虞張氏刻墨海金壺本
清道光二十四年金山錢氏據墨海金壺版重編增刻守山閣叢書本
清光緒十四年刻古微書本
清光緒二十一年上海鴻文書局石印古微書本

春秋運斗樞　清劉學寵輯
清道光十五年朝邑劉際清等刻青照堂叢書摘次編第二函本

春秋運斗樞　清喬松年輯

清光緒三年强恕堂刻喬勤恪公全集本

民國初山西省文獻委員會鉛印山右叢書初編本　天津　遼寧　山東

春秋運斗樞一卷附補遺　清趙在翰輯

清嘉慶十四年侯官趙氏小積石山房刻七緯本

春秋緯運斗樞一卷　三國魏宋均注　清馬國翰輯

清同治十年濟南皇華館刻玉函山房輯佚書本

清光緒九年長沙嫏嬛館刻玉函山房輯佚書本　國圖　首都　北師大　科學

清光緒九年長沙嫏嬛館刻光緒十年章邱李氏印玉函山房輯佚書本　北師大　上海

清光緒十年楚南書局刻玉函山房輯佚書本　國圖　北大

春秋運斗樞一卷　三國魏宋均注　清黄奭輯

清道光甘泉黄氏刻光緒印漢學堂叢書本　國圖　首都　北大　科學

清道光甘泉黄氏刻一九二五年王鑒修補重印黄氏逸書考本　國圖　北大

春秋緯運斗樞一卷　三國魏宋均注　清王仁俊輯

清光緒王仁俊稿本玉函山房輯佚書續編本　上海

春秋感精符一卷　佚名撰

清順治三年兩浙督學周南李際期宛委山堂刻説郛本　山東

春秋感精符　佚名撰

一九二七年上海商務印書館鉛印説郛一百卷本

春秋感精符　明孫瑴輯

清嘉慶十七年禹航陳世望對山問月樓刻古微書本

清嘉慶海虞張氏刻墨海金壺本

清道光二十四年金山錢氏據墨海金壺版重編增刻守山閣叢書本

清光緒十四年刻古微書本

清光緒二十一年上海鴻文書局石印古微書本

春秋感精符　清劉學寵輯

清道光十五年朝邑劉際清等刻青照堂叢書摘次編第二函本

春秋感精符　清喬松年輯

清光緒三年强恕堂刻喬勤恪公全集本

民國初山西省文獻委員會鉛印山右叢書初編本　天津　遼寧　山東

春秋感精符一卷附補遺　清趙在翰輯

清嘉慶十四年侯官趙氏小積石山房刻七緯本

春秋緯感精符一卷　三國魏宋均注　清馬國翰輯

清同治十年濟南皇華館刻玉函山房輯佚書本

清光緒九年長沙嫏嬛館刻玉函山房輯佚書本　國圖　首都　北師大　科學
清光緒九年長沙嫏嬛館刻光緒十年章邱李氏印玉函山房輯佚書本　北師大　上海
清光緒十年楚南書局刻玉函山房輯佚書本　國圖　北大

春秋感精符一卷　三國魏宋均注　清黄奭輯
清道光甘泉黄氏刻光緒印漢學堂叢書本　國圖　首都　北大　科學
清道光甘泉黄氏刻一九二五年王鑒修補重印黄氏逸書考本　國圖　北大
清道光甘泉黄氏刻一九三四年江都朱長圻修補重印黄氏逸書考本　國圖　北大

春秋緯感精符一卷　三國魏宋均注　清王仁俊輯
清光緒王仁俊稿本玉函山房輯佚書續編本　上海

春秋合誠圖一卷　佚名撰
清順治三年兩浙督學周南李際期宛委山堂刻説郛本　山東

春秋合誠圖　明孫瑴輯
清嘉慶十七年禹航陳世望對山問月樓刻古微書本
清嘉慶海虞張氏刻墨海金壺本
清道光二十四年金山錢氏據墨海金壺版重編增刻守山閣叢書本
清光緒十四年刻古微書本
清光緒二十一年上海鴻文書局石印古微書本

春秋合誠圖　清劉學寵輯
清道光十五年朝邑劉際清等刻青照堂叢書摘次編第二函本

春秋合誠圖　清喬松年輯
清光緒三年强恕堂刻喬勤恪公全集本
民國初山西省文獻委員會鉛印山右叢書初編本　天津　遼寧　山東

春秋合誠圖一卷附補遺　清趙在翰輯
清嘉慶十四年侯官趙氏小積石山房刻七緯本

春秋緯合誠圖一卷　三國魏宋均注　清馬國翰輯
清同治十年濟南皇華館刻玉函山房輯佚書本
清光緒九年長沙嫏嬛館刻玉函山房輯佚書本　國圖　首都　北師大　科學
清光緒九年長沙嫏嬛館刻光緒十年章邱李氏印玉函山房輯佚書本　北師大　上海
清光緒十年楚南書局刻玉函山房輯佚書本　國圖　北大

春秋合誠圖一卷　三國魏宋均注　清黄奭輯
清道光甘泉黄氏刻光緒印漢學堂叢書本　國圖　首都　北大　科學

清道光甘泉黄氏刻一九二五年王鑒修補重印黄氏逸書考本　國圖　北大
清道光甘泉黄氏刻一九三四年江都朱長圻修補重印黄氏逸書考本　國圖　北大

春秋緯合誠圖(一名合讖圖)一卷　三國魏宋均注　清王仁俊輯
清光緒王仁俊稿本玉函山房輯佚書續編本　上海

春秋考異　佚名撰
一九二七年上海商務印書館鉛印説郛一百卷本

春秋考異郵　明孫瑴輯
清嘉慶十七年禹航陳世望對山問月樓刻古微書本
清嘉慶海虞張氏刻墨海金壺本
清道光二十四年金山錢氏據墨海金壺版重編增刻守山閣叢書本
清光緒十四年刻古微書本
清光緒二十一年上海鴻文書局石印古微書本

春秋考異郵　清喬松年輯
清光緒三年强恕堂刻喬勤恪公全集本
民國初山西省文獻委員會鉛印山右叢書初編本　天津　遼寧　山東

春秋考異郵一卷附補遺　清趙在翰輯
清嘉慶十四年侯官趙氏小積石山房刻七緯本

春秋緯考異郵一卷　三國魏宋均注　清馬國翰輯
清同治十年濟南皇華館刻玉函山房輯佚書本
清光緒九年長沙嫏嬛館刻玉函山房輯佚書本　國圖　首都　北師大　科學
清光緒九年長沙嫏嬛館刻光緒十年章邱李氏印玉函山房輯佚書本　北師大　上海
清光緒十年楚南書局刻玉函山房輯佚書本　國圖　北大

春秋考異郵一卷　三國魏宋均注　清黄奭輯
清道光甘泉黄氏刻光緒印漢學堂叢書本　國圖　首都　北大　科學
清道光甘泉黄氏刻一九二五年王鑒修補重印黄氏逸書考本　國圖　北大
清道光甘泉黄氏刻一九三四年江都朱長圻修補重印黄氏逸書考本　國圖　北大

春秋緯考異郵一卷　三國魏宋均注　清王仁俊輯
清光緒王仁俊稿本玉函山房輯佚書續編本　上海

春秋保乾圖　明孫瑴輯
清嘉慶十七年禹航陳世望對山問月樓刻古微書本
清嘉慶海虞張氏刻墨海金壺本

清道光二十四年金山錢氏據墨海金壺版重編增刻守山閣叢書本
清光緒十四年刻古微書本
清光緒二十一年上海鴻文書局石印古微書本

春秋保乾圖　清喬松年輯

清光緒三年强恕堂刻喬勤恪公全集本
民國初山西省文獻委員會鉛印山右叢書初編本　天津　遼寧　山東

春秋保乾圖一卷附補遺　清趙在翰輯

清嘉慶十四年侯官趙氏小積石山房刻七緯本

春秋緯保乾圖一卷　三國魏宋均注　清馬國翰輯

清同治十年濟南皇華館刻玉函山房輯佚書本
清光緒九年長沙嫏嬛館刻玉函山房輯佚書本　國圖　首都　北師大　科學
清光緒九年長沙嫏嬛館刻光緒十年章邱李氏印玉函山房輯佚書本　北師大　上海
清光緒十年楚南書局刻玉函山房輯佚書本　國圖　北大
清光緒十五年文選樓刻玲瓏山館叢書本

春秋保乾圖一卷　三國魏宋均注　清黄奭輯

清道光甘泉黄氏刻光緒印漢學堂叢書本　國圖　首都　北大　科學
清道光甘泉黄氏刻一九二五年王鑒修補重印黄氏逸書考本　國圖　北大
清道光甘泉黄氏刻一九三四年江都朱長圻修補重印黄氏逸書考本　國圖　北大

春秋緯保乾圖一卷　三國魏宋均注　清王仁俊輯

清光緒王仁俊稿本玉函山房輯佚書續編本　上海

春秋漢含

一九二七年上海商務印書館鉛印説郛一百卷本

春秋漢含孳　明孫瑴輯

清嘉慶十七年禹航陳世望對山問月樓刻古微書本
清嘉慶海虞張氏刻墨海金壺本
清道光二十四年金山錢氏據墨海金壺版重編增刻守山閣叢書本
清光緒十四年刻古微書本
清光緒二十一年上海鴻文書局石印古微書本

春秋漢含孳　清喬松年輯

清光緒三年强恕堂刻喬勤恪公全集本
民國初山西省文獻委員會鉛印山右叢書初編本　天津　遼寧　山東

春秋漢含孳一卷附補遺　清趙在翰輯

清嘉慶十四年侯官趙氏小積石山房刻七緯本

春秋緯漢含孳一卷　三國魏宋均注　清馬國翰輯
清同治十年濟南皇華館刻玉函山房輯佚書本
清光緒九年長沙嫏嬛館刻玉函山房輯佚書本　國圖　首都　北師大　科學
清光緒九年長沙嫏嬛館刻光緒十年章邱李氏印玉函山房輯佚書本　北師大　上海
清光緒十年楚南書局刻玉函山房輯佚書本　國圖　北大
春秋佐助期一卷　佚名撰
清順治三年兩浙督學周南李際期宛委山堂刻説郛本　山東
春秋佐助期　明孫瑴輯
清嘉慶十七年禹航陳世望對山問月樓刻古微書本
清嘉慶海虞張氏刻墨海金壺本
清道光二十四年金山錢氏據墨海金壺版重編增刻守山閣叢書本
清光緒十四年刻古微書本
清光緒二十一年上海鴻文書局石印古微書本
春秋佐助期　清劉學寵輯
清道光十五年朝邑劉際清等刻青照堂叢書摘次編第二函本
春秋佐助期　清喬松年輯
清光緒三年强恕堂刻喬勤恪公全集本
民國初山西省文獻委員會鉛印山右叢書初編本　天津　遼寧　山東
春秋佐助期一卷附補遺　清趙在翰輯
清嘉慶十四年侯官趙氏小積石山房刻七緯本
春秋緯佐助期一卷　三國魏宋均注　清馬國翰輯
清同治十年濟南皇華館刻玉函山房輯佚書本
清光緒九年長沙嫏嬛館刻玉函山房輯佚書本　國圖　首都　北師大　科學
清光緒九年長沙嫏嬛館刻光緒十年章邱李氏印玉函山房輯佚書本　北師大　上海
清光緒十年楚南書局刻玉函山房輯佚書本　國圖　北大
春秋佐助期一卷　三國魏宋均注　清黄奭輯
清道光甘泉黄氏刻光緒印漢學堂叢書本　國圖　首都　北大　科學
清道光甘泉黄氏刻一九二五年王鑒修補重印黄氏逸書考本　國圖　北大
清道光甘泉黄氏刻一九三四年江都朱長圻修補重印黄氏逸書考本　國圖　北大
春秋緯佐助期一卷　三國魏宋均注　清王仁俊輯
清光緒王仁俊稿本玉函山房輯佚書續編本　上海

春秋握誠圖　明孫瑴輯

清嘉慶十七年禹航陳世望對山問月樓刻古微書本

清嘉慶海虞張氏刻墨海金壺本

清道光二十四年金山錢氏據墨海金壺版重編增刻守山閣叢書本

清光緒十四年刻古微書本

清光緒二十一年上海鴻文書局石印古微書本

春秋握誠圖　清喬松年輯

清光緒三年强恕堂刻喬勤恪公全集本

民國初山西省文獻委員會鉛印山右叢書初編本　天津　遼寧　山東

春秋握誠圖一卷　清趙在翰輯

清嘉慶十四年侯官趙氏小積石山房刻七緯本

春秋緯握誠圖一卷　三國魏宋均注　清馬國翰輯

清同治十年濟南皇華館刻玉函山房輯佚書本

清光緒九年長沙嫏嬛館刻玉函山房輯佚書本　國圖　首都　北師大　科學

清光緒九年長沙嫏嬛館刻光緒十年章邱李氏印玉函山房輯佚書本　北師大　上海

清光緒十年楚南書局刻玉函山房輯佚書本　國圖　北大

春秋握誠圖一卷　三國魏宋均注　清黄奭輯

清道光甘泉黄氏刻光緒印漢學堂叢書本　國圖　首都　北大　科學

清道光甘泉黄氏刻一九二五年王鑒修補重印黄氏逸書考本　國圖　北大

清道光甘泉黄氏刻一九三四年江都朱長圻修補重印黄氏逸書考本　國圖　北大

春秋潛潭巴一卷　佚名撰

清順治三年兩浙督學周南李際期宛委山堂刻説郛本　山東

一九二七年上海商務印書館鉛印説郛一百卷本

春秋潛潭巴　明孫瑴輯

清嘉慶十七年禹航陳世望對山問月樓刻古微書本

清嘉慶海虞張氏刻墨海金壺本

清道光二十四年金山錢氏據墨海金壺版重編增刻守山閣叢書本

清光緒十四年刻古微書本

清光緒二十一年上海鴻文書局石印古微書本

春秋潛潭巴　清劉學寵輯

清道光十五年朝邑劉際清等刻青照堂叢書摘次編第二函本

春秋潛潭巴　清喬松年輯

清光緒三年强恕堂刻喬勤恪公全集本

民國初山西省文獻委員會鉛印山右叢書初編本　天津　遼寧　山東

春秋潛潭巴一卷附補遺　清趙在翰輯

清嘉慶十四年侯官趙氏小積石山房刻七緯本

春秋緯潛潭巴一卷　三國魏宋均注　清馬國翰輯

清同治十年濟南皇華館刻玉函山房輯佚書本

清光緒九年長沙嫏嬛館刻玉函山房輯佚書本　國圖　首都　北師大　科學

清光緒九年長沙嫏嬛館刻光緒十年章邱李氏印玉函山房輯佚書本　北師大　上海

清光緒十年楚南書局刻玉函山房輯佚書本　國圖　北大

春秋潛潭巴一卷　三國魏宋均注　清黄奭輯

清道光甘泉黄氏刻光緒印漢學堂叢書本　國圖　首都　北大　科學

清道光甘泉黄氏刻一九二五年王鑒修補重印黄氏逸書考本　國圖　北大

清道光甘泉黄氏刻一九三四年江都朱長圻修補重印黄氏逸書考本　國圖　北大

春秋緯潛潭巴一卷　三國魏宋均注　清王仁俊輯

清光緒王仁俊稿本玉函山房輯佚書續編本　上海

春秋説題辭一卷　佚名撰

清順治三年兩浙督學周南李際期宛委山堂刻説郛本　山東

一九二七年上海商務印書館鉛印説郛一百卷本

春秋説題辭　明孫瑴輯

清嘉慶十七年禹航陳世望對山問月樓刻古微書本

清嘉慶海虞張氏刻墨海金壺本

清道光二十四年金山錢氏據墨海金壺版重編增刻守山閣叢書本

清光緒十四年刻古微書本

清光緒二十一年上海鴻文書局石印古微書本

春秋説題辭　清劉學寵輯

清道光十五年朝邑劉際清等刻青照堂叢書摘次編第二函本

春秋説題辭　清喬松年輯

清光緒三年强恕堂刻喬勤恪公全集本

民國初山西省文獻委員會鉛印山右叢書初編本　天津　遼寧　山東

春秋説題辭附補遺　清趙在翰輯

清嘉慶十四年侯官趙氏小積石山房刻七緯本

春秋緯説題辭一卷　三國魏宋均注　清馬國翰輯

清同治十年濟南皇華館刻玉函山房輯佚書本

清光緒九年長沙嫏嬛館刻玉函山房輯佚書本　國圖　首都　北師大　科學
清光緒九年長沙嫏嬛館刻光緒十年章邱李氏印玉函山房輯佚書本　北師大　上海
清光緒十年楚南書局刻玉函山房輯佚書本　國圖　北大

春秋説題辭一卷　三國魏宋均注　清黄奭輯

清道光甘泉黄氏刻光緒印漢學堂叢書本　國圖　首都　北大　科學
清道光甘泉黄氏刻一九二五年王鑒修補重印黄氏逸書考本　國圖　北大
清道光甘泉黄氏刻一九三四年江都朱長圻修補重印黄氏逸書考本　國圖　北大

春秋緯説題辭一卷　三國魏宋均注　清王仁俊輯

清光緒王仁俊稿本玉函山房輯佚書續編本　上海

春秋命歷序一卷　明孫瑴輯

清嘉慶十七年禹航陳世望對山問月樓刻古微書本
清嘉慶海虞張氏刻墨海金壺本
清道光二十四年金山錢氏據墨海金壺版重編增刻守山閣叢書本
清光緒十四年刻古微書本
清光緒二十一年上海鴻文書局石印古微書本

春秋命歷序　清喬松年輯

清光緒三年强恕堂刻喬勤恪公全集本
民國初山西省文獻委員會鉛印山右叢書初編本　天津　遼寧　山東

春秋命歷序一卷　三國魏宋均注　清馬國翰輯

清同治十年濟南皇華館刻玉函山房輯佚書本
清光緒九年長沙嫏嬛館刻玉函山房輯佚書本　國圖　首都　北師大　科學
清光緒九年長沙嫏嬛館刻光緒十年章邱李氏印玉函山房輯佚書本　北師大　上海
清光緒十年楚南書局刻玉函山房輯佚書本　國圖　北大

春秋命歷序一卷　三國魏宋均注　清黄奭輯

清道光甘泉黄氏刻光緒印漢學堂叢書本　國圖　首都　北大　科學
清道光甘泉黄氏刻一九二五年王鑒修補重印黄氏逸書考本　國圖　北大
清道光甘泉黄氏刻一九三四年江都朱長圻修補重印黄氏逸書考本　國圖　北大

春秋命歷序一卷　三國魏宋均注　清王仁俊輯

清光緒王仁俊稿本玉函山房輯佚書續編本　上海

春秋内事　明孫瑴輯

清嘉慶十七年禹航陳世望對山問月樓刻古微書本

清嘉慶海虞張氏刻墨海金壺本
清道光二十四年金山錢氏據墨海金壺版重編增刻守山閣叢書本
清光緒十四年刻古微書本
清光緒二十一年上海鴻文書局石印古微書本

春秋内事　清喬松年輯
清光緒三年强恕堂刻喬勤恪公全集本
民國初山西省文獻委員會鉛印山右叢書初編本　天津　遼寧　山東

春秋内事一卷　三國魏宋均注　清馬國翰輯
清同治十年濟南皇華館刻玉函山房輯佚書本
清光緒九年長沙嫏嬛館刻玉函山房輯佚書本　國圖　首都　北師大　科學
清光緒九年長沙嫏嬛館刻光緒十年章邱李氏印玉函山房輯佚書本　北師大　上海
清光緒十年楚南書局刻玉函山房輯佚書本　國圖　北大

春秋内事一卷　三國魏宋均注　清黄奭輯
清道光甘泉黄氏刻光緒印漢學堂叢書本　國圖　首都　北大　科學
清道光甘泉黄氏刻一九二五年王鑒修補重印黄氏逸書考本　國圖　北大
清道光甘泉黄氏刻一九三四年江都朱長圻修補重印黄氏逸書考本　國圖　北大

春秋録圖　清喬松年輯
清光緒三年强恕堂刻喬勤恪公全集本
民國初山西省文獻委員會鉛印山右叢書初編本　天津　遼寧　山東

春秋録運法　清喬松年輯
清光緒三年强恕堂刻喬勤恪公全集本
民國初山西省文獻委員會鉛印山右叢書初編本　天津　遼寧　山東

春秋孔録法　清喬松年輯
清光緒三年强恕堂刻喬勤恪公全集本
民國初山西省文獻委員會鉛印山右叢書初編本　天津　遼寧　山東

春秋璇璣樞　清喬松年輯
清光緒三年强恕堂刻喬勤恪公全集本
民國初山西省文獻委員會鉛印山右叢書初編本　天津　遼寧　山東

春秋揆命篇　清喬松年輯
清光緒三年强恕堂刻喬勤恪公全集本
民國初山西省文獻委員會鉛印山右叢書初編本　天津　遼寧　山東

春秋河圖揆命篇　清喬松年輯
清光緒三年强恕堂刻喬勤恪公全集本

民國初山西省文獻委員會鉛印山右叢書初編本　天津　遼寧　山東

春秋玉版　清喬松年輯

清光緒三年强恕堂刻喬勤恪公全集本

民國初山西省文獻委員會鉛印山右叢書初編本　天津　遼寧　山東

春秋玉版讖一卷　清王仁俊輯

清光緒王仁俊稿本玉函山房輯佚書續編本　上海

春秋瑞應傳　清喬松年輯

清光緒三年强恕堂刻喬勤恪公全集本

民國初山西省文獻委員會鉛印山右叢書初編本　天津　遼寧　山東

春秋説命徵一卷　清王仁俊輯

清光緒王仁俊稿本玉函山房輯佚書續編本　上海

泛引春秋緯　清喬松年輯

清光緒三年强恕堂刻喬勤恪公全集本

民國初山西省文獻委員會鉛印山右叢書初編本　天津　遼寧　山東

春秋緯附録附補遺　清趙在翰輯

清嘉慶十四年侯官趙氏小積石山房刻七緯本

春秋緯　清顧棟高等撰

清乾隆四十九年抄本　北大

春秋緯史集傳四十卷　清陳省欽撰

一九二四年陳鐘祺鉛印本　國圖　上海　南京　浙江大學　湖北

儒藏總目

經部(下)

主編　張玉範　沈乃文

編委　(按姓氏筆畫排序)

王燕均　沈乃文　李雄飛

李　雲　張麗娟　張玉範

劉大軍

北京大學出版社
PEKING UNIVERSITY PRESS

經部　孝經類

一、正文之屬

孝經一卷

　　一九二六年掖縣張氏皕忍堂摹刻藍印唐開成石壁十二經本　北師大　天津　上海 復旦

孝經一卷　梁鼎芬補

　　清光緒十二年梁鼎芬惠州重刻唐開成石經摹本並補缺字本　北大　上海　湖北

　　清文華堂刻本　復旦

孝經一卷

　　宋刻遞修八經本　國圖

　　一九二六年武進陶氏涉園據宋刊遞修本影印宋刊巾箱本八經本　國圖　清華　上海

　　明刻九經本　上海　南京

　　明吳勉學刻十三經本　國圖

　　明萬曆三十一年刻格致叢書本　國圖　首都　上海辭書

　　明萬曆繡水沈氏刊寶顔堂祕笈本　國圖　首都　科學　復旦　上海辭書　南京　陝西

　　一九二二年上海文明書局石印寶顔堂祕笈本　國圖　首都　清華　北師大　上海

新刊明本大字孝經一卷

　　明刻本　揚州博物館

古文孝經一卷　明茅胤武訂

　　明崇禎七年茅胤武刻孝經全書本　北大

今文孝經一卷　明茅胤武訂

　　明崇禎七年茅胤武刻孝經全書本　北大

孝經一卷　明秦鏷訂正

　　明崇禎十三年錫山秦鏷求古齋刻九經本　國圖　北大　上海　山東　重慶

　　清心逸齋翻刻明崇禎十三年錫山秦鏷求古齋刻九經本　北大

清心逸齋翻刻明崇禎十三年錫山秦鏷求古齋刻九經清末觀成堂印本　北大　上海　復旦

孝經古文宋本一卷　清温汝能撰

清嘉慶十年聽松閣刻本　國圖

孝經古文一卷　清温汝能撰

清嘉慶十年聽松閣刻本　國圖

古文孝經一卷　宋范祖禹正書

宋刻石清末拓本　復旦

黄石齋書孝經一卷　明黄道周書

民國間上海有正書局影印本　大連　湖北

黄石齋夫人書孝經一卷　明蔡玉卿書

民國有正書局影印本　湖北

闕里石刻孝經一卷　清錢泳書

清嘉慶七至十九年刻石同治十三年補刻精拓本　復旦

篆文孝經一卷　明朱愼庵書

明嘉靖三十四年寫刻本　雲南大學

篆文孝經一卷　清吴大澂書

清光緒十一年上海同文書局石印本　國圖　北大　天津　遼寧

一九一六年蘇州振新書社影印本　復旦

一九二六年碧梧山莊石印本　復旦　吉林　長春

一九三九年掃葉山房影印本　復旦

御製翻譯孝經(滿漢合璧)　清世宗胤禛敕譯

清咸豐六年武英殿刻本　臺北故宫

二、傳説之屬

孝經傳一卷　周魏文侯撰　清王謨輯

清嘉慶三年金溪王氏刻漢魏遺書抄本　國圖　北大　科學　清華　北師大　上海　復旦

孝經傳一卷　周魏文侯撰　清馬國翰輯

清同治十年濟南皇華館刻玉函山房輯佚書本

清光緒九年長沙嫏嬛館刻玉函山房輯佚書本　國圖　首都　科學　北師大　上海　復旦

清光緒十年章邱李氏據馬氏刊版重印玉函山房輯佚書本　北師大　天津

上海　遼寧
清光緒十年楚南書局刻玉函山房輯佚書本　國圖　北大　天津　復旦

孝經董氏義一卷　漢董仲舒撰　清王仁俊輯
清光緒王仁俊輯玉函山房輯佚書續編稿本　上海

古文孝經一卷　題漢孔安國傳
日本抄本　北大
日本慶長四年敕版活字本　國圖　日國會
日本文政六年阿部正精據弘安二年抄本影刻本　北大　大連　日東洋文庫
日本寬政十一年活字印佚存叢書本　國圖　北大　復旦　吉林市　吉大
清光緒八年滬上黄氏木活字重印日本寬政十一年印佚存叢書本　國圖
北大　清華　北師大　科學　上海

孝經一卷
明萬曆三年文元發抄本　天津

古文孝經一卷　題漢孔安國傳　闕名直解
日本昭和六年足利市足利學校遺迹圖書館影印舊抄本　國圖　遼寧
東北師大　日新潟大學　日二松學舍大學

孝經今文直解一卷　漢劉向校定
明萬曆刻孝經叢書本　國圖
明内府抄孝經總函本　南京
明抄孝經總函本　上海
明抄孝經總類本　國圖
續修四庫全書影印北圖藏明抄本

孝經長孫氏説一卷　漢長孫氏撰　清馬國翰輯
清同治十年濟南皇華館刻玉函山房輯佚書本
清光緒九年長沙嫏嬛館刻玉函山房輯佚書本　國圖　首都　科學　北師大
上海　復旦
清光緒十年章邱李氏據馬氏刊版重印玉函山房輯佚書本　北師大　天津
上海　遼寧
清光緒十年楚南書局刻玉函山房輯佚書本　國圖　北大　天津　復旦

孝經后氏説一卷　漢后蒼撰　清馬國翰輯
清同治十年濟南皇華館刻玉函山房輯佚書本
清光緒九年長沙嫏嬛館刻玉函山房輯佚書本　國圖　首都　科學　北師大
上海　復旦
清光緒十年章邱李氏據馬氏刊版重印玉函山房輯佚書本　北師大　天津

上海　遼寧

清光緒十年楚南書局刻玉函山房輯佚書本　國圖　北大　天津　復旦

孝經安昌侯説一卷　漢張禹撰　清馬國翰輯

清同治十年濟南皇華館刻玉函山房輯佚書本

清光緒九年長沙娜嬛館刻玉函山房輯佚書本　國圖　首都　科學　北師大　上海　復旦

清光緒十年章邱李氏據馬氏刊版重印玉函山房輯佚書本　北師大　天津　上海　遼寧

清光緒十年楚南書局刻玉函山房輯佚書本　國圖　北大　天津　復旦

孝經馬氏註一卷　漢馬融撰　清王仁俊輯

清光緒王仁俊輯玉函山房輯佚書續編稿本　上海

清光緒王仁俊輯十三經漢注稿本　上海

孝經九卷　漢鄭玄註

明崇禎十二年永懷堂刻十三經註疏本　國圖

明崇禎十二年序永懷堂刻清同治八年浙江書局校修印十三經古註本　國圖　首都

一九二四年複禮堂刻本　國圖

孝經一卷　漢鄭玄註　清陳鱣輯

清乾隆四十七年陳氏裕德堂刻本　國圖

孝經鄭氏註一卷

清咸豐元年海昌蔣氏宜年堂刊六年重編涉聞梓舊本　中醫　天津　上海　南京

民國武林竹簡齋據清蔣氏刊本影印涉聞梓舊本　國圖　北師大　天津　上海

一九二四年上海商務印書館據清蔣氏刊本影印涉聞梓舊本　國圖　首都　北大

續修四庫全書影印清乾隆裕德堂刻本

孝經註一卷　漢鄭玄撰　清王謨輯

清嘉慶三年金溪王氏刻漢魏遺書抄本　國圖　北大　科學　清華　北師大　上海　復旦

孝經註一卷　漢鄭玄撰　清袁鈞輯

清光緒十四年浙江書局刻鄭氏佚書本　國圖　首都　北大　科學　清華　北師大

孝經註一卷　漢鄭玄撰　清孔廣林輯

清光緒十六年浙江書局刻通德遺書所見録本　國圖　首都　科學　北師大

上海

孝經鄭註一卷　漢鄭玄撰　日本岡田挺之輯

清同治中番禺李氏鈔反約篇本　福師

清同治中真州張氏廣東刻一九一三年重修印本榕園叢書本　國圖　首都　北大　科學

孝經鄭氏註一卷　漢鄭玄註　清嚴可均輯

清道光刻本　上海

清光緒九年歸安姚氏刻咫進齋叢書本　國圖　首都　北大　清華　北師大　上海　復旦

清光緒二十九年大關唐氏刻本　國圖　南京　湖北

清光緒三十三年金陵江楚編譯官書局石印本　國圖　南京

一九二二年大關唐氏成都刻怡蘭堂叢書本　國圖　首都　北大　科學

孝經解一卷　漢鄭玄撰　清黃奭輯

清道光甘泉黃氏刊光緒中印漢學堂叢書高密遺書本　國圖　首都　北大　科學

清道光甘泉黃氏刊一九二五年王鑑修補印黃氏逸書考通德堂經解本　國圖　北大

一九三四年江都朱長圻據甘泉黃氏原版補刊印黃氏逸書考本　首都　清華　北師大

孝經鄭氏解輯一卷　漢鄭玄撰　清臧庸輯

清抄本(清陳澧批校)　中山

清嘉慶六年長塘鮑氏刻知不足齋叢書本　國圖　首都　科學　北師大

清光緒二十年刻本　天津

一九二一年上海古書流通處據清鮑氏刊本影印知不足齋叢書本　國圖　北大　科學

孝經鄭註一卷補證一卷　漢鄭玄撰　清洪頤煊補證

清嘉慶六年長塘鮑氏知不足齋叢書本　國圖　首都　科學　北師大　中醫　上海　復旦

一九二一年上海古書流通處據清鮑氏刊本影印知不足齋叢書本　國圖　北大　科學

孝經鄭氏註一卷　三國魏鄭偁撰　清王仁俊輯

清光緒王仁俊輯玉函山房輯佚書續編稿本　上海

孝經王氏解一卷　三國魏王肅撰　清馬國翰輯

清同治十年濟南皇華館刻玉函山房輯佚書本

清光緒九年長沙嫏嬛館刻玉函山房輯佚書本　國圖　首都　科學　北師大　上海　復旦

清光緒十年章邱李氏據馬氏刊版重印玉函山房輯佚書本　北師大　天津　上海　遼寧

清光緒十年楚南書局刻玉函山房輯佚書本　國圖　北大　天津　復旦

孝經解讚一卷　三國吴韋昭撰　清馬國翰輯

清同治十年濟南皇華館刻玉函山房輯佚書本

清光緒九年長沙嫏嬛館刻玉函山房輯佚書本　國圖　首都　科學　北師大　上海　復旦

清光緒十年章邱李氏據馬氏刊版重印玉函山房輯佚書本　北師大　天津　上海　遼寧

清光緒十年楚南書局刻玉函山房輯佚書本　國圖　北大　天津　復旦

集解孝經一卷　晉謝萬撰　清馬國翰輯

清同治十年濟南皇華館刻玉函山房輯佚書本

清光緒九年長沙嫏嬛館刻玉函山房輯佚書本　國圖　首都　科學　北師大　上海　復旦

清光緒十年章邱李氏據馬氏刊版重印玉函山房輯佚書本　北師大　天津　上海　遼寧

清光緒十年楚南書局刻玉函山房輯佚書本　國圖　北大　天津　復旦

孝經殷氏註　晉殷仲文撰　清馬國翰輯

清同治十年濟南皇華館刻玉函山房輯佚書本

清光緒九年長沙嫏嬛館刻玉函山房輯佚書本　國圖　首都　科學　北師大　上海　復旦

清光緒十年章邱李氏據馬氏刊版重印玉函山房輯佚書本　北師大　天津　上海　遼寧

清光緒十年楚南書局刻玉函山房輯佚書本　國圖　北大　天津　復旦

五等孝傳贊一卷　晉陶潛撰

明萬曆刻孝經叢書本　國圖

齊永明諸王孝經講義一卷　南朝齊佚名撰　清馬國翰輯

清同治十年濟南皇華館刻玉函山房輯佚書本

清光緒九年長沙嫏嬛館刻玉函山房輯佚書本　國圖　首都　科學　北師大　上海　復旦

清光緒十年章邱李氏據馬氏刊版重印玉函山房輯佚書本　北師大　天津　上海　遼寧

清光緒十年楚南書局刻玉函山房輯佚書本　國圖　北大　天津　復旦

孝經劉氏説一卷　南朝齊劉瓛撰　清馬國翰輯

清同治十年濟南皇華館刻玉函山房輯佚書本

清光緒九年長沙嫏嬛館刻玉函山房輯佚書本　國圖　首都　科學　北師大　上海　復旦

清光緒十年章邱李氏據馬氏刊版重印玉函山房輯佚書本　北師大　天津　上海　遼寧

清光緒十年楚南書局刻玉函山房輯佚書本　國圖　北大　天津　復旦

孝經嚴氏註一卷　南朝梁嚴植之撰　清馬國翰輯

清同治十年濟南皇華館刻玉函山房輯佚書本

清光緒九年長沙嫏嬛館刻玉函山房輯佚書本　國圖　首都　科學　北師大　上海　復旦

清光緒十年章邱李氏據馬氏刊版重印玉函山房輯佚書本　北師大　天津　上海　遼寧

清光緒十年楚南書局刻玉函山房輯佚書本　國圖　北大　天津　復旦

孝經義疏一卷　南朝梁武帝撰　清馬國翰輯

清同治十年濟南皇華館刻玉函山房輯佚書本

清光緒九年長沙嫏嬛館刻玉函山房輯佚書本　國圖　首都　科學　北師大　上海　復旦

清光緒十年章邱李氏據馬氏刊版重印玉函山房輯佚書本　北師大　天津　上海　遼寧

清光緒十年楚南書局刻玉函山房輯佚書本　國圖　北大　天津　復旦

孝經皇氏義疏一卷　南朝梁皇侃撰　清馬國翰輯

清同治十年濟南皇華館刻玉函山房輯佚書本

清光緒九年長沙嫏嬛館刻玉函山房輯佚書本　國圖　首都　科學　北師大　上海　復旦

清光緒十年章邱李氏據馬氏刊版重印玉函山房輯佚書本　北師大　天津　上海　遼寧

清光緒十年楚南書局刻玉函山房輯佚書本　國圖　北大　天津　復旦

孝經述義一卷　隋劉炫撰　清王謨輯

清嘉慶三年金溪王氏刻漢魏遺書抄本　國圖　北大　科學　清華　北師大　上海　復旦

古文孝經述義一卷　隋劉炫撰　清馬國翰輯

清同治十年濟南皇華館刻玉函山房輯佚書本

清光緒九年長沙嫏嬛館刻玉函山房輯佚書本　國圖　首都　科學　北師大　上海　復旦

清光緒十年章邱李氏據馬氏刊版重印玉函山房輯佚書本　北師大　天津　上海　遼寧

清光緒十年楚南書局刻玉函山房輯佚書本　國圖　北大　天津　復旦

孝經訓註一卷　隋魏真己撰　清馬國翰輯

清同治十年濟南皇華館刻玉函山房輯佚書本

清光緒九年長沙嫏嬛館刻玉函山房輯佚書本　國圖　首都　科學　北師大　上海　復旦

清光緒十年章邱李氏據馬氏刊版重印玉函山房輯佚書本　北師大　天津　上海　遼寧

清光緒十年楚南書局刻玉函山房輯佚書本　國圖　北大　天津　復旦

孝經註(殘卷)　佚名撰

一九四七年臺灣大學據敦煌寫本影印敦煌祕籍留真新編本　北大　清華　北師大　上海

古文孝經(敦煌殘卷)　漢孔安國注

續修四庫全書影印臺北新文豐出版社藏一九八六年版敦煌寶藏本

孝經治要一卷　唐魏徵撰

日本鎌倉時代抄群書治要本　日宫内省

日本元和二年駿府活字印群書治要本　日公文書館　日東洋文庫

清嘉慶宛委別藏之群書治要本　臺北故宫

清道光二十八年霧石楊氏刻連筠簃叢書之群書治要本

清咸豐七年南海伍崇曜刻粤雅堂叢書三編第二十六集之群書治要本

民國上海商務印書館據日本尾張刻本影印四部叢刊之群書治要本

孝經治要一卷　唐魏徵撰　日細井德民等校

日本江户刻群書治要本　日二松學舍大學　日一橋大學

御註孝經一卷　唐玄宗李隆基註

北宋刻本　日本

日本寬政十二年源弘賢刻本　國圖　南京

日本寬政十二年井上慶壽刻本　大連

清光緒刻本　北大

清刻套印本　上海

孝經一卷

明宣德九年蘇州府學刻本　臺北央圖

明隆慶二年趙孔昭校刊本　臺北央圖
明刻本　上海
明刻本　湖北
明萬曆刻孝經叢書本　國圖
明内府抄孝經總函本　南京
明抄孝經總類本　國圖
清初刻本　吉林
清同治七年金陵書局刻十三經讀本本　國圖　北大　歷史博物館　天津　上海
清同治刻惟悳堂五種本　國圖　北大　華師
清光緒遵義黎氏日本東京使署古逸叢書景刊日本舊鈔卷子本　國圖　首都　科學
近代北平王富書社影印宋刻本　上海
續修四庫全書影印北圖藏明抄本

石臺孝經一卷
明崇禎七年茅胤武刻孝經全書本　北大
明崇禎刻孝經大全十二集本　北大　上海　東北師大　吉林社科院　中山大

石臺孝經註一卷
清江蘇書局刻本　浙江

八分孝經　唐玄宗李隆基註
日本寬延元年中野宗左衛門西村源六覆刻明崇禎郭氏迎紫齋本　北大
日本寬延元年中野宗左衛門西村源六覆刻明崇禎郭氏迎紫齋本京西掘川唐本屋吉左衛門後印　北大

石臺孝經一卷　唐玄宗李隆基註　清陳文瑞訂
清刻本　湖北

御註孝經一卷校譌一卷　唐玄宗李隆基註　日本狩谷望之校譌
日本文政九年湯島狩谷氏求古樓影刻北宋刻本　國圖　北大　上海　大連　南京

御註孝經校譌一卷　日本狩谷望之撰
日本文政九年湯島狩谷氏求古樓影刻北宋刻本　國圖　北大　上海　大連　南京

御註孝經一卷附解説
日本昭和七年日本書志學會影印北宋刻本　國圖　科學

孝經一卷附二十四孝圖説一卷　唐玄宗李隆基註　王震繪
一九三二年影宋刻本　國圖

一九三五年上海文寶印刷局影印宋刻本　上海　黑龍江　南京
一九三八年高氏閑閑山莊石印本　上海　南京
民國上海孤兒院影印宋刻本　上海

孝經一卷　唐玄宗李隆基註　唐陸德明音義

元相臺岳氏荆溪家塾刻本　國圖
清常熟歸子鈞影抄元相臺岳氏荆溪家塾刻本　上海
清初影元刻本　國圖
清同治七年湖北崇文書局刻本　北大　上海　吉林市
清同治九年揚州書局覆刻相臺岳氏本　國圖　北大　上海　黑龍江　浙江
清光緒十二年湖北官書處刻本　國圖　天津　遼寧　瀋陽　吉大　齊齊哈爾　湖北
中華再造善本影印元相臺岳氏荆溪家塾刻本

孝經一卷附校刊記一卷　唐玄宗李隆基註　唐陸德明音義　清丁寶楨等撰校刊記

清同治十一年山東書局刻十三經讀本本　國圖　首都　天津　復旦　遼寧

孝經校刊記一卷　清丁寶楨等撰

清同治十一年山東書局刻十三經讀本本　國圖　首都　天津　復旦　遼寧

孝經一卷附刊誤一卷　唐玄宗李隆基註　唐陸德明音義

清光緒三年胡氏退補齋刻本　瀋陽　浙江
清光緒六年山西濬文書局刻本　浙江

孝經便讀　唐玄宗李隆基註　唐陸德明音義

清光緒三十二年兖州府天主堂鉛印本　國圖

御註孝經疏一卷　唐元行沖撰　清馬國翰輯

清同治十年濟南皇華館刻玉函山房輯佚書本
清光緒九年長沙嫏嬛館刻玉函山房輯佚書本　國圖　首都　科學　北師大　上海　復旦
清光緒十年章邱李氏據馬氏刊版重印玉函山房輯佚書本　北師大　天津　上海　遼寧
清光緒十年楚南書局刻玉函山房輯佚書本　國圖　北大　天津　復旦

孝經疏鈔一卷　唐元行沖疏　宋邢昺正義　明梅鼎和輯

明崇禎刻孝經大全十集本　科學　青海醫學院　山東
明崇禎刻孝經大全十二集本　北大　上海　東北師大　吉林社科院　中山大

孝經註疏九卷　唐玄宗李隆基註　宋邢昺疏

元泰定三年刻本　國圖

明嘉靖間李元陽刻十三經註疏本　上海　南京　陝西　福建　重慶
明萬曆北京國子監刻十三經註疏本　國圖　上海　復旦　遼寧　南京　南大　安徽　福建　四川
明崇禎古虞毛氏汲古閣刻十三經註疏本　國圖　首都　清華　北師大　科學　上海
明刻本　科學
清初致和堂刻本　國圖
清道光十四年福山王氏日省吾齋刻今古文孝經彙刻本　國圖　北大　科學　上海
中華再造善本影印元泰定三年刻本

孝經註疏九卷附考證　唐玄宗李隆基註　唐陸德明音義　宋邢昺疏

清乾隆四年武英殿刻十三經注疏附考證本　國圖　首都　北師大　中醫　上海　復旦
清乾隆四庫全書館寫欽定四庫全書本
清同治十年廣東書局刻十三經註疏本　國圖

孝經註疏九卷附校勘記九卷　唐玄宗李隆基註　宋邢昺疏　清阮元撰校勘記

清嘉慶二十年江西南昌府學重刊宋本十三經註疏本　國圖　清華　北師大　上海　復旦
清道光六年南昌府學補刻本　遼寧
清同治十二年江西書局重刊宋本十三經註疏本　國圖　首都　北師大　天津　復旦
清光緒十三年上海脈望仙館石印重刊宋本十三經註疏本　國圖　首都　北師大
清光緒十八年湖南寶慶務本圖書局重刊宋本十三經註疏本　北大　天津　上海　華師

孝經校勘記三卷　清阮元撰

清道光九年廣東學海堂刻皇清經解十三經注疏校勘記本　國圖　首都　科學
清道光九年廣東學海堂刊咸豐十一年補刊皇清經解本　國圖　首都　清華　北師大
清光緒十四年上海書局影印十三經註疏校勘記本　國圖
清光緒二十四年蘇州官書坊刻宋本十三經注疏併經典釋文校勘記本　國圖　首都　北大

孝經正義一卷　宋邢昺　宋杜鎬等撰
明崇禎刻孝經大全十集本　科學　青海醫學院　山東
孝經御註一卷　日本清和天皇藤原惟仁註
日本寬政十二年宛委堂刻本　國圖
孝經注解一卷　宋司馬光指解　宋范祖禹説
清康熙十九年納蘭成德刻通志堂經解本　國圖　首都　北大　北師大　科學　上海
清道光二十七年李延福求是軒重刻本　上海
清道光二十七年南海何氏刻本　國圖
清同治十二年粤東書局重刻通志堂經解本　國圖　首都　北大　上海　遼寧　湖北
清羊城拾芥園刻本　湖北
孝經指解一卷
清道光十四年福山王氏日省吾齋刻本　國圖　北大　科學　上海　復旦　華師
古文孝經指解一卷
清乾隆四庫全書館寫欽定四庫全書本
清抄本　上海
評花僊館刻本　南京
孝經一卷附曾子大孝一卷　宋司馬光指解　宋范祖禹説　清李光地註
清咸豐十一年朱琦刻本　浙江
孝經刊誤一卷　宋朱熹撰
清康熙御兒吕氏寶誥堂刻朱子遺書本　國圖　北大　清華　北師大　上海
清乾隆四庫全書館寫欽定四庫全書本
清道光咸豐間大梁書院刻同治七年王儒姓等印經苑本　國圖　首都　北大　科學
清同治真州張氏廣東刊一九一三年重修印本榕園叢書甲集本　國圖　首都　科學
清同治至民國間刻西京清麓叢書正編本　北大　北師大　上海
朱子孝經刊誤一卷　宋朱熹撰
清道光十五年福山王氏日省吾齋刻今古文孝經彙刻本　國圖　北大　科學　上海
孝經刊誤淺解一卷　宋朱熹刊誤　明史尊朱淺解
清道光刻本　南京

孝經集註衍義一卷　宋朱熹撰　宋童伯羽衍義
　清乾隆四十四至六十年侯官鄭氏刻本　北大
文公所定古文孝經一卷　宋朱申註
　明萬曆刻孝經叢書本　國圖
　明内府抄孝經總函本　南京
　明抄孝經總函本　上海
　明抄孝經總類本　國圖
　明崇禎刻孝經大全十二集本　北大　上海　東北師大　吉林社科院　中山大
　清康熙十九年納蘭成德刻通志堂經解本　國圖　首都　北大　北師大　科學　上海
　清同治十二年粤東書局重刻通志堂經解本　國圖　首都　北大　上海　遼寧　湖北
　續修四庫全書影印北圖藏明本
草廬校定古今文孝經一卷　元吴澄撰
　明萬曆刻孝經叢書本　國圖
　明内府抄孝經總函本　南京
　明抄孝經總函本　上海
　明抄孝經總類本　國圖
　清康熙十九年納蘭成德刻通志堂經解本　國圖　首都　北大　北師大　科學　上海
　清乾隆四庫全書館寫欽定四庫全書本
　續修四庫全書影印北圖藏明抄本
吴文正公較定今古文孝經一卷
　明崇禎刻孝經大全十集本　科學　青海醫學院　山東
孝經一卷　元吴澄校定　清朱軾按
　清康熙乾隆間刻朱文端公藏書本　國圖　首都　北大　科學
　清光緒二十三年朱衡等重刊朱文端公藏書本　國圖　首都　北師大　天津　復旦
孝經定本一卷
　清道光十五年福山王氏日省吾齋刻今古文孝經彙刻本　國圖　北大　科學　上海
吴文正公較定今文孝經考一卷　元吴澄校定
　明崇禎刻孝經大全十二集本　北大　上海　東北師大　吉林社科院　中山大
吴文正公刊誤一卷　元吴澄撰
　明崇禎刻孝經大全十集本　科學　青海醫學院　山東

孝經大義一卷 元董鼎註

明刻本 國圖

清康熙十九年納蘭成德刻通志堂經解本 國圖 首都 北大 北師大 科學 上海

清同治十二年粤東書局重刻通志堂經解本 國圖 首都 北大 上海 遼寧 湖北

清乾隆四庫全書館寫欽定四庫全書本

清道光十五年福山王氏日省吾齋刻今古文孝經彙刻本 國圖 北大 科學 上海

文公刊誤古文孝經一卷 元董鼎註

明萬曆刻孝經叢書本 國圖

明内府抄孝經總函本 南京

明抄孝經總函本 上海

明抄孝經總類本 國圖

續修四庫全書影印北圖藏明抄本

朱文公刊誤古文孝經一卷

明崇禎刻孝經大全本 北大 上海 東北師大 吉林社科院 中山大

朱文公刊誤一卷

明崇禎刻孝經大全十集本 科學 青海醫學院 山東

孝經大義一卷 宋朱熹刊誤 元董鼎註 明程一礎解詁

明抄本 國圖

抄本 國圖

孝經説一卷 宋項安世撰

清乾隆四庫全書館寫欽定四庫全書之項氏家説後附本

孝經集註一卷 明陳選撰

清順治十六年刻本 國圖

清同治十年刻本 東北師大

清同治刻本 山東博(清宋書升批校)

清光緒二十四年煙臺成文信刻本 丹東

清光緒掃葉山房刻本 遼寧 大連 丹東 遼大 吉林 吉林市

孝經解詁一卷 明陳深撰

明萬曆刻十三經解詁本 故宫 浙江

孝經集註一卷 明余本撰 明葉廷秀參

明崇禎刊清補刊印葉潤山輯著全書本 北大

孝經集義一卷刊誤一卷　明余時英撰

明天啓四年余紹禄等刻本　山東大學　暨南大學　安徽　江西

明刻本　國圖

孝經會通一卷　明沈淮撰

明萬曆刻孝經叢書本　國圖

明内府抄孝經總函本　南京

明抄孝經總函本　上海

明崇禎刻孝經大全十二集本　北大　上海　東北師大　吉林社科院　中山大

孝經宗旨一卷　明羅汝芳撰

明崇禎四年程一礎閒拙齋刻孝經古註本　國圖

孝經宗旨一卷　明羅汝芳述　明楊起元録

明萬曆繡水沈氏刊寶顔堂祕笈本　國圖　首都　科學　復旦　上海辭書　南京　陝西

一九二二年上海文明書局石印寶顔堂祕笈本　國圖　首都　清華　北師大　上海

四庫全書存目叢書影印明萬曆繡水沈氏刻寶顔堂祕笈本

孝經疑問一卷　明姚舜牧撰

明來恩堂刻姚承蒼文集清乾隆二十七年六經堂得版重修印本　上海

清光緒六年歸安姚氏刻本　國圖

清光緒九年歸安姚氏刻咫進齋叢書本　國圖　首都　北大　清華　北師大　上海

四庫全書存目叢書影印明來恩堂刻清乾隆二十年重修本

孝經本義一卷列傳七卷　明胡時化撰

明刻本　國圖

續修四庫全書影印明刻本

孝經一卷　明楊起元註

清刻本　國圖

清光緒二十五年番禺端溪書院刻端溪叢書本　北大　北師大　上海　安徽　浙江　福建

孝經引證一卷　明楊起元撰

明萬曆繡水沈氏刊寶顔堂秘籍本　國圖　首都　北大　科學　上海

明崇禎四年程一礎閒拙齋刻孝經古註本　國圖

一九二二年上海文明書局石印寶顔堂秘籍本　國圖　首都　清華　北師大　上海

孝經廣義二卷　明楊起元輯撰　清郭世傑重訂

清康熙三十九年刻本　上海

孝經别傳一卷　明李槃撰

明抄孝經總類本　國圖

續修四庫全書影印北圖藏明抄本

孝經邇言一卷　明虞淳熙撰

明抄孝經總類本　國圖

明内府抄孝經總函本　南京

明崇禎刻孝經大全十集本　科學　青海醫學院　山東

明刻本　國圖

續修四庫全書影印北圖藏明抄本

孝經集靈一卷　明虞淳熙撰

明崇禎七年茅胤武刻孝經全書本　北大

明刻本　國圖

明抄孝經總類本　國圖

明抄孝經總函本　上海

清道光十一年六安晁氏木活字排印學海類編本　國圖　科學　上海　遼寧　南京

一九二〇年上海涵芬樓據清晁氏本影印學海類編本　國圖　首都　北大　清華　北師大

四庫全書存目叢書影印涵芬樓影印清道光十一年六安晁氏木活字學海類編本

續修四庫全書影印北圖藏明抄本

孝經集靈二卷附集一卷

明崇禎刻孝經大全十集本　科學　青海醫學院　山東

明崇禎刻孝經大全十二集本　北大　上海　東北師大　吉林社科院　中山大

虞子集靈節略一卷　明虞淳熙撰

明萬曆繡水沈氏刊寶顔堂祕笈本　國圖　首都　科學　復旦　上海辭書　南京　陝西

明崇禎四年程一礎閒拙齋刻孝經古註本　國圖

一九二二年上海文明書局石印寶顔堂祕笈本　國圖　首都　清華　北師大　上海

抄本　國圖

從今文孝經説一卷　明虞淳熙撰

明抄孝經總類本　國圖

明內府抄孝經總函本　南京
明崇禎刻孝經大全十集本　科學　青海醫學院　山東
明崇禎刻孝經大全十二集本　北大　上海　東北師大　吉林社科院　中山大
續修四庫全書影印北圖藏明抄本

孝經集註一卷　明陳仁錫集註
清乾隆五十三年刻本　國圖

孝經集傳四卷　明黄道周撰
明崇禎十六年刻本　福建
清康熙三十二年晉安鄭肇刊道光二十八年長州彭藴章補刊石齋先生經傳九種印本　國圖　科學　上海　天津　復旦　遼寧　吉大　南京　南大　浙江　浙江大
清乾隆四庫全書館寫欽定四庫全書本
清道光十五年福山王氏日省吾齋刻今古文孝經彙刻本　國圖　北大　科學　上海
清謝氏成都寓廬刻本　湖北

孝經讀本四卷附孝經大義一卷附録一卷　明黄道周集傳　唐文治撰附録
一九二四年吴江施肇曾醒園刊十三經讀本本　國圖　清華　上海　復旦

孝經本贊一卷　明黄道周撰
清光緒十二年鉛印小方壺齋叢書本　南京
抄本　南京

黄石齋註孝經一卷儒行一卷　明黄道周撰
清抄本(陳詒光跋)　上海

黄忠端公孝經辯義一卷　明黄道周撰
清同治中刻澹勤室著述本　國圖　北大　科學　清華　天津　上海　浙江
清光绪三年刻澹勤室全集本　吉林

孝經贄義一卷　明黄道周撰
清勞氏丹鉛精舍抄本　國圖
續修四庫全書影印清勞氏丹鉛精舍抄本

孝經大全二十八卷首一卷　明吕維祺撰
明崇禎刻本　湖南
清康熙二年新安吕氏刻本　國圖　北大　科學　近代史研究所　故宫　歷史所　文學藝術研究院　天津　南開大學　南京　浙江　湖南
清刻本　國圖

續修四庫全書影印清康熙二年吕兆璜等刻本

孝經或問三卷　明吕維祺撰

明崇禎刻本　湖南

清康熙二年新安吕氏刻本　國圖　北大　科學　近代史研究所　故宫歷史所　文學藝術研究院　天津　南開大學　南京　浙江　湖南

清刻本　國圖

清王簡校刻本　浙江

續修四庫全書影印清康熙二年吕兆璜等刻本

孝經本義二卷　明吕維祺撰

清道光咸豐間大梁書院刊同治七年王儒姓等印經苑本　首都　北大　科學

一九二二年補刊十二年重印經苑本　天津　上海　復旦　吉林市

孝經翼一卷　明吕維祺撰

明崇禎刻本　湖南

明末刻本　天津

清康熙二年新安吕氏刻本　國圖　北大　科學　近代史研究所　故宫歷史所　文學藝術研究院　天津　南開大學　南京　浙江　湖南

清刻本　國圖

清道光咸豐間大梁書院刊同治七年王儒姓等印經苑本　首都　北大　科學

一九二二年補刊十二年重印經苑本　天津　上海　復旦　吉林市　陝西甘肅

續修四庫全書影印清康熙二年吕兆璜等刻本

古文孝經説一卷　明孫本撰

明内府抄孝經總函本　南京

明抄孝經總類本　國圖

明崇禎刻孝經大全十集本　科學　青海醫學院　山東

明崇禎刻孝經大全十二集本　北大　上海　東北師大　吉林社科院　中山大

續修四庫全書影印北圖藏明抄本

古文孝經解意一卷　明孫本撰

明内府抄孝經總函本　南京

明抄孝經總函本　上海

明抄孝經總類本　國圖

續修四庫全書影印北圖藏明抄本

孝經解意一卷　明朱鴻撰

明崇禎刻孝經大全十集本　科學　青海醫學院　山東

孝經釋疑一卷　明孫本撰
明内府抄孝經總函本　南京
明抄孝經總函本　上海
明崇禎刻孝經大全十集本　科學　青海醫學院　山東
明崇禎刻孝經大全十二集本　北大　上海　東北師大　吉林社科院　中山大
釋疑一卷
明抄孝經總類本　國圖
續修四庫全書影印北圖藏明抄本
古孝經大旨一卷　明孫本撰
明崇禎刻孝經大全十集本　科學　青海醫學院　山東
孝經考一卷
明崇禎刻孝經大全十集本　科學　青海醫學院　山東
明崇禎刻孝經大全十二集本　北大　上海　東北師大　吉林社科院　中山大
今文直解一卷
明崇禎刻孝經大全十集本　科學　青海醫學院　山東
全經綱目一卷
明崇禎刻孝經大全十集本　科學　青海醫學院　山東
明崇禎刻孝經大全十二集本　北大　上海　東北師大　吉林社科院　中山大
孝經問對一卷
明萬曆刻孝經叢書本　國圖
孝經雜鈔一卷
明内府抄孝經總函本　南京
明抄孝經總類本　國圖
續修四庫全書影印北圖藏明抄本
家塾孝經集解一卷　明朱鴻撰
明萬曆刻孝經叢書本　國圖
明内府抄孝經總函本　南京
明抄孝經總類本　國圖
續修四庫全書影印北圖藏明抄本
家塾孝經一卷　明朱鴻撰
明崇禎刻孝經大全十集本　科學　青海醫學院　山東
孝經臆説一卷　明朱鴻撰
明萬曆刻孝經叢書本　國圖
明内府抄孝經總函本　南京

明抄孝經總類本　國圖
續修四庫全書影印北圖藏明抄本

孝經質疑一卷　明朱鴻輯
明萬曆刻孝經叢書本　國圖
明内府抄孝經總函本　南京
明抄孝經總類本　國圖
明崇禎刻孝經大全十集本　科學　青海醫學院　山東
明崇禎刻孝經大全十二集本　北大　上海　東北師大　吉林社科院　中山大
續修四庫全書影印北圖藏明抄本

古文孝經直解一卷　明朱鴻撰
明内府抄孝經總函本　南京
明抄孝經總函本　上海
明抄孝經總類本　國圖

古文直解一卷
明崇禎刻孝經大全十集本　科學　青海醫學院　山東

孝經目録一卷　明朱鴻撰
明抄孝經總類本　國圖
續修四庫全書影印北圖藏明抄本

朱文公刊誤孝經旨意一卷　明朱鴻撰
明崇禎刻孝經大全十二集本　北大　上海　東北師大　吉林社科院　中山大

孝經貫註二十卷存餘三卷考異一卷對問三卷　明瞿罕撰
明崇禎七年刻本　華東師大

孝經疏鈔一卷　明梅鼎和輯
明崇禎刻孝經大全十集本　科學　青海醫學院　山東

今文孝經直解一卷　明江元祚訂
明崇禎刻孝經大全十二集本　北大　上海　東北師大　吉林社科院　中山大

孝經彙註三卷　明江元祚删輯
明崇禎刻孝經大全十集本　科學　青海醫學院　山東
明崇禎刻孝經大全十二集本　北大　上海　東北師大　吉林社科院　中山大

增補孝經彙註三卷聚序説一卷　明江元祚删輯　明吴太沖參訂　日本源後素增補
日本天保五年大監後素刻本　北大

孝經彙目一卷　明江元祚輯
明崇禎刻孝經大全十集本　科學　青海醫學院　山東

明崇禎刻孝經大全十二集本　北大　上海　東北師大　吉林社科院　中山大

孝經集文一卷　明江元祚輯

明崇禎刻孝經大全十集本　科學　青海醫學院　山東

明崇禎刻孝經大全十二集本　北大　上海　東北師大　吉林社科院　中山大

孝經集文　明江元祚輯　清聞啓祥訂

清刻本　國圖

孝經述註一卷　明項霦撰

清乾隆四庫全書館寫欽定四庫全書本

清嘉慶海虞張氏刻借月山房彙抄本　科學　浙江

清道光十五年福山王氏日省吾齋刻今古文孝經彙刻本　國圖　北大　科學　上海

清光緒二十四年翁氏刻續台州叢書本　國圖　南京　浙江

一九二〇年上海博古齋據清張氏刊本影印借月山房彙抄本　國圖　首都　北大　北師大

孝經本則一卷　明張復撰

明萬曆二十九年刻本　江西

孝經緒彙　明丁洪夏撰

明崇禎二年刻本　北大

孝傳一卷　明茅胤武訂

明崇禎七年茅胤武刻孝經全書本　北大

孝經傳一卷　明樊維城撰

明崇禎七年茅胤武刻孝經全書本　北大

孝經一卷　明趙南星訂註

明刻本　浙江

明末高邑趙氏刻本　國圖

清光緒中高邑趙氏刻味檗齋遺書本　北大　民院　上海　復旦　遼寧　山大

孝經大指一卷　明趙南星注

明末高邑趙氏刻本　國圖

孝經問業合參　清張夏問　清傅謙牧參問

清光緒二年聚文堂刻本　復旦

孝經註疏大全一卷　清葉鉁撰

清康熙刻事天閣藏版本　國圖　上海

孝經論題標準一卷

清康熙二十九年事天閣刻本　上海

孝經類解九卷　清吴之騄撰

清康熙刻本　國圖

孝經類解十八卷

清康熙三十二年寶翰樓刻本　浙江

四庫全書存目叢書影印清康熙三十二年寶瀚樓刻本

孝經正解一卷　清徐大紳撰

一九三二年鉛印本　國圖　上海　南京

孝經内外傳五卷孝經正文一卷　清李之素輯

清康熙六十年李焕實田山莊刻瑞露軒藏版本　國圖　科學　浙江

四庫全書存目叢書續修四庫全書影印清康熙五十九年李焕實田山莊刻本

孝經集解十八卷　清趙起蛟撰

清康熙二十三年趙氏家塾刻本　南京

續修四庫全書影印清康熙二十三年趙氏家塾刻本

孝經約義一卷　清汪師韓撰

清乾隆中刻上湖遺集本　上海

清乾隆間刻本　國圖

清光緒十二年錢塘汪氏長沙刻叢睦汪氏遺書本　國圖　首都　北大　清華　北師大

清刻本　南京

孝經問一卷　清毛奇齡撰

清康熙中李塨等刊西河合集本　國圖　首都　北大　清華　北師大　上海　復旦

清乾隆四庫全書館寫欽定四庫全書本

清道光十五年福山王氏日省吾齋刻今古文孝經彙刻本　國圖　北大　科學　上海

清光緒十四年南菁書院刊皇清經解續編本　國圖　首都　北大　科學

清光緒十五年上海蜚英館石印皇清經解續編本　國圖　首都　清華　北師大　上海

孝經詳説六卷　清冉覲祖撰

清光緒七年大梁書局刊五經詳説本　國圖　上海　復旦　上海辭書　浙江　山東

四庫全書存目叢書續修四庫全書影印清光緒七年大梁書局刻五經詳説本

孝經合解二卷　清陳治安輯

清康熙四十年刻本　國圖

孝經集註一卷　清陸遇霖撰
清同治光緒刻本　上海
清刻本　國圖
御註孝經一卷　清世祖福臨撰
清順治十三年内府刻本　國圖　故宫　天津　内蒙古　遼寧　吉大　湖北
清乾隆四庫全書館寫欽定四庫全書本
清館臣寫刻套印本　南京
清道光十五年福山王氏日省吾齋刻今古文孝經彙刻本　國圖　北大　科學　上海
清山東書局刻本　國圖
孝經衍義四十七卷　清張能麟撰
清順治刻本　日尊經閣
孝經衍義四十七卷附古文孝經一卷今文孝經一卷
清刻本　日東京大學
孝經衍義二十二卷
朱絲欄舊抄本　臺北央圖
舊抄本　國圖
讀孝經四卷年譜一卷　清應是撰
清乾隆十七年刻本　科學
四庫全書存目叢書影印清乾隆十七年刻本
孝經精義一卷後録一卷或問一卷原孝一卷餘論一卷　清張敘撰
清乾隆四年潞河書院刻本　國圖　科學　人大　天津
續修四庫全書影印清乾隆四年潞河書院刻本
孝經三本管窺一卷　清吴隆元撰
清康熙至乾隆間刻朱文端公藏書本　國圖　首都　北大　科學
清光緒二十三年朱衡等重刊朱文端公藏書本　國圖　首都　北師大　天津　復旦
清道光十六年福山王氏日省吾齋刻本　國圖　北大　科學　上海　復旦
四庫全書存目叢書影印清康熙乾隆間刻朱文端公藏書本
孝經全註一卷　清李光地撰
清李氏刻本　復旦
清乾隆元年李清植刊嘉慶六年補刊李文貞公全集印本　上海　復旦　安徽　福建
清道光九年李維迪刻榕村全書本　國圖　首都　北大　科學　清華

北師大　上海

清道光十五年福山王氏日省吾齋刻今古文孝經彙刻本　國圖　北大　科學　上海

孝經一卷

清咸豐五年浦城興古齋祝氏刻本　上海

李氏孝經注輯本一卷附曾子大孝編註一卷　清李光地註　邵懿辰輯

一九一七年仁和邵氏刻半巖廬所著書本　國圖　湖北

御定孝經衍義一百卷首二卷　清聖祖玄燁敕撰　清葉方藹　清張英監修　清韓菼編纂

清康熙二十九年内府刻本　北大　北師大　天津　上海　復旦　遼寧　吉林

清康熙三十年江蘇布政使司覆内府刻本　南京

清康熙三十一年浙江重刻本　浙江

清乾隆四庫全書館寫欽定四庫全書本

孝經本義一卷　清姜兆錫撰

清雍正乾隆間寅清樓刻九經補注本　國圖　北大　科學　上海　復旦

清光緒二十九年寶慶勸學書舍重刻姜氏本　湖北

四庫全書存目叢書影印清雍正十年寅清樓刻本

孝經註釋一卷　清姜兆錫撰

清刻本　天津

孝經讀本一卷　清姜兆錫撰

清刻本　天津

孝經初學讀本一卷　清萬廷蘭編

清乾隆刻十一經初學讀本本　上海

清南昌萬廷蘭芝堂校刻十一經初學讀本本　國圖

清光緒二年四川學院刻十一經初學讀本本　遼寧

孝經章句一卷　清任啓運撰

清道光十五年福山王氏日省吾齋刻今古文孝經彙刻本　國圖　北大　科學　上海

四庫全書存目叢書影印清道光福山王氏日省吾齋刻今古文孝經彙刻本

古文孝經標註一卷　題漢孔安國傳　日本太宰純音　日本片山世璠標註

日本寬政六年嵩山房刻本　國圖　日酒田市立圖書館

日本文化十二年嵩山房小林新兵衛刻本　國圖　湖北　日東京都立圖書館

御纂孝經集註一卷　清世宗胤禛敕撰
清雍正五年内府刻本　故宫　遼寧　南京
清乾隆四庫全書館寫欽定四庫全書本
清道光十五年福山王氏日省吾齋刻今古文孝經彙刻本　國圖　北大　科學　上海
清山東書局刻本　國圖
清禮部校刻本　上海
孝經易知一卷　清耿介輯註
清康熙三十年嵩陽書院刻本　國圖
清同治十一年邗江王氏重刻本　國圖　上海　南京
清光緒二十二年陽湖張氏刻本　上海
一九一七年夏重光抄校本　南京
四庫未收書輯刊影印清同治十一年邗江王氏刻本
孝經易知一卷　題闕名撰
清雍正十二年徐廷鈞刻本　清華
清道光十六年王氏刻本　國圖
孝經或問一卷　清汪紱撰
清嘉慶二十一年刻莘野書室藏版本　國圖
清道光至光緒刊光緒二十三年長沙趙舒翹等彙印汪雙池先生叢書本　國圖　首都　科學
清同治曲水書局活字印本　科學
清光緒二十一年刻本　國圖
孝經章句一卷　清汪紱撰
清道光至光緒刊光緒二十三年長沙趙舒翹等彙印汪雙池先生叢書本　國圖　首都　科學
清同治曲水書局刻本　湖北
清光緒二十一年刻本　上海　國圖
孝經通釋十卷　清曹庭棟撰
清乾隆二十一年刻本　國圖　人大　上海
清乾隆刊本　科學　南京
四庫全書存目叢書影印清乾隆二十一年刻本
孝經集註一卷　清任兆麟撰
清道光元年掃葉山房刻本　上海　南京
清光緒九年華聚玉刻本　浙江

清光緒十六年宛委山莊刻本　復旦
清末掃葉山房刻本　北大　復旦
清江陰源德堂刻本　國圖

中文孝經一卷　清周春輯
清乾隆二十五年刻本　復旦
清乾隆嘉慶間刻松靄初刻本　首都　上海
清乾隆嘉慶間刻周松靄先生遺書本　國圖　首都　科學　北師大　上海　復旦
清嘉慶南匯吴氏聽彝堂刻藝海珠塵金集本　國圖　首都　北大　科學
清抄本　國圖

孝經外傳一卷　清周春撰
清乾隆二十五年刻本　復旦
清乾隆嘉慶間刻周松靄先生遺書本　國圖　首都　科學　北師大　上海　復旦
清嘉慶南匯吴氏聽彝堂刻藝海珠塵金集本　國圖　首都　北大　科學

孝經刊誤辯説一卷　清倪上述撰
清乾隆刻本　國圖
清道光至光緒刻止園叢書本　國圖　北大　天津　遼寧　山大　江西　四川　川大

孝經章句一卷　清倪上述撰
清乾隆刻本　國圖
清道光至光緒刻止園叢書本　國圖　北大　天津　遼寧　山大　江西　四川　川大

孝經彙纂一卷首一卷附録一卷　清孫念劬撰
清嘉慶四年刻本　科學
四庫未收書輯刊影印清嘉慶四年强恕堂刻本

孝經札記一卷　清朱亦棟撰
清光緒四年武林竹簡齋刊十三經札記本　國圖　首都　清華　北師大　上海　復旦

孝經一卷　清程際盛註　清侯楨改訂
一九一七年套印本　國圖

孝經約解二卷附孝經古文宋本　孝經古文　孝經刊誤本　孝經題辭　孝經古今文　孝經古今文考　清温汝能撰
清嘉慶十年聽松閣刻本　國圖

孝經刊誤本一卷　清温汝能撰

清嘉慶十年聽松閣刻本　國圖

孝經古今文考一卷　清温汝能撰

清嘉慶十年聽松閣刻本　國圖

孝經題辭一卷　清温汝能撰

清嘉慶十年聽松閣刻本　國圖

孝經纂註一卷小學纂注二卷孝傳一卷　清彭瓏纂

清道光元年耕硯田齋刻本　上海

孝經義疏一卷　清阮元撰

清道光十六年福山王氏日省吾齋刻本　國圖　北大　科學　上海　復旦

孝經傳説圖解四卷　清金汝幹　清金汝楫輯　清戴蓮洲繪圖

清嘉慶十六年普濟堂刻本　復旦

清道光元年雲豫堂刻本　國圖　北大

清同治十年徐葆清刻本　北大

孝經傳説圖解二卷

清嘉慶十六年雲豫堂刻本　國圖　上海　東北師大

清同治十年樂清梅溪書院據道光元年版重刻本　國圖　上海　南京　遼寧

孝經義疏一卷　清阮福撰

清道光九年廣東學海堂刻皇清經解本　國圖　首都　科學　北師大　上海　復旦

清道光九年廣東學海堂刊咸豐十一年補刊皇清經解本　國圖　首都　清華　北師大

清光緒十七年上海鴻寶齋石印皇清經解本　國圖　中醫　上海　華師　上師

清光緒中上海點石齋石印皇清經解本　國圖　北師大　上海　復旦　山東　南京

孝經義疏補九卷首一卷　清阮福撰

清阮福稿本　北大

清嘉慶道光間儀徵阮氏刻文選樓叢書本　國圖　清華　北師大

清道光春喜齋刻本　國圖　北大　人大(清嚴厚民跋)　上海(清鍾文烝校)

續修四庫全書影印清道光九年刻本

孝經解紛一卷

清道光十六年福山王氏日省吾齋刻本　國圖　北大　科學　上海　復旦

孝經集義二卷　清曾世儀輯註

清同治十一年三省堂刻本　國圖　復旦

孝經鄭注補證一卷　清洪頤煊撰

清乾隆道光間長塘鮑氏刻知不足齋叢書本　國圖　首都　科學　北師大

一九二一年上海古書流通處據清鮑氏刊本影印知不足齋叢書本　國圖　北大　科學

孝經鄭氏解一卷補證一卷　漢鄭玄撰　日本岡田挺之録　清洪頤煊補證　日本東條弘增考

日本文化十一年東條氏蜾蠃窟刻本　國圖　南京　日宮城縣圖書館

校正今文孝經附二十四孝考　清瞿中溶校

清道光東武李氏愛吾鼎齋刻本　國圖

孝經旁訓一卷　清孫傳澄訂

清末同文堂石印本　上海

清芸居樓刻本　國圖

孝經養正一卷　清吕鳴謙撰

清光緒吕氏刻本　國圖　湖北

孝經直解一卷附辨論一卷孝經正文便讀一卷　清劉沅撰

清咸豐十一年虚受齋刻本　上海　吉大　湖北

清咸豐至民國間刻槐軒全書本　首都　北大　科學　上海　上海辭書　華師　甘肅

清宣統北京道德學社鉛印本　浙江

一九三〇年致福樓重刻本　瀋陽　撫順　哈爾濱　湖北

孝經一卷　明黄道周定本　清賀長齡輯註

清道光二十三年刻本　日東京大學　日関西大學

清貴陽刻本　湖北

孝經述一卷　清賀長齡輯註　清傅壽彤述

清同治中刻澹勤室著述本　國圖　北大　科學　清華　天津　上海　浙江

孝經述二卷

清同治二年刻本　國圖　科學　復旦

清光緒三年武昌刻本　國圖

四庫未收書輯刊影印傅壽彤述清同治二年刻本

孝經述註一卷　清丁晏撰

清咸豐七年刻本　國圖　南京

清咸豐至同治山陽丁氏六藝堂刊同治元年彙印頤志齋叢書本　國圖　首都　科學

續修四庫全書影印清咸豐刻本

孝經徵文一卷　清丁晏撰

清丁晏稿本　北大

清光緒中李氏刻木犀軒叢書本　湖北

清光緒中德化李氏刊木犀軒叢書續刻本　國圖　首都　北大　科學

清光緒十四年南菁書院刊皇清經解續編本　國圖　首都　北大　科學

孝經本義一卷　清王檢心撰

清咸豐六年慎修堂刻復性齋叢書本　北大　清華

孝經襯解一卷　清王永彬輯

清咸豐間刻本　湖北

古文孝經朱子訂定刊誤集講一卷　清熊兆撰

清抄本(清翁同書跋)　國圖

四庫全書存目叢書影印清抄本

孝經參釋一卷　日本川崎履撰

日本慶應四年嵩山房套色印本　江西

李氏孝經註輯本一卷　清邵懿辰撰

清宣統民國間仁和邵氏家祠刻半巖廬所著書本　國圖　上海　吉林市　浙江

孝經纂義二卷　日本中井豐民撰

日本弘化二年明善堂活字印本　北大

孝經章義一卷　清方宗誠撰

清光緒中桐城方氏刊柏堂遺書本　國圖　首都　北大　科學

孝經義疏補訂補一卷　清鍾文烝撰

王欣夫抄本　復旦

孝經集證十卷　清桂文燦撰

王氏學禮齋鈔稿本　復旦

續修四庫全書影印王氏學禮齋抄本

孝經集解一卷　清桂文燦撰

王氏學禮齋鈔稿本　復旦

清咸豐四年刻本　吉林社科　浙江

清咸豐光緒刻南海桂氏經學本　北師大　上海　山大　南京　湖北　川大

清光緒十一年鄖山書院重刻本　湖北(江夏徐恕批校)

孝經啓蒙新解一卷　清王澤厚註

清光緒十八年都門積善堂刻本　國圖　北大

孝經旁訓一卷　清李啓培選註

清同治四年九峰山房刻本　湖北

清光緒七年刻本　湖北

孝經古今文傳注輯論一卷　清吴大廷撰

清同治十二年金陵泉唐江清驥署刻本　國圖　北大　上海　南京　湖北

孝經述一卷　清姜國伊撰

清同治光緒間刻守中正齋叢書本　上海　南大　湖北　川大

清光緒十五年刻本　國圖

孝經本義一卷　清劉光蕡撰

清同治至民國間刊西京清麓叢書外編本　北大　北師大　上海　甘肅

清光緒三十一年柏經正堂刻本　黑龍江大

民國王典章思過齋蘇州刊煙霞草堂遺書本　國圖　科學　北師大　上海

讀朱就正録一卷續編一卷　清張錫嶸撰

清同治九年望三益齋刻張敬堂太史遺書本　上海　科學　華師

孝經章句一卷　清張錫嶸撰

清同治九年刻張敬堂太史遺書本　科學　華師

孝經問答一卷　清張錫嶸撰

清同治九年刻張敬堂太史遺書本　科學　華師

孝經衍不分卷　清葉慶榮撰

清同治九年中陽草堂刻本　湖北

三字孝經不分卷　蘭湖漁父撰

清同治十年寶文書局刻本　復旦

孝經述言一卷　清曾錫齡撰

清同治十一年刻本　南京

孝經酌從編串説一卷　清龍炳垣撰

清同治十二年餘快讀之軒刻本　浙江

孝録不分卷理齋忠孝録　清王恩綬撰

清同治十三年鄂垣官廨刻本　上海

古文孝經薈解八卷　清洪良品撰

清光緒十七年鉛印本　國圖　南京　湖北

清光緒十七年刻本　科學

清光緒十八年總理署同文館鉛印本　北大

孝經闡要　清張恩霨撰

清光緒九年刻本　國圖

孝經十八章輯傳一卷　清汪宗沂撰

清光緒二十四年刻本　國圖　科學

民國打字印本　國圖

古文孝經集解一卷卷首一卷卷末一卷　清曹若枬撰

清光緒二十一年中州明道書院刻本　東北師大　湖北

孝經古微三卷　清葉繩翥撰

清宣統元年活字印本　科學

孝經古微一卷　清葉繩翥撰

清光緒三十四年葉氏把松賃棉書屋木活字本　國圖　上海　湖北

四庫未收書輯刊影印清末葉氏把松賃棉書屋活字印敬伯遺書本

孝經講義一卷　清鍾福球註

清光緒三十四年杭州崇實齋書局鉛印本　上海　南京

孝經釋義一卷　清宋書升撰

清宋書升稿本　山東博物館

孝經約解一卷　清劉曾騄撰

清光緒至民國間刊本油印本祥符劉氏叢書九經約解本　國圖

孝經鄭註疏二卷　清皮錫瑞撰

清光緒二十五年善化皮氏刻師伏堂叢書本　國圖　首都　北大　科學

孝經一卷　清李慈銘註

一九三六年上海漢文正楷印書局鉛印越縵堂節註本　湖北

孝經鄭註附音一卷　清孫季咸撰

清光緒二十二年濰縣勝園刻本　國圖

清光緒榮成孫氏文經精舍刊孫氏山淵閣叢刊本　上海

孝經啓蒙　清劉定之輯

清劉定之稿本　國圖

孝經啓蒙　清劉定之輯　清周達權重訂

清末民國間稿本　國圖

孝經集解　清孫瀇註　清黄元治校

舊抄本　國圖

孝經集解　清孫漢註解　清黄元治校正

清抄本　國圖

孝經一卷忠經一卷　清王相箋註

清刻本　國圖

孝經體註一卷附陳選孝經集註一卷　清沈士衡撰

清友益齋刻本　南京

孝經一卷　清程資集註　清侯楨考訂

一九一七年吴氏禮讓堂刻本　上海

孔子文昌孝經合刻二卷附録一卷　清李鳳彩輯
乾隆四十九年夢杜樓刻本
四庫未收書輯刊影印周福山輯清乾隆四十九年夢杜樓刻本

孝經集註述疏一卷　清簡朝亮撰
清光緒至民國間刊讀書堂叢刻本　上海　華師　上海辭書　福師
一九一八年刻本　上海
一九一九年刻本　國圖　科學
民國廣東刻本　國圖
四庫未收書輯刊影印民國刻本

讀書堂孝經答問一卷　清簡朝亮撰
清光緒至民國間刊讀書堂叢刻本　上海　華師　上海辭書　福師
一九一八年刻本　上海
一九一九年刻本　國圖　科學
四庫未收書輯刊影印民國刻本

孝經學凡例一卷　清廖平撰
一九二四年四川存古書局彙印新訂六譯館叢書本　國圖　北大　清華　北師大

孝經講義三卷　清潘任撰
清光緒三十三年江南高等學堂活字本　國圖
清光緒江南高等學堂活字印經學講義本　天津
清光緒刻本　復旦

孝經集註一卷　清潘任撰
清光緒三十三年江南高等學堂木活字本　國圖　科學　上海

讀孝經日記一卷　清潘任撰
清光緒十六年刊二十二年續刊學古堂日記本　國圖　首都　科學　北師大

孝經鄭氏解疏十卷首一卷　清潘任撰
清末民初鈔稿本　復旦

孝經鄭註攷證一卷　清潘任撰
清光緒二十年木活字排印希鄭堂叢書本　國圖　北大　科學　清華　上海　復旦
清光緒刻虞山潘氏叢書本　南京

孝經存解四卷首一卷　清趙長庚撰
清光緒十年刻本　國圖　南京
四庫未收書輯刊影印清光緒十年京都龍雲齋刻本

孝經質疑一卷　清徐紹楨撰
　　清咸豐至光緒番禺徐氏梧州刻學壽堂叢書本　國圖　首都　科學
孝經學七卷　清曹元弼撰
　　清光緒三十四年江蘇存古學堂活字朱印本　國圖　北大　天津　上海
　　　南京　浙江
　　清宣統元年吴縣曹氏刻本　國圖　湖北
　　民國刻本　科學　復旦　上海　華東師大
　　續修四庫全書影印民國刻本
孝經集註不分卷　清曹元弼撰
　　吴縣王氏抱蜀廬鈔稿本　復旦
孝經校釋一卷　清曹元弼撰
　　清光緒三十一年刻本　上海
　　一九三五年刻本　上海　遼寧
孝經鄭氏註箋釋三卷　清曹元弼撰
　　清光緒三十一年刻本　上海
　　一九三三年刻本　復旦
　　一九三五年刻本　上海　遼寧
孝經六藝大道録一卷　清曹元弼撰
　　清光緒二十四年兩湖書院刻本　國圖　北大　南京
孝經鄭氏解一卷　清曹元弼撰
　　清光緒曹氏刻本　湖北(江夏徐恕批校)
孝經誼詁一卷　清馬其昶撰
　　民國周氏師古堂刊周氏師古堂所編書三經誼詁本　上海　山大　廣西
繪圖孝經新體讀本一卷　彪蒙編譯所註
　　清宣統二年上海彪蒙書室四版石印本　上海
孝經正義一卷　清宋育仁撰
　　一九二四年刻問琴閣叢書本　北大　上海　川大
孝子集解二卷　清奚侗撰
　　一九二五年鉛印本　上海
孝經説三卷　清陳伯陶撰
　　一九二六年鉛印本　科學
　　民國香港鉛印本　國圖　上海　復旦
孝經經解一卷　清王古初註　李鏡靈正訛
　　一九二八年石印本　上海

孝經今譯一卷　清張佩嚴撰

一九二九年上海中華書局鉛印本　上海

孝經之研究三卷　清徐景賢撰

一九三一年北平公記印書局鉛印徐垂三堂叢書本　北大　上海　南京　吉林

孝經白話解説一卷　清朱領中撰

民國抄本　上海

一九三二年上海明善書局石印本　遼大　東師

孝經通論不分卷　清羅功武撰

一九三三年鉛印本　復旦

孝經核一卷　清焦琳撰

一九三五年范華製版印刷廠鉛印本　遼寧　南京

孝經讀本姚氏學一卷　清姚明輝撰

淮安程良貴寫印本　南京

一九二四年吴興讀經會石印本　上海

一九三八年上海春江書局鉛印本　上海

孝經淺釋四卷　清張栩撰

一九二七年天津華北印書館鉛印本　國圖

孝經講義甲編一卷乙編二卷　佚名撰

一九二九年西泠貿去軒刻本　上海

三、文字音義之屬

孝經釋文三卷　唐陸德明撰

宋刻宋元遞修經典釋文本　國圖

明崇禎十年葉林宗抄本

清康熙十九年納蘭成德刻通志堂經解之經典釋文本　國圖　首都　北大　北師大　科學　上海

清乾隆嘉慶間餘姚盧氏刻抱經堂叢書之經典釋文本　國圖　北大　科學　清華　上海

清同治十二年粵東書局重刻通志堂經解之經典釋文本　國圖　首都　北大　上海　遼寧　湖北

一九二三年北京直隸書局影印清盧氏刻抱經堂叢書之經典釋文本　國圖　北大

孝經釋文校勘記一卷　清阮元撰

清道光九年廣東學海堂刻皇清經解十三經注疏校勘記本　國圖　首都　科學

清光緒十一年上海點石齋石印皇清經解十三經註疏校勘記本　國圖　北師大　上海　復旦

清光緒十四年上海書局影印十三經註疏校勘記本　國圖

清光緒十七年上海鴻寶齋石印皇清經解十三經註疏校勘記本　國圖　中醫　上海

清光緒二十四年蘇州官書坊刻宋本十三經注疏併經典釋文校勘記本　國圖　首都　北大

孝經今文音義一卷　唐陸德明撰

清咸豐十年南海伍氏刻粵雅堂叢書本　國圖　首都　科學　北師大

一九二二年上海博古齋影印清黄氏刊士禮居黄氏叢書附三經音義本　北京　科學　上海

孝經音義一卷

清同治十年湖南省城尊經閣刻本　湖北

清同治湖南書局刻本　湖北

孝經音訓不分卷

清同治九年成都沈氏亦園刻本　吉林

孝經音訓一卷　清楊國楨撰

清道光十年大梁書院刻十一經音訓本　復旦　華師　南大

清光緒三年湖北崇文書局刻十一經音訓本　國圖　北大　清華　北師大

孝經音訓一卷　清袁俊等音訓

清道光刻本　復旦

附録　孝經緯之屬

孝經緯　佚名撰

一九二七年上海商務印書館排印説郛本　國圖　首都　北大　科學　清華　北師大

孝經一卷　清黄奭輯

清道光甘泉黄氏刊光緒印漢學堂叢書本　國圖　首都　北大　科學

清道光甘泉黄氏刊一九二五年王鑑修補印黄氏逸書考本　國圖　北大

一九三四年江都朱長圻據甘泉黄氏原版補刊印黄氏逸書考本　首都　清華　北師大

孝經援神契一卷　佚名撰

清順治三年兩浙督學周南李際期宛委山堂刻説郛本　國圖　首都　北大

科學

一九二七年上海商務印書館排印説郛本　國圖　首都　北大　科學

孝經援神契三卷　明孫瑴輯

清嘉慶十七年禹航陳世望對山問月樓刻古微書本　國圖　首都　北大　北師大　上海

清嘉慶海虞張氏刻墨海金壺本　國圖　天津　復旦　南京　青海

清道光二十四年金山錢氏據墨海金壺刊版重編增刊本守山閣叢書本　國圖　科學

清光緒十四年刻古微書本　國圖　科學　清華　華師　遼寧　甘肅　山大　南大

清光緒十五年上海鴻文書局據清錢氏道光本影印守山閣叢書本　國圖　首都　北大

一九二〇年上海博古齋據清張氏嘉慶本影印墨海金壺本　國圖　首都　北大　北師大

孝經援神契一卷附補遺　清趙在翰輯

清嘉慶十四年侯官趙氏小積石山房刻七緯本　清華　北師大　科學　上海　復旦

孝經援神契　清劉學寵輯

清道光十五年朝邑劉際清等刻青照堂叢書本　國圖　北大　北師大　上海

孝經援神契　清喬松年輯

清光緒三年强恕堂刻喬勤恪公全集本　上海　湖北

民國鉛印山右叢書初編本　國圖　首都　北大　清華　北師大　上海　復旦

孝經緯援神契二卷　三國魏宋均註　清馬國翰輯

清同治十年濟南皇華館刻玉函山房輯佚書本

清光緒九年長沙嫏嬛館刻玉函山房輯佚書本　國圖　首都　科學　北師大　上海　復旦

清光緒十年章邱李氏據馬氏刊版重印玉函山房輯佚書本　北師大　上海　天津　遼寧

清光緒十年楚南書局刻玉函山房輯佚書本　國圖　北大　復旦　天津

清光緒十五年文選樓刻玲瓏山館叢書本　國圖　首都　北大　科學　北師大　上海

孝經援神契一卷　三國魏宋均註　清黄奭輯

清道光甘泉黄氏刊光緒中印漢學堂叢書本　國圖　首都　北大　科學　北師大

清道光甘泉黄氏刊一九二五年王鑑修補印黄氏逸書考本　國圖　北大
一九三四年江都朱長圻據甘泉黄氏原版補刊印黄氏逸書考本　首都　清華　北師大

孝經緯援神契一卷　三國魏宋均註　王仁俊輯

清光緒王仁俊輯玉函山房輯佚書續編稿本　上海

孝經中契　明孫瑴輯

清嘉慶十七年禹航陳世望對山問月樓刻古微書本　國圖　首都　北大　北師大　上海
清嘉慶海虞張氏刻墨海金壺本　國圖　復旦　天津　南京　青海
清道光二十四年金山錢氏據墨海金壺刊版重編增刊本守山閣叢書本　國圖　科學
清光緒十四年刻古微書本　國圖　科學　清華　華師　遼寧　甘肅　山大　南大
清光緒十五年上海鴻文書局據清錢氏道光本影印守山閣叢書本　國圖　首都　北大
一九二〇年上海博古齋據清張氏嘉慶本影印墨海金壺本　國圖　首都　北大　北師大

孝經中契　清喬松年輯

清光緒三年强恕堂刻喬勤恪公全集本　上海　湖北
民國鉛印山右叢書初編本　國圖　首都　北大　清華　北師大　上海　復旦

孝經中契一卷　三國魏宋均註　清馬國翰輯

清同治十年濟南皇華館刻玉函山房輯佚書本
清光緒九年長沙嫏嬛館刻玉函山房輯佚書本　國圖　首都　科學　北師大　上海　復旦
清光緒十年章邱李氏據馬氏刊版重印玉函山房輯佚書本　北師大　上海　天津　遼寧
清光緒十年楚南書局刻玉函山房輯佚書本　國圖　北大　復旦　天津

孝經中契一卷　三國魏宋均註　清黄奭輯

清道光甘泉黄氏刊光緒中印漢學堂叢書本　國圖　首都　北大　科學
清道光甘泉黄氏刊一九二五年王鑑修補印黄氏逸書考本　北京　北大
一九三四年江都朱長圻據甘泉黄氏原版補刊印黄氏逸書考本　首都　清華　北師大

孝經左契一卷　佚名撰

清順治三年兩浙督學周南李際期宛委山堂刻説郛本　國圖　首都　北大

科學

孝經左契　明孫瑴輯

清嘉慶十七年禹航陳世望對山問月樓刻古微書本　國圖　首都　北大　北師大　上海

清嘉慶海虞張氏刻墨海金壺本　國圖　復旦　天津　南京　青海

清道光二十四年金山錢氏據墨海金壺刊版重編增刊本守山閣叢書本　國圖　科學

清光緒十四年刻古微書本　國圖　科學　清華　華師　遼寧　甘肅　山大　南大

清光緒十五年上海鴻文書局據清錢氏道光本影印守山閣叢書本　國圖　首都　北大

一九二〇年上海博古齋據清張氏嘉慶本影印墨海金壺本　國圖　首都　北大　北師大

孝經左契　清劉學寵輯

清道光十五年朝邑劉際清等刻青照堂叢書本　國圖　北大　北師大　上海

孝經左契　清喬松年輯

清光緒三年强恕堂刻喬勤恪公全集本　上海　湖北

民國鉛印山右叢書初編本　國圖　首都　北大　清華　北師大　上海　復旦

孝經左契一卷　三國魏宋均註　清馬國翰輯

清同治十年濟南皇華館刻玉函山房輯佚書本

清光緒九年長沙嫏嬛館刻玉函山房輯佚書本　國圖　首都　科學　北師大　上海　復旦

清光緒十年章邱李氏據馬氏刊版重印玉函山房輯佚書本　北師大　上海　天津　遼寧

清光緒十年楚南書局刻玉函山房輯佚書本　國圖　北大　復旦　天津

清光緒十五年文選樓刻玲瓏山館叢書本　國圖　首都　北大　科學　北師大　上海

孝經左契　三國魏宋均註　清黄奭輯

清道光甘泉黄氏刊光緒中印漢學堂叢書本　國圖　首都　北大　科學

清道光甘泉黄氏刊一九二五年王鑑修補印黄氏逸書考本　國圖　北大

一九三四年江都朱長圻據甘泉黄氏原版補刊印黄氏逸書考本　首都　清華　北師大

孝經右契一卷　佚名撰

清順治三年兩浙督學周南李際期宛委山堂刻説郛本　國圖　首都　北大

科學

孝經右契　明孫瑴輯

清嘉慶十七年禹航陳世望對山問月樓刻古微書本　國圖　首都　北大　北師大　上海

清嘉慶海虞張氏刻墨海金壺本　國圖　復旦　天津　南京　青海

清道光二十四年金山錢氏據墨海金壺刊版重編增刊本守山閣叢書本　國圖　科學

清光緒十四年刻古微書本　國圖　科學　清華　華師　遼寧　甘肅　山大　南大

清光緒十五年上海鴻文書局據清錢氏道光本影印守山閣叢書本　國圖　首都　北大

一九二〇年上海博古齋據清張氏嘉慶本影印墨海金壺本　國圖　首都　北大　北師大

孝經右契　清劉學寵輯

清道光十五年朝邑劉際清等刻青照堂叢書本　國圖　北大　北師大　上海

孝經右契　清喬松年輯

清光緒三年强恕堂刻喬勤恪公全集本　上海　湖北

民國鉛印山右叢書初編本　國圖　首都　北大　清華　北師大　上海　復旦

孝經右契一卷　三國魏宋均註　清馬國翰輯

清同治十年濟南皇華館刻玉函山房輯佚書本

清光緒九年長沙嫏嬛館刻玉函山房輯佚書本　國圖　首都　科學　北師大　上海　復旦

清光緒十年章邱李氏據馬氏刊版重印玉函山房輯佚書本　北師大　天津　上海　遼寧

清光緒十年楚南書局刻玉函山房輯佚書本　國圖　北大　天津　復旦

清光緒十五年文選樓刻玲瓏山館叢書本　國圖　首都　北大　科學　北師大　上海

孝經右契　三國魏宋均註　清黄奭輯

清道光甘泉黄氏刊光緒中印漢學堂叢書本　國圖　首都　北大　科學

清道光甘泉黄氏刊一九二五年王鑑修補印黄氏逸書考本　國圖　北大

一九三四年江都朱長圻據甘泉黄氏原版補刊印黄氏逸書考本　首都　清華　北師大

孝經契　三國魏宋均註　清黄奭輯

清道光甘泉黄氏刊光緒中印漢學堂叢書本　國圖　首都　北大　科學

清道光甘泉黄氏刊一九二五年王鑑修補印黄氏逸書考本　國圖　北大
一九三四年江都朱長圻據甘泉黄氏原版補刊印黄氏逸書考本　首都　清華　北師大

孝經鉤命決一卷　佚名撰

清順治三年兩浙督學周南李際期宛委山堂刻説郛本　國圖　首都　北大　科學

孝經鉤命訣　明孫瑴輯

清嘉慶十七年禹航陳世望對山問月樓刻古微書本　國圖　首都　北大　北師大　上海
清嘉慶海虞張氏刻墨海金壺本　國圖　天津　復旦　南京　青海
清道光二十四年金山錢氏據墨海金壺刊版重編增刊本守山閣叢書本　國圖　科學
清光緒十四年刻古微書本　國圖　科學　清華　華師　遼寧　甘肅　山大　南大
清光緒十五年上海鴻文書局據清錢氏道光本影印守山閣叢書本　國圖　首都　北大
清光緒二十一年上海鴻文書局石印古微書本　北師大　杭大
一九二〇年上海博古齋據清張氏嘉慶本影印墨海金壺本　國圖　首都　北大　北師大

孝經鉤命決　清劉學寵輯

清道光十五年朝邑劉際清等刻青照堂叢書本　國圖　北大　北師大　上海

孝經鉤命決　清喬松年輯

清光緒三年强恕堂刻喬勤恪公全集本　上海　湖北
民國鉛印山右叢書初編本　國圖　首都　北大　清華　北師大　上海　復旦

孝經緯鉤命訣一卷　三國魏宋均註　清馬國翰輯

清同治十年濟南皇華館刻玉函山房輯佚書本
清光緒九年長沙嫏嬛館刻玉函山房輯佚書本　國圖　首都　科學　北師大　上海　復旦
清光緒十年章邱李氏據馬氏刊版重印玉函山房輯佚書本　北師大　上海　天津　遼寧
清光緒十年楚南書局刻玉函山房輯佚書本　國圖　北大　天津　復旦
清光緒十五年文選樓刻玲瓏山館叢書本　國圖　首都　北大　科學

孝經鉤命決一卷　三國魏宋均註　清黄奭輯

清道光甘泉黄氏刊光緒中印漢學堂叢書本　國圖　首都　北大　科學

清道光甘泉黄氏刊一九二五年王鑑修補印黄氏逸書考本　國圖　北大
一九三四年江都朱長圻據甘泉黄氏原版補刊印黄氏逸書考本　首都　清華　北師大

孝經緯鉤命訣一卷　魏宋均註　王仁俊輯
清光緒王仁俊輯玉函山房輯佚書續編稿本　上海

孝經内事一卷　佚名撰
清順治三年兩浙督學周南李際期宛委山堂刻説郛本　國圖　首都　北大　科學

孝經内事圖一卷　明孫瑴輯
清嘉慶十七年禹航陳世望對山問月樓刻古微書本　國圖　首都　北大　北師大　上海
清嘉慶海虞張氏刻墨海金壺本　國圖　天津　復旦　南京　青海
清道光二十四年金山錢氏據墨海金壺刊版重編增刊本守山閣叢書本　國圖　科學
清光緒十四年刻古微書本　國圖　科學　清華　華師　遼寧　甘肅　山大　南大
清光緒十五年上海鴻文書局據清錢氏道光本影印守山閣叢書本　國圖　首都　北大
一九二〇年上海博古齋據清張氏嘉慶本影印墨海金壺本　國圖　首都　北大　北師大

孝經内事　清劉學寵輯
清道光十五年朝邑劉際清等刻青照堂叢書本　國圖　北大　北師大　上海

孝經内事　清喬松年輯
清光緒三年强恕堂刻喬勤恪公全集本　上海　湖北
民國鉛印山右叢書初編本　國圖　首都　北大　清華　北師大　上海　復旦

孝經内事一卷　三国魏宋均註　清王謨輯
清嘉慶三年金溪王氏刻漢魏遺書抄本　國圖　北大　科學　清華　北師大　上海　復旦

孝經内事圖一卷　三國魏宋均註　清馬國翰輯
清同治十年濟南皇華館刻玉函山房輯佚書本
清光緒九年長沙嫏嬛館刻玉函山房輯佚書本　國圖　首都　科學　北師大　上海　復旦
清光緒十年章邱李氏據馬氏刊版重印玉函山房輯佚書本　北師大　上海　天津　遼寧

清光緒十年楚南書局刻玉函山房輯佚書本　國圖　北大　復旦　天津
清光緒十五年文選樓刻玲瓏山館叢書本　國圖　首都　北大　科學　北師大　上海

孝經内記圖一卷　三國魏宋均註　清黄奭輯

清道光甘泉黄氏刊光緒中印漢學堂叢書本　國圖　首都　北大　科學
清道光甘泉黄氏刊一九二五年王鑑修補印黄氏逸書考本　國圖　北大
一九三四年江都朱長圻據甘泉黄氏原版補刊印黄氏逸書考本　首都　清華　北師大

孝經威嬉拒　明孫瑴輯

清嘉慶十七年禹航陳世望對山問月樓刻古微書本　國圖　首都　北大　北師大　上海
清嘉慶海虞張氏刻墨海金壺本　國圖　復旦　天津　南京　青海
清道光二十四年金山錢氏據墨海金壺刊版重編增刊本守山閣叢書本　國圖　科學
清光緒十四年刻古微書本　國圖　科學　清華　華師　遼寧　甘肅　山大　南大
清光緒十五年上海鴻文書局據清錢氏道光本影印守山閣叢書本　國圖　首都　北大
清光緒二十一年上海鴻文書局石印古微書本　北師大　浙江大
一九二〇年上海博古齋據清張氏嘉慶本影印墨海金壺本　國圖　首都　北大　北師大

孝經威嬉拒　清喬松年輯

清光緒三年强恕堂刻喬勤恪公全集本　上海　湖北
民國鉛印山右叢書初編本　國圖　首都　北大　清華　北師大　上海　復旦

孝經威嬉拒　三國魏宋均註　清黄奭輯

清道光甘泉黄氏刊光緒中印漢學堂叢書本　國圖　首都　北大　科學
清道光甘泉黄氏刊一九二五年王鑑修補印黄氏逸書考本　國圖　北大
一九三四年江都朱長圻據甘泉黄氏原版補刊印黄氏逸書考本　首都　清華　北師大

孝經古祕一卷　清馬國翰輯

清同治十年濟南皇華館刻玉函山房輯佚書本
清光緒九年長沙嫏嬛館刻玉函山房輯佚書本　國圖　首都　科學　北師大　上海　復旦
清光緒十年章邱李氏據馬氏刊版重印玉函山房輯佚書本　北師大　天津

上海　遼寧
清光緒十年楚南書局刻玉函山房輯佚書本　國圖　北大　天津　復旦
清光緒十五年文選樓刻玲瓏山館叢書本　國圖　首都　北大　科學

孝經古祕　三國魏宋均註　清黄奭輯
清道光甘泉黄氏刊光緒中印漢學堂叢書本　國圖　首都　北大　科學
清道光甘泉黄氏刊一九二五年王鑑修補印黄氏逸書考本　國圖　北大
一九三四年江都朱長圻據甘泉黄氏原版補刊印黄氏逸書考本　首都　清華　北師大

孝經雌雄圖一卷　清馬國翰輯
清同治十年濟南皇華館刻玉函山房輯佚書本
清光緒九年長沙嫏嬛館刻玉函山房輯佚書本　國圖　首都　科學　北師大　上海　復旦
清光緒十年章邱李氏據馬氏刊版重印玉函山房輯佚書本　北師大　天津　上海　遼寧
清光緒十年楚南書局刻玉函山房輯佚書本　國圖　北大　復旦　天津
清光緒十五年文選樓刻玲瓏山館叢書本　國圖　首都　北大　科學

孝經雌雄圖一卷　三國魏宋均註　清黄奭輯
清道光甘泉黄氏刊光緒中印漢學堂叢書本　國圖　首都　北大　科學
清道光甘泉黄氏刊一九二五年王鑑修補印黄氏逸書考本　國圖　北大
一九三四年江都朱長圻據甘泉黄氏原版補刊印黄氏逸書考本　首都　清華　北師大

孝經章句一卷　清馬國翰輯
清同治十年濟南皇華館刻玉函山房輯佚書本
清光緒九年長沙嫏嬛館刻玉函山房輯佚書本　國圖　首都　科學　北師大　上海　復旦
清光緒十年章邱李氏據馬氏刊版重印玉函山房輯佚書本　北師大　天津　上海　遼寧
清光緒十年楚南書局刻玉函山房輯佚書本　國圖　北大　天津　復旦
清光緒十五年文選樓刻玲瓏山館叢書本　國圖　首都　北大　科學

孝經章句　魏宋均註　清黄奭輯
清道光甘泉黄氏刊光緒中印漢學堂叢書本　國圖　首都　北大　科學
清道光甘泉黄氏刊一九二五年王鑑修補印黄氏逸書考本　國圖　北大
一九三四年江都朱長圻據甘泉黄氏原版補刊印黄氏逸書考本　首都　清華　北師大

孝經鉤命決附補遺　清趙在翰輯
清嘉慶十四年侯官趙氏小積石山房刻七緯本　清華　北師大　科學　上海　復旦
孝經緯附録附補遺　清趙在翰輯
清嘉慶十四年侯官趙氏小積石山房刻七緯本　清華　北師大　科學　上海　復旦
孝經河圖　清喬松年輯
清光緒三年强恕堂刻喬勤恪公全集本　上海　湖北
民國鉛印山右叢書初編本　國圖　首都　北大　清華　北師大　上海　復旦
孝經中黄　清喬松年輯
清光緒三年强恕堂刻喬勤恪公全集本　上海　湖北
民國鉛印山右叢書初編本　國圖　首都　北大　清華　北師大　上海　復旦
孝經中黄讖一卷　清王仁俊輯
清光緒王仁俊輯玉函山房輯佚書續編稿本　上海
泛引孝經緯　清清喬松年輯
清光緒三年强恕堂刻喬勤恪公全集本　上海　湖北
民國鉛印山右叢書初編本　國圖　首都　北大　清華　北師大　上海　復旦
孝經玉版讖一卷　清王仁俊輯
清光緒王仁俊輯玉函山房輯佚書續編稿本　上海
孝經説命徵一卷　清王仁俊輯
清光緒王仁俊輯玉函山房輯佚書續編稿本　上海
孝經緯讖尚書中侯　清殷元正輯　陸明睿增訂
清尚友齋抄本　北大
孝經緯不分卷附讖不分卷　清殷元正輯　陸明睿增訂
清清芬書屋抄本　上海

經部　四書類

一、大學之屬

（一）正文

大學石經一卷
　明天啓七年刻蘉古介書本　北大
　清順治三年兩浙督學周南李際期宛委山堂刻説郛一百二十卷本　國圖　首都　北大　科學
　清乾隆四庫全書館寫欽定四庫全書之説郛一百二十卷本
石經大學一卷　魏虞松等考正　清張自烈校並題辭
　清順治刻四書大全辯本　北大　河南
大學古本一卷
　明天啓七年刻蘉古介書本　北大
　清順治三年兩浙督學周南李際期宛委山堂刻説郛一百二十卷本　國圖　首都　北大　科學
　清乾隆四庫全書館寫欽定四庫全書之説郛一百二十卷本
　日本大正十三年博文堂據延德本影印本　上海
　日本鉛印本　北大　南京
古本大學一卷　漢戴德　漢戴聖録　清張自烈校並題辭
　清順治刻四書大全辯本　北大　河南
程氏改正大學(明道大學)　一卷　宋程顥定
　清順治刻四書大全辯本　北大　河南
程氏改正大學(伊川大學)　一卷　宋程頤定
　清順治刻四書大全辯本　北大　河南
大學一卷　清秦鏷訂正
　明崇禎十三年錫山秦鏷求古齋刻九經本　國圖　北大　上海　山東　重慶
　清心逸齋翻刻明崇禎十三年錫山秦鏷求古齋刻九經本　北大
　清心逸齋翻刻明崇禎十三年錫山秦鏷求古齋刻九經清末觀成堂印本　北大　上海　復旦
古香齋鑒賞袖珍大學一卷
　清康熙乾隆間内府刻古香齋袖珍十種之古香齋四書本　國圖

清光緒九年南海孔廣陶岳雪樓刻古香齋袖珍十種之古香齋四書本　國圖　北大　南京

大學一卷

日本慶應三年刻官版四書本　北大

劉石庵書古本大學真蹟一卷　清劉墉書

一九二八年上海文明書局影印本　北大

篆文大學一卷　清張照校

清雍正元年内府刻篆文六經四書本　國圖　北大　上海

清光绪九年同文書局石印篆文六經四書本　首都　北大　清華　北師大

民國碧梧山莊石印篆文六經四書本　北大

大學(滿漢對照)一卷

清康熙玉樹堂刻新刻滿漢字四書本　北大

清康熙天繪閣刻新刻滿漢字四書本　北大

大學(滿漢合璧)一卷　清高宗弘曆敕譯　清鄂爾泰等譯

清乾隆二十年武英殿刻御製翻譯四書本　國圖　天津

清光緒四年成都八旗官學刻御製翻譯四書本　南京

清光緒十四年京都聚珍堂刻御製翻譯四書本　北大　遼寧

清光緒京都三槐堂刻御製翻譯四書本　北大

大學(滿文)　一卷

抄本　北大

大學(蒙漢對照)一卷　清噶勒桑譯　蒙文書社編譯部編譯

一九二四年蒙文書社鉛印蒙漢合璧四書本　北大　遼寧

大學(滿蒙漢對照)

清乾隆刻御製翻譯四書本　北大

(二)傳説

戴記舊本大學　漢鄭玄注　唐孔穎達疏

明萬曆四十一年刻本　湖南

大學一卷　漢鄭玄注　宋朱熹章句

清咸豐二年稽古樓刻芋栗園藏板十三經注本　國圖　北大

一九二六年刻渭南嚴氏孝義家塾叢書之重校稽古樓四書本　清華　科學

大學一卷　宋朱熹章句

宋淳祐十二年當涂郡齋刻四書章句集注本　國圖

宋刻四書章句集注本　國圖

元延祐五年温州路學稽古閣趙鳳儀刻四書集注本　日公文書館
元至正二十二年武林沈氏尚德堂刻四書集注本　山東
元刻四書章句集注本(有抄配並缺頁)　上海(明魏校批　袁克文跋)
元刻四書集注本(清蔣培澤　高望曾　丁丙跋)　南京
明正統十二年司禮監刻四書集注本　國圖　天津　上海　華東師大　内蒙古社會科學院　陝西　浙江　江西　湖北　廣西師大　四川　日宫内廳　日御茶之水
明成化十六年吉府刻四書集注本　國圖　山東博　南京(清丁丙跋)　四川
明嘉靖二十七年伊藩刻四書集注本　南京(清丁丙跋)
清内府重刻宋淳祐六年泳澤書院刻四書本　天津　上海　南京
清雍正國子監刻四書集注本　北大
清乾隆四庫全書館寫欽定四庫全書之四書集注本
清同治十三年京師老二酉堂刻四書本　北大
清光緒三年刻四書集注本(吴保箴過録劉大櫆批校)　上海

大學一卷附校刊記一卷　宋朱熹章句　清丁寶楨等撰校刊記

清同治十一年山東書局刻十三經讀本尚志堂藏版本　國圖　首都　北大　復旦　南京

大學校刊記一卷　清丁寶楨等撰

清同治十一年山東書局刻十三經讀本尚志堂藏版本　國圖　首都　北大　復旦

大學一卷　宋朱熹章句

清光緒九年有益堂刻字典四書讀本本　北大
清光緒二十九年刻四書章句京都打磨廠文成堂藏版本　北大

大學一卷　宋朱熹章句

清光緒十五年三義堂書坊刻字典四書本　北大

大學一卷　宋朱熹章句

日本大保三年竹林堂刻四書本(米田滚吉批校)　北大

大學一卷　宋朱熹章句　日本後藤世鈞點

日本明治東京青木恒三郎大阪嵩山堂鉛印四書本　北大

大學或問一卷　宋朱熹撰

元覆宋刻四書集注本　日静嘉堂
元刻四書章句集注本(明魏校手批　袁克文跋)　上海
元刻四書集注本(清蔣培澤　高望曾　丁丙跋)　南京
明嘉靖吉澄福建刻四書集注本　首都　上海　吉林　日小如舟書屋

明嘉靖應檟刻四書集注本　國圖

清雍正怡府明善堂刻四書章句集注袖珍本　國圖

清内府刻四書集注本　國圖　首都　中央黨校　復旦　重慶市北碚區

大學或問二卷

宋刻四書章句集注本　國圖

明成化十六年吉府刻四書集注本　國圖　山東博　南京(清丁丙跋)　四川

明嘉靖四十三年益藩樂善堂刻四書集注本　中央黨校　日公文書館

大學或問一卷　宋朱熹撰　日本山崎嘉點

日本正保四年京都書肆風月莊左衛門刻倭板四書本　北大

大學一卷　宋錢時撰

明抄融堂四書管見本　國圖

清乾隆四庫全書館寫欽定四庫全書本

大學集編二卷　宋真德秀撰

清康熙十九年納蘭成德刻通志堂經解之四書集編本　國圖　首都　北大　北師大　科學　上海

清乾隆四庫全書館寫欽定四庫全書之四書集編本

清同治十二年粵東書局重刻通志堂經解之四書集編本　國圖　首都　北大　上海　遼寧　湖北

大學集編二卷　宋真德秀撰　清翁錫書增訂批點

清嘉慶浦城祝氏留香室刻浦城遺書之四書集編本　國圖　北大　上海

大學纂疏一卷　宋趙順孫撰

元刻元印本　日静嘉堂

清康熙十九年納蘭成德刻通志堂經解之四書纂疏本　國圖　北大　科學　上海　南京

清同治十二年粵東書局重刻通志堂經解之四書纂疏本　上海　遼寧　湖北

一九四七年刻復性書院叢刊之群經統類甲編本　國圖　清華　北師大　上海

大學疏義一卷　元金履祥撰

清雍正七年金氏刻本　北大

清同治十二年永康胡氏退補齋刻民國印金華叢書本　北大

大學章句箋義一卷　元趙悳撰

清嘉慶阮元景鈔元泰定本輯宛委別藏之四書箋義本　臺北故宫

清道光二十四年金山錢氏據墨海金壺刊版重編增刊守山閣叢書之四書箋義本　國圖　科學　北師大

清光緒十五年上海鴻文書局據清錢氏本影印守山閣叢書之四書箋義本　國圖　首都　北大　北師大　清華

清刻四書箋義本　北大

大學或問箋義一卷　元趙悳撰

清嘉慶阮元景鈔元泰定本輯宛委別藏之四書箋義本　臺北故宫

清道光二十四年金山錢氏據墨海金壺刊版重編增刊守山閣叢書之四書箋義本　國圖　科學　北師大

清光緒十五年上海鴻文書局據清錢氏本影印守山閣叢書之四書箋義本　國圖　首都　北大　北師大　清華

清刻四書箋義本　北大

大學注疏纂要一卷　元趙悳撰

清嘉慶阮元景鈔元泰定本輯宛委別藏之四書箋義本　臺北故宫

清道光二十四年金山錢氏據墨海金壺刊版重編增刊守山閣叢書之四書箋義本　國圖　科學　北師大

清光緒十五年上海鴻文書局據清錢氏本影印守山閣叢書之四書箋義本　國圖　首都　北大　北師大　清華

清刻四書箋義本　北大

一九二二年上海博古齋據錢氏本影印守山閣叢書之四書箋義本　國圖　首都　北大　北師大

大學通一卷　元胡炳文撰

清康熙十九年納蘭成德刻通志堂經解之四書通本　國圖　北大　科學　上海

清康熙十九年納蘭成德刻乾隆五十年補修通志堂經解之四書通本　北大

清乾隆四庫全書館寫欽定四庫全書之四書通本

清同治十二年粤東書局重刻通志堂經解之四書通本　上海　遼寧　湖北

清靖江朱勳刻四書通本　科學　上海　南京

讀大學叢説一卷　元許謙撰

元刻讀四書叢説本(清黄丕烈跋)　國圖　上海

一九三四年上海商務印書館據元刻本縮印四部叢刊續編之讀四書叢説本　國圖　首都　北大　科學　遼寧

明弘治十二年李瀚馬輿等刻讀四書叢説本　北大　上海

明抄讀四書叢説本(佚名校注)　浙江

清乾隆四庫全書館寫欽定四庫全書之讀四書叢説本

清同治光緒間永康胡氏退補齋刻民國補刻金華叢書之讀四書叢説本　國圖

北大　科學　復旦

大學發微一卷大學本旨一卷　元黎立武撰

清道光十一年六安晁氏木活字印學海類編本　北大　天津　遼寧

一九二〇年上海涵芬樓據六安晁氏聚珍版印本影印學海類編本　北大

大學本旨一卷　元黎立武撰

清道光十一年六安晁氏木活字印學海類編本　北大　天津　遼寧

一九二〇年上海涵芬樓據六安晁氏聚珍版印本影印學海類編本　北大

大學集説啓蒙一卷中庸集説啓蒙一卷　元景星撰

清康熙十九年納蘭成德刻通志堂經解本　國圖　首都　北大　科學　上海

清康熙十九年納蘭成德刻乾隆五十年補修通志堂經解本　北大

清同治十二年粤東書局重刻通志堂經解本　國圖　北大　科學　上海　遼寧　湖北

清乾隆四庫全書館寫欽定四庫全書本

大學章句或問通證一卷　元張存中撰

明抄四書通證本　上海

清康熙十九年納蘭成德刻通志堂經解之四書通證本　國圖　北大　北師大　科學　上海

清康熙十九年納蘭成德刻乾隆五十年補修通志堂經解之四書通證本　國圖　首都　北大

清同治十二年粤東書局重刻通志堂經解之四書通證本　上海　遼寧　湖北

清乾隆四庫全書館寫欽定四庫全書之四書通證本

大學章句纂箋一卷　元詹道傳撰

清康熙十九年納蘭成德刻通志堂經解之四書纂箋本　國圖　首都　北大　北師大　科學　上海

清康熙十九年納蘭成德刻乾隆五十年補修通志堂經解之四書纂箋本　北大

清同治十二年粤東書局重刻通志堂經解之四書纂箋本　上海　遼寧　湖北

清乾隆四庫全書館寫欽定四庫全書之四書纂箋本

大學或問纂箋一卷　元詹道傳撰

清康熙十九年納蘭成德刻通志堂經解之四書纂箋本　國圖　首都　北大　北師大　科學　上海

清康熙十九年納蘭成德刻乾隆五十年補修通志堂經解之四書纂箋本　北大

清同治十二年粤東書局重刻通志堂經解之四書纂箋本　上海　遼寧　湖北

清乾隆四庫全書館寫欽定四庫全書之四書纂箋本

大學一卷　宋朱熹章句　元倪士毅輯釋

元至正二年日新書堂刻四書輯釋大成本　日尊經閣

元刻本　日静嘉堂

日本文化九年翻刻元至正二年日新書堂本四書輯釋大成本　北大

大學章句重訂輯釋章圖通義大成一卷　宋朱熹章句　元倪士毅輯釋　元朱公遷約説　元程復心章圖　明王逢訂定通義

明正統五年詹氏進德書堂刻重訂四書輯釋本　北大　科學　上海　南京　南大

朱子大學或問重訂輯釋通義大成一卷　宋朱熹章句　元倪士毅輯釋　元朱公遷約説　明王逢訂定通義

明正統五年詹氏進德書堂刻重訂四書輯釋本　北大　科學　上海　南京　南大

大學輯釋一卷　元倪士毅撰　元程復心圖　明王元善通考

明初刻四書輯釋本　國圖

大學朱子或問一卷　元倪士毅撰　元程復心圖　明王元善通考

明初刻四書輯釋本　國圖

大學句問纂釋一卷　宋朱熹撰　元程復心纂釋

元後至元三年富沙碧灣吴氏德新堂刻四書章圖纂釋本　日公文書館

大學章句大全一卷　明胡廣等輯

明永樂十三年刻四書集注大全本　國圖　内蒙古大學　日東洋文庫

明内府刻四書集注大全大字本　國圖　北大　故宫　中央教科所　天津　保定　上海　南京　重慶　吉林　山東　煙臺　青島博　江西　赣州　福建　暨南大學

明天順游明刻四書集注大全本　浙江

明弘治十四年劉氏慶源書堂刻四書集注大全本　南京

明嘉靖八年余氏雙桂堂重刻四書集注大全本　金華

清乾隆四庫全書館寫欽定四庫全書之四書集注大全本

大學或問一卷　明胡廣等輯

明永樂十三年刻四書集注大全本　國圖　内蒙古大學　日東洋文庫

明内府刻四書集注大全大字本　國圖　北大　故宫　中央教科所　天津　保定　上海　南京　重慶　吉林　山東　煙臺　青島博　江西　赣州　福建　暨南大學

明天順游明刻四書集注大全本　浙江

明弘治十四年劉氏慶源書堂刻四書集注大全本　南京

明嘉靖八年余氏雙桂堂重刻四書集注大全本　金華

清乾隆四庫全書館寫欽定四庫全書之四書集注大全本

讀大學法一卷
明弘治十四年劉氏慶源書堂刻四書集注大全本　南京
大學一卷　明胡廣等輯　明周士顯校正
明映旭齋刻周會魁校正四書大全本　北大　南京博
明周譽吾留耕堂刻周會魁校正四書大全本　故宮　復旦　南京　湖南社科院　柳州
大學或問一卷　明胡廣等輯　明周士顯校正
明映旭齋刻周會魁校正四書大全本　北大　南京博
明周譽吾留耕堂刻周會魁校正四書大全本　故宮　復旦　南京　湖南社科院　柳州
大學大全章句一卷　明胡廣等輯　清江份增訂
清康熙長洲汪份遄喜齋刻四書大全本　國圖　上海　復旦　南京
日本嘉永六年刻四書大全本　南京
大學或問一卷　明胡廣等輯　清江份增訂
清康熙長洲汪份遄喜齋刻四書大全本　國圖　上海　復旦　南京
日本嘉永六年刻四書大全本　南京
大學古本旁注一卷附録　明王守仁撰　清李調元輯附録
清光緒八年廣漢鍾氏刻函海本　北大
大學千慮一卷　明穆孔暉撰
明嘉靖刻本　北大
四庫全書存目叢書影印明嘉靖刻本
大學一卷　明陳琛撰
明萬曆三十七年李三才刻重刊補訂四書淺説本　國圖　科學
大學一卷　明陳琛撰　明唐光夔重訂
明大業堂刻靈岳山房重訂四書淺説本　河南
大學一卷　明陳琛撰　明劉蜚英校
明崇禎十年刻靈源山房重訂四書淺説本　日公文書館三部　日静嘉堂　日宮城縣圖書館
大學一卷　明陳琛著　清施世瑚等校
清乾隆五十四年刻陳紫峰先生四書淺説本　日東京都立圖書館
清乾隆五十四年刻光緒十九年印陳紫峰先生四書淺説本　國圖　湖北
大學一卷附録一卷　明季本撰
明嘉靖二十二年刻四書私存本　華東師大
明刻四書私存本　國圖

大學管窺一卷中庸管窺一卷　明廖紀撰
明刻本　江西大學
四庫全書存目叢書影印明刻學庸管窺本
大學稽中傳三卷　明李經綸著
清光緒十八年謝鏞刻程山全書本　北大
四庫全書存目叢書影印清光緒刻本
四書口義大學二卷　明薛甲撰
明隆慶二年刻四書口義本(清丁丙跋)　南京
清抄四書口義本(徐時棟跋)　北大
大學講義一卷　明芮城撰
清光緒七年溧陽彭君穀刻平陵書院藏版本　北大
大學摘訓一卷　明丘橓輯
明萬曆五年趙慎修刻四書摘訓本　重慶
明萬曆十年周裔先刻四書摘訓本　山東　諸城
四書燃犀解大學一卷　明陳祖綬撰　明夏允彝等參補
明末近聖居刻近聖居三刻參補四書燃犀解本　日公文書館　日龍谷大學　日新發田市立圖書館　美哈佛燕京
近溪子大學答問集一卷　明羅汝芳撰　明楊起元輯
明萬曆刻楊貞複六種之四書答問本　復旦　内蒙
大學經筵直解一卷　宋朱熹集注　明張居正直解
明萬曆元年司禮監刻重刻張閣老經筵四書直解本　故宫　山西師範　吉林大學
大學一卷　明張居正撰　明沈鯉正字
明崇禎七年方奇峋刻新訂四書直解正字全編本　無錫　中山
大學一卷　明張居正撰　明焦竑增補　明湯賓尹訂正
明萬曆三十九年閩建書林易齋詹亮刻重刻内府原板張閣老經筵四書直解指南本　浙江　華東師大　杭州　日静嘉堂　日米澤市立圖書館
明天啓元年長庚館刻重刻辯證内府原版張閣老經筵四書直解指南本　日公文書館二部　日龍谷大學
明書林葉顯吾刻重刻張閣老經筵四書直解本　安徽博
大學一卷附四書講義合參　宋朱熹集注　明張居正直解　明顧宗孟重訂　明顧宗玉撰講義合參
明崇禎九年顧宗孟刻四書直解附四書講義合參本　上海　蘇州

四書集注闡微直解大學一卷附纂序四書説約合參大全 宋朱熹集注 明張居正直解 明顧宗孟閲 清顧夢麟 清楊彝輯説約合參

清光緒八旗經正書院據康熙十六年徐乾學刻本翻刻四書集注闡微直解附纂序四書説約合參大全本 國圖 北大 天津 南京 湖北 遼寧

四書集注闡微直解大學一卷 宋朱熹集注 明張居正直解 明顧宗孟閲

清宣統元年學部圖書局石印四書集注闡微直解本 國圖 北大 科學 上海

大學一卷 明張居正撰 清鄭重等訂

清康熙四十年修齊堂刻四書直解本 湖北

清乾隆三十一年金閶玉樹堂刻四書直解本 湖北

大學一卷 明李贄評

一九七四年上海師範大學圖書館油印本 北大

一九七五年北京中華書局影印明萬曆刻四書評本 北大

大學一卷 明李贄評 明楊起元批點 明張明憲等參訂

明閔氏刻朱墨套印四書參本 國圖 北大 人大 科學 故宫 國博 天津 祁縣 遼寧

福建師大 湖北 廣西

大學一卷 明劉思誠 明王守誠撰

明萬曆十六年太原于天經刻四書翼傳三義本 浙江 江西

朱子大學或問小注一卷 明徐方廣增注

清康熙四十一年陳彝則觀乎堂刻朱子四書或問小注本 北大

朱子大學或問小注一卷 明徐方廣增注 清鄭任鑰校訂

清康熙六十年鄭任鑰刻朱子四書或問小注本 國圖 北大 科學 遼寧 湖北

大學考大學述同支言一卷 明許孚遠撰

明萬曆刻本 與中庸述同支言一卷論語述一卷合刻 日尊經閣

大學訂釋一卷大學辨意一卷大學測意三卷 明管志道撰

明萬曆三十四年刻本 上海

大學辨意一卷 明管志道撰

明萬曆三十四年刻本 上海

大學測意三卷 明管志道撰

明萬曆三十四年刻本 上海

大學二卷　明焦竑撰

明萬曆二十一年書林鄭望雲刻焦氏四書講録本　大連

大學解醒編一卷　明蘇濬撰

清書林鄭閩熊刻解醒編本　國圖

大學新編五卷　明劉元卿撰

清咸豐二年南溪劉氏家塾重刻本　北大

四庫全書存目叢書北京圖書館古籍珍本叢刊影印清咸豐二年南溪劉氏家塾重刻本

大學三卷　明徐奮鵬輯

明萬曆四十六年金陵書林鄭大經奎璧堂刻古今道脈本　首都　南京　運城新絳縣文化館　安徽

大學一卷　明楊起元撰　明李衷批評　明梁知編

明萬曆三十九年大來山房刻四書評眼本　湖北　日蓬左文庫

明刻本　吉大　日公文書館二部

大學續衍精義删補要覽十八卷附奏進冏署葵輪　明劉洪謨撰

明崇禎刻本　北大

大學正説一卷　明趙南星撰

明萬曆四十三年李士邵刻學庸正説本　清華　浙江

清乾隆四庫全書館寫欽定四庫全書之學庸正説本

清光緒高邑趙氏刻味檗齋遺書之學庸正説本　北大　上海　復旦

大學意一卷　明顧憲成撰

清抄本　復旦

續修四庫全書影印清抄本

大學二卷　明唐汝諤撰

明萬曆刻增補四書微言本　國圖

大學大意一卷　明董懋策撰

清光緒三十二年會稽董氏取斯家塾刻董氏叢書本　國圖　北師大　清華華東師大

大學一卷　明張汝霖撰

明刻荷珠録本　蘇州

大學一卷　明湯賓尹撰　明李元賓校

明坊刻新鐫湯會元四書合旨本　日蓬左文庫

大學一卷　明湯賓尹撰　明鄭名世校

明萬曆二十三年光裕堂刻刊湯會元參詳明公新説四書解頤鰲頭本　日龍谷

大學

大學湖南講一卷　明葛寅亮撰

明崇禎刻四書湖南講本　浙江　陝西　湖北

大學詁一卷　明葛寅亮撰

明崇禎刻學庸詁本　科學

大學遵古編一卷　明周從龍撰

明萬曆三十九年刻繹聖二編本　上海

大學二卷　明鹿善繼撰

清道光二十八年刻四書説約本　北大　復旦　天津　南京　湖北

一九二一年吴興劉承幹刻留餘草堂叢書之四書説約本　國圖　北大　清華　北師大　上海　青島　南京　南大　浙江

大學一卷　明章世純撰

明天啓七年刻四書留書本　湖北　重慶

明崇禎刻四書留書本　上海　鎮江博

明末富酉齋刻本　科學　中山

清乾隆四庫全書館寫欽定四庫全書之四書留書本

清抄本(清丁丙跋)　南京

四書考大學二卷　明陳仁錫增定

明萬曆南城翁少麓刻四書備考本　國圖

明崇禎七年刻四書備考本　北大　清華　人大　中央民大　中央教科所　上海　華東師大　上海辭書　内蒙古　吉大　陝西　臨清　蘇州　無錫　鎮江　南京　浙江　天一閣　湖北　中山　重慶　川大　雲南民族學院　雲南大學

大學考異一卷　明陳仁錫增定

明萬曆南城翁少麓刻四書備考本　國圖

明崇禎七年刻四書備考本　北大

大學一卷　明王夢簡撰

明天啓七年刻四書徵本　北大　南大　四川

鐫張蘇兩大家四書講義合參大學一卷　明蔣方馨輯

明崇禎六年刻鐫張蘇兩大家四書講義合參本　科學

大學説一卷　明辛全撰

明天啓杜國棟等刻清彙印四書説本　科學

一九三六年鉛印山右叢書初編之四書説本　國圖　首都　北大　清華　北師大　上海　復旦

新訂四書補注備旨大學一卷　明鄧林撰　清杜定基增訂
清乾隆四十四年刻新訂四書補注備旨本　復旦
清同治十年文益堂刻新訂四書補注備旨本　遼寧
清光緒三義堂刻新訂四書補注備旨本　北大
清光緒二十年刻新訂四書補注備旨書業德記藏版本　國圖
清光緒二十一年刻新訂四書補注備旨文英堂藏版本　國圖　北大
大學指歸二卷附考異一卷　明魏校撰
明太原王道行刻莊渠先生遺書本　北大
北京圖書館古籍珍本叢刊影印明太原王道行刻莊渠先生遺書本
大學通義一卷　明魯論撰
清乾隆二十八年刻四書通義本　江西
大學一卷　明楊廷麟撰　明朱長祚補
明太倉張溥刻新刊翰林機部楊先生家藏四書慧解本　日蓬左文庫
大學辨
四庫全書存目叢書影印清乾隆二十八年刻本
大學一卷　明張溥纂
明崇禎吴門寶翰樓刻四書注疏大全合纂本　華東師大　南京　餘姚　湖北
湖南
大學大全講意一卷　明張溥撰　清吴偉業參補
明崇禎刻尺木居輯諸公四書尊注大全本　科學
大學一卷　明張明弼撰　明夏允彝等補
明刻參補鄒魯心印集注本　日公文書館
大學一卷　明張明弼撰
明種德堂刻四書揚明本　日無窮會天淵文庫
大學一卷　明余應虬輯
明末刻近聖居四書翼經圖解本　華東師大
大學一卷　明余之祥撰
清順治十七年刻四書宗旨要言本　首師大
大學一卷　明周華輯
明刻浙江杭州新刊重校補訂四書集説本　重慶
大學一卷　明洪啓初撰
明萬曆四十五年刻四書翼箋本　東北師大
大學約説一卷　明孫肇興撰
明崇禎六年刻朱墨套印四書約説本　科學

大學章句二卷　清張自烈等增删
清順治刻四書大全辯本　北大　河南
大學或問二卷　清張自烈等增删
清順治刻四書大全辯本　北大　河南
大學翊注五卷　清刁包輯
清雍正年光裕堂刻四書翊注本　國圖
清道光二十七年刁繼祖惇德堂刻四書翊注本　北大　上海　浙江　遼寧　湖北
清道光至同治間刁懷謹順積樓刻用六居士所著書之四書翊注本　清華　北師大　復旦
清咸豐六年祈州刁氏刻本　國圖
大學辨一卷　清陳確撰
續修四庫全書影印清抄本
四書集説大學一卷　清徐養元輯
清康熙四年周殿一留耕堂刻白菊齋訂四書本義集説本　清華
四書集説大學二卷
清康熙三十年刻石渠閣精訂徐趙兩先生四書集説本　北大
舊抄四書集説本　國圖
大學切己録一卷　清謝文洊撰
清光緒十八年謝鏞刻謝程山全書之學庸切己録本　北大　遼寧
大學六卷首一卷　清魏裔介輯
清康熙五十一年魏荔彤刻朱子四書全義本　清華
大學問一卷　清毛奇齡撰
清康熙二十五年蕭山書留草堂刻乾隆十年印西河合集本　北大
清嘉慶元年蕭山陸氏凝瑞堂刻西河合集本　北大
四庫全書存目叢書北京圖書館古籍珍本叢刊影印清康熙刻西河合集本
大學證文四卷　清毛奇齡撰
清康熙二十五年蕭山書留草堂刻西河合集本　北大
清乾隆五十九年石門馬氏大酉山房刻龍威祕書本　北大
清嘉慶元年蕭山陸氏凝瑞堂刻西河合集本　北大
清世德堂刻龍威祕書本　北大
大學知本圖説一卷　清毛奇齡撰
清康熙二十五年蕭山書留草堂刻西河合集本　北大
四庫全書存目叢書影印清康熙刻西河合集本

大學講義一卷　清朱用純撰

清乾隆刻學庸講義本　上海　南京

清光緒二年江蘇書局刻本　國圖　北大　天津　上海　南京　浙江

清刻相在書屋藏版本　國圖

一九二八年太倉俞氏世德堂鉛印太崑先哲遺書首集本　國圖　首都　北大　清華　北師大

清徐椿手抄朱柏廬先生大學中庸講義本(清崔以學跋)　上海

四書反身録大學一卷　清李顒述　清王心敬録輯

清康熙思硯齋刻四書反身録本　天津

清道光十一年三韓劉氏刻四書反身録本　北大

清同治十二年西安馬存心堂重刻四書反身録本　天津

清光緒二十六年湘陰奎樓蔣氏小嫏嬛山館刻二曲先生全集之四書反身録本　北大

踈闇齋纂序四書繹注講意大學一卷　清劉梅纂

清康熙金閶文雅堂刻踈闇齋纂序四書繹注講意本　國圖　北大

大學疏略一卷　清張沐撰

清康熙刻本　科學

續修四庫全書影印清康熙刻本

大學一卷　宋朱熹章句　清范翔參訂

清康熙三十一年刻四書體注本(自坡居士有常跋)　上海

大學翼真七卷　清胡渭輯著

清乾隆德清戴上鏞刻小西山房藏版本　北大

四書正誤大學一卷　清顔元撰

清嘉慶元年張與齡抄顔習齋先生四書正誤本　南開

一九二三年北京四存學會鉛印顔李叢書之四書正誤本　北大

抄本　北大

大學一卷　清蔡方炳重纂　清黄驥同纂

清光緒十三年務時敏齋刻五車樓五訂正韻四書纂序説約集注定本本　湖北

大學大全章句一卷　清陸隴其輯

清康熙三十七年嘉會堂刻三魚堂四書大全本　國圖　遼寧

清康熙四十一年當湖陸氏刻三魚堂四書大全本　國圖　上海　復旦

大學或問一卷　清陸隴其輯

清康熙三十七年嘉會堂刻三魚堂四書大全本　國圖　北大　遼寧　湖北

清康熙四十一年當湖陸氏刻三魚堂四書大全本　國圖　上海　復旦

大學講義困勉録一卷　清陸隴其撰　清陸公鏐編

清康熙十四年刻四書講義困勉録本　國圖

清康熙三十八年嘉會堂刻四書講義困勉録本　北大　上海　南京　湖北

清乾隆四年嘉會堂刻四書講義困勉録本　國圖　北大　上海　南京　浙江

清乾隆四庫全書館寫欽定四庫全書本

大學講義續困勉録一卷　清陸隴其撰　清陸公鏐編

清康熙十四年刻四書講義困勉録本　國圖

清康熙三十八年嘉會堂刻四書講義困勉録本　北大　上海　南京　湖北

清乾隆四年嘉會堂刻四書講義困勉録本　國圖　北大　上海　南京　浙江

清乾隆四庫全書館寫欽定四庫全書本

大學古本説一卷　清李光地撰

清康熙五十九年安溪李馥刻六十一年增修四書解義居業堂藏版本　國圖　科學　清華　福建

清乾隆四庫全書館寫欽定四庫全書本

清乾隆元年李清植刻嘉慶六年補刻李文貞公全集本　上海　復旦

清道光五年李維迪刻榕村全書之四書解義本　國圖　首都　北大　科學

大學一卷　清陳詵撰

清康熙信學齋刻四書述本　故宫

大學一卷　清王吉相撰　清賈錫智校

清道光二十四年刻四書心解本　國圖　科學　南京　湖北

大學朱子大全三卷　清戴名世編　清程逢儀重輯

清康熙四十七年程逢儀刻四書朱子大全本　國圖　北大　科學

大學一卷　清湯傳榘撰

清康熙四十四年刻四書明儒大全精義本　科學　上海　南京　湖北

大學辨業四卷　清李塨撰

清光緒五年定州王氏謙德堂刻畿輔叢書之顔李遺書本　北大

一九二三年北京四存學會鉛印顔李叢書本　北大

續修四庫全書影印上海辭書藏清光緒五年王氏謙德堂刻畿輔叢書李恕穀遺書本

大學傳注一卷　清李塨撰

清刻恕谷後集本　北大

清末排印大學中庸傳注本　湖北

一九二三年北京四存學會鉛印顔李叢書之傳注問本　國圖　首都　北大　天津　湖北

續修四庫全書影印民國十二年四存學會鉛印顔李叢書本
北京圖書館古籍珍本叢刊影印清康熙雍正間刻顔李叢書本

大學傳注問一卷　清李塨撰
清刻恕谷後集本　北大
一九二三年北京四存學會鉛印顔李叢書之傳注問本　國圖　首都　北大　天津　湖北

大學劄記一卷　清楊名時撰
清乾隆五十九年江陰葉廷甲水心草堂刻楊氏全書之五本　北大

大學講義一卷　清楊名時撰
清乾隆五十九年江陰葉廷甲水心草堂刻楊氏全書之十一本　北大
四庫全書存目叢書北京圖書館古籍珍本叢刊影印清乾隆五十九年江陰葉廷甲水心草堂刻楊氏全書本
清乾隆五十九年江陰葉廷甲水心草堂刻楊氏全書本

四書朱子異同條辨大學三卷　清李沛霖　清李禎訂
清康熙近譬堂刻朱子異同條辨本　國圖　北大　科學　清華　中科院考古所　上海　復旦　山西文物局　南京
清朱文堂翻刻近譬堂刻四書朱子異同條辨本　浙江　湖北
清黎光樓翻刻近譬堂刻四書朱子異同條辨本　國圖　天津　浙江

大學解一卷　日本物茂卿撰
日本玉海堂群玉堂刻本　北大

大學説一卷　清惠士奇撰
續修四庫全書影印藏稿本全書

大學困學録一卷　清王澍撰
清乾隆二年刻積書巖六種本　湖北
四庫全書存目叢書北京圖書館古籍珍本叢刊續修四庫全書影印清乾隆二年刻積書巖六種本

大學約旨一卷　清任啓運撰
清乾隆五年刻四書約旨本　上海　南京
清乾隆三十六年清芬堂刻四書約旨本　國圖　北大　浙江
清光緒二十年浙江官書局覆刻任氏家塾四書約旨本　國圖　北大　天津　上海　南京　浙江　湖北

大學一卷　清彭軏撰
清康熙五十年刻四書講義持衡本(葉葆跋)　山東

大學章句本義彙參三卷首一卷　清王步青輯
清乾隆十年敦復堂刻四書朱子本義滙參本　北大

清承德堂翻刻乾隆十年敦復堂刻四書朱子本義滙參本　北大
清翻刻乾隆十年敦復堂刻四書朱子本義滙參本　北大
清光緒三十一年上海宏文閣書局石印四書朱子本義滙參本　北大

四書自課録大學一卷　清任時懋輯
清乾隆四年璜川吴贊皇吴企晉等刻四書自課録本　北大　科學　天津　復旦　南京　湖北
清道光九年璜川書屋刻四書自課録本　上海　湖北

大學一卷　清湯豫誠撰
清湯豫誠四書困學編稿本　河南

大學札記一卷　清范爾梅撰
清雍正七年刻敬恕堂藏板讀書小記二十種本　國圖　北大　北師大

大學述朱大全三卷　清周亦魯輯
清康熙六元年雲中居刻四書述朱大全本　上海

大學偶言一卷　清張文䕫撰
清乾隆十七年刻本　南京
四庫全書存目叢書續修四庫全書北京圖書館古籍珍本叢刊影印清乾隆十七年刻本

四書或問語類集解釋注大全大學三卷　清朱良玉纂
清雍正六年古吴光裕堂刻四書或問語類集解釋注大全本　北大

四書體注合講大學一卷　清翁復編
清雍正八年文奎堂刻四書合講本　浙江
清嘉慶十三年五柳居刻四書合講本　南京
清道光元年刻酌雅齋四書遵注合講本　國圖　上海　復旦　湖北
清道光十六年刻芸生堂四書體注合講本　北大
清道光二十七年刻桐石山房四書體注合講本　北大

大學翼注論文一卷　清張甄陶撰
清乾隆五十三年福清張氏刻四書翼注論文本　北大

成均課講大學一卷　清崔紀撰
清雍正刻四書温講雜集本　國圖
北京圖書館古籍珍本叢刊影印清雍正刻四書温講雜集本

四書朱子大全精言大學三卷　清周大璋纂輯　清魏一齋鑑定
清康熙四十七年寶旭齋刻四書朱子大全精言本　北大

增删四書朱子大全精言大學三卷　清周大璋纂輯　清張藥齋鑑定
清乾隆三年光德堂刻增删四書朱子大全精言本　北大

清玉蘭堂刻增删四書朱子大全精言本　北大

大學一卷附審音辨體考異　宋朱熹章句　清陳宏謀審音辨體考異

清刻陳榕門四書章句集注緯文堂藏版本　北大

大學一卷附審音辨體考異　宋朱熹章句　清陳宏謀審音辨體考異

清末義和堂刻褱如堂四書本　北大

大學衍義輯要六卷　清陳宏謀輯

四庫全書存目叢書影印清乾隆元年桂林陳氏刻本

大學衍義補輯要十二卷　清陳宏謀輯

清道光二十二年竇恕堂刻本

四庫全書存目叢書影印清道光二十二年竇恕堂刻本

大學一卷　清耿埰撰

清乾隆元年屏山堂刻四書讀注提耳本　科學　天津

清同治九年屏山堂刻本　復旦

大學章句凝道録一卷　清劉紹攽撰

清劉紹攽四書凝道録稿本　陝西

清光緒二十年仁懿堂刻四書凝道録本　國圖　北大　北師大　科學　上海

大學明鏡一卷中庸明鏡一卷　清鳳應韶輯

清道光三十年篁墅明恕堂刻本　科學　上海

大學味根録一卷　清金瀓撰

清道光十七年刻四書味根録本　浙江

清道光二十六年刻燦花吟館藏版四書味根録本　國圖

清咸豐十年萬萃樓刻四書味根録本　上海

清光緒三年京都寶善堂刻四書味根録本　北大　南京

清光緒八年緯文堂刻四書味根録本　上海

加批增補四書味根録大學一卷附疑題解學　清金瀓撰

清光緒十五年上海蜚英館石印批增補四書味根録巾箱本　遼寧

四書題鏡大學　清汪鯉翔撰

清乾隆元年英德堂刻四書題鏡本　北大

清乾隆九年刻四書題鏡本　國圖　上海　南京　日東京都立圖書館二部

清乾隆九年英德堂刻四書題鏡本　北大

清乾隆九年大業堂刻四書題鏡本　國圖　科學

清乾隆十七年刻四書題鏡本　遼寧

四書味根録大學一卷附四書題鏡　清金瀓撰味根録　清汪鯉翔撰四書題鏡　清鴻文書局重編

清光緒十四年上海鴻文書局石印四書題鏡味根合編本　北大

四書味根録題鏡合編大學一卷附四書宗旨　清金澂撰味根録　清汪鯉翔撰四書題鏡

清光緒十年上海點石齋石印四書味根録題鏡合編本　湖北

清光緒十六年上海鴻文書局石印四書味根録題鏡合編本　上海

大學一卷　清何始升撰

清乾隆九年亦樂堂刻四書正韻本　科學　浙江

大學一卷　清劉所説撰

清乾隆十四年劉起翰肆業堂刻四書尋真本　科學

大學竊補五卷中庸竊補九卷　清陳孚輯

清乾隆十五年刻學庸竊補本　國圖　南京

清乾隆刻道南堂藏板學庸竊補本　國圖

大學講義一卷　清王元啓撰

清乾隆刻惺齋先生雜著之四書講義本　國圖

四書要言大學一卷　清林霖輯

清抄四書要言本　北大

大學一卷　清楊玉緒撰

清乾隆二十五年刻四書述要本　科學

清刻四書述要巾箱本　湖北

四書疏注撮言大全大學一卷　清胡斐才撰

清乾隆二十八年文光堂刻四書疏注撮言大全本　北大

清乾隆二十八年經國堂刻四書疏注撮言大全本　科學

甌香館四書説大學一卷　清郝寧愚撰

清道光二十九年郝氏刻甌香館四書説本　北大

大學麈言一卷　清戴宫華撰　清趙宗樸録

清乾隆六十年趙佑刻四子書麈言本　湖北

大學講義集説一卷　清李道南撰

清乾隆三十年還是讀書堂刻四書集説本　國圖　北大　科學

清乾隆四十二年刻四書集説本　湖北

大學朱子大全二卷圖一卷讀法一卷　清秦宫璧撰　清張一檇等校

清乾隆刻四書朱子大全本　湖北

大學章句新疏二卷　日本室直清撰

日本天明六年刻本　南京

大學講義二卷　清韓憕輯

清道光十一年許殿臣等約堂刻韓魯人晴窗隨筆四書講義本　北大

四書摭餘説大學一卷　清曹之升撰

清乾隆六十年刻四書摭餘説本　上海

清嘉慶三年蕭山曹氏家塾刻四書摭餘説本　北大　上海(胡玉縉校)　南京　湖北

清道光十二年來鹿堂刻四書摭餘説本　湖北

致用精舍大學講語記略一卷　清王軨撰

清光緒十一年致用精舍刻致用精舍講語本　國圖　北大　湖北

大學一卷　清吴昌宗撰

清嘉慶三年江都汪廷機刻四書經注集證江都汪氏藏版本　國圖　北大　科學　天津　上海　復旦　南京　浙江

清嘉慶三年江都汪廷機刻光緒四年望三益齋重修四書經注集證本　北大　上海

清翻刻嘉慶三年江都汪廷機刻四書經注集證本　北大

清槐蔭山房刻四書經注集證本　北大

大學一卷　清章宋待撰　清章祖武編

清嘉慶三年崇文堂刻四書聯珠本　國圖

大學通八卷　清田種玉纂輯

清嘉慶十七年韓履寵刻咸豐二年賴容衆印刷本　北大

大學會解一卷　清綦澧撰

清嘉慶五年還醇堂刻四書會解本　北大　科學　上海

清道光九年琴川閣刻四書會解本　南京

清咸豐元年三益堂刻四書會解本　南京

清同治八年重刻四書會解本　南京

大學一卷　清劉式潤撰

清嘉慶五年寫刻誦芬草堂手録正蒙四書本　天津

四書勸學録大學二卷　清謝廷龍輯

清道光元年至四年刻四書勸學録富文堂藏版本　北大

大學古本質言一卷　清劉沅撰

清咸豐十一年虚受齋刻四書恒解本　遼寧

清光緒十年豫誠堂刻槐軒全書之四書恒解本　北大

清末亞東製版印刷局鉛印四書恒解本　北大

一九一二年三多寨凝善堂刻槐軒全書之四書恒解本　北大

四書恒解大學十一卷　清劉沅輯注

清光緒十年豫誠堂刻槐軒全書之四書恒解本　北大

清末亞東製版印刷局鉛印四書恒解本　北大

一九一二年三多寨凝善堂刻槐軒全書本　北大

大學三卷　清陶起庠撰　清陶金烇等校

清嘉慶十八年謙益堂刻四書集説本　天津(佚名批校)　湖北

四書補義大學一卷　清陶起庠撰　清陶金烇等校

清嘉慶十八年謙益堂刻四書補義本　國圖　北大

大學原解三卷　日本大田元貞撰

日本文政四年刻多稼軒藏版本　北大

大學考一卷　日本龜井元鳳撰

日本抄本　北大

大學古本旁釋一卷附大學問一卷　明王守仁撰　日本佐藤坦補

日明治三十年排印啓新書院叢書本　上海　日東京都立圖書館　日國士館大學

明萬曆刻百陵學山本　華東師大

續修四庫全書影印明萬曆刻百陵學山本

大學問一卷　日本佐藤坦撰

日明治三十年排印啓新書院叢書本　上海　日東京都立圖書館　日國士館大學

大學欄外書　日本佐藤坦撰

抄本　上海

大學一卷　清吕世鏞輯

清康熙五十八年吕世鏞刻四書正體本　國圖　北大

清懷永堂刻四書正體本　天津

四書拾疑大學一卷　清林春溥輯

清道光十四年閩縣林氏刻竹柏山房十五種之四書拾疑本　國圖　北大　湖北

大學一卷　清宋翔鳳撰

清嘉慶十八年長洲宋氏浮谿草堂刻四書古今訓釋本　北大　科學

大學二卷　清宋翔鳳撰

清嘉慶刻四書纂言本　南京

清光緒八年古吴李祖榮岦崿山房刻四書纂言本　國圖　南京　遼寧　湖北　浙江

大學古義説二卷　清宋翔鳳撰

清刻本　湖北

續修四庫全書影印藏清刻本

大學新得六卷　清宗稷辰撰

清光緒十四年宗氏躬恥齋刻四書體味録本　上海

大學擬序測蠡殘稿　清宗稷辰撰

清光緒十四年宗氏躬恥齋刻四書體味録本　上海

鄭本大學説一卷　清包汝巽撰

清道光刻鄭本大學説中庸説本　清丁晏批注並跋　國圖

涇縣胡氏抄本　上海

大學述義一卷　清單爲鏓撰

清同治七年刻單氏全書之四書述義前集本　國圖　北大　哈爾濱

大學指掌一卷　清汪瑞堂撰　清周際華增訂

清道光二十一年刻學庸指掌家蔭堂藏版本　國圖　科學　浙江

大學一卷　清楊大受輯

清道光十六年刻四書講義切近録以約齋藏版本　國圖

大學古本説一卷　清張觀瀾撰

清道光四年張成幹抄四書集解本附　北大

大學今本説一卷　清張觀瀾撰

清道光四年張成幹抄四書集解本附　北大

大學一卷　清賴相楝撰

清道光二十年刻四書管窺本　湖北

四書隨見録大學一卷　清鄒鳳池輯　清陳作梅輯

清道光二十七年鄒氏陳氏刻四書隨見録本　北大

提綱大學一卷　清金周熊撰

清抄本　北大

大學補釋一卷　清張承華撰

清同治三年刻學庸補釋新編本　北大

清光緒十年皖桐會友堂刻本　上海

大學諸家考辨一卷　清張承華撰

清同治三年刻學庸補釋新編本　國圖　北大　南京

還硯齋大學題解參略一卷　清趙新撰

清光緒八年黄樓刻還硯齋全集本　國圖　首都　北大　科學

大學章句質疑一卷　清郭嵩燾撰

清光緒十六年思賢講舍刻學庸質疑本　國圖　科學　天津　上海　南京
湖北

續修四庫全書影印華東師大圖書館藏清光緒十六年思賢講舍刻本

大學俟一卷　清陳世鎔撰

清同治四年獨秀山莊刻求志居全集脈望齋藏版本　北大

大學章句一卷　宋朱熹撰　清高玲批點

清道光七年高玲愷元堂刻朱墨印新刻批點四書讀本本　國圖　天津　上海(佚名眉批)　南京　浙江　湖北

清同治十三年三益堂刻新刻批點四書讀本本　上海

一九二一年玉山慎言堂刻新刻批點四書讀本本　復旦

大學節訓一卷　清吕調陽撰

清光緒彭和吕氏刻觀象廬叢書本　北大

大學參證二卷　清沈輝宗撰

清光緒四年刻致遠堂藏版本　與中庸心悟中庸參證合刻　國圖　上海

大學古本述注一卷　清姜國伊撰

清同治光緒間刻守中正齋叢書本　上海

大學闡要一卷　清張恩尉撰

清光緒九年刻本　與中庸闡要孝經闡要論語論略孟子論略合刻　國圖　科學　南京　湖北

大學訓蒙瑣言一卷　題清乳山山人集

清光緒八年乳山山人刻學庸訓蒙瑣言問經堂存版本　北大

大學一卷　清羅大春增訂

清光緒十三年宗德堂刻批點四書本　湖北

大學五卷　清查禮仁撰

清光緒十八年涇陽劉氏敦厚堂成都刻學庸俗話本　國圖

大學臆一卷　清陸殿邦撰

清光緒十三年陸氏刻維心亨室四書講義本　北大

大學故一卷　清陸殿邦撰

清光緒十三年陸氏刻維心亨室四書講義本　北大

古本大學輯解二卷　清楊亶驊撰

清光緒五年定州王氏謙德堂刻一九一三年印刷畿輔叢書本　北大

周易大象應大學説一卷　清高賡恩撰

清光緒三十三年武承曾等刻本　北大

大學古本參誼一卷　清馬徵麐撰

一九一九至一九二三年馬林據鉛印本影印馬鍾山遺書本　北大

大學總論一卷　清唐圻著

清光緒五年新安唐氏刻本　國圖

大學古義一卷　清劉光蕡撰
　　一九二〇年蘇州王典章思過齋刻煙霞草堂遺書本　北大　遼寧
　　續修四庫全書影印上海辭書藏民國九年王典章思過齋刻煙霞草堂遺書
大學緯注一卷　清鍾穎陽撰
　　清光緒二十三年羊城刻本　科學
　　四庫未收書叢刊清光緒二十三年羊城刻本
大學章句議略一卷　清高心伯撰
　　清高心伯四書議略稿本　江西博
大學章句增釋一卷　清彭崧毓撰
　　清光緒刻大學中庸章句增釋本　湖北
大學彙解二卷　清淩陛卿輯
　　清光緒二十九年上海鴻文書局石印清朝四書彙解本　上海　浙江　湖北

二、中庸之屬

（一）正文

古本中庸一卷
　　清順治刻四書大全辯本　北大　河南
　　清順治三年兩浙督學周南李際期宛委山堂刻説郛一百二十卷本　國圖　首都　北大　科學
　　清乾隆四庫全書館寫欽定四庫全書之説郛一百二十卷本
中庸一卷　清秦鏷訂正
　　明崇禎十三年錫山秦鏷求古齋刻九經本　國圖　北大　上海　山東　重慶
　　清心逸齋翻刻明崇禎十三年錫山秦鏷求古齋刻九經本　北大
　　清心逸齋翻刻明崇禎十三年錫山秦鏷求古齋刻九經清末觀成堂印本　北大　上海　復旦
古香齋鑒賞袖珍中庸一卷
　　清康熙乾隆間内府刻古香齋袖珍十種之古香齋四書本　國圖
　　清光緒九年南海孔廣陶嶽雪樓刻古香齋袖珍十種之古香齋四書本　國圖　北大　南京
中庸一卷
　　日本慶應三年刻官版四書本　北大
中庸（篆文）一卷　清張照校
　　清雍正内府刻欽定篆文六經四書本　國圖　北大　上海　復旦

清光绪九年上海同文書局據清雍正内府刻本影印篆文六經四書本　首都　北大　清華　北師大

一九二四年千頃堂書局石印篆文六經四書本　北大　上海　復旦

中庸(滿漢對照)一卷

清康熙玉樹堂刻新刻滿漢字四書本　北大

清康熙天繪閣刻新刻滿漢字四書本　北大

中庸　(滿漢合璧)一卷　清高宗弘曆敕譯　清鄂爾泰等譯

清乾隆二十年武英殿刻御製翻譯四書本　國圖　天津

清乾隆武英殿刻滿漢文四書集注本　復旦

清寶名口刻御製翻譯四書本　北大

清光緒四年成都八旗官學刻御製翻譯四書本　南京

清光緒十四年京都聚珍堂刻御製翻譯四書本　北大　遼寧

中庸(滿文)一卷

抄四書本　北大

中庸(蒙漢對照)一卷　清噶勒桑譯　蒙文書社編譯部編譯

一九二四年蒙文書社鉛印蒙漢合璧四書本　北大

中庸(滿蒙漢對照)

不分卷　清乾隆刻御製翻譯四書本　北大

（二）傳説

中庸一卷　漢鄭玄注　宋朱熹章句

清咸豐二年稽古樓刻十三經注芋栗園藏版本　北大

一九二六年刻渭南嚴氏孝義家塾叢書之重校稽古樓四書本　清華　科學

中庸義一卷　宋游酢撰

清同治六年刻游定夫先生集本　國圖　首都　北大

中庸傳一卷　宋晁説之撰

清咸豐元年海昌蔣氏宜年堂刻六年重編涉梓舊聞本　中醫　上海

一九二四年商務印書館景咸豐涉梓舊聞本　國圖　首都　北大

中庸説存卷一至三　宋張九成撰

宋刻本　日京都東福寺

一九三六年上海商務印書館據宋本影印續古逸叢書本　國圖　首都　北大　科學　上海

一九三六年上海商務印書館據宋本影印四部叢刊三編本　國圖　首都　北大　科學

中庸輯略二卷　宋石𡼏編　宋朱熹删定
宋刻本　國圖
明嘉靖刻本　浙江
明刻本　科學
清康熙御兒吕氏寶誥堂刻朱子遺書本　國圖　北大
清康熙十四年石佩玉等刻本　北大
清乾隆四庫全書館寫欽定四庫全書本
中華再造善本影印宋刻本

中庸一卷　宋朱熹章句
宋淳祐十二年當涂郡齋刻四書章句集注本　國圖
宋刻四書章句集注本　國圖
元至正二十二年武林沈氏尚德堂刻四書集注本　山東
元刻四書章句集注本(有抄配並缺頁　明魏校批　袁克文跋)　上海
元刻四書集注本(清蔣培澤　高望曾　丁丙跋)　南京
明正統十二年司禮監刻四書集注本　國圖　天津　上海　華東師大　内蒙古社會科學院　陝西　浙江　江西　湖北　廣西師大　四川　日宫内廳　日御茶之水
明成化十六年吉府刻四書集注本　國圖　山東博　南京(清丁丙跋)　四川
明嘉靖二十七年伊藩刻四書集注本(清丁丙跋)　南京
明崇禎十四年汲古閣刻四書本　國圖
清武英殿刻四書集注本　北大
清雍正國子監刻四書集注本　北大
清乾隆四庫全書館寫欽定四庫全書之四書集注本

中庸一卷附校刊記一卷　宋朱熹章句　清丁寶楨等撰校刊記
清同治十一年山東書局刻尚志堂藏板十三經讀本本　國圖　首都　北大　復旦

中庸校刊記一卷　清丁寶楨等撰
清同治十一年山東書局刻尚志堂藏板十三經讀本附校刊記本　國圖　首都　北大　復旦

中庸一卷　宋朱熹章句
清光緒九年有益堂刻字典四書讀本本　北大
清光緒二十九年刻京都打磨廠文成堂藏板四書章句本　北大

中庸一卷　宋朱熹章句
清光緒十五年三義堂書坊刻字典四書本　北大

中庸一卷　宋朱熹章句
清光緒二十九年京都打磨廠文成堂刻四書章句本　北大
中庸一卷　宋朱熹章句
日本天保三年竹林堂刻四書本　米田淺吉批校　北大
中庸一卷　宋朱熹章句　日本後藤世鈞點
日本明治東京青木恒三郎大阪嵩山堂鉛印四書本　北大
中庸或問一卷　宋朱熹撰
元刻四書章句集注本(明魏校手批　袁克文跋)　上海
元刻四書集注本(清蔣培澤　高望曾　丁丙跋)　南京
明嘉靖吉澄福建刻四書集注本　首都　上海　吉林　日小如舟書屋
明嘉靖應檟刻四書集注本　國圖
清雍正怡府明善堂刻四書章句集注袖珍本　國圖
清内府刻四書集注本　國圖　首都　中央黨校　復旦　重慶市北碚區
中庸或問二卷
元常州覆宋刻本　日静嘉堂
宋刻四書章句集注本　國圖
明成化十六年吉府刻四書集注本　國圖　山東博　南京(清丁丙跋)　四川
明嘉靖四十三年益藩樂善堂刻四書集注本　中央黨校　日公文書館
中庸或問三卷　宋朱熹撰　日本山崎嘉點
日本正保四年京都書肆風月莊左衛門刻倭板四書本　北大
中庸一卷　宋錢時撰
明抄融堂四書管見本　國圖
清乾隆四庫全書館寫欽定四庫全書本
抄融堂四書管見本　國圖
中庸集編一卷　宋真德秀撰
清康熙十九年納蘭成德刻通志堂經解之四書集編本　國圖　首都　北大 北師大　科學　上海
清康熙十九年納蘭成德刻乾隆五十年補修通志堂經解之四書集編本　北大
清乾隆四庫全書館寫欽定四庫全書之四書集編本
清同治十二年粤東書局重刻通志堂經解之四書集編本　國圖　首都　北大　上海　遼寧　湖北
中庸集編三卷　宋真德秀撰　清翁錫書增訂批點
清嘉慶浦城祝氏留香室刻浦城遺書之四書集編本　國圖　北大　上海
蒙齋中庸講義四卷　宋袁甫撰
清乾隆四庫全書館寫欽定四庫全書本

一九三五年四明張氏約園刻四明叢書第三集本　國圖　首都　北師大

中庸纂疏一卷　宋趙順孫撰

元刻元印四書纂疏本　日静嘉堂

清康熙十九年納蘭成德刻通志堂經解之四書纂疏本　國圖　首都　北大　北師大　科學　上海　南京

清康熙十九年納蘭成德刻乾隆五十年補修通志堂經解之四書纂疏本　北大

清同治十二年粤東書局重刻通志堂經解之四書纂疏本　國圖　首都　北大　上海　遼寧　湖北

清乾隆四庫全書館寫欽定四庫全書本

中庸章句箋義一卷　宋趙悳撰

清嘉慶阮元景鈔元泰定本輯宛委别藏之四書箋義本　臺北故宫

清道光二十四年金山錢氏據墨海金壺刊版重編增刊守山閣叢書之四書箋義本　國圖　科學　北師大

清光緒十五年上海鴻文書局據清錢氏本影印守山閣叢書之四書箋義本　國圖　首都　北大　北師大　清華

一九二二年上海博古齋據錢氏本影印守山閣叢書之四書箋義本　國圖　首都　北大　北師大

清刻四書箋義本　北大

中庸或問箋義一卷　元趙悳撰

清嘉慶阮元景鈔元泰定本輯宛委别藏之四書箋義本　臺北故宫

清道光二十四年金山錢氏據墨海金壺刊版重編增刊守山閣叢書之四書箋義本　國圖　科學　北師大

清光緒十五年上海鴻文書局據清錢氏本影印守山閣叢書之四書箋義本　國圖　首都　北大　北師大　清華

一九二二年上海博古齋據錢氏本影印守山閣叢書之四書箋義本　國圖　首都　北大　北師大

清刻四書箋義本　北大

中庸注疏纂要一卷　元趙悳撰

清嘉慶阮元景鈔元泰定本輯宛委别藏之四書箋義本　臺北故宫

清道光二十四年金山錢氏據墨海金壺刊版重編增刊守山閣叢書之四書箋義本　國圖　科學　北師大

清光緒十五年上海鴻文書局據清錢氏本影印守山閣叢書之四書箋義本　國圖　首都　北大　北師大　清華

一九二二年上海博古齋據錢氏本影印守山閣叢書之四書箋義本　國圖

首都　北大　北師大

清刻四書箋義本　北大

中庸通一卷　元胡炳文撰

元天曆二年崇化余志安勤有堂刻四書通本　國圖

清康熙十九年納蘭成德刻通志堂經解之四書通本　國圖　首都　北大　北師大　科學　上海

清康熙十九年納蘭成德刻乾隆五十年補修通志堂經解之四書通本　北大

清乾隆四庫全書館寫欽定四庫全書之四書通本

清同治十二年粵東書局重刻通志堂經解之四書通本　國圖　首都　北大　上海　遼寧　湖北

中庸章句纂箋一卷　元詹道傳撰

清康熙十九年納蘭成德刻通志堂經解之四書纂箋本　國圖　首都　北大　北師大　科學　上海

清康熙十九年納蘭成德刻乾隆五十年補修通志堂經解之四書纂箋本　北大

清同治十二年粵東書局重刻通志堂經解之四書纂箋本　國圖　首都　北大　上海　遼寧　湖北

清乾隆四庫全書館寫欽定四庫全書之四書纂箋本

中庸或問纂箋一卷　元詹道傳撰

清康熙十九年納蘭成德刻通志堂經解之四書纂箋本　國圖　首都　北大　北師大　科學　上海

清康熙十九年納蘭成德刻乾隆五十年補修通志堂經解之四書纂箋本　北大

清同治十二年粵東書局重刻通志堂經解之四書纂箋本　國圖　首都　北大　上海　遼寧　湖北

中庸或問纂箋通證一卷　元詹道傳撰

清康熙十九年納蘭成德刻通志堂經解之四書纂箋本　國圖　首都　北大　北師大　科學　上海

清康熙十九年納蘭成德刻乾隆五十年補修通志堂經解之四書纂箋本　北大

清同治十二年粵東書局重刻通志堂經解之四書纂箋本　國圖　首都　北大　上海　遼寧　湖北

清乾隆四庫全書館寫欽定四庫全書之四書纂箋本

中庸直解一卷　元許衡撰

清乾隆五十五年刻許文正公遺書本　國圖　首都　北師大

清光緒十三年刻西京清麓叢書正編之許文正公遺書本　北大　北師大

清光绪六年六安涂氏求我斋刻光緒涇縣洪氏公善堂彙印洪氏唐石經館叢書之許文正公遺書本　上海

讀中庸叢説二卷　元許謙撰

元刻讀四書叢説本　清黄丕烈跋國圖　上海

明弘治十二年李瀚馬輿等刻讀四書叢説本　北大　上海

明抄讀四書叢説本(佚名校注)　浙江

清嘉慶阮元景鈔元本輯宛委别藏本　臺北故宫

清道光咸豐間大梁書院刻同治七年王儒行等印新鐫經苑之讀四書叢説本　首都　北大　北師大　科學

一九三四年上海商務印書館據元刻本縮印四部叢刊續編之讀四書叢説本　國圖　首都　北大　科學　遼寧

續修四庫全書影印清嘉慶影元抄本

讀中庸叢説一卷

清乾隆四庫全書館寫欽定四庫全書之讀四書叢説本

中庸指歸一卷　元黎立武撰

清乾隆四庫全書館寫欽定四庫全書本

中庸指歸一卷圖一卷中庸分章一卷

清道光十一年六安晁氏木活字印學海類編本　國圖　科學

一九二〇年上海涵芬樓據清晁氏本影印學海類編本　國圖　首都　北大　清華　北師大　天津　上海

中庸指歸圖一卷　元黎立武撰

清道光十一年六安晁氏木活字印學海類編本　國圖　科學

一九二〇年上海涵芬樓據清晁氏本影印學海類編本　國圖　首都　北大　清華　北師大　天津　上海

中庸分章一卷　元黎立武撰

清乾隆四庫全書館寫欽定四庫全書本之中庸指歸附

清道光十一年六安晁氏木活字印學海類編本之中庸指歸附　國圖　科學

一九二〇年上海涵芬樓據清晁氏本影印學海類編本之中庸指歸附　國圖　首都　北大　清華　北師大　天津　上海

中庸集説啓蒙一卷　元景星撰

清康熙十九年納蘭成德刻通志堂經解本　國圖　首都　北大　北師大　科學　上海

清康熙十九年納蘭成德刻乾隆五十年補修通志堂經解本　北大

清同治十二年粤東書局重刻通志堂經解本　國圖　首都　北大　上海　遼寧

湖北

清乾隆四庫全書館寫欽定四庫全書本

中庸章句或問通證一卷　元張存中撰

明抄四書通證本　上海

清康熙十九年納蘭成德刻通志堂經解之四書通證本　國圖　北大　北師大　科學　上海

清康熙十九年納蘭成德刻乾隆五十年補修通志堂經解之四書通證本　國圖　首都　北大

清同治十二年粤東書局重刻通志堂經解之四書通證本　上海　遼寧　湖北

清乾隆四庫全書館寫欽定四庫全書之四書通證本

中庸章句輯釋一卷　元倪士毅輯釋

元至正二年日新書堂刻四書輯釋大成本　日尊經閣

元刻本　日静嘉堂

日本文化九年翻刻元至正二年日新書堂本四書輯釋本　北大

中庸章句重訂輯釋通義大成一卷　宋朱熹章句　元倪士毅輯釋　元朱公遷約説　明王逢訂定通義

明正統五年詹氏進德書堂刻重訂四書輯釋本　北大　科學　上海　南京　南大

中庸或問重訂輯釋通義大成一卷　宋朱熹章句　元倪士毅輯釋　元朱公遷約説　明王逢訂定通義

明正統五年詹氏進德書堂刻重訂四書輯釋本　北大　科學　上海　南京　南大

中庸章圖概括總要一卷　元倪士毅撰　元程復心圖　明王元善通考

明初刻四書輯釋本　國圖

中庸輯略一卷　元倪士毅撰　元程復心圖　明王元善通考

明初刻四書輯釋本　國圖

中庸朱子或問一卷　元倪士毅撰　元程復心圖　明王元善通考

明初刻四書輯釋本　國圖

中庸句問纂釋一卷　宋朱熹撰　元程復心纂釋

元後至元三年富沙碧灣吴氏德新堂刻四書章圖纂釋本　山東博物館　日公文書館

中庸章句圖纂釋一卷　宋朱熹撰　元程復心纂釋

元刻四書章圖纂釋本　山東博

中庸章句大全一卷　明胡廣等輯

明永樂十三年刻四書集注大全本　國圖　内蒙古大學　日東洋文庫

明内府刻四書集注大全大字本　國圖　北大　故宫　中央教科所　天津　保定　上海　南京　重慶　吉林　山東　煙臺　青島博　江西　贛州　福建　暨南大學

明天順二年黄氏仁和堂刻四書集注大全本　浙江

明天順游明刻四書集注大全本　浙江

明嘉靖八年余氏雙桂堂重刻四書集注大全本　金華

清乾隆四庫全書館寫欽定四庫全書之四書集注大全本

中庸章句或問一卷　明胡廣等輯

明永樂十三年刻四書集注大全本　國圖　内蒙古大學　日東洋文庫

明内府刻四書集注大全大字本　國圖　北大　故宫　中央教科所　天津　保定　上海　南京　重慶　吉林　山東　煙臺　青島博　江西　贛州　福建　暨南大學

明天順二年黄氏仁和堂刻四書集注大全本　浙江

明天順游明刻四書集注大全本　浙江

明嘉靖八年余氏雙桂堂重刻四書集注大全本　金華

清乾隆四庫全書館寫欽定四庫全書之四書集注大全本

讀中庸法一卷

明内府刻四書集注大全大字本　國圖　北大　故宫　中央教科所　天津　保定　上海　南京　重慶　吉林　山東　煙臺　青島博　江西　贛州　福建　暨南大學

中庸章句一卷　明胡廣等輯　明周士顯校正

明映旭齋刻周會魁校正四書大全本　北大　南京博

明周譽吾留耕堂刻周會魁校正四書大全本　故宫　復旦　南京　湖南社科院　柳州

中庸大全章句三卷　明胡廣等輯　清汪份增訂

清康熙間長洲汪份遄喜齋刻四書大全本　國圖　上海　復旦　南京

日本嘉永六年刻四書大全本　南京

中庸或問一卷　明胡廣等輯　清汪份增訂

清康熙長洲汪份遄喜齋刻四書大全本　國圖　上海　復旦　南京

中庸凡一卷　明崔銑撰

明嘉靖刻本　日尊經閣

明刻清乾隆三十七年補版印崔洹野集本　國圖

中庸一卷　明王宇撰
　明萬曆四十三年聚星館葉均宇刻四書也足園初告本　科學
　明末刻四書也足園初告本　國圖
中庸章句詳説一卷　明劉清撰
　明弘治十七年刻學庸章句指南本　日公文書館
中庸一卷　明陳琛撰
　明萬曆三十七年李三才刻重刊補訂四書淺説本　國圖　科學
中庸一卷　明陳琛撰　明唐光夔重訂
　明大業堂刻靈岳山房重訂四書淺説本　河南
中庸一卷　明陳琛撰　明劉蜚英校
　明崇禎十年刻靈源山房重訂四書淺説本　日公文書館三部　日静嘉堂　日宫城縣圖書館
中庸一卷　明陳琛著　清施世瑚等校
　清乾隆五十四年刻陳紫峰先生四書淺説本　日東京都立圖書館
　清乾隆五十四年刻光緒十九年印陳紫峰先生四書淺説本　國圖　湖北
中庸二卷　明季本撰
　明嘉靖二十二年刻四書私存本　華東師大
大學億二卷釋疑一卷　明王道撰
　明嘉靖二十三年錢梗刻本　天一閣　福建
大學釋疑一卷　明王道撰
　明嘉靖二十三年錢梗刻本　天一閣　福建
四書口義中庸二卷　明薛甲撰
　明隆慶二年刻四書口義本(清丁丙跋)　南京
　清抄四書口義本(徐時棟跋)北大
中庸摘訓三卷　明丘橓輯
　明萬曆五年趙慎修刻四書摘訓本　重慶
　明萬曆十年周裔先刻四書摘訓本　山東
中庸三卷　明陳祖綬撰　明夏允彝等參補
　明末近聖居刻近聖居三刻參補四書燃犀解本　日公文書館　日龍谷大學大宫圖書館　日新發田市立圖書館　美哈佛燕京
中庸説要一卷　明宋大勺撰
　明嘉靖三十九年宋訓刻本　科學
　續修四庫全書影印明嘉靖三十九年刻本
中庸管窺一卷　明廖紀撰
　明刻本　江西大學

四庫全書存目叢書影印明刻學庸管窺本

近溪子中庸答問集二卷　明羅汝芳撰　明楊起元輯

明萬曆刻楊貞複六種之四書答問本　復旦　内蒙

中庸經筵直解一卷　宋朱熹集注　明張居正直解

明萬曆元年司禮監刻重刻張閣老經筵四書直解本　故宫　山西師範　吉林大學

中庸一卷　明張居正撰　明沈鯉正字

明崇禎七年方奇峋刻新訂四書直解正字全編本　無錫　中山

中庸二卷　明張居正撰　明焦竑增補　明湯賓尹訂正

明萬曆三十九年閩建書林易齋詹亮刻重刻内府原板張閣老經筵四書直解指南本　浙江　華東師大　杭州　日静嘉堂　日米澤市立圖書館

明天啓元年長庚館刻重刻辯證内府原版張閣老經筵四書直解指南本　日公文書館二部　日龍谷大學

明書林葉顯吾刻重刻張閣老經筵四書直解本　安徽博

中庸二卷附四書講義合參　宋朱熹集注　明張居正直解　明顧宗孟重訂　明顧宗玉撰講義合參

明崇禎九年顧宗孟刻四書直解附四書講義合參本　上海　蘇州

四書集注闡微直解中庸二卷附纂序四書説約合參大全　宋朱熹集注　明張居正直解　明顧宗孟閲　清顧夢麟　清楊彝輯説約合參

清光緒八旗經正書院據康熙十六年徐乾學刻本翻刻四書集注闡微直解附纂序四書説約合參大全本　國圖　北大　天津　南京　湖北　遼寧

四書集注闡微直解中庸二卷　宋朱熹集注　明張居正直解　明顧宗孟閲

清宣統元年學部圖書局石印四書集注闡微直解本　國圖　北大　科學　上海

一九三七年滿日文化協會鉛印四書集注直解本　北大　上海

中庸一卷　明張居正撰　清鄭重等訂

清康熙四十年修齊堂刻四書直解本　湖北

清乾隆三十一年金閶玉樹堂刻經筵進講原本四書本　湖北

中庸一卷　明李贄評

一九七四年上海師範大學圖書館油印本　北大

一九七五年北京中華書局影印明萬曆刻四書評本　北大

中庸一卷　明李贄評　明楊起元批點　明張明憲等參訂

明閔氏刻朱墨套印四書參本　國圖　北大　科學　故宫　國博　天津

祁縣 遼寧 福建師大 湖北 廣西

中庸二卷 明劉思誠 明王守誠撰

明萬曆十六年太原于天經刻四書翼傳三義本 浙江 江西

朱子中庸或問小注一卷 明徐方廣增注

清康熙四十一年陳彝則觀乎堂刻朱子四書或問小注本 北大

朱子中庸或問小注一卷 明徐方廣增注 清鄭任鑰校訂

清康熙六十一年鄭任鑰刻朱子四書或問小注本 北大 科學 遼寧 湖北

中庸述同支言一卷 明許孚遠撰

明萬曆刻本(與大學述同支言一卷論語述一卷合刻)日尊經閣

中庸測意一卷 明管志道撰

明萬曆三十四年刻本 上海

中庸訂釋二卷 明管志道撰

明萬曆三十四年刻本 上海

中庸一卷 明焦竑撰

明萬曆二十一年書林鄭望雲刻焦氏四書講録本 大連

中庸解醒編一卷 明蘇濬撰

清書林鄭閩熊刻解醒編本 國圖

中庸八卷 明徐奮鵬輯

明萬曆四十六年金陵書林鄭大經奎璧堂刻古今道脈本 首都 運城

新絳縣文化館 南京 安徽

中庸一卷 明楊起元撰 明李衷批評 明梁知編

明萬曆三十九年大來山房刻四書評眼本 湖北 日蓬左文庫

明刻本 吉大 日公文書館二部

中庸意二卷 明顧憲成撰

清抄本 復旦

續修四庫全書影印清抄本

中庸正説二卷 明趙南星撰

明刻本 科學

明末李士勳刻本 國圖 浙江

清光緒高邑趙氏刻味檗齋遺書之學庸正説本 北大 上海 復旦

清抄本 復旦

中庸正説詳節二卷 明趙南星撰

清石印本 科學

中庸大意一卷 明董懋策撰

清光緒三十二年會稽董氏取斯家塾刊董氏叢書本 國圖 北大 清華

北師大　華東師大

中庸二卷　明唐汝諤撰

明萬曆刻增補四書微言本　國圖

中庸臆説今文一卷中庸古文臆説二卷　明李光縉撰　明李槃撰中庸古文臆説

明崇禎元年刻本　日公文書館

中庸古文臆説二卷　明李槃撰

明崇禎元年刻本　日公文書館

中庸外傳二卷首一卷　明顧起元撰

明萬曆四十五年刻本　東北師大

明萬曆天啓顧氏歸鴻館刊歸鴻館雜著本　國圖

中庸外傳前語一卷　明顧起元撰

清順治刻四書大全辯本　北大　河南

中庸外傳略例一卷　明顧起元撰

清順治刻四書大全辯本　北大　河南

中庸一卷　明張汝霖撰

明刻荷珠録本　蘇州

中庸一卷　明湯賓尹撰　明李元賓校

明坊刻新鐫湯會元四書合旨本　日蓬左文庫

中庸一卷　明湯賓尹撰　明鄭名世校

明萬曆二十三年光裕堂刻刊湯會元參詳明公新説四書解頤鰲頭本　日龍谷大學

中庸湖南講一卷　明葛寅亮撰

明崇禎刻四書湖南講本　科學　陝西　浙江　湖北

中庸詁一卷　明葛寅亮撰

明崇禎刻學庸詁本　科學

中庸發覆編二卷　明周從龍撰

明萬曆三十九年刻繹聖二編本　上海

讀中庸一卷　明曹珖撰

明抄大樹堂説經本　國圖

中庸四卷　明鹿善繼撰

清道光二十四年刻四書説約本　科學　湖北

清道光二十八年刻四書説約本　北大　復旦　天津　南京　湖北

一九二一年吴興劉承幹刻留餘草堂叢書之四書説約本　國圖　北大　清華　北師大　上海　青島　南京　南大　浙江

中庸一卷　明章世純撰
明天啓七年刻四書留書本　上海　湖北　重慶
明末富酉齋刻本　科學　中山
清乾隆四庫全書館寫欽定四庫全書本
清抄本(清丁丙跋)南京
四書考中庸三卷　明陳仁錫增定
明萬曆南城翁少麓刻四書備考本　國圖
明崇禎七年刻四書備考本　北大　清華　人大　中央民大　中央教科所　上海　華東師大　上海辭書　内蒙古　吉大　陝西等馆
中庸考異一卷　明陳仁錫增定
明萬曆南城翁少麓刻四書備考本　國圖
明崇禎七年刻四書備考本　北大
中庸一卷　明洪啓初撰
明萬曆四十五年刻四書翼箋本　東北師大
中庸二卷　明王夢簡撰
明天啓七年刻四書徵本　北大　南大
中庸約説一卷　明孫肇興撰
明崇禎六年刻朱墨套印四書約説本　科學
鐫張蘇兩大家四書講義合參中庸二卷　明蔣方馨輯
明崇禎六年刻鐫張蘇兩大家四書講義合參本　科學
中庸古本旁釋一卷古本前引一卷古本後申一卷　明王文禄撰
明萬曆中刊百陵學山本　國圖　上海
一九三八年上海商務印書館據明隆慶本影印元明善本叢書十種之百陵學山本　國圖　北師大　上海　華東師大
中庸古本前引一卷　明王文禄撰
明萬曆刻百陵學山本　國圖　上海
一九三八年上海商務印書館據明隆慶本影印元明善本叢書十種之百陵學山本　國圖　北師大　上海　華東師大
中庸古本後申一卷　明王文禄撰
明萬曆中刊百陵學山本　國圖　上海
一九三八年上海商務印書館據明隆慶本影印元明善本叢書十種之百陵學山本　國圖　北師大　上海　華東師大
中庸説一卷　明辛全撰
明萬曆四十七年刻清彙印四書説本　科學

一九三六年鉛印山右叢書初編之四書説本　國圖　首都　北大　清華　北師大　上海　復旦

新訂四書補注備旨中庸一卷　明鄧林撰　清杜定基增訂

清乾隆四十四年刻新訂四書補注備旨本　復旦

清同治十年文益堂刻新訂四書補注備旨本　遼寧

清光緒七年刻壽春棣蕚堂藏板新訂四書補注備旨本　國圖　北師大　上海　復旦

清光緒三義堂刻新訂四書補注備旨本　北大

中庸通義一卷　明魯論撰

清乾隆二十八年刻四書通義本　江西

中庸一卷　明楊廷麟撰　明朱長祚補

明太倉張溥刊新刊翰林機部楊先生家藏四書慧解本　日蓬左文庫

中庸一卷　明張溥纂

明崇禎吴門寶翰樓刻四書注疏大全合纂本　華東師大　南京　餘姚　湖北　湖南

中庸大全講意二卷　明張溥撰　清吴偉業參補

明崇禎刻四書尊注大全本　科學

中庸二卷　明張明弼撰　明夏允彝等補

明刻參補鄒魯心印集注本　日公文書館

中庸二卷　明張明弼撰

明種德堂刻四書揚明本　日無窮會天淵文庫

新刊四書説略十卷　明趙應元撰　明錢立等編　明朱堯年等校

明陳大賓刻本　日蓬左文庫

中庸一卷　明余應虬輯

明末刻近聖居四書翼經圖解本　華東師大

中庸一卷　明余之祥撰

清順治十七年刻四書宗旨要言本　首師大

中庸直指一卷　明史德清撰

清光緒十年金陵刻經處刻本　國圖　北大　天津　上海　南京　湖北　南京

民國鉛印本　國圖

中庸順講一卷　明芮城撰

清光緒七年溧陽彭君穀尊經閣刻本　北大　湖北

中庸二卷　明周華輯

明刻新刊重校補訂四書集説本　重慶

中庸章句四卷 清張自烈等增删
清順治刻四書大全辯本 北大 河南
藕益中庸直指一卷 清智旭撰
清浙江書局刻本 南京
清光緒金陵刻經處刻本 上海
中庸解辨一卷 清王縡撰
清同治六年刻本 國圖 北大 上海
中庸翊注三卷 清刁包輯
清雍正年光裕堂刻四書翊注本 國圖
清道光二十七年刁繼祖惇德堂刻四書翊注本 北大 上海 浙江 遼寧 湖北
清道光至同治間刁懷謹順積樓刻用六居士所著書本 清華 北師大 復旦
清咸豐六年祈州刁氏刻本 國圖
中庸解一卷 清任大任撰
清康熙刻本 國圖
中庸二卷 明徐養元輯
清康熙四年周殿一留耕堂刻白菊齋訂四書本義集説本 清華
中庸三卷
清康熙三十年刻石渠閣精訂徐趙兩先生四書集説本 北大
舊抄四書集説本 國圖
中庸切己録一卷 清謝文洊撰
清光緒十八年謝鏞刻謝程山全書之學庸切己録本 北大 遼寧
一九二五年吴興劉承幹刻留餘草堂叢書本 國圖 北大 清華 北師大
中庸澹言一卷 清郜成撰
清光緒十一年東雍書院刻郜冰壑先生全書本 國圖 雲南
中庸學思録一卷 清郜成撰
清光緒十一年東雍書院刻郜冰壑先生全書本 國圖 雲南
中庸八卷首一卷 清魏裔介撰
清康熙五十一年魏荔彤刻朱子四書全義本 清華
中庸説五卷 清毛奇齡撰
清康熙間李塨等刊西河合集本 國圖 首都 北大
清康熙二十五年蕭山書留草堂刻清乾隆十年印西河合集本 北大
清嘉慶元年蕭山陸氏凝瑞堂刻西河合集本 北大
清乾隆三十五年陸體元修補重印西河合集本 上海 復旦

四庫全書存目叢書北京圖書館古籍珍本叢刊影印清康熙刻西河合集本

中庸大全章句二卷　清陸隴其輯

清康熙三十七年嘉會堂刻三魚堂四書大全本　國圖　北大　遼寧　湖北

清康熙四十一年當湖陸氏刻三魚堂四書大全本　國圖　上海　復旦

中庸或問一卷　清陸隴其輯

清康熙三十七年嘉會堂刻三魚堂四書大全本　國圖　北大　遼寧　湖北

清康熙四十一年當湖陸氏刻三魚堂四書大全本　國圖　上海　復旦

中庸講義困勉録二卷　清陸隴其撰　清陸公鏐編

清康熙十四年刻四書講義困勉録本　國圖

清康熙三十八年嘉會堂刻四書講義困勉録本　北大　上海　南京　湖北

清乾隆四年嘉會堂刻四書講義困勉録本　國圖　北大　上海　浙江　南京

清乾隆四庫全書館寫欽定四庫全書本

中庸講義續困勉録一卷　清陸隴其撰　清陸公鏐編

清康熙十四年刻四書講義困勉録本　國圖

清康熙三十八年嘉會堂刻四書講義困勉録本　北大　上海　南京　湖北

清乾隆四年嘉會堂刻四書講義困勉録本　國圖　北大　上海　浙江　南京

清乾隆四庫全書館寫欽定四庫全書本

中庸講義二卷　清朱用純撰

清乾隆刻學庸講義本　上海　南京

清光緒二年江蘇書局刻本　國圖　北大　天津　上海　南京　浙江

清刻相在書屋藏版本　國圖

清徐椿手抄本（清崔以學跋）　上海

一九二八年太倉俞氏世德堂鉛印太崑先哲遺書首集本　北大

四書反身録中庸一卷　清李顒述　清王心敬録輯

清康熙思硯齋刻四書反身録本　天津

清道光十一年三韓劉氏刻四書反身録本　北大

清同治十二年西安馬存心堂重刻四書反身録本　天津

清光緒二十六年湘陰奎樓蔣氏小嫏嬛山館刻四書反身録本　北大

清浙江書局刻四書反身録本　北大

中庸發揮一卷　日本伊藤維楨撰

日本正德四年古義堂刻本　國圖　北大

中庸疏略一卷　清張沐撰

清康熙著蔡張氏刻五經四書疏略本　清華

續修四庫全書影印清康熙刻本

踈闇齋纂序四書繹注講意中庸一卷　清劉梅纂

清康熙金閶文雅堂刻踈闇齋纂序四書繹注講意本　國圖　北大

中庸一卷　宋朱熹章句　清范翔參訂

清康熙三十一年刻四書體注本(自坡居士有常跋)　上海

中庸一卷　清顔元撰

清嘉慶元年張與齡抄顔習齋先生四書正誤本　南開

抄本　北大

一九二三年北京四存學會鉛印顔李叢書本　北大

中庸一卷　清蔡方炳重纂　清黄驤同纂

清光緒十三年務時敏齋刻五車樓五訂正韻四書纂序説約集注定本本　湖北

中庸翼注論文二卷　清張甄陶撰

清乾隆五十三年福清張氏刻四書翼注論文本　北大

中庸章段一卷　清李光地撰

清康熙五十九年安溪李馥刻六十一年增修居業堂藏板四書解義本　國圖　科學　清華　福建

清乾隆四庫全書館寫欽定四庫全書本

清乾隆元年李清植刻嘉慶六年補刻李文貞公全集本　上海　復旦

清道光五年李維迪刻榕村全書之四書解義本　國圖　首都　北大　科學

中庸餘論一卷　清李光地撰

清康熙六十一年安溪李馥刻居業堂藏板四書解義本　國圖　清華　福建

清乾隆元年李清植刻嘉慶六年補刻李文貞公全集本　上海　復旦

清乾隆四庫全書館寫欽定四庫全書本

清道光五年李維迪刻榕村全書之四書解義本　國圖　首都　北大　科學

中庸四記一卷　清李光地撰

清康熙六十一年安溪李馥刻居業堂藏板四書解義本　國圖　清華　福建

清乾隆元年李清植刻嘉慶六年補刻李文貞公全集本　上海　復旦

清乾隆四庫全書館寫欽定四庫全書本

清道光五年李維迪刻榕村全書之四書解義本　國圖　首都　北大　科學

中庸一卷　清陳詵撰

清康熙信學齋刻四書述十九卷本　故宫

中庸一卷　清王吉相撰　清賈錫智校

清道光二十四年刻四書心解本　國圖　科學　南京　湖北

中庸朱子大全三卷　清戴名世編　清程逢儀重輯

清康熙四十七年程逢儀刻四書朱子大全本　國圖　科學　湖北

中庸一卷　清湯傳榘撰
清康熙四十四年刻四書明儒大全精義本　科學　上海　南京　湖北
中庸傳注一卷　清李塨撰
清刻恕谷後集本　北大
清末排印大學中庸傳注本　湖北
一九二三年北京四存學會鉛印顏李叢書本　國圖　首都　北大
續修四庫全書影印民國十二年四存學會鉛印顏李叢書本
四庫全書存目叢書北京圖書館古籍珍本叢刊影印清康熙雍正間刻顏李叢書本
中庸傳注問一卷　清李塨撰
清刻恕谷後集本　北大
一九二三年北京四存學會鉛印顏李叢書之傳注問本　國圖　首都　北大
天津　湖北
續修四庫全書影印民國十二年四存學會鉛印顏李叢書本
傳注問四卷　清李塨撰
康熙雍正間刻顏李叢書本
四庫全書存目叢書北京圖書館古籍珍本叢刊影印清康熙雍正間刻顏李叢書本
續修四庫全書影印民國十二年四存學會鉛印顏李叢書本
恕谷中庸講語一卷　清李塨述　清李魁春等録
一九二三年北京四存學會鉛印顏李叢書之傳注問本　北大
四庫全書存目叢書影印民國十二年四存學會鉛印顏李叢書本
續修四庫全書影印民國十二年四存學會鉛印顏李叢書本
中庸劄記一卷　清楊名時撰
清乾隆五十九年江陰葉廷甲水心草堂刻楊氏全書本　北大
清宣統元年刻楊氏全書　科學　上海
中庸講義一卷　清楊名時撰
清乾隆五十九年江陰葉廷甲水心草堂刻楊氏全書之六本　北大
清宣統元年刻楊氏全書本　科學　上海
四庫全書存目叢書北京圖書館古籍珍本叢刊影印清乾隆五十九年江陰葉廷
甲水心草堂刻楊氏全書本
提綱中庸一卷　清金周熊輯
清抄本　北大
中庸三卷　清李沛霖　清李禎訂
清康熙近譬堂刻四書朱子異同條辨本　國圖　北大　科學　清華
中科院考古所　上海　復旦　南京　山西文物局

清朱文堂翻刻近譬堂刻四書朱子異同條辨本　浙江　湖北
清黎光樓翻刻近譬堂刻四書朱子異同條辨本　國圖　天津　浙江
中庸解一卷　日本物茂卿撰
日本寶曆三年東都書林松本新六刻本　國圖　北大
日本寫刻廣運堂藏版本　國圖
中庸困學録一卷　清王澍輯
清乾隆二年刻積書巖六種本　國圖　首都　清華
四庫全書存目叢書續修四庫全書北京圖書館古籍珍本叢刊影印清乾隆二年刻積書巖六種本
中庸約旨一卷　清任啓運撰
清乾隆五年刻四書約旨本　上海　南京
清乾隆三十六年清芬堂刻四書約旨本　國圖　北大　浙江
清光緒九年筱里任氏一本堂家塾刻四書約旨本　國圖　北大　復旦　南京
清光緒二十年浙江官書局覆刻任氏家塾四書約旨本　國圖　北大　天津　上海　南京　浙江　湖北
中庸一卷　清彭軏撰
清康熙五十年刻四書講義持衡本(葉葆跋)　山東
中庸本文一卷　清王澍撰
清乾隆刻本　國圖
中庸剩語一卷　清華希閔撰
清乾隆刻本　國圖
中庸章句本義彙參六卷首一卷　清王步青輯
清乾隆十年敦復堂刻四書朱子本義滙參本　北大
清承德堂翻刻乾隆十年敦復堂刻四書朱子本義滙參本　北大
清文會堂翻刻乾隆十年敦復堂刻四書朱子本義滙參本　北大
清翻刻乾隆十年敦復堂刻四書朱子本義滙參本　北大　遼寧
清光緒三十一年上海宏文閣書局石印四書朱子本義滙參本　北大
四書自課録中庸二卷　清任時懋輯
清乾隆四年璜川吴贊皇吴企晉等刻四書自課録本　北大　科學　天津　復旦　南京　湖北
清道光九年璜川書屋刻四書自課録本　上海　湖北
中庸三卷　清湯豫誠撰
清湯豫誠四書困學編稿本　河南
中庸札記一卷　清范爾梅撰
清雍正七年刻敬恕堂藏板讀書小記二十種本　國圖　北大　北師大

續修四庫全書影印清雍正七年敬恕堂刻讀書小記本

中庸讀法一卷　清王又樸撰

清乾隆十九年刻詩禮堂全集本　國圖　北大　北師大　科學

中庸總說一卷　清王又樸撰

清乾隆十九年刻詩禮堂全集本　國圖　北大　北師大　科學

中庸述朱大全三卷　清周亦魯輯

清康熙六十一年雲中居刻四書述朱大全本　上海

四書體注合講中庸一卷　清翁復編

清雍正八年文奎堂刻四書合講本　浙江

清雍正八年英德堂銅版印四書合講本　上海

清嘉慶十三年五柳居刻四書合講本　南京

清道光元年刻酌雅齋四書遵注合講本　國圖　上海　復旦　湖北

清道光十六年刻芸生堂四書體注合講本　北大

成均課講中庸一卷　清崔紀撰

清雍正刻四書温講雜集本　國圖

北京圖書館古籍珍本叢刊影印清雍正刻四書温講雜集本

四書朱子大全精言中庸四卷　清周大璋纂輯　清魏一齋鑑定

清康熙四十七年寶旭齋刻四書朱子大全精言本　北大

增删四書朱子大全精言中庸四卷　清周大璋纂輯　清張藥齋鑑定

清乾隆三年光德堂刻增删四書朱子大全精言本　北大　南京

清玉蘭堂刻增删四書朱子大全精言本　北大　上海

中庸一卷附審音辨體考異　宋朱熹章句　清陳宏謀撰審音辨體考異

清刻陳榕門四書章句集注緯文堂藏版本　北大

中庸一卷附審音辨體考異　宋朱熹章句　清陳宏謀撰審音辨體考異

清末義和堂刻裹如堂四書本　北大

中庸脈絡二卷　清吴蔭華撰

清乾隆刻本　國圖

中庸章句修補二卷　清王善橚撰

清乾隆刻本　國圖

中庸二卷　清耿埰撰

清乾隆元年屏山堂刻四書讀注提耳本　科學　天津

清同治九年屏山堂刻四書讀注提耳本　復旦

中庸章句凝道録一卷　清劉紹攽撰

清劉紹攽四書凝道録稿本　陝西

清光緒二十年仁懿堂刻四書凝道録本　國圖　北大　北師大　科學　上海

中庸一卷　清何始升撰

清乾隆九年亦樂堂刻四書正韻本　科學

中庸三卷　清劉所説撰

清乾隆十四年劉起翰肆業堂刻四書尋真本　科學

中庸竊補九卷　清陳孚輯

清乾隆十五年刻學庸竊補本　國圖　南京

清乾隆刻道南堂藏板學庸竊補本　國圖

中庸講義四卷　清王元啓撰

清乾隆刻惺齋先生雜著之四書講義本　國圖

中庸一卷　清楊玉緒撰

清乾隆二十五年刻四書述要本　科學

清刻四書述要巾箱本　湖北

四書要言中庸一卷　清林霖輯

清抄四書要言本　北大

中庸補注一卷　清戴震撰

清戴氏長留閣抄本(清戴望校　鄧實跋)　國圖

清抄本　北大

王氏學禮齋抄本　復旦

抄本　上海

一九三六年安徽叢書編印處據南陵徐氏傳抄本影印安徽叢書第六期之戴東原先生全集本　國圖　首都　北大

續修四庫全書影印清戴氏長留閣抄本

四書疏注撮言大全中庸二卷　清胡斐才撰

清乾隆二十八年文光堂刻四書疏注撮言大全本　北大

清乾隆二十八年經國堂刻四書疏注撮言大全本　科學

甌香館四書説中庸一卷　清郝寧愚撰

清道光二十九年郝氏刻甌香館四書説本　北大

中庸麈言一卷　清戴宫華撰　清趙宗樸録

清乾隆六十年趙佑刻四子書麈言本　湖北

中庸講義集説一卷　清李道南撰

清乾隆三十年還是讀書堂刻四書集説本　國圖　北大　科學　上海

清乾隆四十二年刻本　湖北

中庸繹解一卷　日本皆川願撰

日本安永至寬政間刻本　北大

中庸朱子大全三卷圖一卷讀法一卷　清秦宮璧撰　清張一檇等校
清乾隆刻四書朱子大全本　湖北
中庸章句新疏二卷　日本室直清撰　日本荒井公廉補訂
日本文政七年大坂和泉本八兵衛等刻本　日宮城縣圖書館　椙山女學園大學
中庸講義五卷　清韓㦗輯
清道光十一年許殿臣等約堂刻韓魯人晴窗隨筆四書講義本　北大
中庸明鏡一卷　清鳳應韶輯
清道光三十年篁墅明恕堂刻本　科學　上海
中庸輯要一卷　清闞涵撰
清乾隆五十三年刻本　南京
四書摭餘説中庸一卷　清曹之升撰
清乾隆六十年刻四書摭餘説本　上海
清嘉慶三年蕭山曹氏家塾刻四書摭餘説本　北大　上海（胡玉縉校）　南京湖北
清道光十二年來鹿堂刻四書摭餘説本　湖北
中庸講語一卷　清楊履基撰
清乾隆四十年刻本　上海
清嘉慶二十四年華亭張氏書三味樓刻書三味樓叢書本　上海
致用精舍中庸講語記略一卷　清王輅撰
清光緒十一年致用精舍刻致用精舍講語本　國圖　北大　湖北
中庸一卷　清章宋待撰　清章祖武編
清嘉慶三年崇文堂刻四書聯珠本　國圖
中庸一卷　清吴昌宗撰
清嘉慶三年江都汪廷機刻四書經注集證江都汪氏藏版本　國圖　北大科學　天津　上海　復旦　南京　浙江
清嘉慶三年江都汪廷機刻光緒四年望三益齋重修四書經注集證本　北大上海
清翻刻嘉慶三年江都汪廷機刻四書經注集證本　北大
清槐蔭山房刻四書經注集證本　北大
清文發堂刻四書經注集證本　北大
中庸會解二卷　清綦澧撰
清嘉慶五年還醇堂刻四書會解本　北大　科學　上海
清道光九年琴川閣刻四書會解本　南京

清咸豐元年三益堂刻四書會解本　南京
清同治八年重刻四書會解本　南京

中庸一卷　清劉式潤撰
清嘉慶五年寫刻誦芬草堂手録正蒙四書本　天津

中庸味根録二卷　清金澂撰
清道光十七年刻四書味根録本　浙江
清道光二十六年刻燦花吟館藏版四書味根録本　國圖
清咸豐十年萬萃樓刻四書味根録本　上海
清咸豐十年緑雲書舍刻四書味根録　國圖
清光緒三年京都寶善堂刻四書味根録本　北大　南京

加批增補四書味根録中庸二卷附疑題解　清金澂撰
清光緒十五年上海蜚英館石印批增補四書味根録附疑題解巾箱本　遼寧

四書題鏡中庸　清汪鯉翔撰
清乾隆九年刻四書題鏡本　國圖　上海　南京　日東京都立圖書館
清乾隆九年英德堂刻四書題鏡本　北大
清乾隆十七年刻四書題鏡本　遼寧
清乾隆五十一年刻四書題鏡書業堂藏版本　國圖　天津
清乾隆元年英德堂刻四書題鏡本　北大

四書味根録中庸二卷附四書題鏡　清金澂撰味根録　清汪鯉翔撰四書題鏡　清鴻文書局重編
清光緒十四年上海鴻文書局石印四書題鏡味根合編本　北大

四書味根録題鏡合編中庸一卷附四書宗旨　清金澂撰味根録　清汪鯉翔撰四書題鏡
清光緒十年上海點石齋石印四書味根録題鏡合編附四書宗旨本　湖北
清光緒十六年上海鴻文書局石印四書味根録題鏡合編附四書宗旨本　上海

四書勸學録中庸六卷　清謝廷龍輯
清道光四年刻富文堂藏板四書勸學録本　北大

中庸私解一卷　清徐潤第撰
清道光二十八年徐繼番刻敦艮齋遺書本　國圖　北大　清華

中庸原解三卷　日本大田元貞撰
日本文政五年刻多稼軒藏版本　國圖　北大

四書恒解中庸二卷　清劉沅輯注
清光緒十年豫誠堂刻槐軒全書之四書恒解本　北大　科學　上海
華東師大

清末亞東製版印刷局鉛印四書恒解本　北大
一九一二年三多寨凝善堂刻槐軒全書之四書恒解本　北大

中庸四卷　清陶起庠撰　清陶金烇等校
清嘉慶十八年謙益堂刻四書集説本(佚名批校)　天津　湖北

四書補義中庸一卷　清陶起庠撰　清陶金烇等校
清嘉慶十八年謙益堂刻四書補義本　國圖　北大　科學　天津　湖北

中庸欄外書一卷　日本佐藤坦述
日本抄本　北大

中庸考一卷　日本龜井元鳳撰
日本抄本　北大

中庸一卷　清吕世鏞輯
清康熙五十八年吕世鏞刻四書正體附校定本　國圖　北大
清懷永堂刻四書正體本　天津

四書拾疑中庸一卷　清林春溥輯
清道光十四年閩縣林氏刻竹柏山房十五種之四書拾疑本　國圖　北大　湖北

中庸一卷　清宋翔鳳撰
清嘉慶十八年長洲宋氏浮谿草堂刻四書古今訓釋本　北大　科學

中庸四卷　清宋翔鳳撰
清嘉慶刻四書纂言本　南京
清光緒八年古吴李祖榮岝崿山房刻四書纂言本　國圖　北大　遼寧　南京　湖北　浙江

中庸古本説二卷　清郭階平撰
清嘉慶二十四年續香齋刻本　南京

中庸臆測二卷　清王定柱撰
清嘉慶二十四年刻本　南京
清嘉慶二十四年刻滇南文錦齋藏版本　國圖

中庸説一卷　清包汝巽撰
清道光刻鄭本大學説一卷中庸説一卷本(清丁晏批注並跋)　國圖
涇縣胡氏抄鄭本大學説一卷中庸説一卷本　上海

中庸宗朱直解四卷　清王履中撰
清道光九年强恕堂刻本　上海

中庸繹藴三卷　清胡笴撰
清道光二十二年胡裕後堂刻本　科學　南京

中庸述義一卷 清單爲鏓撰
清同治七年刻單氏全書之四書述義前集本 國圖 北大 哈爾濱
中庸述義續一卷 清單爲鏓撰
清同治七年刻單氏全書之四書述義後集本 國圖 北大 哈爾濱
中庸指掌一卷 清汪瑞堂撰 清周際華增訂
清道光二十一年刻家蔭堂藏板學庸指掌本 國圖 科學
中庸三卷 清楊大受輯
清道光十六年刻以約齋藏版四書講義切近録本 國圖
中庸一卷 清馬國翰輯
清光緒十五年章邱李氏刻玉函山房輯佚書目耕帖續編本 北大
中庸一卷 清賴相棟撰
清道光二十年刻四書管窺本 湖北
中庸俟二卷 清陳世鎔撰
清同治四年獨秀山莊刻脈望齋藏板求志居全集本 北大
四書隨見録中庸一卷 清鄒鳳池輯 清陳作梅輯
清道光二十七年鄒氏陳氏刻四書隨見録本 北大
中庸補釋一卷 清張承華撰
清同治三年刻學庸補釋新編本 北大
清光緒十年皖桐會友堂刻本 上海
中庸諸家考辨一卷 清張承華撰
清同治三年刻學庸補釋新編本 國圖 北大
還硯齋中庸題解參略二卷 清趙新撰
清光緒八年黄樓刻還硯齋全集本 國圖 首都 北大 科學
中庸章句質疑二卷 清郭嵩燾撰
清光緒十六年思賢講舍刻學庸質疑本 國圖 科學 天津 上海 南京 湖北
舊抄本 國圖
續修四庫全書影印清光緒十六年思賢講舍刻本
中庸章句一卷 宋朱熹撰 清高玲批點
清道光七年高玲愷元堂刻朱墨印新刻批點四書讀本本 國圖 天津 上海(佚名眉批) 南京 浙江 湖北
清同治十三年三益堂刻新刻批點四書讀本本 上海
一九二一年玉山慎言堂刻新刻批點四書讀本本 復旦
中庸參證一卷 清沈輝宗撰
清光緒四年刻致遠堂藏版大學參證二卷中庸心悟一卷中庸參證一卷本

國圖　科學　上海

中庸心悟一卷　清沈輝宗撰

清光緒四年刻致遠堂藏版本　國圖　上海

中庸古本述注一卷　清姜國伊撰

清同治光緒間刻守中正齋叢書本　上海

中庸闡要一卷　清張恩尉撰

清光緒九年刻大學闡要一卷中庸闡要一卷孝經闡要一卷論語論略一卷孟子論略一卷本　國圖　科學　南京　湖北

中庸訓蒙瑣言一卷　題清乳山山人集

清光緒八年乳山山人刻問經堂存板學庸訓蒙瑣言本　北大

中庸節訓一卷　清吕調陽撰

清光緒十四年彭和吕氏刻觀象廬叢書志學編本　國圖　北大　科學

中庸一卷　清羅大春增訂

清光緒十三年宗德堂刻批點四書本　湖北

中庸八卷　清查禮仁撰

清光緒十八年涇陽劉氏敦厚堂成都刻學庸俗話本　國圖

中庸故一卷　清陸殿邦撰

清光緒十三年陸氏刻維心亨室四書講義本　北大

讀中庸記一卷　清范泰衡撰

清道光三十年刻本　國圖　湖北

中庸本解二卷中庸提要一卷　清楊亶驊撰

清光緒五至十三年定州王氏謙德堂刻畿輔叢書本　國圖　首都　北大　科學

中庸提要一卷　清楊亶驊撰

清光緒五至十三年定州王氏謙德堂刻畿輔叢書本　國圖　首都　北大　科學

中庸釋一卷　清郭階撰

清光緒十五年刻春暉雜稿本　國圖　北大　科學

中庸瞽談一卷　清張士保撰

清張士保稿本　山東

清同治十二年華南書屋抄本　國圖

中庸解辨　清王禂撰

清同治六年刻本　上海

中庸總論一卷　清唐圻著

清光緒五年新安唐氏刻本　國圖

中庸旨説一卷　清程智撰
　清抄本　南京
中庸章句議略一卷　清高心伯撰
　清高心伯四書議略稿本　江西博
中庸明解一卷　清高錫麒撰
　清刻本　南京
中庸述義二卷　清黄錫慶撰
　清刻本　國圖
中庸彙解二卷　清淩陛卿輯
　清光緒二十九年上海鴻文書局石印清朝四書彙解本　上海　浙江
中庸時習録二卷　清馬鑾宇撰
　清光緒二十年刻本　國圖
中庸思辯録□卷　清朱鼎謙撰
　玉山講堂刻本　南京
中庸章句增釋一卷　清彭崧毓撰
　清光緒刻大學中庸章句增釋本　湖北
中庸合注定本一卷　佚名撰
　清臥月樓抄本(清翁同書跋)　清莫友芝跋　國圖
中庸集注一卷附四論解　佚名撰
　清刻本　北大
中庸合注一卷　佚名撰
　四庫全書存目叢書北京圖書館古籍珍本叢刊影印清抄本
中庸鄭朱異同説一卷　王樹楠撰
　清光緒刻本　科學
中庸注一卷　康有爲撰
　清光緒二十七年康有爲鉛印本　北大
　一九一六年廣智書局鉛印本　上海
中庸遺語　清徐鑒撰
　民國石印本　科學　南京

三、論語之屬

(一) 正文

論語十卷
　唐開成二年勒石清廖氏半畝園嫏嬛妙境拓印唐開成石經本　北大

一九二六年張宗昌皕忍堂摹刻唐開成石經本　北大　遼寧　湖北

論語一卷

宋刻遞修巾箱八經本　國圖

一九二六年陶湘涉園影印宋刻遞修巾箱八經本　北大

論語二卷

元刻本　上海

明刻本　吉林

明抄本　國圖

清乾隆嘉慶間刻本　北大

論語二卷　清秦鏷訂正

明崇禎十三年錫山秦鏷求古齋刻九經本　國圖　北大　上海　復旦　山東　重慶

清心逸齋翻刻明崇禎十三年錫山秦鏷求古齋刻九經本　北大

清心逸齋翻刻明崇禎十三年錫山秦鏷求古齋刻九經清末觀成堂印本　北大　上海　復旦

古香齋鑒賞袖珍論語十卷

清康熙乾隆間內府刻古香齋袖珍十種之古香齋四書本　國圖

清光緒九年南海孔廣陶岳雪樓刻古香齋袖珍十種之古香齋四書本　國圖　北大　南京

論語古今文

清抄本　湖北

論語正文二卷

日本天明元年東都滕清卿刻本　國圖　北大

篆文論語

清雍正內府刻欽定篆文六經四書本　國圖　北大　上海　復旦

清光緒九年上海同文書局據清雍正內府刻本影印欽定篆文六經四書本　首都　清華　北師大

九二四年上海千頃堂書局據清雍正內府刻本影印篆文六經四書本　上海　復旦　華東師大

民國碧梧山莊據清殿本影印篆文四書本　北大

篆文論語十卷　清丁艮善撰

清咸豐七年日照丁氏活字印本　科學

校刻篆文論語考證二卷附録一卷　清丁楙五撰　清許瀚　清丁艮善撰附録

稿本　科學(存卷上)

清日照丁氏抄本　科學(存卷上附録)

大篆論語二卷附録許氏説文引論語三十六條　清吴大澂書

清光緒十一年同文書局石印本　國圖　北大　上海　復旦　南京　湖北　遼寧

一九一四年蘇州振新書社石印本　復旦　遼寧

論語(满漢對照)二卷

清康熙玉樹堂刻新刻滿漢字四書本　北大

清康熙天繪閣刻新刻滿漢字四書本　北大

論語(滿漢合璧)二卷　清高宗弘曆敕譯　清鄂爾泰等譯

清乾隆二十年武英殿刻御製翻譯四書本　國圖　天津　復旦

清光緒四年成都八旗官學刻御製翻譯四書本　南京

清光緒十四年京都聚珍堂刻御製翻譯四書本　北大　遼寧

清光緒京都三槐堂刻御製翻譯四書本　北大

論語(蒙漢對照)五卷　清噶勒桑譯　蒙文書社編譯部編譯

一九二四年蒙文書社鉛印蒙漢合璧四書本　北大　遼寧

論語(满蒙漢對照)

清乾隆刻御製翻譯四書本　北大

(二)傳説

論語　漢鄭玄注

唐寫卷子本(自顔淵篇第十二之哀公問於有若曰至子路篇第十三)　日書道博物館

論語　漢鄭玄注

唐寫卷子本(子路篇第十三憲問篇第十四)　日龍谷大學

論語孔氏訓解十一卷　漢孔安國撰　清馬國翰輯

清同治十年濟南皇華館刻玉函山房輯佚書本

清光緒九年長沙嫏嬛館刻玉函山房輯佚書本　國圖　首都　北師大　科學

清光緒九年長沙嫏嬛館刻光緒十年章邱李氏印玉函山房輯佚書本　北師大　上海

清光緒十年楚南書局刻玉函山房輯佚書本　國圖　北大

論語孔氏注一卷　漢孔安國撰　清王仁俊輯

清光緒王仁俊輯十三經漢注稿本　上海

清光緒王仁俊稿本玉函山房輯佚書續編本　上海

論語馬氏訓説二卷　漢馬融撰　清馬國翰輯
清同治十年濟南皇華館刻玉函山房輯佚書本
清光緒九年長沙嫏嬛館刻玉函山房輯佚書本　國圖　首都　北師大　科學
清光緒九年長沙嫏嬛館刻光緒十年章邱李氏印玉函山房輯佚書本　北師大　上海
清光緒十年楚南書局刻玉函山房輯佚書本　國圖　北大

馬融注論語一卷　漢馬融撰　龍璋輯
一九三一年攸縣龍氏排印小學蒐逸二編下編補本　北大　北師大

論語　存爲政第二、八佾第三、里仁第四、公冶長第五　漢鄭玄注
唐景龍四年卜天壽寫本　新疆博物館

論語　存卷二　漢鄭玄注
一九一三年上虞羅氏據唐寫本影印鳴沙石室佚書初編本　國圖　首都　北大　北師大　復旦

論語　存子路篇　漢鄭玄注
一九一七年上虞羅氏據唐寫本影印鳴沙石室古籍叢殘之群經叢殘本　國圖　首都　北大　科學

古文論語鄭注二卷　漢鄭玄注　宋王應麟撰集
清嘉慶十六年醉經堂刻本　北大
清抄本　國圖　科學　河南
一九三五年南海黄氏據舊版彙印芋園叢書本　北大　清華　北師大

古文論語二卷附録一卷　漢鄭玄注　宋王應麟撰集
清乾隆鮑氏知不足齋刻本（清陳鱣清吴騫校補並跋　清陳鱣録清丁傑校補題識　清莫棠跋）　國圖
清光緒十年巴陵方氏廣東刻宣統元年印碧琳琅館叢書甲部本　國圖　北大　科學
清抄本（孫壯題記）　科學

論語注十卷　漢鄭玄撰　清孔廣林輯
清光緒十六年山東書局刻通德遺書所見録本　國圖　首都　科學　天津　遼寧　山東

論語注一卷　漢鄭玄撰　清王謨輯
清嘉慶三年金溪王氏刻漢魏遺書抄本　國圖　北大　北師大　科學　遼寧　山東

論語注十卷　漢鄭玄撰　清袁鈞輯
清光緒十年四明觀稼樓刻鄭氏佚書本　北師大　天津　遼寧

清光緒十四年浙江書局刻鄭氏佚書本　國圖　首都　北大　北師大　科學

論語注一卷　漢鄭玄撰　清黄奭輯

清道光甘泉黄氏刻光緒印漢學堂叢書之高密遺書本　國圖　首都　北大　科學

清道光甘泉黄氏刻一九二五年王鑒修補重印黄氏逸書考之通德堂經解本　國圖　北大

清道光甘泉黄氏刻一九三四年江都朱長圻修補重印黄氏逸書考之通德堂經解本　國圖　北大

論語鄭氏注十卷　漢鄭玄撰　清馬國翰輯

清同治十年濟南皇華館刻玉函山房輯佚書本

清光緒九年長沙嫏嬛館刻玉函山房輯佚書本　國圖　首都　北師大　科學

清光緒九年長沙嫏嬛館刻光緒十年章邱李氏印玉函山房輯佚書本　北師大　上海

清光緒十年楚南書局刻玉函山房輯佚書本　國圖　北大

論語鄭氏注　漢鄭玄撰

清咸豐八年定州王氏刻鄭學彙函本　北大

清光緒定州王氏刻鄭學彙函本　北大

論語鄭氏注二卷　漢鄭玄撰　清宋翔鳳輯

清嘉慶四年浮溪精舍刻本(王欣夫校)　復旦

清嘉慶七年樸學齋刻本　浙江

論語鄭氏注一卷　漢鄭玄撰　清王仁俊輯

清光緒王仁俊輯十三經漢注稿本　上海

清光緒王仁俊稿本玉函山房輯佚書續編本　上海

鄭注論語一卷　漢鄭玄撰　龍璋輯

一九三一年攸縣龍氏排印小學蒐逸二編下編補本　北大　北師大

論語包氏章句二卷　漢包咸撰　清馬國翰輯

清同治十年濟南皇華館刻玉函山房輯佚書本

清光緒九年長沙嫏嬛館刻玉函山房輯佚書本　國圖　首都　北師大　科學

清光緒九年長沙嫏嬛館刻光緒十年章邱李氏印玉函山房輯佚書本　北師大　上海

清光緒十年楚南書局刻玉函山房輯佚書本　國圖　北大

論語包氏注一卷　漢包咸撰　清王仁俊輯

清光緒王仁俊輯十三經漢注稿本　上海

清光緒王仁俊稿本玉函山房輯佚書續編本　上海

包咸注論語一卷　漢包咸撰　龍璋輯

一九三一年攸縣龍氏排印小學蒐逸二編下編補本　北大　北師大

論語周氏章句一卷　漢周□撰　清馬國翰輯

清同治十年濟南皇華館刻玉函山房輯佚書本

清光緒九年長沙嫏嬛館刻玉函山房輯佚書本　國圖　首都　北師大　科學

清光緒九年長沙嫏嬛館刻光緒十年章邱李氏印玉函山房輯佚書本　北師大　上海

清光緒十年楚南書局刻玉函山房輯佚書本　國圖　北大

論語何氏注一卷　漢何休撰　清王仁俊輯

清光緒王仁俊輯十三經漢注稿本　上海

清光緒王仁俊稿本玉函山房輯佚書續編本　上海

何注論語一卷　漢何休撰　龍璋輯

一九三一年攸縣龍氏排印小學蒐逸二編下編補本　北大　北師大

論語王氏義説一卷　三國魏王肅撰　清馬國翰輯

清同治十年濟南皇華館刻玉函山房輯佚書本

清光緒九年長沙嫏嬛館刻玉函山房輯佚書本　國圖　首都　北師大　科學

清光緒九年長沙嫏嬛館刻光緒十年章邱李氏印玉函山房輯佚書本　北師大　上海

清光緒十年楚南書局刻玉函山房輯佚書本　國圖　北大

王肅注論語一卷　三國魏王肅撰　龍璋輯

一九三一年攸縣龍氏排印小學蒐逸二編下編補本　北大　北師大

論語陳氏義説一卷　三國魏陳群撰　清馬國翰輯

清同治十年濟南皇華館刻玉函山房輯佚書本

清光緒九年長沙嫏嬛館刻玉函山房輯佚書本　國圖　首都　北師大　科學

清光緒九年長沙嫏嬛館刻光緒十年章邱李氏印玉函山房輯佚書本　北師大　上海

清光緒十年楚南書局刻玉函山房輯佚書本　國圖　北大

論語王氏説一卷　三國魏王朗撰　清馬國翰輯

清同治十年濟南皇華館刻玉函山房輯佚書本

清光緒九年長沙嫏嬛館刻玉函山房輯佚書本　國圖　首都　北師大　科學

清光緒九年長沙嫏嬛館刻光緒十年章邱李氏印玉函山房輯佚書本　北師大　上海

清光緒十年楚南書局刻玉函山房輯佚書本　國圖　北大

論語周生氏義説一卷　三國魏周生烈撰　清馬國翰輯

清同治十年濟南皇華館刻玉函山房輯佚書本

清光緒九年長沙嫏嬛館刻玉函山房輯佚書本　國圖　首都　北師大　科學
清光緒九年長沙嫏嬛館刻光緒十年章邱李氏印玉函山房輯佚書本　北師大　上海
清光緒十年楚南書局刻玉函山房輯佚書本　國圖　北大

論語釋疑一卷　三國魏王弼撰　清馬國翰輯
清同治十年濟南皇華館刻玉函山房輯佚書本
清光緒九年長沙嫏嬛館刻玉函山房輯佚書本　國圖　首都　北師大　科學
清光緒九年長沙嫏嬛館刻光緒十年章邱李氏印玉函山房輯佚書本　北師大　上海
清光緒十年楚南書局刻玉函山房輯佚書本　國圖　北大

論語王氏注一卷　三國魏王弼撰　清王仁俊輯
清光緒王仁俊輯十三經漢注稿本　上海
清光緒王仁俊稿本玉函山房輯佚書續編本　上海

論語　存卷二、卷十二　三國魏何晏集解
民國上虞羅氏據唐寫本影印貞松堂藏西陲秘笈叢殘第一集本　國圖　北大　北師大

論語　存卷十八至二十　三國魏何晏集解
一九四七年臺灣大學據敦煌寫本影印敦煌秘笈留真新編上卷本　北大　清華　北師大　上海

論語十卷附録一卷　三國魏何晏集解　清黎庶昌撰附録
清光緒十五年德清傅氏日本東京據唐卷子本影印籑喜廬叢書本　國圖　首都　北大　科學

論語　存第一第三章　三國魏何晏集解
日本影刻貞和二年抄本　北大

論語十卷　三國魏何晏集解
日本正平十九年堺浦道祐居士刻本　日大阪府立圖書館
清光緒八年遵義黎氏日本東京使署景日本正平本印古逸叢書本　國圖　首都　北大　北師大　科學　上海　復旦
民國上海商務印書館景長沙葉氏觀古堂藏日本正平本印四部叢刊初集本

論語十卷附論語劄記　三國魏何晏集解　日本市野光彦撰劄記
日本文化十三年市野光彦刻青歸書屋藏版本　北大　上海　湖北

論語劄記一卷　日本市野光彦撰
日本文化十三年市野光彦刻青歸書屋藏版本　北大　上海　湖北

論語十卷論語集解考　三國魏何晏集解　日本武内義雄等撰集解考
日本昭和八年大阪正平版論語刊行會影印本　國圖　北大　科學　南京

論語十卷　三國魏何晏集解
　　日本天文二年阿佐井野刻本　北大
天文本單經論語校勘記　清葉德輝撰
　　清光緒本二十八年長沙葉氏刻觀古堂所著書第一集本　國圖　首都　北大　清華
　　一九一九年重編印觀古堂所著書第一集本　國圖　首都　上海　復旦
　　一九三五年長沙中國古書刊印社彙印郎園先生全書本　國圖　北大　清華　上海
　　續修四庫全書影印清光緒二十八年刻本
天文板論語十卷南宗論語考異一卷　三國魏何晏集解　日本仙石政固撰考異
　　日本天文二年阿佐井野刻大正五年重印增刻考異堺南宗寺藏版本　國圖　上海　南京
南宗論語考異一卷　日本仙石政固撰
　　日本天文二年阿佐井野刻大正五年重印增刻考異堺南宗寺藏版本　國圖　上海　南京
　　日本文化八年仙石政和翻刻南宗寺藏本　國圖
論語二十卷附古注論語姓氏考　三國魏何晏集解　明金蟠校訂並録姓氏考
　　明崇禎十二年金蟠重刻萬曆東吴葛氏永懷堂十三經古注本　北大　復旦　南京　中山大　山東
　　明崇禎十二年金蟠刻清同治八年浙江書局重修十三經古注本　國圖　首都　北大　北師大　天津　遼寧　南京　浙江　湖北
論語十卷附論語集解考異十卷　三國魏何晏集解　日本吉漢宧撰考異
　　日本寬政三年箕林山房活字印本　國圖　北大
論語集解考異十卷　日本吉漢宧撰
　　日本寬政三年箕林山房活字印本　國圖　北大
論語二卷　三國魏何晏集解　清尹桐陽校
　　清光緒三十四年活字印本　國圖
論語譙氏注一卷　三國蜀譙周撰　清馬國翰輯
　　清同治十年濟南皇華館刻玉函山房輯佚書本
　　清光緒九年長沙嫏嬛館刻玉函山房輯佚書本　國圖　首都　北師大　科學

清光緒九年長沙嫏嬛館刻光緒十年章邱李氏印玉函山房輯佚書本　北師大　上海

清光緒十年楚南書局刻玉函山房輯佚書本　國圖　北大

論語衛氏集注一卷　晉衛權撰　清馬國翰輯

清同治十年濟南皇華館刻玉函山房輯佚書本

清光緒九年長沙嫏嬛館刻玉函山房輯佚書本　國圖　首都　北師大　科學

清光緒九年長沙嫏嬛館刻光緒十年章邱李氏印玉函山房輯佚書本　北師大　上海

清光緒十年楚南書局刻玉函山房輯佚書本　國圖　北大

論語旨序一卷　晉繆播撰　清馬國翰輯

清同治十年濟南皇華館刻玉函山房輯佚書本

清光緒九年長沙嫏嬛館刻玉函山房輯佚書本　國圖　首都　北師大　科學

清光緒九年長沙嫏嬛館刻光緒十年章邱李氏印玉函山房輯佚書本　北師大　上海

清光緒十年楚南書局刻玉函山房輯佚書本　國圖　北大

論語繆氏説一卷　晉繆協撰　清馬國翰輯

清同治十年濟南皇華館刻玉函山房輯佚書本

清光緒九年長沙嫏嬛館刻玉函山房輯佚書本　國圖　首都　北師大　科學

清光緒九年長沙嫏嬛館刻光緒十年章邱李氏印玉函山房輯佚書本　北師大　上海

清光緒十年楚南書局刻玉函山房輯佚書本　國圖　北大

論語體略一卷　晉郭象撰　清馬國翰輯

清同治十年濟南皇華館刻玉函山房輯佚書本

清光緒九年長沙嫏嬛館刻玉函山房輯佚書本　國圖　首都　北師大　科學

清光緒九年長沙嫏嬛館刻光緒十年章邱李氏印玉函山房輯佚書本　北師大　上海

清光緒十年楚南書局刻玉函山房輯佚書本　國圖　北大

論語欒氏釋疑一卷　晉欒肇撰　清馬國翰輯

清同治十年濟南皇華館刻玉函山房輯佚書本

清光緒九年長沙嫏嬛館刻玉函山房輯佚書本　國圖　首都　北師大　科學

清光緒九年長沙嫏嬛館刻光緒十年章邱李氏印玉函山房輯佚書本　北師大　上海

清光緒十年楚南書局刻玉函山房輯佚書本　國圖　北大

清同治十年濟南皇華館刻玉函山房輯佚書本

論語虞氏讚注一卷　晉虞喜撰　清馬國翰輯
清同治十年濟南皇華館刻玉函山房輯佚書本
清光緒九年長沙嫏嬛館刻玉函山房輯佚書本　國圖　首都　北師大　科學
清光緒九年長沙嫏嬛館刻光緒十年章邱李氏印玉函山房輯佚書本　北師大　上海
清光緒十年楚南書局刻玉函山房輯佚書本　國圖　北大

論語庾氏釋一卷　晉庾翼撰　清馬國翰輯
清同治十年濟南皇華館刻玉函山房輯佚書本
清光緒九年長沙嫏嬛館刻玉函山房輯佚書本　國圖　首都　北師大　科學
清光緒九年長沙嫏嬛館刻光緒十年章邱李氏印玉函山房輯佚書本　北師大　上海
清光緒十年楚南書局刻玉函山房輯佚書本　國圖　北大

論語李氏集注二卷　晉李充撰　清馬國翰輯
清同治十年濟南皇華館刻玉函山房輯佚書本
清光緒九年長沙嫏嬛館刻玉函山房輯佚書本　國圖　首都　北師大　科學
清光緒九年長沙嫏嬛館刻光緒十年章邱李氏印玉函山房輯佚書本　北師大　上海
清光緒十年楚南書局刻玉函山房輯佚書本　國圖　北大

論語范氏注一卷　晉范寧撰　清馬國翰輯
清同治十年濟南皇華館刻玉函山房輯佚書本
清光緒九年長沙嫏嬛館刻玉函山房輯佚書本　國圖　首都　北師大　科學
清光緒九年長沙嫏嬛館刻光緒十年章邱李氏印玉函山房輯佚書本　北師大　上海
清光緒十年楚南書局刻玉函山房輯佚書本　國圖　北大

論語孫氏集解一卷　晉孫綽撰　清馬國翰輯
清同治十年濟南皇華館刻玉函山房輯佚書本
清光緒九年長沙嫏嬛館刻玉函山房輯佚書本　國圖　首都　北師大　科學
清光緒九年長沙嫏嬛館刻光緒十年章邱李氏印玉函山房輯佚書本　北師大　上海
清光緒十年楚南書局刻玉函山房輯佚書本　國圖　北大

論語梁氏注釋一卷　晉梁覬撰　清馬國翰輯
清同治十年濟南皇華館刻玉函山房輯佚書本
清光緒九年長沙嫏嬛館刻玉函山房輯佚書本　國圖　首都　北師大　科學
清光緒九年長沙嫏嬛館刻光緒十年章邱李氏印玉函山房輯佚書本　北師大

上海
清光緒十年楚南書局刻玉函山房輯佚書本　國圖　北大
論語袁氏注一卷　晉袁喬撰　清馬國翰輯
清同治十年濟南皇華館刻玉函山房輯佚書本
清光緒九年長沙嫏嬛館刻玉函山房輯佚書本　國圖　首都　北師大　科學
清光緒九年長沙嫏嬛館刻光緒十年章邱李氏印玉函山房輯佚書本　北師大　上海
清光緒十年楚南書局刻玉函山房輯佚書本　國圖　北大
論語江氏集解二卷　晉江熙撰　清馬國翰輯
清同治十年濟南皇華館刻玉函山房輯佚書本
清光緒九年長沙嫏嬛館刻玉函山房輯佚書本　國圖　首都　北師大　科學
清光緒九年長沙嫏嬛館刻光緒十年章邱李氏印玉函山房輯佚書本　北師大　上海
清光緒十年楚南書局刻玉函山房輯佚書本　國圖　北大
論語殷氏解一卷　晉殷仲堪撰　清馬國翰輯
清同治十年濟南皇華館刻玉函山房輯佚書本
清光緒九年長沙嫏嬛館刻玉函山房輯佚書本　國圖　首都　北師大　科學
清光緒九年長沙嫏嬛館刻光緒十年章邱李氏印玉函山房輯佚書本　北師大　上海
清光緒十年楚南書局刻玉函山房輯佚書本　國圖　北大
論語張氏注一卷　晉張憑撰　清馬國翰輯
清同治十年濟南皇華館刻玉函山房輯佚書本
清光緒九年長沙嫏嬛館刻玉函山房輯佚書本　國圖　首都　北師大　科學
清光緒九年長沙嫏嬛館刻光緒十年章邱李氏印玉函山房輯佚書本　北師大　上海
清光緒十年楚南書局刻玉函山房輯佚書本　國圖　北大
論語蔡氏注一卷　晉蔡謨撰　清馬國翰輯
清同治十年濟南皇華館刻玉函山房輯佚書本
清光緒九年長沙嫏嬛館刻玉函山房輯佚書本　國圖　首都　北師大　科學
清光緒九年長沙嫏嬛館刻光緒十年章邱李氏印玉函山房輯佚書本　北師大　上海
清光緒十年楚南書局刻玉函山房輯佚書本　國圖　北大
論語顔氏説一卷　南朝宋顔延之撰　清馬國翰輯
清同治十年濟南皇華館刻玉函山房輯佚書本

清光緒九年長沙嫏嬛館刻玉函山房輯佚書本　國圖　首都　北師大　科學
清光緒九年長沙嫏嬛館刻光緒十年章邱李氏印玉函山房輯佚書本　北師大　上海
清光緒十年楚南書局刻玉函山房輯佚書本　國圖　北大

論語琳公説一卷　南朝宋釋慧琳撰　清馬國翰輯

清同治十年濟南皇華館刻玉函山房輯佚書本
清光緒九年長沙嫏嬛館刻玉函山房輯佚書本　國圖　首都　北師大　科學
清光緒九年長沙嫏嬛館刻光緒十年章邱李氏印玉函山房輯佚書本　北師大　上海
清光緒十年楚南書局刻玉函山房輯佚書本　國圖　北大

論語沈氏訓注一卷　南朝齊沈驎士撰　清馬國翰輯

清同治十年濟南皇華館刻玉函山房輯佚書本
清光緒九年長沙嫏嬛館刻玉函山房輯佚書本　國圖　首都　北師大　科學
清光緒九年長沙嫏嬛館刻光緒十年章邱李氏印玉函山房輯佚書本　北師大　上海
清光緒十年楚南書局刻玉函山房輯佚書本　國圖　北大

論語顧氏注一卷　南朝齊顧歡撰　清馬國翰輯

清同治十年濟南皇華館刻玉函山房輯佚書本
清光緒九年長沙嫏嬛館刻玉函山房輯佚書本　國圖　首都　北師大　科學
清光緒九年長沙嫏嬛館刻光緒十年章邱李氏印玉函山房輯佚書本　北師大　上海
清光緒十年楚南書局刻玉函山房輯佚書本　國圖　北大

論語梁武帝注一卷　南朝梁武帝撰　清馬國翰輯

清同治十年濟南皇華館刻玉函山房輯佚書本
清光緒九年長沙嫏嬛館刻玉函山房輯佚書本　國圖　首都　北師大　科學
清光緒九年長沙嫏嬛館刻光緒十年章邱李氏印玉函山房輯佚書本　北師大　上海

論語太史氏集解一卷　南朝梁太史叔明撰　清馬國翰輯

清同治十年濟南皇華館刻玉函山房輯佚書本
清光緒九年長沙嫏嬛館刻玉函山房輯佚書本　國圖　首都　北師大　科學
清光緒九年長沙嫏嬛館刻光緒十年章邱李氏印玉函山房輯佚書本　北師大　上海

論語褚氏義疏一卷　南朝梁褚仲都撰　清馬國翰輯

清同治十年濟南皇華館刻玉函山房輯佚書本

清光緒九年長沙嫏嬛館刻玉函山房輯佚書本　國圖　首都　北師大　科學
清光緒九年長沙嫏嬛館刻光緒十年章邱李氏印玉函山房輯佚書本　北師大　上海
清光緒十年楚南書局刻玉函山房輯佚書本　國圖　北大

論語沈氏説一卷　□沈峭撰　清馬國翰輯

清同治十年濟南皇華館刻玉函山房輯佚書本
清光緒九年長沙嫏嬛館刻玉函山房輯佚書本　國圖　首都　北師大　科學
清光緒九年長沙嫏嬛館刻光緒十年章邱李氏印玉函山房輯佚書本　北師大　上海
清光緒十年楚南書局刻玉函山房輯佚書本　國圖　北大

論語熊氏説一卷　□熊埋撰　清馬國翰輯

清同治十年濟南皇華館刻玉函山房輯佚書本
清光緒九年長沙嫏嬛館刻玉函山房輯佚書本　國圖　首都　北師大　科學
清光緒九年長沙嫏嬛館刻光緒十年章邱李氏印玉函山房輯佚書本　北師大　上海
清光緒十年楚南書局刻玉函山房輯佚書本　國圖　北大

論語義疏一卷　南朝梁皇侃撰

清嘉慶三年金溪王氏刻漢魏遺書抄本　國圖　北大　北師大　科學

論語義疏　存卷一至三　三國魏何晏集解　梁皇侃義疏

一九四七年臺灣大學據敦煌寫本影印敦煌秘笈留真新編上卷本　北大　清華　北師大　上海

論語義疏十卷　三國魏何晏集解　南朝梁皇侃義疏

日本抄本　北大

論語集解義疏十卷　三國魏何晏集解　南朝梁皇侃義疏

清乾隆五十二年武英殿刻本　北大　遼寧　南京
清乾隆臨汾王亶望刻本　國圖　中山大
清乾隆四庫全書館寫欽定四庫全書本
清乾隆至道光間長塘鮑氏刻知不足齋叢書本　國圖　首都　北大　科學
清同治十二年粤東書局刻古經解彙函本　國圖　北師大　科學

皇氏論語義疏參訂十卷　三國魏何晏集解　南朝梁皇侃義疏　清吴騫參訂

日本油印京都大學藏本　國圖　北大
續修四庫全書影印日本京都大學藏抄本

論語集解義疏十卷　三國魏何晏集解　南朝梁皇侃義疏　日本根遜志校正

日本寬政七年萬藴堂刻本　國圖　湖北

日本寬政七年萬藴堂刻元治元年浪華萬藴堂補刻本　北大

論語注疏解經十卷附論劄一卷　魏何晏集解　宋邢昺疏　清劉世珩撰論劄

清光緒三十三年貴池劉世衍玉海堂據元元貞平水本影刻景宋叢書之四本　國圖　北大　科學　天津　南京　湖北　遼寧

論劄一卷　清劉世珩撰

清光緒三十三年貴池劉氏玉海堂刻景宋叢書之四本　國圖　北大　科學　天津　南京　湖北　遼寧

論語義疏一卷校勘記一卷　三國魏何晏注　南朝梁皇侃撰　日本武内義雄撰校勘記

日本大正十二年大阪懷德堂紀念會鉛印本　國圖　北大　科學

論語義疏校勘記一卷　日本武内義雄撰

日本大正十二年大阪懷德堂紀念會鉛印本　國圖　北大　科學

論語治要一卷　唐魏徵撰

日本鎌倉時代抄群書治要本　日宮内省

日本天明七年尾張藩刻群書治要本　日公文書館　日蓬左文庫　日尊經閣　日高知大學

清嘉慶宛委别藏之群書治要本　臺北故宫

清道光二十八年靄石楊氏刻連筠簃叢書之群書治要本

清咸豐七年南海伍崇曜刻粵雅堂叢書三編第二十六集之群書治要本

民國上海商務印書館據日本尾張刻本影印四部叢刊之群書治要本

論語治要一卷　唐魏徵撰　日細井德民等校

日本江户刻群書治要本　日二松學舍大學　日一橋大學

論語筆解一卷　唐韓愈　唐李翺撰

明萬曆中刻百陵學山本　國圖　上海

明刻重輯百川學海甲集本　上海

明刻唐宋叢書本　首都　北大　北師大

清順治三年兩浙督學周南李際期宛委山堂刻説郛本　國圖　首都　北師大　科學

清光緒十六年黄梅梅氏慎自愛軒刻清芬堂叢書本　科學　復旦

論語筆解二卷

明嘉靖四明范氏天一閣刻范氏奇書本　浙江

清乾隆四十二年吴翊鳳抄本(清吴翊鳳跋)　國圖

清乾隆四庫全書館寫欽定四庫全書本

清嘉慶海虞張氏刻墨海金壺本　國圖　復旦

一九二一年上海博古齋影印清嘉慶海虞張氏刻墨海金壺本　國圖　首都　北大　北師大

論語筆解十卷

抄本　國圖

論語筆解二卷　唐韓愈　唐李翺撰　明鄭鄤評

明天啓四年刻唐宋論語解本　國圖

清嘉慶南匯吴氏聽彝堂刻藝海珠塵絲集丙集本　國圖　首都　北大　科學

清道光三十年金山錢氏漱石軒據原版重印增刻藝海珠塵絲集丙集壬癸集本

監本纂圖重言重意互注論語二卷

宋劉氏天香書院刻本(楊守敬跋　袁克文跋)　北大

清袁氏三琴趣齋影抄宋劉氏天香書院刻本　上海

中華再造善本影印宋劉氏天香書院刻本(楊守敬跋　袁克文跋)

論語十卷　三國魏何晏集解　唐陸德明音義

元岳氏荆溪家塾刻本　國圖

中華再造善本影印元岳氏荆溪家塾刻本

論語十卷　三國魏何晏集解　唐陸德明音義

清初毛氏汲古閣影鈔元盱郡重刻宋廖氏本　上海

一九三一年故宫博物院據元盱郡覆宋本影印天禄琳琅叢書第一集本　國圖　首都　北大　科學　南京

論語注疏解經二十卷　三國魏何晏集解　宋邢昺疏

宋刻元明遞修本　國圖　上海(存二卷)　重慶(存十卷)

元刻明修本　國圖

明嘉靖李元陽刻十三經注疏本　國圖

明嘉靖福建刻十三經注疏本　上海

明萬曆十四年北京國子監刻十三經注疏本　國圖　北大　上海

論語注疏解經二十卷附論語音義一卷　三國魏何晏集解　宋邢昺疏　唐陸德明撰音義

清同治十三年湖南書局刻本　北大　湖北

論語注疏十卷　三國魏何晏集解　宋邢昺疏　唐陸德明撰音義

宋蜀刻大字本　日宫内廳

日本昭和五年澀澤榮一影印宋刻本　國圖　上海　南京

日本宫内廳書陵部藏宋元版漢籍影印叢書影印宋蜀刻大字本

論語注疏二十卷附考證　三國魏何晏集解　唐陸德明音義　宋邢昺疏　清陸宗楷等考證

清乾隆四年武英殿刻十三經注疏本　國圖　首都　北大　北師大　天津　南京　山東　中山大

清乾隆四庫全書館寫欽定四庫全書薈要本

清乾隆四庫全書館寫欽定四庫全書本

論語注疏考證　清陸宗楷等撰

清乾隆四年武英殿刻十三經注疏本　國圖　首都　北大　北師大　天津　南京　山東　中山大

清乾隆四庫全書館寫欽定四庫全書薈要本

清乾隆四庫全書館寫欽定四庫全書本

論語注疏解經二十卷附校勘記二十卷　三國魏何晏集解　唐陸德明音義　宋邢昺疏　清阮元撰校勘記　清盧宣旬摘録

清嘉慶二十年南昌府學刻重刊宋本十三經注疏附校勘記本　國圖　清華　北師大　天津　上海　遼寧　山東　湖北

清嘉慶二十年南昌府學刻重刻道光六年重校宋本十三經注疏附校勘記本　國圖　北大　天津

清同治十三年湖南書局刻重刊宋本十三經注疏附校勘記本　北大

清光緒十八年湖南寶慶務本書局刻重刊宋本十三經注疏附校勘記本　北大　上海　華東師大　山東　湖北

論語注疏解經四卷附校勘記一卷

清光緒十三年點石齋石印十三經注疏附校勘記本　國圖　北大　天津

論語注校勘記二十卷釋文校勘記三卷　清阮元撰　清盧宣旬摘録

清嘉慶二十年南昌府學刻重刊宋本十三經注疏附校勘記本　國圖　清華　北師大　天津　上海　遼寧　山東　湖北

清嘉慶二十年南昌府學刻重刻道光六年重校宋本十三經注疏附校勘記本　國圖　北大　天津

清同治十三年湖南書局刻重刊宋本十三經注疏附校勘記本　北大

清光緒十八年湖南寶慶務本書局刻重刊宋本十三經注疏附校勘記本　北大　上海　華東師大　山東　湖北

論語注疏解經四卷附校勘記一卷

清光緒十三年點石齋石印十三經注疏附校勘記本　國圖　北大　天津

論語校勘記十卷釋文校勘記一卷　清阮元撰

清道光九年廣東學海堂刻皇清經解一千四百卷之十三經注疏校勘記本　國圖　首都　北師大　科學　天津　遼寧　山東

清光緒十七年上海鴻寶齋石印皇清經解一百九十卷之十三經注疏校勘記本　國圖　上海　天津

清光緒十四年蘇州官書坊刻宋本十三經注疏併經典釋文校勘記本　國圖　首都　北大

論語集解標十卷記　三國魏何晏撰　日本三善彦明標記

日本天明三年刻千鍾堂藏版本　國圖　北大

論語拾遺一卷附孟子解一卷　宋蘇轍撰

明萬曆二十五年金陵畢氏刻兩蘇經解本　國圖　北大　浙江

清光緒十六年湘鄉謝氏研經榭重刻本　國圖　湖北

論語拾遺一卷

清順治三年兩浙督學周南李際期宛委山堂刻説郛本　國圖　首都　北大　科學

清乾隆四庫全書館寫欽定四庫全書本

清道光二十一年金山錢氏據借月山房彙鈔刊板重編增刻指海第六集本　國圖　清華

清光緒十六年黄梅梅氏慎自愛軒刻清芬堂叢書本　科學　復旦

一九三五年上海東大書局據清錢氏借月山房彙抄本影印指海第六集本　國圖　北大　科學

重廣陳用之真本入經論語全解義十卷　宋陳祥道撰

明抄本　上海

清乾隆四庫全書館寫欽定四庫全書本

清乾隆抄本(清朱筠批校)　山東

清抄本　南開

清抄本(清丁丙跋)　南京

論語雜解一卷　宋游酢撰

清抄游定夫先生集本　國圖　首都

論語頌一卷　宋張九成撰

明天啓刻趙氏三書本　首都

論語絶句一卷　宋張九成撰

明天啓四年刻唐宋論語解本　國圖

明刻本　國圖

清嘉慶南匯吴氏聽彝堂刻藝海珠塵絲集丙集本　國圖　首都　北大　科學

清道光三十年金山錢氏漱石軒據原版重印增刻藝海珠塵絲集丙集壬癸集本

論語意原四卷　宋鄭汝諧撰

清乾隆武英殿木活字印武英殿聚珍版書本　國圖

清乾隆浙江重刻武英殿聚珍版書本　國圖　上海

清嘉慶海虞張氏刻墨海金壺本　國圖　復旦

清同治江西書局重刻武英殿聚珍版書本　國圖　首都　北大

清光緒二十五年廣雅書局本　北師大　科學

一九二一年上海博古齋影印清嘉慶海虞張氏刻墨海金壺本　國圖　首都　北大

論語意原二卷

清乾隆四庫全書館寫欽定四庫全書本

朱文公論語集注草稿真蹟一卷　宋朱熹書

宋朱熹稿本　日京都博物馆

一九一九年上海商務印書館珂羅板影印本　北大　上海

論語十卷　宋朱熹集注

宋嘉定十年當涂郡齋刻嘉熙四年淳祐八年十二年遞修四書章句集注本　國圖

宋刻四書集注本　國圖

元至正二十二年武林沈氏尚德堂刻四書集注本　山東

元刻四書章句集注本（有抄配並缺頁　明魏校批　袁克文跋）　上海

元刻四書集注本（清蔣培澤　高望曾　丁丙跋）　南京

明正統十二年司禮監刻四書集注本　國圖　上海　華東師大　天津　内蒙古社會科學院　陝西　浙江　江西　湖北　廣西師大　四川　日宫内廳　日御茶之水

明嘉靖二十七年伊藩刻四書集注本（清丁丙跋）　南京

明嘉靖四十三年益藩樂善堂刻四書集注本　國圖　日公文書館

明刻四書集注本　北大　歷史博物館　群衆出版社　錦州　浙江　中山

清康熙内府刻四書集注本　清高宗弘曆跋　故宫

清康熙十年朱氏崇道堂刻四書集注十九卷本（清戴有祺批）　上海　科學　浙江

清雍正國子監刻四書集注本　北大

清乾隆四庫全書館寫欽定四庫全書之四書集注本

清内府重刻宋淳祐六年泳澤書院刻四書本　天津　上海　南京
清光緒三年刻四書集注本(吴保箴過録)　劉大櫆批校　上海
清刻監本四書本(清王寶淦録　清王言綸批注)　湖南
清刻四書集注本(清俞樾批校)　國圖　文物局

論語二十卷
明嘉靖應檟刻四書集注本　國圖
明刻四書集注本　北大　歷史博物館　群衆出版社　錦州　浙江　雲南
明刻四書集注本　清華　上海
明刻四書本　北大

論語十卷附校刊記一卷　宋朱熹集注　清丁寶楨等撰校刊記
清同治十一年山東書局刻尚志堂藏板十三經讀本附校刊記本　國圖　首都　北大　復旦

論語校刊記一卷　清丁寶楨等撰
清同治十一年山東書局刻尚志堂藏板十三經讀本附校刊記本　國圖　首都　北大　復旦

論語讀本十卷附校語一卷　宋朱熹集注　清王祖畬撰校語
一九二四年吴江施肇曾醒园刻十三經讀本本　國圖　北大　清華　上海　湖北

論語讀本校語一卷　清王祖畬撰
一九二四年吴江施肇曾醒园刻十三經讀本本　國圖　北大　清華　上海　湖北

論語一卷　宋朱熹集注
清光緒九年有益堂刻字典四書讀本本　北大
清光緒二十九年刻京都打磨廠文成堂藏板四書章句本　北大

論語一卷　宋朱熹章句
清光緒十五年三義堂書坊刻字典四書本　北大

論語一卷　宋朱熹章句
清光緒二十九年京都打磨廠文成堂刻四書章句本　北大

論語一卷　宋朱熹集注
日本天保三年竹林堂刻四書本　米田淺吉批校　北大

論語一卷　宋朱熹集注　日本後藤世鈞點
日本明治東京青木恒三郎大阪嵩山堂鉛印四書本　北大

論語十卷　宋朱熹集注　日本瀧川龜三郎輯
日本大正九年金港堂書籍株式會社鉛印本　南京

論語十卷　魏何晏集解　宋朱熹集注

清咸豐二年稽古樓刻芋栗園藏板十三經注本　北大

一九二六年刻渭南嚴氏孝義家塾叢書之重校稽古樓四書本　清華　科學

論語序説一卷　宋朱熹編

元延祐五年温州路學稽古閣趙鳳儀刻四書集注本　日公文書館

宋嘉定十年當涂郡齋刻嘉熙四年淳祐八年十二年遞修四書章句集注本　國圖

清内府重刻宋淳祐六年泳澤書院刻四書本　天津　上海　南京

宋刻四書集注本　國圖

論語序説一卷　宋朱熹編

元延祐五年温州路學稽古閣趙鳳儀刻四書集注本　日公文書館

明正統十二年司禮監刻四書集注本　國圖　上海　華東師大　天津　内蒙古社會科學院　陝西　浙江　江西　湖北　廣西師大　四川　日宮内廳　日御茶之水

明嘉靖二十七年伊藩刻四書集注本(清丁丙跋)　南京

明嘉靖應檟刻四書集注本　國圖

明刻四書集注本　北大　歷史博物館　群衆出版社　錦州　浙江　雲南

明刻四書本　北大

清内府刻四書集注本　國圖　首都　中央黨校　復旦　重慶市北碚區

論語或問二十卷　宋朱熹撰

明弘治十七年刻四書或問本　天一閣

明弘治刻四書或問本　北大

明正德十二年閔聞刻四書或問本　上海辭書　河北大學

清康熙御兒吕氏寶誥堂刻朱子遺書本　國圖　北大　清華　北師大　上海　復旦

清乾隆四庫全書館寫欽定四庫全書本

清同治十二年霍山劉啓發五忠堂仿白鹿洞刻四書或問三十九卷考異一卷本　國圖　北大　科學　遼寧　南京　上海　復旦　湖北

清光緒十二年刻西京清麓叢書正編之朱子遺書重刻合編本　北大　北師大　上海

論語或問二十卷　宋朱熹撰　日本山崎嘉點

日本正保四年京都書肆風月莊左衛門刻倭板四書本　北大

論語或問纂要　宋朱熹撰

宋刻本　上海

國朝諸老先生論語精義十卷　宋朱熹輯
明抄論孟精義本(清丁丙跋)　南京
清康熙中御兒吕氏寶誥堂刻朱子遺書之論孟精義本　國圖　北大　北師大
清同治十二年霍山劉啓發五忠堂刻光緒涇縣洪氏公善堂彙印洪氏唐石經館叢書之論孟精義本　上海　復旦　南京
清乾隆四庫全書館寫欽定四庫全書之論孟精義本
清光緒十二年刻西京清麓叢書正編之朱子遺書之論孟精義本　北大　北師大　上海
南軒先生論語解十卷　宋張栻撰
清康熙十九年納蘭成德刻通志堂經解本　國圖　首都　北大　北師大　科學　上海
清康熙十九年納蘭成德刻乾隆五十年補修通志堂經解本　北大
清同治十二年粤東書局重刻通志堂經解本　國圖　首都　北大　上海　遼寧　湖北
清道光二十五年綿邑澆墨池刻本　國圖　北大　上海　南京
清咸豐四年綿邑南軒祠刻張宣公全集本　北大　清華　北師大
癸巳論語解十卷　宋張栻撰
清乾隆四庫全書館寫欽定四庫全書本
清乾隆四庫全書館寫欽定摛藻堂四庫全書薈要本
清嘉慶十年虞山張氏趙曠閣刻學津討原本　國圖　首都　科學
一九二二年上海商務印書館景嘉慶學津討原本　國圖　首都　北大
石鼓論語答問三卷　宋戴溪撰
清乾隆四庫全書館寫欽定四庫全書本
清抄本　國圖
抄本　上海
民國永嘉黄氏排印敬鄉樓叢書第三輯本　國圖　首都　北大　科學
論語十卷　宋錢時撰
明抄融堂四書管見本　國圖
清末民初抄融堂四書管見本　國圖
清乾隆四庫全書館寫欽定四庫全書本
論語集編十卷　宋真德秀撰
清康熙十九年納蘭成德刻通志堂經解之四書集編本　國圖　首都　北大　北師大　科學　上海
清康熙十九年納蘭成德刻乾隆五十年補修通志堂經解之四書集編本　北大

清同治十二年粵東書局重刻通志堂經解之四書集編本　國圖　首都　北大　上海　遼寧　湖北

清乾隆四庫全書館寫欽定四庫全書薈要之四書集編本

清乾隆四庫全書館寫欽定四庫全書之四書集編本

論語集編十卷　宋真德秀撰　清翁錫書增訂批點

清嘉慶浦城祝氏留香室刻浦城遺書之四書集編本　國圖　北大　上海

論語集説十卷　宋蔡節撰

宋淳祐六年湖頖刻本　國圖

清康熙十九年納蘭成德刻通志堂經解本　國圖　首都　北大　科學　上海

清康熙十九年納蘭成德刻乾隆五十年補修通志堂經解本　北大

清同治十二年粵東書局重刻通志堂經解本　北大　上海　遼寧　湖北

清乾隆四庫全書館寫欽定四庫全書本

論語解　宋尹焞撰

明末祁氏澹生堂抄本(清韓應陛跋)　國圖

論語纂疏十卷　宋趙順孫撰

元覆宋刊本　日東洋文庫

元刻元印四書纂疏本　日静嘉堂

清康熙十九年納蘭成德刻通志堂經解本　國圖　首都　北大　北師大　科學　上海　南京

清康熙十九年納蘭成德刻乾隆五十年補修通志堂經解本　北大

清乾隆四庫全書館寫欽定四庫全書本

論語考異一卷　宋王應麟撰

明崇禎九年詩瘦閣刻本　日京都大學

清康熙三十七年刻三魚堂四書大全本　國圖　北大　上海　復旦

清吴門德馨堂刻四書大全本　清華　上海　武大

論語集注箋義三卷　宋趙悳撰

清嘉慶阮元景鈔元泰定本輯宛委别藏之四書箋義本　臺北故宫

清道光二十四年金山錢氏據墨海金壺刊版重編增刊守山閣叢書之四書箋義本　國圖　科學　北師大

清光緒十五年上海鴻文書局據清錢氏本影印守山閣叢書之四書箋義本　國圖　首都　北大　北師大　清華

一九二二年上海博古齋據錢氏本影印守山閣叢書之四書箋義本　國圖　首都　北大　北師大

清刻四書箋義本　北大

論語別傳五卷　宋王宗道撰
明天啓刻趙氏三書本　首都
論語集注考證十卷孟子集注考證七卷　元金履祥撰
清雍正七年金氏刻本　國圖
清乾隆四庫全書館寫欽定四庫全書本
清雍正乾隆間金華金氏刻光緒十三年鎮海謝駿德補刻率祖堂叢書本　國圖　北大　上海
清金律刻本(元許謙校正)　北大　湖北
清同治光緒間永康胡氏退補齋刻民國補刻金華叢書本　國圖　北大　科學
金仁山論孟考證輯要二卷　元金履祥撰　清趙紹祖輯
清嘉慶元年至道光十四年涇縣趙氏古墨齋刻古墨齋集本　清華　復旦　華東師大
論語集成二十卷　元吴真子撰
元刻四書集成本　國圖　日尊經閣
論語通十卷　元胡炳文撰
元天曆二年崇化余志安勤有堂刻四書通本　國圖
元建安劉氏南澗書堂刻四書通本　日公文書館
清康熙十九年納蘭成德刻通志堂經解之四書通本　國圖　首都　北大　北師大　科學　上海
清康熙十九年納蘭成德刻乾隆五十年補修通志堂經解之四書通本　北大
清同治十二年粵東書局重刻通志堂經解之四書通本　國圖　首都　北大　上海　遼寧　湖北
清乾隆四庫全書館寫欽定四庫全書之四書通本
讀論語叢説三卷　元許謙撰
元刻讀四書叢説本(清黄丕烈跋)　國圖
清嘉慶阮元景鈔元本輯宛委别藏本　臺北故宫
明弘治十二年李瀚馬輿等刻讀四書叢説本　北大　上海
明抄讀四書叢説本(佚名校注)　浙江
清嘉慶錢塘何元錫刻讀四書叢説本　國圖
清道光咸豐間大梁書院刻同治七年王儒行等印新鐫經苑之讀四書叢説本　首都　北大　北師大　科學
續修四庫全書影印清抄本
讀論語叢説一卷
清乾隆四庫全書館寫欽定四庫全書之讀四書叢説本

論語集注通證二卷　元張存中撰

元刻本　國圖

明抄本　上海

清康熙十九年納蘭成德刻通志堂經解之四書通證本　國圖　首都　北大　北師大　科學　上海

清康熙十九年納蘭成德刻乾隆五十年補修通志堂經解之四書通證本　北大

清乾隆四庫全書館寫欽定四庫全書之四書通證本

論語集注纂箋十卷　元詹道傳撰

清康熙十九年納蘭成德刻通志堂經解之四書纂箋本　國圖　首都　北大　北師大　科學　上海

清康熙十九年納蘭成德刻乾隆五十年補修通志堂經解之四書纂箋本　北大

清同治十二年粤東書局重刻通志堂經解之四書纂箋本　國圖　首都　北大　上海　遼寧　湖北

清乾隆四庫全書館寫欽定四庫全書之四書纂箋本

論語輯釋二十卷　元倪士毅輯釋

元至正二年日新書堂刻四書輯釋大成本　北大　日慶應義塾大學　日尊經閣

日本文化九年翻刻元至正二年日新書堂本四書輯釋本　北大

論語集注序説重訂輯釋通義大成一卷　宋朱熹章句　元倪士毅輯釋　明朱公遷約説　明王逢訂定通義

明正統五年詹氏進德書堂刻重訂四書輯釋本　北大　科學　上海　南京　南大

論語集注重訂輯通義大成二十卷　宋朱熹章句　元倪士毅輯釋　明朱公遷約説　明王逢訂定通義

明正統五年詹氏進德書堂刻重訂四書輯釋本　北大　科學　上海　南京　南大

論語輯釋通考　四卷首一卷　元倪士毅撰　明王元善通考

明永樂四年博雅堂刻本　日公文書館

論語集注序説一卷　元倪士毅撰　明程復心圖　明王元善通考

明初刻四書輯釋本　國圖

論語章圖概括總要一卷　元倪士毅撰　明程復心圖　明王元善通考

明初刻四書輯釋本　國圖

論語輯釋二十卷　元倪士毅撰　明程復心圖　明王元善通考

明初刻四書輯釋本　國圖

論語注問纂釋十卷　宋朱熹撰　元程復心纂釋
元後至元三年富沙碧灣吴氏德新堂刻四書章圖纂釋本　日公文書館
附音傍訓晦庵論語句解二卷　元李公凱撰
宋建安刻本　日宫内廳
附音傍訓句解論語二卷　元李公凱撰
宋末建安刻本　日慶應大學
論語集注大全二十卷　明胡廣等輯
明永樂十三年刻四書集注大全本　國圖　内蒙古大學　日東洋文庫
明内府刻四書集注大全大字本　國圖　北大　故宫　中央教科所　天津　保定　上海　南京　重慶　吉林　山東　煙臺　青島博　江西　贛州　福建　暨南大學
明天順二年黄氏仁和堂刻四書集注大全本　浙江
明天順游明刻四書集注大全本　浙江
明趙敬山刻四書集注大全本　清華
清乾隆四庫全書館寫欽定四庫全書之四書集注大全本
論語七卷　明胡廣等輯　明周士顯校正
明映旭齋刻四書大全本　北大　南京博
論語八卷
明周譽吾留耕堂刻周會魁校正四書大全本　故宫　復旦　南京　柳州　湖南社科院
論語集注大全二十卷　明胡廣等輯　清江份增訂
清康熙長洲汪份遄喜齋刻四書大全本　國圖　上海　復旦　南京
日本嘉永六年刻四書大全本　南京
論語二卷　明王宇撰
明萬曆四十三年葉均宇聚星館刻四書也足園初告本　科學
論語四卷　明陳琛撰
明萬曆三十七年李三才刻重刊補訂四書淺説本　科學　國圖存(卷一至二)
論語四卷　明陳琛撰　明唐光夔重訂
明大業堂刻靈岳山房重訂四書淺説本　河南
論語四卷　明陳琛撰　明劉蜚英校
明崇禎十年刻靈源山房重訂四書淺説本　日公文書館三部　日静嘉堂　日宫城縣圖書館
論語四卷　明陳琛著　清施世瑚等校
清乾隆五十四年刻陳紫峰先生四書淺説本　日東京都立圖書館

清乾隆五十四年刻光緒十九年印陳紫峰先生四書淺説本　國圖　湖北

論語二十卷　明季本撰

明嘉靖二十二年刻四書私存本　華東師大

四書口義論語五卷　明薛甲撰

明隆慶二年刻四書口義本(清丁丙跋)　南京

清抄四書口義本(徐時棟跋)　北大

論語摘訓八卷　明丘檞輯

明萬曆五年趙慎修刻四書摘訓本　重慶

明萬曆十年周裔先刻四書摘訓本　山東

四書燃犀解論語十卷　明陳祖綬撰　明夏允彝等參補

明末近聖居刻近聖居三刻參補四書燃犀解本　日公文書館　日龍谷大學大宮圖書館　日新發田市立圖書館　美哈佛燕京

近溪子論語答問集二卷　明羅汝芳撰　明楊起元輯

明萬曆刻楊貞複六種之四書答問本　復旦　内蒙

論語類考二十卷　明陳士元撰

明嘉靖三十九年刻本　西安文管會

明萬曆歸雲别集本　北大　山大

清乾隆四庫全書館寫欽定四庫全書本

清嘉慶二十四年蕭山陳春湖海樓刻本　國圖　復旦　湖北

清道光十三年吴毓梅刻歸雲别集本　國圖　北大　科學

舊抄本　國圖

論語經筵直解十卷　宋朱熹集注　明張居正直解

明萬曆元年司禮監刻重刻張閣老經筵四書直解本　故宫　山西師範吉林大學

四書直解正字論語十卷　明張居正撰　明沈鯉正字

明崇禎七年方奇峋刻新訂四書直解正字全編本　無錫　中山

四書直解指南論語十卷　明張居正撰　明焦竑增補　明湯賓尹訂正

明萬曆三十九年閩建書林易齋詹亮刻重刻内府原板張閣老經筵四書直解指南本　浙江　華東師大　杭州　日静嘉堂　日米澤市立圖書館

明書林葉顯吾刻重刻張閣老經筵四書直解本　安徽博

論語十卷附四書講義合參　宋朱熹集注　明張居正直解　明顧宗孟重訂　明顧宗玉撰講義合參

明崇禎九年顧宗孟刻四書直解附四書講義合參本　上海　蘇州

四書集注闡微直解論語十卷附纂序四書説約合參大全　宋朱熹集注　明張居正直解　明顧宗孟閲　清顧夢麟　清楊彝輯説約合參

清光緒八旗經正書院據康熙十六年徐乾學刻本翻刻四書集注闡微直解附纂序四書説約合參大全本　北大　南京　遼寧　湖北

四書集注闡微直解論語十卷　宋朱熹集注　明張居正直解　明顧宗孟閲

清宣統元年學部圖書局石印四書集注闡微直解本　國圖　北大　科學　上海

一九三七年滿日文化協會鉛印四書集注直解本　北大　上海

論語二卷　明張居正撰　清鄭重等訂

清康熙四十年修齊堂刻四書直解本　湖北

清乾隆三十一年金閶玉樹堂刻本　湖北

論語直解二十卷　明張居正撰　姚永樸節録

民國鉛印本　國圖　復旦

論語十卷　明李贄評

一九七五年北京中華書局影印明萬曆刻四書評本　北大

一九七四年上海師範大學圖書館油印四書評本　北大

論語十卷　明李贄評　明楊起元批點　明張明憲等參訂

明閔氏刻朱墨套印四書參本　國圖　北大　科學　故宫　國博　天津　祁縣　遼寧　福建師大　湖北　廣西

論語二卷　明劉思誠　王守誠撰

明萬曆十六年太原于天經刻四書翼傳三義本　浙江

朱子論語或問小注一卷　明徐方廣增注

清康熙四十一年陳彝則觀乎堂刻朱子四書或問小注本　北大

朱子論語或問小注二十卷　明徐方廣增注　清鄭任鑰校訂

清康熙六十一年鄭任鑰刻朱子四書或問小注本　國圖　北大　遼寧　湖北

論語外篇十八卷　明李栻撰

明萬曆十二年刻本　湖北　日尊經閣

論語述一卷　明許孚遠撰

明萬曆刻本　與大學考大學述同支言一卷中庸述同支言一卷合刻　日尊經閣

論語訂釋十卷　明管志道撰

明萬曆三十四年刻本　上海　華東師大

論語四卷　明焦竑撰
明萬曆二十一年書林鄭望雲刻焦氏四書講録本　大連
論語解醒編二卷　明蘇濬撰
清書林鄭閩熊刻解醒編本　國圖
論語二十卷　明徐奮鵬輯
明萬曆四十六年金陵書林鄭大經奎璧堂刻古今道脈本　首都　運城
新絳縣文化館　南京　安徽
論語十卷　明楊起元撰　明李衷批評　明梁知編
明萬曆三十九年大來山房刻四書評眼本　湖北　日蓬左文庫
明刻本　吉大　日公文書館二部
論語義府二十卷　明王肯堂撰
明刻本　中央黨校　華東師大　日公文書館
清康熙三年刻本　科學
北京圖書館古籍珍本叢刊影印明刻本
論語講義一卷　明周如砥撰
明抄本　清周志清跋　即墨
論語解一卷　明董懋策撰
清光緒三十二年會稽董氏取斯家塾刻董氏叢書本　國圖　北大　清華
北師大　華東師大
論語八卷　明唐汝諤撰
明萬曆刻增補四書微言本　國圖
論語詳解二十卷　明郝敬撰
明萬曆四十六年郝千秋郝千石刻郝氏九經解本　國圖　科學　上海　復旦
湖北
抄郝氏九經解本　上海師大
續修四庫全書影印明萬曆郝千秋郝千石刻九部經解本
讀論語一卷　明郝敬撰
明萬曆四十六年郝千秋郝千石刻郝氏九經解本　國圖　科學　上海　復旦
湖北
續修四庫全書影印明萬曆郝千秋郝千石刻九部經解本
讀論語二卷　明曹珖撰
明抄大樹堂説經本　國圖
論語會心詩一卷　明胡文焕撰
明天啓七年序刻蕓古介書前集本　北大　安徽

論語二卷 明張汝霖撰
明刻荷珠録本 蘇州
論語二卷 明湯賓尹撰 明李元賓校
明坊刻新鐫湯會元四書合旨本 日蓬左文庫
論語十卷 明湯賓尹撰 明鄭名世校
明萬曆二十三年光裕堂刻刊湯會元參詳明公新説四書解頤鼇頭本 日龍谷大學
論語湖南講四卷 明葛寅亮撰
明崇禎刻四書湖南講本 科學 陝西 浙江 湖北
論語駁異二十卷 明王衡撰 明婁堅校
明刻本 日公文書館
論語六卷 明馮夢龍撰
明末刻四書指月本 國圖
論語二十卷 明鹿善繼撰
清道光二十四年刻四書説約本 科學 湖北
清道光二十八年刻四書説約本 北大 天津 復旦 南京 湖北
一九二一年吴興劉承幹刻留餘草堂叢書之四書説約本 國圖 北大 清華 北師大 上海 青島 南京 南大 浙江
論語學案十卷 明劉宗周撰
清乾隆四庫全書館寫欽定四庫全書本
論語學案一卷
抄本 科學
論語二卷 明章世純撰
明天啓七年刻四書留書本 上海 湖北 重慶
明末富酉齋刻本 科學
清乾隆四庫全書館寫欽定四庫全書本
清抄本(清丁丙跋) 南京
四書考論語十三卷 明陳仁錫增定
明萬曆南城翁少麓刻四書備考本 國圖
明崇禎七年刻四書備考本 北大 清華 人大 中央民大 中央教科所 上海 華東師大 上海辭書 内蒙古 吉大 陝西 臨清 蘇州 無錫 鎮江 南京 浙江 天一閣 湖北 中山 重慶 川大 雲南民族學院 雲南大學
論語考異一卷 明陳仁錫增定
明萬曆南城翁少麓刻四書備考本 國圖

明崇禎七年刻四書備考本　北大

論語考異補一卷　明陳仁錫述

清順治刻四書大全辯本　北大　河南

論語商二卷　明周宗建撰

明萬曆四十五年刻本　北師大　浙江

清乾隆四庫全書館寫欽定四庫全書本

論語四卷　明洪啓初撰

明萬曆四十五年刻四書翼箋本　東北師大

論語五卷　明王夢簡撰

明天啓七年刻四書徵本　北大　南大　四川

論語約説二卷　明孫肇興撰

明崇禎六年刻朱墨套印四書約説本　科學

鐫張蘇兩大家四書講義合參論語十卷　明蔣方馨輯

明崇禎六年刻鐫張蘇兩大家四書講義合參本　科學

新訂四書補注備旨論語四卷　明鄧林撰　清杜定基增訂

清乾隆四十四年刻新訂四書補注備旨本　復旦

清同治十年文益堂刻新訂四書補注備旨本　遼寧

清光緒七年刻壽春棣萼堂藏板新訂四書補注備旨本　國圖　北師大　上海　復旦

清光緒三義堂刻新訂四書補注備旨本　北大

清光緒十年聚元堂刻四書補注備旨本　天津

論語通義二十卷　明魯論撰

清乾隆二十八年刻四書通義本　江西

論語十卷　明楊廷麟撰　明朱長祚補

明太倉張溥刻新刊翰林機部楊先生家藏四書慧解本　日蓬左文庫

論語二十卷　明張溥纂

明崇禎吴門寶翰樓刻四書注疏大全合纂本　華東師大　南京　餘姚　湖北　湖南

論語大全講意十卷　明張溥撰　清吴偉業參補

明崇禎刻四書尊注大全本　科學

論語十卷　明張明弼撰　明夏允彝等補

明刻參補鄒魯心印集注本　日公文書館

論語十卷　明張明弼撰

明種德堂刻四書揚明本　日無窮會天淵文庫

古注論語姓氏考一卷　明金蟠録
明崇禎十二年金蟠重刻萬曆東吴葛氏永懷堂十三經古注本　北大　復旦　南京　中山大　山東
明崇禎十二年金蟠刻清同治八年浙江書局重修十三經古注本　國圖　首都　北大　北師大　天津　遼寧　南京　浙江　湖北
論語説二卷　明辛全撰
明崇禎韓垍等刻清彙印四書説本　科學
一九三六年鉛印山右叢書初編之四書説本　國圖　首都　北大　清華　北師大　上海　復旦
論語十卷　明余應虬輯
明末刻近聖居四書翼經圖解本　華東師大
論語二卷　明余之祥撰
清順治十七年刻四書宗旨要言本　首師大
論語十卷　明周華輯
明刻浙江杭州新刊重校補訂四書集説本　重慶
陳學士先生論語貫義二卷　明陳懿典撰
清抄本　北師大
論語逸編十二卷　明鍾韶撰
明萬曆間刻本
清抄本　上海
四庫全書存目叢書影印明萬曆間刻本
論語義府二十卷
明刻本　中央黨校　華東師大
論語酌言一卷
明箕裘堂刻本　國圖
論語或問録要十四卷　清孫承澤撰
清康熙六年刻本　天津
論語考異一卷　宋王應麟論次　清張自烈批注
清順治刻四書大全辯本　北大　河南
論語考異補一卷　清張自烈等增删
清順治刻四書大全辯本　北大　河南
論語翊注二十卷　清刁包輯
清雍正年光裕堂刻四書翊注本　國圖
清道光二十七年刁繼祖惇德堂刻四書翊注本　北大　上海　浙江　遼寧

湖北

清道光至同治閒刁懷謹順積樓刻用六居士所著書本　清華　北師大　復旦

清咸豐六年祈州刁氏刻本　國圖

論語二卷　清傅以漸撰

清初抄貞固齋書義本(劉鳳誥跋)　國圖

四書集説論語九卷　明徐養元輯

清康熙四年周殿一留耕堂刻白菊齋訂四書本義集説本　清華

四書集説論語十卷

清康熙三十年刻石渠閣精訂徐趙兩先生四書集説本　北大

舊抄四書集説本　國圖

論語三十卷首一卷　清魏裔介輯

清康熙五十一年魏荔彤刻朱子四書全義本　清華

論語詩　清尤侗撰

清道光刻拜梅山房幾上書本　湖北

論語稽求篇七卷　清毛奇齡撰

清康熙李塨等刻西河合集本　國圖　首都　北大

清乾隆三十五年陸體元修補重印西河合集本　上海　復旦

清乾隆五十九年石門馬氏大酉山房刻龍威秘書本　國圖　首都　北大　科學

清道光九年廣東學海堂刻皇清經解一千四百卷本　國圖　首都　科學

論語稽求篇四卷

清乾隆四庫全書館寫欽定四庫全書本

論語集注大全二十卷　清陸隴其輯

清康熙三十七年嘉會堂刻三魚堂四書大全本　國圖　北大　遼寧　湖北

清康熙四十一年當湖陸氏刻三魚堂四書大全本　國圖　上海　復旦

論語講義困勉録二十卷　清陸隴其撰　清陸公鏐編

清康熙十四年刻四書講義困勉録本　國圖

清康熙三十八年嘉會堂刻四書講義困勉録本　北大　上海　南京　湖北

清乾隆四年嘉會堂刻四書講義困勉録本　國圖　北大　上海　浙江　南京

清乾隆四庫全書館寫欽定四庫全書本

論語講義續困勉録二卷　清陸隴其撰　清陸公鏐編

清康熙十四年刻四書講義困勉録本　國圖

清康熙三十八年嘉會堂刻四書講義困勉録本　北大　上海　南京　湖北

清乾隆四年嘉會堂刻四書講義困勉録本　國圖　北大　上海　浙江　南京

清乾隆四庫全書館寫欽定四庫全書本

四書反身録論語四卷　清李顒述　清王心敬録輯

清康熙思硯齋刻四書反身録本　天津

清道光十一年三韓劉氏刻四書反身録本　北大

清道光十一年浙江書局刻四書反身録本　北大

清光緒二十六年湘陰奎樓蔣氏小嫏嬛山館刻二曲先生全集之四書反身録本　北大

論語古義十卷　日本伊藤維楨述

日本正德二年刻本　上海

日本文政十二年伊滕弘濟刻本　北大

日本文政十二年京北文泉堂刻本　國圖

論語疏略二十卷　清張沐撰

清康熙十四年至四十年蓍蔡張氏刻五經四書疏略本　清華

踈閣齋纂序四書繹注講意論語二十卷　清劉梅撰

清康熙金閶文雅堂刻踈閣齋纂序四書繹注講意本　國圖　北大

論語十卷　宋朱熹撰　清范翔参訂

清康熙三十一年刻四書體注本　自坡居士有常跋　上海

四書正誤論語二卷　清顔元撰

清嘉慶元年張與齡抄顔習齋先生四書正誤本　南開

抄本　北大

一九二三年北京四存學會鉛印顔李叢書之四書正誤本　北大

論語評八卷　清吴莊撰

舊抄本　國圖

論語十卷　清蔡方炳重纂　清黄驥同纂

清光緒十三年務時敏齋刻五車樓五訂正韻四書纂序説約集注定本本　湖北

讀論語劄記二卷　清李光地撰

清康熙五十九年安溪李馥刻六十一年增修居業堂藏板四書解義本　國圖　科學　清華　福建

清乾隆四庫全書館寫欽定四庫全書本

清乾隆元年李清植刻嘉慶六年補刻李文貞公全集本　上海　復旦

清道光五年李維迪刻榕村全書之四書解義本　國圖　首都　北大　科學

論語劄記一卷　清楊名時撰

清乾隆五十九年江陰葉廷甲水心草堂刻楊氏全書本　北大

清宣統元年刻楊氏全書　科學　上海

論語十卷　清陳詵撰
　清康熙信學齋刻四書述本　故宫
論語二卷　清王吉相撰　清賈錫智校
　清道光二十四年刻四書心解本　國圖　科學　南京　湖北
論語朱子大全二十卷　清戴名世編　清程逢儀重輯
　清康熙四十七年程逢儀刻四書朱子大全本　國圖　北大　科學　湖北
論語二十卷　清湯傳榘撰
　清康熙四十四年刻四書明儒大全精義本　科學　上海　南京　湖北
論語傳注二卷　清李塨撰
　清刻恕谷後集本　北大
　一九二三年北京四存學會鉛印顔李叢書之傳注問本　國圖　首都　北大　天津　湖北
　四庫全書存目叢書北京圖書館古籍珍本叢刊影印清康熙雍正間刻顔李叢書本
　續修四庫全書影印民國十二年四存學會鉛印顔李叢書本
論語傳注問二卷　清李塨撰
　清刻恕谷後集本　北大
　一九二三年北京四存學會鉛印顔李叢書之傳注問本　國圖　首都　北大　天津　湖北
四書朱子異同條辨論語二十卷　清李沛霖訂　清李禎訂
　清康熙近譬堂刻四書朱子異同條辨本　國圖　北大　清華　科學　中科院考古所　上海　復旦　山西文物局　南京
　清黎光樓翻刻近譬堂刻四書朱子異同條辨本　國圖　北大　天津　浙江
　清朱文堂翻刻近譬堂刻四書朱子異同條辨本　浙江　湖北
論語徵十卷　日本物茂卿撰
　抄本　國圖
　日本元文五年刻本　國圖　科學
　日本寶曆十二年刻本　南京
論語徵集覽二十卷　魏何晏集解　宋朱熹集注　日本藤維楨古義　日本物茂卿徵　日本源賴寛輯
　日本寶曆十年刻本　北大
論語十卷　日本山井鼎輯　日本物觀補遺
　清嘉慶二年儀徵阮氏小琅嬛僊館刻七經孟子考文本　北大　南京
　清嘉慶趙魏家抄本(徐鯤跋並録周廣業校跋　嚴元照題識)　南京

論語八卷首一卷　清彭軏撰

清康熙五十年刻四書講義持衡本(葉葆跋)　山東

論語章句本義彙參二十卷首一卷　清王步青輯

清乾隆十年敦復堂刻四書朱子本義滙參本　北大

清承德堂翻刻乾隆十年敦復堂刻四書朱子本義滙參本　北大

清文會堂翻刻乾隆十年敦復堂刻四書朱子本義滙參本　北大

清翻刻乾隆十年敦復堂刻四書朱子本義滙參本　北大　遼寧

清光緒三十一年上海宏文閣書局石印四書朱子本義滙參本　北大

論語考典　清方棨如撰

清抄本(顧廷龍跋)　上海

四書自課録論語二十卷　清任時懋輯

清乾隆四年璜川吴贊皇吴企晉等刻四書自課録本　北大　科學　天津　復旦　南京　湖北

清道光九年璜川書屋刻四書自課録本　上海　湖北

論語二十卷　清湯豫誠撰

清湯豫誠四書困學編稿本　河南

論語札記一卷　清范爾梅撰

清雍正七年刻敬恕堂藏板讀書小記本　國圖　北大　北師大

論語廣義　清王又樸撰

清刻詩禮堂全集本　國圖　北大　北師大　科學

論語述朱大全二十卷　清周亦魯輯

清康熙六元年雲中居刻四書述朱大全本　上海

論語徵渙十卷拾遺一卷　日本中根紀撰

日本寶曆十二年京都寺町通菊秀軒菊屋喜兵衛刻學古堂藏版本　北大　日愛知大學

論語徵渙拾遺一卷　日本中根紀撰

日本寶曆十二年京都寺町通菊秀軒菊屋喜兵衛刻學古堂藏版本　北大　日愛知大學

論語徵解十卷　日本中根紀撰

日本寶曆十二年刻學古堂藏版本　國圖　日龍野歷史文化資料館

論語古訓十卷　日本太宰純撰

日本元文二年嵩山房刻本　北大

日本寬政四年東京嵩山房刻本　北大　上海　南京

論語古訓二十卷

日本延享二年刻本　國圖

論語古訓外傳二十卷附録一卷　日本太宰純撰
日本延享二年江都書肆嵩山房刻本　北大　南京
四書體注合講論語十卷　清翁復編
清雍正八年文奎堂刻四書合講本　浙江
清雍正八年英德堂銅版印四書合講本　上海
清嘉慶十三年五柳居刻四書合講本　南京
清道光元年刻酌雅齋四書遵注合講本　國圖　上海　復旦　湖北
清道光十六年刻芸生堂四書體注合講本　北大
論語説四卷　清程廷祚撰
清道光十七年東山草堂刻本　國圖　南京
清光緒抄本　天津
舊抄本　國圖
一九一五年排印金陵叢書乙集本　國圖　首都　北大　科學
續修四庫全書影印清道光十七年東山草堂刻本
論語翼注論文二十卷　清張甄陶撰
清乾隆五十三年福清張氏刻四書翼注論文本　北大
論語温知録一卷　清崔紀撰
清乾隆五年刻本　上海　浙江
四庫全書存目叢書北京圖書館古籍珍本叢刊影印清乾隆刻本
四書朱子大全精言論語二十卷　清周大璋纂輯　清魏一齋鑑定
清康熙四十七年寶旭齋刻四書朱子大全精言本　北大
增删四書朱子大全精言論語二十卷　清周大璋纂輯　清張藥齋鑑定
清乾隆三年光德堂刻增删四書朱子大全精言本　北大
清玉蘭堂刻增删四書朱子大全精言本　北大　上海
論語贅言二卷　清宋在詩撰
清乾隆三十年刻埜柏先生類稿本　科學
民國山西省文獻委員會鉛印山右叢書初編本　國圖　首都　北大　清華
北師大　上海　復旦
論語九卷　清耿埰撰
清乾隆元年屏山堂刻四書讀注提耳本　科學　天津
清同治九年屏山堂刻四書讀注提耳本　復旦
論語十卷附審音辨體考異　宋朱熹集注　清陳宏謀審音辨體考異
清刻緯文堂藏板陳榕門四書章句集注本　北大
論語一卷附審音辨體考異　宋朱熹集注　清陳宏謀審音辨體考異
清末義和堂刻裹如堂四書本　北大

論語古義一卷　清惠棟撰

清道光吴江沈氏世楷堂刻昭代叢書甲集補本　國圖　首都　北大　科學

論語考三卷　日本宇野鼎撰

日本寬延二年刻本　國圖

日本寶慶三年浪華書林柳原喜兵衛刻本　北大

論語集注凝道録十卷　清劉紹攽撰

四書凝道録稿本　陝西

清光緒二十年仁懿堂刻四書凝道録本　國圖　北大　北師大　科學　上海

論語味根録二十卷　清金澂撰

清道光十七年刻四書味根録本　浙江

清道光二十六年刻燦花吟館藏版四書味根録本　國圖

清咸豐十年緑雲書舍刻四書味根録　國圖

清光緒三年京都寶善堂刻四書味根録本　北大　南京(存一七卷)

加批增補四書味根録論語二十卷附疑題解　清金澂撰

清光緒十五年上海蜚英館石印批增補四書味根録附疑題解巾箱本　遼寧

四書題鏡論語　清汪鯉翔撰

清乾隆九年刻四書題鏡本　國圖　上海　南京　日東京都立圖書館二部

清乾隆九年英德堂刻四書題鏡本　北大

清乾隆元年英德堂刻四書題鏡本　北大

清英秀堂刻四書題鏡巾箱本　湖北

四書味根録論語二十卷附四書題鏡　清金澂撰味根録　清汪鯉翔撰四書題鏡　清鴻文書局重編

清光緒十四年上海鴻文書局石印四書題鏡味根録合編本　北大

四書味根録題鏡合編論語二十卷附四書宗旨　清金澂撰味根録　清汪鯉翔撰四書題鏡

清光緒十年上海點石齋石印四書味根録題鏡合編附四書宗旨本　湖北

清光緒十六年上海鴻文書局石印四書味根録題鏡合編附四書宗旨本　上海

論語十卷　清何始升撰

清乾隆九年亦樂堂刻四書正韻本　科學　浙江

論語隨筆二十卷　清牛運震撰

清嘉慶四年空山堂刻本　國圖　北大　天津

論語十卷　清劉所説撰

清乾隆十四年劉起翰肆業堂刻四書尋真本　科學

論語緒言二卷　清張秉直撰
　　清光緒二十年文在堂刻四書集疏附正本附　北大　北師大　上海

論語緒言一卷
　　清光緒十二年傳經堂刻西京清麓叢書續編之四書集疏附正本附　北大

論語講義三卷補遺一卷　清王元啓撰
　　清乾隆刻惺齋先生雜著之四書講義本　國圖

論語講義補遺一卷　清王元啓撰
　　清乾隆刻惺齋先生雜著之四書講義本　國圖

論語十卷　清楊玉緒撰
　　清乾隆二十五年刻四書述要本　科學

論語竢質三卷　清江聲撰
　　清嘉慶四年元和江氏刻本　北大
　　清道光二十七年管慶祺抄本(清管慶祺跋　清戴望題款　清莫堂跋　潘永弼跋)　上海
　　清抄本(徐立方校)　國圖

論語竢質三卷附校訛一卷　清江聲撰　清胡珽撰校訛
　　清咸豐三年仁和胡氏木活字印琳琅秘室叢書第一集本　科學　復旦

論語竢質校訛一卷　清胡珽撰
　　清咸豐三年仁和胡氏木活字印琳琅秘室叢書第一集本　科學　復旦
　　清光緒十三年會稽董氏雲瑞樓木活字印琳琅秘室叢書第一集本　國圖　首都　北大

論語竢質三卷附校訛一卷續校一卷　清江聲撰　清胡珽撰校訛　清董金鑒撰續校
　　清光緒十三年會稽董氏雲瑞樓木活字排印琳琅秘室叢書光緒本第一集本　國圖　首都　北大

論語竢質續校一卷　清董金鑒撰
　　清光緒十三年會稽董氏雲瑞樓木活字印琳琅秘室叢書第一集本　國圖　首都　北大

四書要言論語十卷　清林霖輯
　　清抄四書要言本　北大

四書疏注撮言大全論語二十卷　清胡斐才撰
　　清乾隆二十八年文光堂刻四書疏注撮言大全本　北大
　　清乾隆二十八年經國堂刻四書疏注撮言大全本　科學

論語新目二卷　清裴希純撰
清抄本　新鄉
甌香館四書説論語四卷　清郝寧愚撰
清道光二十九年郝氏刻甌香館四書説本　北大
論語麈言二卷　清戴宫華撰　清趙宗樸録
清乾隆六十年趙佑刻四子書麈言本　湖北
論語講義集説四卷　清李道南撰
清乾隆三十年還是讀書堂刻四書集説本　國圖　北大　科學　上海
清乾隆四十二年刻本　湖北
論語五卷　清趙佑撰
清乾隆五十二年仁和趙氏刻清獻堂全編之四書温故録本　國圖　北大　科學　上海　復旦
清乾隆六十年安溪謝氏刻四書温故録本　南京
論語正文二卷　日本片山世璠訓點
日本天明元年尚志堂刻江户嵩山房小林新兵衛千鐘房須原屋茂兵衛後印本　北大
論語讀朱求是編二十卷　清林愈蕃輯
清乾隆三十五年斑竹園書屋刻本　湖北
論語注參二卷　清趙良猷撰
清嘉慶刻巾箱本　湖北
清道光十二年涇縣趙氏古墨齋刻涇川叢書本　首都　北師大　科學
一九一七年翟鳳翔等以清道光趙氏本影印涇川叢書本　國圖　北大　北師大
論語附記二卷　清翁方綱撰
清抄本　北大
清光緒五年定州王氏謙德堂刻畿輔叢書本　國圖　首都　北大　科學
論語繹解六卷　日本皆川願撰
日本安永至寬政間刻本　北大
論語繹解十卷
日本文化九年刻本　國圖
論語新注六卷補鈔二卷　日本豐島幹撰
日本文化二年由己堂刻本　國圖
論語補鈔二卷　日本豐島幹撰
日本文化二年由己堂刻本　國圖

論語朱子大全二十卷圖一卷　清秦宫壁撰　清張一檇等校
清乾隆刻四書朱子大全本　湖北
論語劄記三卷　清朱亦棟撰
清光緒四年武林竹簡齋刻十三經劄記本　國圖　首都　北師大
論語漢注十卷　清孫馮翼撰
清乾隆嘉慶間江寧刻本　北大
論語古注集箋十卷　清潘維城撰
清潘維城稿本（清潘錫爵校並跋）　浙江
論語古注集箋十卷附論語考一卷
清同治十一年刻本　國圖
清光緒七年江蘇書局刻本　國圖　北大　科學　天津　上海　南京　湖北
續修四庫全書影印清光緒七年江蘇書局刻本
論語古注集箋二十卷
清光緒七年江蘇書局刻本　上海　湖北
清光緒十四年南菁書院刻皇清經解續編本　國圖　首都　北大　科學
清光緒十五年上海蜚英館石印皇清經解續編本　國圖　首都　北師大
論語考一卷　清潘維城撰
清同治十一年刻本　國圖
清光緒七年江蘇書局刻本　國圖　北大　科學　天津　上海　南京
論語輯解　清温常綬撰
清抄本　天津
論語集解標記十卷　魏何晏集解　日本三善彦明標記
日本安永七年刻本　南京
論語餘説一卷　清崔述撰
清道光四年陳履和東陽刻崔東壁遺書本　國圖　北大　北師大
一九二四年上海古書流通處據清道光本影印崔東壁遺書本　國圖　首都
北大　北師大
論語後録五卷　清錢坫撰
清乾隆三十四年漢陰官舍刻本　國圖
清嘉慶七年擁萬堂刻錢氏四種本　國圖　科學　上海
民國中國書店據擁萬堂本影印錢氏四種本　首都　北大　北師大
續修四庫全書影印清嘉慶七年擁萬堂刻錢氏四種本
論語辨義二卷　清梁鴻翥撰
抄本　上海

論語語由二十卷　日本龜井魯撰　日本龜井昱校
日本文化三年刻本　上海
日本文化三年刻明治十三年補刻本　南京(存十四卷)
日本大正八年澀澤榮影印文化三年刻本　國圖　南京
日本明治十二年大阪桑林堂活字本　北大
論語十卷　日本塚田虎注
日本文政三年嵩山房刻本　北大
論語隱義一卷　清王謨輯
清嘉慶三年金溪王氏刻漢魏遺書抄本　國圖　北大　北師大　科學
論語大學偶記一卷　清汪德鉞撰
清道光十二年汪時漣長汀木活字印七經偶記本　國圖　上海
論語一貫五卷　日本片山兼山遺教　日本葛山壽撰
日本文化九年葛山氏青蘿館刻本　南京
論語駢枝一卷　清劉台拱撰
清嘉慶十一年揚州阮常生刻十三年續刻劉端臨先生遺書本　國圖　上海　復旦
清道光十四年世德堂刻劉端臨先生遺書本　國圖　北師大　上海
清光緒十五年廣雅書局刻一九二〇年番禺徐氏彙編重印廣雅書局叢書之劉氏遺書本　國圖　北師大　科學
續修四庫全書影印清嘉慶十一年阮常生刻劉端臨先生遺書本
古三疾齋論語直旨四卷　清何綸錦撰
清嘉慶刻古三疾齋三種本　國圖　天津　南京
論語義疏二十卷　清馬時芳撰
一九一五年禹縣存古學社石印平泉遺書本　北大
四書摭餘説論語三卷　清曹之升撰
清乾隆六十年刻四書摭餘説本　上海
清嘉慶三年蕭山曹氏家塾刻四書摭餘説本　北大　上海(胡玉縉校)　南京　湖北
清道光十二年來鹿堂刻四書摭餘説本　湖北
論語古訓十卷附一卷　清陳鱣撰
清乾隆六十年海寧陳氏簡莊刻本　國圖(李慈銘注)　北大　上海　復旦　浙江
清光緒九年浙江書局刻本　國圖　北大　天津　上海　遼寧　南京　浙江　湖北

續修四庫全書影印清嘉慶元年刻本

論語講義偶録一卷　清張洲撰

清乾隆五十八年刻本　國圖

論語廣注二卷　清畢憲曾撰

清嘉慶八年培遠堂刻本　國圖　科學　上海　浙江

致用精舍論語類解二卷　清王輅撰

清光緒十一年刻致用精舍講語本　國圖　湖北

論語異文集覽四卷　清張漪撰

清嘉慶十九年惜陰書屋刻小窗遺稿本　國圖　北大　科學　南京

讀論質疑一卷　清石韞玉撰

清刻本　國圖

續修四庫全書影印清刻本

論語十卷　清吴昌宗撰

清嘉慶三年江都汪廷機刻四書經注集證江都汪氏藏版本　國圖　北大　科學　天津　上海　南京　復旦　浙江

清嘉慶三年江都汪廷機刻光緒四年望三益齋重修四書經注集證本　北大　上海

清翻刻嘉慶三年江都汪廷機刻四書經注集證本　北大

論語十卷　清章宋待撰　清章祖武編

清嘉慶三年崇文堂刻四書聯珠本　國圖

論語集義四卷　日本久保愛撰

日本文政刻本　北大

論語十卷　清劉式潤撰

清嘉慶五年寫刻誦芬草堂手録正蒙四書本　天津

論語會解十卷　清綦澧撰

清嘉慶五年還醇堂刻四書會解本　北大　科學　上海

清咸豐元年三益堂刻四書會解本　南京

清光緒九年還醇堂刻四書會解本　佚名批　上海

論語補疏三卷　清焦循撰

清嘉慶道光間江都焦氏雕菰樓刻焦氏叢書之六經補疏本　國圖　首都　北師大　科學

清光緒二年衡陽魏氏刻焦氏叢書之六經補疏本　國圖　首都　復旦

論語補疏二卷

清道光九年廣東學海堂刻皇清經解一千四百卷本　國圖　首都　北師大

科學

清道光九年廣東學海堂刻咸豐十一年補刻皇清經解一千四百八卷本　國圖　首都　北師大

清光緒十七年上海鴻寶齋石印皇清經解一百九十卷本　國圖　上海　華東師大

論語通釋一卷　清焦循撰

清焦循稿本(清汪萊跋)　上海

清道光二年木犀軒刻本　天津

清光緒德化李氏木犀軒刻木犀軒叢書本　國圖　首都　北大　科學

一九二五年香山黄氏古愚室據刻本影印清代學術叢書第一集本　國圖　首都　北大　北師大

續修四庫全書影印清光緒李氏刻木犀軒叢書本

論語論仁論一卷　清阮元撰

清刻本　國圖　南京

論語參解五卷　日本鈴木朖撰

日本文政刻本　北大

四書勸學録論語二十卷　清謝廷龍撰

清道光元年至四年刻富文堂藏板四書勸學録本　北大

論語大疏　日本太田元貞輯

日本抄本(存十七卷)　國圖

何劭公論語義剩義一卷　清黄朝槐撰

抄西園讀書記本　國圖

四書恒解論語四卷　清劉沅輯注

清光緒十年豫誠堂刻槐軒全書之四書恒解本　北大　科學　上海　華東師大

清末亞東製版印刷局鉛印四書恒解本　北大

一九一二年三多寨凝善堂刻槐軒全書之四書恒解本　北大

論語二十卷　清陶起庠撰　清陶金烇等校

清嘉慶十八年謙益堂刻四書集説及補義續考本　天津(佚名批校)　湖北

四書補義論語二卷　清陶起庠撰　清陶金烇等校

清嘉慶十八年謙益堂刻四書補義本　國圖　北大　科學　天津(佚名批校)　湖北

論語經解二卷　清朱爲弼撰

朱茮堂家藏稿稿本　上海

論語比一卷　清沈道寬撰
清光緒三年潤洲榷署刻話山草堂遺集之話山草堂雜著本　國圖　首都　北師大　科學

論語集解二十卷敘説一卷　清淩鳴喈撰　清淩江增注
清嘉慶十七年刻本　遼寧
清道光八年吴興淩氏刻淩氏傳經堂叢書本　國圖　上海

論語敘説一卷　清淩鳴喈撰　清淩江增注
清嘉慶十七年刻本　遼寧
清道光八年吴興淩氏刻淩氏傳經堂叢書本　國圖　上海

論語欄外書　日本佐藤坦述
日本抄本　北大

論語補解十卷　魏何晏集解　日本山本惟孝補解
日本天保十年南紀學習館藏版本　國圖

論語十卷　清吕世鏞輯
清康熙五十八年吕世鏞刻四書正體附四書正體校定本　國圖　北大
清懷永堂刻四書正體本　天津

四書拾疑論語二卷　清林春溥輯
清道光十四年閩縣林氏刻竹柏山房之四書拾疑本　國圖　北大　湖北

論語述何一卷　清劉逢禄撰
清咸豐十年補刻本　復旦

論語述何二卷
清道光九年廣東學海堂刻皇清經解一千四百卷本　國圖　首都　科學
清光緒十七年上海鴻寶齋石印皇清經解一百九十卷本　國圖　上海　華東師大
清光緒上海點石齋石印皇清經解一百九十卷本　國圖　北師大　上海
清光緒刻蟄雲雷齋叢書本　國圖　北大　科學

論語孔注辨僞二卷　清沈濤撰
清道光元年刻本　國圖　天津　上海　南京
清光緒十三年吴縣朱氏家塾刻槐廬叢書四編本　國圖　首都　北大　科學
清光緒十四年南菁書院刻皇清經解續編本　國圖　首都　北大　科學
清光緒會稽趙氏刻仰視千七百二十九鶴齋叢書第四集本　國圖　北大　科學
清光緒間吴縣潘氏刻功順堂叢書本　國圖　首都　北大　科學

論語集注旁證二十卷　清梁章鉅撰
清同治十二年刻本　科學　天津　上海

清光緒十二年荆溪許時庚鉛印本　國圖　天津　上海
續修四庫全書影印清同治十二年刻本

論語十卷　清宋翔鳳撰
清嘉慶十八年長洲宋氏浮谿草堂刻四書古今訓釋本　北大　科學
清光緒十四年南菁書院刻皇清經解續編本　國圖　首都　北大　科學

論語二十卷　清宋翔鳳撰
清嘉慶刻四書纂言本　南京
清光緒八年古吴李祖榮岝㟼山房刻四書纂言本　國圖　北大　遼寧　南京　湖北　浙江

論語師法表一卷　清宋翔鳳撰
清嘉慶二十五年書業刻浮溪精舍叢書本　國圖　首都　北大　科學
清光緒二十二年錢塘汪氏刻食舊堂叢書本　國圖　首都　北師大

論語説義十卷　清宋翔鳳撰
清光緒十四年南菁書院刻皇清經解續編本　國圖　首都　北大　科學
續修四庫全書影印清光緒十四年南菁書院刻皇清經解續編本

論語集解偶識一卷　清焦廷琥撰
清焦廷琥稿本　北大
清抄本　北大

四書體味録殘稿論語一卷　清宗稷辰撰
清咸豐元年越峴山館刻本　國圖　北大
清光緒十四年宗氏躬恥齋刻本　上海

論語偶記一卷　清方觀旭撰
清道光九年廣東學海堂刻皇清經解一千四百卷本　國圖　首都　科學
清光緒七年成都瀹雅齋刻本　國圖　浙江
清光緒十七年上海鴻寶齋石印皇清經解一百九十卷本　國圖　上海　華東師大
續修四庫全書影印清道光九年廣東學海堂刻皇清經解本

論語古解十卷　清梁廷枏撰
清道光八至十三年刻藤花亭十七種本　國圖　首都　北大　科學

論語異文集證二卷　清馮登府撰
清馮登府手稿本　上海

論語異文集證十卷
清道光十四年粤東學海堂刻本　國圖　天津　上海
清光緒十六年新會劉氏藏修書屋刻藏修堂叢書本　國圖　北大　科學

清華
一九三五年南海黄氏據舊版彙印芋園叢書本　北大　清華　北師大
續修四庫全書影印清道光十四年廣東學海堂刻本
論語補注三卷　清劉開撰
清同治七年桐城劉氏重刻本　國圖　北大　上海　南京　湖北
論語權疑一卷　清潘德輿撰
手稿本　上海
論語集詁辨正二卷　日田中頤撰
日本刻本　南京
論語講義四卷　日本田中頤撰
日本文政二年刻本　日蓬左文庫
論語後案二十卷　清黄式三撰
清道光二十三年活字印本　國圖　北大　天津　復旦　南京　浙江　湖北
清光緒九年浙江書局刻儆居遺書本　國圖　上海師大　天津　南京
續修四庫全書影印清道光二十四年活字本
論語集注序説二卷　清楊京元撰
清道光十年刻本　國圖　科學
論語注疏長編　清劉寶楠撰
清劉寶楠手稿本　上海
論語注　清劉寶楠撰
清劉寶楠手稿本　上海
論語正義二十四卷　清劉寶楠撰　清劉恭冕述
清同治五年金陵存古書社刻本　國圖　北大　科學　天津　上海　復旦
南京　湖北
清同治八年刻本(清孫詒讓校)　浙江大學　上海
清光緒十四年南菁書院刻皇清經解續編本　國圖　首都　北大　科學
續修四庫全書影印清同治刻本
論語正義校記一卷　清孫詒讓　汪宗沂撰
清劉氏食舊德齋抄本　南京
論語述義一卷　清單爲鏓撰
清同治七年刻單氏全書之四書述義前集本　國圖　北大　哈爾濱
論語述義續一卷　清單爲鏓撰
清同治七年刻單氏全書之四書述義後集本　國圖　北大　哈爾濱
論語經説釋疑四卷首一卷總解一卷附録一卷　清周國玠輯釋
清道光十三年松筠堂刻本　南京　湖北

論語經説總解一卷　清周國玠輯釋
清道光十三年松筠堂刻本　南京　湖北
論語孔注證僞二卷　清丁晏撰
清丁晏稿本（清劉文淇　清劉寶楠　清盛大士等箋注）　上海
清丁晏稿本　國圖
一九四〇年排印合衆圖書館叢書第一集本　國圖　首都　北大
續修四庫全書影印合衆圖書館叢書本
論語隱義注一卷　清馬國翰輯
清同治十年濟南皇華館刻玉函山房輯佚書本
清光緒九年長沙嫏嬛館刻玉函山房輯佚書本　國圖　首都　北師大　科學
清光緒九年長沙嫏嬛館刻光緒十年章邱李氏印玉函山房輯佚書本　北師大　上海
清光緒十年楚南書局刻玉函山房輯佚書本　國圖　北大
論語二十卷　清楊大受輯
清道光十六年刻以約齋藏版四書講義切近録本　國圖
周易論語同異辨一卷　清王世溥撰
清光緒二十三年廬州刻本　南京
論語述注十六卷　清王景賢撰
清同治十三年三山王氏刻羲停山館集本　國圖　北大　清華　上海
論語二卷　清賴相棟撰
清道光二十年刻四書管窺本　湖北
論語聞一卷　清盛大謨撰　清李其滋重校
清同治五年磊思巢刻盛於野遺著本　湖北　復旦　上海
論語補解辯證十卷　日本志賀孝思撰　日本山本惟清等校
日本嘉永四年聚星堂木活字印本　南京
論語俟三卷　清陳世鎔撰
清道光二十五年刻求志居集本　國圖　首都　清華
清同治四年獨秀山莊刻求志居全集本　北大
論語考異訂　清吴敏樹撰
清抄本　國圖
四書隨見録論語二十卷　清鄒鳳池輯　清陳作梅輯
清道光二十七年鄒氏陳氏刻四書隨見録本　北大
論語賛解二卷　清秦東來撰
清同治六年刻本　國圖　科學

論語論仁釋一卷　清成蓉鏡撰
　清光緒刻成氏遺書本　上海
論語參注二十卷　清崔暕參注
　清光緒二十年刻本　上海
論語淺解四卷　清喬松年注
　清光緒三年强恕堂刻喬勤恪公全集本　國圖　科學　上海　南京　南大　吉大　湖北
來復堂論語講義二卷　清丁大椿撰
　清道光二十年刻來復堂全書本　國圖　清華　上海
論語話解十卷　清陳濬撰
　清同治十三年賜葛堂刻求在我齋全集　上海
　清光緒五年廣仁堂刻本　國圖　北大　科學　天津　上海
　清光緒五年木活字印本　上海
　清光緒二十九年湖南洋務局刻本　上海　湖北
論語經正録　清王肇晉撰
　清王肇晉稿本　國圖
　續修四庫全書影印北大圖書館藏清光緒二十年刻本
論語經正録二十卷附王篠泉先生年譜一卷　清王肇晉撰　清王用誥輯　清王孝箴　清王用誥編述年谱
　清光緒二十年刻本　國圖　北大　科學　上海　南京　遼寧　湖北
何休注訓論語述一卷　清劉恭冕撰
　清同治十二年刻本　科學　上海
　清光緒十四年南菁書院刻皇清經解續編本　國圖　首都　北大　科學
　清光緒十五年上海蜚英館石印皇清經解續編本　國圖　首都　北師大
　清光緒二十六年南陵徐氏刻鄦齋叢書本　國圖　首都　北大　科學
　清劉氏食舊德齋刻本　國圖
　一九三一年金祖同傳抄本　復旦
論語正義補一卷　清劉恭冕撰
　王氏蛾術軒鈔稿本　復旦
　一九三三年打字油印本　國圖
　抄本　湖北
　抄本　南京
　抄本　北大

論語鄭義一卷　清俞樾撰

清光緒十四年南菁書院刻皇清經解續編本　國圖　首都　北大　科學

清光緒十五年上海蜚英館石印皇清經解續編本　國圖　首都　北師大

清光緒二十五年刻春在堂全書之俞樓雜纂本　國圖　首都　北大　科學

論語平議二卷　清俞樾撰

清光緒十四年南菁書院刻皇清經解續編本　國圖　首都　北大　科學

清光緒十五年上海蜚英館石印皇清經解續編本　國圖　首都　北師大

清光緒二十五年刻春在堂全書之群經平議本　國圖　首都　北大　科學

論語小言一卷　清俞樾撰

清光緒二十五年刻春在堂全書之第一樓叢書本　國圖　首都　北大　科學

論語古注擇從一卷　清俞樾撰

清光緒二十五年刻春在堂全書之俞樓雜纂本　國圖　首都　北大　科學

何劭公論語義一卷　清俞樾撰

清光緒二十五年刻春在堂全書之曲園雜纂本　國圖　首都　北大　科學

續論語駢枝一卷　清俞樾撰

清光緒十四年南菁書院刻皇清經解續編本　國圖　首都　北大　科學

清光緒十五年上海蜚英館石印皇清經解續編本　國圖　首都　北師大

清光緒二十五年刻春在堂全書之俞樓雜纂本　國圖　首都　北大　科學

論語集注十卷　宋朱熹撰　清高玲批點

清道光七年高玲愷元堂刻朱墨印新刻批點四書讀本本　國圖　天津　上海（佚名眉批）　南京　湖北

清同治十三年三益堂刻新刻批點四書讀本本　上海

一九二一年玉山慎言堂刻新刻批點四書讀本本　復旦

論語翼注駢枝二卷　清史夢蘭撰

清史夢蘭稿本　國圖

清抄本(清史夢蘭訂補）　國圖

明明子論語集解義疏二十卷　清胡夤撰

一九四〇年四明張氏約園刻四明叢書第六集本　國圖　首都　清華　北師大

論語校訛一卷　清胡珽撰

清咸豐三年仁和胡氏木活字排印琳琅秘室叢書咸豐本第一集本　科學　復旦

清光緒十三年會稽董氏雲瑞樓木活字排印琳琅秘室叢書光緒本第一集本　國圖　首都　北大

論語類編心解十卷　日本谷鐵臣輯

日本明治二十四年京都市文石堂北邨四郎兵衛刻枕易齋藏版本　南京

日蓬左文庫　日東京都立圖書館　日中央大學
論語皇疏考證十卷　清桂文燦撰
清南海桂氏清稿本　復旦
吴縣王氏學禮齋抄稿本　復旦
一九四〇年排印庚辰叢編本　國圖　首都　北大　北師大
論語二卷　清黄鶴撰
清咸豐十年寧鄉學署東齋刻四書異同商本　國圖　北大　南京　湖北
論語二卷補訂二卷
清光緒二十年譫雅書局刻四書異同商本　科學　上海　湖北
論語補訂二卷　清黄鶴撰
清光緒二十年譫雅書局刻四書異同商本　科學　上海　湖北
論語繹旨二卷　清莫元伯撰
清同治五年刻本　湖北
春暉樓論語説遺二卷　清張鼎撰
一九四八年海鹽周昌國等排印春暉樓叢書本　國圖　北師大　上海　復旦
論語集解校補一卷　清蔣曰豫撰
莊侑石遺書之滂喜齋學録本　北大
論語論略一卷　清張恩尉撰
清光緒九年刻論孟論略本　國圖　科學　南京　湖北
清光緒二十八年金陵刻論孟論略本　湖北
論語衍義十卷　清姚紹崇撰
清同治十一年刻姚氏墨君軒藏版本　國圖　上海
論語訓二卷　清王闓運撰
稿本　重慶
清光緒二十七年刻本　湖北
清光緒宣統間刻湘綺樓全書本　國圖　首都　北大　北師大
許氏説文引論語三十六條　清吴大澂輯
清光緒十一年同文書局石印本　國圖　北大　上海　復旦　遼寧　湖北
一九一四年蘇州振新書社石印本　復旦　遼寧
論語説二卷　清畢梅撰　清史夢蘭箋
清光緒二年笑山房刻本　國圖　科學　上海　南京
論語戴氏注二十卷　清戴望撰
清咸豐年間大樑書院刻本　國圖
清同治十年刻本　國圖　北大　上海　復旦

清光緒浙江書局刻本　浙江

清光緒十四年江陰南菁書院刻南菁書院叢書第二集本　國圖　首都　北大　科學

續修四庫全書影印清同治十年刻本

論語述二卷　清陸殿邦撰

清光緒十三年陸氏刻維心亨室四書講義本　北大

論語故二卷　清陸殿邦撰

清光緒十三年陸氏刻維心亨室四書講義本　北大

朱子論語集注訓詁考二卷　清潘衍桐輯

清光緒十七年浙江書局刻本　國圖　北大　科學　天津　上海　復旦　南京　浙江　遼寧　湖北

續修四庫全書影印清光緒十七年浙江書局刻本

論語分編十卷　清劉曾騄撰

清光緒民國間石印祥符劉氏叢書本　國圖

論語約注二十卷　清劉曾騄撰

清光緒民國間石印祥符劉氏叢書本　國圖

論語人考一卷　清劉曾騄撰

清光緒民國間石印祥符劉氏叢書本　國圖

論語地考一卷　清劉曾騄撰

清光緒民國間石印祥符劉氏叢書本　國圖

讀論語日記一卷　清陳宗誼撰

清刻本　國圖　湖北

論語事實録一卷三毫考一卷　清楊守敬撰

清光緒間刻本　國圖　科學　上海　湖北

論語古注集箋補正一卷　清許克勤撰

清吴縣孫氏長沙刻本　湖北

論語會箋二十卷　日本竹添光鴻箋

日本昭和九年崇文院鉛印本　南京

論語古注集箋十卷考一卷　清吴潘撰

清光緒七年江蘇書局刻本　天津

論語古注考一卷　清吴潘撰

清光緒七年江蘇書局刻本　天津

論語稽二十卷附孔子世家稽一卷　清宦懋庸撰

一九一三年維新印書館鉛印本　國圖　科學　復旦　湖北

續修四庫全書影印民國二年維新印書館鉛印本

論語時習録五卷　清劉光蕡撰

一九二一年蘇州王典章思過齋刻煙霞草堂遺書本　國圖　北大　北師大　科學　上海

論語要略一卷　清許珏輯

一九二二年許氏刻本　上海

論語書法一卷　清張瑛撰

清光緒十年江蘇臬署刻本　國圖

論語十卷　清羅大春增訂

清光緒十三年宗德堂刻批點四書本　湖北

論語章數位數表二卷　清謝崧岱　謝崧岷撰

清光緒十四年湘鄉謝氏研經榭刻本　國圖　北大　天津　科學

論語發隱一卷　清楊文會撰

清光緒中金陵刻經處刻本　國圖　上海　復旦

民國刻楊居士遺書本　南京

論語彙解四十二卷　清淩陛卿輯

清光緒二十九年上海鴻文書局石印清朝四書彙解本　上海　浙江　湖北

論語雅言十卷　清董增齡撰

清抄本　國圖

四庫未收書叢刊影印清抄本

論語雅言二十卷

清江仁葆等抄本　科學

論語續校一卷　清董金鑒撰

清光緒十三年會稽董氏雲瑞樓木活字排印琳琅秘室叢書第一集本　國圖　首都　北大

論語彙讀十卷　清李嵩崙撰

清四謙堂刻本　南京

論語章句議略一卷　清高心伯撰

清高心伯四書議略稿本　江西博

論語鄭注一卷　清陶思曹輯

清抄本(佚名批)　浙江

論語摘講一卷　清徐庶推演

民國邁生虛道學社刻本　國圖　上海

論語密解大全十卷　清姚循德纂

清姚循德稿本　天一閣(存卷一至四,七至十)

論語校異三卷　清姚凱元撰
　　抄本　國圖
論語隱義注一卷　清王仁俊輯
　　清光緒王仁俊稿本玉函山房輯佚書續編本　上海
　　清光緒王仁俊輯十三經漢注稿本　上海
南海先生論語注稿二卷　康有爲撰
　　稿本　天津
論語注二十卷　康有爲撰
　　清光緒二十八年刻本　復旦　南京
　　一九一七年南海康氏萬木草堂叢書本　國圖　上海
　　一九一七年京師美使館美森院刻本　北大
廣論語駢枝一卷　章炳麟撰
　　一九三三年北平刻章氏叢書續編本　國圖　首都　北大　科學
金州講習會論語講義一卷　羅振玉撰
　　一九三三年上虞羅氏遼東石印遼居雜著乙編本　國圖　首都　北大
　　　北師大

（三）分篇

鄉黨圖考十卷　清江永撰
　　清乾隆二十一年吴功率刻本　浙江
　　清乾隆二十八年金閶書業堂重刻本　南京
　　清乾隆五十二年致和堂刻本　北大　上海
　　清嘉慶二十一年吴郡山淵閣刻本　國圖　北大
　　清咸豐十一年青雲樓刻本　北大
鄉黨圖考十卷訂譌一卷　清江永撰　清王焕雲等撰訂譌
　　清乾隆三十八年潛德堂刻本　國圖　科學　上海　湖北　浙江（清鄭文焯
　　　校並跋）
鄉黨圖考訂譌一卷　清王焕雲等撰訂譌
　　清乾隆三十八年潛德堂刻本　國圖　科學　上海　湖北　浙江（清鄭文焯
　　　校並跋）
鄉黨圖考十卷鄉黨補注一卷　清江永撰　清吴伯常撰補注
　　清乾隆五十二年刻本　國圖
鄉黨補注一卷　清吴伯常撰
　　清乾隆五十二年刻本　國圖

鄉黨文擇雅正編　清江永撰
　　抄本　上海
鄉黨義考七卷　清胡薰輯　清胡願編
　　清乾隆六十年中林書屋刻本　北大　湖北
鄉黨考一卷　清黄守僔撰
　　清乾隆四十三年漱經堂刻本　科學
鄉黨正義一卷　清金鶚撰
　　清光緒十四年南菁書院刻皇清經解續編本　國圖　首都　北大　科學
　　清光緒十五年上海蜚英館石印皇清經解續編本　國圖　首都　北師大
　　清抄本　北大
鄉黨經傳通解二卷　清程光國撰
　　清嘉慶十年刻本　科學
鄉黨禮説一卷　清李林松撰
　　清光緒五年通州劉恕刻本　復旦（王欣夫跋）　湖北
鄉黨私塾課本一卷　清李林松撰
　　清光緒八年刻本　湖北
鄉黨備考二卷　清成僎撰
　　清道光年王氏信芳閣活字印本　國圖
鄉黨典義　清魏晉撰
　　清道光元年刻觀德堂藏版本　國圖
鄉黨正義十四卷　魏何晏集解　清王鎏刪補
　　清道光二十一年藝海堂刻本　北大　科學　復旦
鄉黨俟正一卷　清陳榘撰
　　清道光六年刻本　上海
論語鄉黨篇訂疑四卷　清霍禮運撰
　　清道光二十一年刻本　科學
　　清咸豐六年刻本　國圖　遼寧
鄉黨約説一卷遵經一卷補遺一卷　清楊廷芝撰
　　清道光二十三年清遠堂刻本　科學
鄉黨補遺一卷　清楊廷芝撰
　　清道光二十三年清遠堂刻本　科學
鄉黨考便讀一卷　清董惠芝輯
　　清光緒二年新安董氏一席居刻本　北大　湖北
鄉黨增輯一卷　清黄楚湘　清周兆桂　清周士釗增輯
　　清道光二十八年崇雅堂家塾刻本　北大　上海

清同治九年世楷堂重刻本　上海

鄉黨圖考便讀一卷　清陳琢輯

清咸豐元年垂棠館刻本　湖北

鄉黨類纂三卷　清譚孝達撰

清咸豐元年刻本　科學

鄉黨便蒙二卷　清劉傳一撰

清道光五年錫類堂刻本　科學　天津　上海　湖北

鄉黨萃珍二卷　清許兆培撰

清同治十二年溧陽許氏家塾刻袖珍本　科學

鄉黨圖考補證六卷劄記一卷　清王漸鴻撰

清光緒三十四年黄縣丁氏海隅山館刻本　國圖　北大　科學　遼寧

鄉黨圖考劄記一卷　清王漸鴻撰

清光緒三十四年黄縣丁氏海隅山館刻本　國圖　北大　科學　遼寧

鄉黨補義一卷　清于鬯撰

于香草遺著叢輯稿本　上海

抄本　上海

附録一　論語緯

論語讖一卷　三國魏宋均注　清黄奭輯

清道光甘泉黄氏刻光緒印漢學堂叢書之通緯附讖本　國圖　首都　北大　科學

論語讖一卷　三國魏宋均注　清王仁俊輯

清光緒王仁俊稿本玉函山房輯佚書續編本　上海

論語比考讖一卷　明孫瑴輯

清嘉慶十七年禹航陳世望對山問月樓刻古微書本

清嘉慶海虞張氏刻墨海金壺本

清道光二十四年金山錢氏據墨海金壺版重編增刻守山閣叢書本

清光緒十四年刻古微書本

清光緒十五年上海鴻文書局影印清道光錢氏刻守山閣叢書本

清光緒二十一年上海鴻文書局石印古微書本

論語比考一卷　清喬松年輯

清光緒三年强恕堂刻喬勤恪公全集本

民國初山西省文獻委員會排印山右叢書初編本　天津　遼寧　山東

論語比考讖一卷　三國魏宋均注　清馬國翰輯

清同治十年濟南皇華館刻玉函山房輯佚書本

清光緒九年長沙嫏嬛館刻玉函山房輯佚書本　國圖　首都　北師大　科學

清光緒九年長沙嫏嬛館刻光緒十年章邱李氏印玉函山房輯佚書本　北師大　上海

清光緒十年楚南書局刻玉函山房輯佚書本　國圖　北大

清光緒十五年文選樓刻玲瓏山館叢書本

論語比考讖一卷　三國魏宋均注　清黄奭輯

清道光甘泉黄氏刻光緒印漢學堂叢書之高密遺書本　國圖　首都　北大　科學

清道光甘泉黄氏刻一九二五年王鑒修補重印黄氏逸書考之通德堂經解本　國圖　北大

清道光甘泉黄氏刻一九三四年江都朱長圻修補重印黄氏逸書考之通德堂經解本　國圖　北大

論語譔考一卷　明孫瑴輯

清嘉慶十七年禹航陳世望對山問月樓刻古微書本

清光緒十四年刻古微書本

清光緒二十一年上海鴻文書局石印古微書本

論語譔考一卷　清喬松年輯

清光緒三年强恕堂刻喬勤恪公全集本

民國初山西省文獻委員會排印山右叢書初編本　天津　遼寧　山東

論語撰考讖一卷　三國魏宋均注　清馬國翰輯

清同治十年濟南皇華館刻玉函山房輯佚書本

清光緒九年長沙嫏嬛館刻玉函山房輯佚書本　國圖　首都　北師大　科學

清光緒九年長沙嫏嬛館刻光緒十年章邱李氏印玉函山房輯佚書本　北師大　上海

清光緒十年楚南書局刻玉函山房輯佚書本　國圖　北大

清光緒十五年文選樓刻玲瓏山館叢書本

論語撰考讖一卷　三國魏宋均注　清黄奭輯

清道光甘泉黄氏刻光緒印漢學堂叢書之高密遺書本　國圖　首都　北大　科學

清道光甘泉黄氏刻一九二五年王鑒修補重印黄氏逸書考之通德堂經解本　國圖　北大

清道光甘泉黄氏刻一九三四年江都朱長圻修補重印黄氏逸書考之通德堂經

解本　國圖　北大

論語摘輔象　明孫瑴輯

清嘉慶十七年禹航陳世望對山問月樓刻古微書本

清嘉慶海虞張氏刻墨海金壺本

清道光二十四年金山錢氏據墨海金壺版重編增刻守山閣叢書本

清光緒十四年刻古微書本

清光緒二十一年上海鴻文書局石印古微書本

論語摘輔象一卷　清喬松年輯

清光緒三年强恕堂刻喬勤恪公全集本

民國初山西省文獻委員會排印山右叢書初編本　天津　遼寧　山東

論語摘輔象一卷　三國魏宋均注　清馬國翰輯

清同治十年濟南皇華館刻玉函山房輯佚書本

清光緒九年長沙嫏嬛館刻玉函山房輯佚書本　國圖　首都　北師大　科學

清光緒九年長沙嫏嬛館刻光緒十年章邱李氏印玉函山房輯佚書本　北師大　上海

清光緒十年楚南書局刻玉函山房輯佚書本　國圖　北大

清光緒十五年文選樓刻玲瓏山館叢書本

論語摘輔象一卷　三國魏宋均注　清黄奭輯

清道光甘泉黄氏刻光緒印漢學堂叢書之高密遺書本　國圖　首都　北大　科學

清道光甘泉黄氏刻一九二五年王鑒修補重印黄氏逸書考之通德堂經解本　國圖　北大

清道光甘泉黄氏刻一九三四年江都朱長圻修補重印黄氏逸書考之通德堂經解本　國圖　北大

論語摘衰聖一卷　明孫瑴輯

清嘉慶十七年禹航陳世望對山問月樓刻古微書本

清嘉慶海虞張氏刻墨海金壺本

清道光二十四年金山錢氏據墨海金壺版重編增刻守山閣叢書本

清光緒十四年刻古微書本

清光緒十五年上海鴻文書局影印清道光錢氏刻守山閣叢書本

論語摘衰聖一卷　清喬松年輯

清光緒三年强恕堂刻喬勤恪公全集本

民國初山西省文獻委員會排印山右叢書初編本　天津　遼寧　山東

論語摘衰聖承進讖一卷　三國魏宋均注　清馬國翰輯

清同治十年濟南皇華館刻玉函山房輯佚書本

清光緒九年長沙嫏嬛館刻玉函山房輯佚書本　國圖　首都　北師大　科學
清光緒九年長沙嫏嬛館刻光緒十年章邱李氏印玉函山房輯佚書本　北師大　上海
清光緒十年楚南書局刻玉函山房輯佚書本　國圖　北大
清光緒十五年文選樓刻玲瓏山館叢書本

論語摘衰聖一卷　三國魏宋均注　清黄奭輯
清道光甘泉黄氏刻光緒印漢學堂叢書之高密遺書本　國圖　首都　北大　科學
清道光甘泉黄氏刻一九二五年王鑒修補重印黄氏逸書考之通德堂經解本　國圖　北大
清道光甘泉黄氏刻一九三四年江都朱長圻修補重印黄氏逸書考之通德堂經解本　國圖　北大

論語素王受命讖一卷　清喬松年輯
清光緒三年强恕堂刻喬勤恪公全集本
民國初山西省文獻委員會排印山右叢書初編本　天津　遼寧　山東

論語素王受命讖一卷　清黄奭輯
清道光甘泉黄氏刻光緒印漢學堂叢書之高密遺書本　國圖　首都　北大　科學

論語素王受命讖一卷　三國魏宋均注　清馬國翰輯
清同治十年濟南皇華館刻玉函山房輯佚書本
清光緒九年長沙嫏嬛館刻玉函山房輯佚書本　國圖　首都　北師大　科學
清光緒九年長沙嫏嬛館刻光緒十年章邱李氏印玉函山房輯佚書本　北師大　上海
清光緒十年楚南書局刻玉函山房輯佚書本　國圖　北大
清光緒十五年文選樓刻玲瓏山館叢書本

論語崇爵讖一卷　清喬松年輯
清光緒三年强恕堂刻喬勤恪公全集本
民國初山西省文獻委員會排印山右叢書初編本　天津　遼寧　山東

論語崇爵讖一卷　清黄奭輯
清道光甘泉黄氏刻光緒印漢學堂叢書之高密遺書本　國圖　首都　北大　科學

論語崇爵讖一卷　三國魏宋均注　清馬國翰輯
清同治十年濟南皇華館刻玉函山房輯佚書本
清光緒九年長沙嫏嬛館刻玉函山房輯佚書本　國圖　首都　北師大　科學

清光緒九年長沙嫏嬛館刻光緒十年章邱李氏印玉函山房輯佚書本　北師大　上海

清光緒十年楚南書局刻玉函山房輯佚書本　國圖　北大

清光緒十五年文選樓刻玲瓏山館叢書本

論語糾滑讖一卷　清喬松年輯

清光緒三年强恕堂刻喬勤恪公全集本

民國初山西省文獻委員會排印山右叢書初編本　天津　遼寧　山東

論語紀滑讖一卷　清黄奭輯

清道光甘泉黄氏刻光緒印漢學堂叢書之高密遺書本　國圖　首都　北大　科學

論語糾滑讖一卷　三國魏宋均注　清馬國翰輯

清同治十年濟南皇華館刻玉函山房輯佚書本

清光緒九年長沙嫏嬛館刻玉函山房輯佚書本　國圖　首都　北師大　科學

清光緒九年長沙嫏嬛館刻光緒十年章邱李氏印玉函山房輯佚書本　北師大　上海

清光緒十年楚南書局刻玉函山房輯佚書本　國圖　北大

清光緒十五年文選樓刻玲瓏山館叢書本

論語陰嬉讖一卷　明孫瑴輯

清嘉慶十七年禹航陳世望對山問月樓刻古微書本

清嘉慶海虞張氏刻墨海金壺本

清道光二十四年金山錢氏據墨海金壺版重編增刻守山閣叢書本

清光緒十四年刻古微書本

清光緒十五年上海鴻文書局影印清道光錢氏刻守山閣叢書本

清光緒二十一年上海鴻文書局石印古微書本

論語陰嬉讖一卷　清喬松年輯

清光緒三年强恕堂刻喬勤恪公全集本

民國初山西省文獻委員會排印山右叢書初編本　天津　遼寧　山東

論語陰嬉讖一卷　三國魏宋均注　清馬國翰輯

清同治十年濟南皇華館刻玉函山房輯佚書本

清光緒九年長沙嫏嬛館刻玉函山房輯佚書本　國圖　首都　北師大　科學

清光緒九年長沙嫏嬛館刻光緒十年章邱李氏印玉函山房輯佚書本　北師大　上海

清光緒十年楚南書局刻玉函山房輯佚書本　國圖　北大

清光緒十五年文選樓刻玲瓏山館叢書本

論語陰嬉讖一卷　三國魏宋均注　清黄奭輯

清道光甘泉黄氏刻光緒印漢學堂叢書之高密遺書本　國圖　首都　北大　科學

泛引論語讖一卷　清喬松年輯

清光緒三年强恕堂刻喬勤恪公全集本

民國初山西省文獻委員會排印山右叢書初編本　天津　遼寧　山東

論語緯附雜録　清湯斌輯

手稿本　上海

附録二　古論語

論語魯讀考一卷　清徐養元撰

清光緒湖城義塾刻湖州叢書本　國圖　首都　北師大　科學　上海　華師

清光緒十四年南菁書院刻皇清經解續編本　國圖　首都　北大　科學

清光緒十五年上海蜚英館石印皇清經解續編本　國圖　首都　北師大

續修四庫全書影印清光緒湖城義塾刻湖州叢書本

論語魯讀考一卷附儀禮古今異同五卷

清刻本　復旦

魯論説四卷　清程廷祚撰

清抄本　上海

逸論語一卷　清王謨輯

清嘉慶三年金溪王氏刻漢魏遺書抄本　國圖　北大　北師大　科學

齊論語問王知道逸文補一卷　清王紹蘭輯

清蕭山王氏知足知不足館鈔蕭山王氏十萬卷樓輯佚本　上海

逸論語不分卷逸周書一卷竹書紀年一卷　清姚椿輯

稿本　復旦

古論語六卷　清馬國翰輯

清同治十年濟南皇華館刻玉函山房輯佚書本

清光緒九年長沙嫏嬛館刻玉函山房輯佚書本　國圖　首都　北師大　科學

清光緒九年長沙嫏嬛館刻光緒十年章邱李氏印玉函山房輯佚書本　北師大　上海

清光緒十年楚南書局刻玉函山房輯佚書本　國圖　北大

齊論語一卷　清馬國翰輯

清同治十年濟南皇華館刻玉函山房輯佚書本

清光緒九年長沙嫏嬛館刻玉函山房輯佚書本　國圖　首都　北師大　科學

清光緒九年長沙嫏嬛館刻光緒十年章邱李氏印玉函山房輯佚書本　北師大　上海

清光緒十年楚南書局刻玉函山房輯佚書本　國圖　北大

魯論語一卷　清鍾文烝撰

清光緒中刻豫恕堂叢書本寫樣本　上海

新定魯論語述二十卷　清于鬯撰

于香草遺著叢輯稿本　上海

孔注論語一卷　龍璋輯

一九三一年攸縣龍氏排印小學蒐逸二編下編補本　北大　北師大

四、孟子之屬

（一）正文

孟子七卷

唐開成二年勒石清麐氏半畝園嫏嬛妙境拓印唐開成石經本　北大

一九二六年掖縣張宗昌皕忍堂摹刻唐開成石經本　北大　南京　遼寧　湖北

孟子一卷

宋刻遞修巾箱八經本　國圖

一九二八年陶湘涉園影印宋刻遞修巾箱八經本　國圖　北大　清華　上海　復旦

孟子二卷

元刻本　上海

明刻本　吉林

魁本大字詳音句讀孟子二卷

元廣陽羅氏刻本　國圖

孟子七卷　清秦鏷訂正

明崇禎十三年錫山秦鏷求古齋刻九經本　國圖　北大　上海　復旦　山東　重慶

清心逸齋翻刻明崇禎十三年錫山秦鏷求古齋刻九經本　北大

清心逸齋翻刻明崇禎十三年錫山秦鏷求古齋刻九經清末觀成堂印本　北大　上海　復旦

古香齋鑒賞袖珍孟子七卷

清康熙乾隆間内府刻古香齋袖珍十種之古香齋四書本　國圖

清光緒九年南海孔廣陶岳雪樓刻古香齋袖珍十種之古香齋四書本　國圖　北大

篆文孟子

清雍正内府刻欽定篆文六經四書本　國圖　北大　上海　復旦

清光緒九年上海同文書局據清雍正内府刻本影印欽定篆文六經四書本　首都　清華　北師大

一九二四年上海千頃堂書局據清雍正内府刻本影印篆文六經四書本　上海　復旦　華東師大

民國碧梧山莊據清殿本影印篆文四書本　北大

孟子(满漢對照)二卷

清康熙玉樹堂刻新刻滿漢字四書本　北大

孟子(滿漢合璧)二卷　清高宗弘曆敕譯　清鄂爾泰等譯

清乾隆二十年武英殿刻御製翻譯四書本　國圖　天津

清乾隆武英殿刻滿漢文四書集注本　復旦

清寶名□刻御製翻譯四書本　北大

清光緒四年成都八旗官學刻御製翻譯四書本　南京

清光緒十四年京都聚珍堂刻御製翻譯四書本　北大　遼寧

清光緒京都三槐堂刻御製翻譯四書本　北大

孟子(蒙漢對照)五卷　清噶勒桑譯　蒙文書社編譯部編譯

一九二四年蒙文書社鉛印蒙漢合璧四書本　北大　遼寧

孟子(满蒙漢對照)

清乾隆刻御製翻譯四書本　北大

(二)傳説

孟子劉中壘注一卷　漢劉向撰　清王仁俊輯

清光緒王仁俊稿本玉函山房輯佚書續編本　上海

孟子程氏章句一卷　漢程曾撰　清馬國翰輯

清同治十年濟南皇華館刻玉函山房輯佚書本

清光緒九年長沙嫏嬛館刻玉函山房輯佚書本　國圖　首都　北師大　科學

清光緒九年長沙嫏嬛館刻光緒十年章邱李氏印玉函山房輯佚書本　北師大　上海

清光緒十年楚南書局刻玉函山房輯佚書本　國圖　北大

孟子十四卷　漢趙岐注

明永懷堂刻十三經古注本　國圖

明崇禎永懷堂刻清同治八年浙江書局修補印十三經古注本　國圖　首都　北大　清華　北師大
清初影宋抄本　國圖(存卷一至四　七至十四)
清初毛氏汲古閣影鈔元盱郡重刻廖氏本　上海
清光緒三十四年問經精舍刻本　上海
一九二〇年上海商務印書館據宋大字本影印續古逸叢書本　國圖　北大　上海　南京

孟子章指二卷　漢趙岐撰　清王謨輯
清嘉慶三年刻漢魏遺書鈔　國圖　北大　科學

孟子章指二卷篇敘一卷　漢趙岐撰　清馬國翰輯
清同治十年濟南皇華館刻玉函山房輯佚書本
清光緒九年長沙嫏嬛館刻玉函山房輯佚書本　國圖　首都　北師大　科學
清光緒九年長沙嫏嬛館刻光緒十年章邱李氏印玉函山房輯佚書本　北師大　上海
清光緒十年楚南書局刻玉函山房輯佚書本　國圖　北大

孟子注一卷　漢劉熙撰　清陳鱣輯
清抄本(清盧文弨校)　上海

孟子注一卷　漢劉熙撰　清王謨輯
清嘉慶三年刻漢魏遺書抄本　國圖　北大　科學

孟子劉熙注一卷　漢劉熙撰　清宋翔鳳輯
清嘉慶七年樸學齋刻本　國圖
清嘉慶承德孫氏刻問經堂叢書本　國圖　清華　北師大　科學
清嘉慶十八年長洲宋氏刻浮溪精舍叢書本　北大　上海
清光緒十七年廣雅書局刻一九二〇年彙編重印廣雅書局叢書本　國圖　科學　北師大　上海　湖北

孟子劉氏注一卷　漢劉熙撰　清馬國翰輯
清同治十年濟南皇華館刻玉函山房輯佚書本
清光緒九年長沙嫏嬛館刻玉函山房輯佚書本　國圖　首都　北師大　科學
清光緒九年長沙嫏嬛館刻光緒十年章邱李氏印玉函山房輯佚書本　北師大　上海
清光緒十年楚南書局刻玉函山房輯佚書本　國圖　北大

孟子注一卷　漢劉熙撰　清黄奭輯
清道光甘泉黄氏刻一九二五年王鑒修補重印黄氏逸書考之漢學堂經解本　國圖　北大

清道光甘泉黄氏刻一九三四年江都朱長圻修補重印黄氏逸書考之漢學堂經解本　國圖　北大

孟子劉氏注一卷　漢劉熙撰　清王仁俊輯

清光緒王仁俊稿本玉函山房輯佚書續編本　上海

清光緒王仁俊輯十三經漢注稿本　上海

孟子章句一卷附劉熙事蹟考一卷　漢劉熙撰　葉德輝輯

清光緒長沙葉氏刻觀古堂所著書第一集本　國圖　首都　北大　清華　北師大

一九一九年重編觀古堂所著書第一集本　國圖　首都　上海　復旦

一九三五年長沙中國古書刊印社彙印郎園先生全書本　國圖　北大　清華

孟子鄭氏注一卷　漢鄭玄撰　清馬國翰輯

清同治十年濟南皇華館刻玉函山房輯佚書本

清光緒九年長沙嫏嬛館刻玉函山房輯佚書本　國圖　首都　北師大　科學

清光緒九年長沙嫏嬛館刻光緒十年章邱李氏印玉函山房輯佚書本　北師大　上海

清光緒十年楚南書局刻玉函山房輯佚書本　國圖　北大

孟子鄭氏注一卷　漢鄭玄撰　清王仁俊輯

清光緒王仁俊稿本玉函山房輯佚書續編本　上海

清光緒王仁俊輯十三經漢注稿本　上海

孟子高氏章句一卷　漢高誘撰　清馬國翰輯

清同治十年濟南皇華館刻玉函山房輯佚書本

清光緒九年長沙嫏嬛館刻玉函山房輯佚書本　國圖　首都　北師大　科學

清光緒九年長沙嫏嬛館刻光緒十年章邱李氏印玉函山房輯佚書本　北師大　上海

清光緒十年楚南書局刻玉函山房輯佚書本　國圖　北大

孟子綦毋氏注一卷　晉綦毋邃撰　清馬國翰輯

清同治十年濟南皇華館刻玉函山房輯佚書本

清光緒九年長沙嫏嬛館刻玉函山房輯佚書本　國圖　首都　北師大　科學

清光緒九年長沙嫏嬛館刻光緒十年章邱李氏印玉函山房輯佚書本　北師大　上海

清光緒十年楚南書局刻玉函山房輯佚書本　國圖　北大

孟子陸氏注一卷　唐陸善經撰　清馬國翰輯

清同治十年濟南皇華館刻玉函山房輯佚書本

清光緒九年長沙嫏嬛館刻玉函山房輯佚書本　國圖　首都　北師大　科學

清光緒九年長沙嫏嬛館刻光緒十年章邱李氏印玉函山房輯佚書本　北師大　上海

清光緒十年楚南書局刻玉函山房輯佚書本　國圖　北大

續孟子二卷　唐林慎思撰

宋刻本　上海

清乾隆錦州李氏萬卷樓刻嘉慶十四年李鼎元重校印函海本　國圖　首都　北大　清華

清道光五年李朝夔補刊印函海本　國圖　首都　清華　北師大

清光緒七至八年廣漢鍾登甲樂道齋刻函海本　國圖　北大　科學　北師大

清乾隆道光間長塘鮑氏刻知不足齋叢書本　國圖　首都　北大　科學

一九二一年上海古書流通處影印知不足齋叢書本　國圖　北大　科學　北師大

伸孟子三卷　唐林慎思撰

清乾隆錦州李氏萬卷樓刻嘉慶十四年李鼎元重校印函海本　國圖　首都　北大　清華

清道光五年李朝夔補刊印函海本　國圖　首都　清華　北師大

清光緒七至八年廣漢鍾登甲樂道齋刻函海本　國圖　北大　科學　北師大

清乾隆道光間長塘鮑氏刻知不足齋叢書本　國圖　首都　北大　科學

一九二一年上海古書流通處影印知不足齋叢書本　國圖　北大　科學　北師大

孟子注疏解經十四卷　漢趙岐注　宋孫奭疏

宋刻元修本(繆荃孫跋)　國圖

宋刻元明遞修本　北大(存卷三至四　十三至十四)　南京博(存卷一至六　十一至十四)

元岳氏荆溪家塾刻本　國圖

元刻明修本　國圖　上海

元刻明修本　國圖　上海

明嘉靖福建刻十三經注疏本　上海

明萬曆十八年刻十三經注疏本　復旦

明萬曆二十六年刻本　國圖

明萬曆北京國子監刻十三經注疏本　國圖　上海　復旦

明刻本　國圖

明刻本　浙江大學

明吳氏叢書堂抄本(清黄丕烈跋)　國圖

清乾隆武英殿刻本　國圖
清乾隆四十六年周嘉猷韓岱雲等刻本(葉景葵録周廣業校)　國圖　上海
　南京　湖北
清章氏式訓堂抄本(徐恕校)　上海
一九三二年故宫博物院據元盱郡翻宋廖氏本影印天禄琳琅叢書第一集本
　國圖　首都　北大　科學　遼寧

孟子注疏解經十四卷　漢趙岐注　宋孫奭疏　清陸宗楷等考證
清乾隆四庫全書館寫欽定四庫全書薈要本
清乾隆四庫全書館寫欽定四庫全書本

孟子注疏解經六卷　漢趙岐注　宋孫奭疏　清樊廷簡校補
清嘉慶十五年海涵樓堂刻本　湖北

孟子注疏解經十四卷附孟子注疏校勘記十四卷　漢趙岐注　唐陸德明音義　宋孫奭疏　清阮元撰校勘記　清盧宣旬摘録
清嘉慶二十年南昌府學刻重刊宋本十三經注疏附校勘記本　國圖　清華
　北師大　天津　上海　遼寧　山東　湖北
清嘉慶二十年南昌府學刻道光六年重校重刊宋本十三經注疏附校勘記本
　國圖　北大　天津
清同治十三年湖南書局刻重刊宋本十三經注疏附校勘記本　北大　浙江
清光緒十三年上海脈望仙館石印重刊宋本十三經注疏附校勘記本　國圖
　首都　北師大　天津　上海　復旦　南京　遼寧　山東
清光緒十八年湖南寶慶務本書局刻重刊宋本十三經注疏附校勘記本　北大
　上海　華東師大　山東　湖北

孟子注疏解經四卷附校勘記一卷
清光緒十三年上海點石齋石印十三經注疏附校勘記本　國圖　北大　天津
一九二四年上海掃葉山房石印重刊宋本十三經注疏附校勘記本　山東
　重慶　川大
一九二五年上海世界書局石印重刊宋本十三經注疏附校勘記本　北大
　北師大　上海　復旦

孟子注疏校勘記十四卷釋文校勘記一卷　清阮元撰
清道光九年廣東學海堂刻皇清經解一千四百卷之十三經注疏校勘記本
　國圖　首都　北師大　科學　天津　遼寧　山東
清道光九年廣東學海堂刻咸豐十一年補刻皇清經解一千四百八卷之十三經
　注疏校勘記本　國圖　首都　北師大　遼寧
清光緒十七年上海鴻寶齋石印皇清經解一百九十卷之十三經注疏校勘記本

國圖　上海　天津　華東師大

孟子注校勘記十四卷釋文校勘記三卷　清阮元撰　清盧宣旬摘録

清嘉慶二十年南昌府學刻重刊宋本十三經注疏附校勘記本　國圖　清華　北師大　天津　上海　遼寧　山東　湖北

清嘉慶二十年南昌府學刻道光六年重校重刊宋本十三經注疏附校勘記本　國圖　北大　天津

清同治十三年湖南書局刻重刊宋本十三經注疏附校勘記本　北大　浙江

清光緒十三年上海脈望仙館石印重刊宋本十三經注疏附校勘記本　國圖　首都　北師大　天津　上海　復旦　南京　遼寧　山東

清光緒十八年湖南寶慶務本書局刻重刊宋本十三經注疏附校勘記本　北大　上海　華東師大　山東　湖北

孟子丁氏手音一卷　唐丁公著撰　清馬國翰輯

清同治十年濟南皇華館刻玉函山房輯佚書本

清光緒九年長沙嫏嬛館刻玉函山房輯佚書本　國圖　首都　科學　北師大

清光緒九年長沙嫏嬛館刻光緒十年章邱李氏重印玉函山房輯佚書本　北師大　上海

清光緒十年楚南書局刻玉函山房輯佚書本　國圖　北大

蘇老泉批點孟子二卷　宋蘇洵批點

明萬曆四十一年程開祐刻本　天津師大　上海　平湖　廈門大學　貴州　日公文書館

明萬曆四十五年朱墨藍三色套印三經評注本　國圖　科學　上海　南京　浙江

明紀五常刻本　國圖　北大　山東

清康熙二十三年刻朱墨套印本　國圖　南京　湖北

清乾隆十五年刻三樂齋藏板朱墨套印本　國圖

清嘉慶元年慎詒堂刻本　國圖　北大　上海

增補蘇批孟子二卷孟子年譜一卷　宋蘇洵撰　清趙大浣增補

清咸豐六年刻朱墨套印本　國圖　上海

清同治四年刻芸居樓藏版本　國圖　上海

清同治八年福省靈蘭堂刻朱墨印本　北大

清同治十二年刻味經堂藏版套印本　國圖

蘇批孟子一卷

清嘉慶十七年刻套印本　浙江

清張士珩抄本　南京

增補蘇批孟子二卷　宋蘇洵撰　清趙士涜增補　日本藤澤恒疏
　日本明治十三年刻本　天津　南京
載詠樓重鐫蘇批孟子二卷　宋蘇洵批點
　清康熙三十三年載詠樓刻本
　四庫全書存目叢書影印清康熙三十三年載詠樓刻本
疑孟一卷　宋司馬光撰
　清順治三年兩浙督學周南李際期宛委山堂刻説郛本　國圖　首都　北大
　　科學
孟子外書四篇四卷　宋劉攽注
　清乾隆錦州李氏萬卷樓刻嘉慶十四年李鼎元重校印函海第三函本　國圖
　　首都　北大　清華
　清道光五年李朝夔補刻印函海第三函本　國圖　首都　清華　北師大
　清光緒七至八年廣漢鍾登甲樂道齋刻函海第四函本　國圖　北大　科學
　　北師大
　清乾隆四十五年吴氏拜經樓刻拜經樓叢書本(清吴騫校並跋)　國圖
　清乾隆嘉慶間海昌吴氏刻拜經樓叢書本　國圖　北大　科學　上海　復旦
　民國十一年博古齋據清吴氏刻本增輯影印拜經樓叢書本　國圖　首都
　　北大　清華　北師大　上海　復旦
　清味無味齋抄本(清汪諟跋)　上海
孟子解一卷　宋蘇轍撰
　明萬曆二十五年金陵畢氏刻兩蘇經解　國圖　北大　浙江
　清乾隆四庫全書館寫欽定四庫全書本
　清道光二十一年金山錢氏據借月山房彙鈔刊板重編增刻指海第一集本
　　國圖　清華
　一九三五年上海東大書局據清錢氏借月山房彙抄本影印指海第一集本
　　國圖　北大　科學
　清光緒十年湘鄉謝松岱抄本　國圖　科學　湖北
尊孟辨三卷續辨二卷别録一卷　宋余允文撰
　清乾隆翰林院抄本(四庫全書底本)　北大
　清乾隆四庫全書館寫欽定四庫全書本
　清道光二十四年金山錢氏據墨海金壺刊版重編曾刊守山閣叢書版　國圖
　　科學　北師大
　清光緒十五年上海鴻文書局據清錢氏本影印守山閣叢書　國圖　首都
　　北大　清華　北師大

一九二二年上海博古齋據錢氏本影印守山閣叢書　國圖　首都　北大　北師大

尊孟辨續辨二卷　宋余允文撰

清乾隆四庫全書館寫欽定四庫全書本

清道光二十四年金山錢氏據墨海金壺刊版重編曾刊守山閣叢書版　國圖　科學　北師大

清光緒十五年上海鴻文書局據清錢氏本影印守山閣叢書　國圖　首都　北大　清華　北師大

一九二二年上海博古齋據錢氏本影印守山閣叢書　國圖　首都　北大　北師大

尊孟辨別録一卷　宋余允文撰

清乾隆四庫全書館寫欽定四庫全書本

清道光二十四年金山錢氏據墨海金壺刊版重編曾刊守山閣叢書版　國圖　科學　北師大

清光緒十五年上海鴻文書局據清錢氏本影印守山閣叢書　國圖　首都　北大　清華　北師大

一九二二年上海博古齋據錢氏本影印守山閣叢書　國圖　首都　北大　北師大

孟子發題一卷　宋施德操撰

明方士騏刻本　國圖

民國據萬曆本影印本　上海

四庫全書存目叢書影印宋刻横浦先生文集附刻本

孟子雜解一卷　宋游酢撰

清同治六年刻游定夫先生集本　國圖　首都　北大　清華　北師大

張狀元孟子傳二十九卷　宋張九成撰

清乾隆翰林院抄本(清丁丙跋)　南京

清乾隆四庫全書館寫欽定四庫全書薈要本

清乾隆四庫全書館寫欽定四庫全書本

孟子傳存二十九卷附校刊記一卷中庸説三卷　宋張九成撰

一九三六年上海商務印書館據宋刻本影印四部叢刊三編本　國圖　首都　北大　科學

孟子七卷　宋朱熹集注

元延祐元年麻沙万卷堂刻四書集注本　日宫内廳

元至正二十二年武林沈氏尚德堂刻四書集注本　山東

元刻四書章句集注本(有抄配並缺頁　明魏校批　袁克文跋)　上海
元刻四書集注本(清蔣培澤　高望曾　丁丙跋)　南京
明嘉靖吉澄福建刻四書集注本　首都　上海　吉林　日小如舟書屋
明崇禎十四年汲古閣刻四書本　國圖
清康熙内府刻四書集注本(清高宗弘曆跋)　故宫
清雍正國子監刻四書集注本　北大
清乾隆四庫全書館寫欽定四庫全書之四書集注本
清乾隆金閶文粹堂刻監本四書本　上海　河北大學(清錢泳批)
清光緒三年刻四書集注本(吴保箴過録劉大櫆批校)　上海
清古越尺木堂刻監本四書本　北大

孟子十四卷
宋嘉定十年當涂郡齋刻嘉熙四年淳祐八年十二年遞修四書章句集注本　國圖
清内府重刻宋淳祐六年泳澤書院刻四書本　天津　上海　南京
宋刻四書集注本　國圖
元延祐五年温州路學稽古閣趙鳳儀刻四書集注本　日公文書館
元刻四書章句集注本(明魏校手批　袁克文跋)　上海
明正統十二年司禮監刻四書集注本　國圖　天津　上海　華東師大　内蒙古社會科學院　陝西　浙江　江西　湖北　廣西師大　四川　日宫内廳　日御茶之水
明成化十六年吉府刻四書集注本　國圖　山東博　南京(清丁丙跋)　四川
明嘉靖二十七年伊藩刻四書集注本(清丁丙跋)　南京
明嘉靖四十三年益藩樂善堂刻四書集注本　國圖　日公文書館
清初春秀堂刻四書章句集注本(清佚名過録批注)　上海

孟子七卷附校刊記一卷　宋朱熹集注　清丁寶楨等撰校刊記
清同治十一年山東書局刻尚志堂藏板十三經讀本附校刊記本　國圖　首都　北大　復旦

孟子校刊記一卷　清丁寶楨等撰
清同治十一年山東書局刻尚志堂藏板十三經讀本附校刊記本　國圖　首都　北大　復旦

孟子讀本十四卷附校語一卷　宋朱熹集注　清王祖畬撰校語
一九二四年吴江施肇曾醒园刻十三經讀本本　國圖　北大　清華　上海　湖北

孟子讀本校語一卷　清王祖畬撰
一九二四年吴江施肇曾醒园刻十三經讀本本　國圖　北大　清華　上海

湖北

孟子一卷　宋朱熹集注

清光緒九年有益堂刻字典四書讀本本　北大

清光緒二十九年刻京都打磨廠文成堂藏板四書章句本　北大

孟子一卷　宋朱熹章句

清光緒十五年三義堂書坊刻字典四書本　北大

孟子一卷　宋朱熹章句

清光緒二十九年京都打磨廠文成堂刻四書章句本　北大

孟子一卷　宋朱熹集注

日本天保三年竹林堂刻四書本　米田淺吉批校　北大

孟子一卷　宋朱熹集注　日本後藤世鈞點

日本明治東京青木恒三郎大阪嵩山堂鉛印四書本　北大

纂標孟子集注七卷　宋朱熹集注

日本大正十一年金港堂書籍株式會社鉛印本　南京

孟子七卷　漢趙岐注　宋朱熹集注

清咸豐二年稽古樓刻芋栗園藏板十三經注本　北大

一九二六年刻渭南嚴氏孝義家塾叢書之重校稽古樓四書本　清華　科學

孟子序説一卷　宋朱熹編

宋嘉定十年當涂郡齋刻嘉熙四年淳祐八年十二年遞修四書章句集注本　國圖

宋刻四書集注本　國圖

元延祐五年温州路學稽古閣趙鳳儀刻四書集注本　日公文書館

明正統十二年司禮監刻四書集注本　國圖　天津　上海　華東師大　内蒙古社會科學院　陝西　浙江　江西　湖北　廣西師大　四川　日宮内廳　日御茶之水

明嘉靖二十七年伊藩刻四書集注本(清丁丙跋)　南京

明嘉靖應檟刻四書集注本　國圖

明刻四書本　北大

清内府重刻宋淳祐六年泳澤書院刻四書本　天津　上海　南京

孟子或問十四卷　宋朱熹撰

明弘治刻四書或問本　北大

明正德十二年閔聞刻四書或問本　上海辭書　河北大學

清康熙天蓋樓刻四書或問本　國圖

清乾隆四庫全書館寫欽定四庫全書本

清同治十二年霍山劉啓發五忠堂仿白鹿洞刻四書或問並考異本　國圖　北大　科學　上海　復旦　遼寧　南京　湖北

清光緒十二年刻西京清麓叢書正編之朱子遺書重刻合編本　北大　北師大　上海

孟子或問十四卷　宋朱熹撰　日本山崎嘉點

日本正保四年京都書肆風月莊左衛門刻倭板四書本　北大

孟子或問纂要一卷　宋朱熹撰

宋刻本　上海

中華再造善本影印宋刻本

國朝諸老先生孟子精義十四卷　宋朱熹撰

明抄論孟精義本(清丁丙跋)　南京

清康熙中御兒吕氏寶誥堂刻朱子遺書之論孟精義本　國圖　北大　北師大

清乾隆四庫全書館寫欽定四庫全書之論孟精義本

清同治十二年霍山劉啓發五忠堂刻光緒涇縣洪氏公善堂彙印洪氏唐石經館叢書之論孟精義本　上海

清同治十三年金陵公善堂仿石門吕氏刻之論孟精義本　國圖　天津　復旦　南京　湖北

清光緒十二年刻西京清麓叢書正編之朱子遺書之論孟精義重刻合編本　北大　北師大　上海

南軒先生孟子説七卷　宋張栻撰

清康熙十九年納蘭成德刻通志堂經解本　國圖　北大　科學　上海

清同治十二年粵東書局重刻通志堂經解本　上海　遼寧　湖北

日本文化八年翻刻通志堂經解本　北大

清康熙三十六年張可元笏峙樓刻本　遼寧

清乾隆四庫全書館寫欽定四庫全書本

孟子十卷　宋錢時撰

明抄融堂四書管見本　國圖

清乾隆四庫全書館寫欽定四庫全書本

孟子集編十四卷　宋真德秀撰

清康熙十九年納蘭成德刻通志堂經解本　國圖　首都　北大　北師大　科學　上海

清康熙十九年納蘭成德刻乾隆五十年補修通志堂經解本　北大

清同治十二年粵東書局重刻通志堂經解本　國圖　首都　北大　上海　遼寧　湖北

日本文化八年翻刻通志堂經解本　北大
清乾隆四庫全書館寫欽定四庫全書之四書集編本

孟子集編十四卷　宋真德秀撰　清翁錫書增訂批點
清嘉慶浦城祝氏留香室刻浦城遺書之四書集編本　國圖　北大　上海
清同治七年浦城刻真西山四書集編本　上海　湖北
清光緒八年清芬館刻四書集編本　遼寧
清巴陵鍾謙鈞刻四書集編本　北大

孟子集疏十四卷　宋蔡模撰
宋刻本　國圖(存卷五、十二)
清康熙十九年納蘭成德刻通志堂經解本　國圖　首都　北大　北師大　科學　上海
清康熙十九年納蘭成德刻乾隆五十年補修通志堂經解本　北大
清同治十二年粤東書局重刻通志堂經解本　國圖　首都　北大　上海　遼寧　湖北
日本文化八年翻刻通志堂經解本　北大

孟子纂疏十四卷　宋趙順孫撰
元刻元印本　日静嘉堂
清康熙十九年納蘭成德刻通志堂經解之四書纂疏本　國圖　北大　科學　上海　南京
清康熙十九年納蘭成德刻乾隆五十年補修通志堂經解之四書纂疏本　北大　上海
清同治十二年粤東書局重刻通志堂經解之四書纂疏本　國圖　首都　北大　上海　遼寧　湖北
清乾隆四庫全書館寫欽定四庫全書本

孟子考異　宋王應麟撰
明崇禎九年詩瘦閣刻本　日京都大學
清康熙三十七年刻三魚堂四書大全本　國圖　北大　上海　復旦
清吴門德馨堂刻四書大全本　清華　上海　武大

孟子集注箋義三卷　宋趙悳撰
清嘉慶阮元景鈔元泰定本輯宛委别藏之四書箋義本　臺北故宫
清道光二十四年金山錢氏據墨海金壺刊版重編增刊守山閣叢書之四書箋義本　國圖　科學　北師大
清光緒十五年上海鴻文書局據清錢氏本影印守山閣叢書之四書箋義本　國圖　首都　北大　北師大　清華

一九二二年上海博古齋據錢氏本影印守山閣叢書之四書箋義本　國圖　首都　北大　北師大
清刻四書箋義本　北大

孟子解二卷　宋伊焞撰
清乾隆抄本　西安文管會
四庫全書存目叢書影印清抄本

音注孟子十四卷　漢趙岐注　宋孫奭音義
民國上虞羅氏影印吉石盦叢書二集本　國圖　首都　北大　科學

孟子集注考證七卷首一卷　元金履祥撰
清雍正七年金氏刻本　國圖
清雍正乾隆間金華金氏刻光緒十三年鎮海謝駿德補刻率祖堂叢書本　國圖　北大　上海
清乾隆四庫全書館寫欽定四庫全書本
清同治光緒間永康胡氏退補齋刻金華叢書本　首都　北師大　上海
清同治光緒間永康胡氏退補齋刻民國補刻金華叢書本　國圖　北大　科學
抄本　上海

金仁山論孟考證輯要二卷　元金履祥撰　清趙紹祖輯
清嘉慶元年至道光十四年涇縣趙氏古墨齋刻古墨齋集本　清華　復旦　華東師大

孟子集成十四卷　元吴真子撰
元刻本　日公文書館

孟子通十四卷　元胡炳文撰
元天曆二年崇化余志安勤有堂刻四書通本　國圖
清康熙十九年納蘭成德刻通志堂經解之四書纂疏本　國圖　首都　北大　科學　上海　南京
清康熙十九年納蘭成德刻乾隆五十年補修通志堂經解之四書纂疏本　北大　上海
清同治十二年粵東書局重刻通志堂經解之四書纂疏本　國圖　首都　北大　上海　遼寧　湖北
日本文化十三年翻刻通志堂經解之四書纂疏本　北大　上海　南京
清乾隆四庫全書館寫欽定四庫全書之四書通本

孟子集注通證二卷　元張存中撰
元天曆二年崇化余志安勤有堂刻四書通證本　國圖
明抄本　上海

清康熙十九年納蘭成德刻通志堂經解之四書通證本　國圖　首都　北大　北師大　科學　上海

清同治十二年粤東書局重刻通志堂經解之四書通證本　上海　遼寧　湖北

日本文化八年翻刻通志堂經解之四書通證本　北大

清乾隆四庫全書館寫欽定四庫全書之四書通證本

孟子集注纂箋十四卷　元詹道傳撰

清康熙十九年納蘭成德刻通志堂經解之四書纂箋本　國圖　首都　北大　科學　上海　南京

清同治十二年粤東書局重刻通志堂經解之四書纂箋本　國圖　首都　北大　上海　遼寧　湖北

日本文化十三年翻刻通志堂經解之四書纂箋本　北大　上海　南京

清乾隆四庫全書館寫欽定四庫全書之四書纂箋本

讀孟子叢説二卷　元許謙撰

元刻讀四書叢説本　清黄丕烈跋　國圖　上海

明弘治十二年李瀚馬輿等刻讀四書叢説本　北大　上海

明抄讀四書叢説本(佚名校注)　浙江

清嘉慶錢塘何元錫刻讀四書叢説本　國圖

清道光咸豐間大梁書院刻同治七年王儒行等印新鐫經苑之讀四書叢説本　首都　北大　北師大　科學

清同治十一年永康胡氏退補齋刻金華叢書之讀四書叢説本　國圖　首都　北大　北師大　上海

讀孟子叢説一卷

清乾隆四庫全書館寫欽定四庫全書之讀四書叢説本

孟子章句輯釋十四卷　元倪士毅輯釋

元至正二年日新書堂刻四書輯釋大成本　日尊經閣

日本文化九年翻刻元至正二年日新書堂本四書輯釋本　北大

孟子集注序説輯釋通義大成一卷　宋朱熹章句　元倪士毅輯釋　明朱公遷約説　明王逢訂定通義

明正統五年詹氏進德書堂刻重訂四書輯釋本　北大

孟子集注重訂輯釋通義大成十四卷　宋朱熹章句　元倪士毅輯釋　明朱公遷約説　明王逢訂定通義

明正統五年詹氏進德書堂刻重訂四書輯釋本　北大　科學　上海　南京　南大

孟子章圖概括總要一卷　元倪士毅撰　明程復心圖　明王元善通考
　明初刻四書輯釋本　國圖
孟子輯釋十四卷　元倪士毅撰　明程復心圖　明王元善通考
　明初刻四書輯釋本　國圖
孟子注問纂釋七卷　宋朱熹撰　元程復心纂釋
　元後至元三年富沙碧灣吴氏德新堂刻四書章圖纂釋本　日公文書館
附音傍訓句解孟子七卷　元李公凱撰
　元刻本　國圖　南京
　明初刻本　國圖
讀晦庵孟子集解衍義十四卷
　元刻本　國圖
　元刻本(存卷七至十四)　臺北故宫
孟子節文七卷　明劉三吾輯
　明初刻本　國圖　山東博
　明初刻本　國圖
　明初刻本　國圖
　北京圖書館古籍珍本叢刊影印明初刻本
孟子集注大全十四卷　明胡廣等輯
　明永樂十三年刻四書集注大全本　國圖　内蒙古大學　日東洋文庫
　明内府刻四書集注大全大字本　國圖　北大　故宫　中央教科所　天津　保定　上海　南京　重慶　吉林　山東　煙臺　青島博　江西　贛州　福建　暨南大學
　明天順二年黄氏仁和堂刻四書集注大全本　浙江
　明天順游明刻四書集注大全本　浙江
　明弘治十四年劉氏慶源書堂刻四書集注大全本　南京
　明趙敬山刻四書集注大全本　清華
　清乾隆四庫全書館寫欽定四庫全書之四書集注大全本
孟子七卷　明胡廣等輯　明周士顯校正
　明映旭齋刻周會魁校正四書大全本　北大　茌平縣　南京博
　明周譽吾留耕堂刻周會魁校正四書大全本　故宫　復旦　南京　湖南社科院　柳州
孟子集注大全十四卷　明胡廣等輯　清汪份增訂
　清康熙長洲汪份遄喜齋刻四書大全本　國圖　上海　復旦　南京
　日本嘉永六年刻四書大全本　南京

孟子二卷　明王宇撰

明萬曆四十三年聚星館葉均宇刻四書也足園初告本　科學

明末刻四書也足園初告本　國圖

孟子七卷　明陳琛撰

明萬曆三十七年李三才刻重刊補訂四書淺説本　科學　國圖(存卷一至三)

孟子七卷　明陳琛撰　明唐光夔重訂

明大業堂刻靈岳山房重訂四書淺説本　河南

孟子七卷　明陳琛撰　明劉蜚英校

明崇禎十年刻靈源山房重訂四書淺説本　日公文書館三部　日静嘉堂　日宫城縣圖書館

孟子七卷　明陳琛著　清施世瑚等校

清乾隆五十四年刻陳紫峰先生四書淺説本　日東京都立圖書館

清乾隆五十四年刻光緒十九年印陳紫峰先生四書淺説本　國圖　湖北

孟子十四卷　明季本撰

明嘉靖二十二年刻四書私存本　華東師大

明刻四書私存本　國圖

孟子私存二卷　明季本撰

清末民國初刻本　國圖

四書口義孟子三卷　明薛甲撰

明隆慶二年刻四書口義本(清丁丙跋)　南京

清抄四書口義本(徐時棟跋)　北大

孟子摘訓八卷　明丘橓輯

明萬曆五年趙慎修刻四書摘訓本　重慶

明萬曆十年周裔先刻四書摘訓本　山東　諸城

四書燃犀解孟子七卷　明陳祖綬撰　明夏允彝等參補

明末近聖居刻近聖居三刻參補四書燃犀解本　日公文書館　日龍谷大學大宫圖書館　日新發田市立圖書館　美哈佛燕京

近溪子孟子答問集一卷　明羅汝芳撰　明楊起元輯

明萬曆刻楊貞複六種之四書答問本　復旦　内蒙

孟子雜記四卷　明陳士元撰

明隆慶五年陳氏浩然堂刻本　浙江　陝西文史研究館

明萬曆刻歸雲别集本　北大　上海

清乾隆四庫全書館寫欽定四庫全書本

清嘉慶二十四年蕭山陳春湖海樓刻本　國圖

清嘉慶蕭山陳氏刻湖海樓叢書本　國圖　首都　北大　科學

清道光十三年吴毓梅刻歸雲别集本　國圖　北大　清華　北師大　科學

孟子經筵直解十四卷　宋朱熹集注　明張居正直解

明萬曆元年司禮監刻重刻張閣老經筵四書直解本　故宫　山西師範　吉林大學

四書直解正字孟子十四卷　明張居正撰　明沈鯉正字

明崇禎七年方奇峋刻新訂四書直解正字全編本　無錫　中山

四書直解指南孟子十四卷　明張居正撰　明焦竑增補　明湯賓尹訂正

明萬曆三十九年閩建書林易齋詹亮刻重刻内府原板張閣老經筵四書直解指南本　浙江　華東師大　杭州　日静嘉堂　日米澤市立圖書館

明天啓元年長庚館刻重刻辯證内府原版張閣老經筵四書直解指南本　日公文書館二部　日龍谷大學

明書林葉顯吾刻重刻張閣老經筵四書直解本　安徽博

孟子十四卷附四書講義合參　宋朱熹集注　明張居正直解　明顧宗孟重訂　明顧宗玉撰講義合參

明崇禎九年顧宗孟刻四書直解及四書講義合參本　上海　蘇州

四書集注闡微直解孟子十四卷附纂序四書説約合參大全　宋朱熹集注　明張居正直解　明顧宗孟閲　清顧夢麟　清楊彝輯説約合參

清光緒八旗經正書院據康熙十六年徐乾學刻本翻刻四書集注闡微直解附纂序四書説約合參大全本　國圖　北大　天津　南京　遼寧　湖北

四書集注闡微直解孟子十四卷　宋朱熹集注　明張居正直解　明顧宗孟閲

清宣統元年學部圖書局石印四書集注闡微直解本　國圖　北大　科學　上海

一九三七年滿日文化協會鉛印四書集注直解本　北大　上海

孟子二卷　明張居正撰　清鄭重等訂

清康熙四十年修齊堂刻四書直解本　湖北

清乾隆三十一年金閶玉樹堂刻本　湖北

孟子七卷　明李贄評

一九七五年北京中華書局影印明萬曆刻四書評本　北大

一九七四年上海師範大學圖書館油印四書評本　北大

孟子七卷　明李贄評　明楊起元批點　明張明憲等參訂

明閔氏刻朱墨套印四書參本　國圖　北大　科學　故宫　國博　天津　祁縣　遼寧　福建師大　湖北　廣西

孟子二卷　明劉思誠　王守誠撰

明萬曆十六年太原于天經刻四書翼傳三義本　浙江　江西

朱子孟子或問小注十四卷　明徐方廣增注

清康熙四十一年陳彝則觀乎堂刻朱子四書或問小注本　北大

朱子孟子或問小注十四卷　明徐方廣增注　清鄭任鑰校訂

清康熙六十一年鄭任鑰刻朱子四書或問小注本　國圖　北大　科學　遼寧　湖北

纂訂名公四書覺路講意孟子七卷　明張采撰　明黄襄訂正

明雨花齋刻纂訂名公四書覺路講意本　日蓬左文庫

孟子訂釋七卷　明管志道撰

明萬曆三十四年刻本　上海　華東師大

明萬曆三十六年刻本　國圖

北京圖書館古籍珍本叢刊影印明萬曆三十六年刻本

孟子七卷　明焦竑撰

明萬曆二十一年書林鄭望雲刻焦氏四書講録本　大連

孟子解醒編二卷　明蘇濬撰

清書林鄭閩熊刻解醒編本　國圖

孟子十四卷　明徐奮鵬輯

明萬曆四十六年金陵書林鄭大經奎璧堂刻古今道脈本　首都　運城　新絳縣文化館　南京　安徽

孟子七卷　明楊起元撰　明李衷批評　明梁知編

明萬曆三十九年大來山房刻四書評眼本　湖北　日蓬左文庫

明刻本　吉大　日公文書館二部

孟子解一卷　明董懋策撰

清光緒三十二年會稽董氏取斯家塾刻董氏叢書本　國圖　北大　清華　北師大　華東師大

孟子七卷　明唐汝諤撰

明萬曆刻增補四書微言本　國圖

孟子説解十四卷遺事一卷讀孟子一卷　明郝敬撰

明萬曆四十六年郝千秋郝千石刻郝氏九經解本　國圖　北大　科學　上海　復旦　湖北

抄郝氏九經解本　上海師大

四庫全書存目叢書北京圖書館古籍珍本叢刊影印明萬曆郝千秋郝千石刻郝氏九經解本

讀孟子二卷　明曹珖撰

明萬曆四十六年郝千秋郝千石刻郝氏九經解本　國圖　北大　科學　上海　復旦　湖北

明抄大樹堂説經本　國圖

抄郝氏九經解本　上海師大

孟子二卷　明張汝霖撰

明刻荷珠録本　蘇州

孟子二卷　明湯賓尹撰　明李元賓校

明坊刻新鐫湯會元四書合旨本　日蓬左文庫

孟子七卷　明湯賓尹撰　明鄭名世校

明萬曆二十三年光裕堂刻刊湯會元參詳明公新説四書解頤鰲頭本　日龍谷大學

孟子湖南講三卷　明葛寅亮撰

明崇禎刻四書湖南講本　浙江　陝西　湖北

孟子七卷　明馮夢龍撰

明末刻四書指月本　國圖

孟子七卷　明鹿善繼撰

清道光二十八年刻四書説約本　北大　天津　復旦　南京　湖北

一九二一年吴興劉承幹刻留餘草堂叢書之四書説約本　國圖　北大　清華　北師大　上海　青島　南京　南大　浙江

孟子二卷　明章世純撰

明天啓七年刻四書留書本　上海　湖北　重慶

明末富西齋刻本　科學　中山

清乾隆四庫全書館寫欽定四庫全書本

清抄本(清丁丙跋)　南京

四書考孟子十卷　明陳仁錫增定

明萬曆南城翁少麓刻四書備考本　國圖

明崇禎七年刻四書備考本　北大　清華　人大　中央民大　中央教科所　上海　華東師大　上海辭書　内蒙古　吉大　陝西　臨清　蘇州　無錫　鎮江　南京　浙江 天一閣　湖北　中山　重慶　川大　雲南民族學院　雲南大學

孟子考異一卷　明陳仁錫增定

明萬曆南城翁少麓刻四書備考本　國圖

明崇禎七年刻四書備考本　北大

孟子三卷　明洪啓初撰

明萬曆四十五年刻四書翼箋本　東北師大

繪孟七卷　明戴君恩撰
　明天啓四年閔齊伋刻套印本　故宫　天津　遼寧　中山大
　明天啓六年刻本　天津　中山大
　抄本　國圖
孟子四卷　明王夢簡撰
　明天啓七年刻四書徵本　北大　南大　四川
孟子約説二卷　明孫肇興撰
　明崇禎六年刻四書約説朱墨套印本　科學
　清刻本　國圖
鐫張蘇兩大家四書講義合參孟子七卷　明蔣方馨輯
　明崇禎六年刻鐫張蘇兩大家四書講義合參本　科學
新訂四書補注備旨孟子四卷　明鄧林撰　清杜定基增訂
　清乾隆四十四年刻新訂四書補注備旨本　復旦
　清同治十年文益堂刻新訂四書補注備旨本　遼寧
　清光緒三義堂刻新訂四書補注備旨本　北大
　清光緒十六年老二酉堂刻新訂四書補注備旨本　北師大
　清光緒二十年刻書業德記藏板新訂四書補注備旨本　國圖
　清光緒二十一年刻文英堂藏板新訂四書補注備旨本　國圖　北大
孟子通義七卷　明魯論撰
　清乾隆二十八年刻四書通義本　江西
孟子七卷　明楊廷麟撰　明朱長祚補
　明太倉張溥刻新刊翰林機部楊先生家藏四書慧解十九卷本　日蓬左文庫
孟子十四卷　明張溥纂
　明崇禎吴門寶翰樓刻四書注疏大全合纂本　華東師大　南京　餘姚　湖北
　湖南
孟子大全講意七卷　明張溥撰　清吴偉業參補
　明崇禎刻四書尊注大全本　科學
孟子七卷　明張明弼撰　明夏允彝等補
　明刻參補鄒魯心印集注本　日公文書館
孟子七卷　明張明弼撰
　明種德堂刻四書揚明本　日無窮會天淵文庫
孟子説一卷　明辛全撰
　清康熙十二年李萬函刻彙印四書説本　科學
　一九三六年鉛印山右叢書初編之四書説本　國圖　首都　北大　清華　北

師大　上海　復旦

孟子七卷　明余應虬輯

明末刻近聖居四書翼經圖解本　華東師大

孟子二卷　明余之祥撰

清順治十七年刻四書宗旨要言本　首師大

孟子七卷　明周華輯

明刻浙江杭州新刊重校補訂四書集説本　重慶

孟子考異　宋王應麟論次　清張自烈批注

清順治刻四書大全辯本　北大　河南

孟子考異補一卷　清張自烈等增删

清順治刻四書大全辯本　北大　河南

孟子翊注十四卷　清刁包輯

清雍正年光裕堂刻四書翊注本　國圖

清道光二十七年刁繼祖惇德堂刻四書翊注本　北大　上海　浙江　遼寧　湖北

清道光至同治間刁懷謹順積樓刻用六居士所著書本　清華　北師大　復旦

清咸豐六年祈州刁氏刻本　國圖

釋孟子四章一卷　清金人瑞撰

清刻唱經堂才子書之聖歎外書本　國圖　清華　北師大

清宣統順德鄧實排印風雨樓叢書之貫華堂才子書彙稿之聖歎外書本　國圖　首都　北大　清華　北師大

一九三六年上海掃葉山房排印中國文學珍本叢書第一輯之唱經堂才子書彙稿本　首都　上海　華東師大　上海師大

孟子一卷　清傅以漸撰

清初抄貞固齋書義本(劉鳳誥跋)　國圖

孟子師説二卷　清黄宗羲撰

清乾隆四庫全書館寫欽定四庫全書本

孟子師説七卷

清道光刻本　國圖

清光緒八年慈溪醉經閣馮氏重校刻本　國圖　北大　科學　南京　遼寧　湖北

民國烏程張氏刻適園叢書本　國圖　首都　北大　科學

四書集説孟子十四卷　清徐養元輯

清康熙四年周殿一留耕堂刻白菊齋訂四書本義集説本　清華

四書集説孟子十三卷
清康熙三十年刻石渠閣精訂徐趙兩先生四書集説本　北大
舊抄四書集説本　國圖
七篇指略七卷　清王訓撰
清康熙十二年刻本　山東
孟子十六卷　清魏裔介輯
清康熙五十一年魏荔彤刻朱子四書全義本　清華
標孟七卷　清汪有光撰
清康熙十六年刻本　科學
清康熙二十五年汪能承刻本　武漢師範學院
清光緒十三年黟縣李宗煝刻本　國圖　上海
續修四庫全書影印清康熙刻本
孟子古義七卷　日本伊藤維楨述
日本享保五年古義堂刻本　北大　上海
孟子二卷　清李顒述　清王心敬録輯
清康熙思硯齋刻四書反身録本　天津
清道光十一年三韓劉氏刻四書反身録本　北大
清道光十一年浙江書局刻四書反身録本　北大
清同治十二年西安馬存心堂重刻四書反身録本　天津
清光緒二十六年湘陰奎樓蔣氏小嫏嬛山館刻二曲先生全集之四書反身録本　北大
孟子疏略七卷清張沐撰
清康熙著蔡張氏刻五經四書疏略本　清華
踈閬齋纂序四書繹注講意孟子十四卷　清劉梅纂
清康熙金閶文雅堂刻踈閬齋纂序四書繹注講意本　國圖　北大
孟子弟子考補正一卷　清朱彝尊撰　清陳矩補正
清光緒二十三年貴陽陳氏刻靈峰草堂叢書本　國圖　首都　北大　科學　北師大　天津　上海　復旦
孟子集注大全十四卷　清陸隴其輯
清康熙三十七年嘉會堂刻三魚堂四書大全本　國圖　北大　遼寧　湖北
清康熙四十一年當湖陸氏刻三魚堂四書大全本　國圖　上海　復旦
孟子講義困勉録二卷　清陸隴其撰　清陸公鏐編
清康熙十四年刻四書講義困勉録本　國圖
清康熙三十八年嘉會堂刻四書講義困勉録本　北大　上海　南京　湖北

清乾隆四年嘉會堂刻四書講義困勉録本　國圖　北大　上海　南京　浙江

清乾隆四庫全書館寫欽定四庫全書本

孟子講義續困勉録二卷　清陸隴其撰　清陸公鏐編

清康熙十四年刻四書講義困勉録本　國圖

清康熙三十八年嘉會堂刻四書講義困勉録本　北大　上海　南京　湖北

清乾隆四年嘉會堂刻四書講義困勉録本　國圖　北大　上海　南京　浙江

清乾隆四庫全書館寫欽定四庫全書本

國朝諸先生孟子精義十四卷　清李日煜撰

清刻本　科學

四庫未收書叢刊影印清初刻本

孟子七卷　宋朱熹撰　清范翔參訂

清康熙三十一年刻四書體注本(自坡居士有常跋)　上海

孟子二卷　清顔元撰

清嘉慶元年張與齡抄顔習齋先生四書正誤本　南開

抄本　北大

一九二三年北京四存學會鉛印顔李叢書本　北大

孟子考一卷　清閻若璩撰

清康熙三十四年新安張氏霞舉堂刻檀幾叢書二集第一帙本　國圖　首都　北大　科學

孟子七卷　清蔡方炳重纂　清黄驥同纂

清光緒十三年務時敏齋刻五車樓五訂正韻四書纂序説約集注定本本　湖北

孟子翼注論文二卷　清張甄陶撰

清乾隆五十三年福清張氏刻四書翼注論文本　北大

讀孟子劄記二卷　清李光地撰

清康熙五十九年安溪李馥刻六十一年增修居業堂藏板四書解義本　國圖　科學　清華　福建

清乾隆四庫全書館寫欽定四庫全書本

清乾隆元年李清植刻嘉慶六年補刻李文貞公全集本　上海　復旦

清道光五年李維迪刻榕村全書之四書解義本　國圖　首都　北大　科學

抄本　國圖

孟子辨似　清關涵撰

清乾隆五十四年濯秀堂刻本　清華

孟子七卷　清陳詵撰

清康熙信學齋刻四書述本　故宫

孟子一卷　清王吉相撰　清賈錫智校

清道光二十四年邠州儒學官署刻四書心解附偶思録本　國圖　科學　南京　湖北

孟子評四卷　清王源評訂

清咸豐二年小琅嬛山館刻本　湖北

一九三〇年四存學校鉛印文章練要本　北大

孟子朱子大全三卷　清戴名世編　清程逢儀重輯

清康熙四十七年程逢儀刻四書朱子大全本　國圖　北大　科學　湖北

孟子十四卷　清湯傳榘撰

清康熙四十四年刻四書明儒大全精義本　科學　上海　南京　湖北

孟子劄記一卷　清楊名時撰

清乾隆五十九年四江陰葉廷甲水心草堂刻楊氏全書本　北大

清宣統元年刻楊氏全書　科學　上海

四書朱子異同條辨孟子十四卷　清李沛霖訂　清李禎訂

清康熙近譬堂刻朱子異同條辨本　國圖　清華　科學　中科院考古所　上海　復旦　南京　山西文物局

清朱文堂翻刻近譬堂刻四書朱子異同條辨本　浙江　湖北

清黎光樓翻刻近譬堂刻四書朱子異同條辨本　國圖　北大　天津　浙江

孟子約旨七卷　清任啓運撰

清乾隆五年刻四書約旨本　上海　南京

清乾隆三十六年清芬堂刻四書約旨本　國圖　北大　浙江

清光緒九年筱里任氏一本堂家塾刻四書約旨本　國圖　北大　復旦　南京

清光緒二十年浙江官書局覆刻任氏家塾四書約旨本　國圖　北大　天津　上海　南京　浙江　湖北

孟子四卷　清彭軏撰

清康熙五十年刻四書講義持衡本(葉葆跋)　山東

孟子章句本義彙参十四卷首一卷　清王步青輯

清乾隆十年敦復堂刻四書朱子本義滙參本　北大

清承德堂翻刻乾隆十年敦復堂刻四書朱子本義滙參本　北大

清文會堂翻刻乾隆十年敦復堂刻四書朱子本義滙參本　北大

清翻刻乾隆十年敦復堂刻四書朱子本義滙參本　北大　遼寧

孟子四種四卷　清蔣汾功撰

一九三三年北平燕京大學圖書館抄本　北大

孟子説文一卷　清蔣汾功撰

一九三三年北平燕京大學圖書館抄本　北大

孟子講義一卷　清蔣汾功撰
　一九三三年北平燕京大學圖書館抄本　北大
孟子繹文一卷　清蔣汾功撰
　一九三三年北平燕京大學圖書館抄本　北大
孟子雜著一卷　清蔣汾功撰
　一九三三年北平燕京大學圖書館抄本　北大
讀孟子筆記一卷　清蔣汾功撰
　清雍正抄本　北大
四書自課録孟子七卷　清任時懋輯
　清乾隆四年璜川吴贊皇吴企晉等刻四書自課録本　北大　科學　天津　復旦　南京　湖北
　清道光九年璜川書屋刻四書自課録本　上海　湖北
孟子十四卷　清湯豫誠撰
　清湯豫誠四書困學編稿本　河南
孟子札記一卷　清范爾梅撰
　清雍正七年刻敬恕堂藏板讀書小記本　國圖　北大　北師大
孟子劄記二卷　清范爾梅撰
　清雍正七年敬恕堂刻讀書小記本　北大
　續修四庫全書影印清雍正七年敬恕堂刻讀書小記本
孟子讀法十五卷　清王又樸撰
　清刻詩禮堂全集本　國圖　北大　北師大　科學
孟子十四卷　日本山井鼎輯　日本物觀補遺
　清嘉慶二年儀徵阮氏小琅嬛僊館刻七經孟子考文本　北大　南京
　清嘉慶趙魏家抄本　南京
孟子述朱大全十四卷　清周亦魯輯
　清康熙六十一年雲中居刻四書述朱大全本　上海
四書體注合講孟子七卷　清翁復編
　清雍正八年文奎堂刻四書合講本　浙江
　清雍正八年英德堂銅版印四書合講本　上海
　清嘉慶十三年五柳居刻四書合講本　南京
　清道光元年刻酌雅齋四書遵注合講本　國圖　上海　復旦　湖北
　清道光十六年刻芸生堂四書體注合講本　北大
　清道光二十七年刻桐石山房四書體注合講本　北大
孟子解七卷　日本岡白駒輯
　日本寶曆十二年刻本　北大　南京

日本刻積玉圃藏版本　國圖

讀孟子劄記一卷　清崔紀撰

清雍正刻四書温講雜集本　國圖

清乾隆五年刻本　國圖

民國排印山右叢書初編本　國圖　首都　北大　清華　北師大

北京圖書館古籍珍本叢刊

四書朱子大全精言孟子十四卷　清周大璋纂輯　清魏一齋鑑定

清康熙四十七年寶旭齋刻四書朱子大全精言本　北大

增删四書朱子大全精言孟子十四卷　清周大璋纂輯　清張藥齋鑑定

清乾隆三年光德堂刻增删四書朱子大全精言本　北大　南京

清玉蘭堂刻增删四書朱子大全精言本　北大　上海

説孟一卷　清宋在詩撰

清乾隆三十年刻埜柏先生類稿本　科學

孟子學一卷　清沈夢蘭撰

清光緒六年重刻所願學齋書抄本　湖北

清光緒十七年祁縣縣署刻蔆湖沈氏叢書本　國圖　北大　北師大

孟子七卷附審音辨體考異　宋朱熹集注　清陳宏謀審音辨體考異

清刻緯文堂藏板陳榕門四書章句集注本　北大

孟子七卷附審音辨體考異　宋朱熹集注　清陳宏謀審音辨體考異

清末義和堂刻裹如堂四書本　北大

孟子七卷　清耿埰撰

清乾隆元年屏山堂刻四書讀注提耳本　科學　天津

清同治九年屏山堂刻四書讀注提耳本　復旦

孟子考證一卷　日本藤原明遠輯

日本延享五年東都前川六左衛門刻本　北大

孟子集注凝道録七卷　清劉紹攽撰

清劉紹攽四書凝道録稿本　陝西

清光緒二十年涇陽劉文在堂刻西京清麓叢書續編之四書凝道録本　國圖　北大　科學

孟子論文七卷　清牛運震撰

清乾隆牛氏刻本　國圖

清嘉慶二十三年滋陽牛氏刻牛空山先生全集本　國圖　北大　科學

一九二六年上海尋源學校鉛印本　北大　上海

孟子讀法附記十四卷　清周人麒撰

清乾隆四十九年保積堂刻本　國圖　北大　科學　天津　湖北

清道光四年啓心堂刻本　北大　天津
四庫未收書叢刊影印清乾隆四十九年保積堂刻本

孟子十四卷　清劉所説撰
清乾隆十四年劉起翰肆業堂刻四書尋真本　科學

孟子疏證十六卷　清迮鶴壽撰
清迮鶴壽稿本　上海
清鹽城孫氏抄本　科學

孟子疏證正經界六卷班爵録十六卷　清迮鶴壽撰
北平人文科學研究所抄本　科學

孟子疏證班爵録十六卷　清迮鶴壽撰
清抄本(陳其榮校)　天津
北平人文科學研究所抄本　科學

孟子講義二卷　清王元啓撰
清乾隆刻惺齋先生雜著之四書講義本　國圖

孟子七卷　清楊玉緒撰
清乾隆二十五年刻四書述要本　科學
清刻四書述要巾箱本　湖北

四書要言孟子七卷　清林霖輯
清抄四書要言本　北大

孟子私淑録三卷　清戴震撰
清抄本　北大
民國武昌徐氏抄本(江夏徐恕跋)　湖北

孟子字義疏證三卷　清戴震撰
清乾隆曲阜孔氏刻微波榭叢書本　國圖　北大　清華　北師大　上海
清道光二十三年金山錢氏據借月山房彙鈔刊板重編增刻指海第十七集本　國圖　清華
清光緒二十五年番禺端溪書院刻端溪叢書本　北大　北師大　南京
一九三六年據微波榭叢書本影印安徽叢書第六期之戴東原先生全集本　國圖　首都　北大　清華　北師大
續修四庫全書影印清乾隆孔氏刻微波榭叢書本

四書疏注撮言大全孟子十四卷　清胡斐才撰
清乾隆二十八年文光堂刻四書疏注撮言大全本　北大
清乾隆二十八年經國堂刻四書疏注撮言大全本　科學

甌香館四書説孟子四卷　清郝寧愚撰
清道光二十九年郝氏刻甌香館四書説本　北大

孟子麈言二卷　清戴宮華撰　清趙宗樸録
　清乾隆六十年趙佑刻四子書麈言本　湖北
孟子講義集説四卷　清李道南撰
　清乾隆三十年還是讀書堂刻四書集説本　國圖　北大　科學　上海
　清乾隆四十二年刻本　湖北
閑道集四卷　清孟經國輯
　清道光十二年孟氏活字印本　北大　科學
孟子四卷　清趙佑撰
　清乾隆五十二年仁和趙氏刻清獻堂全編之四書温故録本　國圖　北大　科學　上海　復旦
　清乾隆六十年安溪謝氏刻四書温故録本　南京
孟子章指一卷　清趙佑撰
　清乾隆五十二年仁和趙氏刻清獻堂全編之四書温故録本　國圖　北大　科學　上海　復旦
　清乾隆六十年安溪謝氏刻四書温故録本　南京
孟子集注指要二卷　清董錫嘏輯
　清刻本　國圖　北大　上海
孟子四考四卷　清周廣業撰
　清周廣業稿本(清翁方綱校)　國圖
　清周廣業稿本　上海
　清周廣業稿本　天一閣
　清乾隆六十年海寧周氏省吾廬刻本　國圖　北大　清華　科學　天津　上海　復旦　南京　浙江　江西大學
　清光緒十四年南菁書院刻皇清經解續編本　國圖　首都　北大　科學
　續修四庫全書影印清乾隆六十年省吾廬刻本
孟子古注考一卷　清周廣業撰
　清周廣業稿本(清翁方綱校)　國圖
　清周廣業稿本　上海
　清周廣業稿本　天一閣
　清乾隆六十年海寧周氏省吾廬刻孟子四考本　國圖　北大　清華　科學　天津　上海　復旦　南京　浙江　江西大學
　清光緒十四年南菁書院刻皇清經解續編之孟子四考本　國圖　首都　北大　科學
孟子出處時地考一卷　清周廣業撰
　清周廣業稿本(清翁方綱校)　國圖

清周廣業稿本　上海

清周廣業稿本　天一閣

清乾隆六十年海寧周氏省吾廬刻孟子四考本　國圖　北大　清華　科學　天津　上海　復旦　南京　浙江　江西大學

清光緒十四年南菁書院刻皇清經解續編之孟子四考本　國圖　首都　北大　科學

孟子文法　清李文藻評

清末武昌文藻齋鉛印本　湖北

孟子附記二卷　清翁方綱撰

清光緒五年定州王氏謙德堂刻畿輔叢書本　國圖　首都　北大　科學

清抄本　北大

孟子繹解十四卷　日本皆川願撰

日本寬政九年須願屋茂兵衛刻本　北大

孟子劄記二卷　清朱亦棟撰

清光緒四年武林竹簡齋刻十三經劄記　國圖　首都　北師大

孟子朱子大全七卷　清秦宮璧撰　清張一檇等校

清乾隆刻四書朱子大全本　湖北

孟子篇敘七卷年表一卷　清姜兆翀撰

清嘉慶五年漱芳書塾刻本　國圖　科學　上海　湖北

續修四庫全書影印清嘉慶七年漱芳書塾刻本

孟子辯義一卷　清梁鴻翥撰

抄本　上海

孟子斷二卷　日本塚田虎撰

日本江都書肆嵩山房刻本　北大

孟子七篇諸國年表一卷說一卷　清張宗泰撰

清光緒南陵徐氏刻積學齋叢書本　國圖　首都　北大　科學

抄本　科學

孟子七篇說一卷　清張宗泰撰

清光緒南陵徐氏刻積學齋叢書本　國圖　首都　北大　科學

抄本　科學

四書摭餘說孟子二卷　清曹之升撰

清乾隆六十年刻四書摭餘說本　上海

清嘉慶三年蕭山曹氏家塾刻四書摭餘說本　北大　上海(胡玉縉校)　南京　湖北

清道光十二年來鹿堂刻四書摭餘説本　湖北

致用精舍孟子類解十二卷　清王軨撰

清光緒十二年刻致用精舍講語本　國圖　北大　湖北

孟子七卷　清吴昌宗撰

清嘉慶三年江都汪廷機刻四書經注集證江都汪氏藏版本　國圖　北大　科學　天津　上海　南京　復旦　浙江

清嘉慶三年江都汪廷機刻光緒四年望三益齋重修四書經注集證本　北大　上海

清翻刻嘉慶三年江都汪廷機刻四書經注集證本　北大

清槐蔭山房刻四書經注集證本　北大

清文發堂刻四書經注集證本　北大

孟子七卷　清章宋待撰　清章祖武編

清嘉慶三年崇文堂刻四書聯珠本　國圖

孟子時事考徵四卷　清陳寶泉編次

清嘉慶五年稡經堂刻本　北大　科學　南京　遼寧　湖北

清嘉慶八年涇縣雙桂齋刻本　北大

孟子文説七卷附學庸文説二卷　清康濬撰

清嘉慶刻巾箱本　國圖　湖北

孟子文説七卷　清康濬撰

清嘉慶刻巾箱本　國圖　湖北

續修四庫全書影印清嘉慶九年刻本

孟子會解十四卷　清綦澧撰

清嘉慶五年還醇堂刻四書會解本　北大　科學　上海

清道光九年琴川閣刻四書會解本　南京

清咸豐元年三益堂刻四書會解本　南京

清同治八年重刻四書會解本　南京

孟子七卷　清劉式潤撰

清嘉慶五年寫刻誦芬草堂手録正蒙四書本　天津

孟子論文七卷　清陳履中撰

清抄本　大連

讀孟子劄記一卷　清李炳實撰

清光緒二十九年刻本　上海

孟子考文一卷　日本豬飼彦博撰

日本天保六年刻欽哉館藏板論孟考文本　國圖　上海

孟子正義三十卷　清焦循撰

清焦循稿本　南京

清嘉慶道光間江都焦氏雕菰樓刻焦氏叢書本　國圖　首都　科學　北師大

清光緒二年衡陽魏氏刻焦氏叢書本　國圖　首都　復旦

清道光九年廣東學海堂刻皇清經解一千四百卷本　國圖　首都　科學　北師大

清道光九年廣東學海堂刻咸豐十一年補刻皇清經解一千四百八卷本　國圖　首都　北師大

撰孟子正義日課記一卷　清焦循撰

清焦循稿本　國圖

孟子補疏二卷　清焦循撰

清焦循稿本　北大

孟子味根録十四卷　清金瀓撰

清道光十七年刻四書味根録本　浙江

清道光二十六年刻燦花吟館藏版四書味根録本　國圖

清咸豐十年萬萃樓刻四書味根録本　上海

清咸豐十年緑雲書舍刻四書味根録本　國圖

清光緒三年京都寶善堂刻四書味根録本　北大　南京

加批增補四書味根録孟子十四卷附疑題解　清金瀓撰

清光緒十五年上海蜚英館石印批增補四書味根録附疑題解巾箱本　遼寧

四書題鏡孟子　清汪鯉翔撰

清乾隆元年英德堂刻四書題鏡本　北大

清乾隆九年刻四書題鏡本　國圖　上海　南京　日東京都立圖書館

清乾隆九年英德堂刻四書題鏡本　北大

清乾隆九年大業堂刻四書題鏡本　國圖　科學

清乾隆五十一年刻四書題鏡書業堂藏版本　國圖　天津

清同治六年緯文堂刻四書題鏡本　上海

四書味根録孟子十四卷附四書題鏡　清金瀓撰味根録　清汪鯉翔撰四書題鏡　清鴻文書局重編

清光緒十四年上海鴻文書局石印四書題鏡味根録合編本　北大

四書味根録題鏡合編孟子十四卷附四書宗旨　清金瀓撰味根録　清汪鯉翔撰四書題鏡

清光緒十年上海點石齋石印四書味根録題鏡合編附四書宗旨本　湖北

清光緒十六年上海鴻文書局石印四書味根録題鏡合編附四書宗旨本　上海

孟子七卷　清何始升撰

清乾隆九年亦樂堂刻四書正韻本　科學　浙江

孟子補義十四卷　清淩江撰

清道光八年吴興淩氏刻淩氏傳經堂叢書本　國圖　上海

孟子論仁論一卷　清阮元撰

清刻本　國圖　南京

四書勸學録孟子十四卷　清謝廷龍撰

清道光元年至四年刻富文堂藏板四書勸學録本　北大

四書恒解孟子七卷　清劉沅輯注

清光緒十年豫誠堂刻槐軒全書之四書恒解本　北大

清末亞東製版印刷局鉛印本　北大

一九一二年三多寨凝善堂刻槐軒全書本　北大

一九二〇年北京道德學校鉛印四書恒解本　國圖　南京　湖北

孟子十四卷　清陶起庠撰　清陶金烇等校

清嘉慶十八年謙益堂刻四書集説及補義續考本　天津(佚名批校)　湖北

四書補義孟子三卷　清陶起庠撰　清陶金烇等校

清嘉慶十八年謙益堂刻四書補義本　國圖　北大　科學　天津　湖北

孟子章指一卷　清薩玉衡編

清宣統三年薩嘉曦蒔花吟館刻本　北大

民國福州薩氏敦孝堂刻蒔花吟館藏版本　國圖

孟子七卷　清吕世鏞輯

清康熙五十八年吕世鏞刻四書正體附四書正體校定本　國圖(清吕世鏞校定)　北大

清懷永堂刻四書正體本　天津

孟子外書補證一卷　宋劉攽注　清林春溥補證

清嘉慶咸豐間刻竹柏山房叢書本　國圖　首都　北大　清華　北師大　科學　上海　復旦

讀孟質疑三卷　清施彦士撰

清嘉慶道光間崇明施氏求己堂刻求己堂八種本　國圖　北大

讀孟質疑二卷

清光緒吴縣朱氏家塾刻槐廬叢書五編本　國圖　首都　北大　科學

孟子外書集證五卷　宋劉攽注　清施彦士集證

清嘉慶道光間崇明施氏刻求己堂八種本　國圖　北大

四庫未收書叢刊影印清道光十年孟繼烺刻本

孟子集注旁證十四卷　清梁章鉅撰
清刻本　南京
四書拾疑孟子二卷　清林春溥輯
清道光十四年閩縣林氏刻竹柏山房十五種之四書拾疑本　國圖　北大　湖北
孟子七卷　清宋翔鳳撰
清嘉慶十八年長洲宋氏浮谿草堂刻四書古今訓釋本　北大　科學
清光緒十四年南菁書院刻皇清經解續編本　國圖　首都　北大　科學
清光緒十五年上海蜚英館石印皇清經解續編本　國圖　首都　北師大
孟子十四卷　清宋翔鳳撰
清嘉慶刻四書纂言本　南京
清光緒八年古吴李祖榮岝峉山房刻四書纂言本　國圖　遼寧　南京　湖北　浙江
孟子趙注補正六卷　清宋翔鳳撰
清光緒十四年南菁書院刻皇清經解續編本　國圖　首都　北大　科學
清光緒十五年上海蜚英館石印皇清經解續編本　國圖　首都　北師大
續修四庫全書影印清光緒十七年廣雅書局刻本
六卷附孟子劉注一卷
清光緒十七年廣雅書局刻本　國圖　上海　湖北
清光緒廣雅書局刻民國九年彙編重印廣雅書局叢書本　國圖　科學　北師大　上海
孟子讀本二卷　清王汝謙輯評
清同治十三年刻本　國圖　天津
孟子述義二卷　清單爲鏓撰
清同治七年刻單氏全書之四書述義前集本　國圖　北大　哈爾濱
孟子述義續一卷　清單爲鏓撰
清同治七年刻單氏全書之四書述義後集本　國圖　北大　哈爾濱
讀孟隨筆二卷　清王祖畬撰
清王祖畬稿本　南京
一九二四年吴江施肇曾醒园刻十三經讀本本　國圖　北大　清華　上海　湖北
孟子文評一卷　清趙承謨撰
清乾隆三十五年刻貽燕堂藏版本　國圖
一九一六年上海晉益書局石印本　南京

民國交通書館石印本　上海

孟子釋一卷　清課虚齋主人撰

清嘉慶刻本　國圖

孟子篇敘一卷　清馬國翰輯

清同治十年濟南皇華館刻玉函山房輯佚書本

清光緒九年長沙嫏嬛館刻玉函山房輯佚書本　國圖　首都　北師大　科學

清光緒九年長沙嫏嬛館刻光緒十年章邱李氏印玉函山房輯佚書本　北師大　上海

清光緒十年楚南書局刻玉函山房輯佚書本　國圖　北大

四書集注正篆釋文合刻十九卷　清王簣文訂

清道光二十八年萬氏朱墨套印本　南京

孟子十四卷　清楊大受輯

清道光十六年刻以約齋藏版四書講義切近録本　國圖

答疑孟　清陳鍾英撰

清道光四年刻欖香小品本　清華　上海

清道光六年歸禮堂刻本　上海

孟子三卷　清賴相棟撰

清道光二十年刻四書管窺本　湖北

孟子義要信好録五卷　清鄭機纂輯

民國石印本　湖北

孟子俟一卷　清陳世鎔撰

清道光二十五年刻求志居集本　國圖　首都　清華

清同治四年獨秀山莊刻求志居全集本　北大　遼寧

孟子考義發十三卷　清吴敏樹撰

清抄本　湖南

吴南屏先生評點孟子七篇　清吴敏樹評點

清抄本　天津師範大學

讀孟子劄記二卷　清羅澤南撰

清咸豐同治間刻羅忠節公遺集本　國圖　首都　北大　清華　科學　上海　復旦

讀孟子劄記一卷　清羅澤南撰　清侯中軫校訂

民國上海國學昌明社鉛印本　湖北

四書隨見録孟子十四卷　清鄒鳳池輯　清陳作梅輯

清道光二十七年鄒氏陳氏刻四書隨見録本　北大

孟子外書四卷　宋劉攽注　清高驤雲補注
　清刻漱琴室存槁本　國圖　清華　科學
來復堂孟子講義四卷　清丁大椿撰
　清道光二十年刻來復堂全書本　國圖　清華　上海
孟子要略五卷附録一卷　宋朱熹撰　清劉傳莹輯　清曾國藩按
　清道光二十九年漢陽劉氏刻本　國圖　北大　天津　上海　湖北
　清同治六年蔣氏衍芬草堂重刻本　南京　浙江
　清同治十三年傳忠書局刻曾文正公全集本　國圖　首都　北大　科學　天津　南京　浙江　遼寧
　清光緒十四年山東書局刻本　國圖　南京
　清光緒十七年三餘草堂刻湖北叢書本　國圖　首都　北大　科學
　續修四庫全書影印清道光二十九年漢陽劉氏刻本
朱子原編孟子要略五卷首一卷　宋朱熹撰　清劉傳瑩輯　清曾國藩按　清孫光庭輯注
　清光緒二十九年雲南官書局刻本　國圖　北大　科學　上海　復旦　南京
孟子順義解七卷　清劉琴撰
　清刻四書順義解本　湖北
孟子古注擇從一卷　清俞樾撰
　清光緒二十五年刻春在堂全書之俞樓雜纂本　國圖　首都　北大　科學
孟子高氏學一卷　清俞樾撰
　清光緒二十五年刻春在堂全書之俞樓雜纂本　國圖　首都　北大　科學
孟子纘義内外篇一卷　清俞樾撰
　清光緒二十五年刻春在堂全書之俞樓雜纂本　國圖　首都　北大　科學
孟子平議二卷　清俞樾撰
　清光緒十四年南菁書院刻皇清經解續編本　國圖　首都　北大　科學
　清光緒十五年上海蜚英館石印皇清經解續編本　國圖　首都　北師大
　清光緒二十五年刻春在堂全書之群經平議本　國圖　首都　北大　科學
孟子辨證二卷　清譚澐撰
　清光緒刻味義根齋全書本　國圖　北大　清華　科學
孟子集注七卷　宋朱熹撰　清高玲批點
　清道光七年高玲愷元堂刻朱墨印新刻批點四書讀本本　國圖　天津　上海　南京　湖北
　清同治十三年三益堂刻新刻批點四書讀本本　上海
　一九二一年玉山慎言堂刻新刻批點四書讀本本　復旦

孟子三卷　清黄鶴撰

清咸豐十年寧鄉學署東齋刻四書異同商本　國圖　北大　南京　湖北

孟子三卷補訂三卷

清光緒二十年譫雅書局刻四書異同商本　科學　上海　湖北

孟子補訂三卷　清黄鶴撰

清光緒二十年譫雅書局刻四書異同商本　科學　上海　湖北

孟子説七卷　清姜鬱嵩撰

清光緒三十三年刻本　科學　湖北

孟子趙注考證一卷　清桂文燦撰

清咸豐光緒間刻南海桂氏經學本　北師大　上海

一九三六年排印丙子叢編本　國圖　首都　北大　清華　北師大

續修四庫全書影印清光緒十九年刻南海桂氏經學叢書本

孟子外書一卷　宋劉攽注　清姜國伊正本並補注

清光緒二十一年刻守中正齋叢書本　上海

孟子論略一卷　清張恩尉撰

清光緒九年刻本　國圖　科學　南京　湖北

清光緒二十八年金陵刻論孟論略本　湖北

孟子釋疑一卷　清汪宗沂撰

清光緒二十三年刻本　南京　湖北

孟子述二卷　清陸殿邦撰

清光緒十三年陸氏刻維心亨室四書講義本　北大

孟子故二卷　清陸殿邦撰

清光緒十三年陸氏刻維心亨室四書講義本　北大

孟子可讀八卷　清劉曾騄撰

清光緒民國間刻祥符劉氏叢書本　國圖

孟子約解七卷　清劉曾録撰

清光緒民國間刻祥符劉氏叢書本　國圖

孟子人考一卷　清劉曾騄撰

清光緒民國間刻祥符劉氏叢書本　國圖

孟子編略六卷　清孫葆田編

清光緒十六年京師刻本　天津

孟子外書補注四卷　宋劉攽注　清陳矩補注

清光緒十七年雲南府署刻本　北大　湖北

清光緒二十三年貴陽陳氏刻靈峰草堂叢書本　國圖　首都　北大　科學

北師大　天津　上海　復旦

孟子論文七卷　日本竹添進一郎録

日本明治十五年東京奎文堂刻本　國圖

孟子評林三卷敬梓小録一卷　清王廷建撰

清光緒八年省龕手抄本　湖北

孟子性善備萬物圖説一卷　清劉光蕡撰

民國王典章思過齋蘇州刻煙霞草堂遺書本　國圖　北師大　科學　上海

孟子書法一卷　清張瑛撰

清光緒十年江蘇臬署刻本　國圖

孟子七卷　清羅大春增訂

清光緒十三年宗德堂刻批點四書本　湖北

孟子章句考年五卷年表一卷　清蔣一鑒輯

清道光十七年謙吉堂刻本　上海　湖北

讀孟集説二卷　清沈保靖撰

清宣統元年刻怡雲堂全集本　國圖　北大

孟子集語一卷　清孫國仁撰

清孫國仁砭愚堂叢書稿本　上海

孟子文評　清趙襄周撰

一九一六年晉益書局石印本　復旦

孟子説春秋兩章口義　清陳學受撰

石印本　南京

孟子章句議略一卷　清高心伯撰

清高心伯四書議略稿本　江西博

孟子講義二卷　清夏靈峰撰

清刻本　南京

孟子校異四卷　清姚凱元撰

抄本　國圖

孟子古注一卷　清王仁俊輯

清光緒王仁俊稿本玉函山房輯佚書續編本　上海

清光緒王仁俊輯十三經漢注稿本　上海

孟子微二卷　康有爲撰

康有爲稿本　天津

孟子微八卷

清光緒二十七年鉛印本　國圖　北大　科學　上海

清末掃葉山房鉛印本　復旦

一九一六年上海廣智書局鉛印本　國圖　北大　上海　復旦

附録　孟子逸文

逸孟子一卷　清李調元輯

清乾隆錦州李氏萬卷樓刊嘉慶十四年李鼎元重校印函海本　國圖　首都　北大　清華

清道光五年李朝夔補刊印函海第二十函本　國圖　首都　清華　北師大

清光緒七年至八年廣漢鍾登甲樂道齋刻函海第二十五函本　國圖　北大　科學　北師大

續修四庫全書影印清乾隆李氏萬卷樓刻函海本

孟子逸文考一卷　清周廣業撰

稿本(清翁方綱校)　國圖

稿本　上海　天一閣

稿本　天一閣

稿本　國圖(存三卷　二至四)

清乾隆六十年海寧周氏省吾廬刻孟子考本　國圖　北大　清華　科學　天津　上海　復旦　遼寧博　南京　浙江　江西大學

清光緒十四年南菁書院刻皇清經解續編之孟子四考本　國圖　首都　北大　科學

清光緒十五年上海蜚英館石印皇清經解續編之孟子四考本　國圖　首都　北師大

五、四書總義之屬

(一) 正文

四書六卷

元刻本　上海

明刻本　吉林

四書十九卷

清光緒三十三年至三十四年學部圖書局石印本　國圖

古香齋四書十九卷

清康熙乾隆間内府刻古香齋袖珍十種本　國圖

清光緒九年南海孔廣陶岳雪樓刻古香齋袖珍十種本　國圖　北大　南京

顏字四書二十八卷

明書林熊沖宇種德堂刻本(清王雲錦批校)　山東

四子書真讀　清鄭燮書

一九一四年石印影印本　國圖　南京

闕里石刻四書　清錢泳書

清嘉慶刻同治十三年補鐫拓本　湖北

四書字帖七十八卷　清高謣撰

清道光五年刻本　南京

新刻滿漢字四書六卷

清康熙玉樹堂刻本　北大

清康熙天繪閣刻本　北大

御製翻譯四書(滿漢合璧)六卷　清高宗弘曆敕譯　清鄂爾泰等譯

清乾隆二十年武英殿刻本　國圖　天津

清寶名□刻本　北大

清光緒四年成都八旗官學刻本　南京

清光緒十四年京都聚珍堂刻本　北大　遼寧

清光緒京都三槐堂刻本　北大

蒙漢合璧四書十四卷　清噶勒桑譯　蒙文書社編譯部編譯

一九二四年蒙文書社鉛印本　北大　遼寧

御製翻譯四書(満蒙漢對照)

清乾隆刻本　北大

(二) 傳説

大學説中庸説一卷　明顧憲成撰

清抄本　復旦

續修四庫全書影印清抄本

學庸正説詳節三卷　明趙南星撰　佚名增删　李濬之編

一九三二年石印本　國圖

董揆仲學庸解不分卷　明董懋策撰

明千古堂刻本　清華

學庸切己録二卷　清謝文洊撰

清光緒十八年謝鏞刻謝程山全書本　北大　上海　遼寧

一九二五年吴興劉承幹刻留餘草堂叢書本　國圖　北大　清華　北師大

北京圖書館古籍珍本叢刊影印清光緒十八年謝鏞刻謝程山全書本

學庸順文六卷首一卷　清李實輯

清康熙四十二年嘉定李氏刻本　清華

學庸順文九卷當湖陸稼書先生師弟子答問一卷

清康熙四十二年李天植刻本　清華

顧涇陽先生學庸意三卷　清張純修編校

清康熙淑躬堂刻本　湖北

大學中庸本義一卷　清王澍輯

清乾隆二年刻積書巖六種本　國圖　首都　清華　上海　復旦　湖北

學庸示掌二卷　清湯自銘撰

清嘉慶二十年重刻本　國圖　科學　南京

清道光二十六年刻雙桂齋藏版本　國圖

清抄本　國圖

學庸一得三卷　清潘士權撰

清乾隆十年刻同治十三年補刻潘龍庵全書本　北大

學庸囈語二卷　清耿埰口授　清陳善輯

清同治九年刻屏山堂藏版本　國圖

學庸説文十二卷　清李凱撰

清乾隆十八年寒香亭刻本　北大　上海　浙江　華南師大

清乾隆四十三年友益齋刻本　南京

清嘉慶十五年文佘堂刻本　科學

清嘉慶寒香亭刻本　上海

學庸一卷　清趙佑撰

清乾隆五十二年刻清獻堂全編本　國圖　北大　科學　上海　復旦

清乾隆六十年安溪謝氏刻本　南京

學庸會通三卷　清吴楚椿撰

清乾隆四十六年刻本　國圖

學庸講義二卷　清胡珊撰

清嘉慶八年刻本　南京

學庸集要不分卷　清蕭開運纂

清嘉慶八年景賢齋刻本　湖北

清光緒善成堂刻本　湖北

學庸集要四卷

清道光元年刻本　南京

大學中庸意讀二卷　清蕭光浩輯
　清嘉慶九年刻本　科學
學庸圖説一卷　清侯連城撰
　清嘉慶十八年重刻本　科學
學庸合一二卷　清孫觀光撰
　清光緒二年孫氏刻本　國圖
大學中庸章圖　清杜炳撰
　清道光七年刻本　國圖
學庸順講二卷　清叢秉肅撰
　清道光九年文登于氏刻本　國圖
學庸困知録四卷　清莊詠撰
　清道光二十三年刻本　科學
學庸臆解一卷　清張承華撰
　清光緒十年皖桐會友堂刻本　上海
學庸補釋新編二卷附大學諸家考辨一卷中庸諸家考辨一卷　清張承華撰
　清同治三年刻本　國圖　北大　南京
學庸一卷補訂一卷　清黄鶴撰
　清光緒二十年譫雅書局刻四書異同商補訂本　上海　湖北
學庸補訂一卷　清黄鶴撰
　清光緒二十年譫雅書局刻四書異同商補訂本　上海　湖北
學庸家訓一卷　清金光旭撰　清金崇城輯
　清道光聚文堂刻本　國圖
讀學庸筆記二卷　清方宗誠撰
　清光緒五年桐城方氏刻柏堂遺書之柏堂經説本　國圖　首都　北大　科學　上海
讀學庸雜記一卷　清雷以誠撰
　清同治七年雨香書屋刻本　上海
學庸便覽一卷　清周小鸞撰
　清同治十二年書業德刻袖珍本　國圖
學庸識小一卷　清郭階撰
　清光緒十五年刻春暉雜稿本　國圖　北大　科學
學庸理鏡二卷　清梁有成輯
　清光緒十一年上海同文書局石印本　上海

學庸注釋不分卷附樂記　清曹耀湘撰

稿本　國圖

學庸便閲　清方汝霖訂

清抄本　上海

學庸要旨　清李寅撰

清抄本　國圖

大學中庸圖説　清李標撰

清抄本　上海

學庸注釋二卷　清李輈撰

清光緒十八年古羅李氏刻自得廬集本　國圖　北大　清華

秘解學庸全旨一卷　清蕭輝録

抄本　上海

學庸私存二卷　清徐來複撰

清抄本　復旦

學庸總義　清許致和撰

清刻本　國圖

大學中庸演義一卷　清廖平撰

一九二一年四川存古書局刻六譯館叢書本　國圖　北大　清華　北師大

大學中庸一卷　清徐大煜纂輯

民國武昌察院坡黄粹文鉛印本　湖北

語孟説略二卷　清明顧憲成撰

清抄本　復旦

續修四庫全書影印清抄本

金仁山論孟考證輯要二卷　清趙大鏞撰

清道光五年刻古墨齋集西湖草堂藏版本　湖北

論孟集注附考二卷　清劉寶楠撰

舊抄本　國圖

精抄本　南京

語孟左海八卷附録一卷　清林筠英輯

清道光十三年刻鶴陰山房藏版本　湖北

論孟集注附考二卷　清丁晏撰

清潘祖陰抄本　國圖

論孟筆記三卷補記二卷　清方宗誠撰

清光緒五年桐城方氏刻柏堂遺書之柏堂經説本　國圖　首都　北大　科學

上海

論孟補記二卷　清方宗誠撰

清光緒五年桐城方氏刻柏堂遺書之柏堂經説本　國圖　首都　北大　科學　上海

論孟疑義一卷　清吕調陽撰

清光緒十四年葉長高刻觀象廬叢書本　國圖　北大　科學　清華　北師大　上海　復旦

論語孟子類編八十卷論語孟子集注類編八十卷附異文箋一卷　清左欽敏編

一九一五年刻本　國圖　湖北

論語孟子集注類編八十卷　清左欽敏纂述

一九一五年刻本　國圖　湖北

論語孟子異文箋編一卷　清左欽敏編

一九一五年刻本　國圖

論孟卮言一卷　清江瀚撰

清光緒二十八年鉛印本　南京

木活字印本　南京

論孟要義二卷　清江瀚編

民國石印本　上海

論語孟子抄　日本島田鈞一等編

日本大正十五年鉛印本　南京

論孟精選　日本簡野道明編

日本昭和十七年鉛印本　南京

四書解一卷　宋曾日文撰

清道光十四年至二十二年善化曾氏刻羅卷彙編本　福建

四書集注十九卷　宋朱熹撰

元至正二十二年武林沈氏尚德堂刻四書集注本　山東

元刻四書章句集注本(有抄配並缺頁　明魏校批　袁克文跋)　上海

明隆慶四年衡府刻四書集注本　南京

明萬曆吴勉學刻四書集注本　遼寧　中山

清康熙十年朱氏崇道堂刻四書集注十九卷本　上海(清戴有祺批)　科學　浙江

清雍正國子監刻四書集注本　北大

清乾隆四庫全書館寫欽定四庫全書之四書集注本

清光緒三年刻四書集注本(吴保箴過録劉大櫆批校) 上海
清刻監本四書本(清王寶淦録清王言綸批注) 湖南

四書集注二十一卷

元刻四書集注本(孟子集注卷三、四配清咸豐九年抄本 清蔣培澤 高望曾丁丙跋) 南京
明嘉靖吉澄福建刻四書集注本 首都 上海 吉林 日小如舟書屋
明崇禎七年刻四書集注本 安丘
明末刻四書集注朱墨套印本 山東
清雍正怡府明善堂刻四書章句集注袖珍本 國圖
清内府刻四書集注本 國圖 首都 中央黨校 復旦 重慶市北碚區

四書集注二十六卷

清初春秀堂刻四書章句集注本(清佚名過録批注) 上海
清末上海掃葉山房刻四書章句集注本 北大

四書章句集注二十八卷

宋刻四書章句集注 本(大學章句一卷中庸章句一卷 宋淳祐十二年當涂郡齋刻本 論語集注十卷序説一卷孟子集注十四卷序説一卷 宋嘉定十年當涂郡齋刻嘉熙四年淳祐八年十二年遞修本) 國圖
清内府重刻宋淳祐六年泳澤書院刻四書本 天津 上海 南京
宋刻四書集注卷本(存論語集注十卷序説一卷孟子集注十四卷序説一卷) 國圖
元延祐五年温州路學稽古閣趙鳳儀刻四書集注本 日公文書館
明嘉靖二十七年伊藩刻四書集注本(清丁丙跋)南京
中華再造善本影印宋淳祐十二年當塗郡齋刻本

四書章句集注三十卷

宋刻四書章句集注本 國圖
元刻四書章句集注本(明魏校手批)袁克文跋 上海
明成化十六年吉府刻四書集注本 國圖 山東博 南京(清丁丙跋) 四川
明嘉靖四十三年益藩樂善堂刻四書集注本 日公文書館 中央黨校(存大學章句一卷或問一卷中庸章句一卷或問一卷) 國圖(存論語集注十卷序説一卷)

四書章句集注三十一卷

明正統十二年司禮監刻四書集注本 國圖 天津 上海 華東師大 内蒙古社會科學院 陝西 浙江 江西 湖北 廣西師大 四川 日宫内廳 日御茶之水

明刻四書集注本　上海　吉林大學　江西

四書集注三十八卷

明刻四書集注本　清華　上海

明刻四書本　北大

四書集注四十一卷

明嘉靖應檟刻四書集注本　國圖

明刻四書集注本　北大　歷史博物館　群衆出版社　錦州　浙江　雲南

四書章句集注二十六卷附四書家塾讀本句讀一卷四書章句集注定本辨一卷四書章句附考四卷　宋朱熹撰　清吴英撰定本辨及句讀　清吴志忠輯附考

清嘉慶十六年璜川吴氏真意堂刻璜川吴氏四書學本　國圖　北大　中央黨校(清焦循批)　天津　上海　遼寧

子目:四書家塾讀本句讀一卷　清吴英撰

四書章句集注定本辨一卷　清吴英撰

大學章句一卷

中庸章句一卷

論語集注十卷

孟子集注十四卷

四書章句附考四卷　清吴志忠撰

四書章句附考四卷　清吴志忠輯

清嘉慶十六年璜川吴氏真意堂刻本　國圖　北大　中央黨校(清焦循批)　天津　上海　遼寧

吴氏校本四書章句集注二十六卷　宋朱熹撰　清吴志忠校　日本佐藤坦訓點

日本安政二年江户千鍾房須原屋茂兵衛等刻本　日東京大學

子目:大學章句一卷

中庸章句一卷

論語集注十卷

孟子集注十四卷

四書章句集注二十六卷附考異一卷　宋朱熹集注　胡宗楙考異

一九二六年壽春孫氏小墨妙亭翻刻清内府覆刻宋淳祐刻本　國圖　北大　上海　南京　湖北

子目:大學一卷

中庸一卷

論語十卷
孟子十四卷
四書考異一卷

四書考異一卷　胡宗楙撰

一九二六年壽春孫氏小墨妙亭翻刻清内府覆刻宋淳祐刻本　國圖　北大 上海　南京　湖北

新鐫音釋圈點提章提節大魁四書正文六卷　宋朱熹集注　明丘兆麟圈點

明崇禎四年熊秉宸刻本　北大
子目：大學一卷
中庸一卷
論語二卷
孟子二卷

四書集注十九卷　宋朱熹撰　清李日煜輯

清康熙安溪李氏刻本　北大
清嘉慶十六年寶章堂刻本　遼寧
子目：大學章句一卷
中庸章句一卷
論語集注十卷
孟子集注七卷

新刻批點四書讀本十九卷　宋朱熹撰　清高玲批點

清道光七年高玲愷元堂刻朱墨印本　國圖　科學　天津　上海(佚名眉批)　南京　浙江　湖北
清同治十三年三益堂刻本　上海
一九二一年玉山慎言堂刻本　復旦
子目：大學章句一卷
中庸章句一卷
論語集注十卷
孟子集注七卷

增訂批點四書集注十九卷首一卷　宋朱熹集注

清光緒十三年羅宗德堂刻本　天津
子目：大學一卷
中庸一卷
論語十卷

孟子七卷

四書經注詳讀十九卷　宋朱熹章句

清光緒二年刻本　上海

子目:大學一卷

中庸一卷

論語十卷

孟子七卷

四書便讀十九卷　宋朱熹注

清刻本　國圖

子目:大學一卷

中庸一卷

論語十卷

孟子七卷

四書便蒙十九卷　宋朱熹撰

清道光五年刻立本齋藏版本　國圖

清道光二十二年寶恕堂刻本　南京

清李光明莊刻本　國圖

清文和堂刻本　國圖

子目:大學一卷

中庸一卷

論語十卷

孟子七卷

四書集注正蒙十九卷附四書集字音義辨　宋朱熹撰

清光緒十四年八旗官學刻本　國圖　北大　遼寧

子目:大學一卷

中庸一卷

論語十卷

孟子七卷

四書章句集注蒙求十九卷　宋朱熹撰

清咸豐元年雲笈山房刻本　上海

清同治四年掃葉山房刻本　上海

子目:大學一卷

中庸一卷

論語十卷

孟子七卷

翼經堂四書章句集注十九卷　宋朱熹集注

清咸豐十年耕餘堂刻朱墨本　湖北

子目：大學一卷

中庸一卷

論語十卷

孟子七卷

四書章句集注二十六卷　宋朱熹撰　日本後藤世鈞點

日本明治東京青木恒三郎大阪嵩山堂鉛印本　北大

子目：大學一卷

中庸一卷

論語十卷

孟子十四卷

四書或問三十九卷　宋朱熹撰

明弘治刻本　北大

明正德十二年閔聞刻本　上海辭書　河北大學

清康熙御兒吕氏寶誥堂刻朱子遺書本　國圖　北大　清華　北師大　上海　復旦

清康熙天蓋樓刻本　國圖

清乾隆四庫全書館寫欽定四庫全書本

清光緒十二年刻西京清麓叢書正編之朱子遺書重刻合編本　北大　北師大　上海

抄本　上海

日本正保四年京都書肆風月莊左衛門刻本　北大

子目：大學或問二卷

中庸或問三卷

論語或問二十卷

孟子或問十四卷

四書或問三十九卷附中庸輯略二卷　宋朱熹撰　宋石𡼖編中庸輯略　宋朱熹删定中庸輯略

清墨潤齋刻本　北大

子目：大學或問二卷

中庸或問三卷

論語或問二十卷

　　孟子或問十四卷
　　中庸輯略二卷

四書或問三十九卷四書或問考異一卷　宋朱熹撰　清劉啓發等撰考異

清同治十二年霍山劉啓發五忠堂仿白鹿洞刻本　國圖　北大　科學　上海　復旦　南京　遼寧　湖北

清同治十二年霍山劉啓發五忠堂刻光緒涇縣洪氏公善堂彙印洪氏唐石經館叢書本　上海

子目：大學或問二卷
　　中庸或問三卷
　　論語或問二十卷
　　孟子或問十四卷
　　四書或問考異一卷

四書或問考異一卷　清劉啓發等撰

清同治十二年霍山劉啓發五忠堂仿白鹿洞刻本　國圖　北大　科學　上海　復旦　南京　遼寧　湖北

清同治十二年霍山劉啓發五忠堂刻光緒涇縣洪氏公善堂彙印洪氏唐石經館叢書本　上海

四書序考一卷　宋朱熹撰

日本寬文七年刻本　國圖

朱子四書語類五十二卷　宋朱熹講述　宋黎靖德編

清康熙十七年金陵周氏四留堂刻本　國圖

清康熙石門吕氏天蓋樓刻本　北大

四書義彙編一卷　宋陸九淵編

清光緒二十四年石印本　天津

四書集編二十六卷　宋真德秀撰

清康熙十九年納蘭成德刻通志堂經解本　國圖　首都　北大　北師大　科學　上海

清康熙十九年納蘭成德刻乾隆五十年補修通志堂經解本　北大

清同治十二年粤東書局重刻通志堂經解本　國圖　首都　北大　上海　遼寧　湖北

清乾隆四庫全書館寫欽定四庫全書本

子目：大學集編一卷
　　中庸集編一卷
　　論語集編十卷

孟子集編十四卷

四書集編二十九卷 宋真德秀撰 清翁錫書增訂批點

清嘉慶浦城祝氏留香室刻浦城遺書本 國圖 北大 上海

清同治七年浦城刻本 上海 湖北

清光緒八年清芬館刻本 遼寧

清巴陵鍾謙鈞刻本 北大

子目：大學集編二卷

中庸集編三卷

論語集編十卷

孟子集編十四卷

融堂四書管見十三卷 宋錢時撰

明抄融堂四書管見本 國圖

清乾隆四庫全書館寫欽定四庫全書本

子目：大學一卷

中庸一卷

論語十卷

孟子一卷

四書纂疏二十六卷 宋趙順孫撰

元刻元印本 日静嘉堂

清康熙十九年納蘭成德刻通志堂經解之四書纂疏本 國圖 北大 科學 上海 南京

清康熙十九年納蘭成德刻乾隆五十年補修通志堂經解之四書纂疏本 北大

日本文化十三年翻刻通志堂經解之四書纂疏本 北大 上海 南京

子目：大學纂疏一卷

中庸纂疏一卷

論語纂疏十卷

孟子纂疏十四卷

黄四如先生六經四書講稿六卷 宋黄仲元撰

明嘉靖黄文炳刻本 北大

黄四如先生六經四書講稿六卷 宋黄仲元撰 清詹清子編 清涂應鍾校

清抄本（羅振常跋 徐行可校點） 湖北

清抄本（清丁丙跋） 南京

四書箋義十二卷紀遺一卷　元趙悳撰
清嘉慶阮元景鈔元泰定本輯宛委別藏本　臺北故宫
清道光二十四年金山錢氏據墨海金壺刊版重編增刊守山閣叢書本　國圖　科學　北師大
清光緒十五年上海鴻文書局據清錢氏本影印守山閣叢書本　國圖　首都　北大　北師大　清華
四書箋義十二卷補遺一卷續遺一卷
清刻四書箋義本　北大
大學論語孟子箋義紀遺一卷　元趙悳撰
清嘉慶阮元景鈔元泰定本輯宛委別藏本　臺北故宫
清道光二十四年金山錢氏據墨海金壺刊版重編增刊守山閣叢書本　國圖　科學　北師大
清光緒十五年上海鴻文書局據清錢氏本影印守山閣叢書本　國圖　首都　北大　北師大　清華
一九二二年上海博古齋據錢氏本影印守山閣叢書本　國圖　首都　北大　北師大
清刻本　北大
四書箋義續遺一卷　元趙悳撰
清刻本　北大
四書箋義纂要十二卷補遺一卷續遺一卷　元趙悳撰
清道光二十四年金山錢氏據墨海金壺刊版重編增刊守山閣叢書之四書箋義本　國圖　科學　北師大
清光緒十五年上海鴻文書局據清錢氏本影印守山閣叢書之四書箋義本　國圖　首都　北大　北師大　清華
一九二二年上海博古齋據錢氏本影印守山閣叢書之四書箋義本　國圖　首都　北大　北師大
續修四庫全書影印清道光二十四年錢氏刻守山閣叢書本
四書集義精要三十六卷　元劉因撰
元至順元年江浙行省刻本　臺北故宫　臺北央圖(存二十二卷　缺卷三、四、九、十、二十、二十一、二十九至三十六)
一九七五年臺灣故宫博物院影印元至順元年江浙行省刻本　南京
四書集義精要二十八卷
清乾隆四庫全書館寫欽定四庫全書本
子目：大學四卷

論語二十一卷

孟子三卷

四書通二十六卷　元胡炳文撰

元天曆二年崇化余志安勤有堂刻本　國圖

清康熙十九年納蘭成德刻通志堂經解本　國圖　北大　科學　上海

清康熙十九年納蘭成德刻乾隆五十年補修通志堂經解本　北大

清同治十二年粤東書局重刻通志堂經解本　上海　遼寧　湖北

清乾隆四庫全書館寫欽定四庫全書本

子目:大學通一卷

中庸通一卷

論語通十卷

孟子通十四卷

四書辨疑十五卷　元陳天祥撰

清康熙十九年納蘭成德刻通志堂經解本　國圖　首都　北大　北師大　科學　上海

清康熙十九年納蘭成德刻乾隆五十年補修通志堂經解本　北大

清同治十二年粤東書局重刻通志堂經解本　國圖　首都　北大　上海　遼寧　湖北

清乾隆四庫全書館寫欽定四庫全書本

四書章句集注標題三十卷　宋熊禾撰

元刻本　國圖

民國海虞瞿氏鐵琴銅劍樓影鈔元刻本　國圖

明天順刻本　日尊經閣

讀四書叢説八卷　元許謙撰

元刻本　國圖(清黄丕烈跋)　上海

一九三四年上海商務印書館據元刻本縮印四部叢刊續編本　國圖　首都　北大　科學　遼寧

明弘治十二年李瀚馬興等刻本　北大　上海

明抄本(佚名校注)　浙江

清嘉慶錢塘何元錫刻本　國圖

清道光咸豐間大梁書院刻同治七年王儒行等印新鐫經苑本　首都　北大　北師大　科學

子目:讀大學叢説一卷

讀中庸叢説二卷

讀論語叢説三卷
讀孟子叢説二卷

讀四書叢説四卷

清乾隆四庫全書館寫欽定四庫全書本

四書通證六卷　元張存中撰

元刻本　國圖
元天曆二年崇化余志安勤有堂刻本　國圖
明抄本　上海
清康熙十九年納蘭成德刻通志堂經解本　國圖　首都　北大　北師大　科學　上海
清康熙十九年納蘭成德刻乾隆五十年補修通志堂經解本　北大
清乾隆四庫全書館寫欽定四庫全書本
子目:大學章句或問通證一卷
中庸章句或問通證一卷
論語集注通證二卷
孟子集注通證二卷

四書疑節十二卷　元袁俊翁撰

清乾隆四庫全書館寫欽定四庫全書本
清吟雪山房抄本(清丁丙跋)　南京
清抄本　北大
清抄本　中山大

四書疑節十二卷附校勘記一卷校勘續記一卷　元袁俊翁撰　清魏元曠撰校勘記　胡思敬撰校勘續記

一九一六年南昌豫章叢書編刻局刻豫章叢書胡思敬輯本　北大

四書疑節校勘記一卷　清魏元曠撰

一九一六年南昌豫章叢書編刻局刻豫章叢書胡思敬輯本　北大

四書疑節校勘續記一卷　胡思敬撰

一九一六年南昌豫章叢書編刻局刻豫章叢書胡思敬輯本　北大

四書經疑貫通八卷　元王充耘撰

明抄本(四庫底本　清丁丙跋)　南京
清乾隆四庫全書館寫欽定四庫全書本

四書經疑貫通八卷附校勘記一卷校勘續記一卷　元王充耘撰　清魏元曠撰校勘記　胡思敬撰校勘續記

一九一六年南昌豫章叢書編刻局刻豫章叢書胡思敬輯本　北大

四書經疑貫通校勘記一卷　清魏元曠撰

一九一六年南昌豫章叢書編刻局刻豫章叢書胡思敬輯本　北大

四書經疑貫通校勘續記一卷　清胡思敬撰

一九一六年南昌豫章叢書編刻局刻豫章叢書胡思敬輯本　北大

四書管窺八卷　元史伯璿撰

清乾隆四庫全書館寫欽定四庫全書本

四書管窺不分卷

清抄本　湖南

清初抄本　玉海樓

四書管窺十卷

民國永嘉黄氏排印敬鄉樓叢書第三輯本　國圖　首都　北大　科學

四書纂箋二十八卷　元詹道傳撰

清康熙十九年納蘭成德刻通志堂經解本　國圖　首都　北大　北師大　科學　上海

清康熙十九年納蘭成德刻乾隆五十年補修通志堂經解本　北大

清同治十二年粤東書局重刻通志堂經解本　上海　遼寧　湖北

清乾隆四庫全書館寫欽定四庫全書本

子目:大學章句纂箋一卷

大學或問纂箋通證一卷

中庸章句纂箋一卷

中庸或問纂箋通證一卷

論語集注纂箋十卷

孟子集注纂箋十四卷

四書輯釋大成三十六卷　元倪士毅輯釋

元至正二年日新書堂刻本　日尊經閣　北大(存論語卷十一至十四)

元刻本　上海(存論語卷十一至二十)

日本文化九年翻刻元至正二年日新書堂本　北大

子目:大學章句一卷

論語集注二十卷

孟子集注十四卷

中庸章句一卷

重訂四書輯釋四十四卷　宋朱熹章句　元倪士毅輯釋　明朱公遷約説　明王逢訂定通義

明正統五年詹氏進德書堂刻本　北大　科學　上海　南京　南大　浙江

子目：新刊重訂輯釋通義源流本末一卷　劉用章輯
四書章圖隱括總要發義二卷　元程復心撰
大學朱子章句序重訂輯釋通義大成一卷
大學章句重訂輯釋章圖通義大成一卷
朱子大學或問重訂輯釋通義大成一卷
中庸章句重訂輯釋通義大成一卷
中庸或問重訂輯釋通義大成一卷
論語集注序説重訂輯釋通義大成一卷
論語集注重訂輯通義大成二十卷
孟子集注序説輯釋通義大成一卷
孟子集注重訂輯釋通義大成十四卷

四書輯釋四十三卷　元倪士毅輯釋　元程復心章圖　元王元善通考

明初刻本　國圖

四庫全書存目叢書續修四庫全書北京圖書館古籍珍本叢刊影印明初刻本

四書輯釋四十三卷　元倪士毅撰　明程復心圖　明王元善通考

明初刻本　國圖

子目：大學輯釋一卷大學朱子或問一卷
中庸章圖概括總要一卷中庸輯略一卷中庸朱子或問一卷
論語集注序説一卷論語章圖概括總要一卷論語輯釋二十卷
孟子集注序説一卷孟子章圖概括總要一卷孟子輯釋十四卷

四書章圖纂釋十九卷四書章圖隱括總要三卷　宋朱熹撰　元程復心纂釋

元後至元三年富沙碧灣吴氏德新堂刻本　日公文書館

子目：大學句問纂釋一卷
中庸句問纂釋一卷
論語注問纂釋十卷
孟子注問纂釋七卷
總要上卷二十七條
總要中卷四十條
總目下卷五十三條

四書章圖隱括總要三卷　宋朱熹撰　元程復心纂釋

元後至元三年富沙碧灣吴氏德新堂刻本　日宫内廳二部　日公文書館

子目：總要上卷二十七條
總要中卷四十條

總目下卷五十三條

章圖四書通考　元劉剡撰

元刻本　日尊經閣

四書通旨六卷　元朱公遷撰

清康熙十九年納蘭成德刻通志堂經解本　國圖　首都　北大　北師大　科學　上海

康熙十九年納蘭成德刻乾隆五十年補修通志堂經解本　北大

清同治十二年粵東書局重刻通志堂經解本　國圖　首都　北大　上海　遼寧　湖北

清乾隆四庫全書館寫欽定四庫全書本

清同治七年刻敏樹堂藏版本　國圖

四書經疑問對八卷　元董彝撰

元至正十一年建安同文堂刻本　國圖(清吴騫跋)　科學

四庫未收書叢刊中華再造善本影印元至正十一年建安同文堂刻本

新編四書待問二十二卷　元蕭鎰撰

清嘉慶阮元景鈔元本輯宛委别藏本　臺北故宫

清抄本(張宗祥跋)　浙江

清抄本　國圖　上海　常熟

續修四庫全書影印清嘉慶影元抄本

四書集注大全三十八卷　明胡廣等奉敕輯

明永樂十三年刻本　國圖　内蒙古大學　日東洋文庫

明天順二年黄氏仁和堂刻本　浙江

明天順游明刻本　浙江　上海

明嘉靖十一年魏氏仁實堂刻本　廣西

清康熙四十九年仿明内府刻本　南京

清乾隆四庫全書館寫欽定四庫全書本

子目:大學章句大全一卷

大學或問一卷

中庸章句大全一卷

中庸或問一卷

論語集注大全二十卷

孟子集注大全十四卷

四書集注大全四十三卷

明内府刻大字本　國圖　北大　故宫　中央教科所　天津　保定　上海

南京　重慶　吉林　山東　煙臺　青島博　江西　贛州　福建　暨南大學

明弘治十四年劉氏慶源書堂刻本　南京(缺讀中庸法一卷)

子目：讀大學法一卷
大學章句大全一卷或問一卷
讀中庸法一卷
中庸章句大全一卷或問一卷
讀論語孟子法一卷
論語集注大全二十卷序説一卷
孟子集注大全十四卷序説一卷

四書集注大全三十六卷

明嘉靖八年余氏雙桂堂重刻本　金華

明趙敬山刻本　清華

朝鮮純祖二十年刻本　國圖　北大　天津　上海

子目：大學章句大全一卷
中庸章句大全一卷
論語集注大全二十卷
孟子集注大全十四卷

讀論語孟子法一卷

明内府刻四書集注大全大字本　國圖　北大　故宫　中央教科所　天津　保定　上海　南京　重慶　吉林　山東　煙臺　青島博　江西　贛州　福建　暨南大學

明弘治十四年劉氏慶源書堂刻四書集注大全本　南京(缺讀中庸法一卷)

四書集注大全四十卷附論語考異孟子考異　明胡廣等奉敕輯　宋王應麟撰論語孟子考異　明徐汧纂輯

明末清初吴門德馨堂刻本　清華　上海　武大　日東京大學

子目：大學章句大全一卷或問一卷
中庸章句大全一卷或問一卷
論語集注大全二十卷附考異一卷
孟子集注大全十四卷附考異一卷

周會魁校正四書大全十八卷　明胡廣等輯　明李廷機　周士顯校正

明萬曆三十三年書林余氏刻本　臺北故宫　日京都大學

子目：大學二卷
論語七卷

孟子七卷
中庸章句二卷

周會魁校正四書大全十七卷
明映旭齋刻本 北大 茌平 南京博
子目：大學章句一卷
大學或問一卷
論語七卷
孟子七卷
中庸章句一卷

周會魁校正四書大全十八卷讀法三卷論語集注序説一卷孟子集注序説一卷
明周譽吾留耕堂刻本 故宫 復旦 南京 湖南社科院 柳州
子目：大學章句一卷
大學或問一卷
論語八卷
孟子七卷
中庸章句一卷

增訂四書集注大全四十卷或問二卷 明胡廣等輯 清汪份增訂
清康熙長洲汪份遄喜齋刻本 國圖 上海 復旦 南京
子目：大學章句大全三卷
中庸章句大全三卷
論語集注大全二十卷
孟子集注大全十四卷
大學或問一卷
中庸或問一卷

四書中説二十四卷 明盧翰撰
明萬曆十七年刻本 清華

四書詳説 明曹端撰
明刻本 國圖

四書通義四十五卷 明劉同章撰
明正統二年至十年詹宗睿進德書堂刻補修本 科學 上海

四書也足園初告六卷 明王宇撰
明萬曆四十三年聚星館葉均宇刻本 科學
四庫未收書叢刊影印明萬曆四十三年聚星館葉均宇刻本

明末刻本　國圖

子目：大學一卷

中庸一卷

上論一卷下論一卷

上孟一卷下孟一卷

學庸章句指南二卷　明胡謐編

明弘治十七年刻學庸章句指南本　日公文書館

朝鮮嘉靖四十一年刻本　日公文書館

子目：大學通旨一卷　明蔣文質撰

中庸章句詳説一卷　明劉清撰

虚齋蔡先生四書蒙引初稿十五卷　明蔡清撰

明正德十五年李墀刻本　天一閣(存卷一至六　八至十四)

明刻本　日静嘉堂

蔡虚齋先生四書蒙引十五卷　明蔡清撰

明嘉靖六年刻本　北大　復旦　河南

明萬曆十五年吴同春刻本　國圖　清華　上海　南京(清丁丙跋)

東北師大　浙江

明萬曆刻本　山東

明崇禎二年刻本　日大谷大學

清光緒十八年蔡群英刻本　北大　上海

蔡虚齋先生四書蒙引十五卷　明蔡清撰　明宋兆禴重訂

明刻本　首都　遼寧　湖南

明刻本　北大

明大業堂刻本　復旦

新刊舉業精義四書蒙引十五卷别録一卷　明蔡清撰　明莊煦　王升編别録

明萬曆十五年刻本　日米澤市立圖書館

明萬曆刻本　山東

四書蒙引十五卷别録一卷

清乾隆四庫全書館寫欽定四庫全書本

子目：大學二卷

中庸二卷

論語四卷

孟子七卷

別録一卷

四書蒙引別録一卷　明莊煦　王升編

明萬曆十五年刻本　日米澤市立圖書館

明萬曆刻本　山東

清乾隆四庫全書館寫欽定四庫全書之四書蒙引附録本

四書蒙引便覽不分卷　明莊煦撰

明萬曆十五年刻本　日龍谷大學

四書圖史合考二十四卷　明蔡清輯

明天啓刻本　北大

明崇禎刻本　上海

明金閶擁萬堂刻本　科學　上海　浙江　浙江大學　安徽　福建師大

重刊補訂四書淺説十三卷　明陳琛撰

明萬曆三十七年李三才刻本　科學　國圖（存大學中庸論語卷一至二孟子卷一至三）

子目：大學一卷

中庸一卷

論語四卷

孟子七卷

靈岳山房重訂四書淺説十三卷　明陳琛撰　明唐光夔重訂

明大業堂刻本　河南

子目：大學一卷

中庸一卷

論語四卷

孟子七卷

靈源山房重訂四書淺説十三卷　明陳琛撰　明劉蜚英校

明崇禎十年刻本　日公文書館　日静嘉堂　日宫城縣圖書館

子目：大學一卷

中庸一卷

論語十卷

孟子七卷

陳紫峰先生四書淺説十二卷　明陳琛著　清施世瑚等校

清乾隆五十四年刻本　日東京都立圖書館

清乾隆五十四年刻光緒十九年印本　國圖　湖北

四書因問六卷　明吕柟撰

明嘉靖四年刻本　上海　湖北

清乾隆四庫全書館寫欽定四庫全書本

新刊啓蒙分章句解四書寶鑒十六卷　明陳文珙撰

明嘉靖刻本　國圖

四書私存三十八卷　明季本撰

明嘉靖二十二年刻本　華東師大

子目：大學一卷附録一卷

中庸二卷

論語二十卷

孟子十四卷

新刊增訂稿四書存疑十卷又一卷　明林希元撰

明嘉靖二十八年余氏怡慶堂刻萬曆七年修補本　日大阪天滿宮御文庫

新刊全補四書存疑十二卷

明書林王氏善敬堂刻本　浙江（存大學一卷中庸三卷論語卷六至七）

重刊次崖林先生四書存疑十二卷

明刻本　日公文書館

連理堂重訂四書存疑十四卷　明林希元撰　明陶望齡閱

明崇禎八年方文刻本　湖北

明刻本　日公文書館

新刊心學淵源科場訣要私塾利達三十卷　明萬廷相輯注

明嘉靖四十年書林詹氏就正齋刻本　日龍谷大學

新刊四書章圖詳節講學綱目二十九卷附録鹿野郝先生式蒙要法　明涂山撰　明彭烊　曾元忠校

明萬曆書林詹就正刻本　日龍谷大學

四書正義三十六卷　明林兆思撰

一九一八年鉛印本　國圖

四書口義十二卷　明薛甲撰

明隆慶二年刻本（清丁丙跋）　南京

清抄本（徐時楝跋）　北大

子目：大學二卷

中庸二卷

論語五卷

孟子三卷

四書人物考四十卷　明薛應旂撰

明嘉靖三十七年刻本　國圖　上海　上海師大　吉林　南大　天一閣

日東京都立圖書館

四庫全書存目叢書影印明嘉靖刻本

新刻七十二朝四書人物考注釋四十卷 明薛應旂撰 明朱焯注釋

明萬曆書林葉近山刻本 蘇州 揚州師院 日公文書館

校正注釋四書人物考四十卷 明薛應旂輯 明朱焯注 明張吾瑾訂

明萬曆刻本 清華

四書人物考訂補四十卷 明薛應旂撰 明朱焯注釋 明許胥臣訂補

明天啓七年刻本 上海 旅大 吉林市 吉林社科院 蘇州 南京師大 浙江 安徽博 河南 湖南社科院 重慶 日公文書館

明萬曆刻本 國圖 日御茶之水

新鍥評林旁訓薛湯二先生家藏酉陽口古人物奇編十八卷首一卷 明薛應旂輯 明朱焯注釋 明湯賓尹評

明天啓元年南京刻本 清華

陳明卿先生訂正四書人物備考四十卷附考八卷 明薛應旂輯 明朱焯注 明陳仁錫訂正 明薛寀輯附考

明末刻本 安徽 湖南

清康熙五十四年吴郡緑蔭堂刻本 國圖 中山大 廣西

陳明卿先生訂正四書人物附考八卷 明薛寀輯

明末刻本 安徽 湖南

清康熙五十四年吴郡緑蔭堂刻本 國圖 中山大 廣西

增補四書精繡圖像人物備考十二卷圖一卷 明薛應旂撰 明陳仁錫增訂

明古吴越盛堂刻本 日東京大學

增訂龍門四書圖像人物備考十二卷圖一卷

清康熙五十六年古吴三樂齋刻本 天津 日東京大學(存卷第一至四)

清康熙五十八年四美堂刻乾隆五十八年文盛堂印本 科學

清乾隆六年刻本 日東京都立圖書館

清乾隆二十一年雲林四美堂刻本 上海

清乾隆五十一年刻本 南京

清乾隆五十九年刻本 北大

增補四書精繡圖像人物備考十二卷 明薛應旂撰 明陳仁錫增定 清唐義錫重校 清陳鋭 清何焯訂

清乾隆四十一年刻本 日東京都立圖書館

清世榮堂刻本　日東洋文庫

新鐫四書七十二朝人物經籍備考二十四卷　明薛應旂撰　明鍾惺合訂

明吴門舒氏六經閣刻本　北師大　湖北　日公文書館　日尊經閣　日蓬左文庫　日廣島市淺野圖書館

四書人物考十二卷　明張星撰

明崇禎十四年刻本　日東京大學

四書經筵直解二十卷　明瞿景淳撰

日本瀛洲館刻本　北大

四書摘訓二十卷　明丘橓輯

明萬曆五年趙慎修刻本　重慶　日尊經閣

明萬曆十年周裔先刻本　山東(存卷一至八　十一至二十)

子目:大學摘訓一卷

中庸摘訓三卷

論語摘訓八卷

孟子摘訓八卷

近聖居三刻參補四書燃犀解二十一卷　明陳祖綬撰　明夏允彝等參補

明末近聖居刻本　日公文書館　日龍谷大學　日新發田市立圖書館　美哈佛燕京

子目:大學一卷

中庸三卷

論語十卷

孟子七卷

四書紹文編八卷　明王樵撰

明萬曆二十四年刻本　日公文書館

問辨録十卷　明高拱撰

明萬曆三年刻本　國圖　北大　北師大　上海　社科院歷史所　西安文管會

清乾隆四庫全書館寫欽定四庫全書本

日進直講五卷　明高拱撰

清康熙新鄭高有聞籠春堂刻高文襄公集本　北大　科學

北京圖書館古籍珍本叢刊影印清康熙刻高文襄公集本

四書答問六卷　明羅汝芳撰　明楊起元輯

明萬曆刻楊貞複六種本　復旦　内蒙

子目:近溪子大學答問集一卷

近溪子中庸答問集二卷
近溪子論語答問集二卷
近溪子孟子答問集一卷

四書初問八卷　明徐爌撰

明嘉靖四十二年維揚書院刻本　國圖　北大　上海　日尊經閣

李翰林批點四書初問講義八卷補一卷　明徐爌撰

明書林夏慶徐憲成刻本　南京

重刻張閣老經筵四書直解二十六卷　宋朱熹集注　明張居正直解

明萬曆元年司禮監刻本　故宫　山西師範　吉林大學

子目：大學經筵直解一卷
中庸經筵直解一卷
論語經筵直解十卷
孟子經筵直解十四卷

新訂四書直解正字全編二十六卷　明張居正撰　明沈鯉正字

明崇禎七年方奇峋刻本　無錫　中山　日尊經閣

子目：大學一卷
中庸一卷
論語十卷
孟子十四卷

重刻内府原板張閣老經筵四書直解指南二十七卷　明張居正撰　明焦竑增補　明湯賓尹訂正

明萬曆三十九年閩建書林易齋詹亮刻本　浙江　華東師大　杭州　日静嘉堂　日米澤市立圖書館

重刻辯證内府原版張閣老經筵四書直解指南二十七卷

明天啓元年長庚館刻本　日公文書館二部　日龍谷大學

重刻張閣老經筵四書直解二十七卷

明書林葉顯吾刻本　安徽博

子目：大學一卷
中庸二卷
論語十卷
孟子十四卷

四書直解二十七卷四書指南纂序合參二十七卷　明張居正撰　明焦竑增補　明顧宗孟訂正　明李光縉纂　明劉日珩訂　明陳恒吉合纂

明崇禎刻本　日東京大學

四書指南纂序合參二十七卷　明張居正撰　明焦竑增補　明顧宗孟訂正　明李光縉纂　明劉日珩訂　明陳恒吉合纂

明崇禎刻四書直解本　日東京大學

四書直解二十七卷四書講義合參二十七卷　宋朱熹集注　明張居正直解　明顧宗孟重訂　明顧宗玉撰講義合參

明崇禎九年顧宗孟刻本　上海　蘇州

子目：大學一卷

中庸二卷

論語十卷

孟子十四卷

四書講義合參二十七卷　明顧宗玉撰

明崇禎九年顧宗孟刻四書直解本　上海　蘇州

四書集注闡微直解二十七卷附纂序四書説約合參大全　宋朱熹集注　明張居正直解　明顧宗孟閲　清顧夢麟　清楊彝輯説約合參

清光緒八旗經正書院據康熙十六年徐乾學刻本翻刻本　國圖　北大　天津　南京　湖北　遼寧

子目：四書集注闡微直解大學中庸三卷

四書集注闡微直解論語十卷

四書集注闡微直解孟子十四卷

四書集注闡微直解二十七卷

清宣統元年學部圖書局石印本　國圖　北大　科學　上海

一九三七年滿日文化協會鉛印四書集注直解本　北大　上海

四庫未收書叢刊影印清八旗經正書院刻本

子目：四書集注闡微直解大學中庸三卷

四書集注闡微直解論語十卷

四書集注闡微直解孟子十四卷

四書直解六卷　明張居正撰　清鄭重等訂

清康熙四十年修齊堂刻本　湖北

清乾隆三十一年金閶玉樹堂刻本　湖北

子目：大學一卷

中庸一卷

論語二卷

孟子二卷

新刻比雍二大司成先生課大學多士四書諸説品節十卷　明陸可教　明葉向高輯　明焦竑校

明潭城書林余彰德刻本　日蓬左文庫

新鍥葉李兩閣老同纂十八魁四書甲第先鋒大講三十卷　明葉向高　明李廷機輯

明萬曆刻本　日尊經閣

新鐫翰林九我李先生家傳四書文林貫旨六卷訓蒙題式一卷　明李廷機撰

明萬曆二十八年建邑書林余彰德萃慶堂據翰林官板重刻本　日宫内廳　日公文書館　日尊經閣　日大阪府立圖書館　日龍谷大學

新編四書三説三十卷　明管大勳輯

明萬曆二十一年福建刻本　科學

四書近語六卷　明孫應鼇撰

清光緒六年獨山莫氏刻孫文恭公遺書本　國圖　首都　北大　清華　北師大

清宣統二年國學扶輪社排印孫文恭公遺書本　國圖　北大　清華　上海　華東師大

四庫未收書叢刊影印清光緒六年莫氏刻孫文恭公遺書本

四書評十九卷　明李贄評

一九七五年北京中華書局影印明萬曆刻本　北大

一九七四年上海師範大學圖書館油印本　北大

續修四庫全書影印明刻本

子目：大學一卷

中庸一卷

論語十卷

孟子七卷

四書參十九卷　明李贄評　明楊起元批點　明張明憲等參訂

明閔氏刻朱墨套印本　國圖　北大　人大　科學　故宫　國博　天津　祁縣　遼寧　福建師大　湖北　廣西　湖北

子目：大學一卷

中庸一卷

論語十卷

孟子七卷

李氏説書六卷　明李贄撰

明刻本　國圖　科學　山西文史館　安徽博

李氏説書九卷

　　明李如真序刻本　日龍谷大學

四書翼傳三義七卷　明劉思誠　明王守誠撰

　　明萬曆十六年太原于天經刻本　浙江　江西

　　子目：大學一卷

　　　　　中庸二卷

　　　　　論語二卷

　　　　　孟子二卷

四書古今四體全書集注二十九卷　明楊時喬編

　　明萬曆四十一年史世揆刻史志仁等重修本　故宫　上海(存卷一至十)

朱子四書或問小注三十六卷　明徐方廣增注

　　清康熙四十一年陳彝則觀乎堂刻本　北大

　　子目：朱子大學或問小注一卷

　　　　　朱子中庸或問小注一卷

　　　　　朱子論語或問小注二十卷

　　　　　朱子孟子或問小注十四卷

朱子四書或問小注二十卷　明徐方廣增注　清鄭任鑰校訂

　　清康熙六十一年鄭任鑰刻本　國圖　北大　科學　遼寧　湖北

　　北京圖書館古籍珍本叢刊影印清康熙六十一年刻本

　　子目：朱子大學或問小注一卷

　　　　　朱子中庸或問小注一卷

　　　　　朱子論語或問小注二十卷

　　　　　朱子孟子或問小注十四卷

學庸義府補三卷　明徐方廣撰

　　明刻本　日尊經閣

質言三卷　明牛應元輯　明李嘉言等校

　　明萬曆刻本　天津

新鋟侍御先生心授四書質言三卷　明牛應元撰

　　明刻本　大連(存二卷上下)

書義會真録十九卷　明牛應元撰

　　明天啓萬卷樓周如泉刻本　陝西

新刻了凡袁先生四書訓兒俗説十卷　明袁黄撰

　　明萬曆三十五年余氏三臺館刻本　日公文書館

四書删正六卷　明袁黄撰

　　明刻本　日公文書館二部

四書删正一卷　明袁黄撰

明末袁衙藏刊朱墨套印本　日龍谷大學

焦氏四書講録十四卷　明焦竑撰

明萬曆二十一年書林鄭望雲刻本　大連

子目：大學二卷

中庸一卷

論語四卷

孟子七卷

皇明百家四書理解集六卷首一卷　明焦竑撰

明萬曆刻本　日蓬左文庫

新鐫皇明百家四書理解集十四卷

明萬曆刻本　日尊經閣

新刻晉江紫溪蘇先生四書兒説八卷　明蘇濬撰

明萬曆八年何倫刻本　北大

解醒編六卷　明蘇濬撰

清書林鄭閩熊刻本　國圖

子目：大學解醒編

中庸解醒編

上論解醒編

下論解醒編

上孟解醒編

下孟解醒編

新鐫四書七進士講意折衷六卷　明鄒泉撰

明萬曆十年書林翁見川刻本　安徽

四書疑問六卷　明姚舜牧撰

明萬曆刻本　日公文書館　日尊經閣

四書疑問十卷

明萬曆刻本　日龍谷大學

重訂四書疑問十一卷

明萬曆四十五年六經堂刻本　北大　故宫　河南

明萬曆刻本　日公文書館

明萬曆刻清乾隆二十七年重修本　北大　故宫　上海辭書　河南

清康熙刻本　上海

四庫全書存目叢書北京圖書館古籍珍本叢刊影印明萬曆六經堂刻本

疑思録六卷　明馮從吾撰
　　明萬曆武用望等刻本　湖北
四書説剩六卷　明林散撰　明張鼎訂　明朱廷旦評　明沈九標等校
　　明萬曆四十三年武水林氏觀止齋刻本　日蓬左文庫
　　明萬曆刻本　福建
鐫陳顧二翰林纂訂四書理擲十二卷　明陳萬言撰　明顧錫疇　徐在中評
　　明積善堂陳奇泉刻本　日龍谷大學
四書就正十六卷　明王榆撰　明程大化評選
　　明萬曆刻本　日蓬左文庫
黄進士槐芝堂四書解六卷　明黄景星撰
　　明刻本　日公文書館
四書體義十卷　明沈幾撰　明王道焜校
　　明刻本　日公文書館二部　日尊經閣
項會魁四書聽月十九卷　明項聲國撰　明劉肇慶校
　　明刻本　日公文書館　日尊經閣
木天署八翰林發刊四書聖學中天講意十一卷　明張鼎等親裁　明馬世奇閱　明馬世明訂
　　明天啓六有山房刻本　日龍谷大學
四書水月不分卷　明周士謨輯　明周升元　明周鼎元校
　　明崇禎刻本　日龍谷大學
四書傳習心譚不分卷　明劉必紹撰　明劉濡恩輯
　　明萬曆崔承祀刻清修本　文登
四書便蒙講述十一卷　明盧一誠撰
　　明萬曆二十一年三山盧氏刻本　安徽　日公文書館　日尊經閣
　　　日愛知大學　日龍谷大學
四書便蒙講述二十卷
　　日本慶安四年書林道伴刻本　國圖
四書最勝藏二十卷　明馬來遠輯
　　明刻本　陝西　日公文書館
四書醒言六卷　明徐文熠撰
　　明崇禎刻本　日尊經閣
新刻四書圖要二卷　明胡文焕輯
　　清道光十七年刻本　上海

古今道脈四十五卷　明徐奮鵬輯

明萬曆四十六年金陵書林鄭大經奎璧堂刻本　首都　南京　運城　新絳縣文化館　安徽　日尊經閣　日東京大學

子目：大學三卷

中庸八卷

論語二十卷

孟子十四卷

筆洞山房新著知新録十卷　明徐奮鵬輯　明徐春茂　徐春盛編

明刻本　日公文書館

四書知新十卷　明徐奮鵬輯

明刻本　日無窮會神習文庫

纂定古今大全四十卷　明徐奮鵬輯　明郭大經校

明崇禎金陵李潮聚奎樓刻本　科學　日公文書館　日尊經閣　日東京大學　日廣島市立淺野圖書館

重刻四書續補便蒙解注六卷　明徐奮鵬撰

明萬曆十七年楊欽齋刻本　日公文書館

筆洞生後悟六卷　明徐奮鵬輯　明朱領等編

明萬曆潭陽余氏三臺館刻本　日公文書館　日蓬左文庫

四書貫解十卷　明許國撰

明萬曆二年余象斗刻本　日廣島市立淺野圖書館

四書疑問五卷　明史記事撰

明萬曆四十五年刻本　陝西

四書庭訓　明柴寅賓述

明萬曆四十五年柴寅賓刻本　河南(存大學一卷　中庸一卷)

四書评眼十九卷　明楊起元撰

明刻本　日静嘉堂

四書評眼十三卷　明楊起元撰　明李衷批評　明梁知編

明萬曆三十九年大來山房刻本　湖北　日蓬左文庫

子目：大學一卷

中庸一卷

論語十卷

孟子七卷

明刻本　吉大　日公文書館二部

四書漢詁纂十九卷　明陳禹謨撰

明萬曆刻經言枝指本　科學　上海

談經菀四十卷　明陳禹謨輯
　　明萬曆刻經言枝指本　科學　臺北央圖　日宫内廳　日尊經閣

四書人物概十五卷　明陳禹謨撰
　　明萬曆刻經言枝指本　科學　上海

四書名物考二十卷　明陳禹謨撰
　　明萬曆刻經言枝指本　科學　上海

四書名物考二十四卷　明陳禹謨撰　明錢受益　牛斗星補
　　明崇禎牛斗星刻本　北大　清華　北師大　故宫　上海　復旦　東北師大　山東博　南京　南大　南京博　浙江　安徽　安徽博
　　明杭州書肆讀書坊刻本　遼寧　日公文書館　日蓬左文庫　日尊經閣　日東京大學　日龍谷大學
　　北京圖書館古籍珍本叢刊明末牛斗星刻本

重訂四書名物備考二十四卷　明陳禹謨撰　明錢受益　王道焜補
　　明刻本　日公文書館

經籍異同三卷　明陳禹謨撰
　　明萬曆刻本（清姚鼐跋）　上海
　　北京圖書館古籍珍本叢刊影印明萬曆刻本

經言枝指纂四十卷　明陳禹謨撰　明林永平輯
　　明萬曆聚星館葉均宇刻本　首都

新刻四書圖要二卷　明黄耳鼎　明金壽祖撰
　　明萬曆二十六年游一川刻本　國圖

四書講義一卷　明顧憲成撰
　　清同治十三年虞山顧氏刻小石山房叢書本　北大　上海　復旦

大學意一卷　中庸意二卷　大學説一卷　中庸説一卷　語孟説略二卷　明顧憲成撰
　　清抄本　復旦
　　續修四庫全書影印清抄本

增補四書微言二十卷　明唐汝諤撰
　　明萬曆刻本　國圖
　　子目：大學二卷
　　　　　中庸二卷
　　　　　論語八卷
　　　　　孟子七卷

新刻四書十方家考訂新説評實十卷　明郭偉輯
明萬曆二十二年楊閩齋刻本　日龍谷大學

增補郭洙源先生彙輯十太史四書主義寶藏十卷　明郭偉輯　明宋鳳翔評　明翁鴻業增補
明天啓刻本　中央黨校　日公文書館　日蓬左文庫　日尊經閣　日龍谷大學

皇明百方家問答四書意十五卷　明郭偉編撰　明柯仲炯等校
明萬曆四十五年金陵李潮聚奎樓刻本　東北師大　重慶　日公文書館二部　日蓬左文庫　日尊經閣　日龍谷大學

新鍥皇明百大家總意四書正新録六卷皇明大家姓氏並書目一卷　明郭偉撰
明萬曆二十四年建陽書林守仁齋楊發吾刻本　浙江

新刻郭洙源先生四書四轉金丹不分卷　明郭偉編著　明郭中吉參校　明傅夢龍督梓
明末刻朱墨套印版筑居藏版本　日龍谷大學

新鍥四書新説國朝名公答問十五卷　明黄洪憲編撰　明郭偉校
明刻本　日公文書館

四書攝提十卷附録一卷　明郝敬撰
明萬曆崇禎間郝洪範刻山草堂集内編本　國圖　科學　日東京大學

三太史彙纂四書人物類考十六卷　明項煜撰
明崇禎六年刻本　安徽博　中山大

新鐫項仲昭先生四書嫏嬛集注十九卷　明項煜撰
明天繪閣刻本　日公文書館　日蓬左文庫

新刻張侗初先生永思齋四書演二十卷　明張鼐撰
明崇禎五年曾楚卿刻本　日公文書館　日蓬左文庫　日龍谷大學

新鐫侗初張先生訂選四書述十三卷　明張鼐撰
明刻本　日陽明文庫

山中讀書印不分卷　明張鼐撰　明俞廷諤閱
明萬曆刻本　日龍谷大學

新擬科場急出題旨元脉八卷　明張鼐撰　明陳仁錫批评　明余應虬訂正
明潭陽世慶堂刻本　日蓬左文庫

四書吾學望洋編二十卷　明姚光祚撰　明錢策等校
明萬曆刻本　日尊經閣　日龍谷大學
嘉言摘粹八卷　明姚光祚撰
明萬曆二十五年刻本　吉林
四書闞旦二十卷　明黄獻臣撰
明刻本　日公文書館
石鏡山房四書説統三十七卷　明張振淵輯
明天啓仁和張氏石鏡山房刻本　日公文書館三部　日蓬左文庫　日尊經閣　日龍谷大學
四書副墨　明陳組綬撰
明末伊廬刻本　北大
四書考一卷　明戴文仲輯
明萬曆二十七年約里程氏培桂館刻本　科學　上海
袁氏家傳四書旨便六卷附録新刻佔鰲分印四書正文　明袁宗道撰　明袁宏道　袁中道參訂　明湯賓尹精校四書正文
明萬曆書林余象斗刻本　日龍谷大學
新刻袁小修先生四書綮十卷　明袁中道撰　明袁宏道訂
明刻本　日蓬左文庫
新鐫李少文先生家言四書僊説評十卷　明李春芳授　明李長華受撰
明尚友齋刻本　日蓬左文庫
四書弓治八卷　明莊起蒙撰
明刻本　日公文書館
四書代言二十卷　明方應祥撰
明刻本　華東師大
方孟旋先生四書藝一卷　明方應祥撰　清李瀛等選評
清周工福校刻本　湖北
四書講義一卷　明高攀龍撰
清乾隆七年華西閔刻高子全書本　國圖　上海
新鐫繆當時先生四書九鼎十三卷　明繆昌期纂　明唐士雅輯删補徵言　明潘文焕補删補徵言
明末坊刻本　國圖　日蓬左文庫
四書要達二十七卷首一卷　明陶望齡撰　清徐燦　清袁終彩輯
清續薪堂刻本　國圖

四書窮鈔六補定本十六卷　明王國瑚撰

清順治八年刻本　華東師大

四庫全書存目叢書影印清順治八年刻本

圖書衍五卷　明喬中和撰

明崇禎刻躋新堂集本　國圖　北大　人大　故宫　北京市文物局　華東師大　天津　天津師院　吉林　南京　福建師大

北京圖書館古籍珍本叢刊影印清光緒五年刻西郭草堂刻本

四書屑考二十八卷　明王述古撰

明刻本　北大

玄晏齋困思抄三卷詩三卷　明孫慎行撰

明萬曆四十二年刻本　湖北

北京圖書館古籍珍本叢刊影印明萬曆刻本

玄晏齋困思抄二卷

清光緒二十三年武進盛氏刻常州先哲遺書本　北大

四書擇識編五卷　明曲遷梧纂

明萬曆三十二年刻本　北大

新刻顧鄰初先生批點四書文五卷　明顧起元批點

明天啓王鳳翔光啓堂刻朱墨套印本　石家莊　遼寧

新鍥南雍會選古今名儒四書説苑十四卷首一卷　明張汝霖等輯　明敖文禎訂正

明閩建書林余仙源永慶堂刻本　清華

荷珠録六卷　明張汝霖撰

明刻本　蘇州

子目：大學一卷

中庸一卷

論語二卷

孟子二卷

四書讀六卷　明陳際泰撰

清乾隆三年古歡齋重刻本　南京

四庫全書存目叢書北京圖書館古籍珍本叢刊影印清乾隆仁和黄氏刻文藻四重本

四書讀八卷

清乾隆二十年陳奇刻求志堂家塾藏版本　國圖(缺卷四至六)

四書讀十卷

清乾隆二十八年太乙山房重刻本　上海　湖北

新鐫湯霍林先生秘笥四書金繩　明湯賓尹撰

明刻本　柳州

鼎鐫睡庵四書脉六卷　明湯賓尹撰

明萬曆四十三年刻本　日無窮會織田文庫

鼎鐫徐筆洞增補睡庵四書脈講義六卷　明湯賓尹撰　明徐奮鵬增補

明萬曆四十七年書林余應虯刻本　浙江

新鐫湯會元四書合旨六卷　明湯賓尹撰　明李元賓校

明坊刻本　日蓬左文庫

子目：大學一卷

中庸一卷

論語二卷

孟子二卷

刊湯會元參詳明公新説四書解頤鰲頭十九卷　明湯賓尹撰　明鄭名世校

明萬曆二十三年光裕堂刻本　日龍谷大學

子目：大學一卷

中庸一卷

論語十卷

孟子七卷

新刻湯太史擬授科場題旨天香閣説六卷首一卷　明湯賓尹撰

明萬曆四十二年刻本　日公文書館

四書考一卷　明張位撰

明萬曆三十年金陵周氏大業堂刻本　東北師大　甘肅

四書湖南講九卷　明葛寅亮撰

明崇禎刻本　陝西　浙江　湖北

四庫全書存目叢書影印明崇禎刻本

子目：大學湖南講一卷

中庸湖南講一卷

論語湖南講四卷

孟子湖南講三卷

四書湖南講十一卷

明崇禎刻本　科學

續修四庫全書影印明崇禎刻本

子目：大學詁一卷

中庸詁一卷

大學湖南講一卷

中庸湖南講一卷

論語湖南講四卷

孟子湖南講三卷

四書論三卷　明葉秉敬撰

明刻本　常山縣文化館

讀書三十八解五卷　明葉秉敬撰

明刻本　常山

繹聖二編三卷　明周從龍撰

明萬曆三十九年刻繹聖二編本　上海

子目：大學遵古編一卷

中庸發覆編二卷

四書説叢十七卷　明沈守正撰

明萬曆七年刻本　湖北

明萬曆四十三年刻本　上海　浙江　安徽博　日尊經閣

明天啓七年章炫然刻本　山西大學　陝西　湖北　南京(清丁丙跋)

續修四庫全書影印明刻本

四庫全書存目叢書北京圖書館古籍珍本叢刊影印明萬曆四十三年刻本

删補四書剖十三卷　明丘兆麟撰

明萬曆刻本　南京

新鐫湯太史評點丘毛伯四書剖十三卷　明丘兆麟撰　明湯賓尹評

明萬曆閩建詹聖澤刻本　日蓬左文庫

新刻徐九一先生四書剖訣十三卷　明徐汧纂輯　明黄襄訂正

明三臺館刻本　日龍谷大學

新刻太史徐先生家藏引蒙四書的解十三卷　明徐汧纂輯

明崇禎元年書林魏永儀仁寶堂刻本　日龍谷大學

徐先生家傳四書入學第一明解八卷　明徐汧纂輯　明劉永懋等重訂

明崇禎蘇州聚賢堂趙敬山刻本　日龍谷大學

新鍥六進士參訂劉先生四書博約説鈔十六卷　明劉前輯著　明盧一誠等訂　明林瑚評校

明萬曆十六年書林鄭豪竹雲刻本　日龍谷大學

四書證義筆記合編十七卷　明錢大複撰　明錢龍錫校
　　明萬曆四十一年刻本　上海　日東京都日比谷圖書館
四書指月　明馮夢龍撰
　　明末刻本　國圖
　　子目:論語六卷
　　　　孟子七卷
詮次四書翼考十卷　明鍾惺編輯　明譚元春删訂
　　明玉樹堂刻本　北大
　　明刻本　日公文書館　日蓬左文庫　日龍谷大學
增補四書人物聚考十二卷總圖一卷　明鍾惺增訂　明黄澍參訂
　　明刻本　福建惠安文化館
　　清會文堂刻本　湖北
增補四書人物總圖一卷　明鍾惺增訂　清黄澍參訂
　　明刻本　福建惠安文化館
　　清會文堂刻本　湖北
四書説約　明鹿善繼撰
　　明末刻本　山東師大
四書説約三十三卷
　　清道光二十四年刻本　科學　湖北
　　清道光二十八年刻本　北大　天津　復旦　南京　湖北
　　一九二一年吴興劉承幹刻留餘草堂叢書本　國圖　北大　清華　北師大
　　　上海　青島　南京　南大　浙江
　　四庫全書存目叢書續修四庫全書影印清道光二十四年刻本
　　子目:大學二卷
　　　　中庸四卷
　　　　上論九卷
　　　　下論十一卷
　　　　上孟三卷
　　　　下孟四卷
四書引經節解圖考十七卷　明吴繼仕撰
　　明崇禎九年刻本　南開　安徽　天津師大　日公文書館　日尊經閣　日東
　　　京大學
四書引經節解圖考十八卷
　　明刻本　日陽明文庫

四書崇熹注解十九卷　明許獬撰　明李廷機校
　　明萬曆三十年聯輝堂刻本　日公文書館
鍥許先生輯注四書闡旨合喙主意十卷　明許獬撰
　　明刻本　日尊經閣
新刻七翰林纂定四書主意定本十二卷　明張以誠等撰　明周文翀編
　　明萬曆三十九年金陵書林岑光啓堂刻本　開封
四書大全纂十三卷　明陳一經撰
　　明萬曆四十四年陳於廷刻本　山東
新鐫王觀濤先生四書翼注講意四卷　明王納諫撰　明王鼎鎮校
　　明崇禎刻本　日公文書館
刻迎暉堂彙附人物事文概批點四書翼注講意六卷　明王納諫撰
　　明書林朱桃源朱明吾紫陽館刻本　國圖
　　明萬曆刻本　日宫内廳　日尊經閣
　　日本嘉永元年群玉堂墨香居刻本　北大
三臺館鐫王觀濤先生四書翼注解十一卷　明王納諫手授　明吴明典校正　明張鼐重訂
　　明余氏三臺館刻躍劍山房藏版本　日蓬左文庫
四書留書六卷　明章世純撰
　　明天啓七年刻本　上海　湖北　重慶
　　明末富西齋刻本　科學　中山
　　清乾隆四庫全書館寫欽定四庫全書本
　　清抄本(清丁丙跋)　南京
　　子目：大學一卷
　　　　　中庸一卷
　　　　　論語二卷
　　　　　孟子二卷
增補四書集注通考十九卷　明李鵬元等考
　　明萬曆間刻大字本　國圖
新鐫顧九疇四書詳説十卷　明顧錫疇撰
　　明天啓二年刻本　山東
四書人物圖全考十六卷　明顧錫疇撰　明馬世奇參訂　明劉肇慶校閲
　　明貽燕堂刻本　日宫内廳　日廣島大學　日龍谷大學
公餘存見六卷　明胡允聘撰
　　明天啓刻本　河南

四書會解新十卷　明王德純撰

明天啓刻本　南京

四書大全三十七卷坿四書備考　明胡廣等奉敕撰　明李廷機　明徐汧　明陳仁錫　明張溥同會纂

清聖湖鼎刻本　日宮城縣圖書館

子目:大學章句大全一卷

中庸章句大全二卷

論語集注大全二十卷

孟子集注大全十四卷

坿四書備考

四書備考二十八卷考異四卷　明陳仁錫撰

明萬曆南城翁少麓刻本　國圖

明萬曆刻本　日宮内廳

明崇禎七年刻本　北大　清華　人大　中央民院　上海　華東師大　上海辭書　内蒙古　吉大　陝西　臨清　蘇州　無錫　鎮江　南京　浙江　天一閣等館

子目:四書考大學二卷

四書考中庸三卷

四書考論語十三卷

四書考孟子十卷

大學考異一卷

中庸考異一卷

論語考異一卷(卷端爲四書考異)

孟子考異一卷

四書考二十八卷　考異一卷

四庫全書存目叢書影印明崇禎七年自刻本

新刻徐闇公先生四書備考定本六卷　明徐孚遠撰

明刻本　日公文書館

四書典十卷　明陳仁錫撰

明刻本　日公文書館

四書彙徵三十七卷　明陳智錫等編撰

明刻本　日公文書館

鐫趙伯雝先生湖心亭四書丹白十三卷　明趙鳴陽撰

明余思敬躍劍山房刻本　日蓬左文庫

新鐫四書理印六卷 明朱之翰撰
明天啓刻本 日蓬左文庫 日尊經閣
四書語録五卷 清艾南英撰
清嘉慶十八年夢筠山房刻本 國圖 南京 浙江
艾千子先生手著四書發慧捷解十三卷 清艾南英撰
明友花居刻本 日公文書館
夢雲閣精纂四書聞答主意金聲十五卷 明徐必登等撰 明楊鳳起等校
明金陵李氏聚奎樓刻本 日蓬左文庫
四書翼箋九卷 明洪啓初撰
明萬曆四十五年刻本 東北師大 日公文書館
子目：大學一卷
中庸一卷
論語四卷
孟子三卷
晚照山居參定四書酌言八卷 明寇慎撰
清道光二十三年濟峰活字本 國圖 東北師大
北京圖書館古籍珍本叢刊影印清道光二十三年濟峰活字本
四書近指二十卷 清孫奇逢撰
清康熙元年刻本 國圖 科學 天津 上海 湖北 新鄉
清康熙刻道光至光緒間遞刻重印孫夏峰全集本 國圖 北大 清華
清乾隆四庫全書館寫欽定四庫全書本
晚年批定四書近指十七卷 清孫奇逢撰
清同治三年刻孫夏峰全集本 國圖 北大 清華
群龍館手授四書主意龍文鞭影二十卷 明劉鳳翱撰
明天啓四年金陵瑞雲館張少吾刻朱墨套印本 國圖
清康熙金陵張氏瑞雲館刻套印本 國圖
四書鞭影二十卷 明劉鳳翱撰
清道光二十四年惜陰軒刻本 科學 南京
四書定本辨正不分卷 明胡正言撰
明崇禎十三年新安胡氏十竹齋刻本 日東京大學
新刻朱太復玄棲山中授兒四書主意心得解十卷 明朱長春 周延儒撰
明刻本 日公文書館

太史周玉繩評斷四奇新輯國朝名公主意綱目諸説辨斷十一卷　明周延儒撰

明刻本　日公文書館

四書會解新意十卷　明錢肇陽撰

明萬曆四十一年刻本　日公文書館(缺卷一)

四書要解十七卷　明黄士俊撰

明萬曆四十七年刻本　日公文書館

新刊四書八進士釋疑講意八卷　明張大本撰

明萬曆刻本　日尊經閣

新刻黄太史纂輯四書綱要十九卷　明黄起有撰

明刻本　日尊經閣

刻黄太穉先生四書宜照解十九卷　明黄景昉撰　明劉孔敬　明楊九經校定

明天啓七年刻本　日龍谷大學

四書聞六卷　明姚文蔚撰

明刻本　日公文書館

求古齋説書四卷　明李紘撰

明天啓二年刻本　日公文書館　日尊經閣

諸太史評三先生家藏四書講意明珠庫十卷首一卷　明黄文焕　項煜　宋玫輯

明天啓六年刻本　高郵　天一閣

慧眼山房説書二十卷　明陳天定撰　明林儒等校

明刻本　日公文書館　日龍谷大學

明刻本　日公文書館

明末刻本　漳州(存卷七至八　十九至二十)

四書徵十二卷　明王夢簡撰　明馮昌年校　明湯睡虎鑑定

明天啓七年刻本　北大　南大　四川　日公文書館　日陽明文庫　日龍谷大學

明崇禎五年刻本　日龍谷大學　日無窮會織田文庫

子目：大學一卷

中庸二卷

論語五卷

孟子四卷

合參四書蒙引存疑定解二十卷　明吴當撰

明崇禎刻本　日公文書館　日尊經閣

四書經學考十卷補遺一卷續考六卷　明徐邦佐撰

明崇禎元年自刻本　國圖　北大　故宫　復旦　南京　南通　浙江

清乾隆十八年刻本　浙江

四庫全書存目叢書北京圖書館古籍珍本叢刊影印明崇禎刻本

四書經學考補遺一卷　明徐邦佐撰

明崇禎元年自刻本　國圖　北大　故宫　復旦　南京　南通　浙江

清乾隆十八年刻本　浙江

四書經學考續考六卷　明徐邦佐撰

明崇禎元年自刻本　國圖　北大　故宫　復旦　南京　南通　浙江

清乾隆十八年刻本　浙江

新刻四書圖要二卷　明徐邦佐撰

明崇禎刻本　日尊經閣

四書主意鄒魯真源四十卷　明陶原良撰　明項煜定

明崇禎白門王克卿書坊刻本　北大

四書廣炬訂十五卷　明楊松齡撰

明崇禎刻本　科學

三經見聖編輯存二卷　明譚貞默撰

一九三七年嘉興譚氏緑絲欄抄行篋叢書本　國圖

北京圖書館古籍珍本叢刊影印民國二十六年嘉興譚氏緑絲欄鈔行篋秘叢書

區子四書翼六卷　明區大倫撰

明崇禎四年刻本　東北師大

區子四書翼六卷附疏草一卷　明區大倫撰

清光緒十三年刻本　上海

四書疏草　明區大倫撰

一卷　清光緒十三年刻本　上海

四朋居删補四書講意聖賢心决十九卷字畫辨疑一卷句辨一卷　明周文德撰

明萬卷樓刻朱墨藍三色套印本　國圖　日尊經閣

四朋居朱訂四書字畫辨疑一卷　明周文德撰

明萬卷樓刻朱墨藍三色套印本　國圖

四朋居朱訂四書句辨一卷　明周文德撰

明萬卷樓刻朱墨藍三色套印本　國圖

四朋居新訂四書講意存是不分卷　明周文德撰
　　明崇禎四年刻本　吉大
四朋居新訂四書講意存是六卷
　　明刻本　日公文書館　日龍谷大學
麻沙新刊會通古今四書説筌二十卷　明游遜輯
　　明刻本　西北大學
鐫錢曹兩先生四書千百年眼二十卷　明余應科輯稿　明錢繼登　曹勳裁定
　　明崇禎六年唐振吾登龍館刻本　北大
四書千百年眼十九卷首一卷　明余應科編撰　明張溥校
　　明五雲閣刻本　日國會　日公文書館　日蓬左文庫　日無窮會天淵文庫　日廣島大學
鐫張蘇兩大家四書講義合參二十卷　明蔣方馨輯
　　明崇禎六年刻本　科學
　　子目：大學一卷
　　　　中庸二卷
　　　　論語十卷
　　　　孟子七卷
四書約説六卷四書題説二卷　明孫肇興撰
　　明崇禎六年刻朱墨套印本　科學
　　續修四庫全書影印明崇禎刻朱墨套印本
　　子目：大學一卷
　　　　中庸一卷
　　　　論語二卷
　　　　孟子二卷
　　　　四書題説二卷
四書題説二卷　明孫肇興撰
　　明崇禎六年刻朱墨套印本　科學
四書經學續考六卷　明陳鵬霄撰
　　明崇禎刻本　國圖　北大
四書十一經通考二十卷　明蔣夢麟撰
　　明崇禎十七年刻本　中央教科所　吉林社科院
新鐫温陵鄭孩如觀静窩四書知新日録六卷　明鄭維岳撰　明鄭東里校
　　明萬曆潭城余氏木活字印本　北大　日國會　日公文書館　日蓬左文庫

日尊經閣　日東京大學　日龍谷大學　日廣島市立淺野圖書館

四書知新日録三十二卷　明鄭維岳撰

明刻本　日大谷大學

皇明歷朝四書程墨同文録十五卷　明楊廷樞輯評　明錢禧輯評

明崇禎書坊金閶葉氏刻本　北大

四書經正録三十二卷　明張雲鸞撰

明崇禎四年刻本　清華　安徽　新鄉

四書經正録十九卷

清嘉慶刻本　上海

四書解縛編十六卷　明鍾天元撰

明萬曆四十三年刻本　日公文書館

四書則六卷　明桑拱陽纂

明崇禎十四年松風書院刻本　北大　清華　國圖

四庫全書存目叢書北京圖書館古籍珍本叢刊影印明崇禎松風書院刻本

新訂四書補注備旨十卷　明鄧林撰　清杜定基增訂

清乾隆四十四年刻本　復旦(存九卷)

清同治十年文益堂刻本　遼寧

清光緒七年刻壽春棣萼堂藏版本　國圖　北師大　上海　復旦

清光緒三義堂刻本　北大

清光緒三十年天津萃文魁刻本　北大　天津

清光緒泰山堂刻本　北大

子目:大學一卷

中庸一卷

上論二卷

下論二卷

上孟二卷

下孟二卷

四書通義二十九卷　明魯論撰

清乾隆二十八年刻本　江西

四庫全書存目叢書北京圖書館古籍珍本叢刊影印清乾隆二十八年刻本

子目:大學通義一卷

中庸通義一卷

論語通義二十卷

孟子通義七卷

新刊翰林機部楊先生家藏四書慧解十九卷　明楊廷麟撰　明朱長祚補

明太倉張溥刻本　日蓬左文庫

子目：大學一卷

中庸一卷

論語十卷

孟子七卷

四書注疏大全合纂三十六卷首一卷　明張溥纂

明崇禎吴門寶翰樓刻本　華東師大　南京　餘姚　湖北　湖南

明崇禎九年刻本　日宫内廳　日公文書館三部　日静嘉堂

子目：大學注疏大全合纂一卷

中庸注疏大全合纂一卷

論語注疏大全合纂二十卷

孟子注疏大全合纂十四卷

四書尊注大全二十卷附尺木居輯諸公四書尊注講意二十卷　明張溥撰　清吴偉業參補　明張明弼輯尊注講意

明崇禎刻本　科學

子目：大學大全一卷大學講意一卷

中庸大全二卷中庸講意二卷

論語大全十卷論語講意十卷

孟子大全七卷孟子講意七卷

尺木居輯諸名公四書尊注講意二十卷　明張明弼輯

明崇禎刻本　科學

子目：大學講意一卷

中庸講意二卷

論語講意十卷

孟子講意七卷

四書考備十二卷　明張溥撰

明崇禎刻本　日尊經閣

張太史家傳四書印十三卷四書字句辨疑一卷初學文式一卷　明張溥撰

明刻本　日公文書館

張天如先生彙訂四書人物名物經文合考十二卷　明張溥撰

明崇禎五年刻本　中央教科所　浙江　日公文書館

參補鄒魯心印集注二十卷　明張明弼撰　明夏允彝等補

明刻本　日公文書館

子目:大學一卷
中庸二卷
論語十卷
孟子七卷

四書揚明十三卷　明張明弼撰

明種德堂刻本　日無窮會天淵文庫

子目:大學一卷
中庸二卷
論語十卷
孟子七卷

新鍥四書心鉢　明方應龍撰

明末刻本　杭州

四書考編修飾二十三卷　明歸學周撰

明末刻本　北大　浙江

經言廣翼十卷圖考略一卷　明黄焜撰　明莊以臨訂

明天啓刻本　日蓬左文庫

真珠船二十卷　明黄焜撰

明刻本　國圖　清華　天津　天津師大　南京　黑龍江大學

清刻本　國圖

四書叩心説録七卷　明王逢元撰

清康熙十七年王坤刻本　清華　北師大

四書若解篇六卷　明王應乾撰

明刻本　重慶

四書説五卷　明辛全撰

明崇禎韓垍等刻本清彙印四書説本　科學

四庫未收書叢刊影印明辛全撰清匯印本

子目:大學説一卷　明天啓杜國楝等刻本
中庸説一卷　明萬曆四十七年刻本
論語説二卷　明崇禎韓垍等刻本
孟子説一卷　清康熙十二年李萬函刻本

四書説六卷

清康熙刻本　上海

一九三六年鉛印山右叢書初編本　國圖　首都　北大　清華　北師大
上海　復旦

子目：大學説一卷
中庸説一卷
論語説二卷
孟子説一卷

近聖居四書翼經圖解十九卷　明余應虯輯
明末近聖居刻本　華東師大
子目：大學一卷
中庸一卷
論語十卷
孟子七卷

近聖居四書翼經圖解十四卷
明刻本　日廣島市立淺野圖書館

鼎鐫三十名家彙纂四書紀十卷　明馬世奇編撰
明萬曆刻本　日尊經閣

四書鼎臠六卷　明馬世奇編撰
明刻本　日公文書館

澹寧居家傳幼學四書篇璧連城解　明馬世奇撰
明崇禎十二年復古齋楊茂卿刻本　日龍谷大學

新鐫陳先生家評選定四書人鑑十卷　明陳琯撰
明刻本　日尊經閣

二刻錢希聲先生手著四書從信二十卷首一卷　明錢肅樂撰　明楊廷樞等校
明友花居刻本　日公文書館

新刻錢希聲先生四書課兒捷解八卷　明錢肅樂撰
明刻本　日公文書館

麻沙新刊會通古今四書説筌二十卷　明游遜輯
明刻本　西北大學

四書宗旨要言六卷　明余之祥撰
清順治十七年刻本　首師大
子目：大學一卷
中庸一卷
論語二卷
孟子二卷

金華四先生四書正學淵源十卷　明章一阳辑
清康熙刻本　國圖
清康熙三十五年趙泰甡重刻本　南京
北京圖書館古籍珍本叢刊影印清康熙刻本
四書小參一卷四書問答一卷　明朱斯行撰
清光緒三年姑蘇刻經處刻本　國圖　科學　北大　天津　上海　復旦　南京　湖北
四書問答一卷　明朱斯行撰
清光緒三年姑蘇刻經處刻本　國圖　科學　北大　天津　上海　復旦　南京　湖北
新鐫六經句解四書正印十卷　明黄道周編　明黄東厓編
明刻本　日公文書館
新鐫六經句解四書理印十卷　明黄道周編
明刻本　日尊經閣
四書瑯玕　明黄道周編　明鄭尚亥校
明崇禎十七年刻本　日東京都立圖書館
新刻申會魁家傳課兒四書順文捷解六卷　明申紹芳撰
明崇禎七年余文杰刻本　日公文書館
四書趨庭講義會編十七卷　明申紹芳撰
明萬曆十五年金陵書林清白堂楊日際刻本　日蓬左文庫
華亭臥子説書文箋四卷　明陳子龍撰
明崇禎十五年横雲山房刻本　上海　日公文書館　日龍谷大學
求已齋説書了案一卷　明李竑撰
明天啓刻本　日龍谷大學
説書佐案不分卷　明李竑撰　明李韶　李揚武參訂
明崇禎刻本　日龍谷大學
四書詳解十卷　明吴韓起撰
明弘光元年刻本　日宫内廳
四書遇　清張岱撰
清張岱稿本(馬浮跋)　浙江
四書平語十卷　清袁之升撰
抄本　山東
浙江杭州新刊重校補訂四書集説二十卷　清顧夢麟輯
明雲高儒刻本　重慶

子目：大學一卷
　　中庸二卷
　　論語十卷
　　孟子七卷

四書十一卷通考二十卷　清顧夢麟撰

明崇禎刻本　中央教科所　吉林社科院

四書説約二十卷　清顧夢麟　楊彝輯

明崇禎十三年張叔籟刻本　科學　上海　湖北　浙江（存中庸説約　論語説約　孟子説約）　日公文書館二部　日京都大學　日静嘉堂清抄本

四庫未收書叢刊影印明崇禎十三年織簾居刻本

纂序四書説約合參大全　清顧夢麟　清楊彝輯

清光緒八旗經正書院翻刻康熙十六年徐乾學刻本　國圖　北大　天津　南京　湖北　遼寧

子目：四書集注闡微直解大學中庸三卷
　　四書集注闡微直解論語十卷
　　四書集注闡微直解孟子十四卷

四書大全辯六十二卷附録六卷　清張自烈等增删

清順治刻本　北大　河南

四庫全書存目叢書北京圖書館古籍珍本叢刊影印石嘯居刻本

子目：大學章句二卷
　　大學或問五卷
　　中庸章句四卷
　　中庸外傳前語一卷
　　中庸外傳略例一卷
　　學庸考異補一卷
　　論語考異一卷
　　論語考異補一卷
　　孟子考異一卷
　　孟子考異補一卷
　　小注釋義六卷
　　小注辯略十卷

附録：石經大學一卷
　　古本大學一卷
　　程氏改正大學一卷（宋程顥定）

程氏改正大學一卷(宋程頤定)

古本中庸一卷

四書古詁總目一卷

四書訂疑　三十四卷　清蔣如馨撰

康熙間著者手定底稿本　臺北央圖

清代稿本百种叢刊影印清康熙間著者手定底稿本

四書體要十九卷　清張厥修撰

清順治刻本　南京

日講四書解義二十六卷　清喇沙里　陳廷敬等撰

清康熙十六年内府刻本　國圖　北大　清華　故宫　北京市委　復旦　天津　遼寧　吉林　南京　無爲　華中師大

清康熙十六年尊經閣刻本　復旦

清江南布政使署覆刻内府本　南京

民國鉛印本　遼寧

四書翊注四十二卷首一卷　清刁包輯

清雍正年光裕堂刻本　國圖

清道光二十七年刁繼祖惇德堂刻本　北大　上海　浙江　遼寧

清道光二十七惇德堂刻咸豐四年印本　北大　南京

清道光至同治間刁懷謹順積樓刊用六居士所著書本　清華　北師大　復旦

清咸豐六年祈州刁氏刻本　國圖

四庫全書存目叢書北京圖書館古籍珍本叢刊影印清道光同治間刁懷瑾順集樓刻用六居士所著書本

子目：大學五卷

中庸三卷

論語二十卷

孟子十四卷

佘潛滄四書解一卷　清佘一元撰

清光緒五年樂亭史氏刻止園叢書史氏撰之永平三子遺書本　國圖　北大

貞固齋書義四卷　清傅以漸撰

清初抄本(劉鳳誥跋)　國圖

子目：大學中庸一卷

論語二卷

孟子一卷

四書朱子語類三十八卷　宋朱熹撰　清張履祥　吕留良摘抄

清康熙四十年南陽講習堂刻本　國圖　北大　科學　上海　南京　浙江

湖北

四庫禁燬書叢刊影印清康熙四十年南陽講習堂刻本

四書集説二十六卷　清徐養元輯

清康熙四年周殿一留耕堂刻本　國圖　清華

北京圖書館古籍珍本叢刊影印清康熙留耕堂刻本

子目:大學一卷

中庸二卷

論語九卷

孟子十四卷

四書集説二十八卷

清康熙三十年刻本　北大

舊抄本　國圖(存卷六至一七)

子目:大學二卷

中庸三卷

論語十卷

孟子十三卷

四書略圖解一卷　日本大原武清撰

日本承應二年刻本　北大

四書想六卷　清毛念恃撰

清順治九年刻本　浙江

朱子四書全義六十三卷首一卷　清魏裔介輯

清康熙五十一年魏荔彤刻本　清華

子目:大學六卷首一卷

中庸八卷首一卷

論語三十卷首一卷

孟子十六卷

四書經史摘證七卷　清宋繼穜輯　清宋廷英校注

清道光二十四年梅花書屋刻本　浙江

清道光二十四年雕龍書屋刻本　天津

清同治十年紫文館重刻本　上海

清光緒元年芝隱室刻本　北大　南京

清光緒元年廣州將軍署刻本　北大

四書彙解四十卷　清史以徵撰

清康熙美延堂刻本　南京

讀四書大全説十卷　清王夫之撰
清同治四年湘鄉曾國荃金陵刻船山遺書本　國圖　首都　北大　科學　上海
一九三三年上海太平書店排印船山遺書本　國圖　首都　北大　清華　北師大
四書箋解十一卷　清王夫之撰
清光緒二十年衡陽王之春鄂藩官廨刻本　國圖　科學　上海　復旦　南京　浙江　湖北
清光緒二十年刻一九八一年湖南衡陽市博物館校補重印本　國圖　湖北
續修四庫全書影印清光緒二十年鄂藩官廨刻本
四書訓義三十八卷　宋朱熹撰　清王夫之訓義
清道光二十二年湘潭王氏守遺經書屋刻本　天津　上海
清道光二十二年新化鄧顯鶴長沙刻船山遺書本　浙江　河南　湖北　江西
清光緒十九年湖南小倉書局刻本　湖北
一九三四年上海太平書店排印船山遺書本　國圖　首都　北大　清華　北師大
四書訓義三十六卷四書稗疏二卷附四書考異一卷
清光緒十三年潞河啖柘山房重刻船山遺書本　國圖　北大　上海　南京　浙江　遼寧
一九一四年船山學社據清光緒十三年潞河王氏啖柘山房原版補正缺文印本　上海　湖北
四庫未收書叢刊影印清光緒十三年潞河啖柘山房刻本
四書稗疏一卷　清王夫之撰
清道光二十二年新化鄧顯鶴長沙刻船山遺書本　浙江　河南　湖北　江西
清同治四年湘鄉曾國荃金陵節署刻船山遺書本　國圖　首都　科學　北大　清華　北師大　上海
一九三四年上海太平書店排印船山遺書本　國圖　首都　北大　清華　北師大
四書稗疏二卷
清光緒十三年潞河啖柘山房重刻本　國圖　北大　上海　浙江　遼寧
一九一四年船山學社據清光緒十三年潞河王氏啖柘山房原版補正缺文印本　上海　湖北
清光緒十四年南菁書院刻皇清經解續編本　國圖　首都　北大　科學
清光緒十五年上海蜚英館石印皇清經解續編本　國圖　首都　北師大

影印湖北省圖書館藏清光緒十三年潞河啖柘山房刻本

四書考異一卷　清王夫之撰

清道光二十二年湘潭王氏守遺經屋刻本　天津　上海

清道光二十二年新化鄧顯鶴長沙刻船山遺書本　浙江　河南　湖北　江西

清同治四年湘鄉曾國荃金陵節署刻船山遺書本　國圖　首都　科學　北大　清華　北師大　上海

清光緒十三年潞河啖柘山房重刻本　國圖　北大　上海　浙江　遼寧

一九一四年船山學社據清光緒十三年潞河王氏啖柘山房原版補正缺文印本　上海　湖北

影印湖北省圖書館藏清光緒十三年潞河啖柘山房刻本

毛西河四書朱注辨正二卷　清毛奇齡撰

清潘道根手抄本　上海

四書索解四卷　清毛奇齡撰　清王錫輯

清康熙李塨等刻西河合集本　國圖　首都　北大

清康熙二十五年蕭山書留草堂清乾隆十年刻西河合集本　北大

清嘉慶元年蕭山陸氏凝瑞堂刻西河合集本　北大

清嘉慶南匯吴氏聽彝堂刻藝海珠塵本　國圖　首都　北大　科學

清嘉慶南匯吴氏聽彝堂刻藝海珠塵道光三十年金山錢氏漱石軒據原版重印增刻本

四書改錯二十二卷　清毛奇齡撰

清乾隆十年書留草堂刻本　南京

清嘉慶十六年學圃重刻西河合集本　國圖　北大　天津　上海　南京　遼寧　安徽　湖北

清嘉慶十六年甌山金氏刻本　國圖　北大　科學

四庫全書存目叢書影印清康熙刻西河合集本

續修四庫全書影印清嘉慶十六年金孝柏學圃刻本

二十二卷補遺一卷

新舊抄配本　南京

四書改錯補遺一卷　清毛奇齡撰

新舊抄配本　南京

四書正事括略七卷附録一卷　清毛奇齡撰

清道光十九年刻蕭山沈豫刻西河合集本　上海　湖北

清道光二十年刻西河合集本　國圖　湖北

四書賸言四卷補二卷　清毛奇齡撰　清章大來補輯

清康熙李塨等刻西河合集之聖門釋非録本　國圖　首都　北大

清康熙李塨等刻乾隆三十五年陸體元修補重印西河合集之聖門釋非録本
上海 復旦
清乾隆四庫全書館寫欽定四庫全書本
清嘉慶元年蕭山陸氏凝瑞堂刻西河合集本 北大

四書賸言卷補二卷 清毛奇齡撰
清康熙李塨等刻西河合集之聖門釋非録本 國圖 首都 北大
清康熙二十五年蕭山書留草堂刻西河合集本 北大
清乾隆四庫全書館寫欽定四庫全書本
清嘉慶元年蕭山陸氏凝瑞堂刻西河合集本 北大

聖門釋非録五卷 清毛奇齡撰
清康熙刻西河合集本 國圖 首都 北大
北京圖書館古籍珍本叢刊影印清康熙刻西河合集本

逸講箋三卷 清毛奇齡撰
清康熙刻西河合集本 國圖 首都 北大
北京圖書館古籍珍本叢刊影印清康熙刻西河合集本

四書講義輯存一卷 清陸世儀撰
清光緒二十五年太倉唐受祺京師刻陸桴亭先生遺書附年譜行狀行實本
國圖 首都 北大 科學

四書反身録六卷續録一卷 清李顒述 清王心敬録輯
清康熙三十一年刻本 復旦
四庫全書存目叢書影印清康熙二十五年刻本
子目：大學一卷
中庸一卷
論語二卷
孟子二卷
續録一卷

四書反身録六卷續録二卷
清康熙二十五年思硯齋刻本 天津 南京
續修四庫全書影印清康熙思硯齋刻本
子目：大學一卷
中庸一卷
論語二卷
孟子二卷
續録二卷

四書反身録六卷續録補二卷
　清同治十二年西安馬存心堂重刻本　天津
　清光緒十一年西安馬存心堂刻本　湖北
四書反身録八卷首一卷
　清嘉慶二十二年蕭山湯氏刻本　上海
　清道光十一年三韓劉銘德刻本　國圖　北大
　清道光十一年浙江書局刻本　國圖　北大　天津　上海　復旦　南京
　　浙江　湖北
　清咸豐元年湘陰奎樓蔣氏小琅嬛山館刻本　國圖　北大　上海　復旦
　　南京
四書反身録續録一卷　清李顒撰
　清康熙三十一年刻本　復旦
四書反身録續録二卷
　清康熙思硯齋刻本　天津
四書反身録續録補二卷　清李顒撰
　清光緒十一年西安馬存心堂刻本　湖北
蹤闇齋纂序四書繹注講意三十八卷　清劉梅撰
　清康熙金閶文雅堂刻本　國圖　北大
　子目:蹤闇齋纂序四書繹注講意大學一卷
　　　蹤闇齋纂序四書繹注講意中庸三卷
　　　蹤闇齋纂序四書繹注講意上論二十卷
　　　蹤闇齋纂序四書繹注講意孟子十四卷
吕晚村先生四書講義四十三卷　清吕留良撰　清陳鏦編次
　清康熙二十五年天蓋樓刻本　國圖　北大　天津　上海　南京　浙江
　　遼寧　湖北
　清初刻本　北大
　清刻本　北大
　四庫禁毁書叢刊影印清刻本
天蓋樓四書語録四十六卷　清吕留良評選　清周在延編次
　清康熙二十三年刻本　國圖　北大　上海　浙江
　清康熙金陵延中堂刻本　南京
　清刻本　北大
　四庫禁毁書叢刊影印清康熙間金陵玉堂刻本

吕子評語正編四十二卷首一卷餘編八卷餘編附刻一卷首一卷　清吕留良撰　清車鼎豐輯

清康熙五十五年刻本　湖北

吕子評語餘編八卷　清吕留良撰　清車鼎豐輯

清康熙五十五年刻本　湖北

三魚堂四書大全三十九卷附論語考異孟子考異　清陸隴其輯　宋王應麟撰考異

清康熙三十七年嘉會堂刻本　國圖　遼寧　湖北

清康熙四十一年當湖陸氏刻本　國圖　上海　復旦

北京圖書館古籍珍本叢刊影印清康熙嘉會堂刻本

子目：大學大全章句一卷大學或問一卷

中庸大全章句二卷中庸或問一卷

論語集注大全二十卷

孟子集注大全十四卷

論語考異孟子考異

四書講義困勉録三十七卷　清陸隴其撰　清陸公鏐編

清康熙十四年刻本　國圖

清康熙三十八年嘉會堂刻本　北大　上海　南京　湖北

清乾隆四年嘉會堂刻本　國圖　北大　上海　南京　浙江(存三三卷)

清乾隆四庫全書館寫欽定四庫全書本

子目：大學講義困勉録一卷

中庸講義困勉録二卷

論語講義困勉録二十卷

孟子講義困勉録十四卷

四書講義續困勉録六卷　清陸隴其撰　清陸公鏐編

清康熙十四年刻本　國圖

清康熙三十八年嘉會堂刻本　北大　上海　南京　湖北

清乾隆四年嘉會堂刻本　國圖　北大　上海　南京　浙江(存三三卷)

北京圖書館古籍珍本叢刊影印清康熙三十八年刻本

陸稼書先生四書講義遺編六卷　清陸隴其述　清趙鳳翔編

清康熙四十四年三魚堂刻本　上海

清乾隆二年當湖陸宸征三魚堂刻本　國圖　復旦　遼寧　湖北

松陽講義十二卷　清陸隴其撰

清康熙二十九年貴文堂刻本(清姚椿批校)　北大　復旦　天津　上海

清康熙刻郁文堂藏版本　國圖
清乾隆四庫全書館寫欽定四庫全書本
清道光六年重刻本　科學
清咸豐敬義齋刻本　湖北
清同治十年公善堂刻本　國圖　北大　上海　南京　湖北

四書集注十九卷　清儲欣撰
清謝氏毓蘭書屋刻本　南京　湖北

四書體注十九卷　宋朱熹撰　清范翔參訂
清康熙三十一年刻本(自坡居士有常跋)　上海
清雍正八年江甯啓盛堂銅版印本　中山
子目:大學一卷
中庸一卷
論語十卷
孟子七卷

朱子四書語類五十二卷　清周在廷輯
清康熙十七年金陵大業堂刻本　北京
北京圖書館古籍珍本叢刊影印清康熙十七年金陵大業堂刻本

顔習齋先生四書正誤六卷　清顔元撰
清嘉慶元年張與齡抄本　南開(缺大學孟子上)
清乾隆十四年鍾鈴抄本　北大
一九二三年北京四存學會鉛印顔李叢書本　國圖　首都　北大
子目:大學一卷
中庸一卷
上論一卷下論一卷
上孟一卷下孟一卷

闕里顔太史真稿　清顔光猷撰
清康熙十二年水明樓刻本　曲阜師院

四書鈔十八卷　清秘丕芨輯
清康熙三十七年刻楚禽堂本　國圖

四書釋地一卷續一卷孟子生卒年月考一卷　清閻若璩撰
清康熙三十七年眷西堂刻本　國圖　北大

四書釋地一卷續一卷又續二卷三續二卷附孟子生卒年月考一卷
清乾隆四庫全書館寫欽定四庫全書本
清乾隆五十二年丁氏刻本　上海　南京

清乾隆五十二年大興朱珪刻本　國圖　上海　天津　南京　浙江　湖北
清乾隆五十三年南城吴氏照聽雨齋刻本　國圖　北大　天津　上海　南京
清抄本(清吴騫批校並録周春批校)　上海

四書釋地續一卷　清閻若璩撰
清康熙三十七年眷西堂刻本　國圖　北大

四書釋地一卷續一卷又續二卷三續二卷附孟子生卒年月考一卷
清乾隆四庫全書館寫欽定四庫全書本
清乾隆五十三年南城吴氏照聽雨齋刻本　國圖　北大　天津　上海　南京
清道光九年廣東學海堂刻皇清經解一千四百卷本　國圖　首都　北師大　科學
清抄本(清吴騫批校並録周春批校)　上海

四書釋地又續二卷　清閻若璩撰
清乾隆四庫全書館寫欽定四庫全書本
清乾隆五十二年大興朱珪刻本　國圖　上海　天津　南京　浙江　湖北
清乾隆五十三年南城吴氏照聽雨齋刻本　國圖　北大　天津　上海　南京
清抄本　清吴騫批校並録周春批校　上海

四書釋地三續二卷　清閻若璩撰
清乾隆四庫全書館寫欽定四庫全書本
清乾隆五十二年大興朱珪刻本　國圖　上海　天津　南京　浙江　湖北
清乾隆五十三年南城吴氏照聽雨齋刻本　國圖　北大　天津　上海　南京
清抄本(清吴騫批校並録周春批校)　上海

四書釋地補一卷續補一卷又續補一卷三續補一卷　清閻若璩撰　清樊廷枚校補
清嘉慶二十一年梅陽海涵堂刻本　國圖　北大　科學　天津　上海　南京　浙江　遼寧　湖北
續修四庫全書影印清嘉慶二十一年梅陽海涵堂刻本

四書釋地續補一卷　清閻若璩撰　清樊廷枚校補
清嘉慶二十一年梅陽海涵堂刻本　國圖　北大　科學　天津　上海　南京　遼寧　湖北

四書釋地又續補一卷　清閻若璩撰　清樊廷枚校補
清嘉慶二十一年梅陽海涵堂刻本　國圖　北大　科學　天津　上海　南京　遼寧　湖北

四書釋地三續補一卷　清閻若璩撰　清樊廷枚校補
清嘉慶二十一年梅陽海涵堂刻本　國圖　北大　科學　天津　上海　南京

遼寧　湖北

四書釋地重校編次附孟子生卒年月考一卷　清閻若璩撰　清吴母音校編

清嘉慶二十一年涵碧齋刻本　上海　湖北

校正四書釋地八卷孟子生卒年月考一卷　清閻若璩撰　清顧問重編

清嘉慶八年桐陰書屋刻本　北大　天津　上海　浙江　湖北

日講四書解義二十六卷　清庫勒納等編

清康熙十六年刻本　天津　湖北

清乾隆四庫全書館寫欽定四庫全書薈要本

清乾隆四庫全書館寫欽定四庫全書本

增删四書精言　清張英撰

清乾隆刻本　國圖

四書玩注詳説一百六十卷首一卷　清冉覲祖撰

清光緒八年大梁書局刻五經詳説本附　上海　復旦

四書玩注詳説四十卷　清冉覲祖撰　清孟公鼎訂

清康熙二十八年寄願堂刻本　科學　上海　南京

四書繹義七卷　清蔡方炳撰

清康熙十七年寶翰樓刻本　湖北

五車樓五訂正韻四書纂序説約集注定本十九卷　清蔡方炳重纂　清黄驤同纂

清光緒十三年務時敏齋刻本　湖北

子目：大學一卷

中庸一卷

論語十卷

孟子七卷

四書補注四卷補注續編一卷考正古本大學一卷　清劉道明撰

清康熙四十四年德榮堂刻本　上海

四書大全説約合參證解十七卷　清吴荃孫撰

清康熙十八年深柳堂刻本　南京

朱子文集纂四書三十二卷　清陳鎰編

清康熙二十八年行恕堂刻本　北大　湖北

四書考彙删六卷　清臧振榮撰

清康熙十九年刻本　内蒙師大

四書解義六卷　清李光地撰

清康熙五十九年居業堂刻本　南京　湖北

四書解義七卷

清康熙五十九年安溪李馥刻六十一年增修居業堂藏版本　國圖　清華 科學 福建

子目：大學古本説一卷
中庸章段一卷
中庸餘論一卷
讀論語劄記二卷
讀孟子劄記二卷

榕村四書説七卷

清乾隆四庫全書館寫欽定四庫全書本

子目：大學古本説一卷
中庸章段一卷
中庸餘論一卷
讀論語劄記二卷
讀孟子劄記二卷

四書解義八卷

清乾隆元年李清植刻嘉慶六年補刻李文貞公全集本　上海　復旦

清道光五年李維迪刻榕村全書本　國圖　首都　北大　科學　復旦

子目：大學古本説一卷
中庸章段一卷
中庸餘論一卷
中庸四記一卷
讀論語劄記二卷
讀孟子劄記二卷

四書述十九卷　清陳詵撰

清康熙信學齋刻本　故宫

四庫全書存目叢書北京圖書館古籍珍本叢刊影印清康熙信學齋刻本

子目：大學一卷
中庸一卷
論語十卷
孟子七卷

四書遺義二卷管氏弟子職一卷朱子童蒙須知一卷崇道編一卷　清陳廷策撰

清乾隆十一年刻本　科學

四書原旨五卷　清王履昌撰

清順治刻本　上海

四書集成二十九卷　清趙燦英撰

清康熙二十三年經正堂刻本　科學　湖北

四書説乘六卷　清張嵩撰

清康熙二十四年張麟刻本　南京

四書心解五卷附偶思録一卷　清王吉相撰　清賈錫智校

清道光二十四年刻本　國圖　科學　南京　湖北

子目：大學一卷

中庸一卷

論語二卷

孟子一卷

四書緒言十四卷　清孫瑯撰

清康熙二十五年樹德堂刻本　科學

四書彙通二十七卷　清李戴禮撰

清康熙二十八年紹啓堂刻本　國圖

四書便講六卷　日本佐藤直方輯

日本元禄五年刻本　北大

四書講四十卷　清金松撰

清康熙三十一年刻本　上海　復旦　南京

清康熙三十一年刻乾隆五年朱氏修補本　國圖　南京

四書朱子大全三十九卷　清戴名世編　清程逢儀重輯

清康熙四十七年吴郡寶翰樓刻本　上海

四書朱子大全四十卷

清康熙四十七年程逢儀刻本　國圖　科學　北大　湖北

子目：大學朱子大全三卷

中庸朱子大全三卷

論語朱子大全二十卷

孟子朱子大全十四卷

四書大成三十六卷　清沈磊　清陸堦纂

清康熙三十三年浙撫張鵬翮刻本　南京

清木活字印本　上海

四書辯訛六卷　清汪陸撰

清康熙三十四年學海堂刻本　科學　廈門

四庫未收書叢刊影印清康熙三十四年學海堂刻本

四書真解二十七卷　清黄之弟撰

清康熙三十四年刻本　東北師大

四書繹注　清王錟撰

清康熙三十五年刻本　國圖

四庫禁毁書叢刊影印清康熙間刻本

四書朱注發明十九卷　清王錟撰

清康熙潮濟堂刻本　南京

四書明儒大全精義三十八卷　清湯傳榘撰

清康熙四十四年刻本　上海　南京　湖北

四庫未收書叢刊影印清康熙四十四年刻本

子目：大學一卷

中庸一卷

論語二十卷

孟子十四卷

張九達先生四書尊注會意解三十六卷　清張庸德增補

清康熙三十六年詒清堂刻本　科學

四書襯十九卷　清駱培撰

清乾隆七年坦吉堂刻本　北大　科學　上海

清泰和堂刻本　湖北

此木軒讀四書注疏存卷六　清焦袁熹撰

清焦袁熹此木軒全集稿本　上海

此木軒四書説九卷　清焦袁熹撰

清乾隆五年刻本　北大　科學　南京

清乾隆四庫全書館寫欽定四庫全書本

清道光二十四年守山閣重刻本　上海　遼寧

周右序先生四書節解十四卷　清周振業撰

清乾隆十二年周以持刻本　清華　上海

四書釋文十九卷　宋朱熹撰　清何焯訂

清光緒十四年天津文美齋刻本　北大　天津

子目：大學一卷

　　中庸一卷
　　論語十卷
　　孟子七卷
四書經注詳讀十九卷　清何焯訂
　清光緒二年重刻本　南京
　子目：大學一卷
　　中庸一卷
　　論語十卷
　　孟子七卷
四書朱子異同條辨四十卷　清李沛霖訂　清李禎訂
　清康熙四十一年刻本　浙江
　清康熙近譬堂刻本　國圖　北大　清華　科學　中科院考古所　天津
　　上海　復旦
　山西文物局　南京
　四庫禁毀書叢刊影印清康熙間近譬堂刻本
　子目：大學三卷
　　中庸三卷
　　論語二十卷
　　孟子十四卷
四書諸儒輯要四十卷　清李沛霖參訂
　清康熙五十七年古吴三樂齋刻本　南京　湖北
四書考彙删六卷　清臧廷鑒輯
　清康熙刻本　南京　内蒙古師大
四書述統十九卷　清程日弘撰
　清康熙三十三年集聞堂刻本　南京
四書全解　清鄧丙參訂
　清康熙四十三年映旭齋刻本　北大
駁吕留良四書講義　清朱軾　清吴襄撰
　清雍正九年刻本　國圖　北大　上海　復旦　遼寧　南京　浙江
　清光緒二十四年雄州秦氏石印袖珍本　湖北
四書集注補十四卷首一卷　清王復禮擬定
　清嘉慶二十四年揚州聽雨軒書坊刻本　湖北
　清嘉慶二十四年棠蔭館刻本　北大
四書辨疑二十二卷　清張江撰
　清咸豐三年高忠厚堂刻本　國圖　科學　遼寧

清抄本　國圖(存二十卷)

清抄本　天津

三訂四書辨疑二十二卷

清光緒十三年上海大文書局排印三訂四書辨疑本　國圖　北大　南京　福建師大　江西

三訂四書辨疑補一卷　清張江撰

清光緒十三年上海大文書局排印三訂四書辨疑本　國圖　南京　福建師大　江西

四書緒餘録二十卷　清張江輯

清光緒十三年上海大文書局排印三訂四書辨疑本　國圖　南京　福建師大　江西

四書緒餘録補三卷　清張江輯

清光緒十三年上海大文書局排印三訂四書辨疑本　國圖　南京　福建師大　江西

四書識小録十卷　清張江輯

清光緒十三年上海大文書局排印三訂四書辨疑本　國圖　南京　福建師大　江西

四書武備編四卷　清張江輯

清光緒十三年上海大文書局排印三訂四書辨疑本　國圖　南京　福建師大　江西

四書樂器編五卷　清張江輯

清光緒十三年上海大文書局排印三訂四書辨疑本　國圖　南京　福建師大　江西

清光緒至民國間抄本　國圖

四書拾遺五卷　清張江輯

清光緒十三年上海大文書局排印三訂四書辨疑本　國圖　福建師大　江西

四書辨疑圖　清張江撰

清抄本　國圖

舊抄本　國圖

四書約旨十九卷　清任啓運撰

清乾隆五年刻本　上海　南京

清乾隆三十六年清芬堂刻本　國圖　北大　浙江

清光緒九年筱里任氏一本堂家塾刻本　國圖　北大　復旦　南京

清光緒二十年浙江官書局覆刻任氏家塾本　國圖　北大　天津　上海

南京　浙江　湖北
四庫全書存目叢書北京圖書館古籍珍本叢刊影印清乾隆刻本
子目:四書約旨大學一卷
四書約旨中庸一卷
四書約旨論語十卷
四書約旨孟子七卷

增删四書大全正解定本二十二卷　清吴荃彙輯
清康熙坊刻本　北大

四書講義持衡十五卷　清彭軏撰
清康熙五十年自刻本(葉葆跋)　山東
子目:大學一卷
中庸一卷
論語八卷首一卷
孟子四卷

四書或問語類大全合訂四十一卷　清黄越撰
清康熙光裕堂刻本　天津

四書朱子本義滙參四十三卷首四卷　清王步青輯
清乾隆十年敦復堂刻本　國圖　北大　上海　南京　浙江
清承德堂翻刻乾隆十年敦復堂刻本　北大
清三槐堂刻本　國圖
清光緒三十一年上海宏文閣書局石印本　北大
四庫全書存目叢書影印清乾隆十年敦復堂刻本
子目:大學三卷首一卷
中庸六卷首一卷
論語二十卷首一卷
孟子十四卷首一卷

筤墅説書十九卷　清陳震撰
清同治三年霸州孝友堂刻本　國圖　天津

天尺樓抄撰性理四書十二卷　清曹廷襄撰
清康熙五十四年刻本　上海

集虚齋四書口義十卷　清方婺如撰　清于光華編
清乾隆五十三年姚一桂務本堂刻本　北大　科學
清乾隆五十三年刻大文堂藏版本　國圖　浙江　湖北
清乾隆五十八年刻本　上海

清乾隆五十九年文盛堂刻本　國圖　北大

清務本堂刻本　遼寧

四書考典四十二卷　清方棨如撰

清抄本(文素松跋)　上海

四書考典　清方吾子撰

清抄本　南京

四書餘説二十卷　清孫爌撰

清康熙五十六年惇裕堂刻本　科學　遼寧

四書自課録三十卷　清任時懋輯

清乾隆四年璜川吴贇皇吴企晉等刻本　北大　科學　天津　復旦　南京　湖北

清道光九年璜川書屋刻本　上海　湖北

子目：大學一卷

中庸二卷

論語二十卷

孟子七卷

四書困學編三十八卷　清湯豫誠撰

清湯豫誠稿本　河南

子目：大學一卷

中庸三卷

論語二十卷

孟子十四卷

朱注發明十九卷　清王錟撰

清康熙五十八年潮濟堂刻本　科學

四書會要録三十卷　清黄瑞撰

清康熙五十九年述善堂刻本　北大　科學　平度

清雍正五年古吴三樂齋刻本　國圖

清同治九年刻本　復旦

清同治十一年漁古軒刻本　北大　天津

菜根堂劄記十二卷　清夏力恕撰

清乾隆三十年鳳臺書院刻本　湖北

北京圖書館古籍珍本叢刊影印清乾隆三十年鳳臺書院刻本

四書典林三十卷　清江永輯

清雍正金閶寶仁堂刻本　上海

清乾隆元年鋤經齋刻本　上海
清乾隆五十四年鋤經齋刻本　國圖　湖北
清嘉慶九年鋤經齋刻本　科學　天津
清同治元年慈水鋤經閣銅版印本　上海

四書典林三十卷四書古人典林十二卷
清乾隆三十九年和安堂刻本　上海
清同治十二年刻本　天津
清光緒二年海陵書屋刻本　上海
清光緒十五年上海石印巾箱本　湖北

四書古人典林十二卷　清江永撰
清乾隆三十九年汪澎刻本　北大
清乾隆三十九年集道堂刻本　科學　湖北
清同治十二年刻本　天津
清光緒二年海陵書屋刻本　上海
續修四庫全書影印清乾隆三十九年集道堂刻本

四書按稿三十卷　清江永撰
清乾隆十五年抄本　復旦
續修四庫全書影印清乾隆十五年抄本

四書經學考十卷首一卷補遺一卷　清謝濟世撰　清王罕皆增輯
清嘉慶九年三槐堂刻本　國圖　科學

四書經學考補遺一卷　清謝濟世撰　清王罕皆增輯
清嘉慶九年三槐堂刻本　國圖　科學

四書廣注三十六卷　清張謙宜輯
清康熙刻本　科學
清康熙雍正間刻本　湖北
清乾隆刻本　國圖

四書述朱大全四十卷首一卷　清周亦魯輯
清康熙六十一年雲中居刻本　上海
子目:大學述朱大全三卷
中庸述朱大全三卷
論語述朱大全二十卷
孟子述朱大全十四卷

四書典制彙編八卷　清胡掄撰
清雍正十年藜照軒刻本　科學　湖北

四書質疑五卷　清陳梓撰
清乾隆刻本　科學
清嘉慶二十年胡氏敬義堂刻陳一齋全集本　上海　復旦
四書質疑六卷
清嘉慶刻本　清程組批校　湖北
實踐録一卷　清德沛撰
清乾隆元年刻本　國圖
清乾隆五年吕守曾刻本　國圖
四書益智録二十卷　清桂含章輯
清光緒八年金陵石埭桂氏務本堂金陵刻本　國圖　北大　科學　上海　南京　湖北
四書闡注十九卷　清浦泰輯
清雍正六年婁東尚論堂刻本(清華希閔批)　上海
清雍正十六年修文堂刻本(清華希閔批)　上海
清嘉慶十六年刻本(清黄培芳批校)　中山
四書講義尊聞録二十卷　清戴鋐撰
清雍正六至七年懷新堂刻本　清華　科學　南京
四庫全書存目叢書影印清雍正六年至七年懷新堂刻本
四書朱子大全經傳蘊萃二十九卷　清朱良玉輯
清同治八年凝香閣刻本　北大　上海
四書或問語類集解釋注大全四十一卷　清朱良玉輯
清雍正六年古吴光裕堂刻本　北大　上海
清雍正六年古吴致和堂刻本　國圖
四書體注合講七卷　清翁復編
清雍正八年文奎堂刻本　浙江
清道光元年酌雅齋刻本　國圖　上海　復旦　湖北
清道光十六年芸生堂刻本　北大
清光緒五年掃葉山房刻本　國圖
子目：大學一卷
中庸一卷
論語十卷
孟子七卷
四書圖考　清翁複撰
清雍正八年英德堂銅版印本　上海

清嘉慶十三年五柳居刻本　南京
清道光元年酌雅齋刻本　湖北
清道光十六年芸生堂刻本　北大
清道光二十七年桐石山房刻本　北大

增訂圖考四書合講　清翁複撰
清同治九年森寶堂刻本　國圖

四書人物考　清翁複撰
清道光二十七年桐石山房刻本　北大
民國石印本　國圖

健余先生讀書筆記六卷　清尹會一撰　清苑管輯録
清光緒五年定州王氏謙德堂刻畿輔叢書之尹健余先生全集本　國圖　首都　北大　科學

四書大全摘要二十卷　清李武輯
清雍正九年焕文堂刻本　遼寧　上海

增訂四書析疑二十二卷　清張權時輯
清雍正九年聚秀堂刻本　天津
清乾隆三十二年刻本　國圖

四書詮義三十八卷　清汪紱撰
清道光六年一經堂刻本　國圖　上海　南京　浙江　湖北
清道光六年婺源汪鈞刻光緒二十三年長安趙舒翹等彙印汪雙池先生叢書本　國圖　首都　清華　北師大　科學

四書翼注論文三十八卷　清張甄陶撰
清乾隆四十一年南海淩氏刻本　南京
清乾隆五十二年浙湖州竹下書堂刻本　國圖　上海　南京

四書翼注論文三十卷
清乾隆五十三年福清張氏刻本　北大
清文秀堂刻本　國圖
子目：大學一卷
　　中庸二卷
　　上論十卷下論十卷
　　上孟三卷下孟四卷

四書朱子大全精言四十一卷　清周大璋纂輯　清魏一齋鑑定
清康熙四十七年寶旭齋刻本　北大
子目：四書朱子大全精言大學三卷

四書朱子大全精言中庸四卷
四書朱子大全精言論語二十卷
四書朱子大全精言孟子十四卷

增删四書朱子大全精言四十一卷　清周大璋纂輯　清張藥齋鑑定
清乾隆三年光德堂刻本　北大　南京
清玉蘭堂刻本　北大　上海
子目:四書朱子大全精言大學三卷
四書朱子大全精言中庸四卷
四書朱子大全精言論語二十卷
四書朱子大全精言孟子十四卷

四書大全學知録三十一卷　清許泰交撰
清雍正十三年三槐堂刻本　國圖

四書讀注提耳十九卷　清耿埰撰
清乾隆元年屏山堂刻本　科學　天津
清同治九年屏山堂刻本　復旦
子目:大學一卷
中庸二卷
上論五卷下論四卷
上孟三卷下孟四卷

四書考輯要二十卷地圖一卷　清陳宏謀輯　清陳蘭森編校
清乾隆三十五年培遠堂姑蘇刻本　國圖　北大　清華　上海　南京　福建師大
清光緒四年寶興局刻本　浙江

四書地圖一卷　清陳宏謀輯　清陳蘭森編校
清乾隆三十五年培遠堂姑蘇刻本　國圖　北大　清華　上海　南京　福建師大
清光緒四年寶興局刻本　浙江

陳榕門四書章句集注十九卷附審音辨體考異　宋朱熹章句　清陳宏謀審音辨體考異
清刻緯文堂藏版本　北大
子目:大學章句一卷
中庸章句一卷
論語集注十卷
孟子集注七卷

裹如堂四書十九卷附審音辨體考異　宋朱熹集注　清陳宏謀審音辨體考異

清末義和堂刻本　北大

子目：大學章句一卷

中庸章句一卷

論語集注十卷

孟子集注七卷

虹舟四書講義二十卷　清李祖惠撰

清乾隆四年潢川書院刻本　南京

清乾隆二十年水西書屋刻本　上海

北京圖書館古籍珍本叢刊影印清乾隆刻本

四書就正録十九卷　清陳鋐撰

清乾隆五十一年友竹堂刻本　湖北

四書晰疑四卷　清陳鋐撰

清乾隆六年尚志堂刻本　上海　南京

四庫全書存目叢書北京圖書館古籍珍本叢刊影印清乾隆六年尚志堂刻本

四書凝道録十九卷　清劉紹攽撰

清劉紹攽四書凝道録稿本　陝西

清光緒二十年涇陽劉文在堂刻西京清麓叢書續編本　國圖　北大　科學

子目：大學章句凝道録一卷

中庸章句凝道録一卷

論語集注凝道録十卷

孟子集注凝道録七卷

四書類典賦二十四卷　清甘紱撰

清乾隆十一年刻本　上海

清敦仁堂刻本　湖北

清乾隆四十一年廣益堂刻本　南京　浙江

四書類典賦六十六卷

清乾隆七年周揚熙謝逢泰刻本　北大

畏齋四書客難四卷　清龔元玠撰

清乾隆三十八年刻本　上海

清道光二十六年縣學文昌祠考棚公局刻十三經客難本　國圖　北大　清華　北師大

翼藝典略十卷　清蕭正發撰

清刻本　遼寧

四庫全書存目叢書影印清刻本

四書句讀釋義十九卷　清范凝鼎撰

清乾隆述善堂刻本　人大(存卷十二至卷十九)

四庫全書存目叢書影印清乾隆述善堂刻本

四書集疏附正二十二卷論語緒言二卷　清張秉直撰

清光緒二十年文在堂刻西京清麓叢書續編本　北大　北師大　上海

四書鏡典故附考十九卷　清程天霖撰

清乾隆十年刻本　科學(缺孟子卷四至五)

子目:大學一卷

中庸一卷

論語十卷

孟子七卷

福禮堂四書文課本一卷　清周震榮輯

清乾隆四十八年刻本　北大

四書圖説六卷　清王道然撰

清乾隆六十年王氏清輝堂刻本　北大　科學

説四書四卷　清郭善鄰撰

清乾隆四十二年刻本　北大　湖北

清道光十年友鶴山房刻本　浙江

周右序先生四書節解十四卷　清周右序撰

清乾隆十二年刻本　上海

五華纂訂四書大全十四卷附大學古本説一卷　清孫見龍撰

清乾隆十三年五華書院刻本　上海　南京

北京圖書館古籍珍本叢刊影印清乾隆十三年五華書院刻本

五華纂訂四書大全四十六卷

清乾隆十三年五華書院刻本　上海　南京

四書尋真二十八卷　清劉所説撰

清乾隆十四年劉起翰肆業堂刻本　科學

子目:大學一卷

中庸三卷

論語十卷

孟子十四卷

四書標題一得解三卷　清張希韓撰

清乾隆十九年張希韓稿本　北大

四書講義十卷　清王元啓撰

清乾隆刻惺齋先生雜著本　國圖

子目：大學講義一卷

中庸講義四卷

論語講義三卷補遺一卷

孟子講義二卷

天賞樓四書繹義十九卷　清王鑄撰

清乾隆十九年天賞樓刻本　南京　湖北

四書引解二十六卷　清鄧柱瀾纂輯　清陳士元等訂

清桂華樓刻□成堂藏版本　湖北

四書左國輯要四卷　清周龍官輯

清乾隆二十三年山陽周氏刻本　國圖　北大　上海　南京

清乾隆三十九年兩衡堂刻本　浙江

四書説一卷　清莊存與撰

清道光莊綬甲寶研堂刻味經齋遺書本　國圖　首都　上海　復旦

清光緒八年陽湖莊氏刻味經齋遺書本　國圖　首都　北大　科學

四書審問録二十九卷　清胡承福撰　清胡恒齡訂

清雍正八年刻本　南京

四書撮一卷　清胡承福撰

清乾隆二十四年刻本　上海

四書述要十九卷　清楊玉緒撰

清乾隆二十五年刻本　科學

清刻巾箱本　湖北

子目：大學一卷

中庸一卷

論語十卷

孟子七卷

四書講議自得録十卷　清何如漋輯

清乾隆二十五年刻本　浙江

四書易簡録　清劉寶采撰

清雍正元年玉田齋刻本　北大

四書易簡録十八卷

清咸豐二年探源堂張氏刻本(清日高重訂)　南京

四書要言十九卷　清林霖輯

清抄本　北大

子目:四書要言大學一卷

四書要言中庸二卷

四書要言論語九卷

四書要言孟子七卷

四書疏注撮言大全三十七卷　清胡斐才撰

清乾隆二十八年文光堂刻本　北大　浙江

清乾隆二十八年經國堂刻本　科學

清尚德堂木活字印本　上海

子目：大學一卷

中庸二卷

論語二十卷

孟子十四卷

四書劄記一卷　清王巡泰撰

清光緒九年刻本　國圖　科學

四書集注指要　清董錫嘏輯

清乾隆三十年戲鴻堂刻本　上海

四書順義解十九卷　清劉琴撰

清乾隆三十一年刻本　國圖　上海

四庫全書存目叢書影印清乾隆三十一年刻本

甌香館四書説郝氏四書説十卷　清郝寧愚撰

清道光二十九年郝氏刻本　北大　科學

子目:甌香館四書説大學一卷

甌香館四書説中庸一卷

甌香館四書説論語四卷

甌香館四書説孟子四卷

四子書塵言六卷　清戴宫華撰　清趙宗樸録

清乾隆六十年趙佑刻本　湖北

子目：大學塵言一卷

中庸塵言一卷

論語塵言二卷

孟子塵言二卷

四書講義集説七卷　清李道南撰

清乾隆三十年還是讀書堂刻本　國圖　北大　科學　上海

清乾隆四十二年刻本　湖北

子目：大學集說一卷

中庸集說一卷

論語集說一卷

孟子集說一卷

四書温故録十一卷　清趙佑撰

清乾隆五十二年仁和趙氏刻清獻堂全編本　國圖　北大　科學　上海　復旦

清乾隆六十年安溪謝氏刻本　南京

續修四庫全書影印乾隆刻清獻堂全編本

子目：學庸一卷

論語五卷

孟子四卷

孟子章指一卷

四書左國彙纂四卷　清高其名　清鄭師成輯

清乾隆三十五年刻三多齋聚錦堂藏版本　國圖

清乾隆五十七年三樂堂刻本　湖北

清乾隆百尺樓刻本　科學　上海　南京

清抄本　上海

四書引左彙解十卷　清蕭榕年輯

清乾隆三十六年刻本　上海

清乾隆三十九年謙牧堂刻本　科學　南京

清乾隆四十六年輝萼堂刻本　國圖

清乾隆古牟蕭氏刻思寤堂藏版本　國圖

四書圖考集要六卷　清張雲會輯

清乾隆三十七年刻本　國圖

獨秀山房四書文一卷續編一卷　清江濬源撰

清同治十三年江潮刻本　北大

獨秀山房四書文續編一卷　清江濬源撰

清同治十三年江潮刻本　北大

四書考正訛二十六卷　清吴鼎科撰

清乾隆三十九年邃經書塾刻本　上海

四書鄉黨考　清吴鼎科撰

清乾隆三十九年邃經書塾刻本　上海　南京　湖北

四書琳琅冰鑒五十四卷 清董餘峰輯 清高其閎注釋

清乾隆三十九年刻本 北大

清嘉慶九年正誼堂刻本 北大

四書自課録三十卷 清焦時懋撰

清乾隆四十年璜川書房刻本 南京

四書辨證十卷 清張椿撰

清刻本 湖北

四書朱子大全三十二卷圖三卷 清秦宫璧撰 清張一檇等校

清乾隆刻本 湖北

子目：大學朱子大全二卷圖一卷讀法一卷

中庸朱子大全三卷圖一卷讀法一卷

論語朱子大全二十卷圖一卷

孟子朱子大全七卷

四書考異七十二卷(總考三十六卷條考三十六卷) 清翟灝撰

清乾隆三十四年無不宜齋刻竹簡齋藏版本(清盧文弨校 清謝家禾跋) 國圖 北大 天津 上海 復旦 南京 湖北

清精專閣翻刻乾隆無不宜齋刻本 南京 國圖

續修四庫全書影印清乾隆刻本

四書考異三十六卷(條考)

清道光九年廣東學海堂刻皇清經解一千四百卷本 國圖 首都 科學

清道光九年廣東學海堂刻咸豐十一年補刻皇清經解一千四百八卷本 國圖 首都 北師大

清光緒十七年上海鴻寶齋石印皇清經解一百九十卷本 國圖 上海 華東師大

清光緒上海點石齋石印皇清經解一百九十卷本 國圖 北師大

翟晴江四書考異内句讀一卷 清翟灝撰

一九二四年蘇州文學山房木活字印江氏聚珍版叢書本 上海 復旦 華東師大

四書考異訂八卷 清翟灝撰 吴敏樹訂

清抄本 湖南師大

四書人鈔三十卷 清邱仁山撰

清乾隆刻本 北大

四書逸箋六卷 清程大中撰

清乾隆四庫全書館寫欽定四庫全書本

清嘉慶海虞張氏刻墨海金壺本　國圖　復旦
清道光三十年南海伍氏刻粵雅堂叢書本　國圖　首都　北大　科學　北師大
清道光咸豐間番禺潘氏刻海山仙館叢書本　北大
一九二一年上海博古齋影印嘉慶海虞張氏刻墨海金壺本　國圖　首都　北大

韓魯人晴窗隨筆四書講義　清韓㜹輯
清道光十一年許殿臣等約堂刻本　北大
子目：大學講義二卷
中庸講義五卷

四書講義大全二十六卷　清史廷輝輯
清乾隆四十六年富春堂家刻本　南京

四書解細論四卷　清李榮陛撰
清嘉慶二十年亘古齋刻李厚岡集本　北大　科學　清華　上海

四書述二十卷　清范震薇撰
清光緒甬上范氏刻雙雲堂集本　上海

四書補考二卷　清鳳韶撰
清嘉慶十三年刻一得斋藏版本　國圖　北大

四書偶談内編二卷外編二卷　清戚學標撰
清乾隆五十四年刻本　北大　科學　南京
清嘉慶二十四年四明青照樓刻本　國圖　北大　南京　浙江
清嘉慶六年太平戚氏涉縣署刻戚鶴泉所著書本　北大　北師大　科學　上海
續修四庫全書影印清嘉慶二十四年四明青照樓刻本

四書偶談内編二卷　外編一卷　續編内編二卷　外編一卷
清嘉慶二十四年四明青照樓刻本　國圖　北大　南京　浙江
清嘉慶六年太平戚氏涉縣署刻戚鶴泉所著書本　北大　北師大　科學　上海
續修四庫全書影印清乾隆五十四年景文堂刻本

四書續談二卷　清戚學標撰
清乾隆五十四年刻本　北大　科學　南京
清嘉慶二十四年四明青照樓刻本　國圖　北大　南京　浙江

四書續談一卷
清嘉慶六年太平戚氏涉縣署刻戚鶴泉所著書本　北大　北師大　科學　上海

寸壁四書人類考八卷　清帥燧輯
清乾隆四十七年帥燧時術書屋刻本　北大

四書一貫講十九卷　清顧天健撰

清乾隆二十八年刻本　上海

四書講義日孜録十二卷　清李求齡撰

清乾隆四十九年豫順堂刻本　上海　南京　浙江

四書醒義七卷　清孫淦撰　清孫用楨補

清康熙四十九年刻本　國圖

翟晴江四書考異内句讀一卷　清武億撰

清乾隆五十四年小石山房刻授堂遺書本　北大

清道光二十三年偃師武氏刻授堂遺書本　北大

四書博徵　清陶及申撰

清陶介亭賢奕書樓抄本　國圖

四書集益六卷　清于光華編

清乾隆五十二年刻凝翠閣藏版本　國圖

清乾隆五十二年吴名晉刻本　南京

清乾隆刻文盛堂藏版本　湖北

清嘉慶四年英德堂刻本　上海

四書類考三十卷　清陳詩纂

清嘉慶六年蔪州陳氏家塾刻本　科學　南京　湖北

心園四書知新十二卷　清郭兆奎撰

清乾隆十八年刻本　上海

四書典故辨正二十卷附録一卷　清周炳中撰

清嘉慶刻本　上海辭書

清道光刻本　南京

清同治五年賞奇閣刻本　國圖　南京

清溧陽周氏敬儀堂刻本　北大　天津　上海　南京

清森寶堂刻本　北大

續修四庫全書影印清嘉慶刻本

四書典故辨正續編五卷　清周炳周撰

清嘉慶刻本　國圖

四書圖表就正一卷　清趙敬襄撰

清嘉慶道光間刻竹岡齋九種本　北大　科學　北師大

四書集注引用姓名考一卷論語詩一卷　清趙敬襄撰　清張恕校　清尤侗撰論語詩

清道光十六年刻拜梅山房幾上書本　國圖　首都　北大　湖北

四書摭餘説七卷　清曹之升撰
清乾隆六十年刻本　上海
清嘉慶三年蕭山曹氏家塾刻本　北大　上海(胡玉縉校)　南京　湖北
清道光十二年來鹿堂刻本　湖北
子目:大學一卷
中庸一卷
論語三卷
孟子二卷
四書類考三十卷　清陳愚谷撰
清嘉慶六年陳氏刻本　北大
恩詒堂四書説　清鄧肇丙撰
清乾隆五十七年刻本　國圖
四書集注管窺二卷　清趙紹祖撰
清嘉慶元年至道光十四年涇縣趙氏古墨齋刻古墨齋集本　清華　復旦　華東師大
四書人名考二十卷　清胡之煜等輯撰
清嘉慶八年薊州陳氏刻本　天津　上海
四書疏記四卷　清陳鱣撰
清陳鱣稿本　浙江
續修四庫全書影印稿本
致用精舍講語十六卷　清王輅撰
清光緒致用精舍刻本　國圖　湖北
子目:大學講語記略一卷
中庸講語記略一卷
論語類解二卷
孟子類解十二卷
四書古人紀年四卷　清徐杏林編
清嘉慶十年惜陰堂刻本　北大
四書卮言五卷　清金學詩輯
清乾隆六十年播琴堂刻本　上海
四書解疑　清吴梅峰撰
清嘉慶刻本　南京
補餘堂四書答問二十四卷附録一卷　清戴大昌撰
清嘉慶十五年婺源戴氏刻補餘堂集本　國圖　北大　清華　北師大　科學

駁毛西河四書改錯二十一卷　清戴大昌撰

清道光二年婺源戴氏刻補餘堂集本　國圖　北大　科學　清華　北師大

清道光二十八年刻本　北大　南京　湖北

四書考輯要二十卷　清陳蘭森撰

清乾隆培遠堂刻本　科學

四書瑣語一卷　清姚文田撰

清道光七年歸安姚氏刻邃雅堂全書之邃雅堂學古録本　國圖　上海

四書聯珠十九卷　清章宋待撰　清章祖武編

清嘉慶三年崇文堂刻本　國圖

子目：大學一卷

中庸一卷

論語十卷

孟子七卷

四書經注集證十九卷　清汪廷機撰

清嘉慶三年汪氏刻本　天津

續修四庫全書影印清嘉慶三年汪廷機刻本

子目：大學一卷

中庸一卷

論語十卷

孟子七卷

四書經注集證十九卷　清吴昌宗撰

清嘉慶三年江都汪廷機刻江都汪氏藏版本　國圖　北大　科學　天津　上海　復旦　南京　浙江

清嘉慶三年江都汪廷機刻光緒四年望三益齋重修本　北大　上海

清翻刻嘉慶三年江都汪廷機刻本　北大

清槐蔭山房刻本　北大

清文發堂刻本　北大

子目：大學一卷

中庸一卷

論語十卷

孟子七卷

四書詳説續編七卷　清曹憒撰

清道光五年刻本　南京

四書人物類典串珠四十卷　清臧志仁輯

清嘉慶四年刻本　南京

清嘉慶六年刻本　上海
清嘉慶十八年刻本　南京
清嘉慶二十五年刻本　科學
清同治十二年刻本　北大　上海

四書會解二十七卷　清綦澧撰

清嘉慶五年還醇堂刻本　北大　科學　上海
清道光九年琴川閣刻本　南京
清咸豐元年三益堂刻本　南京
清同治八年重刻本　南京
子目：大學會解一卷
　　中庸會解二卷
　　論語彙解十卷
　　孟子會解十四卷

誦芬草堂手録正蒙四書十九卷　清劉式潤撰

清嘉慶五年寫刻本　天津
子目：大學一卷
　　中庸一卷
　　論語十卷
　　孟子七卷

四書類考三十卷　清陳愚穀纂

清嘉慶六年陳氏家塾刻本　北大

四書典故考辨一卷　清戴清撰

清道光刻本　國圖
清咸豐元年刻戴静齋先生遺書本　國圖　北師大　科學　上海　南京
續修四庫全書影印清咸豐元年劉文淇等刻戴静齋先生遺書本

四書味根録三十七卷　清金澂撰

清道光十七年刻本　浙江
清道光二十六年刻燦花吟館藏版本　國圖
清咸豐十年萬萃樓刻本　上海
清咸豐十年緑雲書舍刻本　國圖
清光緒三年京都寶善堂刻本　北大　南京
子目：大學味根録一卷
　　中庸味根録二卷
　　論語味根録二十卷

孟子味根録十四卷

加批增補四書味根録三十七卷首二卷附疑題解 清金瀓撰

清光緒十五年上海蜚英館石印巾箱本 遼寧

四書題鏡不分卷 清汪鯉翔撰

清乾隆元年英德堂刻本 北大

清乾隆九年刻本 國圖 上海 南京 日東京都立圖書館二部

清乾隆九年大業堂刻本 科學

清乾隆十七年刻本 遼寧

清乾隆五十一年刻書業堂藏版本 國圖 天津

四書題鏡味根合編三十七卷 清金瀓撰味根録 清汪鯉翔撰四書題鏡 清鴻文書局重編

清光緒十四年上海鴻文書局石印本 北大

四書味根録題鏡合編三十六卷首一卷附四書宗旨 清金瀓撰味根録 清汪鯉翔撰四書題鏡

清光緒十年上海點石齋石印本 湖北

清光緒十六年上海鴻文書局石印本 上海

子目：大學一卷

中庸一卷

論語二十卷

孟子十四卷

四書勸學録四十二卷 清謝廷龍撰

清道光元年至四年刻富文堂藏版本 北大

子目：大學二卷

中庸六卷

上論十卷

下論十卷

上孟六卷

下孟八卷

四書經典通考不分卷 清陸文籀輯

清嘉慶十二年木活字印鑄吾軒藏版本 國圖 北大 科學 南京

四書經正録四十三卷 清沈濟燾撰

清嘉慶九年三槐堂刻本 南京

見莽四書百辨録二卷 清李錫書撰

清嘉慶二十一年蘂石山房刻見莽錦官録本 北大

四書臆説十二卷　清李錫書撰

清嘉慶二十一年蘂石山房刻見莽錦官録本　北大

四書解疑二十卷　清黄梅峰撰

清嘉慶刻本　南京　湖北

四書補典二十卷　清黄梅峰撰

清嘉慶刻本　南京　湖北

四書恒解十四卷　清劉沅輯注

清光緒十年豫誠堂刻槐軒全書本　北大

清末亞東製版印刷局鉛印本　北大

一九一二年三多寨凝善堂刻槐軒全書本　北大

子目：四書恒解大學一卷

四書恒解中庸上下

四書恒解上論上下册

四書恒解下論上下册

四書恒解孟子七卷

朱子四書纂要四十卷　清楊否複撰

清光緒二十六年刻楊愚齋先生全集本　湖北

四書求是五卷　清蘇秉國撰

清道光二年刻本　科學　湖北

四書集説四十一卷補義七卷續考四卷　清陶起庠撰　清陶金烇等校

清嘉慶十八年謙益堂刻本(佚名批校)　天津

子目：大學三卷

中庸四卷

論語二十卷

孟子十四卷

四書補義七卷

四書續考四卷

四書補義七卷續考四卷　清陶起庠撰　清陶金瑩　清陶金璧編

清嘉慶十八年謙益堂刻本　國圖　北大　科學　天津

子目：四書補義大學一卷

四書補義中庸一卷

四書補義論語二卷

四書補義孟子三卷

四書續考四卷

四書續考四卷　清陶起庠撰　清陶金瑩　清陶金璧編
清嘉慶十八年謙益堂刻本　國圖　北大　科學　天津　湖北

四書貫珠講義十九卷　清林文竹輯
清同治十一年鍾謙鈞同德堂刻本　國圖　北大　上海　浙江
清光緒三年酉腴仙館鉛印本　上海　遼寧

四書答問十二卷　清秦士顯撰
清嘉慶十八年英德堂刻本　上海　南京　湖北

四書椎解録二十六卷　清吴懋清撰
清吴懋清稿本　上海

四書彙辨十八卷續二卷續補一卷　清侯廷銓輯
清嘉慶九年刻本　上海
清嘉慶二十二年瑞寶堂刻本　南京

四書彙辨續二卷　清侯廷銓輯
清嘉慶九年刻本　上海
清嘉慶二十二年瑞寶堂刻本　南京

四書彙辨續補一卷　清侯廷銓輯
清嘉慶九年刻本　上海
清嘉慶二十二年瑞寶堂刻本　南京

四書正體十九卷附四書正體校定　清吕世鏞輯
清康熙五十八年吕世鏞刻本(清吕世鏞校定)　國圖　北大
子目:大學一卷
　　中庸一卷
　　論語十卷
　　孟子七卷

四書正體二十卷校定字音一卷　清吕世鏞輯
清懷永堂刻本　天津

四書解二十卷　清蘇珥撰
清嘉慶十九年種德堂刻本　浙江

四書正疑十二卷　清劉瀫撰
清嘉慶二十一年刻叢杜堂藏版本　湖北

四書集説一卷　清淩曙撰
清抄本　北大

四書典故覈八卷　清淩曙撰
清嘉慶十八年江都淩氏蜚雲閣刻蜚雲閣淩氏叢書本　國圖　首都　北大

清華　北師大

續修四庫全書影印清嘉慶十三年刻本

四書拾疑六卷　清林春溥輯

清道光十四年閩縣林氏刻竹柏山房本　國圖　北大　湖北

子目:大學一卷

中庸一卷

論語上下

孟子上下

四書是訓十五卷　清劉逢禄撰

清嘉慶八年江蘇提督學政平恕刻本　國圖　上海

清光緒貴池劉氏刻聚學軒叢書第三集本　國圖　首都　北大　科學

四書古今訓釋十九卷　清宋翔鳳撰

清嘉慶十八年長洲宋氏浮谿草堂刻本　北大　科學

清光緒十四年南菁書院刻皇清經解續編本　國圖　首都　北大　科學

清光緒十五年上海蜚英館石印皇清經解續編本　國圖　首都　北師大

子目:大學一卷

中庸一卷

論語十卷

孟子七卷

四書纂言四十卷　清宋翔鳳撰

清嘉慶刻本　南京

清光緒八年古吴李祖榮岝峉山房刻本　國圖　科學　北大　遼寧　南京
浙江　湖北

子目:大學二卷

中庸四卷

論語二十卷

孟子十四卷

四書釋地辨證二卷　清宋翔鳳撰

清嘉慶二十五年書業刻浮溪精舍叢書本　國圖　首都　北大　科學

清道光九年廣東學海堂刻皇清經解一千四百卷本　國圖　首都　科學

清光緒十七年上海鴻寶齋石印皇清經解一百九十卷本　國圖　上海
華東師大

續修四庫全書影印清嘉慶二十五年刻浮溪精舍叢書本

四書經義聯珠二十卷　清郭檈撰

清嘉慶二十一年刻本　南京

然後知齋四書五經答問二十卷　清梅沖撰
清嘉慶二十一年承學堂刻本　上海
四書典論二十八卷　清黄希轍撰
清咸豐二年敬和堂刻本　國圖
清咸豐二年活字印本　北大
四書記悟十四卷　清王汝謙撰　清李棠階評
清同治十年刻槐蔭書屋藏版本　國圖　北大　科學
四書因論二卷　清許桂林撰
清道光十五年石室刻本　南京
抄本　國圖
四書古今異義備覽二十二卷　清陳元吉撰
寫樣待刊稿本　上海
清光緒八年鄖縣學署抄本　北大
四書考異疏證一卷　清周勳懋輯
清周勳懋稿本　上海
四書求是十六卷　清王餘英編
清嘉慶十八年古香書屋刻本　國圖　湖北
清嘉慶十八年新康官署刻本　上海
鄧批四書七卷　清鄧倫撰
清道光五年成都龍氏刻敷文閣彙抄本　北大
四書記聞二卷　清管同撰
清道光二十一年李宗沂刻本　南京
清光緒十七年江寧翁氏心清平軒刻本　國圖　南京
清光緒十七年江寧翁氏心清平軒刻一九四八年重印本　南京
四書講義　清何文綺撰
清刻本　上海
四書體味録殘稿論語一卷　清宗稷辰撰
清咸豐元年越峴山館刻本　國圖
清光緒十四年宗氏躬恥齋刻本　上海
四書體味録五卷附大學新得六卷大學擬序測蠡殘稿　清宗稷辰撰
清光緒十四年宗氏躬恥齋刻本　上海
四書章句金鎞十六卷　清姚鼐宋撰
清抄本　國圖
四書解瑣言四卷補編一卷　清方祖範撰
清道光元年陳經堂刻本　湖北

續修四庫全書影印清道光元年刻本

四書解瑣言補編一卷　清方祖範撰

清道光元年陳經堂刻本　湖北

四書説略　清王筠撰

清王筠稿本　南京市博

四書説略四卷

清道光至咸豐間安邱王氏刻王菉友四種本　國圖　北大　清華　北師大　上海

四書説略四卷教童子法一卷

清道光三十年刻本　科學

四書備考十七卷首一卷　清潘克溥撰

清道光二十一年刻本　國圖　復旦

四書證疑八卷　清李允升訂

清道光四年易簡堂刻本　國圖　科學　北大　上海　遼寧

四書便蒙十九卷　清俞寧世等定本

清道光五年立本齋刻本　湖北

四書集注管窺二卷續增一卷　清趙大鏞撰

清道光五年刻西湖草堂藏板古墨齋集本　國圖　科學　湖北

四書集注管窺續增一卷　清趙大鏞撰

清道光五年刻西湖草堂藏板古墨齋集本　國圖　科學　湖北

四書地理考　清王鎏撰

清道光十五年壑舟園刻本　北大　上海　復旦　南京　浙江　湖北

清光緒十七年習静齋重刻本　國圖　科學　南京　湖北

清光緒十九年鍾衡抄本並跋　遼寧

抄本　科學

續修四庫全書影印清道光十五年壑舟園刻本

去傲齋四書存十六卷　清吕崇謐撰

清乾隆四十一年刻永思樓藏版本　國圖

清道光七年刻本　國圖　天津

思辨録十四卷　清賈聲槐撰

清道光七年刻本　國圖

四書一得録二卷　清胡澤順撰　清胡文觀校訂

清道光十七年清華胡氏刻本　上海

清同治二年胡氏愛日樓刻本　科學　上海　湖北

四書圖考十三卷　清杜炳撰

清道光七年刻本　北大　天津　復旦　南京　浙江　湖北

清光緒十三年鴻文書局影印本　國圖　北大　天津　上海　南京　浙江　湖北

四書宮室圖考一卷　清杜炳輯

清刻本　國圖

讀四書偶筆一卷　清潘道根撰

吴縣王氏學禮齋鈔稿本　復旦

四書訓解參證十二卷　清張定鋆撰

清咸豐二年刻本　國圖　北大　科學　上海　南京　浙江　湖北　遼寧

四書訓解參證補遺四卷　清張定鋆撰

清同治四年刻本　國圖　北大　上海　浙江　湖北　遼寧

四書訓解參證續補編四卷　清張定鋆撰

清同治九年刻本　國圖　上海　浙江　湖北

四書拾義五卷續一卷　清胡紹勳撰

清道光十四年績溪胡氏吟經樓刻本　國圖　北大　上海　天津　南京　浙江　湖北

清光緒貴池劉氏刻聚學軒叢書第三集本　國圖　首都　北大　清華　北師大　科學　上海　復旦

四書擇言二十六卷　日本金濟民撰

抄本　國圖

四書纂要　日本金濟民撰

日本安政五年刻本　北大(存大學、中庸五卷)

四書貫解一卷　清孫錫疇撰

抄本　國圖

四書述義前集五卷　清單爲鏓撰

清同治七年刻單氏全書本　國圖　北大　哈爾濱

子目:大學述義一卷

中庸述義一卷

論語述義一卷

孟子述義二卷

四書述義後集四卷　清單爲鏓撰

清同治七年刻單氏全書本　國圖　北大　哈爾濱

子目:大學述義續一卷

中庸述義續一卷
論語述義續一卷
孟子述義續一卷

詳注四書要典歌訣四卷　清李克涵纂　清李炳翹輯注
清道光二十三年紗籠軒刻本　湖北

古微堂四書□卷四書後編□卷　清魏源輯
清何紹基抄本　國圖

古微堂四書後編□卷　清魏源輯
清何紹基抄本　國圖

四書遵朱求是録八卷　清周鏞等撰
清道光十四年刻本　科學

四書集注正蒙十九卷　清萬青銓輯
清道光十四年刻本　上海

四書集注正蒙釋文合刻十九卷　清萬青銓輯
清道光十四年芋栗園刻朱墨套印本　上海

四書集解三十九卷大學古本説大學今本説　清張觀瀾撰
清道光四年張成幹抄本　北大

四書蠹簡　清李詒經撰
清道光十年單偉志刻本　北大　科學　遼寧

四書讀本辨義十七卷附經注詳讀　清劉慶觀纂輯
清刻大文堂藏版本　國圖
清青藜閣刻本　北大

四書殊十四卷　清李壘撰
抄本　科學

四書講義切近録三十八卷　清楊大受輯
清道光十六年刻以約齋藏版本　國圖
子目：大學一卷
中庸三卷
論語二十卷
孟子十四卷

四書管窺七卷　清賴相棟撰
清道光二十年刻本　湖北
子目：大學一卷
中庸一卷

論語二卷

孟子三卷

四書題説二卷　清梁彣撰

清道光二十八年二樂堂塾刻月山遺書本　清華　上海

四書私談一卷　清徐春撰

清道光咸豐間宜黄黄氏遜敏堂叢書本　國圖　首都　北大　科學

清道光二十七年至咸豐元年宜黄黄氏木活字遜敏堂叢書本　北大

四書紀疑録六卷　清淩揚藻撰

清道光刻海雅堂全集本　國圖　清華

四書彙解四十卷　清司天開纂輯

清道光二十四年柳波館刻本　南京　湖北

四書遵朱會通一卷　清楊廷芝撰

清道光二十六年刻本　科學

四書講義參真十九卷　清黨瀛撰

清道光十九年武功黨氏刻本　國圖

四書文性理精詣　清黄錫祚撰

清道光十七年韻軒刻本　湖北

四書注説輯要八卷　清秦敦原撰

清道光十九年樹百山房刻本　湖北

朱子不廢古訓説十六卷附朱注引用文獻考略四卷　清李中培撰

清道光二十三年四謙堂刻本　北大　湖北

朱注引用文獻考略四卷　清李中培撰

清道光二十三年四謙堂刻本　北大　湖北

四書居閑箋　清江田七撰

清道光二十一年何兆華抄本　浙江

讀四書説六卷　清吴嘉賓撰

清咸豐二年刻本　國圖

求自得之室四書説六卷　清吴嘉賓撰

清同治元年南豐吴氏家刻本　國圖

四書翼注論文十二卷　清鄭獻甫撰

清光緒五年黔南節署刻鄭小谷先生全集本　北大　上海　復旦　南京　遼寧　湖北

讀四書偶筆　清郭斌撰

清道光二十五年尚志堂刻本　復旦

四書經義考辨沈存十六卷首一卷　清姚道輝撰

清道光二十六年刻本　科學　南京

羅山四書義一卷羅忠節公事略一卷　清羅澤南撰　清李元慶撰事略

清光緒二十一年活字印本　天津

四書繹注覽要　清洪垣星撰

清道光二十七年文華閣刻本　上海

四書隨見録三十六卷　清鄒鳳池輯　清陳作梅輯

清道光二十七年鄒氏陳氏刻本　北大

子目：大學一卷

中庸一卷

論語二十卷

孟子十四卷

四書萃精録　清王樹撰

清抄本　上海

四書訓蒙輯疏二十九卷　日本會津安褧撰

日本嘉永元年刻本　南京

日本明治四年大阪四書堂刻本　南京

四書集注繹義雪疑四卷　清朱鍾撰

清道光二十二年朱宗澤孔昭顯刻本　北大

四書疑言十卷　清王廷植撰

清光緒八年退思齋長沙刻本　國圖　北大　上海　湖北

四書疑言十卷古經疑言八卷

清光緒八年刻本　科學

四書典腋十七卷　清修竹主人輯

清咸豐九年刻巾箱本　遼寧

四書辨説考一卷　清修竹主人輯

清光緒二十七年刻本　上海

四書論議統編四卷附辨説考一卷　清修竹主人輯

清光緒二十七年刻本　上海

四書異同商六卷　清黄鶴撰

清咸豐十年寧鄉學署東齋刻本　國圖　北大　南京　湖北

子目：學庸一卷

論語二卷

孟子三卷

四書異同商六卷補訂六卷
清光緒二十年譫雅書局刻本　科學　上海　湖北
子目：學庸一卷補訂一卷
論語二卷補訂二卷
孟子三卷補訂三卷

四書異同商補訂六卷　清黄鶴撰
清光緒二十年譫雅書局刻本　科學　上海　湖北
子目：學庸一卷補訂一卷
論語二卷補訂二卷
孟子三卷補訂三卷

四書文翼　清羅荆璧輯
清咸豐元年桂園草堂刻本　南京
抄本　南京

增訂批點四書讀本十九卷　宋朱熹章句　清裘紹箕增訂
清咸豐十一年光澤來鶴軒刻本　天津　湖北
清同治四年廣東豐北鄉至誠堂刻本　國圖　上海
子目：大學一卷
中庸一卷
論語十卷
孟子七卷

四書蠡言七卷　清譚光烈撰
清咸豐二年嘉禾寄生齋刻本　科學　上海

四書易簡録十八卷　清劉葆采撰　清黄日高重訂
清咸豐二年探源堂張氏刻本　南京

四書繹三十卷　清陳景惇撰
清道光三十年進陵寶仁堂刻本　浙江

四書辨疑辨一卷　清俞樾撰
清光緒二十五年刻春在堂全書之俞樓集纂本　國圖　首都　北大　科學　清華　北師大　上海　復旦
續修四庫全書影印清光緒二十五年刻春在堂全書俞樓雜纂本

春在堂四書文存一卷　清俞樾撰
清同治六年刻本　上海

曲園四書文二卷　清俞樾撰
清光緒十九年粤東試院校經廬刻本　南京

曲園四書文一卷

清光緒二十五年刻春在堂全書之俞樓集纂本　國圖　首都　北大　科學　清華　北師大　上海　復旦

清光緒二十三年石印春在堂全書本　北大

四書約解一卷　清李棠階撰

清光緒八年河北道署刻李文清公遺書本　國圖　上海　復旦

春暉樓四書説略七卷　清張鼎撰

一九四八年海鹽周昌國等排印春暉樓叢書上集本　國圖　北師大　上海　復旦

四書説摘略二卷補編二卷　清張鼎撰

清抄本　南京

四書説補編二卷　清張鼎撰

清抄本　南京

四書注一卷　清張鼎撰

抄本　國圖

維心亭室四書講義十二卷　清陸殿邦撰

清光緒十三年陸氏維心亭室刻本　北大

四書正本一卷　清童棫校輯

清同治四年忠恕堂童氏校刻本　國圖

四書講義萃精十八卷　清黎翔鳳撰

清同治六年壽經堂刻本　南京

四書理話四卷補遺一卷　清張楚鍾撰

清光緒三年刻務實勝窩彙稿本　國圖　北大　清華

四書理話補遺一卷　清張楚鍾撰

清光緒三年刻務實勝窩彙稿本　國圖　北大　清華

四書理畫三卷　清張楚鍾撰

清光緒三年刻務實勝窩彙稿本　國圖　北大　清華

四書條辨六卷　清袁秉亮撰

清同治八年刻本　科學

四書述言　清李福臧撰

稿本　浙江

鐵禪四書説剩一卷　清黄之晉撰

清同治元年刻本　科學

四書評本十九卷　清俞廷鑣撰

清同治十一年吴下刻本　國圖　復旦

廣增四書典腋二十卷　清松軒主人撰

清同治十二年綺雲書屋刻本　上海

四書改錯平十四卷　清楊希閔撰

清光緒元年福州刻本　國圖　科學　天津　南京

劉氏家塾四書解　清劉豫師撰

清光緒二年劉氏家塾刻本　國圖　科學　上海　南京

四書徵引録一卷　清葉秉純撰

清光緒七年刻本　科學

四書合講十九卷　清東壁山房王氏編校

清光緒八年刻本　南京

四書指韻　清楊得春撰

清光緒八年彭邑迂拙齋刻本　上海

四書合喙鳴十卷首一卷　清許獬撰

清光緒九年刻本　科學

四書義史證六卷　清譚義撰

清光緒九年上海文衡社石印本　上海

陸批四書十九卷　清陸思誠撰

清光緒十一年上海同文書局石印本　天津　上海　南京

讀四書一卷　清張瑛撰

清光緒十年江蘇臬署刻本　國圖　科學　天津　上海　復旦　南京　湖北

武氏評輯熊次候先生四書文二卷　清黄元吉重校

清光緒十年漢陽黄氏試館刻本　湖北

四書質疑八卷　清吴國濂撰

清光緒十一年可軒舊館活字印本　國圖　湖北

皇朝四書彙解二十二卷　清沈□□字誦清編

清光緒二十一年珍藝書局石印本　天津　上海

四書通疑似一卷　清胡垣撰

清光緒二十年刻本　上海　南京　湖北

四書通敘次一卷　清胡垣撰

清光緒刻本　上海

清壽梨齋刻本　國圖　科學

四書説苑十一卷首一卷補遺一卷續遺一卷　清孫應科撰

清道光四年高郵孫氏刻二十八年補刻本　北大　天津　上海　遼寧　浙江

續修四庫全書影印清道光刻本

四書説苑補遺一卷　清孫應科撰

清道光四年高郵孫氏刻二十八年補刻本　北大　天津　上海　遼寧　浙江

續修四庫全書影印清道光刻本

四書説苑續遺一卷　清孫應科撰

清道光四年高郵孫氏刻二十八年補刻本　北大　天津　上海　遼寧　浙江

批點四書十九卷句辨一卷字辨一卷音義一卷　清羅大春增訂

清光緒十三年宗德堂刻本　湖北

子目：大學一卷

中庸一卷

論語十卷

孟子七卷

四書句辨一卷　清羅大春增訂

清光緒十三年宗德堂刻本　湖北

四書閑筆講義四卷　清厚庵鄧夫子撰

清道光二十七年刻本　國圖

四書考四卷　清馬否瑤撰

清光緒十六年桂垣書局刻四書讀本附　天津

四書答問五卷　朝鮮李□□撰

朝鮮光武五年活字印本　國圖

四書便蒙添注十九卷　清王珠樵撰

清光緒十三年會稽王氏刻本　上海　湖北

四書子史集證六卷　清陳子驥撰

清光緒十四年同文書局石印本　湖北

子目：大學一卷

中庸一卷

論語二卷

孟子二卷

四書子史集證六卷　清龍禹甸撰

清光緒二十年上海焕文書局石印本　湖北

子目：大學一卷

中庸一卷

論語二卷

孟子二卷

四書質疑四卷　清龍禹甸撰

民國二十三年祁陽陂橋龍氏石印本　國圖

四書議略四卷　清高心伯撰
　清高心伯稿本　江西博
　子目：大學章句議略一卷
　　　　中庸章句議略一卷
　　　　論語章句議略一卷
　　　　孟子章句議略一卷
四書憶二卷　清李仲昭撰
　一九三三年仙居李鏡渠鉛印蘭雪堂叢書本　國圖　天津　上海　南京　湖北
四書精義補十九卷　清彭天埰撰　清汪之棠補
　清光緒十四年遵義堂刻本　復旦
四書典類淵海五十二卷　清點鐵齋主人輯
　清光緒十四年石印本　湖北
四書地記六卷　清汪在中撰
　清光緒十五年旌陽汪氏刻本　國圖
四書注解撮要二卷　清林慶炳輯
　清光緒十一年刻小石渠閣藏版本　國圖　上海　南京
四書古語録證一卷　清孫國仁撰
　清孫國仁砭愚堂叢書稿本　上海
大中遵注集解四卷　清韓濬撰
　清光緒二十二年刻本　科學
清朝四書彙解七十五卷　清淩陛卿輯
　清光緒二十九年上海鴻文書局石印本　上海　湖北
　子目：大學彙解二卷
　　　　中庸彙解二卷
　　　　論語彙解四十二卷
　　　　孟子彙解二十八卷
新增四書備旨靈捷解八卷　清張素存撰　清鄒蒼崖補
　清光緒二十年裕德局刻本　南京
宋四書文正義一卷　清劉可毅輯
　清光緒二十四年刻本　上海
四書論一卷　清王伊撰
　清光緒二十四年常熟俞氏刻本　科學　上海
四書論二卷
　清光緒二十七年上海文瑞樓石印袖珍本　湖北

清光緒二十七年上海求是齋石印巾箱本　南京　湖北

四書經義策論啓蒙四卷　清温振翔撰

清光緒二十四年上海點石齋石印本　上海

四書質疑十九卷　清徐紹楨撰

清光緒九年番禺徐氏梧州刻學壽堂叢書本　國圖　首都　北大　清華　北師大　科學

四書瑣言一卷　清虞景璜撰

一九二四年虞和欽排印澹園雜著本　國圖　首都　清華　北師大

四書教子尊經求通録六卷　清楊一昆撰

清津門楊氏刻本　國圖

四書過庭編十九卷　清白樹敏述

清稿本　復旦

舊抄本　南京

續四書遺訓後集四卷　清鄧逢光撰

清刻本　南京

四書貫　清張以鼎輯

清抄本　上海(存大學)

四書正學淵源十卷首一卷　清趙鹿友撰

清抄本　天津

清刻本　天津

四書句辨詳一卷　宋朱熹集注　清顧登校訂

清玉峰山顧氏桂雲堂刻本　復旦

四子書一得考五卷半知録一卷續一卷　鴛湖侍者恪三氏撰

清抄本　東北師大

曲台四書輯注十七卷　清顧德咸撰

清顧德咸稿本　上海

四書注説參證七卷　清胡清聚撰

清刻本　湖北

民國北京人文科學研究所抄本　科學

四書一貫録三卷　清劉克柔撰

清稿本　遼寧

四書存參五卷　清劉曾海撰

清光緒十二年刻祥符劉氏叢書之有深致軒集本　國圖

我疑録一卷　清程德調

一九三三年義烏黄氏排印義烏先哲遺書本　國圖

四書日記續九卷　清龍澄波撰

刻本　南京

四書疑句輯解二卷　清倪偉人撰

清刻本　上海　湖北

四書彙講薪傳　清潘繼高訂

抄本　南京

四書統宗會元　清沈栻撰

清樂志堂抄本　浙江

四書集注考證九卷　清王士濂撰

清光緒二十四年高郵王氏刻鶴壽堂叢書本　國圖　北大　清華　北師大　科學

四書集釋就正藁一卷　清王士濂撰

清光緒二十四年高郵王氏刻鶴壽堂叢書本　國圖　北大　清華　北師大　科學

王芑孫窗課稿　清王芑孫撰

清王芑孫稿本　故宫

四書所見録　清王錫命撰

清王錫命稿本　浙江

吴會員增補備考四書徵十二卷　清吴貞啓增補

清刻本　國圖

四書参注一卷　清王植撰

清崇德堂刻本　國圖

四庫全書存目叢書北京圖書館古籍珍本叢刊影印清崇德堂刻本

愢學讀四書記略一卷　清楊澄鑒撰

清刻本　國圖

四書辨釋備考一卷　清葉廷琯撰

清葉廷琯稿本　蘇州

四書典故聚覽不分卷附四書别解聚覽　清俞時懋輯

清俞時懋稿本　北大

四書别解聚覽　清俞時懋輯

清俞時懋稿本　北大

四書考摘要二卷　清袁蘭撰

抄本　上海

四書考略二卷　清鄭兆元撰

清抄本　重慶

四書發注十九卷　清朱奇生撰

清刻本　南京

四書學旨一卷　清朱澤□撰

抄本　佚名朱筆圈點　上海

四書地理略一卷　清吕元錦撰

清刻本　南京

繪圖四書便蒙課本不分卷　清南洋官書局編

清光緒三十二年石印本　上海　南京

清宣統二年南洋官書局石印本　南京

四書義經正篇二卷首一卷　清三魚書屋輯

清光緒二十七年掃葉山房石印本　上海

四書識小録　清楊守敬撰

楊守敬稿本　重慶

經部　爾雅類

一、正文之屬

爾雅三卷

唐開成二年勒石清麐氏半畝園嫏嬛妙境拓印唐開成石經本　北大　復旦　南京

一九二六年掖縣張氏皕忍堂摹刻藍印唐開成石壁十二經本　北師大　天津　上海　復旦　遼寧　吉林市　山東大學　浙江　浙江大學　福建　福師　湖北　四川　重慶

爾雅三卷　日本松崎明復審定

日本天保十四年肥後新田成章館據小島知足等縮臨摹唐開成石經拓本刻本　日東京大學

爾雅二卷

明吴勉學刻十三經本　國圖

清光緒二年傅玉森抄本　南京

清光緒六年成都書局刻本　國圖

爾雅不分卷

清光緒張世準鄂城刻本　湖北　武漢

清徐崇立抄本　湖南

清抄白文本　湖北

爾雅白文三卷

清項朝䕫抄本　南京

爾雅三卷附小爾雅一卷

明刻白文本　臺北央圖

爾雅佚文一卷　清王仁俊輯

清王仁俊稿本經籍佚文本　上海

爾雅一卷　清湯金釗書

清咸豐九年崇讓堂刻本　國圖　科學　上海　浙江　湖北　武漢

篆文爾雅

民國影抄篆字本　湖北

二、傳説之屬

爾雅犍爲文學注三卷　題漢郭舍人撰　清馬國翰輯

清同治十年濟南皇華館刻玉函山房輯佚書本

清光緒九年長沙嫏嬛館刻玉函山房輯佚書本　國圖　首都　科學

清光緒十年楚南書局刻玉函山房輯佚書本　國圖　北大　復旦

爾雅犍爲文學注一卷　漢闕名撰　清黄奭輯

清道光甘泉黄氏刻光緒印漢學堂叢書本　國圖　首都　北大　科學

清道光甘泉黄氏刻一九二五年王鑑修補印黄氏逸書考本　國圖　北大

清同治真州張氏廣東刻一九一三年重修印本榕園叢書甲集本　國圖　首都　科學

一九三四年江都朱長圻據甘泉黄氏原版補刻印黄氏逸書考本　首都　北師大　清華

爾雅舍人注一卷　漢闕名撰　清王仁俊輯

清王仁俊稿本十三經漢注本　上海

爾雅劉氏注一卷　漢劉歆撰　清馬國翰輯

清同治十年濟南皇華館刻玉函山房輯佚書本

清光緒九年長沙嫏嬛館刻玉函山房輯佚書本　國圖　首都　科學

清光緒十年章邱李氏據馬氏刊版重印玉函山房輯佚書本　北師大　天津　上海

清光緒十年楚南書局刻玉函山房輯佚書本　國圖　北大　復旦

爾雅注一卷　漢劉歆撰　清黄奭輯

清道光甘泉黄氏刻光緒印漢學堂叢書本　國圖　首都　北大　科學

清道光甘泉黄氏刻一九二五年王鑑修補印黄氏逸書考本　國圖　北大

清同治真州張氏廣東刻一九一三年重修印本榕園叢書甲集本　國圖　首都　科學

爾雅許君義一卷　漢許慎撰　清王仁俊輯

清王仁俊稿本玉函山房輯佚書續編本　上海

爾雅許氏義一卷　漢許慎撰　清王仁俊輯

清王仁俊稿本十三經漢注本　上海

爾雅樊氏注一卷　漢樊光撰　清馬國翰輯

清同治十年濟南皇華館刻玉函山房輯佚書本

清光緒九年長沙嫏嬛館刻玉函山房輯佚書本　國圖　首都　科學

清光緒十年章邱李氏據馬氏刊版重印玉函山房輯佚書本　北師大　天津　上海

清光緒十年楚南書局刻玉函山房輯佚書本　國圖　北大　復旦

爾雅注一卷　漢樊光撰　清黄奭輯

清道光甘泉黄氏刻光緒印漢學堂叢書本　國圖　首都　北大　科學

清道光甘泉黄氏刻一九二五年王鑑修補印黄氏逸書考本　國圖　北大

清同治真州張氏廣東刻一九一三年重修印本榕園叢書甲集本　國圖　首都　科學

一九三四年江都朱長圻據甘泉黄氏原版補刻印黄氏逸書考本　首都　北師大　清華

爾雅李氏注三卷　漢李巡撰　清馬國翰輯

清同治十年濟南皇華館刻玉函山房輯佚書本

清光緒九年長沙嫏嬛館刻玉函山房輯佚書本　國圖　首都　科學

清光緒十年章邱李氏據馬氏刊版重印玉函山房輯佚書本　北師大　天津　上海

清光緒十年楚南書局刻玉函山房輯佚書本　國圖　北大　復旦

爾雅注一卷　漢李巡撰　清黄奭輯

清道光甘泉黄氏刻光緒印漢學堂叢書本　國圖　首都　北大　科學

清道光甘泉黄氏刻一九二五年王鑑修補印黄氏逸書考本　國圖　北大

爾雅李氏注一卷　漢李巡撰　清王仁俊輯

清王仁俊稿本十三經漢注本　上海

爾雅鄭君注一卷　漢鄭玄撰　清王仁俊輯

清王仁俊稿本玉函山房輯佚書續編本　上海

爾雅鄭氏注一卷　漢鄭玄撰　清王仁俊輯

清王仁俊稿本十三經漢注本　上海

爾雅鄭玄注稽存不分卷　漢鄭玄撰　許森輯

一九三二年石印本　國圖　北師大

爾雅注一卷　漢闕名撰　清王謨輯

清嘉慶三年金溪王氏刻漢魏遺書抄本　國圖　北大　科學

孫氏爾雅正義鈔一卷　三國魏孫炎撰　清吴騫輯

清吴騫稿本　上海

孫氏爾雅正義拾遺一卷　三國魏孫炎撰　清吴騫輯

清乾隆嘉慶間海昌吴氏刻拜經樓叢書本　國圖　北大　科學　上海　復旦

一九二二年上海博古齋增輯影印清乾隆嘉慶吴氏刻拜經樓叢書本　國圖

北大　北師大

爾雅孫氏注三卷　三國魏孫炎撰　清馬國翰輯

清同治十年濟南皇華館刻玉函山房輯佚書本

清光緒九年長沙嫏嬛館刻玉函山房輯佚書本　國圖　首都　科學

清光緒十年章邱李氏據馬氏刊版重印玉函山房輯佚書本　北師大　上海　天津

清光緒十年楚南書局刻玉函山房輯佚書本　國圖　北大　復旦

爾雅孫氏音一卷　三國魏孫炎撰　清馬國翰輯

清同治十年濟南皇華館刻玉函山房輯佚書本

清光緒九年長沙嫏嬛館刻玉函山房輯佚書本　國圖　首都　科學

清光緒十年章邱李氏據馬氏刊版重印玉函山房輯佚書本　北師大　天津　上海

清光緒十年楚南書局刻玉函山房輯佚書本　國圖　北大　復旦

爾雅音注一卷　三國魏孫炎撰　清黄奭輯

清道光甘泉黄氏刻光緒印漢學堂叢書本　國圖　首都　北大　科學

清道光甘泉黄氏刻一九二五年王鑑修補印黄氏逸書考本　國圖　北大

清同治真州張氏廣東刻一九一三年重修印本榕園叢書甲集本　國圖　首都　科學

一九三四年江都朱長圻據甘泉黄氏原版補刻印黄氏逸書考本　首都　北師大　清華

爾雅孫氏注一卷　三國魏孫炎撰　清王仁俊輯

清王仁俊稿本玉函山房輯佚書續編本　上海

爾雅存卷中　晉郭璞注

一九四七年臺灣大學據敦煌寫本影印敦煌祕籍留真新編本　北師大　清華　上海　華東師大　上海師大　吉大　甘肅　南大　浙江　四川

爾雅三卷　晉郭璞注

南宋國子監刻本　臺北故宫

明嘉靖十七年吴元恭刻本　國圖　北大　人大　北師大　上海　復旦　上師　南京

清嘉慶十一年顧廣圻思適齋覆刻明嘉靖吴元恭本　國圖　北大　科學　天津　南開　上海　遼寧　南京　浙江　江西　湖北　武漢

清光緒九年遵義黎庶昌日本東京使署據日覆宋蜀大字本景刻古逸叢書本　國圖　北大　清華　北師大　科學　中醫　上海　復旦　華東師大等舘

日本明治影鈔南宋監本(楊守敬題識)　臺北故宫

一九三二年故宫博物院據南宋國子監本影印天禄琳琅叢書本　國圖　北大　清華　北師大　科學　中醫　天津　上海　復旦等館

爾雅不分卷

明天啓七年刻蕿古介書本　北大

爾雅三卷音釋三卷　晉郭璞注　闕名音釋

宋刻本(清顧廣圻跋)　國圖

元大德三年平水曹氏進德齋刻本　北大

元刻本(音釋卷下配清影元抄本)　國圖

清影宋抄本(徐乃昌跋)　國圖

一九一九年上海商務印書館據常熟瞿氏鐵琴銅劍樓藏宋刻本影印四部叢刊本　國圖　北大　清華　北師大　科學　上海　復旦　華東師大等館

中華再造善本影印宋刻本(顧廣圻跋)

爾雅三卷音釋三卷　晉郭璞注　闕名音釋　明馬諒校

明景泰七年應天府尹馬諒刻本　北師大　天津(周叔弢校並跋)　臺北央圖(查慎行批校)　日公文書館

清道光四年金陵陳氏刊謬齋翻刻明景泰馬諒本石經精舍藏版本　北大　上海　南京　湖北

明嘉靖四年太原知府黄時庸刻本　臺北央圖

新刊爾雅三卷音釋三卷　晉郭璞注　闕名音釋　明畢效欽校

明畢效欽刻五雅全書本　北大

爾雅二卷附釋音　晉郭璞注　闕名釋音　明朗奎金糾譌

明天啓六年郎氏堂策檻刻五雅本　國圖　北大　清華　人大　北師大　中央民大　科學　上海　華東師大　上師　天津　遼寧　南京　南大　浙江　湖北　川大　四川民族大學　香港中文大學

爾雅三卷音釋三卷　晉郭璞撰　闕名音釋　清王朝宸校

清康熙五十二年刻懷德堂藏版本　北大

爾雅三卷音釋三卷坿校譌一卷　晉郭璞注　闕名音釋　日本松崎復校譌

日本天保十五年肥後松崎氏羽澤石經山房據江户狩谷氏景宋抄本景刻本　國圖　上海　上海辭書　大連　南京　湖北(徐行可題識)　四川　日東洋文庫　日東京大學　日京都大學

爾雅校譌一卷　日本松崎復撰

日本天保十五年肥後松崎氏羽澤石經山房刻本　國圖　上海　上海辭書　大連　南京　湖北　四川

爾雅三卷音釋三卷　晉郭璞注　闕名音釋

一九二二年古書流通處據清嘉慶十一年顧廣圻思適齋覆刻明嘉靖吴元恭本影印古書叢刊本　國圖　首都　北大　北師大　科學　天津　上海　復旦　華東師大等館

爾雅三卷　晉郭璞撰

元雪牕書院刻本(清臧庸校)　清陳焯　清翁同龢書跋　國圖

明刻本　北大

清嘉慶四年武進臧庸同述觀據元雪窗書院本刻拜經堂叢書本　國圖　北大　科學　上海　復旦　南京　浙江　臺北央圖　日國會　日東京大學

清光緒八年巴陵方功惠碧琳琅館據嘉慶臧庸同述觀覆元雪牕書院本翻刻本　臺北央圖　日東京大學　日京都大學

清末扬州書局刻本　北大

中華再造善本影印元雪牕書院刻本(陳焯、翁同龢書跋)

新刊注釋爾雅三卷　晉郭璞注　明畢效欽校

明隆慶二年畢效欽刻五雅全書本　國圖　北大　北師大　科學　天津　上海　吉林大學　山東　南京　湖北　武大　四川　川大

爾雅三卷音釋三卷　晉郭璞注　唐陸德明音釋　清孔繼汾校

清乾隆二十九年曲阜孔繼汾刻本　國圖　北大　北師大　科學　上海(清吴孝顯録　清惠棟校　清韓應陛題識)　南京　湖北(清徐恕過録　清嚴元照校)

爾雅三卷音釋三卷　晉郭璞注　唐陸德明音釋

清嘉慶二十二年順德張青選清芬閣刻本　國圖　北大　北師大　天津　上海　南京　浙江　湖北

清同治七年湖北崇文書局刻十三經讀本本　國圖　北大　天津　上海　甘肅　武漢　湖南

清同治十三年湖南尊經閣刻本　國圖　北大　上海　南京　江西　湖北　湖南

清光緒二十一年金陵書局刻本　國圖　北大　天津　上海　甘肅　南京　浙江　湖南

爾雅十一卷　晉郭璞注

明崇禎十二年金蟠重刻萬曆東吴葛氏永懷堂十三經古注本　國圖　北大　天津　復旦　南京　中山大　山東　江西

明崇禎十二年金蟠刻清同治八年浙江書局重修十三經古注本　國圖　首都　北大　北師大　天津　遼寧　南京　湖北　浙江

爾雅注　晉郭璞注　唐陸德明音義　清闕名批校

清抄本　上海

爾雅三卷校刊記一卷　晉郭璞注　唐陸德明音義　清丁寶楨等撰校刊記

清同治十一年山東書局刻十三經讀本本　國圖　首都　北大　天津　復旦　南京

清光緒五年山西濬文書局刻本　國圖　湖北　武漢

清光緒八年錦江書局刻本　南京

爾雅校刊記一卷　清丁寶楨等撰

清同治十一年山東書局刻十三經讀本本　國圖　首都　北大　天津　復旦　南京

清光緒五年山西濬文書局刻本　國圖　湖北　武漢

清光緒八年錦江書局刻本　南京

爾雅圖三卷　晉郭璞注

明彩繪本　上海

爾雅經注三卷音釋一卷附句讀便讀一卷　晉郭璞注

清刻本　湖北

爾雅音義一卷　晉郭璞撰　清馬國翰輯

清同治十年濟南皇華館刻玉函山房輯佚書本

清光緒九年長沙嫏嬛館刻玉函山房輯佚書本　國圖　首都　科學

清光緒十年章邱李氏據馬氏刊版重印玉函山房輯佚書本　北師大　天津　上海

清光緒十年楚南書局刻玉函山房輯佚書本　國圖　北大　復旦

爾雅音義一卷　晉郭璞撰　清黄奭輯

清道光甘泉黄氏刻光緒印漢學堂叢書本　國圖　首都　北大　科學

清道光甘泉黄氏刻一九二五年王鑑修補印黄氏逸書考本　國圖　北大

清同治真州張氏廣東刻一九一三年重修印本榕園叢書甲集本　國圖　首都　科學

一九三四年江都朱長圻據甘泉黄氏原版補刻印黄氏逸書考本　首都　北師大　清華

爾雅劉氏注一卷　晉劉兆撰　清王仁俊輯

清王仁俊稿本玉函山房輯佚書續編本　上海

集注爾雅一卷　南朝梁沈旋撰　清馬國翰輯

清同治十年濟南皇華館刻玉函山房輯佚書本

清光緒九年長沙嫏嬛館刻玉函山房輯佚書本　國圖　首都　科學
清光緒十年章邱李氏據馬氏刊版重印玉函山房輯佚書本　北師大　天津　上海
清光緒十年楚南書局刻玉函山房輯佚書本　國圖　北大　復旦

爾雅集注一卷　南朝梁沈旋撰　清黄奭輯
清道光咸豐間宜黄黄氏木活字印遜敏堂叢書本　國圖　北大　科學
清道光甘泉黄氏刻光緒印漢學堂叢書本　國圖　首都　北大　科學
清道光甘泉黄氏刻一九二五年王鑑修補印黄氏逸書考本　國圖　北大
清同治真州張氏廣東刻一九一三年重修印本榕園叢書甲集本　國圖　首都　科學

爾雅麻氏注一卷　□麻杲撰　清王仁俊輯
清王仁俊稿本玉函山房輯佚書續編本　上海

爾雅裴氏注一卷　唐裴瑜撰　清馬國翰輯
清同治十年濟南皇華館刻玉函山房輯佚書本
清光緒九年長沙嫏嬛館刻玉函山房輯佚書本　國圖　首都　科學
清光緒十年章邱李氏據馬氏刊版重印玉函山房輯佚書本　北師大　天津　上海
清光緒十年楚南書局刻玉函山房輯佚書本　國圖　北大　復旦

爾雅疏十卷　宋邢昺撰
宋刻宋元明初遞修公文紙印本　國圖
清光緒四年吴興陸氏十萬卷樓刻本　國圖(王國維校並跋)　北大　科學
一九二二年上海商務印書館續古逸叢書影印宋咸平本　國圖　北大　科學
中華再造善本續修四庫全書影印宋刻宋元明初遞修公文紙印本

爾雅注疏十一卷　晉郭璞注　宋邢昺疏
元刻明修本　國圖　北大(清周星詒跋)　上海　大連　南京(清丁丙跋)　甘肅　樂平　臺北央圖
明嘉靖李元陽刻十三經注疏本　國圖(清唐翰題校並跋)　清華　人大　上海　復旦
明萬曆北京國子監刻十三經注疏本　國圖　北師大(傅山批點)　上海　復旦　遼寧　南大　安徽　福建　四川
明崇禎毛氏汲古閣刻十三經注疏本　國圖(清許瀚跋　王筠題識)　首都　北師大　科學　清華　天津　上海(清劉玉麐校並跋　清趙撝叔題識　清汪德鉞校並題識)　復旦　上海師大　内蒙　遼寧　甘肅　山東大學　南京　浙江　福建　廈大(清王振聲批校)　福師　湖北　廣東　川大

重師　黑龍江　青海　臺北央圖
明刻本　國圖　上海
清乾隆十年三樂齋刻本　北師大(清余允圻批校)　上海(清刁戴高批並跋)　南京　江西　雲南
清乾隆四十三年三樂齋刻本　國圖　南京
清嘉慶八年青雲樓刻經綸堂印本　北大　武漢　湖南

爾雅注疏十一卷附考證　晉郭璞注　宋邢昺疏　清張照考證
清乾隆四年武英殿刻十三經注疏本　上海
清乾隆四庫全書館寫欽定四庫全書本
清乾隆六十年敦化堂刻本　浙江　湖南
清同治十年廣東書局刻十三經注疏本　國圖　首都　南京　南大

爾雅注疏十卷附校勘記十卷 晉郭璞注 宋邢昺疏 清阮元撰校勘記
清嘉慶二十年南昌府學刻重刻宋本十三經注疏本　國圖(王國維校並跋) 北師大　清華
清同治十二年江西書局重刊宋本十三經注疏本　國圖　首都　北師大　復旦
清光緒十三年上海脈望仙館石印重刊宋本十三經注疏本　國圖　首都　北師大
清光緒十八年湖南寶慶務本圖書局重刊宋本十三經注疏本　北大　天津　上海

爾雅注疏二卷附校勘記二卷
清光緒十三年點石齋遵阮本重校印本　湖北

爾雅注疏校勘記十卷　清阮元撰
清嘉慶二十年南昌府學刻重刻宋本十三經注疏本　國圖(王國維校並跋) 北師大　清華
清同治十二年江西書局重刊宋本十三經注疏本　國圖　首都　北師大　復旦
清光緒十三年上海脈望仙館石印重刊宋本十三經注疏本　國圖　首都　北師大
清光緒十八年湖南寶慶務本圖書局重刊宋本十三經注疏本　北大　天津　上海
清光緒二十三年上海點石齋石印重刊宋本十三經注疏本　國圖　北大　北師大　上海

爾雅注疏校勘記二卷
清光緒十三年點石齋遵阮本重校印本　湖北

爾雅注疏校勘記三卷

清嘉慶刻十三經注疏校勘記本　國圖(清徐時棟跋)　武漢

清光緒二十四年蘇州官書坊刻宋本十三經注疏校勘記本　國圖　首都　北大　上海

爾雅校勘記六卷

清道光九年廣東學海堂刻皇清經解本　國圖　首都　科學　歷博　北師大　上海　復旦

清道光九年廣東學海堂刊咸豐十一年補刊皇清經解本　國圖　首都　歷博　北師大

清光緒十七年上海鴻寶齋石印皇清經解本　國圖　中醫　上海　華東師大

清光緒上海點石齋石印皇清經解本　國圖　北師大　上海　復旦　山東　南京　南大

爾雅讀本十一卷　晉郭璞注　唐陸德明音義　宋邢昺疏

一九二四年吴江施肇曾醒園刊十三經讀本本　國圖　清華　上海　復旦

爾雅便蒙一卷　晉郭璞注　宋邢昺疏　清華文棫節録

清道光八年知樂堂刻本　南京

爾雅新義二十卷　宋陸佃撰

清乾隆抄本(羅振玉題識)　遼寧

清嘉慶阮元景抄宋本輯宛委別藏本　臺北故宮

清影宋抄本　臺北故宮

清抄本　國圖

清抄本　北大

清抄本(佚名校)　上海

爾雅新義二十卷敘録一卷　宋陸佃撰　清宋大樽校並輯敘録

清嘉慶十三年陸芝榮三間草堂刻本　國圖　北大　科學　清華　北師大　人大　上海

清咸豐三年南海伍氏刻粤雅堂叢書本　上海

清咸豐五年龍威館抄本　南京

清道光光緒間南海伍氏刻粤雅堂叢書二編本　國圖　科學　廣東　四川

續修四庫全書影印清嘉慶十三年陸氏三間草堂刻本

爾雅新義敘録一卷　清宋大樽撰

清嘉慶十三年陸芝榮三間草堂刻本　國圖　北大　科學　清華　北師大　人大　上海

清咸豐三年南海伍氏刻粤雅堂叢書本　上海

清咸豐五年龍威館抄本　南京

清道光光緒間南海伍氏刻粵雅堂叢書二編本　國圖　科學　廣東　四川

爾雅三卷　宋鄭樵注

元刻本　國圖

明崇禎虞山毛氏汲古閣刻津逮祕書本　國圖　北大　科學　上海　復旦

清初抄本　國圖

清康熙四十年鄭定遠刻本　國圖　上海　湖北

清乾隆四庫全書館寫欽定四庫全書本

清乾隆刻鄭氏注韓居七種本　科學

清嘉慶十年虞山張氏曠照閣刻學津討原本　國圖　北師大　科學　上海

一九二二年上海博古齋影印明毛氏汲古閣津逮祕書本　國圖　北大　北師大　清華

中華再造善本北京圖書館珍本叢刊影印元刻本

爾雅貫珠一卷　明朱銓輯

清咸豐元年刻小嫏嬛山館彙刊類書十二種本　國圖　北大　復旦　華東師大

清同治六年緯文堂刻小嫏嬛山館彙刊類書十二種本　北大

清光緒二十年文選樓石印嫏嬛獺祭十二種本　北師大　中醫　福師

爾雅注疏參義六卷　清姜兆錫撰

清雍正十年寅清樓刻九經補注本　國圖　北大　科學　上海　復旦　華東師大　遼寧　南京　湖北　重慶　雲大

清刻本　北大

四庫全書存目叢書續修四庫全書影印清雍正十年寅青樓刻本

畏齋爾雅客難一卷　清龔元玠撰

清道光二十六年縣學文昌祠考棚公局刻十三經客難本　國圖　北大　北師大　上海

爾雅初學讀本一卷　清萬廷蘭撰

清乾隆刻十一經初學讀本本　上海

清光緒二年四川學院刻十一經初學讀本本　遼寧

爾雅補注四卷　清周春撰

清乾隆嘉慶間刻松靄初刻本　上海

清光緒三十四年長沙葉德輝校刻觀古堂彙刻書本　國圖　科學　天津　上海　湖北

清光緒三十四年長沙葉氏刻一九一九年重編印觀古堂彙刻書本　國圖

北大　科學
清抄本（清盧文弨批注）　南京
一九三五年長沙中國古書刊印社彙印郎園先生全書本　國圖　北大　清華　上海
續修四庫全書影印清光緒三十四葉氏刻本

孫氏爾雅正義抄一卷　清吴騫輯
清吴騫稿本　上海

爾雅補郭二卷　清翟灝撰
清仁和翟氏刻本　南京
清乾隆刻本　上海
清光緒八年傅世洵卷施誃刻本　國圖　科學　天津　上海　南開　遼寧　南京
清光緒九年歸安姚氏刻咫進齋叢書本　國圖　北大　北師大　清華　上海　復旦
清光緒十四年南菁書院刻皇清經解續編本　國圖　首都　北大　科學
清光緒德化李氏木犀軒刻木犀軒叢書本　國圖　北大　北師大　科學　清華
續修四庫　影印復旦圖書館藏清刻本

爾雅札記一卷　清朱亦棟撰
清嘉慶二十二年刻十三經札記本　國圖
清光緒四年武林竹簡齋刻十三經札記本　國圖　北師大　清華　上海　復旦

爾雅補注殘本一卷　清劉玉麐著
清光緒吴縣潘氏刻功順堂叢書本　國圖　北大　北師大　科學　清華　上海　復旦
清光緒十二年刻本　國圖
清光緒十四年廣雅書局刻廣雅書局叢書本　國圖　北師大　上海　江西　湖北　武漢
清光緒廣雅書局刻民國九年番禺徐紹棨彙編重印廣雅書局叢書本　國圖　科學
清末抄本　北大

爾雅校議二卷　清劉玉麐撰
一九二五年錢塘汪氏刻本　國圖　辭書
一九三〇年錢塘汪氏刻食舊堂叢書本　國圖　北師大　清華　上海

續修四庫全書影印民國十四年汪氏刻食舊堂叢書本

爾雅古義二卷 清錢坫撰

清光緒十四年南菁書院刻皇清經解續編本 國圖 首都 北大 科學

清光緒十五年上海蜚英館石印皇清經解續編本 國圖 首都 北師大 清華 上海

清抄本(清謝章鋌跋) 湖北

清抄本(清楊浚跋) 福建

清鄭氏注韓居抄本 重慶

續修四庫全書影印清抄本

爾雅釋地四篇注一卷 清錢坫撰

清乾隆四十六年刻本 江西

清嘉慶七年擁萬堂刻錢氏四種本 國圖 北大 科學 上海 華東師大

清光緒十四年南菁書院刻皇清經解續編本 國圖 首都 北大 科學

民國影印清乾隆刻本 復旦

民國中國書店影印清嘉慶擁萬堂錢氏四種本 北大 北師大 清華 上海

續修四庫全書影印清嘉慶七年擁萬堂刻錢氏四種本

爾雅歲陽攷一卷 清楊浚(觀頮道人)輯

清刻閏竹居叢書本 科學 清華 上海 遼寧 南京 福建

爾雅正義二十卷 清邵晉涵撰

清道光九年廣東學海堂刻皇清經解本 國圖 首都 科學 歷博 北師大 上海 復旦

清道光九年廣東學海堂刻咸豐十一年補刻皇清經解本 國圖 首都 歷博 北師大

清光緒十七年上海鴻寶齋石印皇清經解本 國圖 中醫 上海 華東師大

爾雅正義二十卷釋文三卷 清邵晉涵撰 唐陸德明釋文

清乾隆五十三年餘姚邵氏面水層軒刻本 國圖 科學 清華 北師大 人大 天津 上海(清宋保批校) 寶應(清戈襄校並跋) 復旦 南京 浙江 江西 福建(清謝章鋌校並跋) 湖北(清甘元煥跋) 武漢 四川(清錢侗校並跋) 川大 川師大 萬縣師專 雲大

清翻刻餘姚邵氏家塾本 湖北

清文炳齋刻本 遼寧

清刻本(清李慈銘題識) 國圖

清刻本 北大

續修四庫全書影印清乾隆五十三年邵氏面水層軒刻本

爾雅提要三卷　清項朝藁撰

抄本　南京

爾雅郭注補正九卷　清戴鎣撰

清乾隆五十二年刻本　國圖　上海

清乾隆刻本　北大　浙江

清光緒海陽韓光鼐刻本　國圖　北大　科學　歷博　天津　上海　遼寧　南京

續修四庫全書影印清乾隆五十二年刻本

爾雅注疏箋補三卷　清任基振撰

清任基振稿本　上海

清乾隆抄本　北大

續修四庫全書影印稿本

爾雅郝注刊誤一卷　清王念孫撰

一九二八年東方學會排印殷禮在斯堂叢書本　國圖　北大　北師大　科學　清華

續修四庫全書影印一九二八年東方學會石印殷禮在斯堂叢書本

爾雅雜纂不分卷　清王念孫撰

清高郵王石臞先生四種手稿本　北大

爾雅注疏旁訓四卷　清周樽輯

清嘉慶元年刻本(清駱士奎校補並跋)　浙江

清嘉慶五年刻本　雲南

讀雅筆記三卷　清李雩撰

清抄本　國圖

清嘉慶九年賜錦堂刻本　國圖　科學　上海　南京　湖北　北大

爾雅會編　清顧澍撰

清嘉慶刻本　科學

爾雅注疏本正誤五卷　清張宗泰撰

清光緒二十六年廣雅書局刻廣雅書局叢書本　國圖　上海　湖北

清光緒南陵徐氏刻積學齋叢書本　國圖　北大　北師大　科學　清華　上海

清光緒廣雅書局刻民國九年番禺徐紹棨彙編重印廣雅書局叢書本　國圖　科學

續修四庫全書影印清光緒刻積學齋叢書本

爾雅舊注三卷　清陳鱣輯

清朱元吕抄本(清許瀚校補並跋)　復旦

爾雅南昌本校勘記訂補一卷　清許光清撰

清咸豐元年海昌蔣氏宜年堂刻六年重編涉聞梓舊本　中醫　天津　上海　南京　河南

清光緒九年蔣光煦別下齋刻斠補隅録本　國圖

一九二四年上海商務印書館影印清咸豐蔣氏涉聞梓舊刻本　國圖　首都　北大

民國武林竹簡齋影印清咸豐蔣氏涉聞梓舊刻本　國圖　北師大　天津　上海

爾雅郭注義疏二十卷　清郝懿行撰

清道光三十年陸建瀛木犀香館刻本　國圖(清李慈銘校並跋)　北大　上海　復旦(清張步瀛校並跋)　復旦(清陳倬校並跋　王大隆跋)　南京　江西　湖北　武漢

清咸豐六年楊以增胡珽刻本　國圖　北大　天津　上海　復旦(清沈寶謙、丁士涵跋　王大隆跋)　南京　浙江　江西　湖北　武漢

清同治四年郝聯薇刻郝氏遺書本　國圖　北大　科學　清華　上海　復旦

清抄本　故宫

民國上海鴻章書局影印清咸豐六年楊以增胡珽刻本　復旦　武漢

爾雅義疏十九卷

清道光九年廣東學海堂刻皇清經解本　國圖　首都　科學　歷博　北師大　上海　復旦

清道光九年廣東學海堂刻咸豐十一年補刻皇清經解本　國圖　首都　歷博　北師大

清光緒十七年上海鴻寶齋石印皇清經解本　國圖　中醫　上海　華東師大

清光緒上海點石齋石印皇清經解本　國圖　北師大　上海　復旦　山東　南京　南大

續修四庫全書影印清同治五年郝氏家刻本

爾雅小箋三卷　清江藩撰

清抄本(清汪憙孫跋　清周鑾詒　清費念慈題識)　上海

清光緒十九年刻本　復旦

清光緒二十六年南陵徐氏刻鄦齋叢書本　國圖　北大　北師大　科學　清華

續修四庫全書影印清抄本

讀雅筆記三卷　清李壿撰

清嘉慶九年賜錦堂刻本　上海

爾雅十九卷附音釋十九卷　清于朝梧輯

清嘉慶六年星子于氏刻白文本　江西　湖北

爾雅漢注三卷　清臧庸輯

清乾隆五十四年刻本　湖南

清嘉慶七年承德孫氏刻問經堂叢書本　國圖　北師大　科學　清華　上海

清光緒十三年吴縣朱氏槐廬家塾刻槐廬叢書三編本　國圖　北大　北師大　科學

爾雅漢注校輯三卷　清臧庸撰

清乾隆嘉慶間抄本　北大

清抄本（徐鯤、陳善、趙春沂批校　嚴傑跋）　北大

爾雅正譌二卷　清吴琨輯

清嘉慶十三年刻本　上海

清嘉慶南溪樓刻本　湖北

爾雅古注合存十九卷總考首一卷　清董桂新撰

清抄本　上海

爾雅匡名二十卷　清嚴元照撰

清嘉慶二十五年唐栖勞氏經原震無咎齋刻本　國圖　科學　上海　浙江　江西

清光緒十一年吴興陸氏守先閣刻本　科學　上海　復旦　遼寧　南京

清光緒十四年南菁書院刻皇清經解續編本　國圖　首都　北大　科學

清光緒十六年廣雅書局刻廣雅書局叢書本　國圖　北師大　上海　南京　江西　湖北

續修四庫全書影印清嘉慶二十五年刻本

爾雅宗經彙説　清滙菴撰

清道光十三年丁香書屋刻本　北大

爾雅古義二卷　清胡承珙撰

清道光十七年歙縣胡氏刻求是堂全集本　國圖　北大　科學　上海　復旦　天津

清抄本　國圖

抄本　上海

續修四庫全書影印清道光十七年求是堂刻本

爾雅古義補一卷　清馮登府撰

清抄本　上海

爾雅蒙求二卷　清李拔式撰

清嘉慶三年李拔式稿本　重慶

清嘉慶三年蟠根書屋刻本　國圖　北大　天津　南開　浙江　南京　湖北　湖南

清嘉慶三年姑蘇七映堂刻本　上海　遼寧　江西

清道光五年刻本　科學　南京

清同治八年樂城王喆刻本　遼寧

四庫未收書輯刊影印清道光五年蟠根書屋刻本

爾雅漢注不分卷　清朱孔彰撰

抄本　科學

爾雅衆家注二卷　清黄奭輯

清道光甘泉黄氏刻光緒印漢學堂叢書本　國圖　首都　北大　科學

清道光甘泉黄氏刻一九二五年王鑑修補印黄氏逸書考本　國圖　北大

清同治真州張氏廣東刻一九一三年重修印本榕園叢書甲集本　國圖　首都　科學

爾雅啓蒙十二卷　清姚承輿撰

清咸豐二年刻姚正父所著書本　國圖　科學　南京　湖北　浙江

四庫未收書輯刊影印清咸豐二年刻本

爾雅舊注考證二卷　清李曾白撰　清李茲然補考

清光緒三十四年刻本　國圖

續修四庫全書影印清光緒三十四年刻本

爾雅經注集證三卷　清龍啓瑞撰

清咸豐四年刻本　科學

清光緒七年臨桂龍氏北京刻本　國圖　北大　北師大　科學　上海　天津　南京

清光緒十四年南菁書院刻皇清經解續編本　國圖　首都　北大　科學

續修四庫全書影印清咸豐四年刻本

爾雅古注斠三卷　清葉蕙心撰

清光緒二年江都李氏半畝園刻小學類編附編本　國圖(李慈銘校)　北大　科學

續修四庫全書影印清光緒二年李氏半畝園刻本

爾雅平議一卷　清俞樾撰

清光緒十四年南菁書院刻皇清經解續編本　國圖　首都　北大　科學

清光緒十五年上海蜚英館石印皇清經解續編本　國圖　首都　北師大　清華　上海

清光緒二十五年春在堂全書之群經平議本　國圖　北大　北師大　科學

清華
爾雅河水源流略一卷　清丁艮善撰
清光緒十年刻本　天津
爾雅文鈔不分卷　清譚獻輯
清仁和譚氏抄本　上海
爾雅約解九卷　清劉曾騄撰
清光緒至民國間祥符劉氏叢書之九經約解刻本油印本　國圖
雅學考一卷　清胡元玉撰
清光緒十七年益智書局鉛印本　華東師大
清末長沙梁益智書局刻本　湖北
一九三六年長沙排印本　科學　南開
一九三六年國立北京大學排印本　北師大　上海　遼寧　湖北　武漢
續修四庫全書影印清光緒十七年益智書局鉛印本
爾雅蒙求二卷　清李鴻逵撰
清光緒十三年寶華堂刻本　北大
爾雅正郭三卷　清潘衍桐撰
清光緒十七年潘衍桐自刻本　北大　科學　遼寧
清光緒十七年浙江書局刻本　國圖　北大　北師大　上海　復旦　南京
浙江
續修四庫全書影印清光緒十七年自刻本
爾雅正郭二卷
清光緒章郭刻本　南京
爾雅漢學證義二卷　清陶方琦撰　清陶濬宣校　孫同康簽校
孫同康稿本　上海
爾雅古注斠補一卷　清陶方琦撰
清光緒會稽徐氏鑄學齋鈔漢孳室遺著本　上海
爾雅集解十九卷　清王闓運撰
清光緒刻本　國圖
清光緒宣統間刻湘綺樓全書本　國圖　北大　天津　上海　内蒙　遼寧
爾雅異文考四卷　清史詮撰
清史詮手稿本(高燮跋)　上海
爾雅釋例五卷附一卷　清陳玉澍撰
清抄本　科學
一九二一年南京高等師範學校鉛印本　國圖　科學　上海　復旦　南京

續修四庫全書影印藏一九二一年鉛印本

爾雅詁一卷附注蟲魚齋讀疋集釋一卷　清徐孚吉撰

清徐孚吉稿本　南京

爾雅詁二卷

清光緒十四年江陰南菁書院刻南菁書院叢書本　國圖　北大　北師大　科學

讀爾雅日記一卷　清包錫咸撰

清光緒十六年刻二十二年續刻學古堂日記本　國圖　科學　清華　上海　復旦

爾雅易讀一卷　清路德訂

清光緒南京李光明莊刻本　湖北

爾雅訓纂一卷　清周繪藻撰

清光緒百柱山房石印本　國圖　湖北

爾雅注疏劄記十卷　清劉光蕡撰

清光緒二十年陝甘味經刊經處刻本　國圖

爾雅釋言集解後案一卷　清黄世榮撰

一九一五年嘉定黄氏排印文惠全書本　國圖　北大　北師大　清華　上海

爾雅正名一卷　清汪瑩撰

清末函雲齋抄本　北大

爾雅正名十九卷　清汪鎣撰　黄侃評

清抄本(黄侃跋　章炳麟題識)　湖北

爾雅正名評一卷

一九三六年章氏國學講習會鉛印本　國圖　上海　甘肅　南京　湖北　武漢

爾雅字句蒙求三卷　清王貞撰

清王貞稿本　復旦(王大隆跋)

爾雅郭注佚存補訂二十卷　清王樹枏撰

清光緒十八年新城王氏刻陶廬叢刻本　國圖　科學　清華　上海　復旦

續修四庫全書影印清光緒十八年資陽文莫室刻本

爾雅郭讀證異不分卷　清王樹枏撰

民國間緑絲欄抄本　國圖

郭景純爾雅訂經二十五卷　清王樹枏撰

王樹枏稿本　存十七卷　國圖

郭氏爾雅訂經二十五卷

一九三一年陶廬王氏刻本　國圖　遼寧

爾雅説詩二十二卷　清王樹楠撰

王樹楠稿本　科學

一九三五年新城王氏自刻本　科學　遼寧　南京

爾雅郭注拾補一卷　清沙元炳輯

任銘善鈔稿本　復旦

爾雅稗疏四卷　清繆楷撰

清光緒二十年江陰使署刻南菁劄記本　國圖　北大　北師大　科學　上海　華東師大

續修四庫全書影印清光緒二十年江陰使署刻南菁劄記本

爾雅易讀不分卷　闕名撰

清光緒八年關中義興堂刻本　天津

讀爾雅日記一卷　清蔣元慶撰

清光緒十六年刻二十二年續刻學古堂日記本　國圖　科學　清華　上海　復旦

讀爾雅日記一卷　清陸錦燧撰

清光緒十六年刻二十二年續刻學古堂日記本　國圖　科學　清華　上海　復旦　華東師大

讀爾雅日記一卷讀爾雅補記一卷　清董瑞椿撰

清光緒十六年刻二十二年續刻學古堂日記本　國圖　科學　清華　上海　復旦

續修四庫全書影印清光緒十六年刻學古堂日記本

讀爾雅日記一卷　清王頌清撰

清光緒十六年刻二十二年續刻學古堂日記本　國圖　科學　清華　上海　復旦

讀爾雅日記一卷　清楊賡元撰

清光緒十六年刻二十二年續刻學古堂日記本　國圖　科學　清華　上海　復旦

緘齋爾雅注三卷　清陳與冏撰

清稿本(存卷中下)　天津

爾雅箋釋六卷　清沈潮撰

清沈潮稿本　上海

祓心堂讀雅孔見三卷外篇一卷　清王時亨撰

一九二九年國立北平圖書館抄本　國圖

民國抄本　國圖

爾雅諍郭二卷　清朱學聃撰
　一九三六年鉛印本　國圖　上海　復旦　南京
爾雅義證三卷　清尹桐陽撰
　一九一四年衡陽湖南第五聯合縣立中學校石印本　上海
爾雅草木蟲魚鳥獸釋例一卷　清王國維撰
　一九一六年上海倉聖明智大學排印廣倉學宭業書本　國圖　北師大　科學　清華
　一九三七年海寧王氏海寧王忠愨公遺書初集排印石印本　國圖　北師大　清華　上海
　一九四〇年商務印書館長沙石印海寧王静安先生遺書本　國圖　北大　清華

三、圖贊之屬

爾雅圖讚一卷　晉郭璞撰　清馬國翰輯
　清同治十年濟南皇華館刻玉函山房輯佚書本
　清光緒九年長沙嫏嬛館刻玉函山房輯佚書本　國圖　首都　科學
　清光緒十年章邱李氏據馬氏刊版重印玉函山房輯佚書本　北師大　天津　上海
　清光緒十年楚南書局刻玉函山房輯佚書本　國圖　北大　復旦
爾雅圖贊一卷　晉郭璞撰　清嚴可均輯
　清光緒二十一年長沙葉氏刻觀古堂所刊書本　國圖　北師大　上海　復旦　天津
　清光緒二十一年長沙葉氏刻一九一九年重編印觀古堂彙刻書本　國圖　北大　科學
　清光緒三十四年長沙葉德輝刻本　國圖
　一九三五年長沙中國古書刊印社彙印郎園先生全書本　國圖　北大　清華　上海
爾雅圖贊一卷　晉郭璞撰　清錢熙祚輯
　清道光金山錢氏據借月山房彙鈔刊版重編增刊指海本　國圖　清華　上海
　一九三五年上海大東書局影印清道光錢氏重編借月山房彙抄本　國圖　北大　科學
爾雅圖贊一卷　晉郭璞撰　清黄奭輯
　清道光甘泉黄氏刻光緒印漢學堂叢書本　國圖　首都　北大　科學

清道光甘泉黄氏刻一九二五年王鑑修補印黄氏逸書考本　國圖　北大
清同治真州張氏廣東刻一九一三年重修印本榕園叢書甲集本　國圖　首都　科學
一九三四年江都朱長圻據甘泉黄氏原版補刻印黄氏逸書考本　首都　北師大　清華

爾雅圖贊一卷　晉郭璞撰　清王謨輯

清嘉慶三年金溪王氏刻漢魏遺書抄本　國圖　北大　科學

四、文字音義之屬

爾雅音釋三卷

宋刻本(清顧廣圻跋)　國圖
元大德三年平水曹氏進德齋刻本　北大
元刻本(音釋卷下配清影元抄本)　國圖
元刻本　臺北央圖
明畢效欽刻五雅全書本　北大
清影宋抄本(徐乃昌跋)　國圖
清康熙五十二年刻懷德堂藏版本　北大
一九一九年上海商務印書館據常熟瞿氏鐵琴銅劍樓藏宋刻本影印四部叢刊本　國圖　北大　清華　北師大　科學　上海　復旦等館
一九二二年古書流通處據清嘉慶十一年顧廣圻思適齋覆刻明嘉靖吴元恭本影印古書叢刊本　國圖　首都　北大　北師大　科學　天津　上海　復旦等館

爾雅音圖三卷　晉郭璞注　清姚之麟摹圖

清嘉慶六年南城曾燠藝學軒影宋刻本　國圖　歷博　北大　北師大　人大　上海　復旦
清嘉慶六年刻光緒三年歙縣宋琪印本　國圖
清嘉慶六年刻清光緒藝學軒重印本　上海
清光緒十年上海同文書局石印本　國圖　北大　天津　上海　遼寧　南京　湖北
清光緒十年上海點石齋石印本　上海　浙江

爾雅音一卷　南朝梁顧野王撰　清黄奭輯

清道光甘泉黄氏刻光緒印漢學堂叢書本　國圖　首都　北大　科學
清道光甘泉黄氏刻一九二五年王鑑修補印黄氏逸書考本　國圖　北大

一九三四年江都朱長圻據甘泉黄氏原版補刻印黄氏逸書考本　首都　北師大　清華
清同治真州張氏廣東刻一九一三年重修印本榕園叢書甲集本　國圖　首都　科學

爾雅顧氏音一卷　南朝梁顧野王撰　清馬國翰輯

清同治十年濟南皇華館刻玉函山房輯佚書本
清光緒九年長沙嫏嬛館刻玉函山房輯佚書本　國圖　首都　科學
清光緒十年章邱李氏據馬氏刊版重印玉函山房輯佚書本　北師大　上海　天津
清光緒十年楚南書局刻玉函山房輯佚書本　國圖　北大　復旦

爾雅施氏音一卷　南朝陳施乾撰　清馬國翰輯

清同治十年濟南皇華館刻玉函山房輯佚書本
清光緒九年長沙嫏嬛館刻玉函山房輯佚書本　國圖　首都　科學
清光緒十年章邱李氏據馬氏刊版重印玉函山房輯佚書本　北師大　天津　上海
清光緒十年楚南書局刻玉函山房輯佚書本　國圖　北大　復旦

爾雅音注一卷　南朝陳施乾撰　清黄奭輯

清道光咸豐間宜黄黄氏木活字印本遜敏堂叢書本　國圖　北大　科學
清同治真州張氏廣東刻一九一三年重修印本榕園叢書甲集本　國圖　首都　科學
清道光甘泉黄氏刻光緒印漢學堂叢書本　國圖　首都　北大　科學
清道光甘泉黄氏刻一九二五年王鑑修補印黄氏逸書考本　國圖　北大

爾雅謝氏音一卷　南朝陳謝嶠撰　清馬國翰輯

清同治十年濟南皇華館刻玉函山房輯佚書本
清光緒九年長沙嫏嬛館刻玉函山房輯佚書本　國圖　首都　科學
清光緒十年章邱李氏據馬氏刊版重印玉函山房輯佚書本　北師大　天津　上海
清光緒十年楚南書局刻玉函山房輯佚書本　國圖　北大　復旦

爾雅音一卷　南朝陳謝嶠撰　清黄奭輯

清道光甘泉黄氏刻光緒印漢學堂叢書本　國圖　首都　北大　科學
清道光甘泉黄氏刻一九二五年王鑑修補印黄氏逸書考本　國圖　北大
清同治真州張氏廣東刻一九一三年重修印本榕園叢書甲集本　國圖　首都　科學
一九三四年江都朱長圻據甘泉黄氏原版補刻印黄氏逸書考本　首都

北師大　清華

爾雅釋文三卷　唐陸德明撰

宋刻宋元遞修經典釋文本　國圖

清康熙十九年納蘭成德刻通志堂經解之經典釋文本　國圖　首都　科學

清乾隆嘉慶間餘姚盧氏刻抱經堂叢書之經典釋文本　國圖　北大　科學

清同治十二年粵東書局刻通志堂經解之經典釋文本　國圖　首都　北大

一九二三年北京直隸書局影印清盧氏刻抱經堂叢書之經典釋文本　國圖　北大

爾雅奇字音義三卷　宋王应麟撰

明抄本　北師大

爾雅音義考證三卷　清盧文弨撰

清乾隆嘉慶間餘姚盧氏刻抱經堂叢書本　國圖　北大　科學　清華　上海　復旦

一九二三年北京直隸書局影印清盧氏刻抱經堂叢書本　國圖　北大　北師大　清華

爾雅音略　清周春撰

清嘉慶三年刻十三經音略本　上海

爾雅文義就簡篇不分卷　清邵晉涵撰

清末抄本　上海

爾雅釋文補三卷　清錢大昭撰

清抄本　國圖

民國吴縣王氏學禮齋抄本　復旦

爾雅直音二卷　清孫偘撰

清乾隆六十年刻本　上海　復旦

清嘉慶四年天心閣刻本　天津(金致祺批)

清嘉慶五年刻本　雲南

清嘉慶刻本　湖北

清同治九年京江文成堂刻本　國圖　上海

清光緒十三年三徑書屋刻本　國圖

爾雅直音二卷　清孫偘撰　清王祖源校正

清光緒六年福山王氏刻天壤閣叢書本　國圖　北大　北師大　科學　清華　上海

光緒六年福山王氏刻民國十六年一雲精舍後印天壤閣叢書本　國圖

爾雅聲類釋詁一卷　清李銘漢撰

清李銘漢稿本(章炳麟批注)　甘肅博

爾雅分韻不分卷　清王念孫撰

清高郵王石臞先生四種手稿本　北大

爾雅一切注音十卷　清嚴可均輯

清嚴可均稿本　上海

清孫氏平津館抄本　北大

清光緒十三年德化李氏木犀軒刻木犀軒叢書本　國圖　北大　北師大　科學　清華

續修四庫全書稿本

爾雅音訓不分卷　清袁俊等編纂

清道光間刻本　復旦

爾雅音訓二十六卷　清袁俊輯

清光緒三年崇文書局刻十一經音訓本　南京

爾雅音訓不分卷　清楊國楨撰

清道光十年大梁書院刻十一經音訓本　復旦　華東師大　遼寧　南大

清光緒三年湖北崇文書局刻十一經音訓本　國圖　北大　北師大　清華　復旦

樵孫爾疋檢字敘一卷　清翁炯孫撰

民國抄本　國圖

經部　群經總義類

一、石經經義之屬

石經考一卷　清顧炎武

清吴江潘氏遂初堂刻亭林遺書本

清蓬瀛閣刊吴縣朱記榮增刊光緒三十二年彙印顧亭林先生遺書本

清乾隆四庫全書館寫欽定四庫全書本

清嘉慶虞山張氏刻借月山房彙抄本

清道光金山錢氏據借月山房彙鈔刊板重編增刊指海本

一九三五年上海大東書局據清錢氏重編借月山房彙抄本影印指海本

石經考一卷　清萬斯同撰

清乾隆常熟蔣氏省吾堂刻省吾堂四種本　國圖　天津　上海　遼寧　南京　山東　湖北

清乾隆四庫全書館寫欽定四庫全書本

清光緒十一年山陰宋氏刻十三年彙印懺花盦叢書本　國圖

清光緒常熟蔣氏省吾堂刻本　北大　上海　復旦　湖北

一九三二年四明張氏約園刻四明叢書本

漢魏石經考一卷　清萬斯同撰

清道光十年長州顧氏刻賜硯堂叢書新編本

清道光十三年吴江沈氏世楷堂刻昭代叢書本

唐宋石經考一卷　清萬斯同撰

清道光十年長州顧氏刻賜硯堂叢書新編本

清道光十三年吴江沈氏世楷堂刻昭代叢書本

石經考異二卷　清杭世駿撰

清乾隆元年刻本　湖北

清乾隆四庫全書館寫欽定四庫全書本

清乾隆杭賓仁羊城刻杭大宗七種叢書本

清咸豐元年長沙小嫏嬛山館刻杭大宗七種叢書本

清咸豐同治長沙余氏刻明辨齋叢書本

唐石經考異十三卷　清錢大昕撰

清袁廷檮抄本　國圖

清次歐山館藍格抄本 國圖

續修四庫全書影印清袁廷檮抄本

唐石經考異不分卷

清光緒九年歸安姚氏刻咫進齋叢書本 湖北

唐石經攷異不分卷附補不分卷 清錢大昕撰 清臧庸補 孫毓修輯

一九二四年上海商務印書館據袁又愷手抄本影印涵芬樓祕笈本 復旦 湖北

唐石經攷異附補不分卷 清臧庸撰 孫毓修輯

一九二四年上海商務印書館據袁又愷手抄本影印涵芬樓祕笈本 復旦 湖北

乾隆御定石經考文提要十三卷 清彭元瑞撰

清乾隆五十九年彭元瑞寫本 山西文物局

清抄本 國圖

清嘉慶四年刻本 國圖 北大 科學 上海

清咸豐元年吴振域刻本 科學

清光緒十六年四川尊經書局刻石經彙函本

一九一七年南昌豫章叢書編刻局刻豫章叢書本 北大 復旦

四庫未收書叢刊影印清嘉慶六年刻本

欽定石經考文提要舉正四卷目録一卷首一卷 清和珅撰

清乾隆五十九年武英殿抄本 故宫

欽定石經改正字樣不分卷 清和珅撰

清乾隆六十年抄本 故宫

石經一卷 清王謨輯校

清嘉慶三年金谿王氏刻漢魏遺書抄本 北大

石經殘字考一卷 清翁方綱撰

清乾隆嘉慶間刻蘇齋叢書本

清光緒九年常熟鮑氏刻後知不足齋叢書本 國圖 復旦

清光緒十六年四川尊經書局刻石經彙函本

一九二一年山陰吴氏西泠印社木活字排印遯盦金石叢書本

一九二四年博古齋影印蘇齋叢書本

續修四庫全書影印清刻本

唐開成石經考異二卷 清吴騫撰

清吴騫稿本 國圖

一九三七年排印丁丑叢編本

續修四庫全書影印稿本

歷代石經略二卷　清桂馥撰

清光緒九年海豐吴氏陳州郡齋刻本　國圖　北大　天津　上海

清抄本　大連

續修四庫全書影印清光緒九年吴重熹陳州郡齋刻本

唐石經攷正一卷　清王朝榘撰

清嘉慶五年寫定稿本王氏遺書本　上海

清嘉慶五年尋孔顔樂處刻本　北大　科學

清光緒新建陶氏刻豫章叢書本

四庫未收書叢刊影印清嘉慶五年尋孔顔樂處刻本

魏三體石經遺字考一卷　清孫星衍撰

清嘉慶十一年蘭陵孫氏刻平津館叢書本

清光緒十一年吴縣朱氏槐廬家塾刻平津館叢書本

清光緒十六年四川尊經書局刻石經彙函本

唐石經校文十卷　清嚴可均撰

清嘉慶九年香山書院刻彙印四録堂類集本　國圖　遼寧　湖北

清嘉慶九年香山書院刻歸安吴雲二百蘭亭齋後印本　國圖　北大　科學

清光緒十六年四川尊經書局刻石經彙函本

一九二六年掖縣張氏皕忍堂模刊藍印唐開成石壁十二經附刻本

續修四庫全書影印清嘉慶刻四録堂類集本

漢石經攷異補正二卷　清瞿中溶撰

清咸豐刻本　國圖

一九一四年烏程張氏刻適園叢書本　湖北

抄本　國圖

石經考一卷　清李兆洛撰

清光緒十年趙氏能静居抄本　南京

石經補攷十二卷　清馮登府纂

清道光八年刻本　國圖　上海

續修四庫全書影印清道光八年刻本

石經補攷二卷

清同治十三年長興丁氏蟫吟館刻本　上海

石經補攷十一卷

清光緒十六年四川尊經書局刻石經彙函本

續石經考三卷　清馮登府撰

清馮登府稿本　國圖

漢石經異文釋一卷　清馮登府撰

清馮登府稿本　南京

漢石經攷異一卷　清馮登府撰

清道光八年刻石經補攷本

清道光九年廣東學海堂刻皇清經解一千四百卷本　國圖　首都　北師大　科學　天津　遼寧　山東

清道光九年廣東學海堂刻咸豐十一年補刻皇清經解一千四百八卷本　國圖　首都　北師大　遼寧

清光緒十七年上海鴻寶齋石印皇清經解一百九十卷本　國圖　天津　上海

魏石經攷異一卷拾遺一卷　清馮登府撰

清道光八年刻石經補攷本

魏石經攷異一卷

清道光九年廣東學海堂刻皇清經解一千四百卷本　國圖　首都　北師大　科學　天津　遼寧　山東

清道光九年廣東學海堂刻咸豐十一年補刻皇清經解一千四百八卷本　國圖　首都　北師大　遼寧

清光緒十七年上海鴻寶齋石印皇清經解一百九十卷本　國圖　天津　上海

清光緒上海點石齋石印皇清經解一百九十卷本　國圖　北師大　上海

魏石經攷異拾遺一卷　清馮登府撰

清道光八年刻石經補攷本

唐石經攷異一卷　清馮登府撰

清道光九年廣東學海堂刻皇清經解一千四百卷本　國圖　首都　北師大　科學　天津　遼寧　山東

清道光九年廣東學海堂刻咸豐十一年補刻皇清經解一千四百八卷本　國圖　首都　北師大　遼寧

清光緒十七年上海鴻寶齋石印皇清經解一百九十卷本　國圖　天津　上海

清光緒上海點石齋石印皇清經解一百九十卷本　國圖　北師大　上海

唐石經誤字辨一卷　清馮登府撰

清道光八年刻石經補攷本

蜀石經攷異一卷　清馮登府撰

清道光八年刻石經補攷本

清道光九年廣東學海堂刻皇清經解一千四百卷本　國圖　首都　北師大　科學　天津　遼寧　山東

清道光九年廣東學海堂刻咸豐十一年補刻皇清經解一千四百八卷本　國圖

首都　北師大　遼寧

清光緒十七年上海鴻寶齋石印皇清經解一百九十卷本　國圖　天津　上海

清光緒上海點石齋石印皇清經解一百九十卷本　國圖　北師大　上海

北宋石經攷異一卷　清馮登府撰

清道光八年刻石經補攷本

清道光九年廣東學海堂刻皇清經解一千四百卷本　國圖　首都　北師大　科學　天津　遼寧　山東

清道光九年廣東學海堂刻咸豐十一年補刻皇清經解一千四百八卷本　國圖　首都　北師大　遼寧

清光緒十七年上海鴻寶齋石印皇清經解一百九十卷本　國圖　天津　上海

清光緒上海點石齋石印皇清經解一百九十卷本　國圖　北師大　上海

北宋石經考異一卷附續考異一卷　清馮登府撰　清丁養元續

清同治十三年長興丁氏刻本　上海

北宋石經續考異一卷　清丁養元續

清同治十三年長興丁氏刻本　上海

南宋石經攷異一卷遺字一卷　清馮登府撰

清道光八年刻石經補攷本

國朝石經考異一卷　清馮登府撰

清道光八年刻石經補攷本

清道光九年廣東學海堂刻皇清經解一千四百卷本　國圖　首都　北師大　科學　天津　遼寧　山東

清道光九年廣東學海堂刻咸豐十一年補刻皇清經解一千四百八卷本　國圖　首都　北師大　遼寧

清光緒十七年上海鴻寶齋石印皇清經解一百九十卷本　國圖　天津　上海

清光緒上海點石齋石印皇清經解一百九十卷本　國圖　北師大　上海

北宋汴學二體石經記一卷　清丁晏撰

清咸豐七年刻同治元年彙印頤志齋叢書本

清光緒十六年四川尊經書局刻石經彙函本

續修四庫全書影印清咸豐七年刻本

漢石經殘字證異二卷　清孔廣牧撰

吴縣王氏學禮齋抄稿本　復旦

抄本　科學

唐石經箋異十一卷　清李祖望撰

清李祖望稿本　科學

石經攷三卷　清劉傳瑩撰

清光緒十二年沌城黄元吉試館寫刻本　國圖　北大　湖北

續修四庫全書影印清光緒十二年黄氏試館刻本

石經考辨二卷　清馮世瀛撰

清同治六年刻本　國圖　湖北

漢碑經義輯略二卷　清淳于鴻恩輯

清光緒二十八年淳于氏濟南刻本　北大　科學

漢碑引經攷六卷附引緯攷一卷　清皮錫瑞撰

清光緒三十年刻本　國圖

漢碑引緯攷一卷　清皮錫瑞撰

清光緒三十年刻本　國圖

奏修石經字像册四卷　清蔡賡年纂

清光緒十一年寫本　國圖

孟蜀石經校語一卷　清劉體乾撰

一九二六年廬江劉氏上海影印本(附孟蜀石經後)　國圖　科學

開成石經圖攷一卷　清魏錫曾撰

清光緒宣統間刻藕香零拾本

宋太學石經考一卷　清羅以智撰

清羅以智稿本　杭州大學

北宋汴學篆隸二體石經跋一卷　清王秉恩撰

强學文宦抄本　國圖

蜀石經校記一卷　繆荃孫撰

繆荃孫稿本(存左傳卷十五)　科學

一九一二年上海國粹學報社排印古學彙刻本

民國積學齋抄本　國圖

石經傳本彙攷一卷　楊寶鏞撰

龍淵爐齋金石叢書稿本　上海

新出三體石經考一卷　章炳麟撰

一九三三年北平刻章氏叢書續編本

魏石經考二卷　王國維撰

一九一六年上海倉聖明智大學排印廣倉學宭叢書甲類本

魏正始石經殘石考一卷附隸釋所録魏石經碑圖一卷　王國維撰

一九二七年海寧王氏排印石印海寧王忠慤公遺書本

一九四〇年商務印書館長沙石印海寧王静安先生遺書本

隸釋所録魏石經碑圖一卷　王國維撰

一九一七年海寧王氏排印石印海寧王忠慤公遺書本　附魏正始石經殘石考後

一九四〇年商務印書館長沙石印海寧王静安先生遺書本　附魏正始石經殘石考後

增訂三體石經時代辨誤二卷　王照撰

一九三〇年刻水東集初編本

二、傳説之屬

五經通義一卷　漢劉向撰

清順治三年兩浙督學周南李際期宛委山堂刻説郛本

五經通義一卷　漢劉向撰　清王謨輯

清嘉慶三年金谿王氏刻漢魏遺書抄本

五經通義一卷　漢劉向撰　清洪頤煊輯

清嘉慶承德孫氏刻問經堂叢書之經典集林本

一九二六年陳氏慎初堂據清嘉慶問經堂叢書影印經典集林本

五經通義一卷　漢劉向撰　清宋翔鳳輯

清嘉慶二十五年書業刻浮溪精舍叢書本

五經通義　漢劉向撰　清劉學寵輯

清道光十五年朝邑劉際清等刻青照堂叢書之諸經緯遺本

五經通義一卷　漢劉向撰　清馬國翰輯

清光緒九年長沙嫏嬛館刻玉函山房輯佚書本

清光緒十年章邱李氏據馬氏刻本重印玉函山房輯佚書本

清光緒十年楚南書局刻玉函山房輯佚書本

五經通義一卷　漢劉向撰　清黄奭輯

清道光甘泉黄氏刻光緒印漢學堂叢書本

清道光甘泉黄氏刻一九二五年王氏修補印黄氏逸書考本

一九三四年江都朱長圻據甘泉黄氏刻版補刊印黄氏逸書考本

五經通義一卷　漢劉向撰　清王仁俊輯

清光緒王仁俊稿本玉函山房輯佚書續編本　上海

五經要義一卷　漢劉向撰　清洪頤煊輯

清嘉慶承德孫氏刻問經堂叢書之經典集林本

一九二六年陳氏慎初堂據清嘉慶問經堂叢書影印經典集林本

五經要義一卷 漢劉向撰 清宋翔鳳輯
清嘉慶二十五年書業刻浮溪精舍叢書本
五經要義一卷 漢劉向撰 清王仁俊輯
清光緒王仁俊稿本玉函山房輯佚書續編本 上海
五經通義一卷 漢許慎撰 清王仁俊輯
清光緒王仁俊稿本玉函山房輯佚書續編本
五經異義二卷 漢許慎撰 漢鄭氏駁
清金子山抄本 北大
五經異義二卷 漢許慎撰 漢鄭玄駁 清王謨輯
清嘉慶三年金谿王氏刻漢魏遺書抄本
駁五經異義一卷補遺一卷 漢鄭玄撰 清王復輯補遺
清乾隆四庫全書館寫欽定四庫全書本
清同治番禺李氏鈔反約篇本
清同治真州張氏廣東刻一九一三年重修印榕園叢書本
駁五經異義補遺一卷 清王復輯
清乾隆四庫全書館寫欽定四庫全書本
清同治番禺李氏鈔反約篇本
清同治真州張氏廣東刻一九一三年重修印榕園叢書本
駁五經異義一卷補遺一卷 漢鄭玄撰 清王復輯 清武億校
清嘉慶二年承德孫氏刻問經堂叢書之鄭氏遺書本
清嘉慶南匯吴氏聽彝堂刻藝海珠塵本 北大
清光緒十年常熟鮑氏刻後知不足齋叢書之鄭氏遺書本 湖北
清光緒十六年黄梅梅氏慎自愛軒刻清芬堂叢書本
一九二五年錢唐汪氏刻食舊堂叢書本 北大
駁五經異義十卷 漢鄭玄撰 清袁鈞輯 清袁堯年補輯
清光緒十四年浙江書局刻鄭氏佚書本 北大 南京 湖北
駁五經異義十卷 漢鄭玄撰 清孔廣林輯併補證
清光緒十六年山東書局刻通德遺書所見録本 國圖 湖北
清光緒十六年山東書局刻重修通德遺書所見録本 北大
清抄鄭學本 北大
駁五經異義一卷 漢鄭玄撰 清黄奭輯
清道光甘泉黄氏刻光緒印漢學堂叢書本
清道光甘泉黄氏刻一九二五年王氏修補印黄氏逸書考本
一九三四年江都朱長圻據甘泉黄氏刻版補刊印黄氏逸書考本

五經異義疏證三卷　清陳壽祺撰

清嘉慶十八年刻彙印左海全集本　國圖　北大　天津

清道光九年廣東學海堂刻皇清經解一千四百卷本　國圖　首都　北師大　科學　天津　遼寧　山東

清道光九年廣東學海堂刻咸豐十一年補刻皇清經解一千四百八卷本　國圖　首都　北師大　遼寧

清光緒十七年上海鴻寶齋石印皇清經解一百九十卷本　國圖　天津　上海

清光緒上海點石齋石印皇清經解一百九十卷本　國圖　北師大　上海

續修四庫全書影印清嘉慶十八年刻本

駁五經異義疏證十卷　清皮錫瑞撰

清光緒二十五年刻本　國圖

一九三四年河間李氏古鑑齋刻本　北大　科學　湖北

續修四庫全書影印民國二十三年河間李氏重刻本

六藝論一卷　漢鄭玄撰　清王謨輯

清嘉慶三年金谿王氏刻漢魏遺書抄本

六藝論一卷　漢鄭玄撰　清袁鈞輯

清光緒十四年浙江書局刻鄭氏佚書本　北大　南京　湖北

六藝論一卷　漢鄭玄撰　清孔廣林輯

清光緒十六年山東書局刻通德遺書所見録本　國圖　湖北

清光緒十六年山東書局刻重修通德遺書所見録本　北大

清抄鄭學本　北大

六藝論一卷　漢鄭玄撰　清陳鱣輯

清乾隆四十九年陳氏裕德堂刻本　國圖

清咸豐元年海昌蔣氏宜年堂刻六年重編涉聞梓舊本(附孝經鄭氏注後)

清光緒常熟鮑氏刻後知不足齋叢書本

一九二四年上海商務印書館據清蔣氏刻本影印涉聞梓舊本(附孝經鄭氏注後)

民國竹簡齋據清蔣氏刻本影印涉聞梓舊本(附孝經鄭氏注後)

六藝論一卷　漢鄭玄撰　清臧琳輯　清臧庸補輯

清臧氏拜經堂抄本(與三禮目録一卷合鈔)　上海

清嘉慶六年武進臧氏同述觀刻拜經堂叢書本

日本昭和十年東方文化學院京都研究所據同述觀刻本影印拜經堂叢書本

清光緒二十六年南陵徐氏刻鄦齋叢書本

六藝論一卷　漢鄭玄撰　清洪頤煊輯

清嘉慶承德孫氏刻問經堂叢書之經典集林本

一九二六年陳氏慎初堂據清嘉慶問經堂叢書影印經典集林本

六藝論一卷　漢鄭玄撰　清馬國翰輯

清光緒九年長沙嫏嬛館刻玉函山房輯佚書本

清光緒十年章邱李氏據馬氏刻本重印玉函山房輯佚書本

清光緒十年楚南書局刻玉函山房輯佚書本

六藝論一卷　漢鄭玄撰　清黄奭輯

清道光甘泉黄氏刻一九二五年王氏修補印黄氏逸書考本

一九三四年江都朱長圻據甘泉黄氏刻版補刊印黄氏逸書考本

六藝論疏證一卷　清皮錫瑞撰

清光緒元年刻本　國圖

清光緒二十五年善化皮氏刻師伏堂叢書本　湖北

清光緒二十五年思賢書局刻皮氏經學叢書本

續修四庫全書影印清光緒二十五年刻本

鄭志三卷拾遺一卷附校勘記一卷　三國魏鄭小同編　清王復輯　清孫星華撰校勘記

清乾隆四十二年武英殿木活字排印武英殿聚珍版書本　上海　南京　遼寧

清乾隆四庫全書館寫欽定四庫全書本

清同治十三年江西書局刻武英殿聚珍版書本　湖北

清光緒二十五年廣雅書局刻武英殿聚珍版書本

鄭志拾遺一卷　三國魏鄭小同編　清王復輯

清乾隆四十二年武英殿木活字排印武英殿聚珍版書本　上海　南京　遼寧

清乾隆四庫全書館寫欽定四庫全書本

清同治十三年江西書局刻武英殿聚珍版書本　湖北

清光緒二十五年廣雅書局刻武英殿聚珍版書本

鄭志校勘記一卷　清孫星華撰

清乾隆四十二年武英殿木活字排印武英殿聚珍版書本　上海　南京　遼寧

清乾隆四十二年刻道光同治遞修武英殿聚珍版書本

清乾隆四庫全書館寫欽定四庫全書本

清同治十三年江西書局刻武英殿聚珍版書本　湖北

清光緒二十五年廣雅書局刻武英殿聚珍版書本

鄭志三卷補遺一卷　三國魏鄭小同編　清王復輯　清武億校

清嘉慶二年承德孫氏刻問經堂叢書之鄭氏遺書本　北大　南京

清同治十二年粵東書局刻古經解彙函本　北大

清光緒十四年上海蜚英館石印古經解彙函本

清光緒十五年湘南書局刻古經解彙函本
清光緒十六年黄梅梅氏慎自愛軒刻清芬堂叢書本
一九二五年錢唐汪氏刻食舊堂叢書之道古堂外集本

鄭志八卷　三國魏鄭小同編　清袁鈞輯
清光緒十四年浙江書局刻鄭氏佚書本　北大　南京　湖北

鄭志八卷　三國魏鄭小同編　清孔廣林輯
清乾隆三十九年古俊樓刻本　上海
清光緒十六年山東書局刻通德遺書所見録本　國圖　湖北
清光緒十六年山東書局刻重修通德遺書所見録本　北大
清抄鄭學本　北大

鄭志三卷附録一卷　三國魏鄭小同編　清錢東垣　清錢繹　清錢侗按
清嘉慶三至四年嘉定秦氏刻汗筠齋叢書本　上海　浙江　湖北
清咸豐三年南海伍氏刻粤雅堂叢書本　國圖
清光緒十年鮑氏據汗筠齋叢書刊板修補印後知不足齋叢書之鄭氏遺書本　復旦　南京

鄭志三卷
日本文政三年刻本　國圖

鄭志一卷　三國魏鄭小同編　清黄奭輯
清道光甘泉黄氏刻知足齋叢書本
清道光甘泉黄氏刻一九二五年王氏修補印黄氏逸書考本
一九三四年江都朱長圻據甘泉黄氏刻版補刊印黄氏逸書考本

鄭志攷證一卷　清成蓉鏡撰
清光緒十四年江陰南菁書院刻南菁書院叢書本

鄭志疏證八卷　清皮錫瑞撰
清光緒二十五年善化皮氏刻師伏堂叢書本　湖北
清光緒二十五年思賢書局刻皮氏經學叢書本
續修四庫全書影印清光緒二十五年思賢書局刻本

鄭志疏證三卷補遺一卷　清雷雨人撰
清雷雨人稿本　湖南

鄭記一卷　清袁鈞輯
清光緒十四年浙江書局刻鄭氏佚書本　北大　南京　湖北

鄭記攷證一卷　清皮錫瑞撰
清光緒二十五年善化皮氏刻師伏堂叢書本

清光緒二十五年思賢書局刻皮氏經學叢書本
續修四庫全書影印清光緒二十五年思賢書局刻本

五經章句後定一卷　漢劉表撰　清王仁俊輯
清光緒王仁俊稿本玉函山房輯佚書續編本　上海

聖證論一卷　三國魏王肅撰　晉馬昭駁　晉孔晁答　南齊張融評　清王謨輯
清嘉慶三年金谿王氏刻漢魏遺書抄本

聖證論一卷　三國魏王肅撰　晉馬昭駁　晉孔晁答　南齊張融評　清馬國翰輯
清光緒九年長沙嫏嬛館刻玉函山房輯佚書本
清光緒十年章邱李氏據馬氏刻本重印玉函山房輯佚書本
清光緒十年楚南書局刻玉函山房輯佚書本

聖證論補評二卷　清皮錫瑞撰
清光緒二十五年善化皮氏刻師伏堂叢書本
清光緒二十五年思賢書局刻皮氏經學叢書本

五經析疑一卷　三國魏邯鄲綽撰
清順治三年兩浙督學周南李際期宛委山堂刻説郛本

五經析疑一卷　三國魏邯鄲綽撰　清王謨輯
清嘉慶三年金谿王氏刻漢魏遺書抄本

五經析疑　三國魏邯鄲綽撰　清劉學寵輯
清道光十五年朝邑李際清等刻青照堂叢書之諸經緯遺本

五經然否論一卷　三國蜀譙周撰　清王謨輯
清嘉慶三年金谿王氏刻漢魏遺書抄本

五經然否論一卷　三國蜀譙周撰　清馬國翰輯
清光緒九年長沙嫏嬛館刻玉函山房輯佚書本
清光緒十年章邱李氏據馬氏刻本重印玉函山房輯佚書本
清光緒十年楚南書局刻玉函山房輯佚書本

五經然否論一卷　三國蜀譙周撰　清黄奭輯
清道光甘泉黄氏刻一九二五年王氏修補印黄氏逸書考本
一九三四年江都朱長圻據甘泉黄氏刻版補刊印黄氏逸書考本

五經通論一卷　晉束晳撰　清王謨輯
清嘉慶三年金谿王氏刻漢魏遺書抄本

五經通論一卷　晉束晳撰　清馬國翰輯
清光緒九年長沙嫏嬛館刻玉函山房輯佚書本

清光緒十年章邱李氏據馬氏刻本重印玉函山房輯佚書本
清光緒十年楚南書局刻玉函山房輯佚書本

五經鉤沈一卷　晉楊方撰　清王謨輯
清嘉慶三年金谿王氏刻漢魏遺書抄本

五經鉤沈一卷　晉楊方撰　清馬國翰輯
清光緒九年長沙嫏嬛館刻玉函山房輯佚書本
清光緒十年章邱李氏據馬氏刻本重印玉函山房輯佚書本
清光緒十年楚南書局刻玉函山房輯佚書本

五經大義一卷　晉戴逵撰　清馬國翰輯
清光緒九年長沙嫏嬛館刻玉函山房輯佚書本
清光緒十年章邱李氏據馬氏刻本重印玉函山房輯佚書本
清光緒十年楚南書局刻玉函山房輯佚書本

七經詩一卷　晉傅咸撰　清王謨輯
清嘉慶三年金谿王氏刻漢魏遺書抄本

五經要義一卷　南朝宋雷次宗撰　清王謨輯
清嘉慶三年金谿王氏刻漢魏遺書抄本

五經要義一卷　南朝宋雷次宗(題漢雷□)撰　清馬國翰輯
清光緒九年長沙嫏嬛館刻玉函山房輯佚書本
清光緒十年章邱李氏據馬氏刻本重印玉函山房輯佚書本
清光緒十年楚南書局刻玉函山房輯佚書本

五經要義一卷　南朝宋雷次宗撰　清黄奭輯
清道光甘泉黄氏刻一九二五年王氏修補印黄氏逸書考本
一九三四年江都朱長圻據甘泉黄氏刻版補刊印黄氏逸書考本

六經略注序一卷　後魏常爽撰　清馬國翰輯
清光緒九年長沙嫏嬛館刻玉函山房輯佚書本
清光緒十年章邱李氏據馬氏刻本重印玉函山房輯佚書本
清光緒十年楚南書局刻玉函山房輯佚書本

五經疑問一卷　後魏房景先撰　清王謨輯
清嘉慶三年金谿王氏刻漢魏遺書抄本

五經疑問一卷　後魏房景先撰　清黄奭輯
清道光甘泉黄氏刻一九二五年王氏修補印黄氏逸書考本
一九三四年江都朱長圻據甘泉黄氏刻版補刊印黄氏逸書考本

七經義綱一卷　北周樊深撰　清王謨輯
清嘉慶三年金谿王氏刻漢魏遺書抄本

七經義綱一卷　北周樊深撰　清馬國翰輯
　清光緒九年長沙嫏嬛館刻玉函山房輯佚書本
　清光緒十年章邱李氏據馬氏刻本重印玉函山房輯佚書本
　清光緒十年楚南書局刻玉函山房輯佚書本
公是先生七經小傳三卷　宋劉敞撰
　清康熙十九年納蘭成德刻通志堂經解本　國圖　首都　北大　北師大　科學　上海
　清同治十二年粵東書局重刻通志堂經解本　國圖　首都　北大　上海　遼寧　湖北
　民國上海商務印書館據宋本影印續古逸叢書本
　一九三四年上海商務印書館據宋本影印四部叢刊續編本
河南程氏經説八卷　宋程頤撰
　明成化十三年張瓚刻河南程氏全書本
　明萬曆三十四年嘉興徐氏刻河南程氏全書本
　清康熙初石門吕氏寶誥堂刻河南程氏全書本
　清光緒十八年傳經堂刻西京清麓叢書正編之二程全書本
　一九三六年上海中華書局排印四部備要之二程全書本
程氏經説七卷
　明刻黑口本　内蒙古
　清乾隆四庫全書館寫欽定四庫全書本
新刊宋學士夾漈先生六經奥論六卷總論一卷　題宋鄭樵撰
　明成化四年書林劉氏日新堂刻本　北師大
　清抄本　浙江
新刊宋學士夾漈先生六經奥論六卷總文一卷
　清抄本　北大
六經奥論六卷首一卷
　清康熙十九年納蘭成德刻通志堂經解本　國圖　首都　北大　北師大　科學　上海
　清康熙十九年納蘭成德刻乾隆五十年補修通志堂經解本　北大
　清同治十二年粵東書局重刻通志堂經解本　國圖　首都　北大　上海　遼寧　湖北
　清乾隆藤花榭刻經學五種本
　清嘉慶十二年金溪蔡熙曾魯齋校刻本　上海　湖北
鄭夾漈先生六經奥論六卷
　清影抄明成化黎温刻本　上海

清乾隆四庫全書館寫欽定四庫全書薈要本

清乾隆四庫全書館寫欽定四庫全書本

清抄本(清蔡熙曾校　存卷三至六)　北大

六經奥論鈔一卷　宋鄭樵撰

清杜甲補堂鈔杜藕山房叢書本

方舟經説六卷　宋李石撰

清咸豐元年海昌蔣氏宜年堂刻六年重編涉聞梓舊本

一九二四年上海商務印書館據清蔣氏刻本影印涉聞梓舊本

民國竹簡齋據清蔣氏刻本影印涉聞梓舊本

朱子五經語類八十卷　宋朱熹撰　清程川編

清乾隆四庫全書館寫欽定四庫全書本

五經論一卷　宋車似慶撰

清光緒二十四年翁氏刻續台州叢書本

檀孟批點二卷　宋謝枋得批點　明楊慎附注

明萬曆二十二年河東趙氏刻三代遺書本

黄四如先生六經四書講稿六卷　宋黄仲元撰

明嘉靖二十七年黄文炳刻本　北大

明嘉靖二十七年黄文炳刻清康熙二十二年黄雯重修本　浙江

清乾隆四庫全書館寫欽定四庫全書本

九經疑難十卷(存卷一至四)　宋張文伯撰

明末祁氏澹生堂藍格抄本　國圖

清嘉慶阮元據澹生堂抄本影寫宛委别藏本　臺北故宫

一九三五年上海商務印書館據傳鈔澹生堂抄本影印選印宛委别藏本　復旦

續修四庫全書影印明祁氏澹生堂抄本

五經説七卷　元熊朋來撰

明刻黑口本　國圖

明抄本　上海

清康熙十九年納蘭成德刻通志堂經解本　國圖　首都　北大　北師大　科學　上海

清乾隆四庫全書館寫欽定四庫全書薈要本

清乾隆四庫全書館寫欽定四庫全書本

清同治十二年粤東書局重刻通志堂經解本　國圖　首都　北大　上海　遼寧　湖北

十一經問對五卷　元何異孫撰

元刻黑口本　北大

清康熙十九年納蘭成德刻通志堂經解本　國圖　首都　北大　北師大　科學　上海

清康熙十九年納蘭成德刻乾隆五十年補修通志堂經解本　北大

清乾隆四庫全書館寫欽定四庫全書本

清同治十二年粤東書局重刻通志堂經解本　國圖　首都　北大　上海　遼寧　湖北

中華再造善本影印元刻本

皇元大科三場文選四書疑一卷周易疑一卷易義二卷書疑一卷書義一卷　元周旉輯

元至正四年刻本　國圖

禮樂合編三十卷　明黄廣撰

明崇禎六年玉磬齋刻本(存卷七至二十九)　煙臺

五經蠡測六卷　明蔣悌生撰

明嘉靖十七年蔣宗雨刻本　國圖　浙江

清康熙十九年納蘭成德刻通志堂經解本　國圖　首都　北大　北師大　科學　上海

清康熙十九年納蘭成德刻乾隆五十年補修通志堂經解本　北大

清乾隆四庫全書館寫欽定四庫全書本

清同治十二年粤東書局重刻通志堂經解本　國圖　首都　北大　上海　遼寧　湖北

群經講貫不分卷　明丁孚潛撰

明初抄本(存書經春秋論語孟子)　國圖

經書補注一卷　明黄潤玉撰

明天順刻本　國圖

明抄本　國圖

石渠意見四卷拾遺二卷補闕二卷玩易意見二卷　明王恕撰

明正德刻本　吉林　天水市

石渠意見四卷拾遺二卷補闕二卷

清道光二十六年宏道書院刻惜陰軒叢書本

清光緒二十二年長沙刻惜陰軒叢書本　天津　上海

清抄本　南京

四庫全書存目叢書影印明正德刻本

疑辨録三卷　明周洪謨撰

明嘉靖十三年刻本　國圖　上海　南通　廣東社科院

清道光十年寶仁堂刻璜川吴氏經學叢書本
清吴氏繡谷亭抄本　北京市宣武區
四庫全書存目叢書影印明嘉靖刻本
續修四庫全書影印明成化十六年刻本
五經類語八卷　明梁宇喬撰
明末刻本　天津
簡端録十二卷　明邵寶撰
明正德十年華雲刻本　上海
明秦榛刻本　南京　浙江　遼寧
明崇禎四年邵澄刻本　東北師大
清抄本　國圖
清乾隆四庫全書館寫欽定四庫全書本
王陽明先生經説弟子記四卷　清胡泉輯
清咸豐八年刻胡白水著書本　國圖　湖北
王陽明先生經説拾餘一卷　清胡泉輯
清咸豐刻胡白水著書本　國圖　湖北
升菴經説八卷　明楊慎撰
明藍格抄本　存卷一至五　國圖
升菴經説十四卷
清乾隆綿州李氏萬卷樓刻嘉慶十四年李鼎元重校印函海本
清乾隆綿州李氏萬卷樓刻道光五年李朝夔補刻印函海本
清光緒七至八年廣漢鍾登甲樂道齋刻函海本
清抄本(存卷二至四)　南京
説經劄記十卷　明蔡汝楠撰
明天啓三年蔡武刻本　東北師大　浙江
四庫全書存目叢書影印明天啓三年蔡武刻本
説經劄記八卷
明抄本　平陰縣
明藍格抄本(闕卷一)　國圖
經書後語□卷　明任瀛編
明萬曆三十七年任氏刻本(存卷上)　即墨
經學要義四卷補四卷　明卜大有輯
明萬曆刻本　南京
經傳正訛一卷　明王應電撰
明萬曆刻本(與非周禮辨合刻)　天津

毅齋經説一卷　明查鐸撰

清道光十二年涇縣趙氏古墨齋刻涇川叢書本

一九一七年翟鳳翔等據清道光趙氏刻本影印涇川叢書本

經典稽疑二卷　明陳耀文撰

清抄本(四庫底本)　陝西文史研究館

清乾隆四庫全書館寫欽定四庫全書本

五經疑義二卷　明嚴天麟撰

明刻白口本　國圖

續修四庫全書影印明刻本

養正編八卷　明曹時聘撰

明刻本　西安文管委

五經註選五卷　明俞指南輯

明萬曆元年自刻本　國圖

五經摘註五卷　明俞指南輯

明萬曆十九年刻本　天津　文學藝術研究院　上海

明儒經翼七卷　明杜質輯

明萬曆十六年刻本　南通　武陟

九經考異十二卷九經逸語一卷　明周應賓撰

明萬曆刻本　國圖　北大

四庫全書存目叢書影印明萬曆刻本

九經逸語一卷　明周應賓撰

明萬曆刻本(附九經考異後)　國圖　北大

談經菀四十卷　明陳禹謨撰

明萬曆刻經言枝指本　科學　上海

引經釋五卷　明陳禹謨撰

明萬曆刻經言枝指本　科學　上海

經籍異同三卷　明陳禹謨撰

明刻本　上海

五經稽疑八卷　明朱睦㮮撰

清乾隆四庫全書館寫欽定四庫全書本

大樹堂説經七卷　明曹珖撰

明抄本　國圖

談經九卷　明郝敬撰

明萬曆至崇禎間郝洪範刻山草堂集本　科學　中央黨校

日本明和五年刻本　平安龜龍院藏板　國圖

四庫全書存目叢書影印明萬曆崇禎間郝洪範刻山草堂集本

談經九卷附録一卷

一九三四年潛江甘氏崇雅堂刻崇雅堂叢書初編本　北大　湖北

五經選註五卷　明朱光世撰

明天啓元年刻本　上海

五經疏義統宗十二卷附周禮統宗二卷　明陳仁錫輯

明吴門大觀堂刻本　復旦

新鐫六經纂要不分卷　明顔茂猷撰

明末刻本　浙江　西北大學

五經讀五卷　明陳際泰撰

明崇禎六年刻本　湖北

清乾隆仁和黄氏刻文藻四種本

續修四庫全書影印明崇禎六年刻本

四庫全書存目叢書影印明崇禎六年刻本

研硃集五經總類二十二卷　明張瑄撰

明崇禎虹化堂刻本　天津

一畝宫手訂五經必讀類約二卷　明陳開先撰

明崇禎刻本　吉林大學

五經評略不分卷　明王國臣輯

明崇禎刻本　四川

十三經類語十四卷　明羅萬藻輯　明魯重民纂註

明崇禎十三年刻本　上海

十三經類語十四卷附十三經序論選一卷　明羅萬藻輯　明魯重民纂註　清何兆聖輯

清康熙五十五年弘遠堂刻本　北大　湖北

敬修堂講録不分卷　明查繼佐撰

清抄本　國圖

續修四庫全書影印清抄本

五經翼二十卷　清孫承澤撰

清康熙二年家塾刻本　故宫　復旦

清康熙嚴沆古秋堂刻孫琰補修本　科學

四庫全書存目叢書影印清康熙二年刻本

霧堂經訓一卷　清李楷撰

清刻河濱遺書抄本

一九三六年陝西通志館排印關中叢書之河濱遺書抄本

匏瓜録十卷　清芮長恤撰

清光緒十年昆陵懷永堂惲氏刻本　北大　科學　天津　上海　南京　湖北

匏瓜録十卷附校勘記一卷　清芮長恤撰

清光緒十三年刻本　上海　南京

經問十八卷補三卷　清毛奇齡撰

清康熙李塨等刻西河合集本

清乾隆三十五年陸體元據康熙李塨等刻版修補重印西河合集本

清乾隆四庫全書館寫欽定四庫全書本

經問十四卷補一卷

清道光九年廣東學海堂刻皇清經解一千四百卷本　國圖　首都　北師大　科學　天津　遼寧　山東

清道光九年廣東學海堂刻咸豐十一年補刻皇清經解一千四百八卷本　國圖　首都　北師大　遼寧

清光緒十七年上海鴻寶齋石印皇清經解一百九十卷本　國圖　天津　上海

清光緒上海點石齋石印皇清經解一百九十卷本　國圖　北師大　上海

經問九卷　清毛奇齡撰

日本寬政十一年刻本　國圖

逸經補正三卷　清朱彝尊輯　清馮登府補

一九一五年烏程張氏刻適園叢書本

五經座右録不分卷　清高兆輯

清高兆稿本　故宫

五經隨筆十卷附了生集四卷　清管熙撰

清管熙稿本　上海

經義考異七卷雜考一卷　清方邁撰

清方邁稿本　國圖

清抄本　國圖

韋庵經説一卷　清周象明撰

清同治十三年虞山顧氏刻小石山房叢書本　復旦　遼寧

萬季野講經口授　清萬斯同授　清馮貞群記

四明叢書稿本　國圖

有竹石軒經句説二十四卷　清吴英撰

清嘉慶吴氏有竹石軒刻本　北大

有竹石軒經句説前七卷

清嘉慶二十年吴氏有竹石軒刻本　北大

注疏辯正三卷　清徐發撰

清清引亭抄本　上海

十三經序論選一卷　清何兆聖輯

清康熙五十五年弘遠堂刻本　附十三經類語十四卷後　北大　湖北

經學臆參二卷　清楊陸榮撰

清乾隆刻楊潭西先生遺書本

經義雜記三十卷附敘録一卷　清臧琳撰　清臧庸輯敘録

清嘉慶四年武進臧氏同述觀刻拜經堂叢書本　國圖　天津　上海　南京　湖北

日本昭和十年東方文化學院京都研究所據同述觀刻本影印拜經堂叢書本

續修四庫全書影印清嘉慶四年臧氏拜經堂刻本

經義雜記二十六卷敘録一卷

清刻本　復旦

經義雜記十卷

清道光九年廣東學海堂刻皇清經解一千四百卷本　國圖　首都　北師大　科學　天津　遼寧　山東

清道光九年廣東學海堂刻咸豐十一年補刻皇清經解一千四百八卷本　國圖　首都　北師大　遼寧

清光緒十七年上海鴻寶齋石印皇清經解一百九十卷本　國圖　天津　上海

清光緒上海點石齋石印皇清經解一百九十卷本　國圖　北師大　上海

經義雜記敘録一卷　清臧庸輯

清嘉慶六年武進臧氏同述觀刻拜經堂叢書本(附經義雜記後)

日本昭和十年東方文化學院京都研究所據同述觀刻本影印拜經堂叢書本(附經義雜記後)

方百川先生經義不分卷(一分爲四卷)　清方舟撰　清方觀承録次

清乾隆桐城方氏刻本　北大　華東師大

經言拾遺十四卷　清徐文靖撰

清乾隆二十年毛大鵬刻志寧堂彙印徐位山六種本　上海　湖北

清光緒二年刻徐位山六種本

讀經一卷　清方苞撰

清乾隆方觀承刻方望溪先生經説四種本　北大　天津

經學要義不分卷

清抄本　國圖

經咫一卷　清陳祖范撰

清乾隆二十一年刻本　上海

清乾隆二十九年日華堂刻陳司業集本　遼寧

清乾隆四庫全書館寫欽定四庫全書本

清道光十三年吴江沈氏世楷堂刻昭代叢書本

清光緒十七年廣雅書局刻一九二〇年番禺徐紹棨彙編重印廣雅書局叢書之陳司業遺書本　國圖　南京

經咫摘録一卷　清陳祖范撰

清光緒十七年湘西李氏鞠園刻讀禮叢抄本

詩書古傳三十四卷　日太宰純輯

日本寶曆八年書肆嵩山房江都小林新兵衛刻本　國圖　北大

稽古日鈔八卷　清張方湛　清王逸虬等輯

清乾隆二十九年秋曉山房刻本　北大　科學　北師大

群經補義五卷　清江永撰

清乾隆三十八年江鴻緒刻本(潛德堂藏板)　北大　南京　湖北

清乾隆四庫全書館寫欽定四庫全書本

清乾隆五十七年江起泰等刻讀書隨筆本　人民大學　北京文物局　上海　復旦　南京　浙江

清乾隆書業堂刻讀書隨筆本　國圖　北大　復旦

清道光九年廣東學海堂刻皇清經解一千四百卷本　國圖　首都　北師大　科學　天津　遼寧　山東

群經補義五卷　清江永撰　清江鴻緒編次

清刻本　湖北

説學齋經説一卷　清葉鳳毛撰

清嘉慶南匯吴氏聽彝堂刻藝海珠塵本

經義質疑八卷　清陳梓撰

清嘉慶二十年胡敬義堂刻陳一齋全集本　科學　上海

十三經義疑十二卷　清吴浩撰

清乾隆四庫全書館寫欽定四庫全書本

二李經説四卷附易通説一卷楚辭説一卷　清李光墺　清李光型撰

清康熙刻本　北大

二李經説一卷

清道光二十四年吴江沈氏世楷堂刻昭代叢書本

松源經説四卷　清孫之騄撰

清雍正精刻本　天津　華中師範　中山大學

清乾隆三十一年春草園刻本　北大　科學　南京　浙江　湖北
清抄本　國圖
四庫全書存目叢書影印清乾隆刻本

經解籌世九卷　清李楊華撰
清同治十三年李氏浣紅山館刻本　科學

經稗六卷　清鄭方坤撰
清乾隆四庫全書館寫欽定四庫全書本

經進講義一卷　清杭世駿撰
清乾隆五十三年補史亭刻道古堂外集本
清乾隆杭福烺道古堂鈔補史亭賸稿六種本

九經古義九卷　清惠棟撰
清惠棟手稿本　上海

九經古義十六卷
清乾隆潮陽縣署刻本　國圖　上海　南京
清乾隆三十八年刻五十四年歷城周氏竹西書屋重編印貸園叢書初集本　上海
清乾隆四庫全書館寫欽定四庫全書本
清乾隆常熟蔣氏省吾堂刻省吾堂四種本　國圖　南京　浙江　湖北
清道光九年廣東學海堂刻皇清經解一千四百卷本　國圖　首都　北師大　科學　天津　遼寧　山東

惠氏經說五卷　清惠棟撰
清抄本　國圖

禮耕堂五經撮要不分卷(一分爲五卷)　清李燅火撰　清詹淇補釋
清乾隆九年刻本　科學　南京
四庫未收書叢刊影印清乾隆刻本

五經讀法一卷　清徐與喬撰
清道光十三年吴江沈氏世楷堂刻昭代叢書本

淡和堂經説一卷　清曹逢庚撰
清同治光緒刻洛陽曹氏叢書本

五經贊一卷　清陸榮秬撰　清徐堂注
清嘉慶南匯吴氏聽彝堂刻藝海珠塵本　北大
清同治四年半畝園重刻本　國圖
清光緒四年味墨齋刻本　湖北

七經讀法一卷　清孫喬年撰
清道光五年天心閣刻本　科學

四庫未收書叢刊影印清道光五年天心閣刻本

御制説經文不分卷　清高宗弘曆撰

清乾隆六十年彭元瑞抄本　故宫

惜陰日記九卷(原闕卷一至四)　清宋咸熙撰

一九三六年蟫隱廬石印本　北大　復旦

經考四卷　清戴震撰

清李文藻抄本　北大

續修四庫全書影印清李文藻家抄本

經考六卷(存卷四至六)

清光緒九年柯劭関待刊寫様本　上海

經考五卷

清李文藻家抄本　國圖

清光緒二十六年南陵徐氏刻鄦齋叢書本

清末抄本　北大

一九三六年據南陵徐氏刻本影印安徽叢書之戴東原先生全集本　國圖　復旦　湖北

經考附録不分卷　清戴震撰

清抄本　屯溪市圖

經考附録七卷附校記一卷　清戴震撰　羅更撰校記

一九三六年據汪氏不疏園初寫本影印安徽叢書之戴東原先生全集本

經考校記一卷　羅更撰

一九三六年據汪氏不疏園初寫本影印安徽叢書之戴東原先生全集本(附經考附録後)

惜抱軒九經説十七卷　清姚鼐撰

清嘉慶二年亦愛廬刻本　科學　上海　南京　湖北

清嘉慶十五年陶定申江寧刻本　北大

清同治五年省心閣刻惜抱軒全集本　北大

清光緒三十三年上海校經山房刻惜抱軒全集本

續修四庫全書影印清同治五年省心閣刻惜抱軒全集本

古經解鉤沈三十卷　清余蕭客撰

清乾隆二十七年刻本　科學

清乾隆四庫全書館寫欽定四庫全書本

清乾隆六十年刻本　國圖　北大　湖北

清乾隆六十年刻道光二十年京江魯氏重修本　北大　南京

易堂問目四卷　清吴鼎撰

清乾隆三十七年鄒容成刻本　北大　科學　上海　遼寧

清咸豐二年潘道根抄本　上海

清光緒十六年静齋刻本　復旦　南京

四庫未收書叢刊影印清乾隆三十七年鄒容成刻後印本

蘇齋筆記四卷　清翁方綱撰

清宣統二年北洋官報印書局影印稿本　北大　科學

七經掌訣一卷　清孟超然纂

清道光十四年文筠堂刻本　國圖

十四經通考□□卷　清式楹日撰

清乾隆刻本(存尚書類禮記類春秋類四書類)科學

清嘉慶道光間刻本(存十一卷)　復旦

上湖經解一卷　清汪師韓撰

清乾隆刻本　北大

一輻集十八卷　清項淳撰

清乾隆五十五年殖蔭軒刻本　科學

群經識小八卷　清李惇撰

清道光六年高郵李氏安愚堂刻本　國圖　北大　上海　南京　湖北

清道光九年廣東學海堂刻皇清經解一千四百卷本　國圖　首都　北師大　科學　天津　遼寧　山東

清道光九年廣東學海堂刻咸豐十一年補刻皇清經解一千四百八卷本　國圖　首都　北師大　遼寧

清光緒十七年上海鴻寶齋石印皇清經解一百九十卷本　國圖　天津　上海

續修四庫全書影印清道光李培紫刻本

甝園經説三卷　清宋綿初撰

清光緒二十四年高郵王氏刻鶴壽堂叢書本　湖北

讀書瑣記一卷　清鳳應韶撰

清嘉慶南匯吴氏聽彝堂刻藝海珠塵本　南京

清光緒十二年江陰金氏刻粟香室叢書本

清光緒十二年江陰金氏粟香室刻江陰叢書本

清抄本　復旦

經書算學天文考一卷　清陳懋齡撰

清嘉慶二年刻本　上海

清道光九年廣東學海堂刻皇清經解一千四百卷本　國圖　首都　北師大

科學　天津　遼寧　山東

清道光九年廣東學海堂刻咸豐十一年補刻皇清經解一千四百八卷本　國圖　首都　北師大　遼寧

清光緒十七年上海鴻寶齋石印皇清經解一百九十卷本　國圖　天津　上海

經書算學天文攷二卷

清光緒八年蛟川張氏花雨樓刻花雨樓叢抄本

清光緒八年文選樓刻本　南京

書堂雜著七卷　清劉工詢撰

清嘉慶刻本　南京

經學質疑四卷　清朱霈撰

清嘉慶六年望嶽樓木活字印本　上海　湖北

清嘉慶十二年刻本　科學

四庫未收書叢刊影印清嘉慶六年望嶽樓活字本

十三經斷句考十三卷　清錢繹撰

清錢繹稿本(闕卷三至十一)　上海嘉定縣博

清抄本　國圖

鳳氏經説三卷　清鳳應韶撰

清嘉慶二十五年武進李氏刻本　國圖　北大　南京　浙江　湖北

清道光元年刻本　科學

清同治元年南海伍氏刻粤雅堂叢書本　湖北

經義知新記一卷　清汪中撰

清道光九年古墨熊光之室抄本　上海

清道光九年廣東學海堂刻皇清經解一千四百卷本　國圖　首都　北師大　科學　天津　遼寧　山東

清道光九年廣東學海堂刻咸豐十一年補刻皇清經解一千四百八卷本　國圖　首都　北師大　遼寧

清光緒十七年上海鴻寶齋石印皇清經解一百九十卷本　國圖　天津　上海

群經義證八卷　清武億撰

清嘉慶二年武穆淳刻授堂遺書本　國圖　南京

清道光二十三年偃師武氏刻授堂遺書本

清光緒十四年南菁書院刻皇清經解續編本

清光緒十五年蜚英館石印皇清經解續編本

續修四庫全書影印清嘉慶二年授堂刻本

群經互解一卷　清馮經撰

清道光三十年南海伍氏粤雅堂文字歡娛室刻嶺南遺書本(附周易略解後)

九經學殘三卷(存周禮二卷儀禮一卷)　清王聘珍撰

清光緒六年會稽趙氏刻仰視千七百二十九鶴齋叢書本　南京　湖北

一九二九年紹興墨潤堂書苑據清趙氏刻本影印仰視千七百二十九鶴齋叢書本

北海經學七録八卷　清孔廣林撰

清乾隆三十九年古俊樓刻本　國圖　北大　科學　湖北

清乾隆三十九年古俊樓刻光緒十二年修補本　湖北

四庫未收書叢刊影印清乾隆三十九年古俊樓刻本

十三經策案二十二卷　清王謨輯

清乾隆四十二年刻巾箱本　國圖

清光緒十一年上海同文書局石印本　湖北

清光緒十三年上海積山書局石印袖珍本　浙江

清光緒二十五年慎記書莊石印本　天津

日本明治十八年東都樂善堂銅版印本(與二十四史策案十二卷合印)　北大

十三經心畬二十二卷　清陶起庠撰

清嘉慶聚秀堂刻本　湖北

經傳小記一卷　清劉台拱撰

清嘉慶十一年揚州阮常生刻十三年續刻劉端臨先生遺書本　上海　湖北

清道光十四年世德堂刻劉端臨先生遺書本

清光緒十四年南菁書院刻皇清經解續編本

清光緒十五年廣雅書局刻一九二〇年番禺徐紹棨彙編重印廣雅書局叢書之劉氏遺書本

續修四庫全書影印清嘉慶十一年刻劉端臨先生遺書本

經學卮言六卷　清孔廣森撰

清嘉慶十八年孔昭虔刻二十二年曲阜孔氏儀鄭堂彙編顨軒孔氏所著書本　上海

清道光金山錢氏據借月山房彙鈔刊板重編增刊指海本

清道光九年廣東學海堂刻皇清經解一千四百卷本　國圖　首都　北師大　科學　天津　遼寧　山東

清道光九年廣東學海堂刻咸豐十一年補刻皇清經解一千四百八卷本　國圖　首都　北師大　遼寧

清光緒十七年上海鴻寶齋石印皇清經解一百九十卷本　國圖　天津　上海

續修四庫全書影印清嘉慶刻顨軒孔氏所著書本

十三經讀書劄記不分卷　清孔廣森撰

清孔廣森稿本　曲阜文管委

甹軒經說十卷 清孔廣森撰

清孔廣森稿本(闕卷六至七) 曲阜文管委

經傳繹義五十卷 清陳煒纂

清嘉慶九年校字齋刻本 國圖 北大 天津 上海 浙江 湖北

曾氏遺書續録三卷 清曾興仁輯

清道光三年善化曾氏刻羅卷彙編本 北大

經說三卷 清吴夌雲撰

清光緒十七年廣雅書局刻一九二〇年番禺徐紹棨彙編重印廣雅書局叢書之吴氏遺著本

簡莊疏記不分卷 清陳鱣撰

清陳鱣稿本 國圖

簡莊疏記十七卷

一九一五年烏程張氏刻適園叢書本 北大 湖北

經傳攷證八卷 清朱彬撰

清朱彬稿本 浙江

清道光二年朱氏遊道堂刻本 北大 科學 天津 上海 復旦

清道光九年廣東學海堂刻皇清經解一千四百卷本 國圖 首都 北師大 科學 天津 遼寧 山東

清道光九年廣東學海堂刻咸豐十一年補刻皇清經解一千四百八卷本 國圖 首都 北師大 遼寧

清光緒十七年上海鴻寶齋石印皇清經解一百九十卷本 國圖 天津 上海

四庫未收書叢刊影印清道光遊道堂刻本

經解斠十二卷 清唐仲冕鑒定 清楊述臣等輯

清道光元年刻巾箱本 科學

清道光十一年刻巾箱本 湖北

經學質疑録二十卷 清秦篤輝撰

清道光六年秦氏墨緣館刻本 北大 科學 南京 湖北

四庫未收書叢刊影印清道光六年墨緣館刻本

説經二十卷附説騷一卷説文一卷 清韓秦青撰

清乾隆三十五年刻本 浙江

説經二十六卷附説莊三卷説騷一卷

清乾隆四十四年刻本 浙江

十三經遺文不分卷 清王朝榘撰

清嘉慶五年寫定稿本王氏遺書本 上海

十三經拾遺十六卷
　　清嘉慶五年尋孔顔樂處刻本　北大　科學
　　清光緒新建陶氏刻豫章叢書本　北大
　　四庫未收書叢刊影印清嘉慶五年尋孔顔樂處刻本
頑石廬經説十卷　清徐養原撰
　　清光緒十四年南菁書院刻皇清經解續編本　上海
　　清光緒十五年蜚英館石印皇清經解續編本
　　續修四庫全書影印清光緒十四年南菁書院刻皇清經解續編本
邃雅堂學古録七卷　清姚文田撰
　　清道光七年歸安姚氏刻邃雅堂全書本　北大　湖北
經鋤堂經説一卷　清倪模撰
　　清刻本　科學
隸經文四卷續隸經文一卷　清江藩撰
　　清道光元年曲阜東野隆吉校刻本　天津　上海
　　清道光九年江順銘重修刻節甫老人雜著本　上海
　　清光緒十二年江巨渠補刻江氏叢書本
隸經文四卷
　　清咸豐四年南海伍氏刻粤雅堂叢書本
　　清光緒十四年南菁書院刻皇清經解續編本
　　清光緒十五年蜚英館石印皇清經解續編本
續隸經文一卷　清江藩撰
　　清道光元年曲阜東野隆吉校刻本　天津　上海
　　清道光九年江順銘重修刻節甫老人雜著本　上海
　　清光緒十二年江巨渠補刻江氏叢書本
經解入門八卷　清江藩撰
　　清光緒十四年鴻寶齋石印本　科學　北大　天津　南京
　　清光緒十六年槐蔭書屋刻本　北大　上海
　　清光緒十六年上海淩雲閣石印本　浙江　湖北
　　清光緒十九年桂垣書局刻本　國圖　北大
群經釋地十卷　清戴清撰
　　清戴清稿本　國圖
群經釋地一卷
　　清嘉慶二十五年刻本　上海
　　清咸豐元年儀徵劉文淇等刻戴静齋先生遺書本　國圖　湖北

經義叢鈔三十卷　清嚴杰輯
清道光九年廣東學海堂刻皇清經解一千四百卷本　國圖　首都　北師大　科學　天津　遼寧　山東
清道光九年廣東學海堂刻咸豐十一年補刻皇清經解一千四百八卷本　國圖　首都　北師大　遼寧
清光緒十七年上海鴻寶齋石印皇清經解一百九十卷本　國圖　天津　上海
清光緒上海點石齋石印皇清經解一百九十卷本　國圖　北師大　上海
周人經説八卷(原缺卷五至八)　清王紹蘭撰
清光緒吴縣潘氏刻功順堂叢書本　北大　南京
續修四庫全書影印清光緒潘氏刻功順堂叢書本
王氏經説六卷音略一卷音略攷證一卷　清王紹蘭撰
清光緒吴縣潘氏刻功順堂叢書本　北大　南京　遼寧
續修四庫全書影印清光緒潘氏刻功順堂叢書本
西朋經解不分卷　清西朋老人撰
清抄本　湖北
經義稿不分卷　清陶鈞撰
清陶鈞手稿本　上海
九經古義參證一卷　清鈕樹玉撰
王氏蛾術軒抄稿本　復旦
清劉履芬抄本　國圖
浙士解經録四卷　清阮元編
清嘉慶再到亭刻本　南京　浙江
四庫未收書叢刊影印清嘉慶再到亭刻本
阮學台浙士解經録不分卷
清抄本　復旦
詩書古訓六卷　清阮元撰
清道光刻本　北大　科學
清咸豐五年南海伍氏刻粤雅堂叢書本
續修四庫全書影印清道光二十一年刻本
詩書古訓十卷
清光緒十四年南菁書院刻皇清經解續編本
清光緒十五年蜚英館石印皇清經解續編本
蜚英閣經解一卷　清淩曙撰
清淩曙稿本　北大

抱一堂經疑一卷　清錢彝撰

清刻本　國圖

詩書古訓補遺十卷　清黄朝桂撰

抄西園讀書記本

經義述聞三十二卷　清王引之撰

清王引之稿本(闕卷十二至二十四　卷二十九至三十)　國圖

清嘉慶二十二年刻本　上海　天津

清道光七年京師壽藤書屋刻本　國圖　北大　天津　復旦　浙江　湖北

清道光十二年高郵王氏刻王氏四種本　北大

清光緒七年上海文瑞樓鉛印本　北大　天津　浙江

續修四庫全書影印清道光七年王氏京師刻本

經義述聞不分卷

清嘉慶二年刻本　北大　上海　復旦

經義述聞十五卷

清嘉慶刻本(緑柳山房藏版)　北大

經義述聞十七卷

清嘉慶刻本　北大

經義述聞二十八卷

清道光九年廣東學海堂刻皇清經解一千四百卷本　國圖　首都　北師大　科學　天津　遼寧　山東

清道光九年廣東學海堂刻咸豐十一年補刻皇清經解一千四百八卷本　國圖　首都　北師大　遼寧

清光緒十七年上海鴻寶齋石印皇清經解一百九十卷本　國圖　天津　上海

清光緒上海點石齋石印皇清經解一百九十卷本　國圖　北師大　上海

皇朝經解不分卷　清臧庸撰

清嘉慶九年養心齋刻本　上海

經傳摭餘五卷　清李元春撰

清道光十五年朝邑李際清等刻青照堂叢書本

諸經緒説八卷　清李元春撰

清道光咸豐間刻桐閣全書本

穆齋經詁四卷　清任均撰

清施世錫刻本　湖北

經詁五卷

清道光十九年刻本(任氏藏版)　國圖

左海經辨二卷　清陳壽祺撰
清道光三年三山陳氏刻本　國圖　湖北
清道光三年刻陳紹墉補刻左海全集本
清道光九年廣東學海堂刻皇清經解一千四百卷本　國圖　首都　北師大　科學　天津　遼寧　山東
清道光九年廣東學海堂刻咸豐十一年補刻皇清經解一千四百八卷本　國圖　首都　北師大　遼寧
清光緒十七年上海鴻寶齋石印皇清經解一百九十卷本　國圖　天津　上海
續修四庫全書影印清道光三年刻本
强恕齋雜著一卷　清章謙存撰
清道光十年刻强恕齋四賸稿之經賸本
筆彊偶述一卷　清李遇孫撰
抄本　上海
一九三七年石印一九四四年吴興周延年彙編邈園叢書本
七經異文釋六卷　清李富孫撰
清刻本　國圖
七經異文釋三十卷
清嘉慶十六年海昌蔣光煦刻本　北大
清校經局刻本　天津
讀經析疑二卷　清聶鎬敏撰
清嘉慶刻本　國圖
五經劄記五卷　清姚伯驥撰
清嘉慶十八年刻本　國圖
九經談十卷　日大田元貞撰
日本文化元年江户多稼軒刻本　北大　南京
經義類考二十卷　清郭槼撰
清嘉慶十八年刻本　北大
然後知齋四書五經答問二十卷　清梅沖撰
清嘉慶二十一年刻本　科學
四庫未收書叢刊影印清嘉慶二十一年承學堂刻本
娱親雅言六卷　清嚴元照撰
清嘉慶刻本　南京
清光緒十年湖城義塾刻湖州叢書本
清光緒十一年弢園王氏木活字印本　北大　南京

續修四庫全書影印清嘉慶刻本

鄂拊堂經解十二卷　清吕培等撰　清趙逵儀選輯

清道光四年聽松書舍刻巾箱本　上海　湖北

清道光十九年刻本(與稽古軒經解存稿合刻)　科學

稽古軒經解存稿八卷　清趙逵儀撰

清道光四年皆山書屋刻巾箱本　湖北

清道光十九年刻本　與鄂拊堂經解合刻　科學

十三經證異七十九卷首一卷　清萬希槐輯

一九二三年蕭耀南鉛印本　北大　湖北

七經紀聞四卷　清管同撰

清道光十九年刻本　湖北

民國影印清道光刻本　國圖　科學

讀經心解四卷　清沈楳撰

清光緒十二年會稽沈氏刻沈氏三代家言本　湖北

介菴經説十卷補二卷　清雷學淇撰

清道光三年雷氏刻本　北大

清光緒五年定州王氏謙德堂刻畿輔叢書本

續修四庫全書影印清道光通州雷氏刻本

十三經詁答問六卷補遺一卷　清馮登府撰

清馮登府自訂稿本　上海

十三經詁答問六卷

清光緒十三年吴縣朱氏槐廬家塾刻槐廬叢書本

清光緒十三年吴縣朱氏槐廬刻孫谿朱氏經學叢書初編本

清光緒十四年南菁書院刻皇清經解續編本

十三經詁答問補遺一卷　清馮登府撰

清馮登府自訂稿本　上海

石經閣日抄一卷　清馮登府撰

抄石經閣叢書本　浙江

愓齋經説四卷　清孫經世撰

清道光至咸豐間刻本　上海　湖北

續修四庫全書影印清道光二十三年刻本

讀經校語二卷　清孫經世撰

清道光二十三年蘇廷玉刻本　湖北

清光緒抄本　南京

安甫遺學三卷　清江承之撰

清嘉慶刻本　南京

清道光三年刻受經堂彙稿本

清光緒十四年江陰南菁書院刻南菁書院叢書本

讀經如面一卷　清沈豫撰

清道光十八年蕭山沈氏漢讀齋刻蛾術堂集本　北大

一九三一年上海蟫隱廬據清道光本影印蛾術堂集本　北大

袁浦劄記一卷　清沈豫撰

清道光十八年蕭山沈氏漢讀齋刻蛾術堂集本　國圖

一九三一年上海蟫隱廬據清道光本影印蛾術堂集本

皇清經解萃菁不分卷　清沈豫撰

清沈豫稿本皇清經解輯說本　清華

經義叢鈔不分卷　清沈豫撰

清沈豫稿本皇清經解輯說本　清華

敬齋經說六卷　清蔡德晉撰

吴縣王氏學禮齋抄稿本　復旦

十三經異同條辯十卷　清魯學孟撰

清傳抄稿本　復旦

群經咫聞録一卷　清陳鍾英撰

清陳鍾英歸禮堂三種稿本　福建師大

十七史經說十二卷　清張金吾輯

清照曠閣抄本　國圖

清述鄭齋抄本　南京

群經質二卷　清陳僅撰

清光緒十一年四明文則樓陳氏木活字印本　國圖　科學　南京　浙江　湖北

一九三二年四明張氏約園刻四明叢書本

四庫未收書叢刊影印清光緒十一年四明文則樓陳氏活字本

十三經蒙拾不分卷　清陳僅撰

清抄本　南京

經義旁通不分卷　清劉寶楠撰

清劉寶楠稿本(存禮記)　上海

經說五卷　清黄式三撰

清光緒十四年刻儆居遺書之儆居集本

遠春樓讀經筆存二卷　清汪科爵撰

清光緒十二年錢唐汪氏刻叢睦汪氏遺書本

讀經説一卷　清丁晏撰

清咸豐至同治山陽丁氏六藝堂刻同治元年彙印頤志齋叢書本

清光緒二十七年刻本　湖北

讀經劄記二卷　清單爲鏓撰

稿本　山東博

清同治七年刻單氏全書本

遲悔齋經説一卷　清曹肅孫撰

清同治光緒刻洛陽曹氏叢書本

開有益齋經説五卷　清朱緒曾撰

清光緒十四年南菁書院刻皇清經解續編本

清光緒十五年蜚英館石印皇清經解續編本

經説八卷經遺説一卷　清陳宗起撰

清光緒十一年丹徒陳氏刻養志居僅存藁本

經遺説一卷　清陳宗起撰

清光緒十一年丹徒陳氏刻養志居僅存藁本　附經説後

愚一録十二卷　清鄭獻甫撰

清光緒四年仁和葛氏刻嘯園叢書本　北大

紙園筆記經餘三卷　清易本烺撰

清抄紙園叢書本　科圖

戊廬隨筆一卷　清程庭桂撰

清咸豐十一年刻本　上海

實事求是之齋經義二卷　清朱大韶撰

清光緒九年刻本　國圖　科學　北師大　南京　浙江

清光緒九年刻二十二年封氏修補印本　湖北

清光緒十四年南菁書院刻皇清經解續編本

續修四庫全書影印清光緒十四年南菁書院刻皇清經解續編本

經學提要十五卷　清蔡孔炘撰

清道光五年江洲蔡氏刻本　北大　南京　浙江　湖北

清道光七年刻本　科學　上海　南京

清道光十一年刻本　國圖

四庫未收書叢刊影印清道光五年刻本

六九齋饌述稿四卷　清陳瑑撰

清同治十年查燕緒抄本　復旦

清刻本　科學　湖北

六九齋饌述稿三卷

清光緒中長洲蔣氏心矩齋刻一九一五年蘇州文學山房重印本　北大　湖北

經學質疑四十卷首一卷附孔子編年四卷孟子編年四卷　清狄子奇撰

清道光十七年安雅齋刻本　國圖　上海　南京

目耕帖三十一卷　清馬國翰撰

清光緒九年長沙嫏嬛館刻玉函山房輯佚書本

清光緒十年章邱李氏據馬氏刻本重印玉函山房輯佚書本

清光緒十年楚南書局刻玉函山房輯佚書本

五經地名今考十六卷　清鮑世卿輯

清道光十七年耕心山房刻巾箱本　湖北

群經蠡管二卷　清劉椿撰

清道光八年敬信齋刻本　湖北

鶴巢經箋二十卷附鱣序瑣聞四卷續四卷　清宋清壽撰

清道光二十四年刻本　上海　浙江

四庫未收書叢刊影印清乾隆刻本

經笥質疑十三卷　清張瓚昭撰

清道光七年張氏刻本　國圖

巢經巢集經説一卷　清鄭珍撰

清咸豐二年刻鄭子尹遺書本

續修四庫全書影印清咸豐刻巢經巢本

巢經巢經説一卷

清咸豐二年刻一九四〇年貴州省政府彙印巢經巢全集本

清光緒十四年南菁書院刻皇清經解續編本

清光緒十五年蜚英館石印皇清經解續編本

禮堂經説二卷　清陳喬樅撰

清道光十年小琅嬛室刻左海續集本　北大　湖北

清光緒十四年南菁書院刻皇清經解續編本

清光緒十五年蜚英館石印皇清經解續編本

温經日記六卷　清林昌彝撰

清林昌彝稿本　國圖

清光緒十六年侯官林氏小石渠閣刻本　國圖　北大　復旦　南京　浙江　湖北

經餘不分卷　清黄釗撰

清道光二十九年刻本　科學

四庫未收書叢刊影印清道光二十九年潮州菘韭舍刻本

質疑一卷　清任泰撰

清道光活字印本　國圖

清光緒會稽趙氏刻仰視千七百二十九鶴齋叢書本

一九二九年紹興墨潤堂書苑據清趙氏刻本影印仰視千七百二十九鶴齋叢書本

劉貴陽説經殘稿一卷　清劉書年撰

清同治光緒吴縣潘氏京師刻滂喜齋叢書本

劉貴陽經説一卷

清光緒十四年南菁書院刻皇清經解續編本

清光緒十五年蜚英館石印皇清經解續編本

滌濫軒説經殘稿一卷

一九三八年劉修鑑輯稿本清芬叢抄本　國圖

説經囈語一卷　清左寶森撰

一九三六年謄寫版印一九四四年吴興周延年彙編邈園叢書本

四庫未收書叢刊影印清道光二十三年刻本

養性齋經訓二卷　清陳濬撰

清同治十三年賜葛堂刻求在我齋全集本

解經緒論二卷　清方鼎鋭撰

清方鼎鋭稿本　南京

群經釋地六卷　清吕調陽撰

清光緒十四年葉長高刻觀象廬叢書之釋地三種本

逸經釋一卷　清吕調陽撰

清光緒十四年葉長高刻觀象廬叢書本

群經理話三卷　清張楚鍾撰

清光緒三年刻務實勝窩彙稿本

群經理畫一卷　清張楚鍾撰

清光緒三年刻務實勝窩彙稿本

會稽山齋經義一卷　清謝應芝撰

清光緒十四年刻會稽山齋全集本

勿自棄軒遺稿一卷　清華嶸撰

清光緒十五年粤西奉議州官廨重刊昆明華氏叢刻本

一九一四年雲南叢書處刻雲南叢書本

求益齋讀書記六卷　清强汝詢撰

清光緒二十四年江蘇書局刻求益齋全集本

敗經筆記一卷　清陳倬撰

清陳倬稿本　上海

清陳倬紅格稿本　國圖

清光緒十二年吳縣朱氏槐廬家塾刻槐廬叢書本

清光緒十二年吳縣朱氏槐廬刻孫谿朱氏經學叢書初編本

鋤經堂經説一卷　清陳澧撰

清刻本　湖北

通介堂經説不分卷　清徐灝撰

清咸豐四年廣東省城藝芳齋刻本　北大

通介堂經説十二卷

清咸豐四年廣東省城藝芳齋刻本　國圖　北大　湖北

通介堂經説三十七卷

清咸豐四年番禺徐氏梧州刻學壽堂叢書本　北大　南京

續修四庫全書影印清咸豐四年刻本

五經補綱不分卷　清尹樂堯撰

清咸豐四年晉江黄氏刻本　國圖　北大　南京

五經補綱九卷

清咸豐四年刻本　科學

讀經劄記四卷　清魏本唐撰

清同治九年抄本　北大

詩書講義不分卷　清丁壽祺撰

清同治四年丁壽炳鈔同治十年光緒九年續抄本　復旦

經義釋一卷　清沈日富撰

清沈日富稿本　上海

經解　清甘曾源輯　甘藩訂

甘藩稿本　南京

雪樵經解三十卷附録三卷　清馮世瀛輯

清光緒八年秋樹根齋刻本　北大　浙江

清光緒十一年馮氏辨齋錫活字印本　科學　天津　南京

四庫未收書叢刊影印清光緒十一年馮祖憲錫版印本

經義尋中十二卷　清楊琪光撰

清光緒十二年刻本　北大　北師大

群經大義録一卷　清劉傳瑩撰

清劉傳瑩緑格稿本　湖北

讀經隨筆三十卷(一名損齋遺書)　清楊樹椿撰　清楊玉清編

清光緒二十一年李氏家塾刻本　北大　科學　湖北

經學博採録六卷　清桂文燦撰

一九四一年排印辛巳叢編本　復旦

經學博採録十二卷

一九四二年刻敬躋堂叢書本　國圖

續修四庫全書影印民國三十一年刻敬躋堂叢書本

群經補證六卷　清桂文燦撰

清抄本(闕卷二)　廣東社科院

讀十三經管見草一卷　清王尚概撰

清宣統二年鉛印義川遺書本　湖北

民國天水王氏鉛印本　國圖

群經賸義一卷　清俞樾撰

清光緒十四年江陰南菁書院刻南菁書院叢書本

清光緒二十五年刻春在堂全書之俞樓雜纂本

群經平議三十五卷　清俞樾撰

續修四庫全書影印清光緒二十五年刻春在堂全書本

達齋叢説一卷　清俞樾撰

清光緒十四年南菁書院刻皇清經解續編本

清光緒十五年蜚英館石印皇清經解續編本

清光緒二十五年刻春在堂全書之俞樓雜纂本

茶香室經説十六卷　清俞樾撰

清光緒二十五年刻春在堂全書本　復旦　湖北

續修四庫全書影印清光緒二十五年刻春在堂全書本

讀王氏稗疏一卷　清俞樾撰

清光緒二十五年刻春在堂全書之俞樓雜纂本

鄭氏經學考不分卷　清杜貴墀撰

吳縣王氏學禮齋抄稿本　復旦

群經説四卷　清黄以周撰

清光緒二十年江蘇南菁講舍刻儆季雜著本　上海

續修四庫全書影印清光緒二十年南菁講舍刻儆季雜著本

經説略二卷　清黄以周撰

清光緒十四年南菁書院刻皇清經解續編本　湖北

清光緒十五年蜚英館石印皇清經解續編本

經訓比義三卷　清黄以周撰

清光緒二十二年江陰南菁講舍刻本　國圖　北大　天津　南京　湖北

清光緒二十二年南菁講舍刻光緒二十四年重校修本　北大

操敦齋遺書四卷　清管禮耕撰

清光緒十四年江陰刻南菁書院叢書本　湖北

十三經舊學加商二卷　清吴修祜撰

清光緒十五年木活字排印藼蒔山莊遺著本　科學　南京　浙江　湖北

易書詩禮四經正字考四卷　清鍾麐撰

一九一六年吴興劉氏嘉業堂刻吴興叢書本

讀經拾瀋一卷　清平步青撰

一九二四年紹興四有書局排印香雪崦叢書本

讀經札記二卷　清張之洞撰

一九二八年北平刻張文襄公全集本

讀皇清經解札記二卷　清張之洞撰

一九二二年南皮張氏刻廣雅堂四種之廣雅堂雜著本　北大

經解籌世九卷　清李揚華撰

清同治十三年刻瀞紅山館四種本

經説二卷　清丁午撰

清光緒七年錢唐丁氏刻田園雜著之試帖存稿本　國圖

退學述存一卷　清王廷鼎撰

清光緒十七年刻紫薇花館集之紫薇花館經説本

經義存參一卷　清劉遵海撰

清光緒十二年刻祥符劉氏叢書之有深致軒集本

夢園經解十二卷　清劉曾騄撰

清光緒至民國刻石印油印祥符劉氏叢書本

複堂經説輯不分卷　清譚獻輯

清譚獻稿本　存詩經春秋　上海

經闡要不分卷　清張恩霨撰

清光緒九年刻本　國圖

經迻節本不分卷　清孫詒讓撰

清孫詒讓稿本　杭州大學

經述四卷　清林頤山撰

清林頤山稿本　復旦

續修四庫全書影印稿本

經述三卷
　　清光緒十四年南菁書院刻皇清經解續編本
　　清光緒十五年蜚英館石印皇清經解續編本
隸經賸義一卷　清林兆豐撰
　　清光緒十四年南菁書院刻皇清經解續編本
　　清光緒十五年蜚英館石印皇清經解續編本
經義聞斯録不分卷　清胡秉虔撰
　　清抄本　北大
西崖經説不分卷(或分爲四卷)　清顧成章撰
　　清光緒十八年木活字印本　國圖　北大　天津　復旦　湖北
經訓書院自課文三卷　清皮錫瑞撰
　　清光緒十九年師伏堂刻本　上海
　　清光緒二十五年善化皮氏刻師伏堂叢書本
師伏堂經説四卷　清皮錫瑞撰
　　清皮錫瑞稿本　湖南師大
經學通論五卷　清皮錫瑞撰
　　續修四庫全書影印清光緒三十三年思賢書局刻本
師伏堂經説雜記不分卷　清皮錫瑞撰
　　清皮錫瑞稿本　湖南師大
鄭東甫説經稿一卷　清鄭杲撰
　　清皮錫瑞稿本　上海
介堂經解一卷　清胡元直撰
　　清光緒二十年刻端敏遺書本
經説管窺一卷　清王士濂撰
　　清光緒二十四年高郵王氏刻鶴壽堂叢書本
香草校書六十卷續二十二卷　清于鬯撰
　　清于鬯稿本于香草遺著叢輯本　卷一至四十二清光緒宣統間刻本　上海
香草校書二十八卷
　　清光緒刻本　北大
香草校書四十二卷
　　清光緒刻本　復旦
香草校書六十卷
　　清光緒刻本　北大　湖北
經學講義上篇不分卷　清王家鳳編
　　清刻本　湖北

經義正衡敘録二卷　清雷廷珍撰
　　清光緒二十八年貴陽刻雷氏遺書本
經義懸解五卷　清徐壽基撰
　　清光緒十三年武進徐氏刻志學齋集本　上海　湖北
幕巢館札記一卷　清顔札定撰
　　清光緒三十四年至宣統三年國學萃編社排印晨風閣叢書第一集本
皇清經解依經十六卷(卷内又分卷凡一千七十卷)　清船山主人編
　　清光緒十九年上海袖海山房石印本　北大　湖北
皇清經解分經合纂十六卷
　　清光緒二十一年上海鴻寶齋石印本　北師大　天津　南京
古經疑言八卷　清王廷植撰
　　清光緒八年長沙退思齋刻本　北大　科學
詁經叢話四卷　清葉大莊撰
　　清葉大莊稿本　福建
讀書拾遺六卷象數蠡測四卷　清傅玉書撰
　　清光緒二十四年戎州刻本　國圖　湖北
經義初編不分卷　清劉可毅撰
　　清光緒二十七年常州刻本　上海
經義肊説四卷　清姚有彬撰
　　清姚有彬稿本(存卷一至三)　上海
校經述微四卷　清張紫琳撰
　　清抄本(存卷一至三)　復旦
經義集解不分卷　清張玉麟撰
　　清張玉麟稿本　上海
常華館經説一卷　清劉鑫耀撰
　　清光緒三十二年長沙刻本　天津　湖北
五經解五卷　清何澂撰
　　清何澂稿本　上海
愛經居經説不分卷附詩賦不分卷　清黄家橋撰
　　清黄家橋稿本　上海

群經釋疑六卷　清黄維清撰

抄本　國圖

山淵閣經説不分卷　清江瑔撰

抄本　國圖

經義聚辨不分卷　清閔鐄撰

清抄本　浙江

經義管窺十卷　清時蘭撰

清時蘭稿本　上海

五經人物考一卷　清沈繼倫輯

清沈繼倫稿本　北大

瑞伯經解改稿不分卷　清□瑞伯撰　清許克勤重訂

清許克勤墨筆重訂本　復旦

清抄本　復旦

十三經地名韻編今釋五卷　清龍繼棟撰

張宗祥抄本　浙江

山公經説辨疑七卷　清曹林撰

一九二二年鉛印本　科學

師鄦齋經説二卷附知悔齋詩文鈔一卷　清蔣方駿撰

一九二八年北平鉛印本　國圖　北大　復旦

經言明喻編十三卷　清吕佩芬撰

抄稿本　國圖

一九三八年鉛印本　國圖　湖北

述古堂經説六卷　清馮一梅撰　王欣夫輯

王氏學禮齋稿本　復旦

經學講義二編　清京師大學堂編　清學務大臣鑑定

清光緒三十年官書局鉛印本　北大

大學堂經學講義不分卷

油印本　國圖

兩湖文高等學堂經學課程三卷　清馮貞榆撰

清光緒朱墨刻本　南京

受經日記

清光緒三十年高等學堂鉛印本　國圖

節讀分課經書教案四編　清徐適撰

清光緒二十三年上海樂群圖書館鉛印本　南京

經學通義開宗不分卷
　　清刻本　國圖
經義模範一卷
　　抄本　南京
經義雜著一卷
　　清抄本　天津
岫雲經説一卷雜著一卷
　　清刻本　國圖
經説雜録不分卷
　　稿本　北大
經學論説不分卷
　　抄本　湖北
晝錦堂經學偶録一卷
　　清末刻本　湖北
寶拙齋讀經隨筆不分卷
　　稿本　北大
博約齋經説三卷　清潘任撰
　　清光緒二十年木活字排印希鄭堂叢書本　國圖　北大　科學
希鄭堂經義一卷　清潘任撰
　　清光緒二十年木活字排印希鄭堂叢書本　北大
雙桂軒答問一卷　清潘任撰
　　清光緒二十年木活字排印希鄭堂叢書本　北大
經義積微記四卷　清姚晉圻撰
　　一九三五年沔陽盧靖石印姚氏遺書本
皇朝五經彙解二百七十卷　清朱鏡清輯
　　清光緒十四年鴻文書局石印本　北大　天津　復旦　南京　湖北
皇朝五經彙解二百七十卷附五經正文一卷　清朱鏡清輯
　　清光緒十九年同文書局石印本　復旦　南京　湖北
　　清光緒十九年寶文書局影印本　國圖
　　清光緒十九年積山書局石印本　南京
皇朝五經彙解二百七十卷附經解入門一卷　清朱鏡清輯
　　清光緒十九年海蜚英館石印本　國圖
經解入門一卷　清朱鏡清輯
　　清光緒十九年海蜚英館石印本　附皇朝五經彙解後　國圖

經窺十六卷　清蔡啟盛撰

清光緒十七年諸暨蔡氏刻本　國圖　北大　科學　復旦　天津　南京

經窺續八卷　清蔡啟盛撰

清光緒二十八年刻本　國圖　科學

素行室經説二卷　清楊譽龍撰

清光緒二十三年刻本　北大　科學　天津　復旦　湖北

經學文鈔十五卷首三卷　清梁鼎芬撰　曹元弼校補

清光緒三十四年江蘇存古堂活字印本　國圖　北大　科學　南京

隸經雜著甲編二卷乙編二卷　清顧震福撰

清光緒十八年刻本　北大　浙江　湖北

九經今義二十八卷　清成本璞著

清光緒三十一年鉛印本　南京大學

清光緒三十四年長沙刻本　科學

易書詩經學課程不分卷　清王仁俊撰

清末鉛印存古學堂課程本　湖北

讀經瑣記一卷　清易順鼎撰

清光緒十年刻琴志樓叢書本　國圖　天津　上海

新學僞經考十四卷　清康有爲撰

清光緒十七年南海康氏萬木草堂刻本　科學　北大　南京

清光緒十七年武林望雲樓石印本　國圖　北大　南京

清光緒刻蟄雲雷齋叢書本

一九一七年南海康氏北京重刻萬木草堂叢書本　國圖　遼寧

續修四庫全書影印清光緒十七年康氏萬木草堂刻本

殷周制度論一卷　清王國維撰

一九一六年上海倉聖明智大學排印廣倉學宭叢書甲類本

三、圖説之屬

六經圖六卷　宋楊甲撰　宋毛邦翰補

明萬曆四十三年吴繼仕熙春樓刻本　山西大學　東北師大　青島博

明萬曆四十四年郭若維刻本　復旦

明萬曆衛承芳刻本　北大　上海　旅大　東北師大

清康熙六十一年潘氏禮耕堂刻本　北大　科學

清乾隆四庫全書館寫欽定四庫全書本

六經圖六卷　宋楊甲撰　宋毛邦翰補　明仇維禎重訂
明崇禎十二年刻本　湖北
六經圖六卷　宋楊甲撰　宋毛邦翰補　清王皓輯録
清乾隆五年六安王氏向山堂精刻本　北大　天津　南京
七經圖七卷　明吴繼仕輯
明萬曆四十三年吴繼仕熙春樓刻本　北大　南京
四庫全書存目叢書影印明萬曆刻本
五經圖六卷　明盧謙輯
明萬曆四十二年章達刻本　吉林大學　陝西師大　浙江
明天啓四年章達刻本　科學
舊抄本　存易經禮記詩經　國圖
清雍正元年致用堂刻本　河南　中山大學
四庫全書存目叢書影印明萬曆四十二年刻本
五經圖六卷
明梁承祖刻本(與周禮圖一卷合刻)　北大
五經圖十二卷　明盧謙編　清盧雲英　清王皓重編
清雍正二年盧氏家刻本　國圖　中央民大　科學　上海　山西文物局　湖北　遼寧　安徽大學
四庫全書存目叢書影印清雍正二年盧雲英刻本
六經圖六卷　明王皜纂
清乾隆五年王氏向山堂刻本　國圖　北大　科學　天津　上海　南京　浙江　湖北
四庫全書存目叢書影印清乾隆五年刻本
朱子六經圖增定四書圖十六卷　清江爲龍手定
清康熙刻本　南開
朱子六經圖十六卷
四庫全書存目叢書清康熙刻本
九經圖不分卷　清楊魁植撰　清楊文源增訂
清康熙信芳書房刻本　上海
清乾隆二十七年信芳書房刻本　南京
清乾隆三十七年信芳書房刻本　南京　福建　廈門大學
四庫全書存目叢書影印清乾隆三十七年信芳書房刻本
群經冠服圖考三卷　清黄世發撰
武昌徐恕抄稿本　復旦

清抄本　國圖

清抄本　福建

六經圖二十四卷　清鄭之僑編

清乾隆九年潮陽鄭氏述堂刻本　北大

群經宫室圖二卷　清焦循撰

清乾隆焦氏半九書塾刻本　國圖　北大

清乾隆焦氏半九書塾刻嘉慶五年修補印本　國圖　湖北

清乾隆焦氏半九書塾刻道光六年修補彙印焦氏叢書本　科學　復旦

清光緒二年衡陽魏氏刻焦氏叢書本　北大

清光緒十一年梁谿朱氏小曝書亭刻本　北大　浙江

續修四庫全書影印清道光半九書塾刻本

經義圖説八卷　清吴寶謨輯

清嘉慶四年吴氏墨花軒刻本　上海

清嘉慶二十四年陳氏刻巾箱本　國圖　北大　南京　湖北

四庫未收書叢刊影印清嘉慶二十四年陳逢衡刻本

經義圖説十六卷

清嘉慶刻本　復旦

經圖彙考三卷　清毛應觀撰

清道光十九年小園刻本　北大　科學　天津

六經全圖不分卷　清牟欽元輯

清道光慕古堂刻本　天津

四、别編之屬

困學蒙正六卷　宋王應麟撰　清宋炳垣疏證

清道光年刻本　國圖　北大　科學　湖北

朱子經説十四卷　明陳龍正輯

明崇禎十七年稿本　上海

明崇禎十七年刻本　清華

日知録二卷　清顧炎武撰

清道光九年廣東學海堂刻皇清經解一千四百卷本　國圖　首都　北師大
　科學　天津　遼寧　山東

清道光九年廣東學海堂刻咸豐十一年補刻皇清經解一千四百八卷本　國圖
　首都　北師大　遼寧

清光緒十七年上海鴻寶齋石印皇清經解一百九十卷本　國圖　天津　上海

湛園札記一卷　清姜宸英撰

清道光九年廣東學海堂刻皇清經解一千四百卷本　國圖　首都　北師大　科學　天津　遼寧　山東

清道光九年廣東學海堂刻咸豐十一年補刻皇清經解一千四百八卷本　國圖　首都　北師大　遼寧

清光緒十七年上海鴻寶齋石印皇清經解一百九十卷本　國圖　天津　上海

潛邱劄記二卷　清閻若璩撰

清道光九年廣東學海堂刻皇清經解一千四百卷本　國圖　首都　北師大　科學　天津　遼寧　山東

清道光九年廣東學海堂刻咸豐十一年補刻皇清經解一千四百八卷本　國圖　首都　北師大　遼寧

清光緒十七年上海鴻寶齋石印皇清經解一百九十卷本　國圖　天津　上海

解春集二卷　清馮景撰

清道光九年廣東學海堂刻皇清經解一千四百卷本　國圖　首都　北師大　科學　天津　遼寧　山東

清道光九年廣東學海堂刻咸豐十一年補刻皇清經解一千四百八卷本　國圖　首都　北師大　遼寧

清光緒十七年上海鴻寶齋石印皇清經解一百九十卷本　國圖　天津　上海

經腴類纂二卷　清孫顏輯

清咸豐元年刻小嫏嬛山館彙刊類書十二種本

清光緒二十年文選樓石印琅環獺祭十二種本

白田草堂存稿一卷　清王懋竑撰

清道光九年廣東學海堂刻皇清經解一千四百卷本　國圖　首都　北師大　科學　天津　遼寧　山東

清道光九年廣東學海堂刻咸豐十一年補刻皇清經解一千四百八卷本　國圖　首都　北師大　遼寧

清光緒十七年上海鴻寶齋石印皇清經解一百九十卷本　國圖　天津　上海

果堂集一卷　清沈彤撰

清道光九年廣東學海堂刻皇清經解一千四百卷本　國圖　首都　北師大　科學　天津　遼寧　山東

清道光九年廣東學海堂刻咸豐十一年補刻皇清經解一千四百八卷本　國圖　首都　北師大　遼寧

清光緒十七年上海鴻寶齋石印皇清經解一百九十卷本　國圖　天津　上海

質疑一卷　清杭世駿撰

清道光九年廣東學海堂刻皇清經解一千四百卷本　國圖　首都　北師大　科學　天津　遼寧　山東

清道光九年廣東學海堂刻咸豐十一年補刻皇清經解一千四百八卷本　國圖　首都　北師大　遼寧

清光緒十七年上海鴻寶齋石印皇清經解一百九十卷本　國圖　天津　上海

觀象授時十四卷　清秦蕙田撰

清道光九年廣東學海堂刻皇清經解一千四百卷本　國圖　首都　北師大　科學　天津　遼寧　山東

清道光九年廣東學海堂刻咸豐十一年補刻皇清經解一千四百八卷本　國圖　首都　北師大　遼寧

清光緒十七年上海鴻寶齋石印皇清經解一百九十卷本　國圖　天津　上海

經史問答七卷　清全祖望撰

清道光九年廣東學海堂刻皇清經解一千四百卷本　國圖　首都　北師大　科學　天津　遼寧　山東

清道光九年廣東學海堂刻咸豐十一年補刻皇清經解一千四百八卷本　國圖　首都　北師大　遼寧

清光緒十七年上海鴻寶齋石印皇清經解一百九十卷本　國圖　天津　上海

鍾山札記一卷　清盧文弨撰

清道光九年廣東學海堂刻皇清經解一千四百卷本　國圖　首都　北師大　科學　天津　遼寧　山東

清道光九年廣東學海堂刻咸豐十一年補刻皇清經解一千四百八卷本　國圖　首都　北師大　遼寧

清光緒十七年上海鴻寶齋石印皇清經解一百九十卷本　國圖　天津　上海

龍城札記一卷　清盧文弨撰

清道光九年廣東學海堂刻皇清經解一千四百卷本　國圖　首都　北師大　科學　天津　遼寧　山東

清道光九年廣東學海堂刻咸豐十一年補刻皇清經解一千四百八卷本　國圖　首都　北師大　遼寧

清光緒十七年上海鴻寶齋石印皇清經解一百九十卷本　國圖　天津　上海

戴東原集二卷　清戴震撰

清道光九年廣東學海堂刻皇清經解一千四百卷本　國圖　首都　北師大　科學　天津　遼寧　山東

清道光九年廣東學海堂刻咸豐十一年補刻皇清經解一千四百八卷本　國圖

首都　北師大　遼寧

清光緒十七年上海鴻寶齋石印皇清經解一百九十卷本　國圖　天津　上海

瞥記一卷　清梁玉繩撰

清道光九年廣東學海堂刻皇清經解一千四百卷本　國圖　首都　北師大　科學　天津　遼寧　山東

清道光九年廣東學海堂刻咸豐十一年補刻皇清經解一千四百八卷本　國圖　首都　北師大　遼寧

清光緒十七年上海鴻寶齋石印皇清經解一百九十卷本　國圖　天津　上海

十駕齋養新録三卷餘録一卷　清錢大昕撰

清道光九年廣東學海堂刻皇清經解一千四百卷本　國圖　首都　北師大　科學　天津　遼寧　山東

清道光九年廣東學海堂刻咸豐十一年補刻皇清經解一千四百八卷本　國圖　首都　北師大　遼寧

清光緒十七年上海鴻寶齋石印皇清經解一百九十卷本　國圖　天津　上海

潛研堂文集六卷　清錢大昕撰

清道光九年廣東學海堂刻皇清經解一千四百卷本　國圖　首都　北師大　科學　天津　遼寧　山東

清道光九年廣東學海堂刻咸豐十一年補刻皇清經解一千四百八卷本　國圖　首都　北師大　遼寧

清光緒十七年上海鴻寶齋石印皇清經解一百九十卷本　國圖　天津　上海

溉亭述古録二卷　清錢塘撰

清道光九年廣東學海堂刻皇清經解一千四百卷本　國圖　首都　北師大　科學　天津　遼寧　山東

清道光九年廣東學海堂刻咸豐十一年補刻皇清經解一千四百八卷本　國圖　首都　北師大　遼寧

清光緒十七年上海鴻寶齋石印皇清經解一百九十卷本　國圖　天津　上海

讀書脞録二卷續編二卷　清孫志祖撰

清道光九年廣東學海堂刻皇清經解一千四百卷本　國圖　首都　北師大　科學　天津　遼寧　山東

清道光九年廣東學海堂刻咸豐十一年補刻皇清經解一千四百八卷本　國圖　首都　北師大　遼寧

清光緒十七年上海鴻寶齋石印皇清經解一百九十卷本　國圖　天津　上海

甓齋遺稿一卷　清劉玉麐撰

清道光九年廣東學海堂刻皇清經解一千四百卷本　國圖　首都　北師大

科學　天津　遼寧　山東

清道光九年廣東學海堂刻咸豐十一年補刻皇清經解一千四百八卷本　國圖　首都　北師大　遼寧

清光緒十七年上海鴻寶齋石印皇清經解一百九十卷本　國圖　天津　上海

秋槎雜記一卷　清劉履恂撰

清道光九年廣東學海堂刻皇清經解一千四百卷本　國圖　首都　北師大　科學　天津　遼寧　山東

清道光九年廣東學海堂刻咸豐十一年補刻皇清經解一千四百八卷本　國圖　首都　北師大　遼寧

清光緒十七年上海鴻寶齋石印皇清經解一百九十卷本　國圖　天津　上海

四庫未收書叢刊影印清道光十九年世德堂刻本

經韻樓集六卷　清段玉裁撰

清道光九年廣東學海堂刻皇清經解一千四百卷本　國圖　首都　北師大　科學　天津　遼寧　山東

清道光九年廣東學海堂刻咸豐十一年補刻皇清經解一千四百八卷本　國圖　首都　北師大　遼寧

清光緒十七年上海鴻寶齋石印皇清經解一百九十卷本　國圖　天津　上海

述學二卷　清汪中撰

清道光九年廣東學海堂刻皇清經解一千四百卷本　國圖　首都　北師大　科學　天津　遼寧　山東

清道光九年廣東學海堂刻咸豐十一年補刻皇清經解一千四百八卷本　國圖　首都　北師大　遼寧

清光緒十七年上海鴻寶齋石印皇清經解一百九十卷本　國圖　天津　上海

讀書雜志二卷　清王念孫撰

清道光九年廣東學海堂刻皇清經解一千四百卷本　國圖　首都　北師大　科學　天津　遼寧　山東

清道光九年廣東學海堂刻咸豐十一年補刻皇清經解一千四百八卷本　國圖　首都　北師大　遼寧

清光緒十七年上海鴻寶齋石印皇清經解一百九十卷本　國圖　天津　上海

吾亦廬稿四卷　清崔應榴撰

清道光九年廣東學海堂刻皇清經解一千四百卷本　國圖　首都　北師大　科學　天津　遼寧　山東

清道光九年廣東學海堂刻咸豐十一年補刻皇清經解一千四百八卷本　國圖　首都　北師大　遼寧

清光緒十七年上海鴻寶齋石印皇清經解一百九十卷本　國圖　天津　上海

劉氏遺書一卷　清劉台拱撰

清道光九年廣東學海堂刻皇清經解一千四百卷本　國圖　首都　北師大　科學　天津　遼寧　山東

清道光九年廣東學海堂刻咸豐十一年補刻皇清經解一千四百八卷本　國圖　首都　北師大　遼寧

清光緒十七年上海鴻寶齋石印皇清經解一百九十卷本　國圖　天津　上海

校禮堂文集一卷　清淩廷堪撰

清道光九年廣東學海堂刻皇清經解一千四百卷本　國圖　首都　北師大　科學　天津　遼寧　山東

清道光九年廣東學海堂刻咸豐十一年補刻皇清經解一千四百八卷本　國圖　首都　北師大　遼寧

清光緒十七年上海鴻寶齋石印皇清經解一百九十卷本　國圖　天津　上海

寶甓齋札記一卷　清趙坦撰

清道光九年廣東學海堂刻皇清經解一千四百卷本　國圖　首都　北師大　科學　天津　遼寧　山東

清道光九年廣東學海堂刻咸豐十一年補刻皇清經解一千四百八卷本　國圖　首都　北師大　遼寧

清光緒十七年上海鴻寶齋石印皇清經解一百九十卷本　國圖　天津　上海

寶甓齋文集一卷　清趙坦撰

清道光九年廣東學海堂刻皇清經解一千四百卷本　國圖　首都　北師大　科學　天津　遼寧　山東

清道光九年廣東學海堂刻咸豐十一年補刻皇清經解一千四百八卷本　國圖　首都　北師大　遼寧

清光緒十七年上海鴻寶齋石印皇清經解一百九十卷本　國圖　天津　上海

問字堂集一卷　清孫星衍撰

清道光九年廣東學海堂刻皇清經解一千四百卷本　國圖　首都　北師大　科學　天津　遼寧　山東

清道光九年廣東學海堂刻咸豐十一年補刻皇清經解一千四百八卷本　國圖　首都　北師大　遼寧

清光緒十七年上海鴻寶齋石印皇清經解一百九十卷本　國圖　天津　上海

揅經室集七卷　清阮元撰

清道光九年廣東學海堂刻皇清經解一千四百卷本　國圖　首都　北師大　科學　天津　遼寧　山東

清道光九年廣東學海堂刻咸豐十一年補刻皇清經解一千四百八卷本　國圖　首都　北師大　遼寧

清光緒十七年上海鴻寶齋石印皇清經解一百九十卷本　國圖　天津　上海

讀書叢録一卷　清洪頤煊撰

清光緒十四年南菁書院刻皇清經解續編本

清光緒十五年蜚英館石印皇清經解續編本

拜經日記八卷　清臧庸撰

清道光九年廣東學海堂刻皇清經解一千四百卷本　國圖　首都　北師大　科學　天津　遼寧　山東

清道光九年廣東學海堂刻咸豐十一年補刻皇清經解一千四百八卷本　國圖　首都　北師大　遼寧

清光緒十七年上海鴻寶齋石印皇清經解一百九十卷本　國圖　天津　上海

拜經文集一卷　清臧庸撰

清道光九年廣東學海堂刻皇清經解一千四百卷本　國圖　首都　北師大　科學　天津　遼寧　山東

清道光九年廣東學海堂刻咸豐十一年補刻皇清經解一千四百八卷本　國圖　首都　北師大　遼寧

清光緒十七年上海鴻寶齋石印皇清經解一百九十卷本　國圖　天津　上海

鑑止水齋集二卷　清許宗彦撰

清道光九年廣東學海堂刻皇清經解一千四百卷本　國圖　首都　北師大　科學　天津　遼寧　山東

清道光九年廣東學海堂刻咸豐十一年補刻皇清經解一千四百八卷本　國圖　首都　北師大　遼寧

清光緒十七年上海鴻寶齋石印皇清經解一百九十卷本　國圖　天津　上海

左海文集二卷　清陳壽祺撰

清道光九年廣東學海堂刻皇清經解一千四百卷本　國圖　首都　北師大　科學　天津　遼寧　山東

清道光九年廣東學海堂刻咸豐十一年補刻皇清經解一千四百八卷本　國圖　首都　北師大　遼寧

清光緒十七年上海鴻寶齋石印皇清經解一百九十卷本　國圖　天津　上海

癸巳類稿六卷　清俞正燮撰

清光緒十四年南菁書院刻皇清經解續編本

清光緒十五年蜚英館石印皇清經解續編本

癸巳存稿四卷　清俞正燮撰

清光緒十四年南菁書院刻皇清經解續編本

清光緒十五年蜚英館石印皇清經解續編本

過庭録五卷　清宋翔鳳撰

清光緒十四年南菁書院刻皇清經解續編本

清光緒十五年蜚英館石印皇清經解續編本

研六室雜著一卷　清胡培翬撰

清道光九年廣東學海堂刻皇清經解一千四百卷本　國圖　首都　北師大　科學　天津　遼寧　山東

清道光九年廣東學海堂刻咸豐十一年補刻皇清經解一千四百八卷本　國圖　首都　北師大　遼寧

清光緒十七年上海鴻寶齋石印皇清經解一百九十卷本　國圖　天津　上海

東塾讀書記十卷　清陳澧撰

清光緒十四年南菁書院刻皇清經解續編本

清光緒十五年蜚英館石印皇清經解續編本

漢孳室文鈔二卷　清陶方琦撰

清光緒十四年南菁書院刻皇清經解續編本

清光緒十五年蜚英館石印皇清經解續編本

五、類編之屬

儒經撮要一卷　清中菴子撰

清康熙二年刻息齋藏書本

經玩二十卷　明沈淑輯

四庫全書存目叢書清雍正刻本

續修四庫全書清乾隆刻本

注疏瑣語四卷　清沈淑撰

清雍正三年常熟沈氏孝德堂刻經玩本　國圖　上海　山東

清光緒八年常熟鮑氏刻後知不足齋叢書之沈氏經學六種本　國圖　南京　湖北　遼寧

注疏瑣語一卷

清道光十三年吴江沈氏世楷堂刻昭代叢書本

五經類纂十六卷　清秦伯龍　秦躍龍輯

清雍正六年清尋閣刻本　北大

經訓約編十四卷附詩賦約編七卷風騷補編三卷蘭山課業松崖詩録二卷　清盛元珍輯

清乾隆四十二年刻本　國圖　南京

十三經注疏錦字四卷　清李調元輯

清乾隆綿州李氏萬卷樓刻嘉慶十四年李鼎元重校印函海本

清乾隆綿州李氏萬卷樓刻道光五年李朝夔補刻印函海本

清光緒七至八年廣漢鍾登甲樂道齋刻函海本

聯經四卷　清李學禮撰

清乾隆四十三年刻本　北師大　南大

清乾隆五十五年存德堂刻本　北大

敦樸堂簡明評點三禮春秋三傳鈔不分卷　清武億評點

舊朱墨抄本　國圖

十三經類記十六卷　清王燮元編

清咸豐元年誦芬舊廬刻巾箱本　湖北

經義類纂八卷

清光緒二十年刻本　湖北

欽定七經綱領不分卷附奏定學堂章程摘録不分卷　清學部圖書館編

清宣統元年學部圖書館鉛印本　北大　科學　天津

清末江楚書局刻本　南京

四書五經類典集成三十四卷　清戴兆春輯

清光緒十四年同文書局石印本　北大

清光緒二十二年慎記書莊石印巾箱本　北大　湖北

四書五經義彙鈔十八卷首一卷　清李遵義編集

清光緒二十七年上海慎記書局石印巾箱本　湖北

五經經解萃精不分卷二集十三卷　佚名撰

清光緒二十五年上海點石齋石印巾箱本　湖北

四書五經義彙海不分卷　佚名撰

清光緒二十八年上海印書館石印巾箱本　湖北

讀經類鈔五卷　佚名撰

舊抄本　南京

六、沿革之屬

授經圖二十卷　明朱睦㮮撰

明萬曆元年汴上朱氏刻本　北大

清乾隆四庫全書館寫欽定四庫全書本

清光緒二十二年長沙刻惜陰軒叢書本

清南海孔氏岳雪樓抄本　復旦

經書源流歌訣一卷　清李鍾倫撰

清乾隆元年刊嘉慶六年補刊印李文貞公全集本

清道光九年李維迪成雲山房刻榕村全書本　湖北

漢儒傳經記二卷　清趙繼序撰

傳鈔清嘉慶刻本　南京

一九三二年據尺木軒本影印安徽叢書本

歷朝崇經記一卷　清趙繼序撰

一九三二年據尺木軒本影印安徽叢書本

十三經注疏姓氏一卷　清翁方綱撰

清乾隆嘉慶刻蘇齋叢書本

一九二四年博古齋影印蘇齋叢書本

傳經表二卷　清畢沅撰

清乾隆四十八年畢氏靈巖山館刻本　國圖　浙江　湖北

清光緒十一年刻本花雨樓叢鈔零種　天津

清紅格抄本　國圖

傳經表一卷

清光緒四年刻式訓堂叢書本

清光緒五年華陽宏達堂刻本　北大　上海　南京

清光緒三十年孫谿朱氏槐廬家塾據式訓堂叢書板重編校經山房叢書本

清光緒蛟川張氏花雨樓刻花雨樓叢鈔續鈔之各經承師立學考四編本　北大

清抄本　南京

傳經表補正九卷附建立博士表一卷　清汪大鈞撰

清光緒十九年刻本　天津

傳經表補正十三卷附經傳建立博士表一卷

清光緒十九年錢唐汪氏刻愈妄闕齋所著書本　北大　上海　復旦　浙江

通經表二卷　清畢沅撰

清乾隆四十八年畢氏靈巖山館刻本　國圖　浙江　湖北

清光緒十一年刻本花雨樓叢抄本　天津

清紅格抄本　國圖

通經表一卷

清光緒四年刻式訓堂叢書本

清光緒五年華陽宏達堂刻本　北大　上海　南京

清光緒三十年孫谿朱氏槐廬家塾據式訓堂叢書板重編校經山房叢書本

清光緒蛟川張氏花雨樓刻花雨樓叢鈔續鈔之各經承師立學考四編本　北大
清抄本　南京

傳經表二卷　清洪亮吉撰
清光緒五年洪氏授經堂刻洪北江全集本　北大　復旦　南京　湖北

通經表二卷　清洪亮吉撰
清光緒五年洪氏授經堂刻洪北江全集本　北大　復旦　南京　湖北

通經表不分卷
清光緒五年華陽宏達堂刻本　北大　南京

西漢儒林傳經表二卷　清周廷寀撰
清乾隆五十六年周氏營道堂刻本　國圖　北大　天津　遼寧　南京　吉林大學　湖北　華南師大

兩漢五經博士考三卷　清張金吾撰
清道光十五年刻本　國圖
清光緒十年後知不足齋刻本　北大　北師大　天津　南開
清光緒十一年蛟川張氏花雨樓刻花雨樓叢抄本　北大
續修四庫全書影印清道光十五年刻本

經傳建立博士表一卷　清汪大鈞撰
清光緒十九年錢唐汪氏刻愈妄闕齋所著書本　北大　上海　復旦　浙江

十三經源流口訣一卷　清鮑東里撰
清光緒二十八年雲南官書局刻釀齋訓蒙雜編本　湖北

兩漢傳經表二卷　清蔣曰豫撰
清光緒三年蓮池書局刻蔣侑石遺書之滂喜齋學録本　北大

兩漢經學彙考五卷　清侯登岸撰
東來趙永厚堂稿本掖海叢書本　青島

漢儒傳經記一卷　清孫葆田撰
清光緒木活字排印歲餘偶録本　國圖　上海

群經傳授源流考不分卷　清林頤山撰
清林頤山稿本　復旦

經學歷史二卷　清皮錫瑞撰
清皮錫瑞稿本　湖南師大

經學歷史一卷
清光緒二十五年善化皮氏刻師伏堂叢書本
清光緒三十二年思賢書局刻皮氏經學叢書本　北大　上海　南京　湖北
一九二三年上海涵芬樓影印本　國圖　北師大

一九二七年上海商務印書館影印本　北大
續修四庫全書影印清光緒三十二年思賢書局刻本

經義韻言一卷　清喻祥麟撰

清光緒沔陽盧氏刻一九二三年彙印慎始基齋叢書本

七、目録之屬

經義考不分卷　清朱彝尊撰

清朱彝尊稿本　清道光十四年馮登府手跋　國圖

經義考三百卷附目録二卷　清朱彝尊編　清盧見曾編目録

清康熙朱彝尊刻乾隆二十年盧見曾增刻本　北大　復旦
清康熙朱彝尊刻乾隆二十年盧見曾續刻乾隆四十二年胡爾榮重印本　國圖　北大　浙江　山東
清光緒二十三年浙江書局刻本　北大　天津　浙江　山東　湖北

經義考補正十二卷　清翁方綱撰

清乾隆五十七年刻蘇齋叢書本　北大　浙江
清咸豐三年南海伍崇曜粤雅堂刻粤雅堂叢書　國圖　北大
一九二三年上海博古齋石印蘇齋叢書本　北大

經義考目録八卷附校記一卷　羅振玉編

一九三三年上虞羅振玉石印本　北大

小學考五十卷　清謝啓昆撰

清嘉慶二十一年樹經堂刻本　北大　故宫
清咸豐二年謝質卿刻本　北大　浙江
清光緒十四年浙江書局刻本　北大　浙江
清光緒十五年上海鴻文書局石印本　北大　浙江

通志堂經解目録　清翁方綱編

清乾隆五十七年刻蘇齋叢書本　北大　浙江
一九二三年上海博古齋石印蘇齋叢書本　北大
清咸豐三年南海伍崇曜粤雅堂刻粤雅堂叢書　國圖　北大

皇清經解淵源録一卷外編一卷　清沈豫撰

清道光二十七年蕭山沈豫漢讀齋刻本　國圖　北大
一九三一年上海蟫隱廬影印本　北大

皇清經解淵源録外編一卷　清沈豫撰

清道光二十七年蕭山沈豫漢讀齋刻本　國圖　北大

一九三一年上海蟫隱廬影印本　北大

皇清經解敬修堂編目十六卷　清陶治元編

清光緒十二年吴縣陶氏石印本　北大　浙江

皇清經解檢目八卷　清蔡啓盛編

清光緒十二年武林刻本　北大　天津

十三經序録一卷　唐孔穎達等撰

清光緒二十八年石印經史百家序録本

十三經序一卷

清抄本　南京

宋校勘五經正義奏請雕版表一卷　宋孔維等撰　繆荃孫録

民國江陰繆氏刻藝風堂讀書志本

經序録三卷　明周大禮輯

清初抄本　北大

總集十三經注疏目録序略十三卷　清吴雯輯

清吴雯稿本　天津

十三經注疏序二卷　清劉世濬輯

清光緒十五年文選樓刻玲瓏山館叢書本

五經正義表　清盧文弨録

清乾隆嘉慶餘姚盧氏刻抱經堂叢書本之群書拾補初編

清光緒十五年會稽徐氏鑄學齋刻紹興先正遺書之群書拾補初編本

一九二三年北京直隸書局據清盧氏刻本影印抱經堂叢書本之群書拾補初編

五經提要十卷四書提要二卷　清樓秉詡輯

清抄本　天津

御纂七經序録七卷　清何天衢編

清道光四年何天衢刻本　北大

八、文字音義之屬

（一）音義

經典釋文卷十四　唐陸德明撰

日本昭和十年京都帝國大學文學部影印唐抄本　北大

唐寫本經典釋文校語二卷　清吴士鑑撰

一九一七年鉛印本　北大

經典釋文三十卷　唐陸德明撰

宋刻宋元遞修本　國圖

明崇禎十年葉林宗抄本　山東博
清康熙十九年納蘭成德刻通志堂經解本　國圖　首都　北大　北師大　科學　上海
清乾隆四庫全書館寫欽定四庫全書本
清同治十二年粵東書局重刻通志堂經解本　國圖　首都　北大　上海　遼寧　湖北
清光緒八年成都尊經書院刻本　江西
中華再造善本宋刻宋元遞修本

經典釋文三十卷附經典釋文考證三十卷　唐陸德明撰　清盧文弨考證

清乾隆五十六年餘姚盧氏刻抱經堂叢書本　北大　南京　湖北
一九二三年北京直隸書局據清盧氏刻本影印抱經堂叢書本　北大
清乾隆五十六年常州龍城書院刻本　北師大　江西
清同治八年湖北崇文書局刻本　北大　復旦
清同治十年粵秀山文瀾閣重刻抱經堂本　湖北　遼寧
續修四庫全書影印清乾隆常州龍城書院刻本

經典釋文考證三十卷　清盧文弨撰

清乾隆五十六年餘姚盧氏刻抱經堂叢書本(附經典釋文後)　北大　南京　湖北
清同治八年湖北崇文書局刻本(附經典釋文後)　北大　復旦
清同治十三年成都尊經書院刻光緒二年增刻本(附經典釋文後)　北大

經典釋文三十卷經典釋文考證三十卷孟子音義二卷國語補音三卷　唐陸德明撰　清盧文弨考證　宋孫奭音義　宋宋庠補音

清同治十三年成都尊經書院刻光緒二年增刻本　北大

經典釋文三十卷附校勘記三卷　孫毓修輯校勘記

一九一九年上海商務印書館據清通志堂刻本初次影印四部叢刻本　北大
一九二九年上海商務印書館據清通志堂刻本二次影印四部叢刻本　北大

經典釋文校勘記三卷　孫毓修輯

一九一九年上海商務印書館據清通志堂刻本初次影印四部叢刻本　北大
一九二九年上海商務印書館據清通志堂刻本二次影印四部叢刻本　北大

經典釋文序録一卷　唐陸德明撰

清末江楚書局刻本　北大　天津　上海　南京
清末刻本　北大
民國湖北存古學堂鉛印本　湖北

經典釋文敘録一卷　唐陸德明撰　清盧文弨校正

清光緒蛟川張氏花雨樓刻花雨樓叢鈔續鈔之各經承師立學考四編本　北大

經典釋文序録疏證一卷　吴承仕疏

一九三三年北平中國學院鉛印本　國圖　北大

陸氏經典異文輯六卷　清沈淑輯

清雍正三年常熟沈氏孝德堂刻經玩本　國圖　上海　山東

清光緒八年常熟鮑氏刻後知不足齋叢書之沈氏經學六種本　國圖　南京　湖北　遼寧

經典異文補六卷　清沈淑輯

清雍正三年常熟沈氏孝德堂刻經玩本　國圖　上海　山東

清光緒八年常熟鮑氏刻後知不足齋叢書之沈氏經學六種本　國圖　南京　湖北　遼寧

經典釋文附録一卷　清陳昌齊撰

清刻賜書堂全集本

經典釋文補條例一卷　清汪遠孫撰

清宣統二年泉唐汪氏排印振綺堂叢書初集本　北大　湖北

五經音義一卷　龍璋輯

民國攸縣龍氏排印小學蒐佚本

九經發題一卷　宋唐仲友撰

清道光十一年翠薇山房刻金華唐氏遺書本

一九二四年永康胡氏夢選樓刻續金華叢書之金華唐氏遺書本

六經正誤六卷　宋毛居正撰

元刻細黑口本(卷三至五鈔配)　國圖

明嘉靖二年郝梁刻本　國圖　北大

清康熙十九年納蘭成德刻通志堂經解本　國圖　首都　北大　北師大　科學　上海

清同治十二年粤東書局重刻通志堂經解本　國圖　首都　北大　上海　遼寧　湖北

清乾隆四庫全書館寫欽定四庫全書本

正毛一卷　清俞樾撰

清光緒二十五年刻春在堂全書之曲園雜纂本

饒雙峰講義十六卷　宋饒魯撰

清乾隆五十六年石洞書院刻本　科學　上海

清乾隆五十六年刻道光二十九年饒士坤等重修本　北大

九經補韻一卷　宋楊伯嵒撰
宋刻百川學海本　國圖
明弘治無錫華氏刻百川學海本　國圖　北大
明嘉靖十五年鄭氏宗文堂刻百川學海本　北大
明刻古今逸史本
清乾隆四庫全書館寫欽定四庫全書本
清嘉慶十年虞山張氏照曠閣刻學津討原本
九經補韻一卷附二十四詩品
清至民國抄本　國圖
九經補韻一卷附録一卷　宋楊伯嵒撰　清錢侗考證
清嘉慶四年嘉定秦氏刻汗筠齋叢書本　科學
清嘉慶四年秦氏刻清光緒十年常熟鮑廷爵補修後知不是齋叢書本　天津
清咸豐三年刻粵雅堂叢書本　國圖
清王仁俊抄本　上海
九經補韻一卷
清光緒十年鮑氏刻本　天津
清王仁俊手抄本　上海
九經直音十五卷　宋孫奕撰
元刻細黑口本　國圖
清同治九年劉履芬抄本　國圖
影抄宋刻本九經直音校補十五卷
清同治十二年烏程周學濬校古廬寫本　北大
明本排字九經直音二卷　宋佚名撰
清乾隆四庫全書館寫欽定四庫全書本
清抄本　南京
明本排字九經直音二卷補遺一卷　宋佚名撰
清光緒七年歸安陸氏刻十萬卷樓叢書本　北大　湖北
相臺書塾刊正九經三傳沿革例一卷
清初錢氏也是園影元鈔黑口本　國圖
清常熟歸子鈞影抄錢曾也是園影元抄本　上海
清影元抄本　北大
清乾隆二十一年鮑氏困學齋抄本(知不足齋叢書底本　清鮑以文校並題識)
上海
清乾隆四十年抄本　清孔繼涵批校　中山

清嘉慶十九年志州汪氏藤花榭摹宋刻本　湖北
影印嘉慶十九年汪氏影宋刻本　科學
一九二一年上海古書流通處據清鮑氏刻本影印知不足齋叢書本　北大

五經四書明音八卷　明王覺撰
明嘉靖三十二年黄氏刻本　國圖　上海　南京

明音四卷　明王覺　胡一愚撰
明萬曆四十六年吕純如刻本　國圖　河南

經書音釋二卷　明馮保撰
明隆慶五年刻本　故宫　清華
四庫全書存目叢書影印明隆慶五年刻本

五經異文十一卷　明陳士元撰
明萬曆刻歸雲别集本　北大　上海
清道光十三年應城吴毓梅刻歸雲别集本
四庫全書存目叢書影印明萬曆刻歸雲别集本

十三經輯訓不分卷　明鄭圭輯
明崇禎十二年錢塘鄭氏刻本　清華　重慶

精鐫海若湯先生校訂音釋五侯鯖字海二十卷四書五經難字一卷首一卷
明刻本　湖北

四書五經難字一卷首一卷
明刻精鐫海若湯先生校訂音釋五侯鯖字海本附　湖北

五經同異三卷　清顧炎武撰
清初抄本　北大
清蓬瀛閣刊吴縣朱記榮增刊光緒三十二年彙印顧亭林先生遺書本
清常熟蔣氏省吾堂刻省吾堂四種本　國圖　南京　湖北
清抄本　國圖

九經誤字一卷　清顧炎武撰
清吴江潘氏遂初堂刻亭林遺書本
清乾隆四庫全書館寫欽定四庫全書本
清嘉慶十三年虞山張氏刻借月山房彙抄本
清光緒十四年南菁書院刻皇清經解續編本
清蓬瀛閣刊吴縣朱記榮增刊光緒三十二年彙印顧亭林先生遺書本
一九二〇年上海博古齋據清張氏刻本影印借月山房彙抄本

四書五經字考十一卷　清毛錫縯輯
清康熙二十五年刻本　科學

四庫未收書叢刊影印清康熙二十五年刻本

群籍引經徵異六卷　清劉奉璋撰

清劉奉璋稿本　北大

九經辨字瀆蒙十二卷　清沈炳震撰

清沈炳震稿本　上海

清乾隆四庫全書館寫欽定四庫全書本

四書五經字辨五卷　清陳鶴齡撰

清雍正十二年崇川存誠堂刻本　復旦

十三經字辨八卷　清陳鶴齡撰

清乾隆三十年古吴三多齋刻本　國圖　北大

清道光十年刻本　科學

四庫全書存目叢書影印清道光十年刻本

經典文字考異三卷　清錢大昕撰

上海國粹學社古學彙刊鉛印本　天津

五經今文古文考一卷　清吴陳琰撰

清道光十年長州顧氏刻賜硯堂叢書新編本

清道光十三年吴江沈氏世楷堂刻昭代叢書本

清光緒十四年常熟鮑氏刻後知不足齋叢書本

十三經註疏正字八十一卷　清沈廷芳撰

清乾隆四庫全書館寫欽定四庫全書本

十三經音略十二卷附書五通　清周春撰

清乾隆嘉慶刻周松靄先生遺書本　北大　浙江　湖北

清咸豐四年南海伍氏刻粤雅堂叢書本　湖北

跋十三經音略一卷　趙世忠撰

民國國立四川大學石印本　湖北

經典文字辨證書五卷　清畢沅撰

清抄本　上海

十三經紀字一卷附字典紀字一卷韻府紀字一卷　清汪汲撰

清乾隆五十九年古愚山房刻古愚老人消夏録本　國圖

七經孟子考文補遺一百九十九卷　日本山井鼎撰　日本物觀補遺

清乾隆四庫全書館寫欽定四庫全書本

七經孟子考文併補遺二百卷

清嘉慶二年儀徵阮氏刻文選樓叢書本　國圖　北大　天津　復旦　南京　浙江　湖北

十經文字通正書十四卷　清錢坫撰
清乾隆四十二年刻錢氏四種附刻本　湖北
清抄本　上海
清嘉慶二年文章大吉樓刻本　科學　南京
清嘉慶五年安陽縣署刻本　北大　上海
民國中國書店影印清嘉慶二年刻本　復旦　遼寧
四庫未收書叢刊影印清嘉慶二年文章大吉樓刻本
九經通借字考七卷　清錢坫撰
抄本　國圖
九經通借字考十四卷
清抄本　浙江
清抄本　南京
群經字類二卷　清王念孫撰
清王念孫稿本　遼寧
一九一八年上虞羅氏據稿本影印嘉草軒叢書本　國圖　復旦　遼寧
經讀考異八卷補一卷句讀敘述二卷補一卷附翟晴江四書考異内句讀一卷　清武億撰併録
清乾隆五十四年小石山房刻乾隆嘉慶彙印授堂遺書本　國圖　北大　南京
清道光二十三年偃師武氏刻授堂遺書本
續修四庫全書影印清乾隆五十四年小石山房刻本
經讀考異八卷
清道光九年廣東學海堂刻皇清經解一千四百卷本　國圖　首都　北師大　科學　天津　遼寧　山東
清道光九年廣東學海堂刻咸豐十一年補刻皇清經解一千四百八卷本　國圖　首都　北師大　遼寧
清光緒十七年上海鴻寶齋石印皇清經解一百九十卷本　國圖　天津　上海
經讀攷異八卷補一卷
一九二四年蘇州文學山房木活字排印江氏聚珍版叢書本　南京
經讀考異補一卷　清武億撰
清乾隆五十四年小石山房刻乾隆嘉慶彙印授堂遺書本(附經讀考異後)　國圖　北大　南京
清道光二十三年偃師武氏刻授堂遺書本(附經讀考異後)
一九二四年蘇州文學山房木活字排印江氏聚珍版叢書本(附經讀考異後)　南京

群經字考十卷　清吴東發撰

清嘉慶十一年刻本　國圖　天津

五經小學述二卷　清莊述祖撰

清道光十六年武進莊氏脊令舫刻珍埶宧遺書本　湖北

清光緒八年重刻珍埶宧遺書本　國圖　北大　天津

清光緒十四年南菁書院刻皇清經解續編本

清光緒十六年四川尊經書局刻本　湖北

續修四庫全書影印清道光十六年莊氏刻本

經典通用考十四卷五音類聚十卷　清嚴章福撰

清抄本　國圖

經典通用考十四卷

清抄本　南京

一九一七年吴興劉氏嘉業堂刻本　國圖

音義辨同七卷　清曾廷枚撰

清嘉慶五年盱江曾氏抄本　北大

清嘉慶刻薌嶼裘書本

群經字考四卷　清曾廷枚撰

清刻本　浙江

經籍籑詁不分卷　清阮元撰

清阮元稿本　天一閣

經籍籑詁一百六卷卷首一卷

清嘉慶十七年揚州阮元琅嬛仙館刻本　國圖　北師大　上海

清嘉慶十七年揚州阮元琅嬛仙館刻光緒六年淮南書局補刻本　國圖　北大　北師大

清光緒九年上海點石齋石印本　國圖　北師大　甘肅

清光緒十四年上海鴻寶齋石印本　國圖　北大　北師大

清抄本　復旦

經籍籑詁一百六卷卷首一卷附新輯經籍籑詁檢韻一卷　清阮元撰　佚名輯檢韻

清光緒二十年上海點石齋石印本　北師大　湖北　武漢

清光緒上海漱六山莊石印本　國圖　湖北

民國上海文瑞樓石印本　國圖　遼寧　江西

新輯經籍籑詁檢韻一卷

清光緒二十年上海點石齋石印本　北師大　湖北　武漢

清光緒上海潄六山莊石印本　國圖　湖北

民國上海文瑞樓石印本　國圖　遼寧　江西

經典衍文脱文倒誤考不分卷　清朱大韶撰

清朱大韶稿本　復旦

經字攷二卷　清朱大韶撰

吴縣王氏學禮齋抄本　復旦

歐陽外翰點勘記二卷　清歐陽泉撰

清同治九年皖城刻本　南京

點勘記二卷附省堂筆記一卷

清光緒九年寶硯齋刻本　復旦

經書字音辨要九卷　清楊名颺輯

清道光六年刻本　湖北

清道光十年式好堂刻本　上海

清道光二十七年崇綸令德堂刻本　北大　科學　復旦　遼寧　浙江

群經韻讀一卷　清江有誥撰

清嘉慶二十二年刻江氏音學十書本　國圖　北大　科學

清咸豐二年刻江氏音學十書本　上海　南圖

一九二五年國立北京大學鈔江氏音學十書本　北大

一九二八年上海中國書店影印嘉慶江氏音學十書本　國圖　北大　湖北

十三經諸家引書異字同聲考十三卷補遺十三卷　清丁顯撰

清丁顯稿本　復旦

十三經諸家引書異字同聲考十三卷

清光緒刻丁西圃叢書本

群經異字同聲考四卷　清丁顯撰

清光緒刻本　南京

十三經注疏校勘記識語四卷　清汪文臺撰

清嘉慶二十年江西南昌府學刻重刊宋本十三經注疏本　國圖　北大　湖北

清嘉慶二十年江西南昌府學刻道光六年重修同治十二年江西書局遞修重刊宋本十三經注疏本　天津　南京　遼寧

清同治十年廣東書局重刻江西南昌府學刻重刊宋本十三經注疏本

清光緒三年江西書局刻本　國圖　科學　北大　天津　復旦　南京

清光緒十三年上海脈望仙館石印重刊宋本十三經注疏本

續修四庫全書影印清嘉慶阮氏文選樓刻本

鄭許字義異同評二卷　清胡元玉撰

清光緒十七年刻鏡珠齋彙刻本　遼寧

群經字詁七十二卷　清段諤廷撰　清黄本驥編訂

清道光二十九年黔陽楊氏刻本　北大　天津

經書音韻合註二卷　清鄒岳編

清同治七年刻本　科學　復旦

十三經音義故總例一卷凡例一卷　清孫葆璜撰

清道光歸安孫氏已學齋刻本　復旦

經傳字音考正四卷　清馮肩撰

清咸豐九年右文堂刻本　上海

十三經異文考義三十卷　清潘觀保撰

清潘觀保稿本　上海

十三經音辨二卷　清劉昌禎輯

清刻本　湖北

十三經字約審音辨同十二卷末一卷　清華振撰

清光緒二年錫山寶滋堂刻本　南京

十三經字考十二卷　清王廣業撰

清王廣業稿本　山東大學

十三經字釋十三卷　清胡文暉撰

清胡文暉稿本　牡丹江師院

群經讀爲讀若音義不分卷

清抄本　國圖

許鄭經文異同詁九卷　桑宣撰

清光緒三十年鐵研齋刻鐵研齋叢書本　北大　湖北

一九一九年宛平桑氏排印鐵研齋叢書本

六經蒙求一卷　清黄本驥輯

清咸豐元年刻小娜嬛山館彙刊類書十二種本

清光緒二十年文選樓石印琅環獺祭十二種本

（二）集字

十三經集字摹本不分卷分畫便查一卷韻有經無各字摘録一卷　清彭玉雯撰

清道光二十九年江右彭氏刻本　北大　浙江　湖北

清光緒十八年桂垣書局重刻本　天津

清上海掃葉山房刻本　遼寧

清末刻本　北大　天津

十三經集字摹本四卷

清同治光緒間刻本　天津

十三經集字不分卷　清彭玉雯撰

清刻本　國圖

清南京李光明莊刻本　國圖

重校十三經集字不分卷　清彭玉雯撰

清光緒十六年刻本(封面題重校十三經不貳字)　國圖

十三經集字不分卷　清不敏主人輯

清咸豐五年忠貞堂刻本　北大

清末存古堂刻本　南京

李光明莊刻套印本　天津

十三經不二字不分卷　清不敏主人輯

清同治六年藻文堂刻本　北大

清光緒八年善成堂刻本　北大

清光緒八年京都槐蔭山房刻本　北大

清末刻本　北大

十三經集字一卷　清李鴻藻輯

清光緒六年自刻本　天津　上海　南京

清光緒八年京都寶珍堂刻本　北大

清光緒十三年刻本　北師大

十三經不貳字一卷　清李鴻藻輯

清光緒三年京都硫璃廠敬業堂刻本　天津

清光緒八年掃葉山房刻本　遼寧

清光緒十年文益堂刻本　國圖

清光緒十二年刻本　上海

十三經不二字便蒙橅本不分卷

清同治三年醉經山房刻本　湖北

十三經集字分畫便查一卷　清李文沂撰

清光緒十二年鐵硯山房刻本　附刻經字正蒙後　遼寧

十三經集字音釋四卷　清黃蕙田撰

清同治九年蔣存誠刻本　復旦　南京

註釋十三經集字音續四卷　清王德暉撰

清抄本　天津

重校十三經輯字不分卷　清羅增撰

清光緒書業德記刻本　天津

附録　群經緯之屬

緯讖侯圖校輯不分卷　清殷元正　清陸明睿增訂

清抄本　國圖

集緯十二卷　清殷元正輯　清陸明睿增訂

清乾隆抄本　上海

清清芬書屋抄本(存卷一至七）　上海

説緯一卷　清王崧撰

清嘉慶刻本　北大

説緯六卷

清道光八年刻本　科學

緯學源流興廢考三卷　清蔣清翊撰

清光緒二十三吴縣蔣氏雙唐碑館刻本　國圖　科學　南京　湖北

續修四庫全書影印稿本

緯侯佚文不分卷　清畢裕曾輯

清畢裕曾紅格抄本　國圖

漢碑引緯攷一卷　清皮錫瑞撰

清光緒三十年刻本　附漢碑引經攷後　國圖　北大

七經緯不分卷　佚名撰

清抄本　南京

經部　小學類

一、説文之屬

(一) 二徐本

説文解字十五卷(每卷又分上下作三十卷)標目一卷　漢許慎撰　宋徐鉉等校定

宋刻元修補本　國圖　北大　湖南

清初毛氏汲古閣刻第三次校本　北大

清乾隆三十八年朱筠椒華吟舫重刻宋本　北大　天津　遼寧

清乾隆四庫全書館寫欽定四庫全書本

清嘉慶十二年額勒布藤花榭仿宋刻本　北大　北師大

清嘉慶十三年孫氏平津館影宋抄本　上海

清刻本(録清惠棟段玉裁批校)　浙江

一九一九年上海商務印書館四部叢刊影印日本静嘉堂藏北宋刻本

中華再造善本影印宋刻元修補本

説文解字不分卷

李俶抄本　南京

抄本　重慶

抄本　南京

説文不分卷

清同治四年松禧抄本　桂林

清抄本　南京

説文解字十五卷説文檢字二卷　漢許慎撰　清毛謨輯説文檢字

清同治十年刻本　遼寧

説文檢字二卷　清毛謨輯

清嘉慶二十一年四川督學使署刻本　國圖　上海

清同治十年刻説文解字附刻本　遼寧

清移愚齋抄本　湖南

説文解字十五卷附説文通檢十四卷首一卷末一卷説文校字記一卷 漢許慎撰 清黎永椿編通檢 清陳昌治撰校字記

清同治十二年番禺陳昌治刻本 國圖 北大

清同治十二年番禺陳昌治刻光緒五年常桂潤增修本 國圖 北大

清同治十二年番禺陳昌治刻光緒十四年席氏掃葉山房印本 遼寧 湖北

清刻容城儒林堂藏版本 國圖

説文解字十五卷附説文校字記一卷

清光緒九年山西書局刻本 國圖 浙江

説文通檢十四卷首一卷末一卷 清黎永椿撰

清同治十二年番禺陳昌治刻本 國圖 北大

清光緒元年湖北崇文書局刻本 國圖 南京

清光緒四年宏達堂刻宏達堂叢書本

清光緒九年山西書局刻本 國圖 浙江

清光緒九年宏道書坊刻本 北大

清刻容城儒林堂藏版本 國圖

説文校字記一卷 清陳昌治撰

清同治十二年番禺陳昌治刻本 國圖 北大

清同治十二年番禺陳昌治刻光緒五年常桂潤增修本 國圖 北大

清光緒九年山西書局刻本 國圖 浙江

清刻容城儒林堂藏版本 國圖

説文解字十五卷附汲古閣説文解字校記一卷 漢許慎撰 清張行孚撰校記

清光緒七年淮南書局翻刻汲古閣第四次校本 國圖 北師大 上海

汲古閣説文解字校記一卷 清張行孚撰

清光緒七年淮南書局翻刻汲古閣第四次校本 國圖 北師大 上海

何義門校説文一卷 清何焯撰

清道光十二年葉名澧摘鈔説文校勘集本 上海

惠定宇校説文一卷 清惠棟撰

清道光十二年葉名澧摘鈔説文校勘集本 上海

汲古閣説文訂一卷 清段玉裁撰

清嘉慶二年吴縣袁氏五硯樓刻本 國圖 北大

清同治十一年湖北崇文書局刻本 南京 湖北

清光緒元年湖北崇文書局刻本 國圖

清光緒九年歸安姚氏刻咫進齋叢書本 北大 科學

續修四庫全書影印清嘉慶二年五硯樓刻本

說文解字校勘記一卷　清王念孫撰

清種松書屋抄本　遼寧

續修四庫全書影印清種松書屋抄本

說文解字校勘記殘稾一卷　清王念孫撰　清桂馥録

清宣統元年番禺沈氏刻晨風閣叢書本

王懷祖校說文一卷　清王念孫撰

清道光十二年葉名澧摘鈔說文校勘集本　上海

說文訂訂一卷　清丁授經撰

清抄本(清陳鱣批註)　國圖

說文訂訂一卷　清嚴可均撰

清光緒十三年海寧許氏古均閣刻許學叢刻本　上海　復旦

續修四庫全書影印清光緒十三年許氏古均閣刻許學叢刻本

說文解字攷異十五卷　清姚文田　嚴可均撰

清嚴可均稿本　國圖

清嚴可均稿本　國圖

清嚴可均稿本　浙江(存卷一至四)

清嚴可均稿本　旅順博物館(存卷四上)

清道光十三年許槤抄本　上海

清葉名澧寶芸齋抄本　南京(闕卷七卷八)

清抄本　國圖(存卷七至八)

說文解字攷異二卷

民國抄本　湖北

說文解字考異訂敘例不分卷　清王仁俊撰

民國排印本　國圖

說文考異補不分卷　清姚文田輯　清鄭知同商義　清王仁俊補

清光緒王仁俊稿本　北大

說文解字考異三編十四卷　清王仁俊撰

清光緒王仁俊稿本　上海

說文攷異三編十四卷附說文解字引漢律考四卷　清王仁俊撰

清光緒二十二年王仁俊稿本　上海

說文校議十五卷　清姚文田　嚴可均撰

清嚴可均稿本(清姚覲元批校)　浙江(存卷一至四)

清嘉慶二十三年冶城山館刻四録堂類集本　天津　南京

清道光十九年王筠抄本　山東
清咸豐二年李氏半畝園刻小學類編本　復旦　南京
清同治十三年歸安姚氏刻彙印遂雅齋叢書本
清抄本(清張穆校)　國圖
續修四庫全書影印清嘉慶二十三年冶城山館刻四録堂類集本

說文校議議三十卷　清嚴章福撰
清抄本　浙江
清豫恕堂抄本(清譚獻校　羅振玉題款)　復旦
一九一八年吴興劉氏嘉業堂刻吴興叢書本　科學　湖北
續修四庫全書影印清豫恕堂抄本

說文解字攷異十五卷　清鈕樹玉撰
清鈕樹玉稿本　國圖

說文解字校録十五卷　清鈕樹玉撰
清鈕樹玉稿本(李鋭跋)　國圖
清嘉慶十年刻本　北師大　江西
清光緒四年鈕惟善抄本　南京師大
清光緒四年潘祖蔭刻本　南京
續修四庫全書影印清光緒十一年江蘇書局刻本

說文解字校録十五卷說文刊誤一卷說文玉篇校録一卷　清鈕樹玉撰
清光緒十一年江蘇書局刻本　國圖　北大

說文刊誤一卷　清鈕樹玉撰
清光緒十一年江蘇書局刻本　國圖　北大

說文考異五卷附録一卷　清顧廣圻撰
清劉履芬抄本　國圖
清潘錫爵抄本(清伯淵校並録孫星衍批註)　浙江(存卷一至四)

古均閣說文校勘記不分卷　清許槤撰
清許槤藍格稿本　國圖

說文校補一卷　清壽昌撰
清壽昌稿本　南京

一切經音義引說文異同一卷　清張澍撰
清張澍稿本　陝西博

說文考異存卷一至二　清張行孚撰
清張行孚稿本　國圖

說文校勘記不分卷　清吴芳鎮撰
清緑絲欄抄本　國圖

希麟音義引説文攷一卷　清王仁俊撰
清王仁俊稿本籀鄦誃雜著本　國圖
慧琳一切經音義引説文箋十四卷　田潛撰
田潛稿本　武漢
一切經音義引説文箋十四卷
一九二四年江陵田氏鼎楚室北京刻本　國圖　北大　南開　遼寧
説文校疑不分卷　清姚覲元撰
清姚覲元稿本　上海
校説文稿不分卷　清姚覲元撰
清姚覲元稿本　上海
説文校本録存一卷附五音韻譜校本録存一卷
清道光十四年許瀚抄本(清許瀚清王筠校注並跋)　國圖
説文大小徐本録異一卷　清謝章鋌撰
清謝章鋌稿本　國圖
一九三五年北平癸酉編譯會據手稿影印稷香館叢書本　國圖　北大
説文二徐箋異二十八卷　田潛撰
清宣統二年影印手稿本　國圖　北大
續修四庫全書影印清宣統二年影印稿本
宋本説文校勘表一卷　田潛撰
民國抄本　國圖
韻會引説文箋不分卷
民國稿本　國圖
説文一卷　漢許慎撰　清任兆麟選輯
清乾隆五十三年映雪草堂刻述記本
清嘉慶十五年遂古堂刻述記本
説文一卷　漢許慎撰　龍璋輯
民國攸縣龍氏排印小學蒐逸本
説文摘録不分卷　清姚文田輯
清姚文田稿本　北大
説文類鈔不分卷　嚴修　陶仲明輯
嚴修陶仲明稿本　天津
繫傳四十卷(説文解字通釋三十卷部叙二卷通論三卷祛妄一卷類聚一卷錯綜一卷疑義一卷系述一卷)　南唐徐鍇撰　南唐朱翺反切
宋刻本　國圖

清康熙抄本　北大(存卷一至二十八)
清光緒九年江蘇書局刻本　國圖　上海
清抄本(清洪瑩校)　北大(存卷一至二十八)
清抄本　國圖(存卷三十至四十)
一九一九年上海商務印書館四部叢刊影印述古堂影宋抄本
一九二九年上海商務印書館四部叢刊二次印本影印宋刻本配述古堂影宋抄本

說文繫傳四十卷　南唐徐鍇撰
清乾隆四庫全書館寫欽定四庫全書本

繫傳四十卷校勘記三卷　南唐徐鍇撰　南唐朱翺反切　清苗夔等撰校勘記
清道光十九年祁寯藻據影宋抄本影刻本
清同治十二年粤東書局刻古經解彙函之小學彙函本
清光緒元年歸安姚氏翻刻祁氏刻本　國圖　北師大　上海
清光緒二年平江吴韶生刻本　國圖　上海
清光緒十五年湘南書局刻古經解彙函之小學彙函本

說文解字繫傳校勘記三卷　清苗夔等撰
清道光十九年祁寯藻刻本
清同治十二年粤東書局刻古經解彙函之小學彙函本
清光緒元年歸安姚氏翻刻祁氏刻本　國圖　北師大　上海
清光緒十五年湘南書局刻古經解彙函之小學彙函本

說文繫傳考異四卷　清汪憲撰
清抄本　湖南

說文繫傳考異四卷附録一卷
清乾隆四庫全書館寫欽定四庫全書本
清道光十七年瞿氏清吟閣刻本　復旦　浙江
清光緒八年于越徐氏八杉齋刻本　北大　天津

說文繫傳考異二十八卷　清朱文藻撰
清抄本　湖南

說文繫傳考異二十八卷附録一卷
清抄本　上海

繫傳校録三十卷　清王筠撰
清王筠稿本　北大
清王筠稿本　上海(存卷十一至三十)

說文繫傳校録三十卷

清王筠稿本　山東

清道光十五年刻本　天津　南開

清咸豐七年安邱王彦侗刻咸豐間彙印王菉友九種本

清咸豐七年刻同治四年彙印王氏說文三種本　復旦

續修四庫全書影印清咸豐七年王彦侗刻本

繫傳四十卷附録一卷　南唐徐鍇撰　南唐朱翺反切　清朱文藻編附録

清乾隆四十七年新安汪啟淑刻本　國圖　北師大　上海

清乾隆五十九年石門馬氏大酉山房刻龍威秘書本

汪刻繫傳攷正三十卷　清王筠撰

清王筠稿本　上海(存卷一至四)

韻會舉要引說文繫傳鈔不分卷　清嚴可均輯

清嚴可均稿本　國圖

（二）傳說

仿唐寫本說文解字木部一卷唐寫本說文解字木部箋異一卷　唐人書篆　清莫友芝撰箋異

清同治二年莫氏金陵刻本　北大　浙江

清同治二年刻清彙印影山草堂六種本　上海

清同治三年湘鄉曾國藩安慶刻本　國圖　武漢

清光緒九至十年長洲張氏儀鄦廬刻許學叢書本

清末石印本　湖北

一九三六年貴陽文通書局刻黔南叢書本

民國影印清同治三年曾氏安慶刻本　武漢

續修四庫全書影印清同治三年曾國藩刻本

說文解字木部唐寫本校異一卷　清莫友芝撰

清莫友芝稿本　國圖

唐寫本說文解字木部箋異一卷　清莫友芝撰

清同治二年莫氏金陵刻本　北大　浙江

清同治二年刻清彙印影山草堂六種本　上海

清同治三年湘鄉曾國藩安慶刻本　國圖　武漢

清光緒九至十年長洲張氏儀鄦廬刻許學叢書本

民國影印清同治三年曾氏安慶刻本　武漢

一九三六年貴陽文通書局刻黔南叢書本

仿唐寫本説文解字木部箋異一卷　清莫友芝撰

清抄本　四川

唐本説文木部箋異質疑一卷　柯劭忞撰

民國抄本　遼寧

説文解字補義十二卷　元包希魯撰

明刻本　國圖　山西文物局

清抄本　上海(存卷四卷五卷十二)

續修四庫全書影印明刻本

説文長箋一百卷首二卷解題一卷六書漢義七卷　明趙宧光撰

明崇禎四年趙均小宛堂刻本　國圖　北大

明崇禎四年小宛堂刻清康熙四十三年新安程稰廣陵玉禾堂補修本　國圖　科學

四庫全書存目叢書影印明崇禎四年趙均小宛堂刻本

説文長箋一百卷首二卷解題一卷六書長箋漢義七卷凡例一卷

明崇禎六年長洲顧聽刻本　北大

説文引詩辨證一卷　明王育撰

清道光十三年太倉東陵氏刻婁東雜著本

説文廣義二卷　清王夫之撰

清抄本　南京

説文廣義三卷

清同治四年湘鄉曾國荃金陵節署刻船山遺書本　國圖　北大

一九三三年上海太平洋書店排印船山遺書本　北大

説文廣義校訂三卷末一卷　清吴善述撰

清同治十三年刻本　科學　湖北

説文廣義十二卷　清程德洽纂輯

清康熙五十一年程德洽成裕堂刻本　北大　復旦

四庫全書存目叢書影印清康熙五十一年成裕堂刻本

惠氏讀説文記十五卷　清惠棟撰　清江聲參補

清嘉慶刻本借月山房彙抄本　科學

清道光三年上海陳氏據借月山房彙鈔刻版重編澤古齋重抄本

清道光二十年金山錢氏據借月山房彙鈔刻版重編增刻指海本

清咸豐二年江都李氏半畝園刻小學類編本　復旦

民國吴興劉氏嘉業堂抄本　國圖

續修四庫全書影印清嘉慶刻借月山房彙抄本

惠氏讀説文記不分卷

清吴縣朱邦衡抄本(任銘善　王欣夫跋)　復旦

説文引經攷二卷補遺一卷　清吴玉搢撰

清道光元年儀徵程贊詠刻本　科學　天津

清光緒二年雙峰書局刻本　復旦　南開

清光緒八年橦玉山房刻本　湖北　雲南

清光緒九年歸安姚覲元咫進齋叢書本　國圖　湖北

續修四庫全書影印清刻本

説文引經攷不分卷

清抄本　南京

説文古本考十四卷　清沈濤撰

清沈濤稿本　重慶

清光緒十年吴縣潘氏滂喜齋刻本　國圖　北大

清方佺據沈氏原稿鈔校本　重慶

一九二六年上海醫學書局影印本　北大

續修四庫全書影印清光緒十三年潘氏滂喜齋刻本

説文古本考不分卷

曹元忠節抄本　復旦

説文古本攷所補篆文不分卷　清沈濤撰

清嘉興沈濤稿本　國圖

説文古本攷補證二卷　清孫傳鳳撰

吴縣王氏學禮齋抄稿本　復旦

説文解字理董十二卷　清吴穎芳撰

清抄本　南京

説文解字理董十五卷

江陰繆氏藝風堂抄本　上海(存卷七至十五)

續修四庫全書影印繆氏藝風堂抄本

説文理董後編六卷　清吴穎芳撰

清抄本　南京

一九二九年中社據江蘇第一圖書館藏稿本影印本　國圖　湖北

説文理董外傳三十卷　清吕龔文撰

清抄本　武漢

説文徐氏新附考義不分卷　清毛際盛撰

清毛際盛稿本　國圖

說文新附通誼二卷　清毛際盛撰
　清道光二十四年王宗涑刻本　國圖　北大　上海
檢說文難字法不分卷
　清乾隆四十六年桂馥家抄本(清桂馥跋　清王筠校訂並跋)　國圖
說文答問一卷　清錢大昕撰
　清咸豐二年江都李氏半畝園刻小學類編本
說文答問疏證六卷　清錢大昕撰　清薛傳均疏證
　清道光八年刻本(清薛壽校　王大隆跋)　復旦
　清道光十七年史吉雲等刻本(清王筠批校並跋)　國圖
　清道光十八年刻本　北大
　清光緒九年歸安姚氏刻咫進齋叢書本　國圖　湖北
　清光緒十五年文選樓刻玲瓏山館叢書本
　一九三五年遼陽吳氏據稿本影印稷香館叢書本
　續修四庫全書影印清道光十七年史吉雲張瀛暹刻本
潛揅堂說文答問疏證六卷　清薛傳均撰
　清光緒廣雅書局刻本　國圖　人大
　清光緒廣雅書局刻一九二〇年彙印廣雅書局叢書本　湖北
廣潛揅堂說文答問疏證八卷　清承培元撰
　清光緒廣雅書局刻本　國圖　南京
　清光緒廣雅書局刻一九二〇年彙印廣雅書局叢書本
　續修四庫全書影印清光緒刻廣雅書局叢書本
說文解字讀十五卷　清段玉裁撰
　清抄本　國圖(存卷一至六　卷八)
說文解字注十五卷附六書音均表五卷　清段玉裁撰
　清光緒十九年上海同文書局石印本　天津
說文解字注十五卷附六書音韻表五卷汲古閣說文訂一卷　清段玉裁撰
　清光緒十一年刻本　北師大　南開
　一九二四年長沙古書流通處刻本　湖南
說文解字注十五卷附說文部目分韻一卷　清段玉裁撰　清陳煥編部目分韻
　清道光九年廣東學海堂刻皇清經解本
　清道光九年廣東學海堂刻咸豐十一年補刻皇清經解本
　清光緒十七年上海鴻寶齋石印皇清經解本
　清光緒上海點石齋石印皇清經解本

說文解字注十五卷附六書音均表五卷說文部目分韻一卷　清段玉裁撰　清陳煥編部目分韻

清乾隆嘉慶間段氏經韻樓刻本

清乾隆嘉慶間段氏經韻樓刻同治六至十一年蘇州保息局修補本　國圖

光緒三年成都尊經書院刻本　國圖　北師大

清光緒七年查燕緒木漸齋刻本　國圖　北大

清抄本龔(麗正　王萱鈴跋)　國圖(存卷一至六　卷八)

清光緒十二年上海點石齋石印本　國圖　北大

續修四庫全書影印清嘉慶二十年經韻樓刻本

說文解字注十五卷附六書音均表五卷汲古閣說文訂一卷說文部目分韻一卷　清段玉裁撰　清陳煥編部目分韻

清同治十一年湖北崇文書局刻本　國圖　北大

清光緒元年湖北崇文書局刻本　國圖　復旦

一九一二年鄂官書處刻本　國圖　復旦

說文解字注十五卷附六書音均表五卷說文通檢十四卷首一卷末一卷　清段玉裁撰　清黎永椿編通檢

一九三六年上海世界書局影印本　北大

說文解字注十五卷附六書音韻表五卷說文解字通檢十四卷首一卷末一卷說文解字注匡謬八卷　清段玉裁撰　清黎永椿編通檢　清徐承慶撰匡謬

清光緒十四年上海蜚英館石印本　國圖　北大

清光緒十五年上海點石齋石印本　國圖　甘肅

一九一四年上海文盛書局石印本　北師大　復旦

民國上海錦章書局石印本　湖南

說文解字注十五卷附六書音韻表五卷說文部目分韻一卷說文通檢十四卷首一卷末一卷說文解字注匡謬八卷　清段玉裁撰　清陳煥編部目分韻　清黎永椿編通檢　清徐承慶撰匡謬

清光緒三十四年上海江左書林石印本　北大　天津

清宣統二年上海江左書林石印本　國圖　天津

一九二九年上海掃葉山房石印本　國圖　江西

一九三三年上海掃葉山房石印本　北大

説文解字注十五卷附六書音韻表五卷汲古閣説文訂一卷説文部目分韻一卷説文通檢十四卷首一卷末一卷説文解字注撰要九卷　清段玉裁撰　清陳焕編部目分韻　清黎永椿編通檢　清馬壽齡撰撰要

清光緒十六年石印本　國圖　復旦

説文解字注十五卷附六書音韻表五卷説文部目分韻一卷説文通檢十四卷首一卷末一卷説文提要一卷　清段玉裁撰　清陳焕編部目分韻　清黎永椿編通檢　清陳建侯撰提要

清末兩宜軒石印本　遼寧

民國上海文寶公司石印本　國圖

説文解字注十五卷附六書音韻表五卷説文提要一卷徐星伯説文段注札記一卷龔定菴説文段注札記一卷桂未谷説文段注鈔一卷補鈔一卷　清段玉裁撰　清陳建侯撰提要　清徐松撰　清劉肇隅編　徐星伯説文段注札記　清龔自珍撰　清劉肇隅編　龔定菴説文段注札記　清桂馥撰　清劉肇隅編　桂未谷説文段注鈔

一九二〇年上海掃葉山房石印本　復旦　湖南

一九二一年上海掃葉山房石印本　北大　復旦　湖南

一九三七年上海掃葉山房石印本　復旦　雲南

説文解字注十五卷附六書音韻表五卷説文部目分韻一卷説文提要一卷徐星伯説文段注札記一卷龔定菴説文段注札記一卷桂未谷説文段注鈔一卷補鈔一卷　清段玉裁撰　清陳焕編部目分韻　清陳建侯撰提要　清徐松撰　清劉肇隅編徐星伯説文段注札記　清龔自珍撰　清劉肇隅編龔定菴説文段注札記　清桂馥撰　清劉肇隅編桂未谷説文段注鈔

一九二五年上海掃葉山房石印本　國圖　遼寧

説文解字注十五卷附六書音韻表五卷説文部目分韻一卷説文通檢十四卷首一卷末一卷説文提要一卷徐星伯説文段注札記一卷龔定菴説文段注札記一卷桂未谷説文段注鈔一卷補鈔一卷　清段玉裁撰　清陳焕編部目分韻　清黎永椿編通檢　清陳建侯撰提要　清徐松撰　清劉肇隅編徐星伯説文段注札記　清龔自珍撰　清劉肇隅編龔定菴説文段注札記　清桂馥撰　清劉肇隅編桂未谷説文段注鈔

一九二三年上海掃葉山房石印本　國圖

一九二六年上海掃葉山房石印本　北大　國圖
一九二八年上海掃葉山房石印本　國圖

說文解字敘一卷　漢許慎撰　清段玉裁注
清光緒刻本（卷首題兩湖文學讀本）　國圖

說文注鈔不分卷附說文注鈔補不分卷　清段玉裁注　清桂馥抄補
清桂馥稿本　北大

說文注鈔二卷原缺卷上補抄二卷原缺卷上
一九三五年遼陽吴氏據稿本影印稷香館叢書本

桂未谷說文段注鈔一卷補抄一卷　清桂馥鈔　清劉肇隅編
清光緒二十八年長沙葉氏刻觀古堂所刊書本
清光緒二十八年長沙葉氏刻一九一九年重編印觀古堂彙刻書本
清光緒二十八年長沙葉氏刻一九三五年長沙中國古書刊行社彙印郎園先生全書本
民國石印本　國圖

說文段注簽記一卷　清王念孫撰
一九三五年遼陽吴氏據稿本影印稷香館叢書本

說文段注訂補不分卷　清王紹蘭撰
清王氏知足知不足館抄本　重慶

說文段注訂補十四卷
清光緒十四年胡燏棻刻本　國圖　天津
一九一四年吴興劉氏嘉業堂刻本　國圖　復旦
續修四庫全書影印清光緒十四年胡氏刻本

段氏說文注訂八卷　清鈕樹玉撰
清鈕樹玉稿本　上海
清道光三年鈕氏非石居刻本　國圖
清道光三年鈕氏非石居刻同治五年碧螺山館重修本　國圖　北大
清道光四年吴郡青霞齋刻本　湖北
清同治十三年崇文書局刻本　復旦　南京　浙江
續修四庫全書影印清道光三年鈕氏非石居刻本

段氏說文注訂八卷附札記一卷　清鈕樹玉撰　張炳翔撰札記
清光緒十二年長洲張氏儀鄦廬刻許學叢書本

段氏說文注訂札記一卷　張炳翔撰
清光緒十二年長洲張氏儀鄦廬刻許學叢書本

訂鈕篇一卷　王元穉撰
民國排印無暇逸齋叢書之無暇逸齋說文學四種本　上海　福建

說文解字注匡謬不分卷　清徐承慶撰
清徐承慶稿本　清江沅校　附清何紹基清姚覲元清施紀雲手劄　上海
清抄本　北大
清抄本　南京
清抄本　湖南
說文解字注匡謬八卷
清光緒九年歸安姚氏刻咫進齋叢書本　國圖　天津
清光緒十四年上海蜚英館石印本　國圖　北大
清光緒三十四年上海江左書林石印本　北大　天津
清光緒三十四年上海文書書局石印本
說文解字注匡謬十五卷
清抄本　清許槤校並跋　吉林大學
說文段注匡謬十五卷
清張氏寒松閣抄本　復旦
續修四庫全書影印清張氏寒松閣抄本
說文注補鈔不分卷　清嚴可均撰
清嚴可均稿本　杭州大學
徐星伯說文段注札記一卷　清徐松撰　清劉肇隅編
清光緒二十八年長沙葉氏刻觀古堂所刊書本
清光緒二十八年長沙葉氏刻一九一九年重編印觀古堂彙刻書本
清光緒二十八年長沙葉氏刻一九三五年長沙中國古書刊行社彙印郎園先生全書本
說文段注拈誤一卷　清朱駿聲撰
一九三五年遼陽吴氏據稿本影印稷香館叢書本
龔定菴說文段注札記一卷　清龔自珍撰　清劉肇隅編
清光緒二十八年長沙葉氏刻觀古堂所刊書本
清光緒二十八年長沙葉氏刻一九一九年重編印觀古堂彙刻書本
清光緒二十八年長沙葉氏刻一九三五年長沙中國古書刊行社彙印郎園先生全書本
說文解字段注攷正一卷　清馮桂芬撰
清馮桂芬初稿本　復旦
說文解字段注攷正十五卷　清馮桂芬撰
清馮桂芬稿本　蘇州
一九二七年據稿本影印本　國圖　科學

說文段注部首鈔十四篇　清馮桂芬撰
　民國石印本　湖南
說文解欄位注考正十五卷　清馮桂芬撰
　續修四庫全書影印民國十七年影印清稿本
說文段注集解不分卷　清雷浚撰
　清雷浚稿本　上海
段本刊誤一卷　清錢世敘撰
　清抄本　國圖
段義刊補一卷　清錢世敘撰
　清抄本　國圖
說文注辨段一卷　清林昌彝撰
　清同治十年廣州刻本　國圖
說文段注撰要九卷　清馬壽齡撰
　清同治刻本　遼寧
　清光緒八年儀徵劉氏刻本　甘肅
　清光緒九年金陵胡氏愚園刻本　國圖　上海
　清光緒十一年長洲張氏儀鄦廬刻許學叢書
說文解字十五卷　清段玉裁注　清徐灝箋
　清徐灝稿本　北大
說文解字注箋十四卷附說文檢字三卷　清段玉裁注　清徐灝箋　清徐樾編說文檢字
　清光緒二十年刻本　北大　南開
　續修四庫全書影印清光緒二十年徐氏刻民國三年補刻本
說文解字注箋十四卷附說文檢字三卷說文重文檢字篇一卷說文疑難檢字篇一卷今文檢字篇一卷　清段玉裁注　清徐灝箋　清徐樾編說文檢字檢字篇
　清光緒二十年桂林刻一九一四年京師補刻本　國圖　北大
　一九二八年上海中原書局影印一九一四年京師補刻本　國圖　湖北
　一九二八年徐氏學壽堂上海石印本　遼寧
說文平段一卷　清于鬯撰
　清于鬯原稿于香草遺著叢輯本　上海
讀段注說文解字日記一卷　清馮世澂撰
　清光緒十六年刻二十二年續刻學古堂日記本

段注説文正字二卷　胡宗楙撰
清光緒十八年永康胡氏夢選樓刻本　南開
一九三二年永康胡氏夢選樓刻本　國圖　北大
段注説文部首不分卷附説文部首韻檢段注説文解字敘　傅熊湘輯
一九二四年長沙鉛印本　國圖　北大
讀段氏説文雜抄一卷
民國抄本　湖南
説文疏略一卷　清馮李驊撰
一九三六年抄本　科學
説文解字義證五十卷　清桂馥撰
清嘉慶桂馥稿本　臺北故宫
清道光三十年至咸豐二年靈石楊氏刻連筠簃叢書本　國圖　湖北
清抄本（清王筠、許瀚校注並跋　清許槤、陳東之　清陳宗彝、□鐸校注）　國圖
清抄本（清馮志沂校）　國圖（闕卷十四）
清抄本（清陳介祺校訂）　國圖
續修四庫全書影印清道光三十年至咸豐二年楊氏刻連筠簃叢書本
説文解字義證五十卷附一卷
清同治九年湖北崇文書局刻本　國圖　北大　北師大
説文解字籤註一卷　清桂馥撰
清姚氏咫進齋抄本（清孟廣均跋）　浙江
讀説文解字小箋不分卷　清梁運昌撰
清梁運昌稿本　復旦
席氏讀説文記十五卷　清席世昌撰
清嘉慶二十年常熟張若雲刻本　國圖
清嘉慶虞山張氏刻借月山房彙抄本　科學
清道光三年上海陳氏據借月山房彙鈔刻版重編澤古齋重抄本
清道光十八年金山錢氏據借月山房彙鈔刻版重編指海本
清道光二十六年金山錢氏據借月山房彙鈔刻版重編式古居彙抄本
民國吴興劉氏嘉業堂抄本　國圖
續修四庫全書影印清嘉慶刻借月山房彙抄本
説文經訓偶箋□卷　清邵瑛撰
清邵瑛稿本　上海（存卷六至九）
説文解字鏡十二卷　清顧瞻輯注
清雲間顧氏原稿本　國圖

說文蠡箋十四卷　清潘奕雋撰
清潘奕雋稿本　上海
清嘉慶七年潘氏三松堂刻本　浙江
清道光二十年潘氏三松堂刻本(清陳壽祺跋　清李慈銘校並跋)　國圖
清同治十三年吴縣潘氏三松堂重刻本　上海　湖北
續修四庫全書影印清道光二十年潘氏三松堂刻本
說文蠡箋一卷
清光緒十三年海寧許氏古均閣刻許學叢刻本
說文解字通正十四卷　清潘奕雋撰
清光緒貴池劉氏刻聚學軒叢書本　科學
說文解字斠詮十四卷　清錢坫撰
清嘉慶十二年錢氏吉金樂石齋刻本　國圖　上海
清嘉慶十六年琳琅仙館刻本　上海
清光緒九年淮南書局刻本　上海　湖北
清光緒二十九年刻本　上海
續修四庫全書影印清嘉慶十二年錢氏吉金樂石齋刻本
錢十蘭說文斠詮不分卷　清錢坫撰
抄本　南京
說文統釋六十卷爾雅釋文補一卷　清錢大昭撰
清抄本　國圖(僅鈔說文解字第一之一、二、三　第十五之一、三)
說文統釋不分卷
清道光十三年抄本(清苗夔題識)　遼寧
說文統釋自序一卷　清錢大昭撰　清王宗涑音釋
清光緒七年刻本(清陶方琦校)　浙江
清光緒八年郭傳璞刻金峨山叢書本　國圖　北大　遼寧
清何天衢校刻本　北大　科學
清抄本　國圖
說文統釋自敘節録一卷　清錢大昭撰　清王亮生删訂
清乾隆藝海堂刻本　國圖　北大
說文統釋自敘注一卷　清錢大昭撰
清乾隆藝海堂刻本　國圖　北大
說文統釋自序一卷附說文解字舊音一卷音同異義辨一卷說文部首歌一卷　清錢大昭撰　清畢沅撰舊　音及音同異義辨　清馮桂芬撰部首歌
清宣統二年周魯齋朱絲欄抄本　國圖

說文敘義考釋一卷　清錢大昭撰
清抄本　國圖
說文分類榷失六卷　清錢大昭撰
清錢大昭稿本　華東師大
清抄本　國圖
說文徐氏新補新附考證一卷　清錢大昭撰
清光緒十六年南陵徐氏刻積學齋叢書本　復旦　湖北
說文疑十二卷附漢書古字一卷　清佚名撰　清王念孫撰漢書古字
清抄本　科學
說文疑十二卷附漢書古字一卷音義異同一卷　清佚名撰　清王念孫撰漢書古字及音義異同
清末抄本　國圖
一九三五年遼陽吴氏據稿本影印稷香館叢書本
說文疑疑二卷附一卷　清孔廣居撰　清孔昭孔撰附卷
清嘉慶七年詩禮堂刻本　國圖
清光緒九至十年長洲張氏儀鄦廬刻許學叢書本
說文又考一卷　清戚學標撰
清嘉慶九年涉縣官署刻漢學諧聲附刻本　北大　上海
清嘉慶九年刻嘉道間彙印戚鶴泉所著書本　科學
一九三一年上海蟫隱廬許學四書影印清嘉慶九年刻本　北大　遼寧
說文補考一卷　清戚學標撰
清嘉慶九年涉縣官署刻漢學諧聲附刻本　北大　上海
清嘉慶九年刻嘉道間彙印戚鶴泉所著書本　科學
一九三一年上海蟫隱廬許學四書影印清嘉慶九年刻本　北大　遼寧
說文古語考一卷續方言補二卷古韻異同摘要一卷　清程際盛撰
清活字印稻香樓雜著本
清抄本　北大
清抄本　遼寧
續修四庫全書影印清木活字印稻香樓雜著本
說文古語考補正二卷　清程際盛撰　清傅雲龍補正
清光緒十一年烏程李端臨紅餘籀室刻籑喜廬所著書本　國圖　北大　科學　復旦
說文引經考十九卷　清程際盛撰
清嘉慶十年程世勳等刻本　國圖

續修四庫全書影印清嘉慶十年程世勳等刻本

說文引經考不分卷

清姚氏咫進齋抄本　北師大

清抄本(清楊守敬跋)　上海

清抄本　西北大學

清抄本　上海

民國吴縣王氏學禮齋抄本　復旦

說文古籀疏證六卷原目一卷　清莊述祖撰

清光緒十二年吴縣潘氏刻功順堂叢書本

清光緒二十年武進莊殿華津郡明文堂刻本　復旦

清光緒二十年武進莊殿華津郡明文堂刻本一九二六年修補印本　復旦

一九二三年蘇州振新書社第三版石印本　遼寧　江西

一九二八年上海中一書局石印本　國圖

一九二八年上海受古書店影印清道光刻本　雲南

續修四庫全書影印清光緒十一年刻本

說文古籀疏證目一卷　清莊述祖撰

清道光十七年武進莊氏脊令舫刻珍埶宧遺書本

清光緒八年刻本　上海　南京

說文廣詁十二卷　清郝懿行撰

清抄本　國圖

說文字句異同録不分卷　清姚文田撰

清姚文田稿本　國圖

說文解字翼十五卷　清嚴可均撰

清嚴可均稿本　上海(存卷一至七)　國圖(存卷八至十五)

舊說文録三十六卷　清嚴可均輯　清王仁俊校

清王仁俊抄本　上海

說文新附攷不分卷　清鈕樹玉撰

清鈕樹玉稿本　蘇州文管會

說文新附攷六卷續攷一卷

清嘉慶六年鈕氏非石居刻本　國圖　浙江

清嘉慶六年非石居刻同治七年碧螺山館修補本　北大

清同治十三年湖北崇文書局刻本　國圖　浙江

清吴興姚氏咫進齋抄本(葉德輝)　文素松跋　上海

續修四庫全書影印清嘉慶六年非石居刻本

說文新附攷六卷續考一卷附札記一卷 清鈕樹玉撰 張炳翔撰札記

清光緒長洲張炳翔儀鄦廬刻許學叢書本 國圖 北大

說文新附攷札記一卷 張炳翔撰

清光緒長洲張炳翔儀鄦廬刻許學叢書本 國圖 北大

說文正字二卷 清王瑜 孫馮翼撰

清嘉慶六年承德孫氏金陵藩署刻問經堂叢書本 科學 上海

清道光抄本(存卷下) 桂林

說文辨字正俗八卷 清李富孫撰

清嘉慶二十一年校經廎刻本 北大 天津

清同治九年校經廎刻本 國圖 復旦

說文辨疑一卷 清顧廣圻撰

清光緒元年說文外編附刻本 上海

清光緒三年湖北崇文書局刻本 北大

清光緒十一年長洲張氏儀鄦廬刻許學叢書本

清光緒江西書重刻本 天津

一九三五年南海黄氏據舊版彙印芋園叢書本

續修四庫全書影印清光緒二十七年貴池劉氏刻聚學軒叢書本

說文辨疑一卷條記一卷

清劉履芬抄本 國圖

清光緒貴池劉氏刻聚學軒叢書本

清光緒羊城馮氏刻翠琅玕館叢書本

說文釋例二卷 清江沅撰

清咸豐元年江都李氏半畝園刻小學類編本 天津 湖北

清光緒十六年羊城馮氏刻翠琅玕館叢書本

清抄本 淮安

清吴棣生抄本 北大(存卷二)

一九三五年南海黄氏據舊版彙印芋園叢書本

說文經字考一卷 清陳壽祺撰

清咸豐元年至二年李氏半畝園刻小學類編本 國圖

清光緒七年刻本 國圖 遼寧

清光緒十年郭氏刻金峨山館叢書本

續修四庫全書影印清光緒十年金峨山館叢書本

說文經字考辨證四卷 清陳壽祺撰 清郭慶藩辨證

清郭慶藩稿本 湖南

清光緒二十一年岵瞻堂郭氏維揚刻本　國圖　北大

說文經字正誼五卷　清郭慶藩撰

清郭慶藩稿本　湖南

說文經字正誼四卷首一卷

清光緒二十年湘陰郭氏揚州刻本　北大　上海

續修四庫全書影印清光緒二十年湘鄉郭氏刻本

說文經字攷疏證六卷　清錢人龍撰

清光緒鉛印本　湖北

一九三三年無錫丁氏石印說文鑰續編本　北大

侯官陳恭甫輯說文經字攷不分卷　清陳壽祺撰　宋文蔚疏證

一九三四年商務印書館石印本　國圖　湖北

說文解字重文二卷　清馮登府輯

清馮登府稿本　上海

說文拈字七卷補遺一卷　清王玉樹撰

清嘉慶八年芳梫堂刻本　北大　國圖

清光緒十九年石印本　復旦　南京

四庫未收書叢刊影印清嘉慶八年芳梫堂刻本

說文字通十四卷說文經典異字釋一卷　清高翔麟撰

清道光十八年海昌查元偁刻本　國圖

續修四庫全書影印清道光十八年刻本

說文經典異字釋一卷　清高翔麟撰

清道光十五年吳青霞齋局刻本　上海　湖北

清道光十八年海昌查元偁刻本　國圖

清光緒九年萬卷樓重刻巾箱本　上海　南京

續修四庫全書影印清道光十五年吳青霞齋局刻本

說文解字經攷三卷　清臧禮堂撰

清嘉慶抄本　北大

說文檢字二卷補遺一卷　清毛謨輯　清姚覲元撰補遺

清光緒九年歸安姚氏咫進齋刻本　國圖　湖北

說文檢字補遺一卷　清姚覲元撰

清光緒九年歸安姚氏咫進齋刻本　國圖　湖北

說文引經考證六卷　清張澍撰

清張澍稿本　陝西博

說文引經考證九卷

清張澍稿本　陝西博

說文解字句讀未定稿不分卷 清王筠撰
清王筠稿本 青島博
說文解字句讀十四卷 清王筠撰
清王筠稿本 北大
清王筠稿本 廈門
說文解字句讀十五卷
清王筠稿本 南京
說文解字句讀三十卷
清王筠稿本 上海
清抄本 湖南師大(存卷一至十六 卷二十一至二十六)
清道光三十年王筠刻本
說文解字句讀十五卷 清王筠撰 清張穆訂注
清王筠稿本 國圖
說文解字句讀三十卷句讀補正三十卷 清王筠撰
清道光三十年王筠刻咸豐九年王彥侗增刻本 復旦
清道光三十年王筠刻咸豐九年王彥侗增刻同治四年彙印王氏說文三種本
清光緒八年四川尊經書院刻本 國圖 北師大
民國上海涵芬樓影印清道光三十年王筠刻咸豐九年王彥侗增刻本 湖北
續修四庫全書影印藏清刻本
說文解字句讀三十卷補正一卷
清道光三十年刻王氏進呈書兩種本
說文解字句讀補正三十卷 清王筠撰
清道光三十年王筠刻咸豐九年王彥侗增刻本 復旦
清道光三十年王筠刻咸豐九年王彥侗增刻同治四年彙印王氏說文三種本
清光緒八年四川尊經書院刻本 國圖 北師大
民國上海涵芬樓影印清道光三十年王筠刻咸豐九年王彥侗增刻本 湖北
說文解字句讀補正一卷
清道光三十年刻王氏進呈書兩種本
說文釋例八卷 清王筠撰
清王筠稿本 國圖
清王筠稿本 北大
清王筠稿本(清何紹基 張穆批校) 湖南
清王筠稿本 北師大(闕卷七)
說文釋例二十卷
清王筠稿本 南京

說文釋例二十卷首一卷
清道光十七年刻王氏進呈書兩種本
續修四庫全書影印清道光刻本
說文釋例二卷
清咸豐元年李氏半畝園刻小學類編本　北大
清光緒十六年羊城馮氏刻翠琅玕館叢書本
一九三五年南海黄氏據舊版彙印芋園叢書本　北大
清抄本　淮安
清吴棣生抄本　北大(存卷二)
說文釋例四卷
清光緒十三年積山書局石印本　南京
說文釋例二十卷補正二十卷　清王筠撰
清道光十七年刻同治四年彙印王氏說文三種本
清道光刻同治四年成都茹古書局補刻本　國圖　北師大
清光緒九年成都御風樓重刻本　天津
清光緒十三年上海積山書局石印本　北大　南京
清光緒十八年上海五彩書局石印本　浙江
說文釋例補正二十卷　清王筠撰
清王筠稿本　山東
清道光十七年刻同治四年彙印王氏說文三種本
清道光刻同治四年成都茹古書局補刻本　國圖　北師大
清光緒十三年上海積山書局石印本　北大　南京
清光緒十八年上海五彩書局石印本　浙江
說文釋例補遺四卷　清黎定祥撰
清光緒二十年嘉應黎定祥稿本　國圖
檢說文難字一卷　清王筠撰
一九三一年石印本　湖北
檢說文難字一卷　清王筠撰　許德昌校訂
一九三二年丹徒許德昌石印本　國圖
說文鈔十五卷　清王筠撰
清王筠稿本　文學所
清王筠稿本　黑龍江大學
說文校記一卷　清王筠撰
清王筠稿本　山東博

說文彙字不分卷　清王筠撰

清王筠稿本　國圖

說文新附攷校正一卷　清王筠撰

清光緒十三年海寧許氏古均閣刻許學叢刻本

說文逸文攷不分卷　清壽昌撰

清壽昌稿本　南京

說文詹詹一卷　清陳鍾英撰

清陳鍾英原稿歸禮堂三種本　福師大

說文雜註長編不分卷　清劉寶楠撰

清劉寶楠稿本　上海

說文引經異字三卷　清吴雲蒸撰

清道光六年山海棠軒精刻本　上海　浙江

清同治十一年刻本　南開

一九三一年上海蟫隱廬許學四書影印道光六年刻本　北大　遼寧

續修四庫全書影印清道光六年刻本

說文辨異八卷　清翟云升撰

稿本五經歲徧齋許學三書本　上海

清郭氏松南書廬鈔五經歲徧齋許學三書本　國圖

清光緒十七年高氏辨蟫居鈔五經歲徧齋許學三書本　國圖

說文解字小箋不分卷　清陸元綸撰

清抄本　復旦

說文引經考異十六卷　清柳榮宗撰

清咸豐二年刻海州贛榆學署本　北大　遼寧

清咸豐二年刻同治六年柳森霖重印本　國圖

清咸豐五年刻本　天津　上海

抄本　天津

續修四庫全書影印清咸豐五年刻本

說文義證二十八卷　清朱琦撰

清光緒二十一年嘉樹山房刻本　江西

說文新附攷三卷　清鄭珍撰

清鄭珍稿本　貴州博

說文新附攷六卷

清道光元年刻本　天津

清咸豐八年刻本　北師大

清光緒五年歸安姚氏刻咫進齋叢書本
清光緒七年刻本　國圖　上海
清光緒十五年文選樓刻玲瓏山館叢書本
續修四庫全書影印清光緒五年姚氏刻咫進齋叢書本

說文新附攷六卷說文逸字二卷附録一卷　清鄭珍撰　清鄭知同撰附録
清光緒四年刻本　上海　雲南

說文逸字二卷　清鄭珍撰
清咸豐八年望山堂刻鄭子尹遺書本
清咸豐八年望山堂刻一九四〇年貴州省政府彙印巢經巢全集本
清同治光緒間福山王氏刻天壤閣叢書本　國圖　復旦
清末湖南經濟書室刻本　國圖　北大
清抄本　國圖
續修四庫全書影印清咸豐八年刻本

說文逸字辨證二卷　清鄭珍撰　清李楨辨證
清光緒十一年善化李氏畹蘭室刻本　國圖　遼寧
清宣統元年思賢書局刻本　湖北

說文舉例一卷　清陳瑑撰
清光緒十三年海寧許氏古均閣刻許學叢刻本

說文引經攷證七卷說文引經互異說一卷　清陳瑑撰
清同治十三年湖北崇文書局重刻本　國圖　南京
清光緒十年三益廬刻三益廬叢書本　天津
續修四庫全書影印清同治十三年湖北崇文書局重刻本

說文引經互異說一卷　清陳瑑撰
清同治十三年湖北崇文書局刻本　國圖　南京
清光緒十年三益廬刻三益廬叢書本　天津

說文外編十五卷補遺一卷　清雷浚撰
清光緒十二年上海積山書局石印說文續字彙本　國圖　上海
續修四庫全書影印清光緒二年刻本

說文外編十五卷補遺一卷附說文辨疑一卷　清雷浚撰　清顧廣圻撰說文辨疑
清光緒元年刻本　上海
清光緒九年刻本　北師大

說文外編十五卷補遺一卷附劉氏碎金一卷　清雷浚撰　清劉禧延撰劉氏碎金

清光緒十四年同文書局石印本　北大　南京　浙江

說文外編十五卷補遺一卷附說文辨疑一卷劉氏碎金一卷　清雷浚撰　清顧廣圻撰說文辨疑　清劉禧延撰劉氏碎金

清光緒二年刻雷刻四種本

清光緒二年刻光緒間彙印雷刻八種本

清光緒二年謝文翰齋刻本　國圖　復旦

說文引經例辨三卷　清雷浚撰

清光緒八年刻雷刻四種本

清光緒八年刻光緒間彙印雷刻八種本

續修四庫全書影印清光緒八年刻本

說文檢字一卷附檢說文引異字一卷　清陳其幹撰

清道光二十五年五百卷閣刻本　湖北

檢說文引異字一卷　清陳其幹撰

清道光二十五年五百卷閣刻說文檢字附刻本　湖北

說文便檢不分卷　清丁源撰

清道光七年刻本　湖北

說文便檢十二卷附檢字說文重文十二卷　清丁源撰

清道光七年刻豹隱山房藏版本　國圖

說文重文十二卷　清丁源撰

清道光七年刻豹隱山房藏版本　國圖

說文注殘稿□□卷　清朱士端撰

清朱士端稿本　上海(存卷一　卷四　卷六　卷八　卷十四)

說文校定本十五卷　清朱士端撰

清朱士端稿本　上海

清同治元年寶應朱氏刻春雨樓叢書本　國圖　科學

清同治四年刻本　上海

說文校定本二卷

清光緒九年歸安姚氏刻咫進齋叢書本　湖北

續修四庫全書影印清光緒九年姚氏刻咫進齋叢書本

說文義例一卷　清王宗誠撰

清道光十三年吴江沈氏刻昭代叢書本

説文類解四卷附六書辨正一卷辨韻簡明二卷　清陸烱撰
清道光十六年聞諸室刻本　北大　湖北
説文解欄位注讀不分卷　清楊沂孫撰
清光緒五年朱格稿本　國圖
説文徵典十二卷考證不分卷許書重文一卷説文外字一卷　清況澄撰
清咸豐況澄稿本　桂林
説文考證不分卷　清況澄撰
清咸豐況澄稿本　桂林
許書重文一卷　清況澄撰
清咸豐況澄稿本　桂林
説文外字一卷　清況澄撰
清咸豐況澄稿本　桂林
兒笘録四卷　清俞樾撰
清光緒二十五年刻春在堂全書之第一樓叢書本
一九一八年刻觀鑑廬叢書本　國圖
第一樓叢書附考一卷　清俞樾撰
清光緒十年鄞郭氏刻金峨山館叢書本
湖樓筆談説文經字不分卷　清俞樾輯　宋文蔚疏證
一九三四年上海商務印書館石印本　國圖　復旦
説文徐氏未詳説一卷　清許溎祥輯
清許溎祥藍格稿本　國圖
清許氏古均閣緑格抄本　國圖
清光緒十六年海寧許氏古均閣刻本　國圖　北大
説文補徐集釋不分卷　清許溎祥撰
清許溎祥藍格稿本　國圖
説文辨通刊俗不分卷　清丁壽昌撰
清丁壽昌原稿丁氏遺稿六種本　上海
説文分韻易知録五卷附説文重文標目五卷説文分畫易知一卷　清許巽行撰
清光緒五年華亭許嘉德刻松江葆素堂許氏藏版本　國圖　北大
四庫未收書叢刊影印清光緒五年許嘉德葆素堂刻本
説文重文標目五卷　清許巽行撰
清光緒五年華亭許嘉德刻松江葆素堂許氏藏版本　國圖　北大

說文分畫易知一卷　清許巽行撰

清光緒五年華亭許嘉德刻松江葆素堂許氏藏版本　國圖　北大

說文佚字攷不分卷　清張鳴珂撰

清張鳴珂稿本(清胡欽　李慈銘跋)　國圖

抄本　上海

說文佚字攷四卷

清光緒十三年豫章刻本　北大　湖北

續修四庫全書影印清光緒十三年刻本

說文證異五卷　清張式曾撰

清張式曾稿本　南京

說文外編補遺一卷　清張行孚撰

清張行孚稿本　高郵

說文略例四卷　清錢世敘撰

清抄本　國圖

說文譌字不分卷　清鄭知同撰

清抄本　桂林

說文本經答問二卷　清鄭知同撰

清光緒十六年廣雅書局刻本　國圖　北師大

清光緒十六年廣雅書局刻一九二〇年番禺徐氏彙印廣雅書局叢書本　國圖

一九四〇年貴州省政府據清刻版彙印巢經巢全集本

說文淺說一卷　清鄭知同撰

清光緒四年宏達堂刻宏達堂叢書本

清光緒七年藝林山房刻文選樓叢書本　湖北

清光緒十五年文選樓刻玲瓏山館叢書本

一九一七年重慶啓渝印刷公司排印本　甘肅

續修四庫全書影印清光緒七年藝林山房刻文選樓叢書本

說文古籀補十卷　清吴大澂撰

抄本　科學

說文古籀補十四卷補遺一卷附録一卷　清吴大澂撰

清光緒七年刻本　國圖　南開

清光緒二十四年刻本　國圖　人大

清光緒十年蘇州振新書社石印本　人大　湖南

清光緒十二年上海點石齋石印本　國圖　天津

續修四庫全書影印清光緒七年刻本

增訂説文古籀補十四卷補遺一卷附録一卷　清吴大澂撰　田潛增訂
　　民國江陵田潛稿本　國圖
説文古籀補補十四卷補遺一卷附録一卷　丁佛言撰
　　清光緒十年刻本　天津
説文古籀補補十四卷附録一卷
　　一九二四年石印本　國圖　遼寧
　　一九三〇年北平富晉書社石印本　國圖　復旦　遼寧
説文古籀三補十四卷附録一卷　强運開輯
　　一九三五年商務印書館石印本　國圖　復旦　遼寧
説文重文本部考一卷附録一卷　清曾紀澤撰
　　清同治八年吴坤修半畝園刻本　北大　科學
説文字辨十四卷　清林慶炳輯
　　清同治四年刻本　上海　南京
説文解字補説十四卷　清吴善述撰
　　刻樣底稿本　上海
説文義緯不分卷　清錢寶惠撰
　　清錢寶惠稿本　中央黨校
重文二卷補遺一卷　清丁午撰
　　清光緒八年錢唐丁氏刻田園雜著本　科學　上海
説文職墨三卷　清于鬯撰
　　清光緒十四年江陰南菁書院刻南菁書院叢書本　科學
説文集釋不分卷　清于鬯　沈毓慶撰
　　清漢石經室抄本　南京
説文易檢十四卷附識一卷末二卷　清史恩綿編
　　一九二三年上海商務印書館影印稿本　湖南
　　一九一七年上海商務印書館影印清光緒九年史氏刻本　國圖　遼寧
説文佚字輯説四卷　清王廷鼎撰
　　清光緒十七年刻紫薇花館小學編本　北大
説文考正二卷　清淩曙撰
　　清江都淩毓瑞抄本　國圖
説文類編不分卷　清尹彭壽撰
　　清尹彭壽稿本　山東(存上册)
　　清諸城來北園抄本　國圖
説文義例徵訂不分卷　清陳倬撰
　　清陳倬稿本　南京

說文通俗六卷　清顧之義輯
　民國石印本　湖北
說文補遺一卷　清吴錦章撰
　清崇雅精舍刻本　上海
說文通例十卷　清程棫林撰
　清程棫林稿本　貴州博
說文徵許補解四卷　清吕佩芬撰
　清光緒抄本　國圖
說文重文管見一卷　清蕭道管撰
　清光緒至民國侯官陳衍刻石遺室叢書本　國圖
說文經斠十三卷補遺一卷　清楊廷瑞撰
　清光緒十七年楊氏澄園刻澂園叢書本　南京　湖北
　續修四庫全書影印清光緒十七年楊氏澂園刻本
說文正俗一卷　清楊廷瑞撰
　清光緒十七年楊氏澄園刻澂園叢書本　南京　湖北
　續修四庫全書影印清光緒十七年楊氏澂園刻本
說文解字補逸一卷　清周聲溢撰
　清周聲溢稿本　北大
說文經字録三卷　清李宗蓮撰
　清李宗蓮稿本　浙江
說文解字補逸一卷　清張祖同輯
　民國抄本　湖南
說文解字索隱一卷附說文補例一卷　清張度撰
　清光緒二十二年元和江氏湖南使院刻靈鶼閣叢書本　國圖　湖北
　民國劉氏嘉業堂抄本　浙江
說文補例一卷　清張度撰
　清光緒二十二年元和江氏湖南使院刻靈鶼閣叢書本　國圖　湖北
　民國劉氏嘉業堂抄本　浙江
說文引經異文集證一卷　清吴種撰
　清吴種稿本　上海
　清吴種稿本　南京
說文引經異文集證五卷
　清循陔書室抄本　福建
說文引經異文集證八卷
　清循陔書室抄本　北師大

說文便檢十二卷　清金保彝撰
　清金保彝藍格稿本　天津
說文解字引漢律考四卷　清王仁俊撰
　清光緒二十二年王仁俊稿本　上海
說文解字引漢律令考二卷　清王仁俊撰
　清王仁俊稿本　上海
說文解字引漢律令考二卷附二卷
　清光緒三十二年吴縣王仁俊籀鄦誃刻本　國圖
徐君說文多采用淮南說一卷　清王仁俊撰
　民國抄本　國圖
說文引經證例二十四卷　清承培元撰
　清光緒二十一年廣雅書局刻本　國圖　科學
　清光緒二十一年廣雅書局刻一九二〇年彙印廣雅書局叢書本
　續修四庫全書影印清光緒二十一年刻廣雅書局叢書本
說文解字理董不分卷　清龔橙撰
　清龔橙稿本　南京
通考說文引經三十四卷　清魏本唐撰
　清抄本　北大
說文引書考不分卷　清佚名撰
　稿本　上海
說文引經撮要不分卷　清佚名撰
　稿本　南京
說文引詩字輯一卷　清佚名撰
　民國影印稿本　國圖
說文附韻便檢□卷　清朱□撰
　抄本　南京(存二卷)
說文引典一卷　清佚名撰
　稿本　復旦
　清江在田抄本　遼寧
說文引書異同攷不分卷　清□瑞伯撰　清許克勤訂正
　清許克勤稿本　復旦
說文摘句一卷　清佚名撰
　稿本　復旦
　清江在田抄本　遼寧

說文辨似不分卷續編不分卷　清佚名撰
清抄本　湖南
說文辨字正俗不分卷　清佚名撰
清抄本　南京
説文偁經證不分卷　清翟氏輯
清钞本　國圖
説文重字備查一卷　清佚名撰
抄本　南京
説文粹言疏證二卷　清潘任撰
清光緒二十年木活字印希鄭堂叢書本　國圖　科學
説文引群説故二十七卷　清鄭文焯撰
清光緒刻本　湖北
説文辨義初稿□卷　清馮世澂撰
清馮世澂稿本　上海(存卷二至三)
説文重文考不分卷　清朱孔彰撰
民國排印本　國圖
證信録一卷　清姚瑩俊撰
姚瑩俊稿本　國圖
許書正文重文對證編二卷　清姚瑩俊撰
姚瑩俊稿本　國圖
説文籀文説解補不分卷　清曾朝祐撰
清光緒三十四年排印知誠勤齋存稿本　穀城
説文古文説解補不分卷　清曾朝祐撰
清光緒三十四年排印知誠勤齋存稿本　穀城
説文采通就正不分卷　清吴廣霈撰
吴廣霈稿本　湖北
説文解字便箋一卷　清舒立淇撰
一九一五年刻本　湖南
説文解字重文提要一卷　清周炳蔚輯
一九一六年川明書屋石印本　復旦
説文新附通正四卷　清邵瀧祥撰
一九三四年桐華館排印本　科學
説文解字辨證十四卷　清陳衍撰
一九一九年上海刻石遺室叢書本　國圖　遼寧

説文解字辨證不分卷
　　民國排印本　國圖
説文舉例七卷　清陳衍撰
　　一九一九年刻石遺室叢書本　科學　遼寧
説文新附明辨録二卷　清羅時憲撰
　　一九一三年犍爲葉政學求實軒刻求實軒叢録本
説文今釋一卷　清董明銘撰
　　一九一八年陝西教育圖書社排印本　國圖　湖北
説文釋文不分卷
　　民國抄本　北碚
説文解字商四卷　清張洪義撰
　　民國江蘇國學圖書館傳抄本　南京
説文考逸一卷　清曹元忠輯
　　曹元忠稿本　復旦
説文引方言考不分卷　清曹元忠撰
　　曹元忠稿本　復旦
説文古籒彙編不分卷　清陳訓丹輯
　　陳訓丹稿本　上海
説文難檢字録一卷　清楊昭儁撰
　　楊昭儁原稿淨樂宧叢著本　國圖
説文籒文考證一卷説籒一卷附補遺一卷　清葉德輝撰　葉啟熏撰補遺
　　一九三〇年葉氏刻民國彙印郎園小學四種本
　　一九三〇年葉氏刻一九三五年長沙中國古書刊印社彙印郎園先生全書本
説文籒文考證補遺一卷　清葉啟熏撰
　　一九三〇年葉氏刻民國彙印郎園小學四種本
　　一九三〇年葉氏刻一九三五年長沙中國古書刊印社彙印郎園先生全書本
許氏説文解字説例一卷　清宋育仁撰
　　一九二四年刻問琴閣叢書本　北大
説文句讀識論不分卷　清王軒撰
　　民國排印本　國圖
説文解字古文疏證一卷　清李杲撰
　　一九三七年刻本　上海　復旦　湖北

說文所引通人輯略不分卷　清壽昀輯
民國排印本　國圖
原書六十卷　清沈修撰
沈修稿本未園著藪本　國圖
說文重文新附雜鈔二卷　清佚名撰
民國抄本　湖南
說文或體字考□卷　清佚名撰
稿本　南京(存卷四卷六)

（三）音釋

說文解字韻譜五卷　南唐徐鍇撰
元延祐三年種善堂刻本　國圖　北大
清乾隆綿州李氏萬卷樓刻嘉慶十四年李鼎元重校印函海本
清光緒七至八年廣漢鍾登甲樂道齋刻函海本
清抄本(清丁丙跋)　南京
清抄本(清程瑶田校)　上海
一九二六年南陵徐世昌影印元種善堂刻本　國圖　湖北
中華再造善本影印元延祐三年種善堂刻本
說文解字韻譜十卷
明抄本　國圖
說文解字篆韻譜五卷　南唐徐鍇撰
明刻本　臺北故宫
明李顯刻本　天津　上海　湖北
清初抄本(羅振玉跋)　華南師大
清乾隆四庫全書館寫欽定四庫全書本
富文齋印本　人大
說文解字篆韻譜五卷附録一卷
清馮桂芬校刻底稿本(清馮桂芬校並跋)　上海
清同治十二年粤東書局刻古經解彙函之小學彙函本　國圖
清光緒十四年蜚英館石印古經解彙函之小學彙函本
清光緒十五年湘南書局刻古經解彙函之小學彙函本
說文解字韻譜十卷　宋徐鍇撰　清馮桂芬校訂
清同治三年馮桂芬據日本影宋鈔縮摹篆文刻本　北大　上海

說文韻譜校一卷　清王筠撰
清王筠稿本　湖南
說文韻譜校五卷
清王筠稿本　上海
清道光十三年刻本　上海
清光緒九年歸安姚氏刻咫進齋叢書本
清光緒十三年許克勤抄本　上海
清光緒十六年濰縣劉氏素心琴室刻本　國圖　人大
四庫未收書叢刊影印清光緒十六年劉嘉禾刻本
說文解字韻譜補正不分卷　清馮桂芬　龔丙孫撰
清馮桂芬龔丙孫稿本　復旦
重刊說文解字五音韻譜十二卷　宋李燾撰
宋刻元明遞修本　臺北故宮
明萬曆刻本　上海
明刻本　國圖
重刊許氏說文解字五音韻譜十二卷　宋李燾撰
明弘治十四年車玉刻本　北師大　上海
明嘉靖七年郭雨山刻本　上海　南京
明刻本　北大
明刻本　國圖　北師大
明刻本　北大　上海
明天啓七年世裕堂刻本　北大　上海
明刻本(佚名過録前人校)　上海(卷七有缺頁)
明刻本(張慕騫校並跋)　浙江
四庫全書存目叢書影印明弘治十四年車玉刻本
許氏說文解字五音韻譜十二卷　宋李燾撰
明嘉靖十一年孫甫刻本　國圖　吉林
明刻本　上海(闕卷一至二)
說文解字十二卷說文異同一卷　題漢許慎撰　宋李燾重編
明萬曆二十六年陳大科刻本　北大　清華　人大　復旦
明萬曆二十六年陳大科刻清岱雲樓印本　遼寧
許氏說文解字五音韻譜十二卷　題漢許慎撰　宋李燾重編
明刻本　北大
明刻本　北大

明天啓七年世裕堂刻本　國圖　北大　上海

五音韻譜校本録存一卷

清道光十四年許瀚抄本(清許瀚王筠校注並跋)　國圖

説文解字舊音一卷　清畢沅撰

清乾隆四十八年鎮洋畢氏靈巖山館刻經訓堂叢書本

清光緒十三年上海大同書局影印經訓堂叢書本

清宣統二年周魯齋朱絲欄抄本　國圖

續修四庫全書影印清乾隆刻經訓堂叢書本

説文舊音一卷　清畢沅輯

清咸豐元年江都李氏半畝園刻小學類編本

説文舊音補注一卷補遺一卷補遺續一卷補注改錯一卷　胡玉縉撰

清光緒十三年刻本　上海　南京

清光緒十四年刻南菁書院叢書本　科學

説文聲系十四卷末一卷　清姚文田撰

清嘉慶九年粤東督學使者署刻本　國圖　科學

清嘉慶九年粤東督學使者署刻本清光緒七年歸安姚覲元重修本　國圖

清嘉慶九年歸安姚氏刻邃雅堂全書本　北大

清咸豐五年南海伍崇曜刻粤雅堂叢書本　國圖　北大

續修四庫全書影印清嘉慶九年粤東使署刻光緒七年姚覲元補修重印本

説文聲類一卷　清嚴可均撰

清嘉慶四年廣東書院刻本　南京

説文聲類二卷説文聲類出入表一卷

清嘉慶七年宛平嚴氏刻四録堂類集本　國圖

清嘉慶七年宛平嚴氏刻光緒中吴氏二百蘭亭齋印本　國圖　上海

一九二四年渭南嚴氏刻本　國圖　人大

續修四庫全書影印清嘉慶九年四録堂刻光緒中吴氏二百蘭亭齋印本

説文聲類十六卷説文聲類出入表一卷

清光緒十四年南菁書院刻皇清經解續編本

清光緒十五年上海蜚英館石印皇清經解續編本

説文聲類二卷

清光緒李盛鐸刻木犀軒叢書本　國圖

説文聲類出入表一卷　清嚴可均撰

清嘉慶七年宛平嚴氏刻四録堂類集本　國圖

清嘉慶七年宛平嚴氏刻光緒中吴氏二百蘭亭齋印本　國圖　上海

清光緒十四年南菁書院刻皇清經解續編本
清光緒十五年上海蜚英館石印皇清經解續編本
一九二四年渭南嚴氏刻本　國圖　人大

說文解字音均表二卷　清江沅撰
清江沅稿本(清江文煒跋)　上海
續修四庫全書影印上圖藏稿本
清代稿本百种叢刊影印清稿本

說文解字音均表十七卷首一卷
清光緒十四年南菁書院刻皇清經解續編本　科學　湖北
清光緒十五年上海蜚英館石印皇清經解續編本

說文解字音均表十七卷目録一卷弁言一卷
清抄本　北大

說文解字音均表不分卷
抄本　南京

說文雙聲疊韻譜一卷　清鄧廷楨撰
清道光十八年刻本　北師大　上海

許氏說文解字雙聲疊韻譜一卷　清鄧廷楨撰
清道光十九年知足齋刻本　天津
清光緒七年常熟鮑氏刻後知不足齋叢書本
清光緒九年上海同文書局石印本　國圖　人大
清群碧樓刻本　復旦

許氏說文雙聲疊韻譜一卷　清鄧廷楨撰
清同治十年後知不足齋刻本　復旦
一九二二年江寧鄧氏刻雙硯齋叢書本

說文聲訂二十八卷　清苗夔撰
清道光二十一年壽陽祁氏漢碑亭刻苗氏說文四種本　北大　科學　天津

說文聲訂二卷附札記一卷　清苗夔撰　張炳翔撰札記
清光緒十二年長洲張氏儀鄦廬刻許學叢書本

說文聲訂札記一卷　張炳翔撰
清光緒十二年長洲張氏儀鄦廬刻許學叢書本

說文聲讀表七卷　清苗夔撰
清道光二十二年壽陽祁氏漢碑亭刻苗氏說文四種本　北大　南開　復旦
清同治光緒間福山王氏刻天壤閣叢書本　北大
清光緒十四年南菁書院刻皇清經解續編本

清光緒十五年上海蜚英館石印皇清經解續編本

說文聲讀考六卷　清苗夔撰

清朱格抄本說文聲讀表卷一至六　國圖

說文通訓定聲十八卷柬韻一卷　清朱駿聲撰

清朱駿聲稿本　安徽博

說文通訓定聲分部柬韻一卷　清朱駿聲輯

清道光二十八年黟縣學舍刻本　北大　復旦

清道光二十九年刻咸豐元年臨嘯閣補刻本　北大　復旦　遼寧　湖北

清光緒十二年上海積山書局石印本　北大　浙江

清光緒十四年上海鴻文書局石印本　北大

清光緒二十五年上海點石齋石印經學輯要本　湖北

一九二八年上海掃葉山房石印本　北大

說文通訓定聲十八卷分部柬韻一卷說雅一卷古今韻準一卷　清朱駿聲撰　清朱鏡蓉參訂

清道光二十八年黟縣學舍刻本　北大　復旦

續修四庫全書影印清道光二十八年刻本

說文通訓定聲十八卷分部柬韻一卷說雅一卷古今韻準一卷附行述一卷　清朱駿聲撰　清孔彰撰行述

清道光二十九年刻咸豐元年臨嘯閣補刻本　北大　復旦　遼寧　湖北

清光緒十二年上海積山書局石印本　北大　浙江

清光緒十四年上海鴻文書局石印本　北大

一九二八年上海掃葉山房石印本　北大

朱氏說文通訓定聲序注一卷　清朱駿聲撰　朱文蔚注釋

一九三四年上海商務印書館石印本　北大　遼寧

說文通訓定聲補遺十八卷首一卷　清朱駿聲撰

清光緒八年臨嘯閣刻朱氏群書本　湖北

說文分均再稿五卷　清劉家鎮撰

清劉家鎮稿本　福建

說文讀若考一卷　清丁士涵撰

清丁士涵稿本　上海

說文聲類譜十七卷　清陳澧撰

清陳澧稿本　中山

抄本　中山

說文聲表□□卷標目十七卷　清陳澧撰

清陳澧稿本　國圖（說文聲表存卷五）

說文聲表目録不分卷　清陳澧撰

清陳澧稿本　中山

說文聲統十七卷首一卷標目一卷　清陳澧撰

王氏學禮齋抄本　復旦

清陳澧撰續修四庫全書影印王氏學禮齋抄本

說文解字均隸十二卷　清丁楙五撰

清丁楙五稿本　山東博

一九三四年端安陳氏裒殷堂石印本　國圖　復旦　湖北

說文雙聲二卷　清劉熙載　陳宗彝撰

清光緒四年刻古桐書屋六種本　國圖　湖北

四庫未收書叢刊影印清同治光緒間刻古桐書屋六種本

說文疊韵二卷首一卷續編一卷　清劉熙載　清袁康撰

清光緒五年刻古桐書屋六種本　湖北

四庫未收書叢刊影印清同治光緒間刻古桐書屋六種本

說文疊韵二卷首一卷末一卷

清光緒二十五年番禺端溪書院刻端溪叢書本

說文閩音通一卷附録一卷　清謝章鋌撰

清謝章鋌稿本　福建

清光緒二十八年刻本　復旦

清光緒三十年刻賭棋山莊全集本　國圖

說文審音十六卷　清張行孚撰

清光緒十六年漸西村舍刻本　天津　南京　浙江

清光緒二十四年桐廬袁氏刻芳郭里通隱堂藏板漸西村舍叢刻本　北大

說文韻孳不分卷　清時庸勱撰

清時庸勱原稿時氏音學叢稿本　山東博

說文解字聲切正謬不分卷　清時庸勱撰

清時庸勱原稿時氏音學叢稿本　山東博

說文聲類分韻表十卷附今音古分十七部表一卷　清韓耀光撰

一九二一年石印本　國圖　科學

說文聲母歌括四卷　清宣澍甘撰　清湯壽潛鑑定

清宣統元年上海會文學社石印本　北大　人大　湖北

說文定聲四十一卷　清張長撰

一九三一年石印本　國圖　湖北

釋說文讀若例一卷　清佚名撰

清末民國初刻朱印本　南京

說文讀若字考七卷附同聲假借字考二卷　清葉德輝撰

一九二三年葉氏觀古堂刻本　科學

說文讀若字考七卷附說文讀同字考一卷　清葉德輝撰

一九二三年觀古堂刻民國彙印郎園小學四種本

一九二三年觀古堂刻一九三五年長沙中國古書刊印社彙印郎園先生全書本

說文讀同字考一卷　清葉德輝撰

一九二三年觀古堂刻民國彙印郎園小學四種本

一九二三年觀古堂刻一九三五年長沙中國古書刊印社彙印郎園先生全書本

說文聲類譜十五卷　清佚名撰

抄本　湖南

（四）六書

六書略五卷　宋鄭樵撰

一九三五年國立北京大學影印元至治刻本　國圖　人大　北師大

鈔鄭樵通志六書略平議十卷　清宧懋庸撰

清宧懋庸稿本　國圖

六書通釋一卷　宋戴侗撰

明萬曆三十六年清真館刻六書故附刻本　吉林　中山

明刻六書故附刻本　湖南

清乾隆四庫全書館寫欽定四庫全書本

清乾隆三十九年李氏刻本　浙江

清乾隆四十九年綿州李鼎元刻師竹齋藏版本　國圖　北大

六書正譌五卷　元周伯琦撰

元至正十二年吴當序刻本　南開

元至正十五年平江郡守高德基刻本　北大　科學　上海

元至正十五年高德基刻明修本　上海

明嘉靖元年于鏊刻本　國圖　科學

明嘉靖刻本　國圖

明崇禎七年胡正言十竹齋刻本　北大　遼寧

清乾隆四庫全書館寫欽定四庫全書本

中華再造善本影印元至正十五年高德基等刻本

六書本義十二卷書義綱領一卷六書本義圖一卷　明趙撝謙撰
明洪武十三年刻本　北大
明正德十二年邵氏刻本　國圖
明正德十五年胡東皐刻本　國圖　北大
明萬曆三十八年楊君睨刻本　國圖　科學
清乾隆四庫全書館寫欽定四庫全書本
六書精蘊六卷音釋舉要一卷　明魏校撰　明徐官撰音釋舉要
明嘉靖十九年魏希明刻本　國圖　北大　上海
續修四庫全書影印明嘉靖十九年魏希明刻本
四庫全書存目叢書影印明嘉靖十九年魏希明刻本
六書精蘊六卷
清抄本　復旦
六書索隱五卷　明楊慎撰
明許天敘等刻本　科學
明刻本　河南　四川
清抄本（葉德輝跋）　上海
清抄本　國圖
清抄本　國圖
四庫全書存目叢書影印明嘉靖刻本
六書賦音義二十卷六書賦一卷　明張士佩撰
明萬曆三十年刻本　北大　浙江
四庫全書存目叢書影印明萬曆刻本
六書賦音義二十卷
明天啓三年馮嘉會刻本　國圖
六書總要五卷附正小篆之訛一卷諧聲指南一卷　明吴元滿撰
明萬曆十二年刻本　北大　上海　浙江
四庫全書存目叢書影印明萬曆十二年刻本
諧聲指南一卷　明吴元滿撰
明萬曆十二年刻本　北大　上海　浙江
四庫全書存目叢書影印明萬曆十二年刻本
六書正義十二卷　明吴元滿撰
明萬曆三十三年刻本　北大　上海　復旦　湖北
抄本　北師大
續修四庫全書影印明萬曆三十三年刻本

六書泝原直音二卷分部備考一卷　明吴元滿編
明萬曆十四年自刻本　國圖　上海　復旦
四庫全書存目叢書影印明萬曆十四年刻本
六書長箋漢義七卷　明趙宧光撰
明崇禎四年趙均小宛堂刻本　北大　遼寧
明崇禎四年趙均小宛堂刻清康熙四十三年新安程稰廣陵玉禾堂補刻本　精國圖　科學
明崇禎六年長洲顧聽刻本　北大
四庫全書存目叢書影印明崇禎四年趙均小宛堂刻本
續修四庫全書影印明崇禎四年趙均小宛堂刻説文長箋本
六書準四卷　清馮鼎調撰
清康熙初馮昶刻本　上海　湖北　浙江
清康熙杭州彙賢齋刻本　國圖
清初傳忠堂刻本　上海
六書通十卷　清閔齊伋撰　清畢弘述篆訂
清康熙五十九年基聞堂刻本　國圖　科學
清乾隆四十五年大文堂刻本　甘肅
清光緒四年繡谷留耕堂刻本　北大
清光緒二十一年上海鴻寶齋石印本　國圖
清光緒積山書局石印本　天津
四庫全書存目叢書影印清康熙五十九年刻本
六書通十卷附六書通摭遺十卷　清閔齊伋撰　清畢弘述篆訂　清畢星海輯六書通摭遺
清嘉慶六年畢星海刻本　北大
清光緒十四年上海大同書局石印本　湖北
六書通摭遺十卷　清畢星海輯
清嘉慶六年畢星海刻六書通附刻本　北大
清光緒十四年上海大同書局石印六書通附印本　湖北
四庫未收書叢刊影印清嘉慶刻本
六書通十卷附百體福壽全圖不分卷
清光緒十九年平遠書屋石印本　國圖
清光緒二十一年上海鴻寶齋石印本　國圖
清宣統元年上海掃葉山房石印本　國圖

訂正六書通十卷　清閔齊伋撰　清畢弘述篆訂
　民國二十五年上海廣益書局石印本　湖北　湖南

六書通十二卷首一卷　明閔齊伋撰　清席佺校訂
　清道光三年春雨樓席氏抄本　復旦

廣六書通十卷　清程瀚輯
　清程瀚稿本　上海

許氏説文解字六書論正二十四卷首一卷　清王育撰
　清王育稿本　西南師大
　清宋賓王抄本　上海

六書述部敘考六卷　清吴玉搢撰
　清抄本　國圖
　清抄本　北師大(存卷四至六)

六書例解一卷　清楊錫觀撰
　清雍正乾隆間遞刻彙印楊顒若小學二種本　湖北　浙江
　清乾隆五十一年嘉禾瑞石軒刻楊顒若小學二種本　國圖
　清乾隆刻篆學三書本蘭秘齋藏板　國圖
　清光緒九年陽湖楊氏刻大亭山館叢書本　北大
　四庫全書存目叢書影印清雍正十三年刻乾隆五十八年馮浩修補重印本

六書辨通五卷補一卷續補一卷　清楊錫觀撰
　清雍正乾隆遞刻彙印楊顒若小學二種本
　清乾隆八年嘉禾瑞石軒刻楊顒若小學二種本　上海
　清乾隆五十一年嘉禾瑞石軒刻楊顒若小學二種本　國圖
　四庫全書存目叢書影印清乾隆八年刻本

六書雜説一卷　清楊錫觀撰
　清雍正乾隆遞刻彙印楊顒若小學二種本
　清乾隆八年嘉禾瑞石軒刻楊顒若小學二種本　上海
　清乾隆五十一年嘉禾瑞石軒刻楊顒若小學二種本　國圖
　清乾隆刻篆學三書本蘭秘齋藏板　國圖
　四庫全書存目叢書影印清雍正十三年刻乾隆五十八年馮浩修補重印本

六書説一卷　清江聲撰
　清李賡芸抄本　嘉定博物館
　清咸豐元年李氏半畝園刻本　國圖
　清咸豐至光緒間李氏半畝園遞刻彙印小學類編本
　清光緒四年宏達堂刻宏達堂叢書本

清光緒十五年蔣氏龍安郡署刻求實齋叢書本
清光緒十五年文選樓刻玲瓏山館叢書之小學下編
續修四庫全書影印清咸豐元年李氏半畝園刻本

六書説一卷附校譌一卷　清江聲撰　清胡珽撰校譌
清咸豐三年仁和胡氏木活字印琳琅祕室叢書本

六書説校譌一卷　清胡珽撰
清咸豐三年仁和胡氏木活字印琳琅祕室叢書本

六書説一卷附校譌一卷續校一卷　清江聲撰　清胡珽撰校譌　清董金鑑撰續校
清光緒十三年會稽董氏雲瑞樓木活字印琳琅祕室叢書本
清光緒十四年會稽董氏取斯堂木活字印琳琅祕室叢書本

六書説續校一卷　清董金鑑撰
清光緒十三年會稽董氏雲瑞樓木活字印琳琅祕室叢書本
清光緒十四年會稽董氏取斯堂木活字印琳琅祕室叢書本

説文諧聲十卷　清丁履恒撰
清嘉慶丁履恒手定底稿本　臺北央圖

轉注古義考一卷　清曹仁虎撰
清嘉慶南滙吴氏聽彝堂刻藝海珠塵本　北大
清光緒四年宏達堂刻本　復旦　天津
清光緒九年長洲張氏儀鄦廬刻許學叢書本
清光緒十五年蔣氏求實齋刻求實齋叢書本　北大　科學
續修四庫全書影印清光緒四年宏達堂刻本

轉注古義考二卷
清光緒九年文選樓刻益雅堂叢書本　北大
清光緒十五年文選樓刻玲瓏山館叢書本　北大

象形字譜二卷　清蔣和撰
清嘉慶元年刻本　北師大

諧聲譜不分卷　清王念孫撰
高郵王石臞先生手稿四種本　北大

補高郵王氏説文諧聲譜一卷　王國維撰
一九二三年王國維稿本　遼寧
一九二七年海寧王氏鉛印王忠慤公遺書本　北大
一九三二年上虞羅氏石印王忠慤公遺著本　北大
一九四〇年上海商務印書館石印海寧王静安先生遺書本　北大

六書轉注録十卷　清洪亮吉撰
清咸豐七年南海伍氏刻粤雅堂叢書本　湖北
清光緒四年洪用懃授經堂刻洪北江全集本　北大
清抄本　北大(存卷一至六)
清抄本　北師大(存卷三至八上)
諧聲補逸十四卷　清宋保撰
清宋保稿本　南京
清嘉慶志學堂刻本　國圖　天津
清同治四年寄愚氏傳鈔海寧查氏抄本　國圖
清光緒十三年德化李盛鐸刻木犀軒叢書本　北大
清王敬之愛日堂抄本　北大
續修四庫全書影印南圖藏稿本
諧聲補逸十四卷附札記一卷　清宋保撰　張炳翔撰札記
清光緒九年長沙張氏儀鄦廬刻許學叢書本
諧聲補逸札記一卷　張炳翔撰
清光緒九年長沙張氏儀鄦廬刻許學叢書本
六書辨譌輯要三卷　清王玉編
清乾隆五十二年槐陰書屋刻本　上海　江西
清光緒二年盱南上塘蔡氏刻三餘書屋叢書本　科學
武進張臯文先生説文諧聲譜稿本不分卷　清張惠言撰
清張惠言稿本　北大
諧聲譜五十二卷　清張惠言撰　清張成孫補
清張成孫稿本　上海(闕卷四十四　卷四十七至五十)
諧聲譜五十卷
清張成孫稿本　國圖
諧聲譜五十卷諧聲譜校記一卷　清張惠言撰　清張成孫補　戴姜福撰校記
一九三四年武林葉氏石印本　國圖　復旦
續修四庫全書影印民國二十三年葉景葵影印本
諧聲譜校記一卷　戴姜福撰
一九三四年武林葉氏石印本　國圖　復旦
説文諧聲譜九卷　清張成孫撰
清光緒十四年南菁書院刻皇清經解續編本　科學
清光緒十五年上海蜚英館石印皇清經解續編本

説文假借義證二十八卷　清朱珔撰

清光緒二十一年涇縣朱氏嘉樹山房刻本　北大　科學　上海

清光緒二十五年約古閣刻本　遼寧　湖北

一九二六年中國圖書刊傳會影印約古閣刻本　北大

續修四庫全書影印清光緒二十一年嘉樹山房刻本

六書管見二十卷　清況祥麟撰

清光緒二年臨桂況氏家刻登善堂藏板況氏叢書本　國圖　湖北　復旦　科學

六書會原十卷首一卷　清潘肇豐撰

清嘉慶六年刻鳴鳳堂藏版本　國圖　北大　科學

四庫未收書叢刊影印清嘉慶六年鳴鳳堂刻本

漢學諧聲二十四卷説文補考一卷説文又考一卷　清戚學標撰

清嘉慶九年涉縣官署刻本　北大　上海

清嘉慶九年刻嘉道間彙印戚鶴泉所著書本　科學

續修四庫全書影印清嘉慶九年涉縣官署刻本

諧聲補證一卷補一卷　清戚學標撰

清戚學標原稿古語遺録本　國圖

六書偏旁通叚攷□卷　清馮世澂撰

清馮世澂稿本　上海(存卷二)

六書蒙拾一卷　清王筠撰

清王筠稿本　山東

六書叚借經徵四卷　清朱駿聲撰

清光緒十年陽湖楊氏刻大亭山館叢書本　北大

清光緒十八年金陵元和朱氏刻本　北大　科學　上海

四庫未收書叢刊影印清光緒十八年刻本

六書辨正一卷　清陸炯撰

清道光十六年聞諸室刻説文類解附刻本　北大

六書彙編二十四卷　清顧璜輯

清顧璜稿本　上海

攷目形聲一卷　清況樹撰

清道光抄本　桂林

説文諧聲後案二卷　清翟云升撰

清翟云升稿本　清周樂清題詩　山東

説文形聲後案四卷　清翟云升撰

清五經歲徧齋許學三書稿本　上海

清郭氏松南書廬鈔許學三書本　國圖

清光緒十七年高氏辨蟫居鈔許學三書本　國圖

鄭子尹轉注説一卷　清鄭珍撰

清宣統三年餉豫石印館石印本　國圖

象形文釋四卷　清徐灝撰

清道光二十六年稿本　中山

一九三五年遼陽吴氏據稿本影印稷香館叢書本

象形文釋不分卷

民國徐信符抄本　中山

象形文釋四卷韻目一卷　清徐灝撰　清王紹墉撰韻目

清徐灝稿本　國圖

説文諧聲舉要十四卷　清朱士端撰

清朱士端稿本　科學

清抄本　南京

四庫未收書叢刊影印清稿本

説文形聲疏證十四卷　清朱士端撰

清朱士端稿本　南图

清朱士端稿本　上海(闕卷五至九)

清道光十二年清稿本　科學

民國抄本　國圖

六書轉注説二卷　清夏炘撰

清咸豐三年刻本　科學

清咸豐三年刻同治元年王光甲等彙印景紫堂全書本　國圖　北大

一九二一年當塗夏氏重刻景紫堂全書本　北大

六書原始不分卷　清賀松齡撰

清賀松齡稿本　北大

六書原始十五卷

清賀松齡稿本　重慶

清同治三年劍州府署刻本　國圖　北大　上海

六書淺説一卷　清鄭知同撰

清光緒七年藝林山房刻文選樓叢書本　湖北

一九四〇年貴州省政府排印巢經巢全集本

六書辨略一卷音義辨略一卷　清王永彬輯

清同治元年橋西館刻橋西館雜著八種本　湖北

許書轉注説一卷　清郭慶藩撰

清岵瞻堂刻本　湖北

六書綱目一卷切音導原第一篇一卷　清吴式釗撰

清光緒十五年吴式釗稿本　雲南

六書綱目一卷

民國雲南叢書處刻雲南叢書本

古今文字假借考上篇十四卷下篇七卷附録三卷　清錢慶曾撰

清錢慶曾稿本　上海

六書例説一卷　清謝崧梁撰

清光緒二十年湘鄉孳經榭謝氏刻本　國圖　湖北

六書彙纂八卷　清吴錦章撰

清光緒二十年興山吴錦章刻本　國圖　北大　湖北

六書類纂八卷附説篆臆存雜説一卷　清吴錦章撰

清光緒二十三年崇雅精舍刻本　北大　上海　湖北

續修四庫全書影印清光緒二十三年崇雅精舍刻本

轉注本義考二卷　清王金城撰

清光緒二十一年刻逸園叢書初稿本　國圖　科學

説文諧聲孳生述一卷　清陳立撰

清陳立稿本　山東博

清光緒二十六年南陵徐氏刻鄦齋叢書本　國圖　湖北

續修四庫全書影印清光緒二十六年徐氏積學齋刻本

六書例説一卷　清饒炯撰

清光緒三十年資州饒氏達古軒刻文字存真本

一九一五年長沙宏文圖書社排印文字存真本

六書例一卷　清饒炯撰

清宣統三年餉豫石印館石印本　國圖

新訂説文部首六書例讀不分卷　清饒炯撰

一九一八年成都志古堂刻本　北大

六書約言二卷　清吴善述輯

清精刻本　科學　湖北

清衢城張文錦齋刻本　上海

清末刻本　湖北

六書義不分卷　清張翊清撰

清張翊清稿本　復旦

六書通義一卷　清林義光撰
一九二〇年石印本文源附印本　國圖　南開　甘肅
六書辨一卷　清徐紹楨撰
清光緒南海梁守文刻本　國圖
清光緒三十三年石印本　北大
一九三〇年中原書局石印本　國圖　復旦
説文形聲指荄三十六卷　清章敦彝撰
清抄本　國圖
説文諧聲表十七卷　清梁紀恩　梁承恩撰
清抄袖珍本　浙江
六書師説記□卷　清子中夫子輯
清抄本　國圖(存卷一至二)
形聲音讀攷不分卷　清蒙求氏撰
清宣統二年抄本　武漢
王氏六書存微八卷首一卷　清王闓運撰　陳兆奎輯　喻謙箋注
一九一六年東州刻本　國圖　北大

(五) 部目

説文解字標目十五卷　佚名撰
清初毛氏汲古閣刻本　江西
篆書目録偏旁字源五百四十部一卷　宋釋夢英書
清光緒涇縣洪氏據西安府學石經本影刻洪氏公善堂叢書本
説文解字部目一卷　清胡澍書
清同治五年溧陽王晉玉刻本　國圖　上海
清光緒涇縣洪氏據王晉玉刻本影刻公善堂叢書本
説文解字建首五白四十字一卷　清曾紀澤書
清光緒涇縣洪氏據清同治兩江節署刻本影刻洪氏公善堂叢書本
先儒漢太尉南閣祭酒汝南許君文字建首五百四十部一卷　清楊沂孫篆
清光緒七年石印本　湖北
常熟楊濠叟書文字建首五百四十部一卷　清楊沂孫書
清光緒七年石印本　湖北
説文部首大字本一卷　清楊沂孫書
一九二三年上海古今書店石印本　湖南

李仲約手寫説文部目不分卷　清李文田書
清光緒十三年石印本　國圖
吴清卿書説文解字建首一卷　清吴大澂書
一九一六年上海商務印書館石印本　遼寧
説文解字建首一卷　清吴大澂書
一九二一年商務印書館石印本　科學
許祭酒説文解字建首五百四十部不分卷　清吴大澂書
一九二〇年影印本　湖北
一九二一年上海商務印書館石印本　國圖
一九三三年上海商務印書館石印本　國圖
民國石印本　國圖
説文字原一卷　漢許慎撰　宋徐鉉切音
清乾隆四十四年福禮堂刻本　北大　上海
清光緒元年心白日齋刻本　國圖
説文字原一卷　漢許慎撰　宋徐鉉切音　清周思濂書
清光緒元年刻本　上海
説文部首大徐本切音不分卷
清刻朱印本　湖北
説文解字部敘不分卷　南唐徐鍇撰
一九一九年天津金氏刻許學四種本
説文字原一卷　元周伯琦撰
元至正十五年平江郡守高德基等刻本　國圖　北大　上海
元至正十五年高德基刻明重修本　上海
明嘉靖元年于鏊刻本　國圖　江西
明崇禎四年司禮監刻本　臺北故宫
明崇禎七年胡正言十竹齋刻本　國圖　北大
清乾隆四庫全書館寫欽定四庫全書本
一九一七年上虞羅氏吉石盦叢書據清影元抄本影印本
中華再造善本影印元至正十五年平江郡守高德基等刻本
説文字原十卷
清乾隆善成堂刻本　國圖　湖北
説文字原十二卷
清乾隆抄本　遼寧
清抄本　國圖

說文字原集註十六卷附說文字原表一卷說文字原表說一卷　清蔣和撰
清乾隆五十三年刻本　國圖　北大
四庫未收書叢刊影印清乾隆五十三年刻本
說文字原表一卷　清蔣和撰
清乾隆五十三年刻本
清乾隆五十九年刻蔣氏游藝祕録本
清乾隆刻本　南京
說文字原表説一卷　清蔣和撰
清乾隆五十三年刻本
清乾隆刻本　南京
說文字原表字原表説不分卷　清蔣和撰
一九一九年天津金氏刻許學四種本
說文部首表不分卷　清蔣和撰　清王筠校正
一九一九年天津金氏刻許學四種本
說文字原考略六卷　清吴照輯
清乾隆五十七年南城吴照南昌刻本　國圖　北大
四庫未收書叢刊影印清乾隆五十七年自刻本
說文偏旁考二卷　清吴照輯
清乾隆五十一年南城吴照聽雨樓刻本　國圖　北大
清同治九年李楨抄本　湖南
一九一九年蘇州振新書社石印本　科學　遼寧
四庫未收書叢刊影印清乾隆刻本
說文部目分韻一卷　清陳焕編
清乾隆嘉慶間段氏經韻樓刻本
清乾隆嘉慶間段氏經韻樓刻同治六至十一年蘇州保息局修補本　國圖
清道光九年廣東學海堂刻皇清經解本
清同治十一年湖北崇文書局刻本　國圖　北大
清光緒上海點石齋石印皇清經解本
清抄本(清龔麗正　清王萱鈴跋)　國圖(存卷一至六　卷八)
說文字原一卷　清周震榮輯　清陳以綱篆
清光緒元年尹耕雲刻本　南開
說文字原表一卷　清唐贊衮編
清末刻本　湖北
說文部次便覽一卷　清顧元熙撰
清顧元熙稿本　湖南

說文部類敘例目次一卷　清孫葆璜輯
清道光二十六年已學齋刻本　科學
說文建首字讀一卷　清苗夔撰
清咸豐元年壽陽祁氏漢磚亭刻苗氏說文四種本　北大
清抄本　北大
一九二四年新城王氏刻陶廬叢刻本　湖北
說文部首歌一卷　清馮桂芬撰　清馮世澂案
清光緒十一年長洲張氏儀鄦廬刻許學叢書本
清光緒十一年上海點石齋石印校邠廬逸箋本
清宣統二年周魯齋朱絲欄抄本　國圖
說文部首讀一卷　清王筠撰
清光緒十五年刻本　湖北
說文部首讀一卷　清王筠撰　清尹祚鼐篆
清光緒二十二年諸城尹氏斠經室寫刻本　科學　北師大
說文部首讀一卷　清王筠撰　清尹彭壽補注
清光緒二十年諸城尹彭壽斠經室刻朱墨套印本　國圖
說文部首讀補注一卷　清王筠撰　清尹彭壽補注
清光緒二十一年諸城尹氏刻斠經室集初刻本　清華
說文部首韻語一卷釋一卷　清黄壽鳳撰
清道光刻本　國圖
說文部首韻語一卷
清抄本　復旦
說文部首韻語一卷　清黄壽鳳撰　清顧恩來書
清同治十一年賴氏湖州刻本　湖北
說文部首均語一卷　清黄壽鳳撰　强運開書
一九一七年上海廣倉學宭石印本　國圖
說文部首均語注一卷　清黄壽鳳撰　陳柱注
民國抄本　桂林
說文字原韻表二卷　清胡重撰
清嘉慶十六年金氏月香書屋刻本　北大　天津
清光緒十一年長洲張氏儀鄦廬刻許學叢書本
說文解字標目不分卷　清朱善旂輯
清道光間朱氏手寫本　上海
說文解字部首訂十四卷　清饒炯撰
清光緒三十年資州饒氏達古軒刻文字存真本　北大　復旦　湖北

一九一五年長沙宏文圖書社排印本

說文解字部訂三卷附六書例一卷鄭子尹轉注說一卷　清饒炯撰　梅鎮涵訂　清鄭珍撰鄭子尹轉注說

清宣統三年餉豫石印館石印本　國圖　湖北

說文偏旁一卷　清張之洞撰

清光緒七年四川江津祕書堂刻本　國圖　上海

說文楬原二卷　清張行孚撰

清張行孚稿本　浙江

清光緒十一年懷甯餘澍維揚識小居刻本　國圖　科學

清光緒十一年常熟鮑廷爵刻後知不足齋叢書本　國圖　上海

四庫未收書叢刊影印清光緒十年後知不足齋刻本

說文部首均言一卷　清王樹之編

清光緒十年棲雲山館刻本　國圖　湖北

說文部首字聯一卷　清王樹之編

清光緒十年棲雲山館刻本　國圖　湖北

說文字原引一卷　清何其傑撰

清光緒十八年刻景袁齋叢書本　科學　湖北

說文提要一卷　清陳建侯撰

清同治十一年識古齋刻本　國圖　上海

清同治十二年湖北崇文書局刻本　國圖　北大

清光緒七年瀹雅齋重刻本　南京

民國上海文寶公司石印本　國圖

說文提要增注不分卷　清陳建侯撰　清嚴良輔集注

清光緒三十四年京江粹存齋石印本　國圖

說文提要箋五卷　清陳建侯撰

民國固安高氏稿本　國圖

說文提要校訂二卷　清陳建侯撰　金鉞校訂

一九一九年天津金氏刻許學四種本

說文提要增附一卷　金鉞輯

一九一九年天津金氏刻許學四種本　國圖

說文部目二卷　清陳建侯撰

清光緒八年刻本　上海

說文部首歌括一卷　清湯壽潛鑑定

民國石印中小學課本本　湖北

説文部目便讀一卷　清羅鎮嵩撰
　清光緒三十二年湘鄉羅氏家塾刻本　湖南
　民國湖南學務處刻本　湖南
説文部首歌括一卷　清徐道政編
　清光緒三十四年上海會文書社石印本　國圖　遼寧
説文解字部首啓蒙二編　清吴昭曮撰
　一九四五年石印本　湖南
説文建首字義四卷首一卷　王樹楠撰
　一九二四年新城王氏刻陶廬叢刻本　北大　湖北
説文部首讀本十四卷　清嘯雲主人編
　清武昌嘯雲書室刻本　北大　湖北
　清末長沙古今書局刻本　國圖
説文部首十四卷附説文部首直音一卷　清嘯雲主人編
　一九二一年成都志古堂刻本　國圖
説文部首直音一卷　清嘯雲主人編
　清咸豐十一年刻本　南開
　一九二一年成都志古堂刻本　國圖
説文部首攷五卷　清徐紹楨撰
　清徐紹楨稿本　復旦
説文部首述義二卷　清徐紹楨撰
　清徐紹楨稿本　復旦
説文部首述義八卷附六書辨一卷　清徐紹楨撰
　一九三〇年中原書局石印本　國圖　復旦
説文敘目一卷　清佚名撰
　清抄本　南京
説文部首均語一卷　清佚名撰
　清刻本　遼寧
説文部首訂讀二卷　清宋育仁撰
　宋育仁稿本　國圖(存卷上)
説文解字部首箋正二卷　清宋育仁撰
　清刻本　復旦
説文解字部首箋正十四卷
　一九二四年宋氏自刻問琴閣叢書本　北大　湖北
説文部首均語一卷　清章炳麟撰
　一九一七年至八年浙江圖書館刻章氏叢書本

一九二四年上海古書流通處影印章氏叢書本

民國上海右文社排印章氏叢書本　國圖

民國抄本　國圖

說文部首韻語一卷　清章炳麟撰

一九三四年武昌中道書局影印本　武漢

說文部首韻語音注一卷　清章炳麟撰　龔翼星箋注

一九二四年長沙藻華印書局石印本　湖南

說文部首均語注補誼一卷　清章炳麟撰　章箴注　徐復補誼

一九三六年章氏國學講習會鉛印本　國圖

（六）總義

說文祛妄一卷　南唐徐鍇撰

一九三三年無錫丁氏石印說文鑰六種本　北大

說文通論三卷　南唐徐鍇撰

一九三三年無錫丁氏石印說文鑰六種本　北大

學福齋說文温知録一卷　清沈大成撰

清沈大成稿本　國圖

說文凝錦録一卷　清萬光泰撰

清嘉慶二年澤經堂刻本　國圖　湖北

清道光十三年吴江沈氏世楷堂刻昭代叢書本

清光緒四年崇川葛氏刻學古齋金石叢書本　湖北

清抄本　上海

一九三三年據清嘉慶澤經堂刻本影印許學四書本

說文解字述誼二卷附說文新附通誼二卷　清毛際盛撰

清道光二十四年王宗涑刻本　國圖　北大　上海

四庫未收書叢刊影印清道光二十四年刻本

說文解字述誼二卷　清毛際盛撰

清光緒二十七年貴池劉氏刻聚學軒叢書本

王氏讀說文記一卷　清王念孫撰

清光緒十三年海寧許氏古均閣刻許學叢刻本

說文五翼八卷　清王煦撰

清嘉慶十三年上虞王氏芮鞠山莊刻本　北大　浙江

清嘉慶十三年上虞王氏芮鞠山莊刻淮澤堂印本　國圖　湖北

清光緒八年上虞觀海樓重刻本　南京　天津

續修四庫全書影印清嘉慶十三年芮鞫山莊刻本

說文類攷不分卷　清嚴可均撰

清嚴可均稿本　國圖

說文管見三卷　清胡秉虔撰

清同治十二年世澤樓刻績溪胡氏叢書本　國圖　上海

清同治十二至十三年吴縣潘氏八囍齋刻滂喜齋叢書本

清光緒七年鄞縣林植海望益山房書局刻巾箱本　國圖　北大

清刻受經堂叢書本　國圖

一九三五年南海黄氏據舊板彙印芋園叢書本　北大

六書穅秕三卷　清沈道寬撰

清光緒三年潤州榷廨刻話山草堂遺集本　國圖　北大　上海

讀說文證疑一卷　清陳詩庭撰

清許氏古均閣藍格抄本　國圖

清光緒十三年海寧許氏古均閣刻許學叢刻本

說文解字說一卷　清江沅撰

抄本　南京

說文說一卷　清孫濟世撰

清光緒十三年海寧許氏古均閣刻許學叢刻本

許學札記不分卷　清王筠撰

清王筠稿本　國圖

許學劄記一卷　清王筠撰

一九四三年劭園抄本　科學

古均閣讀說文記一卷　清許梿撰

清光緒十四年許頌鼎刻古均閣遺著本　科學　湖北

讀說文記一卷遺著一卷　清許梿撰

清許氏古均閣緑格抄本　譚獻批註　國圖

肆許外篇二卷　清翟云升撰

稿本五經歲徧齋許學三書　上海

清郭氏松南書廬鈔五經歲徧齋許學三書本　國圖

清光緒十七年高氏辨蟫居鈔五經歲徧齋許學三書本　國圖

肆許外篇二卷　清錢國祥撰

清錢國祥稿本　上海

述許八卷　清錢國祥撰

清錢國祥稿本　上海

説文脞語一卷　清丁晏撰

清丁晏稿本　國圖

説文舉隅一卷　清丁晏撰

清丁晏稿本　國圖

清同治二年丁賜福抄本　國圖

説文窺管一卷　清周沐潤撰

錢玄同篆文寫本　浙江

一九四二年國立北京大學圖書館影印錢玄同手寫本　國圖

一九四二年新民印書館石印本　北大

説文測義七卷附二徐説文同異附考一卷　清董詔撰

清道光四年謝玉珩羊城刻本　國圖　北大

清道光四年謝玉珩刻羊城竹香齋補刻本　國圖　北大　人大

一九三一年許學四書據竹香齋刻本影印本

二徐説文同異附考一卷　清董詔撰

清道光二年羊城竹香齋刻本　國圖　人大

清道光四年謝玉珩羊城刻説文測義附刻本　國圖　北大

一九三一年許學四書據竹香齋刻本影印本

印林手稿彙刻不分卷　清徐瀚撰

清咸豐七年刻本　國圖

許印林遺著一卷　清許瀚撰

清光緒三年吴縣潘氏八囍齋刻滂喜齋叢書本　北大

説文叢説一卷　清楊沂孫撰

王氏蛾術軒抄本　復旦

解字贅言一卷　清吕調陽撰

清光緒十四年葉氏刻觀象廬叢書本

説文粹三編一卷　清朱孔彰輯　朱師鼎篆書

民國影印本　科學

讀説文雜識一卷　清許棫撰

清光緒七年刻本　科學　上海

清光緒十一年常州張氏儀鄦廬刻許學叢書本

説文問疏證二卷　清姚凱元撰

清姚凱元原稿望古遥集之齋所著書本　科學

讀説文序表記一卷　清姚凱元撰

清姚凱元原稿望古遥集之齋所著書本　科學

說文解字注訂書目一卷　清姚凱元撰
清姚凱元原稿望古遥集之齋所著書本　科學
歷代注訂説文解字目一卷　清姚凱元撰
清光緒八年石天閣刻本　天津
説文解字學講義不分卷　清王仁俊撰
民國京師大學堂油印本　國圖
説文通論一卷　清雷琳　錢樹棠　錢樹立輯
清光緒十五年文選樓刻玲瓏山館叢書本
説文瑣言一卷　清虞景璜撰
一九二四年虞和欽排印澹園雜著本
説文發疑四卷附説文外編補遺一卷　清張行孚撰
清張行孚稿本　高郵
説文發疑六卷
清光緒九年安吉張氏邗上寓廬刻本　北大　上海　浙江
清光緒十年滄雅書局刻本　湖北
清光緒十年常熟鮑氏刻後知不足齋叢書本　國圖　北大
續修四庫全書影印清光緒十年後知不足齋叢書刻本
説文發疑六卷續一卷
清光緒十年安吉張氏邗上寓樓刻本　北大
説文外編補遺一卷　清張行孚撰
清張行孚稿本　高郵
説文舉隅一卷　清張行孚撰
清抄本　北大
説文蒙求十卷　清沈鎮撰
清末至民國抄本　國圖
説文蒙求十卷　清劉庠撰
清刻本　復旦
説文蒙求六卷
一九一七年南昌豫章叢書編刻局刻豫章叢書本　北大　湖北
説文便蒙一卷　清劉彝撰
清光緒二十三年渝北嘉陵書院刻本　科學
説文染指二編　清吴楚撰
清光緒十四年寄硯山房刻本　國圖
讀説文述初稿十三卷　清馮世瀓撰
清馮世瀓稿本　上海

讀説文日記一卷　清胡常德撰
　清光緒十六年刻二十三年續刻學古堂日記本

許學群書辨正四卷　清黎雙懋撰
　清光緒二十年黎氏朱格抄本　國圖

説文賡簹一卷　清周繪藻著
　清光緒三十一年百柱堂石印本　國圖　科學

蘇甘室讀説文小識一卷　清何壽章撰
　清宣統三年紹興公社報排印越中文獻輯存書本

許書發凡類參一卷　清饒炯撰
　一九二六年成都茹古書局刻本　遼寧

説文引申述不分卷　清潘鴻撰
　清潘鴻朱絲欄稿本　國圖

説文答問不分卷　清潘□□撰
　清潘□□稿本　復旦

説文彙粹十二卷　清許廷誥撰
　清許廷誥稿本　南京(存九卷)

説文形同義異辨説不分卷　清鄒壽祺撰
　清鄒壽祺清稿本　國圖

説文考略四卷　清陳宗恕撰
　清陳宗恕稿本　上海

張疎讀説文札記不分卷　清張疎輯
　民國抄本　湖北

説文説餘稿不分卷　清吴琨編
　一九三九年石印本　復旦

説文類辨二卷　清佚名撰
　清抄本　北大

説文解字序一卷　章炳麟講述　王謇等録
　一九三五年排印本　湖北

二、文字之屬

(一)字典

史籀篇一卷　周太史籀撰　清馬國翰輯
　清光緒九年長沙嫏嬛館刻玉函山房輯佚書本

清光緒十年章邱李氏據馬氏刻版重印玉函山房輯佚書本
清光緒十年楚南書局刻玉函山房輯佚書本

史籀篇疏證一卷敘録一卷　清王國維撰
一九一六年上海倉聖明智大學石印廣倉學宭叢書本
一九二七年海寧王氏石印海寧王忠慤公遺書本
一九四〇年上海商務印書館長沙石印海寧王静安先生遺書本

史籀篇疏證辨一卷　清趙世忠撰
民國四川大學排印本　湖北

字書二卷　清任大椿輯　清王念孫校
清嘉慶二十二年山陽汪廷珍刻小學鉤沈本
清光緒三年雪滄抄小學鉤沈本
清光緒十年江都李氏半畝園刻小學類編附編之小學鉤沈本
清光緒湖北崇文書局刻小學鉤沈本
清光緒羊城馮氏刻翠琅玕館叢書之小學鉤沈本
續修四庫全書影印清嘉慶二十二汪廷珍刻本

字書一卷　清陳鱣輯
清陳鱣原稿古小學鉤沈本　國圖

字書一卷　清黄奭輯
清道光甘泉黄氏刻光緒印漢學堂叢書本
清道光甘泉黄氏刻一九二五年王鑑修補印黄氏逸書考本
清道光甘泉黄氏刻一九三四年江都朱氏補刻印黄氏逸書考本

字書三卷　顧震福輯
清光緒十八年山陽顧氏刻小學鉤沈續編本
續修四庫全書影印清光绪十八年刻本

字書不分卷
清退思堂抄本　天津

字書二卷　龍璋輯
民國攸縣龍氏排印小學蒐逸本

字苑不分卷　晉葛洪撰　清任大椿輯　清王念孫校
清嘉慶二十二年山陽汪廷珍刻小學鉤沈本
清光緒三年雪滄抄小學鉤沈本
清光緒十年江都李氏半畝園刻小學類編附編之小學鉤沈本
清光緒三十三年薛壽抄小學鉤沈本
清光緒羊城馮氏刻翠琅玕館叢書之小學鉤沈本

　　續修四庫全書影印清嘉慶二十二汪廷年珍刻本
字苑一卷　晉葛洪撰　清陳鱣輯
　　清陳鱣原稿古小學鉤沈本　國圖
　　續修四庫全書影印清嘉慶二十二汪廷年珍刻本
要用字苑一卷　晉葛洪撰　清馬國翰輯
　　清光緒九年長沙嫏嬛館刻玉函山房輯佚書本
　　清光緒十年章邱李氏據馬氏刻版重印玉函山房輯佚書本
　　清光緒十年楚南書局刻玉函山房輯佚書本
字苑不分卷　晉葛洪撰　顧震福輯
　　清光緒十八年山陽顧氏刻小學鉤沈續編本
　　續修四庫全書影印清光緒十八年刻本
字苑一卷　晉葛洪撰　龍璋輯
　　民國攸縣龍氏排印小學蒐逸本
字林一卷　晉吕忱撰
　　清順治三年兩浙督學周南李際期宛委山堂刻説郛本
　　清道光十五年朝邑劉際清等刻青照堂叢書本
　　清刻字書四種本　國圖
字林考逸八卷　晉吕忱撰　清任大椿輯
　　清乾隆刻燕禧堂五種本　北大　科學
　　清光緒七年會稽章氏刻式訓堂叢書本　國圖　北大
　　清抄本　杭州
　　清抄本　浙江
字林考逸八卷附録一卷字林考逸補本一卷補附録一卷　晉吕忱撰
清任大椿輯　清陶方琦撰　清諸可寶注補本　清諸可寶撰補附録
　　清光緒十六年江蘇書局刻本　國圖　北大
　　續修四庫全書影印清光緒十六年江蘇書局刻本
字林考逸附録一卷　清任大椿輯
　　清光緒十六年江蘇書局刻本　國圖　北大
　　清光緒二十三年成都龔氏刻本　湖北
　　清光緒二十三年成都龔氏刻一九三四年渭南嚴氏補刻本　國圖　北大
　　　北師大
字林考逸補本一卷　清陶方琦撰　清諸可寶注
　　清光緒十年刻本　天津
　　清光緒十六年江蘇書局刻本　國圖　北大

清光緒二十三年成都龔氏刻本　湖北

清光緒二十三年成都龔氏刻民國二十三年渭南嚴氏補刻本　國圖　北師大

字林補逸一卷

清光緒會稽徐氏鑄學齋抄漢孳室遺著本　上海

字林考逸補附録一卷　清諸可寶撰

清光緒十年刻本　天津

清光緒十六年江蘇書局刻本　國圖　北大

清光緒二十三年成都龔氏刻本　湖北

清光緒二十三年成都龔氏刻民國二十三年渭南嚴氏補刻本　國圖　北師大

字林考逸八卷附録一卷字林考逸補本一卷校誤一卷　晉吕忱撰　清任大椿輯　清陶方琦撰補本　清龔道耕校誤

清光緒二十三年成都龔氏刻本　湖北

字林考逸校誤一卷　清龔道耕撰

清光緒二十三年成都龔氏刻本　湖北

清光緒二十三年成都龔氏刻一九三四年渭南嚴氏補刻本　國圖　北師大

字林考逸八卷附録一卷字林考逸補本一卷校誤一卷校誤補一卷附録説郛字林　晉吕忱撰　清任大椿輯　清陶方琦撰補本　清龔道耕撰校誤補

清光緒二十三年成都龔氏刻一九三四年渭南嚴氏補刻本　國圖　北大　北師大

字林考逸校誤補一卷　清龔道耕撰

清光緒二十三年成都龔氏刻一九三四年渭南嚴氏補刻本　國圖　北師大

字林七卷首一卷　晉吕忱撰　清任大椿考逸　清任兆麟補　清曾釗校增

清嘉慶二十四年南海曾氏面城樓刻面城樓叢刊本

字林考逸八卷　晉吕忱撰　清錢保塘輯

清光緒七年海寧錢氏清風室刻清風室叢書本

單行字一卷　晉李彤撰　清龍璋輯

民國攸縣龍氏排印小學蒐逸本

影舊鈔卷子原本玉篇零卷殘六卷　南朝梁顧野王撰

清光緒九年遵義黎氏刻古逸叢書本　國圖（存卷九殘卷　又卷九殘卷　卷十八殘卷　卷十九殘卷　卷二十二殘卷　卷二十七殘卷）

續修四庫全書影印日本昭和八年京都東方文化學院編東方文化叢書本

原本玉篇殘卷　南朝梁顧野王撰　清羅振玉輯

一九一六至一九一七年上虞羅氏據日本田中光顯藏本影印本　遼寧　湖北

大廣益會玉篇三十卷總目偏旁篆書之法一卷　南朝梁顧野王撰　唐孫强增字　宋陳彭年等重修

宋刻本(清高均儒　清趙之廉　清曹籀　清陸心源跋)　國圖(存卷一　總目偏旁篆書之法一卷)

玉篇三十卷　南朝梁顧野王撰

清初影宋抄本　國圖(闕卷一至四)

大廣益會玉篇三十卷玉篇廣韻指南一卷　南朝梁顧野王撰　唐孫强增字　宋陳彭年等重修

元延祐二年圓沙書院刻本　國圖　上海

元詹氏進德書堂刻本　國圖

明永樂十四年朱氏刻本　臺北故宫

明初刻本　國圖

明初刻本　杭州大學

明弘治五年詹氏進德堂刻本　國圖　南京博

明刻本　北大　廈大

中華再造善本影印元延祐二年圓沙書院刻本

大廣益會玉篇三十卷新編正誤足註玉篇廣韻指南一卷

元蔡氏刻本　國圖

元鄭氏刻本　國圖(卷十一至二十三配明初刻本)

新刊大廣益會玉篇三十卷玉篇廣韻指南一卷

明萬曆元年益藩刻本　國圖　南圖

大廣益會玉篇三十卷　南朝梁顧野王撰　唐孫强增字　宋陳彭年等重修

元至正十六年翠巖精舍刻本　臺北故宫

元至正二十六年南山書院刻本　臺北故宫

元刻本　上海

元刻本　福建師大(存卷九至十六)

明初建刻黑口本　臺北故宫

明司禮監刻本　臺北故宫

明覆刻司禮監本　臺北故宫

清康熙四十三年張士俊澤存堂刻澤存堂五種本　復旦　南京

清康熙四十五年曹寅揚州使院刻曹楝亭藏書五種本

清同治十二年粵東書局刻古經解彙函之小學彙函本

大廣益會玉篇三十卷附玉篇校勘札記一卷　南朝梁顧野王撰　唐孫强增字　宋陳彭年等重修　清鄧顯鶴撰校勘札記

清道光三十年新化鄧顯鶴東山精舍仿宋刻本　國圖

大廣益會玉篇校勘札記一卷　清鄧顯鶴撰

清道光三十年新化鄧顯鶴東山精舍仿宋刻本　國圖

玉篇三十卷總目一卷附録一卷　南朝梁顧野王撰　唐孫强增字　宋陳彭年等重修

清乾隆四庫全書館寫欽定四庫全書薈要本

清乾隆四庫全書館寫欽定四庫全書本

新修絫音引證群籍玉篇三十卷　金邢準撰

金刻本　國圖

玉篇直音二卷　南朝梁顧野王撰

明刻鹽邑志林本

一九三七年上海商務印書館影印元明善本叢書十種之鹽邑志林本

玉篇校刊劄記一卷　清鄧顯鶴撰

清道光三十年新化鄧顯鶴東山精舍刻本　國圖

清末刻本　湖北

文字集略一卷　南朝梁阮孝緒撰　清任大椿輯　清王念孫校

清嘉慶二十二年山陽汪廷珍刻小學鉤沈本

清光緒三年雪滄抄小學鉤沈本

清光緒十年江都李氏半畝園刻小學類編附編之小學鉤沈本

清光緒湖北崇文書局刻小學鉤沈本

清光緒羊城馮氏刻翠琅玕館叢書之小學鉤沈本

一九三五年南海黄氏據舊板彙印芋園叢書之小學鉤沈本

續修四庫全書影印清嘉慶二十二汪廷珍刻本

文字集略一卷　南朝梁阮孝緒撰　清馬國翰輯

清光緒九年長沙嫏嬛館刻玉函山房輯佚書本

清光緒十年章邱李氏據馬氏刻版重印玉函山房輯佚書本

清光緒十年楚南書局刻玉函山房輯佚書本

文字集略一卷　南朝梁阮孝緒撰　清黄奭輯

清道光甘泉黄氏刻光緒印漢學堂叢書本

清道光甘泉黄氏刻一九二五年王鑑修補印黄氏逸書考本

清道光甘泉黄氏刻一九三四年江都朱氏補刻印黄氏逸書考本

文字集略一卷　南朝梁阮孝緒撰　顧震福輯
清光緒十八年山陽顧氏刻小學鉤沈續編本
續修四庫全書影印清光绪十八年刻本
文字集略一卷　南朝梁阮孝緒撰　清王仁俊輯
清王仁俊稿本玉函山房輯佚書續編本　上海
文字集略一卷　南朝梁阮孝緒撰　龍璋輯
民國攸縣龍氏排印小學蒐逸本
字略一卷　後魏宋世良撰　清任大椿輯　清王念孫校
清嘉慶二十二年山陽汪廷珍刻小學鉤沈本
清光緒三年雪滄抄小學鉤沈本
清光緒十年江都李氏半畝園刻小學類編附編之小學鉤沈本
清光緒湖北崇文書局刻小學鉤沈本
清光緒羊城馮氏刻翠琅玕館叢書之小學鉤沈本
一九三五年南海黄氏據舊板彙印芋園叢書之小學鉤沈本
續修四庫全書影印清嘉庆二十二年汪廷珍刻本
字略一卷　後魏宋世良撰　清黄奭輯
清道光甘泉黄氏刻光緒印漢學堂叢書本
清道光甘泉黄氏刻一九二五年王鑑修補印黄氏逸書考本
清道光甘泉黄氏刻一九三四年江都朱氏補刻印黄氏逸書考本
字略一卷　後魏宋世良撰　清顧震福輯
清光緒十八年山陽顧氏刻小學鉤沈續編本
續修四庫全書影印清光绪十八年刻本
字略一卷　後魏宋世良撰　清龍璋輯
民國攸縣龍氏排印小學蒐逸本
字略正譌一卷　清王茂松撰
清道光五年刻本　科學
字統一卷　後魏楊承慶撰　清任大椿輯　清王念孫校
清嘉慶二十二年山陽汪廷珍刻小學鉤沈本
清光緒三年雪滄抄小學鉤沈本
清光緒十年江都李氏半畝園刻小學類編附編之小學鉤沈本
清光緒湖北崇文書局刻小學鉤沈本
清光緒羊城馮氏刻翠琅玕館叢書之小學鉤沈本
一九三五年南海黄氏據舊板彙印芋園叢書之小學鉤沈本
續修四庫全書影印清嘉庆二十二年汪廷珍刻本

字統一卷　後魏楊承慶撰　清馬國翰輯
清光緒九年長沙嫏嬛館刻玉函山房輯佚書本
清光緒十年章邱李氏據馬氏刻版重印玉函山房輯佚書本
清光緒十年楚南書局刻玉函山房輯佚書本
字統一卷　後魏楊承慶撰　清黄奭輯
清道光甘泉黄氏刻光緒印漢學堂叢書本
清道光甘泉黄氏刻一九二五年王鑑修補印黄氏逸書考本
清道光甘泉黄氏刻一九三四年江都朱氏補刻印黄氏逸書考本
字統一卷　後魏楊承慶撰　清顧震福輯
清光緒十八年山陽顧氏刻小學鉤沈續編本
續修四庫全書影印清光緒十八年刻本
字統一卷　後魏楊承慶撰　清龍璋輯
民國攸縣龍氏排印小學蒐逸本
字統輯逸一卷　清張佩綸輯
清張佩綸稿本張佩綸雜稿本　上海
桂苑珠叢一卷　隋諸葛潁等撰　清馬國翰輯
清光緒九年長沙嫏嬛館刻玉函山房輯佚書本
清光緒十年章邱李氏據馬氏刻版重印玉函山房輯佚書本
清光緒十年楚南書局刻玉函山房輯佚書本
桂苑珠叢一卷　隋諸葛潁等撰　清黄奭輯
清道光甘泉黄氏刻光緒印漢學堂叢書本
清道光甘泉黄氏刻一九二五年王鑑修補印黄氏逸書考本
清道光甘泉黄氏刻一九三四年江都朱氏補刻印黄氏逸書考本
桂苑珠叢一卷　隋諸葛潁撰　清鄒存淦輯
清抄本　浙江
桂苑珠叢一卷　隋諸葛潁撰　龍璋輯
民國攸縣龍氏排印小學蒐逸本
桂苑珠叢一卷補遺一卷　隋曹憲撰　曹元忠輯
清光緒二十年江陰使署刻南菁札記本
桂苑珠叢一卷
清光緒抄本　復旦
桂苑珠叢補遺一卷　隋曹憲撰　曹元忠輯
清光緒二十年江陰使署刻南菁札記本
新字林一卷　唐陸善經撰　清黄奭輯
清道光甘泉黄氏刻光緒印漢學堂叢書本

清道光甘泉黄氏刻一九二五年王鑑修補印黄氏逸書考本
清道光甘泉黄氏刻一九三四年江都朱氏補刻印黄氏逸書考本

異字苑一卷　清任大椿輯　清王念孫校
清嘉慶二十二年山陽汪廷珍刻小學鉤沈本
清光緒三年雪滄抄小學鉤沈本
清光緒十年江都李氏半畝園刻小學類編附編之小學鉤沈本
清光緒湖北崇文書局刻小學鉤沈本
清光緒羊城馮氏刻翠琅玕館叢書之小學鉤沈本
一九三五年南海黄氏據舊板彙印芋園叢書之小學鉤沈本
續修四庫全書影印清嘉庆二十二年汪廷珍刻本

異字苑一卷　清顧震福輯
清光緒十八年山陽顧氏刻小學鉤沈續編本
續修四庫全書影印清光绪十八年刻本

異字苑一卷　三國吴朱育撰　清龍璋輯
民國攸縣龍氏排印小學蒐逸本

字類一卷　清任大椿輯　清王念孫校
清嘉慶二十二年山陽汪廷珍刻小學鉤沈本
清光緒三年雪滄抄小學鉤沈本
清光緒十年江都李氏半畝園刻小學類編附編之小學鉤沈本
清光緒湖北崇文書局刻小學鉤沈本
清光緒羊城馮氏刻翠琅玕館叢書之小學鉤沈本
一九三五年南海黄氏據舊板彙印芋園叢書之小學鉤沈本
續修四庫全書影印清嘉庆二十二年汪廷珍刻本

字類一卷　清顧震福輯
清光緒十八年山陽顧氏刻小學鉤沈續編本
續修四庫全書影印清光绪十八年刻本

字類一卷　□侯洪泊撰　清龍璋輯
民國攸縣龍氏排印小學蒐逸本

字典一卷　清龍璋輯
民國攸縣龍氏排印小學蒐逸本

開元文字音義一卷　唐玄宗李隆基撰　清黄奭輯
清道光甘泉黄氏刻光緒印漢學堂叢書本
清道光甘泉黄氏刻一九二五年王鑑修補印黄氏逸書考本
清道光甘泉黄氏刻一九三四年江都朱氏補刻印黄氏逸書考本

開元音義一卷　唐玄宗李隆基撰　清龍璋輯

民國攸縣龍氏排印小學蒐逸本

開元文字音義一卷　唐玄宗李隆基撰　清汪黎慶輯

一九一六年上海倉聖明智大學排印廣倉學宭叢書之小學叢殘四種本

南唐五百字訓纂一卷　五代韓熙載撰集　清張捄訓纂

一九一七年石印醰園著述本　湖北

類篇十五卷　宋司馬光撰

清虞山毛氏汲古閣影宋抄本　上海

清康熙四十五年揚州使院刻曹楝亭五種本　上海　遼寧

清光緒二年歸安姚氏川東官舍刻姚氏叢刻本　遼寧

類篇四十五卷

影宋抄本　臺北故宫

清乾隆四庫全書館寫欽定四庫全書本

類篇索隱十四卷　清丁士涵輯

清丁士涵稿本　上海

龍龕手鑑四卷　遼釋行均撰

宋刻本　國圖(卷二配清初毛氏汲古閣影宋抄本)

宋刻本　國圖(存卷二)

宋嘉興府刻本　臺北故宫

明影宋抄本　國圖

清初抄本　上海

清乾隆三十一年經井齋影宋抄本　北師大

清乾隆四庫全書館寫欽定四庫全書本

清光緒七至八年廣漢鍾登甲樂道齋刻函海本

清袁氏貞節堂抄本(清管慶祺校)　復旦

清張丹鳴虛竹齋刻本　北大　浙江

一九一三年上海涵芬樓據江安傅氏雙鑑樓藏宋刻本影印續古逸叢書本　湖北

中華再造善本影印宋刻本

新修絫音引證群籍玉篇三十卷　金邢準撰

金刻本　國圖(闕卷二十一)

中華再造善本影印金刻本

六書故三十三卷六書通釋一卷　宋戴侗撰

明萬曆三十六年清真館刻本　吉林　中山

明刻本　湖南

清乾隆三十九年李氏刻本　浙江
清乾隆四庫全書館寫欽定四庫全書本
清乾隆四十九年李鼎元師竹齋刻本　國圖　北大
清刻本　國圖(卷十八　卷二十五至三十三配李鼎元刻本)
清抄本　國圖(存卷一至十六)

六書故檢字不分卷　清杏書氏撰
清光緒二十七年惠我琴書室稿本　北師大

六書統二十卷　元楊桓撰
元至大元年江浙行省儒學刻元統三年余謙修補本　復旦
元至大元年江浙行省儒學刻元明遞修本　國圖　上海
清乾隆四庫全書館寫欽定四庫全書本
中華再造善本影印元至大元年江浙行省儒學刻元明遞修本

六書統溯原十三卷　元楊桓撰
元至大元年江浙行省儒學刻元明遞修本　國圖　湖北
清抄本　復旦

篇海類編二十卷　題明宋濂撰
明刻本　山西師院　華南農學院
四庫全書存目叢書影印明刻本
續修四庫全書影印明刻本

篇海類編二十卷附録一卷　題明宋濂撰　明張嘉和輯附録
明刻本　北大　人大　北師大

直音篇七卷　明章黼撰
明成化十三年刻清康熙四年重修本　南京
明成化十七年刻嘉靖二十四年張重補刻萬曆九年高薦重修本　國圖　北大
明萬曆六年維陽資政左室刻本　北大　科學

重訂直音篇七卷　明章黼撰
明萬曆三十四年練川明德書院刻本　國圖　北大
明萬曆三十四年練川明德書院刻清康熙四年乾隆十五年遞修本　北大　科學
續修四庫全書影印明萬曆三十四年明德書院刻本

金石韻府五卷　明朱雲輯
明俞顯謨刻朱印本　北大　浙江　上海
明刻朱印本　北大　上海　天津
明抄本　浙江

清初抄本　浙江

清康熙六十年祝維垣抄本　浙江

清乾隆抄本　北大

金石韻府四卷

清抄本　國圖

字學大全三十二卷　明王三聘編

明嘉靖四十三至四十五年王三聘刻本　北大　湖北

字考啓蒙十六卷　明周宇撰

明萬曆周傳誦刻本　國圖　科學　山東

四庫全書存目叢書影印明萬曆周傳誦刻本

同文備攷八卷首三卷聲韻會通一卷韻要粗釋四卷　明王應電撰

明嘉靖三十六年王宗沐刻本　北大　科學　上海

明嘉靖三十六年王宗沐刻萬曆三十年重修本　山東

明抄本　科學(存卷首　卷一至七)

同文備攷八卷聲韻會通一卷韻要粗釋二卷

明抄本　中山大學(闕卷一至二)

合併字學集篇十卷拾遺一卷　明徐孝編

明萬曆三十四年張元善刻本　蘭州大學　江西

四庫全書存目業書影印明萬曆三十四年張元善刻本

重刊詳校篇海五卷　明趙年伯原輯　明李登訂

明萬曆三十六年趙新盤刻本　上海

明萬曆三十六年刻清康熙重修本　北大

續修四庫全書影印明萬曆三十六年趙新盤刻本

重刊訂正篇海十卷　明趙年伯原輯

明崇禎八年張忻刻本　上海

新校經史海篇直音十卷

明嘉靖二十三年金邑勉勤堂刻本　復旦

續修四庫全書影印明嘉靖二十三年金邑勉勤堂刻本

重刻經史海篇直音十卷

明隆慶三年吴氏刻本　陝西

重校經史海篇直音十卷

明刻本　北大　復旦　浙江

新校經史海篇直音五卷

明萬曆三年司禮監刻本　北大　北師大　故宫

明萬曆六年黄禄刻本　杭州

明刻藍印本　國圖

明刻黑口本　北大　科學

明刻本　北大　浙江

重校全補海篇直音十二卷首三卷附新集背篇列部之字一卷　明蔡爚輯

明萬曆二十三年書林鄭世豪刻本　北大　復旦　浙江

奇字韻五卷　明楊慎撰

明嘉靖李元陽刻本　國圖　北大　山東　四川

明刻楊升菴雜著本

清乾隆四庫全書館寫欽定四庫全書本

清乾隆綿州李氏萬卷樓刻嘉慶十四年綿陽李鼎元校印函海之升菴韻學七種本　國圖

清道光五年綿陽李朝夔刻函海之升菴韻學七種本　國圖

清光緒七至八年廣漢鍾登甲樂道齋刻函海本　國圖

清光緒八年刻總纂升菴合集本

古音駢字二卷　明楊慎撰

清乾隆四庫全書館寫欽定四庫全書本

清光緒八年刻總纂升菴合集本

清筠淥山房抄本　國圖

古音駢字五卷

清乾隆綿州李氏萬卷樓刻嘉慶十四年綿陽李鼎元校印函海之升菴韻學七種本　國圖

清道光五年綿陽李朝夔刻函海之升菴韻學七種本　國圖

清光緒七至八年廣漢鍾登甲樂道齋刻函海本　國圖

清抄楊氏遺書本

駢字古音五卷　明楊慎撰　清莊柗等增補

朱絲欄抄本　國圖

古音駢字續編五卷　清莊履豐　莊鼎鉉撰

清乾隆四庫全書館寫欽定四庫全書本

清光緒八年刻總纂升菴合集本

清筠淥山房抄本　國圖

字義總略四卷　明顧充輯

明萬曆十七年古虞顧氏刻本　南開

明萬曆三十六年古虞顧氏重刻本　上海

清康熙四十二年顧芳宗興麟堂刻本　北大　上海

四庫全書存目叢書影印明萬曆十七年刻本

大明同文集舉要五十卷　明田藝蘅輯

明萬曆十年汪以成刻本　北大

四庫全書存目叢書影印明萬曆十年汪以成刻本

新刊月峰孫先生增補音切玉鑑海篇二十卷　明孫鑛撰

明書林存仁堂陳含初刻本　北大

翰林筆削字義韻律鼇頭海篇心鏡二十卷附翰林筆削字義韻律二十卷　明蕭良有撰　明余應奎訂

明萬曆王廷極唐廷仁刻本　北大

翰林重考字義韻律大板海篇心鏡二十卷附韻律十一卷　明劉孔當重訂　明彭應起校

明萬曆書林葉天熹刻本　國圖　北大　科學　南京

精刻海若湯先生校訂音釋五侯鯖字海二十卷首一卷

明蕭騰鴻刻本　山東大學

四庫全書存目叢書影印明刻本

精鐫海若湯先生校訂音釋海篇統匯二十卷首一卷次一卷

明金陵奎壁堂鄭思鳴刻本　河北大學　東北師大

鼎刻臺閣攷正遵古韻律海篇大成二十卷　明曾六德撰

明萬曆三十二年書林喬山堂劉龍田刻本　重慶

刻太古遺踪海篇集韻大全三十一卷　明鄒德溥撰　明夏從仁補遺

明潭城書林陳孫安刻本　南京師大

重校古本五音類聚四聲切韻直音海篇大全十四卷首一卷

明建邑書林萃慶堂余彰德刻本　南大

字學指南十卷　明朱光家撰

明萬曆二十九年刻本　上海

四庫全書存目叢書影印明萬曆刻本

續修四庫全書影印明萬曆二十九年刻本

字彙十二集首一卷末一卷韻法直圖一卷韻法横圖一卷　明梅膺祚撰　韻法横圖明李世澤撰

明萬曆刻本　北大　上海　湖北

明懷德堂刻本　國圖

清康熙十八年雲棲寺刻本　國圖　北大

清光緒十年刻本　北大
清文秀堂刻藻思堂藏版本　北大
清刻本京都文成堂藏板　國圖　南大
續修四庫全書影印明萬曆四十三年刻本

字彙十二集首一卷末一卷
明古吴陳長卿刻本　北大
清康熙二十七年靈隱寺刻本　復旦　湖北
清雍正九年經德堂刻本　國圖　上海
清乾隆四十三年蘇州金閶書業堂增補重刻本　雲南
清道光十二年寶仁堂刻本　北大

字彙十二集首一卷
清康熙四年真寂院刻本　北大(存卷首)　上海
清同治七年刻本　復旦

字彙補十二集附拾遺一卷　清吴任臣輯
清康熙五年彙賢齋刻本　北大　上海
續修四庫全書影印清康熙五年彙賢齋刻本

字彙補拾遺一卷　清吴任臣輯
清康熙五年彙賢齋刻本　北大　上海

續字彙補十二卷　清吴任臣輯
日本寛文九年山形屋刻本　北大

字彙數求聲十二卷　明梅膺祚撰　清虞德升繫聲
清康熙十二年陸欣陸顒刻二十三年增修本　北大　科學
清康熙十六年錢塘虞氏寒香精舍刻本　國圖　上海

新刻瑞樟軒訂正字韻合璧二十卷　明朱孔陽輯
明崇禎瑞雲館張少吾刻本　湖北　湖南
四庫全書存目叢書影印明崇禎刻本

新刻辨疑正韻同文玉海二十卷　明黄道周彙編
明末鄭以祺刻本　北大

廣金石韻府五卷字略一卷　明朱時望撰　清林尚葵廣輯　清李根校正
清康熙九年周亮工賴古堂刻朱墨套印大業堂藏版本　北大　浙江
清抄本　重慶
清抄本　科學
續修四庫全書影印清康熙九年周氏賴古堂刻本
四庫全書存目叢書影印清康熙刻朱墨套印本

廣金石韻府二卷
清道光十四年方柄道抄本　復旦
廣金石韻府五卷附玉篇字略一卷　明朱時望撰　清林尚葵廣輯　清張鳳藻增注
清咸豐七年巴郡張氏理董軒刻本　北大　上海　浙江
正字通十二集三十六卷首一卷　明張自烈撰　清廖文英輯
清康熙九年刻本　故宫　甘肅
清康熙十年張氏弘文書院刻本　南京　臺北故宫
清康熙二十四年秀水吴源起清畏堂刻本　國圖　北大
清康熙二十九年刻本　北大
清康熙三畏堂刻本　北大　科學
清康熙芥子園刻本　國圖
續修四庫全書影印清康熙二十四年清畏堂刻本
四庫全書存目叢書影印清康熙刻本
他山字學二卷　清錢邦芑撰
清乾隆三十四年金谷園刻本　哈師大
四庫全書存目叢書影印清刻本
黄公説字十二卷　清顧景星撰
清顧景星稿本　蘄春縣(闕寅卷)
黄公説字四十五卷
清抄本　東北師大
民國藏棱庵抄本　湖北
四庫全書存目叢書影印清抄本
黄公説字不分卷
清抄本　科學
諧聲品字箋十集五十七卷　清虞德升撰
清康熙十二年陸欣陸顥刻二十三年增修本　北大　科學
清康熙十六年錢塘虞氏寒香精舍刻本　國圖　上海
清康熙二十六年刻本　浙江
清康熙展園刻本　上海
四庫全書存目叢書影印清康熙十六年刻本
略彙集類十二卷　清佚名撰
清初抄本　浙江

御定康熙字典十二集三十六卷總目一卷檢字一卷辨似一卷等韻一卷補遺一卷備考一卷　清張玉書等纂修

清康熙五十五年武英殿刻本　國圖　北大　北師大　故宫

清康熙内府朱墨抄本　故宫

清乾隆四庫全書館寫欽定四庫全書薈要本

清乾隆四庫全書館寫欽定四庫全書本

清道光七年武英殿刻本　國圖　人大

清光緒元年湖北崇文書局刻本　人大　天津

御定康熙字典十二集三十六卷

清同治間翻刻武英殿本　上海

清抄本　北大

御定康熙字典辨似一卷　清張玉書等纂修

清康熙五十五年武英殿刻本　國圖　北大　北師大　故宫

清康熙内府朱墨抄本　故宫

清乾隆四庫全書館寫欽定四庫全書本

清道光七年武英殿刻本　國圖　人大

清光緒元年湖北崇文書局刻本　人大　天津

清光緒十三年上海積山書局石印本　國圖　北大

御定康熙字典等韻一卷　清張玉書等纂修

清康熙五十五年武英殿刻本　國圖　北大　北師大　故宫

清康熙内府朱墨抄本　故宫

清乾隆四庫全書館寫欽定四庫全書本

清道光七年武英殿刻本　國圖　人大

清道光七年善成堂刻本　上海

清光緒元年湖北崇文書局刻本　人大　天津

清光緒十三年上海積山書局石印本　國圖　北大

御定康熙字典補遺一卷　清張玉書等纂修

清康熙五十五年武英殿刻本　國圖　北大　北師大　故宫

清康熙内府朱墨抄本　故宫

清乾隆四庫全書館寫欽定四庫全書本

清道光七年武英殿刻本　國圖　人大

清光緒元年湖北崇文書局刻本　人大　天津

清光緒十三年上海積山書局石印本　國圖　北大

一九二一年上海古書流通處影印本　國圖　湖北

御定康熙字典備考一卷　清張玉書等纂修

清康熙五十五年武英殿刻本　國圖　北大　北師大　故宫

清康熙内府朱墨抄本　故宫

清乾隆四庫全書館寫欽定四庫全書本

清道光七年武英殿刻本　國圖　人大

清光緒元年湖北崇文書局刻本　人大　天津

清光緒十三年上海積山書局石印本　國圖　北大

字典紀字一卷　清汪汲撰

清乾隆嘉慶間古愚山房刻古愚老人消夏録本　國圖　北大

字典考證不分卷　清王引之等撰

清王引之稿本　北師大

字典考證十二集

清道光十一年武英殿刻本　故宫　遼寧

清道光十一年愛日堂刻高郵王氏著書本　上海　南京

清光緒二年湖北崇文書局刻本　國圖　科學

清光緒二十一年上海鴻文書局石印本　北大　天津

四庫未收書叢刊影印清光緒二年崇文書局刻本

集字繫聲二卷十二集　清佚名撰

清刻本　國圖

字典校録一卷首一卷　清英浩撰

清光緒十九年慕純氏刻朱印本　北大　湖北

字典校録一卷

清光緒十九年朱絲欄抄本　國圖

康熙字典撮要不分卷　英湛約翰撰　清王楊安譯

清光緒四年刻廣東倫敦教會藏版本　國圖　上海

字貫四十卷　清王錫侯編

清乾隆四十年刻本　江西

日本刻本　上海　遼寧

分韻字彙十二集　清鐔眠道人輯

清乾隆四十年適修堂刻本　國圖

文種十二卷　清周培之撰

清周培之稿本　科學

壘字編不分卷　清汪汲撰

清乾隆嘉慶間古愚山房刻古愚老人消夏録本　國圖　復旦

疊壘字考一卷　清汪汲撰　清管斯駿校
　清光緒十三年管可壽刻巾箱本　國圖　科學
彬雅八卷　清墨莊氏撰
　清道光二十六年藝林山房刻藝林山房四種本　科學
字林經策萃華八卷　清墨莊氏撰
　清光緒七年藝林山房刻文選樓叢書本　國圖　湖北
　清光緒十五年文選樓刻玲瓏山館叢書本
　四庫未收書叢刊影印清道光二十六年藝林山房刻本
藝文備覽一百二十卷檢字一卷補詳字義十四卷　清沙木輯
　清嘉慶十一年粤東官署刻本　北大
藝文備覽字義十四卷　清沙木注
　清嘉慶十一年粤東官署刻本　北大
四音釋義十二卷　清鄭長庚撰
　清嘉慶刻本　國圖
　清道光四年鄭長庚刻本　北大　科學
　清道光十一年張鵬翂刻本　北大
　清道光十八年崇德堂重刻本　湖北
　清道光二十三年廬陵邱垂遠堂刻本　上海
四音字彙不分卷　清鄭長庚輯
　清道光四年鄭長庚刻本　北大
古今文字通釋十四卷　清吕世宜述
　清同治二年同安吕氏菽莊刻本　上海
　清光緒五年龍溪林維源刻本　北大
　一九二二年龍溪林氏刻菽莊叢書本　遼寧
　續修四庫全書影印民國十一年吕氏菽莊刻本
經韻集字析解二卷附拾遺補注及附編　清熊守謙撰　清彭良敞集注
　清道光二年天津分司署刻本　北大　上海　浙江
　清道光十年刻灤源書院藏版本　國圖　復旦
　清道光十三年河南撫署刻本　北大　上海　湖北
　清道光十四年張鵬翂刻本　浙江
　清道光二十四年鐵嶺長臻晴巖氏刻開封府署藏版本　國圖　北大
字林便覽二卷　清徐慶超輯
　清道光四年刻本　科學　南京　湖北
　清道光十七年楊式穀抄本　北師大

字林便覽一卷
清道光十八年徐大銘刻本 南京
字孳補二卷 清易鏡清輯 清易本烺補
清同治八年京山易氏刻字辨證篆附刻本 北大 科學
類字略不分卷 清董承琨撰
清道光十六年刻本 國圖
同音字辨四卷 清劉維坊撰
清道光二十九年刻本 科學
清同治十二年京師善成堂刻本 北大
續修四庫全書影印清道光二十九年刻本
經韻備字不分卷 清陳大醇編注
清道光二十八年碩果山房刻本 佚名批校 湖北
書契原恉十四卷 清陳致熿撰
清陳致熿稿本 天一閣
清咸豐五年刻北涇草堂藏版本 北大
抄本 科學
書契原恉二集十八卷 清陳致熿撰
清咸豐十年刻北涇草堂藏版本 國圖
惜道味齋劄記一卷 清張鳴珂撰
清張鳴珂稿本 清王壽祺跋 上海
字學辨正集成四卷附敬避字樣抬頭式一卷 清姚心舜輯
清咸豐六年求達書齋刻本 南京 湖北
同音集釋要四卷 清朱一新撰
清朱一新稿本 浙江
籟典四卷 清章啟勳撰
清光緒五年如過客齋刻本 北大 南京
攷正玉堂字彙不分卷 清知足子編
清光緒十二年鉛印本 天津
擇言尢雅録一卷 清袁祖撰
清光緒二年刻本 天津
畫母聯解不分卷 清張藜照撰
清光緒五年述古齋刻本 國圖
萬字典不分卷 佚名撰
清光緒十年天津紫竹林新海關書信館刻本 北大

同音集字便覽不分卷　清張小浦輯
清光緒十七年四川瀘州同春堂刻本　雲南
儒林音字貫通五卷首一卷　清吴達邦撰
清光緒三十二年刻本　國圖
經韻纂字四卷續釋不分卷白文便讀一卷分部便查一卷讀本不分卷附刊虚字註釋備考一卷　清警豀逸士編輯　清張文炳點定虚字註釋備考
清光緒澄心書屋刻本　北大　湖北
經韻纂字讀本不分卷　清警豀逸士編輯
清光緒澄心書屋刻本　北大　湖北
經韻纂字白文便讀一卷　清警豀逸士編輯
清光緒澄心書屋刻本　北大　湖北
點石齋字彙四卷　清佚名輯
清光緒申報館排印申報館叢書本　北大
異韻字考一卷　清秀文齋主人輯
清光緒十八年京都秀文齋刻本　上海
同音字彙二卷　清佚名輯
清羊城拾芥園刻本　天津
攷正同音字彙一卷　清江學海輯
清光緒三十年慎怡堂刻本　人大
攷正同音字彙一卷草書百韻歌一卷
民國石印本　武漢
攷正同音字彙不分卷字音會集不分卷　清陳卧子輯
民國上海文新書局石印本　雲南
天籟字彙四卷　清楊唐撰
清宣統三年刻本　湖南
字誼指歸二卷　清舒立淇輯
清光緒二十五年刻本
增廣典彙集成十二卷　清佚名輯
清光緒十三年上海石印本　浙江
字彙四集　清陳淏子撰
清三讓堂刻本　上海
攷正字彙二卷　清陳淏子撰
清光緒二十五年上海掃葉山房石印本　北師大

清光緒二十六年石印本　北大
一九一二年鴻寶齋石印本　湖南
民國上海錦章圖書局石印本　湖南

新輯中東字典不分卷　清東文學社編
清光緒三十三年東文學社石印本　天津

古今字檢不分卷　佚名撰
清光緒抄本　國圖

檢字一貫三十二卷末一卷　清三家村學究編
清末石印本　北大

同文字典部首五卷　清宋育仁撰
清末宋育仁稿本　復旦

同文解字五卷　清宋育仁撰
一九一五年周魯齋抄本　國圖

同文解字釋例二卷　清宋育仁撰
清末宋育仁稿本　復旦

字系十五卷附録一卷　清夏日琖學
夏日琖稿本　科學
一九一六年嘉定夏氏石印本　湖北

天然字彙一卷　清張國聲輯
一九一七年刻自得堂藏版本　湖南

字觿不分卷　清劉彧撰
一九一九年排印本　國圖

字義要録十集三十卷　佚名撰
抄本　南京(存七集二十一卷)

字義録要十二集不分卷　題西湖撰
西湖稿本　南京(存子寅卯辰四集)

龍樹篇四部檢字譜一卷　佚名輯
抄本　南京

簡編字典稿本不分卷　佚名輯
抄本　廣東

字典翻音易知不分卷　清蔡振堅撰
民國石印本　國圖

（二）正字

古文官書一卷附古文奇字郭訓古文奇字　漢衛宏撰　清任大椿輯　清王念孫校

清嘉慶二十二年山陽汪廷珍據高郵王氏刊本續刻小學鉤沈本　國圖　科學　遼寧

清光緒三年雪滄抄小學鉤沈本

清光緒十年龍氏刻小學鉤沈本　南京　遼寧　浙江

清光緒十年江都李氏半畝園刻小學類編之小學鉤沈本　國圖　湖北

清光緒湖北崇文書局刻小學鉤沈本　國圖

一九三五年南海黄氏據舊版彙印芋園叢書之小學鉤沈本

續修四庫全書影印清嘉慶二十二年汪廷珍刻本

古文官書一卷　漢衛宏撰　清馬國翰輯

清光緒九年長沙嫏嬛館刻玉函山房輯佚書本

清光緒十年章邱李氏據馬氏刻版重印玉函山房輯佚書本

清光緒十年楚南書局刻玉函山房輯佚書本

古文官書一卷　漢衛宏撰　清顧震福輯

清光緒十八年山陽顧氏刻小學鉤沈續編本

續修四庫全書影印清光绪十八年刻本

古文官書一卷　漢衛宏撰　清費廷璜輯

清光緒二十年江陰使署刻南菁札記本　南京

古文官書一卷　漢衛宏撰　清龍璋輯

民國攸縣龍氏排印小學蒐逸本

衛宏一卷　清龍璋輯

民國攸縣龍氏排印小學蒐逸本

古文奇字一卷　漢郭顯卿撰　清顧震福輯

清光緒十八年山陽顧氏刻小學鉤沈續編本

續修四庫全書影印清光绪十八年刻本

古文奇字一卷　漢郭顯卿撰　清龍璋輯

民國攸縣龍氏排印小學蒐逸本

古文一卷　清龍璋輯

民國攸縣龍氏排印小學蒐逸本

古今文字表一卷　後魏江式撰　清馬國翰輯

清光緒九年長沙嫏嬛館刻玉函山房輯佚書本

清光緒十年章邱李氏據馬氏刻版重印玉函山房輯佚書本

清光緒十年楚南書局刻玉函山房輯佚書本

演說文一卷　□庾儼默撰　清馬國翰輯

清光緒九年長沙嫏嬛館刻玉函山房輯佚書本

清光緒十年章邱李氏據馬氏刻版重印玉函山房輯佚書本

清光緒十年楚南書局刻玉函山房輯佚書本

文字指歸一卷　隋曹憲撰　清任大椿輯　清王念孫校

清嘉慶二十二年山陽汪廷珍據高郵王氏刊本續刻小學鉤沈本　國圖　科學　遼寧

清光緒三年雪滄抄小學鉤沈本

清光緒十年江都李氏半畝園刻小學類編之小學鉤沈本　國圖　湖北

清光緒湖北崇文書局刻小學鉤沈本　國圖

一九三五年南海黄氏據舊版彙印芋園叢書之小學鉤沈本

續修四庫全書影印清嘉庆二十二年汪廷珍刻本

文字指歸一卷　隋曹憲撰　清馬國翰輯

清光緒九年長沙嫏嬛館刻玉函山房輯佚書本

清光緒十年章邱李氏據馬氏刻版重印玉函山房輯佚書本

清光緒十年楚南書局刻玉函山房輯佚書本

文字指歸一卷　隋曹憲撰　清黄奭輯

清道光甘泉黄氏刻一九二五年王鑑修補印黄氏逸書考本

一九三四年江都朱氏據甘泉黄氏原版補刻印黄氏逸書考本

文字指歸一卷　隋曹憲撰　清顧震福輯

清光緒十八年山陽顧氏刻小學鉤沈續編本

續修四庫全書影印清光绪十八年刻本

文字指歸一卷　隋曹憲撰　清龍璋輯

民國攸縣龍氏排印小學蒐逸本

字體一卷　清任大椿輯　清王念孫校

清嘉慶二十二年山陽汪廷珍據高郵王氏刊本續刻小學鉤沈本　國圖　科學　遼寧

清光緒三年雪滄抄小學鉤沈本

清光緒十年江都李氏半畝園刻小學類編之小學鉤沈本　國圖　湖北

清光緒湖北崇文書局刻小學鉤沈本　國圖

一九三五年南海黄氏據舊版彙印芋園叢書之小學鉤沈本

續修四庫全書影印清嘉庆二十二年汪廷珍刻本

字體一卷　清顧震福輯

清光緒十八年山陽顧氏刻小學鉤沈續編本

續修四庫全書影印清光绪十八年刻本

字體一卷　清龍璋輯

民國攸縣龍氏排印小學蒐逸本

字諟一卷　清任大椿輯　清王念孫校

清嘉慶二十二年山陽汪廷珍據高郵王氏刊本續刻小學鉤沈本　國圖　科學　遼寧

清光緒三年雪滄抄小學鉤沈本

清光緒十年江都李氏半畝園刻小學類編之小學鉤沈本　國圖　湖北

清光緒湖北崇文書局刻小學鉤沈本　國圖

一九三五年南海黄氏據舊版彙印芋園叢書之小學鉤沈本

續修四庫全書影印清嘉庆二十二年汪廷珍刻本

字諟一卷　清顧震福輯

清光緒十八年山陽顧氏刻小學鉤沈續編本

續修四庫全書影印清光绪十八年刻本

字諟一卷　清龍璋輯

民國攸縣龍氏排印小學蒐逸本

俗書證誤一卷　隋顔愍楚撰

明刻居家必備本

清順治三年宛委山堂刻説郛本

清嘉慶十九年刻同文考證四種本

清道光十五年劉際清等刻清照堂叢書本　北大

清光緒十年鑑古書局影印味腴山館刻字學三種本　國圖

清刻字書四種本

續修四庫全書影印清道光十五年劉際清等刻青照堂叢書本

俗書證誤訂一卷　隋顔愍楚撰　清章震福訂

清光緒二十年鉛印本　國圖　湖北

文字志一卷　□王愔撰　清龍璋輯

民國攸縣龍氏排印小學蒐逸本

字樣一卷　唐顔師古撰　清汪黎慶輯

一九一六年上海倉聖明智大學排印廣倉學宭叢書甲類第一集之小學叢殘四種本

字樣一卷　唐顔師古撰　清龍璋輯

民國攸縣龍氏排印小學蒐逸本

分毫字樣一卷　唐□□撰　清馬國翰輯

清光緒九年長沙嫏嬛館刻玉函山房輯佚書本

清光緒十年章邱李氏據馬氏刻版重印玉函山房輯佚書本
清光緒十年楚南書局刻玉函山房輯佚書本

說文字樣一卷　清龍璋輯

民國攸縣龍氏排印小學蒐逸本

干禄字書一卷　唐顔元孫撰

明嘉靖六年孫沐萬玉堂刻本　國圖　北大
明萬曆二十五年荆山書林刻夷門廣牘本　國圖
明端始堂刻本　國圖
清初毛氏汲古閣影明抄本　國圖
清乾隆四庫全書館寫欽定四庫全書本
清道光十五年劉際清等刻清照堂叢書本　北大
清同治十二年粤東書局刻古經解彙函之小學彙函本
清抄本(清丁傳校)　南京
一九三五年上海商務印書館影印元明善本叢書十種之夷門廣牘本

新刻干禄字書一卷　唐顔元孫撰

明萬曆胡文焕文會堂刻格致叢書本

干禄字書二卷　唐顔元孫撰　清顧炎武等正字

清康熙五年陳上年刻本　湖北
清乾隆六年朱振祖抄本(清朱希祖校並跋)　南京
四庫全書存目叢書影印清乾隆六年朱振祖抄本

干禄字書箋證一卷　清羅振玉撰

一九四一年上虞羅氏石印貞松老人遺稿甲集本

五經文字三卷　唐張參撰

清初席氏釀華艸堂影宋抄本　國圖
清康熙五十四年項絪刻本　國圖　上海師大
清康熙揚州馬氏叢書樓刻道光二十九年虞山顧氏彙印玲瓏山館叢刻本
清乾隆三十三年孔氏紅櫚書屋刻本
清乾隆四庫全書館寫欽定四庫全書本
清乾隆孔氏刻微波榭叢書本
清道光十五年劉際清等刻清照堂叢書本　北大

重編五經文字三卷　唐張參撰　清孫偘編勘

清嘉慶八年天心閣刻本　南京　湖北
清道光二十年儀徵汪氏刻正誼齋叢書本

五經文字一卷　唐張參撰　清龍璋輯

民國攸縣龍氏排印小學蒐逸本

五經文字疑一卷　清孔繼涵撰
清乾隆三十三年孔氏紅櫚書屋刻本
清乾隆孔氏刻微波榭叢書本
清道光十五年劉際清等刻清照堂叢書本　北大
四庫未收書叢刊影印清乾隆三十三年孔氏紅櫚書屋刻本
新加九經字樣一卷　唐唐玄度撰
清初席氏釀華艸堂影宋抄本　國圖
清康熙五十四年項絪刻本　國圖　上海師大
清康熙揚州馬氏叢書樓刻本　北師大
清康熙揚州馬氏叢書樓刻光緒九年常熟鮑氏修補印后知不足齋叢書本
清乾隆三十三年孔氏紅櫚書屋刻本
清乾隆孔氏刻微波榭叢書本
清道光十五年劉際清等刻清照堂叢書本　北大
九經字樣一卷　唐唐玄度撰
清乾隆三十八年摛藻堂四庫薈要寫本　臺灣故宫
清乾隆四庫全書館寫欽定四庫全書本
新加九經字樣一卷　唐唐玄度撰　清趙執信校
清初趙氏刻本　科學
重編九經字樣一卷　唐張參撰　清孫佸編勘
清嘉慶八年天心閣刻本　南京　湖北
清道光二十年儀徵汪氏刻正誼齋叢書本
九經字樣疑一卷　清孔繼涵撰
清乾隆三十三年孔氏紅櫚書屋刻本
佩觿三卷附辯證　宋郭忠恕撰
明嘉靖六年孫沐萬玉堂刻本　國圖　北师大
明萬曆胡文焕文會堂刻格致叢書本
明端始堂刻本　國圖　上海
明刻唐宋叢書本
清初毛氏汲古閣影明抄本　國圖
清初傅山抄本　山西博
清康熙四十九年張世俊刻澤存堂五種本　國圖　北大
清乾隆四庫全書館寫欽定四庫全書本
清光緒十四年上海蜚英館影印澤存堂五種本　北大
清抄本　清丁傳校　南京

佩觿三卷辯證一卷附一卷

明萬曆十二年李齊芳刻本　國圖

明萬曆十八年吴期炤刻本　雲南大學

復古編二卷　宋張有撰

元至正六年吴志淳好古齋刻本　國圖

明刻本　科學

明崇禎四年馮舒抄本　國圖

清乾隆四庫全書館寫欽定四庫全書本

清乾隆四十五年京師琉璃廠刻本　武漢

清抄本　國圖

一九三六年上海商務印書館四部叢刊三编據影宋抄本影印本　遼寧

中華再造善本影印元至正六年吴志淳好古齋刻本

復古編不分卷　宋張有撰　清潘詠之書

清同治十二年抄本　清徐康校　上海

復古編二卷復古編校正一卷附録一卷　宋張有撰　清葛鳴陽撰校正

清乾隆四十六年安邑葛鳴陽刻本　復旦

清嘉慶七年精刻本　北大　天津

清道光十五年獨山莫氏據葛氏刻本抄本　上海

清同治十三年桂中行抄本　南京

清光緒八年淮南書局刻本　國圖　北師大

清光緒十三年上海積山書局石印本　國圖

復古編不分卷

清嘉慶二十年抄本　天津

清同治十三年抄本　上海

復古編一卷附録一卷

舊刻本　南京

復古編校正一卷　清葛鳴陽撰

清乾隆四十六年安邑葛鳴陽刻本　復旦

清嘉慶七年精刻本　北大　天津

清道光廿五年獨山莫氏據葛氏刻本抄本　上海

清同治十三年桂中行抄本　南京

清光緒八年淮南書局刻本　國圖　北師大

清光緒十三年上海積山書局石印本　國圖

復古編校勘記一卷　清王振聲撰

清王振聲稿本(王欣夫跋)　復旦

復古編二卷　宋張有撰　元吴均增補
明公文紙影抄明初刻本　上海
增修復古編四卷
明初刻本　國圖
四庫全書存目叢書影印明初刻本
北京圖書館珍本叢刊影印明初刻本
續復古編四卷　元曹本撰
明抄本　國圖
清初抄本　上海
清嘉慶阮元録舊抄本輯宛委别藏本　臺北故宫
清抄本(清姚覲元校)　國圖
清光緒十二年歸安姚氏刻邃雅堂全書本　國圖　北師大
續修四庫全書影印清光緒十二年姚氏咫進齋刻皕宋樓景元抄本
北京圖書館珍本叢刊影印明抄本
廣復古編三十卷　清孫星海撰
清孫星海稿本　南京
復古編補遺不分卷　清沈清佐撰
清抄本　南京
班馬字類五卷　宋樓機撰
清席氏影宋抄本　臺北故宫
明刻本　清華　河南
明刻本　西北大學
清初抄本　國圖(闕卷一)
清抄本(清鈕樹玉　清顧廣圻跋)　國圖
清揚州馬氏小玲瓏山館重刻宋淳熙本　故宫　天津
清乾隆四庫全書館寫欽定四庫全書本
清刻本(清張維屏跋)　新疆大學
班馬字類二卷
明抄本　國圖
清初張士俊澤存堂刻本(闕入聲)　臺北故宫
清曹炎抄本　國圖
清康熙揚州馬氏叢書樓刻本　國圖　北大　上海　常熟文管會
清康熙揚州馬氏叢書樓刻光緒九年常熟鮑氏補修後知不足齋叢書本　北大
復旦

清乾隆五十二年張氏西阪草堂刻本　湖北

班馬字類五卷附補遺五卷校勘記一卷　宋樓機撰　宋李曾伯撰補遺　張元濟撰校勘記

一九三六年上海商務印書館據毛氏汲古閣影宋抄本影印四部叢刊三編本

班馬字類校勘記一卷　張元濟撰

一九三六年上海商務印書館據毛氏汲古閣影宋抄本影印四部叢刊三編本

班馬字類五卷附班馬字類訂一卷

清光緒十七年思賢書局刻本　北大　南京

班馬字類訂一卷

清光緒十七年思賢書局刻本　北大　南京

班馬字類五卷附補遺五卷　宋樓機撰　宋李曾伯撰補遺

明抄本　人大

清咸豐元年海昌蔣氏宜年堂刻六年重編涉聞梓舊本

一九三四年上海商務印書館影印涉聞梓舊本

民國武林竹簡齋影印涉聞梓舊本

班馬字類補遺五卷　宋李曾伯撰

明抄本(清李盛鐸跋)　北大

明抄本　人大

清初毛氏汲古閣影宋抄本　國圖

清鐵如意齋抄本(清王振聲校並跋)　國圖

清抄本　國圖

清咸豐元年海昌蔣氏宜年堂刻六年重編涉聞梓舊本

字通一卷　宋李從周撰

清初抄本　清錢曾批註　國圖

清乾隆四庫全書館寫欽定四庫全書本

清乾隆至道光間鮑氏刻知不足齋叢書本

清黄戊影宋抄本　臺北故宫

影抄本　故宫

清光緒八年抄本　國圖

清抄本　清丁丙跋　南京

六義圖解一卷　宋王應電撰

明刻居家必備本　國圖　北大

清順治三年宛委山堂刻説郛本

字鑑五卷　元李文仲撰
清初毛氏汲古閣影元抄本　清何煌校　國圖
清初抄本(清朱彝尊跋)　故宫
清康熙四十八年張士俊刻澤存堂五種本　國圖　上海
清乾隆四庫全書館寫欽定四庫全書本
清道光二十年楊霈刻字學三書本
清光緒十年長洲蔣氏據澤存堂五種本影刻鐵華館叢書本
清光緒十六年黄梅梅氏慎自愛軒刻清芬堂叢書本
清抄本　國圖
从古正文五卷字原釋義一卷　明黄諫撰
明嘉靖十五年李宗樞石疊山房刻本　國圖　遼寧
四庫全書存目叢書影印明嘉靖十五年李宗樞石疊山房刻本
从古正文字原釋義一卷　明黄諫撰
明嘉靖十五年李宗樞石疊山房刻本　國圖　遼寧
篆灋偏旁點畫辯一卷　明應在止撰
明嘉靖二十三年芸窗道人刻本　安徽大學
一九四四年寧波張壽鏞約園抄本　國圖
篆灋偏旁點畫辯一卷　明應在止撰　清陳紀較書　清鄭漢音釋
清刻本　上海
篆文辨訣一卷　明應在止撰　清莫可易增次　清孫爾振篆正
清順治八年刻本　科學
清抄本　湖南
義學正字三卷　明沈鯉輯　明郭一經續輯
明萬曆刻本　歙縣博
古俗字略五卷　明陳士元撰
明萬曆中刻歸雲别集本　北大
清道光十三年應城吴毓梅刻歸雲别集本
四庫全書存目叢書影印明萬曆刻歸雲别集本
續修四庫全書影印明萬曆刻歸雲别集本
漢碑用字一卷　明陳士元撰
明萬曆中刻歸雲别集本　北大
清道光十三年應城吴毓梅刻歸雲别集本
俗用雜字一卷　明陳士元撰
明萬曆中刻歸雲别集本　北大

清道光十三年應城吴毓梅刻歸雲别集本

俗書刊誤十二卷　明焦竑撰

明萬曆見過齋刻本　福建　四川

清乾隆四庫全書館寫欽定四庫全書本

清抄本　浙江

諸書字考略二卷　明林茂槐撰

明萬曆刻本　福建

四庫全書存目叢書影印明萬曆刻本

隸書正譌二卷　明吴元滿撰

明萬曆刻本　科學

清刻本　北大　復旦

續修四庫全書影印明萬曆刻本

字學三正四卷　明郭一經撰

明萬曆二十九年山東曹縣公署刻本　科學　上海

清乾隆四庫全書館寫欽定四庫全書本

清抄本　浙江

四庫未收書叢刊影印明萬曆二十九年山東曹縣公署刻本

問奇集不分卷　明張位撰

明萬曆繡水沈氏刻寶顔堂秘笈本　國圖　北大

一九二二年上海文明書局石印寶顔堂秘笈本

明末刻本　北大

清刻本　上海　南京

續修四庫全書影印明萬曆刻本

四庫全書存目叢書影印明萬曆繡水沈氏刻寶顔秘笈本

洪陽張先生問奇集二卷

清抄本　北大

問奇集不分卷　明張位撰　清丁序賢重訂

清康熙五年祝良刻三十四年詠春堂印本　科學

問奇集不分卷　明張位撰　清杜立德增續

清嘉慶十六年重刻本　復旦

問奇典注六卷　明張位撰　清唐英典注

清乾隆十一年唐氏古柏堂刻本　北大　復旦

清嘉慶二十三年張昞武昌雄楚樓刻本　國圖　北大

字音正訛正編一卷次編一卷補編一卷　明張位撰　清丁序賢校補

清乾隆二十年丁氏刻本　南京　遼寧

問奇一覽二卷　清李書雲撰

清李書雲稿本　科學

新定重較問奇一覽二卷

清停雲室刻本　國圖

問奇一覽二卷音韻須知二卷　清李書雲撰

清康熙二十九年李書雲刻乾隆三十一年汪燾重修本　北大

清乾隆三十一年孝經堂刻本　浙江

清乾隆聞見齋刻本　國圖

清光緒十年聞見齋刻本　上海

篆濾偏旁正譌歌一卷　明李登訂　明胡正言篆

清康熙十竹齋刻本　北大

清照齋刻本　天津

古文奇字十二卷　明朱謀㙔撰

明萬曆刻本　科學

清抄本　國圖

四庫未收書叢刊影印明萬曆刻本

古文奇字一卷　明龔黄撰

明執虚堂抄本　南京

字孿二卷　明葉秉敬撰

清乾隆二十八年蕉雨軒刻本　科學　復旦

清乾隆二十八年蕉雨軒刻小石山房補刻本　國圖　上海

清乾隆二十八年蕉雨軒刻小石山房補刻道光二十九年虞山顧氏彙印玲瓏山館叢刻本

字孿四卷

清乾隆四庫全書館寫欽定四庫全書本

字孿四卷附篆體偏旁點畫辨訣一卷　明葉秉敬撰　明潘之淙訂點畫辨訣

明天啓七年武林潘之淙等刻本　國圖　北大　科學

清張氏花影軒抄本　南京

篆體偏旁點畫辨訣一卷　明潘之淙撰

明天啓七年武林潘之淙等刻本　國圖　北大　科學

清張氏花影軒抄本　南京

字學類辨四卷　明徐與稽撰

明天啓刻本　北師大　海寧

字學辨似醒誤一卷　明梅膺祚撰　清徐師臣輯

清康熙三十五年鄰嶽堂刻本　國圖

醒誤一卷　明梅膺祚撰　清徐師臣輯

清嘉慶四年刻本　國圖

清刻文正堂藏版本　國圖

清三讓堂刻本　南京

清刻友于堂藏版本　國圖

清藻思堂刻本　北大

五經正字五卷　明胡一愚撰

明刻本　上海

字辨不分卷　清熊文登撰

明慧業堂刻本　上海

字辨七卷　清熊文登撰

清順治六年刻本　上海

四庫全書存目叢書影印清順治六年刻本

榕村字畫辨訛一卷　清李光地撰

清乾隆元年李清植刻嘉慶六年補刻李文貞公全集本

清道光三至五年二酉堂刻本　國圖　科學

清道光九年李維迪刻榕村全書本　北大　湖北

續修四庫全書影印清道光九年李維迪刻榕村全書本

字畫辨譌不分卷　清許炳亨撰

清道光二十四年紫藤花庵刻巾箱本　湖北

正字要覽四卷　清張中發撰

清康熙五年純祉堂刻本　國圖

古今字正二卷　清蔣焜輯

清康熙十九年蔣焜自刻本　遼寧

四書正字彙十九卷　清沈渭撰

清康熙二十五年沈氏崇正堂刻本　安徽

字辨五卷　清陳鶴齡輯

清雍正十年南通州陳氏刻本　上海

六經字便不分卷　清劉臣敬撰

清康熙五十三年大樹堂刻本　上海　南京

四庫全書存目叢書影印清康熙五十三年大樹堂刻本

漢隸偏旁點考題詞一卷　佚名撰

清乾隆八年嘉禾瑞石軒刻楊顒若小學二種本　上海

十三經文字偏旁考略二卷　清吴熙撰
　清道光二十五年得一齋刻本　湖南
經史子字準繩三卷　清江聲撰
　抄本　南京
字形彙考一卷　清杜蕙撰
　清乾隆十年省過堂刻本　國圖　湖北
　清乾隆五十七年省過堂刻本　國圖　遼寧
　清嘉慶二十五年刻本　北大
　清道光二十年敬義堂刻本　復旦
六書辨正通俗文一卷　清曹維城次韻
　清乾隆五十七年清稿本　臺北央圖
合字注一卷　清李調元輯
　清道光五年李朝夔補刻函海本　湖北
字録二卷　清李調元輯
　清道光五年李朝夔補刻函海本　湖北
六書分毫三卷　清李調元撰
　清乾隆綿州李氏萬卷樓刻嘉慶十四年李鼎元重校印函海本
　清道光五年李朝夔補刻函海本　湖北
　清光緒七年廣漢鍾登甲樂道齋刻函海本
經典文字辨正不分卷　清錢大昕撰
　清抄本　浙江
　續修四庫全書影印清抄本
經典文字考異一卷　清錢大昕撰
　清抄本　清丁丙跋　南京
經典文字考異三卷
　一九一二年上海國粹學報社鉛印古學彙刊本　復旦　湖北
經典文字攷異補正不分卷　清鄭知同撰
　清鄭知同稿本　南京
經典文字辨證書五卷　清畢沅撰
　清乾隆四十九年鎮洋畢氏靈巖山館刻經訓堂叢書本　湖北
　清光緒十三年上海大同書局影印經訓堂叢書本
　清抄本　上海
字體辨正一卷　清陸費墀撰
　清嘉慶十九年刻同文考證四種本

清嘉慶二十四年張氏刻書三味樓叢書之同文考證六種本
清道光二十二年陽湖莊景賢刻同文考證四種本　北大

四庫全書辨正通俗文字一卷　清陸費墀撰　清王朝梧增訂
清乾隆刻本　科學
清嘉慶十九年揚州恭刻全唐文局刻本　科學
清道光十六年刻拜梅山房几上書本
續修四庫全書影印清乾隆重刻本

國朝四庫全書辨正通俗文字一卷
清道光十五年朝邑劉際清等刻青照堂叢書本　北大

重刻四庫全書辨正通俗文字一卷
清嘉慶二十一年經國堂書坊刻本　遼寧
清道光四年經國堂書坊刻本　國圖
清道光六年刻本　國圖

重刊辨正通俗文字一卷
清嘉慶二十四年張氏刻書三味樓叢書本

辨正通俗文字一卷
清嘉慶六年湖北學院刻本　南京
清嘉慶二十年思無邪室刻本　雲南
清道光六年同文堂刻本　南京

辨字摘要一卷　清饒應召撰
清乾隆二十二年玉川弘農氏三讓堂刻吴恒隆藏版本　國圖　科學
清咸豐十年刻本　南京

辨字摘要四卷
清光緒二十一年澹雅書局刻本　湖南
清同文堂刻本　湖南

萬字正宗十二卷首一卷附增補等韻音切指南一卷　清張允憲校定
清乾隆張氏寫本　北大

同文偶録二卷附録一卷　清錢大琴編
清乾隆三十六年舒嘯軒刻本　南京

文字辨譌一卷　清吴省蘭撰
清乾隆刻本　國圖
清嘉慶十年至道光五年張氏刻書三味樓叢書本

莊氏心法一卷　清莊述祖撰
清陳介祺抄本　山東博

字源攷略六卷　清吴照撰

清乾隆五十七年南城吴氏刻本　江西

五經文字偏旁考二卷　清蔣騏昌撰

清乾隆五十九年列岫山房刻本　國圖　南京

四庫未收書叢刊影印清乾隆刻本

經字辨體八卷首一卷附偏旁舉略一卷　清邱家煒撰　清姚文田輯偏旁舉略

清嘉慶二十三年文在樓刻本　南京

經字辨體八卷首一卷

清道光二十三年詒恩堂刻本　國圖

清光緒七年京都二酉齋刻本　北大

清光緒十一年蒲圻但氏重刻本　北大　南京

偏旁舉略一卷　清姚文田輯

清嘉慶二十三年文在樓刻本　南京

清咸豐間刻本　國圖

清末杭州朱氏抱經堂刻本　科學　浙江

辨字摘要不分卷　清盧紹麒輯

清乾隆四十九年刻本　雲南

字書三辨三卷　清趙敬襄輯

清嘉慶二十一年刻竹岡齋九種本

四庫全書字體辨正四卷　清黄培芳撰

清道光六年芸香堂刻本　北師大

清咸豐元年刻本　科學

字林古今正俗異同通考四卷附六書辨異二卷補遺一卷　清湯容煟輯

清嘉慶二年四明滋德堂刻本　北大　遼寧

清嘉慶二年四明滋德堂刻道光五年修補印本　湖北

清嘉慶三年刻本　科學　復旦

六書辨異二卷補遺一卷　清湯容煟輯

清嘉慶二年四明滋德堂刻本　北大　遼寧

清嘉慶二年四明滋德堂刻道光五年修補本　湖北

清嘉慶三年刻本　科學　復旦

説文解字群經正字二十八卷　清邵瑛撰

清邵瑛稿本(清邵啟賢跋)　浙江

清邵瑛稿本　上海

清嘉慶十七年桂隱書屋刻本　復旦

清嘉慶二十一年桂隱書屋刻本　國圖　北大

續修四庫全書影印民國六年邵啟賢影印清嘉慶二十一年桂隱書屋刻本

正俗備用字解四卷附一卷　清王兆琛撰

清咸豐五年刻天壤閣叢書本　北大　南京

正形一卷　清王贈芳撰

清道光十五年刻書學彙編本　國圖　科學

書形辨似一卷　清王贈芳撰

清道光十五年刻書學彙編本　國圖　科學

正字略定本一卷　清王筠撰

清王筠稿本　國圖

清王筠稿本　山東

清王筠稿本　山東博

清道光十三年刻本　人大

清道光二十五年陳山嵋張甯刻本　北大

清道光史悠咸等抄本　重慶

續修四庫全書影印清道光二十六年大盛堂刻本

正字略一卷　清王筠撰

清道光十二年楊煦刻本　國圖

清道光十四年周氏仕學齋刻本　科學

清道光十九年安岳周咼潢刻本　北大　浙江

清道光抄本　復旦

清光緒二年刻本　南京

芸香館重刊正字略一卷補編一卷　清王筠撰　清鍾文校定

清道光二十九年鍾文粤東楊正文堂刻本　國圖　北大　復旦

增訂正字略二卷　清王筠撰　清洪慶華增訂

清刻本　湖北

正字略揭要一卷　清徐宗幹撰

清咸豐元年刻本　科學　浙江

小學辨正訓略不分卷　清陳僅撰

清陳僅稿本　科學

榕園識字編一卷　清李彥章輯

清道光刻榕園全集本　國圖

字學舉隅不分卷　清黄本驥　龍啓瑞撰

清道光二十年刻本　北師大　遼寧

清道光二十六年刻本　北大　上海

清咸豐二年刻本　北大

清同治十三年湖北崇文書局刻本　北大

清光緒七年刻本　國圖

字學舉隅辨音一卷　清龍啓瑞撰

清周文鏞抄本　南京

增訂字學便覽一卷　清黄本驥　龍啓瑞撰

清光緒二十七年刻本　上海

新增字學舉隅不分卷　清朱琦輯

清同治七年星沙羅博文刻本　湖北

增廣字學舉隅不分卷　清鐵珊輯

清同治十三年蘭州郡署刻本　國圖　甘肅

字學舉隅不分卷　清韻桐館主人重輯

清光緒九年梅華書屋刻本　上海

字學舉隅補正不分卷　清徐文祥輯

清光緒二年省吾齋刻本　北師大

字學舉隅續編二卷　清王維珍輯

清光緒二年北京懿文齋刻本　湖北

字學舉隅續編二卷　清汪敍疇輯

清光緒二年刻本　北大　甘肅

翰苑字學舉隅續編二卷

清宣統三年文淵閣刻本　天津

字學舉隅二卷　趙曾望輯

一九一四年江蘇省第二工校石印本　遼寧

藤花筱舫字學不分卷　清龍啓瑞　王維珍輯

清光緒二年石印本　上海

清光緒二年京都懿文齋刻本　上海

清光緒六年刻本　復旦

藤花筱舫字學二卷

清光緒十一年長沙府正街墨香簃刻本　湖南

敬避字樣一卷

清嘉慶二十四年張氏刻書三味樓叢書本

敬避字樣一卷

清光緒刻臨文便覽本　國圖

清光緒八年上海點石齋石印臨文便覽本　國圖

字體辨訛一卷補遺一卷附録一卷　清萬青銓輯

清道光十三年芋栗園刻本　天津　湖北

辨訛一得二十卷　清吴巨禮輯　清吴占魁　吴占春注

清道光七年刻本　國圖　湖北

字體疏源不分卷

清道光抄本　北大

文字辨正彙鈔四卷　清朱美鏐輯

清道光陳瑛陳鏘刻本　南京

辨字通考四卷首一卷　清王在鎬撰

清道光二十二年刻本　科學

續修四庫全書影印清咸豐刻本

正俗編二十四卷　清吴墀撰

清咸豐三年畊雲山館刻本　浙江

字畫指南八卷　清古牛山樵撰

清咸豐五年夢飲流霞之室刻本　國圖　上海

正體字辨一卷　清孫同元撰輯

清道光遞刻彙印今韻三辨本　北大

字原徵古四卷　清曾廷枚撰

清道光刻本　南京

四書分聲正體一卷　清鄭逢源撰

清道光十二年刻本　科學

實録館漢校對處字體畫一不分卷　清李象辰撰

清光緒三年抄本　北師大

常用字辨不分卷　清曹金潘撰

清同治九年刻本　南京

釋字百韻一卷　清陳勱撰

清光緒二年都門刻本　國圖

清光緒二年張家驊刻本　科學　浙江

清光緒三年松竹齋刻本　國圖

清光緒十六年吴門重刻本　復旦

訂正習用譌字二卷　清南士明撰

清咸豐忠厚堂刻本　科學

同文一隅二卷　清承培元輯

清道光十四年暨陽書院刻本　北大　湖北

清光緒二十年暨陽書院刻本　上海

六朝别字記不分卷　清趙之謙撰

清趙之謙稿本　國圖

彙鈔三館字例四卷附二卷　清會典館

清光緒刻本　國圖　北大

清宣統刻本　國圖

續修四庫全書影印清宣統刻本

辨字通俗編一卷　清宗廷輔輯

清光緒刻一九一七年徐兆瑋印宗月鋤先生遺著本

翰苑分書正字略不分卷

清光緒五年刻本　人大

分毫字辨不分卷　清李秘園撰

清道光六年刻字學七種本　湖北

清道光九年刻字學七種本

清道光十三年泰和張氏悔不讀書齋刻字學七種本　北大　上海

清光緒十二年京師松竹齋刻字學七種本　國圖　北大

誤寫諸字不分卷　清李秘園撰

清道光六年刻字學七種本　湖北

清道光九年刻字學七種本

清道光十三年泰和張氏悔不讀書齋刻字學七種本　北大　上海

清光緒十二年京師松竹齋刻字學七種本　國圖　北大

通用諸字不分卷　清李秘園撰

清道光六年刻字學七種本　湖北

清道光九年刻字學七種本

清道光十三年泰和張氏悔不讀書齋刻字學七種本　北大　上海

清光緒十二年京師松竹齋刻字學七種本　國圖　北大

史館正字攷一卷　清國史館編

清光緒十三年刻本　國圖　天津

正字攷一卷

清宣統内府刻本　遼寧

邊旁倒置異義不分卷　清恩麟輯

清朱絲欄抄本　國圖

補正俗字編一卷　清余國光輯　黄紹裘補正

一九二四年里安廣益石印本　科學

辨字略一卷　清趙九琳校
清拜梅山房刻本　湖北
字形聲辨一卷　清沈棠臣撰
劉氏嘉業堂抄本　浙江

（三）字體

篆文大觀六卷　宋徐鉉撰
民國上海碧梧山莊石印本　遼寧
汗簡七卷　宋郭忠恕撰
明弘光元年馮舒抄本　國圖
清初抄本　國圖
清康熙四十二年汪立名一隅草堂刻本　國圖　南京
清康熙刻本　復旦
清光緒九年上海點石齋影印一隅草堂刻本　國圖　北師大
汗簡三卷目録敘略一卷
清乾隆四庫全書館寫欽定四庫全書本
清道光二十八年海虞俞氏藴玉山房刻本　國圖
清光緒五年上海點石齋石印本　天津
清光緒十年縣朱記榮槐廬家塾刻本　國圖　北大
汗簡七卷目録一卷　宋郭忠恕撰　清鄭珍箋正
清光緒十五年廣雅書局刻本　國圖　北師大
清光緒十五年廣雅書局刻一九二〇年番禺徐氏彙印廣雅書局叢書本
續修四庫全書影印清光緒十五年廣雅書局刻本
汗簡箋正七卷目録一卷
清光緒十六年遵義黎氏日本影印本　上海
一九三六年貴陽文通書局刻黔南叢書本
一九四〇年貴州省政府據清刻版彙印巢經巢全集本
古篆考正不分卷　宋郭忠恕撰　清孫星衍臨寫
民國上海碧梧山莊石印本　遼寧　南京
集古文韻五卷　宋夏竦撰
宋紹興十五年齊安郡學刻公文紙印本　國圖（存卷三）
新集古文四聲韻五卷　宋夏竦撰
宋刻本　國圖（卷一配清抄本）
清光緒八年刻本　湖北

清光緒八年刻宣統元年彙印碧琳琅館叢書本　科學
清影宋抄本　蘇州
清影宋抄本　南京
中華再造善本影印宋刻本

新集古文四聲韻五卷附録一卷
清乾隆四十四年汪啟淑刻本　北大　復旦
一九二五年上虞羅氏影印汪啟淑刻本　遼寧

古文四聲韻五卷
清乾隆四庫全書館寫欽定四庫全書本
一九三五年南海黄氏據舊版彙印芋園叢書本

歷代鐘鼎彝器款識二十卷　宋薛尚功撰
清光緒二十九年貴池劉氏玉海堂武昌影宋抄本　南開
明抄本　西北大學
清雍正三年抄本　上海
清二老閣抄本　天一閣
民國古書流通處石印本　北大　北師大

歷代鐘鼎彝器款識法帖二十卷　宋薛尚功撰
明萬曆十六年萬岳山人刻朱印本　國圖　南京
明崇禎六年朱氏刻本　科學　上海
明抄本　山東博
清乾隆四庫全書館寫欽定四庫全書本
清嘉慶二年阮元刻本　北大　人大　故宫　湖南
清光緒二十九年貴池劉氏玉海堂武昌影宋刻本　北大　人大
舊抄本　臺北故宫
一九三五年海城于氏影印明崇禎刻本　北大

歷代鐘鼎款識二十卷　宋薛尚功撰
清光緒八年上海點石齋刻本　人大

薛氏鐘鼎款識二十卷　宋薛尚功撰
一九三四年上海鑄記書局石印本　人大

集篆古文韻海五卷　宋杜從古撰
清嘉慶元年項世英抄本　國圖
清嘉慶阮元景摹舊抄本輯宛委别藏本　臺北故宫
一九三五年上海商務印書館影印選印宛委别藏本
北京圖書館珍本叢刊影印清嘉慶元年項世英抄本

續修四庫全書影印清嘉慶寫宛委别藏本

漢隸字源六卷 宋婁機撰

宋刻本 故宫(存一册)

明末毛氏汲古閣覆宋刻本 國圖 北大

明刻黑口本 臺北故宫(存去聲)

清初抄本 國圖

清初抄本 南京

清影抄毛氏汲古閣本 湖南

清乾隆四庫全書館寫欽定四庫全書本

清乾隆孔氏刻微波榭叢書本

漢隸字源校本一卷 清張弨撰

清同治四年望三益齋刻張亟齋遺集本 國圖

漢隸字源勘誤一卷 清崔鴻圖撰

清光緒三十四年石印本 科學

隸韻十卷碑目一卷 宋劉球撰

清嘉慶阮元據抄本輯宛委别藏本

中華再造善本影印宋刻拓本

隸韻十卷碑目一卷附隸韻攷證二卷碑目攷證一卷 宋劉球撰 清翁方綱撰隸韻攷證 碑目攷證

清嘉慶十四年秦恩複刻本 上海 天津

清嘉慶十四年長白後巻刻本 甘肅

清嘉慶十五年阿克當阿刻本 北大

清嘉慶十五年上元柏氏重刻本 北大

續修四庫全書影印清嘉慶十五年秦恩復刻本

石鼓文音訓攷正一卷 元潘迪音訓 清馮承輝攷正

清光緒十九年刻本 湖北

校補石鼓文音訓一卷 清周庠撰

清光緒二十三年刻本 湖北

周秦刻石釋音一卷 元吾邱衍撰

清乾隆四庫全書館寫欽定四庫全書本

清光緒八年歸安陸氏刻十萬卷樓叢書本 北大

清抄本 上海

葉渭清抄本 浙江

抄本 南京

抄本　雲南

續古篆韻六卷　元吾邱衍撰

清嘉慶阮元據抄本輯宛委别藏本

清道光六年三山陳氏刻獨抱廬叢刻本　北大　湖北

續修四庫全書影印清道光六年陳宗彝獨抱廬刻本

漢隸分韻七卷　元□□撰

元刻本　國圖　北大　上海

明正德十一年刻本　科學　上海博　南京　浙江

明正德十一年刻公文紙印本　上海

明嘉靖九年李宗樞刻本　北大　南京

清乾隆九年刻本　復旦

清乾隆四庫全書館寫欽定四庫全書本

清抄本(清吴騫校)　國圖

中華再造善本影印元刻本

新刻漢隸分韻七卷　元□□撰

明萬曆胡文焕文會堂刻格致叢書本

漢隸分韻五卷附增輯一卷　元□□撰　清鍾浩摹寫並增輯

清乾隆四十六年鍾氏衍慶堂刻本　北大　上海

漢隸分韻不分卷　清董元宿注録

清抄本　遼寧

漢隸分韻增輯一卷　清鍾浩輯

清乾隆四十六年鍾氏衍慶堂刻本　北大　上海

古字便覽一卷　元虞集撰

明萬曆胡文焕文會堂刻格致叢書本

增廣鐘鼎篆韻七卷　元楊鉤撰

清嘉慶阮元據抄本輯宛委别藏本

清抄本　國圖

清抄本(清許瀚校並跋)　上海

清抄本　上海

舊抄本　臺北故宫

一九三五年上海商務印書館影印選印宛委别藏本

北京圖書館珍本叢刊影印清抄本

續修四庫全書影印清抄本

師古篆韻六卷　題元李墉輯　明陶漁校删

清抄本　國圖

漢隸韻要五卷　明文徵明撰

明潘振刻本　國圖

石鼓文音釋三卷附録一卷　明楊慎撰

明正德十六年刻本　考古所　福建

四庫全書存目叢書影印明正德十六年刻本

石鼓文音釋三卷

清乾隆綿州李氏萬卷樓刻嘉慶十四年綿陽李鼎元校印函海之升菴韻學七種本　國圖

清道光五年綿陽李朝夔刻函海之升菴韻學七種本　國圖

清光緒七至八年廣漢鍾登甲樂道齋刻函海本　國圖

石鼓文攷一卷　明李中馥撰　清李昀校訂

一九一五年刻太原李鳳石先生遺著本　湖北

石鼓文正誤四卷　明陶滋撰

明嘉靖十二年錢貢刻本　北大　上海　南京　陝西

四庫全書存目叢書影印明嘉靖十二年刻本

金石遺文五卷　明豐道生撰

清抄本　湖南

草韻辨體五卷　明郭諶撰

明萬曆十二年刻本　北大

明崇禎六年閔齊伋刻朱藍印本　上海

一九四一年吴興丁氏影印本　北大

摭古遺文四卷上下去入　明李登輯

明萬曆二十二年姚履旋等刻文蔚堂藏版本　北大　科學

明萬曆三十一年海陵李思謙刻本　天津　浙江

清抄本　復旦

清抄本　浙江

一九三二年北平燕京大學圖書館抄本　北大

四庫全書存目叢書影印明萬曆二十二年姚履旋等刻本

類纂古文字攷五卷　明都俞輯

明萬曆二十四年刻本　華東師大

四庫全書存目叢書影印明萬曆二十四年刻本

集鐘鼎古文韻選五卷　明釋道泰撰

明抄本　大連

清黑格抄本　國圖

北京圖書館古籍珍本叢刊影印清抄本

四庫全書存目叢書影印明抄本

篆訣辯釋一卷　明陳鍾盩撰

明崇禎元年陳氏賜緋堂刻本　安徽

篆訣辯釋不分卷　明陳鍾盩撰　清甘受和訂定

清嘉慶十七年甘氏潄石山房刻本　上海　南京

清光緒八年常熟抱芳閣刻本　國圖　湖北　浙江

清光緒十五年文選樓刻玲瓏山館叢書本

三鱣堂篆韻正義五卷　明楊昌文撰

明崇禎十三年楊昌文刻本　國圖　南京

篆林肆考十五卷　明鄭大郁輯

明崇禎十四年劉肇麟刻本　國圖　徐州　安徽師大　河南

明崇禎劉榮吾藜光堂刻本　國圖　吉林

明末文萃堂刻本　國圖

清刻本　湖南(存卷一至三　卷八至九)

篆學測解二十九卷聲韻表一卷　明韓洽撰

清嘉慶二十五年韓崶刻本　國圖　南京

篆訣分韻一卷　清趙師尹撰

清道光小小齋刻本　科學

篆書正四卷　清戴明説撰

清順治十四年胡正言刻本　北大　科學

清抄本　科學

篆書正四卷　清戴明説撰　清馬鳴蕭輯

清光緒十八年通州文元齋刻本　南京

篆隸辯從二卷　清方中通撰

清初方氏刻本　北大

古字彙編不分卷　清李棠馥撰

清康熙四年刻本　科學

四庫未收書叢刊影印清康熙四年李棠馞刻本

篆學一隅十二卷　清程璞撰

清程璞稿本　上海(卷一)　南京(卷二至十二)

周宣王石鼓文定本二卷　清劉凝撰

清康熙四十四年刻本　湖南

四庫全書存目叢書影印清康熙四年刻本

篆文纂要全宗二卷提綱一卷附篆體須知一卷　清陳策撰
　清康熙十一年刻本　國圖
　清抄本　浙江(存卷一至二)
　四庫全書存目叢書影印清康熙十一年刻本
篆文纂要四卷　清陳策撰
　抄本　科學
韻府古篆彙選五卷　清陳策撰
　日本元禄十年西山源京兆柳枝軒刻本　北大　科學
　日本正德三年京兆書舗柳枝軒刻本　北大
　日本明治三十六年東京博文館刻本　人大
許氏説篆三卷　清許容輯
　清康熙十四年刻本　科學
篆隸攷異八卷　清周靖撰
　清抄本　遼寧
　清抄本　南京
篆隸攷異四卷
　清乾隆四庫全書館寫欽定四庫全書本
篆隸攷異二卷
　清光緒孔氏嶽雪樓影抄文瀾閣四庫全書本　廣東
備文書譜二十八卷附一卷　清南村逸叟輯
　清南村逸叟稿本　吴江(闕卷七至八　卷二十一至二十二)
六書分類十二卷首一卷　清傅世垚輯
　清傅世垚稿本　浙江
　清康熙三十八年聽松閣刻本　國圖
　清乾隆五十四年傅應奎維隅堂刻本　國圖
　清嘉慶寶仁堂刻本　北大
　四庫全書存目叢書影印清康熙刻本
分隸偶存二卷　清萬經輯
　清光緒二十五年吉林探源書坊刻本　湖北
隸辨八卷　清顧藹吉撰
　清康熙五十七年項氏玉淵堂刻本　國圖
　清乾隆八年黄晟刻本　國圖　科學
　清乾隆四庫全書館寫欽定四庫全書本
　清乾隆喻義堂刻本　上海　復旦

清江甯甘瑞祥家刻本　北大

隸辨節鈔六卷　清顧藹吉撰

清乾隆嘉慶間抄本　復旦

隸辨檢韻不分卷　陳炳華輯

民國抄本　湖北

篆韻統編五十五卷　清程德洽撰

清程德洽稿本　南京

篆字彙十二集　清佟世男編

清康熙三十年多山堂刻本　北大　浙江

清康熙佐聖堂刻本　南京

清康熙錫環堂刻本　國圖

清咸豐二年漁古山房刻本　北大　浙江

四庫全書存目叢書影印清康熙刻本

鐘鼎字源五卷附録一卷　清汪立名撰

清康熙五十五年一隅草堂刻本　浙江

清光緒二年洞庭秦氏麟慶堂重刻本　北大

一九二五年上海掃葉山房石印本　遼寧

八分書辨一卷　清楊錫觀撰

清雍正乾隆遞刻彙印楊顒若小學二種本　湖北　浙江

清乾隆八年嘉禾瑞石軒刻楊顒若小學二種本　上海

清乾隆五十一年嘉禾瑞石軒刻楊顒若小學二種本　國圖

清乾隆刻篆學三書本蘭秘齋藏板　國圖

清光緒九年陽湖楊氏刻大亭山館叢書本　北大

四庫全書存目叢書影印清雍正十三年刻乾隆五十八年馮浩修補重印本

隸八分辨一卷　清方輔撰

清乾隆五十四年彭翥刻本　上海　南京

續修四庫全書影印清乾隆五十四年刻本

隸法彙纂十卷字總録一卷　清項懷述撰

清乾隆四十五年小酉山房刻本　國圖　北大　江西

一九一九年上海掃葉山房石印本　國圖

字總録一卷　清項懷述撰

清乾隆四十五年小酉山房刻本　國圖　北大　江西

一九一九年上海掃葉山房石印本　國圖

隸法彙纂十卷　清項懷述轉　清汪燦增輯

清同治九年古渝汪氏養和堂刻本　湖北　甘肅

碑版異文録一卷　清梁同書撰

清梁同書稿本　清翁同龢跋　上海

選集漢印分韻二卷續二卷　清謝景卿輯

清嘉慶二年潄藝堂刻本　北師大　科學　浙江

一九二四年上海掃葉山房石印本　北師大

選集漢印分韻二卷

清光緒十年錢塘博雲室抄本　甘肅

繆篆分韻五卷補一卷　清桂馥撰

清嘉慶元年歸安姚民咫進齋精刻本　國圖　人大　天津

清嘉慶元年歸安姚氏咫進齋刻光緒彙印邃雅堂全書本　國圖　湖北　遼寧

清光緒五年蘇州振新書局石印本　江西

一九一三年蘇州振新書局石印本　復旦　湖北

繆篆分韻五卷

清抄本　重慶

石鼓文釋存一卷補注一卷　清張燕昌撰

清乾隆五十三年刻本　國圖　上海

清光緒二十八年劉世珩刻本　北大　北師大　天津

石鼓文集釋一卷　清任兆麟撰

清乾隆五十三年震澤任氏忠敏家塾刻心齋十種本　國圖　北大　科學

漢碑隸體舉要一卷　清蔣和撰

清乾隆五十九年刻蔣氏游藝祕録本

一九二九年上海商務印書館石印本　甘肅　江西

古篆古義不分卷附古篆筆勢論　清蔣和撰

清嘉慶二年冬寓齋刻本　北師大

隸椈不分卷　清董元宿輯

清董元宿稿本　天一閣

商周文字拾遺三卷　清吴東發撰

清吴東發稿本　上海(存卷下)

商周文拾遺三卷　清吴東發撰

清抄本　上海

清抄本　國圖

一九二四年上海中國書店影印本　北大　南京

石鼓釋文考異一卷　清吴東發撰

清乾隆刻石鼓讀本本　上海

清嘉慶刻石鼓讀本本　國圖

一九二六年海寧陳氏慎初堂影印清乾隆刻石鼓讀本本　北大　北師大　上海

石鼓文章句一卷　清吴東發撰

清乾隆刻石鼓讀本本　上海

清嘉慶刻石鼓讀本本　國圖

一九二六年海寧陳氏慎初堂影印清乾隆刻石鼓讀本本　北大　北師大　上海

石鼓辨一卷　清吴東發撰

清乾隆刻石鼓讀本本　上海

清嘉慶刻石鼓讀本本　國圖

一九二六年海寧陳氏慎初堂影印清乾隆刻石鼓讀本本　北大　北師大　上海

石鼓鑑一卷　清吴東發撰

清乾隆刻石鼓讀本本　上海

清嘉慶刻石鼓讀本本　國圖

一九二六年海寧陳氏慎初堂影印清乾隆刻石鼓讀本本　北大　北師大　上海

石鼓釋文考異或問一卷　清吴東發撰

清乾隆刻石鼓讀本本　上海

清嘉慶刻石鼓讀本本　國圖

一九二六年海寧陳氏慎初堂影印清乾隆刻石鼓讀本本　北大　北師大　上海

石鼓爾雅一卷　清吴東發撰

清乾隆刻石鼓讀本本　上海

清嘉慶刻石鼓讀本本　國圖

一九二六年海寧陳氏慎初堂影印清乾隆刻石鼓讀本本　北大　北師大　上海

敘鼓一卷　清吴東發撰

清乾隆刻石鼓讀本本　上海

清嘉慶刻石鼓讀本本　國圖

一九二六年海寧陳氏慎初堂影印清乾隆刻石鼓讀本本　北大　北師大　上海

篆楷考異一卷字式一卷楷書訂譌一卷　清徐朝俊輯

清嘉慶十三年刻三色套印本　復旦

石鼓然疑一卷　清莊述祖撰

清嘉慶二十五年書業刻浮溪精舍叢書本　上海　吉林大

清道光十四年武進莊氏脊令舫刻珍埶宧遺書本

清光緒八年刻本　上海　南京

一九二五年錢塘汪氏刻食舊堂叢書本

石鼓文縮本釋文一卷　清朱善旂撰

清朱善旂稿本　上海

積古齋鐘鼎彝器款識稿本□卷　清阮元等撰
　　清光緒三十二年石印本　臺北故宫(存卷一至四)
積古齋鐘鼎彝器款識十卷　清阮元　朱爲弼撰
　　清嘉慶九年揚州阮元刻文選樓叢書本　國圖　上海　南京
　　清光緒五年宜都楊氏刻本　北師大
　　清光緒八年抱芳閣刻本　國圖
　　清光緒九年常熟鮑氏刻後知不足齋叢書本
積古齋鐘鼎彝器款識二卷
　　清道光九年廣東學海堂刻皇清經解本
　　清道光九年廣東學海堂刻咸豐十一年補刻皇清經解本
　　清光緒十七年上海鴻寶齋石印皇清經解本
阮氏鐘鼎補遺二卷　清阮元撰
　　清抄本　華東師大
積古齋鐘鼎彝器款識補遺一卷　清王仁俊撰
　　清王仁俊稿本籀鄦誃雜著本　國圖
藝林一隅二卷增編一卷　清章本烈撰
　　清嘉慶二十三年蘭芬書屋刻本　科學
字辨證篆十四卷　清易本烺纂
　　道光十六年刻本　科學
字辨證篆十七卷附字孳補二卷　清易本烺纂　清易鏡清輯字孳　清易本烺補字孳
　　清同治八年京山易本烺家刻本　北大　科學
　　續修四庫全書影印清同治八年刻本
字體蒙求一卷　清易本烺撰
　　清五知軒刻本　國圖　湖北
　　清光緒二年盱南上塘蔡氏刻三餘書屋叢書本
注釋字體蒙求二卷　清易本烺撰　李天根注
　　一九二八年雙流李天根念劬堂刻本　國圖　科學
隸篇不分卷　清翟云升撰
　　清翟云升稿本　山東博
隸篇十五卷續十五卷再續十五卷　清翟云升撰
　　清道光十八年楊以增等刻本　北大　北師大　天津　南京
　　一九二四年上海掃葉山房影印本　北師大　遼寧　湖南

隸篇十五卷續十五卷再續十五卷金石目一卷部目一卷字目一卷　清翟云升撰

清道光十七至十八年五經歲徧齋刻本　北師大　天津　南京

隸樣八卷　清翟云升撰

清翟云升藍格稿本　國圖

隸字通考不分卷　清問梅居士輯

清問梅居士稿本　東北師大

隸書糾謬一卷　清江有誥撰

清咸豐二年刻江氏音學十書本　上海　南京

抄本江氏音學十書本　國圖

隸書糾謬補遺一卷　清江錫善撰

清咸豐二年刻江氏音學十書本　上海　南京

抄本江氏音學十書本　國圖

古文原始一卷　清曹金籀撰

清咸豐間曹氏刻石屋叢書本　科學

清同治十二年仁和曹氏靈蘭室刻石屋叢書本　國圖　北大

古籀答問二卷　清鄭知同撰

清鄭知同稿本　杭州大學

古文字彙六卷　清洪啟宇撰

清洪啟宇稿本　上海

古文通考不分卷　清陳殿柱輯

清陳殿柱稿本　上海

隸通二卷　清錢慶曾撰

清光緒二十六年南陵徐乃昌據武進費氏傳抄本校刻鄦齋叢書本　復旦　湖北

續修四庫全書影印清光緒二十六年南陵徐氏刻鄦齋叢書本

隸通二卷　清錢慶增撰　清錢元培注

清錢氏稿本　南京

漢隸異同十二卷　清甘揚聲輯

清道光十一年勤約堂刻本　國圖　湖北

續修四庫全書影印清道光十一年勤約堂刻本

篆法辨訣一卷　清承培元撰　清張立純注

清咸豐刻本　科學

石鼓文纂釋一卷　清趙烈文撰

清光緒十一年静圃刻本　湖北

篆墨集詁十二卷　清陸增祥撰

清陸增祥稿本　上海(存午集至亥集)

小穜字林集字偶語四卷　清吴受福輯

清光緒十一年石印本　上海

漢隸考一卷　清胡義贊撰

清胡義贊稿本　南京

金文考一卷　清吴大澂撰

清吴大澂稿本　國圖

韜廬隸譜一卷附急就章草一卷　清汪宗沂撰

清光緒刻本　復旦

楷法溯原十四卷帖目一卷古碑目一卷　清潘存孺輯　清楊守敬編

清光緒三年至四年宜都楊氏刻本　浙江

續修四庫全書影印清光緒四年刻本

楷體蒙求八卷　清劉廷玉輯

清同治十年常郡一枝山房刻本　湖北

玉堂楷則一卷　清佚名撰

清同治十三年鄞西陳氏刻本　南京

漢隸辨體四卷　清尹彭壽撰

清光緒十三年尚志堂刻本　上海

續修四庫全書影印清光緒二十一年尚志堂刻本

漢隸辨體四卷補正一卷　清尹彭壽撰

清光緒二十一年諸城尹氏尚志堂刻本　遼寧

石鼓文音訓集證一卷　清尹彭壽撰

清尹彭壽稿本　新疆

石鼓文匯一卷　清尹彭壽撰

清光緒二十一年諸城尹氏刻斠經室集初刻本　清華

隸有六卷拾遺一卷隸通一卷　清趙瞳編

清光緒十五年影印原寫本　北大　上海

隸通一卷　清趙瞳編

清光緒十五年影印原寫本　北大　上海

篆籀奇字表一卷　清沈梧撰

清沈梧稿本　南京

成周石鼓攷一卷　清沈梧撰

清沈梧稿本　國圖

石鼓文定本十卷石鼓文地名考一卷　清沈梧撰

清光緒十六年古華山館刻本　北師大

石鼓文析埶一卷　清沈梧撰

清沈梧稿本　國圖

集字避複一卷　清曾廣鈞輯

清光緒二十九年忠襄公祠刻本　天津　復旦

五聲篆隸合編十二卷　清錢峎秀輯

清精抄本　天津(存卷一至八)

古籒拾遺三卷　清孫詒讓撰

清孫詒讓稿本　杭州大學

續修四庫全書影印清光緒十四年自刻本

古籒拾遺三卷附宋政和禮器文字考一卷　清孫詒讓撰

清光緒十六年瑞安孫氏刻經微室著書本　北大

一九一八年上海掃葉山房石印本　北師大　南開

古籒餘論一卷　清孫詒讓撰

清孫詒讓稿本　杭州大學

古籒餘論二卷

抄本　北大

古籒餘論三卷

清光緒二十九年籒經樓刻本　北大

一九二九年北平燕京大學鉛印本　北大

續修四庫全書影印清光緒二十九年籒經樓刻本

契文舉例二卷　清孫詒讓撰

清孫詒讓稿本　杭州大學

民國上虞羅氏影印吉石盦叢書本

一九二七年上海蟫隱樓石印本　科學　湖北

宋政和禮器文字考一卷　清孫詒讓撰

清光緒十四至十六年瑞安孫氏刻經微室著書本　北大

清末石印本　北大

名原二卷　清孫詒讓撰

清光緒三十一年瑞安孫氏刻本　北大

民國上海千頃堂書局影印本　南京

四庫未收書叢刊影印清光緒三十一年刻本

古文審不分卷　清劉心源撰

清光緒劉心源紅格稿本　湖北(六册存四册)

古文審八卷首一卷

清光緒十七年嘉魚劉氏龍江樓刻本　南京　湖北

古籀韻編一卷　清邵元瀚輯

清邵元瀚稿本　山東

汗簡韻編一卷　清邵元瀚輯

清邵元瀚稿本　山東

讀篆臆存雜説一卷　清吴錦章撰

清光緒興山吴氏崇雅精舍刻本　國圖

古籀文字二卷　清曾明章輯

清曾明章稿本　復旦

金石字様八卷　清戴源集録

清抄本　遼寧

古字彙誌一卷

清抄本　廣東(八畫後補抄)

石鼓釋文一卷

稿本　福建

便字四種不分卷　清趙融撰

清光緒三十一年石印本　國圖

增訂合聲簡字譜一卷　清勞乃宣撰

清光緒三十二年金陵書局刻簡字譜録本　北大　南京

清光緒三十四年勞氏進呈朱絲欄抄簡字譜略本　國圖

重訂合聲簡字譜一卷　清勞乃宣撰

清光緒三十一年奉賢礦金公學刻本　南京

清光緒三十二年金陵書局刻簡字譜録本　北大　南京

清光緒三十四年勞氏進呈朱絲欄抄簡字譜略本　國圖

簡字叢録一卷　清勞乃宣撰

清光緒三十二年金陵書局刻簡字譜録本　北大　南京

清光緒三十四年勞氏進呈朱絲欄抄簡字譜略本　國圖

簡字叢録續編一卷　清勞乃宣撰

民國南陽印刷官廠排印本　國圖

簡字全譜一卷　清勞乃宣撰

清光緒三十二年金陵書局刻簡字譜録本　北大　南京

清光緒三十四年勞氏進呈朱絲欄抄簡字譜略本　國圖

京音簡字述略一卷　清勞乃宣撰

清光緒三十二年金陵書局刻簡字譜録本　北大　南京

清光緒三十四年勞氏進呈朱絲欄抄簡字譜略本　國圖

讀音簡字通譜一卷　清勞乃宣撰

一九一九年京師刻本　國圖　北師大　科學　復旦

中文古籀篆隸通六卷　清羅時憲撰

一九一九年葉政舉刻本　北大

殷商貞卜文字考一卷　清羅振玉撰

清宣統二年玉簡齋石印本　天津　湖北

清宣統二年玉簡齋石印一九四四年吴興周延年彙編蟫隱廬叢書本

石鼓文考釋三卷　清羅振玉撰

一九一六年上虞羅氏影印楚雨樓叢書本

石鼓文攷證一卷　清吴廣霈撰

抄本　南京

一九三一年瑞安陳氏刻湫漻齋叢書本

石鼓全文箋一卷　清黄芝函撰

一九一六年貴陽陳氏靈峰草堂石印本　湖北

重編石鼓文一卷　清强運開撰

一九一七年上海廣倉學窘石印本　湖北

石鼓釋文二卷　清强運開撰

一九三五年上海商務印書館石印本　北師大　江西　湖北

草隸存六卷　清鄒安輯

一九二八年廣倉學群影印本　復旦

説文篆法皕韻歌二卷　清周鍾麟編

一九三一年上海碧梧山莊石印本　北大

篆法偏旁點畫辨一卷　清周崧年輯撰

民國福禄周崧年寄廬石印本　國圖

今古文對照表不分卷　清佚名撰

抄本　南京

（四）字學

字學源流一卷　明吕道爔撰

明萬曆十九年吕道爔刻書學大成本

新刻字學源流一卷　明吕道爔撰
　明萬曆胡文焕文會堂刻格致叢書本
　明萬曆胡文焕文會堂刻百家名書本
字學源流策一卷　明何敢復撰
　清抄本　桂林
新刻字學備考四卷　明胡文焕撰
　明萬曆胡文焕文會堂刻格致叢書本
字學一覽五卷　清徐錦撰
　清嘉慶五年文林堂重刻本　國圖
檀園字説一卷外篇一卷　清徐養元撰
　清徐養元稿本　鎮江博
小學字解一卷　清王紹蘭撰
　清道光十三年吴江沈氏世楷堂刻昭代叢書本
釋書名一卷　清莊綬甲撰
　清道光刻拾遺補藝齋遺書本
　清光緒十五年木活字印拾遺補藝齋遺書本　國圖　北大　天津
　一九三七年排印丁丑叢編本　北大
文字説解問譌四卷　清楊沂孫撰
　清楊沂孫稿本　南京
　清楊沂孫稿本(清趙烈文批並跋)　上海
文字説解疑辯不分卷　清楊沂孫撰
　清楊沂孫稿本　復旦
文字索隱不分卷　清楊沂孫撰
　王欣夫抄本　復旦
在昔篇一卷　清楊沂孫撰
　清楊沂孫稿本　常熟
字學彙海不分卷　清潘祖蔭編
　清光緒十二年北京秀文齋刻本　科學
字學彙海二卷
　清光緒十五年京都琉璃廠秀文齋刻本　復旦　浙江
文字述聞六卷首一卷　清趙怡撰
　民國趙愷據稿本節抄本　貴州
字學繹貫一卷　清王廷鼎撰
　清光緒十五年抄本　科學

文字旁通□卷末一卷　清雷廷珍撰
　　抄本　貴州
攷定文字議疏證不分卷　清馮世澂撰
　　清馮世澂稿本　南京
字學尋原三卷　清吴錦章撰
　　清光緒二十三年守愚齋刻本　北大　浙江
字學彙考□□卷
　　清末稿本　天津(存匡俗八卷　訂訛一卷)
華字原一卷　清戴姜福撰
　　清光緒三十三年油印本　科學
文字源流參考書一卷　清張之純編
　　一九二五年上海商務印書館排印本　湖南
文字源流考一卷附六變記一卷　清廖平撰　梅毓東撰六變記
　　一九二一年成都昌福公司鉛印本　北大　科學
漢代古文考一卷　清王國維撰
　　王國維稿本　北大
　　一九一六年上海倉聖明智大學排印廣倉學宭叢書本　北大
書帶草堂字話不分卷　清鄭若恂撰
　　鄭若恂稿本　南開
倉頡論三卷　清劉立夫撰
　　一九一九年北京偕廣書記處鉛印本　北大
　　一九一九年北京文益印刷局鉛印本　國圖
字學源流講義一卷　清吴傳綺撰
　　一九一三年刻本　江西
文字原流課程不分卷　清鍾圖南撰
　　民國石印本　湖北
文字溯源不分卷　清鍾圖南撰
　　民國武昌彭錦榮石印字説約抄本
文字淺識不分卷　清徐運錦撰
　　一九二四年石印本　國圖　人大
文字鎔二卷　清李天根撰
　　一九二四年雙流李氏刻念劬堂叢書本
文字學初步一卷　清李天根撰
　　一九二四年雙流李氏刻念劬堂叢書本

中國文字來源及變遷一卷　清李天根撰
一九二五年雙流李氏念劬堂刻本　國圖
文字學要義詁解二卷　清李天根撰
一九二七年雙流李氏念劬堂刻本　甘肅
中國文字學貫解不分卷　清李天根撰
民國排印國民公報叢書本
中國文字學貫解十二卷
一九三七年西川大學研究社刻本　北大

三、音韻之屬

（一）韻書

聲類一卷　三國魏李登撰　清任大椿輯　清王念孫校
清嘉慶二十二年山陽汪廷珍刻小學鉤沈本
清光緒三年雪滄鈔小學鉤沈本
清光緒十年江都李氏半畝園刻小學類編之小學鉤沈本
清光緒湖北崇文書局刻小學鉤沈本
清光緒羊城馮氏刻翠琅玕館叢書之小學鉤沈本
一九三五年南海黄氏據舊版彙印芋園叢書之小學鉤沈本
續修四庫全書影印清嘉慶二十二年汪廷珍刻本
聲類一卷　三國魏李登撰　清陳鱣輯
清陳鱣稿本　國圖
聲類一卷　三國魏李登撰　清章宗源輯
清抄本　南京
聲類一卷　三國魏李登撰　清馬國翰輯
清光緒九年長沙嫏嬛館刻玉函山房輯佚書本
清光緒十年章邱李氏據馬氏刻版重印玉函山房輯佚書本
清光緒十年楚南書局刻玉函山房輯佚書本
聲類一卷　三國魏李登撰　清黄奭輯
清道光甘泉黄氏刻知足齋叢書本
清道光甘泉黄氏刻光緒印漢學堂叢書本
清道光甘泉黄氏刻一九二五年王鑑修補印黄氏逸書考本
聲類一卷　三國魏李登撰　顧震福輯
清光緒十八年山陽顧氏刻小學鉤沈續編本

續修四庫全書影印清光绪十八年刻本

聲類一卷　三國魏李登撰　龍璋輯

民國攸縣龍氏排印小學蒐逸本

韻集一卷　晉吕静撰　清任大椿輯　清王念孫校

清嘉慶二十二年山陽汪廷珍刻小學鉤沈本

清光緒三年雪滄抄小學鉤沈本

清光緒十年江都李氏半畝園刻小學類編之小學鉤沈本

清光緒湖北崇文書局刻小學鉤沈本

一九三五年南海黄氏據舊版彙印芋園叢書之小學鉤沈本

續修四庫全書影印清嘉慶二十二年汪廷珍刻本

韻集一卷　晉吕静撰　清馬國翰輯

清光緒九年長沙嫏嬛館刻玉函山房輯佚書本

清光緒十年章邱李氏據馬氏刻版重印玉函山房輯佚書本

清光緒十年楚南書局刻玉函山房輯佚書本

韻集一卷　晉吕静撰　清黄奭輯

清道光甘泉黄氏刻知足齋叢書本

清道光甘泉黄氏刻光緒印漢學堂叢書本

清道光甘泉黄氏刻一九二五年王鑑修補印黄氏逸書考本

韻集一卷　晉吕静撰　清顧震福輯

清光緒十八年山陽顧氏刻小學鉤沈續編本

續修四庫全書影印清光绪十八年刻本

韻集一卷　晉吕静撰　清龍璋輯

民國攸縣龍氏排印小學蒐逸本

文字音義一卷　晉王延撰　龍璋輯

民國攸縣龍氏排印小學蒐逸本

韻會一卷　晉孟昶撰　龍璋輯

民國攸縣龍氏排印小學蒐逸本

纂韻一卷　隋潘徽撰　龍璋輯

民國攸縣龍氏排印小學蒐逸本

音譜　南朝宋李概撰　清任大椿輯　清王念孫校

清嘉慶二十二年山陽汪廷珍刻小學鉤沈本

清光緒三年雪滄抄小學鉤沈本

清光緒十年江都李氏半畝園刻小學類編之小學鉤沈本

清光緒湖北崇文書局刻小學鉤沈本

一九三五年南海黄氏據舊版彙印芋園叢書之小學鉤沈本
續修四庫全書影印清嘉慶二十二年汪廷珍刻本

音譜一卷 南朝宋李概撰 清黄奭輯
清道光甘泉黄氏刻知足齋叢書本
清道光甘泉黄氏刻光緒印漢學堂叢書本
清道光甘泉黄氏刻一九二五年王鑑修補印黄氏逸書考本

音譜 南朝宋李概撰 清顧震福輯
清光緒十八年山陽顧氏刻小學鉤沈續編本
續修四庫全書影印清光绪十八年刻本

音譜一卷 南朝宋李概撰 清龍璋輯
民國攸縣龍氏排印小學蒐逸本

聲譜 清任大椿輯 清王念孫校
清嘉慶二十二年山陽汪廷珍刻小學鉤沈本
清光緒三年雪滄抄小學鉤沈本
清光緒十年江都李氏半畝園刻小學類編之小學鉤沈本
清光緒湖北崇文書局刻小學鉤沈本
清光緒羊城馮氏刻翠琅玕館叢書之小學鉤沈本
一九三五年南海黄氏據舊版彙印芋園叢書之小學鉤沈本
續修四庫全書影印清嘉慶二十二年汪廷珍刻本

聲譜一卷 清黄奭輯
清道光甘泉黄氏刻知足齋叢書本
清道光甘泉黄氏刻光緒印漢學堂叢書本
清道光甘泉黄氏刻一九二五年王鑑修補印黄氏逸書考本

聲譜一卷 清顧震福輯
清光緒十八年山陽顧氏刻小學鉤沈續編本
續修四庫全書影印清光绪十八年刻本

聲譜一卷 清龍璋輯
民國攸縣龍氏排印小學蒐逸本

古今字音一卷 清任大椿輯 清王念孫校
清嘉慶二十二年山陽汪廷珍刻小學鉤沈本
清光緒三年雪滄抄小學鉤沈本
清光緒十年江都李氏半畝園刻小學類編之小學鉤沈本
清光緒湖北崇文書局刻小學鉤沈本
一九三五年南海黄氏據舊版彙印芋園叢書之小學鉤沈本

續修四庫全書影印清嘉慶二十二年汪廷珍刻本

古今字音一卷　清龍璋輯

民國攸縣龍氏排印小學蒐逸本

韻略一卷　北齊陽休之撰　清任大椿輯　清王念孫校

清嘉慶二十二年山陽汪廷珍刻小學鉤沈本

清光緒三年雪滄抄小學鉤沈本

清光緒十年江都李氏半畝園刻小學類編之小學鉤沈本

清光緒湖北崇文書局刻小學鉤沈本

一九三五年南海黄氏據舊版彙印芋園叢書之小學鉤沈本

續修四庫全書影印清嘉慶二十二年汪廷珍刻本

韻略一卷　北齊陽休之撰　清馬國翰輯

清光緒九年長沙嫏嬛館刻玉函山房輯佚書本

清光緒十年章邱李氏據馬氏刻版重印玉函山房輯佚書本

清光緒十年楚南書局刻玉函山房輯佚書本

韻略一卷　北齊陽休之撰　清黄奭輯

清道光甘泉黄氏刻知足齋叢書本

清道光甘泉黄氏刻光緒印漢學堂叢書本

清道光甘泉黄氏刻一九二五年王鑑修補印黄氏逸書考本

韻略一卷　北齊陽休之撰　清王仁俊輯

清光绪王仁俊稿本玉函山房輯佚書續編本　上海

韻略一卷　北齊陽休之撰　顧震福輯

清光緒十八年山陽顧氏刻小學鉤沈續編本

續修四庫全書影印清光绪十八年刻本

韻略一卷　北齊陽休之撰　龍璋輯

民國攸縣龍氏排印小學蒐逸本

集類一卷　清龍璋輯

民國攸縣龍氏排印小學蒐逸本

韻英一卷　隋釋静洪撰　清龍璋輯

民國攸縣龍氏排印小學蒐逸本

唐寫本切韻殘卷三卷　隋陸法言撰

一九二一年影印王國維寫本　北大　遼寧

抄本　重慶

續修四庫全書影印民國十年影印王國維寫本

切韻　隋陸法言撰　清任大椿輯　清王念孫校

清嘉慶二十二年山陽汪廷珍刻小學鉤沈本

清光緒三年雪滄抄小學鉤沈本
清光緒十年江都李氏半畝園刻小學類編之小學鉤沈本
清光緒湖北崇文書局刻小學鉤沈本
一九三五年南海黄氏據舊版彙印芋園叢書之小學鉤沈本
續修四庫全書影印清嘉慶二十二年汪廷珍刻本

陸詞切韻　隋陸法言撰　清顧震福輯
清光緒十八年山陽顧氏刻小學鉤沈續編本
續修四庫全書影印清光绪十八年刻本

切韻一卷　□陸慈(法言)撰　清龍璋輯
民國攸縣龍氏排印小學蒐逸本

切韻一卷　唐李舟撰　清黄奭輯
清道光甘泉黄氏刻知足齋叢書本
清道光甘泉黄氏刻光緒印漢學堂叢書本
清道光甘泉黄氏刻一九二五年王鑑修補印黄氏逸書考本

郭知元切韻　唐郭知玄撰　清顧震福輯
清光緒十八年山陽顧氏刻小學鉤沈續編本
續修四庫全書影印清光绪十八年刻本

王仁煦切韻　唐王仁煦撰　清顧震福輯
清光緒十八年山陽顧氏刻小學鉤沈續編本
續修四庫全書影印清光绪十八年刻本

刊繆補缺切韻五卷　唐王仁煦撰　唐長孫訥言注　唐裴務齊正字
唐寫本(龍鱗裝　明宋濂跋)　故宫
續修四庫全書影印敦煌掇瑣本

内府藏唐寫本刊繆補缺切韻五卷　唐王仁煦撰　唐長孫訥言注　唐裴務齊正字
一九二五年影印唐蘭仿寫本　北大　湖北
續修四庫全書影印民國十四年石印唐蘭摹本

唐寫本王仁煦刊繆補缺切韻五卷
一九四七年故宫博物院影印本　北大
續修四庫全書影印民國三十六年故宫博物院影印唐寫本

祝尚邱切韻　唐祝尚邱撰　清顧震福輯
清光緒十八年山陽顧氏刻小學鉤沈續編本
續修四庫全書影印清光绪十八年刻本

東宮切韻　日本菅原是善撰　清顧震福輯
清光緒十八年山陽顧氏刻小學鉤沈續編本
續修四庫全書影印清光绪十八年刻本

釋氏切韻　唐□□撰　清顧震福輯
清光緒十八年山陽顧氏刻小學鉤沈續編本
續修四庫全書影印清光绪十八年刻本

裴務齊切韻　唐裴務齊撰　清顧震福輯
清光緒十八年山陽顧氏刻小學鉤沈續編本
續修四庫全書影印清光绪十八年刻本

麻果切韻　唐麻果撰　清顧震福輯
清光緒十八年山陽顧氏刻小學鉤沈續編本
續修四庫全書影印清光绪十八年刻本

李審言切韻　唐李審言撰　清顧震福輯
清光緒十八年山陽顧氏刻小學鉤沈續編本
續修四庫全書影印清光绪十八年刻本

蔣魴切韻　唐蔣魴撰　清顧震福輯
清光緒十八年山陽顧氏刻小學鉤沈續編本
續修四庫全書影印清光绪十八年刻本

孫愐切韻　唐孫愐撰　清顧震福輯
清光緒十八年山陽顧氏刻小學鉤沈續編本
續修四庫全書影印清光绪十八年刻本

切韻　清顧震福輯
清光緒十八年山陽顧氏刻小學鉤沈續編本
續修四庫全書影印清光绪十八年刻本

唐寫本唐韻殘卷二卷　唐孫愐撰
清光緒三十四年上海國粹學報館影印本　上海
續修四庫全書影印清光緒三十四年國粹學報館影印唐寫本

唐寫本唐韻殘卷校勘記二卷　清王國維撰
一九二七年海寧王氏石印海寧王忠慤公遺書初集本
一九四〇年商務印書館石印海寧王静安先生遺書本

唐韻二卷　唐孫愐撰　清黄奭輯
清道光甘泉黄氏刻知足齋叢書本
清道光甘泉黄氏刻光緒印漢學堂叢書本
清道光甘泉黄氏刻一九二五年王鑑修補印黄氏逸書考本

唐韻一卷　唐孫愐撰　清龍璋輯

民國攸縣龍氏排印小學蒐逸本

唐韻輯略五卷備考一卷　清龐大堃撰

清龐大堃原稿龐氏音學遺書本　上海

一九三五年常熟龐樹階影印稿本龐氏音學遺書本　國圖　遼寧

唐韻輯略不分卷

清宣統三年朱格抄本　國圖

唐韻輯略一卷形聲轉略一卷切音輯略一卷

抄本　南京

唐韻佚文一卷　唐孫愐撰　清王國維輯

一九二七年海寧王氏石印海寧王忠慤公遺書初集本

一九四〇年商務印書館石印海寧王静安先生遺書本

唐韻疏二卷　明陳藎謨撰

清康熙間慎思堂刻本　上海　天津

唐韻正二十卷　清顧炎武撰

清康熙六年山陽張氏符山堂刻音學五書本

清乾隆四庫全書館寫欽定四庫全書本

清光緒十一年四明觀稼樓刻音學五書本

清光緒十一年湘陰郭氏岵瞻堂刻音學五書本

清光緒十六年思賢講舍刻音學五書本

唐韻正摘抄　清時庸勱撰

清時庸勱音學叢稿本　山東博

孫氏唐韻考五卷補遺一卷　清紀容舒撰

清紀容舒稿本　上海

孫氏唐韻考五卷　清紀容舒撰

清乾隆四庫全書館寫欽定四庫全書本

清道光二十四年金山錢氏據墨海金壺刻版重編守山閣叢書本

清烏絲欄抄本　國圖

清抄本　福建

清抄本　國圖

重斠唐韻考五卷　清紀容舒撰　清錢熙祚斠　清錢恂重斠

清光緒五年定州王氏謙德堂刻畿輔叢書本　國圖

唐韻餘論四卷　清周天益撰

清抄六書存本

一九二四年排印六書存本

唐韻綜一卷　清周天益撰

清抄六書存本

一九二四年排印六書存本

唐韵四聲正一卷　清江有誥撰

清道光七年刻江氏音學十書本　湖北

清咸豐二年刻江氏音學十書本

一九二八年上海中國書店影印江氏音學十書本　遼寧

續修四庫全書影印清嘉慶道光間江氏刻本

唐韻校稿不分卷　清丁士涵撰

清丁士涵稿本　上海

唐韻校正不分卷　清丁士涵撰

清丁士涵稿本　上海

唐韻別考一卷　王國維撰

一九一六年上海倉聖明智大學排印廣倉學宭叢書本

韻海鏡源一卷　唐顔真卿撰　清黄奭輯

清道光甘泉黄氏刻知足齋叢書本

清道光甘泉黄氏刻光緒印漢學堂叢書本

清道光甘泉黄氏刻一九二五年王鑑修補印黄氏逸書考本

韻銓一卷　唐武玄之撰　清汪黎慶輯

一九一六年上海倉聖明智大學排印廣倉學宭叢書之小學叢殘四種本

韻詮一卷　唐武玄之撰　清龍璋輯

民國攸縣龍氏排印小學蒐逸本

韻英一卷　唐陳廷堅撰　清汪黎慶輯

一九一六年上海倉聖明智大學排印廣倉學宭叢書之小學叢殘四種本

考聲五卷　唐張戩撰　清龍璋輯

民國攸縣龍氏排印小學蒐逸本

廣韻五卷　宋陳彭年等撰

元泰定二年圓沙書院刻本(清楊守敬跋)　北大

元至順元年敏德堂刻本　臺北故宫

元元統三年日新書堂刻本　勞健題款　國圖

元余氏勤德堂刻本　臺北故宫

元建安余氏雙桂書堂刻本　國圖

元刻本　清楊守敬跋　國圖

民國影印明内府刻本　國圖
明萬曆四十七年開封府刻本　清丁丙跋　南京
清康熙六年陳上年張紹符山堂刻本　國圖　北大
中華再造善本影印元泰定二年圓沙書院刻本　清楊守敬跋
中華再造善本影印元刻本　清楊守敬　袁克文跋
原本廣韻五卷
清乾隆四庫全書館寫欽定四庫全書本
廣韻五卷　宋陳彭年等撰
宋紹興刻本　國圖(存卷一至二　卷四)
宋刻本(清楊守敬跋)　上海
宋刻明補板印本(清翁同龢題識並校)　上海
清初影宋抄本　國圖
清康熙四十三年張士俊刻澤存堂五種本　國圖　北大
清光緒十四年上海蜚英館石印澤存堂五種本
清刻本(清陳倬校)　北大
廣韻五卷附宋本廣韻校札一卷　清黎庶昌撰
清光緒十年遵義黎氏據宋本影刻古逸叢書本　湖北
民國間上海涵芬樓石印古逸叢書本　湖北
宋本廣韻校札一卷　清黎庶昌撰
清光緒十年遵義黎氏據宋本影刻古逸叢書本　湖北
民國上海涵芬樓石印古逸叢書本　湖北
鉅宋廣韻五卷　宋陳彭年等撰
宋乾道五年建寧府黄三八郎刻本　卷四配元刻本　上海
中華再造善本影印宋乾道五年建寧府黄三八郎刻本　卷四配元刻本
宋本廣韻訂不分卷　清鄭文焯撰
清書帶草堂刻本　國圖
大宋重修廣韻五卷　宋陳彭年等撰
清康熙四十五年曹寅揚州使院刻曹楝亭藏書五種本　國圖
清同治十二年粤東書局刻古經解彙函之小學彙函本
清光緒十四年上海蜚英館石印古經解彙函之小學彙函本
一九四〇年北平燕京大學圖書館抄本　北大
大宋重修廣韻五卷附廣韻校刊劄記一卷　清鄧顯鶴撰
清道光三十年新化鄧氏邵州東山精舍刻本　遼寧
宋本廣韻五卷　宋陳彭年等修
清雍正十三年新安汪氏刻明善堂藏版本　書名據書名頁題　國圖

重修廣韻五卷　宋陳彭年等撰

清乾隆三十八年四庫全書館寫欽定四庫全書薈要本

清乾隆四庫全書館寫欽定四庫全書本

廣韻五卷　清趙世忠校

抄本(存一卷)　湖北

重編廣韻五卷　宋陳彭年等撰　明朱祐檳重編

明嘉靖二十八年益藩刻本　國圖　北大

廣韻雋五卷　明袁鳴泰彙輯

日本刻本　北大

廣韻新編五卷　清勉學堂主人撰

清康熙勉學堂刻本　南京

廣韻録異二卷　清朱琰撰

清海盐朱氏清稿本　臺北央圖

廣韻母位轉切五卷　清汪灼撰

清抄本　國圖

廣韻校刊劄記一卷　清鄧顯鶴撰

清道光三十年新化鄧氏邵州東山精舍刻本　遼寧

廣韻雙聲疊韻法一卷　清丁顯撰

清丁顯稿本韻學叢書本　北大

清丁顯稿本韻學叢書本　復旦

清光緒十七年刻丁西圃叢書之韻學叢書本　國圖　北大　遼寧

廣韻説一卷　清吴夌雲撰

清光緒十七年廣雅書局刻一九二〇年番禺徐氏彙印廣雅書局叢書本

廣韻姓氏刊誤不分卷　清孫詒讓撰

清孫詒讓稿本　杭州大學

廣韻姓氏刊誤二卷

清孫詒讓稿本　杭州大學

廣韻定韻表二卷　清馮超撰

馮超稿本　南京

集韻十卷　清宋丁度等撰

宋刻本　國圖

清初毛氏汲古閣影宋抄本　天一閣

清虞山錢氏述古堂影宋抄本　上海

清康熙四十五年曹寅揚州使院刻楝亭五種本　北大

清乾隆四庫全書館寫欽定四庫全書本

清同治初影抄毛氏汲古閣影宋抄本　清佚名録清段玉裁等人校　復旦

中華再造善本影印宋刻本

日本宫内廳書陵部藏宋元版漢籍影印叢書影印南宋孝宗淳熙十四年金州軍刻本(存卷二至十)

集韻校四卷　清陸心源撰

清同治光緒間刻潛園總集之群書校補本

集韻考正十卷　清方成珪撰

清方成珪稿本　温州

清孫鏘鳴抄本　温州

清道光二十七年刻本　人大　南京

清光緒五年瑞安孫氏詒善祠塾刻永嘉叢書本　國圖

續修四庫全書影印清光緒五年孫氏詒善祠塾刻本

集韻校正會編四卷　清姚覲元撰

清姚覲元稿本　國圖

集韻校勘記十卷　清馬釗撰

清馬釗稿本　復旦

清同治十二年孫氏玉海樓抄本　杭州大學

清丁士涵抄本　南京

清抄本　臺北故宫

清末抄本　北大

吴縣王氏學禮齋抄清丁士涵寫本(王欣夫跋)　復旦

集韻校勘記不分卷　清吴芳鎮撰

清緑絲欄抄本(與説文校勘記合抄)　國圖

集韻劄記不分卷　清丁士涵撰

清丁士涵手稿本　上海

集韻編雅十卷　清董文涣輯注

清同治十二洪洞董氏刻本　北大　上海

續修四庫全書影印清同治十二年刻本

韻補五卷　宋吴棫撰

宋刻本　遼寧

元刻本　國圖　南京　湖南

明嘉靖元年何天衢刻本　復旦

清乾隆四庫全書館寫欽定四庫全書本

清抄本(王振聲校並跋)　國圖
清抄本(清張穆校並跋)　杭州大學
清抄本(清丁士涵校)　上海
中華再造善本影印宋刻本
中華再造善本影印元刻本

韻補五卷韻補正一卷附録一卷　宋吴棫撰　清顧炎武撰韻補正
清道光二十八年靈石刻連筠簃叢書本　國圖

韻補正一卷　清顧炎武撰
清初吴江潘氏遂初堂刻亭林遺書本
清乾隆四庫全書館寫欽定四庫全書本
清道光金山錢氏據借月山房彙鈔舊版重編指海本
清同治八年長沙余氏永豐書局刻明辨齋叢書本　北大　遼寧
清丁顯稿本韻學叢書本　北大
清光緒十七年刻丁酉圃叢書之韻學叢書本　國圖　北大　遼寧

吴才老韻補正二卷
清抄本　浙江

小學韻補攷一卷　清謝啓昆撰
清道光二十八年靈石楊氏刻連筠簃叢書本

續韻補五卷　清淩萬才撰
清淩萬才稿本(清王振聲跋)　上海(存卷一卷四)
清乾隆三十年正音閣刻本　國圖

續韻補遺珠不分卷　清硯北老人撰
清抄本　北大

附釋文互註禮部韻略五卷
宋刻本　國圖
宋嘉定六年雲間洞天刻本　上海(卷三有抄配頁)
清光緒二年歸安姚氏川東官舍刻姚氏叢刻本

附釋文互註禮部韻略五卷韻略條式一卷
宋紹定三年藏書閣刻本　國圖
清初影宋抄本　國圖
中華再造善本影印宋紹定三年藏書閣刻本

附釋文互註禮部韻略五卷淳熙重修文書式一卷
清康熙四十五年曹寅揚州使院刻本　國圖

附釋文互註禮部韻略五卷貢舉條式一卷
清乾隆四庫全書館寫欽定四庫全書本

一九三四年上海商務印書館據宋本影印續古逸叢書本

增修互註禮部韻略五卷　宋毛晃增注　宋毛居正重修

宋嘉定十六年國子監刻本　臺北故宫

宋刻元公文紙印本　上海

元至正四年余氏勤德堂刻本(存卷一　卷三至四)　臺北故宫

元至正十五年日新書堂刻本(存卷一至四)　國圖

元至正十五年日新書堂刻明修本　上海

元至正二十一年妃僊興慶書堂刻本　上海

元羅溪書堂刻本　北大

元刻本北大(卷三殘)

元刻本(清王振聲跋)　國圖

元刻本(清丁丙跋)　南京(存卷四)

清乾隆四庫全書館寫欽定四庫全書本

中華再造善本影印元至正十五年日新書堂刻明修本

文場備用排字禮部韻注五卷　宋毛晃增注

元刻本　國圖

魁本排字通併禮部韻注五卷

元刻本　國圖

元刻本　臺北故宫

草書禮部韻寶不分卷　宋趙構書

日本延享四年東都書林刻本　北大

韻譜一卷　宋李燾撰　龍璋輯

民國攸縣龍氏排印小學蒐逸本

押韻釋疑五卷拾遺一卷　宋歐陽德隆撰

宋嘉熙三年禾興郡齋刻本　國圖(存五卷　上平、下平、上、入、拾遺)

清影宋抄本　中山大(存四卷卷一至三　卷五)

中華再造善本影印宋嘉熙三年禾興郡齋刻本(存五卷　上平、下平、上、入、拾遺)

押韻釋疑拾遺一卷　宋歐陽德隆撰

宋嘉熙三年禾興郡齋刻本　國圖

紫雲先生增修校正押韻釋疑五卷　宋歐陽德隆撰　宋郭守正增修

宋建陽刻本　上海

清抄本(清桂馥　葉昌熾　錢恂跋)　國圖

中華再造善本影印宋刻本

增修校正押韻釋疑五卷條例一卷　宋歐陽德隆撰　宋郭守正增修

清乾隆四庫全書館寫欽定四庫全書本

清抄本　福建

清抄本　北師大

新編分類增註正誤決疑韻式五卷

宋刻本　國圖

魁本足註釋疑韻寶五卷　宋佚名撰

元刻本　上海

中華再造善本影印元刻本

韻林不分卷　□張諒撰　清朱絲玉壺齋輯

清抄本　國圖(與韻林數珍合抄)

韻林一卷　□張諒撰　龍璋輯

民國攸縣龍氏排印小學蒐逸本

韻林數珍不分卷　清朱絲玉壺齋輯

清抄本　國圖(與韻林合抄)

韻圃一卷　清龍璋輯

民國攸縣龍氏排印小學蒐逸本

崇慶新雕改併五音集韻十五卷　金韓道昭撰

金崇慶元年荆珍刻本　國圖(存卷一至十二)

金崇慶元年刻元修本　臺北故宫

新彫改併五音集韻十五卷　金韓道昭撰

元至元二十六年琴臺張仁刻本　臺北故宫

元刻明補版補抄本　上海

改併五音集韻十五卷　金韓道昭撰

明成化金臺大隆福寺募刻本　南開

明刻本　北京市文物局　湖北

大明成化庚寅重刊改併五音集韻十五卷　金韓道昭撰

明成化六至七年刻本　國圖　北大

明刻本　天津　雲南

大明弘治甲子重刊改併五音集韻十五卷　金韓道昭撰

明刻本　四川

重刊改併五音集韻十五卷　金韓道昭撰

明正德十至十一年刻本　國圖

萬曆丙申重刊改併五音集韻十五卷　金韓道昭撰

明萬曆二十四年刻本　四川(卷十至十二配清抄本)

五音集韻十五卷
清乾隆四庫全書館寫欽定四庫全書本
泰和五音新改併類聚四聲篇十五卷　金韓道昭撰
金崇慶刻元修本　臺北故宮
金刻元修本　國圖(存十二卷一至十二)
金刻元修本　國圖(存四卷一至四)
改併五音類聚四聲篇十五卷　金韓道昭撰
元至元二十六年琴臺張仁刻本　臺北故宮
明成化十年内府刻本　貴州大學
明刻本　臺北故宮
明刻本　湖北省
大明成化丁亥重刊改併五音類聚四聲篇十五卷　金韓道昭撰
明成化七年金台大隆福寺釋文儒募刻本　北大
明成化七年金台大隆福寺釋文儒募刻正德重修本　北大
明刻本　天津
新編篇韻貫珠集八卷　明釋真空撰
四庫全書存目叢書影印明弘治十一年刻本
直指玉鑰匙門法一卷　明釋真空撰
明正德十一年金臺衍法寺釋覺恒募刻本　國圖　北大　北師大　上海　保定市
明正德十一年金臺衍法寺釋覺恒募刻嘉靖三十八年釋本贊重修本　北大　中央民院　科學　故宮
大明正德乙亥重刊改併五音類聚四聲篇十五卷附五音集韻十五卷
新編篇韻貫珠集一卷　明釋真空撰
明萬曆三年至十七年崇德圓通菴釋如彩刻本　北大　上海　復旦
明萬曆三年至十七年崇德圓通菴釋如彩刻重修本　科學　上海　復旦
新編篇韻貫珠集一卷　明釋真空撰
明萬曆十七年至二十三年晉安芝山開元寺刻本　北師大　科學　故宮
明崇禎二年至十年金陵圓覺菴釋新仁刻本　首師大　陝西師大　浙江
新刊韻略五卷　金王文郁撰
清影金抄本　上海
清影金抄本　國圖(存卷一至二)
清抄本　國圖
續修四庫全書影印清影金抄本

新刊韻略五卷附聖朝頒隆貢舉三試程式一卷新增分毫點畫正誤字一卷　金王文郁撰

清精抄本　國圖

書學正韻三十六卷　元楊桓撰

元刻本　天一閣(存卷九至二十一　卷一至三配明抄本)

元刻明修本　北師大　福師大　南京

明抄本　天一閣(存卷二十二至二十五)

中華再造善本元刻本

續修四庫全書影印元刻明修本

禮部韻略七音三十六母通攷一卷　元黄公紹撰

元陳宲刻本　上海

元刻明重修本　北大　浙江　天一閣

明初刻本　國圖

明嘉靖六年鄭氏宗文堂刻本　北大

明嘉靖十五年秦鉞李舜臣刻十七年劉儲秀補刻本　國圖　北大　上海　南京

明萬曆二十八年温陵許國誠潤州公署刻古本　國圖

稿本韻學叢書本　復旦

古今韻會舉要三十卷禮部韻略七音三十六母通考一卷　元黄公紹撰　元熊忠舉要

元刻本　國圖　北大

元陳宲刻本(清錢大昕跋　袁克文跋)　上海

元刻明重修本　北大　浙江　天一閣

明嘉靖六年鄭氏宗文堂刻本　北大

中華再造善本元刻本

古今韻會舉要三十卷

明嘉靖十七年刻本　北師大

明刻本　國圖　群衆

明刻本　湖南(存卷十四至三十)

清乾隆四庫全書館寫欽定四庫全書本

清光緒九年淮南書局刻本　國圖　科學　南京　浙江

古今韻會舉要小補三十卷　明方日升編輯

明萬曆三十四年周士顯建陽刻本　國圖　北大　遼寧

明萬曆三十四年周士顯刻重修本　北師大　上海　浙江

明萬曆余象斗刻本　浙江

清抄本　南京(存卷一至六)

四庫全書存目叢書影印明萬曆三十四年周士顯刻本

韻會舉要引不分卷説文繫傳抄不分卷説文字句異同録不分卷　清嚴可均輯　清姚文田撰説文字句異同録

清嚴可均稿本清姚文田稿本合册　國圖

洪武正韻十六卷　明樂韶鳳　宋濂等撰

明初刻本　上海　復旦　安徽師大

明初刻本　國圖(卷四至六配明抄本)

明初刻本　國圖(存卷一至三)

明正德三年梁裕刻本　北大

明正德十年張准刻本　國圖　北大　科學

明嘉靖二十七年衡藩厚德堂刻藍印本　北大　北師大　上海

清乾隆四庫全書館寫欽定四庫全書本

洪武正韻十六卷洪武正韻玉鍵一卷　明樂韶鳳　宋濂等撰　明張士佩撰洪武正韻玉鍵

明萬曆二年刻本　北京市委　上海　復旦

明萬曆十年心一堂刻本　河南

明萬曆刻本　北京市委　皖南農學院

明萬曆刻本　南開

明天啓元年司禮監刻本　蘭州大學　雲南

正韻十六卷　明樂韶鳳　宋濂等撰

明崇禎三年廣益堂刻本　北大

洪武正韻不分卷

明刻五車韻瑞附刻本　國圖　北大

洪武正韻高唐王篆書五卷　明樂韶鳳　宋濂等撰　明朱厚煐篆書

明萬曆十二年沈大忠刻本　國圖　上海

洪武正韻不分卷　明樂韶鳳　宋濂等撰　明楊時偉補箋

明崇禎四年申用懋刻本　國圖　上海

四庫全書存目叢書影印明崇禎四年刻本

洪武正韻十卷

明崇禎刻本　國圖

正韻箋四卷　明楊時偉撰

明崇禎四年刻本　浙江

洪武正韻玉鍵一卷　明張士佩撰
　明萬曆二年刻本　北京市委　上海　復旦
　明萬曆十年心一堂刻本　河南
　明萬曆刻本　北京市委　皖南農學院
　明萬曆刻本　南開
　明天啓元年司禮監刻本　蘭州大學　雲南
　明刻本　蘇州市文管會
洪武正韻玉鍵二卷
　明萬曆十年南京刻本　北大
洪武正韻彙編四卷　明周家棟輯
　明萬曆三十年刻本　北大　浙江
　四庫全書存目叢書影印明萬曆刻本
洪武正韻傍音釋義二卷
　明刻本　國圖
正韻翼九卷　明吴士琳撰
　明天啓六年刻本　安徽
　明刻本　國圖(存卷一至三　卷七至九)
正韻篆二卷　明沈延銓撰
　明天啓二年自刻本　國圖　復旦
正韻篆字校六卷　明沈廷銓撰　清張元輅校訂
　清張元輅稿本　清張世卿跋　天津
正韻字體辨微一卷　清吴任臣撰
　清康熙五年彙賢齋刻本　上海
六書系韻二十四卷首一卷檢字二卷　明李貞編
　清光緒十四年長沙李氏刻本　科學　南京　湖北
　清光緒十六年湘陰李貞刻本　北大　天津　上海
切韻一卷　明潘之淙撰
　清同治光緒間福山王氏刻天壤閣叢書本
皇極聲音文字通三十二卷　明趙撝謙撰
　明抄本四庫底本　闕卷九至十二　北大
　清抄本　清曾釗跋　中山大(闕卷一至二)
　四庫全書存目叢書續修四庫全書影印清抄本卷一卷二用明抄本配補存卷一至三十
新編併音連聲韻學集成十三卷直音篇七卷　明章黼撰
　明成化十七年刻本　國圖　北大　上海

明成化十七年刻嘉靖二十四年張重萬曆九年高薦遞修本　北大

重訂併音連聲韻學集成十三卷　明章黼撰

清康熙四年補刻明成化本　科學　湖北

重刊併音連聲韻學集成十三卷直音篇七卷　明章黼撰

明萬曆六年維陽資政左室刻本　首圖　科學　故宫

四庫全書存目叢書影印明萬曆六年維揚資政左室刻本

重刊併音連聲韻學集成十三卷重訂直音篇七卷

明萬曆三十四年練川明德書院刻本　國圖　北大

韻略易通二卷　明蘭茂撰

明嘉靖三十二年高岐刻本　華東師大

明萬曆間集義堂刻本　國圖

明寶旭齋刻本　科學

明刻本　雲南

續修四庫全書影印明嘉靖三十二年高岐刻本

韻略易通一卷

一九一四年刻雲南叢書本　湖北

韻略易通二卷　明蘭茂撰　清李棠馥校正

清康熙四年刻本　科學

四庫全書存目叢書影印明萬曆三十七年吴允中刻本

蘭止庵韻略易通跋不分卷　袁嘉穀撰

袁嘉穀稿本　雲南

韻略匯通二卷　明蘭茂撰　明畢拱辰删補

明崇禎十五年畢拱辰刻本　山東　青島博

清光緒十四年成文堂刻本　復旦

東萊趙永厚堂稿本掖海叢書本　青島

韻略易通不分卷　明釋本悟撰

清康熙八年嵩明瑶玲山何有庵釋書見募刻本　雲南

清康熙釋徹潤刻本　雲南

清抄本　科學

聲韻會通一卷韻要粗釋四卷　明王應電撰

明嘉靖三十六年王宗沐刻本　北大　科學　上海

明嘉靖三十六年王宗沐刻萬曆三十年重修本　山東

明抄本　科學(存卷首卷一至七)

聲韻會通一卷韻要粗釋二卷

明抄本　中山大(闕卷一至二)

韻要粗釋四卷　明王應電撰

明嘉靖三十六年王宗沐刻本　北大　科學　上海

明嘉靖三十六年王宗沐刻萬曆三十年重修本　山東

明抄本　科學(存卷首卷一至七)

韻要粗釋二卷

明抄本　中山大(闕卷一至二)

詩韻釋義不分卷　題關西修髯子撰

明正德十五年郭勳刻本　國圖

詩韻釋義二卷

明刻本　故宫

詩韻捷徑五卷

明刻本　國圖

韻經五卷　題梁沈約撰　題宋夏竦集古　明楊慎轉注

明萬曆二十七年郭正棫刻本　科學　復旦　上海

四庫全書存目叢書影印明萬曆刻本

沈氏韻經五卷　題梁沈約撰　題宋夏竦集古　題宋吴棫補葉　明楊慎轉注

清初張純修刻本　北大

韻林原訓五卷　明楊慎撰

明萬曆二十八年陳邦泰刻本　南開

雜字韻寶五卷　明楊慎編

明萬曆楊宗吾刻本　上海

明刻本　復旦

韻藻四卷　明楊慎撰

明刻本　人大

清刻本　湖南

韻藻述五卷　明楊慎撰　清福申校定

清道光七年長白福申刻本　北大　上海

五音拾遺五卷　明楊慎撰

清抄楊氏遺書本

詩韻輯略五卷　明潘恩撰

明隆慶刻本　國圖　北大　復旦　科學

明天啓二年刻本　華東師大　東北師大

明末陳繼儒刻本　北大

清順治九年寧壽堂刻本　人大　湖南

四庫未收書叢刊影印明隆慶刻本

韻經五卷　明張之象輯

明嘉靖十八年長水書院刻本　北大

明萬曆六年李良柱淮陰刻本　上海　上海辭書

篆韻五卷

明嘉靖八年刻本　山東

四庫全書存目叢書影印明嘉靖八年刻本

類聚音韻三十卷

明嘉靖十三年宗文堂刻本　東北師大(闕卷一至六)

元聲韻學大成四卷　明濮陽涞撰

明萬曆八年刻本　上海

明萬曆二十六年書林鄭雲竹刻本　上海　浙江

四庫全書存目叢書影印明萬曆二十六年書林鄭雲竹刻本

詩韻輯要五卷　明李攀龍撰

明末刻本　湖南師大

明金陵書坊李洪宇刻詩壇合璧本

清刻本　國圖

郯庵訂正詩韻輯要五卷　明李攀龍撰　明陳繼儒校釋

明末黄家鼎刻本　科學

服古堂較定詩韻輯要五卷　明李攀龍輯　明徐震注釋

清刻本　上海

新刊增補古今名家韻學淵海大成十二卷　明李攀龍撰

明刻本　科學　山東

韻譜五卷　明朱睦㮮撰

明嘉靖二十四年白濬刻本　中山

併音連聲字學集要四卷　明陶承學撰

明萬曆二年周恪刻本　國圖　浙江

明天啓五年刻本　上海

四庫全書存目叢書續修四庫全書影印明萬曆二年周恪刻本

古今詩韻釋義五卷　明陳世寶訂正　明龔大器參補

明萬曆七年維揚求益堂刻本　上海

明萬曆九年金陵書肆周前山刻本　國圖

古今詩韻釋義五卷　明佚名撰

明刻本　上海

韻略類繹四卷　明李齊芳撰

明隆慶二年刻本　北大

詩韻輯要五卷　明王穉登撰

明刻本　南陽師範專科學校

詩韻釋義五卷　明錢薇輯

明隆慶三年海鹽錢氏玉蘭堂刻本　上海

韻釋便覽五卷　明孫維城輯

明萬曆十八年孫維城刻本　北大

五大部直音集韻不分卷　佚名撰

明萬曆二年杭州瑪瑙寺釋通曉刻本　國圖

韻書通用字考五卷　明顧起淹撰

明萬曆三十四年刻本　南京

書文音義便考私編五卷難字直音一卷　明李登撰

明萬曆十五年陳邦泰刻本　故宫

續修四庫全書影印萬曆十五年陳邦泰刻本

交泰韻一卷　明吕坤撰

明萬曆刻本　北師大　上海　浙江　福建

明萬曆刻清補修本　國圖　湖北

明萬曆刻清同光間修補印吕新吾全集本

四庫全書存目叢書明萬曆刻本

交泰韻二卷

明末胡正言十竹齋刻本　南京

續修四庫全書影印明末胡正言十竹齋刻本

鐫玉堂釐正龍頭字林備攷韻海全書十六卷首一卷　明李廷機輯

明萬曆二十三年書林安正堂劉雙松刻本　華東師大

明萬曆書林周曰校刻本　重慶

古篆韻譜正傳二卷　明吕胤基撰

明萬曆十六年江籬館刻本　復旦　山東師大　中山大

吟囊一覽五卷　佚名撰

明萬曆刻本　南京

蘇氏韻輯四卷　明蘇茂相輯

明天啓二年廣益堂刻本　清華　北師大

明刻本　上海

三台館仰止子考古詳訂遵韻海篇正宗二十卷　明余象斗纂

明萬曆二十六年書林雙峰堂余文台刻本　北大　北師大

明萬曆三十年葉近山刻本　武威博物館

新鐫中書科删訂字義辨疑韻海篇十八卷首二卷末一卷　明李喬嶽訂義　明劉曰寧校閲

明萬曆二十六年書林鄭雲齋刻本　華東師大

韻譜本義十卷　明茅溱輯

明萬曆三十二年茅溱刻范料修訂本　北大　天津　復旦　浙江

明萬曆三十二年刻清印本　南京

四庫全書存目叢書影印明萬曆三十二年刻本

古韻釋要五卷　明潘雲傑撰

明萬曆三十三年刻本　上海(有缺頁)

古韻釋要一卷

明萬曆刻敬業堂華氏印詩韻釋要附刻本　科學

詩韻釋要五卷附古韻釋要一卷　明潘雲傑　明陸鑨撰

明萬曆刻敬業堂華氏印本　科學

詩韻釋要五卷

明萬曆刻本　科學　上海　天津師大

合併字學集韻十卷　明徐孝編

明萬曆三十四年張元善刻合併字學篇韻便覽本　蘭州大學　江西

四庫全書存目叢書影印明萬曆三十四年張元善刻本

陳明卿太史考古詳訂遵韻海篇朝宗十二卷　明陳仁錫撰

明萬曆刻本　上海

明末奇字齋刻本　科學

四庫未收書叢刊影印明末奇字齋刻本

律古詞曲賦叶韻統十二卷　明程元初撰

明崇禎五年刻本　清華

四庫全書存目叢書影印明崇禎五年刻本

古今字韻全書集韻十五卷　佚名撰

明刻本　北大　科學

詩韻釋義二卷　佚名撰

明天啓四年華陽王府刻本　襄陽

律諧不分卷　明熊人霖撰

明崇禎刻本　國圖

廣韻藻六卷　明方夏輯

明崇禎十五年刻本　南京

詩韻捷徑五卷　佚名撰
　　明刻本　國圖
音韻類編二卷　佚名撰
　　明萬曆四十六年榮藩朱由枵刻本　科學
五車韻府十卷　明陳藎謨撰　清邵瑛輯
　　清康熙四十七年慎思堂刻本　浙江
五車韻府不分卷
　　清光緒五年上海點石齋石印本　南京
音韻集成十六卷　明莫詮撰
　　清抄本　吉林大學
韻略四卷韻鑰一卷　明許爾寧撰
　　明許爾寧稿本　上海
詩韻釋略五卷　明梁應圻撰
　　清順治十年刻本　湖南
　　清康熙十七年李希禹刻本　清華　東北師大
元韻譜不分卷附元韻譜釋目不分卷　明喬中和撰
　　明萬曆三十九年刻本　北師大
元韻譜一卷
　　明崇禎刻躋新堂集本　國圖
　　清光緒五年刻西郭草堂合刻本
元韻譜五十四卷首一卷
　　清康熙三十年梅墅石渠閣刻本　國圖　北大　湖南
　　四庫全書存目叢書影印清康熙三十年梅墅石渠閣刻本
韻書一卷免疑雜字一卷　佚名撰
　　明抄本　山東博
韻通一卷　清蕭雲從撰
　　清藍格抄本　國圖
　　一九三三年周氏家抄本　天津
　　續修四庫全書影印清抄本
古今韻略五卷　清邵長蘅撰
　　清康熙二十五年刻本　江西
　　清康熙三十三年刻本　復旦
　　清康熙三十五年宋犖刻本　國圖　上海
　　清乾隆十八年新城陳守誠恕堂刻本　國圖

四庫未收書叢刊影印清康熙三十五年宋犖刻本
古今韻略二卷
清刻本　複廬居士批校　南京
聲律啟蒙撮要三卷　清車萬育撰
清光緒十六年石經堂書局刻本　天津
清光緒十九年文運書局刻本　復旦
聲律啟蒙撮要二卷
清文益堂刻本　南京
大興堂刻本　南京
欽定音韻闡微十八卷韻譜一卷　清李光地等撰
清雍正六年武英殿刻本　國圖　北大　天津
清乾隆三十八年四庫全書館寫欽定四庫全書薈要本
清乾隆四庫全書館寫欽定四庫全書本
音韻闡微十八卷韻譜一卷　清李光地等撰
清揚州詩局刻本　湖南
清光緒七年淮南書局刻本　浙江　南京
清末四川刻本　復旦
新纂五方元音二卷凡例一卷　清樊騰鳳撰
一九四七年北平燕京大學圖書館傳抄清寶旭齋刻本　北大
五方元音二卷　清樊騰鳳撰　清年希堯增補
清康熙四十九年同文堂刻本　上海
清雍正五年善成堂刻本　上海　天津
清道光二十年德義堂刻本　人大　天津　遼寧
清同治八年修文堂刻本　北大
四庫全書存目叢書影印清康熙刻本
五方元音四卷
一九一三年北京文成堂刻本　北大
五方元音十二卷
清光緒十九年石印本　天津
清光緒三十四年石印本　遼寧
清光緒石印本　天津
清宣統三年上海鑄記書局石印本　北大
增補五方元音二卷　清樊騰鳳撰　清年希堯增補
清道光二十九年刻本　南京

增補五方元音不分卷
　　清光緒上海章福記書局石印本　國圖
　　一九一五年上海鑄記書局石印本　國圖　湖南
增纂五方元音大全二卷　清樊騰鳳撰　清年希堯增補
　　民國上海自强書局石印本　北大
剔弊廣增分韻五方元音二卷韻法析説一卷　清樊騰鳳撰　清趙培梓重編
　　清嘉慶刻本　科學
　　清同治三年文業堂刻本　北大
　　清光緒四年三盛堂刻本　國圖　人大
　　清光緒文成堂北京刻本　國圖
　　清善成堂刻本　國圖
　　清光緒刻本　國圖
　　清末石印本　遼寧
剔弊廣增分韻五方元音三卷首一卷
　　民國上海錦章圖書局石印本　國圖　北大　北師大　湖南
　　民國會文堂新記書局石印本　國圖
　　民國上海廣益書局石印本　國圖
　　民國上海大成書局石印本　遼寧
　　一九一七年上海章福記書局石印本　遼寧
詩詞通韻五卷首一卷反切定譜一卷　清樸隱子撰
　　清康熙二十四年刻本　國圖　浙江
　　清道光十四年潘道根抄本　南京
　　續修四庫全書影印清康熙二十四年刻本
韻雅五卷雜論一卷識餘一卷　清施何牧撰
　　清康熙刻本　北大　上海
　　清嘉慶道光間刻本　南京
　　四庫全書存目叢書影印清刻本
韻雅雜論一卷　清施何牧撰
　　清康熙刻本　北大　上海
　　清嘉慶道光間刻本　南京
韻雅識餘一卷　清施何牧撰
　　清康熙刻本　北大　上海
　　清嘉慶道光間刻本　南京

詩經葉音辨譌八卷首一卷　清劉維謙撰
　　清乾隆三年壽峰書屋刻本　民族大學
佩文韻篆六卷　清張嘉慶輯
　　清乾隆二十七年閑存齋刻本　天津　湖北
　　清嘉慶二年澤經堂刻本　北大　復旦
韻玉函書不分卷　清胡煦撰
　　清胡煦稿本　國圖(存三册)
　　清抄本　中山大(存六册)
　　清抄本　中山大(存十八册)
今韻箋略五卷附古韻通轉不分卷　清汪立名撰
　　清康熙三十九年刻本　國圖　廣西民院
字學正本五卷　清李京撰
　　清康熙刻本　科學
　　四庫全書存目叢書影印清康熙八年刻本
新定考正音韻大全一卷新定重較問奇一覽二卷
　　清康熙停雲室刻本　國圖　北大
字類標韻六卷古詩通韻叶韻一卷　清華綱輯
　　清同治十一年錫山周隆興刻本　南京
字類標韻六卷
　　清光緒元年肄江王氏刻本　北大　浙江
古詩通韻叶韻一卷　清華綱輯
　　清同治十一年錫山周隆興刻本　南京
字類標韻六卷　清華綱輯　清何承錕重訂
　　清乾隆五十八年刻本　上海
增注字數標韻六卷　清華綱撰　清范多玨重訂
　　清光緒二年義和堂刻本　天津
　　清光緒二年掃葉山房鉛印本　北大
　　清光緒四年雲陽馬氏刻本　復旦
　　清光緒十六年香山徐潤廣百宋齋刻本　國圖
　　清名德堂刻本　北師大
　　清光緒十六年上海鴻寶齋石印本　國圖
　　清光緒十九年寶善書局石印本　國圖
　　清光緒十九年焕文書局鉛印本　復旦
　　一九一七年蔣春記書局石印本　遼寧

字類標韻六卷　清華綱輯　清王庭楨重訂
　清光緒八年湖北施南府署刻本　南京　浙江　遼寧
本韻一得二十卷　清龍爲霖撰
　清乾隆十六年刻本　國圖　科學
　清刻蔭松堂藏版本　甘肅
　四庫全書存目叢書影印清乾隆十六年刻本
增訂韻瑞不分卷　清周士彬輯
　清周士彬稿本　上海
讀詩韻新訣二卷　清徐鍾郎撰
　清雍正酌雅堂刻本　科學
　四庫未收書叢刊影印清雍正酌雅堂刻本
韻學經緯五卷　清温定瀾輯
　清雍正刻本　北大
韻律四卷　清陳本撰
　清乾隆英雨書屋刻本　浙江
欽定同文韻統六卷　清允禄等輯
　清乾隆十五年武英殿朱墨套印本　上海　湖北　遼寧
　清乾隆四庫全書館寫欽定四庫全書本
　清宣統二年理藩部仿殿版刻朱墨套印本　上海　南京
　一九三一年上海商務印書館據乾隆内府原刻朱墨本影印　湖北
　一九三三年大東書局石印本　復旦
欽定叶韻彙輯十卷　清梁詩正等輯
　清乾隆十五年武英殿刻本　上海　遼寧
欽定叶韻彙輯五十八卷
　清乾隆四庫全書館寫欽定四庫全書薈要本
　清乾隆四庫全書館寫欽定四庫全書本
岣嶁韻箋五卷　清曠敏本撰
　清乾隆十年舜洞山房刻岣嶁叢書本　湖北
韻府便考不分卷　清丁有曾撰
　清抄本　天津
韻歧五卷　清江昱撰
　清乾隆二十五年湘東署齋刻本　國圖　浙江
　清光緒七年重刻本　國圖　北大
　抄本　科學

四庫全書存目叢書影印清光緒七年重刻本

岐疑韻辨五卷口音辯訛一卷韻字旁通一卷轉音撮要一卷字形彙考一卷　清杜蕙撰

清乾隆十年省過堂刻巾箱本　國圖　湖北

清乾隆五十七年省過堂刻袖珍本　國圖　遼寧

清嘉慶二十五年刻本　北大

清道光二十年敬義堂刻本　復旦

四庫未收書叢刊影印清乾隆五十七年李鴻儀刻本

口音辯訛一卷　清杜蕙撰

清乾隆十年省過堂刻岐疑韻辨附刻本　國圖　湖北

清乾隆五十七年省過堂刻岐疑韻辨附刻本　國圖　遼寧

清嘉慶二十五年刻岐疑韻辨附刻本　北大

清道光二十年敬義堂刻岐疑韻辨附刻本　復旦

韻字旁通一卷　清杜蕙撰

清乾隆十年省過堂刻岐疑韻辨附刻本　國圖　湖北

清乾隆五十七年省過堂刻岐疑韻辨附刻本　國圖　遼寧

清嘉慶二十五年刻岐疑韻辨附刻本　北大

韻字辨同五卷　清彭元瑞撰　清翁方綱參校補正

清乾隆二十九年彭元瑞刻本　湖北

清乾隆三十年羊城試署刻本　北大　科學

清乾隆五十九年玉峰翠碧山房刻本　國圖

清道光六年福申刻本　北大

四庫未收書叢刊影印清乾隆三十年羊城試署刻本

韻字辨同摘要五卷　清葉爾安選輯

清葉爾安稿本　上海

韻徵十五卷　清安吉撰

清天全堂抄本　清安念祖校補並跋　北師大

韻徵十六卷

清安念祖抄本　南京

清道光十七年親仁堂蘇州刻本　國圖

續修四庫全書影印道光十八年親仁堂刻本

韻徵十六卷附古韻溯源八卷　清安吉撰　清安念祖　清華湛恩輯古韻溯源

清道光十九年親仁堂刻本　北大　天津

欽定音韻述微三十卷　清梁國治等撰
清乾隆四庫全書館寫欽定四庫全書本
清抄本　北大
欽定音韻述微不分卷
清内府抄本　遼寧
音韻述微不分卷　清翁方綱撰
清翁方綱藍格稿本　國圖
韻辨不分卷　清徐郙撰
清同治十三年刻臨文便覽本
清光緒二年京都松竹齋刻臨文便覽本　國圖
清光緒二年刻怡雲仙館藏版本　國圖　北大
清光緒五年京都琉璃廠名德堂刻新刊臨文便覽全集本
清光緒八年上海點石齋石印臨文便覽本　國圖
增訂韻辨摘要一卷　清徐郙撰
清光緒元年刻翰苑分書臨文便覽本　北大
清光緒十六年上海鴻寶齋石印臨文便覽本
清光緒十二年京都秀文齋刻翰苑初編字學彙海本　北大
韻譜彙編五卷　清王佶撰
清乾隆二十三年補拙齋刻本　科學
四庫未收書叢刊影印清乾隆二十三年補拙齋刻本
詩韻歌訣初步五卷　清倪璐撰
清乾隆二十五年克復堂刻本　天津　東北師大
合注詩詞歌賦韻選類通十五卷　清潘之藻輯
清乾隆二十七年刻本　上海
佩韻示斯二卷　清吴清藻輯
清乾隆二十七年敬修堂刻本　浙江
清抄本　福建
新刊韻學會海十六卷　清盧宏啟　清徐作林輯
清乾隆二十六年刻本　國圖　科學
朱飲山三韻易知十卷　清朱燮撰　清楊廷兹訂
清乾隆三十七年刻本　北大
清乾隆三十七年刻五十五年修補印本　北大
詩學正音類輯八卷　清鄭廷獻撰
清乾隆刻本　科學

聲韻譜十卷　清李元撰
　清嘉慶七年刻本　湖北
于氏捷韻　清于長撰
　清乾隆三十六年寫刻本　國圖　湖北
詩韻指岐五卷首一卷　清劉光南撰
　清乾隆三十九年刻聽松園藏版本　湖南
詩韻辨聲不分卷　清徐昆撰
　清乾隆三十六年刻本　南開　湖北
詩韻題解合璧十卷　清甘蘭友輯
　清乾隆三十九年刻本　上海
詩韻含英題解十卷　清甘蘭友撰
　清乾隆四十年刻本　上海
詩韻辨字略五卷　清秦端厓輯
　清乾隆四十一年刻本　南京
　清道光十四年刻本　湖南
　清光緒四年浙江督學使者黄倬刻本　北大　浙江
四聲辨義詩韻三十六卷　清郭步清撰
　清乾隆四十一年刻本　南京
韻典不分卷　題清洪亮吉輯
　題清洪亮吉稿本　上海
韻典雜字四卷　清劉傑撰
　清嘉慶十三年刻本　江西
别俗正音彙編大全二卷　清張玉成撰
　清乾隆五十年東官華翰堂書林刻巾箱本　國圖
古篆韻譜五卷　清邵燿撰
　清邵燿稿本　北師大
榕園詞韻一卷　清吴寧撰
　清乾隆四十九年冬青山館刻本　科學　上海　湖北
歧音備覽五卷　清吴翌鳳綴輯
　清抄本　北大
詩韻瑶林八卷　清程伊園撰
　清乾隆五十二年録樂齋刻本　復旦　南京
太極韻初集不分卷　清張成□撰
　清乾隆五十二年片玉齋刻本　北師大

韻學驪珠二卷　清沈乘麟輯
清乾隆五十七年刻本　南京
清光緒十八年華亭顧文善齋刻本　北大　上海　復旦
一九二一年刻上海朝記書莊印本　人大

詩韻含英十八卷　清劉文蔚輯
清乾隆五十八年裘師軾刻本　南京

詩韻含英六卷
清光緒二十三年仁記書局刻本　湖南
清令德堂刻本　湖南
清寶之堂刻本　南京
一九二二年上海廣益書局石印本　湖南

詩韻含英四卷
清兩儀堂刻本　江西

詩韻含英十八卷附詩韻異同辨不分卷　清劉文蔚輯　清彭元瑞撰異同辨
清道光九年舍南小築重刻本　天津

韻字略十二集　清毛謨撰
清嘉慶二十一年自刻本　國圖　科學　湖南
清光緒元年湖北崇文書局刻本　國圖　北大　湖北　甘肅
清桐華書屋薛氏刻本　上海

韻書音義考五卷　清李光瓊纂
清嘉慶四年廬江李氏慎詒堂刻本　上海　南京
清咸豐五年刻本　北大

初學檢韻袖珍十二卷附檢字一卷佩文詩韻一卷　清姚文登撰
清嘉慶四年蘇州掃葉山房刻本　天津　上海
清光緒上海掃葉山房刻本　國圖
清嘉慶七年遜齋刻本　復旦　遼寧

初學檢韻袖珍十二卷
清道光二十七年玉檢山房刻本　國圖
清同治十二年刻延禧堂藏版本　湖南
清光緒元年刻本　國圖

重校增訂初學檢韻十二卷附佩文詩韻一卷　清姚文登輯
清光緒九年棣蕚山房校刻本　天津

新鐫彙音妙悟一卷　清黄謙撰

　　清嘉慶五年薰園刻本　泉州

新鐫彙音妙悟全集一卷　清黄謙輯

　　清光緒三十一年石印薰園藏版本　國圖

　　續修四庫全書影印清光緒三十一年萃英大一統書局石印本

彙集雅俗通一十五音八卷　清謝秀嵐編輯

　　清嘉慶二十三年文林堂刻朱墨套印本　北大

　　續修四庫全書影印清嘉慶二十三年文林堂刻朱墨套印本

詩韻璣珠五卷附録一卷　清余照輯

　　清嘉慶五年五瑞堂刻本　科學　上海　湖北　南京

詩韻璣珠五卷

　　清刻一枝山房藏版本　人大

詩韻集成十卷附詞林典腋一卷　清余照輯

　　清道光十二年刻本　江西

　　清道光十七年刻本　天津

　　清同治三年連元閣刻本　上海

　　清光緒元年掃葉山房刻本　北大

　　清光緒四年刻本　北大

詩韻集成五卷附詞林典腋一卷

　　清光緒二十九年上海文瑞樓石印本　天津

　　清末上海廣益書局石印本　遼寧

　　民國錦章書局石印本　復旦

增廣詩韻集成五卷　清余照輯

　　一九四六年上海春明書店排印本　雲南

詩韻集成題考合刻十卷　清余照　王文淵等輯

　　清末蜀刻本　雲南

袖珍詩韻五卷　清余照輯

　　上海掃葉山房刻本　江西

詩韻合璧五卷　清余照輯

　　清咸豐七年三益齋刻本　人大　天津

詩韻五卷　清余照輯　清朱德蕃增訂

　　清道光十七年漁古軒刻本　湖南

頭字韻五卷　清余照輯

　　日本天保三年稽古精舍刻本　國圖

韻彙五卷　清朱彝尊輯　清沈道寬編
　清道光二十六年謝錫蕃刻本　北大
　清同治十三年盛德堂刻本　上海
韻府一隅十六卷　清顏懋功輯
　清嘉慶八年雲留堂刻本　南京
典韻易簡十二卷首一卷　清屈景範輯
　清嘉慶十年竹屏山房刻本　科學　天津
韻綜不分卷韻綜集字一卷檢字一卷　清陳貽厚撰
　清嘉慶十七年刻琴心書屋藏版本　國圖　北大　南京
　清道光二十一年蘇州書業堂刻本　國圖　南京
聲韻易知四卷首一卷　清莊瑤撰
　清道光二十三年留有餘齋刻本　天津
　光緒十五年重刻本　科學
韻府萃音十二卷　清龍柏纂
　清嘉慶十五年心簡齋廣州朱墨套印本　國圖　北大　科學
　清道光二年蘇州醒愚閣刻朱墨套印本　浙江
韻彙校一卷　清王筠撰
　清王筠稿本　山東
韻對屑玉箋注二卷附刻增訂切字捷法　清歐達徹輯　清鍾映雪　唐祖澤注　清唐祖澤撰切字捷法
　清嘉慶二十二年會稽陶鈗刻本　國圖
新增詳注韻對屑玉三卷　清歐達徹輯　清梅村鍾等注
　清石經堂刻本　天津
韻字鑑四卷　清翟雲升輯
　清道光二十二年五經歲徧齋刻袖珍本　國圖　天津　南京
　清光緒四年上海淞隱閣石印本　南京　湖北
千金裘一集二十七卷二集二十六卷　清蔣義彬撰一集　清蔣義彬徐元麟撰二集
　清嘉慶二十三年刻本　天津
千金裘二集二十六卷　清蔣義彬　徐元麟撰
　清嘉慶二十三年刻本　天津
經字韻補不分卷　清李錫彤輯
　清朱格抄本　國圖

岐韻詳辨六卷　清馬名駒輯
　清嘉慶二十四年木蔔堂刻本　科學
韻字探驪五卷　清徐錫齡輯
　清嘉慶二十三年刻本　國圖
　清嘉慶二十五年刻巾箱本　科學
三音均部略四卷　清黄以愚撰
　清黄以愚稿本　國圖
韻篇合校不分卷　清丁士涵撰
　清丁士涵稿本　上海
韻字彙錦五卷　清顧掄輯
　清道光二年玉峰蔡厚田刻玉山草堂藏版本　國圖　人大
荆音韻彙二卷　清周仁輯
　清道光二年周泳斯美堂刻本　北大
韻辨五卷　清劉贊輯
　清道光五年秀骨堂刻巾箱本　湖北
韻辨三卷　清寶長泰定例　清寶燦彙輯
　清道光刻本　科學
養默山房詩韻六卷　清謝元淮撰
　清道光五年刻本　湖北
　清道光二十九年刻本　北大　上海　南京
　清光緒二年衡陽魏氏刻本　北大　上海　南京　湖北
佩文韻遡原五卷　清劉家鎮輯
　清道光五年皺均居刻本　浙江　湖北
　清道光十九年石芝山館刻本　北大　科學
詩韻檢字一卷　清黄本驥撰
　清道光二十八年刻本　國圖
　清道光二十八年刻光緒四年古香閣印三長物齋叢書本
韻字辨似一卷　清黄本驥撰
　清道光二十八年刻本　國圖
　清道光二十八年刻光緒四年古香閣印三長物齋叢書本
分韻指南二卷　清史佩瑲輯
　清道光二十九年永平府署刻本　科學
佩文廣韻彙編五卷　清李元祺輯
　清道光十年半塉草堂刻本　科學　南京　浙江

清同治十一年金陵書局刻本　北大　天津　湖北

韻辨附文五卷　清沈兆霖輯

清道光二十三年刻宏道書院藏版本　國圖

清同治十二年東川書院刻本　復旦　南京　湖北

清同治十三年黎培敬黔陽官署刻本　北大　南京

清同治十三年竹素書局刻本　人大　南京

清光緒三年寫刻本　北大　上海

韻辯附文五卷　清沈兆霖撰　清徐昌緒增補

清刻本　遼寧

韻海鴛鴦十六卷　清題尋樂居士(崔祺)輯

清道光二十二年甘棠尋樂軒刻本　南京

韻辨一隅八卷補遺一卷　清諸玉衡撰

清道光二十二至二十四年金氏味經瘦閣刻本　北大　上海

韻辨一隅補遺一卷　清諸玉衡撰

清道光二十二至二十四年金氏味經瘦閣刻本　北大　上海

清咸豐五年宜稼堂刻本　上海　浙江

韻辨一隅八卷補遺一卷續補一卷　清諸玉衡撰

清咸豐五年宜稼堂刻本　上海　浙江

韻辨一隅續補一卷　清諸玉衡撰

清咸豐五年宜稼堂刻本　上海　浙江

兼韻音義四卷　清殷秉鏞著

清道光二十三年繆景宣四川刻和樂堂主人存版本　北大　上海　復旦

韻字同異一卷　清殷秉鏞輯

清道光二十三年繆景宣四川刻和樂堂主人存版本　南京

清光緒十一年富順考雋堂刻本　科學

韻字同異辨二卷　清胡文炳輯

清光緒＿年刻本　科學

韻字異同辨要四卷　清李德儀輯

清末抄本　北大

虚字韻藪五卷　清潘維城輯

清道光二十八年棗陽縣署刻本　湖北

清光緒二年刻本　雲南

虚字韻藪一卷

清光緒十一年善成堂刻校補詩韻合璧附刻本　天津

清光緒十四年同文書局石印新編詩韻全璧附印本　天津　江西
清光緒十五年上海鴻寶齋石印攷正增廣詩韻全璧附印本　天津
一九二〇年上海鴻寶齋石印詩韻全璧附印本　復旦

音韻集要二十一卷　清王履青撰
清咸豐六年刻本　人大

詩韻合璧五卷　清湯祥瑟輯
清咸豐九年湯氏大文堂刻本　南京
清同治五年刻立本堂藏版本　湖南
清光緒元年懷善堂刻本　北師大
清光緒元年秀谷海陵書屋刻本　南京
清光緒四年上海淞隱閣排印本　天津　江西　湖南

詩韻合璧五卷附論古韻通轉一卷　清湯祥瑟輯　清汪立名撰古韻通轉
清光緒十一年文英堂書坊刻本　天津

詩韻合璧五卷附虚字韻藪一卷　清湯祥瑟輯　清潘維城輯虚字韻藪
清光緒十三年廣百宋齋石印本　天津

校補詩韻合璧五卷附虚字韻藪一卷　清湯祥瑟輯　清潘維城輯虚字韻藪
清光緒十一年善成堂刻本　天津

增補詩韻合璧五卷　清湯祥瑟輯
清同治福文堂刻本　天津
清光緒十年暢懷書屋銅版印本　南京

增廣詩韻合璧五卷　清湯祥瑟輯
清光緒十三年點石齋石印本　浙江

詩韻合璧大全五卷　清湯祥瑟輯
一九二二年上海廣益書局石印本　人大　復旦　南京

詩韻合璧五卷　清湯祥瑟輯　清許時庚重編
一九二三年上海錦章圖書局石印本　湖南
一九二四年上海錦章圖書局石印本　北師大　湖南

增廣詩韻合璧五卷　清湯祥瑟輯　清許時庚重編
一九二七年上海錦章圖書局石印本　復旦
一九三八年上海鴻文書局銅版印本　雲南

新編詩韻全璧五卷檢韻一卷附虛字韻藪一卷　清湯祥瑟輯　華錕重編　清潘維城輯虛字韻藪

清光緒十四年同文書局石印本　天津　江西

攷正增廣詩韻全璧五卷檢韻一卷附虛字韻藪一卷　清湯祥瑟輯　華錕重編　清潘維城輯虛字韻藪

清光緒十五年上海鴻寶齋石印巾箱本　天津

詩韻全璧五卷

一九一四年煥文書局石印本　復旦

一九二〇年上海章福記書局石印本　甘肅

增廣詩韻全璧五卷　清奕詢增編

清光緒十七年上海錦章圖書局石印本　天津

清光緒二十一年上海鴻寶齋石印本　北師大　湖南

一九二六年上海鴻寶齋石印本　江西　湖南

一九二八年上海公益書局石印本　湖南

韻學辨中備五卷　清張亨釬撰

清咸豐二年粵東尊所聞齋刻三色套印本　南京

詩韻萃珍十卷　清黄昌瑞輯

清同治五年刻文光敏藏版本　湖南

詩韻類錦五卷　清郭化林輯

清光緒元年刻本　江西

詩韻類錦八卷

清光緒三年文奎堂刻本　江西

增訂詩韻便覽五卷　清王星奎輯

清同治十三年劉守琪等伍城刻本　北大

韻字同異考辨五卷　清郭鑑庚撰

清道光二十四年刻本　國圖　北大　科學

韻府翼五卷　清郭鑑庚輯

清光緒元年太倉錢氏刻本　國圖　北大　上海　南京　湖北

清光緒元年貴州傅氏刻本　甘肅

音紐不分卷　清陶良駿撰

清同治間陶良駿手稿本　臺北央圖

同文韻綴五卷　清馬魁輯

清光緒元年保陽文富堂刻本　北大

初學審音二卷　清葉庭鑾輯
清光緒三年武林刻本　國圖　天津　上海　復旦　南京　浙江
韻字急就篇十卷　清迮鶴壽　沈懋悳輯
清咸豐元年刻本　國圖　上海
清咸豐元年刻本　北大　科學　湖北
詩韻辨字增註五卷　清張澐卿輯
清光緒六年張澐卿刻本　上海　復旦　南京　浙江
增訂韻辨摘要一卷
清光緒六年蝶胎山館刻本　南京
韻譜一卷　清王蘭生輯
清光緒七年淮南書局刻本　湖北
韻譜一卷
清抄本　天津
韻目表　清錢恂撰
清光緒七年歸安錢氏刻本　國圖　北大
一九一二年歸安錢氏杭州刻本　湖北　遼寧
韻鈔不分卷　題説劍山堂主人信天翁輯
清光緒十年抄本　甘肅
天籟新韻一卷　清蕭承煊評輯
清光緒十三年寫刻本　國圖　科學　上海　南京
韻海大全五卷附一卷　清楊引傳等輯
清光緒十三年上海積山書局石印本　湖北
詩韻釋音五卷首一卷　清陳錦撰
清光緒十三年刻橘蔭軒藏版本　國圖　科學　上海　浙江
異同韻辨五卷補遺續補遺一卷　清王籌撰　清王彦侗續補
清光緒十三年刻槐音堂藏版本　國圖
異同韻辨補遺續補遺一卷　清王彦侗續補
清光緒十三年刻槐音堂藏版本　國圖
詩韻海不分卷　題文彙館主人編
清光緒十四年上海點石齋石印本　江西
增補彙音六卷　清壺麓主人校訂補正
清宣統三年廈門會文堂書局石印本　復旦
集字韻釋通便不分卷　清李翼撰
清光緒三十年刻本　國圖

新刻五音標韻不分卷　清張永春輯
　清光緒三十三年京都育英書屋刻本　上海

五音集字一卷　清王朝恩撰
　清道光十三年刻光緒印本　科學

集字繫聲一卷　清王朝恩撰
　清道光十三年刻光緒印本　科學

古今字略集韻二十二卷末一卷　清錢星齋輯
　清錢星齋稿本　北大

韻略易通不分卷　清彭應瑞撰
　清彭應瑞稿本　上海

三體摭韻不分卷　清朱昆田輯
　清朱昆田稿本　上海

韻粹不分卷　清朱昆田輯
　清抄本　上海

音韻校正不分卷　清來景風撰
　清來景風稿本　浙江

黃鍾通韻二卷　清都四德撰
　稿本韻學叢書本　復旦

黃鍾通韻不分卷
　稿本韻學叢書本　北大
　清光緒十七年刻丁酉圃叢書之韻學叢書本　國圖　北大　遼寧

詩韻分編五卷　清盛世儒輯
　清懷德堂刻本　湖南

詩韻探奇五卷　清金維寧輯
　抄本　科學

聲韻雜鈔不分卷　清吴墉熙輯
　清抄本　國圖

五音類聚十卷　清嚴章福編
　抄本　南京

（二）音説

證俗音　北齊顔之推撰　清任大椿輯　清王念孫校
　清嘉慶二十二年山陽汪廷珍刻小學鉤沈本
　清光緒十年龍氏刻小學鉤沈本

清光緒十年江都李氏半畝園刻小學類編之小學鉤沈本
清光緒湖北崇文書局刻小學鉤沈本
一九三五年南海黄氏據舊版彙印芋園叢書之小學鉤沈本
續修四庫全書影印清嘉慶二十二年汪廷珍刻本

證俗音　北齊顔之推撰　顧震福輯
清光緒十八年山陽顧氏刻小學鉤沈續編本
續修四庫全書影印清光绪十八年刻本

證俗音一卷　北齊顔之推　題南朝宋顔延之撰　龍璋輯
民國攸縣龍氏排印小學蒐逸本

考聲一卷　清王仁俊輯
稿本玉函山房輯佚書續編本　上海

經世四象體用之數圖一卷　宋邵雍撰
稿本韻學叢書本　復旦

皇極經世書不分卷　宋邵雍撰　清丁顯編
稿本韻學叢書本　北大
清光緒十七年刻丁西圃叢書之韻學叢書本　國圖　北大　遼寧

皇極經世解聲音韻譜一卷　宋宋泌撰
明抄皇極經世解觀物篇附抄本　臺北故宫

皇極聲音數一卷　宋祝泌撰
清康熙刻嘯餘譜本

字書誤讀一卷　宋王雱撰
明刻居家必備本
清順治三年宛委山堂刻説郛本
清嘉慶十九年刻同文考證本
清道光十五年朝邑劉際清等刻青照堂叢書本
清道光二十二年陽湖莊氏刻

古音叢目五卷　明楊慎撰
明嘉靖李元陽刻本　國圖　北大　山東　四川
清乾隆四庫全書館寫欽定四庫全書本
清乾隆綿州李氏萬卷樓刻嘉慶十四年綿陽李鼎元校印函海之升菴韻學七種本　國圖
清道光五年綿陽李朝夔刻函海之升菴韻學七種本　國圖
清光緒八年刻總纂升菴合集本

古音獵要五卷　明楊慎撰
明嘉靖李元陽刻本　國圖　北大　山東　四川

清乾隆四庫全書館寫欽定四庫全書本
清乾隆綿州李氏萬卷樓刻嘉慶十四年綿陽李鼎元校印函海之升菴韻學七種本　國圖
清道光五年綿陽李朝夔刻函海之升菴韻學七種本　國圖
清光緒八年刻總纂升菴合集本

古音餘五卷　明楊慎撰

明嘉靖李元陽刻本　國圖　北大　山東　四川
明刻升菴雜著本
清乾隆四庫全書館寫欽定四庫全書本
清乾隆綿州李氏萬卷樓刻嘉慶十四年綿陽李鼎元校印函海之升菴韻學七種本　國圖
清道光五年綿陽李朝夔刻函海之升菴韻學七種本　國圖
清光緒八年刻總纂升菴合集本

古音附録一卷　明楊慎撰

明嘉靖李元陽刻本　國圖　北大　山東　四川
清乾隆四庫全書館寫欽定四庫全書本
清乾隆綿州李氏萬卷樓刻嘉慶十四年綿陽李鼎元校印函海之升菴韻學七種本　國圖
清道光五年綿陽李朝夔刻函海之升菴韻學七種本　國圖
清光緒八年刻總纂升菴合集本

古音略例一卷　明楊慎撰

明嘉靖李元陽刻本　國圖　北大　山東　四川
清乾隆四庫全書館寫欽定四庫全書本
清乾隆綿州李氏萬卷樓刻嘉慶十四年綿陽李鼎元校印函海之升菴韻學七種本　國圖
清道光五年綿陽李朝夔刻函海之升菴韻學七種本　國圖
清光緒八年刻總纂升菴合集本

轉注古音略五卷　明楊慎撰

明嘉靖李元陽刻本　國圖　北大　山東　四川
清乾隆四庫全書館寫欽定四庫全書本
清乾隆綿州李氏萬卷樓刻嘉慶十四年綿陽李鼎元校印函海之升菴韻學七種本　國圖
清道光五年綿陽李朝夔刻函海之升菴韻學七種本　國圖
清光緒八年刻總纂升菴合集本

古音後語一卷　明楊慎撰

清乾隆綿州李氏萬卷樓刻嘉慶十四年綿陽李鼎元校印函海之升菴韻學七種本　國圖

清道光五年綿陽李朝夔刻函海之升菴韻學七種本　國圖

清光緒七至八年廣漢鍾登甲樂道齋刻函海本　國圖

清光緒八年刻總纂升菴合集本

古音複字五卷　明楊慎撰

清乾隆綿州李氏萬卷樓刻嘉慶十四年綿陽李鼎元校印函海之升菴韻學七種本　國圖

清道光五年綿陽李朝夔刻函海之升菴韻學七種本　國圖

清光緒七至八年廣漢鍾登甲樂道齋刻函海本　國圖

清光緒八年刻總纂升菴合集本

清抄楊氏遺書本

發音録一卷　明張位撰

明刻本　南京

清順治三年宛委山堂刻説郛續本　湖北

清道光十五年朝邑劉際清等刻青照堂叢書本

讀易韻考七卷　明張獻翼撰

明萬曆刻本　科學

四庫全書存目叢書影印續修四庫全書影印明萬曆刻本

古今韻撮九卷　明高舉撰

明萬曆四十一年刻本　北京市文物局

屈宋古音義三卷　明陳第撰

明萬曆四十二年會山樓刻一齋集本　遼寧

清乾隆三十二年徐時作崇山堂彙印本　北大

清乾隆四庫全書館寫欽定四庫全書本

清嘉慶抄本　復旦

清嘉慶十年虞山張氏照曠閣刻學津討原本

清光緒六年武昌張裕釗刻本　北大

屈宋古音考一卷附録一卷　明陳第撰

清同治二年長沙余氏刻明辨齋叢書本

屈宋古音考三卷

清光緒六年武昌張裕釗刻本　國圖

韻叶攷五卷　明余信撰

明潘侃刻本　重慶

古今韻分注撮要五卷　明甘雨撰　明陳士元注
明萬曆二十二年鎮粵堂刻本　北大　臺北故宮
四庫全書存目叢書影印明萬曆二十二年刻本
古今韻分注撮要五卷　明甘雨撰　明陳士元注　明朱國珍補
明萬曆三十九年刻本　故宫
韻苑考遺五卷　明陳士元撰
明嘉靖二十六年楊椿等刻本　南京
讀書通二十卷　明郝敬撰
明萬曆崇禎間郝洪範刻山草堂集本
韻叶考五卷　明潘緯撰
明嘉靖四十二年刻本　國圖
彙韻辨義五卷　明林茂槐輯
明萬曆四十四年刻本　上海
詩韻攷裁五卷　明徐爾鉉輯
明崇禎十四年刻本　科學　上海
四庫未收書叢刊影印明崇禎施成美刻本
古隸韻宗五卷　明魏師段撰
明魏嶠刻本　首圖
辨音纂要二卷　佚名撰
明天啓抄本　東北師大
古韻疏二卷　明陳藎謨撰
清康熙間慎思堂刻本　天津
音韻正訛四卷　明孫耀輯
明崇禎十七年刻本　清華　人大
清乾隆五十四年金閶書業堂刻本　上海　復旦　北大
清嘉慶二年刻本　科學
清光緒十九年大道堂刻本　北大
續修四庫全書影印清乾隆五十四年書業堂刻本
詩音辨略二卷　明楊貞一著
明萬曆四十七年淩一心刻本　國圖
古韻一卷今韻一卷　佚名撰
明刻本　莫棠跋　上海
音論三卷　清顧炎武撰
清康熙六年張弨符山堂刻音學五書本　首圖　北大　清華

清乾隆四庫全書館寫欽定四庫全書本
清道光二十八年林春祺福田書海銅活字印音學五書本　國圖　上海　天津
清光緒十一年四明觀稼樓刻音學五書本　北大
清光緒十六年思賢講舍刻音學五書本　北大

音論一卷
清康熙六年刻陳上年輯刻三種本
清道光九年廣東學海堂刻皇清經解本
清道光九年廣東學海堂刻咸豐十一年補刻皇清經解本
清光緒十七年上海鴻寶齋石印皇清經解本

古音表二卷　清顧炎武撰
清康熙六年張弨符山堂刻音學五書本　首圖　北大　清華
清乾隆四庫全書館寫欽定四庫全書本
清嘉慶二十二年刻花熏閣詩述本
清光緒十一年四明觀稼樓刻音學五書本　北大
清光緒十六年思賢講舍刻音學五書本　北大

伸顧氏分配八聲之説一卷　清易本烺撰
清同治八年刻本　科學　南京　湖北

伸顧一卷伸顧劄記一卷　清易本烺撰　清王家鳳撰劄記
清光緒十七年三餘草堂刻湖北叢書本　國圖　湖北

伸顧劄記一卷　清王家鳳撰
清光緒十七年三餘草堂刻湖北叢書伸顧附刻本　國圖　湖北

柴氏古韻通八卷首一卷末附正音切韻復古編一卷　清柴紹炳撰
清康熙刻本　科學
清乾隆四十一年姚江朱氏刻本　北大　科學
清抄本　福建
四庫全書存目叢書續修四庫全書影印清康熙刻本

柴氏古韻通不分卷
稿本韻學叢書本　復旦

古韻通一卷
稿本韻學叢書本　北大
清光緒十七年刻丁酉圃叢書之韻學叢書本　國圖　北大　遼寧

古韻通略一卷　清柴紹炳撰　清毛先舒括略併注
清康熙十八年刻詞學全書本
清乾隆十一年世德堂刻詞學全書本

一九一六年木石山房石印刻詞學全書本
民國文寶書局石印詞學全書本

正音切韻復古編一卷　清柴紹炳撰

稿本韻學叢書本　北大　復旦
清光緒十七年刻丁西圃叢書之韻學叢書本　國圖　北大　遼寧

韻學指南二卷　清王鏞撰

清道光九年謄清稿本　國圖

韻學通指一卷　清毛先舒撰

清康熙中刻本　國圖　科學　上海
稿本韻學叢書本　北大　復旦
清光緒十七年刻丁西圃叢書之韻學叢書本　國圖　北大　遼寧
四庫全書存目叢書影印清康熙刻思古堂十四種書本

韻白一卷　清毛先舒撰

清順治刻本　南京
清康熙刻思古堂十四種書本　科學
稿本韻學叢書本　北大　復旦
四庫全書存目叢書影印清康熙刻思古堂十四種書本

聲韻叢説一卷　清毛先舒撰

清康熙刻昭代叢書本
清道光十三年吴江沈氏世楷堂刻昭代叢書本
清道光十一年六安晁氏木活字印學海類編本
稿本韻學叢書本　北大　復旦
四庫全書存目叢書影印清康熙刻昭代叢書本

韻問一卷　清毛先舒撰

清康熙刻昭代叢書本
清道光十三年吴江沈氏世楷堂刻昭代叢書本
稿本韻學叢書本　北大　復旦
清光緒十七年刻丁西圃叢書之韻學叢書本　國圖　北大　遼寧

四聲纂句一卷　清王鑒撰

清道光十五年朝邑劉際清等刻青照堂叢書本

易韻四卷　清毛奇齡撰

清康熙李恭等刻西河合集本　北大
清康熙李恭等刻乾隆三十五年陸體元修補印西河合集本　天津
清乾隆四庫全書館寫欽定四庫全書本

康熙甲子史館新刊古今通韻十二卷首一卷　清毛奇齡撰
　清康熙二十三年史館刻學者堂藏版本　北大　復旦　南京　湖北

古今通韻十二卷首一卷　清毛奇齡撰
　清康熙二十四年學聚堂刻本　人大　南開　遼寧
　清康熙五十三年學者堂刻本　上海
　清乾隆四庫全書館寫欽定四庫全書本

韻學要指十一卷　清毛奇齡撰
　清康熙李恭等刻西河合集本　國圖　北大　科學
　清康熙李恭等刻乾隆五十三年陸體元修補印西河合集本　天津
　四庫全書存目叢書影印清康熙刻西河合集本

韻學指要一卷
　清乾隆五十九年石門馬氏大西山房刻龍威祕書本
　稿本韻學叢書本　北大　復旦
　清光緒十七年刻丁酉圃叢書之韻學叢書本　國圖　北大　遼寧

古今韻考四卷　清李因篤撰
　清剡籐居抄本　四川
　稿本韻學叢書本　北大
　清光緒十七年刻丁酉圃叢書之韻學叢書本　國圖　遼寧

古今韻考四卷附校刻古今韻考附記一卷　清李因篤撰　附記清楊傳第撰
　清咸豐九年葉名澧刻本　科學
　清光緒六年福山王懿榮刻天壤閣叢書本　國圖　科學
　清光緒九年歸安姚覲元刻本咫進齋叢書本　國圖
　稿本韻學叢書本　復旦

校刻古今韻考附記一卷　清楊傳第撰
　清咸豐九年葉名澧刻本　科學
　清光緒六年福山王懿榮刻天壤閣叢書本　國圖　科學
　清光緒九年歸安姚覲元刻本咫進齋叢書本　國圖
　稿本韻學叢書本　復旦

讀書正音四卷　清吴震方撰
　清康熙四十四年刻本　浙江

音韻須知二卷　清李書雲撰
　清康熙二十九年李氏孝經堂刻本　上海　南京　遼寧
　清康熙香芸閣刻本　北大

聲韻辨八卷　清譚宗撰
　清抄本　遼寧
古韻通轉不分卷　清汪立名撰
　清康熙三十九年刻今韻箋略附刻本　國圖　廣西民院
唐律詩韻二卷首一卷末一卷　清蔣國祥　清蔣國祚撰
　清康熙三十四年刻本　湖北
詩經古韻六卷首一卷　清陳祖範撰
　清康熙五十年刻本　社科院文學所
北窗偶談三卷　清胡彦穎撰
　清乾隆刻本　上海
古韻標準一卷　清江永撰　清戴震參定
　清戴震稿本　歙縣博物館
古韻標準四卷詩韻舉例一卷　清江永撰　清戴震參定
　清乾隆三十六年瑞金羅有高刻潮陽縣衙藏版本　國圖　北師大
　清乾隆四庫全書館寫欽定四庫全書本
　清乾隆五十四年歷城周氏竹西書屋據益都李文藻刻版重編貸園叢書初集本　北大
　清嘉慶海虞張氏刻墨海金壺本
　清道光二十四年金山錢氏據墨海金壺刻版重編增刻守山閣叢書本
　清咸豐元年沔陽陸建瀛木犀香館刻江氏韻書三種本　北大
　清咸豐二年南海伍氏刻粵雅堂叢書本　北大
詩韻舉例一卷　清江永撰
　清乾隆三十六年瑞金羅有高刻潮陽縣衙藏版本　國圖　北師大
　清乾隆四庫全書館寫欽定四庫全書本
　清乾隆抄本　科學
　清乾隆五十四年歷城周氏竹西書屋據益都李文藻刻版重編貸園叢書初集本　北大
　清嘉慶海虞張氏刻墨海金壺本
　清道光二十四年金山錢氏據墨海金壺刻版重編增刻守山閣叢書本　北大
韻學原委三卷　清王植撰
　清雍正刻本　科學
韻學五卷韻學臆説一卷　清王植撰
　清雍正八年刻本　國圖
　四庫全書存目叢書影印清雍正八年刻本

韻學五卷

清乾隆七年崇德堂據雍正刻韻學原委增修印本　科學

韻學臆説一卷　清王植撰

清雍正八年刻韻學附刻本　國圖

四庫全書存目叢書影印清雍正刻本

字學音韻辨一卷　清胡宗緒撰

清乾隆刻本　國圖

柳堂訂譌略二卷　清董儒龍撰

清雍正四年刻本　福建

古音駢字不分卷附鄉音俗字通考不分卷　清董儒龍輯

清抄本　國圖

惠定宇先生更定四聲稿不分卷　清惠棟撰

清朱邦衡抄本　復旦(存平聲十三部　上聲二十三部)

音韻討論六卷　清吴穎芳撰

清抄本　天一閣

詩韻析五卷首一卷末一卷　清汪烜撰

清光緒九年婺源紫陽書院刻本　人大　復旦　湖北

清光緒九年刻二十三年長安趙氏等彙印汪雙池先生叢書本　上海

續修四庫全書影印清光緒九年紫陽書院刻本

韻法本俗一卷　清丁愷曾撰

一九三五年青島趙永厚堂排印望奎樓遺稿本

聲韻訂訛一卷　清曠敏本撰

清乾隆曠氏舜洞山房刻岣嶁叢書本

字音正謬二卷　清伍澤梁撰

清乾隆六十年成相堂刻本　南京

字音正謬一卷首一卷附發恭執筆寫字管見圖式　清伍澤梁撰　清何太和撰圖式

清咸豐四年刻本　國圖

古今韻表新編一卷後編一卷　清仇廷模撰

清雍正刻本　科學

清乾隆三年拾餘廬刻本　浙江

清光緒刻本　國圖

四庫全書存目叢書影印清雍正刻本

音學全書二卷今韻十六卷古韻十六卷　清王起鵬輯
清道光七年善餘堂刻本　北大　上海
學韻紀要二卷　清劉紹攽撰
清乾隆五年劉傳經堂刻本　湖北　科學
清光緒刻本　上海
圓音正考一卷　清存之堂輯
清道光十年京都三槐堂書坊刻本　國圖　北大　上海
一九二九年石印本　國圖
續修四庫全書影印清道光十年京都三槐堂刻本
古音表考正一卷　清萬光泰撰
清抄本　天津
古韻原本一卷　清萬光泰撰
清抄本　天津
經韻諧聲一卷　清萬光泰撰
清抄本　天津
韻學考元二卷　清范家相撰
清范家相稿本　天一閣
聲韻考四卷　清戴震撰
清戴震稿本　上海
清乾隆四十一年金壇段氏刻經韻樓叢書本
清乾隆益都李文藻刻本　復旦
清乾隆五十四年歷城周氏竹西書屋據益都李文藻刻版重編貸園叢書初集本
清丁顯抄本(清丁顯跋)　復旦
稿本韻學叢書本　復旦
聲韻攷不分卷
清道光二十四年吴江沈氏世楷堂刻昭代叢書本
稿本韻學叢書本　北大
清光緒十七年刻丁酉圃叢書之韻學叢書本　國圖　北大　遼寧
聲韻攷四卷聲類表九卷首一卷　清戴震撰
清乾隆十二年至四十四年孔氏遞刻微波榭叢書本　國圖　上海
書聲韻考後一卷　清朱錫庚撰
清乾隆五十九年刻本　國圖
清抄本　國圖
沈氏四聲考不分卷　清紀昀撰
清乾隆二十四年刻本　復旦

沈氏四聲考二卷
清乾隆二十九年刻鏡烟堂十種本　天津
清光緒五年定州王氏謙德堂刻畿輔叢書本　國圖
字音正譌不分卷　佚名撰
清乾隆二十年丁氏刻本　南京
風雅蒙求一卷　清阮葵生輯
清光緒十五年羅氏刻本　科學　復旦　湖北
一九三三年墨緣堂石印本　北大
音韻問答一卷　清錢大昕撰
清道光二十四年吴江沈氏世楷堂刻昭代叢書本
官韻考異一卷　清吴省欽撰
清乾隆四十二年刻本　上海
清嘉慶中南匯吴氏聽彝堂刻藝海珠塵本　科學　湖北
清劉氏掫均居抄本　福建
官韻考異二卷
清咸豐六年況氏抄本　桂林
古音合二卷　清李調元撰
清乾隆綿州李氏萬卷樓刻嘉慶十四年綿陽李鼎元校印函海本　國圖
清道光五年綿陽李朝夔刻函海本　國圖
清光緒七至八年廣漢鍾登甲樂道齋刻函海本　國圖
杜詩雙聲疊韻譜括略八卷　清周春撰　清丁顯輯要
清乾隆嘉慶間刻周松靄先生遺書本
清嘉慶元年刻本　科學
杜詩雙聲疊韻譜括略六卷
稿本韻學叢書本　復旦
杜詩雙聲疊韻譜括略不分卷
稿本韻學叢書本　北大
清光緒十七年刻丁酉圃叢書之韻學叢書本　國圖　北大　遼寧
小學餘論二卷　清周春撰
清嘉慶間刻周松靄先生遺書本　湖北
六書音均表五卷　清段玉裁撰
清乾隆四十一年富順官廨刻嘉慶段氏經韻樓彙印本　國圖　北大　上海
南京　浙江
清道光九年廣東學海堂刻皇清經解本

清道光九年廣東學海堂刻咸豐十一年補刻皇清經解本
清同治十一年湖北崇文書局刻本　科學　南京
稿本韻學叢書本　復旦
續修四庫全書影印清乾隆四十一年富順官廨刻本

六書音均表一卷
稿本韻學叢書本　北大
清光緒十七年刻丁酉圃叢書之韻學叢書本　國圖　北大　遼寧

今韻古分十七部表一卷　清段玉裁撰
清道光十三年吴江沈氏世楷堂刻昭代叢書本

韻譜六卷廣韻録異二卷　清朱琰撰
清海盐朱氏清稿本　臺北央圖

古今指南五卷　清王見龍輯
清抄本　湖北

形聲指誤一隅編二卷　清宋綿初撰
清嘉慶十四年書種堂刻本　上海　南京
清刻本　南京

方音一卷　清戚學標撰
清戚學標稿本古語遺録本　國圖
續修四庫全書影印古語遺録稿本

經韻不分卷　清王念孫撰
清嚴厚民手抄本　上海

古韻譜二卷　清王念孫撰
一九二五年上虞羅氏排印高郵王氏遺書本
一九三三年渭南嚴氏成都刻本　遼寧
續修四庫全書影印民國二十二年渭南嚴氏刻本

古韻異同摘要一卷　清程際盛撰
清乾隆活字印程氏經學六種本　科學
清活字印稻香樓雜著本
清抄本　北大
清抄本　遼寧

漢魏音四卷　清洪亮吉撰
清乾隆五十年陽湖洪氏西安刻北江全集本　國圖　復旦　南京　湖北
清光緒四年宏達堂刻宏達堂叢書本　國圖
稿本韻學叢書本　復旦

續修四庫全書影印清乾隆五十年刻本

漢魏音一卷

稿本韻學叢書本　北大

清光緒十七年刻丁酉圃叢書本　國圖　北大　遼寧

古韻溯源八卷　清安念祖　清華湛恩輯

清道光十九年親仁堂刻本　與六書韻徵合刻　北大　天津

方音正誤五卷　清左伯溪撰

清乾隆五十七年刻本　浙江

聲系三卷　清陳鱣撰

清陳鱣稿本　國圖

鄉音正誤二十四卷賸稿一卷　清范照藜撰

清范照藜稿本　河南

古音諧八卷首一卷　清姚文田撰

清道光二十六年刻邃雅堂全書本　國圖　科學　天津　湖北

續修四庫全書影印道光二十六年刻本

四聲易知録四卷附文字偏旁舉略一卷　清姚文田輯

清嘉慶十七年歸安姚氏刻本　北大

清嘉慶十七年刻光緒八年廣州修補本　南京　湖北

清道光十年粤東芸香堂刻本　北大

清咸豐同治間刻本　上海

諧聲别部六卷　清喻端士編

清乾隆五十四年刻本　上海

古韻論三卷　清胡秉虔撰

清同治十三年吴縣潘氏京師刻滂喜齋叢書本　國圖　科學　復旦

清光緒二年世澤樓刻績溪胡氏叢書本　國圖　上海　湖北

清光緒二十二年企虚堂抄本　復旦

清抄本(清孫詒讓批校)　杭州大學

四庫未收書叢刊影印清刻本

聲音表一卷　清任兆麟撰

清嘉慶二十四年兩廣節署刻有竹居集本

古今韻通四卷　清馬俊良撰

清嘉慶二年刻本　南京

形聲部分篇一卷通合篇一卷餘論一卷附形聲類篇校勘一卷　清丁履恒撰　清龐大堃撰校勘

清抄本　國圖

鰭聲部分篇一卷通合篇一卷餘論一卷　清丁履恒撰
清玉采齋抄本　湖北
形聲通合篇一卷　清丁履恒撰
清抄本　國圖
鰭聲通合篇一卷　清丁履恒撰
清玉采齋抄本　湖北
形聲餘論一卷　清丁履恒撰
清抄本　國圖
鰭聲餘論一卷　清丁履恒撰
清玉采齋抄本　湖北
諧聲類篇四卷　清丁履恒撰
清丁履恒稿本　清王念孫　清劉逢禄簽校　上海
清同治抄本　清趙之謙題識　上海
形聲類篇五卷　清丁履恒撰
清光緒十四年虎林刻大亭山館叢書本　湖北
民國影印大亭山館叢書本　科學　天津　復旦
形聲類篇一卷
抄本　科學
形聲類篇二卷餘論一卷附校勘一卷　清丁履恒撰　清龐大堃撰校勘
清光緒二十二年長白馬佳氏刻佞漢齋叢書本　復旦
一九三六年國立北京大學影印佞漢齋刻本　國圖　北師大
續修四庫全書影印清光緒二十二年佞漢齋叢書本
形聲類篇餘論一卷　清丁履恒撰
清龐大堃家抄本　上海
形聲類篇校勘一卷　清龐大堃撰
清龐大堃稿本　國圖
清龐大堃稿本　上海
雙聲録四卷續録四卷疊韻録四卷續録五卷附録一卷　清浦鏜撰
清浦鏜稿本　國圖
雙聲續録四卷　清浦鏜撰
清浦鏜稿本　國圖
疊韻録四卷　清浦鏜撰
清浦鏜稿本　國圖
疊韻續録五卷　清浦鏜撰
清浦鏜稿本　國圖

疊韻附録一卷　清浦鏜撰
清浦鏜稿本　國圖
通叶集覽二卷　清王鳴玉輯
清嘉慶六年槐陰書屋刻本　上海
日本文化十三年刻本　國圖
五聲述古五卷　清聶鎬敏撰
清道光六年思誠堂刻本　北大
韻學古聲五卷　清聶鎬敏撰
清道光元年思誠堂刻聶氏叢書本
音韻纂組不分卷　清□慧書輯
清抄本　北師大
音韻同異辨八卷　清單可琪撰
清嘉慶八年師古堂刻本　國圖　北大　復旦　浙江
叶韻考正十六卷　清朱履中輯
清嘉慶九年小西山房刻本　上海　南京
詩韻音義注二十卷　清朱奎撰
清嘉慶八年雨香書屋刻本　北大　科學　上海
四庫未收書叢刊影印清嘉慶八年雨香書屋刻本
説文雙聲疊韻譜一卷　清鄧廷楨撰
清道光十八年刻本　北師大　上海
許氏説音四卷　清許桂林撰
清抄本　國圖
民國北平松筠閣鉛印聲韻要刊本　遼寧　湖北
民國北京人文科學研究所抄本　科學
聲韻要刊本
審聲一卷　清王贈芳撰
清道光十五年刻書學彙編本　國圖　科學
書聲辨異一卷　清王贈芳撰
清道光十五年刻書學彙編本　國圖　科學
音韻辨歧六卷補遺一卷　清陳祖綿輯
清嘉慶十七年刻本　浙江
經韻鉤沈一卷　清苗夔撰
清末願讀書室抄本　南京
古韻證二十二卷　清翟云升撰
清翟云升稿本五經歲徧齋許學三書本附　上海

清郭氏松南書廬抄五經歲徧齋許學三書本　國圖
清光緒十七年高氏辨蟫居抄五經歲徧齋許學三書本　國圖

音均部略四卷詩音普略一卷　清黄式三撰

清黄式三稿本　天一閣

音均部略四卷

清同治光緒間刻儆居遺書本　國圖　上海　天津

述均十卷　清夏燮撰

清道光二十年番陽官廨精刻本　人大
清咸豐五年番陽官廨精刻本　國圖　北大　上海　南京
一九三〇年北平富晉書社影印清咸豐五年刻本　科學　湖北　遼寧
一九一五年鉛印本　科學
續修四庫全書影印清咸豐五年番陽官廨刻本

先秦韻讀二卷　清江有誥撰

清嘉慶五年刻本　臺北故宫

先秦韻讀一卷

清嘉慶二十五年刻江氏音學十書本　國圖　北大　科學
清咸豐二年刻江氏音學十書本　上海　南京
一九二五年國立北京大學抄江氏音學十書本　北大
一九三四年渭南嚴氏刻江氏音學十書本　北大　遼寧
續修四庫全書影印清嘉慶道光間江氏刻本

楚辭韵讀一卷　清江有誥撰

清嘉慶二十四年刻江氏音學十書本　國圖　北大　科學
清咸豐二年刻江氏音學十書本　上海　南京
一九二五年國立北京大學抄江氏音學十書本　北大
一九三四年渭南嚴氏刻江氏音學十書本　北大　遼寧
抄本江氏音學十書本　國圖
續修四庫全書影印清嘉慶道光間江氏刻本

宋賦韵讀一卷　清江有誥撰

清嘉慶二十四年刻江氏音學十書本(附楚辭韵讀後)　國圖　北大　科學
清咸豐二年刻江氏音學十書本(附楚辭韵讀後)　上海　南京
一九二八年上海中國書店影印嘉慶江氏音學十書本(附楚辭韵讀後)　國圖　北大　湖北
一九三四年渭南嚴氏刻江氏音學十書本(附楚辭韵讀後)　北大　遼寧
續修四庫全書影印清嘉慶道光間江氏刻本

廿一部諧聲表一卷　清江有誥撰

清道光十七年刻江氏音學十書本　國圖　北大　科學

清咸豐二年刻江氏音學十書本　上海　南京

一九一六年上海倉聖明智大學排印廣倉學宭叢書本

一九二八年上海中國書店影印道光江氏音學十書本　國圖　北大　湖北

一九三四年渭南嚴氏刻江氏音學十書本　北大　遼寧

續修四庫全書影印清嘉慶道光間江氏刻本

入聲表一卷　清江有誥撰

清道光十七年刻江氏音學十書本　國圖　北大　科學

清咸豐二年刻江氏音學十書本　上海　南京

清丁顯抄本　復旦

稿本韻學叢書本　北大　復旦

清光緒十七年刻丁酉圃叢書之韻學叢書本　國圖　北大　遼寧

續修四庫全書影印清嘉慶道光間江氏刻本

江氏音學敘録一卷　清江有誥撰

一九一六年上海倉聖明智大學排印廣倉學宭叢書本

古韻總論一卷　清江有誥撰

一九一六年上海倉聖明智大學排印廣倉學宭叢書本

隨鄉讀韻三卷　清倪玉華撰

清道光七年刻朱印本　國圖

毓堂韻同五卷補遺一卷　清趙校輯

清道光元年趙校刻遵一堂藏版本　國圖　北大

古韻發明不分卷附切字肆考不分卷　清張畊撰

清道光六年芸心堂刻本　國圖　上海　南京

續修四庫全書影印清道光芸心堂刻本

形聲輯略一卷備考一卷　清龐大堃撰

清龐大堃原稿龐氏音學遺書本　上海

一九三五年常熟龐樹階影印稿本龐氏音學遺書本　國圖　遼寧

形聲輯略備考一卷　清龐大堃撰

清龐大堃原稿龐氏音學遺書本　上海

一九三五年常熟龐樹階影印稿本龐氏音學遺書本　國圖　遼寧

古音輯略二卷備考一卷　清龐大堃撰

清龐大堃原稿龐氏音學遺書本　上海

一九三五年常熟龐樹階據稿本影印龐氏音學遺書本　國圖　遼寧

續修四庫全書影印民國二十四年影印本

古音輯略備考一卷　清龐大堃撰

清龐大堃原稿龐氏音學遺書本　上海

一九三五年常熟龐樹階據稿本影印龐氏音學遺書本　國圖　遼寧

攀古小廬經韻不分卷　清時庸勱撰

清時庸勱原稿時氏音學叢稿本　山東博

韻譜一卷　清牟應震撰

清嘉慶棲霞牟氏刻道光二十九年歷城朱氏修補印毛詩質疑本

續修四庫全書影印清嘉慶刻道光二十九年至咸豐五年朱廷相朱畹重修毛詩質疑六種本

律詁三卷　清戴長庚撰

清道光十三年刻本　南京

正音撮要四卷　清高静亭撰

清咸豐二年刻本　上海

音分古義二卷附録一卷　清戴煦撰

清光緒十二年新陽趙氏刻新陽趙氏叢刻本　上海　湖北

抄本　南京

辨韻簡明二卷　清陸烱撰

清道光十六年闓諸室刻説文類解附刻本　北大

律音彙攷八卷　清邱元稑撰

清道光十八年刻本　南京

古韻溯原八卷　清安念祖　清華湛恩輯

清道光十九年親仁堂刻本　北大　浙江

清道光二十四年刻本　天津

四庫未收書叢刊影印清道光十九年親仁堂刻本

切韻考不分卷　清陳澧撰

清陳澧稿本　中山

切韻考六卷

清道光刻本　南京

切韻考六卷外篇三卷　清陳澧撰

清光緒五年刻本　南開

清光緒八年刻番禺陳氏東塾叢書本　湖北

清光緒十年刻本　湖南

清光緒刻鍾山別業叢書本　國圖

清抄本　武漢
續修四庫全書影印清光緒刻番禺陳氏東塾叢書本
切韻考外篇三卷　清陳澧撰
清陳澧稿本　中山
清光緒五年刻本　南開
清光緒八年刻番禺陳氏東塾叢書本　湖北
清光緒十年刻本　湖南
清光緒刻鍾山別業叢書本　國圖
清抄本　武漢
聲律通考十卷　清陳澧撰
清咸豐十年刻本　南京
古韻通説二十卷附通説一卷略例一卷　清龍啟瑞撰
清龍啟瑞稿本　上海
清同治六年粵東省城富文齋刻本　湖北
清光緒九年尊經書局成都刻本　北大　科學　天津　復旦　南京　遼寧　湖北　浙江
續修四庫全書影印清同治六年刻本
韻府鉤沈五卷　清雷浚撰
清光緒十三年吴縣雷氏刻雷刻八種本　國圖
劉氏碎金一卷　清劉禧延撰
清同治十三年刻本　國圖
清光緒十年吴縣雷氏刻雷刻四種本　國圖　北大
清光緒蘇州謝文翰刻本　國圖
清光緒十四年同文書局石印本　北大
韻詁不分卷補遺不分卷　清方浚頤輯
清光緒四年淮南書局刻本　北大
韻詁補遺不分卷　清方浚頤輯
清光緒四年淮南書局刻韻詁附刻本　北大
切韻表不分卷　清成容鏡撰
清成容鏡稿本　上海
清光緒刻成氏遺書本
續修四庫全書影印稿本
詩聲類表一卷　清成蓉鏡撰
清光緒刻成氏遺書本

四聲綜辨不分卷　清魏崧著
清道光二十六年刻本　北大
入聲便記一卷　清王家督撰
清道光二十七年文筠堂刻本　科學
清光緒九年刻二酉齋藏版本　科學
六書十二聲傳十二卷解字贅言一卷　清吕調陽撰
清光緒十四年葉長高刻觀象廬叢書本　南京　湖北
六書十二聲傳十二卷
清刻本　復旦
今韻訓辨不分卷　清吕裕安輯
清道光二十九年澧州學署刻本　上海
歌麻古韻考四卷　清吴樹聲撰
清同治八年刻本　國圖　北大　科學　上海　湖北
四庫未收書叢刊影印清同治八年刻本
歌麻古韻考四卷　清吴樹聲撰　清苗夔補注
清光緒五年定州王氏謙德堂刻畿輯叢書本　湖北
一九一四年雲南京書館刻雲南叢書本　復旦
一九三五年渭南嚴氏刻本　復旦
古音類表九卷首一卷　清傅壽彤撰
清同治三年宛南郡署刻本　科學　上海
清光緒二年大樑臬署刻澹勤室著述本　北大　上海　南京　遼寧
清光緒三年武昌刻澹勤室全集本　北大
續修四庫全書影印清同治三年宛南郡署刻本
二十一部古韻二卷　清曾釗撰
清曾釗稿本　中山(存卷上)
音韻注略不分卷附音韻約編不分卷　清張彭緒輯
清咸豐元年刻葆真堂藏版本　國圖
音韻約編不分卷　清張彭緒輯
清咸豐元年刻葆真堂藏版本　國圖
正音咀華三卷附正音咀華續編一卷　清莎彝尊撰
清咸豐三年麈談軒刻套印本　北大
清同治六年麈談軒刻朱墨套印本　國圖
正音咀華續編一卷　清莎彝尊撰
清咸豐三年麈談軒刻套印本　北大

清同治六年麈談軒刻朱墨套印本　國圖

諧聲述略四卷後編二卷　清關耀南撰

清光緒二十一年信州學舍静妙軒刻本　上海

諧聲述略後編二卷　清關耀南撰

清光緒二十一年信州學舍静妙軒刻本　上海

古今中外音韻通例不分卷　清胡垣撰

清光緒十四年刻本　南京

四庫未收書叢刊影印清光緒十四年刻本

虞山方音辨訛一卷　清薛福謙撰

清薛福謙稿本　浙江

今韻正義十卷　清陳倬撰

清陳倬稿本　南京

清陳倬稿本　上海(存九卷一至三　五至十)

舊抄本　復旦

十七部分字表一卷附許書漢制一卷　清陳倬撰

清陳倬稿本　上海

音學偶存二卷　清郭師古撰

清同治十二年刻本　上海

音學偶存二卷續編一卷　清郭師古撰

清光緒十二年清芬堂刻本　浙江

音學前編一卷後編一卷補編一卷　清郭師古撰

清同治十二年活字印本　科學

音學後編一卷　清郭師古撰

清同治十二年活字印本　科學

音學補編一卷　清郭師古撰

清同治十二年活字印本　科學

音學質疑六卷　清彭焯南撰

清光緒二十三年上海二玉山館刻本　湖北　湖南

韻學易知一卷　清張鑑瀛撰

清光緒五年奎映堂刻本　天津

音學雜述一卷　清鄭福照撰

一九三〇年桐城鄭氏是因潔園遺著本

韻考略五卷　清謝庭蘭撰

清光緒九年刻本　國圖

韻義便考六卷　清徐紹楨　清龔嘉相撰
清光緒十年刻龔氏藏版本　科學
切韻表一卷　清鄒美中撰
清光緒十年二分竹屋刻本　科學
蕭選韻系二卷　清李麟閣輯
清光緒十年上海同文書局石印本　南京
選韻一卷　清陸潤庠撰
清光緒十二年刻本　國圖
選韻二卷
清督學使者王氏刻本　復旦
選韻一卷
清王重刻本　南京
漢音鉤沈一卷敘例一卷附記一卷鄭許字義同評二卷　清胡元玉撰
清光緒十三年長沙刻本　上海
漢音鉤沈一卷敘例一卷附記一卷
清光緒十七年刻鏡珠齋彙刻本
四音辨要四卷　清駱成驤撰
清光緒三十四年銅邑文華堂刻本　科學
聲譜不分卷　清時庸勱撰
清時庸勱原稿時氏音學叢稿本　山東博
聲譜二卷
清光緒十八年河南星使行臺刻聽古廬聲學十書本　國圖　北大
續修四庫全書影印清光緒十八年河南星使行臺刻聽古廬聲學十書本
聲説不分卷　清時庸勱撰
清時庸勱原稿時氏音學叢稿本　山東博
聲説二卷
清光緒十八年河南星使行臺刻聽古廬聲學十書本　南京　北大
續修四庫全書影印清光緒十八年河南星使行臺刻聽古廬聲學十書本
兩漢韻珠十卷　清吴章澧撰
清光緒十八年吴縣吴氏刻本　上海
雙聲詩選一卷　清丁顯撰
清光緒二十六年刻丁西圃叢書之韻學蠡言舉要本
古韻分部諧聲二十一卷
清楊氏海源閣抄本　山東(存卷一至十四)

音學緒餘一卷　清夏曾傳撰

一九二六年杭州朱氏排印寶彝室集刻本

音學會解不分卷　清賴秉鈞輯

清光緒三十二年學海堂刻本　國圖

正音新纂二卷　清馬鳴鶴撰

清光緒二十八年宜春閣活字印本　復旦

字音考異一卷　佚名撰

清光緒八年京都琉璃石刻本　湖北

韻説一卷　清張敬止撰

稿本韻學叢書本　北大

稿本韻學叢書本　復旦

清光緒十七年刻丁酉圃叢書之韻學叢書本　國圖　北大　遼寧

韻府字學音韻考正一百六卷　清胡祖望撰

清胡祖望稿本　復旦

古今音韻通轉彙考不分卷　清陳鍾慶撰

清陳鍾慶稿本　北大

南北方音五卷　清夏鸞翔纂

清夏鸞翔稿本　北大

諧聲韻學十六卷　清阿摩利諦撰

清阿摩利諦稿本　上海(存十三卷　闕卷三卷十卷十五)

續修四庫全書影印稿本

兩得新知四卷　清胡爲治輯

清道光二十八年刻本　上海

方韻相轉譜一卷　佚名撰

清抄本　南京

笙韻閣古韻不分卷　清胡廷松撰

清緑絲欄抄本　國圖

虚韻典箋不分卷　清蔡瀛撰

清朱格抄本　國圖

音韻古今考不分卷　佚名撰

民國古竹山房緑絲欄抄本　國圖

擊掌知音不分卷　佚名撰

抄本　南開

古唐音韻五卷　清李峰輯

清刻本　湖北

四聲精辨四集附四聲辨異不分卷　佚名撰

精刻巾箱本　國圖

四聲辨異不分卷　佚名撰

精刻巾箱本　國圖

類韻箋異三卷　清陳寅撰

清陳氏忘尤館刻本　科學

詩韻考裁五卷　清張陳鼎撰

清刻本　南京

韻府註略四卷　清岳軌數撰

一九三〇年石印本　遼寧

俗音彙辨一卷　佚名撰

清□承源抄本　南京

榕音指掌二卷　題清袖海齋生撰

清袖海齋生稿本　科學

鄉音正訛不分卷　清張汝南撰

清光緒十二年刻本　國圖

今音古分十七部表一卷　清韓耀光撰

一九二一年石印本　國圖　科學

（三）等韻

四聲五音九弄反紐圖一卷　唐釋神珙撰

稿本韻學叢書本　北大

清光緒十七年刻丁酉圃叢書之韻學叢書本　國圖　北大　遼寧

四聲五音九弄反紐圖一卷　唐釋神珙撰　清馬國翰輯

清光緒九年長沙嫏嬛館刻玉函山房輯佚書本

清光緒十年章邱李氏據馬氏刻版重印玉函山房輯佚書本

清光緒十年楚南書局刻玉函山房輯佚書本

切韻指掌圖一卷　宋司馬光撰

宋紹定三年越州讀書堂刻本　國圖

清影宋抄本　南京

清抄本(清丁丙跋)　南京

清光緒九年上海同文書局據宋紹定刻本影刻本(副封題上海同文書局石印)
　北大

稿本韻學叢書本　北大

中華再造善本影印宋紹定三年越州讀書堂刻本

司馬温公切韻指掌圖一卷　宋司馬光撰

清抄本　國圖

司馬温公切韻一卷　宋司馬光撰

清康熙刻嘯餘譜本

清末石印本　北大

民國間石印本　復旦

司馬温公切韻指掌圖要括不分卷　宋司馬光撰

抄本　復旦

切韻指掌圖三卷檢圖之例一卷　宋司馬光撰　明邵光祖重編並撰檢例

清乾隆四庫全書館寫欽定四庫全書本

切韻指掌圖二卷檢例一卷檢圖之例一卷

清嘉慶海虞張氏刻墨海金壺本

清緑絲欄抄本　國圖

清朱絲欄抄本　國圖

一九一六年豐城熊氏刻熊氏四種本

切韻指掌圖檢例一卷　明邵光祖撰

明毛氏汲古閣抄本　上海

清嘉慶海虞張氏刻墨海金壺本

清光緒八年歸安陸氏刻十萬卷樓叢書本

清抄本　南京

清緑絲欄抄本　國圖

清朱絲欄抄本　國圖

切韻指掌圖檢圖之例一卷　明邵光祖撰

清乾隆四庫全書館寫欽定四庫全書本

清嘉慶海虞張氏刻墨海金壺本

清光緒八年歸安陸氏刻十萬卷樓叢書本

清抄本　南京

清緑絲欄抄本　國圖

清朱絲欄抄本　國圖

切韻指掌圖校記一卷　清王振聲撰

舊抄稿本　復旦

清王振聲原稿文村遺著本

重訂司馬温公等韻圖經一卷　明徐孝編

明萬曆三十四年張元善刻合併字學篇韻便覽本　蘭州大學　江西

四庫全書存目叢書影印明萬曆三十四年張元善刻本
韻鏡一卷　宋張麟之編
清光緒十年遵義黎氏刻古逸叢書本　天津　遼寧
續修四庫全書影印清光緒十年黎庶昌日本東京使署刻古逸叢書本
通志七音略一卷　宋鄭樵撰
稿本韻學叢書本　北大　復旦
清光緒十七年刻丁酉圃叢書之韻學叢書本　國圖　北大　遼寧
七音略二卷
清王振聲抄本　上海
一九三五年國立北京大學影印元至治刻本　國圖
四聲全形等子一卷
清乾隆四庫全書館寫欽定四庫全書本
四聲等子一卷
清咸豐九年番禺趙齊嬰抄本　廣東
清咸豐十一年南海伍氏刻粤雅堂叢書本
清光緒九年歸安姚氏刻咫進齋叢書本
清朱墨抄本　國圖
清抄本(清龐鐘璐校)　南京
古四聲等子韻一卷　原題元劉鑑撰
清姚氏咫進齋抄本　浙江
新編經史正音切韻指南一卷　元劉鑑撰
明弘治九年釋思宜刻本　國圖
明正德十一年釋承恒募刻本　國圖　天津　湖北
明正德十一年金臺衍法寺釋覺恒募刻本　國圖　北大　北師大　上海　保定
明嘉靖四十三年金臺衍法寺釋本贊刻本　國圖　湖南
明萬曆三至十七年崇德圓通菴釋如彩刻本　北大　上海
清光緒十年巴陵方氏刻宣統元年印碧琳琅館叢書本
切韻指南一卷　元劉鑑撰
明弘治十年金臺大隆福寺募刻本　臺北故宫
稿本韻學叢書本　北大　復旦
清光緒十七年刻丁酉圃叢書之韻學叢書本　國圖　北大　遼寧
一九三五年南海黄氏據舊版彙印芋園叢書本
經史正音切韻指南一卷　元劉鑑撰
明嘉靖三十一年洪都上藍禪寺重刻本　上海

明萬曆二十三年晉安芝山開元寺刻本　北師大　科學　故宫
明刻本　南京　廣東博
清康熙二十一年山東東陽居士刻本　科學
清康熙二十五年釋恒遠刻朱墨印本　國圖
清康熙京都隆安禪寺刻本　北大

篇韻貫珠集一卷　明釋真空撰

明弘治十年金臺大隆福寺募刻本　臺北故宫

新編篇韻貫珠集八卷　明釋真空撰

明弘治十一年刻本　國圖　北大
明正德十一年金臺衍法寺釋覺恒募刻本　國圖　北大　北師大　上海　保定
明萬曆三至十七年崇德圓通菴釋如彩刻本　北大　上海
明萬曆三至十七年崇德圓通菴釋如彩刻重修本　科學　上海
明萬曆二十三年晉安芝山開元寺刻本　北師大　科學　故宫

貫珠集八卷附玉鑰匙門法一卷　明釋真空撰

明萬曆刻本　上海

直指玉鑰匙門法一卷　明釋真空輯

明正德十一年金臺衍法寺釋覺恒募刻本　國圖　北大　北師大　上海　保定
明正德十一年金臺衍法寺釋覺恒募刻嘉靖三十八年釋本贇重修本　北大　中央民大　科學　故宫
清康熙二十五年釋恒遠刻朱墨印本　國圖

玉鑰匙門法一卷　明釋真空輯

明萬曆刻貫珠集附刻本　上海
四庫全書存目叢書影印清康熙六十年善樂堂刻本

若愚直指捷徑門法一卷　明釋若愚輯

明隆慶六年刻本　國圖

重覓五音借部免疑隱形一百八十字一卷

明萬曆十一年刻本　湖北

五先堂字學元元十卷　明袁子讓撰

明萬曆二十九年　上海辭書
明萬曆三十一年刻本　故宫　上海　甘肅
清抄本　内蒙大
劉彬抄本(張鴻來題記)　科學
四庫全書存目叢書續修四庫全書影印明萬曆三十一年刻本

新增切韻指南一卷　明潘巒撰

明萬曆八年益藩刻本　廣西師大

青郊雜著一卷附文韻考衷六聲會編十二卷　明桑紹良輯

明萬曆桑學夔刻本　北大　上海　吉林

四庫全書存目叢書續修四庫全書影印明萬曆桑學夔刻本

文韻考衷六聲會編十二卷　明桑紹良輯

明萬曆桑學夔刻青郊雜著本　北大　上海　吉林

韻表三十卷聲表三十卷　明葉秉敬著

明萬曆三十三年刻本　北大　故宫

明末刻本　北大

四庫全書存目叢書續修四庫全書影印明萬曆三十三年刻本

聲表三十卷　明葉秉敬著

明萬曆三十三年刻本　北大　故宫

明末刻本　北大

四庫全書存目叢書續修四庫全書影印明萬曆三十三年刻本

音聲紀元六卷　明吴繼仕撰

明萬曆刻本　國圖

四庫全書存目叢書續修四庫全書影印明萬曆刻本

四聲類率譜一卷　明徐孝編

明萬曆三十四年張元善刻合併字學篇韻便覽本　蘭州大學　江西

四庫全書存目叢書影印明萬曆三十四年張元善刻本

韻母五卷　明吕維祺撰

明崇禎六年志清堂刻本　北大　浙江

四庫全書存目叢書影印明崇禎六年楊文驄刻本

同文鐸三十卷首四卷　明吕維祺撰

明崇禎六年志清堂刻音韻日月燈本　北大　浙江

四庫全書存目叢書影印明崇禎六年楊文驄刻本

韻鑰二十五卷　明吕維祺撰

明崇禎六年志清堂刻音韻日月燈本　北大　浙江

稿本韻學叢書本　復旦

續修四庫全書影印明崇禎六年楊文驄刻本

字學正韻通不分卷　明吕維祺著　明吕維祜詮

明崇禎六年楊文驄刻明崇禎重修本　北大

切法指正二卷　明吕維祺　明吕維祜撰

清抄本　浙江

韻法直圖一卷

明萬曆古吴陳長卿刻本　北大

明萬曆鹿角山房刻本　北大

明懷德堂刻本　國圖

明末青畏堂刻本　湖北

清康熙十八年雲棲寺刻本　國圖　北大

清雍正九年經德堂刻本　國圖　上海

清嘉慶文秀堂刻藻思堂藏版本　北大

韻法横圖一卷　明李世澤撰

明萬曆古吴陳長卿刻本　北大

明萬曆鹿角山房刻本　北大

清康熙十八年雲棲寺刻本　國圖　北大

清嘉慶文秀堂刻藻思堂藏版本　北大

切韻射標一卷　明李世澤撰

明刻居家必備本

清順治三年宛委山堂刻説郛續本

皇極圖韻一卷　明陳藎謨撰

明崇禎五年石經草堂刻本　河南

四庫全書存目叢書影印明崇禎五年石經草堂刻本

韻切指歸二卷附五音初學讀念法一卷　清吴遐齡撰

清康熙四十九年吴之玠刻本　國圖　浙江

清道光七年集古堂刻本　北大　南京

增補等韻音切指南一卷　清張允憲校定

清乾隆張氏寫本　北大

轉音撮要一卷　清杜蕙撰

清乾隆十年省過堂刻本　國圖　湖北

清乾隆五十七年省過堂刻本　國圖　遼寧

清嘉慶二十五年刻本　北大

清道光二十年敬義堂刻本　復旦

戚林八音合訂八卷　清晉安編

清乾隆十四年刻集新堂藏版本　國圖

清乾隆萬有樓刻本　科學

清聚星堂刻本　復旦

戚參軍八音字義便覽四卷　清蔡士泮輯

清乾隆十四年刻戚林八音合訂本　國圖

清乾隆萬有樓刻戚林八音合訂本　科學

清聚星堂刻戚林八音合訂本　復旦

太史林碧山先生珠玉同聲四卷　清陳他輯

清乾隆十四年刻戚林八音合訂本　國圖

清乾隆萬有樓刻戚林八音合訂本　科學

清聚星堂刻戚林八音合訂本　復旦

建州八音字義便覽不分卷　清林端材彙輯

清乾隆六十年刻本　國圖　復旦

等音一卷　清馬槃什撰

清嘉慶二十二年刻花薰閣詩述本

馬氏等音一卷　清馬自援撰

抄本　科學

重訂馬氏等音内集一卷外集一卷　清馬自援撰　清梅建較正

清康熙四十七年思補堂重刻本　北大　上海

清嘉慶思補堂刻本　科學

稿本韻學叢書本　復旦

四庫全書存目叢書影印清康熙四十七年刻本

等音聲位合彙二卷　清高奣映合彙

清刻本　科學

一九一四年雲南叢書處刻雲南叢書本　北大

切韻捷徑一卷　清張應泰輯

清道光二十七年刻本　科學

徐氏等韻捷法不分卷附字學辨似醒誤　清徐師臣輯　明梅膺祚撰字學辨似醒誤

清康熙三十五年鄰嶽堂刻本　國圖

音通二卷　清陳宗彝撰

清宣統二年石印本　湖北

切法辨疑一卷附切法指南一卷　清張吴曼撰

清青照堂刻本　上海

清光緒張汝翼刻集梅花詩本

切法指南一卷　清張吴曼撰

清青照堂刻本　上海

清光緒張汝翼刻集梅花詩本

無言祕訣一卷　清張吴曼撰

清光緒張汝翼刻集梅花詩本

按聲指數法一卷　清張吴曼撰

清光緒張汝翼刻集梅花詩本

榕村訂韻五卷　清李光地撰

清乾隆十年肆叢書院刻本　上海

榕村韻書五卷　清李光地撰

清乾隆元年李清植刻嘉慶六年補刻李文貞公全集本

榕村韻書五卷榕村字畫辨訛一卷

清道光三至五年刻二西堂藏版本　國圖

清道光九年李維迪刻榕村全書本　上海　湖北

榕村等韻辨疑正誤一卷

舊抄本　科學

太古元音四卷　清是奎撰

清抄本(清丁丙跋)　南京

反切定譜一卷　清樸隱子撰

清康熙二十四年刻本　國圖　浙江

清道光十四年潘道根抄本　南京

切字釋疑一卷　清方中履撰

清道光十三年吴江沈氏世楷堂刻昭代叢書本

新增指明門法歌訣互含字義一卷　清釋恒遠撰

清康熙二十五年釋恒遠刻套印本　國圖

切韻正音經緯圖一卷　清釋宗常纂述

一九一四年雲南叢書處刻雲南叢書本　湖北

善樂堂音韻清濁鑑三卷玉鑰匙門法一卷等韻圖一卷　清王祚禎撰

清康熙六十年善樂堂刻本　科學　人大

四庫全書存目叢書續修四庫全書影印清康熙六十年善樂堂刻本

等切元聲十卷　清熊士伯撰

清康熙四十二年刻本　江西

清康熙四十五年慶善堂刻本　北師大　湖北

清康熙四十八年尚友堂刻本　浙江

清康熙刻本　清華　湖北

四庫全書存目叢書影印清康熙刻本

續修四庫全書清康熙尚友堂刻本

八矢注字説一卷　清顧陳垿撰

清道光十三年太倉東陵氏刻婁東雜著本

四庫全書存目叢書影印清道光十三年太倉東陵氏刻婁東雜著本

八矢注字圖一卷　清顧陳垿撰

清道光十三年太倉東陵氏刻婁東雜著本

八矢注字圖説一卷　清顧陳垿撰

清道光二十三年鎮洋顧炳文刻顧賓易先生文集本　國圖

清光緒十八年刻本　南開

清味菜廬活字印本　科學　南京

舊抄本　科學

音學辨微一卷　清江永撰

清乾隆二十四年刻本　國圖

清乾隆刻本（清張船山題識　佚名批校）　湖北

清道光十九年金山錢氏據借月山房彙鈔刻版重編增刻指海本

清光緒三十四年漢陽通廩生抄指海本（劉傳瑩題識）　湖北

續修四庫全書影印清乾隆二十四年刻本

音學辨微一卷附三十六字母辨一卷　清江永撰　清黄廷鑑撰三十六字母辨

清嘉慶十四年張海鵬借月山房彙抄本　天津

清道光三年上海陳氏據借月山房彙鈔刻版重編澤古齋重抄本

清抄本（清汪曰楨校並跋）　上海

一九二〇年上海博古齋影印借月山房彙抄本

一九二三年渭南嚴氏成都敦睦堂刻本　遼寧

音學辨微一卷附校正一卷　清江永撰　清夏燮撰校正

清咸豐元年沔陽陸建瀛木犀香館刻江氏韻書三種本　湖北

音學辨微校正一卷　清夏燮撰

清咸豐元年沔陽陸建瀛木犀香館刻江氏韻書三種本　湖北

一九三四年影印安徽叢書本

音學辨微一卷附校正一卷校刊記一卷　清江永撰　清夏燮撰校正　胡樸安撰校刊記

一九三四年影印安徽叢書本

音學辨微校刊記一卷　胡樸安撰

一九三四年影印安徽叢書本

四聲切韻表一卷凡例一卷　清江永編

清乾隆三十六年恩平縣衙刻本　浙江

清乾隆五十三年應雲堂刻本　國圖　人大

清光緒二年李明墀漢皋榷署刻本　北大
稿本韻學叢書本　北大
四庫全書存目叢書影印清乾隆五十三年應雲堂刻本
續修四庫全書影印清乾隆三十六年恩平縣衙刻本

四聲切韻表一卷凡例一卷附校正一卷　清江永編　清夏燮撰校正
清咸豐元年沔陽陸建瀛木犀香館刻江氏韻書三種本　湖北
清光緒二年刻本　武漢
一九三二年渭南嚴氏成都刻本
一九三四年安徽叢書影印沔陽陸氏刻本

四聲切韻表校正一卷　清夏燮撰
清咸豐元年沔陽陸建瀛木犀香館刻江氏韻書三種本　湖北
清光緒二年刻本　武漢
一九三二年渭南嚴氏成都刻本
一九三四年影印安徽叢書本

四聲切韻表一卷凡例一卷附校刊記一卷　清江永編　趙世忠撰校刊記
一九一八年休寧趙氏刻本　人大　甘肅

四聲切韻表校刊記一卷　趙世忠撰
一九一八年休寧趙氏刻本　人大　甘肅

四聲切韻表三卷首一卷末一卷　清江永撰　清汪曰楨補正
清同治七年陳鏞抄本　國圖
清光緒元年成都志古堂刻本　南開
清光緒三年烏程汪氏刻荔牆叢刻本　科學　上海
清光緒三年會稽學舍刻本　浙江　雲南
清光緒十五年刻本　湖南

四聲切韻類表一卷　清江永撰　清孫文昱重編
清同治十一年孫氏刻本　南開
一九三二年湘潭孫氏家塾刻本　湖北
民國國立湖南大學排印本　湖北

八囀聲鈔一卷　佚名撰
日本享保十四年刻本　湖北

拙庵韻悟不分卷　清趙紹箕撰
清康熙五十五年古豳楊作棟抄本　國圖
續修四庫全書影印清康熙五十五年楊作棟抄本

韻法圖説不分卷　清朱樹棠撰

清抄本　國圖

聲類表九卷首一卷　清戴震撰

清乾隆十二年孔繼涵刻微波榭叢書本　國圖

清宣統三年成都刻本　天津

一九二三年渭南嚴氏成都刻本　湖北

一九三六年據微波榭叢書本影印安徽叢書之戴東原先生全集本

續修四庫全書影印清乾隆四十四年孔繼涵刻微波榭叢書本

大藏字母九音等韻十二卷　清釋阿摩利諦釋

清康熙四十二年滄江愚叟抄本　北大

續修四庫全書影印清康熙滄江愚叟抄本

大藏字母切韻要法一卷

清雍正音刻本　復旦

清嘉慶刻本　科學

切韻考四卷　清李鄴撰

清雍正精刻本　浙江

清沈灝刻本　上海

民國江西玉隱刊書處石印本　國圖

續修四庫全書影印清刻本

五聲反切正均不分卷　清吴烺撰

清乾隆刻杉亭集本

一九三二年安徽叢書影印杉亭集本　上海

續修四庫全書影印民國二十一年安徽叢書編印處影印南陵徐氏藏杉亭集原刻本

音别四卷　清朱仕玠撰

清乾隆刻筠園全集本

等音新集前編一卷後編一券　清璩萬鑑撰

清乾隆二十五年刻本　清華

音緯二卷　清羅士琳撰

清羅士琳稿本(清王念孫校)　國圖

新編佩文詩韻四聲譜廣注二卷　清倪璐撰

清乾隆三十六年克復堂刻本　科學

四庫未收書叢刊影印清乾隆三十六年克復堂刻本

四聲均和表五卷　清洪榜撰

清道光梅華書院刻二洪遺稿之初堂選稿本　北大　科學

一九三一年北平通學齋影印二洪遺稿之初堂選稿本　湖北
稿本韻學叢書本　復旦

四聲均和表不分卷
稿本韻學叢書本　北大
清光緒十七年刻丁酉圃叢書之韻學叢書本　國圖　北大　遼寧

示兒切語不分卷　清洪榜撰
清道光梅華書院刻二洪遺稿之初堂選稿本　北大　科學
稿本韻學叢書本　北大
清光緒十七年刻丁酉圃叢書之韻學叢書本　國圖　北大　遼寧

示兒切語三卷
稿本韻學叢書本　復旦

音切譜二十卷　清李元撰
清嘉慶二年刻本　上海　浙江
清道光二十八年刻巾箱本　湖北

音切譜十卷
清嘉慶七年刻本　湖北

四聲譜考略二卷　清萬光泰撰
清抄本　天津

等韻精要一卷　清賈存仁撰
清乾隆四十年賈氏家塾刻本　國圖　科學
續修四庫全書影印清乾隆四十年河東賈氏家塾刻本

今擬四聲表一卷　佚名撰
清抄本　國圖

通轉韻考一卷　清李憲喬撰
清光緒二十四年刻拗法譜附刻本　上海

三十六字母辨一卷　清黄廷鑑撰
清嘉慶十四年張海鵬刻借月山房彙抄本　天津
清道光三年上海陳氏據借月山房彙鈔刻版重編澤古齋重抄本
清抄本(清汪曰楨校並跋)　上海
一九二〇年上海博古齋影印借月山房彙抄本

李氏音鑑六卷首一卷　清李汝珍撰
清嘉慶十五年寶善堂刻巾箱本　科學
清嘉慶十五年寶善堂刻同治七年木樨山房重修本　復旦
清光緒十四年掃葉山房刻本　北大

稿本韻學叢書本　復旦
續修四庫全書影印清嘉慶十五年寶善堂刻本
音鑑一卷　清李汝珍撰
稿本韻學叢書本　北大
清光緒十七年刻丁酉圃叢書之韻學叢書本　國圖　北大　遼寧
韻學入門二卷　清劉鼎梅輯
清嘉慶八年刻澹甯齋藏版本　國圖　湖北
稿本韻學叢書本　復旦
韻學入門一卷
稿本韻學叢書本　北大
清光緒十七年刻丁酉圃叢書之韻學叢書本　國圖　北大　遼寧
等子述一卷　清方本恭撰
清嘉慶三年刻春水船易學本
切字圖訣不分卷　清羅愚輯注
清嘉慶四年養拙軒刻本　科學
重訂空谷傳聲一卷　清汪鎏訂
清光緒八年南京李光明莊刻本　復旦　南京
五音韻譜一卷　清朱照廉撰
清嘉慶十六年刻小雲穀類集本　國圖
五音韻譜正字二卷　清曾紀澤撰
清刻本　國圖
增訂切字捷法一卷　清唐祖澤撰
清嘉慶二十二年會稽陶鈗刻韻對屑玉箋注附刻本　國圖
傳聲譜一卷　清許桂林撰
稿本韻學叢書本　北大　復旦
清光緒十七年刻丁酉圃叢書之韻學叢書本　國圖　北大　遼寧
等韻簡明指掌圖一卷論一卷　清張象津撰
清嘉慶二十年刻本　江西
清道光九年刻十六年補刻白雲山房集本　國圖
音泭一卷　清徐鑑撰
清嘉慶二十二年刻本　科學
續修四庫全書影印清嘉慶二十二年刻本
等韻叢説一卷　清江有誥撰
清道光十一年刻江氏音學十書本

清咸豐二年刻江氏音學十書本
稿本韻學叢書本　北大
清光緒十七年刻丁酉圃叢書之韻學叢書本　國圖　北大　遼寧
清丁顯寄緑軒抄本(清丁顯跋)　復旦
續修四庫全書影印清嘉慶道光間江氏刻本

切字肆考不分卷　清張耕撰

清道光六年芸心堂刻古韻發明附刻本　國圖　南京　上海
稿本韻學叢書本　北大　復旦
清光緒十七年刻丁酉圃叢書之韻學叢書本　國圖　北大　遼寧

等韻輯略三卷　清龐大堃撰

清龐大堃原稿龐氏音學遺書本　上海
一九三五年常熟龐樹階影印稿本龐氏音學遺書本　國圖　遼寧　復旦
抄本　南京

音學秘書四卷　清秦新塗謙撰

清道光九年六吉居刻本　科學
清道光十九年刻光緒四年補刻本　科學

音韻逢源四卷　清裕恩撰

清道光京都聚珍堂刻本　北大
續修四庫全書影印清道光聚珍堂刻本

芸香齋韻法新譜一卷　清田萬選撰

道光十四年刻本　科學

五韵論二卷　清鄒漢勛撰

清光緒四年悠縣龍氏刻新化鄒氏斆藝齋遺書本
續修四庫全書影印清光緒四年刻本

五均論二卷

清光緒八年刻鄒叔子遺書本
清末刻本　國圖

五均論不分卷

清烏絲欄抄本　國圖

等韻易簡一卷　清張恩成撰

清光緒二十六年刻本　天津

翻切入門簡易篇二卷首一卷末一卷　清張燮臣編

清道光十七年刻本　國圖

翻切入門簡易篇一卷

抄本　北師大

翻切簡可篇二卷　清張燮承述
　清同治十一年刻姑胥生刻張師筠著述本　科學　復旦　天津　南京
翻切簡可篇一卷　清葛筠撰
　稿本韻學叢書本　北大　復旦
　清光緒十七年刻丁西圃叢書之韻學叢書本　國圖　北大　遼寧
韻法傳真五美圖十二卷　清馬攀龍撰
　清道光二十五年賞緑軒刻本　國圖
四音定切四卷首一卷　清劉熙載撰
　清光緒四年興化劉氏刻古桐書屋六種本　上海
横切五聲圖不分卷　清崇鳳威撰
　清朱絲欄抄本　國圖
正音切韻指掌一卷　清莎彝尊撰
　清咸豐十年麈談軒刻本　國圖
切韻標射圖不分卷　清天放閒人撰
　清道光二十七年天放閒人稿本　北大
正音通俗表不分卷　清潘逢禧撰
　清同治九年逸香齋刻本　國圖　科學　復旦
射聲小譜一卷　清程定漠輯
　清道光十九年詒陶閣刻本　國圖
　清道光十九年詒陶閣刻光緒四年補刻本　上海　復旦　南京
　抄本　南京
切音捷訣一卷附幼學切音便讀一卷　清麗珩輯
　清光緒六年諸暨摭古堂刻本　上海
幼學切音便讀一卷　清麗珩輯
　清光緒六年諸暨摭古堂刻本　上海
等韻學不分卷　清許惠撰
　清光緒八年刻擇雅堂初集本　國圖
　續修四庫全書影印清光緒八年刻擇雅堂初集本
切音蒙引一卷　清陳錦撰
　清光緒九年會稽徐友蘭八杉齋刻本　復旦
切音蒙引二卷
　清光緒九年會稽徐氏刻會稽徐氏鑄學齋叢書本
等韻真傳一卷　清江廷璋撰
　清光緒九年結習未忘齋刻本　湖北

切音韻略一卷　清朱倣白撰
　清光緒九年蘭居閣刻本　上海
韻法全圖不分卷　清楊得春撰
　清光緒十年刻韻法全圖三種本　雲南
韻法易知不分卷　清楊得春撰
　清光緒十年刻韻法全圖三種本　雲南
韻法答問不分卷　清楊得春撰
　清光緒十年刻韻法全圖三種本　雲南
切韻述言六卷　清魯昆棠輯
　清光緒十一年遠安書屋刻本　湖北
韻籟四卷　清華長忠撰
　清光緒十五年天津華氏松竹齋精刻本　上海
　清光緒十五年文豐齋刻字鋪刻本　湖北
　續修四庫全書影印清光緒十五年華氏松竹齋刻本
四聲韻譜十六卷首一卷　清梁僧寶撰
　清光緒十六年梁氏家塾刻本　北大
　續修四庫全書影印清光緒十六年梁氏家塾刻本
切韻求蒙不分卷　清梁僧寶撰
　清光緒十六年梁氏家塾刻本　國圖　北大
　續修四庫全書影印清光緒十六年梁氏家塾刻本
字母不分卷　清時庸勱撰
　清時庸勱原稿時氏音學叢稿本　山東博
丁氏聲鑑一卷　清丁顯撰
　清光緒二十六年刻丁西圃叢書之韻學蠡言舉要本　國圖
諧聲譜不分卷　清丁顯撰
　清丁顯稿本　北大
　清代稿本百種刊影印清光绪間清稿本
諧聲譜二卷
　清光緒二十六年刻丁西圃叢書本　國圖
音韻指迷一卷　清丁顯撰
　清光緒二十六年刻丁西圃叢書本　國圖
等韻詳解不分卷　清張子敬撰
　清光緒十九年刻三餘堂藏版本　國圖
標射韻學不分卷　清喻□□撰　清喻大琢重訂
　清光緒抄本　北碚

聲韻轉迻略一卷　清顧淳撰
　　清光緒二十五年木活字印枕漁韻學兩種本
二十三母土音表讀法不分卷　清吴善述輯
　　清光緒四年四明黄祥黼補不足齋刻本　國圖　北師大
二十三母土表不分卷　清吴善述輯
　　清末抄本　國圖
切韻啓蒙不分卷　清李邦黻撰
　　吴縣王氏學禮齋刻本　復旦
切韻入門之法不分卷
　　清抄本　國圖
等韻切音便讀一卷　清劉皓芝撰
　　民國抄本　湖南
切韻要法全集一卷　清釋法輪會輯
　　清刻本　湖南
四韻譜不分卷　佚名撰
　　清刻本　國圖
切韻導原一卷　清吴式釗撰
　　一九一四年雲南叢書處刻雲南叢書本　湖北
切音啓蒙一卷　清胡夤撰
　　一九四〇年四明張氏刻四明叢書本
新訂韻略翻切易知録一卷附韻法直圖　清林正風輯　明梅膺祚撰韻法直圖
　　一九二八年北京天華館鉛印本　國圖
潮聲十五音四卷　清張世珍撰
　　一九一九年進步圖書局石印本　復旦
等韻切音指南一卷　清張翼廷撰
　　一九三一年排印寄寄山房全集本

（四）總義

元音統韻二十八卷　明陳藎謨撰
　　清康熙五十三年范廷瑚刻本　山東　福建
　　四庫全書存目叢書影印清康熙五十三年范廷瑚刻本
皇極統韻通釋一卷類音檢字一卷　明陳藎謨撰
　　清順治刻本　河南

類音八卷 清潘耒撰

清康熙五十一年吴江潘氏遂初堂刻本 科學 南京

清雍正三年吴江潘氏遂初堂刻本 天津 上海

清嘉慶二十一年吴江孫上珍補刻本 上海

四庫全書存目叢書續修四庫全書影印清雍正遂初堂刻本

類音一卷

稿本韻學叢書本 北大

清光緒十七年刻丁酉匯叢書之韻學叢書本 國圖 北大 遼寧

類音備用八卷 清郭文煒撰

清郭文煒稿本 南京師大

音韻原流三卷首一卷 清潘咸撰

清抄本 上海

四庫全書存目叢書影印清抄本

高郵王氏父子論均書劄不分卷 清王念孫 清王引之撰

日本昭和十一年倉石士桓油印本 國圖

音韻集注不分卷 清高明直撰

清嘉慶四年竹園刻本 國圖 科學

音學臆説六卷 清李汝珍撰

清李汝珍稿本 國圖

東塾初學編一卷 清陳澧撰

清陳澧稿本 中山

清光緒十八年番禺陳慶和潔花書屋抄本 國圖

東塾初學編音學一卷 清陳澧撰

清抄本 廣東

韻書雜識一卷 清陳澧撰

清陳澧稿本 廣東

音韻什文不分卷 佚名撰

禮記學思稿本 廣東

韻學源流一卷 清莫友芝撰

清藍絲欄抄本 國圖

一九一八年北京中華新報排印本 國圖

一九二三年貴陽文通書局排印本 北師大

一九三三年北平震亞書局排印本 人大

民國抄部亭四種本

韻史不分卷　清何萱撰
　　一九三六年上海商務印書館影印清抄本　湖北
韻學一得二卷　清殷秉鏞輯
　　清道光二十三年繆景宣四川刻和樂堂主人存版本　南京
韻學指南五卷　清王溱輯
　　清道光二十八年足雨宧刻本　北大　浙江
音韻學稽古録一卷　清劉傳瑩撰
　　清劉傳瑩稿本　湖北
華氏音學一卷　清華韞璋撰
　　清咸豐華韞璋稿本　雲南
韻學發原不分卷　清張書田撰
　　清同治三年明誠堂刻本　北師大　湖北
韻學説隅不分卷　清鄭昌時撰
　　清光緒鄭昌時稿本　國圖
同聲韻學四卷附録二卷　清蒯光燮撰
　　清光緒三十四年刻本　北大　遼寧
韻學二卷　題邏庵山人撰
　　清刻本　南京
好古堂正音淺説四卷全圖一卷三千文足用四卷　清王宜型編
　　清宣統二年好古堂刻本　湖北
韻學餘説一卷　清王國維撰
　　一九一六年上海倉聖明智大學排印廣倉學窘叢書本
韻學管見二卷　清張俊民撰
　　民國抄本　遼寧
音韻述不分卷　清朱尚撰
　　一九三六年劉宏抄本　南京

四、訓詁之屬

（一）群雅

小爾雅一卷　漢孔鮒撰
　　明刻續百川學海本
　　明嘉靖吴郡袁氏嘉趣堂刻金聲玉振集本　北大

明何允中刻廣漢魏叢書本 北大 南京

清乾隆五十六年金谿王氏刻增訂漢魏叢書本

清光緒六年三餘堂刻增訂漢魏叢書本

四庫全書存目叢書影印明嘉靖吴郡袁氏嘉趣堂刻金聲玉振集本

小爾雅一卷 漢孔鮒撰 清任兆麟輯

清乾隆五十三年映雪草堂刻述記本

清嘉慶十五年遂古堂刻述記本

小爾雅佚文一卷 漢孔鮒撰 清王仁俊輯

清王仁俊原稿經籍佚文本

小爾雅一卷 漢孔鮒撰 宋宋咸注

明正德嘉靖間刻顧氏文房小説本 上海

明吴琯刻古今逸史本 北大 科學

明天啓六年郎氏堂策檻刻五雅全書本 國圖 北師大 清華

清嘉慶九年刻五雅全書本 華東師大

四庫全書存目叢書影印明嘉靖顧氏夷白齋刻顧氏文房小説本

新刻小爾雅一卷 漢孔鮒撰 宋宋咸注

明萬曆胡文焕刻格致叢書本

小爾雅廣注不分卷 漢孔鮒纂輯 宋宋咸注 清莫栻廣注

清抄本 北大

清抄本 國圖

張宗祥抄本 浙江

小爾雅廣注四卷

清高氏辨蟫居抄本 國圖

續修四庫全書影印清高氏辨蟫居抄本

小爾雅疏八卷 漢孔鮒撰 清王煦疏

清嘉慶五年鬰翠山莊刻本 北大 上海 湖北 浙江

清光緒十一年刻邵武徐氏叢書本 南京 湖北

續修四庫全書影印清嘉慶五年鬰翠山莊刻本

小爾雅義證十三卷補遺一卷 清胡承珙撰

清道光七年胡氏刻求是堂全集本 上海 復旦

清光緒中貴池劉氏刻聚學軒叢書本 北大 上海

續修四庫全書影印清道光七年求是堂刻本

小爾雅義證十三卷 清胡世琦撰

清道光間胡世琦清稿本 清段玉裁手批 臺北央圖

清胡世琦稿本　清段玉裁校　胡朴安跋　上海

小爾雅訓纂六卷　清宋翔鳳撰

清嘉慶二十二年刻浮溪精舍叢書本　國圖　科學　湖北

清光緒十四年南菁書院刻皇清經解續編本

清光緒十六年廣雅書局刻本　天津　南京

清光緒十六年刻一九二〇年番禺徐氏彙印廣雅書局叢書本　國圖　湖北

續修四庫全書影印清嘉慶刻浮溪精舍叢書本

小爾雅疏證五卷　清葛其仁撰

清道光十九年自刻本　國圖　南京

清光緒九年歸安姚氏刻咫進齋叢書本　北大　湖北

續修四庫全書影印清道光自刻本

小爾雅約注一卷　清朱駿聲撰

清光緒八年臨嘯閣刻朱氏群書本　上海

續修四庫全書影印清光緒八年臨嘯閣刻朱氏群書本

補小爾雅釋度量衡一卷　清鄒伯奇撰

清同治十二年鄒達泉拾芥園刻鄒徵君遺書本　北大

小爾雅衍義八卷卷首一卷　清胡聯桂撰　書癮樓考補

清稿本　臺北央圖

小爾雅補義一卷附正誤不分卷　清王貞補

清同治十二年刻百本書齋藏版本　國圖

清光緒十四年海陽韓氏刻百本書齋藏書本　上海

釋名八卷　漢劉熙撰

明嘉靖三年儲良材程鴻刻本　國圖

明嘉靖刻本　國圖

明刻古今逸史本

明刻本　國圖　北大

清乾隆四庫全書館寫欽定四庫全書本

清道光吴氏璜川書塾刻本　北大　科學

一九一九年上海商務印書館初次影印四部叢刊據明翻宋本影印本

一九三七年上海商務印書館據明刻本影印元明善本叢書十種之古今逸史本

釋名四卷

明何允中刻廣漢魏叢書本　北大　南京

明何允中刻清嘉慶修補廣漢魏叢書本

清初刻本　上海

清乾隆五十六年金谿王氏刻增訂漢魏叢書本
清乾隆嘉慶間刻本　北大
清宣統三年上海大通書局石印增訂漢魏叢書本　北大

釋名一卷
明萬曆二十五年荆山書林刻夷門廣牘本
一九四〇年上海商務印書館據明刻本影印元明善本叢書十種之夷門廣牘本

新刻釋名八卷　漢劉熙撰
明萬曆十六年瑞桃堂刻五雅本　上海
明萬曆胡文煥刻格致叢書本　清邵晉涵校　清丁錦鴻校並跋　上海

逸雅八卷　漢劉熙撰
明天啓六年武林郎氏堂策檻刻五雅全書本　清汪道謙據鍾伯敬本校　上海
清嘉慶九年刻五雅全書本　華東師大

釋名一卷　漢劉熙撰　清任兆麟輯
清乾隆五十三年映雪草堂刻述記本
清嘉慶十五年遂古堂刻述記本

辨釋名　吴韋昭撰　清任大椿輯　清王念孫校
清嘉慶二十二年山陽汪廷珍刻小學鉤沈本
清光緒三年雪滄鈔小學鉤沈本
清光緒十年龍氏刻小學鉤沈本
清光緒十年江都李氏半畝園刻小學類編之小學鉤沈本
清光緒湖北崇文書局刻小學鉤沈本
一九三五年南海黄氏據舊版彙印芋園叢書之小學鉤沈本
續修四庫全書影印清嘉慶二十二年汪廷珍刻本

辨釋名一卷　吴韋昭撰　清馬國翰輯
清光緒九年長沙嫏嬛館刻玉函山房輯佚書本
清光緒十年章邱李氏據馬氏刻版重印玉函山房輯佚書本
清光緒十年楚南書局刻玉函山房輯佚書本

辨釋名一卷　吴韋昭撰　清黄奭輯
清道光甘泉黄氏刻知足齋叢書本
清道光甘泉黄氏刻光緒印漢學堂叢書本
清道光甘泉黄氏刻一九二五年王鑑修補印黄氏逸書考本
清道光甘泉黄氏刻一九三四年江都朱氏修補印黄氏逸書考本

辨釋名　吴韋昭撰　顧震福輯
清光緒十八年山陽顧氏刻小學鉤沈續編本

續修四庫全書影印清光绪十八年刻本

辨釋名一卷　吴韋昭撰　龍璋輯

民國攸縣龍氏排印小學蒐逸本

釋名疏證八卷續釋名一卷釋名補遺一卷　清畢沅撰

清乾隆五十四年畢氏靈巖山館刻經訓堂叢書本　北大　天津　南京　湖北

清光緒十三年上海大同書局影印經訓堂叢書本　北大　湖北

清光緒九年撫松館刻本年(胡玉縉校並録清許克勤　王仁俊校)　復旦

續修四庫全書影印清乾隆五十四年畢氏靈巖山館刻經訓堂叢書本

釋名疏證八卷補遺一卷

清光緒十一年徐氏八杉齋刻融經館叢書本　國圖　科學　天津

續釋名一卷　清畢沅撰

清乾隆五十四年畢氏靈巖山館刻經訓堂叢書本　天津　南京　湖北

清光緒十三年上海大同書局影印經訓堂叢書正字本　湖北

清光緒九年撫松館刻本(胡玉縉校並録清許克勤清王仁俊校)　復旦

清光緒二十年廣雅書局刻本　南京

清光緒二十年廣雅書局刻一九二〇年番禺徐氏彙印廣雅書局叢書本

釋名補遺一卷　清畢沅撰

清乾隆五十四年畢氏靈巖山館刻經訓堂叢書本　天津　南京　湖北

清光緒十三年上海大同書局影印經訓堂叢書正字本　湖北

清光緒九年撫松館刻本(胡玉縉校並録清許克勤清王仁俊校)　復旦

清光緒十一年融經館刻巾箱本　天津

清光緒二十年廣雅書局刻一九二〇年番禺徐氏彙印廣雅書局叢書本

釋名疏證八卷續釋名一卷釋名補遺一卷附校議一卷　清畢沅撰　清吴翊寅撰校議

清光緒二十年廣雅書局刻本　南京

清光緒二十年廣雅書局刻一九二〇年番禺徐氏彙印廣雅書局叢書本

釋名疏證校議一卷　清吴翊寅撰

清光緒二十年廣雅書局刻本　南京

清光緒二十年廣雅書局刻一九二〇年番禺徐氏彙印廣雅書局叢書本

釋名補證一卷　清成蓉鏡撰

清光緒十四年江陰南菁書院刻南菁書院叢書本

清光緒刻成氏遺書本

釋名疏證補八卷續釋名一卷釋名補遺一卷疏證補附一卷　清王先謙撰

清光緒二十二年思賢書局刻本　北大　南京　浙江

續修四庫全書影印清光緒二十二年思賢書局刻本

續釋名一卷　清王先謙撰

清光緒二十二年思賢書局刻本　北大　南京　浙江

釋名補遺一卷　清王先謙撰

清光緒二十二年思賢書局刻本　北大　南京　浙江

廣釋名二卷首一卷　清張金吾撰

清嘉慶二十一年張氏愛日精廬刻本　國圖　上海　南京

清道光長塘鮑氏刻知不足齋叢書本

清咸豐十年南海伍氏刻粤雅堂叢書本　湖北

清光緒七年藝林山房刻文選樓叢書本

續修四庫全書影印清嘉慶二十一年愛日精廬刻本

釋名集校二卷　清王仁俊撰

清王仁俊稿本籀鄦誃雜著本

通俗文二卷　漢服虔撰　清任大椿輯　清王念孫校

清嘉慶二十二年山陽汪廷珍刻小學鉤沈本

清光緒三年雪滄鈔小學鉤沈本

清光緒十年龍氏刻小學鉤沈本

清光緒十年江都李氏半畝園刻小學類編之小學鉤沈本

清光緒湖北崇文書局刻小學鉤沈本

一九三五年南海黄氏據舊版彙印芋園叢書之小學鉤沈本

續修四庫全書影印清嘉慶二十二年汪廷珍刻本

通俗文一卷附敘録　漢服虔撰　清臧庸輯

清嘉慶四年甘泉林慰曾校刻本　天津

清據嘉慶甘泉林氏刻本傳鈔　清胡鏐跋　上海

清抄本　北大

一九三四年據嘉慶四年刻本影印邃雅齋叢書本　北大

通俗文一卷　漢服虔撰　清馬國翰輯

清光緒九年長沙嫏嬛館刻玉函山房輯佚書本

清光緒十年章邱李氏據馬氏刻版重印玉函山房輯佚書本

清光緒十年楚南書局刻玉函山房輯佚書本

通俗文一卷　漢服虔撰　清黄奭輯

清道光甘泉黄氏刻光緒印漢學堂叢書本

清道光甘泉黄氏刻一九二五年王鑑修補印黄氏逸書考本

清道光甘泉黄氏刻一九三四年江都朱氏修補印黄氏逸書考本

通俗文一卷補音一卷　漢服虔撰　清顧櫰三輯並補音

清光緒十二年排印小方壺齋叢書本　湖北

通俗文補音一卷　清顧櫰三撰

清光緒十二年排印小方壺齋叢書本　湖北

通俗文一卷　漢服虔撰　清顧震福輯

清光緒十八年山陽顧氏刻小學鉤沈續編本

續修四庫全書影印清光绪十八年刻本

通俗文一卷　漢服虔撰　清龍璋輯

民國攸縣龍氏排印小學蒐集本

通俗文一卷　晉李虔撰　清陳鱣輯

清陳鱣稿本　國圖

證俗文　清任大椿輯　清王念孫校

清嘉慶二十二年山陽汪廷珍刻小學鉤沈本

清光緒三年雪滄鈔小學鉤沈本

清光緒十年龍氏刻小學鉤沈本

清光緒十年江都李氏半畝園刻小學類編之小學鉤沈本

清光緒湖北崇文書局刻小學鉤沈本

一九三五年南海黃氏據舊版彙印芋園叢書之小學鉤沈本

續修四庫全書影印清嘉慶二十二年汪廷珍刻本

證俗文一卷　清龍璋輯

民國攸縣龍氏排印小學蒐集本

廣雅佚文一卷　魏張揖撰　清王仁俊輯

清王仁俊原稿經籍佚文本

博雅一卷　魏張揖撰　龍璋輯

民國攸縣龍氏排印小學蒐逸本

博雅十卷　魏張揖撰　隋曹憲音解

明正德十五年皇甫録世業堂刻本　黄丕烈校並跋　國圖

明刻五雅本　北大　北師大

明刻本(清黄丕烈跋　清黄廷鑑校並跋)　國圖

清乾隆五十六年金谿王氏刻增訂漢魏叢書本

清宣統三年上海大通書局石印增訂漢魏叢書本　北大

清抱經堂刻本　上海

廣雅十卷　魏張揖撰　隋曹憲音釋

明刻二雅本　國圖

明嘉靖隆慶間畢效欽刻五雅本　國圖　北大　上海
明刻古今逸史本
明刻本　北大
清乾隆四庫全書館寫欽定四庫全書本
清嘉慶九年刻五雅全書本
一九三七年上海商務印書館據明刻本影印元明善本叢書十種之古今逸史本

新刻廣雅十卷　魏張揖撰　隋曹憲音釋

明萬曆胡文煥刻格致叢書本　國圖　南京

博雅音十卷　隋曹憲撰

清抄本　國圖

博雅音十卷　隋曹憲撰　清王念孫校

清嘉慶高郵王氏刻本　北大　上海
清光緒五年定州王氏謙德堂刻畿輔叢書本　國圖
清光緒五年淮南書局刻本　北大　復旦　南京　湖北　浙江
清光緒十三年刻本　南開

廣雅疏義二十卷　清錢大昭撰

清愛古堂抄本　上海
抄日本静嘉堂藏抄本　科學
清抄本　國圖(闕卷一至十一)
續修四庫全書影印清愛古堂抄本

廣雅疏證十卷附博雅音十卷　清王念孫撰

清嘉慶高郵王氏刻本　北大　上海
清光緒五年定州王氏謙德堂刻畿輔叢書本　國圖
清光緒五年淮南書局刻本　北大　復旦　南京　湖北　浙江
清光緒十四年上海鴻文書局石印本　國圖
續修四庫全書影印清嘉慶元年刻本

廣雅疏證十卷

清道光九年廣東學海堂刻皇清經解本
清道光九年廣東學海堂刻咸豐十一年補刻皇清經解本
清光緒十七年上海鴻寶齋石印皇清經解本
清抄本　國圖(存卷五)
上海文瑞樓石印本　北師大　人大

廣雅疏證補正一卷　清王念孫撰

清光緒二十六年黄氏借竹宧校刻本　南京　湖北

一九一六年上海倉聖明智大學排印廣倉學宭叢書本
一九二八年東方學會石印殷禮在斯堂叢書本
續修四庫全書影印清光緒二十六年黄氏借竹宧刻本

廣雅疏證補正一卷　清王念孫　清王引之撰
清王念孫王引之稿本　黄海長題識　遼寧

廣雅疏證拾遺二卷　清王士濂撰
清光緒二十四年高郵王氏刻鶴壽堂叢書本　湖北　遼寧

廣雅疏證補正一卷　清黄海長撰
清光緒二十六年黄氏借竹宧校刻本　復旦

廣雅釋詁疏證拾遺一卷　清俞樾撰
清光緒二十五年刻春在堂全書之俞樓雜纂本　湖北

廣雅補疏四卷　王樹楠撰
清光緒十六年新城王樹楠文莫室刻陶廬叢刻本　天津　南京　湖北

廣雅疏證補釋一卷　陳邦福撰
民國排印本　北師大

廣雅疏證類編不分卷
民國稿本　國圖

廣雅疏證目六卷
民國武昌徐氏抄本　湖北

廣雅箋疏十卷
清抄本　國圖(存卷九　卷十)

續廣雅三卷　清劉燦輯
清嘉慶二十四年刻本　科學　上海
清道光六年隆鑑刻本　南京
清道光二十五年鄞邑陸鑑重刻本　上海　遼寧
續修四庫全書影印清嘉慶二十四年刻本

釋親廣義二十五卷　清吴卓信撰
清抄本　科學
民國抄本　國圖

廣釋親一卷　清邵緯輯
清乾隆五十四年刻本　上海

廣釋親一卷附録一卷　清梁□撰　清張慎儀補輯　清張驤撰附録
清光緒刻念劬堂叢書本

纂文一卷　南朝宋何承天撰　清任大椿輯　清王念孫校
清嘉慶二十二年山陽汪廷珍刻小學鉤沈本

清光緒三年雪滄鈔小學鉤沈本
清光緒十年龍氏刻小學鉤沈本
清光緒十年江都李氏半畝園刻小學類編之小學鉤沈本
清光緒湖北崇文書局刻小學鉤沈本
一九三五年南海黄氏據舊版彙印芋園叢書之小學鉤沈本
續修四庫全書影印清嘉慶二十二年汪廷珍刻本

纂文一卷　南朝宋何承天撰　清陳鱣輯
清陳鱣稿本古小學書鉤沈本　國圖

纂文一卷　南朝宋何承天撰　清馬國翰輯
清光緒九年長沙嫏嬛館刻玉函山房輯佚書本
清光緒十年章邱李氏據馬氏刻版重印玉函山房輯佚書本
清光緒十年楚南書局刻玉函山房輯佚書本

纂文一卷　南朝宋何承天撰　清黄奭輯
清道光甘泉黄氏刻光緒印漢學堂叢書本
清道光甘泉黄氏刻一九二五年王鑑修補印黄氏逸書考本
清道光甘泉黄氏刻一九三四年江都朱氏修補印黄氏逸書考本

纂文一卷　南朝宋何承天撰　清王仁俊輯
清王仁俊稿本玉函山房輯佚書續編本　上海

纂文一卷　南朝宋何承天撰　顧震福輯
清光緒十八年山陽顧氏刻小學鉤沈續編本
續修四庫全書影印清光绪十八年刻本

纂文一卷　南朝宋何承天撰　龍璋輯
民國攸縣龍氏排印小學蒐集本

何承天纂要文徵集一卷　南朝宋何承天撰　清茆泮林輯
清光緒二十四年高郵王氏刻鶴壽堂叢書本　湖北

纂要一卷　南朝宋顔延之撰　龍璋輯
民國攸縣龍氏排印小學蒐集本

纂要解一卷　南朝宋顔延之撰　曹元忠輯
清光緒二十年江陰使署刻南菁札記本

纂要一卷　南朝梁元帝撰　清任大椿輯　清王念孫校
清嘉慶二十二年山陽汪廷珍刻小學鉤沈本
清光緒三年雪滄鈔小學鉤沈本
清光緒十年龍氏刻小學鉤沈本
清光緒十年江都李氏半畝園刻小學類編之小學鉤沈本

清光緒湖北崇文書局刻小學鉤沈本

一九三五年南海黄氏據舊版彙印芋園叢書之小學鉤沈本

續修四庫全書影印清嘉慶二十二年汪廷珍刻本

纂要一卷　南朝梁元帝撰　清馬國翰輯

清光緒九年長沙嫏嬛館刻玉函山房輯佚書本

清光緒十年章邱李氏據馬氏刻版重印玉函山房輯佚書本

清光緒十年楚南書局刻玉函山房輯佚書本

纂要一卷　南朝梁元帝撰　清黄奭輯

清道光甘泉黄氏刻光緒印漢學堂叢書本

清道光甘泉黄氏刻一九二五年王鑑修補印黄氏逸書考本

清道光甘泉黄氏刻一九三四年江都朱氏修補印黄氏逸書考本

纂要一卷　南朝梁元帝撰　顧震福輯

清光緒十八年山陽顧氏刻小學鉤沈續編本

續修四庫全書影印清光绪十八年刻本

纂要一卷　南朝梁元帝撰　龍璋輯

民國攸縣龍氏排印小學蒐集本

纂要一卷　南朝梁元帝撰　南朝曹元忠輯

清光緒二十年江陰使署刻南菁札記本

埤雅二十卷　宋陸佃撰

明建文二年林瑜陳大本刻本　國圖（闕卷六　卷十二）　北大

明成化十五年劉廷吉刻本　東北師大　陝西

明成化十五年劉廷吉刻嘉靖二年王俸重修本　國圖　上海

明嘉靖元年贛州府清獻堂刻本　國圖

明内府刻本　臺北故宫

明刻本　北大

清乾隆四庫全書館寫欽定四庫全書本

北京圖書館古籍珍本叢刊影印明成化十五年劉廷吉刻嘉靖二年王俸重修本

重刊埤雅二十卷　宋陸佃撰

明初刻本　國圖

明初刻本　上海

明初刻遞修本　南京

明嘉靖隆慶間畢效欽刻五雅本

新刊埤雅二十卷　宋陸佃撰

明萬曆十六年瑞桃堂刻五雅本

明刻本　國圖　上海

明刻本　北大

新刻埤雅二十卷　宋陸佃撰

明萬曆胡文焕刻格致叢書本

增修埤雅廣要四十二卷　宋陸佃撰　明牛衷增修

明天順元年蜀府刻本　中央黨校　吉林大學

明萬曆三十八年孫弘範刻本　科學　復旦　浙江

埤雅物異記言八卷　清董桂新撰

清抄本　上海

爾雅翼三十二卷　宋羅願撰

明正德十四年羅文殊刻本　北大　復旦　湖北

明嘉靖四十二年畢效欽刻五雅本　上海　復旦

明刻本　上海

清乾隆四庫全書館寫欽定四庫全書本

新刊爾雅翼三十二卷　宋羅願撰

明萬曆十六年瑞桃堂刻五雅本　復旦

新刻爾雅翼三十二卷　宋羅願撰

明萬曆胡文焕刻格致叢書本

清刻本　北大

爾雅翼三十二卷　宋羅願撰　元洪焱祖音釋

明萬曆三十三年羅文瑞刻本　國圖　北大　上海

明天啓六年羅朗刻本　國圖　北大

清嘉慶十年虞山張氏照曠閣刻學津討原本

爾雅翼三十二卷附校記一卷　宋羅願撰　元洪焱祖音釋　清洪汝奎撰校記

清光緒十年刻洪氏晦木齋叢書本　湖北

重校爾雅翼三十二卷　宋羅願撰　明姚大受校補

明萬曆刻本　國圖

晦木齋洪氏重刊爾雅翼校記一卷　清洪汝奎撰

清光緒十年刻洪氏晦木齋叢書本　湖北

玉名詁一卷　明楊慎撰

清順治三年宛委山堂刻説郛續本

清乾隆綿州李氏萬卷樓刻嘉慶十四年綿陽李鼎元校印函海本　國圖

清道光五年綿陽李朝夔刻函海本　國圖

清光緒七至八年廣漢鍾登甲樂道齋刻函海本　國圖

駢雅七卷　明朱謀㙔撰

明萬曆十七年朱統鍡玄湛堂刻本　國圖

清抄本(魏笛生校並跋)　國圖

清乾隆四庫全書館寫欽定四庫全書本

清嘉慶虞山張氏刻借月山房彙抄本

清道光三年上海陳氏據借月山房彙鈔刻版重編澤古齋重抄本

一九二〇年南昌豫章叢書編刻局刻豫章叢書本

駢雅不分卷

抄本　人大

駢雅七卷音釋一卷　明朱謀㙔撰

明萬曆刻本　泰州　浙江

駢雅十六卷(卷端保留原七卷卷次　下標訓纂卷次)首一卷　明朱謀㙔撰　清魏茂林訓纂

清道光十五年有不爲齋刻本　北師大　上海

清道光十五年有不爲齋刻咸豐元年增修本　北大　南京

清同治十一年經綸書室刻本　北大　上海

清光緒十二年常熟鮑氏刻後知不足齋叢書本

續修四庫全書影印清道光十五年有不爲齋刻本

駢雅檢字二卷　清楊□編

清楊□稿本　復旦

彙雅前集二十卷後編二十八卷　明張萱輯

明萬曆三十四年张萱刻本　國圖

四庫全書存目叢書影印明萬曆刻本

通雅五十二卷　清方以智撰

清康熙五年姚文燮刻本　科學　江西

清康熙四十一年刻本　江西(存十八册)

清浮山此藏軒影鈔清康熙丙午姚氏刻本　湖北

通雅五十二卷首三卷

清乾隆四庫全書館寫欽定四庫全書本

清光緒六年桐城方氏刻本　江西　湖北

通雅一卷

稿本韻學叢書本　復旦

通雅切韻一卷　清方以智撰
稿本韻學叢書本　北大
清光緒十七年刻丁酉圃叢書之韻學叢書本　國圖　北大　遼寧

釋骨一卷　清沈彤撰
清道光十三年吴江沈氏世楷堂刻昭代叢書本

別雅五卷　清吴玉搢撰
清乾隆七年新安程氏督經堂刻本　北大　北師大
清乾隆四庫全書館寫欽定四庫全書本
清盧文弨抄本　南京
清道光二十九年小蓬萊山館刻巾箱本　南開　甘肅
清道光刻藝林山房四種本
清光緒十五年文選樓刻玲瓏山館叢書本

別雅訂五卷　清許瀚撰
清抄本(清翁綬琪校)　復旦
清光緒三年吴縣潘祖蔭滂喜齋刻滂喜齋叢書本　國圖
續修四庫全書影印清光緒三年潘氏滂喜齋刻本

別雅類五卷　清吴玉搢撰
清光緒十一年刻景袁齋叢書本　湖北

九穀考四卷　清程瑶田撰
清嘉慶八年刻通藝録本
清道光九年廣東學海堂刻皇清經解本
清光緒十七年上海鴻寶齋石印皇清經解本
一九三三年據嘉慶刻本影印安徽叢書之通藝録本

釋蟲小記一卷　清程瑶田撰
清嘉慶八年刻通藝録本　上海　浙江
清道光九年廣東學海堂刻皇清經解本
清光緒十七年上海鴻寶齋石印皇清經解本
續修四庫全書影印清嘉慶八年刻通藝録本

釋草小記二卷　清程瑶田撰
清嘉慶八年刻通藝録本　上海　浙江
一九三三年據嘉慶刻本影印安徽叢書之通藝録本
續修四庫全書影印清嘉慶八年刻通藝録本

釋草小記一卷
清道光九年廣東學海堂刻皇清經解本

清道光九年廣東學海堂刻咸豐十一年補刻皇清經解本
清光緒十七年上海鴻寶齋石印皇清經解本
果臝轉語記一卷附校記一卷　清程瑶田撰　洪汝闓撰校記
一九三三年安徽叢書編印處據抄本影印安徽叢書本　北大
續修四庫全書影印民國二十三年安徽叢書編審會影印傳抄本
果臝轉語記校記一卷　洪汝闓撰校記
一九三三年安徽叢書編印處據抄本影印安徽叢書本　北大
釋繒一卷　清任大椿撰
清乾隆燕禧堂五種本　國圖　科學
清道光九年廣東學海堂刻皇清經解本
清光緒十七年上海鴻寶齋石印皇清經解本
清光緒上海點石齋石印皇清經解本
課業餘談三卷　清陶煒撰
清道光十一年六安晁氏木活字印學海類編本
一九二〇年上海函芬樓影印學海類編本
通詁二卷　清李調元撰
清乾隆綿州李氏萬卷樓刻嘉慶十四年綿陽李鼎元校印函海本　國圖
清道光五年綿陽李朝夔刻函海本　國圖
清光緒七至八年廣漢鍾登甲樂道齋刻函海本　國圖
奇字名十二卷　清李調元撰
清乾隆綿州李氏萬卷樓刻嘉慶十四年綿陽李鼎元校印函海本　國圖
清道光五年綿陽李朝夔刻函海本　國圖
清光緒七至八年廣漢鍾登甲樂道齋刻函海本　國圖
續修四庫全書清乾隆綿州李氏萬卷樓刻嘉慶十四年李鼎元重校函海本
經雅不分卷　清戴震撰
清戴震稿本　湖北
新爾雅二卷　清李文藻撰
清李文藻稿本　湖南
民國漢口聖教書局排印本　湖北　武漢
駢字分箋二卷　清程際盛撰
清藍絲欄抄本　國圖(存卷上)
清嘉慶吴氏聽彝堂刻藝海珠塵本　湖北
續修四庫全書影印清嘉慶吴氏聽彝堂刻藝海珠塵本
駢字分箋一卷
清道光十三年吴江沈氏世楷堂刻昭代叢書本

肄雅釋詞二卷　清楊瓊撰
　　清光緒二十三年聲龢堂刻本　國圖　上海
演雅四十二卷　清王初桐撰
　　清王初桐稿本　國圖
比雅十九卷　清洪亮吉撰
　　清道光刻藝林山房四種本
　　清咸豐七年南海伍氏刻粤雅堂叢書本　國圖
　　清光緒七年藝林山房刻文選樓叢書本　國圖　湖北
　　清光緒十五年文選樓刻玲瓏山館叢書本
比雅十卷
　　清光緒五年授經堂刻洪北江全集本　遼寧
拾雅六卷　清夏味堂撰
　　清嘉慶二十四年高郵夏味堂刻高郵夏氏遂園藏版本　北大　南京
　　續修四庫全書影印清嘉慶二十四年遂園刻本
拾雅二十卷　清夏味堂撰　清夏紀堂注
　　清嘉慶二十五年刻本　科學　天津
　　清道光二年刻高郵夏氏遂園藏版本　北大
支雅二卷　清劉燦撰
　　清道光六年劉燦刻本　南京　天津
　　清抄本　北大
　　續修四庫全書影印清道光六年刻本
釋龜二卷　清張金吾撰
　　清抄本　南京
　　民國王氏學禮齋傳鈔稿本　復旦
説雅一卷　清朱駿聲撰
　　清道光二十八年黟縣學舍刻本　北大　復旦
　　清道光二十九年刻咸豐元年臨嘯閣補刻本　復旦　湖北
　　清道光二十九年刻同治九年孔彰臨嘯閣補刻本　國圖　遼寧
　　清光緒十二年上海積山書局石印本　北大　浙江
説雅二卷
　　清光緒九年蛟川張氏秋樹根齋刻花雨樓叢抄本　天津　湖北
釋穀四卷　清劉寶楠撰
　　清咸豐五年刻本　天津　南京
　　清光緒十四年南菁書院刻皇清經解續編本

清光緒十四年廣雅書局刻本　復旦　南京　科學
續修四庫全書影印清咸豐五年刻本

小學駢支八卷校勘記一卷　清田寶臣撰
一九二〇年石印海陵叢刻本　上海

小學駢支八卷
抄本　科學
續修四庫全書影印清抄本

韻雅六卷古跡詩鈔一卷　清吴采撰
清嘉慶二十三年居業廬刻本　科學　天津
四庫未收書叢刊影印清嘉慶二十三年魁峰居業廬刻本

羼雅四卷　清陳肇波撰
清光緒十六年福建刻本　天津

疊雅十三卷雙名録一卷　清史夢蘭撰
清同治四年刻止園叢書本　國圖　浙江
續修四庫全書影印清同治四年刻止園叢書本

韻雅一卷　清俞樾撰
清光緒二十五年刻春在堂全書之曲園雜纂本

小演雅一卷别録一卷附録一卷續録一卷　清楊浚編
清光緒四年冠海堂刻本　科學　復旦
清光緒五年誦芬堂活字印本　天津
四庫未收書叢刊影印清光緒四年冠海堂刻本

小演雅别録一卷　清楊浚編
清光緒四年冠海堂刻本　科學　復旦
清光緒五年誦芬堂活字印本　天津

小演雅續録一卷　清楊浚編
清光緒四年冠海堂刻本　科學　復旦
清光緒五年誦芬堂活字印本　天津

小演雅附録一卷　清楊浚編
清光緒四年冠海堂刻本　科學　復旦
清光緒五年誦芬堂活字印本　天津

字雅十二卷　清英浩撰
清英浩稿本　科學

字雅□卷
清英浩第七次稿本　湖北（存卷五至卷六）

新爾雅三卷　清汪榮寶撰　葉瀾纂
　清光緒三十年刻本　甘肅　南京
　清宣統三年石印本　南京

新爾雅一卷
　清光緒三十一年日本東京排印本　湖北

新爾雅二卷
　民國鉛印本　國圖

（二）字詁

漢詁纂十九卷　明陳禹謨輯
　明萬曆二十四年刻本　上海

雜字指一卷　漢郭訓撰　清馬國翰輯
　清光緒九年長沙嫏嬛館刻玉函山房輯佚書本
　清光緒十年章邱李氏據馬氏刻版重印玉函山房輯佚書本
　清光緒十年楚南書局刻玉函山房輯佚書本

古今字詁一卷　三國魏張揖撰　清任大椿輯　清王念孫校
　清嘉慶二十二年山陽汪廷珍刻小學鉤沈本
　清光緒三年雪滄鈔小學鉤沈本
　清光緒十年龍氏刻小學鉤沈本
　清光緒十年江都李氏半畝園刻小學類編之小學鉤沈本
　清光緒湖北崇文書局刻小學鉤沈本
　續修四庫全書影印清嘉慶二十二年汪廷珍刻本

字詁一卷　三國魏張揖撰　清陳鱣輯
　清陳鱣稿本古小學書鉤沈本　國圖

古今字詁一卷　三國魏張揖撰　清馬國翰輯
　清光緒九年長沙嫏嬛館刻玉函山房輯佚書本
　清光緒十年章邱李氏據馬氏刻版重印玉函山房輯佚書本
　清光緒十年楚南書局刻玉函山房輯佚書本

古今字詁一卷　三國魏張揖撰　清黃奭輯
　清道光甘泉黃氏刻知足齋叢書本
　清道光甘泉黃氏刻光緒印漢學堂叢書本
　清道光甘泉黃氏刻一九二五年王鑑修補印黃氏逸書考本
　清道光甘泉黃氏刻一九三四年江都朱氏修補印黃氏逸書考本

古今字詁一卷　三國魏張揖撰　顧震福輯
清光緒十八年山陽顧氏刻小學鉤沈續編本
續修四庫全書影印清光绪十八年刻本
古今字詁一卷　三國魏張揖撰　龍璋輯
民國攸縣龍氏排印小學蒐逸本
古今字詁疏證一卷　清許瀚撰　山東省立圖書館輯
一九三四年里安陳氏裒殷堂鉛印本　國圖　湖北
一九三七年濟南聚文齋鉛印本　科學
雜字一卷　三國魏張揖撰　清任大椿輯　清王念孫校
清嘉慶二十二年山陽汪廷珍刻小學鉤沈本
清光緒三年雪滄鈔小學鉤沈本
清光緒十年龍氏刻小學鉤沈本
清光緒十年江都李氏半畝園刻小學類編之小學鉤沈本
清光緒湖北崇文書局刻小學鉤沈本
續修四庫全書影印清嘉慶二十二年汪廷珍刻本
雜字一卷　三國魏張揖撰　清馬國翰輯
清光緒九年長沙嫏嬛館刻玉函山房輯佚書本
清光緒十年章邱李氏據馬氏刻版重印玉函山房輯佚書本
清光緒十年楚南書局刻玉函山房輯佚書本
雜字一卷　三國魏張揖撰　清龍璋輯
民國攸縣龍氏排印小學蒐逸本
周成難字一卷　三國魏周成撰　清任大椿輯　清王念孫校
清嘉慶二十二年山陽汪廷珍刻小學鉤沈本
清光緒三年雪滄鈔小學鉤沈本
清光緒十年龍氏刻小學鉤沈本
清光緒十年江都李氏半畝園刻小學類編之小學鉤沈本
清光緒湖北崇文書局刻小學鉤沈本
續修四庫全書影印清嘉慶二十二年汪廷珍刻本
周成難字一卷　三國魏周成撰　顧震福輯
清光緒十八年山陽顧氏刻小學鉤沈續編本
續修四庫全書影印清光绪十八年刻本
周成難字一卷　三國魏周成撰　龍璋輯
民國攸縣龍氏排印小學蒐逸本
雜字解詁一卷　三國魏周成撰　清任大椿輯　清王念孫校
清嘉慶二十二年山陽汪廷珍刻小學鉤沈本

清光緒三年雪滄鈔小學鉤沈本
清光緒十年龍氏刻小學鉤沈本
清光緒十年江都李氏半畝園刻小學類編之小學鉤沈本
清光緒湖北崇文書局刻小學鉤沈本
續修四庫全書影印清嘉慶二十二年汪廷珍刻本

雜字解詁一卷　三國魏周成撰　清馬國翰輯
清光緒九年長沙嫏嬛館刻玉函山房輯佚書本
清光緒十年章邱李氏據馬氏刻版重印玉函山房輯佚書本
清光緒十年楚南書局刻玉函山房輯佚書本

雜字解詁一卷　三國魏周成撰　清顧震福輯
清光緒十八年山陽顧氏刻小學鉤沈續編本
續修四庫全書影印清光緒十八年刻本

雜字解詁一卷　三國魏周成撰　清龍璋輯
民國攸縣龍氏排印小學蒐逸本

異字一卷　三國吳朱育撰　清馬國翰輯
清光緒九年長沙嫏嬛館刻玉函山房輯佚書本
清光緒十年章邱李氏據馬氏刻版重印玉函山房輯佚書本
清光緒十年楚南書局刻玉函山房輯佚書本

異字一卷　三國吳朱育撰　清龍璋輯
民國攸縣龍氏排印小學蒐逸本

字指一卷　晉李彤撰　清任大椿輯　清王念孫校
清嘉慶二十二年山陽汪廷珍刻小學鉤沈本
清光緒三年雪滄鈔小學鉤沈本
清光緒十年龍氏刻小學鉤沈本
清光緒十年江都李氏半畝園刻小學類編之小學鉤沈本
清光緒湖北崇文書局刻小學鉤沈本
續修四庫全書影印清嘉慶二十二年汪廷珍刻本

字指一卷　晉李彤撰　清馬國翰輯
清光緒九年長沙嫏嬛館刻玉函山房輯佚書本
清光緒十年章邱李氏據馬氏刻版重印玉函山房輯佚書本
清光緒十年楚南書局刻玉函山房輯佚書本

字指一卷　晉李彤撰　清黄奭輯
清道光甘泉黄氏刻知足齋叢書本
清道光甘泉黄氏刻光緒印漢學堂叢書本

清道光甘泉黄氏刻一九二五年王鑑修補印黄氏逸書考本
清道光甘泉黄氏刻一九三四年江都朱氏修補印黄氏逸書考本

字指一卷　晉李彤撰　顧震福輯
清光緒十八年山陽顧氏刻小學鉤沈續編本
續修四庫全書影印清光绪十八年刻本

字指一卷　晉李彤撰　龍璋輯
小民國攸縣龍氏排印小學蒐逸本

字訓一卷　晉殷仲堪撰　龍璋輯
民國攸縣龍氏排印小學蒐逸本

小學篇一卷　晉王義撰　清任大椿輯　清王念孫校
清嘉慶二十二年山陽汪廷珍刻小學鉤沈本
清光緒三年雪滄鈔小學鉤沈本
清光緒十年龍氏刻小學鉤沈本
清光緒十年江都李氏半畝園刻小學類編之小學鉤沈本
清光緒湖北崇文書局刻小學鉤沈本
續修四庫全書影印清嘉慶二十二年汪廷珍刻本

小學篇一卷　晉王義撰　顧震福輯
清光緒十八年山陽顧氏刻小學鉤沈續編本
續修四庫全書影印清光绪十八年刻本

小學篇一卷　晉王義撰　龍璋輯
民國攸縣龍氏排印小學蒐逸本

異字音一卷　清任大椿輯　清王念孫校
清嘉慶二十二年山陽汪廷珍刻小學鉤沈本
清光緒三年雪滄鈔小學鉤沈本
清光緒十年龍氏刻小學鉤沈本
清光緒十年江都李氏半畝園刻小學類編之小學鉤沈本
清光緒湖北崇文書局刻小學鉤沈本
續修四庫全書影印清嘉慶二十二年汪廷珍刻本

異字音一卷　清龍璋輯
民國攸縣龍氏排印小學蒐逸本

文字釋訓一卷　南朝梁釋寶誌撰　清龍璋輯
民國攸縣龍氏排印小學蒐逸本

刊謬正俗八卷　唐顔師古撰
明刻本　國圖

明刻本　國圖

清乾隆抄本　國圖

清抄本(過録清何焯校跋)　國圖

清光緒元年湖北崇文書局刻崇文書局彙刻書本　南京　湖北　遼寧

匡謬正俗八卷　唐顔師古撰

清乾隆二十一年盧見曾刻雅雨堂叢書本　國圖　北大　南京　湖北

清乾隆四庫全書館寫欽定四庫全書本

清嘉慶南匯吴氏聽彝堂刻藝海珠塵本

清咸豐四年鄭知同抄本　四川

清同治番禺李氏鈔反約篇本

一九三四年陝西通志館排印關中叢書本

匡謬正俗八卷附匡謬正俗續述三卷　唐顔師古撰　清章嗣韓注　清章嗣韓輯續述

清抄本　湖北

匡謬正俗續述三卷　清章嗣韓輯

清抄本　湖北

古今正字二卷　唐張戩撰　清龍璋輯

民國攸縣龍氏排印小學蒐逸本

集訓一卷　唐張戩撰　清龍璋輯

民國攸縣龍氏排印小學蒐逸本

文字典説一卷　唐張戩撰　清龍璋輯

民國攸縣龍氏排印小學蒐逸本

文字釋要一卷　唐張戩撰　清龍璋輯

民國攸縣龍氏排印小學蒐逸本

音隱一卷　唐□□撰　清龍璋輯

民國攸縣龍氏排印小學蒐逸本

小學一卷　清黄奭輯

清道光甘泉黄氏刻光緒印漢學堂叢書本

清道光甘泉黄氏刻一九二五年王鑑修補印黄氏逸書考本

清道光甘泉黄氏刻一九三四年江都朱氏修補印黄氏逸書考本

金壺字考一卷　宋釋適之撰

清順治三年宛委山堂刻説郛本

清嘉慶十九年刻同文考證四種本

清嘉慶十年至道光五年張氏刻書三味樓叢書之同文考證本

清道光十五年朝邑劉際清等刻青照堂叢書本
清道光二十二年陽湖莊景賢刻同文考證四種本

增訂金壺字考十九卷二集二十一卷補録一卷補注一卷　宋釋適之編　清田朝恒增訂並續編二集補録補注
清乾隆二十四至二十七年貽安堂刻本　北大　科學　復旦　浙江　湖北

金壺字考二集二十一卷　清田朝恒撰
清乾隆二十七年貽安堂刻本　北大　科學　湖北

金壺字考補録一卷　清田朝恒撰
清乾隆二十七年貽安堂刻增訂金壺字考附刻本　北大　科學　湖北

金壺字考補注一卷　清田朝恒撰
清乾隆二十七年貽安堂刻增訂金壺字考附刻本　北大　科學　湖北

增訂金壺字考四卷附古體假借字一卷　清郝在田輯
清同治十二年刻本　浙江

增訂金壺字考一卷附古體假借字一卷
清同治十三年京都琉璃廠東龍雲齋刻本　上海　南京
清光緒元年刻本　國圖
清光緒四年嘯園刻本　南京

校增金壺字考一卷　清郝普霖增訂
清光緒九年懿文齋刻本　湖北

古體假借字一卷　清郝在田輯
清同治十二年刻本　浙江
清同治十三年京都琉璃廠東龍雲齋刻本　上海　南京
清光緒元年刻本　國圖
清光緒四年嘯園刻本　南京

金壺精萃四卷附疊文一卷　宋釋適之原著　清郝在田編　清張仰山輯録注釋
清光緒二年京師松竹齋寫刻本　北大　天津　浙江

經子難字二卷　明楊慎撰
明刻楊升菴雜著十一種本　四川

讀史字難一卷附五經正字五卷　明胡一愚撰
明刻本　上海

疑砭録二卷　明張登雲撰
清乾隆四十八年吴翌鳳抄本　國圖

古今字考六卷 明吕一奏撰

明崇禎元年刻本 清華 北師大 科學

四庫未收書叢刊影印明崇禎刻本

字詁一卷 清黄生撰

清乾隆四庫全書館寫欽定四庫全書本

清乾隆五十三年歙浦黄氏重刻本 復旦

清劉氏嘉蔭簃抄本 上海

清孫傳鳳手抄本(清吴大澄題簽) 上海

清道光十九年金山錢氏據借月山房彙鈔刻版重編增刻指海本

一九三五年上海大東書局影印指海本

欽定四庫全書字詁一卷 清黄生撰

抄本 南京

字詁一卷 清黄生撰 清黄承吉按

清道光二十二年刻字詁義府合按本 科學 上海 湖北

清道光刻咸豐元年黄必慶彙印夢陔堂全集本

清光緒三年歙西黄氏刻增注字詁義府合按本 國圖 上海

清歙浦黄氏家刻江州聚氏重修本 上海

一九三四年據夢陔堂全集影印安徽叢書本

承吉兄字説一卷 清黄承吉撰

清道光刻咸豐元年黄必慶彙印夢陔堂全集本

清光緒三年歙西黄氏刻增注字詁義府合按本 國圖 上海

一九三四年據夢陔堂全集影印安徽叢書本

連文釋義一卷 清王言撰

清康熙三十九年刻昭代叢書本

清道光十三年吴江沈氏世楷堂刻昭代叢書本

四庫全書存目叢書影印清康熙刻昭代叢書本

戴東原轉語釋補四卷首一卷 曾廣源撰

一九二九年海事編譯局鉛印本 科學 復旦 遼寧

解字小記一卷 清程瑶田撰

清嘉慶八年刻通藝録本

清道光九年廣東學海堂刻皇清經解本

清道光九年廣東學海堂刻咸豐十一年補刻皇清經解本

清光緒十七年上海鴻寶齋石印皇清經解本

一九三三年據嘉慶刻本影印安徽叢書本

聲類不分卷　清錢大昕撰
　　清嘉慶元年錢繹抄本(錢繹跋)　遼寧
　　清抄本　國圖
　　稿本韻學叢書本　北大
　　清光緒十七年刻丁酉圃叢書之韻學叢書本　國圖　北大　遼寧
聲類四卷
　　清道光五年汪恩刻本　上海　浙江　湖北
　　清道光二十九年南海伍崇曜刻粤雅堂叢書本　國圖
　　清道光二十九年陳安士刻本　北大
　　清光緒十年長沙龍氏家塾刻嘉定錢氏潛研堂全書本　科學
　　稿本韻學叢書本　復旦
音同義異辨一卷　清畢沅撰
　　清乾隆四十八年鎮洋畢氏刻經訓堂叢書本　湖北
　　清光緒八年金峨山館刻金峨山館叢書本　湖北　遼寧
　　清光緒十三年上海大同書局影印經訓堂叢書本
　　清宣統二年周魯齋朱絲欄抄本　國圖
釋拜一卷　清段玉裁撰
　　清嘉慶十二年張敦仁刻本　清管慶祺跋　上海
疊韻轉語一卷　清王念孫撰
　　清王念孫稿本　北大
　　民國北大研究所油印王氏手稿抄本　科學
釋大八卷　清王念孫撰
　　清末鉛印本　北師大　天津
　　一九三八年渭南嚴氏成都賁園刻本　科學　湖北
　　續修四庫全書影印民國嚴氏賁園刻本
釋大一卷
　　一九二五年上虞羅氏鉛印高郵王氏遺書本　遼寧
釋人注一卷　清孫馮翼撰
　　清嘉慶九年承德孫馮翼刻問經堂叢書本　國圖　科學
釋歲不分卷　清洪亮吉撰
　　清洪亮吉稿本　上海
俗字雅義一卷　清徐慶曾撰
　　清徐慶曾稿本　上海
小學説一卷　清吴夌雲撰
　　清光緒十七年廣雅書局刻一九二〇年番禺徐氏彙印廣雅書局叢書之吴氏遺

著本

疊字韻編五卷　清周文鼎撰

清周文鼎稿本　國圖

周秦名字解故二卷　清王引之撰

清嘉慶刻本　國圖　科學

周秦名字解故附録一卷　清王萱齡撰

清道光刻本　國圖

清光緒五年定州王氏謙德堂刻畿輔叢書本　湖北

周秦名字解故補一卷　清王萱齡撰

清光緒貴池劉氏刻聚學軒叢書本

分韻字考不分卷　佚名撰

清嘉慶十六年刻本　湖北

經字異同二十八卷　清張維屏輯

清道光二十年刻本　南京

經字異同四十八卷

清光緒五年清泉精舍刻本　南京　湖北

祁大夫字説一卷　清祁寯藻輯

清道光二十七年刻本　國圖　遼寧

古人文注不分卷　清張澍撰

清張澍稿本　陝西博

經史通字不分卷　清張澍撰

清張澍稿本　陝西博

字説二十五卷　佚名撰

清抄本(清何紹基跋)　湖南

聲訓緯纂不分卷重訂諧聲表不分卷　清黄以愚撰

清黄以愚稿本　國圖

聲訓緯纂十五卷

民國四明張氏約園抄本　國圖

釋言語不分卷　清吴大中撰

清吴大中稿本　上海

字義擬一卷　清尹尚廉撰

清道光刻本　雲南

親屬記二卷　清鄭珍撰　清陳榘補

清光緒十二年貴州陳氏悟蘭吟館刻本　科學　上海

清光緒十八年廣雅書局刻廣雅書局叢書本　復旦　湖北
一九四〇年貴州省政府排印巢經巢全集本

說俞一卷　清俞樾撰
清光緒二十五年刻春在堂全書之俞樓雜纂本

正字簡四卷　清馮繼照述
清道光二十八年柳波館刻本　湖北

訓詁珠塵二卷　清江含春撰
楞園仙書本

字義補十二卷　清周天益撰
清鈔六書存本　國圖
一九二四年排印六書存本　北大

字義鏡新一卷　清王廷鼎撰
清光緒十七年刻紫薇花館集紫薇花館小學編本　南京　湖北

釋字一卷　清王煥奎撰
清咸豐二年刻同治元年彙印景紫堂全書本

讀詩考字二卷附補一卷　清程大鏞撰
清道光二十五年刻光緒十三年補刻叢桂軒本　南京

字義辨同一卷　清張之洞輯
清光緒三十二年培新堂刻本　科學

字說一卷　清吴大澂撰
清光緒十九年長沙思賢講舍刻本　北大　科學　遼寧　南京　浙江
清光緒二十六年思賢講舍重刻本　湖北
一九一五年汪克塤抄本　南京
一九二三年振新書社影印本　復旦

通俗字林辨證五卷　清唐壎輯
清咸豐六年錫山丁氏刻本　北大　湖北
一九一六年保陽人同石印局石印本　國圖　湖北
續修四庫全書影印清咸豐六年刻本

說迪一卷　清畢以田撰
清道光二十七年刻本　國圖

訓詁諧音四卷　清槐蔭主人編
清光緒八年吟梅書室刻本　北師大　湖南
清宣統元年寶慶詳隆書局刻本　湖南

娱萊軒字釋一卷附録一卷俗書證誤訂一卷識字最易法一卷　清章震福撰　隋顔愍楚撰俗書證誤　清章震福訂俗書證誤並撰識字最易法

清光緒二十年鉛印本　湖北

娱萊軒字釋一卷附録一卷

清光緒三十四年鉛印本　國圖

經名故一卷　清許莊述撰

清光緒十四年刻本　南開

對類引端三卷　清黄堃撰

清光緒六年佛山翰文堂刻本　復旦

聖門名字纂詁二卷　清洪恩波撰

清光緒二十三年刻本　南京

聖門名字纂詁二卷補遺一卷

清光緒二十三年刻二十五年金陵官書局重校補正本　科學　南京

字義聲韻辨異五卷首一卷　清楊維增撰

光緒二十一年刻本　科學　復旦

説篆臆存雜説一卷　清吴錦章撰

清光緒二十三年崇雅精舍刻本　北大　上海　湖北

古語訓略一卷　佚名撰

清抄本　國圖

同音辨義一卷　清于逵撰

清于逵稿本　上海

字訓四卷附字畫考　清李士鈐纂輯

清末石印本　北大

民國石印本　天津

文字通釋略四卷　清鍾祖綬撰

清光緒三十四年刻本　國圖　上海

四庫未收書叢刊影印清光緒二十四年刻本

釋音辨義不分卷　清潘榮撰

清末抄本　天津

引申義舉例二卷　清程先甲撰

清光緒至民國刻千一齋全書本　南京　湖北

釋人疏證二卷　清葉德輝撰

清光緒二十八年長沙葉氏刻本　遼寧

清光緒二十八年長沙葉氏刻一九一九年重編印觀古堂所著書本

清光緒二十八年長沙葉氏刻一九三五年長沙中國古書刊印社彙印郎園先生全書本　湖北

文始九卷　清章炳麟撰

一九一三年浙江圖書館影印稿本　復旦　遼寧

一九一九年浙江圖書館刻章氏叢書本　遼寧　復旦

一九二四年上海古書流通處影印章氏叢書本

民國右文社排印章氏叢書本

文始箋一卷補遺一卷　清章炳麟撰

民國國立湖南大學石印本　湖南

釋史一卷　清王國維撰

一九一六年上海倉聖明智大學排印廣倉學宭叢書本

聯綿字譜三卷　清王國維撰

一九二七年海寧王氏鉛印王忠慤公遺書本　北大

一九四〇年上海商務印書館石印海寧王静安先生遺書本　北大

（三）方言

方言十三卷　漢揚雄撰

明末刻本　湖南

清刻本　南京

一九一五年龍文閣排印本　復旦

輶軒絶代語一卷　漢揚雄撰

清順治三年宛委山堂刻説郛本

清據説郛刻版重編五朝小説本

清乾隆五十九年石門馬氏大酉山房刻龍威祕書本

清光緒六年三餘堂刻增訂漢魏叢書本

清宣統三年上海大通書局石印增訂漢魏叢書本　北大

方言佚文一卷　漢揚雄撰　清王仁俊輯

清王仁俊原稿經籍佚文本

輶軒使者絶代語釋别國方言解十三卷　漢揚雄撰　晉郭璞注

宋慶元六年尋陽郡齋刻本　國圖

明正德四年李珏刻本　國圖

清光緒福山王氏天壤閣影宋刻本　國圖　科學

一九一四年江安傅氏影宋刻本　國圖　南開　遼寧

中華再造善本影印宋慶元六年尋陽郡齋刻本

輶軒使者絶代語釋别國方言十三卷

明萬曆新安程氏刻漢魏叢書本

明刻古今逸史本

明刻本　國圖

明刻本　國圖

清乾隆四十二年福建刻武英殿聚珍版叢書本

清乾隆四庫全書館寫欽定四庫全書本

清嘉慶六年會稽樊廷緒刻本　北大　上海　南開

一九二五年上海商務印書館據明程氏刻本影印漢魏叢書本

一九三七年上海商務印書館影印元明善本叢書十種之古今逸史本

新刻輶軒使者絶代語釋别國方言

明萬曆胡文焕刻格致叢書本　上海

方言十三卷　漢揚雄撰

明刻本　國圖

明何允中刻廣漢魏叢書本　北大　南京

清乾隆五十六年金谿王氏刻增訂漢魏叢書本

清光緒二十年湖南藝文書局刻增訂漢魏叢書本

清光緒二年紅杏山房刻一九一五年蜀南修補印增訂漢魏叢書本

清宣統三年上海大通書局石印增訂漢魏叢書本　北大

輶軒使者絶代語釋别國方言十三卷校正補遺一卷　漢揚雄撰　晉郭璞注　清盧文弨校正並補遺

清乾隆四十九年盧文弨刻抱經堂叢書本　南京　上海　復旦

清同治十二年粵東書局刻古經解彙函之小學彙函本

清光緒十四年上海蜚英館石印古經解彙函之小學彙函本

清光緒十五年湘南書局刻古經解彙函之小學彙函本

輶軒使者絶代語釋别國方言校正補遺一卷　清盧文弨撰

清乾隆四十九年盧文弨刻抱經堂叢書輶軒使者絶代語釋别國方言附刻本　上海　復旦　南京

清同治十二年粵東書局刻古經解彙函之小學彙函輶軒使者絶代語釋别國方言附刻本

清光緒十四年上海蜚英館石印古經解彙函之小學彙函輶軒使者絶代語釋别國方言附刻本

清光緒十五年湘南書局刻古經解彙函之小學彙函輶軒使者絶代語釋别國方言附刻本

輶軒使者絶代語釋别國方言十三卷附宋本方言校勘記一卷　漢揚雄撰　晉郭璞注　王秉恩撰校勘記

一九一三年華楊王秉恩影宋刻本　國圖　湖北

宋本方言校勘記一卷　王秉恩撰

一九一三年華楊王秉恩刻本　國圖　湖北

輶軒使者絶代語釋别國方言類聚四卷　漢揚雄撰　晉郭璞解　明陳與郊類聚

明萬曆刻本　上海

四庫全書存目叢書影印明刻本

輶軒使者絶代語釋别國方言十三卷　漢揚雄撰　清戴震疏證

清乾隆中曲阜孔氏刊微波榭叢書本　科學　湖北

清光緒八年汗青簃據微波榭本重校刻本　北大　浙江　南京　湖北

一九三六年據微波榭叢書本影印安徽叢書戴東原先生全集本

續修四庫全書影印清乾隆孔繼涵刻微波榭叢書本

戴東原方言校本簽注一卷　清丁傑撰

清乾隆四十五年大興金紹綸抄本　上海

輶軒使者絶代語釋别國方言疏證補一卷　清王念孫撰

一九二五年上虞羅氏排印高郵王氏遺書本　國圖

輶軒使者絶代語釋别國方言疏證補一卷　清王念孫證補　嚴式誨校

一九三八年渭南嚴氏成都賁園刻本　湖北

續修四庫全書影印民國二十七年嚴氏賁園刻本

方言補校一卷　清劉台拱撰

清道光十四年世德堂刻劉端臨先生遺書本

清光緒十五年廣雅書局刻一九二〇年番禺徐氏彙印廣雅書局叢書之劉氏遺書本

方言校補十三卷　清顧震福撰

清抄本　湖南

方言釋義十三卷　清王維言撰

清王維言稿本　山東

輶軒使者絶代語釋别國方言箋疏十三卷　漢揚雄撰　清錢繹箋疏

清光緒十六年紅蝠山房刻本　科學　故宫　上海

清光緒十六年紅蝠山房刻一九二九年補刻本　湖北

清光緒十六年南陵徐氏刻積學齋叢書本

續修四庫全書影印清光緒十六年紅蝠山房刻民國十八年補刻本

輶軒使者絶代語釋别國方言箋疏十三卷附方言箋疏校勘記一卷　漢揚雄撰　清錢繹箋疏　清何翰章撰校勘記

清光緒十六年廣雅書局刻本　北師大　人大　南京

清光緒十六年廣雅書局刻一九二〇年番禺徐氏彙印廣雅書局叢書本

方言箋疏校勘記一卷　清何翰章撰

清光緒十六年廣雅書局刻方言箋疏附刻本　北師大　人大　南京

清光緒十六年廣雅書局刻一九二〇年番禺徐氏彙印廣雅書局叢書本

方言釋字十三卷　清汪汲輯

清汪汲稿本　山東

方言釋字一卷

清嘉慶七年古愚山房刊本　北師大　南京

方言釋字一卷部首一卷連用字一卷

清同治二年金雅堂刊本　南京

方言韻語一卷　清題夢雨老人撰

清光緒二十五年刻本　上海

揚雄方言存没考一卷　葉瀚撰

晚學廬叢稿本

輶軒使者絶代語釋别國方言十三卷首一卷續方言二卷續方言補一卷　漢揚雄撰　晉郭璞注　清杭世駿撰續方言　清程際盛撰續方言補

清光緒十七年思賢講舍刻本　北大　人大　北師大

續方言二卷　清杭世駿撰

清雍正刻本　四庫底本　湖南

清乾隆四庫全書館寫欽定四庫全書本

清乾隆刻本　國圖

清乾隆杭賓仁羊城刻杭大宗七種本

清嘉慶南滙吴氏聽彝堂刻藝海珠塵本　北大

清咸豐元年長沙小嫏嬛山館刻杭大宗七種本　北大

續方言一卷

清道光二十四年吴江沈氏世楷堂刻昭代叢書本　北大

清光緒八年錢塘諸可寶烏絲欄抄本　國圖

續方言補二卷　清程際盛撰

清雍正刻本　四庫底本　湖南

清乾隆活字印程氏經學六種本　科學

清活字印稻香樓雜著本　國圖

清抄本　北大

續方言補正二卷

清嘉慶南匯吴氏聽彝堂刻藝海珠塵本

續修四庫全書影印清嘉慶吴氏聽彝堂刻藝海珠塵本

續方言補一卷

清光緒八年錢塘諸可寶烏絲欄抄本　國圖

清光緒十七年思賢講舍刻本　北大　人大　北師大

續方言補正一卷

清湘陰郭氏刻本　故宫

續方言(一名戴東原續方言手稿二卷)　清戴震記

清戴震稿本　清華

一九三二年國立中央研究院歷史語言研究所影印稿本　遼寧　湖北

一九三六年據傳抄本影印安徽叢書本

續修四庫全書影印民國二十五年安徽叢書編印處刊本

續方言疏證二卷　清沈齡撰

清光緒十二年刻木犀軒叢書本　國圖　天津　南京

讀江都沈與九齡續方言疏證劄記二卷

清抄本　北大

續方言拾遺二卷　清張慎儀撰

清光緒十六年刻本　北師大

續方言新校補二卷　清張慎儀撰

清光緒刻薆園叢書本　遼寧

清光緒刻念劬堂叢書之薆園叢書七種本

清光緒鉛印本　科學

方言别録四卷　清張慎儀撰

清宣統二年刻薆園叢書本　遼寧

清宣統二年刻念劬堂叢書之薆園叢書七種本

續方言又補二卷　清徐乃昌撰

清光緒二十一年刻本　國圖

清光緒二十六年南陵徐氏刻鄦齋叢書本

清光緒二十六年刻一九一五年南陵徐氏積學齋彙印隨盦所著書本　復旦

廣續方言四卷　清程先甲輯

清光緒二十三年木活字印本　黄侃點讀　國圖　北大　復旦　湖北

清光緒二十八年刻本　科學

廣續方言四卷拾遺一卷

清宣統二年刻千一齋全書本 國圖 遼寧

廣續方言拾遺一卷 清程先甲輯

清宣統二年江甯程氏刻千一齋全書本 科學 南京 遼寧

讀方言小記一卷 程先甲輯

清末民初江甯程氏刻千一齋全書本 科學 南京 遼寧

蜀語一卷 明李實撰

清乾隆綿州李氏萬卷樓刻嘉慶十四年綿陽李鼎元校印函海本 國圖

清道光五年綿陽李朝夔刻函海本 國圖

清光緒七至八年廣漢鍾登甲樂道齋刻函海本 國圖

一九一五年成都存古書局刻本 國圖 遼寧 南京

俗言一卷 明楊慎撰

清乾隆綿州李氏萬卷樓刻嘉慶十四年綿陽李鼎元校印函海本 國圖

清道光五年綿陽李朝夔刻函海本 國圖

清光緒七至八年廣漢鍾登甲樂道齋刻函海本 國圖

吴音奇字不分卷 明孫樓編輯校正

清佛蘭草堂抄本 復旦

吴音奇字一卷 明孫樓撰 明陸鎰補遺

清抄本 國圖

清抄本(王謇校) 上海

一九三九年江蘇省立蘇州圖書館排印吴中文獻小叢書本

吴音奇字跋一卷 清王振聲撰

清王振聲原稿王文村遺著本

方言據二卷續録一卷 明岳元聲撰

清道光十一年六安晁氏木活字印學海類編本 國圖 科學 上海

一九二〇年上海涵芬樓影印學海類編本

越語肯綮録一卷 清毛奇齡撰

清康熙李塨刻西河合集本 國圖 北大 上海

清康熙李塨刻乾隆三十五年陸體元修補印西河合集本

越言釋二卷 清茹敦和撰

清道光二十九年仁和葛氏嘯園刻本 湖南

清光緒四年仁和葛元煦嘯園刻本 北大 復旦 南京

抄本 科學

勵德人抄本 浙江

吴下方言考十二卷　清胡文英輯
清乾隆四十八年留芝堂刻本　國圖　北大　上海　浙江
清佛蘭草堂抄本　桂林
清藍絲欄抄本　國圖
方言藻四卷　清李調元撰
清刻本　復旦
方言藻二卷
清乾隆綿州李氏萬卷樓刻嘉慶十四年綿陽李鼎元校印函海本　國圖
清道光五年綿陽李朝夔刻函海本　國圖
清光緒七至八年廣漢鍾登甲樂道齋刻函海本　國圖
異語十九卷　清錢坫撰
清金粟堂抄本　大連
清宣統二年上虞羅氏刻玉簡齋叢書本　北大
合河方言二卷　清康基用撰
清嘉慶三年霞蔭堂刻合河紀聞附刻本　國圖
鄉諺證古四卷　清陳康祺撰　張壽鏞編
一九四四年鉛印本　國圖
方言摘誤不分卷　清李東苑輯
清咸豐元年徐溝李東苑抄本　國圖
里語徵實三卷　清唐訓方撰
清同治十二年唐訓方觀稼書樓刻本　北大　上海
清光緒十七年刻唐中丞遺集歸吾廬藏版本　國圖　上海　南京
燕説四卷　清史夢蘭撰
清同治六年樂亭史氏刻止園叢書本　國圖　科學　湖北　遼寧
湖雅九卷　清汪曰楨撰
清光緒六年刻本　北大　上海　南京　浙江
越諺三卷附越諺賸語二卷　清范寅輯
清光緒四年谷應山房刻本　天津　復旦
清光緒八年谷應山房刻本　天津　南京　遼寧
清光緒八年谷應山房刻一九三二年北平來薰閣印本　國圖　遼寧
越諺賸語二卷　清范寅輯
清光緒四年谷應山房刻越諺附刻本　天津　復旦
清光緒八年谷應山房刻越諺附刻本　天津　南京　遼寧
清光緒八年谷應山房刻一九三二年北平來薰閣印本　國圖　遼寧

清末抄本　國圖

漳州官話引不分卷　清陳鴻翊撰

清光緒五年潮郡紳董刻本　北大

祁閶俗語考不分卷　清倪望重輯

清硃絲欄抄本　國圖

蜀方言二卷　張慎儀撰

清光緒刻本　遼寧

清刻本　國圖

一九一九年刻薆園叢書本　復旦

新方言眉語一卷　清于鬯撰

清于鬯稿本于香草遺著叢輯本　上海

重編摘注鄉音字彙一卷　清詹均元撰

清光緒十三年抄本　湖南

海陽鄉土音同字異音義二卷　清程學驥纂

抄本　科學

鄉音俗字通考不分卷　清董儒龍輯

清抄本　國圖

方言二卷　清傅雲龍纂　清繆荃孫輯

清光緒刻本　科學

新安鄉音字義考證一卷　清詹逢光輯

清光緒二十三年石印本　天津

清光緒二十五年石印袖珍本　國圖

點綴方言揚州話一卷　清嚴鏡撰

抄本　遼寧

抄本　南開

鄉音字類不分卷　清陸懋修撰

清陸懋修稿本　南京

神京方言小識二卷　清英浩撰

清英浩稿本　南京

操風瑣録四卷　清劉家謀撰

清劉家謀稿本　湖北

清陳氏鐵石軒抄本　福建

清林氏棣華山館抄本　福建

一九一六年上海倉聖明智大學排印廣倉學宭叢書甲類本　國圖　科學　北

師大

客話本字一卷附録一卷　清楊恭桓撰

清光緒三十三年刻本　國圖　北大

譬紅樓方言訂不分卷　清杜大恒撰

清抄本　國圖

今方言溯源十卷　清程先甲撰

清光緒二十八至一九三二年江寧程氏刻千一齋全書本

畿輔方言五卷　清王樹楠輯

王樹楠稿本　北大

新方言十一卷附嶺外三州語一卷　清章炳麟撰

清光緒三十四年日本排印本　國圖　北大　北師大

清宣統三年文學會社石印本　國圖　北師大　復旦

一九一九年浙江圖書館刻章氏叢書本　復旦

一九二四年上海古書流通處影印章氏叢書本

新方言不分卷補一卷

一九一五年龍文閣鉛印本　復旦

一九一五年上海東方書局排印本　國圖

嶺外三州語一卷　清章炳麟撰

清光緒三十四年日本排印本　國圖　北大　北師大

清宣統三年文學會社石印本　國圖　北師大　復旦

一九一九年浙江圖書館刻章氏叢書本　復旦

一九二四年上海古書流通處影印章氏叢書本

（四）總義

方言廣雅小爾雅分韻一卷　清王念孫撰

高郵王石臞先生手稿四種本　北大

經韻纂字説文釋義四十卷　清李警溪撰

清光緒五年澄心書屋刻本　南開

引申義舉例二卷　程先甲撰

清光緒江寧程氏刻千一齋全書本

訓詁微一卷　陳啟彤撰

抄本　國圖

五、文法之屬

語助一卷　元盧以緯撰

明龍山童氏樂志堂刻奚囊廣要本

重訂冠解助語辭一卷　元盧以緯撰　明胡文焕校　日本毛利貞齋輯

日本享保二年神洛書林梅村玉池堂刻本　復旦

續修四庫全書影印日本享保二年神洛書林梅村玉池堂刻本

經史動静字音一卷附風雅蒙求一卷　元劉鑑撰　阮葵生輯風雅蒙求

一九三三年墨緣堂石印本　北大

經史動静字音一卷

一九三四年墨緣堂石印本　北大

經史動静字音箋證一卷　元劉鑑撰　商莔若箋證

一九三四年上虞羅氏墨緣堂石印本　北大　遼寧

經史動静字音一卷　明席珍撰

明萬曆十九年刻經史音義字考本　科學

虚字考一卷　清張文炳撰

清光緒錢塘陳氏刻如不及齋叢書本

虚字注釋一卷附小雅釋一卷孟子釋一卷左傳釋一卷　清張文炳撰　清課虚齋主人增删並撰小雅釋孟子釋左傳釋

清嘉慶刻小方壺齋藏版本　國圖

虚字注釋備考六卷　清張文炳撰

清抄本　廣東

增訂釋文虚字解六卷　清張文炳撰　王士駿釋文

清光緒二十三年黄嚴抱冬心館活字印學仕叢鈔附編之一本　天津

助字辨略五卷　清劉淇撰

清康熙五十年海城盧承琰刻本　北大　科學　上海

清乾隆四十四年國秦刻本（福源堂藏板）　北大　科學　天津

清咸豐五年聊城海源閣刻初印校樣本（清高均儒校）　國圖

清咸豐五年海源閣刻本海源閣叢書本　國圖　復旦　南京

續修四庫全書影印清康熙五十年海城盧承琰刻本

虚字説一卷　清源袁仁林撰

清乾隆十一年刻本　人大　江西

清道光二十六年宏道書院刻惜陰軒叢書本　國圖

清咸豐刻本　科學

清光緒二十二年長沙刻惜陰軒叢書本

續修四庫全書影印清咸豐刻本

虚字方言一卷　清勞敦樟撰

清光緒六年長白赫舍里氏刻本　科學

經傳釋詞十卷　清王引之撰

清嘉慶二十四刻本　北師大　湖北　甘肅

清道光九年廣東學海堂刻皇清經解本

清道光九年廣東學海堂刻咸豐十一年補刻皇清經解本

清道光二十四年金山錢氏據墨海金壺刻版重編守山閣叢書本

續修四庫全書影印清嘉慶二十四年刻本

經傳釋詞補一卷　清孫經世撰

清光緒十四年長洲蔣氏刻一九二五年文學山房印心矩齋叢書本

民國怡蘭堂刻私立北泉圖書館叢書本

經傳釋詞補一卷再補一卷　清孫經世撰　孫安世撰再補

清刻本　湖北

經傳釋詞再補一卷　孫安世撰

清光緒十一年長洲蔣氏刻本　南京

清刻經傳釋詞補附刻本　湖北

經詞衍釋十卷補遺一卷　清吴昌瑩撰

清同治十二年成都書局刻本　北大　南京　甘肅

清光緒三年吴氏得一齋刻本　南京

民國上海古書流通處據得一齋刻本影印本　南京　湖北

一九三六年上海世界書局排印古書字義用法叢刊本

文法一揆四卷　清魏茂林輯

清刻本　國圖(存卷三至四)

虚字注釋備考一卷　清俞樾撰

清光緒十二年申江本宅刻本　上海　浙江

虚字闡義三卷讀書説約三卷末一卷　清謝鼎卿撰

清光緒元年京都琉璃廠善成堂刻本　國圖　北大　科學　天津　浙江

虚字直解便蒙一卷　清朱麟書編訂

清光緒十二年刻本　國圖

虚字註釋備考一卷　清張文炳點定

清光緒澄心書屋刻本　北大　湖北

增補虛字賦一卷　佚名撰

清光緒十年刻本　科學

虛字解一卷　佚名撰

清光緒三年松竹齋刻本　南京

增補虛字注釋一卷　清馮泰松編

清光緒上海鴻寶齋書局石印本　國圖

文通十卷　清馬建忠撰

清光緒二十四年商務印書館鉛印本　北大　南京　湖北

清光緒二十八年刻巾箱本紹興府學堂教科書本　國圖

清光緒三十年成都官報局鉛印巾箱本　國圖

續修四庫全書影印光緒二十八年紹興府學堂刻本

校正馬氏文通十卷　清馬建忠撰

清光緒二十八年上海文林石印本　天津

中國話規一卷　清佚名撰

清末稿本　有朱筆點校　國圖

虛字會通法正編不分卷　清徐超撰

清光緒三十二年著易堂書局鉛印本　天津

虛字會通法三卷　清炎炎生撰

排印本　雲南

六、譯文之屬

番漢合時掌中珠殘一卷附西夏國書略説　西夏骨勒茂才撰　羅福萇撰西夏國書略説

一九一四年上虞羅氏東山學社石印本　人大　北師大

番漢合時掌中珠殘一卷

一九一八年上虞羅氏據西夏乾祐本影印嘉草軒叢書本　國圖

一九二四年羅氏貽安堂石印本　國圖　科學

續修四庫全書影印民國羅氏貽安堂影印本

西夏國書字典音同一卷　羅福成輯

一九三五年遼寧庫籍整理處鈔蘇聯亞洲博物館藏宋刊本西夏文石印本　國圖　科學　遼寧

西夏國書略説一卷　羅福萇撰

一九一四年上虞羅氏東山學社石印本　人大　北師大

一九三七年上虞羅氏東山學社石印待時軒叢刊本

至元譯語一卷　元陳元靚撰

清光緒六年吴士鑑抄本　張宗祥跋　浙江

蒙古譯語不分卷　佚名撰

清道光抄本　北大

華夷譯語不分卷　明火源潔撰

明洪武内府刻本　臺北故宫

明刻本　上海

明藍格抄本　國圖

明刻國朝典故本

一九一八年上海涵芬樓據明内府本影印涵芬樓秘笈本　北大

北京圖書館古籍珍本叢刊影印明抄本

華夷譯語□□卷

明刻本　存九卷　天一閣

華夷譯語十卷

清立雪舊廬抄本　南京

華夷譯語不分卷高昌館來文一卷譯文備覽一卷　明火源潔撰

明抄本　復旦

續修四庫全書影印明抄本

增定華夷譯語□□卷　明火原潔撰

明刻本　國圖(存二卷)

北京圖書館古籍珍本叢刊影印明刻本

華夷譯語新增不分卷

清抄本　北大

女真譯語一卷　佚名撰

民國據德人希路登氏藏明鈔華夷譯語編定影印本　北大

民國欣安抄本　武漢

女真譯語二編不分卷　羅福成輯

一九三二年石印本　國圖　湖北

一九三三年遼寧大庫舊檔整理處石印本　國圖　武漢

女真館來文不分卷　佚名撰

影印本　雲南

女真館雜字不分卷　佚名撰

影印本　雲南

高昌館課不分卷　佚名撰

明藍格抄本　國圖

北京圖書館古籍珍本叢刊影印明抄本

高昌館譯書一卷　佚名撰

清初刻本　國圖

高昌館畏兀兒譯書一卷　佚名撰

抄本　北大

高昌館雜字一卷　佚名撰

清初同文堂抄本　國圖

北京圖書館古籍珍本叢刊影印清初刻本

回回館譯語一卷　佚名撰

清初刻本　國圖

北京圖書館古籍珍本叢刊影印清初刻本

回回館雜字一卷　佚名撰

清初同文堂抄本　國圖

北京圖書館古籍珍本叢刊影印清初同文堂抄本

西番譯語一卷　佚名撰

清初刻本　國圖

清乾隆五十九年石門馬氏大酉山房刻龍威祕書本　北大

影鈔故宮藏本四夷館譯語六種本　北大

北京圖書館古籍珍本叢刊影印清初刻本

猓玀文不分卷　佚名撰

抄本　南京

猓玀譯語一卷　佚名撰

民國抄本　武漢

影鈔故宮藏本四夷館譯語六種本　北大

僰夷譯語一卷　佚名撰

影鈔故宮藏本四夷館譯語六種本　北大

太平府屬土州縣司譯語一卷　佚名撰

影鈔故宮藏本四夷館譯語六種本　北大

慶遠府屬土州縣司譯語一卷　佚名撰

影鈔故宮藏本四夷館譯語六種本　北大

鎮安府屬土州縣司譯語一卷　佚名撰

影鈔故宮藏本四夷館譯語六種本　北大

西天館譯語一卷　佚名撰
清初刻本　國圖
百譯館譯語一卷　佚名撰
清初同文堂抄本　國圖
清抄本　國圖
北京圖書館古籍珍本叢刊影印清初同文堂抄本
譯語不分卷　佚名撰
清袁氏貞節堂抄本　清周星詒跋　國圖
北京圖書館古籍珍本叢刊影印清袁氏貞節堂抄本
暹羅館譯語一卷　佚名撰
清抄本　國圖
北京圖書館古籍珍本叢刊影印清抄本
四夷館譯語六種六卷　佚名撰
影鈔故宫藏本　北大
子目:猓玀譯語一卷
太平府屬土州縣司譯語一卷
慶遠府屬土州縣司譯語一卷
鎮安府屬土州縣司譯語一卷
西番譯語一卷
僰夷譯語一卷
漢書音字四譯館譯語不分卷　佚名撰
清抄本　北大(殘一册)
滿漢事類集要不分卷附切要雜言一卷十二字頭一卷清書對音一卷
清陳可臣輯
清康熙間刻本　國圖
清書對音二卷
清初刻本　北大
清書對音一卷
清康熙間刻本　國圖
十二字頭不分卷　佚名撰
清康熙間刻本　國圖
清乾隆五十七年刻本　科學
蒙漢合璧五方元音不分卷　清樊騰鳳撰　清海山譯
一九一七年北京石印本　國圖　復旦

滿漢同文全書八卷　佚名撰
清康熙二十九年刻本　北大
滿漢類書三十二卷　清桑額著
清康熙三十九年桑額刻本　北大　科學
廣彙全書滿漢分類四卷　清阿敦　清劉順　清桑格同編
清康熙四十一年聽松樓刻本　北大　科學　復旦
御製清文鑑二十卷序目一卷總綱四卷後序一卷
清康熙四十七年内府刻滿文本　臺北故宫　科學
御製清文鑑二十四卷附清文鑑補編二卷
清抄本　北大
欽定清文鑑二十六卷
清刻滿文本　上海
一學三貫清文鑑四卷　清宗室肫圖撰
清乾隆十一年紫竹齋刻本　北大　科學
音漢清文鑑二十卷　清董佳明譯注
清雍正十三年北京英華堂刻本　北大　上海
清乾隆二十二年刻本　國圖　科學
御製增訂清文鑑十卷　清傅恒等奉敕撰
清抄本　北大
御製增訂清文鑑三十二卷補編四卷總綱八卷補編總綱一卷　清傅恒等奉敕撰
清乾隆三十六年武英殿刻本　北大　故宫　科學　復旦
清乾隆三十八年摛藻堂四庫全書薈要寫本
清乾隆四庫全書館寫欽定四庫全書本
御製增訂清文鑑三十二卷補編四卷
清抄本　北大
增訂清文鑑四卷補編一卷
清刻本　國圖　雲南
御製清文鑑補遺彙抄十二卷
清抄本　北大
御製清文鑑補遺彙抄滿漢分類不分卷
抄本　科學
欽定西域同文志二十四卷　清傅恒等纂
清乾隆内府抄本　故宫

清乾隆二十八年内府刻本　故宫　上海　遼寧
清乾隆四庫全書館寫欽定四庫全書本

滿漢字清文啟蒙四卷　清舞格撰
清雍正八年宏文閣刻本　國圖　上海
清三槐堂刻本　國圖　科學　北大　復旦
清老二酉堂刻本　北大
清承西樓刻本　北大

清文彙書十二卷　清李延基撰
清雍正刻師禮堂藏版本　北大　湖北
清雍正間京都三槐堂書坊刻本　上海　湖北
清乾隆十六年京都英華堂刻本　上海
清嘉慶十一年京都文成堂刻本　湖南(闕卷七)

清文補彙八卷　清宜興撰
清乾隆五十一年刻本　科學　上海
清嘉慶七年法克精額刻本　北大　科學　浙江
清光緒十六年京讀書業堂刻本　北大　北師大

清文總彙十二卷　清李延基　清宜興輯
清光緒二十三年荆州駐防翻譯總學刻本　北大

典要大全二十四卷　清佚名撰
清乾隆抄本　北大

清文典要大全十二集
清抄本　北大

清文典要大全十二卷
清抄本　北大(存丑、巳、戌三卷)
清抄本　北大(存寅、卯二卷)
清抄本　北大(存巳卷)

清文典要大全不分卷
清抄本　北大

繙譯類編四卷　清冠景編
清乾隆十四年文淵堂刻本　北大　上海　南京
清乾隆十四年抄本　北大
清乾隆十四年抄本　遼寧
清抄本　北大

滿漢經文成語不分卷　清董佳明鐸撰
清乾隆二年刻本　科學

御製滿珠蒙古漢字三合切音清文鑑三十二卷　清阿桂等編

清乾隆武英殿刻本　故宫　復旦　遼寧

御製滿珠蒙古漢字三合切音清文鑑三十一卷

清乾隆四庫全書館寫欽定四庫全書本

御製四體清文鑑三十二卷補編四卷

清武英殿刻本　科學

四體合璧文鑑三十二卷總綱八卷目録一卷

清刻本　科學

欽定清漢對音字式一卷　清福隆安等撰

清乾隆三十七年武英殿刻本　北大　上海　復旦

清道光十六年武英殿刻本　北大　臺北故宫

清抄本　北大

清漢對音字式一卷　清福隆安等撰

清光緒十六年京都聚珍堂刻本　國圖　北大　南京　浙江

清宣統元年京都鏡古堂刻本　國圖

欽定清語二卷　清佚名撰

清乾隆刻本　北大

清抄本　北大

西域爾雅一卷　清王初桐撰

一九一九年國學圖書館石印清抄本　國圖

一九二九年國學圖書館影印舊抄本　科學　復旦　湖北　遼寧

抄本　南京

三合便覽不分卷　題敬齋公編

清乾隆四十五年刻本　江西(存十册)

三合便覽不分卷附十二字頭一卷清文指要一卷蒙文指要一卷　清明福輯　清富俊增輯

清乾隆五十七年京都名貴堂刻本　北大　科學

便覽正訛四卷　清賽尚阿撰

清道光二十八年賽尚阿刻蒙文指要四種本　國圖　北大　上海　臺北故宫

便覽遺字一卷　清賽尚阿撰

清道光二十八年賽尚阿刻蒙文指要四種本　國圖　北大　上海　臺北故宫

更定便覽訛字一卷　清賽尚阿撰

清道光二十八年賽尚阿刻本　國圖

三合吏治輯要不分卷　清高鶚撰　清通瑞　清孟保譯
　　清咸豐七年孟保刻本　北大
三合鑑字不分卷　清傅以漸撰
　　清抄本　南京
清文指要一卷　清佚名撰
　　清乾隆五十七年刻本　科學
　　清乾隆刻本　南京
清文指要三卷附續編兼漢清文指要二卷　清佚名撰
　　清嘉慶十四年大酉堂刻本　北大
清文指要二卷　清佚名撰
　　清嘉慶二十三年西安將軍署刻本　北大
清文指要一卷　清順德録
　　清咸豐三年抄本　上海
清文指要二十六章　清佚名輯
　　清抄本　國圖
續編兼漢清文指要二卷　清佚名撰
　　清嘉慶十四年大酉堂刻本　北大
蒙文指要不分卷　清佚名撰
　　清乾隆五十七年刻本　科學
新刻校正買賣蒙古同文雜字不分卷　清佚名撰
　　清嘉慶六年中和堂刻成錦堂印本　北大
清漢文海四十卷　清巴尼琿編
　　清道光元年江南駐防衙門刻本　北大　科學　遼寧
清漢文海二十卷
　　清光緒抄本　南京
蒙文指要四種八卷附一種一卷　清賽尚阿纂輯
　　清道光二十八年賽尚阿刻本　國圖　臺北故宫　北大　上海
　　子目:蒙文晰義二卷
　　　　蒙文法程一卷
　　　　便覽正訛四卷
　　　　便覽補遺一卷　附更定便覽訛字一卷
蒙文晰義二卷　清賽尚阿纂輯
　　清道光二十八年賽尚阿刻蒙文指要四種本　國圖　臺北故宫　北大　上海
蒙文法程二卷　清賽尚阿纂輯
　　清道光二十八年賽尚阿刻蒙文指要四種本　國圖　臺北故宫　北大　上海

德字初桄二卷　清蔣煦著　德施彌德校音
清光緒十三年鉛印本　北大
三合清語一百條四卷　清智信原編
清刻本　北大
三合清語一百條一卷
清抄本　北大
華番貿易言語通曉不分卷　清佚名編
清咸豐八年廣州刻本　國圖
日語入門不分卷　清廣東同文館編
日本明治四十年善鄰書院鉛印本　北大
英話注解一卷　清高陽不才子編
清咸豐十年守拙軒刻本　南京
英語集全六卷　清唐廷樞撰
清同治元年廣州緯經堂刻本　國圖　北大　南京
清同治元年鉛印本　南京
清末石印本　北大
清文接字不分卷　清嵩洛峰訂
清同治三年長白崇實刻本　北大
清光緒十四年京都三槐堂書坊刻本　北大　科學
天方字母解義一卷　清劉智撰
清光緒十九年刻本　天津
刻本鎮江西關外藏板　北大
天方字母解義一卷　清劉智撰　清馬德新補
清同治二年刻本　國圖　北大　科學
英文舉隅一卷　清汪芝房編
清光緒五年同文館鉛印本　國圖
清光緒十三年蜚英館石印本　北大
清光緒二十五年京都官書局石印本　國圖
清文典要四卷　清秋芳堂主人輯
清光緒四年文淵堂刻本　科學　北大
清秋芳堂刻本　北大　湖北
漢回合璧一卷　清孫壽昶編
清光緒六年刻本　國圖　北大
清回合璧一卷　清史文光　清張成基編
清石印本　國圖

英字指南六卷　清楊勳輯譯
　清光緒五年上海美華書館鉛印本　國圖　北大
英字指南六卷　清楊少坪輯譯
　清光緒二十三年復古書齋石印本　國圖
單清語八卷　清佚名撰
　清光緒十七年刻本　北大
單清語□□卷　清志寬等輯
　清抄本　南京(存卷一至六)
對音輯字二卷　清志寬　培寬編
　清光緒十六年翻譯總學刻本　北大　上海　浙江
天方爾雅八卷首一卷　清藍煦譯
　清光緒十年刻本　國圖
清語人名譯漢二卷　清奕賡撰
　一九三五年燕京大學圖書館鉛印佳夢軒叢書本　國圖
法字入門一卷　清龔渭琳撰
　清光緒十二年鉛印本　科學
法字入門一卷　清顧琳撰
　清光緒十三年上海美華書館鉛印本　國圖
清文字法舉一歌一卷　清徐隆泰撰
　清光緒壽榮承蔭刻本　北大
清文虛字指南編一卷　清萬福撰
　清光緒十一年刻本　北大　科學
重刻清文虛字指南編二卷　清萬福撰　清鳳山訂
　清光緒二十年京都隆福寺聚珍堂刻本　北大　科學
蒙文總彙不分卷　清李鋐等校
　光緒十七年刻本　科學
新譯成語摘鈔詞林不分卷附折奏成語附公文成語附衙署名日附官銜名目　清伯彥畢勒格圖編譯
　清光緒十五年京都隆福寺東口内路南聚珍堂刻本　國圖
　清光緒三十四年北京斌記石印局石印本　國圖
清語摘要四種四卷　清佚名撰
　清光緒十五年京都三槐堂書坊刻本　天津
　子目:官銜名目一卷
　　　衙署名目一卷

公文成語一卷

摺奏成語一卷

滿漢六部成語六卷　清佚名撰

清官刻本　復旦

清漢諭部成語合編不分卷　清佚名撰

清抄本　北大

成語輯要二卷　清佚名撰

清光緒十七年荆州駐防翻譯總學刻本　北大

滿漢成語對待四卷　清佚名撰

清刻本　北大　科學

清文備考十二卷　清戴穀撰

清刻本　北大

清抄本　北大

清抄本　北大

東語入門二卷　清陳天麒輯譯

清光緒二十一年海鹽陳天麒石印本　北大　上海

改訂增廣五車韻府不分卷　金約瑟撰

清光緒中英文鉛印本　湖北

英字入門一卷　清曹驤編譯

清光緒申報館排印申報館叢書續集本

清光緒三十年上海文英書局鉛印本　國圖

清真啟蒙字母一卷　清汪克撰

清光緒二十三年刻本　復旦

譯雅一卷附泰西君臣名號歸一圖一卷　清唐詠裳撰

清光緒二十五年刻特健藥齋外編本　科學　北大　上海　南京

夷雅一卷　清曹樹翹輯

清曹樹翹稿本　上海

梵雅一卷　清楊柳官撰

抄本　上海

瀛寰譯音異名記十二卷　清杜宗預編

清光緒三十年武昌刻本　上海

滿蒙漢三文合璧教科書不分卷　清榮德等編

清宣統元年石印本　北大

無師自通英語録不分卷　清緑竹山房編

民國上洋美華石印本　國圖

譯文須知四卷　清王肇鋐撰

清抄本　國圖

譯語彙解十六卷　清唐允恭撰

清唐允恭稿本　北大(存十二卷)

占城國譯語一卷　清佚名撰

一九四一年向達抄本　北大

番話大全不分卷　清佚名撰

清抄本　國圖

三合類編四卷　清佚名撰

一九一二年石印本　科學

清話問答四十條　清佚名撰

清刻本　北大

滿漢合璧音義明指全書二卷　清佚名撰

清抄本　北大

兼漢滿洲套話一卷　清佚名撰

清抄本　科學

清文漢譯不分卷　清佚名撰

清刻本　國圖(有殘缺)

翻譯九十八法講義四卷　清佚名撰

清末抄本　北大

和文文法一卷　清佚名撰

清抄本　南京

和文習本一卷　清佚名撰

清抄本　南京

英文話規不分卷　清張德彝編

清光緒抄本　國圖

和文漢讀法一卷附東遊節録一卷　清丁福保撰

清光緒二十七年無錫丁福保疇隱廬石印本　國圖

七、小學總義

玉篇廣韻指南一卷　清佚名撰

元延祐二年圓沙書院刻本　國圖　上海

元詹氏進德書堂刻本　國圖

元刻本　北大

明初刻本　國圖

明弘治五年詹氏進德堂刻本　國圖　南京博

明萬曆元年益藩刻本　國圖　南京

新編正誤足註玉篇廣韻指南一卷　清佚名撰

元蔡氏刻大廣益會玉篇附刻本　國圖

元鄭氏刻大廣益會玉篇附刻本　國圖

説文玉篇校録一卷　清鈕樹玉撰

清光緒十一年江蘇書局刻説文解字校録附刻本　國圖　北大

客槎先生小學遺説二卷　清吴淩雲撰

清吴興宗抄本　清楊恒福跋　上海

小學識餘五卷　清朱駿聲撰

一九三五年遼陽吴氏稷香館叢書據稿本影印本　國圖　北大

小學初告六卷　清孫文昱撰

清同治六年湘潭孫氏家塾刻本　北大

一九二六年湘潭孫氏刻本　南京

字學韻學一卷　清張楚鍾撰

清光緒三年刻務實勝窩彙稿本

文字發凡四卷　清龍志澤編輯

清光緒三十一年廣智書局鉛印本　國圖　北大　復旦

清光緒三十二年上海廣智書局鉛印本　國圖　天津

文源十二卷六書通義一卷古音略説一卷附録二卷　清林義光撰

一九二〇年石印本　國圖　南開　甘肅

小學答問一卷　清章炳麟撰

章炳麟稿本　川大

清宣統元年刻本　國圖　復旦

清宣統元年石印本　北大　北師大　甘肅

清屠維氏刻本　雲南

一九一九年浙江圖書館刻章氏叢書本　科學